Dicionário JURÍDICO

Deocleciano Torrieri Guimarães (*in memoriam*)

Dicionário JURÍDICO

29ª EDIÇÃO

ATUALIZAÇÃO:
Equipe Rideel

EDITORA RIDEEL
Quem tem Rideel tem mais.

EXPEDIENTE

Fundador **Italo Amadio (*in memoriam*)**
Diretora editorial **Katia Amadio**
Editoras **Giovanna Homma**
Mônica Ibiapino
Atualização **Equipe Rideel**
Projeto gráfico **Sergio A. Pereira**
Diagramação **WK Comunicação**

Atualização até a 28ª edição: Ana Claudia Schwenck dos Santos

Dados Internacionais de Catalogação na Publicação (CIP)
(BENITEZ Catalogação Ass. Editorial, MS, Brasil)

Guimarães, Deocleciano Torrieri
Dicionário jurídico / Deocleciano Torrieri. – 29.ed. – São Paulo : Rideel, 2025.
ISBN 978-85-339-6462-4
1. Direito – Brasil. 2. Direito – Dicionários. I. Título.
CDD 340.03
12-2024/11 CDU 340(81)

Índice para catálogo sistemático:
1. Brasil : Direito : Dicionários

Aline Graziele Benitez – Bibliotecária - CRB-1/3129

EDITORA RIDEEL

EDITORA AFILIADA

e-mail: sac@rideel.com.br
www.editorarideel.com.br

1 3 5 7 9 8 6 4 2
0 1 2 5

Nota à 29ª edição

A Editora Rideel, empresa reconhecida por sua longa história e tradição na edição de livros de legislação, publica a 29ª edição desta obra atualizada com as últimas alterações trazidas pela nossa legislação.

Gratos ao leitor, desde já, pela leitura desta obra, procuramos manter, na medida do possível, as explicações originais do Autor, atualizadas de acordo com as alterações legais, assim como a referência legislativa quanto aos diplomas normativos publicados após a última edição. As normas legislativas, jurisprudenciais e doutrinárias do País estão em constante transformação e pedem um acompanhamento contínuo, o que torna o trabalho bastante complexo e sempre aberto.

Nesta edição foram feitas alterações trazidas pelos diplomas a seguir: Lei nº 15.035/2024 (altera o Código Penal permitindo consulta pública do nome e número de inscrição no CPF de pessoas condenadas por crimes contra a dignidade sexual); Lei nº 15.001/2024 (altera a Lei nº 9.394/1996, estabelecendo requisitos mínimos de transparência pública); Lei nº 14.887/2024 (altera a Lei nº 11.340/2006, estabelecendo prioridade na assistência à mulher em situação de violência doméstica e familiar); EC nº 133/2024 (impõe aos partidos políticos a obrigatoriedade de aplicação de recursos financeiros para candidatura de pessoas pretas e pardas), entre outras.

A obra do mestre Torrieri permanece em evidência e merece ser preservada, não só na inteireza formal dos verbetes aqui contidos, mas, sim, no espírito de constante renovação da linguagem jurídica. Esperamos ter honrado este princípio.

São Paulo, verão de 2025.

Editora Rideel

Lista de abreviaturas

Abrev.	Abreviatura
Ac.	Acórdão
ADCT	Ato das Disposições Constitucionais Transitórias
ADI	Ação Direta de Inconstitucionalidade
ADPF	Arguição de Descumprimento de Preceito Fundamental
Art.	Artigo
BACEN	Banco Central do Brasil
BNDT	Banco Nacional de Devedores Trabalhistas
BO	Boletim de Ocorrência
CC/1916	Código Civil – Lei nº 3.071/1916, em vigor de 1º-1-1917 a 10-1-2003
CC/2002	Código Civil – Lei nº 10.406/2002, em vigor a partir de 11-1-2003
CCom	Código Comercial – Lei nº 556/1850
CDC	Código de defesa do Consumidor – Lei nº 8.078/1990
CE	Código Eleitoral – Lei nº 4.737/1965
CEF	Caixa Econômica Federal
CF	Constituição Federal
CLT	Consolidação das Leis do Trabalho – Dec.-Lei nº 5.452/1943
CNJ	Conselho Nacional de Justiça
Cód.	Código
Cód. Bras. Aer.	Código Brasileiro de Aeronáutica – Lei nº 7.565/1986
CP	Código Penal – Dec.-lei nº 2.848/1940
CPC/1939	Código de Processo Civil e Comercial – Dec.-Lei nº 1.608/1939, em vigor de 1º-2-1940 a 31-12-1973
CPC/1973	Código de Processo Civil – Lei nº 5.869/1973, em vigor de 1º-1-1974 a 16-3-2016
CPC/2015	Novo Código de Processo Civil – Lei nº 13.105/2015, em vigor a partir de 17-3-2016
CPM	Código Penal Militar – Dec.-Lei nº 1.001/1969
CPP	Código de Processo Penal – Dec.-lei nº 3.689/1941
CPPM	Código de Processo Penal Militar – Dec.-lei nº 1.002/1969
CTB	Código de Trânsito Brasileiro – Lei nº 9.503/1997
CTN	Código Tributário Nacional – Lei nº 5.172/1966
Dec.	Decreto
Dec. Leg.	Decreto Legislativo
Dec.-Lei	Decreto-lei
Dir.	Direito
EC	Emenda Constitucional
ECA	Estatuto da Criança e do Adolescente – Lei nº 8.069/1990
EPD	Estatuto da Pessoa com Deficiência – Lei nº 13.146/2015, em vigor a partir de 3-1-2016

FGTS	Fundo de Garantia do Tempo de Serviço
inc.	Inciso
INPI	Instituto Nacional da Propriedade Industrial
INSS	Instituto Nacional do Seguro Social
LC	Lei Complementar
LCP	Lei das Contravenções Penais – Dec.-lei nº 3.688/1941
LEP	Lei de Execução Penal – Lei nº 7.210/1984
LINDB	Lei de Introdução às Normas do Direito Brasileiro (antiga LICC) – Dec.-Lei nº 4.657/1942
Loc. lat.	Locução latina
LOJF	Lei orgânica da Justiça Federal – Lei nº 5.010/1966
LRE	Lei de Recuperação Judicial, Extrajudicial e Falências – Lei nº 11.101/2005
MP	Medida provisória
nº	Número
OAB	Ordem dos Advogados do Brasil
OIT	Organização Internacional do Trabalho
p.	Página
par.	Parágrafo
pl.	Plural
Por ex.	Por exemplo
RCJF	Regimento de Custas da Justiça Federal – Lei nº 9.289/1996
Res.	Resolução
RICNJ	Regimento Interno do Conselho Nacional de Justiça
RISTJ	Regimento Interno do Superior Tribunal de Justiça
RISTF	Regimento Interno do Supremo Tribunal Federal
segs.	Seguintes
SUDS	Programa de Desenvolvimento de Sistemas Unificados e Descentralizados de Saúde nos Estados
Súm.	Súmula
Súm. Vinc.	Súmula Vinculante
STF	Supremo Tribunal Federal
STJ	Superior Tribunal de Justiça
TNU	Turma nacional de Uniformização dos Juizados Especiais Federais
TFR	Tribunal Federal de Recursos
TRF	Tribunal Regional Federal
TSE	Tribunal Superior Eleitoral
TST	Tribunal Superior do Trabalho

A

A. – (Abrev.) Autue-se ou autuado.

ABAIXO-ASSINADO – Documento de cunho coletivo que contém manifestação de protesto, de solidariedade, pedido ou reivindicação, firmado por um grande número de pessoas. Quando se refere à pessoa que assina um documento (p. exemplo, uma petição), não se usa hífen: "abaixo assinado"; pl. Abaixo-assinados.

AB ALIQUO – (Latim) De alguém.

ABALO DE CRÉDITO – Dúvida lançada sobre a capacidade de alguém poder saldar seus compromissos. Perda de credibilidade no comércio, provocada de modo injusto. ***V.*** *Dano moral.*

✱ ***V.*** *CC: art. 940.*

✱ ***V.*** *Súm. nº 159 do STF.*

ABALROAMENTO – 1. Colisão entre aeronaves, no ar, ou em manobras terrestres (Cód. Bras. Aer.: art. 273). 2. Colisão de embarcações em movimento, ou uma delas estacionada (Dir. Marítimo). 3. Choque de veículos automotores.

✱ ***V.*** *Cód. Bras. Aer., arts. 9º, 273 a 279, e 317, III e VI.*

✱ ***V.*** *CCom., arts. 749 a 752 e 754.*

ABANDONATÁRIO – Aquele que toma posse de coisa abandonada; ocupador (Dir. Marítimo). Aquele em cujo favor se opera o abandono liberatório (q.v.).

ABANDONO – Causa de perda da propriedade imóvel, assim como a alienação, renúncia ou perecimento do imóvel. Figura de Dir. prevista nos Códigos Penal, Civil, Comercial, do Trabalho, Marítimo e nas leis de processo.

✱ ***V.*** *CC: arts. 1.275, III, e 1.263.*

Da Carga: Dá-se quando, nos casos previstos em lei, o segurado abandona os objetos seguros e pede ao segurador indenização por perda total (Dir. Com. Marítimo).

✱ ***V.*** *CCom: art. 753.*

Da ação ou causa: Extinção do processo pelo fato de o autor não promover atos e diligências que lhe competirem, por mais de trinta dias. Se der causa, por três vezes, à extinção do processo, pelo fundamento previsto na lei, o autor não poderá intentar nova ação contra o réu com o mesmo objeto; poderá, porém, alegar em defesa o seu direito.

✱ ***V.*** *CPC/1973, art. 267, III.*

✱ ***V.*** *CPC/2015, art. 485, III.*

✱ ***V.*** *Súm. nº 240 do STJ.*

Da Coisa (Dir. Civil): Ato pelo qual alguém, voluntariamente, abdica da posse e propriedade de uma coisa, por não querê-la mais.

✱ ***V.*** *CC: art. 1.275, III.*

Da coisa dada em comodato: abandono de coisa não fungível, objeto de contrato de empréstimo gratuito. ***V.*** *Comodato.*

✱ ***V.*** *CC, arts. 579, 583.*

Da coisa dada em depósito: o depositário abandona-a e omite o dever de guardá-la e conservá-la. ***V.*** *Depósito.*

✱ ***V.*** *CC, arts. 627 a 629.*

Da coisa segurada: quando da perda total da coisa objeto de seguro, ou sua deterioração em três quartos, pelo menos, do respectivo valor, a cessão é feita ao segurador.

✱ ***V.*** *CCom, art. 753.*

Da herança: Renúncia da herança. Recusa voluntária do herdeiro em receber a herança para não ser obrigado a pagar dívidas e legados do espólio, que passam à responsabilidade aos coerdeiros, legatários e credores. A renúncia deve constar, expressamente, de escritura pública ou termo judicial.

✱ ***V.*** *CC: arts. 1.804 a 1.813.*

Da posse: O abandono é uma das causas da perda da posse das coisas. O atual CC, em seu art. 1.223, dispõe: "Perde-se a posse quando cessa, embora contra a vontade do possuidor, o poder sobre o bem, ao qual se refere o art. 1.196" (q.v.).

Da servidão: Dá-se quando o dono do prédio serviente deixa-o, voluntariamente, ao proprietário do dominante; se este se recusar a receber a propriedade ou parte dela, será obrigado a custear obras necessárias à sua conservação e uso. ***V.*** *Servidão.*

✱ ***V.*** *CC: arts. 1.378, 1.382.*

De aeronave: Dá-se quando o proprietário, de forma expressa, abandona a aeronave, ou quando esta estiver sem tripulação e não se puder determinar sua legítima procedência (Cód. Bras. Aer., art. 57, § 1º). Cessão feita ao segurador nos casos de perda ou avaria grave, ou decurso do prazo de 180 dias (art. 120, § 2º) após a última notícia do avião, na hipótese de desaparecimento (Cód. Bras. Aer.).

✱ ***V.*** *Art. 120, Cód. Bras. Aer.*

De animais: Renúncia ao direito de propriedade ou perda voluntária da posse. Consequência: os animais tornam-se *res nullius* e podem ser apreendidos e apropriados (CC, art. 1.263). Introdução em propriedade alheia é delito (CP: art. 164).

✱ *V. Lei nº 9.605/1998 (Lei dos Crimes Ambientais), art. 32.*

De cargo público: 1. Crime cometido por funcionário público contra a Administração, quando abandona seu cargo fora dos casos que a lei permite. A pena é de detenção, de 15 (quinze) dias a 1 (um) mês, ou multa, e se do fato resultar prejuízo público, a pena é de detenção de 3 (três) meses a 1 (um) ano e multa. Se o fato ocorrer em lugar compreendido em faixa de fronteira, a pena é de detenção, de 1 (um) a 3 (três) anos e multa. 2. Para o Dir. Administrativo, é a infração funcional de servidor público, caracterizada pela ausência intencional do serviço público por mais de 30 (trinta) dias consecutivos, sem justificativa, sujeita à demissão do cargo, função ou emprego público. ***V.*** *abandono de função pública.*

✱ *V. CP, art. 323.*

✱ *V. Lei nº 8.112/1990 (Regime Jurídico Único dos Servidores Públicos Civis da União, Autarquias e Fundações Públicas Federais), arts. 132, II, 138 e 140.*

De emprego: Hipótese de dispensa por justa causa do empregado, pelo não cumprimento, sem justificação, da obrigação de trabalhar (CLT, art. 482, *i*). Para bem caracterizar o fato, devem ser levados em conta dois pressupostos: ***material:*** falta continuada ao trabalho por período igual ou superior a 30 dias consecutivos, desde que fique bem patente o intuito de não retornar. O abandono não se configura quando não há vontade deliberada de o empregado em faltar ao emprego, isto é, por doença ou motivo alheio à sua vontade. Há a caracterização do abandono, mesmo em prazo inferior a 30 dias, quando o empregado passa a trabalhar em outra empresa; ***subjetivo:*** intenção de não retornar ao emprego. O empregado perde direitos, como indenização, aviso-prévio, 13º salário e férias (proporcionais), não podendo, se optante, movimentar sua conta no FGTS. Não é o mesmo que *abandono de serviço* (q.v.).

✱ *V. CLT, art. 482, i.*

✱ *V. Súm. nºs 32, 62 e 73 do TST.*

De família: Deixar de cumprir, por ato voluntário, deveres próprios do chefe de família – obrigações alimentícias, de moradia, educação, assistenciais, e outras – enseja perda do poder familiar.

✱ *V. poder familiar.*

✱ *V. CC: arts. 1.637, 1.638, I a III.*

✱ *V. CP: art. 244 e segs.*

Intelectual: deixar, sem justa causa, de prover a instrução de filho em idade escolar.

✱ *V. CP, art. 246.*

Material: deixar de prover a subsistência de pessoa que se tem o dever de alimentar.

✱ *V. CP, art. 244.*

ABANDONO DE FUNÇÃO PÚBLICA – ***V.*** *abandono de cargo público.*

De incapaz: Deixar de cumprir os deveres de vigiar e cuidar dos filhos menores ou incapazes sob seus cuidados, guarda, vigilância ou autoridade (pais ou responsáveis). O mesmo que abandono de pessoa e abandono de menor.

✱ *V. CP: art. 133.*

✱ *V. Lei nº 8.069/1990 (Estatuto da Criança e do Adolescente).*

De instância: Dá-se quando o autor renuncia, por vontade própria, a prosseguir o procedimento por ele iniciado (Dir. Processual). ***V.*** *Desistência da ação.*

De serviço: Caracteriza-se quando o empregado, por ato de indisciplina, abandona o serviço sem justificativa, em meio à jornada de trabalho, retornando posteriormente; quando repetido caracteriza desídia e insubordinação, mesmo quando ele não quer deixar o emprego e constitui justa causa para rescisão do contrato de trabalho.

✱ *V. CLT: art. 482, e,* i e h.

Do Álveo: Trata-se de aquisição por acessão (q.v.), quando o curso de um rio é modificado e o álveo abandonado passa à posse dos proprietários ribeirinhos das duas margens.

✱ *V. CC: arts. 1.248, IV, e 1.252.*

✱ *V. Aluvião.*

Do estabelecimento: É um dos atos característicos para decretação da falência. Dá-se quando o comerciante fecha seu estabelecimento e abandona os atos negociais sem motivo razoável sem deixar procurador para responder pelas obrigações sociais. Pela antiga lei de falências rescindia-se a concordata nesse caso. Um dos princípios da LRE é o rigor na punição relativa à falência e à recuperação, diferentemente da lei anterior cujas penas eram brandas e aplicadas pela prática ou omissão de atos formais. Não há um momento específico para que sejam avaliados os crimes falenciais conforme a antiga lei, mas vários momentos possíveis. Nos arts. 168 a 178 estão descritos onze (11) tipos penais, sendo que em dez (10) deles a pena pelos delitos praticados é a de reclusão.

✱ *V. Lei nº 11.101/2005 (Lei de Recuperação de Empresas e Falências): art. 94, III,* f.

Do Imóvel: 1. Deixar ao abandono bem imobiliário, sem propósito definido, acarretando-lhe a perda. 2. Nos termos da Lei nº 13.301/2016, é considerado imóvel em estado de abandono aquele que demonstre flagrante ausência prolongada de utilização verificada por suas características físicas, por sinais de inexistência de conservação, pelo relato de moradores da área ou por outros indícios que evidenciem a sua não utilização.

✱ *V. Art. 1.276, CC.*

✱ *V. Lei nº 13.301/2016 (Dispõe sobre a adoção de medidas de vigilância em saúde quando verificada situação de iminente perigo à saúde pública pela presença do mosquito transmissor do vírus da dengue, do vírus chikungunya e do vírus da zika): art. 1º, § 2º, I e IV; art. 3º.*

Do imóvel locado: Saída clandestina, pelo inquilino, do imóvel locado. Durante a locação, o inquilino pode devolver o imóvel, desde que pague multa. No caso de abandono, continuará responsável pelos aluguéis em atraso. Quando o imóvel é abandonado após o início da ação de despejo, o locador pode requerer imissão na posse. ***V.*** Lei nº 8.245/1991(Dispõe sobre as locações dos imóveis urbanos e os procedimentos a elas pertinentes): arts. 4º, parágrafo único, e 66.

✱ *V. Lei nº 12.112/2009 (Altera a Lei nº 8.245, de 18 de outubro de 1991, para aperfeiçoar as regras e procedimentos sobre locação de imóvel urbano).*

Do lar conjugal: Afastamento do lar conjugal, por um ano contínuo, pode caracterizar a impossibilidade da comunhão. A Lei nº 12.424/2011 acrescentou o art. 1.240-A ao Código Civil para dispor sobre a usucapião especial por abandono do lar, que assim prescreve: "Art. 1.240-A. Aquele que exercer, por 2 (dois) anos ininterruptamente e sem oposição, posse direta, com exclusividade, sobre imóvel urbano de até 250m² (duzentos e cinquenta metros quadrados) cuja propriedade divida com ex-cônjuge ou ex-companheiro que abandonou o lar, utilizando-o para sua moradia ou de sua família, adquirir-lhe-á o domínio integral, desde que não seja proprietário de outro imóvel urbano ou rural".

✱ *V. CC: art. 1.240-A e 1.573, IV.*

✱ *V. Lei nº 6.515/1977 (Lei do Divórcio).*

✱ *V. EC nº 66/2010 (Dispõe sobre a dissolubilidade do casamento civil pelo divórcio, suprimindo o requisito de prévia separação judicial por mais de 1 (um) ano ou de comprovada separação de fato por mais de 2 (dois) anos).*

ABANDONO DO NAVIO

Do prêmio: Ocorre na Bolsa de Valores, quando o comprador desiste de opção em operação a termo sobre títulos e, por isso, paga uma indenização (ou prêmio) previamente ajustado.

Do processo: Ocorre na paralisação do processo por tempo superior a um ano, por negligência de ambas as partes, ou por mais de 30 dias, em razão do autor.

✱ *V. CPC/1973: art. 267, II e III.*

✱ *V. CPC/2015, arts. 485, II e III, e 976, § 1º.*

Do produto: Ocorre o abandono quando há o decurso do prazo fixado para permanecer em recinto aduaneiro; a sanção é a perda do produto. Quando se tem um produto de importação abandonado, o cálculo do imposto é o preço da arrematação e o arrematante é o contribuinte desse imposto.

✱ *V. CTN: arts. 20, III, 22, II, 46, III, e 51, IV.*

✱ *V. Art. 642, Dec. nº 6.759/2009 (Regulamenta a administração das atividades aduaneiras e a fiscalização, o controle e a tributação das operações de comércio exterior).*

Do recém-nascido: Deixar exposto ou abandonado recém-nascido, para ocultar desonra própria, constitui crime previsto no CP: art. 134.

✱ *V. Art. 13 da Lei nº 8.069/1990 – Estatuto da Criança e do Adolescente.*

Intelectual: Pela Lei Penal Brasileira (art. 246), constitui crime "deixar, sem justa causa, de prover a instrução primária de filho em idade escolar". A pena é de detenção por 15 dias a 1 mês ou multa. O art. 247 preceitua outras formas de abandono intelectual nos seus incisos I a IV, pré-fixando pena de detenção de 1 a 3 meses ou multa. Segundo o art. 3º da Lei nº 10.741, de 1º-10-2003, em vigor desde 1º-1-2004, o idoso tem direito à vida, à saúde, à alimentação, à educação, à cultura, ao esporte, ao lazer, ao trabalho, à cidadania, à liberdade, à dignidade, ao respeito, e à convivência familiar e comunitária, sendo o atendimento desses direitos obrigação da família, da comunidade, da sociedade e do Poder Público. O parágrafo único indica a garantia de prioridade em oito incisos (q.v.). O art. 98 pune o abandono do idoso, "em hospitais, casas de saúde, entidades de longa permanência, ou congêneres, ou não prover suas necessidades básicas, quando obrigado por lei ou mandado". O Estatuto da Criança e do Adolescente (ECA), em seu art. 98, dispõe sobre medidas de proteção à criança e ao adolescente, as quais são aplicadas sempre que os direitos reconhecidos pela lei forem ameaçados ou violados: por ação ou omissão da sociedade ou do Estado; por falta, omissão ou abuso dos pais ou responsável; em razão de sua conduta. Segundo o art. 1.638 do novo CC, o pai ou a mãe perderá, por ato judicial, o poder familiar, nas seguintes condições: castigar imoderadamente o filho, deixar o filho em abandono; praticar atos contrários à moral e aos bons costumes; incidir, reiteradamente, nas faltas previstas no art. 1.637 (q.v.).

✱ *V. Arts. 246 e 247 do CP.*

✱ *V. Arts. 2º e 3º da Lei nº 10.741/2003 (Estatuto da Pessoa Idosa).*

✱ *V. Arts. 98, 249 da Lei nº 8.069/1990 – Estatuto da Criança e do Adolescente.*

Liberatório: Nos casos em que as leis comerciais preveem, o dono ou comparte do navio, para eximir-se de responsabilidade decorrente de atos do capitão ou danos causados a efeitos recebidos a bordo, deixa que os credores se apoderem do navio no estado em que se encontra. Significa a transferência da propriedade do navio para ressarcimento dos prejuízos. O capitão não pode abandonar o navio fora da hipótese de naufrágio.

✱ *V. CCom: art. 508.*

Material: O Código Penal dispõe, em seu art. 244, que constitui abandono material "deixar, sem justa causa, de prover a subsistência do cônjuge ou de filho menor de 18 anos ou inapto para o trabalho ou de ascendente inválido ou maior de 60 anos, não lhes proporcionando os recursos necessários ou faltando ao pagamento de pensão alimentícia judicialmente acordada, fixada ou majorada; deixar, sem justa causa, de socorrer descendente ou ascendente, gravemente enfermo". Estabelece para o caso pena de detenção de 1 a 4 anos e multa de uma a dez vezes o maior salário-mínimo vigente no País.

✱ *V. Lei nº 10.741/2003 (Estatuto da Pessoa Idosa).*

Moral: Crime contra a assistência familiar, resultante da negligência ou da falta de cuidado daquele que tem o dever de guarda ou vigilância do menor de 18 anos.

✱ *V. CP: arts. 246 e 247.*

Sub-rogatório: Dá-se quando o segurado abandona ou transfere aos seguradores os efeitos de sua apólice para deles receber a quantia total estipulada no seguro, ou indenização por perda total, e não apenas o valor dos prejuízos em caso de arresto, naufrágio, varação ou sinistro marítimo (Dir. Marítimo e CCom: art. 753). ***V.*** *abandono de aeronave* e. O mesmo que *abandono assecuratório.*

AB ANTIQUO – De há muito tempo, distante, remoto.

Abatimento no aluguel: em casos de reparos no Imóvel: O inquilino poderá pedir abatimento proporcional no aluguel, se os reparos urgentes que o prédio locado necessita durarem mais de 10 dias. Poderá rescindir o contrato se esses reparos durarem mais de 30 dias, e tolherem o uso regular do imóvel.

✱ *V. Lei nº 8.245/1991 (Dispõe sobre as locações dos imóveis urbanos e os procedimentos a elas pertinentes): arts. 22, I; parágrafo único; 26, parágrafo único.*

✱ *V. Lei nº 12.112/2009 (Altera a Lei nº 8.245, de 18 de outubro de 1991, para aperfeiçoar as regras e procedimentos sobre locação de imóvel urbano).*

ABDICAÇÃO – Renúncia de um rei ou príncipe às prerrogativas ou poderes governamentais de que estava investido.

✱ *V. CF de 1824: art. 126.*

ABERTURA – 1. Ação de abrir. 2. Aberta, buraco, fenda, furo. 3. Início, princípio de exercício, de função pública. 4. Instauração: abertura de falência.

De audiência: Ato pelo qual abre a audiência o magistrado que a preside, seja na sede do juízo, seja em outro local por ele previamente marcado. O juiz que declarar aberta a audiência mandará apregoar as partes e os seus respectivos advogados.

✱ *V. CPC/1973: art. 450.*

✱ *V. CPC/2015, art. 358.*

De crédito: Contrato pelo qual dinheiro, mercadorias ou outros valores são colocados, durante certo tempo, em estabelecimento de crédito ou casa comercial, à disposição de pessoa que se obriga ao seu total reembolso, ou parcelado, acrescido de despesas dentro de um prazo preestabelecido. Abertura de crédito pode ser verbal ou por meio de testemunhas. Se há promessa de garantia e esta não se efetiva, o creditado nada pode exigir.

✱ *V. CC: arts. 476 e 477.*

De estabelecimento: Instalação de uma firma e início de seus negócios (Dir. Comercial)."Considera-se estabelecimento todo complexo de bens organizado, para exercício da empresa, por empresário, ou por sociedade empresária."

✱ *V. Art. 1.142, CC.*

De falência: Entrada do processo no juízo competente por requerimento do credor ou do devedor, sendo decretada a falência deste último.

✱ *V. Art. 94, Lei nº 11.101/2005 (Lei de Recuperação de Empresas e Falências).*

De hostilidades: Declaração de estado de guerra e início de hostilidades entre dois ou mais países (Dir. Internacional Público).

De inventário: Instaurar-se-á o inventário judicial do patrimônio hereditário sempre que houver menores ou incapazes interessados ou quando houver testamento. O inventário deverá ser aberto no prazo de 60 dias a contar da abertura da sucessão (q.v.) e ser encerrado nos 12 meses seguintes. Esse prazo poderá ser dilatado por requerimento do inventariante ou de ofício pelo juiz. Com a entrada em vigor da Lei nº 11.441/2007, que alterou o art. 982 do CPC/1973, já revogado, foi criada a possibilidade de feitura do inventário e partilha de bens extrajudicialmente, por meio de escritura pública, a qual constituirá título hábil para o registro imobiliário,disposto no § 1º do art. 610 do CPC/2015. Com relação ao tema, houve alteração pela Lei nº 11.965, de 3-7-2009, que passou a dispor sobre a participação do defensor público na lavratura da escritura pública de inventário e de partilha e de divórcio consensual. Além disso, o § 2º do art. 610 do CPC/2015 dispõe que a partir de agora o tabelião somente lavrará a escritura pública se todas as partes interessadas estiverem assistidas por advogado comum ou advogados de cada uma delas ou por defensor público, cuja qualificação e assinatura constarão do ato notarial. Veja que, com o advento desta alteração, passa a entrar a figura do defensor público no rol.

✱ *V. CC: art. 1.796.*

✱ *V. CPC/1973: arts. 982 a 986.*

✱ *V. CPC/2015, arts. 610 a 614.*

✱ *V. Súm. nº 542 do STF.*

✱ *V. EC nº 66/2010 (alterou o § 6º do art. 226 da CF, Dispõe sobre a dissolubilidade do casamento civil pelo divórcio, suprimindo o requisito de prévia separação judicial por mais de 1 (um) ano ou de comprovada separação de fato por mais de 2 (dois) anos).*

De prazo: Determinação do momento em que começam a correr prazos para o exercício de um direito, cumprimento de uma obrigação ou execução de algum ato jurídico.É o termo inicial (dies a quo) do lapso de tempo em que o ato processual pode ser validamente praticado. Quem detiver a posse e administração do espólio deverá requerer o inventário e a partilha no prazo do art. 611 do CPC/2015, instruindo o requerimento com a certidão de óbito do autor da herança.

✱ *V. CPC/1973: arts. 987 e 988.*

✱ *V. CPC/2015, arts. 231,* caput, *I a IV, VIII e §§ 1º e 3º, 615.*

Da sucessão: Ocorre no instante da morte do autor da herança. Pode ser *definitiva* ou *provisória*. Será *provisória* quando se declara aberta a sucessão sem se ter a certeza da morte do autor da herança, isto em caso de ausência prolongada e, decorrido um ano da publicação do primeiro edital, não se tendo ainda notícia do ausente nem se apresentando seu procurador ou representante, os interessados requerem que se abra, provisoriamente, a sucessão. A *definitiva* pode ser requerida quando se provar quer o ausente conta 80 anos de idade e datam de cinco anos suas últimas notícias.

✱ *V. CC: arts. 37, 38, 1.784 a 1.790.*

✱ *V. CPC/1973: art. 1.163,* caput.

✱ *V. CPC/2015, art. 745, § 1º.*

De testamento: Ato que revela o testamento cerrado, pelo juiz, na forma da lei.Deve fazê-lo na presença do escrivão e do apresentante, examinando-o previamente, para constatar se está intacto e não apresenta vício que o torne suspeito de nulidade ou falsidade.

✱ *V. CC: arts. 1.857, 1.875.*

✱ *V. CPC/1973: arts. 173, II, e 1.125.*

✱ *V. CPC/2015, arts. 735 e segs.*

ABIGEATÁRIO OU ABÍGEO – Aquele que pratica crime que envolve furto de animais no campo, tanto gado bovino como equino.

✱ *V. CC, art. 82.*

ABIGEATO – Furto de animais mansos, espalhados por currais de modo a dificultar a vigilância do proprietário sobre eles. A captura de animais selvagens não tipifica o delito.

✱ *V. CC, art. 82.*

ABJUDICAR – Entrar ou reintegrar-se na posse de coisa, por via judicial, que outro ilegitimamente detinha.

ABOLIÇÃO DO CRIME – (Em latim, *abolitio criminis*). Se lei posterior deixar de considerar crime um fato, cessam a execução e os efeitos penais de uma sentença condenatória. Entrando em vigor a lei nova, torna atípica penalmente uma conduta até então proibida pela lei penal anterior.

✱ *V. Art. 2º, CP.*

ABONO – É a participação de um terceiro na fiança que garante o pagamento, ou pode significar o reconhecimento da autenticidade de uma assinatura, ou, ainda, a gratificação paga ao empregado.

Anual: Trata-se de benefício previdenciário ao segurado e ao dependente que, durante o ano, receberam auxílio-doença, auxílio-acidente, aposentadoria, pensão por morte ou auxílio-reclusão. O cálculo se faz conforme o valor da renda mensal do benefício no mês de dezembro de cada ano.

✱ *V. Lei nº 8.213/1991 (Dispõe sobre os Planos de Benefícios da Previdência Social): art. 40.*

✱ *V. Dec. nº 3.048/1999 (Aprova o Regulamento da Previdência Social): art. 120 do Regulamento.*

✱ *V. CF, art. 201, § 6º.*

De férias: Pagamento, pelo empregador, ao empregado, de um terço do período de férias a que tiver direito, em espécie pecuniário.

✱ *V. CLT: arts. 139 a 145.*

PIS/PASEP: Previsto no art. 239, § 3º, da CF e no art. 9º da Lei nº 7.998/1990, este benefício é pago ao trabalhador de empresas que contribuem para o PIS ou para o PASEP, que recebem até dois salários mínimos de remuneração mensal e que já estejam, pelo menos, há cinco anos devidamente cadastrados.

AB ORIGINE – (Latim) Desde o princípio, a partir da origem.

ABORTAMENTO – Ato de praticar o aborto. Poderá ser praticado pela própria gestante ou por terceiro com ou sem o consentimento desta. Pode ser provocado por omissão ou comissão. Há previsão para o aborto legal, o qual não se pune.

✱ *V. CP: art. 128.*

ABORTO – (Latim *ab* = privação; *ortus* = *nascimento*) Interrupção da gestação, com expulsão ou não do feto, do que resulta a sua morte. Será *ovular*, se ocorrer no primeiro mês de gestação; *embrionário*, se se der no fim do primeiro mês até o fim do terceiro mês de gravidez; ou *fetal*, se se verificar do quarto mês em diante. O aborto doloso é crime e se configura em qualquer fase da gestação. O aborto pode ser:

Consensual: consentido pela gestante (CP, art. 126).

Criminoso (***feticídio***)***:*** consiste na morte do feto, antes de ter início o nascimento; provocado ou consentido pela gestante.

Espontâneo: por estado patológico da gestante ou do feto.

Feto anencefálico: O STF, por maioria de votos, em 2012 julgou procedente a ADPF nº 54, interpretando que a interrupção da gravidez de feto anencéfalo não é conduta criminosa. Portanto, esse tipo de aborto não está tipificado nos arts. 124, 126, 128, I e II, do Código Penal.

Forma qualificada: se em razão do abortamento ou dos meios usados para provocá-lo vier a gestante a sofrer lesões corporais de natureza grave ou se sobrevier a sua morte (CP, art. 127). Nesse último caso, as penas são duplicadas. Nossa legislação não admite *aborto eugênico* (para aprimoramento da raça), o *estético* (para não deformar o corpo da gestante) nem o *econômico* (justificado pela pobreza dos pais ou pela dificuldade de manter os outros filhos já nascidos). A lei ordena que se faça o registro civil de criança nascida morta, como em muitos casos de aborto.

Honroso, moral: *honoris causa*, quando a gravidez resulta de estupro e a mãe tem o direito de não aceitar um filho gerado em tal condição; não é punível.

Necessário ou terapêutico: quando feito por médico para salvar a vida da gestante, não sendo punível (CP, art. 128, I). O Ministério da Saúde editou, em setembro de 2005, Portaria que cria o Procedimento de Justificação e Autorização da Interrupção da Gravidez, em substituição ao Boletim de Ocorrência (BO), para casos de estupro em que haja a necessidade de realização de aborto; o procedimento tem quatro fases: 1ª) a vítima relata o crime, informando o dia da ocorrência e descrevendo o agressor diante de dois profissionais de saúde; 2ª) é reservada só para o parecer do médico; 3ª) a vítima assina um termo de responsabilidade em que garante a veracidade das informações; 4ª) a vítima declara, também por meio de termo, estar ciente do desconforto da operação, das possibilidades de internação e assistência e da garantia do sigilo. Defensores da Portaria sustentam que o Boletim de Ocorrência por si só não comprova a veracidade dos fatos. O Conselho Federal de Medicina (CFM), que havia recomendado formalmente aos associados a exigência do BO para fazer o aborto em casos de estupro, agora aprova a sua dispensa, defendendo a humanização do atendimento na delegacia para que a mulher vítima do estupro tenha acesso digno à justiça consubstanciada na prisão do agressor, o que só é possível com o BO (***V.*** também *estupro*).

✱ *V. arts. 124 a 128, CP.*

ABREVIATURA – Redução de uma frase ou palavra que a substitui. O uso de abreviaturas é proibido por lei, nos autos e termos do processo.

✱ *V. CPC/1973: arts. 169, § 1º, e 284.*

✱ *V. CPC/2015, arts. 272, § 3º, e 321.*

ABRIR CRÉDITO – Autorizar despesa pública; dar autorização para que uma pessoa efetue o levantamento da quantia em dinheiro ou mercadoria.

De exportação: quando o importador autoriza ao exportador a levantar importância ou o desconto de letras, por conta de mercadorias a ele enviadas.

AB-ROGAÇÃO – Revogação total de uma lei por outra. Uma das formas de revogação da lei, por ato do Poder Legislativo. O mesmo que revogação. Pode ser:

Expressa: quando declara ab-rogada ou revogada a lei anterior. Diz-se que é *geral*, quando declara revogadas todas as disposições em contrário; e *especial*, se especifica a lei ou leis abolidas. O mesmo quando se trata de ab-rogar tratado internacional.

Tácita: quando a nova lei é formal e totalmente contrária à anterior. ***V.*** *Derrogação.*

ABSENTEÍSTA – Refere-se ao proprietário agrícola que passa a maior parte do tempo fora de sua propriedade; e do trabalhador que tem faltas reiteradas no trabalho, sem motivo justificado. O mesmo que absenteísmo.

ABSOLUTÓRIA – Diz-se de sentença que absolve.

✱ *V. Art. 386, CPP.*

ABSOLUTÓRIO – Ato que contém absolvição (dir. processual).

ABSOLVIÇÃO – Ato pelo qual o réu é declarado inocente ou isento de sanção. O réu deve ser absolvido quando: I) estiver provada a inexistência do fato; II) não houver prova da existência do fato; III) não constituir, o fato, infração penal; IV) não existir prova de ter o réu concorrido para a infração penal; V) existir circunstância que exclua o crime ou isente o réu de pena; VI) não existir prova suficiente para a condenação. No item V devem ser ressaltadas as excludentes de *ilicitude* e de *culpabilidade*, a primeira invocada quando o ato é praticado em legítima defesa, estado de necessidade, estrito cumprimento do dever legal ou exercício regular de direito; a segunda, quando há erro de fato, coação irresistível, estrita obediência à ordem não manifestamente ilegal de superior hierárquico, doença mental ou desenvolvimento mental incompleto ou retardado e embriaguez completa ou acidental. A decisão absolutória transitada em julgado impede que seja o caso apreciado de novo na esfera criminal, ao contrário da sentença condenatória, que pode ser objeto de revisão. As sentenças que conferem *perdão judicial* não são absolutórias, porque não aplicam a pena, mas reconhecem a autoria do crime. Assim, se o réu tornar a delinquir, fica configurada a reincidência. A absolvição pode ser:

Anômala: quando o juiz reconhece a existência do crime, mas deixa de aplicar a pena.

Da causa: quando há perempção da ação.

De instância: expressão abolida pelo CPC de 1973 (o CPC/2015 manteve o entendimento do CPC/1973), cujas hipóteses hoje são resolvidas pela *extinção do processo sem julgamento do mérito.*

Sumária: concedida pelo juiz ao acusado, em decorrência de seu convencimento de que há circunstância que exclui o crime ou isenta o acusado da aplicação da pena. É diferente da *impronúncia* (q.v.), porque essa permite novo processo, enquanto não estiver extinta a punibilidade e na ocorrência de novas provas. Contra sentença de impronúncia ou de absolvição sumária caberá recurso de apelação.

Decisão judicial que indica a improcedência da acusação feita contra alguém, isentando-o de sanção.

✱ *V. CPC/1973: art. 459.*

✱ *V. CPC/2015, arts. 485 e 487.*

✱ *V. CP, arts. 140, § 1º, 176, parágrafo único.*

✱ *V. CPP: arts. 386, 413 a 421 (com redação dada pela Lei nº 11.689/2008).*

ABSTENÇÃO – Deixar, intencionalmente, de exercer um direito ou uma função. Renúncia. Desistência. Escusa de participar de sufrágio coletivo em uma assembleia deliberante. Repúdio tácito da herança, pelo qual ela se torna jacente.

De ato: Obrigação de não fazer ou obrigação negativa: se o obrigado praticar o ato, ao credor cabe exigir que o desfaça, sob pena de perdas e danos.

✱ *V. CC: arts. 186 e 251.*

Do juiz: Diz-se quando o juiz se declara suspeito ou impedido de funcionar no feito por razões de ordem íntima ou pessoal. Não cabe abstenção a pretexto de lacuna ou obscuridade da lei (CPP: arts. 252 a 254).

✱ *V. arts. 145, 146, CPC.*

Do Órgão do Ministério Público: Ato pelo qual o promotor, o curador ou outro órgão do Ministério Público se dá por impedido (CPP: art. 112).

✱ *V. Art. 148, I, CPC.*

ABSTENTO – Pessoa que desiste de herança.

ABUSO – (Latim *ab:* fora; *usus:* uso). Excesso, mau uso do poder, exorbitância do mandato, arbítrio, violação ou omissão do dever funcional.

Culposo: Quando há, inicialmente, uma atitude lícita do agente.

Da condição de sócio: Falta zelo no exercício de suas funções na sociedade. Poderá ser responsabilizado pelas perdas e danos causados.

✱ *V. CC: arts. 1.010, § 3º, e 1.013, § 2º.*

Da firma: Uso indevido da firma (ou razão social) pelo sócio-gerente; verifica-se o abuso quando ultrapassado o limite do objeto social. Cabe ação de perdas e danos, sem prejuízo de responsabilidade criminal, contra o sócio que usar indevidamente da firma social ou que dela abusar.

✱ *V. Dec. nº 3.708/1919 (Regula a constituição de sociedades por quotas, de responsabilidade limitada): arts. 10, 11, 13 e 14.*

Da situação de outrem: Consiste esse crime em abusar da inexperiência, simplicidade ou inferioridade mental de outrem, em proveito próprio ou alheio. O mesmo que *indução* à *especulação* (q.v.).

De autoridade: 1. Para o Dir.. Penal, consiste na prática por agente público, no exercício de suas atribuições ou a pretexto de exercê-las, de atos que vão além dos limites impostos pela lei, com a finalidade de prejudicar a outrem ou de beneficiar a si mesmo ou a terceiro, ou, ainda, por mero capricho ou satisfação pessoal. Três pressupostos fazem-se necessários para que esse tipo de abuso se caracterize: que o ato praticado seja ilícito; praticado por funcionário público no exercício de sua função; que não tenha havido motivo que o legitime. 2. A Lei nº 13.869/2019 consolidou as disposições legais sobre as diversas hipóteses de abuso de autoridade, estendendo seu alcance não apenas a servidores públicos, como também a membros dos Poderes Executivo, Legislativo e Judiciário, além do Ministério Público e dos Tribunais ou Conselhos de Contas. Foi inserido na referida lei o crime de violência institucional, pela Lei nº 14.321/2022, consistente em submeter a vítima de infração penal ou a testemunha de crimes violentos a procedimentos desnecessários, repetitivos ou invasivos, que a leve a reviver, sem estrita necessidade, o episódio de violência ou outro gerador de sofrimento ou estigmatização. 3. Para o Dir. Civil, também se denomina abuso de autoridade os atos de abuso do poder familiar, de abuso no poder marital. 4. São necessários para que esse tipo de abuso se caracterize: que o ato praticado seja ilícito; praticado por funcionário público no exercício de sua função; que não tenha havido motivo que o legitime. No Dir. Penal, a matéria estava tipificada sob a rubrica de exercício arbitrário ou abuso de poder, posteriormente revogado pela Lei nº 13.869/2019.

✱ *V. Lei nº 13.869/2019 (Dispõe sobre os crimes de abuso de autoridade).*

✱ *V. CP: art. 350.*

✱ *V. Lei nº 4.898/1965 (Lei do Abuso de Autoridade).*

De confiança: Abusar alguém da confiança que outrem nele deposite e assim auferir vantagem ilícita. Praticar atos não autorizados pelo mandante, vindo a prejudicá-lo; infidelidade do empregado. O abuso de confiança constitui agravante no crime de furto e outros delitos contra o patrimônio, a qual se comunica a eventuais coautores. Na Administração Pública, é o que se dá no peculato (q.v.).

De crédito: Dá-se quando uma pessoa ou comerciante usa, com exorbitância, seu crédito, contraindo dívidas superiores às suas possibilidades financeiras (Dir. Comercial).

De direito: O CC/2002 acolhe o abuso do direito como ato ilícito. Exercício anormal de um direito, desvirtuando sua finalidade social com interesse de lesar a outrem. Os direitos não sendo absolutos, mas limitados em sua extensão e submetidos a pressupostos quanto ao seu exercício, se utilizados além desses limites, tornam-se ilegítimos. Com o abuso, cessa o direito. Assim se caracteriza o abuso: exercício que vai além da necessidade determinada por sua destinação individual; prática sem utilidade para o titular; exercício com dano a outra pessoa. O novo CC acolhe o abuso de direito como ato ilícito.

✱ *V. CF: art. 5º.*

✱ *V. CPC/1973: art. 17.*

✱ *V. CPC/2015, art. 80.*

✱ *V. CC: art. 187, 927.*

De direito de demanda: Abuso cometido por quem, por temeridade, negligência, emulação ou má-fé causa prejuízos injustos a outrem. Dá-se também quando o réu opõe resistência injustificável ao andamento da lide. Uso exorbitante de um direito, com lesão ao direito patrimonial ou do direito de outrem, e responsabilidade moral do agente. O mesmo que lide temerária.

De função: Ocorre quando o funcionário se excede em suas funções, indo além dos limites das mesmas (Dir. Adm.). ***V.*** *Abuso de autoridade*, ***V.*** *Abuso de poder.*

De incapaz: Consiste em tirar proveito de necessidade, paixão, alienação ou debilidade mental de outra pessoa, induzindo-a à prática de ato suscetível de produzir efeito jurídico, em prejuízo de incapaz ou de terceiros. Crime que se pratica mais facilmente com menor, sendo autor o responsável por ele ou com sua conivência, pois, não sendo assim, os atos do incapaz não produziriam efeitos jurídicos. Tais atos são, porém, possíveis com aparente licitude: quando o trabalhador, menor, assina recibos superiores à remuneração que recebe, os quais são aceitos, sem discussão, na Justiça do Trabalho (salvo os de quitação geral). Trata-se de crime formal, já que basta para caracterizá-lo a iminência do dano.

✱ *V. CP: art. 173.*

De legítima defesa: Dá-se quando o ofendido se excede, culposamente, nos meios que emprega em sua legítima defesa. O excesso é punível.

✱ *V. CP: arts. arts. 23, II, parágrafo único, e 25.*

De liberdade de imprensa: É o chamado crime de imprensa (q.v.), para o qual existe lei especial.

De poder: 1. Até a promulgação da Lei nº 13.869/2019, era crime tipificado no art. 350 do CP, pelo qual a autoridade pública ordena a execução, arbitrariamente, de medida privativa de liberdade individual de alguém sem que sejam atendidas as formalidades legais. Com a edição da nova lei de abuso de autoridade, foi desmembrado em diversos tipos penais autônomos, com penas diversas. 2. Para o Dir. Administrativo, é vício que invalida o ato administrativo, constituindo gênero do qual são espécies o excesso de poder (atuação do agente público fora dos limites de sua competência) e o desvio de poder (atuação do agente público com finalidade diversa daquela que deveria objetivar o ato).

✱ *V. Lei nº 13.869/2019 (Dispõe sobre os crimes de abuso de autoridade), arts. 9º, 10, 12, 13, 15, 18, 19 e 22.*

✱ *V. Lei nº 4.717/1965 (Lei da Ação Popular), art. 2º,* a *e* e, *e par. único,* a *e* e.

De responsabilidade de favor: Comete esse delito quem expede ou aceita duplicata, com a respectiva fatura, que não corresponda a venda efetiva de bens ou real prestação de serviços (papagaios). É a chamada duplicata simulada.

✱ *V. CP: art. 172.*

Do papel em branco: Dá-se quando a pessoa utiliza, em seu benefício e em detrimento do interesse de outrem, papel assinado em branco por este, preenchendo-o com texto que não era desejado pelo signatário. Ocorre na Justiça do Trabalho, quando empregadores utilizam em sua defesa recibos e vales e outros documentos assinados em branco e que eles preenchem, posteriormente, com declarações contrárias ao empregado.

Do poder econômico: Uso abusivo do poder econômico, em prejuízo da economia popular ou nacional, com açambarcamento de mercadorias, manobras especulativas irregulares, formação de cartéis, monopólios, trustes etc. para eliminar a concorrência e auferir lucros demasiados.

✱ *V. Lei nº 12.529/2011 (nova Lei do CADE).*

✱ *V. CF, art. 173, § 4º.*

Do poder familiar: Dá-se quando o pai ou a mãe exorbitam de seus direitos, ou deles se omitem, prejudicando os bens ou interesses dos filhos. Por requerimento de um parente, o juiz ou o Ministério Público pode suspender, temporariamente, o poder familiar. Também o perdem os pais condenados por sentença irrecorrível em crime apenado com mais de 2 anos de prisão. Perdem o poder familiar por ato judicial: a) o pai ou mãe que castigar, de modo brutal e imoderado, o filho, caso em que podem ser incursos no art. 136 do CP, que cuida dos maus-tratos; b) os pais que deixarem o filho em abandono (abandono material e abandono intelectual) (q.v.) (CP: arts. 244 e 246); c) os pais que cometerem atos atentatórios à moral e aos bons costumes. O Estatuto da Criança e do Adolescente (art. 155 e segs.) também aponta outras causas para a perda do poder familiar, perda que não isenta os pais de continuarem a prover o sustento dos filhos.

✱ *V. CC, art. 1.637.*

✱ *V. Lei nº 8.069/1990 (Estatuto da Criança e do Adolescente – ECA).*

Escusável: Quando não é intencional (Dir. Penal).

No requerimento de falência: Se o requerente da falência o fizer por dolo, será condenado, na sentença que julgar improcedente o pedido, a indenizar o devedor, apurando-se as perdas e os danos em liquidação de sentença (Lei nº 11.101/2005, art. 101).

AÇAMBARCADOR – Nome que se dá à pessoa que adquire diretamente dos produtores mercadorias para o consumo, a fim de, monopolizando-as, causar uma elevação de preços e, com este artifício, auferir maiores lucros.

AÇAMBARCAR – O mesmo que monopolizar (q.v.). Em época de crise, ou com vista à especulação, reter grande quantidade de um produto ou gênero, para forçar a alta dos preços, passando o açambarcador, o atravessador, o que as leis do Brasil consideram crime, visto que o açambarcamento prejudica a livre concorrência e o interesse coletivo. Ele pode ser feito por uma só pessoa, por várias (físicas ou jurídicas), ou uma associação. Nos Estados Unidos coíbe-se esse abuso com leis antitrustes e outras. ***V.*** *Abuso do poder econômico.*

✱ *V. Lei nº 12.529/2011 (nova Lei do CADE).*

✱ *V. Lei nº 1.521/1951 (Lei da Economia Popular): art. 3º, III e IV.*

✱ *V. Lei nº 8.137/1990 (Define crimes contra a ordem tributária, econômica e contra as relações de consumo, e dá outras providências).*

AÇÃO – 1. Resultado ou efeito do agir. 2. Manifestação de uma força. 3. Maneira ou modo de agir, comportamento. 4. Acontecimento ou sequência de acontecimentos. 5. Movimento, atividade, processo ou procedimento visando a um resultado. 6. Operação de um agente ou força policial ou militar. 7. Em Dir. Processual, tem a palavra vários significados: no *sentido formal*, é o processo previsto em lei para obter, da autoridade jurisdicional, a reintegração ou o reconhecimento de um direito violado ou ameaçado; no *sentido objetivo*, é sinônimo de instância, demanda, causa; no *sentido subjetivo*, do qual dependem os dois primeiros, é, conforme a definição de Celso, a *facultas* ou *potestas agendi*, o direito de agir, de acionar o Poder Judiciário.

✱ *V. Direito de ação.*

Ação (Dir. Comercial): Título que representa parte (cota) da divisão do capital de uma sociedade anônima, de uma sociedade comercial, que dá ao seu possuidor direito creditício perante esta. É um título de crédito que propicia ao seu portador dividendos, isto é, uma participação no meio social. Em relação à companhia a ação é indivisível, mas, quando pertence a mais de um titular, os direitos são exercidos pelo representante do condomínio. O subscritor ou possuidor da ação denomina-se acionista. O estatuto social fixará o número de ações em que será dividido o capital social e seu valor será o obtido pela divisão desse capital pelo número de ações. Quanto ao valor ela pode ser: nominal, aquele que se afere pela referida divisão e vem expresso no certificado da ação, documento que a formaliza; real ou patrimonial, a que possui; além do nominal, outro valor mais palpável, que resulta da divisão do patrimônio líquido da sociedade pelo número das ações; de valor de mercado, mais importante que o nominal. Quanto às espécies, a ação pode ser: a) quanto à natureza dos direitos atribuídos ao seu titular; b) quanto à forma de sua circulação. Quanto à natureza: 1.ações ordinárias, que atribuem direitos e obrigações comuns a todos, sem distinção alguma; 2.ações preferenciais, com privilégios na distribuição de dividendos, no reembolso de capital, com prêmio ou não, ou acumulação de vantagens indicadas pela lei, tendo o acionista direito a voto; 3.ações de gozo ou fruição, que podem ser emitidas em substituição à de capital, quando se dá sua amortização completa, paga por antecipação, integralmente. Quanto à circulação, devem ser nominativas, uma vez que a Lei nº 8.021/1990 extinguiu as ações endossáveis e ao portador. Há também ação à ordem, transferida por simples endosso, ou tradição, se não é nominal; integralizada (liberada), quando integralmente paga; fungível, a que está sob custódia de instituição financeira; listada em bolsa, ação de empresas que atendem aos requisitos das Bolsas de Valores para efeito de negociação; vazia, a que já exerceu todos os seus direitos; a reemitir, a adquirida pela própria sociedade emitente que aguarda recolocação.

✱ **V.** *Lei nº 6.404/1976 (Dispõe sobre as Sociedades por Ações).*

Ação (Dir. Processual): No Dir. Romano, segundo a definição clássica de Celso, "ação é o direito de alguém pleitear em juízo o que lhe é devido" (Actio nihil aliud est quam jus persequendi in judicio quod sibi debetur.) Tem a palavra vários significados: no sentido formal é o processo previsto em lei para obter, da autoridade jurisdicional, a reintegração ou o reconhecimento de um direito violado ou ameaçado; no sentido objetivo é sinônimo de instância, demanda, causa; no sentido subjetivo, do qual dependem os dois primeiros, é, conforme a definição de Celso, a facultas ou potestas agendi, o direito de agir, de acionar a justiça. O italiano Giuseppe Chiovenda diz que ação é direito autônomo, que não se dirige contra o Estado, mas contra o adversário; é o direito de mover o aparato judicial do Estado contra quem lesa um direito subjetivo. José Frederico Marques diz que a ação não é um direito à tutela jurisdicional e sim o direito depedir essa tutela, já que o Poder Judiciário não a prestará apenas porque o interessado o requer, pois o pedido não será atendido se não preencher a forma prescrita, não existir interesse e a legitimidade, quando houver ausência de pressupostos de constituição e de desenvolvimento válido e regular do processo, quando não concorrer qualquer das condições da ação, como a possibilidade jurídica, a legitimidade das partes e o interesse processual.

✱ **V.** *Direito de ação.*

✱ **V.** *CF: art. 5º, XXXV.*

✱ **V.** *CPC/1973: arts. 2º, 36, 37, 267, IV, e 282.*

✱ **V.** *CPC/2015, art. 2º, 103, 104, 485, IV e 319.*

✱ **V.** *Lei nº 8.906/1994 (Estatuto da Advocacia e a Ordem dos Advogados do Brasil – OAB): arts. 5º a 15, § 3º.*

Acessória: Ligada à ação principal (q.v.), da qual é subsidiária; ela é proposta perante o juiz daquela, isto é, será processada e julgada no mesmo juízo da causa. Daí dizer-se: *Accessorium sequitur principale*. Alguns autores dizem que ela pode ser: preparatória ou voluntária, quando vem antes da principal, como no caso de separação de corpos, prestação de alimentos provisionais; preventiva ou obrigatória, a que pode vir antes ou simultânea à ação, para dispor os meios de salvaguardar ou amparar direitos e interesses das partes, vistorias e arbitramentos, prestação de cauções, sequestro, arresto. Precede, necessariamente, a principal; e incidente, com fórmulas próprias e aparece durante a lide, sendo resolvida antes do julgamento da ação principal: detenção, busca e apreensão (cível), exibição de coisas e atentado (penal).

Acidentária: De competência da Justiça Estadual, deverá ser proposta no domicílio ou residência do acidentado, no local de trabalho, ou no local do acidente; o rito processual é o sumário: a intervenção do Ministério Público é obrigatória por tratar-se de ação de interesse público e de caráter alimentar. Há entendimentos que a Lei nº 8.213/1991 não revogou o art. 13 da Lei nº 6.367/1976, a qual afirma que, "para pleitear direitos decorrentes desta lei não é obrigatória a constituição de advogado".

✱ **V.** *CF: art. 109, I.*

✱ **V.** *Lei nº 8.213/1991 (Planos de Benefícios da Previdência Social): art. 129, II.*

✱ **V.** *CLT: art. 643, § 2º.*

✱ **V.** *Súmulas nºs 15 e 226 do STJ.*

✱ **V.** *Súm. nº 501 do STF.*

Anulatória: Destina-se à extinção de ato, negócio jurídico ou contrato. O proponente deve ter motivo para a nulidade prevista em lei, por exemplo, a incapacidade de uma das partes (CC: art. 4º). Distingue-se da ação de nulidade (q.v.) quanto ao objeto: a de anulação corresponde ao ato anulável (CC: art. 138). 2. No Processo Civil, em regra, a decisão judicial que homologa acordo extrajudicial, extinguindo o processo com resolução de mérito, embora transite em julgado, pode ser impugnada por ação anulatória, calcada nas hipóteses de nulidade de negócio jurídico, estabelecidas no Código Civil. 3. No Processo do Trabalho, entende-se que a homologação da conciliação, judicial ou extrajudicial, transita em julgado no mesmo dia e somente é impugnável por *ação rescisória*. 4. Também vem sendo acolhido pela doutrina e jurisprudência o cabimento de ação anulatória em relação às decisões proferidas em fase de execução e insuscetíveis de recurso ou impugnação nos mesmos autos, como a adjudicação e arrematação de bens, transcorrido o prazo para embargos.

✱ **V.** *CC, art. 138.*

✱ **V.** *CPC/2015, arts. 393, 966, § 4º, e 657, parágrafo único.*

✱ **V.** *Súm. 195 do STJ.*

✱ **V.** *OJ da SBDI-II nº 129 do TST.*

Anulatória de casamento: Pode ser impetrada por qualquer dos cônjuges, ou por outrem que tenha legítimo interesse moral ou econômico. Pleiteia-se a declaração de nulidade do casamento, quando celebrado sem atender aos ditames da lei ou perante autoridade não competente. Segue o rito ordinário; tem a intervenção do promotor de justiça, por se tratar de ação de estado (q.v.).

✱ **V.** *CC: arts. 1.521, I a VII, 1.533, 1.548 a 1.558, 1.562, 1.564 e 1.634.*

✱ **V.** *CPC/1973, arts. 3º, 82, II, 486, 852 a 854.*

✱ **V.** *CPC/2015, arts. 17, 178, 966, § 4º.*

✱ **V.** *Súm. 195 do STJ.*

✱ **V.** *OJ da SBDI-II nº 129 do TST.*

Anulatória de débito fiscal: Compete ao contribuinte que, de sujeito passivo de ação tributária, assume a posição de autor, para pleitear a anulação de decisão administrativa, como lançamento indevido de tributo.

✱ **V.** *CTN: arts. 165 a 169.*

Anulatória de partilha: Visa desfazer partilha amigável, quando viciada por coação, dolo, erro essencial ou intervenção de incapaz. Segue o rito ordinário e prescreve em um ano. Quando a partilha é julgada por sentença, só pode ser anulada por ação rescisória de sentença (q.v.). O mesmo que ação de nulidade de partilha amigável.

✱ *V. CC: art. 2.027.*

✱ *V. CPC/1973: arts. 1.029 a 1.036.*

✱ *V. CPC/2015, arts. 657 e 658.*

Apropriatória: É aquela que promove o dono do solo, de boa-fé, contra terceiro de boa-fé, ou o dono de má-fé contra terceiro de má-fé, que tenha plantado, semeado ou edificado sem a sua permissão, quando então ele pleiteia apropriar-se de sementes, plantas ou edificações mediante indenização pelo justo valor.

✱ *V. CC: arts. 1.253 e 1.259.*

Aquisitiva: Dá-se quando o proprietário de terreno vago em zona urbana pretende adquirir, por indenização arbitrada, do proprietário de prédio contíguo, metade da parede deste para colocar aí seu travejamento. Pode ser também intentada por proprietário de prédio urbano ou rural contra o dono de imóvel confinante para, com indenização prévia, obter meação no tapume divisório feito pelo segundo.

✱ *V. CC: arts. 1.297 e 1.304 a 1.313.*

Cambiária: Baseia-se em título cambial vencido, protestado ou não, que é cobrado: nota promissória, letra de câmbio, cheque, duplicata etc. É de natureza executória; seu autor é o credor, também denominado tomador. No caso de concurso de credores, um deles pode representar os demais; havendo vários devedores, pode o credor pedir o recebimento do que lhe é devido de um ou de vários devedores, no total do débito ou parcial. O título deverá instruir a petição inicial, se for possível; o foro competente é o do domicílio do réu. Para opor embargos à execução, o devedor dispõe de instrumentos nos arts. 914 a 920 do CPC/2015. O protesto do título só é obrigatório na ação cambiária regressiva (q.v.) para descaracterizar a responsabilidade dos coobrigados. Também se diz Execução cambiária ou cambial.

✱ *V. CPC/1973: arts. 585, 741 a 745.*

✱ *V. CPC/2015, arts. 778, 786, 914,* caput, *§ 1º; 915, 917, § 3º, 918,* caput, *I a III, 919 e 920.*

Cautelar: 1. Aquela em que se pleiteia proteção urgente e provisória de um direito, ou medida que assegure a eficácia de sentença da ação principal a que está relacionada. Garante o exercício de outra ação, de conhecimento ou de execução, sendo, assim, instrumental, verificando-se nela uma pretensão pré-processual. Pode ser instaurada antes ou no curso da ação principal. Elementos da ação cautelar: a) autoridade judicial a que é dirigida (juiz da causa principal ou, se esta se encontra no tribunal, ao relator do recurso); b) nome, estado civil, profissão, residência do requerente e do requerido; c) o processo e seu fundamento (esse elemento só será exigido quando for requerido em procedimento preparatório); d) exposição sumária do direito ameaçado e o receio da lesão; e) provas a serem produzidas. 2. As *cautelares típicas*, previstas de modo expresso no CPC/1973, são: arresto, sequestro, caução, busca e apreensão, exibição, produção antecipada de provas, alimentos provisionais, anulamento de bens, justificação, protestos, notificações e interpelações, homologação de penhor legal; posse em nome do nascituro, atentado, apreensão de títulos e mais os oito itens constantes do art. 888 do CPC/1973. As *atípicas*, também mencionadas no CPC/1973, são todas as demais medidas provisórias que o juiz julgar necessárias e adequadas. O CPC/2015 trouxe sistema mais simples ao fixar requisitos iguais tanto para a concessão de tutela cautelar quanto de tutela satisfativa, quais sejam: perigo de dano ao direito em caso de demora e probabilidade de existência do direito pleiteado. Nesse sentido, o art. 294, parágrafo único, do CPC/2015 informa que a tutela de urgência é gênero de que são espécies a tutela cautelar e a tutela antecipada, enquanto o art. 300, do novo Código de Ritos, fixa os requisitos para a concessão delas. Outra alteração trazida pelo CPC/2015 é que ele não estabeleceu procedimentos cautelares típicos ou específicos autônomos como fazia o CPC/1973.

✱ *V. CPC/1973, arts. 796 a 889.*

✱ *V. CPC/2015, arts. 9º e 294 a 302.*

Cível: Visa à garantia de um direito ou ao cumprimento de obrigação civil, tutelada pelo Direito Civil. Também é cível a ação promovida para a reparação de danos causados por infração penal.

Civil pública de responsabilidade – Visa à reparação de danos causados ao meio ambiente, ao consumidor, aos bens e direitos de valor artístico, estético, histórico, turístico e paisagístico. É de rito especial, disciplinada pela Lei nº 7.347/1985, sem prejuízo de *ação popular* (q.v.), com uma diferença a ser notada: a civil pública tem de ser interposta pelo Ministério Público, União, Estados e Municípios, ou autarquias, empresas públicas, fundações, sociedades de economia mista ou associações constituídas há um ano; e a popular deve ser proposta por cidadão eleitor.

✱ *V. CF: arts. 5º, LXXIII, 129, III.*

✱ *V. Lei nº 4.717/1965 (Lei da Ação Popular): art. 1º.*

✱ *V. Lei nº 12.529/2011 (nova Lei do CADE).*

Coletiva trabalhista: Trata de direitos e interesses de grupos ou categorias; objetiva obter decisão da Justiça do Trabalho para criar ou modificar condições de trabalho. Pode ser interposta pelos trabalhadores ou pelos empresários. As ações coletivas são conhecidas como dissídioscoletivos.

✱ *V. CLT: arts. 856 a 875.*

Cominatória: Ação em que se requer ao juízo a fixação de multa, podendo esta ser diária, para ser paga pelo réu enquanto não cumprir a obrigação de fazer. O CPC/2015 trata do tema nos arts. 500, 536 e ss. Na obrigação de dar, não cabe cominação de multa (Súm. nº 500 do STF). Para a prestação de *obrigação de fazer* ou *não fazer*, usa-se o rito ordinário, remanescendo, porém, procedimentos especiais ligados à extinta ação cominatória, entre eles a *ação de prestação de contas* (q.v.).

✱ *V. CPC/2015, arts. 139, IV, 497 a 501, 536 e 538.*

Comissória: Proposta pelo senhorio direto contra o enfiteuta (aquele que detém o domínio útil), para pedir a extinção da enfiteuse e restituição da coisa emprazada, por não terem sido pagas as pensões devidas pelo prazo de 3 anos consecutivos. O vendedor pode propô-la contra o comprador para desfazer o contrato de compra e venda ou que seja pago o preço ajustado, quando existir cláusula de anulação de venda se o preço não for pago em determinado dia (art. 692, II, do antigo CC/1916). O novo CC proíbe a constituição de enfiteuses e semienfiteuses (q.v.).

Compensatória: Compete ao curador ou tutor contra o pupilo ou curatelado, para dele receber, após a extinção da curatela ou tutela, o pagamento das despesas que fez em benefício do menor ou interdito, assim como da remuneração a que tem direito por sua administração.

✱ *V. CC: arts. 1.752, caput e § 1º, e 1.774.*

Compulsória: Ação movida por proprietário, inquilino ou morador de um prédio contra quem ocupa propriedade vizinha da qual faz mau uso. Visa fazer cessar a falta de segurança, abuso contra o sossego e a saúde.

Condenatória: Compete ao autor a quem se concede título executivo para condenar o réu ou reclamado a pagar, dar, fazer ou abster-se de fazer algo, quando não cumpre voluntariamente a obrigação.

✱ *V. CPC/1973: arts. 566, 571 e 585.*

✱ *V. CPC/2015, arts. 778, caput, § 1º, 784 e 800.*

Conexa: É aquela que está de tal modo ligada a outra, ainda que diversas, que a reunião dos dois feitos se torna imperiosa, para não haver julgamentos contraditórios. Exemplo: ação penal por furto, outra por receptação dos objetos furtados. A conexão está presente em processos na área civil, trabalhista, penal etc.

✱ *V. Arts. 54 a 63, CPC.*

✱ *V. Art. 76, CPP.*

Confessória: Compete ao proprietário de prédio dominante contra o do prédio serviente para fazer valer a servidão, sob pena de multa. Também se usa quando o filho ou seus herdeiros pleiteiam o reconhecimento de sua legitimação (investigação de paternidade ou de maternidade). Pode propô-la o enfiteuta contra o senhorio direto. Também cabe ao nu-proprietário para lhe serem reconhecidas e declaradas as servidões ativas da enfiteuse.(CC: art. 2.038).

Consignatória – *V. Ação declarativa de consignação em pagamento.*

Constitutiva: É ação de conhecimento; objetiva criar, alterar ou extinguir uma relação jurídica, por exemplo a anulação de um ou mais atos jurídicos. A sentença pode ter efeito de retroação (ex tunc) e de irretroatividade (ex nunc). *V. Ação condenatória.*

✱ *V. CC: art. 182.*

Contra ato administrativo: Pode ser acionada por qualquer pessoa que se sinta prejudicada por ato administrativo legal: mandado de segurança, habeas corpus, ação de nulidade, ação popular etc.

Da mulher casada: – A Lei nº 4.121/1962 (Estatuto da Mulher Casada) capacitava a mulher casada a acionar a Justiça sem a necessidade de consentimento do marido, retirando-a da classificação de relativamente incapaz. Tal disposição tornou-se inócua com a promulgação da Constituição de 1988, que consagrou a igualdade total de direitos entre homens e mulheres.

✱ *V. CPC/1973, arts. 10 e 11.*

✱ *V. CPC/2015, arts. 73 e 74.*

✱ *V. Art. 5º, I, CF.*

De acidente do trabalho: Ação que busca obter indenização por acidente do trabalho (q.v.) resultante de culpa do empregador. Cabível nessa ação a reparação civil por dano moral (q.v.) pelo experimento do dano pelo empregado. A indenização procura reparar a inabilitação ou incapacidade para o trabalho, podendo ser em forma de pensão mensal, por tempo determinado ou alongando-se por toda vida, ou ainda em valor definido (dano material sofrido).

De adjudicação compulsória: Cabe ao compromissário de terreno, comprado a prestação, cujo pagamento foi integralizado, mover contra o promitente que se recusa a dar escritura definitiva para que lha outorgue em 5 dias, ou seja, em caso contrário, o lote adjudicado ao adquirente por via judicial.

✱ *V. art. 1.418, CC.*

✱ *V. Art. 318, CPC.*

✱ *V. CPC/1973, art. 1.218; sem correspondente no CPC/2015.*

✱ *V. Lei nº 6.015/1973 (Lei dos Registros Públicos).*

De alimentos: Ação especial em que, por força de lei, se obriga uma pessoa a prestar alimentos a outra. A palavra alimentos designa, além da subsistência material, auxílio à educação, à formação intelectual e saúde física e mental. Esse direito é recíproco entre pais e filhos, podendo ser exigido uns dos outros, e estendendo-se aos ascendentes. O juiz deve fixar os alimentos de acordo com as necessidades do requerente e os recursos do reclamado, podendo ser solicitada exoneração, redução ou agravação do encargo, conforme mude a situação financeira de quem os supre ou os recebe. De acordo com o art. 1.700 do CC, a obrigação de prestar alimentos transmite-se aos herdeiros do devedor. Cônjuges contribuirão na proporção de seus recursos para a manutenção dos filhos. Os alimentos podem ser: provisionais, quando fixados precariamente até o julgamento da ação principal; definitivos, quando fixados por sentença transitada em julgado. A sonegação de alimentos, tanto provisionais como definitivos, leva o sonegador à prisão civil. Se insistir em negá-los, pode ser incurso nas penas do art. 244 do CP (abandono material). O foro competente para a ação de alimentos é o do domicílio ou residência do alimentando, e o processo corre em segredo de justiça. O art. 130, parágrafo único, do ECA determina que alimentos provisórios sejam fixados cautelarmente em favor da criança ou adolescente cujo agressor seja afastado da moradia comum por determinação judicial.

✱ *V. CF: arts. 5º e 6º, LXVII.*

✱ *V. CC: arts. 1.694 e segs.*

✱ *V. CPC/1973: arts. 155, II, 520, II, 732 a 735.*

✱ *V. CPC/2015, arts. 189, II, 911 a 913 e 1.012, § 1º,II, § 4º.*

✱ *V. Lei nº 5.478/1968 (Lei da Ação de Alimentos).*

✱ *V. Lei nº 6.515/1977 (Lei do Divórcio), arts. 16 e 19 a 24.*

✱ *V. EC nº 64/2010 (Inseriu a alimentação como direito social): art. 6º da CF.*

✱ *V. EC nº 66/2010 (Altera o art. 226, § 6º, Dispõe sobre a dissolubilidade do casamento civil pelo divórcio, suprimindo o requisito de prévia separação judicial por mais de 1 (um) ano ou de comprovada separação de fato por mais de 2 (dois) anos).*

De Anticrese: Compete ao credor anticrético para haver do devedor o pagamento integral de dívida vencida. *V. Anticrese.*

De atentado: Cautelar que se propõe contra a parte que comete atentado no decorrer do processo, autuando-se esta petição em separado e sendo a ação de atentado processada e julgada pelo juiz da causa principal, mesmo estando esta no tribunal. Julgado procedente o pedido, restabelece-se o estado anterior, suspende-se a causa principal e proíbe-se ao réu que fale nos autos até a purgação do atentado. O réu poderá, ainda, por sentença, ser condenado a pagar os danos sofridos pela parte contrária.

✱ *V. CPC/1973: arts. 879 a 881.*

✱ *V. CPC/2015, art. 77, §§ 1º e 7º.*

AÇÃO DE AUTORIA

De avaria – Proposta pelo segurado contra o segurador, visando à cobrança de indenização com a liquidação do valor das avarias cobertas pela apólice.

De caução: Visa ao cumprimento forçado de direito já reconhecido.

✱ *V. Arts. 678 e 895, CPC.*

AÇÃO DECLARATIVA – O mesmo que *ação prejudicial* (q.v.).

Declaratória: Visa obter declaração judicial sobre determinada relação jurídica, tornando certo o incertoou de autenticidade ou falsidade de documento. É, pois, *ação de conhecimento* (q.v.), prevenindo litígios, (arts. 19 e 20 do CPC/2015). Admite-se reconvenção (q.v.) em ação declaratória (Súm. nº 258 do STF). Também cabe este tipo de ação para reconhecimento de tempo de serviço. ***V.*** *Ação condenatória.*

✱ ***V.*** *Súm. nº 242 do STF.*

✱ ***V.*** *CPC/1973, art. 4º, I e II, e parágrafo único, correspondente aos arts. 19 e 20 do CPC/2015.*

Declaratória de constitucionalidade: Aquela em que o Poder Público pleiteia do STF a declaração de constitucionalidade de lei ou ato normativo. Depois desse pronunciamento não há possibilidade de uma decisão em contrário, visto ter ela poder vinculante.

✱ ***V.*** *CF: art. 102, § 2º.*

✱ *Lei nº 9.868/1999 (Dispõe sobre o processo e julgamento da ação direta de inconstitucionalidade e da ação declaratória de constitucionalidade perante o Supremo Tribunal Federal).*

Declaratória incidental: Destina-se a solicitar julgamento de questão prejudicial referida no processo, isto é, aquela que não está em julgamento mas é posta como antecedente lógico da decisão que venha a ser proferida e, por si só, deveria ser objeto de processo autônomo. Nesse contexto a questão prejudicial não faz coisa julgada, a não ser que a parte o requeira, por meio desta ação.

✱ ***V.*** *CPC/1973: arts. 5º, 325, 469, III, e 470.*

✱ ***V.*** *CPC/2015, arts. 313, IV, e 504.*

Declaratória de inconstitucionalidade: Deve ser ajuizada perante o STF, para se obter declaração de inconstitucionalidade de lei ou de atos normativos do Poder Público.

De cobrança: Movida pelo credor para haver do devedor o crédito que lhe é devido. Pode seguir o rito comum, se a lei não impõe o especial; procedimento sumário na cobrança de honorários dos profissionais liberais.

De comodato: Movida pelo comodante, em procedimento sumário para obter do comodatário a coisa emprestada e receber indenização por perdas e danos, se cabíveis.

✱ ***V.*** *CC: arts. 579 a 585.*

✱ ***V.*** *CPC/1973, art. 275, II, g, sem correspondente no CPC/2015.*

De concubinato: O STF, pela nova legislação, garante que "comprovada a existência de sociedade de fato entre os concubinos, é cabível a sua dissolução judicial, com a partilha do patrimônio adquirido pelo esforço comum" (Súm. nº 380 do STF). ***V.*** *Concubinato.* Atualmente, consolidado o conceito de união estável entre homem e mulher, e o seu reconhecimento legal, após a CF de 1988, a ação utilizada para a obtenção da partilha de bens é denominada ação de reconhecimento e dissolução de união estável.

✱ ***V.*** *Art. 1.727, CC.*

✱ ***V.*** *Lei nº 8.971/1994 (Regula o direito dos companheiros a alimentos e à sucessão).*

✱ ***V.*** *Lei nº 9.278/1996 (Lei da União Estável).*

De conhecimento: Aquela que visa a uma sentença que reconheça o direito do autor.

De consignação em pagamento: O mesmo que ação consignatória e ação de depósito em pagamento. Visa liberar o devedor de uma obrigação, fazendo em juízo o depósito de quantia ou de coisa devida, obtendo, assim, a quitação da dívida, quando o credor não quer receber, ou não é encontrado ou é incerto. Não havendo contestação no prazo de 10 dias, o juiz dará como procedente o pedido, declarará extinta a obrigação e condenará o réu ao pagamento das custas e honorários.

✱ ***V.*** *CPC/1973: arts. 890 a 900.*

✱ ***V.*** *CPC/2015, arts. 539 a 549.*

De cumprimento (competência): À Justiça do Trabalho compete a conciliação e o julgamento de dissídios originados no cumprimento de convenções e/ou acordos coletivos de trabalho, ainda que ocorram entre sindicatos ou entre sindicato de trabalhadores e o de empregador (Lei nº 8.984/1995, art. 1º). A Súm. nº 57 do STJ, que limitava a competência da Justiça do Trabalho às convenções homologadas perante ela, deixa de ser aplicável, tendo em vista a lei citada.

De dano(s): O art. 927 do CC de 2002 alterou o art. 159 do CC anterior: aquele que por ato ilícito causar dano fica obrigado a repará-lo; e o seu parágrafo único dispõe que haverá indenização independentemente de culpa: nos casos especificados em lei "ou quando em atividade desenvolvida pelo autor do dano implicar, por sua natureza, riscos para os direitos de outrem". Como se vê, foi incluída aqui a teoria do risco também sem especificação legal. O art. 928 admite ser o incapaz responsável pelo pagamento de prejuízos, quando seus responsáveis não tiverem a obrigação de fazê-lo ou não tenham meios suficientes. O seu parágrafo único ameniza a rigidez do *caput* ao determinar que a indenização seja equitativa e não prive do necessário o incapaz nem as pessoas sob sua dependência. Este artigo admite, de maneira expressa, o *favor debitoris*, o *beneficium competentiai*,o *id quod facere potest* do Direito Romano de Justiniano. O CC de 1916 não previa este artigo. Ao admitir, no art. 944, que a indenização seja medida pela extensão do dano, os autores do novo CC adotam a teoria das três culpas – grave, leve e levíssima –, existente na época medieval e inspirada sobre comentário de Ulpiano sobre a Lei Aquília: *In lege Aquilia et levissima culpa venit.*O juiz, porém, pode reduzir, de maneira equitativa, a indenização, quando há desproporção entre a gravidade da culpa e o dano. A CF acolhe, em seu art. 5º, X, o dano moral.

Ação de depósito: 1. Cabe ao depositante, para exigir do depositário, ou de pessoa que tenha direito ao depósito, a restituição do bem depositado, com seus acréscimos. 2. A CF, em seu art. 5º, LXVII, restringiu a possibilidade de prisão civil por dívidas a obrigações alimentícias e ao descumprimento de deveres pelo depositário fiel. Contudo, o STF entendeu que, com a ratificação pelo Brasil da Convenção Interamericana de Direitos Humanos (Pacto de San Jose da Costa Rica), é incabível a prisão civil por qualquer modalidade de depósito. 3. O CPC/2015 deixou de estabelecer procedimento especial para esta ação, que, doravante, adota o procedimento comum.

✱ ***V.*** *CF, art. 5º, LXVII.*

✱ ***V.*** *CC/2002, arts. 627 a 652.*

✱ ***V.*** *art. 311, III, CPC.*

✱ ***V.*** *CPC/1973, arts. 901 a 906, sem correspondentes no CPC/2015.*

✱ ***V.*** *Súm. Vinc. nº 25.*

De desapropriação: Compete exclusivamente ao Poder Executivo, no uso de seu poder discricionário, para imitir-se na posse de imóvel, sob alegação, quanto à finalidade, de utilidade pública, interesse social ou necessidade.O Poder Executivo indeniza o proprietário pelo preço que fixa ou, em caso de contestação, pelo que o juiz decretar, após avaliação judicial. O mesmo que *ação expropriatória*.

*✱ **V.** CC, arts. 1.228, § 3º, 1.275,1.387.*

*✱ **V.** Dec.-Lei nº 3.365/1941(Lei das Desapropriações).*

*✱ **V.** Lei nº 2.786/1956 (Altera a Lei das Desapropriações).*

*✱ **V.** Lei nº 4.132/1962 (Define os casos de desapropriação por interesse social e dispõe sobre sua aplicação).*

*✱ **V.** Lei nº 4.504/1964 (Estatuto da Terra).*

*✱ **V.** Dec.-lei nº 1.075/1970 (Regula a imissão de posse,* initio litis, *em imóveis residenciais urbanos).*

De despejo de imóvel: Promovida pelo proprietário ou locador para a retomada de imóvel alugado, seja por falta de pagamento dos aluguéis, seja para sua própria residência, ou de seus ascendentes ou descendentes. É ação de rito ordinário, independe de valor da causa.

*✱ **V.** Lei nº 8.245/1991 (Lei do Inquilinato): arts. 59 a 66.*

*✱ **V.** Lei nº 12.112/2009.*

AÇÃO DE DESTITUIÇÃO DO PODER FAMILIAR – Compete ao juiz, *ex officio*, ao Ministério Público, ou a qualquer parente do menor, contra o pai ou a mãe que infligir castigos brutais, imoderados, ao filho, deixá-lo em estado de abandono ou praticar contra ele atos atentatórios aos bons costumes.

*✱ **V.** CC, art. 1.638, I a III.*

*✱ **V.** Lei nº 8.069/1990 (Estatuto da Criança e do Adolescente – ECA).*

De divórcio: Ação que tem por finalidade a dissolução da sociedade conjugal, cessando os efeitos civis do matrimônio religioso.Dá-se, com ela, a dissolução do vínculo conjugal. O pedido de divórcio é privativo dos cônjuges e só por eles pode ser exercido, a menos que um deles seja incapaz, quando poderá fazê-lo por curador, irmão ou ascendente. A EC nº 66/2010 deu nova redação ao § 6º do art. 226 da CF, que dispõe sobre a dissolubilidade do casamento civil pelo divórcio, suprimindo o requisito de prévia separação judicial por mais de um ano ou de comprovada separação de fato por mais de dois anos.

*✱ **V.** Lei nº 6.515/1977 (Lei do Divórcio).*

*✱ **V.** EC nº 66/2010 (Dispõe sobre a dissolubilidade do casamento civil pelo divórcio, suprimindo o requisito de prévia separação judicial por mais de 1 (um) ano ou de comprovada separação de fato por mais de 2 (dois) anos).*

De emancipação: Cabe ao menor, com 16 anos completos, com a citação do Ministério Público, promover contra o seu pai e, na falta deste, contra a mãe ou tutor, para que seja declarado maior e capaz para os atos da vida civil e para administrar os seus bens. O menor assina a petição com o advogado. Tendo o menor pai, ou mãe, um ou outro pode comparecer a um tabelionato e assinar escritura de emancipação (*emancipação outorgada*). A emancipação terá de ser registrada no Registro Civil da comarca do domicílio do menor, sem o que não produzirá efeito (Estatuto da Criança e do Adolescente – Lei nº 8.069/1990, art. 148, parágrafo único, *e*). A competência é da Justiça da Infância e da Juventude, criada por essa lei.

*✱ **V.** Lei nº 8.069/1990 (Estatuto da Criança e do Adolescente – ECA): art. 148, parágrafo único,* e.

De esbulho: Ação que dá ao possuidor o direito de ser restituído na posse do imóvel.

*✱ **V.** CC: 9º, II, 1.635, II.*

*✱ **V.** CPC/1973: arts. 926 a 931.*

*✱ **V.** CPC/2015, arts. 719, 725, I.*

De estado (Dir. Proc. Civil): Ação que visa alterar o estado e a capacidade da pessoa. Exige a intervenção do Ministério Público, cuja falta de intimação resultará em nulidade do processo. Esse procedimento será obrigatoriamente ordinário e os parentes poderão ser testemunhas. A sentença faz coisa julgada (q.v.) em relação a terceiros. Terá lugar igualmente a tentativa de conciliação.

*✱ **V.** CPC/1973: arts. 82, II, 84, 92, II, 275, parágrafo único, 405, § 2º, I, e § 4º, 447, parágrafo único, e 472.*

*✱ **V.** CPC/2015: arts. 178, 447, § 2º, I e § 4º, e 506.*

De evicção: Ação que cabe ao adquirente de coisa já onerada em favor de outrem, contra o alienante. Pede-se o reembolso integral do preço pago, mais as despesas de transmissão da propriedade, custas judiciais e perdas e danos. Não cabe a ação se o segundo adquirente, autor desta, foi privado do bem por caso fortuito, força maior, roubo ou furto ou, ainda, se já sabia que a coisa era alheia ou litigiosa.

*✱ **V.** CC: arts. 447 a 457.*

*✱ **V.** Art. 125, I, CPC.*

De falsidade: É a arguição de falsidade contra documento público ou particular apresentado no processo principal; é ação incidental em que se argui tanto a falsidade material do documento apresentado no processo principal quanto a da veracidade do seu contexto e, como tal, converge sobre a ação principal em andamento e com ela passa a caminhar, dentro do mesmo processo.

*✱ **V.** CPC/1973: arts. 390 a 395.*

*✱ **V.** CPC/2015, arts. 430 a 433.*

De gestão de negócio: Ação que o dono do negócio promove contra o gestor, a fim de que esse lhe preste contas. Pode ocorrer também do gestor contra o dono do negócio, requerendo que o isente de compromissos que em seu benefício assumira ou que o indenize de gastos que fez com a gestão de seus negócios.

*✱ **V.** CC: art. 863.*

De habeas corpus: Ação mandamental que visa tutelar a liberdade de locomoção de uma pessoa, seu direito de ir, vir ou de permanecer, contra coação ou coerção ilegal da autoridade.

*✱ **V.** CF: arts. 5º, LXVIII e 139.*

*✱ **V.** CPP: art. 647.*

De habeas data: Ação cautelar na qual o postulante deseja saber informações a respeito de sua pessoa, ou a retificação de dados, constantes em registros de bancos de dados de entidades governamentais ou de caráter público.

*✱ **V.** CF: art. 5º, LXXII (regulamentado pela Lei nº 9.507/1997 (Lei do Habeas Data).*

De honorários: Também chamada ação executiva de cobrança de honorários. Compete aos profissionais liberais – advogados, solicitadores, médicos, dentistas, professores, engenheiros, psicólogos, para recebimento de honorários, havendo contrato por escrito ou comprovada, no transcurso da lide, a prestação do serviço. Na falta de contrato, a ação segue o rito ordinário, sendo os honorários arbitrados.

*✱ **V.** CPC/1973: arts. 275, II,* f, *e 585, II.*

✱ *V. CPC/2015, .arts. 85, § 14, 784, II.*

De indenização: Cabe ao prejudicado cujo direito foi violado, por ação, omissão voluntária, negligência ou imprudência de outrem, para ressarcir-se pelo dano causado. O mesmo que ação de dano.

✱ *V. CC: art. 186.*

De inventário: Procedimento especial de jurisdição contenciosa, visa à liquidação e partilha entre os herdeiros dos bens e direitos deixados pelo de cujus. O inventário é o gênero, de que são espécies os procedimentos de arrolamento sumário e comum. A matéria está regulada nos arts. 610 a 667 do CPC/2015. ***V.*** *Arrolamento.*

A matéria está regulada no CPC/1973, arts. 982 a 1.038; correspondentes aos arts. 610 a 667 do CPC/2015.

✱ *V. CPC/1973: arts. 990 a 1.038.*

De investigação de maternidade: Cabe ao filho natural contra a suposta mãe, ou seus herdeiros, visando ao reconhecimento da filiação que alega. Qualquer pessoa com justo interesse pode contestar a ação. A sentença que julgar procedente a ação de investigação produzirá os mesmos efeitos do reconhecimento.

✱ *V. CC: arts. 1.615 e 1.616.*

De investigação de paternidade: Compete ao filho ilegítimo, para conseguir o reconhecimento de sua filiação, contra o pai, ou se falecido, contra os herdeiros deste para que, por sentença judicial, sua filiação seja declarada provinda do investigado. Pode ser cumulada com a petição de herança. O processo corre em segredo de Justiça.

✱ *V. CC: arts. 1.600 a 1.607, 1.615 e 1.616.*

✱ *V. Súm. nº 301 do STJ.*

✱ *V. CPC/2015, art. 164.*

✱ *V. Lei nº 8.560/1992 (Lei de Investigação de Paternidade).*

De laudêmio: Compete ao senhorio direto e é impetrada quando houver a transferência, por venda ou dação em pagamento, do imóvel aforado ou do domínio útil, para receber do alienado o laudêmio fixado no título de aforamento. ***V.*** *laudêmio.*

De mandado de segurança: Ação cível cuja finalidade é a de resguardar direito líquido e certo não amparado por habeas corpus ou habeas data, contra ilegalidade ou abuso de poder, praticado por autoridade pública ou agente de pessoa jurídica no exercício de atribuições do Poder Público. Pode ser impetrado individualmente ou de forma coletiva por meio de entidades de classe ou associações. O direito líquido e certo deverá ser comprovado por meio dos documentos juntados na inicial, sob pena da denegação da ordem pleiteada. ***V.*** *mandado de segurança.*

✱ *V. CF: art. 5º, LXIX.*

✱ *V. Lei nº 12.016, de 7-8-2009 (Lei do Mandado de Segurança Individual e Coletivo).*

De manutenção na posse: Visa manter o possuidor na posse de coisa física, móvel ou imóvel, da qual não fora legalmente privado, para pedir que seja protegida, em razão de estar ameaçada, ou prevenir violência, com garantia pelos danos causados a ela. Deve ser precedida, portanto, de turbações sofridas pelo possuidor durante o exercício de seu direito, as quais não implicam a perda total ou parcial, quando então se daria o caso de *ação de reintegração de posse* (q.v.). Quando não houver uma distinção transparente, o juiz conhece o pedido e outorga a proteção jurisdicional adequada. A ação será sumária quando intentada no prazo de ano e dia da turbação, e ordinária, ultrapassado esse prazo.

✱ *V. CC, arts. 1.210,* caput, *e 1.222.*

✱ *V. CPC/1973: arts. 926 a 931.*

✱ *V. CPC/2015, arts. 47, 554 e 566.*

Demolitória: Ação que força alguém a demolir obra construída com violação de direitos de vizinhança ou de preceito legal. É de competência do vizinho ou da União, Estado ou Município.

✱ *V. arts. 1.299 a 1.313 do CC de 2002.*

De mútuo: Promovida pelo mutuante contra o mutuário para exigir deste a restituição do bem, no mesmo gênero, qualidade e quantidade. O mutuário responde pelos juros de mora, podendo envolver juros expressamente convencionados.

✱ *V. CC: arts. 586 a 592.*

De nulidade: Visa pedir a declaração de ineficácia de ato em que se verifiquem vícios ou defeitos essenciais que o tornem nulo de pleno direito. É ação de rito ordinário e natureza declaratória, podendo ser a nulidade alegada por qualquer interessado ou pelo órgão do Ministério Público, e devendo ser pronunciada pelo juiz quando este conhecer do ato ou de seus efeitos estando ela provada, não podendo supri-la mesmo a requerimento das partes.

✱ *V. CC: arts. 168 a 184*

✱ *V. CPC/1973: arts. 243 a 250.*

✱ *V. CPC/2015, arts. 276 a 283.*

✱ *V. Lei nº 8.625/1993 (Lei Orgânica Nacional do Ministério Público), art. 25.*

✱ *V. Lei nº 9.800/1999 (Permite às partes a utilização de sistema de transmissão de dados para a prática de atos processuais).*

De nunciação de obra nova: O mesmo que *ação de embargos de obra nova.* Compete ao proprietário ou possuidor de um prédio urbano, para impedir que a construção de obra nova prejudique seu prédio, ou se a obra nova estiver sendo erguida em descumprimento de determinação legal. Pode ser arguida, também, quando prejudica a ordem pública, razão por que é da competência, igualmente, do Município. Compete, ainda, ao condômino, para obstar que o coproprietário execute obra em prejuízo ou alteração da coisa comum. Essa ação não se confunde com a *demolitória*, na qual se pede a demolição de obra já concluída, enquanto na de *nunciação* a obra está em andamento e deve ser interrompida. Pode-se interpô-la para impedir a abertura de janelas, sacada, terraço ou varanda a menos de metro e meio ou por causa de goteiras que vertam água sobre o prédio vizinho. É ação de rito sumário. Esta ação foi excluída do texto do CPC/2015.

✱ *V. CC, arts. 186, 1.280 e 1.281.*

✱ *V. CPC/1973: arts. 934 e 936 a 938.*

✱ *V. CPC/2015, arts. 47, § 1º, 77, § 1º, e 214, I, 1.046,§ 1º.*

De ofício: Faculdade da Administração Pública de adotar decisões executórias e levá-las a termo por coação, com uso da força contra o particular.

De partilha: Ação simplesmente declaratória da propriedade que o herdeiro, ou interessado legítimo, move para exigir do cabeça do casal ou de coerdeiros que se acharem na posse dos bens comuns, que os deem a inventário ou partilha, com os rendimentos havidos desde a abertura da sucessão.

✱ *V. CC: art. 2.020.*

De passagem de águas: Compete a qualquer um que tenha legítimo interesse, contra donos de prédios rústicos (menos chácaras, sítios murados, quintais, pátios, hortas, jardins) para poder canalizar por meio destes as águas a que tenha direito, em proveito agrícola ou industrial próprio, pagando prévia indenização.

✱ **V.** *CC: art. 1.293.*

✱ **V.** *Dec. nº 24.643/1934 (Código de Águas).*

De passagem forçada: Ação de rito sumário a que tem legitimidade o proprietário, o usufrutuário, o usuário, o habitador ou possuidor de prédio encravado em outro, para pedir saída para via pública, fonte ou ponto. O proprietário do prédio situado entre o encravado e o acesso à via pública tem legitimidade passiva.

✱ **V.** *CC: art. 1.285.*

De prestação de contas (Dir. Proc. Civil): Procedimento especial de jurisdição contenciosa com competência para sua propositura aquele que tem o direito de exigi-las em face de quem tem a obrigação de prestá-la. Pelo balanço contábil, conclui-se qual a parte devedora e o montante do débito; pelo valor do saldo reconhecido na sentença, faz-se, nos autos, a execução contra o devedor.

✱ **V.** *CC, art. 861 e segs.*

✱ **V.** *CPC/1973: arts. 914 a 919.*

✱ **V.** *CPC/2015, arts. 550 a 553.*

De reintegração na posse: Visa garantir ao possuidor, no caso de esbulho, ser reinvestido na posse, por meio de mandado de reintegração. Apesar de o Código registrar reintegração de posse, o correto é reintegração na posse.

✱ **V.** *CPC/1973: arts. 920 a 931.*

✱ **V.** *CPC/2015: arts. 554 a 566.*

De reivindicação: Ação de incumbência do proprietário ou do titular do domínio de coisa móvel, ou imóvel. Tem por finalidade reaver a coisa que está em poder de quem a detém injustamente.

✱ **V.** *CC: arts. 1.223, 1.228, 1.642, V, 1.649 e 1.675.*

De renovação do contrato de locação comercial: O locatário comerciante ou industrial (ou empresarial, segundo o CC de 2002), poderá obter a renovação do aluguel, judicialmente, havendo contrato escrito por mais de cinco anos ininterruptos nos termos do art. 51 da Lei nº 8.245/1991. No contrato firmado por qualquer prazo, será ele indeterminado se, ao seu término, não houver manifestação das partes ao cabo de 30 dias quanto à sua prorrogação. Instalada esta, caberá a denúncia imotivada (vazia), a qualquer tempo, para a desocupação. Deverá pautar-se o interessado pelo disposto nos arts. 58 e seus incisos e 71 a 75 da Lei nº 8.245/1991. O processo tramita durante as férias forenses e não se suspende pela superveniência delas (art. 58, I); é competente o foro do lugar da situação do imóvel, salvo se outro houver sido eleito no contrato (art. 58, II).

De reparação de dano: Cabe ao prejudicado por delito de outrem, ou procedimento que lese o seu patrimônio, para compeli-lo ao ressarcimento pecuniário.

✱ **V.** *CC: arts. 186 a 188.*

✱ **V.** *Ação de danos.*

De repetição de indébito: Ação que compete àquele que pagou o que não devia ou a mais do que devia, pelo que requer a restituição do saldo.

✱ **V.** *CC, arts. 876 e segs.*

✱ **V.** *CTN, art. 165.*

De restituição: Consiste na devolução da coisa ou no retorno dela ao estado anterior, com origem em obrigação estipulada convencionalmente ou por determinação legal. Não podendo ser a coisa devolvida ou colocada em seu estado primitivo, haverá a reparação por perdas e danos; nas ações possessórias, a restituição é a devolução da posse a quem dela tenha sido privado. Ao proprietário é assegurado o direito de usar, gozar e dispor de seus bens e de reavê-los do poder de quem quer que injustamente os possua. No CC atual, os arts. 105, 166, 171, 180, 181 informam a respeito da restituição no que se refere aos incapazes; arts. 1.233 e 1.234 quanto à coisa achada; arts. 876 a 883 (assim como os arts. 165 a 169 do CTN) no tocante ao pagamento indevido; arts. 884 a 886 sobre enriquecimento sem causa; arts. 417 a 420 relativamente às arras; arts. 565 a 578, no que diz respeito à locação de coisas.

De seguros: Promovida pelo segurado contra o segurador para indenizar-se do valor da coisa que pereceu, sofreu dano ou se extraviou, na vigência do contrato e cujo risco fora assumido pelo segurador.

✱ **V.** *CC: art. 757 e segs.*

✱ **V.** *Lei nº 15.040/2024 – Marco Legal dos Seguros.*

✱ **V.** *Lei nº 6.194/1974 (Dispõe sobre Seguro Obrigatório de Danos Pessoais causados por veículos automotores de via terrestre, ou por sua carga, a pessoas transportadas ou não).*

De separação judicial consensual: Em 14-7-2010, foi publicada no *Diário Oficial da União* a EC nº 66/2010, que dispõe sobre a dissolubilidade do casamento civil pelo divórcio, suprimindo o requisito de prévia separação judicial por mais de 1 (um) ano ou de comprovada separação de fato por mais de 2 (dois) anos.

✱ **V.** *CPC/1973: art. 36.*

✱ **V.** *CPC/2015, art. 103.*

De simulação: Proposta por prejudicados por atos simulados; do credor contra devedor que alienou, simuladamente, bens do próprio patrimônio em detrimento de garantias dadas ao credor, para que tal ato seja declarado insubsistente quanto aos efeitos jurídicos da transmissão. Também os representantes públicos podem pedir a nulidade do ato.

✱ **V.** *CC: arts. 167 e 168.*

De tutela: Cabe ao curatelado ou tutelado e visa obter a prestação de contas e indenização por danos que seus curadores ou tutores tenham causado. ***V.*** *Curatela.*

De usucapião: É movida pelo possuidor do imóvel particular alheio, com ou sem título aquisitório, contra possíveis interessados, observados os requisitos legais, para que, por sentença, lhe seja reconhecido o domínio sobre ele, decorrido o prazo que a lei exige. A CF consagrou dois tipos de usucapião, alterando disposições legais anteriores.

Especial ou **pro labore:** concedendo a propriedade a quem, não sendo proprietário, possua como seu imóvel rural ou urbano, por 5 anos ininterruptos, sem oposição, área de terra em zona rural não superior a cinquenta hectares, tornando-a produtiva por seu trabalho ou de sua família, tendo nela moradia. Não são passíveis de usucapião os imóveis públicos.

✱ **V.** *CF, arts. 183, § 3º, e 191.*

Urbano: adquire o domínio de área urbana até duzentos e cinquenta metros quadrados quem a possuir como sua por 5 anos ininterruptos e sem oposição, utilizando-a para sua moradia ou a de sua família, com a condição de que não seja proprietário de outro imóvel urbano ou rural. Pela Lei nº 6.969/1981, art. 5º, adotar-se-á o procedimento sumário na ação de usucapião especial. O autor pode requerer, na petição inicial, onde exporá o fundamento de pedido e individualizará o imóvel, que seja designada audiência preliminar para justificar a posse e, comprovada esta, para nela ser mantido até a decisão da causa. Deve requerer, ainda, a citação pessoal daquele em cujo nome se acha transcrito o imóvel usucapiendo, assim como a dos confinantes e, por edital, dos réus ausentes, incertos e desconhecidos. Representantes da Fazenda Pública (União, Estados, Distrito Federal e Municípios) terão ciência do feito, por carta, para que se manifestem no prazo de 45 dias. Pode o autor requerer, e o juiz da causa determinar, que a autoridade policial garanta a integridade física dos ocupantes.

✱ *V. CC, arts. 1.238 a 1.244.*

✱ *V. Dec.-lei nº 9.760/1946 (Dispõe sobre os bens imóveis da União), art. 200.*

✱ *V. Lei nº 4.504/1964 (Estatuto da Terra), art. 98.*

✱ *V. Lei nº 6.969/1981 (Altera o art. 589, § 2º, do antigo CC), art. 1º.*

✱ *V. CF: arts. 183 e 191.*

✱ *V. CPC/2015, arts. 246, § 3º, e 259, I.*

AÇÃO DIRETA – Aquela dirigida contra pessoas nas quais de imediato se reflete a relação processual estabelecida.

Direta de inconstitucionalidade: Ação conferida ao Presidente da República, ao Senado, à Câmara e Assembleia Legislativa, a governador de Estado, ao Procurador-Geral da República, ao Conselho Federal da Ordem dos Advogados do Brasil ou a partido político com representação no Congresso Nacional para demonstrar a inconstitucionalidade da norma legal. Deve ser dirigida ao STF.

✱ *V. CF: arts. 102, I, a e p, 103 e 129, IV.*

✱ *V. Súm. Vinculante nº 10 (Viola a cláusula de reserva de plenário (CF, art. 97) a decisão de órgão fracionário de tribunal que, embora não declare expressamente a inconstitucionalidade de lei ou ato normativo do poder público, afasta sua incidência, no todo ou em parte).*

✱ *V. Lei nº 9.868/1999 (Dispõe sobre o processo e julgamento da ação direta de inconstitucionalidade e da ação declaratória de constitucionalidade perante o Supremo Tribunal Federal).*

Direta de inconstitucionalidade por Omissão: Competência originária do STF para que seja declarada a inconstitucionalidade de lei ou ato normativo de âmbito estadual ou federal com disposição no art. 102, I, a, da CF de 1988. Com relação ao tema, a Lei nº 12.063, de 27-10-2009, acrescentou à Lei nº 9.868, de 10-11-1999, o Capítulo II-A, que estabelece a disciplina processual da ação direta de inconstitucionalidade por omissão.

✱ *V. Lei nº 9.868/1999 (Dispõe sobre o processo e julgamento da ação direta de inconstitucionalidade e da ação declaratória de constitucionalidade perante o Supremo Tribunal Federal).*

Discriminatória: Compete à União ou a um Estado para separar terras de seu domínio de outras que pertençam a particulares (Lei nº 6.383/1976/Lei das Ações Discriminatórias).

Em causa própria: É lícito à parte postular em causa própria quando tiver habilidade legal ou, não a possuindo, no caso de falta de advogado no lugar ou recusa ou impedimento dos que houver (art. 103, Parágrafo único, do CPC e art. 4º da Lei nº 8.906/1994 – Estatuto da Advocacia e da Ordem dos Advogados do Brasil). "O ato praticado por advogado, em causa própria, simplesmente impedido para o exercício da profissão, é passível de anulabilidade, logo sanada por tempestiva ratificação (RTJ 98/293 e RP 26/258)". No Juizado Especial Cível as causas de valor até 20 salários mínimos poderão ser intentadas pelas partes, podendo ser assistidas por advogado; nas de valor superior a assistência é obrigatória (art. 9º da Lei nº 9.099/1995). Passando a ação para a fase recursal, as partes, obrigatoriamente, serão representadas por advogado.

✱ *V. Lei nº 9.099/1995 (Dispõe sobre os Juizados Especiais Cíveis e Criminais e dá outras providências): art. 41, § 2º.*

✱ *V. art. 103, parágrafo único, do CPC/2015, e art. 4º da Lei nº 8.906/1994 – Estatuto da Advocacia e a OAB.*

Falimentar: Cabe ao credor ou devedor comerciante. Considera-se falido o comerciante que não pagar, no vencimento, sem relevante razão de direito, obrigação líquida materializada em título ou títulos executivos protestados cujo valor total ultrapasse 40 salários mínimos, ou pratica atos falimentares.

✱ *V. Lei nº 11.101/2005 (Lei de Recuperação de Empresas e Falências): art. 94.*

Incidental: Aquela que converge sobre outra que já está em curso, passando a tramitar com ela no mesmo processo.

✱ *V. CPC/1973, arts. 5º, 325 e 470, correspondentes ao art. 313, IV, do CPC/2015.*

✱ *V. CPC/1973, arts. 34 (despesas processuais), 109 (competência), 265, IV, c e § 5º (suspensão do processo).*

✱ *V. CPC/2015, arts. 85, § 1º, e 313, IV.*

Monitória: Compete a quem pretender, com base em prova escrita, sem eficácia de título executivo, pagamento de soma em dinheiro, entrega de coisa fungível ou determinado bem móvel.

✱ *V. CPC/1973: arts. 1.102 a 1.102c, §§ 1º e 3º, este acrescido pela Lei nº 9.079/1995.*

✱ *V. CPC/2015: arts. 700 a 702.*

Ordinária: Ação que faz parte do procedimento comum. É o que se aplica a todas as causas, a menos que haja disposição em contrário no CPC ou em lei especial.A maioria das ações cíveis está sob a epígrafe de ação ordinária, para cuja tramitação é de regra o procedimento ordinário. Há casos, ainda, em que mesmo o procedimento especial se converte em ordinário. No caso de anulação de pedidos, com procedimento diverso, será admitida a cumulação se o autor utilizar o rito ordinário. O CPC/2015 aboliu a divisão de ritos, mas o § 1º, art. 1.046 traz que as disposições da Lei nº 5.869, de 11 de janeiro de 1973, relativas ao procedimento sumário e aos procedimentos especiais que forem revogadas aplicar-se-ão às ações propostas e não sentenciadas até o início da vigência deste Código.

✱ *V. CPC/1973: arts. 271, 272, 274, 282, 292, 903, 910, 955 e 968.*

✱ *V. CPC/2015, arts. 318, 319, 327, 578 e 589, 1.049, § 1º.*

Penal: Faculdade que tem o Poder Público de, em nome da sociedade, apurar a responsabilidade dos agentes de delitos, o autor de crime ou contravenção, para lhes aplicar sanções punitivas correspondentes às infrações. É também o exercício dessa faculdade ou o processo movido contra o réu no juízo criminal. O mesmo que ação criminal.Pode ser:

Privada: Compete ao ofendido ou seu representante legal promovê-la no juízo criminal. Exs.: injúria, calúnia, difamação. Pode ser intentada como subsidiária da ação penal pública se o Ministério Público não o fizer no prazo legal.

✱ *V. CP, arts. 100 e 145.*

Pública: Dá-se por meio de denúncia e é de iniciativa do Ministério Público. É incondicionada (independente) quando não depende de representação, nem de requisição; é condicionada (dependente) quando há necessidade, por lei, de requisição do Ministro da Justiça ou de representação de ofendido. Pela regra, a ação penal é sempre pública, salvo quando a lei expressamente a declara privativa do ofendido. Deve-se atentar para a Lei nº 12.033, de 29-9-2009, que tornou pública condicionada a ação penal em razão de injúria consistente na utilização de elementos referentes a raça, cor, etnia, religião, origem ou à condição de pessoa idosa ou portadora de deficiência. **V.** *Ação penal.*

✱ **V.** *CP: art. 100 e parágrafos.*

Popular: O titular desta ação é o cidadão no pleno uso de seus direitos políticos. A ação é uma garantia individual e destina-se a obter a anulação ou a declaração da nulidade de atos ou contratos lesivos ao patrimônio da União, dos Estados, do Distrito Federal, dos Municípios, de empresas públicas, de autarquias e de fundações.O objetivo da ação, portanto, é o interesse público e não o individual. O autor não está sujeito ao pagamento de custas judiciais nem do ônus da sucumbência, a menos que se comprove sua má-fé. Todos os atos do Poder Público são passíveis de ação popular, podendo ser proposta até contra a lei, caso em que esta não se torna nula, pois é da competência do Judiciário uma decisão constitutiva negativa que abata a eficácia da norma considerada lesiva. Sua nulificação é atribuição do Poder Legislativo. Contra decisões judiciais, a praxe é refugar a ação popular.

✱ **V.** *CF: art. 5º, LXXIII.*

✱ **V.** *Lei nº 4.717/1965 (Regula a ação popular).*

✱ **V.** *Súm. nº 365 do STF.*

Principal: Diz-se daquela que tem existência autônoma. Opõe-se às incidentais, cautelares ou acessórias, que devem ser consideradas antes medidas que ações propriamente ditas.

Regressiva: 1. Cabe a quem satisfaz o pagamento de obrigação principal de outrem, a fim de reaver deste as importâncias pagas, alegando direito de regresso. 2. A Lei nº 8.213/1991, em sua redação original, admite que a Previdência Social (através da Procuradoria da União) promova ações regressivas contra as empresas que, por negligência no cumprimento das normas de saúde e segurança no trabalho, causassem acidentes de trabalho que ensejassem a concessão de benefícios previdenciários aos trabalhadores. A jurisprudência passou a admitir, com alguma controvérsia, que os responsáveis por acidentes de trânsito também respondessem regressivamente pelos benefícios concedidos às vítimas. A Lei nº 13.846/2019 estendeu a possibilidade de direito de regresso contra responsáveis por atos de violência doméstica e familiar contra mulheres, apurados na forma da Lei nº 11.340/2006, que ensejem afastamento da empregada do trabalho, hipótese que deve se intensificar, após o entendimento pelo STJ no sentido de que compete às Varas especializadas em Violência Doméstica determinar o afastamento cautelar da vítima junto ao empregador, com pagamento de benefício previdenciário pelo INSS.

✱ **V.** *CF, art. 37, § 6º*

✱ **V.** *CC: art. 195.*

AÇÃO RESCISÓRIA – 1. Em sentido lato, é toda ação que visa desconstituir ato ou negócio jurídico. Difere da *ação anulatória* e da *ação declaratória de nulidade*, pois o autor não pretende que o ato rescindido não produza quaisquer efeitos, mas que deixe de produzi-los com efeitos prospectivos ou a partir de determinado momento, normalmente ligado ao descumprimento de obrigação pela parte contrária. São exemplos de ação rescisória a ação de despejo por falta de pagamento ou por descumprimento de cláusulas contratuais e o pedido contraposto pelo réu na ação renovatória de locação. 2. Em sentido mais restrito, também denominada ação rescisória de sentença, é o procedimento que visa à desconstituição de decisão judicial transitada materialmente em julgado, podendo ou não cumular pedido de realização de novo julgamento da causa.

✱ **V.** *CF: arts. 102, I, j; 105, I, e, e 108, I, b.*

✱ **V.** *CPC/2015: arts. 966 a 975.*

✱ **V.** *CLT: art. 836.*

✱ **V.** *CE: art. 22, I, j.*

✱ **V.** *LRE: arts. 19 e 184, parágrafo único.*

✱ **V.** *Lei nº 9.099/1995 (Dispõe sobre os Juizados Especiais Cíveis e Criminais): art. 59.*

✱ **V.** *Lei nº 9.868/1999 (Dispõe sobre o processo e julgamento da ação direta de inconstitucionalidadee da ação declaratória de constitucionalidade): art. 26.*

✱ **V.** *Lei nº 9.882/1999 (Dispõe sobre o processo e julgamento da arguição de descumprimento de preceito fundamental), art. 12.*

✱ **V.** *Súmulas nºs 249, 252, 264, 295, 343, 514 e 515 do STF.*

✱ **V.** *Súmulas nºs 175 e 401 do STJ.*

✱ **V.** *Súmulas nºs 83, 99, 100, 158, 192, 219, II, 259, 298, 299, 303, II, 365, 397 a 413 e 425 do TST.*

✱ **V.** *Orientações Jurisprudenciais nºs 12, 21, 25, 41, 69, 70, 76, 78, 80, 84, 97, 101, 103, 107, 112, 123, 124, 131, 132, 134 a 137, 146, 150 a 152, 155 e 157 da SBDI-II do TST.*

Revocatória: Deverá ser proposta no prazo de três anos, contados a partir da sentença que decreta a falência do devedor. É específica do processo de falência e só poderá ser ajuizada na pendência da mesma. A legitimidade para a propositura desta ação é conferida ao administrador judicial, ao credor devidamente habilitado na falência e ao representante do Ministério Público. O ajuizamento desta ação tem por objetivo recuperar bens ou numerário desviados pelo devedor antes do decreto de falência. Visa também restaurar o princípio da igualdade dos credores quando o devedor pratica atos que favorecem determinado credor com prejuízo dos demais. Disso resulta que a sentença que julgar procedente a ação revocatória determinará o retorno dos bens à massa falida em espécie, com todos os acessórios, ou o valor de mercado, acrescidos das perdas e danos. Comprovada a ineficácia objetiva do ato praticado pelo devedor em decisão interlocutória ou julgada procedente a ação revocatória, retornam as partes ao estado anterior. O art. 136 da Lei nº 11.101/2005 diz do direito de restituição ao contratante de boa-fé dos bens ou valores entregues ao devedor. Ponto não muito pacífico entre os doutrinadores que acreditam ser esse dispositivo aplicado somente nos casos de reconhecimento de ineficácia nas hipóteses previstas no art. 129, por tratar-se de ineficácia objetiva, o terceiro que participar do ato poderá estar de boa-fé, o que não ocorrerá no caso de ação revocatória em que se pleiteia a revogação do ato praticado com a intenção de fraudar credores e, ainda, restar provado o conluio entre o devedor e o terceiro contratante que, de maneira alguma, poderá ser considerado de boa-fé. O terceiro de boa-fé a qualquer tempo poderá propor ação de indenização por perdas e danos contra o devedor ou seus garantes. A requerimento do autor da ação revocatória, ordenará o juiz, como medida de precaução, na forma da lei processual, o sequestro dos bens retirados do patrimônio do devedor que estejam em poder de terceiros (art. 137).

✱ **V.** *arts 130 a 138, Lei nº 11.101/2005.*

Trabalhista: Usualmente, diz-se *reclamação trabalhista*, para abranger as ações de competência da Justiça do Trabalho. Entretanto, com a Emenda nº 45/2004, que ampliou as competências do Judiciário laboral, a expressão deve ser restrita apenas às demandas que decorrem da relação de trabalho. Nas localidades que não dispõem de Vara do Trabalho, os juízes de direito têm competência para julgar as causas trabalhistas. ***V.*** *Reclamação.*

✱ ***V.*** *CF, arts. 7º, XXIX, e 114, I.*

✱ ***V.*** *CLT, arts. 2º, 448, 477 a 479, 482, 668, 669, 731, 763 a 910.*

Vexatória: Ação que não contém os pressupostos essenciais para que, licitamente, possa-se ir a juízo pleitear ou demandar o que lhe pertence, ou seja, legítimo interesse, interesse de agir e qualidade para agir. É a ação descabida, caracterizando a litigância de má-fé.

✱ ***V.*** *CPC/1973: arts. 16 a 18.*

✱ ***V.*** *CPC/2015, arts. 79 a 81.*

ACAREAÇÃO – Ato pelo qual se apura a verdade no depoimento das partes e das testemunhas, colocando uns na presença de outros, para que sejam esclarecidas contradições e divergências se os confirmam ou desmentem, ou se esclarecem declarações feitas em desacordo umas com as outras. Ato processual para se apurar a verdade entre afirmações contraditórias. Pode ocorrer no cível entre testemunhas, e no criminal, entre testemunhas e partes, entre o acusado e o ofendido. Não é permitida a acareação entre as partes. A Lei nº 11.900/2009 admitiu, excepcionalmente, a possibilidade de acareação por videoconferência ou outro recurso tecnológico de transmissão de sons e imagens em tempo real.

✱ ***V.*** *CPC/1973: art. 418, II.*

✱ ***V.*** *CPC/2015: art. 461, II.*

✱ ***V.*** *CPP: art. 229.*

✱ ***V.*** *Lei nº 11.900/2009 (Lei da Videoconferência).*

ACCESSIO TEMPORIS **(LOCAÇÕES COMERCIAIS)** – Locução que denomina a possibilidade de o inquilino, nas locações comerciais, completar o prazo mínimo de cinco anos de locação (Lei nº 8.245/1991: art. 51, II), para ter o direito de propor a ação renovatória da locação, sem que tal prazo seja contínuo, somando-se os prazos dos vários contratos, mesmo que haja um pequeno intervalo entre eles. A matéria é regida pelo art. 51, II, da referida Lei, que diz: "Art. 51. Nas locações de imóveis destinados ao comércio, o locatário terá direito a renovação do contrato, por igual prazo, desde que, cumulativamente: (...) II – o prazo mínimo do contrato a renovar ou a soma dos prazos ininterruptos dos contratos escritos, seja de 5 anos".

ACEITAÇÃO DA HERANÇA (DIR. CIVIL) – Ato irrevogável. Recebimento do que foi deixado pelo *de cujus* tornando definitiva sua transmissão desde a *abertura da sucessão.* Pode ser *expressa* quando é feita por declaração escrita; *tácita* quando resulta apenas de atos próprios da qualidade do herdeiro (CC: arts. 1.784, 1.804, 1.809, 1.812 e 1.813.) Em caso de renúncia de herança pelo herdeiro com intenção de prejudicar credores, o juiz autorizará a aceitação em nome do renunciante. Se o herdeiro falecer antes de aceitar a herança o poder de aceitá-la transfere-se aos seus herdeiros. A aceitação também poderá ser feita pelo tutor.

✱ ***V.*** *CC, arts. 1.804 a 1.813.*

ACEITE – Ato pelo qual se concorda com a obrigação cambial, colocando-se a assinatura do sacado ou do mandatário especial, no anverso da letra.Atualmente, basta a assinatura do sacado para configurar o aceite (Dir. Comercial).

✱ ***V.*** *Dec. nº 2.044/1908 (Dispõe sobre letra de câmbio e a nota promissória): arts. 9º a 13.*

✱ ***V.*** *Dec. nº 57.663/1966 (Promulga as Convenções para adoção de uma lei uniforme em matéria de letras de câmbio e notas promissórias).*

✱ ***V.*** *Lei Uniforme de Genebra de 1930: arts. 43 e 51.*

ACESSÃO – Incorporação a bens, acréscimo. É a maneira, originária ou derivada, de adquirir a propriedade definitiva da coisa, a qual, materialmente, adere à coisa principal, como está na expressão latina: *accessorium sequitur suum principale.*

✱ ***V.*** *CC: art. 1.248.*

ACESSÓRIO – Aquilo que, no contrato, serve de garantia à coisa principal: hipoteca, fiança, endosso, caução, depósito. Coisa que para existir depende de uma coisa principal, fazendo parte integrante dela.Pode ser: *natural*, quando pode confundir-se com a coisa principal, como as árvores de uma propriedade são parte integrante dela, embora acessória; *do solo*, tudo que se liga ao solo ou está debaixo dele, como os minerais; *por destino*, quando ligado à coisa principal por sua utilização: as panelas na cozinha.

✱ ***V.*** *CC: arts. 92 a 97 e 1.392 (do usufruto).*

ACIDENTE DE TRABALHO – 1. Evento que ocorre pelo exercício do trabalho a serviço de empresa ou empregador doméstico, com lesão corporal ou perturbação funcional que cause a morte, perda ou redução temporária da capacidade para o trabalho. Ele é sempre casual, por isso a autolesão descaracteriza a espécie. As doenças profissionais também caracterizam acidente do trabalho; as *ergopatias* dividem-se em *tecnopatias*, moléstias advindas de trabalho especializado; e *profissionais atípicas*, que sobrevêm em razão das condições em que o trabalhador atua. Já a *mesopatia* não é classificada como doença profissional, por depender de condições específicas do trabalho ou de outros fatores, físicos, mecânicos, psíquicos etc. 2. O Plano de Benefícios da Previdência Social contempla prestações específicas para cobertura dos eventos de invalidez e doença decorrentes de acidente de trabalho, custeados com contribuição por parte dos empregadores, incidentes sobre sua folha de salários, designada "seguro de acidentes de trabalho". 3. Com a edição da LC nº 150/2015, os trabalhadores domésticos foram incluídos na cobertura por benefícios acidentários. Ainda estão excluídos da cobertura pelos benefícios acidentários os empresários, trabalhadores autônomos, segurados facultativos e trabalhadores eventuais, em razão da ausência de fonte de custeio. 4. Com a EC nº 45/2004 houve uma cisão na competência para processamento das demandas envolvendo acidentes laborais. Em face do INSS, postulando a concessão de benefícios previdenciários negados administrativamente, a competência é da Justiça Estadual. Por sua vez, as demandas propostas contra os empregadores, requerendo indenização por danos materiais e morais, passaram à competência da Justiça do Trabalho. 5. Enquanto afastado das atividades por acidente de trabalho, o empregado fica com seu contrato suspenso, não podendo ser dispensado pelo empregador. Contudo, a jurisprudência do TST entende que tal situação não suspende os prazos de prescrição referentes a pretensões surgidas anteriormente ao acidente. Por outro lado, justamente porque o contrato ainda existe, é obrigação do empregador manter as cláusulas adjetas, como a cobertura por plano de saúde, se fornecer aos seus trabalhadores. 6. O empregado acidentado que retornar ao serviço tem garantida a estabilidade provisória de emprego por um ano, a contar do retorno ao empregador. A dispensa arbitrária do empregado neste período é ilegal, mas a Justiça do trabalho vem aplicando analogicamente o art. 496 da CLT e convertendo o período de estabilidade em indenização pelos salários do período.

✱ *V. CF, arts. 7º, XXVIII e parágrafo único; 109, I; 114.*

✱ *V. CLT, arts. 476 e 496.*

✱ *V. Lei nº 6.367/1976 (Institui o Seguro de Acidentes de Trabalho).*

✱ *V. Lei nº 8.213/1991 (Lei dos Planos de Benefícios da Previdência Social), arts. 19 a 23, 26, I, 104, 118, 121 e 129.*

✱ *V. Súm. Vinc. nº 22.*

✱ *V. Súmulas nºs 35, 198, 229, 230, 234, 236 e 464 do STF.*

✱ *V. Súmulas nºs 15, 89, 110, 146, 159, 178 e 226 do STJ.*

✱ *V. Súmulas nºs 46, 378, 392, 440 e 454 do TST.*

✱ *V. Orientações Jurisprudenciais nºs 41 e 421 da SBDI-I do TST.*

ACIDENTE *IN ITINERE* (Latim) – Diz-se daquele que o trabalhador sofre *em trânsito*, no itinerário de ida ou de volta ao seu local de trabalho (Dir. Trabalhista).

ACLARAÇÃO – Aditamento que se faz a um contrato ou texto legal, para esclarecimento de artigos ou cláusulas.

AÇÕES AFIRMATIVAS – Políticas públicas de promoção da igualdade de oportunidades e de tutela dos interesses metaindividuais das populações historicamente discriminadas por preconceito de raça ou de cor. São previstas genericamente na Lei nº 12.288/2010 (Estatuto da Igualdade Racial) e especificadas em outros diplomas legais, como a Lei nº 12.990/2014, que estabelece reserva de vagas em concursos públicos na Administração Pública federal, e a Lei nº 12.711/2012, que estabelece cotas em Instituições Federais de Ensino Superior. *V. Igualdade racial.*

✱ *V. CF, arts. 3º, IV, 5º, XLII, 7º, XXX, e 215, § 1º.*

✱ *V. Lei nº 12.288/2010 (Institui o Estatuto da Igualdade Racial), arts. 1º, VI, e 4º.*

✱ *V. Lei nº 7.347/1985 (Lei da Ação Civil Pública), arts. 1º, VII, 4º, 5º, V, 13, § 2º.*

✱ *V. Lei nº 7.716/1989 (Define os crimes resultantes de preconceito de raça ou de cor).*

✱ *V. Lei nº 9.029/1995 (Proíbe a exigência de atestados de gravidez e esterilização, e outras práticas discriminatórias para efeitos admissionais ou de permanência no trabalho), arts. 3º e 4º.*

✱ *V. Lei nº 12.711/2012 (Dispõe sobre o ingresso nas universidades federais e instituições federais de ensino técnico de nível médio), arts. 5º a 7º.*

✱ *V. Lei nº 12.990/2014 (Reserva vagas oferecidas em concursos públicos para cargos efetivos e empregos públicos no âmbito da Administração Pública federal, das autarquias, das fundações públicas, das empresas públicas e sociedades de economia mista controladas pela União).*

✱ *V. Convenção nº 111 da OIT (Convenção concernente à discriminação em matéria de emprego e profissão), ratificada pelo Dec. Leg. nº 104/1964 e promulgada pelo Dec. nº 62.150/1968.*

AÇÕES CONEXAS – Aquelas que têm em comum o objeto ou a causa de pedir, podendo, por isso, ser cumuladas. O juiz, de ofício ou a requerimento de qualquer das partes, pode ordenar a reunião de ações propostas em separado, para decisão simultânea. Se ações conexas correm em separado perante juízes com a mesma competência territorial, considera-se prevento o que despachou em primeiro lugar. *V. continência.*

✱ *V. CPC/2015, arts. 54, 56, 58 e 61.*

ACÓRDÃO – Julgamento feito pelos tribunais de 2º grau e superiores. Diz-se ainda da sentença de órgão coletivo da administração pública. Deriva da forma adotada para início do texto decisório "acordam", isto é, "põem-se de acordo". O mesmo que *aresto*. Não cabem embargos infringentes a acórdão proferido em agravo de petição, em execução fiscal; mas cabem a acórdão não unânime proferido em remessa *ex officio*.

✱ *V. CPC/1973: arts. 163 a 165, 556, 563 e 564.*

✱ *V. CPC/2015, arts. 204 e 496.*

✱ *V. Súm. nº 77 do TFR.*

ACORDO – No Dir. Diplomático, convênio assinado entre duas ou mais potências. Ajuste entre as partes em litígio, encerrando a lide. Consenso.

Ortográfico da Língua Portuguesa: um tratado internacional que tem por objetivo criar uma ortografia unificada para o português, a ser usada por todos os países de língua oficial portuguesa.

✱ *V. Dec. nº 6.586/2008 (Dispõe sobre a implementação do Acordo Ortográfico da Língua Portuguesa).*

Tácito: Aquele em que é presumida a conjugação de vontades.

Verbal: Aquele que está firmado na palavra, verbalmente expressa, das partes em litígio.

ACORDO COLETIVO DE TRABALHO – Acordo estabelecido por funcionários de uma empresa não pela categoria. Participam interessados sindicalizados, ou não. Modernamente, faz-se distinção entre *acordo* e *convenção coletiva*, não se confundindo esta com *pacto social*. A Lei nº 13.467/2017 (Reforma Trabalhista) fixou limites para os direitos objeto de acordo coletivo de trabalho ao incluir os arts. 611-A (autorizados) e 611-B (proibidos), limitação esta anteriormente realizada pela jurisprudência ao analisar o caso concreto. Ademais, estipulou que as condições estabelecidas em acordo coletivo de trabalho sempre prevalecerão sobre as fixadas em convenção coletiva de trabalho. *V. Convenção Coletiva de Trabalho.*

✱ *V. CF, art. 7º, XXVI.*

✱ *V. CLT: arts. 611 a 625.*

ACORDO DE NÃO PERSECUÇÃO CÍVEL – 1. Negócio jurídico celebrado no âmbito de uma ação civil por ato de improbidade administrativa, pela qual as partes podem resolver o litígio pela autocomposição. 2. Trata-se de figura inspirada no instituto do Dir. norte-americano conhecido como *plea bargain*, inserida na Lei nº 8.429/1992 pela Lei nº 13.964/2019, dentro de uma nova perspectiva de solução consensual de conflitos na esfera administrativa, ligada à ideia de *justiça restaurativa*. 3. Diferentemente do acordo de não persecução cível, não há vinculação de que a proposta somente possa ser formulada pelo Ministério Público, uma vez que a disposição do art. 17-A da Lei nº 8.429/1992, inserida pela Lei nº 13.964/2019, foi vetada pela Presidência da República. Entretanto, em função do veto total a este dispositivo da aludida Lei, o processamento e condições para o acordo não estão definidos. Aparentemente, aplicar-se-iam as disposições sobre o acordo de não persecução penal, constantes do art. 28-A do CPP. Entretanto, parece não haver razões para que fossem impostas as mesmas restrições constantes da figura análoga, podendo, em princípio, ser proposto o acordo pelo réu. De outro turno, como a figura foi inserida no § 1º do art. 17 da Lei nº 8.429/1992, o qual trata do recebimento da petição inicial da ação por ato de improbidade, aparentemente o acordo somente poderia ser homologado antes desta etapa do procedimento. Ademais, diferente do acordo de não persecução penal, que não caracteriza sentença condenatória, a homologação de acordo de não persecução cível acarreta a extinção do processo com resolução de mérito, sendo difícil sustentar que não acarreta as consequências jurídicas de uma condenação por ato de improbidade, sobretudo aquelas decorrentes da "Lei da Ficha Limpa" (LC nº 135/2010). Outra controvérsia ainda não pacificada pela jurisprudência diz respeito à possibilidade ou não de desconstituição do acordo em caso de nulidade ou anulabilidade do negócio jurídico, e, neste caso, de quem seria a competência para processamento da causa.

✱ *V. Lei nº 8.429/1992 (Lei de Improbidade Administrativa), art. 17, § 1º.*

ACORDO DE NÃO PERSECUÇÃO PENAL – 1. Negócio jurídico celebrado no âmbito de uma investigação criminal ou de uma ação penal em que ainda não houve recebimento de denúncia, proposto pelo Ministério Público e, sendo aceito pelo investigado/acusado, é levado ao Juiz da causa, para homologação. São condições necessárias para a propositura do acordo, a confissão real do ato delituoso pelo investigado/acusado, a pena *in abstrato* inferior a 4 (quatro) anos de restrição de liberdade (consideradas eventuais causas de aumento ou diminuição aplicáveis ao caso concreto), e a ausência das vedações previstas no art. 28-A, § 2º, do CPP. Ao aderir ao acordo, o investigado/acusado não está transacionando com o Ministério Público, mas, sim, se submetendo às medidas reparatórias indicadas pelo Órgão Acusador, como a recomposição de danos à vítima, a renúncia a bens ou direitos auferidos como produto de crime, a prestação de serviços à comunidade ou outras condições proporcionais e compatíveis com o ato praticado. 2. Trata-se de figura inspirada no instituto do Dir. norte-americano conhecido como *plea bargain*, inserida no CPP pela Lei nº 13.964/2019, dentro de uma nova perspectiva de solução consensual de conflitos na esfera penal, ligada à ideia de *justiça restaurativa*. Entretanto, o projeto de lei enviado ao Congresso Nacional pelo Ministério da Justiça, que veio a ser convertido na Lei nº 13.964/2019, previa duas formas distintas de acordo, sendo aprovada apenas a primeira, pela qual a composição se dá antes do recebimento de denúncia. Havia a previsão de outra modalidade de acordo, após o recebimento da denúncia, pela qual o réu concordaria com a aplicação imediata da pena sugerida pelo Ministério Público, exigindo a anuência inclusive da vítima, sendo considerada sentença condenatória para todos os fins. Entretanto, referida proposta não foi aprovada pelo Congresso Nacional. 3. A modalidade de acordo aprovada pela Lei nº 13.964/2019 não acarreta os efeitos de uma sentença penal condenatória, de modo que não caracteriza reincidência, para fins de agravamento de pena por outro crime. Entretanto, o investigado/acusado não poderá celebrar novo acordo pelos 5 (cinco) anos seguintes. Ainda não há jurisprudência pacífica no sentido de que a existência de acordos homologados pode caracterizar maus antecedentes, para a caracterização das circunstâncias pessoais do réu, em caso de nova condenação por outro crime. Também não há precedente que defina a possibilidade ou não de desconstituição do acordo, em caso de nulidade ou anulabilidade do negócio jurídico, e, neste caso, de quem seria a competência para processamento da causa.

✱ *V. CPP, art. 28-A.*

ACUMULAÇÃO – 1. Ato ou efeito de acumular. 2. Acréscimo, aumento, incremento, soma. 3. De funções: para o Dir. do Trabalho, é o exercício de atividades inerentes a mais de uma função desempenhada na estrutura organizacional do empregador. 4. *De férias*: reunião de vários períodos de férias. No regime celetista, o patrão que deixa acumular dois períodos de férias do empregado terá de pagá-las em dobro. 5. *De partes*: ***V.*** *Litisconsórcio*. 6. *De pedidos*: acumulação de ações; cúmulo objetivo. 7. *De ações*: ajuizamento de mais de uma ação por meio de uma só petição inicial, quando o juízo a que são distribuídas é competente para apreciar ambas (art. 780 do CPC/2015; CLT, art. 842). 8. *De delitos*: quando existe pluralidade de agentes de um só crime, vários crimes por um só delinquente ou muitos crimes e muitos delinquentes. 9. *De penas*: concorrência de penas em que incide o mesmo indivíduo, autor de dois ou mais delitos. Pode dar-se a *acumulação material*, quando há adição ou totalização da pena, sendo o réu punido tantas vezes quantas suas infrações; absorção da pena menor pela maior; *acumulação jurídica*, quando se substitui a pena mais grave por outra mais elevada.

✱ *V. CP, arts. 69 e 70.*

✱ *V. Lei nº 7.210/1984 (Lei de Execução Penal), art. 111.*

ACUMULAÇÃO DE BENEFÍCIOS – Proíbe-se o recebimento acumulado de benefícios da Previdência Social, a menos que se prove a hipótese de direito adquirido. Tais benefícios são aposentadoria e auxílio-doença; mais de uma aposentadoria; aposentadoria e abono de permanência em serviço; salário-maternidade e auxílio-doença; mais de um auxílio-acidente; mais de uma pensão deixada por cônjuge ou companheiro, podendo-se optar, porém, pela mais vantajosa.

✱ *V. Lei nº 8.213/1991 (Planos de Benefícios da Previdência Social): art. 124.*

ACUMULAÇÃO DE CARGOS – 1. Exercício de mais de uma função ou de cargo público pela mesma pessoa, sendo vedada, com exceções, pela CF. A EC nº 101/2019 acrescentou o § 3º ao art. 42 da CF, para deixar claro que também se aplicam as hipóteses de vedação à acumulação de cargos aos militares dos Estados, do Distrito Federal e dos territórios.

✱ *V. CF, arts. 37, XVI, e 42, § 3º.*

ACUSAÇÃO (PROCESSO PENAL) – Imputação feita pelo promotor de justiça ou pelo advogado contratado pela parte ofendida, para a obtenção da condenação do réu pelo Tribunal do Júri. No Júri, são quatro as fases do debate: acusação, defesa, réplica (complemento da acusação) e tréplica (complemento da defesa).

✱ *V. CPP, arts. 406 e ss.*

ACUSADO – Aquele a quem se atribui a prática de crime; réu, querelado, indiciado.

ACUSADOR PARTICULAR – Advogado contratado pelo ofendido para servir como auxiliar do Ministério Público nos crimes de ação pública em que for interessado. Ele será admitido pelo juiz após ouvir o promotor de Justiça que funciona no processo. Ele será admitido enquanto não passar em julgado a sentença, recebendo a causa no estado em que ela se encontrar. É parte ilegítima para requerer desaforamento.

✱ *V. CPP: arts. 272 e ss.*

ADEPÇÃO – Tomada de posse de um benefício ou vantagem.

ADESÃO – Concordância; ato de aderir. ***V.*** *Contrato de adesão.*

A DESCOBERTO – Operação que consiste em fazer pagamento ou utilizar uma quantia sem dela dispor, sem ter a cobertura de fundos suficientes; emissão de cheque ou título sem fundos para cobri-los.

ADÉSPOTA – Terreno que não está sob *domínio* ou *posse*.

ADIANTAMENTO DA LEGÍTIMA – Doação feita pelos pais aos filhos, dos bens que a lei considera como pagamento antecipado da legítima.

✱ *V. CC: arts. 544 e 2.002, parágrafo único, a 2.012.*

✱ *V. CPC/1973: art. 1.014.*

✱ *V. CPC/2015, art. 639.*

ADIÇÃO DA HERANÇA – Aceitação expressa ou tácita da herança pelo herdeiro.

✱ *V. CC: arts. 1.804 a 1.813.*

ADICIONAL – 1. Que se acrescenta, que se adiciona. 2. Para o Dir. do Trabalho, representa o pagamento de uma contraprestação pelo labor em condições mais gravosas, a qual pode ser estabelecida por lei, acordo ou convenção coletiva ou mesmo por contrato individual. Adicionais pagos em caráter permanente integram o cálculo de outras verbas de natureza salarial. 3. Para o Dir. do Trabalho, Previdenciário e Tributário, equipara-se ao salário, para fins de repercussão em outras verbas remuneratórias, incidência de imposto de renda e contribuições previdenciárias e cálculo do salário de contribuição. 4. Para o Dir. Administrativo, é a parcela pecuniária distinta do vencimento básico, decorrente do trabalho em condições gravosas, não podendo ser considerada para efeito de acréscimos ulteriores.

✱ *V. CF, art. 37, XIV.*

✱ *V. Lei nº 8.112/1990 (Regime Jurídico Único dos Servidores Públicos Civis da União, Autarquias e Fundações Públicas Federais), arts. 49, III, e 68 a 76.*

A legislação prevê os seguintes adicionais:

De horas extras: acréscimo de tempo de trabalho à jornada normal; a remuneração é superior, no mínimo, 50% da hora normal, de acordo com o art. 7º, XVI, da CF, que altera o § 1º do art. 59 da CLT, o qual preceituava 20% a mais que a hora normal. A Lei nº 13.467/2017 (Reforma Trabalhista) deu nova redação ao § 1º do art. 61 e determinou que nos casos de necessidade imperiosa de serviço (força maior) o excesso de horas extras pode ser exigido independentemente de convenção coletiva ou acordo coletivo de trabalho.

✱ *V. CF, art. 7º, XIII e XVI.*

✱ *V. CLT, arts. 58, 59, 61, 62, 64 e 65.*

✱ *V. Súmulas nºs 90, 102, 109, 110, 113, 115, 118, 124, 132, 172, 199, 226, 253, 291, 340, 347, 366, 376, 423, 437, 438, 446 e 449 do TST.*

✱ *V. Orientações Jurisprudenciais nºs 47, 60, 97, 206, 233, 235, 242, 274, 275, 355, 394, 397 e 415 da SBDI-I do TST.*

De insalubridade: remuneração superior em razão das condições insalubres do local em que se efetua o trabalho. Se o empregado desempenhar *função perigosa* e *insalubre*, pode optar pelo adicional que lhe for mais favorável, não lhe sendo reconhecido o direito de receber os dois adicionais. O art. 189 da CLT expressa o conceito de atividade insalubre; a sua caracterização está no art. 195, *caput*, e § 1º da CLT. É assegurado à gestante o afastamento dessa atividade durante a gestação e a lactação, período em que deverá laborar em ambiente salubre, consoante art. 394-A da CLT. O entendimento de que a mulher gestante deve trabalhar em local salubre passou por mudanças. A Lei nº 13.467/2017 (Reforma Trabalhista) restringiu a proibição às atividades consideradas insalubres em grau máximo e passou a exigir atestado médico para as de grau médio ou mínimo, bem como para o período de lactação em qualquer grau de insalubridade, todavia o pagamento do adicional de insalubridade segue assegurado durante o afastamento. ***V.*** *Insalubridade.*

✱ *V. CF: art. 7º, XXIII.*

✱ *V. CLT: arts. 189 a 192 e 194 a 197.*

✱ *V. Norma Regulamentadora nº 15, aprovada pela Portaria MTE nº 3.214/1978 (Estabelece atividades e operações insalubres).*

✱ *V. Súm. Vinc. nº 4.*

✱ *V. Súmulas nºs 194 e 460 do STF.*

✱ *V. Súmulas nºs 47, 80, 139, 248, 293 e 448 do TST.*

✱ *V. Orientações Jurisprudenciais nºs 47, 103, 121, 165, 171, 172, 173 e 278 da SBDI-I do TST.*

De periculosidade: importância que se acresce à remuneração pela possibilidade de danos à saúde do empregado, decorrentes da exposição a riscos de acidentes imprevisíveis, com consequências lesivas à saúde e segurança. O art. 193 da CLT estabelece o conceito de periculosidade, limitado, porém ao contato permanente com explosivos, inflamáveis, sistemas elétricos de potência, radiações ionizantes, atividades de segurança e vigilância patrimonial ou com emprego de motocicletas. O art. 7º, XXIII, da CF garante o adicional, cujo percentual (30% sobre o salário contratual) é estatuído no art. 193 da CLT. A empresa é obrigada a fornecer, gratuitamente, equipamentos de proteção.

✱ *V. CF, art. 7º, XXIII.*

✱ *V. CLT, arts. 193 a 197.*

✱ *V. Norma Regulamentadora nº 16, aprovada pela Portaria do MTE nº 3.214/1978 (Estabelece atividades e operações perigosas).*

✱ *V. Súm. nº 212 do STF.*

✱ *V. Súmulas nºs 39, 70, 132, 191, 361, 364, 447 e 453 do TST.*

✱ *V. Orientações Jurisprudenciais nºs 165, 172, 259, 324, 345, 347 e 385 da SBDI-I do TST.*

De transferência do empregado de seu local de trabalho: se, por necessidade de serviço, o empregador transferir o empregado para localidade diversa daquela do contrato, ficará obrigado ao pagamento suplementar de 25%, no mínimo, dos salários até então percebidos pelo empregado, enquanto durar essa situação.

✱ *V. CLT, art. 469, § 3º.*

✱ *V. Súm. nºs 29 e 43 do TST.*

Noturno: destinado a compensar o desgaste físico pelo esforço despendido à noite, em horas normalmente destinadas ao repouso. Garantido pelo art. 7º da CF, inciso IX; regulado pelo art. 73 da CLT, pelo qual a hora do trabalho noturno é de 52'30" e o período das 22 horas de um dia às 5 horas do dia seguinte. O acréscimo a ser pago é de 20% (nas cidades) e de 25% (trabalho rural);

✱ *V. CF, art. 7º, IX.*

✱ *V. CLT, art. 73.*

✱ *V. Lei nº 4.860/1965 (Dispõe sobre o regime de trabalho nos portos organizados), art. 4º, § 1º.*

✱ *V. Lei nº 5.889/1973 (Estatui normas reguladoras do trabalho rural), art. 7º.*

✱ *V. Súmulas nºs 213, 214, 313 e 402 do STF.*

✱ *V. Súmulas nºs 60, 65, 112, 140 e 265 do TST.*

✱ *V. Orientações Jurisprudenciais nºs 60, 97, 127, 259, 388 e 395 da SBDI-I do TST.*

De risco: remuneração devida ao trabalhador em portos organizados, já englobando a insalubridade e periculosidade, no importe de 40% (quarenta por cento sobre o salário-hora diurno, e proporcional ao tempo em que o trabalhador estiver no serviço sob condições de risco.

✱ *V. Lei nº 4.860/1965 (Dispõe sobre o regime de trabalho nos portos organizados), art. 14.*

✱ *V. Orientações Jurisprudenciais nºs 60, 316 e 402 da SBDI-I do TST.*

A CF também previu a criação do adicional de penosidade, pelo exercício de trabalho em condições gravosas à saúde por esforços repetitivos ou falta de ergonomia, mas que nunca foi regulamentado por lei. Outros adicionais comuns, mas não previstos em lei são o adicional *de quebra de caixa*, pelo exercício da função de caixa de bancos, supermercados etc., exposto ao risco de diferenças de numerário, o adicional *de risco de vida*, pelas funções de vigilância e segurança patrimonial, e o adicional *regional*, pelo labor em regiões com maior custo de vida. Estes adicionais são geralmente previstos em normas coletivas, integrando-se ao salário para todos os fins.

✱ *V. Súmulas nºs 84 e 247 do TST.*

ADIDO – Membro de corpo diplomático, de graduação menor, que serve nas legações, embaixadas, consulados, como auxiliar, sob as ordens do respectivo titular.

ADIMPLEMENTO – Cumprimento de uma obrigação decorrente de contrato ou outro negócio jurídico. Ato de *adimplir* (q.v.).

Da obrigação: compreende todas as formas de extinção das obrigações: *novação* (CC, arts. 360 a 367), a *compensação* (CC, arts. 368 a 380), a *transação* (CC, arts. 840 a 850), a *confusão* (CC, arts. 381 a 384), a *remissão da dívida* (arts. 385 a 388) e o *pagamento* (CC, arts. 304 e segs.).

ADITAMENTO – Tudo que é acrescido num documento com o sentido de completá-lo.

✱ *V. CPC/1973: art. 264, sem correspondente no CPC/2015.*

✱ *V. CPP: art. 45.*

ADJUDICAÇÃO – Transferência da propriedade do bem penhorado ao credor, mediante alienação.Concessão ou atribuição por sentença ou julgamento. Por esse ato judicial, os bens penhorados ao devedor, após alienados, são transmitidos ao credor exequente, ou a outro habilitado na forma da lei, a seu requerimento e para pagamento de seu crédito.

✱ *V. CPC/1973: arts. 558, 647, I, 698, 708, II, 746 e 1.119.*

✱ *V. CPC/2015, arts. 642, § 4º, 825, 889 e 904, II.*

✱ *V. CTN: art. 192.*

✱ *V. Lei nº 6.830/1980 (Dispõe sobre a cobrança judicial da Dívida Ativa da Fazenda Pública): art. 24.*

ADJUNÇÃO – Uma das formas de aquisição da propriedade móvel caracterizada pelo acréscimo de uma coisa a outra, formando um todo.O mesmo que *comistão* ou *confusão* (q.v.). É uma forma de *acessão* (q.v.) da coisa móvel. Trata-se de mistura, confusão de coisas da mesma espécie pertencentes a pessoas diversas, ajuntadas sem o consentimento delas, mas que continuam a pertencer-lhes, se for possível separá-las sem que se deteriorem. Não sendo possível fazer-se a separação, ou resultando esta excessivamente dispendiosa, o todo subsiste indiviso, cabendo quinhão proporcional ao valor da coisa com que cada um dos donos entrou para o agregado. Se puder considerar-se uma das coisas principal, o seu dono também o será do todo, mas deve indenizar os demais. Se a mistura se operou de má-fé, caberá à outra parte a escolha entre guardar o todo, pagando a parte que não for sua, ou renunciar à que lhe pertencer, recebendo indenização completa. Formando-se, da confusão de matérias de várias naturezas, uma nova espécie, *a comistão* terá a natureza de especificação para atribuir-se o domínio ao seu respectivo autor.

✱ *V. CC: arts. 1.272,* caput, *§ 1º, a, 1.274.*

ADJUNTO – Assistente, auxiliar, *adjeto*, substituto.

AD LIBITUM – (Latim) À vontade, a inteiro critério.

AD LITEM – (Latim) Para a lide, o litígio. Diz-se dos atos praticados durante o processo.

AD MENSURAM – (Latim) De acordo com a medida. Venda estipulada conforme o peso ou a medida (metragem).

ADMINÍCULA – Concessão feita pelo dono do prédio dominante ao dono do fundo serviente, imprescindível ao regular exercício da *servidão* (q.v.).

ADMINICULAR – Que ajuda a constituir prova.

ADMINÍCULO – Elemento de prova indireta apenas para complementar outra. Principal prova ou meio de prova indireta.

ADMINISTRAÇÃO – Período de exercício de um governo regularmente eleito para um período certo. Pode ser:

Direta: exercida diretamente pelos órgãos do Estado.

Indireta: que exercem as empresas públicas, autarquias e sociedades de economia mista.

✱ *É, assim, o conjunto de órgãos hierarquizados, cujo objetivo é determinar, disciplinar e executar as funções do Estado, na prestação de serviços que atendam ao interesse ou às necessidades da coletividade, assim como coordenar a direção dos negócios públicos. Diz-se também do conjunto de pessoas que dirigem uma empresa.*

ADMINISTRAÇÃO DA FALÊNCIA – Supervisão dos negócios e operações de massa falida. Exercida pelo administrador judicial sob supervisão do juiz, para preservar os bens e otimizar o ativo da massa. O administrador judicial é profissional capacitado, geralmente advogado, economista ou contador, nomeado pelo juiz, podendo ser nomeado também pela Assembleia de Credores. Após sua escolha, será o administrador judicial pessoalmente intimado a assinar, na sede do juízo, dentro de prazo de 48 horas o termo de compromisso O juiz arbitra-lhe uma remuneração a ser paga em duas parcelas, a primeira correspondente a 40% do montante devido ao administrador após o pagamento dos créditos extraconcursais, e a segunda após o julgamento e aprovação das suas contas. ***V.*** *Falência.*

✱ *V. Lei nº 11.101/2005 (Lei de Recuperação de Empresas e Falências): arts. 22 a 25.*

ADMINISTRAÇÃO DA JUSTIÇA – Exercício regular da judicatura – tribunais, juízos singulares, auxiliares diretos da Justiça –, por meio dos órgãos do Poder Judiciário. Diz-se também do conjunto desses órgãos.

ADMINISTRAÇÃO PÚBLICA – Poderes criados, distribuídos e administrados pelo governo da União, dos Estados, do Distrito Federal e dos Municípios, para atender a necessidades e interesses da coletividade, com execução de atividades e serviços públicos. É norteada por princípios expressamente previstos na CF, e seus agentes estão sujeitos a limites para seus atos, inclusive os ditos discricionários, que podem ser revistos tanto em sede administrativa (por razões de conveniência ou oportunidade) quanto judicial (por vícios de legalidade). Compreende: a *Administração Direta*, constituída pelos serviços integrados na estrutura dos Poderes Executivo, Legislativo e Judiciário, bem como dos órgãos autônomos, como o Ministério Público, os quais não têm personalidade jurídica própria; e a *Administração Indireta,* constituída pelas autarquias, fundações públicas, empresas públicas e sociedades de economia mista, com personalidade jurídica e patrimônios próprios, ainda que sujeitos à ingerência da Administração Direta em suas atividades. A Lei nº 13.204/2015, que alterou o art. 2º, II, da Lei nº 13.019/2014, conceitua como União, Estados, Distrito Federal, Municípios e respectivas autarquias, fundações, empresas públicas e sociedades de economia mista prestadoras de serviço público, e suas subsidiárias, alcançadas pelo disposto no art. 37, § 9º, da CF. A Lei nº 14.965/2024 determina as normas gerais sobre concurso público para provimento de cargos e empregos públicos, assegurando a aplicação dos princípios da administração pública.

✱ *V. CF: art. 37.*

✱ *V. Lei nº 14.965/2024 (Dispõe sobre as normas gerais relativas a concursos públicos).*

✱ *V. EC nº 19/1998 (Modifica o regime e dispõe sobre princípios e normas da Administração Pública, servidores e agentes políticos, controle de despesas e finanças públicas e custeio de atividades a cargo do Distrito Federal).*

✱ *V. Dec.-lei nº 200/1967 (Dispõe sobre a organização da Administração Federal e estabelece diretrizes para a Reforma Administrativa).*

✱ *V. Lei nº 9.784/1999 (Regula o processo administrativo no âmbito da Administração Pública Federal).*

✱ *V. Lei nº 13.019/2014 (Estabelece o regime jurídico das parcerias entre a administração pública e as organizações da sociedade civil): art. 2º, II.*

✱ *V. Súmulas nºs 346 e 473 do STF.*

ADMINISTRAÇÃO TRIBUTÁRIA – Diz-se dos órgãos que têm atribuições, competência e funções em lei para procederem à tributação, cobrança de impostos, lançamento e fiscalização de tributos, até os julgamentos.

✱ *V. CTN, arts. 194 a 208.*

ADMINISTRADOR – 1. O que se encarrega de gerir bens, negócios ou patrimônio alheio. 2. Mandatário dos acionistas, que gere os negócios sociais em uma sociedade anônima. 3. Funcionário ou pessoa de confiança do governo que dirige departamento, autarquia ou regional de serviços públicos. 4. É considerado público o administrador que é agente público revestido de competência para assinar termo de colaboração, termo de fomento ou acordo de cooperação com organização da sociedade civil para a consecução de finalidades de interesse público e recíproco, ainda que delegue essa competência a terceiros, conforme definição do art. 2º, V, da Lei nº 13.019/2014.

ADMINISTRADOR JUDICIAL – 1. A partir da entrada em vigor da Lei nº 11.101/2005, é a denominação dada ao auxiliar da Justiça, nomeado pelo Juízo de Falências e Recuperações Judiciais, para administrar os bens da massa falida, assumindo sua representação negocial e judicial, anteriormente denominado *síndico*. 2. Com a criação do procedimento de recuperação judicial, o administrador judicial assume o papel de fiscal dos sócios/diretores da empresa recuperanda, podendo inclusive opinar pela convolação em falência, no caso de descumprimento de obrigações assumidas no plano de recuperação. 3. Os honorários pela atuação no processo são limitados a 5% (cinco por cento) do valor devido aos credores submetidos à recuperação judicial ou do valor de venda dos bens na falência. A Lei nº 14.112/2020 prevê a limitação do referido montante a 2% (dois por cento), no caso de microempresas e empresas de pequeno porte.

✱ *V. CPC/1973, art. 12, III.*

✱ *V. CPC/2015, art. 75, V.*

✱ *V. Lei nº 11.101/2005 (Lei de Recuperação de Empresas e Falências), arts. 21 a 25 e 28 a 34.*

ADMINISTRATIVISTA – Estudioso do Dir. Administrativo; aquele que estuda, tem obra, escreve ou ministra aula sobre Dir. Administrativo.

ADMISSÃO – 1. Aceitação, permissão, ato de admitir. 2. Autorização para negociação de certos títulos. 3. No Direito Internacional, é o reconhecimento por parte de um governo de pessoa que lhe foi enviada para negócios. 4. Ato pelo qual se concede a alguém a possibilidade de exercer ações de seu interesse. 5. No Direito Administrativo, consiste no ingresso em função, cargo ou emprego. 6. No Direito Processual, a admissão de recurso é o recebimento deste pela autoridade judiciária o que requer a interposição dentro do prazo e das condições previstas em lei.

✱ *V. CPC, art. 994.*

✱ *V. CPP, art. 574, 581, 593, 619.*

✱ *V. CLT, arts. 893.*

ADMISSIBILIDADE – Pressuposto para o julgamento de um recurso. Qualidade de satisfazer as condições das quais depende a averiguação do conteúdo.

ADOÇÃO – 1. Ato ou efeito de adotar legalmente alguém, assumindo os poderes e deveres inerentes à paternidade. 2. Ato jurídico pelo qual um casal ou uma pessoa aceita outra como filho. Não se confunde com *perfilhação* (q.v.). De acordo com o ECA (art. 42), podem adotar os maiores de 18 anos, independentemente do estado civil, mas devem ser, no mínimo, 16 anos mais velhos que o adotando. A adoção só se efetua com o consentimento dos pais ou do representante legal do adotando. Será precedida de estágio de convivência com a criança ou o adolescente pelo prazo que o juiz fixar, observadas as peculiaridades do caso; mas esse estágio pode ser dispensado se o adotando já estiver sob a tutela ou guarda legal do adotante durante tempo suficiente para que seja possível avaliar a conveniência da constituição do vínculo. 2. O Estatuto da Criança e do Adolescente, com a redação dada pela Lei nº 12.010, de 3-8-2009, passa a proteger vítima de abuso sexual permitindo a instauração de procedimento especial para exame pericial de criança e adolescente, em caso de abuso sexual, além da elaboração de um laudo psicossocial para apurar elementos indicativos de abuso. Ademais, passou a determinar que, para a apuração dos crimes, seja permitida a produção antecipada de prova, que poderá consistir em inquirição de testemunha ou vítima e exame pericial. 3. Em caso de adoção por pessoa ou casal residente ou domiciliado fora do País, o estágio de convivência, cumprido no território nacional, será de, no mínimo, 30 dias. De acordo com as novas alterações feitas no ECA, considera-se adoção internacional aquela na qual a pessoa ou casal postulante é residente ou domiciliado fora do Brasil, conforme previsto no art. 2 da Convenção de Haia, de 29-5-1993, relativa à Proteção das Crianças e à Cooperação em Matéria de Adoção Internacional, aprovada pelo Dec. Legislativo nº 1, de 14-1-1999, e promulgada pelo Dec. nº 3.087, de 21-6-1999. Assim, a adoção internacional de criança ou adolescente brasileiro ou domiciliado no Brasil somente terá lugar quando restar comprovado que a colocação em família substituta é a solução adequada ao caso concreto; que foram esgotadas todas as possibilidades de colocação da criança ou adolescente em família substituta brasileira, após consulta aos cadastros mencionados no art. 50 da Lei; que, se tratando de adoção de adolescente, este foi consultado, por meios adequados ao seu estágio de desenvolvimento, e que se encontra preparado para a medida, mediante parecer elaborado por equipe interprofissional, observado o disposto nos §§ 1º e 2º do art. 28 do ECA. Além disso, os brasileiros residentes no exterior terão preferência aos estrangeiros, nos casos de adoção internacional de criança ou adolescente brasileiro. 4. A idade do adotante foi reduzida de 30 anos, como determinava o art. 368 do antigo CC, para 18 anos com o advento do ECA (art. 42). 5. Os filhos adotivos têm os mesmos direitos que os legítimos. O atual Código Civil aboliu a *adoção simples*, por escritura pública, passando a prevalecer apenas a *adoção judicial*. Pelo Código Civil de 2002 só se admite a adoção integral, assumindo o adotado a condição de filho, com igual direito sucessório. Assim, o novo Código põe fim à *adoção parcial*, feita apenas para que a criança tivesse um nome de família, ficando excluída do direito ao patrimônio familiar. 6. A

Lei nº 14.979 determina que se criem e implementem cadastros estaduais, distrital e nacional de crianças e adolescentes que possam ser adotados e de casais que estejam habilitados para adoção.

✱ *V. CF, art. 227, § 5º.*

✱ *V. Lei nº 14.979/2024 (Altera a Lei nº 8.069, de 13 de julho de 1990 (Estatuto da Criança e do Adolescente), a fim de tornar obrigatória, para a autoridade judiciária, a consulta aos cadastros estaduais, distrital e nacional de crianças e adolescentes em condições de serem adotados e de pessoas ou casais habilitados à adoção).*

✱ *V. Convenção relativa à proteção das crianças e à cooperação em matéria de adoção internacional, concluída em 29-5-1993, ratificada pelo Dec. Leg. nº 1/1999 e promulgada pelo Dec. nº 3.087/1999.*

✱ *V. CC, arts. 1.596, 1.618 a 1.619, 1.635, IV.*

✱ *V. CLT, arts. 392-A a 392-B.*

✱ *V. ECA, arts. 8º, § 5º; 13, § 1º; 20; 28; 31; 33, §§ 1º, 2º e 4º; 39 a 52-D; 148, III; 165, parágrafo único; 166, §§ 2º e 5º; 167; 170; 197-A a 197-E; 199-A e 199-C.*

✱ *V. Lei nº 12.010/2009 (Cria o cadastro nacional e cadastros estaduais de adoção e altera dispositivos do CC e do ECA sobre adoção).*

✱ *V. Lei nº 6.015/1973 (dispõe sobre Registros Públicos), arts. 29, § 1º, e; 103, 3º; e 105.*

✱ *V. Lei nº 8.213/1993 (Dispõe sobre planos de benefícios da Previdência Social), arts. 71-A a 71-C.*

✱ *V. Lei nº 8.112/1990 (Regime Jurídico Único dos Servidores Públicos Civis da União, Autarquias e Fundações Públicas Federais), arts. 102, VIII, a, 185, I, e, 208 e 210.*

✱ *V. Dec. nº 6.690/2008 (Institui, no âmbito da Administração Pública federal, o programa de prorrogação da licença à gestante e à adotante).*

ADULTERINO – Filho nascido em decorrência de adultério de ambos ou de um dos pais. O art. 227, § 6º, da CF, confere aos filhos, havidos ou não da relação do casamento, os mesmos direitos e qualificações, proibidas quaisquer designações discriminatórias relativas à filiação.

A matre: quando a mãe é a adúltera. O filho adulterino, considerado *espúrio,* assim como o incestuoso, não podiam ser reconhecidos, até a vigência da Lei nº 7.841/1989, que expressamente revogou o art. 358 do CC antigo que impunha essa restrição.

✱ *V. CC, art. 1.596.*

A patre: quando o pai o é.

✱ *V. CF: art. 227, § 6º.*

✱ *V. CC: art. 1.596.*

ADULTÉRIO – Ato de infidelidade conjugal consistente na prática, por qualquer um dos cônjuges, do ato sexual com terceiro. O crime de adultério foi revogado pela Lei nº 11.106/2005.

ADVOCACIA – *Munus,* ofício público. Profissão liberal, exercida por pessoa devidamente habilitada por diploma e exigências da Ordem dos Advogados do Brasil, que patrocina ou pleiteia direitos de terceiros em juízo ou fora dele, mediante cobrança de honorários.

Administrativa: Crime que consiste no patrocínio de interesse particular perante a Administração Pública, aproveitando-se da condição de funcionário público.

✱ *V. CP: art. 321.*

Geral da União: A sua incumbência é a de representar a União judicial e extrajudicialmente, competindo-lhe o assessoramento e a consultoria jurídicos do Poder Executivo. Rege-se pela LC nº 73/1993 (Lei Orgânica da Advocacia-Geral). Os órgãos superiores da Advocacia-Geral da União são: a) o Advogado-Geral da União; b) Procuradoria-Geral da União e da Fazenda Nacional; c) Consultoria-Geral da União; d) Conselho Superior da Advocacia-Geral da União; e) Corregedoria-Geral da Advocacia da União. O ingresso na carreira é por meio de concurso público; os procuradores estaduais adquirem estabilidade após três anos de efetivo exercício e avaliação de desempenho. A chefia, porém, cabe ao Advogado-Geral da União, que não precisa ser integrante da carreira, pois é nomeado livremente pelo Presidente da República, dentre cidadãos maiores de 35 anos, de reputação ilibada.

✱ *V. LC nº 73/1993 (Institui a Lei Orgânica da Advocacia-Geral da União).*

ADVOCATÓRIO – Que se refere à advocacia. Que pode advogar. O mesmo que *advocatício.*

ADVOGADO – Bacharel em Direito apto a exercer mandato judicial, conforme art. 103 do CPC/2015 e Lei nº 8.906/1994 (Estatuto da Ordem dos Advogados do Brasil). A palavra tem origem latina – *advocatu* –, isto é, aquele que é chamado para junto de, para assistir alguém, defender. Profissional graduado em Dir., legalmente habilitado, que orienta juridicamente quem o consulta e presta assistência, em juízo ou fora dele, à parte de que é mandatário. É órgão auxiliar da Justiça. A atuação como advogado é privativa dos profissionais inscritos na OAB, cometendo contravenção penal quem, não o sendo, usar carteira ou cartão de identidade, vestimentas, insígnias e títulos privativos do advogado ou estagiário, ao anunciar-se nessas condições ou intitular-se representante ou agente de advocacia no estrangeiro. O advogado estrangeiro pode ser admitido na OAB se satisfizer às exigências do seu Estatuto. O advogado não pode postular em juízo sem o instrumento do mandato, a procuração. A polêmica criada com respeito ao *jus postulandi* (o direito de alguém pleitear *pessoalmente,* por si, sem advogado, no Poder Judiciário), preservado pela nova CF, consagrado na CLT, no CPC e na Lei nº 6.515/1977 (Lei do Divórcio, com modificação de seu art. 40 pela Lei nº 7.841/1989), e em normas esparsas como a Lei nº 9.099/1995 (Juizados Especiais Cíveis e Criminais), ou a Lei nº 5.478/1968 (Ação de Alimentos) – essa controvérsia cresceu com a promulgação do Estatuto da Ordem dos Advogados do Brasil, em 4 de julho de 1994 (Lei nº 8.906/1994). Ele não somente garante privilégios à categoria, como também imunidade idêntica à dos parlamentares (o advogado responderá somente à OAB em caso de denúncia, de injúria, difamação e desacato contra autoridade judicial, não podendo o juiz puni-lo, mas apenas representar contra ele na entidade de classe), como também obriga a população a constituir advogado nas ações no Juizado de Pequenas Causas e nas Trabalhistas. Segundo a doutrina, o novo Estatuto criará dificuldades aos próprios advogados, já que 70% são funcionários de empresas privadas e poderão perder o emprego, visto que a nova lei lhes faculta um horário de 4 horas diárias e cobrança das horas extras com 100% de acréscimo. Além disso, segundo ele, ela pode ser arguida de inconstitucionalidade, porque impõe proibições ao exercício pleno da profissão, "num totalitarismo normativo que não é menos pernicioso que os demais", expressão utilizada por parte da doutrina. (arts. 5º, LXIV, e 133 da CF; art. 839, *a*, da CLT; arts. 74, 78, 106 a 112 do CPC; e legislação citada). O primeiro ato contrário à nova lei foi o do corregedor-geral de Justiça do Estado de São Paulo, des. Antônio Carlos Alves Braga, que orientou os juízes a continuar fazendo audiências no Juizado de Pequenas Causas sem *advogado.* O STF já se manifestou contra alguns dispositivos do Estatuto pelo julgamento da ADIn nº 1.127-8, declarando a inconstitucionalidade das expressões: "qualquer" contida no art. 1º, I, "assim reconhecidas pela OAB" contida no art. 7º, V, "ou desacato" contida no art. 7º, § 2º, "e controle" contida no § 4º do art. 7º, e dar interpretação conforme a CF à expressão "requisitar" contida no art. 50, para que seja entendida como dependente de motivação, compatibilização com as finalidades da lei e atendimento de custos dessa requisição. Além dessas decisões, no julgamento das ADIns nºs 1.105-7 e 1.127-8, foi declarado inconstitucional o inc. IX do art. 7º, e no julgamento da ADIn nº 1.194-4 foi declarado inconstitucional o § 3º do art. 24.

(*) (*O Estado de S. Paulo*, 30-7-1994, p. A-2)

✱ *V. Lei nº 8.906/1994 (Estatuto da Ordem dos Advogados do Brasil).*

✱ *V. Lei nº 11.767/2008 (Altera o art. 7º da Lei nº 8.906/1994 – Estatuto da Advocacia e a OAB, para dispor sobre o direito à inviolabilidade do local e instrumentos de trabalho do advogado, bem como de sua correspondência).*

✱ *V. Lei nº 13.245/2016 (Altera o art. 7º da Lei nº 8.906, de 4 de julho de 1994 – Estatuto da Ordem dos Advogados do Brasil).*

✱ *V. Lei nº 13.247/2016 (Altera a Lei nº 8.906, de 4 de julho de 1994 – Estatuto da Advocacia).*

✱ *V. Lei nº 13.363/2016 (Inclui o art. 7º-A à Lei nº 8.906, de 4 de julho de 1994, e a Lei nº 13.105, de 16 de março de 2015 – Código de Processo Civil, para estipular direitos e garantias para a advogada gestante, lactante, adotante ou que der à luz e para o advogado que se tornar pai).*

✱ *V. Súm. Vinc. nº 5 (A falta de defesa técnica por advogado no processo administrativo disciplinar não ofende a Constituição).*

ADVOGADO *AD HOC* – Diz-se daquele que por indicação do juiz funciona em algum ato específico do processo, geralmente em audiências.

ADVOGADO DATIVO – *V. Advogado de ofício.*

ADVOGADO DE OFÍCIO – Aquele que, por indicação do juiz ou incumbência do tribunal, defende o réu sem ter procuração. Aquele que defende beneficiário da Justiça gratuita por designação da Assistência Judiciária ou nomeado por juiz. Opõe-se a advogado constituído (pela parte). Existe também na Justiça Militar, porém, em caráter efetivo. *V. Advogado dativo.*

ADVOGADO-GERAL DA UNIÃO – É o chefe da Advocacia-Geral da União e representante da União judicial e extrajudicialmente.

AERONAUTA – Profissional habilitado pelo Ministério da Aeronáutica (brevê) a exercer funções a bordo de aeronaves civis, como as de comandante, piloto, navegador, mecânico e comunicador.

Alimentação: Durante a viagem, o tripulante terá direito à alimentação, em terra ou em voo, de acordo com as instruções técnicas do Ministério do Trabalho e das autoridades competentes, arts. 61 a 64 da Lei nº 13.475/2017.

Assistência médica: Ao tripulante em serviço fora da base contratual, o empregador deverá assegurar e custear, em casos de urgência, assistência médica e remoção, por via aérea, para retorno à base ou ao local de tratamento, art. 65 da Lei nº 13.475/2017.

Base contratual: Entende-se por base contratual a matriz ou filial onde o contrato de trabalho do tripulante estiver registrado, arts. 23 a 25 da Lei nº 13.475/2017.

Certificados de habilitações: É de responsabilidade do empregador o custeio do certificado médico e de habilitação técnica de seus tripulantes, sendo responsabilidade do tripulante manter em dia seu certificado médico, como estabelecido na legislação em vigor, art. 72 da Lei nº 13.475/2017.

Contrato de trabalho: A função remunerada dos tripulantes a bordo de aeronave deverá, obrigatoriamente, ser formalizada por meio de contrato de trabalho firmado diretamente com o operador da aeronave, arts. 20 a 22 da Lei nº 13.475/2017.

Escala de serviço: A prestação de serviço do tripulante empregado no serviço aéreo definido no inciso I do *caput* do art. 5º, respeitados os períodos de folgas e repousos regulamentares, será determinada por meio de escala, ou convocação dispostos nos arts. 26 a 28 da Lei nº 13.475/2017.

Férias: As férias anuais do tripulante serão de 30 (trinta) dias consecutivos. Concessão de férias será comunicada ao tripulante, por escrito, com antecedência mínima de 30 (trinta) dias (arts. 67 a 71 da Lei nº 13.475/2017).

Folga periódica: Folga é o período não inferior a 24 (vinte e quatro) horas consecutivas em que o tripulante, em sua base contratual, sem prejuízo da remuneração, está desobrigado de qualquer atividade relacionada com seu trabalho (arts. 50 a 54 da Lei nº 13.475/2017).

Limites de jornada de trabalho: Aos tripulantes de voo ou de cabine empregados no serviço aéreo definido no inciso I do *caput* do art. 5º, são assegurados os seguintes limites de jornada de trabalho: 9 (nove) horas, se integrantes de uma tripulação mínima ou simples; 12 (doze) horas, se integrantes de uma tripulação composta; 16 (dezesseis) horas, se integrantes de uma tripulação de revezamento. Aos tripulantes de voo ou de cabine empregados nos serviços aéreos definidos nos incisos II, III, IV e V do *caput* do art. 5º são assegurados os seguintes limites de jornada de trabalho: 11 (onze) horas, se integrantes de uma tripulação mínima ou simples; 14 (catorze) horas, se integrantes de uma tripulação composta; 18 (dezoito) horas, se integrantes de uma tripulação de revezamento, arts. 35 a 42 da Lei nº 13.475/2017.

Limites de voos e de pousos: Aos tripulantes de voo ou de cabine empregados no serviço aéreo definido no inciso I do *caput* do art. 5º, serão assegurados os seguintes limites de horas de voo e de pousos em uma mesma jornada de trabalho: 8 (oito) horas de voo e 4 (quatro) pousos, na hipótese de integrante de tripulação mínima ou simples; 11 (onze) horas de voo e 5 (cinco) pousos, na hipótese de integrante de tripulação composta; 14 (catorze) horas de voo e 4 (quatro) pousos, na hipótese de integrante de tripulação de revezamento; 7 (sete) horas sem limite de pousos, na hipótese de integrante de tripulação de helicópteros (arts. 30 a 34 da Lei nº 13.475/2017).

Períodos de repouso: Repouso é o período ininterrupto, após uma jornada, em que o tripulante fica desobrigado da prestação de qualquer serviço. São assegurados ao tripulante, fora de sua base contratual, acomodação adequada para repouso e transporte entre o aeroporto e o local de repouso, e vice-versa (arts. 46 a 49 da Lei nº 13.475/2017).

Remuneração: Sem prejuízo da liberdade contratual, a remuneração do tripulante corresponderá à soma das quantias por ele percebidas da empresa. Não integram a remuneração as importâncias pagas pela empresa a título de ajuda de custo, assim como as diárias de hospedagem, alimentação e transporte (arts. 55 a 60 da Lei nº 13.475/2017).

Reserva: Reserva é o período em que o tripulante de voo ou de cabine permanece à disposição, por determinação do empregador, no local de trabalho. A hora de reserva será paga na mesma base da hora de voo (art. 44 da Lei nº 13.475/2017).

Sistema de gerenciamento de risco da fadiga humana: As limitações operacionais estabelecidas nesta Lei poderão ser alteradas pela autoridade de aviação civil brasileira com base nos preceitos do Sistema de Gerenciamento de Risco de Fadiga Humana. As limitações operacionais referidas no *caput* deste artigo compreendem quaisquer prescrições temporais relativas aos tripulantes de voo e de cabine no que tange a limites de voo, de pouso, de jornada de trabalho, de sobreaviso, de reserva e de períodos de repouso, bem como a outros fatores que possam reduzir o estado de alerta da tripulação ou comprometer o seu desempenho operacional. O Sistema de Gerenciamento de Risco de Fadiga Humana será regulamentado pela autoridade de aviação civil brasileira com base nas normas e recomendações internacionais de aviação civil (art. 19 da Lei nº 13.475/2017).

Sobreaviso: Sobreaviso é o período não inferior a 3 (três) horas e não excedente a 12 (doze) horas em que o tripulante permanece em local de sua escolha à disposição do empregador, devendo apresentar-se no aeroporto ou em outro local determinado, no prazo de até 90 (noventa) minutos, após receber comunicação para o início de nova tarefa (art. 43 da Lei nº 13.475/2017).

Transferências: Para efeito de transferência, provisória ou permanente, considera-se base do tripulante a localidade onde ele está obrigado a prestar serviço. Transferência provisória: o deslocamento do tripulante de sua base, por período mínimo de 30 (trinta) dias e não superior a 120 (cento e vinte) dias, para prestação de serviços temporários, sem mudança de domicílio, seguido de retorno à base tão logo cesse a incumbência que lhe foi atribuída; e transferência permanente: o deslocamento do tripulante de sua base, por período superior a 120 (cento e vinte) dias, com mudança de domicílio. O tripulante deverá ser notificado pelo empregador com antecedência mínima de 60 (sessenta) dias na transferência permanente e de 15 (quinze) dias na provisória (arts. 73 e 74 da Lei nº 13.475/2017).

Tripulações: Tripulação é o conjunto de tripulantes de voo e de cabine que exercem função a bordo de aeronave. O tripulante, sem prejuízo das atribuições originalmente designadas, não poderá exercer, simultaneamente, mais de uma função a bordo de aeronave, mesmo que seja titular de licenças correspondentes. Os membros de uma tripulação são subordinados técnica e disciplinarmente ao comandante, durante todo o tempo em que transcorrer a viagem. O comandante exerce a autoridade inerente à função desde o momento em que se apresenta para o voo até o momento em que, concluída a viagem, entrega a aeronave (arts. 9º a 18 da Lei nº 13.475/2017).

Tripulantes e sua classificação: O piloto de aeronave e o mecânico de voo, no exercício de função específica a bordo de aeronave, de acordo com as prerrogativas da licença de que são titulares, têm a designação de tripulante de voo. O comissário de voo, no exercício de função específica a bordo de aeronave, de acordo com as prerrogativas da licença de que é titular, tem a designação de tripulante de cabine. Tripulante de voo ou de cabine que se deslocar a serviço do empregador, em aeronave própria ou não, sem exercer função a bordo de aeronave, tem a designação de tripulante extra a serviço (arts. 1º a 8º da Lei nº 13.475/2017).

Uniforme: O tripulante receberá gratuitamente da empresa, quando não forem de uso comum, as peças de uniforme e os equipamentos exigidos, por ato da autoridade competente, para o exercício de sua atividade profissional. Não serão considerados salário, para os efeitos previstos neste artigo, os vestuários, equipamentos e outros acessórios fornecidos ao tripulante para a realização dos respectivos serviços (art. 66 da Lei nº 13.475/2017).

AERONAVE – 1. Avião, balão, dirigível, hidroavião, helicóptero – todo aparelho que tem a capacidade de elevar-se, sustentar-se e mover-se nos ares. 2. A aeronave é tida como bem imóvel para efeito de garantia real. 3. Classificam-se as aeronaves em: públicas, as militares e as civis, as quais usadas pelo Estado em serviço público; privadas, as empregadas por particulares no uso comercial. 4. Com a decretação do estado de calamidade pública, gerada pela pandemia de Coronavírus – COVID-19, medidas emergenciais foram tomadas para atenuar os efeitos na aviação civil brasileira. As referidas medidas foram expressamente prorrogadas pela Lei nº 14.174/2021. ***V.*** *extraterritorialidade*.

✱ ***V.*** *Lei nº 7.565/1986 (Dispõe sobre o Código Brasileiro de Aeronáutica).*

✱ ***V.*** *Lei nº 14.034/2020 (Dispõe sobre medidas emergenciais para a aviação civil brasileira em razão da pandemia da Covid-19).*

✱ ***V.*** *Lei nº 14.174/2021 (Altera a Lei nº 14.034, de 5 de agosto de 2020, para prorrogar o prazo de vigência de medidas emergenciais para a aviação civil brasileira em razão da pandemia da Covid-19).*

AFETAÇÃO DE RECURSOS – 1. Para fins de Dir. Processual, é o reconhecimento formal, por um Tribunal Superior, da multiplicidade de recursos que versem sobre idêntica matéria de direito, submetendo a controvérsia ao procedimento de julgamento de recursos repetitivos. A partir de então, são selecionados um ou mais recursos representativos da questão controvertida, sendo sobrestados todos os demais, cujo prosseguimento fica vinculado à decisão do Tribunal em ralação ao recurso paradigma. 2. No processamento de recursos extraordinários, a afetação decorre do prévio reconhecimento da repercussão geral da matéria constitucional ventilada, sendo que, se o STF negar a sua existência, considerar-se-ão inadmitidos todos os demais recursos extraordinários interpostos sobre idêntica fundamentação jurídica. Reconhecida a repercussão geral, o julgamento de mérito dos recursos selecionados afeta a apreciação de admissibilidade dos demais apelos pelos Tribunais inferiores, os quais poderão considerá-los prejudicados ou retratar-se, caso o julgamento tenha sido contrário ao entendimento do STF. Na hipótese dos recursos extraordinários já terem sido admitidos e remetidos ao STF, este poderá, conforme o caso, cassar ou reformar liminarmente as decisões em dissonância com a decisão do recurso paradigma. Embora não exista previsão legal, o STF aplica analogicamente a modulação de efeitos da decisão, prevista no art. 27 da Lei nº 9.868/1999, mediante quórum de 2/3 (dois terços) de seus membros, processando e julgando os demais recursos afetados conforme o marco temporal fixado. 3. No processamento de recursos especiais pelo STJ, cabe ao Presidente do Tribunal de origem suscitar a afetação, encaminhando um ou mais recursos representativos da controvérsia, e o julgamento de mérito pelo STJ será realizado por uma Seção ou pelo Órgão Especial, acaso a questão diga respeito à matéria de competência de mais de uma Seção. Julgado o mérito da questão controvertida, os demais recursos especiais afetados poderão ser julgados monocraticamente pelos relatores, ou, se ainda não admitidos na origem, terão seguimento denegado ou serão novamente examinados, à luz da decisão do STJ. 4. No processamento de recursos de revista pelo TST, a afetação pode ser suscitada por qualquer das Turmas ou Seções Especializadas, que submeterá a controvérsia à Seção Especializada em Dissídios Individuais ou ao Tribunal Pleno, conforme o caso. Procede-se, então, ao julgamento na mesma forma disciplinada para os recursos especiais, com a possibilidade do órgão competente do TST, conforme o caso, modular os efeitos da decisão, na hipótese de revisão de jrisprudência até então prevalente naquele Tribunal, admitindo e processando os recursos sob idêntica questão conforme a fixação do marco temporal. ***V.*** *Julgamento de recursos repetitivos.*

✱ *V. CPC/1973, arts. 543-A a 543-C.*

✱ *V. CPC/2015, arts. 1.035 a 1.041.*

✱ *V. CLT, arts. 896-B e 896-C.*

✱ *V. RISTF, arts. 322 a 329.*

✱ *V. Ato SEGJUD. GP nº 549/2014 do TST.*

✱ *V. Emenda Regimental nº 24/2016 STJ.*

AFINIDADE – Parentesco que se estabelece, em decorrência do casamento, entre cada um dos cônjuges e os parentes do consorte. Tanto quanto o *parentesco* por *consanguinidade*, a afinidade cria incompatibilidades para o exercício de certas funções. Ex.: pessoas afins do falido até o terceiro grau não podem exercer funções de administrador judicial. O nepotismo é uma das práticas condenáveis da afinidade. Os afins em linha reta, seja o vínculo legítimo ou ilegítimo, não podem casar: sogro e nora, genro e sogra. A afinidade, na linha reta, não se extingue com a dissolução do casamento que lhe deu origem. A testemunha não é obrigada a depor sobre fatos que acarretem danos graves ao cônjuge ou parentes afins, em linha reta ou na colateral em segundo grau. Não podem ser admitidos como testemunhas os cônjuges, se têm interesse no processo ou relação de parentesco com as partes. No Dir. Trabalhista, o testemunho de parente até o terceiro grau civil valerá como simples informação.

✱ *V. CC: art. 1.595, § 2º.*

✱ *V. CPC/1973: arts. 406, I, e 414.*

✱ *V. CPC/2015, arts. 448 e 457.*

✱ *V. CLT: art. 829.*

AFORAMENTO – *V. Enfiteuse.*

AFORISMO – Máxima; brocardo; adágio; enunciado que, de maneira concisa, apresenta um pensamento com sentido, que se aceita como verdade jurídica. Não se confunde com axioma.

AGÊNCIA – 1. Estabelecimento cujo fim é prestar serviços. 2. Sucursal de casas bancárias. 3. Repartição de serviço público ou particular, diverso do da administração. São exemplos de agências reguladoras: Agência Nacional de Energia Elétrica – ANEEL (Lei nº 9.427/1996, Lei nº 12.111/2009 e Dec. nº 10.893/2021); Agência Nacional de Telecomunicações – ANATEL (art. 21, XI, da CF, e Lei nº 9.472/1997); Agência Nacional do Petróleo, Gás Natural e Biocombustíveis – ANP (art. 177, § 2º, III, da CF, e Lei nº 9.478/1997 e Lei nº 12.114/2009.)

AGENCIADOR – Procurador, intermediário, de negócios alheios; corretor.

Executiva: Qualificação conferida à autarquia ou fundação de direito público responsável por atividades e serviços de competência exclusiva do Estado, a qual, em razão de um plano de metas estabelecido com a administração direta, celebra contrato de gestão com fundamento no art. 37, XIX, e § 8º, da CF, para atender ao princípio da eficiência, passando a se submeter a um regime jurídico diferenciado. A entidade tem sua autonomia ampliada enquanto vigorar o contrato de gestão. O Dec. nº 2.487/1998 dispõe sobre a qualificação de autarquias e fundações como agências executivas, estabelece critérios e procedimentos para a elaboração, acompanhamento e avaliação dos contratos de gestão e dos planos estratégicos de reestruturação e de desenvolvimento institucional das entidades qualificadas; e o Dec. nº 2.488/1998 define medidas de organização administrativa específicas para essas entidades. Exemplo de agência executiva é o Instituto Nacional de Metrologia, Normalização e Qualidade Industrial – INMETRO.

Reguladora: Pessoa jurídica de direito público integrante da administração indireta, com natureza jurídica de autarquia de regime especial, caracterizada, normalmente, por independência administrativa, ausência de subordinação hierárquica, mandato fixo e estabilidade de seus dirigentes e autonomia financeira, sujeita a um conjunto de normas próprias, estabelecidas na lei de criação, com função normativa ou reguladora e fiscalizatória. O regime jurídico aplicável ao quadro de pessoal da agência reguladora pode ser o estatutário, para aqueles que ocupam cargos públicos, ou celetista, para os ocupantes de emprego público (Lei nº 9.986/2000, que dispõe sobre a gestão de recursos humanos das agências reguladoras). São exemplos de agências reguladoras: Agência Nacional de Energia Elétrica – ANEEL (Lei nº 9.427/1996 e Lei nº 12.111/2009); Agência Nacional de Telecomunicações – ANATEL (art. 21, XI, da CF, e Lei nº 9.472/1997); Agência Nacional do Petróleo, Gás Natural e Biocombustíveis – ANP (art. 177, § 2º, III, da CF, e Lei nº 9.478/1997 e Lei nº 12.114/2009); Agência Nacional de Vigilância Sanitária – ANVISA (Lei nº 9.782/1999); Agência Nacional de Saúde Suplementar – ANS (Lei nº 9.961/2000); Agência Nacional de Águas – ANA (Lei nº 9.984/2000); Agência Nacional de Transportes Aquaviários – ANTAQ e Agência Nacional de Transportes Terrestres (Lei nº 10.233/2001); Agência Nacional do Cinema – ANCINE – (MP nº 2.228-1/2001); Agência Nacional de Aviação Civil – ANAC (Lei nº 11.182/2005).

AGENESIA – Impossibilidade de conceber, de gerar filhos. Esterilidade.

AGENTE – Pessoa que está à frente de cargos ou desempenha funções como representante do Estado: agente diplomático, agente consular. Intermediário de negócios: agente de seguro. Sujeito ativo da infração penal.

Público: Pessoa física que exerce cargo ou função pertencente ao Estado, de natureza administrativa.

ÁGIO – Lucro, bonificação, juros. Diferença de valor entre moedas de países diferentes, de acordo com as cotações oficiais. Comissão recebida por cambistas ou banqueiros na troca de moedas. Especulação no preço de certos produtos.

AGIOTA – Aquele que pratica agiotagem, que empresta dinheiro a juros extorsivos.

AGIOTAGEM – Crime de usura contra a economia popular, que consiste em operações fictícias ou artifícios para provocar alta ou baixa de preços de mercadorias, títulos públicos ou valores.

✱ *V. Dec. nº 22.626/1933 (Lei de Usura).*

✱ *V. Lei nº 1.521/1951 (Crimes contra a Economia Popular).*

AGRAVADO – Ofendido. Sujeito passivo do recurso de agravo, por oposição ao *agravante*(q.v.). Relativo ao ato processual contra o qual é interposto agravo. O juiz *a quo* ou aquele de cuja decisão se recorre (agravo).

AGRAVANTE – 1. Para fins de aplicação da lei penal, diz-se da circunstância que agrava o delito, aumentando sua gravidade. 2. No âmbito do Direito Processual, diz-se da parte que interpõe *agravo* (q.v.).

✱ *V. CP, arts. 61 e 62.*

✱ *V. CPC/2015, arts. 1.015 a 1.020.*

AGRAVO – 1. Ofensa, afronta, injúria, insulto. 2. Gravame, vexame. 3. Dano, lesão, prejuízo, injustiça. 4. Aumento do dano ou lesão. 5. Em Dir. Processual Civil, é o recurso cabível contra as decisões interlocutórias proferidas no processo, objetivando que estas sejam modificadas ou reformadas. Difere de *apelação* (q.v.), já que essa é interponível da sentença. Possui as seguintes espécies:

agravo de instrumento, agravo retido, agravo regimental e agravo propriamente dito. Como prevê o CPC/1973, replicado no CPC/2015, a regra é o agravo na forma retida, que corre nos autos do processo. Todavia, se, em razão da decisão houver a possibilidade de ocorrer grave prejuízo para a parte, o agravo deverá ser interposto por instrumento e correrá em autos apartados, sendo endereçado diretamente à instância superior à que proferiu a decisão. No CPC/2015, o cabimento de agravo de instrumento será restrito a doze hipóteses expressas, constantes do art. 1.015, além de outras, constantes do próprio Código ou de outras leis. 6. No Processo do Trabalho, é previsto em apenas três hipóteses: para destrancar recurso ordinário ou de revista ao qual o Juízo *a quo* denegou seguimento, caso em que se nomeia como *agravo de instrumento*; nas decisões de mérito em fase de execução, hipótese em que se fala em *agravo de petição*; e nas decisões proferidas monocraticamente por relatores em recursos ordinário, de revista e de embargos no TST, hipótese em que se diz *agravo regimental*. Em todas as demais hipóteses de decisão interlocutória, é incabível recurso, podendo a parte interessada impugnar a questão diretamente no recurso ordinário, como preliminar. Embora a Súm. nº 214 do TST afirme que cabe recurso da decisão que declina competência em função do território, com remessa dos autos para Tribunal Regional distinto daquele ao qual se vincula o Juízo excepcionado, ocorre que tal decisão não tem natureza interlocutória, mas, sim, terminativa do feito, embora se aproveitem os atos processuais já praticados. De qualquer forma, também não é cabível agravo neste caso, mas, sim, o recurso ordinário. 7. No Processo Penal, é o nome dado aos recursos das decisões proferidas em incidentes na fase de execução.

✱ **V.** *CPC/1973, arts. 522 a 529.*

✱ **V.** *CPC/2015, arts. 12, § 2º, VI, 101, 136, parágrafo único, 354, parágrafo único, 356, § 5º, 521, III, 937, VIII e § 3º, 941, § 2º, 942, § 3º, II, 946, 994, II, III e VIII, 1.009, § 1º, 1.015 a 1.021, 1.024, § 3º, 1.027, § 1º, 1.028, § 1º, 1.035, § 7º, 1.036, § 3º, 1.037, § 13, 1.042 e 1.070.*

✱ **V.** *CLT, arts. 709, § 1º, 893, IV, 894, § 4º, 896, § 12, 897 e 899, §§ 7º e 8º.*

✱ **V.** *CE, arts. 279 e 282.*

✱ **V.** *CPPM, arts. 579 a 583.*

✱ **V.** *ECA, art. 198, VII.*

✱ **V.** *LRE, arts. 17, 59, § 2º, e 100.*

✱ **V.** *Lei nº 7.210/1984 (Lei de Execução Penal), art. 197.*

✱ **V.** *Lei nº 8.038/1990 (Institui normas procedimentais perante o STF e o STJ), arts. 20, II, 25, § 2º, 30, II, e 39.*

✱ **V.** *Lei nº 9.868/1999 (Dispõe sobre o processo e julgamento da ação direta de inconstitucionalidade e da ação declaratória de constitucionalidade), arts. 4º, parágrafo único, 12-C, parágrafo único, e 15, parágrafo único.*

✱ **V.** *Lei nº 9.882/1999 (Dispõe sobre o processo e julgamento da arguição de descumprimento de preceito fundamental), art. 4º, § 2º.*

✱ **V.** *Lei nº 12.016/2009 (Lei do Mandado de Segurança), arts. 7º, § 1º, 10, § 1º, 15 e 16, parágrafo único.*

✱ **V.** *Súmulas nºs 228, 249, 287, 288, 405, 425, 427, 515, 622, 639, 699, 700 e 727 do STF.*

✱ **V.** *Súmulas nºs 86, 116, 118, 182, 223, 255, 315 e 316 do STJ.*

✱ **V.** *Súmulas nºs 195, V, 214, 218, 266, 283, 285, 353, 385, 411, 416 e 421, II, do TST.*

✱ **V.** *Orientações Jurisprudenciais nºs 110, 132, 217, 260, 282 a 286, 374 e 412 da SBDI-I do TST.*

AGRAVO DE PETIÇÃO – 1. No CPC/1939, era um recurso admitido em hipóteses para as quais a lei não fazia expressa referência ao agravo de instrumento nem à apelação, como as decisões que punham fim à ação sem resolver o seu mérito. Tinha de ser interposto em 5 dias, nos próprios autos da ação, menos em casos de Alçada, quando cabiam embargos. Foi revogado na sistemática recursal do CPC de 1973, que criou as decisões interlocutórias, em face das quais cabe sempre agravo, de instrumento ou na forma retida. 2. Recurso ainda existente no Processo do Trabalho, cabível em face de decisões na fase de execução, assim como nas que julgam os embargos, incluídos os de terceiros, ou julga válida arrematação, remição ou adjudicação. Prazo de 8 dias contados da sentença; não tem efeito suspensivo, mas o juiz pode sobrestar o andamento do feito até que o recurso seja julgado. Processa-se nos autos principais ou em apartado; no último caso, será autuado, com traslado das peças indicadas pelo agravante e pelo juiz. O agravante deve saldar os emolumentos em 48 horas. Feito isso, é notificado para arrazoar em 8 dias. Os autos sobem ao Tribunal Regional pertinente ao juízo agravado.

✱ **V.** *CLT, art. 897, a, §§ 1º a 3º e 8º.*

✱ **V.** *Súmulas nºs 283 e 416 do TST.*

AGRAVO REGIMENTAL – O agravo regimental é interposto diretamente no Tribunal, assim como o agravo interno, sem haver a precisão de comprovação nos autos, tendo em vista que ataca decisão proferida em segunda instância, que será apreciada por órgão superior dentro do próprio Tribunal de Justiça. A diferença entre o agravo interno e o agravo regimental será em face de quem prolatou a decisão, ou seja, no caso de a decisão ser do presidente ou vice-presidente do tribunal, caberá agravo interno, com fulcro no regimento interno do tribunal se houver previsão expressa. No entanto, em face de decisão proferida no tribunal caberá (se não for proferida pelo presidente ou vice) agravo regimental, nos termos do art. 1.042 do CPC/2015.

AGRAVO RETIDO – A Lei nº 11.187/2005, que entrou em vigor em janeiro de 2006, conferiu nova disciplina aos agravos retido e de instrumento, passando a vigorar com nova redação os arts. 522, 523 (revogado o § 4º) e 527 do CPC/1973, correspondentes aos arts. 1.015 e 1.019 do CPC/2015. A inovação pretende deixar o agravo de instrumento para aplicações excepcionais, a ser permitido somente quando a decisão interlocutória for lesiva à parte e de difícil reparação. Destarte, contra as interlocutórias o recurso é de agravo na modalidade retido. O agravante pode requerer, na petição do agravo, que este fique *retido nos autos*, não sendo logo encaminhado à instância superior, para que o tribunal o conheça preliminarmente na ocasião do julgamento da apelação. O pedido tem de ser expresso, nas razões ou nas contrarrazões, sob pena de renúncia. Não pedindo fique ele retido, entende-se sua opção pela formação do instrumento. Para o agravo retido, não há preclusão nem no juízo *a quo* nem no juízo *ad quem*. Deve ser apreciado pelo juiz da causa depois de ouvido o agravado; como não ocorre a preclusão, o juiz pode reexaminar a questão a qualquer tempo. Há vantagens no pedido de retenção do agravo: não formando instrumento, não se arca com ônus e a falta do seu preparo não prejudica o andamento da lide. Será sempre retido o agravo das decisões posteriores à sentença.

Agravo Retido nos Autos: Lei nº 12.322/2010 transformou o agravo de instrumento interposto contra decisão que não admite recurso extraordinário ou especial em agravo nos próprios autos, alterando dispositivos da Lei nº 5.869/1973 – Código de Processo Civil.

✱ **V.** *CPC/2015, arts. 1.015 a 1.020.*

AGRESSÃO – Qualquer ofensa, de natureza física ou moral, cometida contra a pessoa. Ato de atacar alguém, investindo contra ele, ferindo-o com as mãos ou outro instrumento que cause dano à sua integridade física. Pode ser também agressão à moral.

Física: pode dar origem à lesão corporal, a qual se classifica em *simples* (dolosa), *qualificada* (dolosa e culposa) e *privilegiada* (dolosa). Se a agressão causa a morte da vítima, dá-se o caso de homicídio, previsto no art. 121 do CP, que pode ser *simples, qualificado* ou *culposo*. Não sendo graves as lesões, o juiz pode substituir a pena de detenção por multa. A pena pode ser reduzida ou aumentada, nos casos previstos no art. 129.

✱ *V. CP, arts. 25, 121, §§ 1º a 5º, e 129, §§ 1º ao 8º.*

Moral: que dá origem aos crimes contra a honra, que são a *calúnia*, a *difamação* e a *injúria*. Agressão pode ser: *atual*, aquela que se verifica com a ofensa a que o paciente não pôde fugir; *iminente*, a que está prestes a consumar-se pela atitude do agressor; *injusta*, quando o agredido não dá motivo nem age provocativamente. Essa é requisito integrante da *legítima defesa* (q.v.).

✱ *V. CP, arts. 138, 139 e 140.*

✱ *V. CP: arts. 25, 121, 129 e 138 a 140.*

A empregado: O empregado que sofrer agressão de parte do empregador ou de superior hierárquico pode, indiretamente, considerar-se despedido e pleitear as verbas rescisórias.

✱ *V. CLT: art. 483, f.*

Em serviço: Ainda que a pessoa agredida seja estranha ao ambiente de trabalho, este tipo de agressão constitui falta grave.

ÁGUA – 1. A água é um bem de domínio público. 2. A água é um recurso natural limitado, dotado de valor econômico. 3. A Lei nº 14.549/2023 instituiu a Semana Nacional do Uso Consciente da Água com a finalidade de minimizar o gasto desnecessário desse valioso recurso através de atividades educacionais realizadas na semana que envolver o Dia Mundial da Água, em 22 de março.

✱ *V. CF, arts. 20, III; 26, I; 200, VI.*

✱ *V. Lei nº 9.433/1997, art. 1º, I e II (Institui a Política Nacional de Recursos Hídricos, entre outras providências).*

✱ *V. Lei nº 14.549/2023 (Institui a Semana Nacional do Uso Consciente da Água).*

ÁGUAS INTERIORES – São as águas marítimas, fluviais e lacustres, que se situam num território, tendo todas as suas margens dentro da jurisdição de um país.São bens públicos de uso comum do povo os mares e os rios. Esse uso comum pode ser gratuito ou retribuído, conforme as leis da União, dos Estados ou dos Municípios a cuja administração pertencerem.

✱ *V. CC, arts. 99 a 103.*

✱ *V. CF, arts. 5º, LXXIII, 20, III, e 26, I a III.*

✱ *V. Lei nº 7.661/1988 (praias).*

✱ *V. Lei nº 8.617/1993 (mar territorial).*

AIR-BAG – Equipamento suplementar de retenção frontal para o condutor e o passageiro do banco dianteiro que passou a ser exigido pelo art. 105, VII, do CTB, ocorrido com o advento da Lei nº 11.910, de 18-3-2009. O *air-bag* será progressivamente incorporado aos novos projetos de automóveis e dos veículos deles derivados, fabricados, importados, montados ou encarroçados, a partir do primeiro ano após a definição pelo Contran das especificações técnicas pertinentes e do respectivo cronograma de implantação e a partir do quinto ano, após esta definição, para os demais automóveis zero quilômetro de modelos ou projetos já existentes e veículos deles derivados.

AJUDA DE CUSTO – Adiantamento em dinheiro que as empresas privadas, a Administração Pública faz ema seus colaboradores, além de seus vencimentos, para provimento de despesas necessárias e extraordinárias com viagens a serviço, mudança, instalação, estadia etc., não integrando a remuneração para efeitos tributários e previdenciários. 2. Para fins trabalhistas, a partir da entrada em vigor da Lei nº 13.467/2017, a ajuda de custo, independentemente do seu percentual em relação à remuneração total, não é considerada parte do salário.

✱ *V. CLT, arts. 239, § 2º, e 457, § 2º.*

AJUIZAMENTO – Propositura de uma ação. Ato de levar a juízo o tribunal. Também busca uma decisão, julgamento.

ALBERGUE – Local onde se é recolhido por caridade, asilo, refúgio. Casa utilizada para alojamento permanente ou temporário.

ALÇADA – Limite de jurisdição, de competência de juízo ou tribunal para conhecer ou para julgar causas, de acordo com o seu valor, constante da petição. O crime contra a vida, por exemplo, é da alçada do júri.O Tribunal de Alçada do Estado tinha competência limitada ao valor das causas e a outras circunstâncias, mas foi extinto pelo art. 4º da EC nº 45/2004, tornando-se órgão do Tribunal de Justiça.

ALEGAÇÕES – São quaisquer sustentações, razões, arrazoados, impugnações, de fato ou de direito, feitos nos autos do processo no decorrer da lide. As alegações dividem-se em: *preliminares*, quando se quer alegar uma nulidade processual, por afronta à matéria de direito ou por ter havido cerceamento de defesa na fase de instrução processual; e *de mérito*, quando se expõem razões de fato e de direito que provem a inocência do réu. Por matéria de fato entendem-se as provas, o álibi do acusado; se a prova coligida não permitir a absolvição, pleiteia-se a aplicação de pena reduzida.

Do réu: razões apresentadas pelo réu para invalidar o pedido do autor.

Finais: São as últimas manifestações das partes dentro do processo. O processo não pode ser julgado antes de serem apresentadas as alegações finais, podendo resultar no cerceamento da defesa ou da acusação (no caso do processo penal). No Proc. Civil ocorre o mesmo, a diferença está na nomenclatura, pois não há acusação no processo civil, mas sim autor e réu.

Orais no Tribunal do Júri: *V.* art. 411, § 4º, do CPP (com redação dada pela Lei nº 11.689/2008).

ALGORITMO DE ESTADO – O Dec. nº 7.845/2012 que regulamenta procedimentos para credenciamento de segurança e tratamento de informação classificada em qualquer grau de sigilo, e dispõe sobre o Núcleo de Segurança e Credenciamento conceituou algoritmo de Estado. De acordo com o art. 2º, I, considera-se algoritmo de Estado: "(...) função matemática utilizada na cifração e na decifração, desenvolvido pelo Estado, para uso exclusivo em interesse do serviço de órgãos ou entidades do Poder Executivo federal;"

ÁLIBI – Palavra que significa "em outro lugar". O acusado alega, opondo esta exceção, que, no momento do delito, se encontrava em lugar diferente e afastado daquele em que este ocorreu, portanto materialmente não poderia tê-lo praticado nem dele participado.

ALICIAMENTO – ação ou efeito de aliciar, com promessa enganosa, pessoas para fins escusos ou contrários à lei e/ou à moral.

✱ *V. CC: art. 608; CP: arts. 206 e 207.*

À LIDE – O mesmo que *ad litem*. Expressão forense que significa na demanda, na lide.

ALIENABILIDADE – Qualidade que a coisa ou o direito apresenta, juridicamente, para serem transferidos a outrem, livremente e a qualquer título.

ALIENAÇÃO – O mesmo que *alheação* (termo pouco usado). Consiste na transferência de coisa ou direito, real ou pessoal, a outra pessoa. A alienação pode ser a título gratuito, quando feita por mera liberalidade, sem obrigar o adquirente à contraprestação; a título oneroso, se existe obrigação ou encargo para ambos, pessoal ou real, como na permuta; criminosa, forma qualificada de *estelionato, segundo a qual, o agente vende, permuta, dá em pagamento, em locação ou garantia, coisa alheia a terceiros, fazendo-se passar como real proprietário, cuja pena é de reclusão, de 1 (um) a 5 (cinco) anos e multa;* em *fraude de execução*, a que o devedor faz a terceiro, para furtar seus bens à execução iminente, a fim de prejudicar o credor (*V. Fraude à execução*); *judicial*, dá-se pela transferência da propriedade de um bem ou de um direito, em razão de leilão ou por ordem judicial.

✱ *V. CPC/1973, arts. 42, 619, 647, I, 667, II, 670 e parágrafo único, 673, § 1º, 679, 687, § 2º, 690, § 1º, 692, 697, 701, § 1º, 702 e parágrafo único, 705, I, V, 773, 776, 785, 870 e parágrafo único, 1.046, 1.047, II, 1.070, § 1º, 1.112, III, IV e V, 1.113, §§ 1º a 3º, 1.115, 1.116 e parágrafo único, 1.118, 1.119 e 1.155.*

✱ *V. CPC/2015, arts. 109, 674, 725, 730, 742, 804, 825, 851, 852, 853, 857, 864, 884, 887, 889, 891, 892, 894, 895, 896 e 899.*

✱ *V. CC, arts. 31, 459, 504, 576, 609, 661, § 1º, 879, 1.267, 1.268, 1.314, 1.393, 1.410, VII, 1.570, 1.642, III, 1.647, 1.648, I, 1.651, 1.691, 1.748, 1.750, 1.782, 1.817 e 1.939, II.*

✱ *V. CP, art. 171, § 2º, I.*

Antecipada: Para fins de Processo Penal, trata-se de medida assecuratória, disciplinada no art. 144-A, do CPP, inserido pela Lei nº 12.694/2012. Visa resguardar a utilidade da apreensão de bens e valores sobre os quais recai suspeita de terem sido adquiridos de forma ilícita ou através de atos ilícitos, os quais poderão ser alienados antes do término do processo se, por acaso, estiverem sujeitos a qualquer grau de deterioração ou depreciação, ou quando houver dificuldade para sua manutenção. O produto da alienação ficará depositado em conta vinculada ao juízo até a decisão final do processo, procedendo-se à sua conversão, no caso de condenação, em renda para a União, Estado ou Distrito Federal, ou, no caso de absolvição, à sua devolução ao acusado. Na hipótese da indisponibilidade de bens recair sobre dinheiro, inclusive moeda estrangeira, títulos, valores mobiliários ou cheques emitidos como ordem de pagamento, o juízo determinará a conversão do numerário apreendido em moeda nacional corrente e o depósito das correspondentes quantias em conta judicial. No caso da alienação de veículos, embarcações ou aeronaves, o juiz ordenará à autoridade de trânsito ou ao equivalente órgão de registro e controle a expedição de certificado de registro e licenciamento em favor do arrematante, ficando este livre do pagamento de multas, encargos e tributos anteriores, sem prejuízo de execução fiscal em relação ao antigo proprietário.

✱ *V. CPP, art. 144-A.*

Fiduciária: 1. Transferência da propriedade resolúvel e da posse indireta de um bem imóvel ou móvel infungível, como garantia de dívida, efetuada em favor do próprio devedor ou de terceiros, ficando o devedor como depositário, até que, pela liquidação do débito, resolve-se o direito do credor fiduciário, retornando a propriedade plena ao devedor fiduciante.Este tipo de alienação só se prova por escrito, cujo título constitutivo deverá conter informações sobre a obrigação garantida, tais como total da dívida, prazo para pagamento, taxa de juros e descrição da coisa objeto da transferência. 2. No caso de compra de carro por esse sistema, nos documentos do veículo, anota-se que ele está alienado até o cumprimento da obrigação assumida. Vencida a dívida, o credor fiduciário poderá promover ação de busca e apreensão do bem, independentemente da propositura da ação principal de cobrança, que poderá ser processada diretamente como ação executiva. 3. O Dec.-lei nº 911/1969 equiparava o devedor fiduciante ao depositário fiel, para fins de prisão civil. Contudo, o STF entendeu que, com a ratificação pelo Brasil da Convenção Interamericana de Direitos Humanos (Pacto de San Jose da Costa Rica), é incabível a prisão civil por qualquer modalidade de depósito. 4. No caso de aquisição de bem imóvel, é imprescindível o registro do contrato na matrícula do imóvel e, inadimplida a dívida, o credor poderá consolidar a propriedade plena, desde que notifique o devedor para purgar a mora, devendo colocar o referido bem em hasta pública ou oferecer para alienação direita a terceiros, a fim de que, com o produto da venda, seja quitada a dívida. Se da venda do referido bem, sobejar recursos além do saldo devedor da obrigação, a diferença deve ser restituída ao devedor.

✱ *V. CC, arts. 1.361 a 1.368-B.*

✱ *V. Lei nº 4.728/1965 (Disciplina o mercado de capitais e estabelece medidas para o seu desenvolvimento), art. 66-B.*

✱ *V. Lei nº 6.015/1973 (Lei dos Registros Públicos), arts. 129, 5º; 167, I, 35; 167, II, 8 e 30.*

✱ *V. Lei nº 9.514/1997 (Dispõe sobre o sistema financeiro imobiliário e institui a alienação fiduciária e de coisa imóvel).*

✱ *V. Dec.-lei nº 911/1969 (Estabelece normas de processo sobre alienação fiduciária).*

✱ *V. Súm. Vinc. nº 25.*

✱ *V. Súm. nºs 28, 92, 245 e 284, do STJ.*

ALIENAÇÃO MENTAL – Distúrbio permanente ou temporário das faculdades mentais que torna uma pessoa incompatível com o meio social. Provoca a diminuição ou a total subtração de sua responsabilidade criminal, anula-lhe a capacidade civil, quando permanente. *V. Interdição.*

ALIENAÇÃO PARENTAL – Interferência na formação psicológica da criança ou do adolescente, promovida ou induzida por um dos genitores, pelos avós ou pelos que tenham a criança ou adolescente sob a sua autoridade, guarda ou vigilância, para que repudie genitor ou que cause prejuízo ao estabelecimento ou à manutenção de vínculos com este. Constitui violação a direitos fundamentais da criança ou adolescente e descumprimento de deveres inerentes à autoridade parental, à tutela ou à curatela, conforme o caso. A apuração de atos de alienação parental será processada perante o Juízo da Infância e da Juventude, mediante perícia psicológica ou biopsicossocial, e, uma vez constatada, sujeita o agente alienante a sanções, como a alteração ou inversão do regime de guarda do menor, a fixação cautelar de domicílio para a criança ou o adolescente ou mesmo a suspensão do poder familiar, sem prejuízo da responsabilidade civil ou até criminal, conforme o caso. O sistema de garantia de direitos da criança e do adolescente vítima ou testemunha de violência surgiu com o objetivo de prevenir e coibir a violência contra crianças e adolescentes, entre elas a violência psicológica inerente ao ato de alienação parental.

✱ *V. CC, art. 1.637.*

✱ *V. Lei nº 8.069/1990 (Estatuto da Criança e do Adolescente – ECA), art. 129, X.*

✱ *V. Lei nº 12.318/2010 (Dispõe sobre alienação parental).*

✱ *V. Lei nº 13.431/2017 (Estabelece o sistema de garantia de direitos da criança e do adolescente vítima ou testemunha de violência), art. 4º, II, b.*

✱ *V. Dec. nº 9.603/2018 (Regulamenta a Lei nº 13.431, de 4-4-2017, que estabelece o sistema de garantia de direitos da criança e do adolescente vítima ou testemunha de violência).*

ALIMENTAÇÃO – 1. Efeito ou ato de alimentar. 2. Tudo aquilo que é utilizado para nutrir, alimentar. 3. No Direito do Trabalho, a concessão do intervalo de, no mínimo, 1 (uma) hora de duração para repouso ou alimentação do empregado, é obrigatória no período contínuo de trabalho, excedente de 6 (seis) horas e, a menos que exista acordo escrito ou contrato coletivo em contrário, não poderá exceder de 2 (duas) horas. 4. O Dec. nº 10.880/2021 regulamentou o Programa Alimenta Brasil destinado ao incentivo da agricultura familiar, dentre outras finalidades (Decreto revogado pelo Dec. nº 11.476, de 6-4-2023). 5. A Lei nº 14.284/2021 instituiu o Programa Alimenta Brasil. 6. O fomento à agricultura familiar conta, também, com o Programa de Venda em Balcão destinado ao acesso do pequeno criador de animais ao estoque público de milho. Ademais, a mesma lei do referido programa (Lei nº 14.293/2022) determina a competência da Companhia Nacional de Abastecimento (Conab) para atos destinados ao cumprimento do programa. 7. No ano de 2022, a EC nº 123/2022 assegurou suplementação orçamentária de R$ 500.000.000,00 (quinhentos milhões de reais) ao Programa Alimenta Brasil.

✱ *V. CLT, art. 71.*

✱ *V. Lei nº 14.016/2020 (Dispõe sobre o combate ao desperdício de alimentos e a doação de excedentes de alimentos para o consumo humano).*

✱ *V. Lei nº 14.275/2021 (Dispõe sobre medidas emergenciais de amparo à agricultura familiar, para mitigar os impactos socioeconômicos da Covid-19, dentre outras disposições).*

✱ *V. Lei nº 14.284/2021 (Institui o Programa Auxílio Brasil e o Programa Alimenta Brasil, dentre outras disposições).*

✱ *V. Lei nº 14.293/2022 (Institui o Programa de Venda em Balcão, com o objetivo de promover o acesso do pequeno criador de animais ao estoque público de milho; e dá outras providências).*

✱ *V. Dec. nº 10.880/2021 (Regulamenta o Programa Alimenta Brasil, instituído pela Medida Provisória nº 1.061, de 9 de agosto de 2021). Este Decreto foi revogado pelo Dec. nº 11.476/2021.*

✱ *V. EC nº 123/2022 (Altera o art. 225 da Constituição Federal para estabelecer diferencial de competitividade para os biocombustíveis; (...) expande o Programa Auxílio Brasil, de que trata a Lei nº 14.284, de 29 de dezembro de 2021, dentre outras disposições).*

Direito social: A EC nº 64/2010 inseriu a alimentação como direito social (art. 6º da CF).

Do trabalhador: Ao trabalhador de baixa renda destinam-se os programas de alimentação, de acordo com a Lei nº 6.321/1976, devendo os mesmos ser aprovados pelo Ministério do Trabalho. O trabalhador participa dos custos com 20%, ficando o empregador responsável pelo restante. Quando pago *in natura* o valor respectivo não se incorpora à remuneração do empregado. O Dec. nº 10.854/2021 autorizou a portabilidade gratuita do pagamento de alimentação, caso o trabalhador solicite e, dentre outras determinações, limitou a dedução do Imposto de Renda a valores de até um salário mínimo em caso de recebimento de até cinco salários mínimos pelo trabalhador.

✱ *V. Dec. nº 5/1991 (Regulamenta a Lei nº 6.321, de 14 de abril de 1976, que trata do Programa de Alimentação do Trabalhador), art. 2º, § 1º. (Revogado pelo Decreto nº 10.854/2021).*

✱ *V. Dec. nº 10.854/2021 (Regulamenta disposições relativas à legislação trabalhista e institui o Programa Permanente de Consolidação, Simplificação e Desburocratização de Normas Trabalhistas Infralegais e o Prêmio Nacional Trabalhista, e altera o Decreto nº 9.580, de 22 de novembro de 2018).*

Do trabalhador rural: O empregador, para fornecer alimentação ao trabalhador rural, deve obedecer a quatro condições para poder descontá-la do salário: 1) alimentos em quantidade e qualidade suficientes; 2) é proibido cobrar preços mais elevados do que os da área em que atua; 3) o desconto deve obedecer ao limite máximo de 25% do salário mínimo; 4) o empregado deve dar autorização expressa para os descontos.

ALIMENTADO – Aquele cuja alimentação é feita a expensas de outrem.

ALIMENTANDO – Aquele que tem direito a receber *alimentos* (q.v.).

ALIMENTANTE – Quem, por obrigação, presta alimentos a outrem. O mesmo que *alimentador*.

ALIMENTÁRIO – Aquele a quem se presta alimentos. O mesmo que *alimentado*.

ALIMENTÍCIO – O que alimenta; aquilo que concerne à alimentação. *Pensão alimentícia*: importância pecuniária que o juiz fixa para atender aos diferentes casos de prestação de alimentos previstos em lei.

✱ *V. CC, arts. 1.694 a 1.707.*

ALIMENTOS – Integra este instituto, no sentido jurídico, tudo o que for necessário ao sustento de uma pessoa, o alimentando, não só a alimentação, mas também moradia, vestuário, instrução, educação, tratamentos médico e odontológico; conforme a Jurisprudência, incluam-se ainda neste título as diversões públicas. Os alimentos devem ser fixados na proporção das necessidades do reclamante e dos recursos da pessoa obrigada a prestá-los. Havendo mudança na fortuna de quem os supre ou na de quem os recebe, após a sua fixação, o interessado tem o direito de pedir ao juiz, conforme a situação, exoneração, redução ou agravação do encargo. Pode não ser exercido, mas não pode ser renunciado o direito a alimentos. Embora obrigação personalíssima, esse direito transmite-se aos herdeiros do devedor. O cônjuge responsável prestará ao outro, se este necessitar, a pensão fixada pelo juiz e corrigida monetariamente. Contribuem na medida de suas posses para a manutenção dos filhos. Para garantir que a pensão será paga, o juiz pode determinar a constituição de garantia real ou fidejussória. Os parentes também podem exigir, reciprocamente, os alimentos de que necessitem para a sua subsistência. Esse direito é recíproco entre pais e filhos e extensivo aos ascendentes, recaindo nos mais próximos em grau, uns na falta dos outros. Sonegar alimentos, tanto os provisionais quanto os definitivos, leva o inadimplente à prisão civil prevista pela CF. A polêmica nos meios jurídicos é quanto à duração da prisão civil do devedor cuja recusa injustificada à prestação de alimentos pode levá-lo às penas de 1 a 4 anos de prisão, conforme o art. 244 do CP (abandono material). O prazo da prisão civil, a qual não é pena, não pode exceder a 60 dias; dada a ordem de prisão, a interposição de agravo de instrumento (q.v.) não suspende sua execução, sendo recebido no efeito devolutivo, tornando-se inoperante, já que no seu preparo e tramitação decorrerá o tempo da prisão. Daí ser ele substituído, cada vez mais, pelo *habeas corpus*, mais aceito pelos Tribunais. O foro competente para a ação de alimentos (q.v.), que corre em segredo de Justiça, é o do domicílio ou residência do alimentando. Tendo este procurador, a petição será endereçada diretamente ao juiz; se for defensor dativo, esse entregará a petição dentro de 24 horas a partir do momento em que tomou ciência de sua nomeação, sendo a inicial autuada com o termo de gratuidade da Justiça. Na petição deve constar a declaração de pobreza que será objeto de sanção, se falsa. Se a prestação alimentícia for pedida verbalmente, será reduzido o pedido a termo, com todos os dados necessários à apreciação plena do juiz, sendo suas três vias datadas e assinadas pelo escrivão. Os alimentos denominam-se: civis ou necessários, aqueles devidos em virtude do vínculo de parentesco (*jure sanguinis*); definitivos, concedidos ao cônjuge inocente; na amigável, são aqueles ajustados entre marido e mulher; *expensa litis* (*in litem*), aqueles que são atribuídos junto com os provisionais, para prover as despesas, aqueles devidos após uma determinada data; legítimos ou legais, devidos em face do parentesco; naturais, os que são necessários à manutenção da pessoa; pretéritos, os que deveriam ter sido prestados e não o foram; provisionais, concedidos à mulher para que tenha meios para sua subsistência e para prover as despesas necessárias à demanda de nulidade de casamento, de investigação de paternidade, com sentença favorável na primeira instância, incluídos os honorários do advogado. São devidos desde a data em que forem arbitrados pelo juiz, até que a sentença passe em julgado. Pelo novo CC, o marido também poderá exigir pensão alimentícia (art. 1.704, parágrafo único). O julgamento da ADI nº 5.422 retirou a incidência de Imposto de Renda sobre valores recebidos a título de pensão alimentícia ou alimentos, fixados no direito de família, com efeito retroativo, pois tal tributação viola direitos fundamentais e resulta em uma dupla tributação, vedada pelo ordenamento pátrio.

✱ **V.** *CF: art. 5º, LXVII.*

✱ **V.** *CC: arts. 1.694 e ss.*

✱ **V.** *CPC/1973: arts. 100, II, 155, II, 520, II, e 732 a 735.*

✱ **V.** *CPC/2015, arts. 53, 189, 911 a 913 e 1.012, § 1º, II,§ 4º.*

✱ **V.** *CP: art. 244.*

✱ **V.** *Lei nº 5.478/1968 (Ação de Alimentos): arts. 3º, § 2º, e 19, § 3º.*

✱ **V.** *Lei nº 6.515/1977 (Lei do Divórcio, com modificação de seu art. 40 pela Lei nº 7.841/1989).*

✱ **V.** *Lei nº 8.971/1994 (Dispõe sobre direitos dos companheiros a alimentos e à sucessão).*

✱ **V.** *Lei nº 11.804/2008 (Disciplina o direito a alimentos gravídicos e a forma como ele será exercido).*

✱ **V.** *EC nº 66/2010 (Dispõe sobre a dissolubilidade do casamento civil pelo divórcio, suprimindo o requisito de prévia separação judicial por mais de 1 (um) ano ou de comprovada separação de fato por mais de 2 (dois) anos).*

ALÍQUOTA – Percentual fixado por lei a ser aplicado sobre a base de cálculo do fato gerador, a fim de fixar o valor do tributo devido ao Fisco.

✱ **V.** *CTN: arts. 19, 20, II, 21, 39, 65 e 213.*

ALISTAMENTO – Ato de alistar-se, perante autoridade pública, para o cumprimento de obrigação legal ou para função ou serviço público. Exemplos: alistar-se para o serviço militar ou inscrever-se como eleitor.A CLT, em seu art. 473, inc. V, dispõe que o empregado, sem prejuízo do salário, pode faltar ao serviço, "até 2 (dois) dias consecutivos ou não, para o fim de se alistar eleitor, nos têrmos da lei respectiva".

ALODIAL – Diz-se do imóvel livre de quaisquer ônus, como hipoteca e outros.

ALQUILARIA – Contrato de aluguel de animais.

ALTERAÇÃO CONTRATUAL – Modificação que se faz no texto de um contrato ou em qualquer de suas cláusulas.

✱ **V.** *CC: arts. 107, 109 e 220.*

ALUCINÓGENO – Substância tóxica que, consumida, provoca alucinações.

ALUGUEL – Cessão do direito de uso e gozo, por preço convencionado e por prazo previamente estipulado ou não, de prédio, ou de coisa móvel ou de um bem. É a importância que o *locatário* (q.v.) paga ao *locador* (q.v.), pelo uso de um prédio para residência ou para comércio. O aluguel é de livre fixação pelas partes; não pode ser alterado unilateralmente desde que foi por elas fixado. Pela lei do inquilinato em vigor (Lei nº 8.245/1991), o aluguel pode ser revisto depois de 3 anos da vigência do contrato ou do acordo, por uma *ação revisional*. No curso das ações renovatória e revisional, pode ser estabelecido o *aluguel provisório*, no valor máximo de 80% do valor pretendido a partir do primeiro mês de contrato na ação renovatória e a partir da citação na revisional. A renovação é compulsória nas locações feitas por sociedades civis e industriais com fins lucrativos. A convenção do aluguel é livre, mas proíbem-se sua estipulação em moeda estrangeira e a vinculação à variação cambial ou ao salário-mínimo. Na locação para temporada – *lazer*, tratamento de saúde, realização de cursos, construção de obras –, a máxima duração do contrato é de 90 dias, e o proprietário pode receber o aluguel antecipadamente. Se o locatário permanecer no imóvel, findo o aluguel, por mais de 30 dias sem que o locador se manifeste contrariamente, o contrato passa a ser considerado prorrogado por tempo indeterminado e o proprietário não poderá mais receber adiantado. O locador só poderá entrar com a denúncia vazia após 30 meses contados do início do contrato. A Lei nº 8.245/1991 (Lei das Locações) revogou o Dec. nº 24.150/1934, que regulava as condições e o processo de renovação de locações para fins comerciais e industriais; a Lei nº 6.239/1975, que tratava das ações de despejos de hospitais, unidades sanitárias oficiais e estabelecimentos de saúde e de ensino; a Lei nº 6.649/1979, que cuidava de locações prediais urbanas; a Lei nº 6.698/1979, que dispunha sobre reajuste de aluguel nas locações residenciais; a Lei nº 8.157/1991, que alterava a Lei nº 6.649/1979; a Lei nº 7.355/1985, que modificava o art. 7º da Lei nº 6.649/1979; a Lei nº 7.538/1986, que suspendia a execução de sentença em ações de despejo; a Lei nº 7.612/1987, que cuidava da suspensão dos processos de despejo. Alterou também inúmeros artigos de leis anteriores.

✱ **V.** *Lei nº 8.245/1991 (Dispõe sobre as locações dos imóveis urbanos e os procedimentos a elas pertinentes).*

✱ **V.** *Lei nº 9.069/1995 (Plano Real).*

✱ **V.** *Lei nº 12.112/2009 (Altera a Lei nº 8.245, de 18 de outubro de 1991, para aperfeiçoar as regras e procedimentos sobre locação de imóvel urbano).*

Pena: Importância que o locatário estará obrigado a pagar quando, terminado o prazo para desocupação do imóvel locado, nele permanecer indevidamente. O fundamento do aluguel pena encontra-se no art. 575 do CC, que diz: "Se, notificado, o locatário, não restituir a coisa, pagará, enquanto a tiver em seu poder, o aluguel que o locador arbitrar, e responderá pelo dano, que ela venha a sofrer, embora proveniente de caso fortuito". O seu parágrafo único aduz: "Se o aluguel arbitrado for manifestamente excessivo, poderá o juiz reduzi-lo, mas tendo sempre em conta o seu caráter de penalidade".

ALUVIAL – Referente a *aluvião*. Terreno formado por aluvião.

ALUVIÃO – Modo originário de aquisição de propriedade imóvel, caracterizado pelo acréscimo de depósitos e aterros naturais, ou pelo desvio das águas dos rios, os quais passam a pertencer aos donos dos terrenos marginais.

✱ *V. CC: art. 1.250.*

✱ *V. Dec. nº 24.643/1934 (Código de Águas).*

ALUVIONÁRIO – Terreno que se forma por aluvião; o mesmo que *aluvial* ou *aluviano*.

ALVARÁ – Autorização ou determinação expedida em favor de alguém por autoridade administrativa ou judiciária, para a realização de determinado ato. O ato tem força de lei quando a Administração Pública dá autorização, faz concessão, outorga um direito, aprova ou confirma um estado.

De licença: expedido pela Municipalidade em favor de pessoa física ou jurídica, autorizando o funcionamento de uma atividade ou estabelecimento comercial em local previamente fixado.

De soltura: mandado que o juiz ou o tribunal expede para libertação de réu absolvido em razão de processo penal ou o preso que cumpriu sua pena, ou o paciente que obteve *habeas corpus*.

✱ *V. CPP: art. 690.*

✱ *V. Lei nº 6.015/1973 (Dispõe sobre os registros públicos): art. 224.*

✱ *V. Lei nº 6.858/1980 (Dispõe sobre o pagamento, aos dependentes ou sucessores, de valores não recebidos em vida pelos respectivos titulares): art. 1º.*

ÁLVEO – Superfície por onde as águas correm formando um novo curso. Pode ser: *público* (*de uso comum*), quando é de domínio de pessoa jurídica de direito público; *particular*, quando é de propriedade privada; *abandonado*, quando deixa o seu leito, mudando o curso de suas águas; até o meio, e acede aos proprietários ribeirinhos das duas margens.

✱ *V. CC: art. 1.252.*

✱ *V. Dec. nº 24.643/1934 (Código de Águas), art. 26.*

AMAMENTAÇÃO – 1. Ato de alimentar bebês com o leite gerado pelas glândulas mamárias da mulher. 2. A CLT, em seu art. 396, confere à mulher, para nutrir seu filho até que complete seis meses de idade, o direito a dois descansos especiais de meia hora cada, durante a jornada de trabalho. 3. A Lei nº 13.467/2017 (Reforma Trabalhista) alterou a redação do referido artigo para estender os referidos descansos à mulher cujo filho é advindo de adoção, bem como esclarecer que tais períodos de descanso deverão ser definidos em acordo individual entre a mulher e o empregador.

✱ *V. CLT, art. 396.*

AMÁSIA – Concubina. Ela pode requerer no seu registro de nascimento a averbação do patronímico de seu companheiro. *V. Concubinato.*

✱ *V. Lei nº 6.015/1973 (Dispõe sobre os registros públicos).*

✱ *V. Lei nº 8.971/1994 (Dispõe sobre direito dos companheiros a alimentos e à sucessão).*

✱ *V. Lei nº 9.278/1996 (Dispõe sobre a união estável).*

AMAZÔNIA LEGAL – A Lei nº 12.651/2012 instituiu o novo Código Florestal. Segundo o novo código, a Amazônia Legal refere-se "Amazônia Legal: os Estados do Acre, Pará, Amazonas, Roraima, Rondônia, Amapá e Mato Grosso e as regiões situadas ao norte do paralelo 13º S, dos Estados de Tocantins e Goiás, e ao oeste do meridiano de 44º W, do Estado do Maranhão".

✱ *V. Lei nº 12.651/2012 – Novo Código Florestal.*

✱ *V. Dec. nº 8.972, de 23-1-2017, institui a Política Nacional de Recuperação da Vegetação Nativa.*

AMBULANTE – Dizia-se do vendedor que levava sua mercadoria deslocando-se pelas ruas; atualmente, nas grandes cidades, a Administração Municipal fixa para eles determinados pontos de venda, estabelecendo normas para sua atividade, cobrando-se a respectiva licença (Termo de Permissão e Uso).

AMEAÇA (DIR. CIVIL E DIR. PENAL) – Imposição feita à vítima por meio de palavra ou gesto suficiente para intimidá-la, viciando, assim, sua livre manifestação de vontade. O autor da ameaça promete acarretar à vítima um mal futuro ou iminente, seguido de perigo real ou difícil de ser evitado. Para caracterizar-se a coação, é necessário que a ameaça seja capaz de provocar o temor, de tal modo que obrigue a vítima à prática do ato; não sendo assim, não há vício da vontade. Não é coação a ameaça do exercício normal de um direito nem o temor reverencial (receio de magoar o pai, a mãe ou pessoas às quais se deve obediência). No Dir. Penal, a ameaça está presente em dois delitos: *constrangimento ilegal* e *ameaça* propriamente dita. A ameaça pode ser: *direta*, dirigida à pessoa coagida; *indireta*, feita a terceira pessoa, a que o ameaçado se ligue por parentesco próximo.

✱ *V. CC: arts. 153 e 1.210.*

✱ *V. CPC/1973: art. 932.*

✱ *V. CPC/2015, art. 567.*

✱ *V. CP: arts. 146 e 147.*

AMORTIZAÇÃO – Pagamento de parcela de uma dívida. Pagamento parcial para extinção de dívida advinda de empréstimo pecuniário.

Da dívida pública: resgate feito pelo governo, todos os anos, da dívida interna ou externa.

De ações: aquisição feita por sociedades anônimas de suas próprias ações, sem redução capital.

AMPLA DEFESA – Princípio de direito que assegura a todos a mais ampla oportunidade de se defender de qualquer acusação, inclusive com a admissão do contraditório.

✱ *V. CF: art. 5º, LV.*

ANALOGIA – Método de interpretação consistente em aplicar a um caso não previsto pelo legislador a norma que rege caso análogo, semelhante. Diz-se da existência de elementos de semelhança entre coisas diversas entre si. Juridicamente, é o processo lógico que autoriza o juiz a adaptar a um caso concreto, não previsto pelo legislador, uma norma que possua o mesmo fundamento. Pode-se dizer, ainda, que é a operação pela qual se aplica a um caso não previsto norma que diz respeito a uma situação prevista, havendo, entre elas, identidade de razões, de causas ou de fins. Sua finalidade é suprir lacunas da lei, daí por que não se refere à interpretação jurídica em si, mas à integração da lei.

✱ *V. LINDB (Lei de Introdução às Normas do Direito Brasileiro): art. 4º.*

✱ *V. CPC/1973: art. 126.*

✱ *V. CPC/2015, art. 140.*

✱ *V. CPP: art. 3º.*

✱ *V. CLT: art. 8º.*

✱ *V. CTN: art. 108, I.*

ANARQUIA – Palavra de origem grega, composta por *An*, privação, ausência, e *arkhé*, governo. Sistema político e social utópico, que prega a supressão ou ausência de governo para conduzir a estrutura sociopolítica.

ANDAMENTO (DA CAUSA) – Acompanhamento do processo em obediência à lei processual, da instrução ao julgamento. O autor não pode deixar de provocar o andamento da causa por mais de trinta dias, sob pena de extinção do processo, sem julgamento do mérito.

✱ *V. CPC/1973: art. 267, III.*

✱ *V. CPC/2015, art. 485, III.*

ANDROCRACIA – Regime social no qual o homem mantém o poder pela violência, subjugando a mulher e conservando-a como quase escrava.

ANDROGINIA – (Do grego *andros*, macho; *gyne*, fêmea) Existência, no mesmo indivíduo, de caracteres sexuais femininos e masculinos, com predomínio destes. Hermafroditismo.

ANFETAMINA – Droga sintética utilizada como vasoconstritor. Poderoso energético estimulante, descoberta em 1927 e tem como fórmula C9H13N.Droga estimulante que causa forte dependência psicológica. É tida como a que provoca maior grau de dependência. Leva seu usuário a um comportamento antissocial e a transtornos mentais. É usada, erroneamente, em remédios para controle do apetite. O seu uso abusivo leva à morte.

ANIMAL – 1. Ser vivo multicelular, dotado de movimento, de crescimento limitado, com capacidade de responder a estímulos. 2. Ser animal destituído de razão; animal irracional. Bicho, besta, animalejo, animália, alimária. 3. Relativo ou próprio aos animais. 4. Extraído ou obtido de animal. 5. A Constituição estabelece que é dever do Poder Público proteger os animais de práticas que coloquem em risco sua função ecológica, provoquem a extinção de espécies ou os submetam a crueldade. 6. O Dir. Civil conceitua os animais como bens móveis, suscetíveis de movimento próprio, doutrinariamente denominados semoventes. Contudo, referida expressão deve limitar-se aos animais passíveis de negociação, diante da existência de diversas leis e normas que restringem o comércio de animais silvestres, exóticos e em extinção. 7. A Lei nº 13.330/2016 introduziu o § 6º ao art. 155 do Código Penal, prevendo pena de reclusão de 2 (dois) a 5 (cinco) anos se a subtração for de semovente domesticável de produção, ainda que abatido ou dividido em partes no local da subtração. Também foi inserido o tipo penal de receptação de semovente domesticável de produção, com pena de reclusão de 2 (dois) a 5 (cinco) anos e multa. Portanto, tais tipos penais partem da premissa de que os animais são patrimônio. 8. A Lei nº 9.605/1998 trata os animais como bem jurídico autônomo, ainda que considerado coletivamente (fauna), prevendo tipos penais, muitos meramente formais, como a caça sem permissão da autoridade competente. Parte da doutrina inclusive atribui a tais tipos penais a expressão de acessoriedade administrativa, pois não visam tutelar propriamente a vida animal, mas, sim, a autoridade pública ambiental. 9. A Lei nº 1.283/1950 dispõe sobre a inspeção industrial e sanitária dos produtos de origem animal. Referida lei foi regulamentada por diversos decretos esparsos, consolidados no Dec. nº 9.013/2017, editado em resposta a uma crise sanitária na fiscalização dos produtos derivados de carne bovina. Referido decreto inovou ao prever que o abate de animais somente deve ser permitido com o emprego de métodos humanitários, utilizando-se de prévia insensibilização, baseada em princípios científicos, seguida de imediata sangria. 10. A Lei nº 14.064/2020 acrescentou o § 1º-A ao art. 32 da Lei 9.605/1998, para aumentar a pena cominada ao crime de maus-tratos, quando se tratar de cão ou gato, a qual passou a ser de reclusão, de 2 (dois) a 5 (cinco) anos, multa e proibição da guarda do animal.

✱ *V. CF, art. 225, §§ 1º, VII, e 7º.*

✱ *V. CC, art. 82.*

✱ *V. CP, arts. 155, § 6º, e 180-A.*

✱ *V. Lei nº 1.283/1950 (Dispõe sobre a inspeção industrial e sanitária dos produtos de origem animal).*

✱ *V. Lei nº 9.605/1998 (Tipifica condutas lesivas ao meio ambiente), arts. 29 a 37.*

✱ *V. Dec. nº 9.013/2017 (Regulamento da inspeção industrial e sanitária dos produtos de origem animal).*

ANIMUS – Elemento subjetivo do ato jurídico, no Dir. Civil; no Criminal, é relevante para a caracterização do ilícito penal. Em latim, significa intenção, vontade, desejo.

ANIMUS HABENDI – (Latim) Intenção de possuir, de ter.

ANIMUS JOCANDI – (Latim) Intenção de pilheriar, gracejar, fazer rir.

ANIMUS NECANDI – (Latim) Intenção de matar. O mesmo que *intentio necandi*.

✱ *V. CP: arts. 121 a 128.*

ANIMUS POSSIDENDI – (Latim) Intenção de possuir, de ter a coisa materialmente como sua.

✱ *V. CC: arts. 1.196 a 1.224.*

ANISTIA – Perdão concedido pelo Poder Público àqueles que cometeram crime político, extinguindo a culpa e os efeitos da condenação. É uma forma de extinção da punibilidade; medida legislativa de caráter coletivo, espécie de graça, que beneficia pessoas condenadas criminalmente, declarando-as isentas de culpa e do cumprimento da pena, tornando sem efeito as sanções que lhes foram aplicadas. Restitui-se-lhes, com a anistia, o pleno gozo de seus direitos civis e políticos. Depois de concedida, não pode a anistia ser revogada (CF, arts. 5º, XXXVI e XL, 21, XVII). A concessão da anistia, em matéria penal, tem efeito *ex tunc*: anula a sentença penal condenatória irrecorrível. Assim, se o anistiado vier a cometer novo crime, não será considerado reincidente. Contudo, não impede a ação civil de reparação de dano, visto que a anistia alcança somente os efeitos penais da sentença (CPP, art. 67, II). Se ocorrer inquérito policial, a anistia tem o efeito de fazer arquivar o procedimento investigatório (CP, art. 107, II). Compete ao Congresso dispor sobre a anistia, que só se verifica após ser sancionada pelo presidente da República. O STJ firmou entendimento na Súm. nº 624 de que é possível cumular a indenização do dano moral com a reparação econômica da lei de anistia política.

✱ *V. CF: arts. 5º, XLIII, 21, XVII, e 48, VIII.*

✱ *V. ADCT: arts. 8º e 9º.*

✱ *V. CP: art. 107, II.*

✱ *V. CPP: art. 742.*

✱ *V. Lei nº 7.210/1984 (Institui a Lei de Execução Penal): art. 187.*

✱ *V. Lei nº 10.559/2002 (Lei da Anistia Política).*

ANO CIVIL – ***legal, ou do calendário:*** período de 1º de janeiro a 31 de dezembro; ano solar ou do calendário gregoriano; o mesmo que *ano solar*.

✱ *V. Lei nº 810/1949 (Define o ano civil): art. 1º.*

Comercial: oposto ao civil, é aquele em que todos os meses têm 30 dias.

Contínuo: aquele em que são contados não só os dias úteis, mas também domingos e feriados.

Criminal: aquele que se conta por 365 dias completos, para efeito de prescrição ou cumprimento de pena.

Econômico ou financeiro: conta-se do dia de início ao dia de encerramento do exercício financeiro de uma administração patrimonial, podendo coincidir com o ano civil.

Fiscal: período do ano civil em que o governo apura receitas e despesas.

Útil: o que é consagrado ao trabalho produtivo, excluídos dias de férias, domingos e feriados.

ANO E DIA – Refere-se ao prazo extintivo ou prescricional. Período que se fixa para autorizar ou não medida liminar nas ações possessórias, quando esse prazo não corre enquanto o possuidor defende sua posse, para restabelecer a situação de fato que antecedia a turbação ou esbulho.

✱ *V. CPC/2015, art. 558.*

✱ *V. CC, art. 1.302.*

ANOMALIA – (Medicina Legal) – Anomalias sexuais: representam modificações quantitativas ou qualificativas do instinto sexual, podendo ser divididas em quatro grupos: 1º) *paradoxia* (intempestividade do instinto sexual); 2º) *anestesia* (deficiência do instinto); 3º) *hiperestesia* (excesso do instinto); 4º) *parestesia* (desvios do instinto). Neste último grupo é que se incluem as perversões e inversões propriamente ditas.

ANOMIA – Ausência de lei, desorganização social. O termo foi criado por Durkheim para retratar a situação social do indivíduo, em razão da qual ele fica desorientado por não existirem normas que lhe ditem o comportamento, podendo chegar até o suicídio. A anomia, no auge das mudanças políticas, leva o indivíduo a agir contra o que está socialmente estabelecido, à subversão.

ANÔNIMO – De autoria desconhecida; oculto. Aquele que omite o nome naquilo que escreve.

ANTECEDENTES – Fatos ou atos relativos à vida pregressa do delinquente que influem na aplicação da pena.O que ocorrer antes e relacionado com o evento posterior. É ocorrência do passado de uma pessoa que se considera em relação a um acontecimento presente. Usa-se de preferência no plural: *antecedentes criminais,* o mesmo que *antecedentes penais*, ações criminosas anteriores já punidas, e são levadas em conta na fixação de nova pena; *antecedentes judiciários*, dados referentes à pessoa em relação a processos movidos contra ela.

✱ *V. CP: art. 59.*

ANTECIPAÇÃO – Ato realizado antes do tempo determinado, fixado por lei ou pelo acordo entre as partes.

✱ *V. CC: arts. 333 a 352.*

Da audiência: quando ocorre, o juiz, de ofício ou a requerimento da parte, mandará intimar pessoalmente os advogados para dar-lhes ciência da designação da nova data.

✱ *V. CPC/2015, arts. 281 e 1.003.*

Da legítima: ato pelo qual o pai faz doação de bens aos filhos, o mesmo que partilha em vida ou antecipação de herança; dá margem à colação.

✱ *V. CC, arts. 544 e 549.*

De feriados: a Lei nº 7.320/1985 dispunha sobre a antecipação para as segundas-feiras dos feriados que caíssem nos outros dias da semana, exceto sábados e domingos; não incluía, também, os dias 1º de janeiro, 7 de setembro, 25 de dezembro, sexta-feira santa e *Corpus Christi*. Essa lei foi expressamente revogada pela Lei nº 8.087/1990.

De provas: deve o requerente justificar sumariamente a necessidade da antecipação e mencionar com exatidão os fatos sobre os quais há de recair a prova.

Da tutela (Dir. Proc. Civil): ato pelo qual o juiz, a requerimento da parte, poderá antecipar, total ou parcialmente, os efeitos da tutela pretendida, desde que haja receio de dano irreparável ou abuso de direito de defesa ou manifesto propósito protelatório do réu. A tutela deverá ser fundamentada e não será concedida quando houver perigo de irreversibilidade do provimento antecipado. *V. tutela.*

✱ *V. CPC/1973: arts. 273 e 461.*

✱ *V. CPC/2015, art. 296 a 298, 300 e 311.*

ANTECONTRATO – O mesmo que pré-contrato. Contrato provisório que antecede a celebração do contrato definitivo.O mesmo que *promessa de compra e venda*; arras.

ANTEPROJETO – Estudo; forma preliminar de um projeto de lei para ser apreciado pelas Comissões e discutido em Plenário antes de sua redação final. Redação provisória de contrato, estatuto ou qualquer documento, para discussão e deliberação, antes de ser aprovado.

ANTERIORIDADE – Prioridade de data; precedência; qualidade do que é anterior.

Da lei penal: princípio da legalidade ou da reserva legal: não há crime sem lei anterior que o defina. Não há pena sem prévia cominação legal. A lei aplica-se ao fato praticado durante sua vigência. A CF garante que ninguém é obrigado a fazer ou deixar de fazer alguma coisa senão em virtude de lei.

✱ *V. CF, art. 5º, II.*

✱ *V. CP, arts. 1º e 3º.*

Da lei tributária: princípio constitucional segundo o qual as leis que criam ou majoram tributos devem ser cotadas, aprovadas e publicadas no ano anterior ao exercício em que terão vigência. É vedado à União, aos Estados, ao Distrito Federal e aos Municípios cobrar impostos no mesmo exercício financeiro em que haja sido publicada a lei que os instituiu ou aumentou. Distingue-se da *anualidade* (q.v.).

✱ *V. CF, art. 150, III,* b.

✱ *V. CTN, art. 9º, I e II.*

ANTICONSTITUCIONAL – Tudo o que seja contrário, que fira a Constituição. Ao Senado Federal compete, privativamente, suspender a execução, no todo ou em parte, de lei declarada inconstitucional por decisão definitiva do STF. Os Tribunais somente poderão declarar a inconstitucionalidade de lei ou ato normativo do Poder Público pelo voto da maioria absoluta de seus membros ou dos membros do respectivo órgão especial. Ao STF compete, precipuamente, a guarda da Constituição, cabendo-lhe processar e julgar, originariamente, a *ação direta de inconstitucionalidade* de lei ou ato normativo federal ou estadual (CF, arts. 52, X, 97 e 102, I, *a*).

ANTICRESE – Direito real de garantia sobre imóvel alheio, em que o devedor confere ao credor um imóvel, para que, em compensação da dívida, perceba os frutos e rendimentos.

✱ *V. CC: arts. 364 e 365, 1.423 a 1.428, 1.435 e 1.507 a 1.510.*

✱ *V. Lei nº 6.015/1973 (Dispõe sobre os registros públicos): arts. 167 e 241.*

ANTICRESISTA – O mesmo que *credor anticrético*.

ANTICRÉTICO – Que se refere à anticrese.

ANTICRONISMO – Erro na data.

ANTÍGRAFO – Cópia manuscrita de documento; transcrição.

ANTIGUIDADE – Tempo de serviço do servidor público, civil ou militar ou do empregado para efeito de graduação ou inatividade.

✱ *V. CF: art. 40, III, e § 3º.*

✱ *V. CLT: art. 461, § 2º.*

ANTIJURIDICIDADE – Diz-se da qualidade do que é contrário ao Dir. Confronto da ação do homem com o que é juridicamente proibido. Qualidade de ato, decisão ou fato que contrarie o direito expresso, que não pode o agente justificar com razões procedentes. Ilegalidade. É característica do *ato ilícito* (q.v.).

Específica: conduta em contraste com o preceito da norma jurídico-penal, expressamente referida no tipo. Essa modalidade revela-se pelas expressões *indevidamente, arbitrariamente*.

Formal: quando a conduta está em contraste com o preceito legal.

Material: dano ou perigo de dano ao bem jurídico tutelado.

ANTIJURÍDICO – Ato contrário ao direito.

ANTILOGIA – Contradição entre ilações do mesmo arrazoado ou de dois princípios, entre conceitos dos mesmos autos ou entre passagens do mesmo livro.

ANTINOMIA – Contradição existente entre duas leis que versam sobre a mesma matéria ou entre duas cláusulas de um negócio jurídico cuja solução não se prevê na ordem jurídica. Para que se caracterize a antinomia, é preciso: 1) que as normas em conflito sejam realmente jurídicas; 2) que estejam em vigor; 3) integrem a mesma ordem jurídica; 4) emanem de autoridade competente num mesmo sistema de referência normativo, prescrevendo comandos ao mesmo sujeito; 5) o conteúdo de cada uma tem de negar a da outra; 6) não disponha de critério para solucionar o conflito a pessoa incumbida de fazê-lo. Resumindo, são necessários três pressupostos essenciais: *incompatibilidade, indecidibilidade* e *necessidade de decisão*. A antinomia pode ser: *real*, quando se verifica a impossibilidade de se conciliar duas leis, a atual e a antiga, ficando uma tacitamente derrogada; *aparente*, quando existem, simultaneamente, dentro da mesma lei disposições antagônicas ou colidentes. Resolve-se pelos critérios da *hierarquia das normas* (*lex superior derogat legi inferior*), *da especialidade* (*lex specialis derogat legi generali*), e pelo *cronológico* (*lex posterior derogat legi priori*).

ANUÊNCIA – Consentimento ou aprovação, concordância. Manifestação da vontade favorável à conclusão de ato jurídico. Pode ser *expressa* ou *tácita*, conforme exija ou não aprovação escrita ou verbal. *Pedido de*: o mesmo que *agrément*.

ANULABILIDADE – Qualidade daquilo que é anulável. O ato vai surtindo efeitos, como se válido fosse, mas pode ser anulado, no prazo da lei, pelo prejudicado. Não se confunde com *nulidade*.

✱ *V. CC: arts. 176, 177 e 182.*

ANULAÇÃO – Ação ou omissão que tem por consequência tornar sem efeito um ato jurídico. Decisão pela qual se cancela ato anulável ou se declara não válido ou desfeito um ato ou negócio jurídico, por infração da norma legal ou de cláusula convencional. Efeito de decisão, judicial ou administrativa, que torna sem valor ato que contenha nulidade. A anulação de ato jurídico ocorre por sentença judicial; a do ato administrativo por decreto, portaria ou regulamento. Diz-se *anulável* quando pode tornar-se válido, perfeito, por ato posterior que implique sua retificação.

✱ *V. CC: arts. 188, 221 e 1.552.*

ANVERSO – Parte oposta ao verso. Frente de um título ou documento.

À ORDEM – Expressão que indica que, embora nominativo, o título pode ser transferido por meio de *endosso*.

APARELHO DE COMUNICAÇÃO – A Lei nº 12.012, de 6-8-2009, passou a tipificar como crime o ingresso de pessoa portando aparelho telefônico de comunicação móvel, de rádio ou similar, sem autorização legal, em estabelecimento prisional. Pena: detenção, de 3 (três) meses a 1 (um) ano.

APART-HOTEL – Prédio de apartamentos com serviço de hotel. Imóvel cuja locação não é regida pela Lei do Inquilinato (Lei nº 8.245/1991), mas pelo próprio CC, e pelas leis especiais (parágrafo único do art. 1º da Lei nº 8.245/1991).Visa atender a pessoas que querem preservar a sua privacidade, morarem sozinhas, ao mesmo tempo que desfrutam de serviços oferecidos pelos locatários, como lavanderia, alimentação e outros. Tem regulamento próprio ao qual deve submeter-se o inquilino (ou proprietário).

APARTHEID – Política de segregação racial que vinha sendo posta em prática pelo Governo sul-africano, provocando atos de violência, superada pelas recentes medidas políticas que culminaram com a eleição à presidência de Nelson Mandela, ex-preso político e seu maior combatente.

APÁTRIDA – Pessoa sem pátria. Aquele que não possui nacionalidade. Os critérios de atribuição da nacionalidade são privativos do Estado soberano e não da vontade individual. *V. jus sanguinis* e *jus soli*. O mesmo que *apólida*. A Lei nº 13.445/2017 definiu como a "pessoa que não seja considerada como nacional por nenhum Estado, segundo a sua legislação, nos termos da Convenção sobre o Estatuto dos Apátridas, de 1954, promulgada pelo Decreto nº 4.246, de 22 de maio de 2002, ou assim reconhecida pelo Estado brasileiro".

✱ *V. Lei nº 13.445/2017 (Lei de Migração), art. 1º, § 1º, VI.*

APELAÇÃO – 1. Ato ou efeito de apelar. 2. Pedido de ajuda, súplica. 3. Uso de meios grosseiros ou condenáveis. 4. Recurso admitido no Dir. Processual brasileiro, nos processos de competência da Justiça Comum Federal e Estadual, interposto junto ao juiz da causa pela parte que se considera prejudicada por sentença. Tem de ser interposto em tempo hábil à segunda instância, para que esta reexamine e julgue a sentença, em razão do mérito da causa ou de preliminar ou preliminares arguidas. 5. Especificamente no âmbito do Processo Civil, é o recurso que impugna a sentença, tanto aquela meramente terminativa, em um dos casos previstos no art. 485 do CPC/2015, quanto a definitiva, ou de mérito, nas hipóteses do art. 487 do CPC/2015. Assim, será cabível para atacar o ato do juiz de primeiro grau com eficácia extintiva do processo, ou, em outras palavras, que encerra a relação jurídica processual, caso não seja provocada a abertura da fase recursal. Essa definição se ajusta ao modelo adotado pelo nosso legislador (art. 1.009 do CPC/2015), que, com o Código de 1973, procurou simplificar o sistema de recursos, abolindo o antigo agravo de petição, e, agora, com a atualização progressiva que se empreende desde 1993, o enxugou mais ainda. Sempre que o profissional estiver diante de um ato proferido por juiz de primeira instância (federal ou estadual) que tenha a potencialidade de extinguir o feito, seja uma sentença que conclua pela inadmissibilidade da ação, ante a falta de certo pressuposto processual, ou de uma das condições da ação, ou que indefira a inicial, ou determine o arquivamento do feito ante a inércia do autor, seja uma sentença de mérito, desde aquela que pronuncia a decadência ou a prescrição, ou a que extinga o processo ante o reconhecimento do pedido pelo réu, até aquela em que o juiz acolhe ou nega o pedido após analisar os fundamentos da ação, em todas essas hipóteses caberá apelação. Requisitos da apelação no âmbito civil: a) o recurso deve ser dirigido, como anteriormente dito, ao juiz da causa; b) nele devem constar o nome e a qualificação das partes; c) referir-se aos fundamentos de fato e de direito; d) pedir reforma total ou parcial da sentença que se impugna, especificando a parte questionada. Não atendidos os requisitos a apelação será considerada *inepta*, não sendo conhecida. Os fatos devem ser nela resumidos, remetendo-se às folhas dos autos em que se produziu a prova e referindo-se às circunstâncias pelas quais se entenda que a matéria está suficientemente provada. Deve ser interposta no prazo de 15 dias, contados da publicação da sentença. O juiz intimará o recorrido (apelado) para opor contrarrazões no prazo de 15 dias. A apelação devolverá ao tribunal a matéria impugnada. Serão, porém, objeto de apreciação e julgamento pelo tribunal todas as questões suscitadas e discutidas no processo, ainda que a sentença não as tenha julgado por inteiro. Quando o pedido ou a defesa tiver mais de um fundamento e o juiz acolher apenas um deles, a apelação devolverá ao tribunal o conhecimento dos demais. Nos casos de extinção do processo sem julgamento do mérito (art. 485 do CPC/2015), o tribunal pode julgar desde logo a lide se a causa versar questão exclusivamente de direito e estiver em condições de imediato julgamento. Constatando a ocorrência de nulidade sanável, o tribunal poderá determinar a realização ou renovação do ato processual, intimadas as partes; cumprida a diligência, sempre que possível prosseguirá o julgamento da apelação. Ficam também submetidas ao tribunal as questões anteriores à sentença, ainda não decididas. As questões de fato, não propostas no juízo inferior, poderão ser suscitadas na apelação, se a parte provar que deixou de fazê-lo por motivo de força maior. Interposta a apelação, o juiz, declarando os efeitos em que a recebe, mandará dar vista ao apelado para responder. O juiz não receberá o recurso de apelação quando a sentença estiver em conformidade com súmula do Superior Tribunal de Justiça ou do Supremo Tribunal Federal. Apresentada a resposta, é facultado ao juiz, em 5 dias, o reexame dos pressupostos de admissibilidade do recurso. Provando o apelante justo impedimento, o juiz relevará a pena de deserção, fixando-lhe prazo para efetuar o preparo. A decisão referida neste artigo será irrecorrível, cabendo ao tribunal lhe apreciar a legitimidade. A apelação será recebida em seu efeito devolutivo e suspensivo. De acordo com o art. 485, III, do CPC/2015, será recebida só no efeito devolutivo, quando interposta de sentença que: homologar a divisão ou a demarcação; condenar à prestação de alimentos; decidir o processo cautelar; rejeitar liminarmente embargos à execução ou julgá-los improcedentes; julgar procedente o pedido de instituição de arbitragem; confirmar a antecipação dos efeitos da tutela. Outras hipóteses de efeito apenas devolutivo são a decisão que decreta a interdição civil e a concede mandado de segurança. Recebida a apelação em ambos os efeitos, o juiz não poderá inovar no processo; recebida só no efeito devolutivo, o apelado poderá promover, desde logo, a execução provisória da sentença, extraindo a respectiva carta. 6. No Processo Penal, o cabimento se dá tanto para decisões definitivas de condenação ou absolvição, proferidas pelo juiz singular, quanto para hipóteses não previstas no rol do art. 581 do CPP, em relação ao cabimento de recurso em sentido estrito. Em face de decisões proferidas pelo Tribunal do Júri, o cabimento da apelação é mais estrito, admitindo-se apenas para atacar nulidade posterior à decisão que pronunciou o réu, contrariedade da sentença à lei ou à decisão dos jurados, erro ou injustiça especificamente no tocante à cominação da pena ou medida de segurança, ou, por fim, se a decisão dos jurados for manifestamente contrária à prova dos autos. Neste último caso, a decisão da apelação não pode substituir o veredicto, devendo ser anulado o primeiro julgamento e realizado novo Júri. Em qualquer caso, a jurisprudência entende que o conhecimento de recurso de apelação do réu independe de sua prisão, pois do contrário haveria violação ao princípio da presunção de inocência. Questão controvertida dizia respeito à recepção pela Constituição da previsão de que o recurso seria considerado deserto na hipótese de fuga do réu, o que foi pacificado apenas em 2011, com a Lei nº 12.403, que revogou o art. 595 do CPP.

A Apelação pode ser:

Necessária, oficial ou de ofício: ***V.*** *Reexame necessário.*

Voluntária: quando só depende da vontade da parte vencida ou de terceiros que tenham interesse na decisão da lide.

✱ ***V.*** *CPC/1973, arts. 285, § 1º, 296, 475, 475-M, § 3º, 496, I, 500, II, 508, 513 a 521, 551, 555, 559, 587, 1.110 e 1.184.*

✱ ***V.*** *CPC/2015, arts. 101, 331, 332, § 2º, 485, § 7º, 496, 702, § 9º, 706, § 2º, 724, 937, I, 941, § 2º, 942, 946, 994, I, 997, § 2º, II, 1.009 a 1.014 e 1.028.*

✱ ***V.*** *CPP, arts. 416, 574, 593 a 603 e 670 e 673.*

✱ ***V.*** *CPPM, arts. 510,* b, *526 a 537, 591 e 694 a 696.*

✱ ***V.*** *ECA, arts. 198, VII, 199 a 199-E.*

✱ ***V.*** *LRE, arts. 90, 100, 135, parágrafo único, 154, § 6º, 156, parágrafo único, 159, § 5º, e 164, § 7º.*

✱ ***V.*** *Lei nº 8.038/1990 (Institui normas procedimentais perante o STF e o STJ), arts. 34 e 36, I.*

✱ ***V.*** *Lei nº 12.016/2009 (Lei do Mandado de Segurança), arts. 10, § 1º, e 14.*

✱ ***V.*** *Súmulas nºs 320, 428, 705, 708 e 713 do STF.*

✱ ***V.*** *Súmulas nºs 317, 331 e 347 do STJ.*

APELIDO – Juridicamente é o nome de família, o sobrenome, o patronímico. Nas Ordenações Manuelinas era chamamento geral para defesa da cidade e também senha que os soldados gritavam, nas batalhas, para se reconhecerem entre si. *Apelido*, atualmente, refere-se ao sobrenome das pessoas que se junta ao *prenome* ou *nome de batismo*. O apelido difere, modernamente, da *alcunha*, por ser essa derivada da observação de defeito físico, vício moral, semelhança, característica pessoal. "Qualquer dos nubentes, querendo, poderá acrescer ao seu, o sobrenome do outro".

✱ ***V.*** *CC, art. 1.565, § 1º.*

✱ ***V.*** *Lei nº 6.515/1977 (Lei do Divórcio): art. 17.*

APENAR – Aplicar, impor pena; punir; condenar.

APENSAMENTO – Ato de juntar como apenso, anexar.

Apensamento (Civil): Anexação de autos de um processo em outro ou outros, mantendo-se, porém, os números das folhas do principal e os das folhas do apensado. Difere da juntada, em que os documentos passam a integrar o processo, adotando a numeração sequencial deste.

✱ ***V.*** *CPC/1973: arts. 51, I, 59, 105, 261, 299, 393, 736, 809, 919, 996, 1.017, § 1º, 1.043, § 2º, e 1.067, § 1º.*

✱ ***V.*** *CPC/2015, arts. 57, 120, 293, 553, 642, 672, 685, 716, 914, § 1º.*

Apensamento (Penal): Ato pelo qual o relator junta aos autos originais os da revisão.

APICUM – A Lei nº 12.651/2012 (Novo Código Florestal) em seu art. 3º, XV, conceituou apicum. "XV – apicum: áreas de solos hipersalinos situadas nas regiões entremarés superiores, inundadas apenas pelas marés de sizígias, que apresentam salinidade superior a 150 (cento e cinquenta) partes por 1.000 (mil), desprovidas de vegetação vascular;"

✱ *V. Dec. nº 8.972, de 23-1-2017, institui a Política Nacional de Recuperação da Vegetação Nativa.*

APÓLICE – Título que representa uma obrigação civil ou mercantil. Ação de empresa; instrumento de contrato de seguro, de vida ou de risco; título de obrigação civil ou mercantil; título de dívida pública.

✱ *V. CC: arts. 757 a 802.*

✱ *V. Dec.-lei nº 73/1966 (Dispõe sobre sistemas nacionais de seguros privados).*

✱ *V. CCom, art. 667, itens 1 a 13 (Seguro Marítimo).*

APOSENTADO – Pessoa que, em virtude de ter cumprido tempo de serviço que a lei exige, por incapacidade ou por invalidez, permanente ou não, deixa de trabalhar e passa a receber proventos da Previdência Social.

APOSENTADORIA – 1. Ato ou efeito de aposentar: aposentação, jubilação, reforma. 2. Estado daquele que se aposentou. 3. Hospedagem, gasalhado, pousada. 4. Diz-se dos vencimentos ou proventos do aposentado. 5. Estado de inatividade remunerada, de empregado filiado à Previdência Social ou de servidor público sujeito a regime próprio de Seguridade Social, após determinada idade, tempo de serviço e/ou tempo de contribuição previstos em lei, quando passam a perceber proventos pagos mensalmente. 6. Reforma, no caso dos militares, ou reserva. 7. A aposentadoria está entre os direitos dos trabalhadores, urbanos ou rurais. É assegurada a contagem recíproca do tempo de contribuição na administração pública e na atividade privada, rural e urbana. 8. O estado de calamidade pública, decretado pelo Dec. Leg. nº 6, de 20-3-2020, gerado pela pandemia de Coronavírus (COVID-19) fez o Poder Público aumentar, temporariamente, a margem de crédito consignado dos titulares de benefícios de aposentadoria e pensão do Regime Geral de Previdência Social para 40% (quarenta por cento). Posteriormente, a Lei nº 14.431/2022 estabeleceu como margem de crédito consignado para aposentados e pensionistas 45 (quarenta e cinco) por cento, sendo 35% destinado a empréstimo consignado, 5% para cartão de crédito consignado e 5% para cartão consignado de benefício, somando o total de 45%.

✱ *V. CF, arts. 7º, XXIV, e 202, § 2º.*

✱ *V. EC nº 20/1998 (Modifica o Sistema de Previdência Social e estabelece normas de transição).*

✱ *V. EC nº 41/2003 (Modifica os arts. 37, 40, 42, 48, 96, 149 e 201 da Constituição Federal, revoga o inciso IX do § 3º do art. 142 da Constituição Federal e dispositivos da Emenda Constitucional nº 20, de 15 de dezembro de 1998, e dá outras providências).*

✱ *V. EC nº 103/2019 (Altera o sistema de previdência social e estabelece regras de transição e disposições transitórias).*

✱ *V. Lei nº 8.212/1991 (Lei Orgânica da Seguridade Social).*

✱ *V. Lei nº 8.213/1991 (Lei dos Planos de Benefícios da Previdência Social).*

✱ *V. Lei nº 14.431/2022 (Altera as Leis nºs 10.820, de 17 de dezembro de 2003, 8.213, de 24 de julho de 1991, e 8.112, de 11 de dezembro de 1990, para ampliar a margem de crédito consignado aos empregados regidos pela Consolidação das Leis do Trabalho, aprovada pelo Decreto-Lei nº 5.452, de 1º de maio de 1943, aos segurados do regime próprio de previdência social dos servidores públicos federais, aos servidores públicos federais e aos segurados do Regime Geral de Previdência Social e para autorizar a realização de empréstimos e financiamentos mediante crédito consignado para beneficiários do benefício de prestação continuada e de programas federais de transferência de renda, a Lei nº 13.846, de 18 de junho de 2019, para dispor sobre a restituição de valores aos cofres públicos, e a Lei nº 14.284, de 29 de dezembro de 2021, para alterar procedimentos relativos à concessão do Auxílio Inclusão Produtiva Urbana).*

✱ *V. Dec. nº 3.048/1999 (Aprova o Regulamento da Previdência Social).*

✱ *V. Súm. Vinc. nº 3.*

✱ *V. Súm. nº 65 da TNU.*

A aposentadoria pode ser:

Compulsória: Imposta ao funcionário público que atingir 75 anos de idade, com proventos proporcionais ao tempo de contribuição. Facultada ao empregador quando o empregado completa 70 anos (homem) ou 65 (mulheres).

✱ *V. CF: arts. 7º, XXIV, e 40, § 1º, II.*

✱ *V. LC nº 152/2015 (Dispõe sobre a aposentadoria compulsória por idade, com proventos proporcionais).*

✱ *V. Lei nº 8.212/1991(Lei Orgânica da Seguridade Social).*

✱ *V. Lei nº 8.213/1991 (Lei dos Planos de Benefícios da Seguridade Social).*

De trabalhador rural: Segundo a CF, em seu art. 195, § 8º, o produtor, o parceiro, o meeiro e o arrendatário rurais e o pescador artesanal, bem como os respectivos cônjuges, que exerçam suas atividades em regime de economia familiar, sem empregados permanentes, contribuirão para a seguridade social mediante a aplicação de uma alíquota sobre o resultado da comercialização da produção e farão jus aos benefícios da aposentadoria. Assim, o benefício é válido para todos que, sendo proprietários ou não, desenvolvem atividade agropastoril ou hortifrutigranjeira por conta própria, individualmente ou no regime de economia familiar.

✱ *V. Lei nº 11.718/2008, que cria o contrato de trabalhador rural por pequeno prazo e estabelece normas transitórias sobre a aposentadoria do trabalhador rural.*

Espontânea: A aposentadoria espontânea não é causa de extinção do contrato de trabalho se o empregado permanece prestando serviços ao empregador após a jubilação. Assim, por ocasião da sua dispensa imotivada, o empregado tem direito à multa de 40% do FGTS sobre a totalidade dos depósitos efetuados no curso do pacto laboral.

✱ *V. OJ da SBDI-I nº 361 do TST.*

Para ex-combatente da 2ª Guerra Mundial: Concedida com proventos integrais aos 25 anos de serviço efetivo, em qualquer regime jurídico.

✱ *V. CF: Disposições Transitórias, art. 53, V.*

Por tempo de serviço: ***V.*** *Por tempo de contribuição.*

APOSENTADORIA ESPECIAL – 1. Modalidade de aposentadoria do Regime Geral de Previdência Social e dos regimes próprios de Seguridade Social dos servidores públicos. Tecnicamente, é uma submodalidade da aposentadoria por tempo de contribuição, concedida aos trabalhadores que exerçam atividades sob condições especiais que prejudiquem a saúde ou a integridade física, bem como às pessoas com deficiência, definidas em lei complementar. 2. A EC nº 103/2019 excluiu a possibilidade de cômputo de tempo especial para atividades exercidas em condições de periculosidade, mantendo apenas para as hipóteses de trabalho insalubre, e, neste último caso, pela exposição a agentes químicos, físicos e biológicos.

✱ *V. CF, art. 40, §§ 4º a 4º-C, e 201, § 1º.*

✱ *V. EC nº 103/2019 (Altera o sistema de previdência social e estabelece regras de transição e disposições transitórias), art. 10, §§ 2º e 3º; e 19, § 1º.*

APOSENTADORIA POR IDADE – 1. Benefício do Regime Geral da Previdência Social, que exige carência de 180 (cento e oitenta) contribuições, e idades mínimas de 65 (sessenta e cinco) anos para o homem, e 60 (sessenta) anos, para a mulher, reduzido em 5 anos o limite para os trabalhadores rurais de ambos os sexos e aos que exerçam suas atividades em regime de economia familiar, nestes incluídos o produtor rural, o garimpeiro e o pescador artesanal. 2. Historicamente, é o benefício com maior representatividade junto aos trabalhadores rurais, ante as enormes dificuldades de comprovação de tempo de contribuição pelo trabalho realizado no campo. Até mesmo por isso, a Lei nº 8.213/1991 foi alterada pela Lei nº 11.718/2008 e mais recentemente pela Lei nº 13.846/2019, para estabelecer provas materiais mínimas do exercício de atividade rural, especialmente pelos segurados especiais.

✱ *V. CF, art. 201, I.*

✱ *V. Lei nº 13.846/2019 (Institui o Programa Especial para Análise de Benefícios com Indícios de Irregularidade, dentre outras disposições).*

✱ *V. Lei nº 8.213/1991 (Dispõe sobre os Planos de Benefícios da Previdência Social), arts. 48 a 51 e 106.*

✱ *V. Dec. nº 3.048/1999 (Regulamento da Previdência Social), arts. 51 a 54.*

✱ *V. Súmulas nºs 14, 44, 54 e 76 da TNU.*

APOSENTADORIA POR INCAPACIDADE PERMANENTE – Modalidade de aposentadoria do Regime Geral de Previdência Social e dos regimes próprios de Seguridade Social dos servidores públicos. Pressupõe a incapacidade permanente do segurado para o exercício de atividade que lhe garanta subsistência. Embora a legislação mencione que a concessão começa a partir da cessação do auxílio-doença, nada obsta a sua concessão imediata, caso decorra de fatos que permitam a aferição de incapacidade permanente desde o evento lesivo.

✱ *V. CF, art. 40, § 1º, I, e 201, I.*

✱ *V. EC nº 70/2012 (Estabelece critérios para o cálculo e a correção dos proventos da aposentadoria por invalidez dos servidores públicos que ingressaram no serviço público até a data da publicação da Emenda Constitucional nº 41/2003).*

✱ *V. EC nº 103/2019 (Altera o sistema de previdência social e estabelece regras de transição e disposições transitórias), art. 10, § 1º, II.*

APOSENTADORIA POR INVALIDEZ – *V. Aposentadoria por incapacidade permanente.*

APOSENTADORIA POR INVALIDEZ ACIDENTÁRIA – Devida nos casos de incapacidade total e permanente para o trabalho decorrentes de situações enquadradas pela legislação como acidente de trabalho ou doença profissional. A renda mensal inicial é igual a 100% do salário de benefício. Não é aposentadoria definitiva, uma vez que o beneficiário deve submeter-se a exames periódicos até completar 60 anos. A competência para processamento de demandas envolvendo a concessão ou manutenção do benefício é das Varas Estaduais de Acidentes do Trabalho.

✱ *V. Lei nº 8.213/1991 (Dispõe sobre os Planos de Benefícios da Previdência Social), art. 118.*

APOSENTADORIA POR TEMPO DE CONTRIBUIÇÃO – 1. Modalidade de aposentadoria do Regime Geral de Previdência Social e dos regimes próprios de Seguridade Social dos servidores públicos. Criada pela EC nº 20/1998, tacitamente derrogando as normas legais acerca da aposentadoria por tempo de serviço. Originalmente, era devida ao segurado que completasse 35 anos de contribuição, se homem, e 30 anos de contribuição, se mulher. Tais requisitos eram reduzidos em cinco anos para o professor que comprovasse exclusivamente tempo de efetivo exercício das funções de magistério na educação infantil e nos ensinos fundamental e médio. Na contagem do cálculo, agrega-se também o tempo de expectativa de vida, além do período de vida e o de contribuição, formando o chamado "fator previdenciário". Por isso, desapareceu a chamada aposentadoria por tempo de serviço, uma vez que ela agora depende do tempo de contribuição, da expectativa de vida e da idade atual do segurado. 2. A EC nº 103/2019 alterou substancialmente as disposições sobre esta modalidade de aposentadoria, tanto no que diz respeito ao benefício concedido pelo Regime Geral quanto aos regimes próprios de servidores públicos, estabelecendo uma composição de critérios de idade com tempo de contribuição, bem como estabelecendo regras de transição para determinados segurados que implementariam os requisitos para concessão nos próximos anos.

✱ *V. CF, art. 40, § 1º, III, e §§ 2º, 3º, 5º, 8º, 9º e 12; 201, §§ 7º e 8º.*

✱ *V. EC nº 20/1998.*

✱ *V. EC nº 103/2019 (Altera o sistema de previdência social e estabelece regras de transição e disposições transitórias), arts. 4º, 5º, 10, 15 a 21 e 26.*

✱ *V. Lei nº 8.213/1991 (Dispõe sobre os Planos de Benefícios da Previdência Social), art. 18, I, "c"; 29-C, 52 a 56.*

✱ *V. Lei nº 10.887/2004.*

✱ *V. Dec. nº 3.048/1999 (Regulamento da Previdência Social), arts. 53 a 63 e 188.*

APRAZAMENTO – Designação do momento para a realização de qualquer ato.

APREENSÃO – Preocupação, tomada, apoderamento. Ação de apreender, tomar ou apoderar-se de. Ato de retirar pessoa ou coisa da posse de quem a detenha injustamente, com autorização de órgão competente: apreensão de mercadorias, dos bens do réu para cumprir sentença indenizatória.

✱ *V. CPC/2015, arts. 403 e 1.046.*

APRENDIZ – 1. Quem aprende arte ou ofício. 2. Novato, noviço, principiante. 3. Para o Dir. do Trabalho, é pessoa maior de 14 (quatorze) anos e menor de 24 (vinte e quatro) anos, inscrita em programa de aprendizagem, que celebra contrato de aprendizagem, nos termos do disposto no art. 428 da CLT, aprovada pelo Dec.-lei nº 5.452, de 1º de maio de 1943. Os aprendizes com deficiência estão excluídos da limitação de idade máxima. 4. Embora o aprendiz seja empregado, o INSS vem resistindo ao reconhecimento do tempo na atividade em aprendizagem para fins previdenciários. Nesse sentido, a Turma Nacional de Uniformização de Jurisprudência dos Juizados Especiais Federais fixou o entendimento de que, sendo provado que o aprendiz recebia remuneração, ainda que indireta, sua atividade deve ser computada como tempo de serviço, ainda que exercida antes dos 14 (quatorze) anos, quando a legislação admitia o trabalho a partir dos 12 (doze) anos de idade.

A EC nº 65/2010 deu nova redação ao art. 227, § 3º, III, para garantir o acesso do trabalhador adolescente e jovem à escola.

✱ *V. CF, art. 7º, XXXIII.*

✱ *V. Súm. nº 205 do STF.*

✱ *V. Súm. nº 18 da TNU.*

✱ *V. Dec. nº 11.479/2023 (Altera o Dec. nº 9.579, de 22 de novembro de 2018, para dispor sobre o direito à profissionalização de adolescentes e jovens por meio de programas de aprendizagem profissional).*

APROPRIAÇÃO – Apossamento; trazer para si coisa alheia ou sem dono. Pode ser: *lícita*, se o antigo proprietário concorda com a transferência da propriedade imóvel (CC, arts. 1.228, 1.245, 1.263, 1.275, 1.276; CP arts. 155 a 157, 161, 168, 169, I e II), ou *indébita*, quando alguém converte em própria, dolosamente, abusando da confiança de outrem, coisa alheia móvel de quem tem a guarda, posse ou detenção para qualquer fim.

✱ *V. CP, arts. 155 a 157, 161, 168, 169, I e II, 170 e 171.*

✱ *V. CF, art. 5º, caput, XXII a XXIV.*

APROPRIAÇÃO INDÉBITA – Crime contra o patrimônio consistente em apropriar-se de coisa alheia móvel, de que tem a posse ou a detenção.

✱ *V. CP: arts. 168 a 170.*

AQUESTOS – Bens que os cônjuges, ou um deles, adquire na constância do casamento, a qualquer título – menos por doação, sucessão, sub-rogação, ou bens de filhos anteriores ao casamento, em razão de poder familiar –, e que entram para a comunhão, sendo esse o regime, não havendo pacto antenupcial ou cláusula expressa em contrato que o impeça. Ver *regime de comunhão parcial*.

✱ *V. CC: arts. 1.659, VII, e 1.672 a 1.686.*

AQUISIÇÃO – Ato pelo qual se obtém para si alguma coisa. Pode-se adquirir um direito *em virtude de lei*, como os *direitos personalíssimos* garantidos pela CF; ou por *ato de vontade*, como nos contratos, por transferência legal de um titular para outro.

✱ *V. CC: arts. 219, 1.204, 1.205, 1.227 e 1.263 a 1.268.*

ARBITRAGEM – Jurisdição ou poder que se concede, por lei ou por escolha das partes em litígio, a pessoas que vão dirimir questões; processo decisório entre partes contendoras. O julgamento dos árbitros, que não precisam ser diplomados em Dir., tem força de sentença, não sujeita a recurso, a menos que sua interposição esteja estipulada pelas partes. O laudo arbitral produz os mesmos efeitos da sentença judiciária entre as partes e seus sucessores; se houver condenação, a homologação lhe dá eficácia de título executivo. Essa homologação é da competência do juiz a que estiver afeto, na origem, o julgamento da causa. Só não podem ser árbitros os incapazes, os analfabetos, os legalmente impedidos de servir como juiz e os suspeitos de parcialidade. O juízo arbitral pode ser *judicial*, quando celebrado por termo nos autos, perante o tribunal no qual se desenvolva a lide; *convencional* ou *extrajudicial*, por escritura pública ou particular, assinada pelas partes e duas testemunhas e, posteriormente, homologada. A Lei nº 13.467/2017 (Reforma Trabalhista) trouxe a possibilidade de pactuação de cláusula de arbitragem nos contratos individuais de trabalho em que a remuneração seja superior a duas vezes o limite máximo estabelecido para os benefícios do Regime Geral de Previdência Social e a iniciativa seja do empregado ou conta com a concordância expressa dele.

✱ *V. CLT, art. 507-A.*

✱ *V. Lei nº 9.307/1996 (Lei da Arbitragem).*

ARBITRAMENTO – Avaliação ou julgamento de uma coisa, feito por árbitro ou perito, para determinar seu valor. Funciona como meio extraordinário de prova.

Da liquidação da sentença: faz-se quando determinado pela sentença ou acordo entre as partes, ou quando o objeto da liquidação o exigir. Nas ações de perdas e danos quando o juiz não tem elementos para declarar, de imediato, o valor da indenização.

✱ *V. Arts. 509 a 512, CPC/2015.*

Por indenização: feita judicialmente nos casos de violência sexual ou ultraje ao pudor; por ofensa à liberdade pessoal – cárcere privado, prisão por queixa ou denúncia falsa e de má-fé, prisão ilegal, caso em que a autoridade que ordenou a prisão é obrigada a ressarcir o dano –, que consiste no pagamento de perdas e danos ao ofendido e de uma soma calculada nos termos do parágrafo único do art. 953 do CC.

✱ *V. CC, arts. 944 a 954.*

✱ *V. Lei nº 9.307/1996 (Dispõe sobre a arbitragem).*

✱ *V. CPC/1973, arts. 606, I e II, e 607; revogados pelo CPC/2015.*

ÁRBITRO – Perito; membro de tribunal arbitral que países em litígio constituem para resolver litígio internacional. *V. Arbitragem.* Pessoa contratada pelas partes em demanda para decidir sobre fatos ou atos que interessam à decisão da lide. Sua sentença é irrecorrível, a menos que as partes pactuem em contrário. Homologado, o laudo tem força de execução.

Desempatador: aquele que proferia o voto de desempate em pronunciamentos contrários de outros árbitros. Conforme a redação original do CPC/1973, revogada pela Lei nº 9.307/1996, os árbitros deveriam ser sempre em número ímpar, para evitar o empate de votos. Quando as partes se louvarem em apenas dois, esses se presumem autorizados a nomear, de imediato, um terceiro.

ÁREA – Medida do terreno ocupado por um imóvel.

Verde urbana: A Lei nº 12.651/2012 (Novo Código Florestal) em seu art. 3º, XX, conceituou área verde urbana. "XX – área verde urbana: espaços, públicos ou privados, com predomínio de vegetação, preferencialmente nativa, natural ou recuperada, previstos no Plano Diretor, nas Leis de Zoneamento Urbano e Uso do Solo do Município, indisponíveis para construção de moradias, destinados aos propósitos de recreação, lazer, melhoria da qualidade ambiental urbana, proteção dos recursos hídricos, manutenção ou melhoria paisagística, proteção de bens e manifestações culturais;"

✱ *V. CC: art. 500.*

✱ *V. Dec. nº 8.972, de 23-1-2017, institui a Política Nacional de Recuperação da Vegetação Nativa.*

ÁREA DE PROTEÇÃO AMBIENTAL (APA) – É uma modalidade de unidade de conservação destinada à proteção ambiental, mediante certas restrições de uso, visando assegurar o bem-estar das populações humanas e a conservação ou melhoria das condições ecológicas locais. Respeitados os princípios constitucionais que regem o exercício do direito de propriedade, o poder executivo poderá criar Áreas de Proteção Ambiental, estabelecendo normas que limitem ou proíbam a implantação ou o desenvolvimento de atividades que afetem as características ambientais dessas áreas, suas condições ecológicas ou ainda que ameacem extinguir as espécies da biota regional.

✱ *V. Lei nº 9.985/2000 (Regulamenta o art. 225, § 1º, incisos I, II, III e VII da Constituição Federal, institui o Sistema Nacional de Unidades de Conservação da Natureza).*

ÁREAS DE PRESERVAÇÃO PERMANENTE – Área protegida, coberta ou não por vegetação nativa, com a função ambiental de preservar os recursos hídricos, a paisagem, a estabilidade geológica e a biodiversidade, facilitar o fluxo gênico de fauna e flora, proteger o solo e assegurar o bem-estar das populações humanas. Segundo o novo Código Florestal (Lei nº 12.651/2012), o art. 4º considera Área de Preservação Permanente, em zonas rurais ou urbanas: I – as faixas marginais de qualquer curso d'água natural perene e intermitente, excluídos os efêmeros, desde a borda da calha do leito regular, em largura mínima de: a) 30 (trinta) metros, para os cursos d'água de menos de 10 (dez) metros de largura; b) 50 (cinquenta) metros, para os cursos d'água que tenham de 10 (dez) a 50 (cinquenta) metros de largura; c) 100 (cem) metros, para os cursos d'água que tenham de 50 (cinquenta) a 200 (duzentos) metros de largura; d) 200 (duzentos) metros, para os cursos d'água que tenham de 200 (duzentos) a 600 (seiscentos) metros de largura; e) 500 (quinhentos) metros, para os cursos d'água que tenham largura superior a 600 (seiscentos) metros; II – as áreas no entorno dos lagos e lagoas naturais, em faixa com largura mínima de: a) 100 (cem) metros, em zonas rurais, exceto para o corpo d'água com até 20 (vinte) hectares de superfície, cuja faixa marginal será de 50 (cinquenta) metros; b) 30 (trinta) metros, em zonas urbanas; III – as áreas no entorno dos reservatórios d'água artificiais, decorrentes de barramento ou represamento de cursos d'água naturais, na faixa definida na licença ambiental do empreendimento; IV – as áreas no entorno das nascentes e dos olhos d'água perenes, qualquer que seja sua situação topográfica, no raio mínimo de 50 (cinquenta) metros; V – as encostas ou partes destas com declividade superior a 45º, equivalente a 100% (cem por cento) na linha de maior declive; VI – as restingas, como fixadoras de dunas ou estabilizadoras de mangues; VII – os manguezais, em toda a sua extensão; VIII – as bordas dos tabuleiros ou chapadas, até a linha de ruptura do relevo, em faixa nunca inferior a 100 (cem) metros em projeções horizontais; IX – no topo de morros, montes, montanhas e serras, com altura mínima de 100 (cem) metros e inclinação média maior que 25º, as áreas delimitadas a partir da curva de nível correspondente a 2/3 (dois terços) da altura mínima da elevação sempre em relação à base, sendo esta definida pelo plano horizontal determinado por planície ou espelho d'água adjacente ou, nos relevos ondulados, pela cota do ponto de sela mais próximo da elevação; X – as áreas em altitude superior a 1.800 (mil e oitocentos) metros, qualquer que seja a vegetação; XI – em veredas, a faixa marginal, em projeção horizontal, com largura mínima de 50 (cinquenta) metros, a partir do espaço permanentemente brejoso e encharcado.

✱ *V. art. 3º, II, Lei nº 12.651/2012 (Código Florestal).*

✱ *V. Lei nº 9.985/2000 (Regulamenta o art. 225, § 1º, incisos I, II, III e VII da Constituição Federal, institui o Sistema Nacional de Unidades de Conservação da Natureza).*

ÁREA RURAL CONSOLIDADA – Consiste na área de imóvel rural com ocupação antrópica preexistente a 22 de julho de 2008, com edificações, benfeitorias ou atividades agrossilvipastoris, admitida, neste último caso, a adoção do regime de pousio.

✱ *V. Lei nº 12.651/2012 – Novo Código Florestal.*

✱ *V. Dec. nº 8.972, de 23-1-2017, institui a Política Nacional de Recuperação da Vegetação Nativa.*

ÁREAS ÚMIDAS – A Lei nº 12.651/2012 (Novo Código Florestal) em seu art. 3º, XXVI, conceituou áreas úmidas. "XXVI – áreas úmidas: pantanais e superfícies terrestres cobertas de forma periódica por águas, cobertas originalmente por florestas ou outras formas de vegetação adaptadas à inundação".

✱ *V. Dec. nº 8.972, de 23-1-2017, institui a Política Nacional de Recuperação da Vegetação Nativa.*

ARESTO – É a decisão proferida por um tribunal de justiça. O mesmo que *acórdão*.

ARGUIÇÃO DE FALSIDADE – procedimento pelo qual é suscitada a ilegitimidade de assinatura ou documento.

✱ *V. CPC/1973, arts. 390 a 395.*

✱ *V. CPC/2015, arts. 430 a 433.*

ARGUIÇÃO DE NULIDADE – apontamento de vícios em processo judicial.

✱ *V. CPC/1973, art. 243.*

✱ *V. CPC/2015, art. 276.*

✱ *V. CPP, art. 571.*

ARGUIÇÃO DE RELEVÂNCIA – Incidente processual, na fase de admissibilidade do recurso extraordinário, visando que seja julgado pelo STF, desde que alegado haver o acórdão em causa decidido relevante questão federal.

ARGUMENTAÇÃO – Apresentação de ideias ou formulação de conceitos para defender um objetivo.

ARMA – Aparelho, instrumento, mecanismo utilizado como meio de ataque ou de defesa, podendo causar dano a pessoas ou animais. No plural o termo indica, também, insígnias, emblemas etc. A Lei nº 10.826/2003 (Estatuto do Desarmamento) regula a aquisição, registro, posse e porte de armas.

ARMA DE FOGO – São engenhos mecânicos destinados a lançar projéteis, pela ação da força expansiva dos gases, oriundos da combustão da pólvora. O Decreto nº 8.935/2016, que alterou o Decreto nº 5.123/2004, modificou requisitos para a aquisição e renovação do Certificado de Registro de Arma de Fogo, bem como estabeleceu que caberá à Polícia Federal expedir o Porte de Arma de Fogo para os guardas portuários. Ademais, o Decreto nº 8.938/2016, trouxe novas alterações ao Decreto nº 5.123/2004 quanto à doação de armas apreendidas aos órgãos de segurança pública e às Forças Armadas. A Lei nº 13.675/2018 instituiu o Sistema Único de Segurança Pública (SUSP) e criou a Política Nacional de Segurança Pública e Defesa Social (PNSPDS), destinados a preservar a ordem pública e a integridade tanto das pessoas quanto do patrimônio por meio da atuação conjunta dos órgãos de segurança pública e defesa social da União, dos Estados, do Distrito Federal e dos Municípios, em articulação com a sociedade.

✱ *V. Lei nº 10.826/2003 – Estatuto do Desarmamento.*

✱ *V. Lei nº 13.675/2018 – Institui o Sistema Único de Segurança Pública (SUSP) e cria a Política Nacional de Segurança Pública e Defesa Social (PNSPDS).*

✱ *V. Dec. nº 5.123/2004 – Regulamenta a Lei nº 10.826, de 22 de dezembro de 2003, que dispõe sobre registro, posse e comercialização de armas de fogo e munição, sobre o Sistema Nacional de Armas – SINARM e define crimes.*

✱ *V. Lei nº 13.497/2017 (Deu redação ao parágrafo único do art. 1º da Lei nº 8.072, de 25 de julho de 1990: "Consideram-se também hediondos o crime de genocídio previsto nos arts. 1º, 2º e 3º da Lei nº 2.889, de 1º de outubro de 1956, e o de posse ou porte ilegal de arma de fogo de uso restrito, previsto no art. 16 da Lei nº 10.826, de 22 de dezembro de 2003, todos tentados ou consumados").*

ARMAZÉM – 1. Lugar onde se guardam mercadorias; depósito. 2. Depósito de material bélico. 3. Casa onde se vendem bebidas e gêneros alimentícios.

✱ *V. CLT, art. 462, § 2º.*

Geral: Estabelecimento que tem por finalidade guardar e conservar mercadorias depositadas por terceiros e sobre as quais são emitidos títulos representativos. *V. Warrant.*

Regulador: Depósito feito pelo poder público para guardar mercadorias que necessitam de regularização do governo, destinadas a manter o equilíbrio entre a oferta e a procura e a manutenção do preço.

ARMISTÍCIO – Convenção feita entre beligerantes com o intuito de suspender provisoriamente a hostilidade existente entre eles, durante um certo tempo. Não se confunde com *trégua* (q.v.).

ARQUIVAMENTO – 1. Ato ou efeito de arquivar. 2. Ato de registro ou depósito de um documento em repartição oficial. 3. Ato de guarde de documento ou outro objeto, após esgotamento de sua validade ou vigência. 4. Trancamento de um processo, que fica arquivado no cartório competente. 5. No Processo do Trabalho, é hipótese de extinção do processo sem julgamento de mérito pelo não comparecimento do reclamante à audiência. A Lei nº 13.467/2017 (Reforma Trabalhista) passou a exigir o recolhimento de custas pelo autor nesta situação, ainda que beneficiário da gratuidade judiciária, o qual passa a ser condição para a repropositura da demanda. Entretanto, tais disposições parecem inconstitucionais por colidirem com o art. 5º, XXXV e LXXIV, da CF/1988. O STF, no julgamento da ADI nº 5.766, pacificou o entendimento e declarou a constitucionalidade do parágrafo segundo do artigo 844 da CLT. 6. No Processo Penal, se o órgão do Ministério Público não apresenta denúncia e requer o arquivamento do inquérito policial, caso o juiz julgue improcedentes as razões alegadas para tanto, remeterá o inquérito ou as peças de informações ao Procurador-Geral da Justiça, ao qual caberá oferecer a denúncia; designar outro órgão do Ministério Público para fazê-lo, ou insistir no pedido de arquivamento. Neste último caso, o juiz terá de atendê-lo. A autoridade policial não pode mandar arquivar autos do inquérito. Ordenado o arquivamento, não cabe ao juiz mandar fazer novas investigações; mesmo discordando do arquivamento, é impedido de baixar portaria contra o indiciado. Contudo, a autoridade policial pode proceder a novas investigações, enquanto não prescrever a ação penal. Assim, o arquivamento do inquérito policial por falta de base para a denúncia não constitui coisa julgada, podendo a denúncia ser de novo oferecida, atendido o prazo prescricional.

✱ **V.** *CLT, art. 844,* caput *e §§ 2º e 3º.*

✱ **V.** *CPP, arts. 17 e 28.*

✱ **V.** *Lei nº 12.682/2012 (Dispõe sobre a elaboração e o arquivamento de documentos em meios eletromagnéticos).*

ARRAS – Sinal dado por uma das partes à outra para firmar um contrato ou assegurar sua execução. Torna o pacto obrigatório.

✱ **V.** *CC: arts. 417 a 420.*

ARRAZOADO – Conjunto de razões da acusação e da defesa.Podem fazê-lo em petição, contestação, acusação ou defesa. É também o conteúdo de memorial, minuta ou contraminuta de agravo ou o conjunto de razões aduzidas num recurso. O mesmo que *arrazoamento.*

✱ **V.** *CPC/1973: art. 160.*

✱ **V.** *CPC/2015, art. 201.*

ARRECADAÇÃO – Medida cautelar do direito de terceiro, pela qual o dono dos bens perde a disponibilidade sobre eles. Processo pelo qual entidade de Dir. Público cobra imposto que lançou a débito dos contribuintes, direta ou indiretamente, de acordo com sua capacidade contributiva.

✱ **V.** *CPC/1973: art. 751, II.*

✱ **V.** *CPC/2015, arts. 744 a 745.*

ARREMATAÇÃO – Venda em leilão de bens penhorados, a quem der melhor lanço.Trata-se de ato do processo de execução por quantia certa contra devedor solvente, cujos bens são alienados em praça pública ou leilão. Não se trata de compra e venda por independer da vontade do proprietário, sendo imposição do Poder Judiciário. Comprova-se a transferência por *Carta de Arrematação* na qual se conterão a descrição do imóvel, prova de quitação de impostos, auto de arrematação e o título executivo.

✱ **V.** *CPC/2015, arts. 892, 895 a 903.*

De bens: transferência coercitiva de bens penhorados, com pagamento em dinheiro, para satisfação de crédito dos que participam da execução. Faz-se por *praça* ou *leilão*, a primeira também chamada de *hasta pública* (no Dir. Romano, fincava-se uma lança (hasta) no solo do imóvel onerado), para bens imóveis, e o *leilão* para os demais bens (arts. 881, 889, 894, 896 e 901 do CPC/2015). Publica-se o *edital de praça* em jornal local, afixa-se na sede do juízo 20 dias antes do evento, no mínimo. Na Justiça do Trabalho não se distinguem *praça* de *leilão*, sendo os bens penhorados numa só praça, não importando o valor da avaliação. Outra distinção consiste que, no processo trabalhista, se faz apenas uma publicação, iniciando-se a partir dela o prazo de 20 dias.

✱ **V.** *Carta de arrematação.*

✱ **V.** *CLT, art. 888, § 3º, com aplicação subsidiária do art. 686 do CPC/1973, correspondente ao art. 886 do CPC/2015.*

✱ **V.** *CP, art. 358.*

✱ **V.** *CC, arts. 1.484, 1.489, V, 1.499, VI, 1.501, 1.505.*

✱ **V.** *Lei nº 6.015/1973 (Lei de Registros Públicos), art. 167, I, 26.*

✱ **V.** *CPC/1973: arts. 690 a 707.*

✱ **V.** *CPC/2015, arts. 675, 892, 895 a 903.*

ARRENDAMENTO – Contrato feito entre o arrendante e o arrendatário, no qual o primeiro cede ao segundo, mediante retribuição, o uso e gozo de coisa não fungível.

✱ **V.** *CF: art. 190.*

✱ **V.** *CC: art. 1.399.*

✱ **V.** *CPC/1973: art. 275, II, a.*

✱ **V.** *CPC/1973: art. 275, II, a, sem correspondente no CPC/2015.*

ARREPENDIMENTO EFICAZ – É o arrependimento do agente que ocorre depois de empregada atividade suficiente para a consumação do delito, impedindo que o resultado se produza.

✱ **V.** *CP: art. 15.*

ARRESTO – Medida cautelar que tem por objetivo proteger os direitos do credor no sentido de que o proprietário do bem não possa ocultá-lo, danificá-lo, dilapidá-lo ou aliená-lo. O *arresto* não se confunde com *sequestro*; aquele incide sobre tantos bens quantos forem necessários para cobrir o montante do débito; este incide apenas sobre determinado bem, objeto do litígio. Como instituto de Dir. Processual, o arresto é medida cautelar para garantir o resultado do processo principal, prescindindo da prévia indagação de existência do direito material.

✱ **V.** *Lei nº 6.830/1980, arts. 7º, III, 11 e 14.*

✱ **V.** *CCom: arts. 583, 584 e 588*

ARRIMO DE FAMÍLIA – Pessoa que tem responsabilidade, para com os familiares, de prover o sustento desta.

✱ **V.** *CC: arts. 1.694 a 1.697.*

ARROLAMENTO – Registro ou lista de coisas ou pessoas; indicação de testemunhas. ***No Tribunal do Júri*:** **V.** art. 406 do CPP (com redação dada pela Lei nº 11.689/2008).

✱ **V.** *Súm. Vinc. nº 21.*

ARROLAMENTO DE BENS – Medida cautelar que tem por fim conservar os bens quando há perigo de extravio ou de dissipação, podendo requerê-la qualquer pessoa que tiver interesse na conservação dos bens. O juiz, convencido do risco, defere a medida e nomeia depositário dos bens; o qual lavrará auto com a minuciosa descrição dos bens e registro das ocorrências que interessem à sua preservação. Não sendo possível concluir o arrolamento no dia indicado, ou efetuá-lo de imediato, colocam-se selos nas portas da casa e nos móveis em que estejam os bens, prosseguindo-se a diligência no dia seguinte ou naquele que for designado.

✱ *V. CPC/1973: arts. 855 a 860 e 1.031 a 1.038.*

✱ *V. CPC/2015, arts. 659 a 667.*

ARROMBAMENTO – Entrada em imóvel ou abertura de móvel com a finalidade de encontrar objeto oculto, para ser penhorado ou apreendido, mediante ordem judicial. Ato de abrir alguma coisa usando violência ou instrumento apropriado ou explosivo que cause rombo ou abertura. Rompimento da resistência da coisa (cofre, porta, cadeia). Caracteriza o *roubo*. Pode ser *externo*, se feito na parte exterior da coisa ou edifício, com o propósito de nele penetrar; e *interno*, se feito dentro da casa.

✱ *V. Lei nº 8.245/1991 (Lei das Locações).*

✱ *V. Lei nº 12.112/2009 (Altera a Lei nº 8.245, de 18 de outubro de 1991, para aperfeiçoar as regras e procedimentos sobre locação de imóvel urbano).*

✱ *V. CPC/1973: art. 660.*

✱ *V. CPC/2015, art. 846.*

ARTÍFICE – Pessoa especializada em uma arte ou ofício manual.

ARTIGO – Do latim *articulus*, significando divisão, parte de um todo. Elemento estrutural básico da lei. Esta, quando volumosa, divide-se assim: Livros, Títulos, Capítulos, Seções, Subseções, e estas, em artigos, que, por sua vez, compreendem, conforme o caso, parágrafos, incisos e alíneas. Sua numeração é a ordinal até o nono (9º) e cardinal a partir daí. Diz-se também de cada uma das partes numeradas ou itens do articulado ou libelo, sendo os artigos de *direito* ou de *fato*. Refere-se, ainda, a mercadoria ou objeto de negócio no comércio ou, ainda, a textos assinados por articulistas nos órgãos de imprensa.

✱ *V. LC nº 95/1998 (Dispõe sobre a elaboração, a redação, a alteração e a consolidação das leis, conforme determina o parágrafo único do art. 59 da Constituição Federal, e estabelece normas para a consolidação dos atos normativos que menciona).*

ARTISTA – 1. Dispõe a Lei nº 6.533/1978, em seu art. 2º, I, que o artista é "o profissional que cria, interpreta ou executa obra de caráter cultural de qualquer natureza, para efeito de exibição ou divulgação pública, por meio de meios de comunicação de massa ou em locais onde se realizam espetáculos de diversão pública". Configura-se como atividade de trabalho quando a atividade artística se desenvolve em benefício de outrem. 2. A atividade de compositor é considerada uma profissão artística. É compositor o autor de obras musicais, com ou sem letra, expressas por qualquer meio ou fixadas em qualquer suporte, tangível ou intangível, conhecido ou que se invente no futuro.

✱ *V. Lei nº 6.533/1978 (Dispõe sobre a regulamentação das profissões de Artistas e de técnico em Espetáculos de Diversões, e dá outras providências), art. 2º, I.*

✱ *V. Lei nº 14.258/2021 (Dispõe sobre o exercício da profissão de compositor), art. 2º.*

ASCENDENTE – Diz-se daquele do qual se descende, do qual se originam as partes que formam a linha reta ascendente. A ação para anular venda de ascendente a descendente, sem consentimento dos demais, prescreve em 20 anos, contados da data do ato.

Civil: o que fica equiparado para efeitos práticos, em decorrência de adoção ou legitimação adotiva.

O *ascendentenatural* é o consanguíneo.

✱ *V. CC: arts. 496, 533, II, 1.521, I, 1.696, 1.829, 1.837, 1.838 e 1.962.*

✱ *V. CP: arts. 148, § 1º, 181, I e II, 226, 230, § 1º, e 348, § 2º.*

✱ *V. CPC/2015, art. 447, § 2º.*

✱ *V. Súm. nº 494 do STF, que revoga a Súm. nº 152 do mesmo tribunal.*

ASSALARIADO – Aquele que recebe salário.O que está a soldo de alguém.

ASSALTANTE – O que assalta, com uso ou não de violência, para cometer roubo ou furto. Aquele que, sozinho ou em grupo, acomete pessoa de improviso, em lugar ermo, a mão armada, para roubar, ou para isso invade a propriedade alheia.

ASSALTO – Ataque inesperado, traiçoeiro, contra pessoa ou propriedade alheia, com o objetivo de roubo, mediante grave ameaça ou violência. A pena prevista é de 4 a 10 anos e multa, incorrendo na mesma pena aquele que, subtraída a coisa, emprega a violência contra pessoa ou grave ameaça para assegurar a impunidade do crime ou a detenção da coisa para si ou para terceiro. A pena é agravada de um terço até a metade, se é usada arma, se concorrem duas ou mais pessoas no assalto e se a vítima está no serviço de transporte de valores e o agente sabe desta circunstância. Se resultar lesão corporal grave a pena é de reclusão de 5 a 15 anos e multa; se resultar morte, reclusão de 15 a 30 anos e multa. Há crime de latrocínio se se consuma o homicídio, mesmo que o agente não subtraia bens da vítima.

✱ *V. CP, art. 157, §§ 1º a 3º.*

✱ *V. Lei nº 8.072/1990, art. 1º, II (Lei dos Crimes Hediondos).*

ASSASSINAR – Cometer assassínio. Tirar a vida de outra pessoa, praticando homicídio. Matar alguém.

✱ *V. CP: art. 121.*

ASSASSINATO – Ato de tirar, voluntariamente, a vida de uma pessoa.

ASSASSÍNIO – Homicídio doloso. O mesmo que *assassinato*. Dizia-se, na Idade Média, o homicídio mercenário.

ASSASSINO – Aquele que comete ou cometeu homicídio. O nome, segundo especialistas, teria origem no cânhamo ou haxixe (maconha), com o qual se preparava uma bebida embriagante, usada por membros de uma seita de ismaelitas do Egito, estabelecida na Pérsia e na Síria, cujo chefe era chamado "O velho da montanha", a quem obedeciam cegamente na prática de morticínios.

ASSÉDIO – Impertinência, importunação, insistência junto a alguém para conseguir alguma coisa.

Moral: Trata-se de conduta abusiva, forma de tortura psicológica que atenta contra a integridade psíquica. É praticada de modo constante e repetitivo, por comportamentos, atos, gestos, palavras, que ofendem o trabalhador, expondo-o a situações humilhantes. Pode causar danos psíquicos e emocionais, angústia, insegurança, insônia, depressão, síndrome do pânico, podendo levar o ofendido até a cometer suicídio. Os tribunais têm reconhecido os danos causados por essas condutas e condenado os responsáveis a pagar indenizações aos ofendidos. Embora o assédio moral não esteja regulamentado, a Constituição Federal tem sido o fundamento legal para se obter a reparação desse dano. Ele é constatado por perícia médica que comprova a deterioração progressiva da saúde mental do ofendido no ambiente de trabalho. O assédio moral caracteriza-se por humilhações frequentes, exposição do trabalhador ao ridículo, redução e empobrecimento das tarefas, sonegação de informações sobre o trabalho, rigor e cobrança excessivos, que levam à redução da produtividade e aumento do número de acidentes. A OIT – Organização Internacional do Trabalho editou lista que tipifica esse crime como: 1.medida que visa excluir uma pessoa de uma atividade profissional; 2.ataques constantes e negativos ao rendimento pessoal ou profissional, sem motivo; 3.manipulação de reputação pessoal ou profissional de pessoa por meio de rumores e ridicularização; 4.abuso de poder por meio do menosprezo continuado no trabalho da pessoa ou a fixação de objetivos com prazos inatingíveis ou pouco razoáveis ou atribuição de tarefas impossíveis; 5.controle desmedido ou inapropriado do rendimento de uma pessoa. A própria OIT, porém, foi condenada pelo Tribunal Administrativo da ONU por assédio moral contra a brasileira Lena Lavinas, por "violência psicológica" e "ofensas à dignidade", praticadas por seus superiores. **V.** *Mobbing.*

Sexual: Ato de constranger alguém com o intuito de obter vantagem ou favorecimento sexual, prevalecendo-se o agente da sua condição de superior hierárquico ou ascendência inerentes ao exercício de emprego, cargo ou função. Para tal delito a pena é de detenção de 1 a 2 anos. A Lei nº 12.015/2009 incluiu o § 2º ao art. 216-A, que prevê o aumento da pena em até um terço se a vítima é menor de 18 anos.

✸ **V.** *CP: art. 216-A.*

ASSEMBLEIA LEGISLATIVA – Órgão que representa o Poder Legislativo de cada Estado Federado da União. Tem natureza unicameral. Corporação política de cada Estado, sendo seus membros (deputados) eleitos a cada 4 anos por sufrágio universal, para discutir e elaborar as leis.

✸ **V.** *CF: art. 27.*

ASSEMBLEIA-GERAL DE CREDORES (AGC) – Em a nova lei de falência, cabe à AGC a rejeição ou a aprovação do Plano de Recuperação da Empresa, não podendo os seus atos serem modificados por ato de juiz. Aprovado pela AGC o plano, será concedida a recuperação; sendo rejeitado, será decretada a falência. **V.** *Comitê de Credores.*

ASSENTAMENTO – Ato de assentar ruralistas sem-terra em terrenos desapropriados. Registro de ato público ou privado; registro, assento, averbação. Inscrição no Registro Civil.

Individual de funcionário: no Dir. Administrativo, anotações sobre a vida funcional do servidor público em livros ou ficha.

✸ **V.** *Lei nº 6.015/1973 (Lei dos Registros Públicos), arts. 109 a 113; art. 110. (Nova redação dada pela Lei nº 13.484, de 2017).*

ASSIDUIDADE – Dever trabalhista do empregado, cujo descumprimento implica justa causa para despedimento.

✸ **V.** *CLT: art. 482, i.*

ASSINATURA – Ato de apor o nome em documento; pagamento de importância que dá direito a receber publicação (revista, jornal etc.) por um prazo estipulado.

A rogo: em nome e a pedido de quem não sabe ou está impedido de escrever.

Abreviada ou rubrica: a que compreende parte do nome.

Completa ou por extenso: a que abrange todo o nome civil (prenome e patronímico).

De próprio punho: feita a mão pelo subscritor, não por chancela ou carimbo.

Digital: realizada mediante a utilização de um Certificado Digital Público consistente na identificação digital de uma pessoa jurídica ou física em meio eletrônico (cartão ou *token*).

Eletrônica: aquela que utiliza mecanismo eletrônico (senha, impressão digital, assinatura escaneada, entre outros) para ser confirmada. Segundo a Lei nº 14.063/2020, são "os dados em formato eletrônico que se ligam ou estão logicamente associados a outros dados em formato eletrônico e que são utilizados pelo signatário para assinar, observados os níveis de assinaturas apropriados para os atos previstos nesta Lei".

✸ **V.** *Lei nº 14.063/2020 (Dispõe sobre o uso de assinaturas eletrônicas em interações com entes públicos, em atos de pessoas jurídicas e em questões de saúde e sobre as licenças de softwares desenvolvidos por entes públicos).*

✸ **V.** *Dec. nº 10.543/2020 (Dispõe sobre o uso de assinaturas eletrônicas na administração pública federal e regulamenta o art. 5º da Lei nº 14.063, de 23 de setembro de 2020, quanto ao nível mínimo exigido para a assinatura eletrônica em interações com o ente público).*

Em branco: a que consta de papel que não contém dizeres, ou no qual não estão preenchidas as partes principais do texto.

Pública: o mesmo que *firma pública* ou *sinal público.*

ASSINATURA A ROGO – Assinatura feita por terceiro em documento, a pedido daquele que não pode assinar, ou por deficiência física ou por ser analfabeto.

✸ **V.** *CC: arts. 1.868 e 1.870.*

ASSINESIA – Em Medicina Legal, caracteriza estupidez, inteligência obtusa.

ASSISTÊNCIA – 1. Ajuda, apoio, auxílio. 2. Para o Dir. Civil, é a complementação necessária para a validade de atos da vida civil praticados pelos relativamente incapazes, por meio da manifestação concomitante de vontade de um sujeito plenamente capaz. 3. Para o Dir. Processual Civil, é a intervenção de terceiro em processo do qual não é parte, mas em que tem interesse juridicamente qualificado. Pode ser: *simples*, quando há envolvimento indireto; *litisconsorcial*, se o envolvimento é direto – a sentença, neste caso, deve ser uniforme tanto para o assistido quanto para o assistente; *própria*, quando o assistente tem direito comum ou afim com o do assistido; e *autônoma*, ou *impropriamente dita*, se o direito do assistente colide com o do assistido. 4. Para o Dir. Processual Penal e Penal Militar, é a admissão da vítima ou de seus sucessores, para auxiliar a acusação, com vistas a futuros efeitos patrimoniais advindos de eventual sentença condenatória. 5. Para o Dir. Internacional, diz-se *assistência hostil* quando um país neutro dá suporte a outro, envolvido em guerra.

✸ **V.** *CPC/1973: arts. 50 a 55 e 1.144, I.*

✸ **V.** *CPC/2015: arts. 119 a 123 e 739, § 1º, I.*

✸ **V.** *CPP: arts. 268 a 273.*

✸ **V.** *CPPM: arts. 60 a 68.*

Judiciária: 1. *Prestação de serviços, por intermédio de órgãos estatais ou entidades sindicais*, a pessoas carentes que não dispõem de recursos para pleitear seus direitos *em juízo*. 2. Faz-se distinção entre *assistência judiciária* e *Justiça gratuita*. Aquela é instituição do Dir. Administrativo, para dispensa de pagamento de despesas processuais a pessoas carentes, com indicação de advogados para ela; a *Justiça gratuita* é instituto de direito pré-processual, com dispensa provisória de despesas. 3. São ações gratuitas as ações de *habeas corpus* e *habeas data*, assim como os atos necessários ao exercício da cidadania. 4. A assistência judiciária gratuita está prevista na CF, devendo ser prestada pelo Estado aos que comprovarem insuficiência de recursos. 5. No Processo do Trabalho, compete ao sindicato profissional a que pertence o trabalhador, sendo devida a todo aquele que percebe salário igual ou inferior ao dobro do mínimo legal, assegurando-se benefício igual ao trabalhador de maior salário se ficar provado que sua situação econômica não lhe permite demandar sem prejuízo do próprio sustento ou da família. A Lei nº 13.467/2017 (Reforma Trabalhista) restringiu a concessão de gratuidade àqueles que perceberem salário igual ou inferior a 40% (quarenta por cento) do limite máximo dos benefícios do Regime Geral de Previdência Social, antes era aos que ganhassem salário igual ou inferior ao dobro do mínimo legal.

✱ *V. CF: arts. 5º, LXXIV, LXXVII, 203 e 204.*

✱ *V. CPC/2015: arts. 26, I, 98 a 102 e 186, § 3º.*

✱ *V. CLT, art. 790, §§ 3º e 4º.*

✱ *V. Lei nº 8.906/1994 (Estatuto da Advocacia e a OAB), art. 33, parágrafo único.*

✱ *V. Lei nº 1.060/1950 (Lei de Assistência Judiciária).*

✱ *V. Lei nº 5.584/1970 (Dispõe sobre normas de Direito Processual do Trabalho, altera dispositivos da Consolidação das Leis do Trabalho, disciplina a concessão e prestação de assistência judiciária na Justiça do Trabalho), art. 14, § 1º.*

ASSISTENTE – 1. Que assiste alguém, prestando-lhe cuidados. 2. Indivíduo que é parte em um pleito judicial, sem que seja autor ou réu, mas que nele tenha interesse.

De acusação: Auxiliar do Ministério Público na ação penal pública, indicado pelo ofendido ou seu representante legal.

✱ *V. CPP: arts. 272.*

Técnico: Perito indicado pela parte para atuar junto ao perito nomeado pelo juiz, apresentando laudo separado ou subscrevendo o laudo oficial.

✱ *V. CPC/1973: arts. 422 e 424.*

✱ *V. CPC/2015, art. 465, § 1º.*

ASSISTIDO – Pessoa que recebe o benefício da assistência judiciária; aquela que recebe assistência de outra em processo, seja no polo passivo, seja no polo ativo, seja no de terceiro, seja no de tutor, seja no de curador, seja no de patrono.

ASSISTIR – Prestar assistência judiciária. Ato ou efeito de prestar assistência a quem esteja litigando: o advogado ao acusado; o tutor ao tutelado. Os pais assistem os filhos; *assistir* na causa; *assistir o menor*. Emprega-se também no sentido de ter um direito, uma prerrogativa: assiste-lhe o direito à reclamação.

ASSOCIAÇÃO – 1. Ato ou efeito de associar. 2. Organização de pessoas para um fim ou interesse comum; sociedade; agremiação; clube. Formada com ou sem capital, diferindo, porém, de sociedade; geralmente não tem fins econômicos, podendo ser beneficente, recreativa, literária, artística, cultural, científica, de amparo, proteção, religiosa ou de utilidade pública, quando assim considerada por legislação estadual ou federal. No Dir. Trabalhista, é organização, em sindicato de classe, para análise, amparo e coordenação de interesses econômicos ou profissionais de seus membros.

Ilícita ou criminosa: É a associação ou reunião de 3 (três) ou mais pessoas, para o fim específico de cometer crimes. É a associação estável e permanente de delinquentes com a finalidade de praticar vários crimes.

Sindical, Profissional: É o embrião do sindicato, convertendo-se neste quando satisfeitos os requisitos do art. 515 da CLT.

Sem fim lucrativo: Assim considerada a beneficente, a recreativa e outras do mesmo gênero sujeitas, porém, às leis trabalhistas. A Lei nº 11.127/2005 alterou os arts. 54, 57, 59, 60 e 2.031 do CC, que dificultavam e poderiam inviabilizar o funcionamento de associações sem fins econômicos. Foi retirada do art. 54 do CC a competência privativa da AssembleiaGeral para eleger os administradores e aprovar contas. Eliminouse também exigência contida no parágrafo único desse artigo, que fixava quorum mínimo para validade da assembleia, não lhe permitindo "deliberar em 1ª convocação sem maioria absoluta de associados, ou com menos de um terço das convocações seguintes". Pela alteração havida, a eleição dos administradores e aprovação das contas voltam a ser regidas pelo estatuto das associações. Alteração introduzida no art. 57 retirou da assembleiageral a exclusiva competência para aprovar a exclusão de associados, ao revogar totalmente o seu parágrafo único, o que afasta a competência recursal da assembleia na decisão de recurso de associado excluído, temas que voltam a ser disciplinados pelo estatuto, que também tem competência para fixar o *quorum* de associados em uma assembleia. Os artigos corrigidos por essa lei continham dispositivos que contrariavam a própria Constituição Federal que estabelece como direito individual e Coletivo, no inciso XVIII do art. 5º: "a criação de associações e, na forma da lei, a de cooperativas independem de autorização, sendo vedada a interferência estatal em seu funcionamento". A nova lei deu ainda nova redação ao art. 2.031, dando novo prazo até 11-1-2007 para que as associações se adaptem às novas disposições. A LC nº 187/2021 regulou as condições para limitação ao poder de tributar da União em relação às entidades beneficentes, no tocante às contribuições para a seguridade social, bem como estabeleceu que entidade beneficente é a pessoa jurídica de direito privado, sem fins lucrativos, que presta serviço nas áreas de assistência social, de saúde e de educação, assim certificada na forma desta LC.

✱ *V. LC nº 187/2021 (Dispõe sobre a certificação das entidades beneficentes e regula os procedimentos referentes à imunidade de contribuições à seguridade social de que trata o § 7º do art. 195 da Constituição Federal, dentre outras providências).*

ATA – Resumo dos acontecimentos de uma reunião para efeito de documentação.

ATENTADO – 1. Ofensa à lei ou à moral. 2. Ação criminosa. 3. Agressão violenta, principalmente contra a personalidade ou entidade pública, instituição, princípio norma (ex.: atentado à gramática).

Dir. Proc. Civil: Medida cautelar realizada no curso do processo, com o objetivo de cessar ato das partes que viole o cumprimento de decisão ou lese o adversário. Qualquer ação delituosa ou contra pessoas, bens e direitos, instituições nacionais, ou à ordem pública, à segurança do Estado, incluindo-se atentados terroristas.

✱ *V. CPC/1973: arts. 879 a 881.*

✱ *V. CPC: arts. 77, §§ 1º e 7º.*

Ao pudor: A Lei nº 12.015/2009 revogou o art. 216 do CP, que previa o crime de Atentado Ao Pudor Mediante Fraude.

Violento ao Pudor: Era espécie de crime prevista originalmente no Código Penal. Consistia em constranger alguém, mediante violência ou grave ameaça, a praticar ou permitir que com ele se praticasse outro ato libidinoso, diferente de conjunção carnal. Porém, a Lei nº 12.015/2009 incorporou o elemento normativo deste crime no crime de Estupro, previsto no art. 213 do mesmo corpo legislativo. Assim, atualmente, considera-se estupro constranger alguém, mediante violência ou grave ameaça, a ter conjunção carnal ou a praticar ou permitir que com ele se pratique outro ato libidinoso.

✱ *A Lei nº 12.654/2012 acresceu o art. 9º-A à Lei nº 7.210/1984, estabelecendo que os condenados por crimes previstos no art. 1º da Lei nº 8.072/1990, serão submetidos, obrigatoriamente, à identificação do perfil genético, mediante extração de DNA – ácido desoxirribonucleico, por técnica adequada e indolor. A identificação do perfil genético será armazenada em banco de dados sigiloso, conforme regulamento a ser expedido pelo Poder Executivo. A autoridade policial, federal ou estadual, poderá requerer ao juiz competente, no caso de inquérito instaurado, o acesso ao banco de dados de identificação de perfil genético.*

✱ *V. Lei nº 8.072/1990 (Lei dos Crimes Hediondos), art. 1º, VI.*

ATENUANTE – Circunstância prevista por lei, que reduz a pena aplicada, por diminuir-lhe a gravidade. Não reduz a pena abaixo do mínimo imposto para cada crime, na Parte Geral do CP; difere, assim, das previstas na Parte Especial, ou em leis correlatas ou complementares, que tornam o crime "privilegiado" ou "atenuado", visto que fixa um novo mínimo; o juiz tem a prerrogativa de individualizar a pena, adotando a quantidade que, em seu entender, é mais adequada ao caso concreto.

✱ *V. CP: arts. 65 a 68.*

✱ *V. CPP: arts. 387, I, e 484, parágrafo único.*

A TERMO – Tipo de negócio em que a entrega do objeto e o pagamento são feitos em data futura, mas com preço ajustado no momento da realização do mesmo. No Dir. Comercial, é o contrato de compra e venda de mercadorias que deverão ser entregues no fim do prazo estipulado, mantido o preço fixado no momento em que se realiza. É operação comum nas Bolsas de Mercadorias.

ATESTADO – Documento que certifica alguma coisa; declaração escrita e assinada por quem a faz, para servir de documento a outrem, para firmar ou certificar a existência ou verdade de um fato, estado, ou qualidade, pelo conhecimento pessoal ou por causa do cargo ou ofício que exerce. Está proibida a exigência de atestado de gravidez e de esterilização, e outras práticas discriminatórias para efeito de admissão ou de permanência da relação jurídica de trabalho.

ATIPICIDADE – Diz-se dos fatos que não contêm os elementos constitutivos do delito, não interessando, portanto, ao direito penal. ***Conceitual:*** é o erro de conceito, de imputação, ao conceituar circunstâncias ou elementos do fato incriminado como idênticos aos descritos no tipo legal.

ATIVIDADE – 1. Serviço habitual, ocupação, prática rotineira de uma função, exercício de um cargo; prática frequente de certos atos. 2. Consoante a Lei nº 13.019/2014, que alterou o inc. III-A do art. 2º da Lei, atividade é o conjunto de operações que se realizam de modo contínuo ou permanente, das quais resulta um produto ou serviço necessário à satisfação de interesses compartilhados pela administração pública e pela organização da sociedade civil. 3. Para a Lei nº 14.791/2023, é o instrumento de programação para alcançar o objetivo de um programa, envolvendo um conjunto de operações que se realizam de modo contínuo e permanente, das quais resulta um produto necessário à manutenção da ação de governo.

✱ *V. Lei nº 14.791/2023 (Dispõe sobre as diretrizes para a elaboração e a execução da Lei Orçamentária de 2024 e dá outras providências).*

✱ *V. Súm. Vinculante nº 20 (A Gratificação de Desempenho de Atividade Técnico-Administrativa – GDATA, instituída pela Lei nº 10.404/2002, deve ser deferida aos inativos nos valores correspondentes a 37,5 (trinta e sete vírgula cinco) pontos no período de fevereiro a maio de 2002 e, nos termos do art. 5º, parágrafo único, da Lei nº 10.404/2002, no período de junho de 2002 até a conclusão dos efeitos do último ciclo de avaliação a que se refere o art. 1º da Medida Provisória nº 198/2004, a partir da qual passa a ser de 60 pontos).*

Fim: é aquela que se perfaz, se conclui, se completa por si própria, independentemente de outra atividade subsequente. É a atividade para a qual a sociedade empresária se destina, estando diretamente relacionada aos seus objetos sociais, à exploração do ramo de atividade, cujos bens ou serviços produzidos e comercializados são aqueles expressos em seu contrato ou estatuto social. Em princípio, pode-se definir atividade-fim como aquela para a qual a sociedade se destina, é o seu objetivo, a exploração do seu ramo de atividade, expresso em contrato social, estatuto ou no registro de firma individual, conforme o caso. É concernente ao objetivo principal da sociedade, a atividade que é explorada coincide com seus objetivos.

Insalubre: Aquela que, por sua natureza, condições ou métodos de trabalho, exponha os empregados a agentes nocivos à saúde, acima dos limites toleráveis fixados em razão da natureza e da intensidade do agente e do tempo de exposição a seus efeitos. Gozam de aposentadoria especial os trabalhadores expostos à insalubridade e a atividades perigosas ou penosas; a caracterização dos quadros de insalubridade está na Portaria nº 3.214/1978, NR 15; os de periculosidade, na, Portaria nº 3.214/1978, NR 16.

✱ *V. CLT: arts. 189 a 197 e 394-A.*

Meio: é aquela que não se perfaz, não se conclui, não se completa por si própria e depende de uma atividade subsequente. É uma atividade considerada acessória de uma atividade-fim, sem a qual não se tem nenhuma utilidade para seu tomador (contratante). Assim, atividade-meio é aquela não representativa do objeto da sociedade empresária, configurando-se como serviço necessário (paralelo ou secundário), porém, não essencial. Este tipo de atividade é periférico da sociedade, não constituindo seu objeto social nem se vinculado às suas finalidades institucionais. A terceirizaçãopode ser aplicada em todas as áreas da empresa definidas como atividade-meio. Nos termos da Súm. nº 331 do TST, não forma vínculo de emprego com o tomador a contratação de serviços de vigilância (Lei nº 7.102, de 20-6-1983) e de conservação e limpeza, bem como a de serviços especializados ligados à atividade-meio do tomador, desde que inexistente a pessoalidade e a subordinação direta.

✱ *V. Súm. nº 331 do TST.*

Preponderante: Aquela que caracteriza a unidade de produto, operação ou objetivo final "para cuja obtenção todas as demais atividades convirjam, exclusivamente, em regime de conexão funcional".

✱ *V. CLT: art. 581, § 2º.*

Sazonal: É o trabalho de temporada, conceituado como próprio de uma estação, como aquele oferecido nos finais de ano, de férias etc.

Subsidiária do Estado: Aquela que diz respeito a objetivos estratégicos que impliquem a segurança do País. E também atividades das quais o Estado deva participar, por não terem os particulares capacidade econômica ou interesse em realizá-las, embora assegure a CF: "A todos o livre exercício de qualquer atividade econômica, independentemente de autorização de órgãos públicos, salvo nos casos previstos em lei", cabendo ao Estado a exploração direta de atividade econômica "quando necessária aos imperativos da Segurança Nacional ou a relevante interesse coletivo, conforme definidos em lei".

✱ *V. CF, arts. 170 e 173.*

ATIVIDADE ESSENCIAL – 1. É a atividade que sustenta as necessidades básicas do indivíduo e, também, da sociedade. 2. A Lei nº 7.783/1989 (Lei de greve) fixou um rol de atividades consideradas essenciais, no art. 10, que exigem a comunicação da greve pelos trabalhadores ou entidades sindicais com a antecedência mínima de 72 (setenta e duas) horas da paralisação. Durante o período de greve, é necessária a prestação dos serviços indispensáveis ao atendimento das necessidades inadiáveis da comunidade pelos prestadores da atividade essencial. A lei citada define como necessidades inadiáveis da comunidade, no parágrafo único do art. 11, "aquelas que, não atendidas, coloquem em perigo iminente a sobrevivência, a saúde ou a segurança da população". 3. A situação de pandemia provocada pela COVID-19, no ano de 2020, fez o Poder Público editar a Lei nº 13.979/2020, que estabeleceu um rol de profissionais considerados "essenciais ao controle de doenças e à manutenção da ordem pública". 4. Segundo o Dec. nº 10.282/2020, atividade e, também, serviço público essenciais são "aqueles indispensáveis ao atendimento das necessidades inadiáveis da comunidade, assim considerados aqueles que, se não atendidos, colocam em perigo a sobrevivência, a saúde ou a segurança da população". Além dessa definição, o referido decreto trouxe um rol dessas atividades.

✱ **V.** *Lei nº 7.783/1989 (Dispõe sobre o exercício do direito de greve, define as atividades essenciais, regula o atendimento das necessidades inadiáveis da comunidade, e dá outras providências), arts. 10 a 13.*

✱ **V.** *Lei nº 13.979/2020 (Dispõe sobre as medidas para enfrentamento da emergência de saúde pública de importância internacional decorrente do coronavírus responsável pelo surto de 2019), art. 3º-J, § 1º.*

✱ **V.** *Dec. nº 10.282/2020 (Regulamenta a Lei nº 13.979, de 6 de fevereiro de 2020, para definir os serviços públicos e as atividades essenciais), art. 3º.*

ATIVIDADES EVENTUAIS OU DE BAIXO IMPACTO AMBIENTAL – Consiste em abertura de pequenas vias de acesso interno e suas pontes e pontilhões, quando necessárias à travessia de um curso d'água, ao acesso de pessoas e animais para a obtenção de água ou à retirada de produtos oriundos das atividades de manejo agroflorestal sustentável; implantação de instalações necessárias à captação e condução de água e efluentes tratados, desde que comprovada a outorga do direito de uso da água, quando couber; implantação de trilhas para o desenvolvimento do ecoturismo; construção de rampa de lançamento de barcos e pequeno ancoradouro; construção de moradia de agricultores familiares, remanescentes de comunidades quilombolas e outras populações extrativistas e tradicionais em áreas rurais, onde o abastecimento de água se dê pelo esforço próprio dos moradores; construção e manutenção de cercas na propriedade; pesquisa científica relativa a recursos ambientais, respeitados outros requisitos previstos na legislação aplicável; coleta de produtos não madeireiros para fins de subsistência e produção de mudas, como sementes, castanhas e frutos, respeitada a legislação específica de acesso a recursos genéticos; plantio de espécies nativas produtoras de frutos, sementes, castanhas e outros produtos vegetais, desde que não implique supressão da vegetação existente nem prejudique a função ambiental da área; exploração agroflorestal e manejo florestal sustentável, comunitário e familiar, incluindo a extração de produtos florestais não madeireiros, desde que não descaracterizem a cobertura vegetal nativa existente nem prejudiquem a função ambiental da área; outras ações ou atividades similares, reconhecidas como eventuais e de baixo impacto ambiental em ato do Conselho Nacional do Meio Ambiente – CONAMA ou dos Conselhos Estaduais de Meio Ambiente.

ATMOSFERA TERRITORIAL – No Dir. Público e Internacional Público é o espaço aéreo superposto a todo o território real e às águas inferiores e territoriais de um país. O mesmo que espaço aéreo territorial.

✱ **V.** *Cód. Bras. Aer.: art. 11.*

ATO – 1. Aquilo que se faz ou se pode fazer. 2. Decisão, deliberação ou determinação do poder público. Acontecimento em que há manifestação da vontade; solenidade; regulamento baixado pelo governo; parte de peça teatral.

✱ **V.** *CPC/2015, arts. 189, 203 e 215.*

Administrativo: Ato praticado pelo agente público, durante suas funções, para cumprir as tarefas relativas ao Estado.

Anulável: Diz-se do negócio realizado por pessoa relativamente incapaz ou que contenha vício resultante de dolo, erro, coação, fraude ou simulação. Ato que não atende a formalidades legais e, ainda que ratificável pelas partes, pode ser anulado por quem tenha interesse em sua ineficácia. A novação pode confirmar a obrigação simplesmente anulável.

✱ **V.** *CC: art. 171.*

De concorrência: Ocorre quando o empregado pratica atividade econômica superposta à do seu empregador, com prejuízo para este. É falta grave, configurada entre aquelas referidas no art. 482, *c*, da CLT, a qual autoriza a extinção justificada do contrato de trabalho.

Controlador: no Dir. Administrativo, é o ato do poder público destinado ao controle de mérito e de legalidade de determinado ato administrativo prévio ou posterior.

Ilícito: Ação ou omissão, dolosa ou culposa, que viola direito alheio ou causa prejuízo a outrem.

✱ **V.** *CC: arts. 186 a 188, 942, 948 e 1.659, IV.*

Jurídico: Ato lícito que tem por objetivo resguardar, adquirir, modificar, transferir ou extinguir direitos.

✱ **V.** *CC: art. 104.*

Nulo: Ato que não tem efeito jurídico por estar viciado ou por ter nulidade absoluta prevista em lei. O juiz não pode suprir-lhe a nulidade nem ratificar o ato. **V.** *Anulável.*

✱ **V.** *CC: arts. 166 e 168.*

Unilateral: É aquele que resulta da declaração de vontade de uma só parte.

✱ **V.** *CC: art. 533, II.*

ATO ATENTATÓRIO À DIGNIDADE DA JUSTIÇA – 1. Ato que, no curso de processo judicial, em fase de conhecimento ou de execução, demonstra a má-fé de uma das partes, não apenas em relação à pretensão da parte contrária, mas também em face da autoridade jurisdicional, desrespeitando os provimentos mandamentais. O Código de Processo Civil elenca (2015), como atos atentatórios à dignidade da Justiça, os seguintes: atos que implicam fraude à execução; atos pelos quais o réu se opõe maliciosamente à execução, empregando ardis e meios artificiosos; dificulta ou embaraça a realização da penhora (conduta prevista no art. 774, III, do CPC/2015), resistência injustificada às ordens judiciais; e recusa em indicar, quando intimado, quais são e onde se encontram os bens sujeitos à penhora e seus respectivos valores, neste último caso, quando há elementos inequívocos de que tais bens existem e que são ocultados pelo devedor. Em tais hipótese, o réu/executado será penalizado em multa não superior a 20% (vinte por cento) do valor atualizado do débito em execução, que reverterá em favor do próprio credor. Além destes atos, os arts. 5º e 77 do CPC/2015 prevê deveres que ambas as partes devem cumprir no curso do processo, cujo descumprimento, exceto no caso dos advogados (que se sujeitam às sanções administrativas aplicadas pela OAB), permite a cominação de multa, não superior a 20% (vinte por cento) do valor da causa, em favor da União ou do Estado, conforme o Tribunal em questão. 2. A legislação penal também tem previsão de sanções para atos praticados contra a Administração da Justiça, os quais podem ser imputados não apenas às partes litigantes, como também a outros sujeitos do processo, como testemunhas, peritos, advogados e agentes públicos. 3. A CF prevê a ação autônoma de reclamação, dirigida ao STF e ao STJ quando verificado o desrespeito, por particular ou autoridade pública, a decisão destas cortes ou a enunciado de súmula vinculante. No caso de descumprimento por parte de autoridade jurisdicional, o RISTF permite que o relator, monocraticamente, casse a decisão reclamada, independentemente da possibilidade de recurso. 4. No direito estrangeiro, especialmente em países da tradição consuetudinária (*common law*), é empregada a expressão *contempt of court*, para designar atos das partes ou de terceiros que afrontam a autoridade dos Tribunais.

✱ **V.** *CF, arts. 102, I, l; 103-A, § 3º; e 105, I, f.*

✱ **V.** *CPC/2015, arts. 5º, 77, 771, 772, II, 774 e 792 a 796.*

✱ **V.** *CP, arts. 338 a 359.*

✱ **V.** *Lei nº 12.016/2009 (Disciplina o Mandado de Segurança Individual e Coletivo), art. 26.*

✱ **V.** *RISTF, arts. 156 a 162.*

ATRAVESSADOR – Aquele que adquire grande quantidade de mercadorias destinadas ao consumo e as retém para forçar a alta dos preços e, com isto, auferir grandes lucros. O mesmo que *açambarcador*.

AUDIÊNCIA – 1. O total do público que comparece a um local para um espetáculo de música, teatro etc. 2. Diz-se, hoje, do número de ouvintes ou telespectadores de programas de rádio ou televisão, segundo medições feitas por institutos especializados. 3. Ato pelo qual uma autoridade pública recebe outras para conhecer suas reivindicações, ou debater programa de trabalho, como no caso de governadores e prefeitos com os seus secretários. 4. Ato de ouvir a parte em juízo; ato público determinado e fixado pelo juiz que se realiza com a presença das partes interessadas, das testemunhas, do órgão do Ministério Público, previamente notificado. 5. Reunião de tribunal para julgar feitos e recursos, publicar despachos e acórdãos etc. Pode ser: *ordinária*: quando se realiza em lugar, dia e hora prefixados; audiência de instrução e julgamento; *extraordinária*: que se faz por motivo particular ou por imperiosa necessidade do feito; *especial*: na qual são praticados determinados atos, como diligências na ação de demarcação etc.; *de publicação da sentença*: designada pelo juiz para proferir sentença, quando não o fez na audiência de instrução e julgamento; *admonitória*: a que o juiz realiza para advertir os que foram beneficiados pela suspensão condicional da pena a respeito das condições a que estarão sujeitos. 6. A Lei nº 11.900/2009 introduziu no Brasil a possibilidade de audiência por videoconferência, em que o Juiz e as partes estão em locais distintos, mas mantêm as demais formalidades do procedimento. Embora tal procedimento tenha sido previsto apenas para as audiências criminais, também tem sido utilizado para processos cíveis.

✱ **V.** *CPP, arts. 185, 210, parágrafo único, 400 a 405, 411, 531, 554, 703 a 705 e 791 a 795.*

✱ **V.** *CPPM, arts. 431 a 436.*

De instrução no Tribunal do Júri: V. art. 411 do CPP (com redação dada pela Lei nº 11.689/2008).

AUDIÊNCIA DE CUSTÓDIA – 1. Audiência obrigatoriamente realizada em até 24 (vinte e quatro) horas após prisão em flagrante, a ser realizada por Juiz criminal, com a presença do preso, seu defensor e membro do Ministério Público. 2. Embora sua previsão legal advenha da redação conferida ao art. 310 do CPP pela Lei nº 13.964/2019, o Conselho Nacional de Justiça já impunha tal procedimento desde 1º-2-2016, data da entrada em vigor da Resolução nº 213, decorrente da interpretação que aquele Órgão conferia ao art. 7º, item 5, da Convenção Americana sobre Direitos Humanos (Pacto de San José da Costa Rica), segundo o qual "toda pessoa detida ou retida deve ser conduzida, sem demora, à presença de um juiz ou outra autoridade autorizada pela lei a exercer funções judiciais e tem direito a ser julgada dentro de um prazo razoável ou a ser posta em liberdade, sem prejuízo de que prossiga o processo". Embora a previsão desta Convenção Internacional decorra da preocupação dos membros da Organização de Estados Americanos com a prática de tortura, a audiência de custódia passou a ser praticada, no Brasil, como um controle preliminar de legalidade não apenas da prisão, como também da própria investigação. 3. A não realização da audiência no prazo previsto implica a ilegalidade da prisão, entretanto, os Tribunais têm flexibilizado a aplicação desta disposição, fazendo uso da possibilidade de conversão em prisão preventiva, tendo em vista as dificuldades logísticas de condução de presos e limitações físicas e tecnológicas para sua oitiva em tempo hábil. Da realização da audiência de custódia pode advir o relaxamento da prisão, a concessão de liberdade provisória ou a conversão em prisão preventiva ou outras medidas cautelares, reais ou pessoais. A realização da audiência de custódia não torna o Juízo prevento para o recebimento da denúncia e processamento de outros incidentes.

✱ **V.** *Convenção Americana sobre Direitos Humanos (Pacto de San José da Costa Rica), art. 7º, 5.*

✱ **V.** *CPP, art. 310.*

✱ **V.** *Res. CNJ nº 213/2015 (Dispõe sobre a apresentação de toda pessoa presa à autoridade judicial no prazo de 24 horas).*

AUDIÊNCIA DE INSTRUÇÃO E JULGAMENTO – Momento solene do processo de conhecimento, em que se reúnem publicamente o juiz com as partes, produzindo-se as provas, tentando-se a conciliação e proferindo-se a sentença.

✱ **V.** *CPC/1973: arts. 450 a 457.*

✱ **V.** *CPC/2015, arts. 358 a 368, 477, §§ 3º e 4º, e 682.*

No Tribunal do Júri: V. art. 411 do CPP (com redação dada pela Lei nº 11.689/2008).

AUDITOR – Nome dado ao juiz togado na Justiça Militar. Pessoa especialista em assuntos técnicos, que emite parecer sobre assuntos de sua competência.

✱ **V.** *CF: art. 123, parágrafo único e inciso II.*

De guerra: membro do 1º grau da Justiça Militar.

De nunciatura: assessor do Núncio Apostólico.

AUTOCÍDIO – O mesmo que suicídio, autoquiria, propricídio. Destruir o indivíduo a si mesmo, matar-se.

AUTOCOMPOSIÇÃO – É uma das modalidades utilizadas na solução de conflitos coletivos de trabalho, quando prevalece a vontade das partes sobre a sujeição de uma à vontade de outra, ou de ambas à vontade de um terceiro. Alcança-se pela arbitragem ou pela conciliação ou, ainda, pela mediação.

AUTOCONTRATO – Nome dado erroneamente ao negócio jurídico efetuado por pessoa que exercita mandato e que ao mesmo tempo possui interesses como credor e devedor. O mesmo que *contrato consigo mesmo*.

AUTO DE PARTILHA – Documento onde são descritos, pormenorizadamente, os bens a serem partilhados e a parte da herança a que cada herdeiro tem direito.

AUTO DE PRISÃO EM FLAGRANTE – Peça do inquérito policial em que a autoridade competente relata as circunstâncias da prisão de pessoa apanhada em flagrante delito. Com a redação da Lei nº 12.403/2011, dispõe o CPP que a prisão de qualquer pessoa e o local onde se encontre serão comunicados imediatamente ao juiz competente, ao Ministério Público e à família do preso ou à pessoa por ele indicada. Em até 24 horas após a realização da prisão, será encaminhado ao juiz competente o auto de prisão em flagrante e, caso o autuado não informe o nome de seu advogado, cópia integral para a Defensoria Pública. No mesmo prazo, será entregue ao preso, mediante recibo, a nota de culpa, assinada pela autoridade, com o motivo da prisão, o nome do condutor e os das testemunhas. Se o réu se livrar solto, deverá ser posto em liberdade, depois de lavrado o auto de prisão em flagrante. Ao receber o auto de prisão em flagrante, o juiz deverá fundamentadamente: I – relaxar a prisão ilegal; ou II – converter a prisão em flagrante em preventiva, quando presentes os requisitos constantes do art. 312 deste Código, e se revelarem inadequadas ou insuficientes as medidas cautelares diversas da prisão; ou III – conceder liberdade provisória, com ou sem fiança. Se o juiz verificar, pelo auto de prisão em flagrante, que o agente praticou o fato nas condições de Exclusão de ilicitude (art. 23 do CP), poderá, fundamentadamente, conceder ao acusado liberdade provisória, mediante termo de comparecimento a todos os atos processuais, sob pena de revogação.

✱ *V. CPP, art. 26.*

✱ *V. CF, art. 5º, XI e LXI.*

✱ *V. Súm. Vinculante nº 11 (Só é lícito o uso de algemas em casos de resistência e de fundado receio de fuga ou de perigo à integridade física própria ou alheia, por parte do preso ou de terceiros, justificada a excepcionalidade por escrito, sob pena de responsabilidade disciplinar, civil e penal do agente ou da autoridade e de nulidade da prisão ou do ato processual a que se refere, sem prejuízo da responsabilidade civil do Estado).*

AUTOFALÊNCIA – Termo utilizado para designar o requerimento de falência feito pelo próprio empresário devedor.

✱ *V. Lei nº 11.101/2005 (Lei de Recuperação de Empresas e Falências): arts. 105 a 107.*

AUTÔNOMO – Diz-se daquela pessoa que trabalha por conta própria ou sem vínculo empregatício.

AUTÓPSIA – Em Medicina Legal, exame minucioso de todas as partes de um cadáver, para determinação da causa da morte. A autópsia deverá ser feita pelo menos 6 horas depois do óbito, a menos que os peritos, pela evidência dos sinais de morte, julguem que possa ser feita antes desse prazo, o que declararão no auto. Nos casos de morte violenta, bastará o simples exame externo do cadáver, quando não houver infração penal a apurar, ou quando as lesões externas permitirem precisar a causa da morte sem necessidade de exame interno.

✱ *V. CPP, art. 162 e parágrafo único.*

✱ *V. necropsia.*

AUTOR – No sentido comum, é a pessoa que escreve obra literária, técnica, científica, teatral, ou produz obras de arte. Em Dir., é aquele que provoca a atividade judicial, iniciando a ação para a satisfação de uma pretensão; é o que propõe, promove, ação judicial; a parte ativa ou titular da relação processual contenciosa que aciona a Justiça, que provoca a atividade jurisdicional, nos casos e formas legais, sem o que nenhum juiz prestará tutela jurisdicional (*princípio da demanda* ou *princípio da ação*). Não deve ser lícito ao autor o que não se permite ao réu. Não confundir o termo autor, nessa acepção, com o de autor da herança ou da sucessão, que designa pessoa que, ao falecer, deixa bens a inventariar; aquele de quem advém a herança, o *de cujus*. No Dir. Penal, designa o agente do delito, todo aquele que, por ação, inação ou omissão, direta ou indiretamente, comete infração penal. São autores, pelo novo CP, todos os que cooperam para a execução do crime. Nesse sentido, o autor pode ser: *intelectual, moral* ou *psíquico*: quando planeja e resolve pela prática do crime, cuja execução transfere a outrem, ou quando permite que ele se consuma, apesar de ter os meios apropriados para impedi-lo; *físico* ou *material*: quando executa ou ajuda, diretamente, na execução do delito que outro planejou; *físico* e *moral*: quando decide e executa o delito.

AUTORIDADE JUDICIÁRIA – Todo membro do Poder Judiciário.

✱ *V. CPC/1973: art. 124.*

✱ *V. CPC/2015: art. 959.*

AUTORIDADE POLICIAL – Membro do Poder Executivo que tem como função zelar pela ordem e segurança pública.

AUTOS – É o conjunto das peças de um processo. Conjunto das folhas e peças que formam o processo; diz-se do próprio processo, que se materializa com os atos, termos, arrazoados. Há os *principais* e os *suplementares*, esses duplicatas daqueles, destinados a suprir o extravio dos originais. Não os havendo, qualquer das partes pode promover-lhes a restauração se tiverem desaparecido. Os pendentes são os que estão em curso; *da execução*: aqueles nos quais a execução é processada.

✱ *V. CP: art. 356.*

✱ *V. CPC/1973: arts. 141, IV, 155, parágrafo único, 159, § 2º, 161, 196, 267, § 1º, 434, 510, 674, 1.063 a 1.069 e 1.215.*

✱ *V. CPC/2015, arts. 712 a 718.*

✱ *V. CLT: arts. 777 e 778.*

AUTOTUTELA – Fiscalização exercida pela Administração sobre seus bens e atos, para efeito de bom uso desses. É o poder da Administração em corrigir seus atos, revogando os irregulares ou inoportunos e anulando os ilegais, respeitados os direitos adquiridos e indenizados os prejudicados, se for o caso.

✱ *V. Súmulas nºs 346 e 473 do STF.*

AUTUAÇÃO – Ato do escrevente ou do secretário de tribunal consistente na formação dos autos de um processo. Lavratura de um ato. Lavratura de termo, na capa dos autos, designando-se a espécie da ação, do juízo, do cartório a que foi distribuída, nomes do escrivão, autor e réu, menção da procuração e documentos que fundamentam o pedido e que estão na inicial. Descrição detalhada feita pelo escrivão, o que oficializa o ingresso do pedido em juízo e firma a responsabilidade do escrivão sobre os documentos. Diz-se também da junção aos autos de qualquer peça processual, mediante termo.

✱ *V. CPC/1973: art. 166.*

✱ *V. CPC/2015: art. 206.*

AUXILIAR DE ACUSAÇÃO – É o advogado que serve de assistente do Ministério Público, na ação penal pública, defendendo os interesses do ofendido ou, se falecido, do cônjuge, ascendente, descendente, irmão ou do respectivo representante legal.

✱ *V. CPP: arts. 31 e 268 a 273.*

AUXILIAR DE JUSTIÇA – Pessoa que exerce cargo ou função de escrivão, oficial de justiça, perito, depositário, administrador ou intérprete. São aqueles cujas atividades são essenciais à realização dos atos processuais: serventuários, funcionários da Justiça, investidos legalmente em seus cargos, que lhes definem atribuições e disciplina, constituindo os *órgãos auxiliares da Justiça*; pessoas às quais são atribuídos eventuais encargos no processo, e constituem os *órgãos de encargo judicial*, e outras entidades que, exercendo funções específicas de administração pública, não sendo órgãos judiciários, realizam atos no processo, como os Correios e Telégrafos, o *Diário da Justiça* etc. (essa classificação é proposta pelo eminente jurista Moacyr Amaral Santos, *Dir. Processual Civil*, 1º volume, p. 172, edição Max Limonad).

✱ **V.** *CPC/1973: art. 139.*

✱ **V.** *CPC/2015, arts. 149 a 164.*

AUXÍLIO – Ajuda, apoio, tipo de benefício pago aos trabalhadores em determinadas circunstâncias.

AUXÍLIO-ACIDENTE – 1. Benefício concedido pelo Regime Geral de Previdência Social, cujo pressuposto é a incapacidade parcial e permanente do segurado para o trabalho ou atividade habitual. 2. Com a edição da Lei nº 13.846/2019, foi pacificada a controvérsia acerca da perda da qualidade de segurado de quem, mesmo recebendo o benefício de auxílio-acidente, deixou de contribuir à Previdência Social pelo período de graça.

✱ **V.** *Lei nº 8.213//1991 (Dispõe sobre os Pllanos de Benefícios da Previdência Social), art. 86.*

✱ **V.** *Dec. nº 3.048/1999 (Regulamento da Previdência Social), art. 104 e Anexo III.*

Ao deficiente: Tem direito a um salário mínimo o deficiente que comprovar não ter meios de manter-se ou de ser mantido por sua família.

Ao idoso: Garantia de um salário mínimo ao idoso que comprovar não ter meios de prover à própria manutenção ou de tê-la provida pela família.

✱ **V.** *CF, art. 203, V.*

✱ **V.** *Lei nº 5.889/1973 (Lei do Trabalhador Rural).*

✱ **V.** *Lei nº 6.439/1977 (Institui o Sistema Nacional de Previdência e Assistência Social).*

✱ **V.** *Lei nº 8.213/1991 (Dispõe sobre os Planos de Benefícios da Previdência Social), arts. 59 a 64, 80 e 141.*

✱ **V.** *Lei nº 8.842/1994 (Dispõe sobre a Política Nacional do Idoso).*

✱ **V.** *LC nº 150/2015 (Dispõe sobre o contrato de trabalho doméstico).*

AUXÍLIO-CRECHE – 1. Valor pago pelo empregador, normalmente com amparo em convenção ou acordo coletivo de trabalho, com o objetivo de substituir a obrigação imposta pelo art. 7º, XXV, da CF, a fim de que as empregadas possam custear a matrícula de seus filhos com até 5 (cinco) anos em instituições privadas de ensino infantil. 2. No âmbito da Administração Pública Federal, é denominado auxílio pré-escolar, sendo concedido aos servidores com dependentes (não necessariamente filhos) até seis anos de idade.

✱ **V.** *CF, art. 7º, XXV.*

✱ **V.** *CLT, art. 389, §§ 1º e 2º.*

AUXÍLIO-DOENÇA – **V.** *Auxílio por incapacidade temporária.*

AUXÍLIO-DOENÇA ACIDENTÁRIO – Devido nos casos de incapacidade total e temporária para o trabalho decorrente de situações enquadradas pela legislação como acidente de trabalho ou doença profissional. A renda mensal inicial é igual a 91% do salário de benefício. Não é aposentadoria definitiva, uma vez que o beneficiário deve submeter-se a exames periódicos até completar 60 anos.

✱ **V.** *Lei nº 8.213/1991 (Dispõe sobre os Planos de Benefícios da Previdência Social), art. 118.*

AUXÍLIO EMERGENCIAL – Valor pago ao trabalhador, pelo Governo Federal, através da Caixa Econômica Federal que atua como agente operador, para conferir proteção durante o período da pandemia de Coronavírus – COVID-19. O referido benefício é destinado a maiores de 18 (dezoito) anos, salvo mães com menos de 18 anos, microempreendedores individuais (MEI), autônomos, trabalhadores informais, desempregados, bem como pessoas que integram famílias cuja renda mensal, *per capita*, não ultrapassa meio salário mínimo ou a renda total seja de até 3 (três) salários mínimos. O auxílio emergencial poderá ser recebido na conta do tipo poupança social digital. A EC nº 109/2021 liberou a proposição legislativa com o propósito exclusivo de conceder auxílio emergencial residual para enfrentar as consequências sociais e econômicas da pandemia da Covid-19 da observância das limitações legais quanto à criação, à expansão ou ao aperfeiçoamento de ação governamental que acarrete aumento de despesa.

✱ **V.** *EC nº 109/2021 (Institui regras transitórias sobre redução de benefícios tributários; desvincula parcialmente o superávit financeiro de fundos públicos; e suspende condicionalidades para realização de despesas com concessão de auxílio emergencial residual para enfrentar as consequências sociais e econômicas da pandemia da Covid-19, dentre outras alterações) art. 3º.*

✱ **V.** *Lei nº 13.982/2020 (Altera a Lei nº 8.742, de 7 de dezembro de 1993, para dispor sobre parâmetros adicionais de caracterização da situação de vulnerabilidade social para fins de elegibilidade ao benefício de prestação continuada (BPC), e estabelece medidas excepcionais de proteção social a serem adotadas durante o período de enfrentamento da emergência de saúde pública de importância internacional decorrente do coronavírus (Covid-19) responsável pelo surto de 2019, a que se refere a Lei nº 13.979, de 6 de fevereiro de 2020).*

✱ **V.** *Lei nº 13.998/2020 (Promove mudanças no auxílio emergencial instituído pela Lei nº 13.982, de 2 de abril de 2020; e dá outras providências).*

✱ **V.** *Lei nº 14.058/2020 (Estabelece a operacionalização do pagamento do Benefício Emergencial de Preservação do Emprego e da Renda e do benefício emergencial mensal de que trata a Lei nº 14.020, de 6 de julho de 2020).*

✱ **V.** *Lei nº 14.075/2020 (Dispõe sobre a conta do tipo poupança social digital e dá outras providências).*

AUXÍLIO-FUNERAL – 1. Benefício previdenciário extinto pela Lei nº 9.528/1997, pago em valor único ao executor do funeral do segurado com renda até determinado limite legal. Desde então, a Lei Orgânica da Assistência Social admite que os entes federativos possam dispor sobre a concessão de benefício assistencial em função da morte do instituidor, segundo critérios definidos pelo Conselho de Assistência Social local.

✱ **V.** *Lei nº 8.213/1991 (Dispõe sobre os Planos de Benefícios da Previdência Social), art. 141 (revogado pela Lei nº 9.528/1997).*

✱ **V.** *Lei nº 8.742/1993 (Lei Orgânica da Assistência Social), art. 22.*

AUXÍLIO-MORADIA – 1. No âmbito da Administração Pública Federal, é verba indenizatória paga a servidores públicos sob o regime estatutário, atendidas as hipóteses legais, para ressarcimento de despesas comprovadamente realizadas com aluguel de moradia ou com meio de hospedagem administrado por empresa hoteleira. O valor mensal do auxílio-moradia é limitado a 25% do valor do cargo em comissão, função comissionada ou cargo de Ministro de Estado ocupado, não podendo superar 25% da remuneração de Ministro de Estado.

✱ **V.** *LC nº 35/1979 (Lei Orgânica da Magistratura Nacional), art. 65, II.*

✱ *V. LC nº 75/1993 (Estatuto do Ministério Público da União), art. 227, VIII.*

✱ *V. Lei nº 5.809/1972 (Dispõe sobre a retribuição e direitos do pessoal civil e militar em serviço da União no exterior, e dá outras providências), arts. 45-A a 45-C.*

✱ *V. Lei nº 8.112/1990 (Dispõe sobre regime jurídico dos servidores públicos civis da União, das autarquias e das fundações públicas federais), arts. 60-A a 60-E.*

✱ *V. Res. CNJ nº 274/2018 (Regulamenta o pagamento de auxílio-moradia no Poder Judiciário Nacional).*

AUXÍLIO-NATALIDADE – 1. Benefício previdenciário extinto pela Lei nº 9.528/1997, pago em valor único a segurada do INSS, casada, para custeio das despesas resultantes do nascimento de filho, ou ao segurado, pelo parto da esposa ou companheira, se esta não for segurada, desde que o segurado(a) recebesse remuneração até determinado limite legal. Desde então, a Lei Orgânica da Assistência Social admite que os entes federativos possam dispor sobre a concessão de benefício assistencial em função da morte do instituidor, segundo critérios definidos pelo Conselho de Assistência Social local.

✱ *V. Lei nº 8.213/1991 (Dispõe sobre os Planos de Benefícios da Previdência Social), art. 140 (revogado pela Lei nº 9.528/1997).*

✱ *V. Lei nº 8.742/1993 (Lei Orgânica da Assistência Social), art. 22.*

✱ *V. Lei nº 8.112/1990 (Dispõe sobre regime jurídico dos servidores públicos civis da União, das autarquias e das fundações públicas federais), art. 196.*

AUXÍLIO POR INCAPACIDADE TEMPORÁRIA – 1. Benefício concedido pelo Regime Geral de Previdência Social, cujo pressuposto é a incapacidade total e temporária do segurado para o trabalho ou atividade habitual por mais de 15 (quinze) dias. Exige carência mínima de 12 (doze) contribuições mensais, afastada no caso de acidente ou doença do trabalho, bem como de doenças taxativamente listadas, como tuberculose, câncer, moléstia psiquiátrica, AIDS, paralisia, lepra etc. Caso a incapacidade perdure por menos de 15 (quinze) dias, compete ao empregador pagar o salário pelo seu valor integral. A Lei nº 13.846/2019 estabeleceu que este auxílio não é devido ao segurado recluso em regime fechado. 2. Para o Dir. do Trabalho, o afastamento do empregado em decorrência da concessão de auxílio por incapacidade temporária é hipótese de suspensão do contrato de trabalho, obstando inclusive o decurso de prazo de aviso prévio. Entretanto, a suspensão do contrato de trabalho não implica a suspensão do prazo prescricional em função de eventuais valores devidos ao empregado, que continua a fluir desde a violação do direito.

✱ *V. CF, art. 201, I.*

✱ *V. EC nº 103/2019 (Altera o sistema de previdência social e estabelece regras de transição e disposições transitórias), art. 9º, § 3º.*

✱ *V. CLT, art. 476.*

✱ *V. Lei nº 8.213/1991 (Dispõe sobre os Planos de Benefícios da Previdência Social), arts. 59 a 64.*

✱ *V. Dec. nº 3.048/1999 (Regulamento da Previdência Social), arts.71 a 80.*

✱ *V. Dec. nº 10.410/2020 (Altera o Regulamento da Previdência Social, aprovado pelo Decreto nº 3.048/1999), art. 1º.*

AUXÍLIO-RECLUSÃO – 1. Benefício concedido pelo Regime Geral de Previdência Social, cujo pressuposto é a perda de renda do núcleo familiar, em razão do recolhimento do instituidor do benefício à prisão em regime fechado. Ao contrário do que é equivocadamente veiculado na mídia, o benefício é pago aos dependentes de segurado, desde que ele não receba nenhuma remuneração da empresa em que trabalha, tampouco receba benefício previdenciário. O benefício perdura enquanto durar a reclusão ou detenção e converte-se em pensão com o falecimento do segurado. 2. Com a edição da EC nº 20/1998, passou a ser exigido que o segurado, na data do recolhimento à prisão, não recebesse salário superior a um determinado valor, que, segundo aquela mesma Emenda, seria de R$ 360,00 (trezentos e sessenta reais) por mês. Desde então, o Poder Executivo federal, sem autorização legal, passou a reajustar o valor anualmente, apenas vindo a ser atualizado o montante de referência pela EC nº 103/2019 para R$ 1.364,43 (mil, trezentos e sessenta e quatro reais e quarenta e três centavos). Por sua vez, a Lei nº 13.846/2019 passou a prever que, para cálculo deste valor limite, será considerada a média dos 12 (doze) salários de contribuição anteriores ao recolhimento à prisão, ou, alternativamente, o valor de eventuais benefícios previdenciários recebidos pelo recluso no mesmo período. Referida lei também inovou ao prever carência mínima para concessão ao benefício de 24 (vinte e quatro) contribuições mensais. Pela Emenda nº 103/2019, benefícios concedidos a partir de 13-11-2019 não poderão ter renda mensal superior a um salário mínimo, havendo fundados indícios de inconstitucionalidade nesta norma.

✱ *V. CF, art. 201, I.*

✱ *V. EC nº 103/2019 (Altera o sistema de previdência social e estabelece regras de transição e disposições transitórias), art. 27.*

✱ *V. Lei nº 8.213/1991 (Dispõe sobre os Planos de Benefícios da Previdência Social), art. 80.*

AVAL – Garantia ou abono, pleno e autônomo, que uma pessoa dá a terceiro do pagamento de título de crédito, que consiste na sua assinatura no verso ou no anverso da peça cambial.

AVALISTA – Aquele que apõe o seu aval em um título cambiário; o que garante o pagamento de título, vinculando-se diretamente a ele quando coloca, de próprio punho, sua assinatura no verso ou anverso deste, tornando-se solidário com a obrigação principal ou com outro coobrigado. O mesmo que avalizador.

AVERBAÇÃO – Ato ou efeito de averbar, isto é, apor anotação à margem de um registro público, indicando as ocorrências que o alteram ou anulam. Inscrição de títulos ou documentos em repartições públicas. A averbação da sentença definitiva de divórcio deve ser feita no registro competente, segundo a Lei nº 6.515/1977. O mesmo que *averbamento*. Pode ser feito com relação à pessoa física e à pessoa jurídica. Para averbações ou retificações do Registro Civil, ver Lei nº 6.015/1973 (Lei dos Registros Públicos), que disciplina a matéria.

AVISO PRÉVIO – Comunicação feita por um contratante ao outro, informando-lhe que deseja rescindir o contrato, ainda que sem justa causa. O aviso prévio será concedido na proporção de 30 dias aos empregados que contem até um ano de serviço na mesma empresa. Serão acrescidos três dias por ano de serviço prestado na mesma empresa, até o máximo de 60 dias, totalizando até 90 dias.

✱ *V. CLT: arts. 487 a 491.*

✱ *V. Lei nº 12.506/2011.*

AVOCAÇÃO – 1. Requisição, para apreciação por autoridade superior, de processo submetido à autoridade inferior. 2. Ato do juiz de chamar para si a causa em trâmite perante outro juízo de igual hierarquia. 3. O mesmo que avocamento ou avocatura. 4. A autoridade avocante é a que requisita o feito da autoridade avocada.

✱ *V. CPC, art. 496, § 1º.*

✱ *V. CPP, arts. 82, 117 e 642.*

✱ *V. CLT, art. 638.*

B

BACHAREL EM DIREITO – Aquele que conclui o curso de Direito e que ainda não está habilitado legalmente a exercer a advocacia, devendo prestar o exame de admissão junto à OAB. Tem o privilégio de prisão especial enquanto não condenado.

BAIXA DOS AUTOS – Expressão que significa a volta dos autos ao juízo originário após interposto o último recurso. Volta de inquérito à polícia para efetuação de diligências requisitadas pelo Ministério Público ou pelo juiz. *Cancelamento de carga* de um processo, anotando-se a devolução de processo entregue em confiança, conforme consignado em livro próprio.

✱ *V. CPC/1973: art. 510.*

✱ *V. CPC/2015, art. 1.006.*

✱ *V. CPP: art. 637.*

BAIXA NA DISTRIBUIÇÃO – Expressão que significa o cancelamento do feito na distribuição.

✱ *V. CPC/1973: art. 257.*

✱ *V. CPC/2015: art. 290.*

BALANÇA COMERCIAL – Histórico feito das exportações e importações entre dois países, para a verificação da posição favorável ou desfavorável de um em relação ao outro.

BANCADA – Grupo de pessoas que representam um partido político em qualquer das Casas do Poder Legislativo. Esse grupo é sempre coordenado por um líder.

BANCÁRIO – Funcionário de banco, que é protegido por legislação própria do setor financeiro. Relativo a banco.

✱ *V. CLT, arts. 224 a 226.*

✱ *V. Dec.-lei nº 546/1969 (Dispõe sobre trabalho noturno).*

BANCARROTA – Termo usado para designar a *falência*.

BANCO – Estabelecimento de crédito, particular ou estatal, que tem como finalidade o comércio do dinheiro, a sua guarda e empréstimo, movimentação de títulos representativos de valores, desconto e redesconto de títulos negociáveis, cobranças, operações de câmbio, captação e aplicação de dinheiro no sistema financeiro com rendimentos pré e pós-fixados para os aplicadores. Depende de autorização do Poder Público e suas operações são fiscalizadas e controladas pelo Banco Central. Tabela com os serviços prestados pelos bancos e seus valores correspondentes deve ser afixada em lugar visível em todas as agências bancárias. Cheque é pagável à vista; não pagá-lo é apropriação indébita pelos bancos; o cliente não precisa avisar com antecedência de 24 horas.

Agrícola ou rural: o que auxilia, com crédito, os produtores agrícolas sob penhor de sua produção.

BANCO CENTRAL – Instituição criada pela Convenção de Bruxelas, em 1921, para controlar a moeda e o crédito. Autarquia federal, nascida da transformação da Sumoc – Superintendência da Moeda e do Crédito, e destinada a fiscalizar as instituições financeiras públicas e privadas não federais, assim como as cooperativas de crédito. Suas funções foram aumentadas nos últimos anos, com novas atribuições no controle da expansão monetária e da aplicação de taxas de juros.

✱ *V. CF: art. 164.*

✱ *V. Lei nº 4.595/1964 (Dispõe sobre a Política e as Instituições Monetárias, Bancárias e Creditícias, Cria o Conselho Monetário Nacional).*

✱ *V. Dec.-lei nº 278/1967 (Altera a denominação do Banco Central da República do Brasil, dispõe sobre suas contas, orçamentos, balanços, atos e contratos).*

Comercial ou de depósitos: objetiva servir ao comércio e à indústria, com redesconto de títulos e operações de empréstimo a juros, por prazo certo, cobranças, câmbio, transferência de dinheiro, pagamento e outros serviços.

De crédito real ou imobiliário: destinado, precipuamente, à realização de empréstimo a prazo com garantias hipotecárias e pignoratícias, além das operações comuns do comércio, emitindo letras hipotecárias.

BANCO DE HORAS – 1. Trata-se de um método de compensação de jornada de trabalho que a CLT prevê em seu art. 59. 2. A Lei nº 13.467/2017 estabeleceu que este banco de horas pode ser fixado em acordo individual escrito, desde que a compensação ocorra no período máximo de seis meses. Ademais, esclareceu que, se as horas não forem compensadas como acordado e excederem a duração máxima da jornada semanal, será devido apenas o adicional correspondente a elas. Igualmente, horas extras habituais não descaracterizam o banco de horas.

✱ *V. CLT, arts. 59 e 59-B.*

De investimentos: de caráter privado, sociedade anônima, especializado em operações de financiamento, a prazos médios e longos, com recursos próprios ou alheios. Atualmente, os bancos, em geral, mantêm todos os serviços (crédito, financiamento, aplicações financeiras, empréstimos, pagamentos, carteiras de desconto e redesconto etc.), reunindo as finalidades antes privativas de alguns estabelecimentos.

Do Brasil: sociedade anônima de capital misto e aberto, na qual o governo detém 51% das ações, sendo 49% de particulares. É o mais antigo do Brasil, fundado em 1808, com a chegada de D. João VI e sua Corte ao Brasil.

BANCO DOS RÉUS – Expressão usualmente empregada para designar o local onde o réu permanece durante o julgamento no *Tribunal do Júri*.

BANCO NACIONAL DE DEVEDORES TRABALHISTAS (BNDT) – Banco de dados composto por pessoas naturais e jurídicas, de direito público e privado, inadimplentes perante a Justiça do Trabalho quanto às obrigações estabelecidas em sentença condenatória transitada em julgado ou em acordos judiciais trabalhistas, inclusive no concernente aos recolhimentos previdenciários, a honorários, a custas, a emolumentos ou a recolhimentos determinados em lei; ou decorrentes de execução de acordos firmados perante o Ministério Público do Trabalho ou Comissão de Conciliação Prévia. A Lei nº 13.467/2017 (Reforma Trabalhista) estabeleceu que o nome do executado só poderá ser inscrito no BNDT depois de transcorrido o prazo de 45 dias a contar da citação do executado, se não houver garantia do juízo.

✱ *V. CLT, arts. 642-A, 883-A e 896, § 10.*

✱ *V. Res. Adm. do TST nº 1.470/2011 (Regulamenta a expedição da Certidão Negativa de Débitos Trabalhistas – CNDT e dá outras providências).*

BANDEIRA – Pavilhão, de tecido, com uma ou mais cores, com legendas e emblemas ou desenhos, que representa um país e hasteado em ocasiões especiais e solenes, em edifícios públicos. Há também pavilhões que distinguem corporações, clubes, partidos. A Bandeira é um dos símbolos nacionais, juntamente com o Hino, as Armas e o Selo Nacionais. A sua forma e apresentação estão ordenadas na Lei nº 5.700/1971, que também apresenta os seus modelos. A bandeira normalmente é hasteada às 8 horas e arriada às 18 horas; seu hasteamento é obrigatório em dias festivos ou de luto (a meio mastro), nos edifícios das repartições públicas federais, estaduais e municipais, nas escolas, nas instituições desportivas, artísticas, científicas e outras. É obrigatório o ensino do desenho da Bandeira Nacional nas escolas. O desrespeito, vilipêndio ou ultraje à Bandeira Nacional é punido com pena de 1 a 3 anos de prisão (Lei nº 5.700/1971; CF: art. 13, § 1º). O termo designava, também, as expedições armadas que, no século XVIII, partiam de São Vicente e depois de São Paulo para o desbravamento dos sertões, à cata de ouro e pedras preciosas ou do apresamento de índios para o trabalho escravo. Atualmente é usado para nomear a placa metálica que, nos taxímetros, indica o custo de uma corrida de táxi (bandeirada). Só podem ser hasteadas as bandeiras que estiverem em bom estado; as mal conservadas devem ser levadas a uma unidade militar onde, em ato solene, serão incineradas, no Dia da Bandeira, em cerimonial peculiar.

BANDO – Conjunto de malfeitores que se associam para a prática de crimes. Até 2013, caracterizava-se pela reunião de mais de três pessoas para o fim de cometer crimes, e com a edição da Lei nº 12.850/2013, que alterou o art. 288 do CP, passou a ser a associação de três ou mais pessoas com o objetivo de cometer crimes, não sendo necessário até que os crimes se consumam. É a *societas delinquentium* ou *societas sceleris*, que não se confunde com a *societas in crimine*, na qual não há punição se o delito não chega a ser, ao menos, tentado. Não se confunde com o conceito de organização criminosa, o qual pressupõe estrutura ordenada e caracterizada pela divisão de tarefas, ainda que informalmente. Bando de malfeitores, em geral armados, sob a direção de um chefe, que se dedica à prática habitual de assaltos, a bancos, a carros-fortes, a caminhoneiros etc. A pena é de reclusão de 1 (um) a 3 (três) anos, que aumenta até a metade se houver a participação e criança ou adolescente.

✱ *V. CP, arts. 29 a 31 e 288.*

BANIMENTO – Ato de expulsar alguém de sua pátria. No Brasil essa pena é inadmissível.Medida de ordem política ou pena criminal que consistia em expulsar alguém do país e proibir o seu retorno enquanto durasse a pena, podendo ser perpétuo ou temporário. Expulsão, desterro.

✱ *V. CF: art. 5º, XLVII, d, LI e LII.*

BASE DE CÁLCULO – Valor sobre o qual incide o tributo.

✱ *V. CTN, arts. 24 e 69.*

Do preço: preço exato de custo de um bem para ser objeto de ato judicial. O Imposto sobre Serviço de Transporte e Comunicações, de competência da União, tem por base de cálculo o preço do serviço.

BASE TERRITORIAL DO SINDICATO – A CF em seu art. 8º, II, dispõe que a base territorial do sindicato deve ser definida pelos trabalhadores ou empregadores, não devendo seus limites ser nunca inferiores aos limites do município. Revogando, tacitamente, a regra contida no art. 517 da CLT, que remetia essa prerrogativa ao Ministro do Trabalho.

BASTARDO – Nome dado ao filho proveniente do incesto e do adultério, antes do Código Civil de 1916. Distinção esta abolida pela CF, que proíbe designações discriminatórias relativas à filiação.

✱ *V. CF: art. 227, § 6º.*

✱ *V. Lei nº 8.069/1990 (Dispõe sobre o Estatuto da Criança e do Adolescente): arts. 7º a 69.*

BEBIDAS ALCOÓLICAS – São bebidas potáveis que contenham álcool etílico em sua composição, com índice de concentração igual ou superior a meio grau Gay-Lussac.

BECA – Toga. Veste talar de cor preta que advogados e membros do Ministério Público (promotores e procuradores de Justiça) usam, especialmente, no Tribunal do Júri e em sessões dos tribunais superiores. Vestimenta usada pelo advogado, professor universitário, funcionário judicial e formando de terceiro grau, no ato da colação.

BEDEL – Termo específico da área da justiça que se deslocou para a designação de funcionário subalterno das universidades. Antigamente, era o oficial de justiça que conduzia a juízo, "debaixo de vara" (do latim *bidelus*), a testemunha ou o indiciado recalcitrante.

BELIGERÂNCIA – No Dir. Internacional Público, estado ou qualidade de beligerante. Situação em que se encontram países que estão em guerra. Direito de declarar e mover guerra com tropas e armas, observados princípios e leis internacionais.Opõe-se à *neutralidade*.

BEM – 1. Tudo o que é bom ou conforme a moral. 2. Benefício. 3. Virtude. 4. Proveito, utilidade. 5. Propriedade, domínio.

Comum: Conjunto de situações capazes de realizar e assegurar o bem-estar social.

✱ *V. LINDB (Lei de Introdução às Normas do Direito Brasileiro): art. 5º.*

De Família: Qualidade de imóvel que é destinado pelo chefe de família para sua moradia, de seus filhos e cônjuge. Para surtir esse efeito, o bem deve ser registrado em Cartório e reconhecido como tal.

✱ *V. CC: arts. 1.711 a 1.722.*

✱ *V. Lei nº 6.015/1973 (Dispõe sobre os registros públicos): arts. 167, I, e 260 a 265.*

✱ *V. Lei nº 8.009/1990 (Dispõe sobre a impenhorabilidadedo bem de família).*

✱ *V. Dec.-lei nº 3.200/1941 (Dispõe sobre a organização e a proteção da família), arts. 19 a 23.*

✱ *V. Lei nº 6.742/1979 (Alterou o Dec.-lei nº 3.200/1941 e fixou o valor do bem de família).*

Indivisível: Diz-se do bem que não pode ser dividido sem se alterar sua substância ou daquele que, embora divisível, é considerado indivisível, por disposição legal ou por vontade das partes.

✱ *V. CC: arts. 88 e 1.320.*

✱ *V. Lei nº 4.504/1964 (Estatuto da Terra), art. 65.*

Jurídico: Diz-se de toda coisa que pode ser o objeto de um direito.

Vago: Diz-se da coisa abandonada ou sem dono conhecido.

BENEFÍCIO DE PRESTAÇÃO CONTINUADA (BPC) – 1. Vulgarmente chamado por "LOAS". Trata-se de benefício assistencial previsto pela CF/1988, mas apenas operacionalizado a partir de 1996, após a regulamentação da Lei nº 8.742/1993, conhecida como Lei Orgânica da Assistência Social. Embora seja atualmente operacionalizado pelo Instituto Nacional do Seguro Social, difere-se dos benefícios previdenciários administrados por aquela autarquia, na medida em que não exige contribuições ao sistema de seguridade social para sua concessão. De outro turno, a própria Constituição restringiu seu cabimento a apenas dois grupos, eleitos em função de sua especial vulnerabilidade: idosos e pessoas com deficiência, desde que não fossem capazes de prover seu sustento ou de tê-lo provido por sua família. A Lei nº 8.742/1993 passou a regulamentar as condições para sua condição, estabelecendo requisitos ainda mais rigorosos que a própria CF/1988, levando a uma elevada judicialização da matéria. 2. Segundo a LOAS, complementada pelo Estatuto da Pessoa Idosa, a idade mínima para cobertura em função da velhice é de 65 (sessenta e cinco) anos, paradoxalmente mais elevada que a idade segundo a qual a Lei nº 10.741/2003 considera alguém idoso para os demais fins (60 anos). Ademais, esta idade é fixada desconsiderando as diferentes expectativas de sobrevida entre as diferentes regiões do país, bem como as dificuldades experimentadas por pessoas na casa de 50 anos de idade para inserção no mercado de trabalho. 3. A caracterização da deficiência, após diversos diplomas que alteraram sua conceituação, passou a ser disciplinada em sintonia com a norma geral, qual seja, a Convenção Internacional dos Direitos das Pessoas com Deficiência, internalizada pelo Dec. nº 6.949/2009 e recepcionada como Emenda Constitucional. Entretanto, embora a definição de deficiência daquele diploma internacional exija uma análise biopsicossocial, os procedimentos administrativos adotados pelo INSS pautam-se pela avaliação meramente clínica da condição física, mental ou sensorial do candidato ao benefício, desconsiderando as barreiras à sua integração com o meio social em que vive. A Lei nº 14.176/2021 trouxe disposições a respeito da concessão do auxílio-inclusão devido à pessoa com deficiência moderada ou grave que cumpra os requisitos legais. 4. A impossibilidade de prover o sustento ou de tê-lo provido por sua família foi regulamentada pelo legislador com base em um parâmetro equivocado, qual seja, a renda familiar per capita, apurada pela divisão da renda de determinados membros da família pelo número total de integrantes. Este parâmetro, atualmente fixado em ¼ (um quarto) de salário mínimo, desconsidera as diferenças de custos de vida entre as diversas regiões do país e as maiores despesas incorridas em determinados núcleos familiares, tais como aquisição de medicamentos e outros insumos, quando não fornecidos pelo próprio Estado. Ademais, a Lei nº 8.742/1993 define o grupo familiar por apenas alguns membros, desde que vivam sob o mesmo teto, o que leva a distorções quando filhos ou pais com capacidade de manter o candidato não residem com o mesmo. 5. Toda a complexa articulação de requisitos administrativos tem por objetivo a concessão de um benefício pecuniário no valor de um salário mínimo por mês, pago independentemente da maior ou menor renda total do grupo familiar, o que gera fortes distorções entre os beneficiários do próprio auxílio, bem como em relação a outros programas assistenciais. 6. Após o STF haver declarado a constitucionalidade do parâmetro meramente pecuniário de atribuição de miserabilidade dos candidatos, no julgamento da ADI nº 1.232, em 27-8-1998, a jurisprudência foi superando gradualmente este requisito, mediante a análise concreta das circunstâncias de vida dos candidatos que tinham seus pedidos negados e entravam com demandas judiciais. Este entendimento passou a ser encampado pelo próprio STF, no julgamento do Recurso Extraordinário nº 567.985, em 18-4-2013, ao compreender que o art. 20, § 3º, da Lei nº 8.742/1993, se tornou progressivamente inconstitucional, sem, contudo, ter o Excelso Pretório declarado sua nulidade. Esta situação ode perplexidade leva a Procuradoria da União a adotar a tese de que ainda deve o INSS aplicar o critério legal, enquanto não for substituído. 7. A Lei nº 13.981/2020, após veto pela Presidência da República, derrubado pelo Congresso Nacional, elevou o parâmetro monetário de miserabilidade para ½ salário mínimo por membro do grupo familiar. O Governo federal ajuizou a ADPF nº 662 para impedir a entrada em vigor deste diploma legal, obtendo medida liminar favorável perante o STF. Em seguida, foi aprovada a Lei nº 13.982/2020, mantendo o parâmetro de ¼ de salário mínimo até 31-12-2020, e elevando para ½ salário mínimo *per capita* a partir de 1º-1-2021, mas este dispositivo foi novamente vetado pela Presidência da República. Até o fechamento desta edição, não havia sido aprovada norma para suprir esta anomia, acarretando uma omissão inconstitucional. A mesma Lei nº 13.982/2020 inseriu o art. 20-A à Lei nº 8.742/1993, admitindo que, em função do estado de calamidade pública provocado pela epidemia por Coronavírus, o Governo federal possa ampliar o critério de aferição da renda familiar *per capita*, considerando as condições concretas de vida decorrentes do grau de deficiência, da dependência de terceiros para as atividades da vida diária e do comprometimento do orçamento familiar com gastos necessários à manutenção da saúde e da vida do idoso/deficiente. Entretanto, até o fechamento desta edição, não se tinha notícia de que o Governo federal houvesse regulamentado esta disposição. 8. A Lei nº 14.176/2021 fixou a renda familiar mensal *per capita* igual ou inferior a 1/4 (um quarto) do salário mínimo como parâmetro monetário de miserabilidade. Ademais, esclareceu que o beneficiário do benefício de prestação continuada poderá ser convocado para avaliação da manutenção das condições ensejadoras da concessão. 9. A MP nº 1.045/2021 vedou o pagamento do Benefício Emergencial de Manutenção do Emprego e da Renda ao beneficiário de benefício de prestação continuada. A vigência da referida MP foi de 28-4-2021, data de sua publicação no *Diário Oficial da União – DOU*, até 17-2-2022, data de publicação no *DOU* de sua rejeição. Durante o período de vigência da referida MP, os atos nela embasados seguem válidos. 10. A Lei nº 14.431/2022 estabeleceu como margem de crédito consignado para beneficiários do benefício de prestação continuada 45% (quarenta e cinco) por cento, sendo 35% destinado a empréstimo consignado, 5% para cartão de crédito consignado e 5% para cartão consignado de benefício, somando o total de 45%. 11. O requerente do benefício de prestação continuada deverá fazer o registro biométrico no cadastro da Carteira de Identidade Nacional (CIN), do título eleitoral ou Carteira Nacional de Habilitação (CNH). Se não puder fazê-lo, seu responsável legal o fará (art. 20, § 12-A, da Lei nº 8.742/1993 com a redação dada pela Lei nº 14.973/2024).

Aqueles que não estiverem inscritos no CadÚnico ou que estejam com seu cadastro desatualizado há mais de 24 (vinte e quatro) meses devem regularizar sua situação em 45 dias, em Municípios de pequeno porte, e em 90 dias, em Municípios maiores. Caso não seja regularizada a situação o benefício será bloqueado em 30 dias após envio de notificação. O beneficiário poderá fazer a inclusão ou atualização no CadÚnico até o final do prazo de suspensão, sem prejuízo no pagamento do benefício (art. 21-B com a redação dada pela Lei nº 15.077, de 27-12-2024). A Lei nº 15.077/2024 determina que o CadÚnico colete informações que caracterizem a condição socioeconômica e territorial das famílias e que serão objeto de checagem em outras bases de dados.

✱ **V.** *CF, art. 203, V.*

✱ **V.** *Lei nº 8.742/1993 (Lei Orgânica da Assistência Social), arts. 20 a 21-A, 21-B, I e II, e 26-A a 26-H, com a redação dada pela Lei nº 14.973/2024;* caput *do art. 21-B com a redação dada pela Lei nº 15.077/2024).*

✱ **V.** *Lei nº 8.742/1993 (Lei Orgânica da Assistência Social), arts. 20 a 21-A, 21-B e 26-A a 26-H, com a redação dada pela Lei nº 14.973/2024.*

✱ **V.** *Lei nº 14.176/2021 (Altera a Lei nº 8.742, de 7 de dezembro de 1993, para estabelecer o critério de renda familiar per capita para acesso ao benefício de prestação continuada, estipular parâmetros adicionais de caracterização da situação de miserabilidade e de vulnerabilidade social e dispor sobre o auxílio-inclusão de que trata a Lei nº 13.146, de 6 de julho de 2015 (Estatuto da Pessoa com Deficiência); autoriza, em caráter excepcional, a realização de avaliação social mediada por meio de videoconferência; e dá outras providências), art. 1º.*

✱ **V.** *Lei nº 14.431/2022 (Altera as Leis nºs 10.820, de 17 de dezembro de 2003, 8.213, de 24 de julho de 1991, e 8.112, de 11 de dezembro de 1990, para ampliar a margem de crédito consignado aos empregados regidos pela Consolidação das Leis do Trabalho, aprovada pelo Decreto-Lei nº 5.452, de 1º de maio de 1943, aos segurados do regime próprio de previdência social dos servidores públicos federais, aos servidores públicos federais e aos segurados do Regime Geral de Previdência Social e para autorizar a realização de empréstimos e financiamentos mediante crédito consignado para beneficiários do benefício de prestação continuada e de programas federais de transferência de renda, a Lei nº 13.846, de 18 de junho de 2019, para dispor sobre a restituição de valores aos cofres públicos, e a Lei nº 14.284, de 29 de dezembro de 2021, para alterar procedimentos relativos à concessão do Auxílio Inclusão Produtiva Urbana).*

✱ **V.** *Dec. 6.214/2007 (Regulamenta o benefício de prestação continuada da assistência social).*

✱ **V.** *MP nº 1.045/2021 (Institui o Novo Programa Emergencial de Manutenção do Emprego e da Renda e dispõe sobre medidas complementares para o enfrentamento das consequências da emergência de saúde pública de importância internacional decorrente do coronavírus (covid-19) no âmbito das relações de trabalho). Esta Medida Provisória teve sua vigência encerrada em 17-2-2022.*

✱ **V.** *Lei nº 15.077, de 27-12-2024 (Altera as Leis nºs 8.171, de 17 de janeiro de 1991 (Lei da Política Agrícola), 8.742, de 7 de dezembro de 1993 (Lei Orgânica da Assistência Social), 14.601, de 19 de junho de 2023 (Lei do Programa Bolsa Família), e 14.995, de 10 de outubro de 2024, para dispor sobre políticas públicas; e dá outras providências).*

✱ **V.** *Súmulas 29, 48, 78, 79 e 80 da TNU.*

BENEFÍCIOS FISCAIS OU FINANCEIRO-FISCAIS – 1. Convênio entre o Distrito Federal e estados; remissão dos créditos tributários, constituídos ou não: LC nº 160/2017. 2. Convênio entre o Distrito Federal e estados; remissão dos créditos tributários, decorrentes das isenções e dos incentivos: LC nº 160/2017.

BENEPLÁCITO – Licença, permissão, consentimento. Aprovação de ato de outra pessoa.

BENFEITORIA – Toda obra ou despesa que é feita em coisa móvel ou imóvel, para protegê-la, conservá-la, melhorá-la ou torná-la mais agradável ou valiosa.

✱ **V.** *CC: arts. 96 e 1.219,1.220 e 1.269.*

✱ **V.** *CPC/2015, arts. 593 e 810.*

BENS – Conjunto de coisas que, tendo um valor apreciável, formam o patrimônio ou a riqueza de uma pessoa, física ou jurídica, de direito privado ou público, como móveis, imóveis, semoventes, valores, ações, direitos etc. Tudo o que é suscetível de utilização ou valor, servindo de elemento para formar o acervo econômico e objeto de direito. Para o direito, bem é coisa que tem valor econômico ou moral, não importando, para alguns autores, que seja corpóreo ou incorpóreo. No direito penal, bem é tudo o que representa valor para o ser humano (material, moral, intelectual etc.).

✱ **V.** *Súm. Vinc. nº 21 ("É inconstitucional a exigência de depósito ou arrolamento prévios de dinheiro ou bens para admissibilidade de recurso administrativo").*

✱ **V.** *CF, arts. 20,* caput, *21, XXV, 22, XII e parágrafo único, 26 e 176.*

✱ **V.** *CC, arts. 79 a 81, 98, 99, 1.275, parágrafo único, 1.310, 1.819 e segs.*

✱ **V.** *CCom, arts. 468 e 478.*

✱ **V.** *Súm. nº 340 do STF.*

✱ **V.** *Dec.-lei nº 3.236/1941 (Dispõe sobre propriedade de jazidas de petróleo).*

✱ **V.** *Cód. Águas, arts. 96 a 98 e 145.*

✱ **V.** *Lei nº 1.310/1951 (Uso e exploração de minérios para energia atômica).*

✱ **V.** *Dec.-lei nº 200/1967 (Organiza a Administração Federal).*

✱ **V.** *Dec.-lei nº 227/1967 (Código de Minas), art. 85.*

✱ **V.** *Dec.-lei nº 900/1969, que altera a Lei nº 200/1967.*

BENS PÚBLICOS – Bens do domínio nacional pertencentes às pessoas jurídicas de direito público interno; só podem ser alienados na forma e casos que a lei prescrever; são impenhoráveis e não podem ser adquiridos por usucapião.

✱ **V.** *CF, arts. 183, § 3º, e 191, parágrafo único.*

✱ **V.** *CC, arts. 99 a 103.*

✱ **V.** *Lei nº 9.504/1997 (Estabelece normas para eleições), art. 37, § 4º.*

✱ **V.** *Lei nº 8.666/1993 (Institui normas gerais sobre licitações e contratos administrativos), arts. 17 a 19. Com alterações dada pela Lei nº 13.465/2017. Revogada pela Lei nº 14.133/2021.*

BERÇÁRIO – Nas empresas em que estejam empregadas 30 ou mais mulheres, maiores de 16 anos, torna-se obrigatória a instalação de berçário, a menos que existam creches distritais.

✱ **V.** *CLT: arts. 389, § 1º, e 400.*

BESTIALIDADE – Depravação ou perversão que leva o homem ou a mulher a manter relação sexual com animais. O mesmo que *zoofilia*.

BICO – Expressão popular que designa o trabalho mal remunerado e eventual que o trabalhador realiza em curta jornada.

BIGAMIA – Condição de bígamo. Crime instantâneo contra a família que consiste em alguém, sendo casado, contrair novo casamento; estado da pessoa que se casa duas vezes sem que o primeiro matrimônio estivesse desfeito legalmente. Neste caso, a pena é de reclusão, de 2 a 6 anos; se um solteiro casa-se com mulher já casada, sabendo dessa circunstância, sua pena é de reclusão ou detenção de 1 a 3 anos; se o casamento for anulado por qualquer motivo, mesmo não sendo o da bigamia, o crime é considerado inexistente. A prescrição do crime de bigamia, antes do trânsito em julgado da sentença final, começa a partir da data em que o fato se tornou de conhecimento público. Se a união que caracteriza a bigamia não se apresentar formalmente inatacável, realizada com todas as fórmulas e solenidades pertinentes, então se dá o delito de simulação de casamento.

✱ *V. CP: arts. 111, IV, 235 e 239.*

BILATERAL – O mesmo que sinalagmático. Ato jurídico em que há acordo de vontades entre duas partes que assumem obrigações recíprocas.

BIODIVERSIDADE – Definida pela Convenção sobre Diversidade Biológica como a "variabilidade de organismos vivos de todas as origens, compreendendo, dentre outros, os ecossistemas terrestres, marinhos e outros ecossistemas aquáticos e os complexos ecológicos de que fazem parte; compreendendo ainda a diversidade dentro de espécies, entre espécies e ecossistemas". Conjunto de todas as espécies de seres vivos existentes na biosfera. Diversidade biológica.

BIOPIRATARIA – Exploração, manipulação, reprodução, exportação ou comercialização ilegal de espécies de seres vivos.

BIOTECNOLOGIA – Definida pela Convenção sobre Diversidade Biológica como "qualquer aplicação tecnológica que utilize sistemas biológicos, organismos vivos, ou seus derivados, para fabricar ou modificar produtos ou processos para utilização específica".

BISCATE – Trabalho de pequena monta, eventual, de baixa remuneração.

BOA-FÉ – Boa confiança, lealdade, boa intenção, espírito de confiança daquele que, na prática ou omissão de um ato, julga estar agindo de acordo com a lei. É conceito ético que se define como o entendimento de não prejudicar outras pessoas. Possui várias aplicações em nosso Direito. Divide-se em *objetiva* e *subjetiva*. A primeira constitui tema importante ao Direito das Obrigações; trata-se de princípio geral de Direito, pelo qual todos devem comportar-se segundo um padrão ético de competência e lealdade. Diz respeito a normas de conduta que orientam como o indivíduo deve agir. Gera deveres secundários de conduta, impondo às partes comportamentos que, mesmo não previstos nos contratos de forma expressa, são necessários e precisam ser obedecidos para permitir que se realizem as justas expectativas surgidas com a celebração e a execução da avença. A Doutrina e a Jurisprudência reconhecem, mesmo não existindo uma regra geral sobre boa-fé, a sua existência e incidência como meio de *interpretação* dos negócios jurídicos, como elemento de criação de *deveres contratuais* secundários e como elemento de *integração do Direito*. Havendo duas interpretações possíveis para uma mesma estipulação contratual, o intérprete privilegiará (art. 112 do CC) a que estiver mais conforme à real intenção das partes; deve prevalecer, porém, a que esteja de acordo com a exigência de atuação segundo a boa-fé. Constitui-se num parâmetro jurídico de comportamento; nele as atitudes das pessoas serão valoradas conforme os padrões de lealdade, probidade e honestidade. Aplica-se a todas as fases do processo contratual. A *subjetiva* é considerada um estado de espírito, de consciência, como o conhecimento ou o desconhecimento de uma situação, e já estava prevista no CC de 1916. Nela se considera que o sujeito ignora o caráter ilícito de seu ato, sendo mais comum no Direito das Coisas, em temas como o usucapião e aquisição de frutos. Trata-se de um conceito técnico-jurídico inserido em várias normas para descrever ou delimitar um suposto fático, passando a considerar-se a intenção do sujeito. Exemplo: o possuidor de boa-fé tem direito aos frutos percebidos. Tanto na *objetiva* quanto na *subjetiva* o elemento comum é a confiança, porém somente na *objetiva* existe um segundo elemento: o dever de conduta de outrem. ***Objetiva***: Princípio geral aplicável ao Direito das Obrigações, pelo qual se produz nova delimitação do conteúdo e objetivo do negócio jurídico, especialmente o contrato, mediante a inserção de deveres e obrigações acessórios ou que produzam restrição de direitos subjetivos; ou na declaração de vontade, com o fim de ajustar a relação jurídica à função econômico-social, determinável no caso concreto. Aplica-se a todas as fases do processo contratual.

BOLCHEVISMO – Nome da doutrina e tática político-revolucionária de Lênin, em 1903, quando houve a cisão do Partido Social Democrata da Rússia.

BONS COSTUMES – Termo antigamente designado para denominar os atuais crimes contra os costumes (Lei nº 12.015/2009). Diz-se da conduta que se ajusta aos princípios morais consagrados pelo meio social em que vive a pessoa. Emprega-se, no sentido comum, com referência à moralidade sexual. São crimes contra a dignidade sexual, como o estupro, o ultraje público ao pudor e a bigamia. Também corroboram como prova dos fatos os meios *moralmente legítimos*. A legislação tutela, em geral, os bons costumes como proteção aos valores morais da sociedade, como ocorre com a Constituição Federal.

✱ *V. CP, arts. 213 a 239.*

✱ *V. CPC/1973, art. 332.*

✱ *V. CPC/2015, art. 369.*

✱ *V. CF: art. 5º, V, X e XII.*

BORDERÔ – Do francês *bordereau*. Impresso enviado pelo banco aos clientes informando lançamentos efetuados em suas contas, em geral sob a forma de carta.

BULLYING – (Inglês) 1. Expressão empregada para exprimir todo tipo de violência que, verbal ou fisicamente, acontece de modo repetitivo e persistente, sendo direcionada contra uma ou mais pessoas em determinado meio social, normalmente atingindo indivíduos mais vulneráveis, com o objetivo de intimidar, humilhar ou maltratar as vítimas. 2. Para o Dir. brasileiro, é empregada como sinônimo de intimidação sistemática, caracterizada como todo ato de violência física ou psicológica, intencional e repetitiva, que ocorre sem motivação evidente, praticado por indivíduo ou grupo contra uma ou mais pessoas, com o objetivo de intimidá-la ou agredi-la, causando dor e angústia à vítima, em uma relação de desequilíbrio de poder entre as partes envolvidas, caracterizada, sobretudo, por ataques físicos, insultos pessoais, comentários sistemáticos, ameaças, expressões preconceituosas e isolamento social consciente e premeditado. 3. A Lei nº 13.185/2015 estabelece o Programa Nacional de Combate à Intimidação Sistemática, buscando reprimir esse tipo de conduta, especialmente no âmbito escolar. 4. A Lei nº 14.811/2024 transformou o *bullying* em conduta típica ao considerar crime o ato de intimidar sistematicamente, individualmente ou em grupo, mediante violência física ou psicológica, uma ou mais pessoas, de modo intencional e repetitivo, sem motivação evidente, por meio de atos de intimidação, de humilhação ou de discriminação ou de ações verbais, morais, sexuais, sociais, psicológicas, físicas, materiais ou virtuais. A pena prevista é de multa, caso a conduta não seja crime mais grave.

✱ *V. Lei nº 13.185/2015 (Institui o Programa Nacional de Combate à Intimidação Sistemática – "Bullying").*

✱ *V. Lei nº 13.277/2016 (Institui o dia 7 de abril como o Dia Nacional de Combate ao Bullying e à Violência na Escola).*

✱ *V. Lei nº 14.811/2024 (Institui medidas de proteção à criança e ao adolescente contra a violência nos estabelecimentos educacionais ou similares, prevê a Política Nacional de Prevenção e Combate ao Abuso e Exploração Sexual da Criança e do Adolescente e altera o Decreto-Lei nº 2.848, de 7 de dezembro de 1940 (Código Penal), e as Leis nºs 8.072, de 25 de julho de 1990 (Lei dos Crimes Hediondos), e 8.069, de 13 de julho de 1990 (Estatuto da Criança e do Adolescente).*

***BURNOUT* (SÍNDROME DE)** – (Inglês) Distúrbio psíquico, de caráter depressivo, precedido de esgotamento físico e mental intenso, normalmente verificado em pessoas submetidas a condições agressivas de trabalho, sobretudo em casos de assédio moral, podendo desencadear diversas doenças físicas e psíquicas, e até levar à morte.

BUSCA E APREENSÃO – 1. No Processo Civil, é a medida cautelar destinada à busca e apreensão de pessoas ou coisas, sendo que a busca é anterior à apreensão; esta decorre de ato voluntário, ou de coação, se houver negativa na entrega de coisa. 2. No Processo Penal, é meio de prova para a apreensão de pessoas ou de coisas com a finalidade de esclarecimento do delito. A busca é domiciliar ou pessoal, a primeira devendo ser precedida de expedição de mandado, sendo determinada de ofício ou a requerimento de qualquer das partes. A busca pessoal não depende de mandado, por razões que a lei especifica. A busca domiciliar deve ser feita de dia, a menos que o morador permita que os policiais entrem à noite em sua moradia; antes de entrar, devem mostrar e ler o mandado de apreensão ao morador ou a quem o represente, intimando-o a abrir a porta. Se esse não obedecer a eles, será arrombada e forçada a entrada. Ausente o morador, será intimado o vizinho a assistir à operação. Terminada a diligência, os executores lavrarão auto circunstanciado e o assinarão com duas testemunhas presentes ao ato. Podem os agentes realizar a busca e apreensão em território de jurisdição alheia, até em outro Estado, devendo apresentar-se, porém, à autoridade competente local, antes ou depois da diligência, conforme sua urgência. 3. Com a promulgação do Dec.-lei nº 911/1969, também passou a designar a ação autônoma de cobrança de dívida garantida por bem móvel alienado fiduciariamente, a qual permite a constrição judicial do bem, para posterior alienação a terceiros, a fim de saldar o débito. Na hipótese de não localização do bem garantidor, a ação poderá ser convertida em execução extrajudicial.

✱ *V. CPC/1973, arts. 173, II, 839 a 843 e 905.*

✱ *V. CPC/2015, arts. 214, 536, § 2º, e 806, § 2º.*

✱ *V. CPP, arts. 240 a 250.*

✱ *V. Dec.-lei nº 911/1969 (Estabelece normas de processo sobre alienação fiduciária).*

C

CABEÇA – 1. A parte de cima, superior, de alguma coisa. 2. Chefe, pessoa que chefia um grupo, o principal de uma instituição.

De casal: a CF/1988 estabeleceu que "os direitos e deveres referentes à sociedade conjugal são exercidos pelo homem e pela mulher". *Por investidura judicial, é também o cônjuge supérstite nomeado inventariante dos bens deixados pelo cônjuge falecido, desde que casado sob o regime de comunhão e que estivesse convivendo com o outro ao tempo da morte deste. O marido é o chefe da sociedade conjugal, com a colaboração da mulher, não podendo, porém, sem o consentimento desta, realizar alguns atos previstos em lei. À mulher competem a direção e administração da casa quando o marido estiver em lugar remoto ou não sabido; estiver em cárcere por mais de 2 anos ou for judicialmente declarado interdito. A CF de 1988, em seu art. 226, § 5º, porém, estabeleceu que "os direitos e deveres referentes à sociedade conjugal são exercidos igualmente pelo homem e pela mulher". A Lei nº 12.195/2010 alterou o art. 990 da Lei nº 5.869/1973 (Código de Processo Civil, já revogado), para assegurar ao companheiro sobrevivente o mesmo tratamento legal conferido ao cônjuge supérstite, quanto à nomeação do inventariante. O CPC/2015 em vigor manteve o texto no inciso I, art. 617.*

✱ **V.** *Lei nº 12.195/2010 (Alterou o art. 990 da Lei nº 5.869/1973 (Código de Processo Civil), para assegurar ao companheiro sobrevivente o mesmo tratamento legal conferido ao cônjuge supérstite, quanto à nomeação do inventariante).*

Da comarca: sede de uma comarca, cidade em que se localiza o Foro.

✱ **V.** *CF: art. 226, § 5º.*

✱ **V.** *CPC/1973, arts. 253 a 255.*

✱ **V.** *CPC/2015, arts. 286 a 288.*

CABECEL – Era a pessoa escolhida entre os proprietários de prédio aforado, para responder à ação movida pelo senhorio direto (CC: art. 690). Enfiteuses e subenfiteuses estão proibidas, subordinando-se as existentes, até sua extinção, às normas do CC anterior e leis vigentes à época.Patrimônio líquido, conjunto de bens, posto de reserva; capital.

✱ **V.** *CC: art. 2.038.*

CADASTRO – Registro particular ou público que tem por fim o controle e a consulta sobre coisas, pessoas ou fatos.

Bancário: ficha que os clientes preenchem ao abrir conta nos bancos, renovável periodicamente; ou registro feito pelos bancos a respeito de firmas comerciais e prováveis clientes da praça onde operam, com dados atualizados sobre haveres e garantias que oferecem, para efeito de empréstimos e descontos de títulos.

De admissões e dispensas de empregados: instituído em caráter permanente no Ministério do Trabalho.

De contribuinte mobiliário: registro de todas as empresas, autônomos, prestadores de serviços e de comércio do Município, para pagamento do ISS – Imposto sobre Serviços, taxas de licença, instalação e funcionamento e demais contribuições municipais. Esse cadastro localiza o contribuinte municipal.

De estrangeiros: informações que devem ser prestadas por estrangeiros que residam no território brasileiro. Há extensa legislação sobre permanência provisória ou não, trabalho, extradição, expulsão, naturalização, concessão de permanência etc.

✱ **V.** *Lei nº 6.815/1980 (Estatuto do Estrangeiro – Revogada. Atual Lei nº 13.445/2017 – Lei de Migração).*

✱ **V.** *Dec.-lei nº 2.236/1985 (Alterou a tabela de emolumentos fixada pelo Estatuto do Estrangeiro).*

✱ **V.** *Lei nº 7.685/1988 (Dispõe sobre o registro provisório para estrangeiros).*

✱ **V.** *Dec. nº 98.830/1990 (Dispõe sobre a coleta, por estrangeiros, de dados e materiais científicos no Brasil, e diversas resoluções).*

Geral de Contribuintes (CGC): mantido pelo Departamento de Arrecadação do Ministério da Fazenda em que estão cadastradas todas as empresas do país; conhecido pela sigla CGC. Sua denominação é Cadastro Nacional da Pessoa Jurídica (CNPJ).

Positivo: criado pela Lei nº 12.414/2011, disciplina a formação e consulta a bancos de dados com informações de adimplemento, de pessoas naturais ou de pessoas jurídicas, para formação de histórico de crédito.

Profissional: registro de trabalhadores segundo suas atividades profissionais, para enquadramento sindical.

Rural: registro dos imóveis rurais, em todo o território brasileiro, contendo o nome do proprietário e de sua família, títulos de domínio, natureza da posse e formas de administração, localização geográfica, áreas com divisas e respectivos confrontantes, dimensões das testadas para vias públicas, valor das terras, benfeitorias, equipamentos, instalações e outras informações.

CADASTRO DE PESSOAS FÍSICAS (CPF) – Número que recebe o contribuinte, na Receita Federal, no Cadastro de Pessoas Físicas. Criado pelo Dec.-Lei nº 401/1968. O referido número foi estabelecido como único e suficiente para identificar cidadãos em bancos de dados de serviços públicos, inclusive com determinação expressa de fazê-lo constar em todos os documentos enumerados na Lei nº 14.534/2023. A Lei nº 15.035/2024 altera o Código Penal de forma a permitir consulta pública do nome completo e número de inscrição no CPF de pessoas condenadas por crimes contra a dignidade sexual, garantindo o sigilo do processo e das informações relativas à vítima.

✱ **V.** *Lei nº 14.534/2023 (Altera as Leis nºs 7.116, de 29 de agosto de 1983, 9.454, de 7 de abril de 1997, 13.444, de 11 de maio de 2017, e 13.460, de 26 de junho de 2017, para adotar número único para os documentos que especifica e para estabelecer o Cadastro de Pessoas Físicas (CPF) como número suficiente para identificação do cidadão nos bancos de dados de serviços públicos).*

✱ **V.** *Dec.-Lei nº 401/1968 (Altera dispositivos da legislação do Imposto de Renda e dá outras providências).*

✱ **V.** *Lei nº 15.035/2024 (Altera o Decreto-Lei nº 2.848, de 7 de dezembro de 1940 (Código Penal), para permitir a consulta pública do nome completo e do número de inscrição no Cadastro de Pessoas Físicas (CPF) das pessoas condenadas por crimes contra a dignidade sexual, garantido o sigilo do processo e das informações relativas à vítima, e a Lei nº 14.069, de 1º de outubro de 2020, para determinar a criação do Cadastro Nacional de Pedófilos e Predadores Sexuais).*

CADASTRO NACIONAL DE CRIANÇAS E ADOLESCENTES DESAPARECIDOS – 1. Cadastro criado pela Lei nº 12.127/2009 consistente em base de dados que contenham *as características físicas e dados pessoais de crianças e adolescentes cujo desaparecimento tenha sido registrado em órgão de segurança pública federal ou estadual. 2. O cadastro citado* integra o Cadastro Nacional de Pessoas Desaparecidas originado pela Lei nº 13.812/2019. A compatibilização dos cadastros foi feita pela Lei nº 14.548/2023.

✱ **V.** *Lei nº 12.127/2009 (Cria o Cadastro Nacional de Crianças e Adolescentes Desaparecidos).*

✱ **V.** *Lei nº 13.812/2019 (Institui a Política Nacional de Busca de Pessoas Desaparecidas, cria o Cadastro Nacional de Pessoas Desaparecidas e altera a Lei nº 8.069, de 13 de julho de 1990 (Estatuto da Criança e do Adolescente)).*

✱ **V.** *Lei nº 14.548/2023 (Altera a Lei nº 8.069, de 13 de julho de 1990 (Estatuto da Criança e do Adolescente), para compatibilizá-la com a Lei nº 12.127, de 17 de dezembro de 2009, que criou o Cadastro Nacional de Crianças e Adolescentes Desaparecidos, e com a Lei nº 13.812, de 16 de março de 2019, que instituiu a Política Nacional de Busca de Pessoas Desaparecidas e criou o Cadastro Nacional de Pessoas Desaparecidas).*

CADASTRO NACIONAL DE PESSOAS CONDENADAS POR CRIME DE ESTUPRO – Criado pela Lei nº 14.069/2020, este cadastro deverá conter informações sobre as pessoas condenadas por esse crime, tais como: traços físicos, dados de identificação datiloscópica, identificação do perfil genético, fotos, local de moradia e atividade laboral nos últimos 3 anos. Os custos relativos à manutenção desse cadastro serão suportados pelo Fundo Nacional de Segurança Pública. A Lei nº 15.035/2024 determinou a criação do Cadastro Nacional de Pedófilos e Predadores Sexuais, regra desenvolvida a partir dos dados constantes do cadastro acima, que possibilitará a consulta do nome completo e número de inscrição no Cadastro de Pessoas Físicas (CPF) das pessoas condenadas por esse crime.

✱ **V.** *Lei nº 14.069/2020 (Cria o Cadastro de Pessoas Condenadas por Crime de Estupro).*

✱ **V.** *Lei nº 15.035/2024 (Altera o Decreto-Lei nº 2.848, de 7 de dezembro de 1940 (Código Penal), para permitir a consulta pública do nome completo e do número de inscrição no Cadastro de Pessoas Físicas (CPF) das pessoas condenadas por crimes contra a dignidade sexual, garantido o sigilo do processo e das informações relativas à vítima, e a Lei nº 14.069, de 1º de outubro de 2020, para determinar a criação do Cadastro Nacional de Pedófilos e Predadores Sexuais).*

CADASTRO NACIONAL DE PESSOAS DESAPARECIDAS (CNPD) – 1. Cadastro originado pela Lei nº 13.812/2019 ao criar a Política Nacional de Busca de Pessoas Desaparecidas. 2. O Cadastro Nacional de Crianças e Adolescentes Desaparecidos, criado pela Lei nº 12.127, de 17-12-2009, integra o Cadastro Nacional de Pessoas Desaparecidas. A compatibilização dos cadastros foi feita pela Lei nº 14.548/2023.

✱ **V.** *Lei nº 12.127/2009 (Cria o Cadastro Nacional de Crianças e Adolescentes Desaparecidos).*

✱ **V.** *Lei nº 13.812/2019 (Institui a Política Nacional de Busca de Pessoas Desaparecidas, cria o Cadastro Nacional de Pessoas Desaparecidas e altera a Lei nº 8.069, de 13 de julho de 1990 (Estatuto da Criança e do Adolescente)).*

✱ **V.** *Lei nº 14.548/2023 (Altera a Lei nº 8.069, de 13 de julho de 1990 (Estatuto da Criança e do Adolescente), para compatibilizá-la com a Lei nº 12.127, de 17 de dezembro de 2009, que criou o Cadastro Nacional de Crianças e Adolescentes Desaparecidos, e com a Lei nº 13.812, de 16 de março de 2019, que instituiu a Política Nacional de Busca de Pessoas Desaparecidas e criou o Cadastro Nacional de Pessoas Desaparecidas).*

CADÁVER – 1. Originária de *cadaver*, do verbo *cadere* em latim, que significa cair. 2. Nome que se dá ao corpo de pessoa privado de vida, morta. 3. A lei penal exige o respeito aos mortos, punindo a destruição, subtração ou ocultação de cadáver com reclusão de 1 a 3 anos e multa; e o vilipêndio a cadáver, com detenção de 1 a 3 anos e multa. 4. A inumação ou exumação de cadáver, em desrespeito às normas legais, é punida com prisão simples de um mês a um ano ou multa. 5. A remoção de órgãos, tecidos ou partes do corpo de cadáver ou pessoa em desacordo com a Lei de Transplantes enseja pena de reclusão de dois a seis anos e multa de 100 a 360 dias-multa.

✱ **V.** *CC, art. 13.*

✱ **V.** *CP, arts. 211 e 212.*

✱ **V.** *Lei nº 9.434/1997 (Dispõe sobre a remoção de órgãos, tecidos e partes do corpo humano para fins de transplante e tratamento e dá outras providências), art. 14.*

CADUCIDADE – 1. Estado ou qualidade do que é caduco; caduquice, caduquez, velhice. 2. Em Dir., é empregada como sinônimo de *decadência* perda de um direito pelo decurso de prazo legal exigido para que este fosse exercido. A ação torna-se *caduca* por *prescrição* (q.v.); o direito material caduca por *decadência* (q.v.). A caducidade origina-se de ato, fato, transcurso de prazo ou decisão judicial.

CAFTINISMO – Exploração do lenocínio, tráfico de pessoas para fim de exploração sexual.

✱ **V.** *CP: arts. 230 a 232.*

CALAMIDADE PÚBLICA – **V.** *Estado de calamidade pública.*

CALENDÁRIO CIVIL – É aquele em que se considera o ano como formado de um número inteiro de dias e meses, segundo as regras próprias de um povo ou nação.

✱ **V.** *Lei nº 810/1949 (Define o ano civil).*

CALÚNIA – Engodo, embuste. Crime contra a honra, consistente em imputar falsamente a alguém fato definido como crime. O delator pode utilizar-se da *exceção da verdade*, isto é, cabe-lhe provar o que alega. A calúnia é penalizada com detenção de 6 meses a 2 anos e multa, pena na qual incorre também aquele que, sabendo falsa a imputação, a propala. Pune-se, ainda, a calúnia contra os mortos. Não se confunde com *difamação* e *injúria* (q.v.).

Equívoca: aquela que se infere de alusões, referências, frases; o ofendido pode pedir explicações em juízo; responde pela ofensa aquele que se recusa a dá-las ou, a critério do juiz, não as dá satisfatórias.

✱ *V. CC: art. 557, III.*

✱ *V. CP: arts. 138, 144 e 145.*

✱ *V. CPP: arts. 513 e 519, 523.*

CÂMARA – 1. Aposento destinado a uma pessoa. 2. Parte das armas de fogo onde se colocam a carga ou os cartuchos. 3. Compartimento de uma eclusa. 4. Corporação de deputados, vereadores ou comerciantes. Na Organização Judiciária, tem esse nome cada órgão em que se dividem os tribunais de justiça. Podem ser designadas por *primeira, segunda, terceira câmaras*. Diz-se também de seção especial de um tribunal, funcionando isolada ou reunida a outra: *Câmara Cível, Câmara Criminal* etc.

Alta: Nos regimes bicamerais é o mesmo que *Senado*.

Apostólica: Tribunal Eclesiástico Romano, para dirimir questões relativas ao patrimônio da Igreja.

Baixa: Nos regimes bicamerais é o mesmo que *Câmara dos Deputados*.

De comércio: organismo dirigido por comerciantes para defender seus interesses comerciais.

De compensação de cheque: reunião diária de banqueiros ou membros da Bolsa de Valores para acertar suas contas, por diferença ou compensação dos negócios realizados por meio de cheques e de outros documentos de crédito, para evitar a mobilização de dinheiro em espécie. Fundada em Londres, em 1775, e depois em Nova York, existe hoje em quase todos os países. Funciona junto ao Banco Central, com autorização do Governo Federal, e em cidades com maior concentração de bancos.

De gás: onde são executados, em alguns dos Estados dos Estados Unidos, condenados à pena capital pela aspiração de gás letal.

Dos deputados: Casa do Poder Legislativo bicameral, cuja finalidade é a representação do povo. Tal representação no Brasil é proporcional. *V. Senado Federal.*

✱ *V. CF: arts. 14, § 3º, VI, a, 44, 45 e 51.*

Municipal: Casa do Poder Legislativo do Município, formada por vereadores.

✱ *V. CF: arts. 29 a 31.*

Sindical: corporação oficial de corretores de fundos públicos, da Bolsa de Valores, que a administra.

CÂMBIO – Troca; permuta de moedas de diferentes países. A diferença na troca entre o valor real e o nominal da moeda constitui o *câmbio* ou a *taxa de câmbio*. Compete à União administrar as reservas cambiais do País e fiscalizar operações de natureza financeira, especialmente as de crédito, câmbio e capitalizações, bem como as de previdência privada; é privativo da União legislar sobre política de câmbio; e as operações de câmbio públicas são reguladas por lei complementar. A Lei nº 14.286/2021 dispõe sobre o mercado de câmbio brasileiro, o capital brasileiro no exterior, o capital estrangeiro no País e a prestação de informações ao Banco Central do Brasil, para fins de compilação de estatísticas macroeconômicas oficiais. Ademais, a referida lei conceitua como residente a pessoa física ou jurídica residente, domiciliada ou com sede no Brasil e como não residente a pessoa física ou jurídica residente, domiciliada ou com sede no exterior.

✱ *V. CF, arts. 21, VIII, 22, VII, e 163, VI.*

✱ *V. Lei nº 14.286/2021 (Dispõe sobre o mercado de câmbio brasileiro, o capital brasileiro no exterior, o capital estrangeiro no País e a prestação de informações ao Banco Central do Brasil, dentre outras disposições).*

O câmbio pode ser:

Negro: Conversão de moeda acima das taxas oficiais. Compra e venda de mercadorias, clandestinamente, por preços acima dos permitidos ou tabelados. É crime contra a economia popular.

Oficial: Aquele que tem as cotações estabelecidas por órgão oficial competente da União.

CANCELAMENTO DE PROTESTO – Ato de cancelar o protesto mediante o pagamento do título pelo devedor, entregando-o ao oficial do cartório. Com o cancelamento, as certidões expedidas contra o devedor ficarão inutilizadas.

✱ *V. Lei nº 9.492/1997 (Dispõe sobre protesto de títulos): art. 26.*

CÂNCER – *V. Neoplasia.*

CAPACIDADE – 1. Poder de receber, conter ou acomodar. 2. Poder, aptidão ou possibilidade de fazer ou produzir qualquer coisa. 3. Aptidão legal para ser sujeito ativo ou passivo de direitos. Para o Dir. Civil, é a aptidão que tem uma pessoa, como sujeito ativo ou passivo, por si ou por outrem, de adquirir direitos ou de contrair obrigações.

De Fato: Aquela que permite o exercício de direitos pelo próprio titular. Confunde-se com o autodiscernimento ou consciência dos próprios atos. Trata-se, portanto, de uma aptidão que não depende de determinação legal, sendo mero atributo da personalidade moral.

Jurídica: É aquela que possibilita a pessoa a adquirir e exercer direitos e contrair obrigações.

✱ *V. CC: art. 5º.*

Plena: É aquela atribuída a todas as pessoas aptas a exercer direitos, isto é, as que completam 18 anos.

✱ *V. CC: arts. 1º a 6º.*

Postulatória: é a capacidade de requerer em juízo, por si mesmo ou por representante. O vigente Estatuto da Advocacia exige a presença de advogados para apresentação de ação ou abertura de processo em qualquer órgão do Poder Judiciário e nos Juizados Especiais. Porém, o STF, no julgamento da ADI nº 1.127-8, deu interpretação conforme à Constituição ao art. 1º, I, da Lei nº 8.906/1994, no sentido de que continuam em vigor as disposições de lei especial que dispensem a representação por advogado, como nos casos de Juizados de Pequenas Causas, Juizados de Paz e Varas do Trabalho.

Processual: É aquela que habilita a pessoa para ocupar posição processual, figurando em juízo, seja como autor ou como réu, assistente ou oponente, defendendo seus interesses.

✱ *V. CC: arts. 1º a 6º (com alterações dada pela Lei nº 13.146, de 2015), 105 e 1.692. 76.*

✱ *V. CPC/1973: arts. 7º a 13º.*

✱ *V. CPC/2015, arts. 70 a 76, 313, I, VIII, § 3º, e 725, I.*

✱ *V. CTN, arts. 126, 134 e 135.*

CAPELANIA PENITENCIÁRIA – Órgão que se encarrega de prestar assistência religiosa nos presídios; seu chefe é o capelão.

CAPITULAÇÃO – O mesmo que rendição. Ato pelo qual, após negociação prévia, se efetiva a submissão de uma praça de guerra, de tropas ou de armamentos; crime de chefe militar que cessa, por sua vontade, ofensiva ou resistência contra o inimigo, permitindo que este se apos-se das tropas e dos meios de defesa ou de ataque. Enquadramento em dispositivo da lei penal, classificação e definição de delito e de sua pena.

CAPTAÇÃO DE CLIENTELA – É o ato de atrair clientes com métodos capciosos, direta ou indiretamente, para o exercício da profissão. Essa prática é proibida ao advogado.

✱ *V. Lei nº 8.906/1994: art. 34, IV.*

CÁRCERE – Prisão, cadeia. Local a que se recolhem delinquentes, indiciados ou suspeitos de crime, ou os que ali devem permanecer como medida de segurança.

CÁRCERE PRIVADO – Lugar onde alguém conserva outrem preso ilegalmente. Crime previsto no CP contra a pessoa, que consiste em privar alguém de sua liberdade, mantendo-o preso de uma forma injusta. Dá-se, no caso, o constrangimento ilegal, já que se impede a vítima de usar a sua liberdade de locomover-se e dos meios de defesa e socorro. O móvel do delito pode ser vingança, ciúme etc.; mas, se o objetivo é vantagem pecuniária, o crime é titulado como de *extorsão mediante sequestro*. Local onde esse crime se consuma.

✱ *V. Lei nº 12.258/2010 (Altera o Decreto-Lei nº 2.848/1940 (Código Penal) e Lei nº 7.210/1984 (Lei de Execução Penal), para prever a possibilidade de utilização de equipamento de vigilância indireta pelo condenado nos casos em que especifica).*

✱ *V. CP: art. 148.*

CARÊNCIA DA AÇÃO – Existirá carência da ação quando não houver possibilidade jurídica do pedido, legitimidade das partes ou interesse processual,Ausência dos pressupostos processuais, isto é, significando que o pedido não deve contrariar a ordem jurídica vigente. Com a carência, extingue-se o processo, sem julgamento de mérito. Não se confunde com *improcedência da ação*, que se dá quando a parte atende a todos os requisitos processuais, porém sua pretensão não é acolhida na *decisão de mérito*.

✱ *V. CPC/1973: art. 267, VI.*

✱ *V. CPC/2015, arts. 17, 337, 485, VI.*

CARGA DE RETIRADA DE AUTOS PROCESSUAIS – Ônus imposto aos advogados na retirada de autos do cartório, tornando-os responsáveis por estes. Em cada cartório existe um Livro de Carga que formaliza tais retiradas.

CARGO – 1. Encargo, incumbência. 2. Função em empresa pública ou privada. 3. Responsabilidade. 4. Obrigação.

De carreira: de provimento efetivo, é incorporado a certa categoria de cargos da mesma profissão, segundo padrões de vencimentos.

De confiança: o que é exercido a título precário ou em comissão, não pertencendo a pessoa ao quadro dos funcionários públicos; é cargo de livre provimento do titular da Secretaria ou do Governo; atividade cujo titular pode ser afastado imotivadamente, por exemplo, gerentes de bancos, ministros de Estado.

✱ *V. CLT: arts. 468, parágrafo único, 469, § 1º, e 499, § 2º.*

Público: Função criada por lei, em número certo, com denominação própria e paga pelo Poder Público ou, como conceitua a Lei nº 8.112/1990 (Estatuto dos Servidores Públicos Civis da União: art. 3º): "Conjunto de atribuições e responsabilidades previstas na estrutura organizacional que devem ser cometidas a um servidor". O cargo público diz-se*:*

CARRO – 1. Carro de boi; meio de transporte de carga ou pessoas muito utilizado em regiões rurais. 2. Automóvel; veículo de rodas para o transporte de carga ou de pessoas. 3. Segundo o Anexo I do Código de Trânsito Brasileiro, trata-se de veículo automotor destinado ao transporte de passageiros, com capacidade para até oito pessoas, exclusive o condutor. 4. Parte da máquina de escrever onde se fixa o papel. 5. A Lei nº 13.755/2018 determinou que o Poder Executivo estabelecerá requisitos obrigatórios para a comercialização de automóveis produzidos no Brasil e para a importação de automóveis referentes à rotulagem veicular, eficiência energética veicular e desempenho estrutural associado a tecnologias assistivas à direção.

✱ *V. Lei nº 9.503/1997 (Código de Trânsito Brasileiro), Anexo I.*

✱ *V. Lei nº 13.755/2018 (Estabelece requisitos obrigatórios para a comercialização de veículos no Brasil; institui o Programa Rota 2030 – Mobilidade e Logística; dispõe sobre o regime tributário de autopeças não produzidas, entre outros).*

CARTA – Epístola, missiva, comunicação escrita, manuscrita, datilografada, acondicionada em envelope, lacrado ou não, selado, que se envia a uma ou mais pessoas. Documento ou escrito judicial, ou oficial, pelo qual se pede a execução de certos atos, fazem-se avisos, contratos, notificações, intimações, impõem-se obrigações e deveres e reconhecem-se direitos. Instrumento de tratado ou congresso internacional; estatuto; conjunto de regras ou leis. Peça do jogo de baralho. Mapa geográfico. Cardápio.

Aberta: A que se publica na imprensa para conhecimento público de fatos controversos.

Avaliatória: Destinada a proceder à avaliação de bens no juízo deprecado.

✱ *V. CPC/1973: arts. 201 a 212.*

✱ *V. CPC/2015: arts. 36, 236, §§ 1º e 2º, 237, 260, 263 a 268.*

Avocatória: Pela qual o juiz de instância superior ou tribunal avoca feito aforado em juízo inferior, por atribuir-se competência para o conhecer.

Branca: Autorização dada para uma pessoa para que ela possa agir com plenos poderes.

De abono: Pela qual se garante a solvabilidade de uma pessoa até um certo limite.

De arrematação: Documento pelo qual um terceiro ou o próprio credor adquire bem penhorado, na execução.

✱ *V. CPC/1973: arts. 703, 707 e 1.017, § 4º.*

✱ *V. CPC/2015, art. 901, § 2º.*

De autorização: Decreto do Governo pelo qual permite o funcionamento de empresa ou sociedade que dela precise.

De citação: Meio pelo qual alguém é citado por via postal.

De crédito: documento pelo qual a pessoa se torna responsável pela quantia entregue ao creditado.

De execução provisória: é a maneira de se efetuar a execução provisória, extraindo-se a carta de sentença do processo pelo escrivão e assinada pelo juiz. Será sua extração dependente do recebimento da apelação apenas no efeito devolutivo, quando "o apelado poderá promover, desde logo, a execução provisória da sentença, extraindo a respectiva carta". Por ser um incidente autônomo em relação ao processo principal, a liquidação e atos executivos podem ser objeto de recurso próprio, v.g. agravo de instrumento, e podem ser prejudicados por decisões no processo principal. A Lei nº 11.232/2005 revogou os arts. 588 a 590 do CPC/1973, deixando de prever a expressão *carta de sentença*.

✱ *V. CPC/1973, arts. 475-O, § 3º, e 521.*

✱ *V. CPC/2015, arts. 520 a 522 e 1.012.*

✱ *V. CLT, art. 897, §§ 1º e 3º.*

CARTA DE FIANÇA – Documento pelo qual alguém se obriga, solidariamente, pelo pagamento de uma dívida.

De guia: Documento judicial expedido pelo juiz, após a condenação do réu, que o encaminha ao estabelecimento penal onde cumprirá a pena, colocando-o à disposição deste.

✱ **V.** *CPP: arts. 674 a 679 e 722.*

CARTA DE HOMOLOGAÇÃO DE SENTENÇA ESTRANGEIRA – Deve ser extraída dos autos após ser requerida ao relator do processo. A sentença estrangeira homologada pelo STJ é título executivo judicial.

✱ **V.** *CPC/2015, art. 515, VIII.*

✱ **V.** *Res. nº 9/2005 do STJ.*

CARTA DE NATURALIZAÇÃO – Documento que atesta a concessão de naturalização para estrangeiro.

✱ **V.** *Lei nº 6.815/1980 (Estatuto do Estrangeiro – Revogada pela Lei nº 13.445/2017 – Lei de Migração).*

De ordem: Aquela em que o juiz requisita de outro, de juízo inferior, na jurisdição do deprecado, a realização de ato ou diligência com prazo pré-fixado de cumprimento; a que o comerciante envia a seu correspondente, autorizando-o a fazer pagamento a terceiro; em que o armador dá as devidas instruções ao comandante do navio, sobre a viagem a ser realizada; neste caso também chamada carta de prego.

De sentença: Incidente processual paralelo a uma ação principal, pelo qual são extraídas do processo cópias de peças para realização da execução provisória, ou mesmo definitiva, no caso de execução de sentença estrangeira. A carta deve ser formada pelo escrivão e assinada pelo juiz, contendo requisitos que a lei determina, o principal deles sendo a sentença exequenda. Por ser um incidente autônomo em relação ao processo principal, a liquidação e atos executivos podem ser objeto de recurso próprio, v.g. agravo de instrumento, e podem ser prejudicados por decisões no processo principal. A Lei nº 11.232/2005 revogou os arts. 588 a 590 do CPC/1973, deixando de prever a expressão *carta de sentença*.

✱ **V.** *CPC/1973, arts. 475-O, § 3º, 484 e 521.*

✱ **V.** *CPC/2015, arts. 520 a 522, 965 e 1.012, § 2º.*

✱ **V.** *Provimento CG/SP 31/2013 (Regulamenta a formação extrajudicial de cartas de sentença, a partir dos autos judiciais originais, ou do processo judicial eletrônico, pelos tabeliães de notas).*

✱ **V.** *CLT, art. 897, §§ 1º e 3º.*

Patente: Documento que formaliza o privilégio de invenção, de modelo industrial ou de desenho industrial, feito pelo Instituto Nacional de Propriedade Industrial.

✱ **V.** *CPI: art. 21.*

Precatória: É a comunicação somente válida entre juízes de qualquer categoria, para que um ato processual possa ser praticado em local diferente do foro da causa. Para citações em comarca próxima ou da mesma região metropolitana, dispensa-se a precatória.

✱ **V.** *CPC/1973: arts. 200 e 212.*

✱ **V.** *CPC/2015, arts. 255, 260 a 267 e 377.*

✱ **V.** *CPP: arts. 354 a 356.*

Rogatória: Pedido que a autoridade judiciária de um país faz à de outro para que sejam cumpridas determinadas providências processuais fora de sua jurisdição. Também se diz *comissão rogatória*. A Lei nº 11.900/2009 (Lei da Videoconferência) acrescentou ao CPP o art. 222-A, que dispõe: "As cartas rogatórias só serão expedidas se demonstrada previamente a sua imprescindibilidade, arcando a parte requerente com os custos de envio".

✱ **V.** *LINDB (Lei de Introdução às Normas do Direito Brasileiro), art. 12. § 2º.*

✱ **V.** *CF: art. 105, I, i.*

✱ **V.** *CPC/1973: arts. 201, 202 e 210 a 212.*

✱ **V.** *CPC/2015, arts. 21 a 24, 237, I a III, 256, 260, 263 e 274.*

✱ **V.** *CPP: arts. 368, 783 a 786.*

✱ **V.** *Lei nº 11.900/2009 (Lei da Videoconferência).*

Testemunhável: Aquela requerida ao escrivão ou secretário do tribunal, nas 48 horas após o despacho que denegar o recurso, devendo o requerente indicar as peças do processo penal a serem trasladadas (CPP: arts. 639 a 646). Rejeitado liminarmente o recurso extraordinário, não cabe carta testemunhal, e, sim, agravo de instrumento; igualmente da decisão denegatória de embargos declaratórios, quando se deve interpor agravo regimental, cabível também da decisão que denega seguimento aos embargos infringentes, e não carta testemunhal.

CARTÃO DE PONTO – Fornecido pelas empresas para que o empregado registre suas entradas e saídas do local de trabalho, diariamente, para controle de faltas e justa aferição do salário a ser pago no final do mês.

CARTEIRA DE TRABALHO – 1. Antes denominada Carteira Profissional. Documento oficial que, identificando o empregado, serve de prova de exercício profissional e da vida pregressa do trabalhador na empresa e em outros empregos anteriores. Nenhum empregado pode ser admitido sem a Carteira de Trabalho, na qual o empregador tem prazo de 5 (cinco) dias para fazer as anotações e devolvê la. 2. A Lei nº 12.037/2009 passou a reconhecer expressamente a CTPS como documento de identidade, inclusive para fins de identificação civil perante órgãos de investigação criminal. 3. A Lei nº 13.874/2019 alterou substancialmente as disposições da CLT acerca da emissão e anotação de dados em CTPS, delegando ao Ministério da Economia (sucessor por incorporação do extinto Ministério do Trabalho) a competência para normatizar as informações e procedimentos a serem adotados, principalmente no que diz respeito à informatização dos registros. 4. A MP nº 905/2019 vigeu durante o período de 12-11-2019 (data de sua publicação) até 20-4-2020 (data de publicação da MP nº 955 que revogou a MP nº 905) e alterou diversas outras disposições, no que concerne aos procedimentos fiscalizatórios a serem adotados pelos Auditores Fiscais do Trabalho, bem como em relação à cominação de multas. Os atos embasados na referida MP enquanto teve vigência são válidos. 6. A Lei nº 14.438/2022 fixou valores de multa a serem cobrados do empregador quando o prazo e as anotações na CTPS não observarem o requerido na CLT.

✱ **V.** *CLT, arts. 13 a 56, e 359 a 367.*

✱ **V.** *Lei nº 12.037/2009 (Dispõe sobre a identificação criminal do civilmente identificado).*

✱ **V.** *Lei nº 14.438/2022 (Institui o Programa de Simplificação do Microcrédito Digital para Empreendedores (SIM Digital); promove alterações na gestão e nos procedimentos de recolhimento do Fundo de Garantia do Tempo de Serviço (FGTS); altera a Consolidação das Leis do Trabalho (CLT), dentre outras disposições.), art. 13.*

✱ **V.** *Súm. nº 225 do STF.*

✱ **V.** *Súm. nº 12 do TST.*

✱ **V.** *Súmulas nº 31 e 75 da TNU*

CARTEL – Acordo que fazem, entre si, as empresas produtoras, do mesmo gênero de negócios ou fabricantes de iguais produtos, distribuindo entre elas os mercados, visando dominá-los, controlá-los em seu benefício exclusivo, restringindo ou suprimindo a livre concorrência e determinando os preços. Diz-se da fixação uniforme de preços por indústrias da mesma categoria. Caracteriza a prática do monopólio, açambarcamento, exploração abusiva sem competidor.

✱ *V. Lei nº 8.137/1990 (Define crimes contra a ordem tributária, econômica e contra as relações de consumo, e dá outras providências).*

✱ *V. Lei nº 12.529/2011 (nova Lei do CADE).*

CASAMENTO – 1. Matrimônio. 2. Segundo a redação original do art. 226, § 3º, da Constituição, restringir-se-ia à união entre homem e mulher, lícita e permanente, com ânimo de constituir família, equiparando-se, para todos os efeitos, à união estável. 3. A evolução das relações sociais, seguida posteriormente pela jurisprudência, vem aplicando ostensivamente este termo para abarcar o reconhecimento estatal de entidades familiares homoafetivas, o que foi reforçado pelo julgamento pelo STF da ADPF nº 132, em 2011, em que foi reconhecida expressamente a igualdade de direitos entre casais hetero e homoafetivos. 4. No âmbito restrito do Dir. Civil, é o negócio jurídico bilateral e solene, pelo qual homem e mulher instituem um vínculo jurídico, que abrange o regime pessoal e o regime patrimonial, estabelecendo-se comunhão plena de vida, com base na igualdade de direitos e deveres entre os cônjuges. O casamento é civil e sua celebração é gratuita. Pode ser dissolvido pelo *divórcio* (q.v.). O casamento é ato formal; habilitar para o casamento é definir a aptidão jurídica dos nubentes. O art. 67, Lei nº 6.015/1973 fala de impedimento e impugnação. Impedimento é obstáculo legal, denunciado por pessoas com legítimo interesse (CC: arts. 1.522, 1.524 e 1.530). Pelo novo CC, o casamento deixa de ser somente a constituição de família; abrange uma comunhão de vida entre os cônjuges, que passam a ter os mesmos direitos e deveres. Desfrutam os mesmos direitos os casamentos religiosos e civis. Os cônjuges podem, de comum acordo, alterar a qualquer tempo o regime de bens no casamento. O homem pode também, se for de sua vontade, acrescentar ao seu nome o sobrenome da mulher. Toda a cerimônia civil e os documentos passam a ser gratuitos, desde que o casal declare sua pobreza. A união do casal precisa somente ser pública, contínua e duradoura para ser reconhecida. O instituto do casamento pode ser absoluto, tornando o casamento nulo; e relativo, fazendo anulável o matrimônio. Denomina-se impedimento, também, o obstáculo que não veda nem invalida a união, mas impõe restrições aos contraentes. A Lei de Introdução ao Código Civil chama ao impedimento absoluto (que invalida definitivamente o ato) de impedimento dirimente LINDB (Lei de Introdução às Normas do Direito Brasileiro): art. 7º, § 1º). Também o curador pode suscitar impedimentos. Já a impugnação ao pedido é oposição feita pelo Ministério Público com base na falta de documentos. Não cabe recurso da parte ou do Ministério Público, na impugnação, da decisão do juiz. Se contrária aos noivos, devem eles providenciar novo processo de habilitação. No caso de impedimento, cabe recurso de apelação da decisão, no prazo de 15 dias, contados da intimação, correndo esse prazo também nas férias forenses (art. 215 do CPC/2015). Com o casamento, os cônjuges adquirem direitos e deveres recíprocos, de natureza pessoal e patrimonial, esta segundo o regime de bens que adotaram. O casamento religioso terá os mesmos efeitos do civil, se forem obedecidas as prescrições legais. O casamento nulo, ou inexistente, se constatada a boa-fé dos cônjuges, produzirá efeitos civis em relação a eles próprios e aos seus filhos, até a data da sentença anulatória; já o anulável valerá a partir da extirpação dos vícios que comprometiam a sua eficácia. O casamento civil entre pessoas do mesmo sexo está assegurado por decisão do Superior Tribunal Federal (STF) ao julgarem a Ação Direta de Inconstitucionalidade (ADI) nº 4277 e a Arguição de Descumprimento de Preceito Fundamental (ADPF) nº 132, reconheceram a união estável para casais do mesmo sexo, e pela Resolução nº 175, de 14 de maio de 2013, do Conselho Nacional de Justiça, que obriga os cartórios a realizarem a cerimônia, ainda, há Projeto de Lei do Senado (PLS) 612/2011 estabelece que a Lei Civil seja alterada para estabelecer como família "a união estável entre duas pessoas", mantendo o restante do texto do artigo. Têm os mesmos direitos os casamentos religiosos e civis. Toda cerimônia civil e os documentos passam a ser gratuitos, desde que o casal declare ser pobre. A união do casal precisa ser apenas pública, contínua e duradoura para ser reconhecida. A direção da sociedade conjugal é exercida pelo marido e pela mulher, em colaboração, sempre no interesse do casal e dos filhos. Havendo divergência, qualquer dos cônjuges pode recorrer ao juiz, o qual decidirá levando em conta aqueles interesses.

✱ *V. CF, art. 226.*

✱ *V.CC, arts. 1.513 a 1.525.*

✱ *V. LINDB (Lei de Introdução às Normas do Direito Brasileiro), arts. 7º, 18 e 19.*

✱ *V. CP, arts. 235 a 239.*

✱ *V. Lei nº 6.015/1973 (Lei de Registros Públicos), arts. 29, II, e 67 a 76 (art. 70, 1º, redação dada pela Lei nº 13.484/2017).*

✱ *V. Lei nº 6.515/1977 (Lei do Divórcio).*

✱ *V. Dec.-lei nº 3.200/1941 (Dispõe sobre a proteção e a organização da família).*

✱ *V. EC nº 66/2010 (Dispõe sobre a dissolubilidade do casamento civil pelo divórcio, suprimindo o requisito de prévia separação judicial por mais de 1 (um) ano ou de comprovada separação de fato por mais de 2 (dois) anos).*

✱ *V. Súm. Vinculante nº 18 (A dissolução da sociedade ou do vínculo conjugal, no curso do mandato, não afasta a inelegibilidade prevista no § 7º do art. 14 da Constituição Federal).*

CASUALIDADE – Diz-se de um conjunto de circunstâncias que dependem do acaso, por serem fortuitas, imprevistas.

CAUÇÃO – Garantia do cumprimento de uma obrigação ou da responsabilidade que decorre do exercício de uma função ou profissão. Consiste na apresentação de bens suficientes em juízo, penhor, hipoteca, depósito em dinheiro ou de valores, papéis de crédito etc.

✱ *V. CPC/2015, art. 83.*

Hospitalar: A Lei nº 12.653/2012 acresceu o art. 135-A ao Código Penal, criando o tipo penal "Condicionamento de atendimento médico-hospitalar emergencial" para determinar que: "exigir cheque-caução, nota promissória ou qualquer garantia, bem como o preenchimento prévio de formulários administrativos, como condição para o atendimento médico-hospitalar emergencial: Pena – detenção, de 3 (três) meses a 1 (um) ano, e multa. Parágrafo único. A pena é aumentada até o dobro se da negativa de atendimento resulta lesão corporal de natureza grave, e até o triplo se resulta a morte."

✱ *V. CP, arts. 13,* caput, *e 19 a 24, § 1º.*

✱ *V. CF, art. 5º, XLV.*

✱ *V. CPC/2015, arts. 82, 84 e 85.*

CEGO – 1. Destituído de visão. 2. Pessoa incapaz de enxergar. 3. Só lhe é permitido o testamento público, que lhe será lido duas vezes.

✱ *V. CPC/1973, art. 1.867.*

✱ *V. CPC/2015, arts. 253 e 447, § 1º, IV.*

CELIBATO – Condição do indivíduo adulto que ainda não se casou; estado de pessoa que se mantém solteira. É uma condição imposta pela Igreja Católica aos seus sacerdotes.

CENSOR – Agente público, incumbido de exercer controle sobre atividades públicas, de censurar obras literárias ou artísticas ou de impor censura aos meios de comunicação de massa, como jornais, rádio, televisão. Esteve em plena atividade durante a Revolução de 1964; atualmente, a censura está abolida, dando-se ampla liberdade (com responsabilidade) de expressão. Na Roma antiga, era o magistrado que fazia o censo populacional e zelava pelos bons costumes. Com o tempo, tornou-se um devassador da vida das famílias e um informante sobre pessoas e bens destas.

CENTRAL SINDICAL – É a entidade associativa de direito privado composta por organizações sindicais de trabalhadores, ou seja, é a entidade de representação geral dos trabalhadores, constituída em âmbito nacional. Tem como atribuições e prerrogativas: coordenar a representação dos trabalhadores por meio das organizações sindicais a ela filiadas; e participar de negociações em fóruns, colegiados de órgãos públicos e demais espaços de diálogo social que possuam composição tripartite, nos quais estejam em discussão assuntos de interesse geral dos trabalhadores.

✱ *V. Lei nº 11.648/2008 (Dispõe sobre o reconhecimento formal das centrais sindicais para os fins que especifica, altera a Consolidação das Leis do Trabalho – CLT, aprovada pelo Dec.-lei nº 5.452/1943).*

CERCEAMENTO DE DEFESA – Expressão peculiar ao Dir. Proc. Civil e ao Dir. Proc. Penal: indica obstáculo que o juiz ou outra autoridade opõem ao litigante para impedir que pratique, ou sejam praticados, atos que protejam seus interesses na lide; procedimentos que obstaculam a sua defesa. Pode dar motivo a que o processo seja anulado. Dá-se por coação no curso do processo, ou por exercício arbitrário ou abuso do poder.

✱ *V. CP: arts. 344 e 350.*

CERTIDÃO – Documento fornecido por oficial público, escrivão ou serventuário ou funcionário competente, no qual se reproduz, textualmente e de forma autenticada, escrito original, assento, extraído de livro de registro, notas públicas, peças judiciais. A certidão pode ser: em breve relatório, quando transcreve, em resumo, pontos do ato escrito; integral, de inteiro teor ou *verbum ad verbum*, quando reproduz, fielmente, todo o texto do ato; negativa, quando atesta a não existência de fato ou ato que interessa à parte, ou prova a inexistência de débito ou de ações na justiça; parcial, quando transcreve apenas parte do ato ou documento; de partilha, título que substitui o formal de partilha quando o quinhão não excede a importância de cinco vezes o salário mínimo vigente na sede do juízo; neste caso, será transcrita na certidão a sentença da partilha transitada em julgado.

✱ *V. CPC/1973: art. 1.027, parágrafo único.*

✱ *V. CPC/2015, art. 655, parágrafo único.*

De casamento: Documento registrado em cartório, feito na época da celebração do casamento, que serve para provar o casamento efetuado no Brasil.

✱ *V. CC: art. 1.545.*

De nascimento: é um documento cujo conteúdo é extraído do assento de nascimento lavrado em um livro depositado aos cuidados de um cartório de Registro Civil. Pode ser emitida de duas formas: em breve relato, que traz os dados principais inscritos no livro de assentamento ou em inteiro teor, que reproduz todo o assento de nascimento em sua integralidade. A certidão em inteiro teor também é chamada de certidão *verbo ad verbum*.

✱ *V. Lei nº 11.790/2008 (Altera o art. 46 da Lei nº 6.015, de 31 de dezembro de 1973 – Lei de Registros Públicos, para permitir o registro da declaração de nascimento fora do prazo legal diretamente nas serventias extrajudiciais).*

✱ *V. Lei nº 11.789/2008 (Proíbe a inserção nas certidões de nascimento e de óbito de expressões que indiquem condição de pobreza ou semelhantes e altera as Leis nºs 6.015, de 31 de dezembro de 1973 – Lei de Registros Públicos, e 8.935, de 18 de novembro de 1994).*

De Óbito – Documento que comprova a morte de uma pessoa. É indispensável ao sepultamento.

✱ *V. CF: art. 5º, LXXVI, b.*

✱ *V. Lei nº 6.015/1973 (Lei dos Registros Públicos): art. 77.*

✱ *V. Lei nº 11.789/2008 (Proíbe a inserção nas certidões de nascimento e de óbito de expressões que indiquem condição de pobreza ou semelhantes e altera as Leis nºs 6.015, de 31 de dezembro de 1973 – Lei de Registros Públicos, e 8.935, de 18 de novembro de 1994).*

Negativa – Documento feito por autoridade judiciária ou administrativa atestando que a pessoa não possui vínculo com algo que a comprometa.

✱ *V. CTN: arts. 205 a 208.*

Negativa de Débitos Trabalhistas (CNDT): instituída pela Lei nº 12.440/2011, que acresce o "Título VII-A – Da Prova de Inexistência de Débitos Trabalhistas" à CLT (art. 642-A). É expedida gratuita e eletronicamente para comprovar a inexistência de débitos inadimplidos perante a Justiça do Trabalho. O interessado não obterá a certidão quando em seu nome constar: I – o inadimplemento de obrigações estabelecidas em sentença condenatória transitada em julgado proferida pela Justiça do Trabalho ou em acordos judiciais trabalhistas, inclusive no concernente aos recolhimentos previdenciários, a honorários, a custas, a emolumentos ou a recolhimentos determinados em lei; ou II – o inadimplemento de obrigações decorrentes de execução de acordos firmados perante o Ministério Público do Trabalho ou Comissão de Conciliação Prévia. Verificada a existência de débitos garantidos por penhora suficiente ou com exigibilidade suspensa, será expedida Certidão Positiva de Débitos Trabalhistas em nome do interessado com os mesmos efeitos da CNDT. A CNDT certificará a empresa em relação a todos os seus estabelecimentos, agências e filiais. O prazo de validade da CNDT é de 180 dias, contado da data de sua emissão.

CESSÃO DE CRÉDITO – Ato realizado por meio de instrumento público ou particular, transcrito em registro público, em que o credor transfere ou cede a outrem o direito sobre o seu crédito. Contrato oneroso ou gratuito, *inter vivos*, pelo qual o cedente transfere ao cessionário créditos ou direitos de que é titular. Requisitos da cessão: capacidade de contratar que as partes devem ter e o respectivo contrato. É uma forma de sub-rogação. Denomina-se *ativa* em oposição a *passiva*, esta sendo a aceitação da dívida transmitida.

✱ *V. CC: arts. 221 e 286 a 298.*

✱ *V. CPC/1973: art. 567, II.*

✱ *V. CPC: art. 778, § 1º, III.*

CHAMAMENTO – Chamada, convocação. Comunicado a uma pessoa para que realize ato ou integre uma relação jurídica. ***À autoria:*** ato processual no qual aquele que litiga por coisa ou direito que adquiriu de terceiro o chama para que defenda, na lide, o direito que possuía sobre o bem alienado. Essa denominação foi revogada no atual CPC/1973, que chama a esse ato *denunciação da* *lide* (arts. 125 a 129 do CPC/2015), que não se confunde com *nomeação à autoria*.

✱ *V. CPC/2015, arts. 130 a 132 e 238.*

Ao processo: Meio processual pelo qual o réu faz com que o devedor ou fiador, não acionados na inicial, respondam judicialmente pelo débito, intervindo no processo. A sentença que julgar procedente a ação e condenar os devedores valerá como título executivo, favorecendo o que saldar a dívida, o qual pode exigi-la por inteiro do devedor principal, ou a cota de cada codevedor, ou proporcionalmente.

✱ *V. CPC/1973: arts. 77 a 80.*

✱ *V. CPC/2015: arts. 130 a 132, 238.*

✱ *V. CPP, arts. 351 e segs.*

CHANTAGEM – Ato de extorquir (ou a tentativa de fazê-lo). Expressão derivada do francês *chantage*, que significa a extorsão, de favores, dinheiro ou vantagens, a alguém, ameaçando revelar fatos ou atos que a vítima não deseja que sejam descobertos.

✱ *V. CP: arts. 158 a 160.*

CHEFE DE ESTADO – Pessoa que tem a incumbência de governar. Nas repúblicas é o presidente da República, ou do rei, nas monarquias; o chefe do Poder Executivo, respeitadas as variações de funções e poder, como no Parlamentarismo.

CHEQUE – Ordem de pagamento à vista, escrita e de quantia certa. Três são as partes que aparecem no cheque: o *emitente* (emite, passa ou saca a ordem); o *sacado* (estabelecimento bancário que recebe a ordem para o pagamento); e o *tomador* (pessoa a favor da qual é sacado o cheque). O prazo para apresentação a pagamento é de 30 (trinta) dias, quando o cheque é emitido no mesmo local onde há de ser pago, e de 60 (sessenta) dias, se emitido em outra praça. Se não for apresentado no período ou for devolvido por insuficiência de fundos, o cheque pode ser cobrado em juízo, por ação executiva, contra sacado e eventuais avalistas, em até 6 (seis) meses da expiração do prazo de apresentação. O STJ entende, contudo, que mesmo depois de expirado o prazo para execução direta, é possível promover a ação ordinária de cobrança ou mesmo a ação monitória, cujo prazo prescricional é de 5 (cinco) anos, a contar da data em que o cheque poderia ser sacado, e não do término do prazo para apresentação.

✱ *V. Lei nº 7.357/1985 (Dispõe sobre o cheque): art. 1º.*

✱ *V. CPC/1973: arts. 585, I, e 672.*

✱ *V. CPC/2015: arts. 784, I e 856.*

✱ *V. CP: art. 171, § 2º, VI.*

O cheque pode ser:

À ordem: quando traz essa cláusula e só pode ser transmitido por endosso.

Ao portador: Cheque que não contém expressamente o beneficiário, sendo pago a quem o apresentar.

✱ *V. Lei nº 7.357/1985 (Dispõe sobre o cheque): art. 17.*

Bancário ou administrativo: é o de uso entre bancos particulares e só se efetiva pela compensação.

Compensado: aquele que foi submetido à Câmara de Compensação.

Cruzado: Aquele que, por ter no título um cruzamento, não pode ser sacado, só depositado em estabelecimento bancário. Quem o recebe deve depositá-lo em sua conta bancária e, após a compensação, recebê-lo com emissão de cheque seu; o cruzamento é *simples*, quando constam apenas as duas linhas paralelas; *qualificado, especial, cheio ou em preto:* quando na entrelinha se menciona o nome de um banco.

De viagem: emitido por bancos ou agências de turismo que têm autorização para operar em câmbio; circula em todo o mundo, sendo aceito como dinheiro.

Marcado ou certificado: cheque visado que, com a expressa anuência do portador, determina dia certo para seu pagamento, o que se torna obrigatório para o sacado, exonerados todos os outros responsáveis.

Misto ou alternativo: quando, além do nome do beneficiário, consta a cláusula "ou ao portador", podendo ser pago a um ou a outro.

Nominativo: Aquele que deve ser pago a pessoa determinada.

✱ *V. Lei nº 7.357/1985 (Dispõe sobre o cheque): art. 8º, I e II.*

Pós-datado: Cheque com data futura. Esta data fica sem efeito, visto que o cheque é uma ordem de pagamento à vista.

✱ *V. Lei nº 7.357/1985 (Dispõe sobre o cheque): art. 32.*

Sem fundos: Título emitido pelo correntista sem suficiente provisão para o pagamento. O cheque sem fundos constitui o crime de estelionato.

✱ *V. CP: art. 171, § 2º, VI.*

✱ *V. Lei nº 7.357/1985 (Dispõe sobre o cheque): art. 65.*

Visado: É aquele que tem o visto do sacado, garantindo ter o emitente fundos suficientes para o pagamento do cheque, apõe-lhe o competente visto, assinado e datado. O visto apenas informa da necessária provisão de fundos naquele momento, não sendo o banco obrigado a pagar o cheque se o emitente mandar sustá-lo ou sacar a quantia depositada que garantia o pagamento. *Visto qualificado:* dá-se quando o sacado lança o valor do cheque a débito do emitente, autorizado por ele, e assume a responsabilidade do pagamento.

✱ *V. CLT: art. 477, § 4º.*

✱ *V. Lei nº 7.357/1985 (Dispõe sobre o cheque): art. 7º.*

✱ *V. Res. BACEN nº 3.972/2011 (Dispõe sobre cheques, devolução e oposição ao seu pagamento).*

✱ *V. Súmulas nºs 48, 244, 299, 370, 388 e 503 do STJ.*

CIDADANIA – Qualidade de cidadão, pessoa que está no gozo de seus direitos e deveres civis e políticos garantidos pela Constituição. É *natural*, quando se refere aos indivíduos nascidos no país; *legal*, se adquiridos por naturalização. Não se confunde com *nacionalidade*, ainda que essa seja pressuposta da *cidadania*. Ela é um dos fundamentos da República Federativa do Brasil. São gratuitos os atos necessários ao exercício da cidadania. À União compete, privativamente, legislar sobre nacionalidade, cidadania e naturalização.

✱ *V. CF, arts. 1º, II, e 22, XIII.*

CIDADÃO – Nacional dotado de direitos políticos. Para ser eleitor é preciso antes ter uma nacionalidade, razão pela qual o estrangeiro não tem direitos políticos. Adquirida a nacionalidade pelo nascimento ou pela naturalização, começa o indivíduo a galgar os degraus que o levam à cidadania máxima, ou seja, quando for brasileiro, nato, tiver 35 anos no mínimo e se achar sem restrições quanto aos direitos políticos.

✱ *V. CF: arts. 12, § 3º, 14 e 15.*

CIFRAÇÃO – O Dec. nº 7.845/2012 que regulamenta procedimentos para credenciamento de segurança e tratamento de informação classificada em qualquer grau de sigilo, e dispõe sobre o Núcleo de Segurança e Credenciamento conceituou cifração. De acordo com o art. 2º, II, considera-se cifração: "(...) ato de cifrar mediante uso de algoritmo simétrico ou assimétrico, com recurso criptográfico, para substituir sinais de linguagem clara por outros ininteligíveis por pessoas não autorizadas a conhecê-la;"

CIPA – *V. Comissão Interna de Prevenção de Acidentes.*

CIPEIRO – Trabalhador que integra a CIPA. Goza de estabilidade a partir do registro de sua candidatura até 1 ano após o final do seu mandato, segundo os termos do art. 10, II, *a,* do Ato das Disposições Constitucionais Transitórias, do art. 165 da CLT e do item 5.8 da Portaria nº 8/99. Há farta jurisprudência de que o cipeiro, no período de 1 ano após extinto o seu mandato, faz jus apenas à indenização dos salários correspondentes ao período respectivo.

✱ ***V.*** *Súmulas nºs 339 e 396 do TST.*

CIRCUNSCRIÇÃO – Divisão territorial, de caráter administrativo, destinada a delimitar o alcance das atribuições de um órgão público. Extensão territorial em que um juiz tem competência em razão do lugar.

CITAÇÃO – Ato processual pelo qual a autoridade judiciária competente dá conhecimento ao réu da ação sobre a qual deve se manifestar. Chamamento de alguém para figurar como parte em um processo. Faltando a citação ou estando esta com defeito (circunduta), declara-se a nulidade do feito.

✱ ***V.*** *CPC/1973: arts. 143, 172, § 2º, 213 a 233, 264, 282, VII, e 741, I.*

✱ ***V.*** *CPC/2015, arts. 242, 247, 254, 256 a 258 e 830.*

✱ ***V.*** *CPP: arts. 351 a 369.*

✱ ***V.*** *CLT: art. 880, § 2º.*

Pode ser:

Com hora certa: Quando o réu estiver se ocultando para não ser citado, o oficial de justiça marcará com familiares ou vizinhos a hora em que voltará para fazer a citação. A citação *ad domum* é supletiva da citação pessoal; também se diz *ficta.*

Efetiva: aquela feita pessoalmente ao réu, ao seu representante legal ou procurador legalmente autorizado, mediante mandado assinado pelo juiz.

Eletrônica: ato processual, feito em portal próprio, acessível aos cadastrados no sistema, considera realizada no dia em que o citado efetivar a consulta eletrônica, ocorrendo em dia não útil, contará efetivada no 1º dia útil após a consulta.

Na execução: a que se processa no início da execução, sendo esta formalidade indispensável para que tenha validade o ato.

✱ ***V.*** *CPC/1973: arts. 227 a 229 e 241, I.*

No Tribunal do Júri: V. art. 406 do CPP (com redação dada pela Lei nº 11.689/2008).

Pessoal: Forma de citação na qual o réu é citado pessoalmente ou na pessoa de seu representante legal.

✱ ***V.*** *CPC/1973: art. 221, II.*

Pelos correios: quando o citando é comerciante ou industrial, no Brasil, por serem pessoas estabelecidas com endereço certo.

Por mandado: Espécie de citação que é feita pelo oficial de justiça, que deve procurar o réu, onde este se encontrar.

✱ ***V.*** *CPC/1973: arts. 221 a 230.*

✱ ***V.*** *CPP: art. 351.*

Por carta de ordem: para os que se encontram no território nacional, mas fora da jurisdição do juiz, que a solicita por carta ao juiz do lugar.

Por precatória: Citação realizada por meio de carta precatória.

Por carta rogatória: quando a pessoa a ser citada está em outro país.

Por edital: sendo o citando desconhecido, indeterminado, ou se está em lugar incerto ou inacessível; supletiva da citação pessoal; publica-se em órgãos oficiais e jornais de grande circulação (o de maior tiragem do local).

Por meio de requisição: quando se tratar de militar ou de pessoa recolhida à prisão.

Postal: Forma de citação permitida quando o réu for comerciante ou industrial e domiciliado no Brasil. Faz-se por meio de carta registrada com recibo de volta, remetida pelo escrivão ao réu, anexando a petição inicial com o despacho do juiz.

✱ ***V.*** *CPC/1973: arts. 221 a 223.*

✱ ***V.*** *CPC/2015,arts. 246 a 248.*

CÍVEL – Termo que denomina o próprio Dir. Privado, incluindo o Dir. Civil, o Dir. Coml. e o Dir. do Trab. Neste sentido se diz Juízo Cível, que engloba as ações civis de toda natureza, trabalhistas e mercantis, distinguindo-as do *Juízo Criminal.* O adjetivo civil aplica-se ao direito comum, confundindo-se com o próprio Dir. Civil, espécie, portanto, do Cível.

CIVIL – Concernente aos cidadãos e suas inter-relações; capacidade, estudo e relações jurídicas entre as pessoas, que o Dir. Civil regula e que dizem respeito à família, aos bens, às obrigações e à sucessão. Termo referente a todos os atos e ações pertinentes ao Dir. Civil propriamente dito, com exclusão do Dir. do Trab. e do Dir. Com.

✱ ***V.*** *Cível.*

CLÁUSULA – Condição ou preceito que faz parte de um tratado, de um contrato ou de qualquer outro documento público ou particular.

Acessória: Aquela que complementa o contrato, sendo que a sua inexistência não lhe tira o efeito.

Adjeta: aquela que depende de outra.

Ad judicia: Cláusula consistente no instrumento de mandato que autoriza o advogado a praticar todos os atos do processo. O advogado, afirmando urgência, pode atuar sem procuração, obrigando-se a apresentá-la em 15 dias, prorrogável esse prazo por igual período; quando à cláusula *ad judicia* se acrescenta *et extra,* significa que o advogado pode também praticar os atos extrajudiciais de representação e defesa perante pessoas jurídicas de direito público ou privado. A Lei nº 8.952/1994 suprimiu do art. 38 do CPC/1973, correspondente ao art. 105 do CPC/2015 o período: "(...) estando a firma reconhecida, dispensando o reconhecimento da assinatura de quem outorga a procuração". O mandato ao advogado pode ser verbal, menos para poderes especiais, como determina o art. 9º, § 3º, da Lei nº 9.099/1995 (Juizados Especiais). Na Justiça do Trabalho, a constituição de procurador com poderes para o foro em geral poderá ser efetivada, mediante simples registro em ata de audiência, a requerimento verbal do advogado interessado, com anuência da parte representada (art. 791, § 3º, da CLT).

✱ ***V.*** *Lei nº 8.906/1994: art. 5º, § 2º.*

✱ ***V.*** *CPC/1973: art. 38.*

✱ ***V.*** *CPC/2015: art. 105.*

À ordem: Cláusula existente em títulos de crédito, significando que estes ensejam transferência ou endosso. *Não à ordem:* que torna o título inegociável, intransferível ou não cedível; o endosso só terá efeito de uma cessão ordinária de crédito, perdendo o título sua autonomia e abstração.

✱ *V. Lei nº 7.357/1985 (Dispõe sobre o cheque): art. 17.*

De não indenizar. Pacto feito pelas partes constantes num contrato pelo qual estas excluem a obrigação de indenização em caso de perdas e danos.

Essencial: Diz-se daquela que constitui a essência do contrato e sem a qual ele não existe.

Exorbitante: em contratos administrativos, é toda cláusula implícita, determinada pela lei, ainda que não conste do instrumento negocial.

Írrita: Cláusula contratual conflitante com lei ou com o próprio contrato. É eivada de nulidade.

Leonina: Cláusula contratual que atribui, a um dos contratantes, vantagens injustificáveis e prejudiciais ao outro.

✱ *V. CDC: art. 51.*

Penal: Cláusula acessória em que se estipula uma pena ou multa para o contratante que descumprir a obrigação principal, pela qual o contratante fica sujeito a pena ou multa se não cumprir a obrigação principal; apenas as partes podem estabelecê-la, não podendo ser delegada a terceiros, nem mesmo à autoridade judiciária. A pena pode ser a de pagamento em dinheiro ou outra, como a de abster-se de um ato.

✱ *V. CC: arts. 408 a 416.*

Pétrea: Norma constitucional que impede, de forma absoluta, a revogação ou modificação de determinados artigos. Assim o art. 90, § 4º, da primeira Constituição republicana, de 1891, que proibia a abolição da forma republicano-federativa, vedando, com isto, a atuação dos monarquistas em prol da restauração da realeza; da mesma forma o art. 60, § 4º, da atual Constituição, que impede qualquer emenda que vise a abolir direitos e garantias individuais, embora permitindo, graças ao art. 2º, *caput*, da ADCT, a volta da Monarquia.

Rebus sic stantibus: Cláusula contratual que admite a rescisão se supervenientes circunstâncias que a justifique.Diz-se também *cláusula de imprevisão.*

Resolutória: Condição constante de contrato pela qual o não cumprimento da obrigação por uma das partes autoriza a outra a rescindir a convenção.

Testamentária: Cláusula do testamento que inclui, precisamente, a última vontade do testador a respeito da disposição de seus bens.

✱ *V. CPC/2015, arts. 82, 84, 85 e 105.*

✱ *V. CC, arts. 122, 2ª parte, 408 a 416, 489, 959 a 965, 1.900 e 1.901, II.*

✱ *V. CCom, art. 714*

✱ *V. Lei nº 8.906/1994 (Estatuto da Advocacia e a OAB).*

✱ *V. Lei Uniforme das Letras, art. 11.*

✱ *V. Dec.-lei nº 238/1967 (Dispõe sobre estímulos fiscais à capitalização de empresas).*

✱ *V. Dec. nº 22.626/1933 (Lei da Usura).*

✱ *V. Súm. nº 616 do STF.*

CLEPTOMANIA – A Psiquiatria classifica como forma de obsessão motora o impulso irresistível para o furto de objetos, de pouco valor ou de nenhuma utilidade, que estejam ao alcance do agente, sem que neles tenha um real interesse. Mania de furtar, de fundo psicopatológico. O mesmo que *clopomania.*

COABITAÇÃO – Convivência legítima sob o mesmo teto; diz-se da vida em comum de duas pessoas, a efetivação do congresso sexual, no sentido estrito. É uma das obrigações impostas pelo matrimônio e da qual decorrem efeitos jurídicos.

COABITAR – Viver, duas pessoas, como se casadas fossem; manter relações, lícitas ou ilícitas, com pessoa do sexo oposto ou mesmo sexo.

COAÇÃO – Pressão, ameaça exercida sobre alguém para que faça ou deixe de fazer algo. É a chamada *vis compulsiva.* Pode ser *legal,* quando exercida pelo próprio Poder Público, ou com sua autorização, e *ilegal,* quando vedada por lei.

COAUTORIA – Também denominada *codelinquência* ou *coparticipação.* Configura a participação de mais de um agente na prática do delito, cada qual chamado de *coautor.* O CP versa a matéria no art. 29, cujo *caput* adverte: "Quem, de qualquer modo, concorre para o crime incide nas penas a este cominadas, na medida de sua culpabilidade". O sistema penal brasileiro havia adotado a teoria monística, segundo a qual todos os que, direta ou indiretamente, cooperam na prática do delito, são coautores. Admite-se a coautoria tanto nos crimes dolosos quanto nos culposos.

✱ *V. Exposição de Motivos do CP, item 25.*

✱ *V. CP, art. 29.*

COBRANÇA – Ato de cobrar, receber somas de dinheiro devidas. Adota-se o processo sumário para a cobrança de honorários dos profissionais liberais, salvo o disposto em legislação especial. O CPC/2015 aboliu a divisão de ritos, o art. 1.049 dispõe que: "Sempre que a lei remeter a procedimento previsto na lei processual sem especificá-lo, será observado o procedimento comum previsto neste Código." Parágrafo único: "Na hipótese de a lei remeter ao procedimento sumário, será observado o procedimento comum previsto neste Código, com as modificações previstas na própria lei especial, se houver." São títulos executivos extrajudiciais a letra de câmbio, a nota promissória, a duplicata, o cheque e outros elencados no art. 784 do CPC/2015. Para cobrança de crédito, a execução sempre se fundará em título líquido, certo e exigível; o valor das perdas e danos será apurado em liquidação, seguindo-se a execução para cobrança de quantia certa. No caso de devedor insolvente, a massa de seus bens ficará sob a custódia de um administrador, que exercerá suas atribuições sob a supervisão do juiz; caberá a esse administrador praticar todos os atos conservatórios de direitos e de ações, bem como promover a cobrança das dívidas ativas. Os credores da herança poderão habilitar-se como nos inventários ou propor ação de cobrança. A cobrança da dívida ativa da União é incubida aos seus procuradores. De acordo com o Código de Defesa do Consumidor, que teve o art. 42-A inserido por força da Lei nº 12.039, de 1º-10-2009, devem constar, nos documentos de cobrança de dívida encaminhados ao consumidor, o nome, o endereço e o número de inscrição no cadastro de pessoas físicas – CPF ou no Cadastro Nacional de Pessoa Jurídica – CNPJ do fornecedor do produto ou serviço.

✱ *V. CPC/2015, arts. 741, 783, 784, I e 816, parágrafo único, 1.046, § 1º, 1.049, parágrafo único.*

✱ *V. Lei nº 9.099/1995 (Lei dos Juizados Especiais Cíveis e Criminais), art. 3º, II.*

COCAÍNA – Psicotrópico consistente em pó branco inodoro e de sabor amargo, atuando como estimulante do sistema nervoso central. O consumo deste tóxico inibe o intelecto e degenera o caráter, conferindo ao usuário aspecto anêmico e senil, mãos trêmulas e unhas com aspecto de sujas, bem como temperamento agressivo e irritadiço. O combate ao tráfico dessa droga tem sido intenso no mundo. Da pasta da coca surgiu nova droga, o *crack,* com efeitos mais fulminantes e devastadores que a cocaína.

CODICILO – Declaração de última vontade, pela qual a pessoa que a escreve, data e assina, sendo capaz de testar, estabelece disposições para o seu enterro, legados de móveis, roupas ou jóias de pequeno valor, de seu uso pessoal, e nomeia ou substitui testamenteiros. As despesas funerárias, haja ou não herdeiros legítimos, sairão do monte da herança; as de sufrágio por alma do finado só obrigarão a herança, quando ordenadas em testamento ou codicilo. O codicilo, se fechado, será aberto do mesmo modo que o testamento cerrado.

✱ V. CC: arts. 1.875, 1.881 a 1.885 e 1.998.

✱ V. CPC/1973: art. 1.134, IV.

✱ V. CPC/2015, art. 737, § 3º.

CODIFICAÇÃO – Ato de codificar. Reunião de normas jurídicas relativas a certo ramo do Dir. positivo, de forma metódica e articulada. Sistematização de preceitos de uma doutrina pela reunião de informações esparsas. A primeira Constituição brasileira, de 25-3-1824, do Império, já indicava a necessidade de codificação de leis civis e criminais em seu art. 179, nº 18: "Organizar-se-á, quanto antes, um código civil e criminal, fundado nas sólidas bases da justiça e da equidade". Assim, em 1830, surge o Código Criminal do Império e, em 1832, o Código de Processo Criminal. De 1850 é o Código Comercial, que, *em parte*, ainda vigora; e o Regulamento 737, primeira codificação do processo civil. Em 1916, surge o Código Civil, cuja Lei de Introdução é de 1942, reformulado pela Lei nº 10.406/2002, em vigor desde 10-1-2003, o Código de Processo Civil, reformulado pela Lei nº 5.869/1973 revogado pela Lei nº 13.105/2015, que institui o CPC/2015 em vigor.; o Código Penal é de 1940, atualizado pelas Leis nºs 7.209 e 7.251/1984; o Código de Processo Penal é de 1941, com introdução de legislação recente. ***V.*** *Consolidação.*

CODIFICADOR – Aquele que codifica, que realiza o trabalho de codificação.

CODIFICAR – Reduzir a código as normas esparsas. Elaborar, coordenar um conjunto de normas sobre certa matéria de Direito.

CÓDIGO – 1. Compilação de leis ou constituições. 2. Coleção metódica e ordenada de leis ou de disposições relativa a um assunto especial. 3. Coleção de regras ou de preceitos sobre qualquer matéria. 5. Norma, regra, lei. Corpo único, sistematizado e articulado, de disposições legais que regem cada ramo do Dir.

De Bustamante: Codificação de grande importância para o Dir. Intern. Privado, elaborada por ocasião da Sexta Conferência Internacional de Dir. Privado, reunida em Havana, ano de 1928, graças ao projeto do Chanceler Sanchez y Bustamante – daí sua denominação –, e adotado por quase todos os Estados das Américas, com exceção dos EUA, do México, da Colômbia, da Argentina, do Uruguai e do Paraguai. Foi ratificado pelo Brasil, com ressalva dos arts. 52 e 53.

De Defesa do Consumidor: Lei nº 8.078/1990, que dispõe sobre a proteção do consumidor, estabelecendo normas para sua defesa, de ordem pública e interesse social, nos termos dos arts. 5º, XXXII, 170, V da CF e suas Disposições Transitórias.

✱ V. Lei nº 12.291/2010 (Torna obrigatória a manutenção de exemplar do Código de Defesa do Consumidor nos estabelecimentos comerciais e de prestação de serviços).

✱ V. Súm. Vinculante nº 27.

De Hamurabi: Codificação das leis sumero-babilônicas, empreendida pelo rei Hamurabi (1728-1688 a.C.), que vigorou por mais de mil anos junto a inúmeros povos da Antiguidade Oriental. Contendo 282 disposições sobre os diversos ramos do Direito, acha-se esculpida numa pedra de diorito negro com 2,22 metros, encontrando-se, presentemente, no Museu do Louvre. Pensava-se que tal código era a mais antiga legislação codificada da História, mas hoje se sabe que houve codificações ainda mais remotas, como as dos reis Ur-Nammu – 2050-2030 a.C. – e Lipit-Ishtar – 1875-1865 a.C.

De Indexação: O Dec. nº 7.845/2012 que regulamenta procedimentos para credenciamento de segurança e tratamento de informação classificada em qualquer grau de sigilo, e dispõe sobre o Núcleo de Segurança e Credenciamento conceituou código de indexação. De acordo com o art. 2º, III, considera-se algoritmo de Estado: "(...) código alfanumérico que indexa documento com informação classificada em qualquer grau de sigilo;"

De Manu: Codificação das leis da Índia antiga (cerca de 1300 a.C.), excelente para o estudo da civilização brâmane. Dele constam 18 títulos redigidos em sânscrito.

De Napoleão: Codificação inspirada pelo próprio Napoleão Bonaparte, que a encomendou a uma comissão de catorze brilhantes juristas, sob a direção de Portalis. Começou a vigorar em 1804, estando, até hoje, em vigor. Sua orientação individualista fê-la importante veículo de desenvolvimento do capitalismo.

Justinianeu: Outra denominação dada ao célebre *Corpus Juris Civilis*, compilação do Direito Romano ordenada pelo imperador Justiniano e editada entre os anos 528 e 565 d.C. É formado por quatro partes: *Institutas*, *Digesto*, *Novelas* e *Código*.

COERÇÃO – Violência física, emprego da força. Será *legal* quando exercida pelo próprio Estado, por exemplo, a condução coercitiva de testemunha, a imposição de prisão; ou quando levada a efeito pelo próprio particular com tolerância da lei, por exemplo, a legítima defesa, a defesa da posse em caso de esbulho. Será *ilegal* quando a descoberto pela lei.

COFINS – Contribuição para financiamento da seguridade social, que incide sobre o faturamento mensal das empresas.

✱ V. Lei nº 9.718/1998 (Altera a Legislação Tributária Federal).

COGESTÃO – Entende-se como a ingerência dos trabalhadores no manejo, controle ou administração da empresa.

COISA – 1. Tudo o que existe ou possa existir; ente, objeto inanimado. 2. Tudo aquilo que, com existência corpórea ou concebível pela inteligência, pode ser utilizado pelo homem e constituir objeto de direito. Para o Dir., é tudo o que é percebido pelos sentidos e pode apresentar utilidade para o homem, quando então se caracteriza como bem material. Também são coisas, juridicamente, os direitos, ações ou fatos humanos, e outros que, não sendo coisas, são bens protegidos pela lei, como a vida, a honra, a liberdade etc.

Abandonada: (res derelicta): Bem rejeitado pelo proprietário, sendo suscetível de apropriação.Não se confunde com *coisa achada*. Enseja *apropriação*, como forma originária de aquisição.

✱ V. CC: art. 1.275, III.

Acessória: Aquela que para existir depende da *coisa principal*.

✱ V. CC: art. 1.392.

Comum: Aquela que pertence à coletividade, embora possa ser fruída pelo particular com a concessão do Poder Público.

Corpórea: Aquela que possui existência material, isto é, ocupa um espaço delimitado, podendo ser percebida pelos sentidos humanos.

Divisível: Aquela que pode ser dividida em porções diversas, formando cada qual um todo perfeito.

✱ ***V.*** *CC: art. 87, 88.*

Fungível: Coisa móvel que pode ser substituída por outra da mesma espécie, quantidade e qualidade.

✱ ***V.*** *CC: art. 85,86.*

Julgada: 1. Decisão judiciária, definitiva, da qual não cabe recurso, sendo irretratável. É *formal*, qualidade da sentença que a torna imutável em razão da preclusão; e *material*, quando se acrescenta a imutabilidade dos *efeitos* da decisão prolatada, indiscutível e insuscetível de recurso ordinário ou extraordinário. 2. Para o Dir. brasileiro, a coisa julgada material é garantia constitucionalmente prevista, de modo que leis posteriores e mesmo decisões judiciais não podem afetar os efeitos de pronunciamentos judiciais de mérito irrecorríveis. Entretanto, a evolução da legislação processual vem alterando a disciplina do instituto, conforme a natureza da ação e os efeitos da decisão em face de terceiros. 3. No Processo Civil e Trabalhista, até 2 anos após o trânsito em julgado, ainda é admissível a propositura de *ação rescisória*, calcada em restritas hipóteses legais. Após este prazo, diz-se formada a *coisa julgada soberana*, insuscetível de rescisão judicial. 4. O CPC/2015 admite o trânsito em julgado de partes da decisão, conforme a cumulação de pedidos e a irrecorribilidade de determinados capítulos da sentença, o que positiva no Dir. brasileiro a figura da *coisa julgada progressiva*, com marcos distintos para ajuizamento de ação rescisória. 5. Embora a autoridade da coisa julgada deva ser respeitada por todos, os efeitos da decisão transitada em julgado alcançam apenas aqueles que participaram da relação jurídica processual, o que permite, em diversas situações, a rediscussão do mérito por quem não participou da controvérsia definitivamente julgada. Por esta razão, a legislação processual estabeleceu regras especiais de alcance da coisa julgada em determinadas demandas, como no inventário e partilha, que pode ser rediscutido por meio da *petição de herança*, bem como nas ações coletivas e nos mandados de segurança coletivos, cuja decisão transita em julgado para todos em caso de procedência do pedido (coisa julgada *erga omnes*), de modo que, na hipótese de improcedência, poderão ser ajuizadas ações individuais pelos representados (coisa julgada *segundum eventum litis* ou *segundum eventum probationis*, conforme o caso). 6. No Processo Civil, em regra, a decisão judicial que homologa acordo extrajudicial, extinguindo o processo com resolução de mérito, embora transite em julgado, pode ser impugnada por *ação anulatória*, calcada nas hipóteses de nulidade de negócio jurídico, estabelecidas no Código Civil. Tal entendimento também vem sendo acolhido pela doutrina e jurisprudência em relação às decisões proferidas em fase de execução e insuscetíveis de recurso ou impugnação nos mesmos autos, como a adjudicação e arrematação de bens, transcorrido o prazo para embargos. 7. No Processo do Trabalho, entende-se que a homologação da conciliação, judicial ou extrajudicial, transita em julgado no mesmo dia e que somente é impugnável por *ação rescisória*. 8. Por disposição constitucional, as decisões proferidas pelo STF em ações de controle concentrado de constitucionalidade, após seu trânsito em julgado, têm eficácia *erga omnes*, atributo que transcende as partes da demanda, alcançando todos os possíveis destinatários da norma impugnada, impedindo a rediscussão da causa em quaisquer outros processos, seja de modo incidental ou como pretensão principal. A jurisprudência do STF vem estendendo este efeito às decisões em recursos extraordinários com repercussão geral definitivamente julgados, e o CPC/2015, indiretamente, atribui esta eficácia às decisões em sede de recurso extraordinário e especial repetitivos, pois exige que as decisões judiciais de primeiro grau observem tais entendimentos. 9. O trânsito em julgado é condição de eficácia da decisão, a partir do qual se admite o cumprimento definitivo do título executivo judicial. Entretanto, desde 2001, com a edição da MP nº 2.180, cujos efeitos foram preservados pela EC nº 33/2001, a coisa julgada em fase de conhecimento pode sofrer a inexigibilidade de seus efeitos em fase de cumprimento de sentença, caso advenha decisão do STF que declare inconstitucional dispositivo normativo em que se ampare o título executivo, ou cuja interpretação dada pelo órgão prolator seja considerada incompatível com a Constituição Federal. Tal disposição, reproduzida no CPC/1973 pela Lei nº 11.232/2005, que inseriu o art. 475-L, § 1º, correspondente ao art. 525, § 12, do CPC/2015, vem sendo imensamente criticada pela doutrina, pois equivale a um corte rescisório em fase de execução, o que violaria justamente a garantia da coisa julgada. 10. No Processo Penal, a coisa julgada torna-se soberana com a irrecorribilidade da sentença absolutória, inadmitindo a repropositura da ação penal. Por outro lado, sentença condenatória transitada em julgado pode ser rescindida a qualquer tempo, por meio do procedimento de *revisão criminal*. Ademais, a despeito de o título executivo penal conter diversas especificações, decorrentes do método de dosimetria da pena, a fase de execução permite diversos incidentes que flexibilizam o cumprimento da condenação, tais como a detração, a remição, a suspensão condicional e a progressão de regime, tendo em vista o objetivo de ressocialização do condenado, o que também equivale a uma flexibilização da coisa julgada. 11. Intenso debate vem sendo promovido pela doutrina e jurisprudência, no que tange à possibilidade de *relativização da coisa julgada*, quando a superveniência de fatos ou provas novas, após o decurso do prazo para ação rescisória, poderia alterar decisões em questões como reconhecimento de paternidade. Para o fim de mitigar tal controvérsia, o CPC/2015 admite a possibilidade rescisória por prova nova e dilargou o prazo para ajuizamento, neste caso, de 5 anos. 12. No âmbito do julgamento de mandado de segurança, em razão das severas restrições de cognição pelo Juízo, a denegação da medida não impede que o impetrante ajuíze ação ordinária, requerendo ampla dilação probatória, a fim de postular os efeitos patrimoniais decorrentes da alegada ilegalidade que sofreu. 13. A legislação prevê hipóteses em que decisões judiciais não transitam materialmente em julgado, admitindo revisão em razão de alteração fática do estado entre as partes, tais como na ação de alimentos, nos procedimentos de jurisdição voluntária e nos dissídios coletivos de natureza econômica.

✱ ***V.*** *CF, art. 5º, XXXVI.*

✱ ***V.*** *LINDB (Lei de Introdução às Normas do Direito Brasileiro), art. 6º, § 3º.*

✱ ***V.*** *CPC/1973, arts. 467 a 475.*

✱ ***V.*** *CPC/2015, arts. 502 a 508.*

✱ ***V.*** *CPP, arts. 63, 65, 95, V, 110, § 2º, 148, e 377.*

✱ ***V.*** *CLT, arts. 831, parágrafo único, 836, 868, parágrafo único, e 873.*

✱ ***V.*** *CDC, arts. 103 e 104.*

✱ ***V.*** *Lei nº 5.478/1968 (Dispõe sobre ação de alimentos), arts. 13 e 15.*

✱ ***V.*** *Lei nº 7.347/1985 (Lei da Ação Civil pública), art. 16.*

✱ *V. Lei nº 9.099/1995 (Dispõe sobre os Juizados Especiais Cíveis e Criminais), arts. 59 e 76.*

✱ *V. Lei nº 9.868/1999 (Dispõe sobre o processo e julgamento da ação direta de inconstitucionalidade e da ação declaratória de constitucionalidade), arts. 27 e 28.*

✱ *V. Lei nº 9.882/1999 (Dispõe sobre o processo e julgamento da arguição de descumprimento de preceito fundamental), arts. 10 a 12.*

✱ *V. Lei nº 12.016/2009 (Lei do Mandado de Segurança), arts. 19 e 22.*

✱ *V. Súm. Vinc. nº 35.*

✱ *V. Súmulas nºs 239, 268, 304, 420, 423, 424, 514, 611, 626, 716, 717 e 734 do STF.*

✱ *V. Súmulas nºs 59, 70, 188, 344, 401, 453, 461, 487 e 526 do STJ.*

✱ *V. Súmulas nºs 33, 100, 246, 299, 350, 397, 398 e 401 do TST.*

✱ *V. Orientações Jurisprudenciais nºs 262, 277 e 401 da SBDI-I do TST.*

✱ *V. Orientações Jurisprudenciais nºs 21, 35, 101, 123, 132, 134, 150 e 157 da SBDI-II do TST.*

COITO – Diz-se da conjunção carnal.

COLABORAÇÃO PREMIADA – 1. É negócio jurídico processual e meio de obtenção de prova, que pressupõe utilidade e interesse públicos. 2. Procedimento penal aplicável na investigação e processo de crimes praticados por organizações criminosas, pelo qual um ou alguns dos investigados ou réus colabore efetiva e voluntariamente com a persecução penal, permitindo a identificação dos demais coautores e partícipes da organização criminosa, a prevenção de infrações penais e a recuperação do produto ou proveito das atividades ilícitas. 3. Embora seja definido como meio de obtenção de prova, adquire efeitos sobre a pena do réu colaborador, podendo o mesmo receber perdão judicial, redução de até 2/3 (dois terços) sobre a pena privativa de liberdade ou substituição da mesma por penas restritivas de direitos. 4. É formalizada por meio de termo de acordo de colaboração, firmado por escrito e com a obrigatória assistência do réu por defensor, negociado com o delegado de polícia ou com o Ministério Público, conforme o caso, e homologado pelo juiz. O colaborador poderá se retratar do acordo, caso em que as provas autoincriminatórias produzidas não poderão ser utilizadas contra o réu. 5. A adesão à colaboração premiada também implica adoção de medidas de proteção previstas na Lei nº 9.807/1999, que instituiu o Programa Federal de Assistência a Vítimas e Testemunhas Ameaçadas. 6. A Lei nº 13.964/2019 alterou a Lei nº 12.850/2013 para esclarecer que não serão decretadas medidas cautelares reais ou pessoais, nem o recebimento de denúncia ou queixa-crime, bem como não será proferida sentença condenatória com fundamento apenas nas declarações do colaborador. ***V.*** Delação premiada.

✱ *V. Lei nº 9.807/1999 (Estabelece normas para a organização e manutenção de programas de proteção a vítimas e testemunhas ameaçadas).*

✱ *V. Lei nº 12.850/2013 (Define organização criminosa e dispõe sobre a investigação criminal, os meios de obtenção de prova, infrações penais correlatas e o procedimento penal), arts. 3º, I, e 4º a 6º.*

COLATERAL – É o grau de parentesco em linha transversal, por exemplo, os primos.

✱ *V. CC: art. 1.592.*

COLENDO – Forma de tratamento das câmaras e turmas de um tribunal.

COLUSÃO – 1. Conluio. 2. Acordo secreto, entre duas ou mais pessoas, que simulam litígio, para enganar a terceiros. 3. Dá-se quando o devedor é insolvente e faz uma venda fictícia de seus imóveis a outra pessoa para lesar os credores, reduzindo aparentemente o seu ativo. 4. Situação em que autor e réu se valem do processo para praticar ato simulado ou conseguir fim vedado por lei.

✱ *V. CPC, arts. 142, 966, III, 967, III,* b, *e 975, § 3º.*

COMANDITA – Capital de sócio não administrador. ***V.*** *Sociedade em comandita por ações e simples.*

✱ *V. Dec. nº 3.708/1919 (Regula a constituição de sociedades por quotas, de responsabilidade limitada).*

✱ *V. Lei nº 6.404/1976 (Dispõe sobre as Sociedades por Ações): arts. 280 a 284.*

COMARCA – Território que delimita o âmbito de atuação de um magistrado.Cada Estado tem seu território dividido em comarcas, que podem abranger mais de um município.

✱ *V. CF: art. 93, VII.*

COMINAÇÃO – Sanção imposta para conduta ilícita ou pelo inadimplemento da obrigação.

De confesso: aviso a quem deve prestar depoimento pessoal de que o seu não comparecimento importa em confissão de que os fatos alegados contra si são verdadeiros.

✱ *V. CC: art. 412.*

✱ *V. CPC/1973: arts. 225, III, 287, 644, 645, 921, II, e 932.*

✱ *V. CPC/2015, arts. 250, III, 536, § 4º, 814,* caput, *555, parágrafo único, e 567.*

COMISSÃO – 1. Encargo ou incumbência. 2. Gratificação ou retribuição paga ao comitente ou comissário. 3. Cada um dos grupos em que se dividem os membros das câmaras legislativas para estudarem os projetos de lei e sobre eles darem parecer. 4. Preenchimento provisório de cargo.

Da Verdade: Lei nº 12.528/2011(Cria a Comissão Nacional da Verdade no âmbito da Casa Civil da Presidência da República).

De Conciliação Prévia: Mecanismo criado pela Lei nº 9.958/2000, segundo o qual as empresas e os sindicatos podem instituir Comissões de Conciliação Prévia, de composição paritária, com representante dos empregados e dos empregadores, com a atribuição de tentar conciliar os conflitos individuais do trabalho.

✱ *V. CLT, arts. 625-A a 625-H e 876.*

✱ *V. Lei nº 8.212/1991 (Lei Orgânica da Seguridade Social), art. 43, § 6º.*

De Empresa: V. *Comissão de representantes dos empregados.*

Comissão Interna de Prevenção de Acidentes e de Assédio (CIPA): É composta por representantes da empresa e dos empregados, com a finalidade de prevenir acidentes do trabalho. Seus membros têm a garantia de emprego até 1 ano após a extinção dos respectivos mandatos. A Lei nº 14.457/2022 adotou nova nomenclatura para inserir "assédio" dentre as atribuições preventivas da CIPA.

✱ ***V.*** *Cipeiro.*

✱ *V. CLT: art. 164.*

Permanente e Temporária: O Congresso Nacional é composto de duas Casas: Câmara dos Deputados e Senado Federal. Cada uma dessas Casas possui Comissões Parlamentares, Permanentes ou Temporárias, com funções legislativas e fiscalizadoras, na forma definida na Constituição Federal e nos seus Regimentos Internos.

✱ *V. CF: art. 58;*

✱ *V. Súm. Vinculante nº 9 do STF.*

COMISSÃO DE REPRESENTANTES DOS EMPREGADOS – A CF, no seu art. 11, estabelece que as empresas com mais de 200 empregados devem promover eleição de um representante destes, que terá o encargo de manter entendimentos com o empregador. A Lei nº 13.467/2017

(Reforma Trabalhista) inseriu o Título IV-A na CLT, disciplinando a composição e atividades desta comissão. Diz-se também *Comissão de Fábrica* ou *Comissão de Empresa*.

✱ V. CLT, arts. 510-A a 510-D.

COMISSÁRIO – Agente auxiliar autônomo do comércio, considerado comerciante, que em seu nome e por conta do mandante ou comitente, vende mercadorias que este lhe envia, mediante comissão. Ele não é responsável pela solvência daqueles a quem vende, a menos que sua comissão tenha a cláusula *del credere* (ver *comissão*). O termo designa também o delegado de Polícia ou o encarregado de fiscalizar bailes e diversões públicas para coibir a presença de menores de idade (comissário de menores). Denominação dada, ainda, a pessoa que, temporariamente, desempenha missão do governo ou o representa; o oficial da Marinha que cuida da administração interna do navio; e os funcionários de companhia de aviação comercial, que executam serviços a bordo das aeronaves (comissários de bordo). ***V.*** *Aeronauta*.

✱ V. Lei nº 13.475/2017 (Dispõe sobre o exercício da profissão de tripulante de aeronave, denominado aeronauta; e revoga a Lei nº 7.183, de 5 de abril de 1984).

COMISSO – Forma de extinção da enfiteuse, contra o foreiro que deixou, por 3 anos consecutivos, de pagar as pensões. A pena é imposta por decreto judicial e só com a sentença é que se aplica a pena. Diz-se da infração em si ou do fato de incorrer nessa pena. O enfiteuta pode purgar a mora enquanto não for decretado o comisso por sentença. O CC/2002 aboliu a enfiteuse, válida apenas enquanto perdurarem os atos praticados sob sua égide. ***V.*** *Enfiteuse*.

✱ V. CF, art. 49 e parágrafos.

✱ V. Súmulas nºs 122 e 169 do STF.

COMISSÕES PERMANENTES E TEMPORÁRIAS – O Congresso Nacional é composto de duas Casas: Câmara dos Deputados e Senado Federal. Cada uma delas possui Comissões Parlamentares, Permanentes ou Temporárias, com funções legislativas e fiscalizadoras, na forma definida na Constituição Federal e nos seus Regimentos Internos.

✱ V. CF, art. 58.

✱ V. Súm. Vinculante nº 9 do STF, que dispõe que "o disposto no art. 127 da Lei nº 7.210/1984 – Lei de Execução Penal – foi recebido pela ordem constitucional vigente, e não se lhe aplica o limite temporal previsto no caput *do art. 58".*

COMITÊ DE CREDORES – Órgão colegiado, formado por representantes das diferentes classes de credores na recuperação judicial, cuja função está delimitada à fiscalização e à representação nas negociações sobre o plano de recuperação ou a venda de ativos da empresa em crise. A Lei nº 11.101/2005 (Lei de Recuperação de Empresas e Falências) prevê a sua instalação opcional apenas nos casos de falência e recuperação judicial. A função que lhe é destinada é bastante pequena em relação à da assembleia de credores, que acumula a exclusividade em assuntos mais gerais, ao passo que o comitê está mais ligado à fiscalização e operacionalização das deliberações de rotina. Logo, o Comitê de Credores não substitui a Assembleia, apenas a complementa. Ele não é obrigatório; sua instalação é facultativa e opcional, dependendo da complexidade do volume de ativos, isto é, o tamanho da atividade econômica em crise; além disso, agrega custos de transação ao processo em andamento. Entretanto, com ele admite-se que o credor detenha maior poder na condução da empresa devedora.

COMODATO – Contrato unilateral pelo qual se empresta coisa não fungível, gratuitamente, que se perfaz com a tradição do objeto. Esse contrato, real e unilateral, determina que as coisas sejam devolvidas em espécie após o devido uso e no prazo convencionado.

✱ V. CC: arts. 579 a 585.

✱ V. CPC/2015, arts. 561, 1.046, § 1º.

COMORIÊNCIA – Diz-se da morte simultânea de duas ou mais pessoas, presumível sempre que não se possa determinar a ordem em que houve essas mortes, para efeito de sucessão. A comoriência é de fato, quando há provas concludentes e irrefutáveis da concomitância das mortes; e presumida, quando não há prova de que um morreu antes do outro e, então, presume-se que o perecimento foi simultâneo. A consequência é não se estabelecer sucessão entre comorientes.

✱ V. CC: art. 8º.

COMPANHEIRO – Pessoa que vive exclusivamente, como se casada fosse, com outra pessoa solteira, viúva ou divorciada, sob o mesmo teto e sob sua dependência econômica, na maioria dos casos. Esse tipo de união tem merecido, nos últimos tempos, melhor consideração dos legisladores, garantindo-se direitos aos companheiros em diversas circunstâncias. A CF reconhece a união estável entre o homem e a mulher como uma entidade familiar e diz que a lei deve facilitar sua conversão em casamento. Os tribunais, por meio de construção jurisprudencial, garantem direitos aos companheiros. Diz o STF: "Comprovada a existência de sociedade de fato entre os concubinos, é cabível sua dissolução judicial, com a partilha do patrimônio adquirido pelo esforço comum". E também: "A vida em comum sob o mesmo teto, *more uxoris*, não é indispensável à caracterização do concubinato". Em caso de morte do companheiro por acidente de trabalho ou de transporte, tem a concubina o direito de ser indenizada se não havia impedimento para o matrimônio entre eles. O TFR aprovou as seguintes decisões: "É legítima a divisão da pensão previdenciária entre a esposa e a companheira, atendidos os requisitos exigidos". "A companheira, atendidos os requisitos legais, faz jus à pensão do segurado falecido, quer em concorrência com os filhos do casal, quer em sucessão com eles, não constituindo obstáculo a ocorrência do óbito antes da vigência do Dec.-lei nº 66/1966". "A companheira tem direito a concorrer com outros dependentes à pensão militar, sem observância da ordem de preferência". Pelo atual Código Civil, homem e mulher que mantenham união estável, contínua e duradoura, passam a constituir família. Também, passaram os companheiros a integrar o rol dos inventariantes conforme o art. 990, I, do CPC/1973 com a redação dada pela Lei nº 12.195/2010, o CPC/2015 em vigor mantém o texto no art. 617, I. O STF, em julgamento conjunto da ADPF nº 132 e da ADI nº 4277, deu interpretação conforme a CF ao art. 1.723 do CC, para equiparar a união estável a união homoafetiva, para fins de direitos pessoais e patrimoniais. Para fins de Dir. Civil, não se confunde com o *concubino, o* qual mantém relação com pessoa casada, ainda constituindo entrave para o reconhecimento da igualdade de direitos, salvo quando caracterizada a separação de corpos, nas condições que permitem o divórcio.

✱ V. CF, art. 226, § 3º.

✱ V. CPC/2015, Art. 617, I.

✱ V. CC, arts. 981, 1.723 a 1.727.

✱ V. Lei nº 6.015/1973 (Lei dos Registros Públicos), art. 57, §§ 2º a 6º.

✱ V. Lei nº 8.971/1994 (Regula o direito dos companheiros a alimentos e à sucessão).

✱ *V. Lei nº 9.278/1996 (Lei da União Estável).*

✱ *V. Súm. nºs 35, 380 e 382 do STF.*

✱ *V. Súm. nºs 122, 159 e 253 do TFR.*

COMPANHIA – *V. Sociedade Anônima.*

COMPENSAÇÃO DE HORÁRIO – Mediante acordo escrito ou contrato de trabalho entre empregador e empregado pode a duração normal do trabalho ser acrescida de horas suplementares em número não excedente de 2. A remuneração da hora suplementar será 50%, pelo menos, superior à hora normal. Pode-se dispensar o acréscimo de salário se, por força de acordo ou convenção coletiva, o excesso de horas em 1 dia for compensado pela correspondente diminuição em outro, de maneira que não ultrapasse, no período máximo de 1 ano, à soma das jornadas semanais de trabalho previstas, nem ultrapassado o limite máximo de 10 horas por dia. Rescindido o contrato de trabalho sem compensação da jornada extraordinária o trabalhador tem direito ao pagamento das horas extras não compensadas, sendo o cálculo feito sobre o valor da remuneração na data da rescisão. Empregados sob regime de tempo parcial não podem prestar horas extras. A Lei nº 13.467/2017 trouxe novas disposições a respeito da compensação de jornada de trabalho, em especial, sobre a possibilidade de compensação no mesmo mês quando estabelecido em acordo individual, tácito ou escrito. Inclusive, esclareceu que, se as horas não forem compensadas como acordado e excederem a duração máxima da jornada semanal, será devido apenas o adicional correspondente a elas. Ademais, horas extras habituais não descaracterizam o acordo de compensação de jornada.

✱ *V. CLT: arts. 59 e 59-B.*

COMPETÊNCIA – Aptidão legal que a pessoa tem, por sua função ou cargo público, de praticar os atos a eles inerentes, assim como decidir sobre os assuntos de sua alçada. É, também, o alcance da jurisdição do juiz, o âmbito de sua atuação jurisdicional. Poderá modificar-se a competência em razão do valor e do território pela conexão ou continência. A prevenção fixa a competência, pela exclusão de outro ou outros juízes igualmente competentes. A competência pode ser:

Trabalhista: Segundo o art. 114 da CF: "Compete à Justiça do Trabalho processar e julgar: I – as ações oriundas da relação de trabalho, abrangidos os entes de direito público externo e da administração pública direta e indireta da União, dos Estados, do Distrito Federal e dos Municípios; II – as ações que envolvam exercício do direito de greve; III – as ações sobre representação sindical, entre sindicatos, entre sindicatos e trabalhadores, e entre sindicatos e empregadores; IV – os mandados de segurança, *habeas corpus* e *habeas data*, quando o ato questionado envolver matéria sujeita à sua jurisdição; V – os conflitos de competência entre órgãos com jurisdição trabalhista, ressalvado o disposto no art. 102, I, *o*; VI – as ações de indenização por dano moral ou patrimonial, decorrentes da relação de trabalho; VII – as ações relativas às penalidades administrativas impostas aos empregadores pelos órgãos de fiscalização das relações de trabalho; VIII – a execução, de ofício, das contribuições sociais previstas no art. 195, I, *a*, e II, e seus acréscimos legais, decorrentes das sentenças que proferir; IX – outras controvérsias decorrentes da relação de trabalho, na forma da lei. § 1º Frustrada a negociação coletiva, as partes poderão eleger árbitros. § 2º Recusando-se qualquer das partes à negociação coletiva ou à arbitragem, é facultado às mesmas, de comum acordo, ajuizar dissídio coletivo de natureza econômica, podendo a Justiça do Trabalho decidir o conflito, respeitadas as disposições mínimas legais de proteção ao trabalho, bem como as convencionadas anteriormente. § 3º Em caso de greve em atividade essencial, com possibilidade de lesão do interesse público, o Ministério Público do Trabalho poderá ajuizar dissídio coletivo, competindo à Justiça do Trabalho decidir o conflito". A Lei nº 13.467/2017 (Reforma Trabalhista) incluiu entre as competências das Varas do Trabalho decidir a respeito da homologação de acordo extrajudicial sobre matéria trabalhista.

✱ *V. CF, art. 114.*

✱ *V. CLT, arts. 652 e 653.*

✱ *V. Súm. Vinculante nº 23, do STF (A Justiça do Trabalho é competente para processar e julgar ação possessória ajuizada em decorrência do exercício do direito de greve pelos trabalhadores da iniciativa privada).*

Tributária: poder de cobrança que tem a União, os Estados e os Municípios, para prover, com os tributos arrecadados, os meios necessários à manutenção dos serviços urbanos e sociais.

✱ *V. CF, art. 102, I.*

✱ *V. arts. 9º a 11, CTN.*

✱ *V. CPC/2015, arts. 42 a 53.*

✱ *Ainda sobre competência, consultar: LINDB (Lei de Introdução às Normas do Direito Brasileiro), art. 12, §§ 1º e 2º, Lei nº 6.766/1979, sobre o parcelamento do solo urbano, art. 48; Lei nº 6.015/1973 (Lei dos Registros Públicos), arts. 109, § 5º, 169.*

COMPROMETIMENTO – O Dec. nº 7.845/2012 que regulamenta procedimentos para credenciamento de segurança e tratamento de informação classificada em qualquer grau de sigilo, e dispõe sobre o Núcleo de Segurança e Credenciamento conceituou código de indexação. De acordo com o art. 2º, IV, considera-se comprometimento: "(...) perda de segurança resultante do acesso não autorizado;"

COMPROMISSO – 1. Ato de comprometer-se alguém ou obrigar-se a dar ou fazer alguma coisa. 2. Promessa solene, tomada a termo, que alguém faz de bem servir ou ocupar um cargo ou de afirmar a verdade de um fato de seu conhecimento. 3. Modalidade de contrato que trata de promessa de compra e venda. 4. Ajuste entre duas pessoas, antes ou durante a lide, para a escolha de árbitros para julgá-la; instrumento utilizado para instituir-se o juízo arbitral. O compromisso é judicial ou extrajudicial, podendo as partes louvar-se em árbitros. O judicial pode celebrar-se por termo nos autos, perante o juízo ou o tribunal por onde correr a demanda; o extrajudicial por escritura pública, ou particular, assinada pelas partes e testemunhas. Aplicar-se-á ao compromisso, quando possível, o que se dispõe na lei acerca da *transação*. Mesmo que o compromisso contenha a cláusula "sem recurso" e pena convencional contra a parte insubmissa, essa terá direito de recorrer ao Poder Judiciário, quer no caso de nulidade ou de extinção do compromisso, quer no caso de ter o árbitro excedido seus poderes. A norma que passou a disciplinar a arbitragem é a Lei nº 9.307/1996, que revogou os arts. 1.072 a 1.102 do CPC/1973.

COMUNHÃO – 1. Propriedade em comum, copropriedade, condomínio. 2. Regime de associação matrimonial em virtude do qual todos ou certos bens dos esposos são comuns entre eles. Bens e interesses pertencentes a várias pessoas que os utilizam com finalidade comum, lucrativa ou não. Domínio simultâneo e conjunto, de duas ou mais pessoas, sobre uma mesma coisa, na qual têm partes abstratas; direitos e obrigações sobre coisa partilhada em comum, como no condomínio.

✱ *V. CC: arts. 1.639 a 1.688.*

Parcial de Bens: Regime de bens entre os cônjuges em que entram na comunhão os bens estipulados no art. 1.660 do CC, sendo excluídos aqueles enumerados no art. 1.659, só se comunicam os que foram adquiridos ou as obrigações contraídas na constância deste, a título oneroso, os adquiridos por fato eventual, os adquiridos por doação, herança ou legado – quando em favor de ambos –, as benfeitorias em bens particulares de cada cônjuge, os frutos dos bens comuns, os frutos civis do trabalho de cada cônjuge ou de ambos. Se não houver convenção expressa, entre os cônjuges, quanto ao regime de bens, ou sendo nula, vigorará o regime de comunhão parcial.

Universal de Bens: Regime de bens entre os cônjuges em que ocorre a comunicação de todos os bens presentes e futuros de cada cônjuge, assim como suas dívidas, com as exceções dos arts. 1.668 a 1.671 do CC. o maior de 60 e a maior de 50 anos, que podem estabelecer livremente o regime se tiverem vivido juntos por 10 anos antes de 28-6-1977 ou se houver filho da união; os que dependerem de autorização judicial para casar, do viúvo ou da viúva que tiver filho do cônjuge falecido enquanto não der partilha aos herdeiros. O CC/2002 admite alteração do regime de bens (art. 1.639 e § 2º); não havendo convenção, ou sendo ela nula ou ineficaz, vigorará entre os cônjuges a comunhão parcial (art. 1.640). É obrigatório o regime de separação de bens no casamento, pelo motivos expostos no art. 1.641, da pessoa maior de 70 (setenta) anos.

✱ ***V.*** *CC, arts. 1.639, §§ 1º e 2º, 1.640, 1.641,* caput, *1.660, 1.661 e 1.668.*

✱ ***V.*** *Lei nº 4.591/1964 (Lei do Condomínio em Edificações), art. 9º.*

✱ ***V.*** *Lei nº 6.515/1977 (Lei do Divórcio), art. 45.*

✱ ***V.*** *Súm. nº 377 do STF.*

COMUNICAÇÃO – Ato de comunicar; ciência, notícia, informação que se dá de um evento. Diz-se também da transferência de bens.

De crime: ato de levar à autoridade a notícia de um delito. Trata-se da *notitia criminis*, diferente da *queixa-crime*, que é um ato formal. A comunicação falsa é punida.

✱ ***V.*** *CP, art. 340.*

✱ ***V.*** *CPP, arts. 5º, § 3º, e 41.*

COMUTAÇÃO DA PENA – Substituição de uma pena mais grave, imposta ao réu, por outra mais branda, prerrogativa do Presidente da República. Trata-se de uma graça concedida ao réu, ouvidos os respectivos órgãos legais. É importante distinguir a comutação da pena do indulto e da anistia; nesses casos, a punibilidade é extinta, ao passo que na comutação a pena é somente atenuada, diminuída.

✱ ***V.*** *Lei nº 7.210/1984 (Lei de Execução Penal).*

✱ ***V.*** *CF: art. 84, XII.*

✱ ***V.*** *CPP: arts. 738 e 739.*

CONCEDENTE – Em Direito Financeiro, é o órgão ou a entidade da administração pública federal direta ou indireta responsável pela transferência de recursos financeiros oriundos dos Orçamentos Fiscal e da Seguridade Social da União destinados à execução de ações orçamentárias.

✱ ***V.*** *Lei nº 14.791/2023 (Dispõe sobre as diretrizes para a elaboração e a execução da Lei Orçamentária de 2024 e dá outras providências).*

CONCENTRAÇÃO DOS ATOS PROCESSUAIS – Princípio peculiar ao processo do trabalho pelo qual a maior parte dos atos processuais trabalhistas se concentra na audiência inicial.

CONCEPÇÃO – Momento em que se consuma a fecundação no útero da mulher, pela união do espermatozoide ao óvulo, preparando a formação e o nascimento do ser humano. A lei põe a salvo os direitos do nascituro desde a concepção. Nas ações em que tais direitos possam ser atingidos, nomeia-se um curador para o nascituro, se o pai falecer estando a mulher grávida e não tendo o poder familiar; se a mulher estiver interdita, o seu curador será o do nascituro.

✱ ***V.*** *CC, arts. 2º, 1.778, 1.779 e 1.799, I.*

CONCESSÃO (DIR. ADM.) – Autorização dada pelo poder público a pessoa particular, para que explore atividade que dependa dessa autorização para ser explorada.

✱ ***V.*** *CF: arts. 21, XII, e 175, parágrafo único.*

✱ ***V.*** *Lei nº 8.987/1995 (Dispõe sobre o regime de concessão e permissão da prestação de serviços públicos previsto no art. 175 da Constituição Federal).*

✱ ***V.*** *Lei nº 9.047/1995 (Altera a redação do § 1º do art. 10 do Dec.-lei nº 4.657/1942 – Lei de Introdução ao Código Civil, que dispõe sobre a sucessão de bens de estrangeiros situados no Brasil).*

✱ ***V.*** *Lei nº 12.111/2009 (Dispõe sobre os serviços de energia elétrica nos Sistemas Isolados).*

CONCESSA VENIA – (Latim) Com a devida permissão. Expressão de uso corrente na linguagem forense, com o mesmo sentido de *data venia* ou *permissa venia*.

CONCESSIONÁRIO – Pessoa física ou jurídica que explora concessão dada pelo Poder Público.

CONCESSIVO – Que diz respeito a concessão; o mesmo que *concessório*.

CONCESSOR – O mesmo que *concedente*; o que concede ou faz concessão.

CONCESSUM DICIT QUIDQUID EXPRESSE PROHIBI TUM NON REPERITUR – (Latim) Diz-se permitido tudo aquilo que não está expressamente proibido.

CONCHAVO – Acordo, ajuste, conluio, mancomunação.

CONCIDADANIA – Qualidade de *concidadão*; relação entre concidadãos.

CONCIDADÃO – Compatrício, compatriota. O que possui a mesma cidadania de outro ou outros da mesma cidade ou país.

CONCILIÁBULO – Reunião sigilosa de pessoas, com intenções escusas; conluio.

CONCILIAÇÃO – 1. Ajuste, acordo, entendimento entre partes em litígio, pondo fim à lide. 2. No Dir. Processual do Trabalho ocorre na audiência de julgamento proposta do juiz para dirimir, espontaneamente, interesses colidentes entre empregadores e empregados. É de grande importância o papel do juiz nesse ato processual, pois da conciliação depende a atenuação dos conflitos de classe. Deste modo, a conciliação tem de ser sempre *proposta* e nunca *imposta*. A lei determina que os dissídios individuais ou coletivos sejam sempre sujeitos à prévia tentativa de conciliação. Não havendo acordo, o juízo conciliatório converte-se, obrigatoriamente, em arbitral; as partes, porém, podem celebrar acordo, pondo fim ao processo, mesmo depois de encerrado o juízo conciliatório. Em dois momentos, a conciliação deve ser solenemente proposta: após a apresentação da defesa e antes de ser proferida a sentença. Aceita pelas partes e homologada pelo juiz, não pode ser modificada nem revogada. O CPC/2015 traz no seu art. 3º, § 3º. A conciliação, a mediação e outros métodos de solução consensual de conflitos deverão ser estimulados por juízes, advogados, defensores públicos e membros do Ministério Público, inclusive no curso do processo judicial. 3. Nos crimes de calúnia, injúria ou difamação, é o ato do juiz, antes de receber a queixa, de procurar reconciliar as partes, ouvindo-as em separado, sem seus advogados, e depois em conjunto se sentir a possibilidade de harmonizá-las, ocasião em que o querelante pode assinar termo de desistência da ação. 4. Também é função obrigatória do juiz quando o litígio versar sobre direitos patrimoniais privados. 5. O art. 334, § 1º, do CPC/2015, tem nova redação, pela qual a audiência de conciliação (em que as partes tentam acordo) passa a se chamar audiência preliminar.

✱ *V. CF, art. 114.*

✱ *V. CLT, arts. 667, 764, §§ 1º, 2º e 3º, 847 e 850.*

✱ *V. CPC/1973, arts. 277, 278, 331 e 448.*

✱ *V. CPC/2015, arts. 357 e 359.*

✱ *V. Lei nº 9.099/1995 (Dispõe sobre os Juizados Especiais Cíveis e Criminais), arts. 21 a 26.*

CONCILIADOR – Pessoa escolhida para auxiliar o juiz, togado ou leigo, na conciliação das partes, no Juizado Especial Cível e ainda no procedimento sumário. Escolhido de preferência entre bacharéis de Direito.

CONCLUSOS – Nome usado para indicar os autos remetidos à conclusão do juiz para despacho em 5 dias ou sentença em 30 dias. O serventuário deve remeter os autos conclusos no prazo de 1 dia e executar os atos processuais no prazo de 5 dias, contadas: *a)* da data em que houver concluído o ato processual anterior, se lhe foi imposto por lei; *b)* da data em que tiver ciência da ordem, quando determinada pelo juiz.

✱ *V. CPC/2015, arts. 226 e 228.*

CONCORDATA – O Dec.-lei nº 7.661/1945, revogado pela Lei nº 11.101/2005, instituiu a concordata preventiva, por meio da qual o devedor oferecia aos credores quirografários dilação ou remissão dos créditos quirografários, sem necessidade da interferência dos credores. A partir daí afastou-se a concordata de sua origem contratual, passando a consistir-se num simples favor legal concedido ao devedor comerciante de boa-fé. A forma de pagamento era efetuada em 24 meses, sendo 40% no primeiro ano e os restantes 60% até o final do prazo. Poucos devedores tinham condições de depositar os 40% no primeiro ano, criando-se a prática das cessões de créditos, na tentativa de evitar esse depósito no prazo de um ano. Resolvidas assim as dívidas do passivo quirografário, restava a prova da regularidade de suas obrigações tributárias. A Lei nº 11.101/2005 substituiu a concordata preventiva por dois institutos: a recuperação judicial e a recuperação extrajudicial. Os processos de falência ou de concordata ajuizados anteriormente à vigência da Lei nº 11.101/2005 serão concluídos nos termos do Dec.-lei nº 7.661/1945, assim como fica vedada a concessão de concordata suspensiva nos processos de falência em curso, promovendo-se a alienação dos bens da massa falida assim que concluída sua arrecadação, independentemente da formação do quadro geral de credores e da conclusão do inquérito judicial. Havendo pedido de concordata anterior à vigência da Lei Nova, este não impedirá o pedido de recuperação judicial pelo devedor que não houver descumprido obrigação assumida na concordata, com exceção do pedido baseado no plano especial de recuperação judicial para microempresas e empresas de pequeno porte (Seção V do Capítulo III da Lei nº 11.101, de 9-2-2005). Ressalvado o disposto no art. 192 da LRE, ficam revogados, além do Dec.-lei nº 7.661/1945 os arts. 503 a 512 do Dec.-lei nº 3.689/1941 – Código de Processo Penal. Aplica-se a Lei nº 5.869/1973 (revogada pela Lei nº 13.105, de 2015 CPC/2015), Código de Processo Civil, no que couber, aos procedimentos previstos na LRE.

CONCORRÊNCIA – 1. Competição entre pessoas que pretendem a mesma coisa ou disputam por vantagens. 2. Competição comercial entre produtores ou comerciantes, que disputam mercado para a venda de seus produtos, na lei da oferta e da procura. 3. A livre concorrência é princípio constitucional da ordem econômica, e sua violação, por abuso do poder econômico, dominando o mercado ou eliminando a concorrência por meio de acordos, constitui crime, sujeito a pena de 2 (dois) a 5 (cinco) anos e multa. 4. No Dir. Administrativo, é modalidade de licitação para contratos de grande valor, pela qual a Administração convoca, por edital, publicado com antecedência de 30 dias, os interessados. A concorrência é obrigatória quando se trata de feitura de obras, realização de serviços de vulto ou compras, nos limites impostos pela lei; também é obrigatória na venda de bens imóveis públicos e no contrato de concessão de serviço público. São requisitos da concorrência: universalidade (participação aberta a quaisquer interessados), ampla publicidade, habilitação preliminar e julgamento por comissão de licitação. A concorrência pode ser *pública*, quando a Administração aceita propostas, de maneira ampla, para execução de obras, fornecimento de utilidades e serviços ou venda de bens dominicais; e *administrativa*, quando é de pouca amplitude, dirigida apenas aos fornecedores inscritos, cadastrados, nas repartições públicas. 5. Via de regra, as disposições sobre concorrência da Lei nº 8.666/1993, revogada pela Lei nº 14.133/2021, também se aplicam ao regime diferenciado de contratações, previsto na Lei nº 12.462/2011, revogada parcialmente pela Lei nº 14.133/2021, com as alterações previstas naquele diploma legal, sobretudo no que diz respeito aos critérios de avaliação das propostas e alteração das fases do certame.

✱ *V. CF, art. 170, I.*

✱ *V. Lei nº 8.137/1990 (Define crimes contra a ordem tributária, econômica e contra as relações de consumo), art. 4º, I.*

✱ *V. Lei nº 8.666/1993 (Institui normas para licitações e contratos da Administração Pública), arts. 17, I, 19, III, 22, I e § 1º, 23, I, c, II, c, §§ 3º e 5º, revogada pela Lei nº 14.133/2021.*

✱ *V. Lei nº 12.462/2011 (Institui o Regime Diferenciado de Contratações Públicas – RDC). Os arts. 1º a 47-A desta Lei foram revogados pela Lei nº 14.133/2021.*

✱ *V. Lei nº 12.529/2011 (Estrutura o Sistema Brasileiro de Defesa da Concorrência).*

CONCORRÊNCIA DESLEAL – 1. Delito que o CP tipificava em 12 itens e penalizava com detenção de 3 meses a 1 ano, ou multa. O mesmo texto, com levíssimas alterações, foi inserido na Lei de Propriedade Industrial, revogando-se as disposições do art. 196 do CP. 2. O prejudicado tem o direito de haver perdas e danos para ressarcir-se de prejuízos causados por outros atos de concorrência desleal que o artigo da lei não previu. 3. No Dir. do Trabalho, configura a negociação habitual por parte do empregado, por conta própria ou alheia, sem permissão do empregador ou quando constituir ato de concorrência com a empresa para a qual trabalha, ou se prejudicial ao serviço, constitui justa causa para a demissão do empregado.

✱ *V. CLT, art. 482, c.*

✱ *V. Lei nº 9.279/1996 (Lei da Propriedade Industrial), art. 195.*

CONCUBINATO – Pela norma do atual CC, em sentido lato, é a união estável de homem e mulher, que vivem juntos sem estarem ligados por vínculo matrimonial, sob o mesmo teto ou em tetos diferentes, com aparência de casados (*more uxorius*). 2. Para fins de Dir. Civil, restringe-se à relação em que uma ou ambas as pessoas são casadas, o que ainda constitui entrave para o reconhecimento da igualdade de direitos em relação a cônjuges, salvo se subsiste separação de corpos, nas condições que permitem o divórcio. 3. O concubinato é *extra domus*, quando há frequentação habitual e constante, embora não ostensiva, mesmo sem casa, leito e mesa em comum; e *retenta domus*, quando a mulher pertence a um só homem, sendo por ele sustentada, sob teto comum, como se casados fossem. ***V.*** *Companheiro.*

✱ ***V.*** *CC: arts. 550, 1.642, IV, 1.708, 1.727 e 1.801, III e 1.803.*

✱ ***V.*** *CF, arts. 226, § 3º, e 227, § 6º.*

✱ ***V.*** *Lei nº 8.971/1994 (Sobre os direitos dos companheiros a alimentos).*

✱ ***V.*** *Lei nº 9.278/1996 (Lei da União Estável).*

✱ ***V.*** *Súm. nºs 35, 382 e 447 do STF.*

✱ ***V.*** *Súmulas nºs 122, 159 e 253 do TFR.*

CONCURSO – 1. Ato de concorrer. 2. Afluência de pessoas ao mesmo lugar. 3. Encontro. 4. Coincidência. 5. Prestação de provas ou apresentação de documentos ou títulos exigidos para admissão a um emprego. 6. Concorrência. 7. Certame. Meio pelo qual se verifica a aptidão ou a capacidade de um candidato a ofício, cargo, que deve ser provido. Segundo determinem as instruções oficiais referentes ao concurso, pode este ser de provas públicas de habilitação, escritas e orais, em uma ou duas fases; de títulos, de provas e títulos. Diz-se, também, do fato ou circunstância de estarem reunidas duas ou mais pessoas para a realização de um ato; ou do concurso *creditório*, que é o mesmo que *concurso de credores*, que ocorre sempre que o valor da dívida supera o dos bens do devedor.

De agentes: É a participação, de qualquer forma, no crime, de mais de uma pessoa.

✱ ***V.*** *CP: art. 29.*

De crimes: É a prática de mais de uma ação ou omissão delituosa, por uma só pessoa.

✱ ***V.*** *CP: arts. 69 e 70.*

Público: é um processo seletivo que tem por objetivo avaliar candidatos concorrentes a um cargo efetivo de uma entidade governamental.

CONCURSO DE PROGNÓSTICO – 1. Jogo de azar, realizado com cartões numerados, adquiridos pelos jogadores e que vão sendo por eles preenchidos à medida que os números são retirados de uma sacola ou saco. O mesmo que víspora. 2. Segundo o Regulamento da Previdência Social, é todo e qualquer concurso de sorteio de números ou quaisquer outros símbolos, loterias e apostas de qualquer natureza no âmbito federal, estadual, do Distrito Federal ou municipal, promovidos por órgãos do Poder Público ou por sociedades comerciais ou civis. 3. A Lei nº 13.756/2018 alterou a redação do art. 26 da Lei nº 8.212/1991 para estabelecer que a contribuição social sobre a receita de concursos de prognósticos constitui receita da Seguridade Social e não a renda líquida de tais concursos como na redação anterior. 4. A EC nº 129/2023 concedeu acréscimo de prazo de vigência para os contratos de permissão lotérica.

✱ ***V.*** *ADCT, art. 123.*

✱ ***V.*** *EC nº 129/2023 (Acrescenta o art. 123 ao Ato das Disposições Constitucionais Transitórias, para assegurar prazo de vigência adicional aos instrumentos de permissão lotérica).*

✱ ***V.*** *Lei nº 8.212/1991 (Dispõe sobre a organização da Seguridade Social, institui Plano de Custeio), art. 26.*

✱ ***V.*** *Dec. nº 3.048/1999 (Aprova o Regulamento da Previdência Social), art. 212, § 1º.*

CONCUSSÃO – Crime contra a Administração Pública, consistente em exigir, para si ou para outrem, vantagem indevida, fora de sua função ou antes de assumi-la, porém abusando da influência delas, vantagem indevida. A pena é de reclusão de 2 a 8 anos e multa. Os jurados serão responsáveis criminalmente, nos mesmos termos em que o são os juízes de ofício, por concussão, corrupção ou prevaricação. A concussão pode ser: *imprópria*, quando o agente se arroga ou simula atribuição que não tem; *própria*, se é legítimo ou verdadeiro o funcionário que a comete; esta se desdobra em *explícita*, quando o agente constrange alguém a lhe pagar, ou a outrem, aquilo que exige de modo ilícito; *implícita*, quando só utiliza artifício para induzir a pessoa a pagar-lhe ou prometer que lhe dará importância em dinheiro que ela não lhe deve. A Lei nº 13.964/2019 alterou a pena deste crime para reclusão, de 2 (dois) a 12 (doze) anos, e multa.

✱ ***V.*** *CPP, arts. 278 e 304.*

✱ ***V.*** *CP: art. 316, §§ 1º e 2º.*

CONDENAÇÃO – Final da sentença, na qual o juiz aplica a pena.

Efeitos genéricos e específicos da Condenação no âmbito penal: Estão dispostos nos arts. 91 e 92 do CP: "Art. 91. São efeitos da condenação: I – tornar certa a obrigação de indenizar o dano causado pelo crime; II – a perda em favor da União, ressalvado o direito do lesado ou de terceiro de boa-fé: a) dos instrumentos do crime, desde que consistam em coisas cujo fabrico, alienação, uso, porte ou detenção constitua fato ilícito; b) do produto do crime ou de qualquer bem ou valor que constitua proveito auferido pelo agente com a prática do fato criminoso. § 1º Poderá ser decretada a perda de bens ou valores equivalentes ao produto ou proveito do crime quando estes não forem encontrados ou quando se localizarem no exterior. § 2º Na hipótese do § 1º, as medidas assecuratórias previstas na legislação processual poderão abranger bens ou valores equivalentes do investigado ou acusado para posterior decretação de perda. Art. 92. São também efeitos da condenação: I – a perda de cargo, função pública ou mandato eletivo: a) quando aplicada pena privativa de liberdade por tempo igual ou superior a um ano, nos crimes praticados com abuso de poder ou violação de dever para com a Administração Pública; b) quando for aplicada pena privativa de liberdade por tempo superior a 4 (quatro) anos nos demais casos; II – a incapacidade para o exercício do poder familiar, da tutela ou da curatela nos crimes dolosos sujeitos à pena de reclusão cometidos contra outrem igualmente titular do mesmo poder familiar, contra filho, filha ou outro descendente, tutelado ou curatelado, bem como nos crimes cometidos contra a mulher por razões da condição do sexo feminino, nos termos do § 1º do art. 121-A deste Código; [Inciso com a redação dada pela Lei nº 14.994, de 9-10-2024.] III – a inabilitação para dirigir veículo, quando utilizado como meio para a prática de crime doloso." Os efeitos de que trata o art. 92 exposto não são automáticos, devendo ser motivadamente declarados na sentença pelo juiz, mas independem de pedido expresso da acusação, observado o disposto no inciso III do § 2º deste artigo.

✱ ***V.*** *CPP: arts. 387 e 709.*

CONDIÇÃO – Obrigação que se impõe ou se aceita como parte essencial de um acordo; cláusula.

Resolutiva: Aquela que extingue o direito a que ela se propõe.

✱ ***V.*** *CC: arts. 127 e 128.*

Suspensiva: Aquela que suspende os efeitos do ato jurídico, durante o período em que determinado evento não ocorre.

✱ ***V.*** *CC: art. 125.*

CONDICIONAMENTO DE ATENDIMENTO MÉDICO-HOSPITALAR EMERGENCIAL – Tipo penal surgido com o advento da Lei nº 12.653/2012, que inseriu o art. 135-A ao CP, tornando crime a exigência de cheque-caução, nota promissória ou qualquer garantia, bem como o preenchimento prévio de formulários administrativos, como condição para atendimento em unidade médica-hospitalar. A pena é de detenção, de 3 (três) meses a 1 (um) ano, e multa. Se da negativa de atendimento resultar lesão grave (art. 129 do CP), a pena pode ser aumentada até o dobro, e se resultar morte (art. 121 do CP), até o triplo.

CONDOMÍNIO – 1. Copropriedade. Estado de coisa indivisa sobre a qual várias pessoas exercem, simultaneamente, o direito de propriedade sobre um quinhão ideal. 2. Os condomínios edilícios são constituídos mediante a Convenção de Condomínio, que será elaborada, por escrito, pelos proprietários, promitentes-compradores, cessionários ou promitentes cessionários dos direitos referentes à aquisição de unidades autônomas, em prédios a serem construídos, em construção ou já edificados. Deverão aprovar, por contrato ou deliberação em assembleia, o Regimento Interno do edifício; farão o registro da Convenção no Registro de Imóveis, assim como a averbação de possíveis alterações. Cada condômino concorrerá para as despesas do condomínio, pagando a sua cota-parte no rateio. No condomínio edilício, as partes suscetíveis de utilização independente, como apartamentos, escritórios, salas, lojas e sobrelojas, com as respectivas frações ideais no solo e nas outras partes comuns, sujeitam-se à propriedade exclusiva, podendo ser alienadas e gravadas livremente por seus proprietários, exceto os abrigos para veículos, que não poderão ser alienados ou alugados a pessoas estranhas ao condomínio, salvo autorização expressa na convenção de condomínio. 3. Os condôminos responderão, proporcionalmente, pelas obrigações previstas nas leis trabalhistas. 4. Para as causas advindas do condomínio, aplica-se o procedimento sumário, e a representação em juízo é competida ao síndico ou administrador nomeado. O CPC/2015 aboliu a divisão de ritos, o art. 1.049 dispõe que: "Sempre que a lei remeter a procedimento previsto na lei processual sem especificá-lo, será observado o procedimento comum previsto neste Código". Parágrafo único: "Na hipótese de a lei remeter ao procedimento sumário, será observado o procedimento comum previsto neste Código, com as modificações previstas na própria lei especial, se houver". Os créditos documentalmente comprovados, referentes a taxas e despesas de condomínio, constituem títulos executivos, permitindo ação executiva direta em face do condômino inadimplente. 5. A Lei nº 14.405/2022 estipulou a necessidade de aprovação de 2/3 (dois terços) dos votos dos condôminos de condomínio edilício para a mudança da destinação do edifício ou da unidade imobiliária.

✱ *V. CC: arts. 1.314 a 1.358 e 1.791, parágrafo único.*

✱ *V. CPC/1973: arts. 12, IX; 275, II, b; 585, V.*

✱ *V. CPC/2015: arts. 75, XI, e 784, VIII.*

✱ *V. Lei nº 2.757/1956 (Dispõe sobre a situação dos porteiros, zeladores, faxineiros e serventes de prédios e apartamentos residenciais), arts. 2º e 3º.*

✱ *V. Lei nº 4.591/1964 (Lei do Condomínio em Edificações).*

✱ *V. Lei nº 13.312/2016 (Altera a Lei nº 11.445, de 5 de janeiro de 2007, que estabelece diretrizes nacionais para o saneamento básico, para tornar obrigatória a medição individualizada do consumo hídrico nas novas edificações condominiais).*

✱ *V. Lei nº 14.405/2022 (Altera a Lei nº 10.406, de 10 de janeiro de 2002 (Código Civil), para tornar exigível, em condomínios edilícios, a aprovação de 2/3 (dois terços) dos votos dos condôminos para a mudança da destinação do edifício ou da unidade imobiliária.).*

CONDUTA – Modo de proceder de cada indivíduo, seu comportamento no meio em que vive, em harmonia ou não com a moral, os usos e costumes, os princípios éticos.

Inconveniente: contravenção contra a paz pública, quando alguém tem comportamento inconveniente ou desrespeitoso em solenidade, ato oficial, espetáculo público, assembleia. Pena: prisão simples de 15 dias a 6 meses ou multa.

✱ *V. LCP, art. 40.*

CONEXÃO – Característica de duas ou mais ações que possuem o mesmo objeto ou a mesma causa de pedir.

✱ *V. CPC/1973: arts. 46, 90, 103, 106, 253, 265, IV, e 301, VII.*

✱ *V. CPC/2015, arts. 24, 54, 55, 57, 58, 113, 286, 327 e 337, VIII.*

De ações: Relação existente entre duas ou mais ações no tocante ao objeto ou a causa de pedir.

✱ *V. CPC/2015, art. 55.*

De causas: dá-se quando correm em separado ações conexas perante juízes que têm a mesma competência territorial; considera-se prevento o que despachou em primeiro lugar; devem ser fundidas numa só e num mesmo juízo, uma delas absorvendo a outra, evitando-se julgamentos contraditórios.

✱ *V. CPC/2015, arts. 24, 54, 55, 57, 58, 113, 286, 327 e 337, VIII.*

✱ *V. Lei nº 6.024/1974 (Lei da Intervenção e a Liquidação Extrajudicial de Instituições Financeiras), art. 45.*

De crimes: ocorre quando duas ou mais infrações estão entrelaçadas por um nexo comum que recomenda a junção dos processos. A competência será determinada pela conexão: *a)* se ocorrerem duas ou mais infrações praticadas, ao mesmo tempo, por várias pessoas reunidas, ou por várias pessoas em concurso, ainda que diverso o tempo e o lugar, ou por várias pessoas umas com as outras; *b)* se, no mesmo caso, houverem sido umas praticadas para facilitar ou ocultar as outras, ou para conseguir impunidade ou vantagem em relação a qualquer delas; *c)* quando a prova de uma infração ou de qualquer de suas circunstâncias elementares influir na prova de outra infração.

✱ *V. CPP, art. 76.*

CONFISCO – Apreensão de bens de alguém por violação da lei. Apreensão de bens particulares, pelo Estado, a título punitivo. A CF trata do assunto, admitindo o confisco de bens apenas em alguns casos, como "em decorrência do tráfico ilícito de entorpecentes e drogas afins" determina que todo o qualquer bem de valor econômico seja, neste caso, "confiscado e reverterá em benefício de instituições e pessoal especializados no tratamento e recuperação de viciados e no aparelhamento de custeio de atividade de fiscalização, controle, prevenção e repressão do crime do tráfico dessas substâncias". Esclarece, ainda, a CF que a obrigação de reparar o dano e a decretação ao perdimento de bens pode ser, nos termos da lei, estendida aos sucessores e contra eles executadas, até o limite do valor do patrimônio adquirido; e que a lei adotará, na individualização da pena, entre outras medidas a perda de bens. Também o CP fixa, entre os efeitos da condenação, a perda em favor da União, ressalvado o direito do lesado ou de terceiro de boa-fé, dos instrumentos do crime, desde que consistam em coisas cujo fabrico, alienação, uso, porte ou detenção constituam fato ilícito; e do produto do crime ou de qualquer bem ou valor que constitua proveito auferido pelo agente com a prática do fato criminoso.

* *V. CF: arts. 5º, XLV, XLVI, b, e 243, parágrafo único.*

* *V. CP: art. 91, II, a e b.*

Cambial: feito pelo governo, na exportação de produto nacional, na época de alta de preços para compensar os exportadores nos períodos de preços baixos. Ver também legislação sobre confisco de bens, de pessoa natural ou jurídica por enriquecimento ilícito.

CONFISSÃO – Meio de prova, judicial ou extrajudicial, pelo qual o confitente revela a ocorrência de fatos prejudiciais a ele. É meio de prova judicial ou extrajudicial, relevante e valiosa, quando livre e idônea. É a rainha das provas; *de dívida*: ato de reconhecimento da dívida, feito pelo devedor em favor de outrem, por instrumento público ou particular.

* *V. CC: art. 212, I.*

* *V. CPC/1973: arts. 348 a 354.*

* *V. CPC/2015, arts. 389 a 395.*

* *V. CP: art. 65, III, d.*

* *V. CPP: arts. 158, 190, 197 a 200, 318 e 630, § 2º.*

Extrajudicial: Aquela feita fora do local onde se desenrola o processo.

* *V. CPP: art. 185.*

Judicial: Aquela que é feita perante o juiz, no curso do processo.

* *V. CPP: art. 185.*

Presumida: Confissão não expressa; tacitamente se convence o juiz dos fatos alegados, seja pelo silêncio ou pela dedução.

* *V. CPC/1973: arts. 285, 319, 320, 359 e 803.*

* *V. CPC/2015, arts. 307, 334, 344, 345, 400.*

Tácita: O mesmo que confissão presumida. Dá-se também o nome de *confissão ficta*.

CONFLITO – 1. Luta. 2. Conjuntura, momento crítico. 3. Oposição. 4. Pleito. 5. Dissídio entre nações. 6. Fato que ocorre entre autoridades judiciárias e administrativas, quando cada uma delas se julga, ao mesmo tempo, competente para deliberar sobre determinado caso.

De competências: O conflito de competências ocorre quando dois ou mais juízes se declaram competentes (*conflito positivo*) ou incompetentes (*conflito negativo*) para decidir a lide.

* *V. Súm. nº 349 do STJ.*

* *V. CF: arts. 102, I, o, 105, I, d, 108, I, e, e 146.*

* *V. CPC/1973: arts. 115 a 123.*

* *V. CPC/2015, arts. 57, 66 e 951 a 959.*

* *V. CPP: arts. 113 a 117.*

* *V. CLT: arts. 746 e 803 a 811.*

De leis: Concorrência de duas leis, sobre o mesmo fato, no tempo ou espaço. Se o conflito se dá no tempo, configura-se o problema da *retroatividade* ou *irretroatividade* ou, ainda, *intertemporalidade* da lei. Se ocorre no espaço, surge o problema da *territorialidade* ou *extraterritorialidade* da lei. Se são leis de hierarquia diversa, não há que falar em conflito, pois aplica-se a lei de grau superior.

* *V. CP, arts. 5º e 7 .*

* *V. Lei nº 6.815/1980 (Estatuto do Estrangeiro) – sobre extradição (Revogada pela Lei nº 13.445/2017 – Lei de Migração).*

* *V. Lei nº 7.565/1986 (Código Brasileiro de Aeronáutica) – sobre soberania territorial.*

* *V. Lei nº 8.617/1993 (Dispõe sobre o mar territorial, a zona contígua, a zona econômica exclusiva e a plataforma continental brasileiros.*

* *V. CF: art. 5º, XXXVI, XXXIX e XL.*

* *V. LINDB (Lei de Introdução às Normas do Direito Brasileiro): arts. 2º e 6º.*

CONFRONTAÇÃO – Acareação do réu com testemunha, com o corréu ou com a vítima do delito. Ato de confrontar; colocar cópia ou peça judicial em confronto com o original para conferi-la com este. No plural, indica os limites de um imóvel com outro; lados pelos quais ele confina com o imóvel contíguo.

CONFUSÃO – Reunião dos bens móveis de donos diferentes, sem o consentimento destes. Modo de *acessão* (q.v.), pela íntima união de substâncias líquidas ou liquefeitas. Modo de extinção de obrigações pela reunião das qualidades do credor e do devedor na mesma pessoa, o que se chama *confusão subjetiva*; a *confusão objetiva* é a fusão de coisas corpóreas que são de diversos donos, suscetíveis ou não de separação. Maneira de extinção de aforamento, quando o senhorio direto se torna herdeiro do enfiteuta ou vice-versa. Modo de extinguir o penhor ao se juntarem as qualidades de credor e devedor na mesma pessoa. Reunião numa só pessoa do domínio útil e do domínio direto. Perece o objeto de direito quando se confunde com outro, de modo que não se possa distinguir.

* *V. CC: arts. 1.272 a 1.274, 381 a 384.*

CONIVÊNCIA – É o ato de ajudar, de algum modo, para a ocorrência de um ato ilícito. Caracteriza-se quando alguém se abstém, propositada ou dissimuladamente, de prevenir, obstar ou denunciar o ato delituoso, do qual teve prévio conhecimento, ou cria obstáculo a que outro o leve ao conhecimento da autoridade.

* *V. CP: art. 29.*

CÔNJUGE – Pessoa ligada à outra pelos laços do matrimônio. O cônjuge participa em igualdade com os descendentes do falecido na vocação hereditária, cabendo-lhe "quinhão igual aos dos que sucederem por cabeça, não podendo sua quota ser inferior à quarta parte da herança, se for ascendente dos herdeiros com que concorrer".

Supérstite: é o que sobrevive ao outro. Se o regime de bens não era o da comunhão universal, ele terá direito, enquanto durar a viuvez, ao usufruto da 4ª parte dos bens do falecido, se houver filhos, desse ou do casal; e à metade, se não houver filhos, embora sobrevivam ascendentes do *de cujus*; se o regime era de comunhão universal, enquanto permanecer viúvo, terá direito real, sem prejuízo da participação que lhe couber na herança, de habitação relativamente ao imóvel destinado à residência da família, desde que seja o único bem daquela natureza a inventariar. Está ele proibido de casar com o autor de homicídio ou tentativa de homicídio contra o consorte, assim como o adúltero está impedido de casar com o corréu. Quanto à legitimidade para requerer o inventário, o art. 990 do CPC/1973, correspondente ao art. 617 do CPC/2015 (em vigor) revogou os arts. 1579 do CC/1916, 406, I, 592, IV, 749, 787, 789, I, 822, III, 888, II e VI, ao indicar que o juiz nomeará inventariante o cônjuge sobrevivente casado sob o regime de comunhão desde que estivesse convivendo com o outro ao tempo da morte deste. Para excluir da sucessão o cônjuge basta que o testador disponha do seu patrimônio sem o contemplar. O cônjuge é de direito curador do outro, quando interdito; não precisará apresentar balanços anuais nem fazer inventário, se o regime for o de comunhão, ou se os bens do incapaz se acharem descritos em instrumento público, qualquer que seja o regime de casamento. A CF garante a homens e mulheres igualdade em direitos e obrigações; e os direitos e deveres da sociedade conjugal são exercidos igualmente pelo homem e pela mulher. Deixar, sem justa causa, de prover à subsistência do cônjuge é crime apenado com 1 a 4 anos de detenção e multa.

✱ **V.** *CP, arts. 133, § 3º, II, 181, I, 182, I, 227, § 1º, 235 e 244.*

✱ **V.** *Lei nº 12.195/2010 (Altera o art. 990 da Lei nº 5.869/1973 (Código de Processo Civil), para assegurar ao companheiro sobrevivente o mesmo tratamento legal conferido ao cônjuge supérstite, quanto à nomeação do inventariante).*

✱ **V.** *CC: arts. 1.642 a 1.652, 1.832.*

✱ **V.** *Súm. Vinculante nº 13 (A nomeação de cônjuge, companheiro ou parente em linha reta, colateral ou por afinidade, até o terceiro grau, inclusive, da autoridade nomeante ou de servidor da mesma pessoa jurídica investido em cargo de direção, chefia ou assessoramento, para o exercício de cargo em comissão ou de confiança ou, ainda, de função gratificada na Administração Pública direta e indireta em qualquer dos poderes da União, dos Estados, do Distrito Federal e dos Municípios, compreendido o ajuste mediante designações recíprocas, viola a Constituição Federal).*

CONJUNÇÃO CARNAL – Diz-se do ato sexual em que há penetração do pênis na vagina, cópula; relação sexual completa, coito, congresso sexual.

✱ **V.** *CP: arts. 213, 215, 223 e 224.*

CONSANGUINIDADE – Pessoas que têm ligações de parentesco por pertencerem ao mesmo tronco familiar.

✱ **V.** *CC: arts. 1.591 e 1.594.*

CONSELHO – 1. Juízo, opinião, parecer sobre o que convém fazer. 2. Tribunal. 3. Reunião ou assembleia de ministros. 4. Corpo coletivo, com função consultiva ou deliberativa. 5. Reunião de pessoas que deliberam sobre negócios particulares. 6. Reunião de corpo docente presidida pelo reitor da escola ou universidade. Órgão judicante.

Administrativo de Defesa Econômica: órgão com jurisdição nacional cuja finalidade é reprimir os abusos do poder econômico.

Da República: Órgão superior de consulta do Presidente da República, criado pela Constituição Federal vigente (art. 89, I). São estas as matérias de sua competência: intervenção federal, estado de defesa e estado de sítio (art. 90, I); e as questões relevantes para a estabilidade das instituições democráticas (art. 90, II).

✱ **V.** *CF: arts. 84, XVIII, 89, 90, 136,* caput, *e 137.*

De Sentença: Órgão formado por sete jurados que responderão os quesitos que lhes forem formulados, em cada sessão do Tribunal do Júri.

✱ **V.** *CPP: arts. 433, 447, 452, 457, 458, 459, 462, 463, 467, 468, 477, 479, 481 e 485.*

✱ **V.** *Lei nº 8.036/1990 (Lei do FGTS), art. 3º.*

Nacional de Política Fazendária (CONFAZ): Tem a missão de elaborar políticas e harmonizar procedimentos e normas inerentes ao exercício da competência tributária dos Estados e do Distrito Federal, bem como colaborar com o Conselho Monetário Nacional – CMN na fixação da política de Dívida Pública Interna e Externa dos Estados e do Distrito Federal, e na orientação às instituições financeiras públicas estaduais. É constituído pelos representantes de cada Estado e Distrito Federal e um representante do Governo Federal, sendo representante do Governo Federal o Ministro de Estado da Fazenda, e dos Estados e Distrito Federal os seus Secretários de Fazenda, Finanças ou Tributação.

Nacional da Previdência Social: Tem como principal função a de estabelecer diretrizes gerais sobre matéria previdenciária.

✱ **V.** *Lei nº 8.213/1991 (Dispõe sobre os Planos de Benefícios da Previdência Social): arts. 3º e 4º.*

Nacional do Meio Ambiente (CONAMA): Órgão consultivo e deliberativo do Sistema Nacional do Meio Ambiente – SISNAMA, instituído pela Lei nº 6.938/1981, que dispõe sobre a Política Nacional do Meio Ambiente.

Nacional dos Direitos da Mulher: Pela Lei nº 7.353/1985, tem por objetivo promover em âmbito nacional políticas destinadas a eliminar a discriminação da mulher, garantindo-lhe condições de liberdade e igualdade de direitos, assim como participação nas atividades políticas, econômicas e culturais do País. Regulamentada pelo Dec.nº 6.412/2008.

Fiscal: órgão composto de três ou mais sócios, com mandato de 1 ano, eleitos pela Assembleia-Geral, que dão parecer sobre negócios da empresa.

Monetário Nacional: vinculado ao Ministério da Fazenda, tem as atribuições de fixar e fazer executar normas relativas às Bolsas de Valores, normas gerais para instituições financeiras nacionais e disciplinar o crédito por meio das entidades do sistema financeiro.

Superior da Justiça do Trabalho: Criado pela EC nº 45/2004, no art. 111-A, § 2º, II, da CF estabelece o Conselho Superior da Justiça do Trabalho como coordenador da Justiça do Trabalho, assumindo atribuições administrativas antes entregues ao Tribunal Superior do Trabalho.

✱ **V.** *Lei nº 14.824/2024 (Dispõe sobre a composição, o funcionamento e a competência do Conselho Superior da Justiça do Trabalho; e altera a Consolidação das Leis do Trabalho, aprovada pelo Decreto-Lei nº 5.452, de 1º de maio de 1943).*

Nacional de Justiça: Criado pela EC nº 45/2004, tem por competência o controle da atuação administrativa e financeira do Poder Judiciário e do cumprimento dos deveres funcionais dos juízes. Compõe-se de 15 membros com mandato de 2 anos, admitida uma recondução, sendo: I – o Presidente do Supremo Tribunal Federal; II – um Ministro do Superior Tribunal de Justiça, indicado pelo respectivo tribunal; III – um Ministro do Tribunal Superior do Trabalho, indicado pelo respectivo tribunal; IV – um desembargador de Tribunal de Justiça, indicado pelo Supremo Tribunal Federal; V – um juiz estadual, indicado pelo Supremo Tribunal Federal; VI – um juiz de Tribunal Regional Federal, indicado pelo Superior Tribunal de Justiça; VII – um juiz federal, indicado pelo Superior Tribunal de Justiça; VIII – um juiz de Tribunal Regional do Trabalho, indicado pelo Tribunal Superior do Trabalho; IX – um juiz do trabalho, indicado pelo Tribunal Superior do Trabalho; X – um membro do Ministério Público da União, indicado pelo Procurador-Geral da República; XI – um membro do Ministério Público estadual, escolhido pelo Procurador-Geral da República dentre os nomes indicados pelo órgão competente de cada instituição estadual; XII – dois advogados, indicados pelo Conselho Federal da Ordem dos Advogados do Brasil; XIII – dois cidadãos, de notável saber jurídico e reputação ilibada, indicados um pela Câmara dos Deputados e outro pelo Senado Federal.

Tutelar: órgão permanente e autônomo, não jurisdicional, encarregado pela sociedade de zelar pelo cumprimento dos direitos da criança e do adolescente, definidos na Lei nº 8.069/1990. Em cada Município e em cada Região Administrativa do Distrito Federal haverá, no mínimo, 1 (um) Conselho Tutelar como órgão integrante da administração pública local, composto de 5 (cinco) membros, escolhidos pela população local para mandato de 4 (quatro) anos, permitida 1 (uma) recondução, mediante novo processo de escolha. É serviço relevante e assegura ao conselheiro prisão especial em caso

C

de crime comum, até o julgamento definitivo. A lei especifica as atribuições do Conselho Tutelar.

✱ *V. CF, arts. 5º, XLIII e LI, 89, 90, 91, 105, parágrafo único, II, 220, 224, 243 e parágrafo único.*

✱ *V. LC nº 35/1979 (Lei Orgânica da Magistratura Nacional).*

✱ *V. Lei nº 12.986/2014 (Transforma o Conselho de Defesa dos Direitos da Pessoa Humana em Conselho Nacional dos Direitos Humanos – CNDH).*

✱ *V. Lei nº 5.764/1971 (Lei das Cooperativas), arts. 95 a 102.*

✱ *V. Lei nº 6.815/1980 (Estatuto do Estrangeiro – Revogado pela Lei nº 13.445/2017 – Lei de Migração).*

✱ *V. Lei nº 7.210/1984 (Lei de Execução Penal), arts. 62, 69 e 80.*

✱ *V. Lei nº 8.069/1990 (Estatuto da Criança e do Adolescente – ECA), arts. 86 a 97, 131 a 140 e 147.*

✱ *V. Lei nº 9.610/1998 (Revogou a Lei nº 5.988/1973, exceto seu art. 17, §§ 1º e 2º).*

CONSENTIMENTO – Ato de consentir. Acordo, por manifestação livre da vontade, com outras pessoas, para que se forme ato jurídico. Assentimento prévio, aquiescência, consenso, autorização. Pode ser *expresso* se é verbal ou por escrito e ainda por meio de sinais inequívocos; e *tácito*, se resulta de ato que revela a intenção do agente de consentir. O CC especifica as diversas formas de consentimento: do adotado para adoção; do credor para venda de coisa sem reserva do preço; da coisa empenhada; do filho maior para ser reconhecido; do locador para cessão, sublocação ou empréstimo; do marido para atos da mulher e vice-versa; do senhorio para divisão do bem enfitêutico; dos condôminos para alteração da coisa comum; dos demais descendentes para venda de ascendente a descendente; do pai para casamento do filho menor de 18 anos; assim como as consequências da falta de consentimento e os prazos de prescrição para as ações próprias. Também no CPC e no CPP há normas sobre consentimento.

✱ *V. CC: arts. 820, 1.314, parágrafo único, 1.399, 1.436, § 1º, 1.517 a 1.519, 1.550, 1.558, 1.611, 1.614, 1.621, 1.643 e 1.647 a 1.650.*

✱ *V. CPC/1973: arts. 264, 267, § 4º, 404, II, e 568, III.*

✱ *V. CPC/2015, arts. 446 e 779.*

CONSIGNAÇÃO – 1. Ação ou efeito de consignar. 2. Valor ou mercadoria consignada. ***V.** Contrato estimatório.*

✱ *V. Lei nº 8.112/1990 (Dispõe sobre o regime jurídico dos servidores públicos civis da União, das autarquias e das fundações públicas federais), art. 45.*

✱ *V. Dec. nº 4.840/2003 (Regulamenta a autorização para desconto em prestações em folha de pagamento).*

✱ *V. Lei nº 10.820/2003 (Dispõe sobre autorização para desconto em prestações em folha de pagamento).*

✱ *V. CPC/2015, arts. 86, 529, 539 a 549 e 912.*

CONSIGNADO – É o servidor público integrante da administração pública federal direta ou indireta, ativo, aposentado, ou beneficiário de pensão, cuja folha de pagamento seja processada pelo SIAPE, e que por contrato tenha estabelecido com o consignatário relação jurídica que autorize o desconto da consignação. A Lei nº 14.431/2022 estabeleceu como margem de crédito consignado para trabalhadores regidos pela CLT, servidores públicos federais, segurados do Regime Geral de Previdência Social, beneficiários do benefício de prestação continuada e de programas federais de transferência de renda 45 (quarenta e cinco) por cento, sendo 35% destinado a empréstimo consignado, 5% para cartão de crédito consignado e 5% para cartão consignado de benefício, somando o total de 45%. Posteriormente, a mesma margem foi autorizada, pela Lei nº 14.509/2022, para militares, empregados públicos federais da administração direta, autárquica e fundacional e servidores públicos federais inativos.

✱ *V. Lei nº 14.431/2022 (Altera as Leis nºs 10.820, de 17 de dezembro de 2003, 8.213, de 24 de julho de 1991, e 8.112, de 11 de dezembro de 1990, para ampliar a margem de crédito consignado aos empregados regidos pela Consolidação das Leis do Trabalho, aprovada pelo Decreto-Lei nº 5.452, de 1º de maio de 1943, aos segurados do regime próprio de previdência social dos servidores públicos federais, aos servidores públicos federais e aos segurados do Regime Geral de Previdência Social e para autorizar a realização de empréstimos e financiamentos mediante crédito consignado para beneficiários do benefício de prestação continuada e de programas federais de transferência de renda, a Lei nº 13.846, de 18 de junho de 2019, para dispor sobre a restituição de valores aos cofres públicos, e a Lei nº 14.284, de 29 de dezembro de 2021, para alterar procedimentos relativos à concessão do Auxílio Inclusão Produtiva Urbana).*

✱ *V. Lei nº 14.509/2022 (Dispõe sobre o percentual máximo aplicado para a contratação de operações de crédito com desconto automático em folha de pagamento; altera a Lei nº 14.431, de 3 de agosto de 2022; revoga dispositivos da Lei nº 8.112, de 11 de dezembro de 1990; e dá outras providências).*

CONSOLIDAÇÃO – Fusão de todas as leis sobre uma mesma matéria, originando uma única lei que, todavia, não traz qualquer inovação. Niso difere da codificação, pois esta inova. ***V.** Codificação.*

CONSÓRCIO – Matrimônio, casamento. Associação de empresas que preservam sua personalidade. Forma de cooperativa, ou de cooperação econômica entre pessoas, que formam grupos, com pagamentos mensais e por sorteio, para aquisição de veículos e de outros bens.

✱ *V. Lei nº 11.795/2008 (Dispõe sobre o Sistema de Consórcio).*

✱ *V. Súm. Vinculante nº 2 (É inconstitucional a lei ou ato normativo estadual ou distrital que disponha sobre sistemas de consórcios e sorteios, inclusive bingos e loterias).*

Público: A Lei nº 11.107/2005, dispõe sobre normas gerais para a União, os Estados, o Distrito Federal e os Municípios contratarem consórcios públicos para a realização de objetivos de interesse comum. Constitui associação ou pessoa jurídica de direito privado. O consórcio público poderá: firmar convênios, contratos, acordos de qualquer natureza; receber auxílios, contribuições e subvenções sociais ou econômicas de outras entidades ou órgãos do Governo; promover desapropriações e instituir servidões nos termos da declaração de necessidade e utilidade pública, ou interesse social, realizada pelo Poder Público; e ser contratado pela administração direta ou indireta dos entes da Federação consorciados, dispensada a licitação.

CONSTITUIÇÃO – Lei que fundamenta e organiza as funções do Estado. Aristóteles a definiu simplesmente como a *ordenação dos poderes do Estado*. Rodrigo Octávio a conceitua como um *corpo de regras e princípios em conformidade, com os quais são, normalmente, exercidos os poderes públicos do Estado e asseguradas as liberdades e direitos individuais*. Conjunto sistemático de dispositivos jurídicos que determinam a forma de governo, institui os poderes públicos, regulando as suas funções, assegurando seus direitos e deveres essenciais, a liberdade individual dos cidadãos e estabelecendo relações de natureza política entre governantes e governados. Aos direitos individuais agregam-se os direitos *sociais* ou *coletivos*, de grande repercussão no moderno Dir. Público. Nos países de Constituição *rígida* não se admite a alteração desta por qualquer lei; somente *emendas constitucionais* podem alterar a Constituição, como ocorre com a nossa, à luz dos arts. 59, I, e 60, §§ 1º e 2º.

CONSTITUTO POSSESSÓRIO – Acordo entre as partes estabelecendo que o alienante da coisa permanecerá com ela em seu poder, em vez de entregá-la ao comprador, ocorrendo, assim, uma tradição fictícia.

✱ *V. CC: art. 1.267, parágrafo único.*

CONSTRANGIMENTO – Coação. Ato de compelir alguém, forçando-o, privando-o de sua liberdade de ação, para obrigá-lo a fazer ou deixar de fazer alguma coisa que contrarie a sua vontade. Pode ser *físico*, quando é empregado por força material irresistível contra o paciente; e *moral ou psíquico*, se a violência se constitui de grave ameaça seguida de perigo atual para a vítima, familiar seu ou para os seus bens. A pena é de 3 meses a 1 ano de detenção, e multa. As penas aplicam-se cumulativamente e em dobro quando se reúnem, para a prática do crime, mais de três pessoas ou há o uso de arma. Além dessas penas, aplicam-se as correspondentes à violência. Excluem-se dessa cominação a intervenção médica e cirúrgica, sem o consentimento do paciente ou de seu representante legal, se justificada por iminente perigo de vida, e a coação exercida para impedir suicídio.

✱ *V. CP, art. 146 e parágrafos.*

CONSTRANGIMENTO ILEGAL – Crime contra a liberdade individual consistente em constranger alguém, mediante violência ou grave ameaça, ou depois de lhe haver reduzido, por qualquer outro meio, a capacidade de resistência, a não fazer o que a lei permite, ou a fazer o que ela não manda.

✱ *V. CP: art. 146.*

CONSUETUDINÁRIO – Diz-se daquilo que se refere ao costume.

CONSUMIDOR – 1. Toda pessoa física ou jurídica que adquire ou utiliza produto ou serviço como destinatário final. Também se equipara a ele a coletividade de pessoas, ainda que intermináveis, que haja intervindo nas relações de consumo, segundo define o Código do Consumidor. 2. Entre seus direitos básicos estão a proteção contra a publicidade enganosa e abusiva e a efetiva prevenção e reparação de danos patrimoniais e morais, individuais, coletivos ou difusos. Produto é qualquer bem, móvel ou imóvel, material ou imaterial; e serviço é qualquer atividade fornecida no mercado de consumo, mediante remuneração, incluídas as de natureza bancária, financeira, de crédito e securitária, salvo as decorrentes das relações de caráter trabalhista. 3. Profissionais liberais terão sua responsabilidade pessoal apurada mediante a verificação de culpa. 4. O consumidor tem direito de acesso às informações existentes em cadastro, fichas, registros e dados pessoais e de consumo arquivados sobre ele, bem como sobre suas respectivas fontes; e sempre que encontrar inexatidão em seus dados e cadastros poderá exigir a imediata correção. 5. O prazo para o consumidor reclamar de produto ou serviço é de 30 dias para os não duráveis (alimentos) e de 90 dias para produto ou serviço durável (eletrodomésticos). 6. É crime o comerciante expor cheque sem fundos; o Código proíbe constranger o consumidor com a cobrança (Lei nº 8.078/1990 – Código de Defesa do Consumidor). 7. O Dec. nº 2.181/1997 dispôs sobre a organização do Sistema Nacional de Defesa do Consumidor. 8. O Dec. nº 10.887/2021 alterou o decreto anterior para aumentar a proteção ao consumidor e a eficiência na aplicação de sanções.

✱ *V. Dec. nº 2.181/1997 (Dispõe sobre a organização do Sistema Nacional de Defesa do Consumidor - SNDC, estabelece as normas gerais de aplicação das sanções administrativas previstas na Lei nº 8.078, de 11 de setembro de 1990, revoga o Decreto nº 861, de 9 julho de 1993, e dá outras providências).*

✱ *V. Dec. nº 10.887/2021 (Altera o Decreto nº 2.181, de 20 de março de 1997, que dispõe sobre a organização do Sistema Nacional de Defesa do Consumidor).*

✱ *V. Súm. Vinc. nº 27 (Compete à justiça estadual julgar causas entre consumidor e concessionária de serviço público de telefonia, quando a ANATEL não seja litisconsorte passiva necessária, assistente, nem opoente).*

CONTENCIOSO – Em que há ou pode haver contestação e discussão em juízo. Jurisdição destinada a julgar questões duvidosas, incertas, litigiosas, em oposição a *jurisdição graciosa*. O *contencioso administrativo*, com foro privilegiado, deixou de existir, sendo as suas questões dirimidas na justiça comum. Mas, para as de caráter fiscal, existem juízos especiais, como os dos feitos da Fazenda Pública.

CONTESTAÇÃO – 1. Uma das formas de resposta do réu, na qual este impugna o pedido do autor formulado na petição inicial. 2. No âmbito do Dir. do Trabalho, a Lei nº 13.467/2017 (Reforma Trabalhista) estabeleceu que a parte poderá apresentar defesa escrita pelo sistema de processo judicial eletrônico até a audiência. É a *litis contestatio*, a resposta do réu, contestando, impugnando a pretensão do autor formulada na petição inicial. Define-se como "o meio de defesa, com razões fundamentadas, de que se socorre o réu para negar ou refutar a pretensão do autor e ilidir a ação". É a contrapetição do réu, a sua defesa. Não se confunde com as outras duas espécies de resposta do réu, que são a *reconvenção*, que é o contra-ataque do réu contra o autor, no mesmo juízo e no mesmo processo, e a *exceção*, que é a defesa do réu circunscrita à arguição de impedimento, suspeição ou incompetência relativa. Nas causas de procedimento sumário, pode-se formular a contestação por escrito ou oralmente, não se admitindo a reconvenção. São *requisitos formais* da contestação: *a)* petição escrita em que se indica o juiz a quem é endereçada; qualificação das partes e exposição dos fatos e do direito do réu; *b)* especificação das provas; *c)* instrumento de mandato. São requisitos substanciais: *a)* resposta do réu contestando os fatos narrados na inicial; *b)* exposição das razões de fato e de direito com que impugna o réu o pedido do autor; *c)* pedido de condenação do autor no mérito e no pagamento das custas e honorários, ou pedido de extinção do processo sem o julgamento do mérito, ou, então, a improcedência da ação. A contestação diz-se: *afirmativa*, quando o réu reconhece a verdade do que se afirma contra ele, porém nega a obrigação que se lhe impõe; *especial*, quando o réu retorna a alguns dos pontos contidos na inicial; *geral* ou *negativa*, quando o réu refuta os fundamentos da ação em toda a sua plenitude, e opõe meio de prova com que pretende demonstrar a verdade do que alega; *direta*, em que reconhece que os fatos ocorreram, mas lhes opõe outros que lhes retiram o efeito pretendido ou não reconhece neles os efeitos que o autor pretende; *indireta*, quando o réu reconhece os fatos mas lhes opõe outros que modificam ou extinguem o pedido inicial; *presumida* ou *tácita*, se o réu não comparece, não oferece contestação ou incide em contumácia, resultando a presunção de que se opõe às pretensões do autor; *real*, quando o réu refuta, em juízo, o pedido do autor. Diz-se também da impugnação do depoimento de testemunha.

✱ *V. CLT, art. 847.*

✱ *V. CPC/1973: arts. 300 a 303.*

✱ *V. CPC/2015, arts. 336, 341 e 343.*

CONTINÊNCIA DE CAUSAS – Ocorre continência de causas quando entre duas ou mais ações houver identidade das partes e da causa de pedir, porém o objeto de uma, por ser mais amplo, abrange o das outras.

✱ *V. CPC/1973: arts. 104, 108 e 253.*

CONTRABANDO – Não se confunde com o *descaminho*. É crime contra o Estado, atualmente tipificado no art. 334-A do CP, inserido pela Lei nº 13.008/2014. Consiste em importar ou exportar mercadoria ilegalmente, sendo sujeito ativo do delito pessoa penalmente responsável. Se for funcionário público que o facilite, com infração do dever funcional, a pena é de 3 (três) a 8 (oito) anos de reclusão, e multa. Da mesma forma, importar ou exportar mercadoria proibida (reclusão de 2 (dois) a 5 (cinco) anos) ou elidir, no todo ou em parte, o pagamento de direito ou imposto devido pela entrada, pela saída ou pelo consumo de mercadoria, é crime punido com reclusão de 1 a 4 anos. Na mesma pena incorre: quem pratica navegação de cabotagem, fora dos casos permitidos em lei; quem pratica ato assimilado, em lei especial, a contrabando ou descaminho; quem vende, expõe à venda, mantém em depósito ou utiliza em proveito próprio ou alheio mercadoria de procedência estrangeira, que introduziu clandestinamente no país ou importou fraudulentamente ou que sabe ser produto de introdução clandestina no território nacional ou de importação fraudulenta por parte de outrem; quem adquire, recebe ou oculta mercadoria de origem estrangeira, sem documentação legal ou com documentos que sabe serem falsos. Para os efeitos da pena equipara-se às atividades comerciais qualquer forma de comércio irregular ou clandestino de artigos estrangeiros, até o exercido em residências. Aplica-se pena em dobro se o crime de contrabando ou descaminho é praticado em transporte aéreo. A competência para processamento é do Juízo Federal do lugar da apreensão dos bens. O recolhimento de tributo antes do início da ação fiscal não extingue a punibilidade. É considerado contrabando a saída de mercadorias da Zona Franca de Manaus sem autorização legal expedida pela autoridade competente.

✱ *V. CP, arts. 318, 334 e 334-A.*

✱ *V. Lei nº 6.910/1981 (Estabelece quais os dispositivos legais referentes à sonegação fiscal e aos incentivos fiscais que não se aplicam ao contrabando e descaminho).*

✱ *V. Dec.-lei nº 288/1967 (Regula a Zona Franca de Manaus).*

✱ *V. Súm. nº 151 do STJ.*

CONTRACONTESTAÇÃO – Refutação fundamentada que o advogado do autor opõe à contestação do defensor do réu. Réplica do autor da ação.

CONTRADITA – Direito que tem a parte de refutar em juízo o que foi dito pela parte adversária ou por testemunha. Refutação. Alegação, por escrito e fundamentada, que o advogado de uma das partes em litígio apresenta contra a outra. Impugnação que é feita à qualidade da testemunha ou ao depoimento por ela prestado.

✱ *V. CPC/1973: art. 414, § 1º.*

✱ *V. CPC/2015, arts. 447 e 457, § 1º.*

✱ *V. CPP: art. 214.*

CONTRADITÓRIO – Princípio que permite igualdade das partes perante o Judiciário. Garantia constitucional do direito de defesa. Diz a Lei Maior que "aos litigantes, em processo judicial ou administrativo, e aos acusados em geral são assegurados o contraditório e a ampla defesa, com os meios e recursos a ela inerentes".

✱ *V. CF: art. 5º, LV.*

CONTRAFAÇÃO – Crime consistente na imitação de assinatura, produto, registro público de valor.

✱ *V. CP: arts. 184, 272, 293, 296 e 298 e 306, parágrafo único.*

✱ *V. CF, art. 5º, XXVII e XXVIII, a e b, e XXIX.*

✱ *V. Lei nº 9.610/1998 (Lei dos Direitos Autorais).*

CONTRAFÉ – Cópia de inteiro teor da petição inicial, do mandado de citação, notificação, intimação que o oficial de justiça deverá entregar ao réu no momento da citação.

✱ *V. CPC/1973: arts. 226 e 228.*

✱ *V. CPC/2015, arts. 251, I e II, 253, 275 e 714.*

✱ *V. CPP: art. 357.*

CONTRAMINUTA – Razões escritas aduzidas pelo agravado em processo ou petição do agravo requerido pela parte contrária.

✱ *V. CPC/1973: arts. 524 a 526.*

✱ *V. CPC/2015, arts. 1.016 a 1.019.*

CONTRAPRESTAÇÃO – Prestação a que se obriga uma das partes, nos contratos bilaterais, que corresponde à prestação da outra parte.

✱ *V. CPC/1973: arts. 582, parágrafo único, e 615, IV.*

✱ *V. CPC/2015, arts. 787, 798 e 799.*

CONTRAPROTESTO – Processo distinto do protesto ou interpelação, pelo qual o protestado se opõe às alegações do autor.

✱ *V. CPC/1973: art. 871.*

✱ *V. CPC/2015, art. 728.*

CONTRATO – Acordo lícito visando à transferência de direitos ou sua aquisição. Clóvis Beviláqua o define como "acordo de vontade para o fim de adquirir, resguardar, modificar ou extinguir direitos". Não se confunde com o seu instrumento ou documento que o formaliza. O CC de 2002 introduziu alteração polêmica, que busca garantir equilíbrio entre as partes. Passa a permitir a renegociação de contratos caso uma das partes saia prejudicada. Ficam criadas as figuras da lesão e do estado de perigo, quando, por necessidade ou inexperiência, alguém assume obrigação excessivamente onerosa ou de valor desproporcional. Também dispõe que "a liberdade de contratar será exercida em razão e nos limites da função social do contrato" (art. 421). Obriga ainda os contratantes a respeitar os princípios da probidade e da boa-fé (objetiva) na condução e na execução do contrato. Se as obrigações nele expressas são recíprocas, o contrato é *bilateral*; quando dizem respeito a uma das partes, apenas, é *unilateral*. As partes precisam ser capazes, estarem legalmente aptas a contratar. Diz-se também do documento que faz prova do acordo firmado. Contratos com letrinhas miúdas que tornam difícil a leitura não têm valor perante o juiz, mesmo que assinado pelo contratante. É proibido pelo Código do Consumidor. O contrato tem elementos: *essenciais*, aqueles sem os quais não terá validade, como a capacidade do contratante, a coisa contratada, o preço e o consentimento; *naturais*, os que estão implícitos no ato, como a evicção; e *acidentais*, as cláusulas acessórias expressamente mencionadas, como a forma de pagamento, os juros, o prazo, a multa etc. O contrato pode ser:

Acessório: Aquele que atua como simples complemento do contrato *principal*. É também chamado *contrato/adjeto*.

Administrativo: é o instrumento dado à Administração pública para dirigir-se e atuar perante seus administrados sempre que necessite adquirir bens ou serviços dos particulares.

Aleatório: Aquele em que o cumprimento da obrigação é incerto por depender de evento futuro. A denominação vem do latim, *alea*, sorte, destino.

✱ *V. CC: arts. 458 a 461.*

Anulável: Aquele que, viciado por incapacidade da parte, erro, dolo, coação, simulação ou fraude, tem eficácia até o momento de sua anulação.

✱ *V. CC: arts. 138, 139 e 171.*

Atípico: Aquele que não está catalogado em um tipo legal expressamente previsto, embora de licitude inquestionável. O mesmo que *contrato inominado.*

✱ *V. CC: art. 425.*

Benéfico: Aquele em que apenas uma das partes promete ou transfere direitos a outra, não assumindo esta qualquer obrigação em contrapartida. Também denominado *contrato a título gratuito*, encontra exemplos marcantes na *doação*, no *usufruto* e na *fiança*.

✱ *V. CC: arts. 114 e 394.*

Coletivo de trabalho: Acordo normativo entre categorias profissionais e econômicas, que, por definição, deriva de decisão administrativa ou judicial.

Comercial: Aquele em que pelo menos um dos contratantes é comerciante. Tal contrato pode ser provado: *a*) por escrituras públicas; *b*) por escritos particulares; *c*) por notas de corretores e certidões extraídas dos seus protocolos; *d*) por correspondência epistolar; *e*) por livros dos comerciantes; *f*) mediante prova testemunhal.

Complexo: Aquele formado por cláusulas inerentes a dois ou mais contratos *nominados*, que bem poderiam constituir contratos autônomos.

Comutativo: Aquele de natureza bilateral e onerosa, cujas obrigações são perfeitamente equivalentes. Exemplo típico é a compra e venda, no qual uma das partes transfere a coisa vendida mediante recebimento de um preço *equivalente* ao valor daquela.

De adesão: Aquele cujas cláusulas são elaboradas unilateralmente por uma das partes, cabendo à outra aceitá-lo em ditos termos, sem modificações. São exemplos deste tipo de contrato os elaborados por financeiras ou imobiliárias, os quais, no mais das vezes, já vêm impressos.

✱ *V. CDC: art. 54.*

✱ *V. CPC/2015, art. 64.*

De compra e venda: Aquele em que o *vendedor* se obriga a transferir o domínio da coisa ao outro contratante, chamado *comprador*, mediante pagamento de preço certo em dinheiro. *V. Compra e venda.*

✱ *V. CC: art. 481.*

De execução diferida: Aquele que se acha subordinado a um termo, para gerar efeitos.

De experiência: Contrato peculiar ao Dir. do Trabalho, e cuja duração não pode exceder a 90 dias.

✱ *V. CLT: arts. 443, § 2º, parágrafo único, e 445.*

De prazo determinado: Contrato peculiar ao Dir. do Trabalho, cuja duração não pode ultrapassar 2 anos, com direito a uma prorrogação apenas.

✱ *V. CLT: arts. 443, 445, 451 e 479 a 481.*

✱ *V. Lei nº 8.745/1993 (Dispõe sobre a contratação por tempo determinado para atender a necessidade temporária de excepcional interesse público, nos termos do inciso IX do art. 37 da Constituição Federal).*

De risco: Aquele em que o *contratante* é isento de qualquer responsabilidade pelo eventual insucesso do negócio, perante o *contratado.*

De repasse: instrumento administrativo, de interesse recíproco, por meio do qual a transferência dos recursos financeiros se processa por intermédio de instituição ou agente financeiro público federal, que atua como mandatário da União.

✱ *V. Dec. nº 8.180/2013.*

De trabalho: Para fins de contratação, o empregador não exigirá do candidato a emprego comprovação de experiência prévia por tempo superior a 6 (seis) meses no mesmo tipo de atividade.

De Trabalhador Rural: A Lei nº 5.889/1973 estabelece as relações de trabalho no âmbito rural. Segundo tal norma, empregado rural é toda pessoa física que, em propriedade rural ou prédio rústico, presta serviços de natureza não eventual a empregador rural, sob a dependência deste e mediante salário (art. 2º). Já o art. 3º, considera empregador rural, para os efeitos desta Lei, a pessoa física ou jurídica, proprietário ou não, que explore atividade agroeconômica, em caráter permanente ou temporário, diretamente ou por meio de prepostos e com auxílio de empregados.

✱ *V. Lei nº 11.718/2008, cria o contrato de trabalhador rural por pequeno prazo e estabelece normas transitórias sobre a aposentadoria do trabalhador rural.*

Em favor de terceiro: Aquele em que o *promissário* (credor) estipula que o *promitente* (devedor) levará a cabo a obrigação em favor de um *terceiro*, estranho ao contrato.

Epistolar: Aquele ajustado por correspondência, e que se perfaz quando o destinatário expede carta de resposta, aceitando integralmente a proposta.

✱ *V. CC: art. 434.*

Estimatório: É uma espécie de contrato de comissão. consistente na entrega de mercadorias ao *consignatário*, que deve vendê-las, pagando-as após um prazo determinado, retirada a sua comissão, a menos que prefira, no prazo fixado, devolver-lhe a coisa consignada. *V. Consignação.*

✱ *V. CC, arts. 534 a 537.*

Feneratício: Contrato de empréstimo a juros extorsivos, com usura.

Individual de trabalho: *V. Contrato de trabalho.*

Inominado: Espécie de contrato não prevista *expressamente, formalmente* na lei, embora perfeitamente lícito. São exemplos: a *hospedagem*, a *doação mista* e o *fornecimento.*

Instantâneo: aquele que tem as prestações de ambas as partes resolvidas de uma só vez, na data fixada.

Intuitu Personae: Aquele cujo objeto se acha essencialmente ligado às partes, sendo personalíssimo, por exemplo, o contrato de fiança.

Judicial: o que as partes em litígio assinam perante o juiz da causa que o julga por sentença.

Leonino: Aquele que favorece, de forma imoral, uma das partes, em evidente prejuízo da outra. A denominação procede da célebre fábula de Esopo, na qual o leão, arrogando-se rei dos animais, explorava os outros bichos. O CDC estabeleceu, nos arts. 51 e 52, várias cláusulas abusivas, prejudiciais ao consumidor, evidentemente, a parte mais fraca, cujas cláusulas constituem sugestivos exemplos desta espécie de contrato.

Mercantil: Aquele em que pelo menos um dos contratantes exerce atividade mercantil, provando-se mediante correspondência epistolar ou registros constantes dos livros comerciais.

Sigiloso: O Dec. nº 7.845/2012 que regulamenta procedimentos para credenciamento de segurança e tratamento de informação classificada em qualquer grau de sigilo, e dispõe sobre o Núcleo de Segurança e Credenciamento conceituou contrato sigiloso. De acordo com o art. 2º, V, considera-se comprometimento: "(...) ajuste, convênio ou termo de cooperação cujo objeto ou execução implique tratamento de informação classificada;"

Sinalagmático: Aquele em que as respectivas obrigações apresentam *mútua dependência*, isto é, uma obrigação é causa, pressuposto de outra, ocorrendo, como diz Orlando Gomes, *"interdependência essencial entre as prestações"* (*Contratos*, Rio de Janeiro, Forense, 9. ed., 1983, p. 77).

✱ *V. CC: arts. 476 e 477.*

Social: Aquele que regula a constituição das sociedades de qualquer natureza. Diz o art. 981 do CC: "Celebram contrato de sociedade as pessoas que reciprocamente se obrigam a contribuir, com bens ou serviços, para o exercício de atividade econômica e a partilha, entre si, dos resultados". O art. 987, por sua vez, determina: "Os sócios, nas relações entre si ou com terceiros, somente por escrito podem provar a existência da sociedade, mas os terceiros podem prová-la de qualquer modo".

Solene: Aquele que exige requisitos, solenidades essenciais; sem estas, o contrato é eivado de nulidade.

✱ *V. CC: arts. 104 e 107.*

Verbal de trabalho: Ajuste individual entre o empregador e o empregado sem o instrumento respectivo. Sua existência é presumida, conforme estatui o art. 447 da CLT: "Na falta de acordo ou prova sobre condição essencial ao contrato verbal, esta se presume existente, como se a tivessem estatuído os interessados, na conformidade dos preceitos jurídicos adequados à sua legitimidade".

✱ *V. CLT: arts. 442, 443,* caput, *e 447.*

CONTRATO DE REPASSE – instrumento administrativo, de interesse recíproco, por meio do qual a transferência dos recursos financeiros se processa por intermédio de instituição ou agente financeiro público federal, que atua como mandatário da União.

✱ *V. Dec. nº 8.180/2013.*

CONTRATO DE TRABALHO – 1. A lei define como contrato individual de trabalho o acordo tácito ou expresso correspondente à relação de emprego. Diante da imprecisão técnica desta definição legal, a doutrina debate há décadas se a relação de emprego teria natureza contratual, uma vez que a manifestação de vontade das partes é menos importante do que a forma como elas se comportam durante a execução das prestações. 2. Pode ser expresso, admitindo-se a forma escrita ou verbal; e escrito, quando se formaliza em documento comprobatório. Serão sempre escritos os contratos: de atleta profissional, de artistas, de aprendizagem; tácito, aquele deduzido do comportamento das partes, quando não houver prova de contrato expresso. Nos contratos por prazo determinado aconselha-se a forma escrita, não obrigatória, mas que previne dúvidas futuras; é uma exceção que o interessado tem de provar. Entretanto, o contrato por prazo indeterminado é o mais comum; é considerado período de experiência o primeiro ano de duração deste tipo de contrato e nenhuma indenização será devida antes que se complete. O contrato por prazo determinado não pode ser estipulado por mais de 2 anos; se for prorrogado mais de uma vez, tácita ou expressamente, passa a vigorar como indeterminado. É nulo de pleno direito contrato que fixar remuneração inferior ao salário mínimo nacional. 3. A Lei nº 13.467/2017 (Reforma Trabalhista) introduziu a figura do contrato de trabalho intermitente, figura jurídica a meio-caminho entre o contrato de trabalho típico e a relação de trabalho eventual, pois não exige a habitualidade, mas, por outro lado, garante alguns direitos ao empregado, tais como férias e décimo terceiro salário proporcionais ao número de dias trabalhados no ano. 4. Igualmente, a referida lei prevê a livre estipulação de cláusulas do contrato de trabalho entre empregador e o empregado que possui diploma de nível superior e que perceba salário mensal igual ou superior a duas vezes o limite máximo dos benefícios do Regime Geral de Previdência Social como requisitos para assegurar a autonomia do trabalhador ao negociar. 5. A situação de calamidade pública gerada pela pandemia de Coronavírus (COVID-19) fez o Poder Público instituir o Programa Emergencial de Manutenção do Emprego e da Renda que autoriza, dentre outras medidas, a suspensão temporária do contrato de trabalho. A MP nº 1.045/2021 vigeu de 28-4-2021, data de sua publicação no Diário Oficial da União – *DOU*, até 17-2-2022, data de publicação no *DOU* de sua rejeição. A Medida Provisória nº 1.045/2021 vigeu de 28 de abril de 2021, data de sua publicação no Diário Oficial da União – *DOU*, até 17 de fevereiro de 2022, data de publicação no *DOU* de sua rejeição. Durante o período de vigência da referida MP, os atos nela embasados seguem válidos.

✱ *V. CLT, arts. 2º, 3º, 442 a 456.*

✱ *V. Lei nº 14.020/2020 (Institui o Programa Emergencial de Manutenção do Emprego e da Renda; dispõe sobre medidas complementares para enfrentamento do estado de calamidade pública reconhecido pelo Decreto Legislativo nº 6, de 20 de março de 2020).*

✱ *V. Dec. nº 10.422/2020 (Prorroga os prazos para celebrar os acordos de redução proporcional de jornada e de salário e de suspensão temporária do contrato de trabalho e para efetuar o pagamento dos benefícios emergenciais de que trata a Lei nº 14.020, de 6 de julho de 2020).*

✱ *V. Dec. nº 10.470/2020 (Prorroga os prazos para celebrar acordos de redução proporcional de jornada de trabalho e de salário e de suspensão temporária de contrato de trabalho e para efetuar o pagamento dos benefícios emergenciais de que trata a Lei nº 14.020, de 6 de julho de 2020).*

✱ *V. Dec. nº 10.517/2020 (Prorroga os prazos para celebrar acordos de redução proporcional de jornada de trabalho e de salário e de suspensão temporária de contrato de trabalho e para efetuar o pagamento dos benefícios emergenciais de que trata a Lei nº 14.020, de 6 de julho de 2020).*

✱ *V. MP nº 1.045/2021 (Institui o Novo Programa Emergencial de Manutenção do Emprego e da Renda e dispõe sobre medidas complementares para o enfrentamento das consequências da emergência de saúde pública de importância internacional decorrente do coronavírus (Covid-19) no âmbito das relações de trabalho). Esta Medida Provisória teve sua vigência encerrada em 17-2-2022.*

✱ *V. Súms. nº 188 e 212 do TST.*

CONTRAVENÇÃO – Transgressão a preceito legal, de mínima gravidade, por isso punida com pena mais branda, inferior àquela aplicada aos crimes.

Fiscal: a que viola normas fiscais.

CONTRAVENÇÃO PENAL – Infração tipificada em lei, que, sendo menos grave que o crime, é apenada mais brandamente.

✱ *V. LCP: art. 5º.*

CONTRIBUIÇÃO – 1. Originário do latim *contributio*, de *contribuere*, que significa acrescer, somar. 2. Parcela correspondente a cada um dos obrigados a um encargo ou despesa comum. 3. Parte, quinhão, cota. 4. Auxílio de natureza social, moral, científica, intelectual ou literária para uma finalidade. 5. No âmbito do Dir. Tributário, é tributo e corresponde à parcela a ser paga pelo cidadão destinada a compor o patrimônio necessário para subsidiar despesas públicas. 6. Imposto, tributo. 7. Cota-parte para despesas comuns; donativo a entidade de beneficência ou para campanhas sociais ou políticas.

✱ *V. CTN, arts. 3º e 5º.*

✱ *V. CLT, art. 454.*

✱ *V. Lei nº 11.648/2008 (Lei das Centrais Sindicais).*

De melhoria: Tributo que tem como fato gerador um benefício auferido pelo contribuinte.

✱ *V. CF: art. 145, II.*

✱ *V. CTN: arts. 81 e 82.*

Provisória sobre Movimentação ou Transmissão de Valores e de Créditos e Direitos de Natureza Financeira (CPMF): Tributo criado pela EC nº 12/1996 cuja arrecadação era destinada integralmente ao Fundo Nacional de Saúde. Esta contribuição foi extinta em 13-12-2007.

Sindical: Contribuição compulsória, devida pelos empregados ao sindicato representativo da respectiva categoria profissional, para manutenção da estrutura sindical. A Lei nº 13.467/2017 (Reforma Trabalhista) retirou a compulsoriedade da retenção da contribuição sindical pelos empregadores sobre os salários dos empregados não filiados. Ademais, confere nova redação a dispositivos que detalham os métodos de recolhimento das contribuições devidas pelos filiados ao sindicato, bem como àqueles que, embora não sejam associados, autorizem previamente.

✱ *V. CF: art. 8º, IV.*

✱ *V. CLT, arts. 513, 545, 578 a 579, 582, 583, 587, 602.*

✱ *V. Lei nº 11.648/2008 (Dispõe sobre o reconhecimento formal das centrais sindicais para os fins que especifica, altera a Consolidação das Leis do Trabalho – CLT, aprovada pelo Dec.-lei nº 5.452/1943).*

Sobre bens e serviços (CBS): É uma contribuição para a seguridade social que incide sobre bens e serviços. É instituída por lei complementar, mas sua alíquota pode ser fixada em lei ordinária. Há previsão de devolução da referida contribuição nos casos previstos em lei.

✱ *V. EC nº 132/2023 (Altera o Sistema Tributário Nacional).*

CONTRIBUINTE – Aquele que paga ou faz uma contribuição, o que contribui. Pessoa física ou jurídica a quem o Estado impõe tributo. É *autônomo* aquele que exerce, com habitualidade, atividade profissional remunerada sem vínculo empregatício; *empregador* é o sócio de empresa de qualquer natureza; *facultativo*, aquele a quem a lei concede contribuir ou não para a Previdência.

CONTUMÁCIA – É a ausência da parte (autor ou réu), em juízo, sem justificativa, deixando o processo correr à revelia. Diz-se que a contumácia é *do autor* quando ele deixa de comparecer a ato judicial a que tem obrigação de estar presente; *do réu*, quando é citado e não comparece para defender-se ou oferecer a contestação dentro do prazo; *in non comparendo*, quando autor ou réu não comparecem no lugar, dia e hora indicados no mandado, para o fim desejado; *in faciendo*, quando faz o que lhe está proibido ou aquilo que não deve fazer; *in non faciendo*, se se recusa a fazer o que deve ou se lhe ordena, mesmo comparecendo; *in non respondendo*, quando se recusa a responder às perguntas que o juiz lhe faz ou não quer depor, quando, então, é tido por confesso. A expressão vem sendo substituída por abandono da causa pela parte autora, revelia da parte ré e revelia do terceiro que foi chamado a juízo.

✱ *V. CPC/1973: arts. 52, 319, 324, 330 e 741, I.*

✱ *V. CPC/2015: arts. 121, 344, 348, 355 e 535, I.*

✱ *V. CPP: arts. 366, 369 e 451, § 1º.*

✱ *V. CLT: arts. 843 e 844.*

CONTUNDENTE – Que contunde; aquilo que causa contusão. Diz-se do objeto que fere, que causa pisaduras por pancadas.

CONVENÇÃO – Acordo, ajuste, combinação, convênio.

✱ *V. CPC/2015, arts. 313, 362 e 922.*

Coletiva de Trabalho: Acordo normativo intersindical celebrado entre categorias de empregados e empregadores, estipulando condições de trabalho aplicáveis, no âmbito das respectivas representações, às relações individuais de trabalho. A lei a define como "acordo de caráter normativo, pelo qual dois ou mais sindicatos representativos de categorias econômicas e profissionais estipulam condições de trabalho aplicáveis, no âmbito das respectivas representações, às relações individuais de trabalho". A convenção, como norma jurídica atípica, tem plena eficácia sobre as partes que a assinam. Os sindicatos têm, privativamente, legitimação para negociar; o que fica estabelecido na Convenção alcança todos os integrantes da categoria, profissional e econômica, tanto os que são como os que não são sócios do sindicato, mas não atinge trabalhadores de outras categorias. Determina a lei que a convenção seja celebrada por escrito, sem emendas nem rasuras, em tantas vias quantos forem os sindicatos convenentes ou as empresas acordantes, além de uma destinada a registro. Distinguem-se *negociação* e *convenção*; a primeira é a discussão das divergências entre as partes, da qual só participam os sócios, não tendo os não sócios direito a voto; quando atingem o *consenso* e esse se formaliza em documento escrito, tem-se a *convenção*, que é o acordo formal entre as partes. Faz-se distinção também entre *acordo* e *convenção*, o primeiro fazendo-se em nível de *empresas*, com a participação dos interessados, sejam ou não sindicalizados; a segunda, de *categoria*. A convenção também difere do *pacto social*, pois naquela as partes que vão negociar são previamente indicadas na lei, e neste isto não ocorre, sendo obrigatória a presença do Estado. A Lei nº 13.467/2017 (Reforma Trabalhista) fixou limites para os direitos objeto de convenção coletiva de trabalho ao incluir os arts. 611-A (autorizados) e 611-B (proibidos), limitação esta anteriormente realizada pela jurisprudência ao analisar o caso concreto.

✱ *V. CF: art. 7º, XXVI.*

✱ *V. CLT: arts. 611 a 625.*

Condominial: Contrato inominado em que são fixadas as normas aplicáveis ao condomínio em edificações, bem como a forma de administração.

✱ *V. Lei nº 4.591/1964 (Dispõe sobre o condomínio em edificações e as incorporações imobiliárias).*

Das Nações Unidas sobre o Direito do Mar: (Convenção de Montego Bay) Convenção assinada em 10 de dezembro de 1982 para a manutenção da paz, a justiça e o progresso para todos os povos do mundo, que reafirmou que o leito do mar, os fundos marinhos, e o seu subsolo além dos limites da jurisdição nacional, bem como seus recursos, são patrimônios comuns da humanidade.

✱ *V. Dec. nº 6.440/2008 (Promulga o Acordo Relativo à Implementação da Parte XI da Convenção das Nações Unidas sobre o Direito do Mar, de 10 de dezembro de 1982, concluído em Nova York, em 29 de julho de 1994).*

CONVÊNIO – Contrato celebrado entre pessoas jurídicas de direito público, tendo como objetivo uma prestação de serviços mútuos. Pacto, menos solene que o tratado, entre nações soberanas, com interesses comuns, comerciais, financeiros, militares.

Entre o Distrito Federal e estados; aprovação e ratificação; votos favoráveis mínimos: art. 2º da LC nº 160/2017. O convênio a que se refere a LC nº 160/2017 poderá ser aprovado e ratificado com o voto favorável de, no mínimo: 2/3 (dois terços) das unidades federadas; e 1/3 (um terço) das unidades federadas integrantes de cada uma das 5 (cinco) regiões do País.

Entre o Distrito Federal e estados; condicionantes mínimas: art. 3º da LC nº 160/2017. Atenderão, no mínimo, às seguintes condicionantes, a serem observadas pelas unidades federadas: publicar, em seus respectivos diários oficiais, relação com a identificação de todos os atos normativos relativos às isenções, aos incentivos e aos benefícios fiscais ou financeiro-fiscais abrangidos pelo art. 1º desta Lei Complementar; efetuar o registro e o depósito, na Secretaria Executiva do Conselho Nacional de Política Fazendária (CONFAZ), da documentação comprobatória correspondente aos atos concessivos das isenções, dos incentivos e dos benefícios fiscais ou financeiro-fiscais mencionados no inciso I deste artigo, que serão publicados no Portal Nacional da Transparência Tributária, que será instituído pelo Confaz e disponibilizado em seu sítio eletrônico.

Entre o Distrito Federal e estados; deliberação sobre remissão dos créditos tributários: LC nº 160/2017. Permite aos Estados e ao Distrito Federal deliberar sobre a remissão dos créditos tributários, constituídos ou não, decorrentes das isenções, dos incentivos e dos benefícios fiscais ou financeiro-fiscais instituídos em desacordo com o disposto na alínea *g* do inciso XII do § 2º do art. 155 da Constituição Federal e a reinstituição das respectivas isenções, incentivos e benefícios fiscais ou financeiro-fiscais.

CONVOCATÓRIA – Que serve para chamar, convocar. Diz-se de carta-circular, ordem, edital, publicação pela qual se convocam pessoas para reunião, assembleia de sócios, ou para outro fim especificado, em local e dia pré-fixados.

COOPERATIVA – A lei define as cooperativas como "sociedades de pessoas, com forma e natureza jurídica próprias, de natureza civil, não sujeitas a falência, constituídas para prestar serviços aos associados. Principais características: I – adesão voluntária, e número ilimitado de associados; II – variabilidade do capital social; III – limitação do número de cotas-partes do capital para cada associado; IV – inacessibilidade das cotas-partes do capital a terceiros, estranhos à sociedade; V – singularidade de voto; VI – quorum para o funcionamento e deliberação da Assembleia-Geral baseado no número de associados e não no capital; VII – retorno das sobras líquidas do exercício; VIII – indivisibilidade dos Fundos de Reserva e de Assistência Técnica Educacional e Social; IX – neutralidade política e indiscriminação religiosa, racial e social; X – prestação de assistência aos associados e, quando previsto nos estatutos, aos empregados da cooperativa; XI – área de admissão de associados limitada às possibilidades de reunião, controle, operações e prestação de serviços". A Política Nacional de Cooperativismo, definida em lei, é "a atividade decorrente das iniciativas ligadas ao sistema cooperativo, originárias de setor público ou privado, isoladas ou coordenadas entre si, desde que reconhecido seu interesse público", e com apoio do Poder Público quanto à assistência técnica e incentivos financeiros e creditórios especiais.

De trabalho: A Lei nº 12.690/2012 introduziu o conceito de Cooperativa de Trabalho que é a sociedade constituída por trabalhadores para o exercício de suas atividades laborativas ou profissionais com proveito comum, autonomia e autogestão para obterem melhor qualificação, renda, situação socioeconômica e condições gerais de trabalho.

✱ *V. CF, arts. 5º, XVIII; 146, III, c; 174, §§ 2º a 4º; e 187, VI.*

✱ *V. Lei nº 12.690/2012 (Dispõe sobre a organização e o funcionamento das cooperativas de trabalho).*

✱ *V. CLT, arts. 34; 390-E; 442, parágrafo único, 514, parágrafo único, a; 592, I, e, II, e, III, e, IV, e.*

✱ *V. Lei nº 5.764/1971 (Define a Política Nacional de Cooperativismo, institui o regime jurídico das sociedades cooperativas).*

COPYRIGHT – Termo inglês que significa direitos autorais.

CORPO DE DELITO (*CORPUS CRIMINIS*) – É o elemento material da prática de um crime, recolhido como provas ou indícios. Dizia-se, antigamente, do corpo da pessoa vitimada por homicídio, que devia ser apresentado ao juiz. Posteriormente, passou a significar a pessoa ou coisa objetos de ato delituoso e, atualmente, engloba o exame minucioso não só da pessoa ou coisa, mas dos elementos utilizados na consumação do delito, como as armas, objetos e indícios vários. Pode ser: *direto*, quando o delito deixa vestígios duradouros, como arrombamento, incêndio, ferimentos, morte; são chamados delitos de *facto permanenti*; e *indireto*, quando não deixa vestígios materiais e o exame pericial é substituído por depoimento de testemunhas no sumário de culpa: soco, bofetada etc. São delitos de *facto transeunti*.

✱ *V. CPP: arts. 158 a 184.*

De jurados: atualmente, diz-se *Conselho de Sentença* (q.v.).

✱ *V. CPP, arts. 442 a 496.*

Diplomático: conjunto dos agentes diplomáticos de um país acreditados no exterior junto ao governo de outros países.

CORPORATIVISMO – Doutrina que defende a instituição econômico-social de agrupamentos ou corporações de profissionais do mesmo ofício para trabalho coletivo em benefício comum de seus componentes; congraçamento das classes produtoras, industriais, sob a forma de associações ou *lobbies* para defender interesses econômicos próprios, por meio da aprovação de leis e de pressão sobre o Legislativo e o Executivo.

✱ *V. LINDB (Lei de Introdução às Normas do Direito Brasileiro), art. 1º, §§ 3º e 4º.*

CORREÇÃO MONETÁRIA – Faz-se pelo valor nominal da moeda afetado pela inflação. Deve incidir também sobre qualquer débito que resulte de decisão judicial, segundo a Lei nº 6.899/1981. O mesmo que indexação.

CORREGEDOR – Magistrado incumbido da *correição* (q.v.). Tem jurisdição extraordinária permanente sobre os juízes e serventuários da justiça, para fiscalizar os seus atos, instruí-los, orientá-los, punir suas faltas ou seus abusos.

CORREGEDORIA – Cargo ou jurisdição do corregedor. Lugar onde se exerce suas funções atinentes ao corregedor.

CORREIÇÃO – Atividade do corregedor, inspecionando cartórios dos ofícios públicos sob sua jurisdição, para corrigir erros, irregularidades, omissões, abusos, negligências ou faltas das autoridades inferiores e de seus auxiliares. Não cabe mandado de segurança contra ato judicial passível de recurso ou correição. É *geral*, quando o corregedor procede a diligências em toda a sua jurisdição; e *parcial*, quando toma providência de ordem disciplinar para impedir andamento tumultuário dos feitos ou para corrigir erro. Não tem natureza de recurso, apenas de providência administrativa. O Código de Processo Civil não a menciona, porém está prevista em leis de organização judiciária. Na Justiça do Trabalho, a corregedoria é exercida pelo Ministro Corregedor do Tribunal Superior do Trabalho, com jurisdição sobre os Tribunais Regionais do Trabalho; no âmbito das Varas do Trabalho, pelo juiz corregedor do Tribunal Regional do Trabalho.

✱ *V. CLT: art. 709, I e II.*

✱ *V. Súm. nº 267 do STF.*

✱ *V. Lei nº 14.824/2024 (Dispõe sobre a composição, o funcionamento e a competência do Conselho Superior da Justiça do Trabalho; e altera a Consolidação das Leis do Trabalho, aprovada pelo Decreto-Lei nº 5.452, de 1º de maio de 1943).*

Geral: feita em decorrência de suas obrigações funcionais pelo corregedor habitualmente sem motivo especial.

CORREIÇÃO PARCIAL OU EXTRAORDINÁRIA – Providência pedida pela parte para impedir que o processo siga desordenadamente ou para sanar algum erro.

CORRESPONSABILIDADE – Responsabilidade conjunta de 2 ou mais pessoas.

CORRETAGEM – 1. Serviço de intermediação entre pessoas ou empresas, pelo qual uma pessoa, não ligada a outra em virtude de mandato, contrato de prestação de serviços ou por qualquer relação de dependência, obriga-se a obter para a segunda um ou mais negócios, conforme as instruções recebidas. É um contrato *sui generis*, em que o corretor serve de intermediário entre pessoas interessadas na conclusão de negócio de natureza mercantil ou financeira. 2. Algumas modalidades de corretagem são fortemente regulamentadas e fiscalizadas, como a corretagem de seguros e de operações com valores mobiliários. 3. Também se refere à própria comissão por esse serviço.

✱ *V. CC, arts. 722 a 729.*

✱ *V. Lei nº 4.594/1964 (Regula a profissão de corretor de seguros).*

✱ *V. Dec.-lei nº 73/1966 (Dispõe sobre o Sistema Nacional de Seguros Privados), arts. 122 a 128.*

✱ *V. Lei nº 6.385/1976 (Dispõe sobre o mercado de valores mobiliários e cria a Comissão de Valores Mobiliários), arts. 15, VI; 16, III e par. único; 18, I, e; e 19, § 3º, II.*

✱ *V. Lei nº 6.530/1978 (Regula a profissão de corretor de imóveis).*

✱ *V. LC nº 109/2001 (Dispõe sobre o Regime de Previdência Complementar), art. 30.*

✱ *V. Resolução CMN nº 1.655/1989 (Regulamenta a constituição, a organização e o funcionamento das sociedades corretoras de valores mobiliários).*

CORRETOR – Agente auxiliar autônomo do comércio, mediador de negócios, agente intermediário de mediação mercantil que, mediante comissão previamente ajustada, aproxima entre si as partes interessadas na compra ou venda de coisas de natureza comercial ou civil. Assim, o corretor de imóveis, o corretor de seguros, que têm sua profissão regulamentada por lei (Lei nº 6.530/1978, que regulamenta a profissão de corretor de imóveis; Dec.-lei nº 73/1966, sobre o Sistema Nacional de Seguros Privados, e Dec. nº 60.459/1967, que regulamenta esta lei). O CC atual, em seu art. 723, diz que: "O corretor é obrigado a executar a mediação com diligência e prudência, e a prestar ao cliente, espontaneamente, todas as informações sobre o andamento do negócio. Parágrafo único. Sob pena de responder por perdas e danos, o corretor prestará ao cliente todos os esclarecimentos acerca da segurança ou do risco do negócio, das alterações de valores e de outros fatores que possam influir nos resultados da incumbência".

✱ *V. Lei nº 6.530/1978 (Regula a profissão de corretor de imóveis).*

✱ *V. Lei nº 4.594/1964 (Regula a profissão de corretor de seguros).*

✱ *V. CC, arts. 722 a 729.*

CORRÉU – Aquele que é réu juntamente com outro(a), no mesmo processo. Ele não pode intervir no mesmo processo como assistente no Ministério Público. A imunidade parlamentar não se estende ao corréu sem essa prerrogativa.

✱ *V. CPP: art. 270.*

✱ *V. Súm. nº 245 do STF.*

CORRIDA – Afluência inesperada e em número excessivo de clientes a um banco, para levantar seus depósitos temerosos da insolvabilidade do estabelecimento.

CORROMPER – Subornar, peitar; perverter, depravar, induzir à prática de atos obscenos, imorais, condenáveis, ou a falcatruas.

CORRUPÇÃO – 1. Ação ou efeito de corromper. 2. Depravação, desmoralização, devassidão. 3. Sedução. 4. Suborno. Crime que consiste em solicitar, aceitar, oferecer vantagem pecuniária indevida, ou outra qualquer, para que funcionário público, empregado, magistrado, perito, testemunha, tradutor, intérprete façam afirmação falsa ou qualquer falta dolosa de exação no cumprimento do dever funcional. É *ativa* por parte de quem oferece ou promove vantagem indevida para que se pratique o crime, omitindo ou retardando ato de ofício, e *passiva*, crime contra a Administração Pública, por parte de funcionário, ainda que fora da função ou antes de assumi-la, mas em razão dela, que solicita ou aceita vantagem ou promessa de vantagem para praticar ato ilícito.

De menores: crime contra a dignidade sexual. Consiste em induzir alguém menor de 14 anos a satisfazer a lascívia de outrem, conforme nova redação dada pela Lei nº 12.015/2009. É *física*, quando resulta na violação da pureza somática da vítima; *moral*, quando ocorre depravação de costumes do paciente, com ofensa ao pudor ou decoro, ainda que ele permaneça corporalmente ileso; e *real*, quando é física e moral ao mesmo tempo. A pena é de reclusão de 2 a 5 anos. Na *corrupção passiva*, pena de 2 a 12 anos de reclusão e multa, aumentada de um terço se o funcionário retarda ou deixa de praticar ato de ofício ou o pratica com infração do dever funcional; na *corrupção ativa*, a pena é de reclusão de 2 a 12 anos e multa. Na corrupção tipificada no art. 343 do CP, a pena é de reclusão de 3 a 4 anos e multa, aumentando-se de um sexto a um terço se o crime é praticado para obter prova destinada a produzir efeito em processo penal ou em processo civil em que for parte entidade da administração pública direta ou indireta. Diante do atual avanço tecnológico, houve necessidade de tipificar os crimes cometidos por meios eletrônicos, razão pela qual a Lei nº 12.015/2009 entendeu por bem inserir o art. 244-B ao ECA, Lei nº 8.069/1990 com o intuito de incriminar quem corrompe ou facilita a corrupção de menor de 18 anos, com ele praticando infração penal ou induzindo-o a praticá-la, sob pena de reclusão, de 1 a 4 anos, incorrendo na mesma pena quem pratica as mesmas condutas utilizando-se de quaisquer meios eletrônicos, inclusive salas de bate-papo da *internet*. A Lei nº 12.650/2012 acresceu o inciso V ao art. 111 do Código Penal, estabelecendo que começa a correr a prescrição, antes de transitar em julgado a sentença final, nos crimes contra a dignidade sexual de crianças e adolescentes, da data em que a vítima completar 18 anos, salvo se a esse tempo já houver sido proposta a ação penal.

De preposto: delito de concorrência desleal, quando alguém dá ou promete dinheiro ou outra vantagem a empregado de concorrente, para obter, com sua ajuda, vantagem indevida. A ação penal é de natureza pública, mediante representação.

A Lei nº 12.650/2012, acresceu o inciso V ao art. 111 do Código Penal, estabelecendo que começa a correr a prescrição, antes de transitar em julgado a sentença final, nos crimes contra a dignidade sexual de crianças e adolescentes, da data em que a vítima completar 18 anos, salvo se a esse tempo já houver sido proposta a ação penal.

✱ *V. CP: art. 218.*

De preposto: Crime contra a propriedade imaterial consistente em dar ou prometer dinheiro ou outra utilidade a empregado de concorrente, para que, faltando ao dever do emprego, lhe proporcione vantagem indevida (CPI).

Passiva: Crime contra a Administração Pública consistente em solicitar ou receber, para si ou para outrem, direta ou indiretamente, ainda que fora da função ou antes de assumi-la, mas em razão dela, vantagem indevida, ou aceitar promessa de tal vantagem.

✱ *V. CP: art. 317.*

COSTUME – Prática social reiterada e considerada obrigatória. É a mais antiga e autêntica fonte de direito. Procedimento social reiterado, espontâneo, com a convicção de que é necessário e correto. Reiteração habitual e constante de certos atos, por longo período de tempo, pelo que adquirem força de lei se não contrariarem a razão, os bons costumes, a ordem e os interesses públicos. A jurisprudência nele se baseia para suprir deficiências da lei escrita. É elemento subsidiário de prova nos casos omissos. Essa lei não expressa que o tempo consagra e é uma das fontes mediatas do Dir. positivo. O costume não se confunde com normas sociais ou de cortesia, que não têm coercitividade. Nos Estados Unidos e, principalmente, na Inglaterra, o costume é muito valorizado. No Brasil, está mais presente no Dir. Comercial. O costume não pode impor-se à lei, nem sobrepor-se à jurisprudência, que é obra exclusiva dos tribunais, sendo um de seus requisitos a harmonia com o direito escrito. Pode mostrar-se *segundo a lei* (*secundum lege*), na omissão dessa, mas tem de ser provado pela parte que o alega. Pode ser *contra legem*, se colide com a norma legal, como que a derrogando, por desusá-la; e *praeterlegem*, quando subsidiário de lei, para interpretar o Dir. escrito, conforme as necessidades sociais. No Dir. do Trabalho, "na falta de disposições contratuais ou legais, as autoridades administrativas e a Justiça do Trabalho poderão decidir também de acordo com os usos e costumes".

✱ *V. CC, art. 569, II.*

✱ *V. CLT, art. 8º.*

✱ *V. LINDB (Lei de Introdução às Normas do Direito Brasileiro): art. 4º.*

✱ *V. CPC/1973: art. 126.*

✱ *V. CPC/2015, art. 376.*

COSTUMEIRO – Estabelecido pelo costume; regras fundadas nos usos e costumes. Aquele que escreve sobre Dir. consuetudinário ou nele é especialista.

COTA – Embora se empregue a forma *quota*, esta deve ser abandonada, pois representa um arcaísmo. Cota pode designar a parte proporcional com que cada um de vários indivíduos contribui para um fim determinado ou, ainda, pode significar o lançamento feito nos autos pelo advogado, informando ou esclarecendo o juiz e a parte contrária de algo que interesse à causa. É defeso à parte fazer cotas marginais ou interlineares. ***V.*** *Quota.*

✱ *V. CPC/1973: art. 161.*

✱ *V. CPC/2015, art. 202.*

CPF – *V. Cadastro de Pessoas Físicas.*

CREDENCIAL DE SEGURANÇA – O Dec. nº 7.845/2012 que regulamenta procedimentos para credenciamento de segurança e tratamento de informação classificada em qualquer grau de sigilo, e dispõe sobre o Núcleo de Segurança e Credenciamento conceituou credencial de segurança. De acordo com o art. 2º, VI, considera-se credencial de segurança: "(...) certificado que autoriza pessoa para o tratamento de informação classificada;"

CREDENCIAMENTO DE SEGURANÇA – O Dec. nº 7.845/2012 que regulamenta procedimentos para credenciamento de segurança e tratamento de informação classificada em qualquer grau de sigilo, e dispõe sobre o Núcleo de Segurança e Credenciamento conceituou credenciamento de segurança. De acordo com o art. 2º, VII, considera-se credenciamento de segurança: "(...) processo utilizado para habilitar órgão ou entidade pública ou privada, e para credenciar pessoa para o tratamento de informação classificada;"

CREDIÁRIO – Sistema de venda a crédito, a prestações, em pagamentos mensais sucessivos. O Governo edita medidas para limitar o crédito e o consumo.

CREDITAR – Dar crédito, abrir crédito para alguém, vender a crédito, fiar.

CRÉDITO – Confiança, segurança, boa reputação. Facilidade para obter empréstimo ou abrir contas em casas comerciais.O que o negociante tem a haver. Dir. de receber o que se emprestou; quantia que corresponde a esse direito. Autorização para despesas dada por autoridades que votam ou regulamentam os orçamentos. Faculdade de usar capital alheio com a obrigação de o resgatar sob as condições avençadas. Confiança na solvabilidade financeira de uma pessoa, física ou jurídica; possibilidade que ela tem de contrair empréstimo ou de adquirir bens pelo crediário, pagando a prazo.

De carbono: A Lei nº 12.651/2012 (Novo Código Florestal) em seu art. 3º, XXVII, conceituou crédito de carbono. "XXVII – crédito de carbono: título de direito sobre bem intangível e incorpóreo transacionável."

Rural: O crédito rural procura estimular os investimentos rurais, garantir o valor de custeio da produção e comercialização e consequentemente favorecer o setor rural, o qual é responsável pela produção de alimentos. Além disso, ele permite o desenvolvimento de tecnologias que irão promover a melhoria da produtividade e o aumento da produção de alimentos.

Tributário: é o vínculo jurídico que obriga o contribuinte ou responsável (sujeito passivo) ao Estado (sujeito ativo) ao pagamento do tributo ou da penalidade pecuniária.Aquele que se origina de obrigação tributária principal, com a mesma natureza dela.

✱ *V. CTN, arts. 113 e 141.*

✱ *V. CC, arts. 373, 957 e 961.*

✱ *V. Súm. Vinculante nº 8 (São inconstitucionais o parágrafo único do artigo 5º do Decreto-Lei nº 1.569/1977 e os artigos 45 e 46 da Lei nº 8.212/1991, que tratam de prescrição e decadência de crédito tributário).*

✱ *V. Súm. Vinculante nº 28 (É inconstitucional a exigência de depósito prévio como requisito de admissibilidade de ação judicial na qual se pretenda discutir a exigibilidade de crédito tributário).*

Trabalhista: Direito que decorre da existência de contrato de trabalho e subsiste em caso de dissolução da empresa, recuperação judicial e falência. A nova Lei de Recuperação de Empresas e Falências trata o crédito trabalhista como preferencial até o limite de 150 salários mínimos e o valor que exceder terá o tratamento de crédito quirografário.

CREDOR – Sujeito ativo da obrigação; o titular de um crédito, com direito a exigir a prestação; portador de título de crédito; pessoa em cujo favor a dívida foi constituída.

✱ *V. CC, arts. 286, 308, 309, 327, 346, II, 387, 934 a 941, 951, 959 a 965, 1.422, 1.423, 1.459 e 2.000.*

✱ *V. Lei nº 11.101/2005 (Lei de Recuperação de Empresas e Falências).*

CRIANÇA DESAPARECIDA – 1. Toda pessoa desaparecida menor de 18 (dezoito) anos. 2. O conceito de criança desaparecida é conjunto com o conceito de adolescente desaparecido. 3. É considerado desaparecido todo ser humano cujo paradeiro é desconhecido, não importando a causa de seu desaparecimento, até que sua recuperação e identificação tenham sido confirmadas por vias físicas ou científicas.

✱ *V. Lei nº 13.812/2019 (Institui a Política Nacional de Busca de Pessoas Desaparecidas, cria o Cadastro Nacional de Pessoas Desaparecidas e altera a Lei nº 8.069, de 13 de julho de 1990 (Estatuto da Criança e do Adolescente)).*

CRIME – 1. Definido no sentido amplo, é a conduta humana, por ação ou omissão, dolosa ou culposa, que infringe norma legal, confundindo-se com a própria ideia de *ato ilícito*. 2. Em sentido estrito, é a infração a que a lei comina pena de reclusão, ou de detenção, isolada ou cumulativamente com penas de multa ou de restrição de direitos, em oposição à figura da contravenção, à qual a lei comina pena de prisão simples. Não temos no Brasil a pena de morte, salvo em caso de crime militar, em tempo de guerra. 3. A doutrina desenvolveu a teoria do crime, estabelecendo os elementos constituintes do instituto, os quais podem ser extraídos a partir da interpretação, a *contrario sensu*, do art. 386 do CPP, o qual estabelece as hipóteses que implicam a sentença penal absolutória. São os seguintes: *materialidade* (existência do fato), *autoria* (prova de que o réu concorreu para os atos que produziram ou deveriam produzir o resultado lesivo a um bem jurídico); *tipicidade*, que é a subsunção do fato a uma norma penal abstrata; por fim, a *antijuridicidade*, que tão somente implica a inexistência de uma circunstância que exclua a ilicitude ou que isente o réu da sanção, por exemplo, as hipóteses de legítima defesa ou de estrito cumprimento do dever legal. Parte da doutrina também considera elementos presentes no Código Penal, embora nem sempre a ausência destes implique, por si só, a absolvição do réu. São eles: a causalidade, de modo que o réu apenas responderia pelos atos que produziram o resultado ilícito, tese que encontra dificuldades práticas diante da existência de crimes de perigo abstrato; a imputabilidade, pela qual o agente deve ter consciência da existência da lei e de seu dever de agir para não incidir no tipo penal, o que se dirige especialmente às pessoas com discernimento reduzido, e que não exclui a existência do crime, mas tão somente a natureza condenatória da sentença que declara o réu inimputável; por fim, a culpabilidade, que diz respeito à reprobabilidade da conduta do réu em relação às circunstânsias em que agiu, o que fundamenta, por exemplo, a adoção da teoria da insignificância para absolver o acusado. O crime pode ser *simples*, *qualificado* ou *privilegiado*, conforme a existência de circunstâncias agravantes ou atenuantes, previstas de modo genérico na Parte Geral do Código Penal ou na descrição dos tipos penais em espécie.

✱ *V. CP, arts. 14, II, e parágrafo único, 15, 138, 140, 197, I e II, e 328 a 337.*

✱ *V. CPP, arts. 386 e 387.*

✱ *V. LCP, art. 4º*

✱ *V. Dec.-lei nº 3.914/1941 (Lei de Introdução ao Código Penal), art. 1º, 1.º*

✱ *V. Súmulas nº 146, 147 e 497 do STF.*

Comissivo: Aquele que tem por característica uma *ação*, isto é, uma participação positiva do autor.

Comum: Aquele que pode ser cometido por qualquer pessoa.

Continuado: Aquele em que o autor pratica dois ou mais crimes da mesma espécie, mediante mais de uma ação ou omissão, havendo relação do primeiro com os demais.

✱ *V. CP: art. 71.*

De imprensa: Todo o abuso no exercício da manifestação do pensamento e informação. Aquele que praticar qualquer desses abusos ficará sujeito às penas da Lei nº 5.250/1967. A prática do ilícito dá direito de resposta ou retificação, que se extingue com o exercício da ação penal ou civil contra jornal, revista, emissora ou agência de notícias.

O STF, por maioria de votos e nos termos do voto do relator, julgou procedente a ADPF nº 130-7 (*DOU* de 12-5-2009), para declarar a incompatibilidade da Lei nº 5.250/1967 (Lei de Imprensa), com a Constituição Federal de 1988.

De injúria racial: é o ato de insultar alguém, ofendendo-lhe a dignidade ou o decoro, em razão de raça, cor, etnia ou procedência nacional. A pena prevista para este crime é reclusão, de 2 (dois) a 5 (cinco) anos, e multa.

✱ *V. Lei nº 14.532/2023 (Altera a Lei nº 7.716, de 5 de janeiro de 1989 (Lei do Crime Racial), e o Decreto-Lei nº 2.848, de 7 de dezembro de 1940 (Código Penal), para tipificar como crime de racismo a injúria racial, prever pena de suspensão de direito em caso de racismo praticado no contexto de atividade esportiva ou artística e prever pena para o racismo religioso e recreativo e para o praticado por funcionário público.), art. 1º.*

De organizações criminosas: crime resultante de ações de quadrilha ou bando ou organizações criminosas, de que tratava a Lei nº 9.034/1995, revogada pela lei nº 12.850/2013 que definia as ações praticadas por essas organizações e os meios operacionais de investigação e prova. A Lei nº 12.694/2012 dispõe sobre o processo e o julgamento colegiado em primeiro grau de jurisdição de crimes praticados por organizações criminosas. Em processos ou procedimentos que tenham por objeto crimes praticados por organizações criminosas, o juiz poderá decidir pela formação de colegiado para a prática de qualquer ato processual, especialmente: I – decretação de prisão ou de medidas assecuratórias; II – concessão de liberdade provisória ou revogação de prisão; III – sentença; IV – progressão ou regressão de regime de cumprimento de pena; V – concessão de liberdade condicional; VI – transferência de preso para estabelecimento prisional de segurança máxima; e VII – inclusão do preso no regime disciplinar diferenciado. O juiz poderá instaurar o colegiado, indicando os motivos e as circunstâncias que acarretam risco à sua integridade física em decisão fundamentada, da qual será dado conhecimento ao órgão correicional. O colegiado será formado pelo juiz do processo e por dois outros juízes escolhidos por sorteio eletrônico dentre aqueles de competência criminal em exercício no primeiro grau de jurisdição.

De tortura: A Lei nº 9.455/1997 define os crimes de tortura e fixa penas de 2 a 8 anos de reclusão para quem constranger outra pessoa, causando-lhe sofrimento físico ou mental, com o objetivo de obter declarações ou confissão. O crime de tortura é inafiançável; é delito autônomo e por ele respondem os mandantes, os executores e os que, podendo evitá-lo, se omitem.

De trânsito: Os crimes de trânsito previstos na Lei nº 9.099/1995 (Lei dos Juizados Especiais) são considerados infrações penais de menor potencial ofensivo e, consequentemente, da competência ordinária dos juizados.

✱ *V. Lei nº 9.503/1997 (Institui o Código de Trânsito Brasileiro).*

Exaurido: É aquele em que o agente vem alcançar o fim que pretendia, além do resultado que consuma o delito. Por exemplo, o crime de extorsão (art. 158 do CP) consuma-se com o constrangimento da vítima, porém o exaurimento do delito se dá quando o agente obtém a vantagem econômica pretendida.

Habitual: Aquele que se caracteriza pela reunião de vários atos idênticos, formando um todo ilícito. Por exemplo: manter casa de prostituição (CP: art. 229) e o exercício ilegal da medicina (CP: art. 282).

Hediondo: De acordo com a Lei nº 8.072/1990, com a redação dada pela Lei nº 12.015/2009, são considerados hediondos os seguintes crimes, todos tipificados no Código Penal, consumados ou tentados: homicídio (art. 121), quando praticado em atividade típica de grupo de extermínio, ainda que cometido por um só agente, e homicídio qualificado (art. 121, § 2º, incisos I, II, III, IV, V, VI e VII); lesão corporal dolosa de natureza gravíssima (art. 129, § 2º) e lesão corporal seguida de morte (art. 129, § 3º), quando praticadas contra autoridade ou agente descrito nos arts. 142 e 144 da Constituição Federal, integrantes do sistema prisional e da Força Nacional de Segurança Pública, no exercício da função ou em decorrência dela, ou contra seu cônjuge, companheiro ou parente consanguíneo até terceiro grau, em razão dessa condição; latrocínio (art. 157, § 3º, *in fine*); extorsão qualificada pela morte (art. 158, § 2º); extorsão mediante sequestro e na forma qualificada (art. 159, *caput*, e §§ 1º, 2º e 3º); estupro (art. 213, *caput* e §§ 1º e 2º); estupro de vulnerável (art. 217-A, *caput* e §§ 1º, 2º, 3º e 4º); epidemia com resultado morte (art. 267, § 1º), falsificação, corrupção, adulteração ou alteração de produto destinado a fins terapêuticos ou medicinais (art. 273, *caput* e §§ 1º, 1º-A e 1º-B), favorecimento da prostituição ou de outra forma de exploração sexual de criança ou adolescente ou de vulnerável (art. 218-B, *caput*, e §§ 1º e 2º). Considera-se também hediondo o crime de genocídio previsto na Lei nº 2.889/1956 e o de posse ou porte ilegal de arma de fogo de uso restrito, previsto no art. 16 da Lei nº 10.826, de 22-12-2003, tentados ou consumados. Os crimes hediondos, a prática da tortura, o tráfico ilícito de entorpecentes e drogas afins e o terrorismo são insuscetíveis de anistia, graça, indulto e fiança. A pena por crime previsto nesse artigo será cumprida inicialmente em regime fechado, bem como os processos relacionados à apuração de prática de crime hediondo terão prioridade de tramitação em todas as instâncias (art. 394-A do CPP). A progressão de regime dar-se-á após o cumprimento de 2/5 (dois quintos) da pena, se o apenado for primário, e de 3/5 (três quintos), se reincidente. Em caso de sentença condenatória, o juiz decidirá fundamentadamente se o réu poderá apelar em liberdade. A prisão temporária, sobre a qual dispõe a Lei nº 7.960/1989, terá o prazo de 30 dias, prorrogável por igual período em caso de extrema e comprovada necessidade. A Lei nº 12.654/2012 acresceu o art. 9º-A à Lei nº 7.210/1984, estabelecendo que os condenados por crimes previstos no art. 1º da Lei nº 8.072/1990 serão submetidos, obrigatoriamente, à identificação do perfil genético, mediante extração de DNA – ácido desoxirribonucleico –, por técnica adequada e indolor. A identificação do perfil genético será armazenada em banco de dados sigiloso, conforme regulamento a ser expedido pelo Poder Executivo. A autoridade policial, federal ou estadual poderá requerer ao juiz competente, no caso de inquérito instaurado, o acesso ao banco de dados de identificação de perfil genético.

✱ *Lei nº 12.654/2012 acresceu o art. 9º-A à Lei nº 7.210/1984, estabelecendo que os condenados por crimes previstos no art. 1º da Lei nº 8.072/1990 serão submetidos, obrigatoriamente, à identificação do perfil genético, mediante extração de DNA – ácido desoxirribonucleico, por técnica adequada e indolor. A identificação do perfil genético será armazenada em banco de dados sigiloso, conforme regulamento a ser expedido pelo Poder Executivo. A autoridade policial, federal ou estadual, poderá requerer ao juiz competente, no caso de inquérito instaurado, o acesso ao banco de dados de identificação de perfil genético.*

✱ **V.** *CF: art. 5º, XLIII.*

✱ **V.** *Lei nº 8.072/1990 (Dispõe sobre os crimes hediondos, nos termos do art. 5º, inc. XLIII, da CF): art. 1º. Com alterações dadas pela Lei nº 13.497/2017.*

✱ **V.** *Súm. Vinc. nº 26 (Para efeito de progressão de regime no cumprimento de pena por crime hediondo, ou equiparado, o juízo da execução observará a inconstitucionalidade do art. 2º da Lei nº 8.072/1990, sem prejuízo de avaliar se o condenado preenche, ou não, os requisitos objetivos e subjetivos do benefício, podendo determinar, para tal fim, de modo fundamentado, a realização de exame criminológico.*

✱ **V.** *Súm. nº 471 do STJ. Os condenados por crimes hediondos ou assemelhados cometidos antes da vigência da Lei nº 11.464/2007 sujeitam-se ao disposto no art. 112 da Lei nº 7.210/1984 (Lei de Execução Penal) para a progressão de regime prisional.*

✱ **V.** *Lei nº 13.285/2016 (Acrescenta o art. 394-A ao Dec.-lei nº 3.689, de 3 de outubro de 1941 – Código de Processo Penal).*

Impossível: Aquele que, por ineficácia absoluta do meio ou por absoluta impropriedade do objeto, é impossível consumar-se.

✱ **V.** *CP: art. 17.*

Omissivo: Aquele que decorre da *inércia* do agente quando deveria e poderia agir para impedir o resultado.

✱ **V.** *CP: art. 13, § 2º.*

Permanente: Aquele em que a consumação se prolonga no tempo, sendo que sua duração depende da vontade do agente.

Virtual: Aquele cometido pela utilização de processamento automático de dados ou sua transmissão.

✱ **V.** *CP, arts. 14, II, e parágrafo único, 15, 138, 140, 197, I e II, e 328 a 337.*

✱ **V.** *LCP, art. 4º.*

✱ **V.** *Súmulas nºs 146, 147 e 497 do STF.*

CRIME DE ADULTERAÇÃO DE SINAL IDENTIFICADOR DE VEÍCULO – Adulterar, remarcar ou suprimir número de chassi, monobloco, motor, placa de identificação, ou qualquer sinal identificador de veículo automotor, elétrico, híbrido, de reboque, de semirreboque ou de suas combinações, bem como de seus componentes ou equipamentos, sem autorização do órgão competente, consoante redação dada pela Lei nº 14.562/2023.

✱ **V.** *CP, art. 311.*

✱ **V.** *Lei nº 14.562/2023 (Altera o art. 311 do Decreto-Lei nº 2.848, de 7 de dezembro de 1940 (Código Penal), para criminalizar a conduta de quem adultera sinal identificador de veículo não categorizado como automotor).*

CRIMINALÍSTICA – Ciência que auxilia o Dir. Penal, esclarecendo casos criminais. São suas atribuições: a colheita de provas, o levantamento do local do delito e as perícias, usando em seus trabalhos subsídios de Antropologia, Psicologia, Medicina Legal, Psiquiatria, Dactiloscopia, detector de mentiras etc. É utilizada pela Polícia Técnica.

CULPA – Violação de dever jurídico de modo a causar dano a outrem. Omissão de diligência de alguém, que deixa de cumprir um dever ou um ato de ofício, sem ânimo de lesar, mas que viola os direitos de outra pessoa. Artifício reprovável, usado pelo agente, ainda que lícito, para aumentar vantagem própria. Elemento subjetivo do crime consistente na negligência, imperícia e imprudência. A verificação da culpa e a avaliação da responsabilidade são reguladas pelo CC, que também impõe a obrigação de reparar o dano do agente que, por ação ou omissão, negligência ou imprudência, violar direito ou causar prejuízo a outrem. A culpa divide-se em *contratual*, que é a omissiva ou comissiva do cumprimento de uma obrigação que resulta de contrato ou convenção. Decorre dela a responsabilidade civil do agente. Ela pode ser:

Recíproca: O art. 484 da CLT determina: "Havendo culpa recíproca no ato que determinou a rescisão do contrato de trabalho, o Tribunal de Trabalho reduzirá a indenização à que seria devida em caso de culpa exclusiva do empregador, por metade". Os Tribunais admitem essa prática somente em casos muito especiais: exigem que ambas as faltas sejam suficientemente graves, equivalentes e contemporâneas. Reconhecida a culpa recíproca na rescisão do contrato de trabalho (art. 484 da CLT), o empregado tem direito a 50% (cinquenta por cento) do valor do aviso prévio, do décimo terceiro salário e das férias proporcionais. Permite-se o levantamento dos depósitos do FGTS.

✱ *V. CP: art. 18, II.*

✱ *V. Lei nº 8.036/1990 (Dispõe sobre o Fundo de Garantia do Tempo de Serviço): art. 20, I.*

CULPABILIDADE – Estado ou qualidade de quem é culpado ou culpável. Elemento subjetivo da infração. Responsabilidade do agente de infração culposa. Correlação entre o acusado de infração e o ato que lhe é imputado, definido como culpa.

CÚMPLICE (DIR. PENAL) – Pessoa que, sem tomar parte na execução de um crime, contribui de alguma forma com o autor deste.

✱ *V. CP: art. 29.*

CUMPLICIDADE – Ato de auxiliar um delinquente, com envolvimento posterior à ação delituosa. O estatuto penal vigente substitui o conceito de cumplicidade por *coautoria*, dando tratamento autônomo aos atos do cúmplice, como a receptação e o favorecimento real e pessoal. É característica da cumplicidade a participação acessória, secundária, direta ou indireta, em ato delituoso único, concebido e consumado por outrem. O atual CP (arts. 29 a 31) adota a denominação de "concurso de pessoas" e diz que "quem, de qualquer modo, concorre para o crime incide nas penas a este cominadas, na medida de sua culpabilidade" – com o que distingue a *autoria* da *participação*, e apena o cúmplice na proporção de sua culpabilidade, tanto que lhe diminui de um sexto a um terço a pena "se a participação for de menor importância". A cumplicidade pode ser:

CUMPRIMENTO DA SENTENÇA – Fase processual em que se busca tornar efetivo o comando da sentença, processada de acordo com a natureza da obrigação consubstanciada no título executivo judicial, podendo ou não ser precedida de liquidação do valor.

✱ *V. CPC/1973, arts. 475-I a 475-R.*

✱ *V. CPC/2015, arts. 509, 513 a 538.*

CUMULAÇÃO DE PEDIDOS (PROC. CIVIL) – Faculdade dada ao autor de formular, no mesmo processo, mais de um pedido, mesmo não conexos, por economia e rapidez processual. As partes são as mesmas em várias ações ou são diversos os pedidos. Se os pedidos forem incompatíveis, a petição inicial será inepta. A tutela de um pedido exclui e impossibilita a dos demais; também se diz *cumulação objetiva*.

✱ *V. CPC/1973: art. 292.*

✱ *V. CPC/2015: art. 327.*

CURADOR – Representante do Ministério Público ou pessoa que o juiz nomeia para o exercício da curatela, nos casos de administração de bens ou interesses de pessoa judicialmente declarada incapaz, do nascituro e da gestante nos casos previstos em lei etc. Ao representante do Ministério Público cabe a defesa de incapazes, hipossuficientes e de algumas instituições que a lei enumera.

Ad hoc: aquele nomeado para o ato ou caso que está ocorrendo.

À herança: auxiliar da justiça que, na falta de curador oficial, o juiz nomeia para defender, no inventário, os interesses de menores ou de pessoas a eles equiparadas. Nos feitos contenciosos, corresponde a *curador à lide*.

CURADOR À LIDE – Pessoa investida por lei da incumbência de zelar pelos interesses de incapaz, em caso de este não possuir representante legal.Diz-se também *in litem* e *ad litem*.

✱ *V. CF, art. 220, § 3º, II.*

✱ *V. CC, arts. 2º, 1.741 e 1.779.*

✱ *V. CPC/1973: art. 9º.*

✱ *V. CPC/2015, arts. 71, 72, 76.*

CURADORIA – Cargo, função, ofício de curador; curatela.

CURANDEIRISMO – Crime contra a saúde pública consistente em prescrever ministrar ou aplicar, habitualmente, qualquer substância ou fazer diagnóstico sem ter conhecimentos médicos, ou, ainda, usar gestos, palavras ou qualquer outro meio para iludir a vítima.

✱ *V. CP: art. 284.*

CURATELA – Incumbência conferida pelo juiz a alguém para zelar, cuidar dos interesses de outrem, que não pode exercitá-los pessoalmente.

✱ *V. CC: arts. 22 a 25 e 1.767 a 1.783.*

CURATELADO – Indivíduo sujeito a curatela; interdito.

CURRA – Modalidade do crime de estupro. Ato pelo qual vários indivíduos obrigam, com uso de violência, uma pessoa a manter com eles relações sexuais.

CURRICULUM VITAE – (Latim) Currículo com os dados pessoais e relação de empregos e títulos.

CUSTAS – Despesas, encargos, gastos acarretados com promoção ou realização de atos forenses, processuais ou de registros públicos, que se somam e devem ser ressarcidos pela parte vencida no processo. Consistem, ainda, na remuneração dos serviços prestados pelos serventuários de justiça, os emolumentos etc. A Lei nº 13.467/2017 alterou a redação do art. 789, *caput*, da CLT para fixar limite máximo às custas relativas ao processo de conhecimento, qual seja de quatro vezes o limite máximo dos benefícios do Regime Geral de Previdência Social. São pagas sempre que se move ação na Justiça. Da receita arrecadada 60% ficam com o Executivo Estadual, 40% vão para o Judiciário. As custas são:

Judiciais: Todas as despesas decorrentes do processo.

CUSTÓDIA – Retenção do delinquente como garantia do cumprimento da pena; lugar a que é recolhido, sem caráter de prisão. Guarda ou detenção de coisa alheia, para ser entregue posteriormente ao dono. Guarda de títulos e valores de que se incumbem bancos e companhias de seguros, mediante pagamento de uma taxa, para protegê-los contra roubos, incêndios etc.

CYBERBULLYING – (Inglês) 1. Assédio, em ambiente virtual, que consiste em perseguição, humilhação, intimidação e difamação sistemática e repetitiva, envolvendo a publicação, em redes sociais, *e-mail*, mensagens de aplicativos e afins, de imagens, informações e/ou xingamentos de cunho íntimo ou vexatório. 2. É o *bullying* (p. 63) realizado por meio da internet, em rede de computadores, rede social, aplicativos, jogos *on-line* ou por qualquer outro meio digital ou transmitido em tempo real com alcance indeterminado. 3. A Lei nº 14.811/2024 transformou o *cyberbullying* em crime com previsão de pena de reclusão, de 2 (dois) a 4 (quatro) anos, e multa, se a conduta não constituir crime mais grave.

✱ *V. CP, art. 146-A.*

✱ *V. Lei nº 14.811/2024 (Institui medidas de proteção à criança e ao adolescente contra a violência nos estabelecimentos educacionais ou similares, prevê a Política Nacional de Prevenção e Combate ao Abuso e Exploração Sexual da Criança e do Adolescente e altera o Decreto-Lei nº 2.848, de 7 de dezembro de 1940 (Código Penal), e as Leis nºs 8.072, de 25 de julho de 1990 (Lei dos Crimes Hediondos), e 8.069, de 13 de julho de 1990 (Estatuto da Criança e do Adolescente).*

D

D. – Distribuída.

DAÇÃO – Ato de dar ou transferir algo (desusado neste sentido).

DAÇÃO EM PAGAMENTO – Acordo realizado com o objetivo de extinguir uma obrigação, pelo qual o credor recebe coisa que não seja dinheiro, em substituição da prestação que lhe era devida.

✱ *V. Lei nº 6.015/1973 (Dispõe sobre os registros públicos): arts. 129, 9º, 167, I, 31.*

DADO DE COMPUTADOR – Qualquer representação de fatos, informações ou conceitos numa forma adequada para o processamento num sistema de computador que inclua um programa capaz de fazer o sistema realizar uma tarefa.

✱ *V. Dec. nº 11.491/2023 (Promulga a Convenção sobre o Crime Cibernético, firmada pela República Federativa do Brasil, em Budapeste, em 23 de novembro de 2001).*

✱ *V. Convenção sobre o Crime Cibernético, art. 1º, b.*

DADO PESSOAL – 1. É uma informação a respeito de pessoa viva, identificada ou identificável. 2. Segundo a Lei nº 13.709/2018, é a "informação relacionada a pessoa natural identificada ou identificável". 3. A referida lei define, também, dado pessoal sensível como sendo "dado pessoal sobre origem racial ou étnica, convicção religiosa, opinião política, filiação a sindicato ou a organização de caráter religioso, filosófico ou político, dado referente à saúde ou à vida sexual, dado genético ou biométrico, quando vinculado a uma pessoa natural". 4. A EC nº 115/2022 inseriu a proteção de dados pessoas nos direitos e garantias fundamentais previstos no art. 5º da CF, no inciso LXXIX.

✱ *V. Lei nº 13.709/2018 (Lei Geral de Proteção de Dados Pessoais – LGPD).*

✱ *V. EC nº 115/2022 (Altera a Constituição Federal para incluir a proteção de dados pessoais entre os direitos e garantias fundamentais e para fixar a competência privativa da União para legislar sobre proteção e tratamento de dados pessoais).*

DANO MORAL – 1. Lesão do patrimônio imaterial da pessoa, como a honra, o crédito, a liberdade e a dignidade pessoal. Cabe indenização em delitos como injúria e calúnia e em outros que causem agravo moral. 2. A CF/1988 expressamente positivou o instituto, inclusive assegurando sua reparação, ainda que tenha sido o único bem jurídico violado. 3. Pelo CC/2002, qualquer dano moral passa a ser suscetível de indenização, e até mesmo as pessoas jurídicas podem reclamar pela sua reparação, neste caso, condicionada à comprovação de abalo objetivo à sua imagem e credibilidade no mercado em que atua. 4. O Superior Tribunal de Justiça pacificou o entendimento de que a indenização por dano moral não constitui acréscimo patrimonial, de modo que é indevida a incidência de Imposto de Renda sobre o valor recebido a este título. 5. Recentemente, o Superior Tribunal de Justiça também fixou a tese de que o direito à indenização por danos morais não é personalíssimo, sendo transmitido aos sucessores, inclusive quando não promovida a ação judicial pelo *de cujus* em vida. Entretanto, tal legitimidade é exercida pelos sucessores em nome do falecido cujo direito foi violado, e não se confunde com o direito próprio dos herdeiros em postular indenização pela lesão praticada contra o sucedido, denominada pela praxe jurídica como *dano em ricochete*. 6. Embora o CC preveja que incide correção monetária sobre o valor da indenização desde a data da lesão ao direito, o STJ entende que deve ser aplicada apenas a partir da data da decisão judicial que arbitrar o montante devido. 7. A jurisprudência foi consolidando hipóteses de dano moral presumido (*in re ipsa*), como a apresentação antecipada de cheque "pré-datado", a devolução indevida de cheque pelo banco sacado, o protesto indevido de título e a inclusão indevida do nome de alguém em cadastros restritivos de crédito, salvo, neste último caso, se já constavam outras inscrições previamente àquela ocorrida irregularmente. 8. A doutrina passou a diferenciar o dano moral do chamado *dano estético*, decorrente de atos ou omissões que produzam lesões ao corpo e aparência da pessoa, geralmente em decorrência de erros em procedimentos médicos. Em função desta diferenciação, o STJ passou a admitir a cumulação de pedidos de indenização por danos morais e estéticos. 9. A Lei nº 7.347/1985 admite a condenação do réu em indenização genérica pelos danos causados, e como dispensa a prova da extensão do dano, passou a ser empregada a expressão *dano moral coletivo*, a qual induz uma série de equívocos por parte da doutrina e dos operadores do Direito. Não obstante as divergências de entendimentos sobre a natureza da indenização e mesmo do dano a ser reparado, é certo que a lei estabelece a destinação do produto da indenização a um fundo público, e desde então foram criados diversos fundos por leis federais e estaduais, além de decisões judiciais destinarem eventuais valores de condenação aos fundos com finalidades específicas, como o Fundo de Amparo ao Trabalhador (FAT). 10. A Lei nº13.467/2017 (Reforma Trabalhista) incluiu na CLT o Título II-A sobre dano extrapatrimonial, em especial elencando os bens juridicamente tutelados inerentes à pessoa física e à pessoa jurídica. Remanesce a controvérsia acerca da pretensão do legislador em tarifar o montante de indenização devida, a qual padece de duvidosa constitucionalidade, mas ainda sem pronunciamento do STF sobre o tema.

✱ *V. CF, art. 5º, V.*

✱ *V. CC/2002, arts. 12, 52, 186, 927 e 943.*

✱ *V. CLT, arts. 223-A a 223-G.*

✱ *V. Lei nº 7.347/1985 (Lei da Ação Civil Pública), art. 13.*

✱ *V. Súmulas nº 37, 227, 281, 326, 362, 370, 385, 387, 388, 401, 624 e 642 do STJ.*

DAR – Conferir, atribuir, fazer doação. Obrigação positiva de transferir direito, entregar ou restituir coisa certa ou incerta ou de cumprir uma prestação.

DAR FÉ – Diz-se da ação de tornar fidedigno um documento ou alguma coisa.O termo é usado pelos tabeliães nas certidões.

DATA DA LEI – É a data da promulgação da lei.

DEBATE ORAL – Arguição verbal dos advogados das partes, feita em juízo, com o objetivo de demonstrar seus direitos. O juiz pode dar a palavra, também, ao órgão do Ministério Público. O prazo de cada um é de 20 minutos, prorrogável por mais 10, a critério do juiz. Se a causa apresentar questões complexas, o debate oral pode ser substituído por memoriais, designando o juiz dia e hora de seu oferecimento.

✱ *V. CPC/1973: art. 454.*

✱ *V. CPC/2015, art. 364, § 2º.*

***No Tribunal do Júri**: V.* arts. 476 a 481 do CPP (com redação dada pela Lei nº 11.689/2008).

DEBÊNTURE – Obrigações ao portador, representadas por títulos pelos quais as sociedades anônimas contraem empréstimos, por via de subscrição pública ou particular. Título de obrigação mercantil, negociável. Cada debênture constitui parcela de igual valor ao fracionamento do empréstimo; tem amortizações anuais, vence juros fixos previamente pactuados mais o reembolso de seu valor total. Os obrigacionistas ou credores, isto é, os titulares das debêntures, não se enquadram como sócios, são apenas credores da sociedade. O total em dinheiro da emissão de debêntures não pode superar o capital fixado nos estatutos ou no contrato, com exceção de companhia concessionária de um dos serviços públicos enumerados na lei que rege o instituto.

✱ *V. Lei nº 4.728/1965 (Disciplina o mercado de capitais), arts. 40 e 44.*

✱ *V. Lei nº 6.404/1976 (Dispõe sobre as Sociedades por Ações): art. 59.*

DÉBITO FISCAL – É aquele em que o contribuinte, deixando de pagar tributo na época certa à Fazenda Pública, passa a ser inscrito como devedor desta.

DECADÊNCIA – 1. Estado de quem ou daquilo que decai. 2. Aproximação do fim, decaimento, declínio. 3. Enfraquecimento, abatimento, empobrecimento. 4. Dano, estrago, lesão. 5. Época em que algo decaiu ou enfraqueceu. 6. Perecimento, perda ou extinção de um direito subjetivo em razão do decurso de tempo, por não ter seu titular exercido durante o prazo que a lei estipula. Também se diz *caducidade*. 7. Em sentido mais restrito, implica a perda de pretensão constitutiva, amparada na lei ou em cláusula contratual, pela inação de seu titular por certo período de tempo. Neste particular, difere da prescrição, pois, enquanto nesta última apenas se extingue a eficácia da pretensão, que é o direito de ação, na decadência perece o próprio direito, o qual não pode mais ser exercido, em juízo ou não. A doutrina emprega usualmente a expressão *direito potestativo* para expressar o tipo de pretensão que poderia caducar pelo transcurso legal do prazo, contudo, tal definição é equivocada, pois também há decadência de direitos que somente podem ser exigidos em juízo, como nos casos de ação rescisória ou de mandado de segurança. Ademais, o conceito de direito potestativo é historicamente ligado ao Direito das Obrigações, sobretudo no que diz respeito a faculdades estipuladas em contrato, e a decadência também pode operar-se em face do Poder Público, inclusive no exercício de atos de império. 8. No Dir. Processual, a petição inicial será indeferida se o juiz verificar a decadência, inclusive no bojo de processo cautelar preparatório. Diferentemente da prescrição, que até 2006 precisava ser alegada pelo interessado, a decadência legal sempre pôde ser declarada de ofício pelo juiz. O prazo, desde que iniciado, não pode ser suspenso nem interrompido, segue até o final; já o da prescrição admite suspensão ou interrupção. Outra diferença básica é que a decadência é oponível contra todos (*erga omnes*), e a prescrição não o é com relação aos menores de 16 anos ou portadores de doenças mentais. 9. No Direito Processual Penal, é modo de extinção da punibilidade nos delitos de ação privada, promovidos mediante queixa ou representação da parte, se não foi proposta ou exercitada no prazo legal. 10. No Dir. Tributário, é o perecimento do direito da Administração em efetuar o lançamento tributário, nas hipóteses em que cabia o ato à própria autoridade fazendária, ou quando o tributo é sujeito a lançamento por homologação e não houve a retificação dos dados autolançados pelo contribuinte. 11. Embora a jurisprudência, a princípio, não entendesse aplicável o CTN para regular a prescrição de contribuições sociais, como as devidas à Previdência Social e ao FGTS, tal posição foi revista mais recentemente, diante da conceituação mais moderna de *tributo*, que passaria a abranger todas as formas de exação que se subsumam a definição do art. 3º do CTN. A partir de então, a constituição do crédito previdenciário, embora estivesse originalmente sujeita ao prazo de decadência de 10 anos, nos termos do art. 45 da Lei nº 8.212/1991, passou também a ser de 5 anos, após o STF julgar inconstitucional referido dispositivo legal, aplicando ao caso o art. 173 do CTN. 12. No Processo do Trabalho, embora o art. 7º, XXIX, da Constituição trate como prescricional o prazo de 2 anos, após o término da relação de emprego, trata-se, na verdade, de prazo decadencial, pois fulmina todas as pretensões do ex-trabalhador, independentemente da data em que surgiu a obrigação. Outra hipótese de decadência em matéria trabalhista diz respeito ao direito de dispensar empregado garantido por estabilidade provisória de emprego, quando incorrer em ato que caracterize justa causa para rescisão do contrato de trabalho, o qual deve ser exercido em 30 dias, a contar da suspensão do empregado. Em qualquer caso, o prazo decadencial apenas começa a correr da data final prevista para o término do aviso-prévio, ainda que o empregador tenha optado por indenizar o pagamento do período, de modo que o empregado não tivesse que cumpri-lo. Suspende a fluência do aludido prazo a instauração de comissão de conciliação prévia, até o final do procedimento perante aquele órgão. Também é suspensa a fluência do prazo na hipótese de distribuição de petição de homologação de acordo extrajudicial, o qual retoma seu curso com o trânsito em julgado de eventual decisão que negar o pedido. 13. O ajuizamento de ação rescisória de sentença está sujeito a prazo decadencial, pois a pretensão do autor, neste caso, é a desconstituição da decisão coberta pela coisa julgada material. Em regra, o prazo é de 2 anos, a contar do trânsito em julgado da decisão rescindenda. Com o CPC/2015, tal prazo será contado separadamente para cada decisão ou pedido julgado definitivamente, em razão da possibilidade de julgamento parcial de mérito. Na hipótese de pedido de rescisão do julgado pela descoberta de prova nova (art. 966, VII), o prazo passa a ser de 5 anos, a contar da última decisão proferida no processo. 14. No Processo perante a Justiça Eleitoral, as ações detêm natureza prevalentemente constitutiva, de modo que os prazos para propositura das demandas são decadenciais. Exemplos de decadência em matéria eleitoral são os prazos para impugnação de mandato eletivo (15 dias, contados da diplomação do candidato impugnado) e para ação rescisória de decisão que declarar a inelegibilidade (120 dias, contados do trânsito em julgado). 15. Entende-se que o prazo de 120 dias para impetração de mandado de segurança é decadencial, pois o *writ* tem o objetivo de desconstituir ato inquinado de ilegalidade. A jurisprudência do STF entende que não ofende a Constituição a delimitação de prazo máximo para mandado de segurança, pois não impede que o interessado possa impugnar a mesma ilegalidade por ação ordinária. A denegação da segurança não impede a repropositura da medida dentro do prazo decadencial, desde que não tenha ainda havido apreciação de mérito da questão. 16. O CDC prevê prazos decadenciais para que o consumidor possa reclamar por vícios em produtos e serviços, diretamente em face do fornecedor ou em juízo, prazos estes que variam em função da natureza do produto e/ou do tipo de vício. 17. Em matéria de benefícios previdenciários, a Lei nº 8.213/1991 fixou o prazo de 10 anos, tanto para o direito dos segurados de poderem impugnar decisões acerca de revisão de benefícios como para o direito da Administração anular atos favoráveis aos beneficiários. O STF entendeu que tal prazo não se aplica à própria concessão de benefícios, que pode ser requerida a qualquer tempo, após satisfeitas as condições previstas pela lei, e a jurisprudência também excepcionou outras hipóteses, como a revogação de benefícios e a revisão com base em fundamento não apreciado pela Administração. 18. A LRE previu o direito ao administrador judicial, ao Comitê, a qualquer credor ou ao representante do Ministério Público de pedir a exclusão, outra classificação ou a retificação de qualquer crédito, nos casos de descoberta de falsidade, dolo, simulação, fraude, erro essencial ou, ainda, documentos ignorados na época do julgamento do crédito ou da inclusão no quadro geral de credores. Tal ação, de natureza inequivocamente constitutiva, pois visa alterar o quadro geral de credores da massa, foi denominada pela doutrina de *rescisória falimentar*, e sujeita-se a prazo decadencial, qual seja, até o encerramento da recuperação judicial ou da falência. 19. A Lei que regula o exercício do direito de resposta (Lei nº 13.188/2015) estabeleceu o prazo decadencial de 60 dias para provocação pelo interessado, a contar da data de cada divulgação, publicação ou transmissão de mensagens ofensivas ou informações inverídicas, a ser exercido em face de cada veículo de comunicação individualmente. 20. Em virtude do estado de calamidade pública provocado pela pandemia de Coronavírus, a Lei nº 14.010/2020 estabeleceu que os prazos decadenciais relativos a pretensões de Dir. Privado não poderiam começar a correr ou ficariam suspensos pelo lapso temporal entre a data de entrada em vigor daquele diploma legal e o dia 30-10-2020.

✱ **V.** *CF, art. 14, § 10.*

✱ **V.** *CC/2002, arts. 48, parágrafo único, 119, parágrafo único, 178, 207 a 211, 445, caput, 446, 501, 504, 505, 618, parágrafo único, 745, 754, 1.194 e 1.728, II.*

✱ **V.** *CTN, arts. 156, V, e 173.*

✱ **V.** *CP, arts. 103 e 107, IV.*

✱ **V.** *CPC/1973, arts. 220, 269, III, 295, IV, 495 e 810.*

✱ **V.** *CPC/2015, arts. 240, § 4º, 310, 330, 332, 487 e 975.*

✱ **V.** *CPP, art. 38.*

✱ **V.** *CDC, art. 26.*

✱ **V.** *CLT, arts. 625-G e 855-E.*

✱ **V.** *CE, art. 22, I, j.*

✱ **V.** *LRE, arts. 19 e 184, parágrafo único.*

✱ **V.** *Lei nº 6.404/1976 (Lei das Sociedades por Ações), arts. 137, § 4º, 171, § 4º, 174, § 1º, e 232.*

✱ **V.** *Lei nº 8.213/1991 (Lei dos Planos de Benefícios da Previdência Social), arts. 103 e 104.*

✱ **V.** *Lei nº 9.784/1999 (Lei do Processo Administrativo), art. 54.*

✱ **V.** *Lei nº 12.016/2009 (Lei do Mandado de Segurança), arts. 6º, § 6º, e 23.*

✱ **V.** *Lei nº 13.188/2015 (Dispõe sobre o direito de resposta), art. 3º.*

✱ **V.** *Lei nº 14.010/2020 (Dispõe sobre o Regime Jurídico Emergencial e Transitório das relações jurídicas de Direito Privado (RJET) no período da pandemia do coronavírus), art. 3º.*

✱ **V.** *Súm. Vinc. nº 8.*

✱ **V.** *Súmulas nºs 264, 360, 403 e 632 do STF.*

✱ **V.** *Súmulas nºs 106, 401 e 477 do STJ*

✱ **V.** *Súm. nº 153 do TFR.*

✱ **V.** *Súm. 81 da TNU.*

✱ **V.** *Súmulas nºs 62 e 100 do TST.*

✱ **V.** *Orientações Jurisprudenciais nºs 12, 18, 80 e 127 da SBDI-II do TST.*

DECIFRAÇÃO – O Dec. nº 7.845/2012 que regulamenta procedimentos para credenciamento de segurança e tratamento de informação classificada em qualquer grau de sigilo, e dispõe sobre o Núcleo de Segurança e Credenciamento conceituou decifração. De acordo com o art. 2º, VIII, considera-se decifração: "(...) ato de decifrar mediante uso de algoritmo simétrico ou assimétrico, com recurso criptográfico, para reverter processo de cifração original;"

DECISÃO INTERLOCUTÓRIA – Despacho proferido pelo juiz entre o início e o fim do processo que termina com a sentença definitiva. Esse despacho é feito no curso do processo para solucionar questões incidentes.

✱ **V.** *CPC/1973: art. 162, §§ 1º a 3º.*

✱ **V.** *CPC/2015, art. 203, §§ 1º a 3º.*

DECLARAÇÃO – 1. Ação ou efeito de declarar. 2. Ato diplomático, pelo qual duas ou mais potências afirmam seu acordo sobre determinado assunto. Comunicação que se faz, por exigência legal, a repartição pública ou órgão da Administração, como da declaração de renda, de bens etc. Ato escrito que esclarece uma decisão obscura ou revela fatos pouco conhecidos. Ato diplomático pelo qual duas ou mais potências complementam um acordo, um tratado, reconhecendo negócios, direitos ou regras fixadas no interesse comum de seus povos.

Da vontade: é o meio, expresso ou tácito, pelo qual alguém manifesta sua vontade, com o objetivo de produzir efeitos jurídicos.

✱ **V.** *CC: art. 112.*

De ausência: declaração feita pelo juiz atestando que uma pessoa está ausente, porque desapareceu de seu domicílio, sem que dela haja notícia, não deixando representante ou procurador a quem toque administrar-lhe os bens.

De crédito: a que o credor comercial ou civil apresenta em cartório, no prazo indicado, com seu título, a importância exata do crédito, origem e classificação que lhe é devida por direito.

De direitos: é aquela feita na Constituição de cada país, com o objetivo de assegurar o direito à vida, à liberdade, à segurança individual e à propriedade. Documento de natureza jurídico-política que declara e impõe o respeito aos direitos e liberdades fundamentais do ser humano, restringindo o poder discricionário dos governantes. Devem ser lembrados, entre outros mais antigos, a *Petition of Rights* (1626), a de Guilherme II (1689), que concedia ao Parlamento inglês o direito de se reunir, de votar impostos, de fiscalizar a execução das leis, e dava aos cidadãos o direito de representação, de serem julgados pelo juiz e não por tribunais de exceção; a Declaração dos Direitos do Homem e do Cidadão, da Revolução Francesa (1789), e a de 1948, sancionada pela ONU.

✱ **V.** *CC, arts. 107, 112 e 138.*

✱ **V.** *CPC/2015, arts. 427, 472 a 478.*

✱ **V.** *LINDB (Lei de Introdução às Normas do Direito Brasileiro).*

DECLINATÓRIA – Exceção que alega a incompetência de um juízo, indicando aquele que for competente. **V.** *Exceção.*

✱ **V.** *CPC/1973: art. 114.*

✱ **V.** *CPC/2015: art. 65.*

DECRETO – Qualquer ato emanado dos Poderes Públicos.No sentido amplo, ato escrito que emana do chefe de Estado ou de órgão do Poder Público Executivo. Lei que emana do Poder Legislativo. Mandado expedido por autoridade judiciária competente. No sentido estrito, sentença proferida por um juiz ou tribunal.

✱ **V.** *CF: art. 84, IV.*

Executivo: Qualquer ato escrito proveniente do Poder Executivo. Normalmente é o ato pelo qual o chefe de Estado desenvolve a atividade administrativa. É de atribuição privativa do presidente da República expedir decretos e regulamentos para o fiel cumprimento das leis; decretar o estado de defesa e o estado de sítio, a intervenção federal e a mobilização nacional em caso de guerra.

Judicial: Qualquer decisão proferida por autoridade judiciária, sob a forma de ordem ou mandado, decorrente de sentença.

Legislativo: É a resolução do Congresso Nacional, de caráter político ou administrativo, que se converte em norma obrigatória por meio da sanção, promulgação e publicação. Uma das fontes formais do Direito, o projeto de lei aprovado no Legislativo é um *decreto legislativo* que só se transforma em lei pela sanção do presidente da República; quando se trata de matéria da competência exclusiva do Congresso, salvo proposta de emenda à CF, será promulgada pelo presidente do Senado.

✱ **V.** *CF: art. 59, VI.*

DECRETO-LEI – Ato legislativo de competência do chefe do Poder Executivo, previsto nas Constituições de 1937 e 1967, cuja incidência, genérica, destinava-se à edição de normas urgentes sobre matérias de *segurança nacional.* Caso não fosse aprovado ou rejeitado pelo Congresso Nacional em determinado período, era convalidado como Lei em sentido formal. Com a promulgação da CF/1988, os decretos-leis foram recepcionados como leis ordinárias, dando lugar à figura da medida provisória, com a diferença de que esta última, se não for convertida em Lei pelo Congresso Nacional, não é convalidada, perdendo sua eficácia.

✱ **V.** *ADCT, art. 25.*

✱ **V.** *CF/1937, arts. 12 e 13.*

✱ **V.** *CF/1967 (alterada pela EC nº 1/1969), art. 55.*

DE DIREITO – De acordo com o direito.

DE FATO – É o oposto daquilo que é de direito porque não se refere à lei, mas sim à circunstância material.

DEFEITOS DOS ATOS JURÍDICOS – São aqueles decorrentes dos vícios de vontade, erro, dolo e coação, a simulação e a fraude a credores. **V.** *Vício redibitório.*

✱ **V.** *CC, arts. 138 a 165, 171 a 189 e 172.*

✱ **V.** *Lei nº 8.078/1990 (Dispõe sobre a proteção do consumidor – CDC), art. 51, § 2º.*

DEFENSOR – Aquele que tem mandado de outro para defender seus direitos ou interesses legais. Advogado de defesa. Delegado do Estado. Membro do Ministério Público que patrocina na Justiça o interesse da coletividade; Promotor Público.

No Tribunal do Júri: **V.** art. 408 do CPP (com redação dada pela Lei nº 11.689/2008).

✱ **V.** *Súm. Vinculante nº 14.*

Dativo: advogado nomeado pelo juiz para a parte que não tenha quem a defenda. O vigente Estatuto da OAB diz que constitui infração disciplinar recusar-se a prestar, sem justo motivo, assistência jurídica, quando nomeado em virtude de impossibilidade da Defensoria Pública.

✱ **V.** *CPP, arts. 261, 263 e 362.*

✱ **V.** *Lei nº 8.906/1994 (Estatuto da Advocacia e a OAB), art. 34, XII.*

✱ **V.** *Súm. Vinc. nº 14 (É direito do defensor, no interesse do representado, ter acesso amplo aos elementos de prova que, já documentados em procedimento investigatório realizado por órgão com competência de polícia judiciária, digam respeito ao exercício do direito de defesa).*

DEFENSOR DATIVO – É o advogado nomeado pelo juiz ao réu, para defendê-lo, por este não possuir meios de contratar um defensor. É o defensor público.

✱ **V.** *CPP: arts. 261, 263, 265, parágrafo único, e 266.*

DEFENSORIA PÚBLICA – Prevista na CF, é a instituição de caráter público que proporciona assistência jurídica gratuita a pessoas carentes. Seus integrantes são os defensores públicos, providos mediante concurso de provas e títulos, organizados em carreiras, com a garantia da inamovibilidade, mas proibindo-se-lhes o exercício da advocacia fora das atribuições constitucionais. O vigente Estatuto da OAB diz que constitui infração disciplinar "recusar-se a prestar, sem justo motivo, assistência jurídica, quando nomeado em virtude de impossibilidade da Defensoria Pública". A EC nº 80/2014 incluiu o art. 98 ao ADCT, estabelecendo que o número de defensores públicos deve ser proporcional à população de cada unidade jurisdicional e à efetiva demanda de serviço.

✱ **V.** *CF, arts. 5º, LXXIV, e 134.*

✱ **V.** *ADCT, art. 98.*

✱ **V.** *LC nº 80/1994 (Lei Orgânica da Defensoria Pública).*

✱ **V.** *EC nº 74/2013.*

✱ **V.** *Lei nº 8.906/1994 (Estatuto da Advocacia e a OAB), art. 34, XII.*

Defensoria Pública do Distrito Federal: A EC nº 69/2012 alterou os arts. 21, 22 e 48 da Constituição Federal, para transferir da União para o Distrito Federal as atribuições de organizar e manter a Defensoria Pública do Distrito Federal.

DEFESA PRÉVIA – Alegações apresentadas pelo réu, no prazo de doisdias após o interrogatório em juízo. Na defesa prévia podem-se arrolar testemunhas.

✱ *V. CPP: arts. 395, 401, 514 e 552.*

DEFESA TÉCNICA – O princípio da ampla defesa está expressamente previsto no art. 5º, LV, da CF. "A ampla defesa é constituída a partir dos seguintes fundamentos: ter conhecimento claro da imputação; poder apresentar alegações contra a acusação; poder acompanhar a prova produzida e fazer contraprova; ter defesa técnica por advogado, cuja função é essencial à Administração da Justiça (art. 133 da CF/1988); e poder recorrer da decisão desfavorável." No entanto, no processo administrativo, o STF entendeu não ser necessária a defesa por meio de advogado.

✱ *V. Súm. Vinculante nº 5 do STF.*

DEFESO – 1. O que não é permitido por lei; proibido, vedado. 2. A paralisação temporária da pesca para a preservação da espécie, tendo como motivação a reprodução e/ou o recrutamento, bem como paralisações causadas por fenômenos naturais ou acidentes.

✱ *V. Lei nº 11.959/2009 (Dispõe sobre a Política Nacional de Desenvolvimento Sustentável da Aquicultura e da Pesca, regula as atividades pesqueiras): art. 2º, XIX, 3º, V.*

DEFICIÊNCIA – 1. Imperfeição, falta, lacuna, escassez, insuficiência. 2. Deformação física ou insuficiência de função física, mental, intelectual ou sensorial. 3. A Lei nº 14.126/2021 classificou a visão monocular como deficiência sensorial do tipo visual. *V. Pessoa com deficiência.*

✱ *V. Lei nº 14.126/2021 (Classifica a visão monocular como deficiência sensorial, do tipo visual), art. 1º.*

DEFICIENTE – 1. Em que há deficiência. 2. Escasso, insuficiente. 3. Em matemática, diz-se do número cujas partes alíquotas somadas alcançam resultado inferior a este mesmo número. 4. Que ou quem apresenta uma má-formação física ou insuficiência de função física, mental, intelectual ou sensorial. *V. Pessoa com deficiência.*

DEFLORAMENTO – Ruptura do hímem em decorrência de conjunção carnal com mulher virgem. Era o elemento material do crime de sedução, consubstanciado no art. 217 do CP, revogado pela Lei nº 11.106/2005. Nem sempre ocorre o rompimento do hímen, quando esse é complacente. Não mais se anula casamento em caso de "defloramento da mulher ignorado pelo marido". (Este conceito foi abolido pelo CC atual.)

DEFORMIDADES SEXUAIS (MEDICINA LEGAL) – São imperfeições físicas ligadas aos órgãos sexuais. O desconhecimento, por parte do cônjuge, antes do casamento, da deformidade pode causar a anulação, por ter havido erro essencial sobre a pessoa do outro cônjuge.

✱ *V. CC: arts 1.556 e 1.557, III.*

DEFRAUDAÇÃO – Ato de defraudar; espoliação por fraude. Infração da lei com fraude ou má-fé. Manobra para elidir-se ao pagamento de imposto.

DEFRAUDAÇÃO DE PENHOR – Crime cometido pelo devedor que, tendo a posse do objeto empenhado, usa de fraude para aliená-lo, sem o consentimento do credor.

✱ *V. CP: art. 171, § 2º, III.*

DEGOLAMENTO – Feridas incisas na parte posterior do pescoço; o ferimento pode ser profundo ou superficial. Ocorre em caso de homicídio e suicídio, sendo difícil por acidente. A morte sobrevém por hemorragia.

DEGRADAÇÃO DO DELITO – Ausência de elemento que impede a consumação do delito, minorando a imputação.

DELAÇÃO – Denúncia de um fato ilícito, reprovável, criminoso. Feita por particular, em geral anônima, envolvendo um crime impune ou preparativos para a sua execução, com a nomeação dos implicados.

DELEGAÇÃO (DIR. CIVIL) – Forma de novação da dívida, mediante a substituição do devedor por outra pessoa, que passa a ser o devedor.

DELEGACIA – Repartição pública que exerce funções delegadas. Local onde o delegado exerce suas funções.

Fiscal: departamento do Ministério da Fazenda ou de órgão afim, em funções delegadas por ele para melhor execução dos serviços.

Policial: órgão da Secretaria da Segurança Pública, onde o delegado trabalha na investigação de crimes e recebimento de queixas e denúncias a apurar.

DELEGADO – Pessoa que recebeu uma incumbência, uma comissão, ou a quem foi confiada a função de chefiar uma delegacia fiscal ou policial. Emissário ou representante de pessoa natural ou jurídica em assembleia, convenção; representante de partido político com direito a voto nas convenções partidárias. Legado, enviado. Aquele a quem se delegaram poderes, funções.

DELEGADO SINDICAL – Aquele que representa o sindicato no âmbito da empresa, tornando-se o porta-voz dos trabalhadores em suas reivindicações para minorar as dificuldades no trabalho. Diferentemente do dirigente sindical não se beneficia da estabilidade provisória àquele garantida.

DELIBERAÇÃO DA PARTILHA – Despacho concedido pelo juiz, no qual soluciona sobre os pedidos de quinhões pelos legatários e herdeiros, determinando os bens de cada um.

✱ *V. CPC/1973: art. 1.022.*

✱ *V. CPC/2015, art. 647.*

DELINQUÊNCIA – Ato de cometer crime, delinquir. Estado ou qualidade de delinquente. Criminalidade. Violação de norma legal.

DELITO – Toda infração de direitos, por ação ou omissão contrária à lei.

Civil: Todo ato ilícito dos direitos de outrem.

DELIVERY ORDER – No Dir. Com. Marítimo é *ordem de entrega*. Autorização dada pelo possuidor de conhecimento de mercadorias embarcadas à ordem, após a partida do navio, ao capitão ou ao agente ou consignatário do armador, para que sejam entregues a um ou mais destinatários que ele designa.

DEMAGOGIA – Forma corrupta de democracia que se realiza pela paixão popular, não representando a verdadeira consciência cívica do governo, tendo como objetivo principal iludir o povo com falsas promessas ou projetos irrealizáveis, iludem as massas, excitando paixões. Segundo Aristóteles, era uma forma corrompida de governo. Atuação de demagogos.

DEMANDA – Questão, lide, contenda, controvérsia, processo, litígio, pleito judicial. Começa com o ingresso em juízo, mas este somente se instaura com a citação válida do réu. Com a apresentação da contestação, autor e réu passam a ser litigantes.

DEMISSÃO (DIR. TRAB.) – 1. No Dir. do Trabalho, é aplicada coloquialmente no sentido de rescisão do contrato de trabalho, tanto pelo empregador quanto pelo empregado, embora, em sentido técnico, refira-se apenas ao término do vínculo a pedido do trabalhador. Não pode ser demitido empregado sindicalizado a partir do registro da candidatura a cargo de direção ou representação sindical e, se eleito, até 1 ano após o final do mandato, ainda que suplente, a menos que pratique falta grave nos termos da lei. Outras hipóteses de vedação à demissão, ainda que por tempo determinado são os casos de: gestante, da confirmação da gravidez até 5 (cinco) meses após o parto; membro da Comissão interna de Prevenção de Acidentes (CIPA), desde o registro da candidatura até 1 (um) ano após o término do mandato; membro de Comissão de Conciliação Prévia (CCP), representantes dos empregados, até um ano após o final do mandato; membros do Conselho Curador do FGTS e do Conselho Nacional de Previdência Social, representantes dos trabalhadores, da nomeação até um ano após o término do mandato de representação; segurando que sofreu acidente de trabalho, até doze meses após a cessação do benefício de auxílio-doença. A dispensa injustificada de empregados nestas hipóteses permite a reintegração, inclusive em tutela antecipada, o que a jurisprudência vem indenização pelos salários do período de estabilidade. A jurisprudência trabalhista majoritária também entende que a propositura de ação após o término do período em que seria vedada a demissão não configura abuso de direito, desde que observado o prazo prescricional da ação. entende presumidamente discriminatória a dispensa de empregados portadores de doenças graves, como AIDS e neoplasias malignas, de modo que também é cabível, em princípio, a reintegração dos mesmos. No caso de demissão a pedido do empregado, o mesmo tem direito a receber: saldo de salário, férias integrais e/ou proporcionais + 1/3 e 13º salário proporcional. Não faz jus, entretanto, à multa de 40% sobre o saldo de FGTS, nem pode levantar os depósitos em conta vinculada, tampouco pleitear recebimento de seguro-desemprego. A jurisprudência trabalhista entende que os incentivos financeiros pagos para adesão a programas de demissão voluntária tem natureza indenizatória, não repercutindo em outras verbas rescisórias e não sofrendo tributação. Ainda sobre plano de demissão voluntária, a adesão não implica quitação geral do contrato de trabalho, mas apenas das parcelas e valores constantes do negócio jurídico, não podendo ser compensados com outros valores porventura reconhecidos em juízo. A Lei nº 13.467/2017 (Reforma Trabalhista) fixou entendimento diverso no sentido de Plano de Demissão Voluntária quitar plena e irrevogavelmente os direitos, salvo disposição expressa em contrário estipulada entre empregado e empregador. *V. dispensa*. 2. Pena administrativa que se aplica a servidor público, retirando-o do cargo que ocupa, ao incidir em falta grave ou infração prevista em lei. A demissão será aplicada a funcionário *vitalício* por sentença judiciária; *estável*, por sentença ou processo administrativo em que lhe seja garantida ampla defesa; *ad nutum*, se o funcionário não tem estabilidade e for exonerável a qualquer tempo; *por abandono do cargo*, quando se ausenta por causa não justificada, por mais de 30 dias, sem que esteja em gozo de licença ou de férias, ou não retorna ao exercício do cargo no término dessas ou daquela. Em qualquer caso, é imprescindível que a demissão de servidor público seja precedida de processo administrativo, garantindo o contraditório e ampla defesa.

✱ *V. CF, arts. 7º, I, e 8º, VIII.*

✱ *V. ADCT, art. 10.*

✱ *V. CLT, arts. 477-B, 477 a 486, 494, 496, 543, § 3º, e 625-B, § 1º.*

✱ *V. Lei nº 8.036/1990 (Dispõe sobre o Fundo de Garantia por Tempo de Serviço), art. 3º, § 9º.*

✱ *V. Lei nº 8.213/1991 (Dispõe sobre planos de benefícios da Previdência Social), arts. 3º, § 7º, e 118.*

✱ *V. Lei nº 8.112/1990 (Regime Jurídico Único dos Servidores Públicos Civis da União, Autarquias e Fundações Públicas Federais), art. 33, II, 127, III, 132, 133, § 6º, 136 e 137.*

✱ *V. Súm. nº 20 do STF.*

✱ *V. Súm. nº 215 do STJ.*

✱ *V. Súmulas nºs 244, 261, 379 e 443 do TST.*

✱ *V. Orientações Jurisprudenciais nºs 207, 356 e 399 da SBDI-I do TST.*

DENÚNCIA – Ato de imputar a alguém a prática de uma infração penal. Forma como o promotor de Justiça formaliza a acusação perante o juízo competente, dando início à ação.

✱ *V. art. 406 do CPP (com redação dada pela Lei nº 11.689/2008).*

Cheia: É denúncia obrigatoriamente motivada da locação do imóvel. O imóvel, que teve sua locação prorrogada automaticamente, findo o prazo estabelecido, só pode ser retomado se for pedido para uso próprio, para uso residencial de ascendente ou descendente que não disponha, assim como seu cônjuge ou companheiro, de imóvel residencial próprio, e outras hipóteses que a lei determina.

✱ *V. Lei nº 8.245/1991 (Dispõe sobre as locações dos imóveis urbanos e os procedimentos a elas pertinentes): arts. 46 e 47.*

Vazia (locações): Denúncia imotivada. A nova Lei do Inquilinato, Lei nº 8.245/1991, estabelece no art. 46, *caput*, §§ 1º e 2º, a denúncia vazia para as locações comerciais e residenciais.

DENUNCIAÇÃO CALUNIOSA – Crime contra a Administração da Justiça, configurado quando o agente pede que se faça investigação policial ou se instaure ação contra outrem, imputando-lhe falsamente crime de que o sabe inocente. A Lei nº 14.110/2020 alterou a tipificação do delito, incluindo também acusações infundadas de infração ético-disciplinar ou de ato de improbidade administrativa, das quais decorram a instauração de processo ético-disciplinar ou propositura de ação por ato de improbidade administrativa. A pena é de reclusão de 2 (dois) a 8 (oito) anos e multa, aumentada da sexta parte se o agente se serve de anonimato ou de nome suposto; e reduzida de metade se a imputação é de prática de contravenção.

✱ *V. CP, art. 339.*

DE OFÍCIO – Da expressão latina *ex officio*, significando: por iniciativa própria ou em função do cargo ou por dever de ofício. Autorização para que o órgão competente possa agir por determinação legal, não precisando de autorização. Realização de um ato processual pelo juiz, sem requerimento das partes.

DEPENDÊNCIA FÍSICA OU PSÍQUICA (MEDICINA LEGAL) – 1. Sujeição ao poder ou autoridade do outrem, subordinado. 2. Intoxicação produzida por entorpecentes, que produzem dependência, tirando o entendimento do agente sobre o caráter criminoso do fato, no momento da ação ou omissão.

DEPENDENTE – 1. Aquele que está subordinado economicamente a alguém. São excluídos da relação de dependentes os maiores de 18 anos, os casados e os que tenham atividade remunerada. 2. Para efeito do Imposto de Renda, são dependentes os filhos solteiros até 21 anos ou inválidos, marido ou mulher casados no civil, companheira ou companheiro, menor carente sob os cuidados do declarante. 3. Ante a antinomia entre a Lei nº 8.213/1991 e o ECA, acerca do enquadramento do menor sob guarda para fins previdenciários, a jurisprudência permaneceu cindida por mais de duas décadas, apenas vindo o STJ a se pronunciar em sede de recurso repetitivo em 2018, afirmando a especialidade do ECA em relação à lei previdenciária.

D

Contudo, a EC nº 103/2019 parece ter restringido o alcance dos direitos da guarda de menores, pois declarou que apenas se equiparam a filho o enteado e o menor tutelado.

✱ *V. EC nº 103/2019 (Altera o sistema de previdência social e estabelece regras de transição e disposições transitórias), art. 23 §§ 4º a 7º.*

✱ *V. ECA, art. 33, § 3º.*

✱ *V. Lei nº 8.213/1991 (Dispõe sobre os Planos de Benefícios da Previdência Social), art. 16.*

DE PLANO – Locução que significa: sem formalidades, de imediato. Diz-se que o juiz decidiu ou despachou de plano, quando ele o faz sem estar sentado em sua cadeira, sobre o estrado, estando em pé, no chão, no plano. É linguagem figurada. Em regra, o juiz medita, examina com calma e profundidade. Mas, no chão, de plano, é como se estivesse com pressa, sem poder deter-se a examinar o que se lhe pediu, então, desembaraça-se do que lhe foi apresentado, ali mesmo, onde está, apressadamente.

DE PLENO DIREITO – Em virtude de lei.

✱ *V. CPC/1973: arts. 804 e 928.*

✱ *V. CPC/2015, arts. 300, § 1º, e 562.*

DEPOIMENTO PESSOAL – É o depoimento do autor ou do réu, presta na audiência de instrução e julgamento, a requerimento da parte contrária, que assim busca conseguir uma prova direta de seu oponente. A parte será tida por confessa se não comparecer ou, fazendo-o, recusar-se a depor. O juiz pode requerer, de ofício, em qualquer estado do processo, que as partes compareçam para que ele as interrogue sobre os fatos da causa; não pode a parte servir-se de escritos adrede preparados, mas o juiz lhe permitirá a consulta a notas breves, desde que objetivem completar esclarecimentos. A parte não é obrigada a depor de fatos criminosos ou torpes que lhe forem imputados ou daqueles sobre os quais, por estado ou profissão, deva guardar sigilo; essa disposição não é aplicável às ações de filiação e de anulação de casamento.

✱ *V. EC nº 66/2010 (Dispõe sobre a dissolubilidade do casamento civil pelo divórcio, suprimindo o requisito de prévia separação judicial por mais de 1 (um) ano ou de comprovada separação de fato por mais de 2 (dois) anos).*

✱ *V. CPC/1973: arts. 342 a 347.*

✱ *V. CPC/2015, arts. 385 a 388.*

✱ *V. CPP: arts. 203, 204 e 210.*

✱ *V. CLT: arts. 819, 820 e 824.*

DEPOR – Prestar declarações como testemunha ou parte em processo. Desapossar alguém de um cargo ou do poder (chefes de Estado). Renunciar a cargo ou função.

DEPORTAÇÃO – Banimento, expulsão do País, saída compulsória de estrangeiro que esteja irregularmente no País. Enquanto não se efetivar a deportação, o estrangeiro poderá ser recolhido à prisão por ordem do Ministro da Justiça pelo prazo de 60 dias, que poderá ser prorrogado por idêntico período, findo o qual ele será colocado em liberdade vigiada, em local designado pelo Ministro da Justiça, e terá de observar normas de comportamento que lhe forem determinadas. O descumprimento de qualquer dessas normas poderá implicar a prisão administrativa do estrangeiro por 90 dias. O estrangeiro será deportado para o seu país de origem ou para outro que consinta recebê-lo. Não sendo exequível a deportação ou se existirem indícios sérios de periculosidade ou indesejabilidade do estrangeiro, far-se-á a sua expulsão (Lei nº 6.815/1980, arts. 57 a 64).

✱ *V. Lei nº 6.815/1980 (Estatuto do Estrangeiro), arts. 57 a 64. (Revogado pela Lei nº 13.445, de 24-5-2017 (DOU de 25-5-2017)).*

DEPOSITÁRIO – 1. Indivíduo ao qual se confia um depósito. 2. Aquele que foi nomeado pelo juiz para guardar objetos penhorados ou embargados. São equiparados ao depositário, para os efeitos legais, o leiloeiro, o trapicheiro, o gerente, superintendente ou administrador de armazém de depósito e de armazéns gerais, condutor e comissário de transportes.

Infiel: É aquele que se recusa a devolver a coisa que lhe foi confiada em depósito. É considerada ilícita a prisão civil do depositário infiel.

✱ *V. CF: art. 5º, LXVII.*

✱ *V. CPC/1973: art. 904, parágrafo único, sem correspondente no CPC/2015.*

✱ *V. Súm. Vinculante nº 25.*

Judicial: funcionário da Justiça encarregado da custódia dos valores ou coisas consignadas ou depositadas em juízo.

✱ *V. CPC/1973: arts. 148 a 150, 666, 672, 677, 678, 690, 824, 825, 858, 859, 919 e 1.145, § 1º.*

✱ *V. CPC/2015: arts. 159 a 161, 840, 856, 862, 863, 892, 895, 553 e 740, § 2º.*

Particular: Pessoa nomeada pelo juiz como depositário de bens penhorados ou apreendidos judicialmente.

Público: é o serventuário de Justiça que tem sob sua guarda e conservação coisas que são recolhidas a depósito público, em razão de penhora, arrecadação etc.

✱ *V. CF, art. 5º, LXVII.*

✱ *V. CPC/2015, art. 840.*

✱ *V. CP, art. 168, § 1º, I.*

✱ *V. Lei nº 492/1937 (Regula o penhor rural e a cédula pignoratícia).*

✱ *V. Lei nº 8.866/1994 (Lei do Depositário Infiel). O STF, por unanimidade, julgou procedente a ADIN nº 1.055/DF (DJe de 31-1-2017 e DOU de 1-2-2017), para declarar a inconstitucionalidade desta Lei).*

DEPÓSITO PREPARATÓRIO DA AÇÃO – É aquele requerido ao juiz competente, quando é preciso o depósito da coisa litigiosa para propor a ação principal. Medida preliminar à propositura de ação executiva, nas ações de retrovenda, redibitória e de remissão de penhor, por mandado do juiz e que não admite contestação nem impugnação.

Público: estabelecimento onde são guardados bens objetos de demanda, penhorados ou arrestados, de órfãos, de herança jacente etc., cuja remoção para o depósito depende de ordem do juiz.

Voluntário ou convencional: efetuado por livre vontade das partes interessadas; é modalidade de depósito extrajudicial e divide-se em: *civil*, se a natureza da coisa que lhe serve de objeto for civil; *extrajudicial*, se realizado fora do juízo; *irregular* ou *impróprio*, quando o depositário pode utilizar-se de coisas em depósito, obrigando-se a restituí-las na mesma espécie, qualidade e quantidade; confunde-se então com o *mútuo*; *mercantil*, feito por comerciante ou por conta desse, é o depósito voluntário ou oneroso de coisa comerciável; *particular*, aquele de coisa objeto de penhora, feito a terceiro por acordo entre as partes em litígio; *regular*, aquele de coisa infungível ou da qual o depositário não pode dispor.

DEPÓSITO RECURSAL – Quantia que deve ser recolhida pela parte sucumbente em reclamatória trabalhista, para admissão de recursos na Justiça do Trabalho. Até a entrada em vigor da Lei nº 13.467/2017 (Reforma Trabalhista), o depósito era feito em conta vinculada de FGTS, em nome do trabalhador. A partir da alteração legislativa, passou a ser feito em conta judicial. A Lei nº 13.467/2017 também passou a conceder benefícios a entidades sem fins lucrativos, empregadores domésticos, microempresas, empresas de pequeno porte, entidades filantrópicas e empresas em recuperação judicial. Por fim, passou a ser admitido o oferecimento de fiança bancária ou seguro garantia como alternativa ao depósito em espécie.

✱ *V. CLT, art. 899, §§ 1º a 11.*

DEPRECADA – Nome genérico dado às cartas precatória e rogatória.

DEPRECANTE – É a autoridade judiciária que expede a *deprecada*.

DEPRECATA – O mesmo que *deprecada*.

DERROGAÇÃO – Revogação parcial de uma lei.Pode ser *expressa*, quando menciona, claramente, a parte que está sendo anulada ou substituída; e *tácita*, quando colide o novo dispositivo com o que antes vigorava. Determina a LINDB, que "a lei terá vigor até que outra a modifique ou revogue". E ainda: "A lei nova, que estabeleça disposições gerais ou especiais a par das já existentes, não revoga nem modifica a lei anterior".

✱ *V. LINDB (Lei de Introdução às Normas do Direito Brasileiro): art. 2º.*

DESACATO – Provocação ou falta de respeito ao funcionário público no exercício de suas funções.Desobediência intencional a superior hierárquico ou a pessoa que está investida de autoridade em função do seu cargo, quando em seu exercício, por meio de palavras, gestos, ameaça, vias de fato, violência, escritos, desenhos afrontosos, falta de consideração ou de obediência hierárquica. São requisitos dessa ação dolosa: que o paciente seja funcionário do Governo; que o fato resulte do exercício de uma função pública; que haja dolo específico do agente. A pena é de detenção de 6 meses a 2 anos ou multa.

✱ *V. CP: art. 331.*

✱ *V. CPM: art. 299.*

DESACOLHER – Não acolher, negar o recebimento, negar o provimento, a acolhida.

DESAFETAÇÃO – É a retirada de um bem pertencente ao Poder Público para incorporá-lo ao domínio privado do particular ou do Estado, poderá constar da mesma norma que autorize a alienação, observadas previamente sua avaliação e concorrência, formalidades administrativas indispensáveis para a venda de bem público imóvel.

DESAFORAMENTO – Mudança da competência, em virtude da retirada de um determinado foro, do processo já iniciado para ser remetido a outro.

✱ *V. CPP: art. 424.*

De julgamento: verifica-se quando existe interesse de ordem pública ou dúvida sobre a imparcialidade de júri ou sobre a segurança pessoal do réu, e o Tribunal de Apelação, a requerimento de qualquer das partes interessadas ou por representação do juiz, e ouvido o procurador-geral, poderá desaforar o julgamento para outra comarca ou termo próximo, em que não subsistam aqueles motivos, após informação do juiz, se a medida não tiver sido solicitada, de ofício, por ele próprio. Não será concedido o desaforamento se não ficar provada a parcialidade do júri. Também poderá o Tribunal de Apelação, a requerimento do réu ou do Ministério Público, determinar o desaforamento, se o julgamento não se realizar no período de 1 ano, contado do recebimento do libelo, desde que para a demora não haja concorrido o réu ou a defesa.

No Tribunal do Júri: *V.* arts. 427 e 428 do CPP (com redação dada pela Lei nº 11.689/2008).

DESAGRAVO – É a reparação civil ou retratação de uma ofensa ou de um dano moral.

DESAJUSTE – Rompimento de um ajuste, descumprimento de um contrato. Ato de desajustar.

DESANEXAÇÃO – Ato de desanexar. Separação de coisas que estavam juntas, anexadas. Desmembramento de território, administrativo ou judicial.

DESAPARECIDO – Aquele que desapareceu de seu domicílio habitual e não mais foi encontrado; aquele cuja morte se presume, embora não se lhe descubra o cadáver. Não se confunde com o *ausente*.

DESAPOSENTAÇÃO – 1. Ato de desaposentar. 2. Retirada da aposentadoria concedida. 3. Alteração da aposentadoria de quem já se encontrava aposentado para incluir no valor desta o correspondente às novas contribuições à Previdência Social decorrentes do trabalho que continuou realizando depois de concedido o benefício. O Supremo Tribunal Federal, no julgamento dos Recursos Extraordinários (RE) nº 381367, de relatoria do Min. Marco Aurélio, RE nº 661256, com repercussão geral, e RE nº 827833, ambos de relatoria do Min. Luís Roberto Barroso, entendeu que a aposentadoria já concedida não pode ser recalculada por desaposentação sem previsão em lei.

DESAPOSSAMENTO – Tirar de alguém a posse de uma coisa. Despojamento, renúncia à posse.

DESAPOSSAR – Esbulhar, espoliar. Tirar a posse de uma coisa a alguém.

DESAPROPRIAÇÃO – É a transferência de um bem particular para o domínio do Estado, por necessidade, utilidade pública ou interesse social, mediante prévia e justa indenização.O mesmo que *expropriação*. Compete privativamente à União legislar sobre desapropriação. Diz a CF que a lei estabelecerá o procedimento para desapropriação por necessidade ou por utilidade pública, ou ainda por interesse social, mediante justa e prévia indenização, em dinheiro, ressalvados os casos que ela prevê.

✱ *V. CF: arts. 5º, XXIV, 22, II, e 184.*

✱ *V. CC: arts. 31, 1.275, V, 1.276, 1.409, 1.425,V.*

✱ *V. C. Águas, arts. 32, 33 e 151.*

✱ *V. Dec.-lei nº 3.365/1941 (Dispõe sobre desapropriações de utilidades públicas).*

✱ *V. Lei nº 4.504/1964 (Dispõe sobre o estatuto da terra) arts. 17 e 25.*

✱ *V. Lei nº 4.132/1962 (Dispõe sobre desapropriação de interesse social)*

O atual CC ampliou o sistema de desapropriação. O proprietário poderá perder o imóvel se a área for extensa e estiver na posse ininterrupta e de boa-fé, por mais de 5 anos, pessoas que tiverem realizado obras e serviços de interesse social.

DESCAMINHO – Crime contra o Erário, praticado por particular, que consiste em ato fraudulento destinado a evitar, no todo ou em parte, o pagamento na Alfândega de direitos ou impostos devidos pela entrada, saída ou consumo de mercadorias, com pena de reclusão, de 1 (um) a 4 (quatro) anos. O § 1º do art. 334 do CP, com a redação dada pela Lei nº 13.008/2014, equipara outras condutas ao tipo penal, como a aquisição, venda, exposição, utilização em proveito próprio ou alheio etc., de mercadoria de procedência estrangeira introduzida clandestinamente no País ou que o agente sabe ser produto de importação fraudulenta por parte de outrem. Se for funcionário público que facilite a prática do delito por

D

outrem, a pena é de 3 (três) a 8 (oito) anos. A competência para processamento é do Juízo Federal do lugar da apreensão dos bens. Os especialistas apontam diferenças entre *descaminho* e *contrabando* (q.v.). Este se configura pela importação ou exportação fraudulenta de mercadorias, cuja entrada, saída e comercialização no País são totalmente proibidas; no *descaminho* a mercadoria poderia entrar ou sair do País, sem qualquer proibição, desde que fosse efetuado o pagamento do tributo devido. Por outro lado, o contrabando afeta a higiene, a moral, a segurança e a economia pública; o descaminho, apenas os cofres do Estado. A pena de perdimento de veículo utilizado em contrabando ou descaminho somente se justifica se demonstrada, em procedimento regular, a responsabilidade de seu proprietário na prática do ilícito.

✱ *V. CP, arts. 318 e 334.*

✱ *V. Súm. nº 138 do TFR.*

✱ *V. Súm. nº 151 do STJ.*

DESCENDENTE – Pessoa que possui parentesco, que descende de outra.O que se origina, provém, procede, descende de alguém.

✱ *V. CC, arts. 197, II, 228, 496, 533, II, 1.489, II, 1.497, 1.521, I, 1.548 II, 1.696, 1.697, 1.829, 1.835, 1.836, 1.838, 1.857, 1.962, 1.972 e 2.000.*

DESCER – Baixar; passar o processo do juízo para o cartório, de instância superior para inferior.

DESCLASSIFICAÇÃO DE CRIME – É o ato do juiz que, ao pronunciar o réu, convencendo-se de que este praticou crime diverso do classificado na queixa ou denúncia, modifica sua classificação.

✱ *V. CPP: arts. 74, § 3º, 410 e 492, § 2º.*

DESCONSIDERAÇÃO DA PERSONALIDADE JURÍDICA – 1. Teoria advinda da jurisprudência inglesa, tendo, porém, grande aceitação nos Estados Unidos, difundindo-se. É o enfoque dado à figura do sócio para a ineficácia de um ato praticado em nome da sociedade, ignorando-se-lhe a existência como pessoa jurídica. Ocorre em hipóteses como abuso de personalidade jurídica, fraude à lei e ao contrato ou de fraude contra credores ou à execução. 2. A teoria da desconsideração foi também adotada pela Lei nº 9.605/1998, referente ao meio ambiente, pela Lei nº 12.529/2011, no que diz respeito à defesa da livre concorrência, e pela Lei nº 12.846/2013, que diz respeito à repressão a atos contra a Administração Pública. Em todas essas hipóteses, a desconsideração pode ser promovida em sede administrativa pelos Órgãos competentes para a apuração de irregularidades. 3. Com o CPC/2015, passou a ser previsto procedimento autônomo para declaração de responsabilidade de sócios e/ou diretores por atos da pessoa jurídica, cuja sentença tem carga preponderantemente declaratória, pois reconhece alguma das hipóteses para redirecionamento da pretensão originalmente deduzida em face da pessoa jurídica. Entretanto, grande parte da doutrina sustenta sua inaplicabilidade ao Processo do Trabalho, alegando que prejudica a celeridade da execução. 4. Com a nova disciplina da fraude à execução no CPC/2015, a declaração de desconsideração da personalidade jurídica somente implica a ineficácia de alienações de bens dos sócios realizadas após a citação do alienante em incidente próprio. 5. O redirecionamento de atos de expropriação em face do sócio sem prévia instauração do incidente permite a oposição de embargos de terceiro, para levantamento de constrição sobre bens. 6. A Lei nº 13.467/2017 (Reforma Trabalhista) incluiu, no Capítulo III, da CLT, a Seção IV a respeito do incidente de desconsideração da personalidade jurídica, com referência expressa ao disciplinado no CPC. Ademais, esclareceu quais são os recursos adequados nesta hipótese.

✱ *V. CC: art. 50.*

✱ *V. CDC: art. 28.*

✱ *V. CPC/2015: arts. 133 a 137; 674, § 2º, III; 790, VIII; 792, § 3º.*

✱ *V. CLT, art. 855-A.*

✱ *V. Lei nº 9.605/1998 (Dispõe sobre as sanções penais e administrativas derivadas de condutas e atividades lesivas ao meio ambiente): art. 4º.*

✱ *V. Lei nº 12.529/2011 (Estrutura o Sistema Brasileiro de Defesa da Concorrência e dispõe sobre a prevenção e repressão às infrações contra a ordem econômica): art. 34.*

✱ *V. Lei nº 12.846/2013 (Dispõe sobre a responsabilização administrativa e civil de pessoas jurídicas pela prática de atos contra a administração pública): art. 14.*

DESCONSIDERAÇÃO DA PESSOA JURÍDICA – 1. Teoria jurídica pela qual, quando uma pessoa jurídica descumpre sua finalidade, deve ser desconsiderada como ente abstrato, meramente racional, a fim de imputar responsabilidade pessoal aos sócios. Visando prevenir fraudes, não se leva mais em conta a disposição do art. 20 do CC, pelo qual as pessoas jurídicas têm existência distinta da dos seus membros. 2. A Lei nº 13.874/2019 alterou substancialmente a redação do art. 50 do Código Civil, definindo restritivamente quais situações configuram desvio de finalidade ou confusão patrimonial, com o expresso propósito de compelir o Poder Judiciário a prestigiar a autonomia patrimonial entre pessoas jurídicas e seus sócios/administradores, sob o argumento de que a segregação de bens estimularia empreendimentos, geração de empregos, renda e inovação em benefício de todos.

✱ *V. CC, arts. 49-A, 50 e 980-A, § 7º*

✱ *V. CDC: art. 28.*

DESCONTOS PREVIDENCIÁRIOS E FISCAIS – A responsabilidade pelo recolhimento das contribuições social e fiscal, resultante de condenação judicial referente a verbas remuneratórias, é do empregador e incide sobre o total da condenação. Contudo, a culpa do empregador pelo inadimplemento das verbas remuneratórias não exime a responsabilidade do empregado pelos pagamentos do imposto de renda devido e da contribuição previdenciária que recaia sobre sua quota-parte.

✱ *V. OJ da SBDI-I nº 362 do TST.*

DESCRIÇÃO DE BENS – Rol feito no processo de inventário de todos os bens do *de cujus* ao tempo de sua morte.

DESCRIMINANTE – Circunstância que exime da responsabilidade criminal. O mesmo que *dirimente, escusativa, excludente, justificativa*. São descriminantes a legítima defesa, o estado de necessidade, o estrito cumprimento do dever legal e o exercício regular de direito.

DESCRIMINANTES REAIS E PUTATIVAS – As descriminantes reais excluem o crime porque o agente atua em legítima defesa, estado de necessidade, estrito cumprimento do dever legal ou no exercício regular do direito. Porém, se o agente atua por erro, supondo situação de fato que, se existisse, tornaria a ação legítima, é isento de pena por ter uma descriminante putativa.

DESEMPREGO – 1. Para fins estatísticos, considera-se desemprego a ausência de ocupação, formal ou informal, de quem está procurando trabalho. Quando o desempregado desiste de encontrar ocupação, passa a ser denominado *desalentado*. 2. A CF prevê a proteção dos trabalhadores em relação ao desemprego involuntário em diversos dispositivos, contudo, não foi regulamentada até hoje a garantia prevista no art. 7º, I, sob a alegação de que a própria CF já teria protegido o trabalhador ao estabelecer a multa rescisória incidente sobre o saldo de FGTS. Apenas em hipóteses restritas, a legislação prevê garantias provisórias de emprego, tais como no caso da gestante, do empregado acidentado e de dirigentes sindicais.

✱ *V. CF, arts. 7º, I, II e XXVII, 170, VIII, 201, III, e 239.*

✱ *V. ADCT, art. 10.*

✱ *V. Lei nº 4.923/1965 (Institui o Cadastro Permanente das Admissões e Dispensas de Empregados).*

DESENTRANHAMENTO – Ato de retirar algum documento do corpo dos autos.

DESERÇÃO – É a falta de remessa do recurso ao juízo competente no prazo estipulado por lei. Também se diz do abandono de qualquer das partes da causa ou do não comparecimento do advogado à audiência de instrução e julgamento.Para o Dir. Processual é a sanção consistente no perecimento do recurso por não ter sido preparado, remetido e apresentado no prazo legal, sem que haja justificativa ou prova de justo impedimento. Situação de processo em que a parte não pagou as despesas às quais estava obrigada; não efetuado o depósito para que o apelo tenha curso, este é julgado deserto, não prossegue. Há jurisprudência pacífica do STF: o recolhimento à prisão não é condição *sine qua non* para o recebimento da apelação, assim como, a fuga do réu não deve impedir a tramitação do seu recurso. A menos que a parte comprove sua pobreza, nas ações intentadas mediante queixa, nenhum ato ou diligência se realizará sem que seja depositada em cartório a importância das custas. A falta do pagamento das custas, nos prazos fixados em lei ou marcados pelo juiz, importará renúncia à diligência requerida ou deserção do recurso interposto. 2. Para o Dir. Penal Militar é o delito de abandono ou ausência do militar, sem legítima licença ou causa justificada, do corpo a que pertence ou da função que desempenha.

✱ *V. CPPM, arts. 451 a 457.*

✱ *V. CPC/1973: art. 519.*

✱ *V. CPC/1973, arts. 511 e 519.*

✱ *V. CPC/2015, art. 1.007.*

DESERDAÇÃO – É a retirada da sucessão de algum herdeiro necessário, com motivo justo, ascendente ou descendente, nas situações previstas em lei. O filho havido fora do casamento e reconhecido pode ser privado da herança nos casos previstos nos arts. 1.814 e 1.962 do CC, que configuram atos ou tentativas contra a vida, contra a honra e contra a livre vontade da pessoa de cuja sucessão se tratar; e ainda, ofensas físicas, injúria grave, relações ilícitas com a madrasta e o padrasto, desamparo do ascendente em alienação mental ou grave enfermidade. Desonestidade de filhos que vivam na casa paterna. O mesmo que *exerdação*. Outras causas, além destas, autorizam a deserdação dos ascendentes pelos descendentes, como relações ilícitas com a mulher do filho ou neto ou com o marido da filha ou neta; desamparo do filho ou neto em alienação mental ou grave enfermidade; ofensas físicas e injúria grave (CC, arts. 1.814, 1.962 e 1.963). O CC/2002 aboliu a deserdação por "desonestidade da filha que vive na casa paterna".

✱ *V. CC: arts. 1.961 a 1.965.*

DESERTAR – Abandonar o recurso, quando por descumprimento do prazo legal para o seu preparo ele perde o efeito. Fugir do serviço militar, ausentar-se sem licença do seu posto ou do quartel.

DESÍDIA (DIR. TRAB.) – É o desleixo com que o empregado realiza os seus serviços. Constitui justa causa para a demissão do empregado pelo empregador. Pode ser: *dolosa* ou *intencional*, quando o empregado causa, por sua vontade, prejuízo ao empregador; *culposa* ou *não deliberada* ou *propriamente dita*, quando há negligência ou imprudência na execução dos deveres funcionais. A desídia é justa causa para dispensa do empregado.

✱ *V. CLT: art. 482, e.*

DESINDICIAR – É a declaração da não imputabilidade de um ato delituoso a pessoa que tinha sido indiciada.

DESISTÊNCIA DA AÇÃO – 1. Ato pelo qual o autor renuncia à ação, por meio de termo nos autos, antes ou depois da contestação, neste último caso com a anuência do réu e sem recompensa para este. Depende de homologação por sentença, a qual implica a extinção do processo sem julgamento do mérito, arcando a parte que desistiu com os honorários e demais despesas. Em caso de reconvenção, a desistência pelo autor não obsta o prosseguimento do processo em relação aos pedidos contrapostos pelo réu. Também é possível em processo de execução, no todo ou em parte, mas se forem opostos embargos pelo executado, este último terá que concordar, salvo se o fundamento dos embargos for questão exclusivamente processual. 2. É cabível também em Processo Penal, nos crimes de ação penal privada e nos crimes de ação penal privada substitutiva de ação penal pública. Jamais o Ministério Público poderá desistir de ação penal já proposta. 3. Na seara trabalhista, a Lei nº 13.467/2017 (Reforma Trabalhista) proibiu o reclamante de desistir da ação sem o consentimento do réu, depois de oferecida a contestação (impressa ou eletronicamente). ***V.*** *Abandono de instância.*

✱ *V. CPC/1973, arts. 26, 158, parágrafo único, 267, VIII e § 4º, 298, parágrafo único, 317 e 569.*

✱ *V. CPC/2015, arts. 90, 200, 335, § 2º, 343, § 2º, 485, VIII, e 775.*

✱ *V. CPP, arts. 26, 42 e 522.*

✱ *V. CLT, art. 841, § 3º.*

DESISTIR – Renunciar, fazer cessar, não prosseguir.

DESLEGITIMAR – Excluir a legitimidade de alguma coisa.

DESLIGAMENTO – Ato de desligar. Liberar alguém de um vínculo, de uma obrigação. Procedimento pelo qual se desobriga uma pessoa de funções que exercia, por transferência, remoção, dispensa ou exoneração.

DESMEMBRAMENTO DA PROPRIEDADE – E a restrição do domínio do proprietário em favor de terceiro.

✱ *V. Lei nº 6.766/1979 (Dispõe sobre o Parcelamento do Solo Urbano).*

DESOBEDIÊNCIA – É o ato de desobedecer a ordem legal de funcionário público, em ato ou exercício de suas funções.A lei penal estabelece que "desobedecer ordem legal de funcionário público" é crime apenado com detenção de 15 dias a 6 meses e multa. A testemunha que deixar de comparecer, sem motivo justificado, além de poder ser conduzida à força por policiais ou pelo oficial de Justiça, ainda poderá sofrer pena de multa e processo penal por crime de desobediência, sendo condenada ao pagamento das custas da diligência. Se o morador negar-se a abrir a porta nos casos de busca e apreensão por ordem judicial, desobedecendo-a, ela será arrombada e forçada a entrada. Uma das atribuições do presidente do Tribunal do Júri é "regular a polícia das sessões e mandar prender os desobedientes". Recebido o *habeas corpus*, o juiz mandará que o paciente lhe seja apresentado em dia e hora designados; em caso de desobediência, mandará prender e processar o detentor. Os assistentes de audiências e sessões que desobedecerem à ordem do juiz para não se manifestarem serão evacuados da sala e, se resistirem, presos e processados. Não se caracteriza a desobediência se a ordem a ser obedecida era ilegal.

✱ *V. CPP, arts. 219, 245, § 2º, 497, I, 656, parágrafo único, e 795, parágrafo único.*

✱ *V. CP: art. 330.*

✱ *V. CPM: art. 301.*

DESONERAÇÃO – É a liberação do ônus ou da obrigação.

DESPACHO – 1. Ato de nomeação, de provimento para cargo público. 2. Reunião do presidente com os seus ministros, para resolver assuntos afetos a seu Ministério. 3. Decisão de autoridade judiciária ou administrativa em requerimento ou processo submetido a sua apreciação. Ato do juiz de deferimento ou indeferimento da petição inicial.

✱ *V. CPC/1973: arts. 162, § 3º, 164, 189, I, e 504.*

✱ *V. CPC/2015, arts. 203, § 3º, 205, 226, I, e 1.001.*

✱ *V. CPP: arts. 273, 371, 375, 581 e 800.*

DESPACHO SANEADOR – Expressão usada que significava o despacho do juiz, se não ocorresse o julgamento antecipado da lide ou a extinção do processo. É nesse momento que o juiz decide sobre as provas a serem produzidas e marca a audiência de conciliação e julgamento.Atualmente, diz-se *decisão de saneamento.* É proferido, no prazo da lei, após a contestação e a reconvenção, quando o juiz se pronuncia a respeito de irregularidades, nulidades, ilegitimidade das partes e sua representação, assim como decide questões prejudiciais que ocorrerem; o saneamento pode ser feito em mais de um despacho. No Dir. Processual Penal, nos crimes de competência do júri, pode ser feito antes do julgamento da pronúncia; nos processos de competência de juiz singular, encerrados os prazos, ele pode, dentro de 5 dias, ordenar diligências saneadoras do processo; o mesmo ocorre no processo sumário. O CPC/2015, art. 318, aboliu a divisão de ritos. Art. 1.046,.§ 1º, § 2º: "As disposições da Lei nº 5.869, de 11 de janeiro de 1973, relativas ao procedimento sumário e aos procedimentos especiais que forem revogadas aplicar-se-ão às ações propostas e não sentenciadas até o início da vigência deste Código".

✱ *V. Súm. nº 235 do TFR.*

✱ *V. CPC/1973: art. 331.*

✱ *V. CPC/2015, arts. 203, 205, 226, 235, 367, 647, 856, 932, 1.001 e 1.021.*

DESPEDIDA (DIR. TRAB.) – Ato de dispensa do empregado pelo empregador. Pode ser justa, quando tem amparo legal, ou injusta, quando não houver fundamento legal para a dispensa. Neste caso cabe, ao empregado, direito a indenização.O art. 482 da CLT elenca os motivos que autorizam o empregador a rescindir, com justa causa, o contrato de trabalho; da mesma forma, o art. 483 dá as razões justas para o empregado pedir a rescisão do seu contrato com a devida indenização. Ver também *demissão.* A despedida pode ser *justa*, quando se baseia nas hipóteses previstas em lei; *injusta*, se o empregado não dá motivos, nem há prazo estipulado para prestação de serviços e, por isso, tem direito a uma indenização; *direta*, se o empregador demite sem justificativa; *indireta*, se o empregador torna insuportável a relação de emprego e força, por pressões, o empregado a pedir a rescisão de seu contrato, pleiteando indenização.

✱ *V. CLT: arts. 477 e 482.*

DESPEJADO – Aquele que sofreu *despejo* (q.v.).

DESPEJO – Direito que a lei concede ao proprietário de imóvel locado de pedi-lo de volta, com o seu despejo por motivos fundamentados na legislação específica.

✱ *V. Lei nº 8.245/1991, (Lei de Locação) arts. 11, I, 46, §§ 1º e 2º, 59 a 66.*

✱ *V. Súm. nº 268 do STJ:* "O fiador que não integrou a relação processual na ação de despejo não responde pela execução do julgado".

✱ *V. Lei nº 12.112/2009 (Altera a Lei nº 8.245, de 18 de outubro de 1991, para aperfeiçoar as regras e procedimentos sobre locação de imóvel urbano).*

DESPEJO DO IMÓVEL – Expulsão judicial do inquilino ou locatário ocupante do prédio locado, quando se recusa a restituí-lo ao proprietário. **V.** *Ação Declarativa de Despejo de Imóvel.*

✱ *V. Lei nº 8.245/1991 (Dispõe sobre as locações dos imóveis urbanos e os procedimentos a elas pertinentes): art. 44, IV.*

✱ *V. Lei nº 12.112/2009.*

DESPERSONALIZAÇÃO (DA PESSOA JURÍDICA) – Também se diz: *desconsideração* ou *desestimação da pessoa jurídica.* Oriunda do Dir. Anglo-Saxão, essa teoria se afirma pela necessidade de se rever o conceito de que "a pessoa jurídica tem existência distinta da de seus membros", pela frequente ocorrência de abusos de desvio de finalidade de uma associação, com a prática de fins inconfessáveis, que prejudicam a terceiros e fraudam a lei. **V.** *Desconsideração da pessoa jurídica.*

✱ *V. Lei nº 8.078/1990 (Código de Defesa do Consumidor – CDC), art. 28.*

DESPESA – Soma de gastos efetuados; quantia reservada a ser coberta por receita equivalente; parte da conta em que se registram gastos na administração de um patrimônio.

Judicial: gasto que ocorre no decurso do processo, como custas, selos, impostos, taxas, emolumentos, salários, comissões, condução, honorários de peritos, agrimensores, advogados, oficiais de Justiça etc.

✱ *V. CC, arts. 964, 965, II, IV e V, e 2.001.*

✱ *V. Lei nº 4.591/1964 (Lei do Condomínio em Edificações), art. 12.*

Pública: consignação de parte da receita para atender às necessidades coletivas e obrigações administrativas; a *despesa global* é autorizada pelo Legislativo, após aprovação do Orçamento; a *despesa particular*, após aprovação dos órgãos que fazem o controle dos gastos e passa por três estágios para ser legitimada: empenho, liquidação e pagamento. Pode ser: *ordinária*: aquela prevista no orçamento e que é periódica; *extraordinária:* a que se faz eventualmente, sem previsão orçamentária, por suplementação ou transferência de recursos; *especial*: a que é votada posteriormente à aprovação do Orçamento para atender a despesas obrigatórias do Estado A EC nº 94/2016 estabeleceu que serão pagos com preferência os débitos de natureza alimentícia cujos titulares, originários ou por sucessão hereditária, tenham 60 (sessenta) anos de idade, ou sejam portadores de doença grave, ou pessoas com deficiência (estes segundo definição legal), até o valor equivalente ao triplo fixado em lei para os requerimentos de pequeno valor, sendo o restante pago na ordem cronológica de apresentação do precatório.

DESPESAS JUDICIAIS – Toda despesa destinada a promover o andamento de um processo. Abrangem, além das custas processuais, o pagamento de peritos, comissões, taxas, conduções e remuneração do assistente técnico. Despesa judicial.

✱ *V. CPC/1973: arts. 19 a 35.*

✱ *V. CPC/2015, arts.82, §§ 1º e 2º, 84, 85, §§ 1º, 2º, 3º, 8º e 9º, 86 a 96.*

DESTRUIÇÃO DE DOCUMENTO – Crime militar consistente em destruir em benefício próprio ou de outrem, ou em prejuízo alheio, documento verdadeiro, de que não podia dispor, ou destruir o objeto ou documento concernente à segurança externa do Estado.

✱ *V. CPM: art. 144.*

DESVIO DE CLIENTELA – Crime consistente em se utilizar de fraude para desviar clientela alheia.

DETENTO – Pessoa que foi detida ou presa e cumpre pena de detenção em decorrência de sentença condenatória.

✱ *V. CF: art. 5º, XLIX.*

✱ *V. CP: art. 33.*

✱ *V. CPP: art. 689.*

DEVEDOR – Sujeito passivo da obrigação; o oposto de *credor*. Aquele que contrai dívida.

De renda: proprietário do imóvel objeto de renda em favor de terceiro; o *rendeiro*.

Principal: o responsável, entre vários credores, pelo cumprimento de uma obrigação.

DEVEDOR REMISSO – É aquele devedor que se acha inadimplente pelo não cumprimento da obrigação.

Solidário: o que se obriga, com outro ou outros, a cumprir um encargo (*obrigação solidária*).

Solvente: aquele que possui suficientes bens ou pecúnia para saldar todos os seus compromissos; o oposto de *insolvente*.

✱ *V. CC, arts. 275, 285, 304, 319, 324, 334, 338 a 379, 394, 399, 401 e 876.*

DEVER – Imperativo moral, jurídico ou de consciência. Aquilo que a lei ou a convenção, positiva ou negativamente, exige da pessoa. Determinação da vontade, imposta pelo Dir., pela lei, pela razão.

De denúncia: é o dever jurídico de revelar segredo de que se tome conhecimento, em virtude da profissão, quando é de interesse da justiça, do bem-estar da sociedade e da segurança pública.

✱ *V. CC, arts. 1.566 a 1.568.*

DEVER JURÍDICO – É o dever perfeito, aquele que pertence ao direito e é imposto.

DEVIDO PROCESSO LEGAL – Princípio constitucional que consagra a garantia de que ninguém será processado sem que existam, previamente, normas processuais cabíveis ao caso. O devido processo legal, também denominado *due process of law*, é previsto no art. 5º, LIV, da CF, assim: "Ninguém será privado da liberdade ou de seus bens sem o devido processo legal".

DEVIDO PROCESSO LEGAL – É um dos princípios que informam a jurisdição, conforme art. 5º, LIV e LV, da CF, respectivamente: "Ninguém será privado de liberdade ou de seus bens sem o devido processo legal" e "Aos litigantes e aos acusados em geral são assegurados o contraditório e a ampla defesa, com os meios e recursos a ela inerentes".

DEVOLUÇÃO DA HERANÇA – Parte pertencente ao herdeiro renunciante que será somada ao monte.

Do prazo: quando o juiz concede prazo à parte para realizar ato, desde que prove que não o realizou por justa causa.

✱ *V. CPC/2015, art. 223.*

DEVOLUTA – Terra sobre a qual, não sendo própria nem aplicada ao uso público, não se incorporou ao domínio privado.

DEVOLUTIVO – Efeito do recurso, principalmente da apelação, que devolve à instância superior o exame da matéria decidida pelo juízo recorrido.O recurso, em efeito meramente devolutivo, não obsta a que o recorrido providencie de imediato a execução da decisão que o favoreceu. O mesmo que "efeito devolutivo" (q.v.).

✱ *V. CPC/2015, art. 1.012.*

DIA – 1. Tempo que decorre desde o nascer ao pôr do sol. 2. Espaço de 24 horas.

A dia: Modo de contagem de prazo em que os dias são contados sem interrupção, sucessivamente.

Civil: É aquele que contém vinte e quatro horas, contando-se da 0 hora de um dia à 0 hora do dia seguinte.

DIÁRIA – 1. Salário de um dia de trabalho. 2. Tarefa de operário em um dia. 3. Auxílio em pecúnia que o funcionário recebe para custeio de viagem de interesse da empresa. 4. Até a entrada em vigor da Lei nº 13.467/2017 (Reforma Trabalhista), as diárias para viagens integravam a remuneração dos empregados, salvo se não ultrapassassem 50% do salário-base. Com a nova lei, esta verba foi expressamente excluída do conceito de remuneração, inclusive para fins de incidência de encargos trabalhistas e previdenciários, o que parece inconstitucional por colisão com o art. 201, § 11, da CF/1988. 5. Para o Dir. Administrativo, esta verba é expressamente declarada como de natureza indenizatória, dependendo, para sua concessão e pagamento, de comprovação das despesas pelo servidor público.

✱ *V. CLT, art. 457, §§ 1º e 2º.*

✱ *V. Lei nº 8.112/1990 (Regime Jurídico Único dos Servidores Públicos Civis da União, Autarquias e Fundações Públicas Federais), arts. 58 e 59.*

✱ *V. Lei nº 8.212/1991 (Dispõe sobre a organização da Seguridade Social e institui fontes de custeio), art. 28, § 9º, "h".*

✱ *V. Dec. nº 5.992/2006 (Dispõe sobre a concessão de diárias no âmbito da administração federal direta, autárquica e fundacional).*

DIÁRIO – 1. Que acontece ou que se realiza todos os dias, cotidiano. 2. Que se passa entre o nascer e o pôr do sol, diurno. 3. Caderno ou livro em que se registram os acontecimentos de cada dia, normalmente de caráter privado e íntimo de uma pessoa. 4. Jornal ou periódico publicado todos os dias. 5. Livro de escrituração mercantil, fundamental para a contabilidade do comerciante, em que ele registra os fatos econômicos de sua atividade.

De entrada: livro obrigatório do leiloeiro.

De navegação: livro de bordo do navio em que o comandante anota os fatos mais relevantes ocorridos durante a viagem.

De saída: no qual os agentes de leilões registram, dia a dia, as vendas, com o nome das pessoas por ordem e por conta de quem os faz, o preço e condições de pagamento etc.

DIÁRIO OFICIAL – Publicação mantida e administrada por um ente público para divulgação de atos oficiais, de natureza normativa, administrativa etc. No Brasil, a publicação de atos normativos no Diário Oficial importa presunção absoluta de conhecimento das normas, não podendo o administrado alegar que desconhece o texto. Com a edição do Dec. nº 9.215/2017, o *Diário Oficial da União*, de responsabilidade da Imprensa Nacional, passa apenas a ser publicado virtualmente na *internet*, sendo mantida uma unidade impressa por dia para arquivo.

✱ *V. Dec. nº 9.215/2017 (Dispõe sobre a publicação do Diário Oficial da União).*

DIARISTA – 1. Para fins de Dir. do Trabalho, em sentido lato, refere-se ao empregado que é remunerado

D

por dia de trabalho. 2. Em sentido estrito, é utilizado para diferenciar o trabalhador que, laborando no âmbito residencial, não exerce atividade em caráter contínuo, própria da relação de trabalho doméstico, regida pela Lei nº 5.859/1972. A jurisprudência trabalhista, em sua maioria, considera diarista aquele que trabalha até 3 dias por semana para um mesmo empregador doméstico. *V. Doméstico.* 3. No Dir. Administrativo, designa o servidor com função transitória, extranumerário, que percebe salário de acordo com a natureza do trabalho que faz. Trabalhador sem remuneração fixa, que ganha pelo trabalho do dia.

DIEESE (DEPARTAMENTO DE ESTATÍSTICA E ESTUDOS SOCIOECONÔMICOS) – Segundo o art. 3º dos seus estatutos, é um órgão unitário do Movimento Sindical Brasileiro. Tem a finalidade de produzir e difundir conhecimento e informação sobre o trabalho de forma geral e ampla, por meio de análise científica, a serviço da classe trabalhadora, sem prejuízo da diferença de posições e enfoques sindicais.

DIFAMAÇÃO – Crime consistente em imputar a alguém fato ofensivo à sua reputação.Consiste em imputar a outrem um fato contra sua honra; divulgar entre terceiros, intencionalmente, fatos que ofendem a honra de uma pessoa, trazendo-lhe descrédito. É uma modalidade de calúnia; é *equívoca* quando não indica a pessoa visada; assim aquela que se julgar atingida pode pedir explicações em juízo. A pena é de detenção de 3 meses a 1 ano e multa. A imputação não precisa ser falsa; mesmo verdadeira, configura-se o delito. Só se admite a exceção da verdade se o ofendido é funcionário público e a ofensa diz respeito às suas funções. A jurisprudência admite que não há difamação se ela é fruto de incontinência verbal e provocada por explosão emocional no decurso de acirrada discussão.

✱ *V. CP: arts. 139.*

✱ *V. CPM: art. 215.*

DIGITADOR – De acordo com a Súm. nº 346 do TST e por aplicação analógica do art. 72 da CLT: "Os digitadores equiparam-se aos trabalhadores nos serviços de mecanografia (datilografia, escrituração ou cálculo), razão pela qual têm direito a intervalos de descanso de dez (10) minutos a cada noventa (90) de trabalho consecutivo".

DILAÇÃO – Efeito de aumentar o prazo da feitura de um ato. O mesmo que *termo dilatório.*

DILATÓRIO – Ato que prorroga ou aumenta prazo judicial ou contratual. Meio que se usa para adiar ou retardar uma decisão.

DILIGÊNCIA – Cuidado, prudência, interesse em realizar serviço com rapidez e correção. Em termos forenses é o ato de o juiz ou o serventuário da justiça sair para praticar, fora dos auditórios ou dos cartórios, atos de seu ofício, como vistoria, audiência, arrecadação, penhora etc. Diz-se do trabalho policial de investigação, apreensão, prisão de suspeito, fora de seu distrito ou delegacia.

DILOGIA – Ambiguidade, duplo sentido.

DIPSOMANIA – Necessidade incoercível de ingestão de bebidas alcoólicas; impulso incontrolável para o uso de drogas embriagantes.

DIREITO – Ciência que sistematiza as normas necessárias para o equilíbrio das relações entre o Estado e os cidadãos e destes entre si, impostas coercitivamente pelo Poder Público. Universalidade das normas legais que disciplinam e protegem os interesses ou regulam as relações jurídicas. Palavra derivada do latim, *directu*, que substitui o termo *jus*, do latim clássico, por ser mais expressiva. O *jus* era o conjunto de normas formuladas pelos homens, destinadas a dar ordem à vida em sociedade. Em contraposição ao *jus*, havia o *fas*, que eram princípios jurídicos cuja aplicação cabia aos pontífices, ministros religiosos. O direito objetivo (*jus norma agendi*) recebeu a seguinte definição de Miguel Reale: "Vinculação bilateral imperativo-atributiva da conduta humana para a realização ordenada dos valores de convivência". Já o direito subjetivo (*jus facultas agendi*) pode ser definido como "a autorização da norma jurídica para o exercício de uma pretensão". Em Roma, havia também o *fas*, cuja aplicação cabia aos *pontífices*. No tocante às relações entre Estado e Dir., há duas teorias: a *monística*, pela qual ambos constituem uma entidade; e a *dualística*, que estabelece que Estado e Dir. são duas realidades distintas, que não se relacionam entre si. Hans Kelsen, em seu livro *Teoria Pura do Direito*, conclui que Estado e Dir. se confundem, que o Estado é a própria ordem jurídica imposta, sendo, portanto, a personalização da ordem jurídica. Objetivamente, Dir. é a realização da lei, a lei escrita, a norma de agir, de exteriorizar-se pela ação. Subjetivamente, é o interesse protegido pela ordem jurídica, o poder concedido a cada um de agir, de fazer ou deixar de fazer.

Remotamente a palavra direito significa conduzir, guiar. Porém, hoje em dia, direito traduz o conjunto de normas de conduta impostas para regularizar a convivência humana.

Absoluto ou imperativo: É o direito *erga omnes*, isto é, aquele que se opõe a todos. São eles: os direitos personalíssimos, reais e de família.

Abstrato: o direito estatuído, estático; oposto a *direito concreto.*

Adjetivo: É o conjunto de leis que determinam a forma pela qual se deve exercitar os direitos.

Diz-se das normas que se limitam a exteriorizar o *direito substantivo.* Prefere-se, atualmente, dizer *direitoformal, não substancial* ou *direito processual.*

Administrativo: fixa normas para a organização e a atividade da Administração Pública, tutela dos interesses privados e suas relações entre ela e os particulares. É formado por códigos, leis, regulamentos, avisos, ordens, portarias.

Adquirido: A Lei de Introdução ao Código Civil determina que direito adquirido é aquele que o seu titular, ou alguém por ele, possa exercer, como aquele cujo começo do exercício tenha termo pré-fixo, ou condição preestabelecida inalterável a arbítrio de outrem.

✱ *V. CC: art. 130.*

✱ *V. LINDB (Lei de Introdução às Normas do Direito Brasileiro): art. 6º, § 2º.*

Alternativo: Doutrina referente à aplicação do Direito, surgida numa facção da magistratura do Rio Grande do Sul, pela qual o juiz deve ter a mais ampla liberdade na solução dos litígios, podendo mesmo, em certas circunstâncias, decidir *contra legem*, desde que o interesse social assim o exija.

Da personalidade: O atual CC introduz o Capítulo II – Dos Direitos da Personalidade, declarando-os intransmissíveis e irrenunciáveis, sendo que seu exercício não pode sofrer limitação voluntária. Atualmente, proíbem-se os atos que afetem a integridade física, salvo por exigência médica.

✱ *V. CC: arts. 11 a 21.*

De ação: É aquele pelo qual o titular de um direito pode recorrer ao Poder Judiciário, para defendê-lo contra terceiros, pedir sua declaração ou seu restabelecimento quando violado.

✱ *V. CF, art. 5º, XXXV.*

✱ *V. CPC/1973, arts. 2º, 36, 37, 267, IV, e 282.*

✱ *V. CPC/2015, arts. 103, 104, 485, IV, e 319,* caput, *I a VI.*

✱ *V. Lei nº 8.906/1994 (Estatuto da Advocacia e a OAB), arts. 5º a 15.*

De defesa: 1. Faculdade inerente à pessoa de repelir, pelos meios admitidos em lei, lesão ou turbação a um bem jurídico seu ou de outrem. 2. Direito que tem a pessoa de não ser julgada e condenada sem antes apresentar sua defesa. 3. A lei processual brasileira busca preservar o aspecto formal do direito de defesa, muitas vezes confundindo-o com o mero contraditório, o que se buscou corrigir com a edição do novo Código de Processo Civil, de aplicação supletiva e subsidiária aos processos trabalhistas, penais, eleitorais e administrativos. 4. No Dir. Processual Penal, o exercício do direito de defesa é analisado como verdadeiro pressuposto de validade do processo, cuja inobservância enseja expressamente a nulidade de atos processuais. Entre outras manifestações do direito de defesa em seara penal, encontra-se a obrigatoriedade de defesa técnica e a oitiva do acusado apenas ao término da fase de instrução.

✱ *V. CF, art. 5º, LV.*

✱ *V. CPC/1973, arts. 3º e 4º.*

✱ *V. CPC/2015, arts. 17, 19 e 20.*

✱ *V. CPP, arts. 261 e 400.*

***De demandar*:** o mesmo que *direito de ação*.

De empresa: Com a revogação de toda a primeira parte do Código Comercial de 1850, a Lei nº 10.406/2002 disciplina a figura jurídica do empresário, no que se convencionou chamar Direito de Empresa, também calcado em jurisprudências e leis esparsas, assim como a Lei de Registro de Empresa (1994) que já consagrava a Teoria de Empresa, do Código Civil Italiano de 1942. Toda a matéria encontra-se nos arts. 966 a 985 do CC. Recebida com algumas restrições – como a do impedimento de marido e mulher, casados com comunhão de bens, não poderem ser sócios –, a nova lei traz também inovações bem aceitas. Entre elas, a assunção de dívidas, na prática existente há 70 anos, porém só agora constando em lei. "Equivale à antiga confissão de dívida, feita com duas testemunhas e atrelada a uma promissória, que pode, atualmente, ser substituída por cheque pré-datado", segundo o jurista Dabus Maluf. Outros dois pontos chamam a atenção dos advogados: as figuras da excessiva onerosidade e a do enriquecimento ilícito. Na primeira, o acordo entre as partes pode ser revisto em face de um desequilíbrio, exemplificado com o caso de construtora que vende apartamento na planta a preços fixos e, com a ocorrência de elevação nos custos da obra, corre o risco de falir. Nesta circunstância, o preço combinado pode ser alterado. O enriquecimento sem causa ocorre quando, para efeito de indenização, um terreno desapropriado tem seu preço supervalorizado, muito acima do preço de mercado. Duas outras novidades bem recebidas: responsabilidade do sócio pelas dívidas contraídas em nome da sociedade quando se valer de abuso de poder, violação da lei ou confusão patrimonial, e a responsabilidade do sócio pelo risco da atividade. No regime anterior, primeiro apurava-se a culpa para imputar a responsabilidade, ensejando processos intermináveis. Atualmente, a empresa responde objetivamente pelo risco intrínseco à atividade pela qual foi remunerada. Se causar dano, tem de indenizar. *V. Desconsideração da Pessoa Jurídica.*

✱ *V. CC: art. 50.*

De greve: Direito de natureza social fundado na própria liberdade de trabalho, e que pode ser definido como a recusa ao trabalho exercido em condições insatisfatórias. A Constituição Federal o considera um direito (art. 9º, *caput*), extensivo a atividades consideradas essenciais, mas cujo abuso enseja penalidades (art. 9º, § 2º). A Lei nº 7.783/1989 determina, no art. 6º, § 1º: "Em nenhuma hipótese, os meios adotados por empregados e empregadores poderão violar ou constranger os direitos e garantias fundamentais de outrem".

✱ *V. CF: art. 9º.*

✱ *V. Lei nº 7.783/1989 (Lei de Greve).*

De propriedade: É o direito que o proprietário do bem possui de usar, gozar e dispor da coisa.

✱ *V. CF: arts. 5º, XXII a XXVI, e 170, II.*

✱ *V. CC: art. 524.*

De resposta: 1. Garantia constitucionalmente assegurada a todos que, vítimas da divulgação de fatos imprecisos ou inverídicos a respeito de suas pessoas, possam reclamar a oportunidade de reagir e se defender publicamente. 2. O exercício do direito de resposta estava disciplinado nos arts. 29 a 36 da Lei nº 5.250/1967, que foi declarada não recepcionada pela Constituição de 1988 no julgamento da ADPF nº 130 pelo STF, em 2009. Desde então, houve controvérsia doutrinária e jurisprudencial sobre a eficácia deste direito no ordenamento jurídico brasileiro, que somente se pacificou com a edição da Lei nº 13.188/2015, que disciplina não apenas as formas pelas quais responder como também o respectivo procedimento judicial, cuja característica principal é a impossibilidade de cumulação com pedidos de indenização por danos morais e materiais, os quais deverão ser objeto de ação própria. 3. No Dir. Eleitoral, o direito de resposta é exercido nos restritos limites da campanha eleitoral, a fim de possibilitar a defesa de acusações e ofensas por candidatos, partidos ou coligações, permitindo a cumulação com pedido de condenação em multa.

✱ *V. CF, art. 5º, V.*

✱ *V. CE, art. 243, § 3º.*

✱ *V. Lei nº 9.504/1997 (Lei das Eleições), arts. 57-D, 58 e 58-A.*

✱ *V. Lei nº 13.188/2015 (Dispõe sobre o direito de resposta ou retificação do ofendido em matéria divulgada, publicada ou transmitida por veículo de comunicação social).*

De sequela: É o direito que tem o titular de um direito real de apreender o que lhe pertence e tirá-lo do poder daquele que o detém.

✱ *V. CC: art. 1.228.*

De servidão: É o direito que possui o dono do prédio rústico ou urbano de reclamar do vizinho a passagem, já que seu imóvel se acha encravado em outro, sem saída pela via pública.

✱ *V. CC: art. 1.285.*

De visita: 1. Direito que tem um dos cônjuges de visitar, em dias determinados, os filhos que ficaram sob a guarda do outro cônjuge. 2. O Código Civil, em seu art. 1.589, cujo parágrafo único foi acrescido pela Lei nº 12.398/2011, estendeu o direito de visita a qualquer dos avós, a critério do juiz, observados os interesses da criança ou do adolescente. Ainda, com o mesmo entendimento, a referida lei alterou também o art. 888 do CPC/1973, sem correspondente no CPC/2015, dispondo que o direito de visita é extensivo a cada um dos avós, a critério do juiz, observados os interesses da criança ou do adolescente. 3. O Estatuto da Criança e do Adolescente também disciplina o direito de visita, a partir da premissa de que é direito do próprio filho conviver com seus pais, independentemente da situação em que estes se encontrem, salvo se houver fundado receio de prejuízo aos seus interesses.

✱ *V. CC/2002, art. 1.589.*

✱ *V. CPC/1973, art. 888, VII.*

✱ *V. CPC/2015, arts. 693 e 731, III.*

✱ *V. ECA, arts. 19, § 4º, 33, § 4º, 42, § 4º, e 127, VII e § 2º.*

De vizinhança: Conjunto de regras impostas pela lei com o objetivo de regular as relações de vizinhança entre os prédios.

✱ *V. CC: arts. 1.297 a 1.313.*

✱ *V. CPC/1973: art. 95.*

✱ *V. CPC/2015, art. 47.*

Individual: É o direito subjetivo garantido a todo indivíduo pelas constituições políticas. São eles: o direito à vida, à liberdade, à segurança individual e à propriedade.

✱ *V. CF: art. 5º, § 2º.*

Líquido e certo: Aquele que se patenteia, se define com toda clareza, incorporado ao patrimônio de modo definitivo, sem contestação admissível.

✱ *V. CF: art. 5º, LXIX.*

✱ *V. Lei nº 1.533/1951 (antiga Lei do Mandado de Segurança – Revogada).*

✱ *V. Lei nº 12.016, de 7-8-2009 (Lei do Mandado de Segurança Individual e Coletivo).*

Natural: É o conjunto de normas de convivência criadas pela própria natureza, precedendo, portanto, a lei escrita ou o direito positivo. O direito natural está colocado acima da lei positiva.

Objetivo: É o conjunto de todas as normas jurídicas em vigor no Estado. São normas de Dir. Objetivo, por exemplo, a CF, o CC, os contratos e os atos administrativos.

Personalíssimo: É o direito individual, inato, que não pode ser transferido nem alienado, como a honra e a liberdade individual.

✱ *V. CPC/1973: arts. 267, IX, e 352, parágrafo único.*

✱ *V. CPC/2015, arts. 485, IX e 393, parágrafo único.*

Positivo: é o conjunto de regras de direito de caráter obrigatório, podendo, para seu cumprimento, utilizar-se o Estado da coerção. O direito positivo divide-se em dois grandes grupos: o direito público, que se divide em externo e interno, e o direito privado, que se divide em comum e especial. As normas de direito positivo são sempre abstratas, não se dirigindo a ninguém em particular.

Processual: Conjunto de regras que determinam o andamento e decisão dos pedidos em juízo.

✱ *V. CF: art. 22, I.*

✱ *V. Lei nº 13.105/2015 (CPC/2015).*

✱ *V. Dec.-lei nº 3.689/1941 (CPP).*

Real: É o direito que uma pessoa tem sobre uma coisa determinada. Classifica-se em: propriedade; enfiteuse; usufruto e anticrese; servidões, uso, habitação e a renda percebida sobre um imóvel; penhor e hipoteca.

Regressivo: Direito que tem a pessoa de cobrar dos coobrigados a importância paga ao devedor.

Romano: Conjunto de normas do povo romano, desde a origem de Roma até a morte de Justiniano em 565 d.C. É uma das fontes mais importantes do direito civil moderno.

Social: É o conjunto de normas tendentes a regular a vida em sociedade.

✱ *V. CF: arts. 6º a 11 e 193 a 232.*

Subjetivo: É a prerrogativa conferida e disciplinada pelo direito objetivo. O Estado permite que a pessoa defenda um interesse seu tutelado pela norma jurídica. Portanto, o direito subjetivo nada mais é que a permissão dada pela norma jurídica para o exercício de uma pretensão.

Substantivo: É o próprio direito material, aquele que cria a relação jurídica.

DIREITO DE AÇÃO – No Dir. Romano, segundo a definição clássica de Celso, "ação é o direito de alguém pleitear em juízo o que lhe é devido" (*Actio nihil aliud est quam jus persequendi in judicio quod sibi debetur*). O italiano Giuseppe Chiovenda diz que ação é direito autônomo, que não se dirige contra o Estado, mas contra o adversário; é o direito de mover o aparato judicial do Estado contra quem lesa um direito subjetivo. José Frederico Marques diz que a *ação não é um direito à tutela jurisdicional*,e sim o *direito de pedir essa tutela*, já que o Poder Judiciário não a prestará apenas porque o interessado o requer, pois o pedido não será atendido se não preencher a forma prescrita, não existir interesse e a legitimidade, quando houver ausência de pressupostos de constituição e de desenvolvimento válido e regular do processo, quando não concorrer qualquer das condições da ação, como a possibilidade jurídica, a legitimidade das partes e o interesse processual.

✱ *V. CF, art. 5º, XXXV.*

✱ *V. CPC/2015, arts. 103, 104, 485, IV, e 319,* caput, *I a VII.*

✱ *V. Lei nº 8.906/1994 (Estatuto da Advocacia e a OAB), arts. 5º a 15.*

DIREITO DE DEFESA – 1. Faculdade inerente à pessoa de repelir, pelos meios admitidos em lei, lesão ou turbação a um bem jurídico seu ou de outrem. 2. Direito que tem a pessoa de não ser julgada e condenada sem antes apresentar sua defesa. 3. A lei processual brasileira busca preservar o aspecto formal do direito de defesa, muitas vezes confundindo-o com o mero contraditório, o que se buscou corrigir com a edição do novo Código de Processo Civil, de aplicação supletiva e subsidiária aos processos trabalhistas, penais, eleitorais e administrativos. 4. No Dir. Processual Penal, o exercício do direito de defesa é analisado como verdadeiro pressuposto de validade do processo, cuja inobservância enseja expressamente a nulidade de atos processuais. Entre outras manifestações do direito de defesa em seara penal, encontra-se a obrigatoriedade de defesa técnica e a oitiva do acusado apenas ao término da fase de instrução.

✱ *V. CF, art. 5º, LV.*

✱ *V. CPC/2015, arts. 17, 19 e 20.*

✱ *V. CPP, arts. 261 e 400.*

DIRETOR – 1. Aquele que dirige ou administra.2. Termo usualmente aplicado para pessoas que exercem cargos de comando, na estrutura organizacional de uma empresa, associação ou órgão público. 3. Para o Dir. Civil e Comercial, necessita de instrumento que confira a extensão e limite de seus poderes, como procuração ou estatuto social, de modo que, se exceder os limites de seu mandato, poderá responder pessoalmente pelos atos que provoquem danos à organização ou a terceiros. 4. A jurisprudência também foi admitindo a aplicação da teoria da desconsideração da personalidade jurídica, para alcançar o patrimônio de diretores, quando estes abusam da personalidade jurídica ou confundam seu patrimônio pessoal com o da organização dirigida, para prejudicar os direitos de credores. 5. Para o Dir. do Trabalho, equiparam-se a gerentes, para efeito de estarem dispensados de controle de ponto, não sendo remunerados por serviços extraordinários, a depender da natureza de suas funções e da percepção de uma gratificação pelo exercício de maiores atribuições. O empregado eleito para ocupar de diretor tem o respectivo contrato de trabalho suspenso, não se computando o tempo de serviço deste período, salvo se permanecer a subordinação jurídica inerente à relação de emprego. 6. Para o Dir. Tributário, os diretores que, atuando fora dos limites conferidos pela lei ou pelo instrumento de mandato, sujeitarem a organização dirigida a obrigações tributárias, tornam-se solidariamente responsáveis pelos tributos devidos. 7. Para o Dir. Processual Civil e do Trabalho, o diretor tem legitimidade para receber citação válida, representar a organização em juízo, nomear prepostos e ser nomeado depositário de bens em penhora e arresto. 8. Para o Dir. Previdenciário, é equiparado ao empregado, na qualidade de segurado obrigatório da Previdência Social, podendo, contudo, figurar como contribuinte individual, sempre sendo devida a contribuição previdenciária, tanto pela cota-parte do empregador, quanto pelo diretor. 9. Para o Dir. Penal, no que concerne a crimes contra as relações de consumo e contra o meio ambiente, pode ser considerado coautor ou partícipe, quando promova, permita, por qualquer modo, aprove atos típicos em proveito da organização dirigida, ou ainda, sabendo da conduta criminosa de outrem, deixar de impedir sua prática, quando podia agir para evitá-la.

✸ **V.** *CC, arts. 46, 50, 115 a 120, 1.091, 1.092, 1.172 a 1.176.*

✸ **V.** *CDC, arts. 28 e 75.*

✸ **V.** *CLT, art. 62, II e parágrafo único.*

✸ **V.** *CTN, arts. 135 e 137, III,* c.

✸ **V.** *Lei nº 6.404/1976 (Lei das Sociedades por Ações), arts. 138 a 139, 143 a 159 e 281 a 283.*

✸ **V.** *Lei nº 8.212/1991 (Lei Orgânica da Seguridade Social), arts. 12, I,* a, *V,* f, *e 22, I e III.*

✸ **V.** *Lei nº 9.605/1998 (Lei dos Crimes Ambientais), art. 2º.*

✸ **V.** *CPC/2015, arts. 75, 242 e 863.*

✸ **V.** *Súm. nº 269 do TST.*

DIRIGENTE SINDICAL – Encarregado de administrar sindicato, razão pela qual só pode ser demitido mediante inquérito no qual se apure falta grave.

✸ **V.** *Súm. nº 197 do STF.*

✸ **V.** *Súm. nº 369 do TST.*

DIRIMENTE – Causa que exclui a responsabilidade do agente da infração penal, embora se verifique a criminalidade do fato. Causa que exime da responsabilidade criminal; o mesmo que *escusativa, excludente, justificativa, descriminante*. No Dir. de Família, são dirimentes os impedimentos que tornam nulo o casamento com infração de proibição legal.

✸ **V.** *CP, arts. 20, § 1º, 26 e 27, 28, § 1º, 181.*

DISCRIMINAÇÃO – Ato de discriminar, segregar, dividir. Divisão de algo em vários itens.

✸ **V.** *Lei nº 6.383/1976 (Dispõe sobre o processo discriminatório de terras devolutas da União), que revogou a Lei nº 3.081/1956 e outras disposições sobre o assunto.*

DISCRIMINAÇÃO RACIAL – Toda distinção, exclusão, restrição ou preferência baseada em raça, cor, descendência ou origem nacional ou étnica que tenha por objeto anular ou restringir o reconhecimento, gozo ou exercício, em igualdade de condições, de direitos humanos e liberdades fundamentais nos campos político, econômico, social, cultural ou em qualquer outro campo da vida pública ou privada. A prática do racismo é crime inafiançável e imprescritível, sujeitando o agente à pena de prisão, nos termos da lei. A Lei nº 1.390/1951 (Lei Afonso Arinos), posteriormente alterada pela Lei nº 7.437/1985, foi o primeiro diploma legal que estabeleceu contravenções e penalidades para práticas discriminatórias. Outros diplomas legais se seguiram não apenas no sentido de reprimir condutas racistas (Lei nº 7.716/1989 – Lei do Crime Racial; Lei nº 14.532/2023 – Lei do crime de injúria racial), como também para promover igualdade de oportunidades e tutelar interesses sociais, econômicos e culturais de populações historicamente discriminadas por preconceito de raça ou de cor. **V.** *Ações afirmativas.*

✸ **V.** *CF, arts. 3, IV, 5º, XLII, e 7º, XXX.*

✸ **V.** *Lei nº 12.288/2010 (Institui o Estatuto da Igualdade Racial), art. 1º, I.*

✸ **V.** *Lei nº 7.347/1985 (Lei da Ação Civil Pública), arts. 1º, VII, 4º, 5º, V, 13, § 2º.*

✸ **V.** *Lei nº 7.716/1989 (Lei do Crime Racial).*

✸ **V.** *Lei nº 9.029/1995 (Proíbe a exigência de atestados de gravidez e esterilização, e outras práticas discriminatórias para efeitos admissionais ou de permanência no trabalho), arts. 3º e 4º.*

✸ **V.** *Lei nº 14.532/2023 (Altera a Lei nº 7.716/1989 (Lei do Crime Racial), e o Decreto-Lei nº 2.848/1940 (Código Penal), para tipificar como crime de racismo a injúria racial, prever pena de suspensão de direito em caso de racismo praticado no contexto de atividade esportiva ou artística e prever pena para o racismo religioso e recreativo e para o praticado por funcionário público).*

✸ **V.** *Convenção nº 111 da OIT (Convenção concernente à discriminação em matéria de emprego e profissão), ratificada pelo Dec. Leg. nº 104/1964 e promulgada pelo Dec. nº 62.150/1968.*

DISPENSA – 1. Ato de isentar uma pessoa de obrigação legal, realizado por autoridade competente. 2. Rescisão de contrato de trabalho. A Lei nº 13.467/2017 (Reforma Trabalhista) equiparou as dispensas imotivadas individuais, plúrimas ou coletivas e dispensou a necessidade de autorização prévia de entidade sindical ou de celebração de convenção coletiva ou acordo coletivo de trabalho a realização delas. **V.** *Demissão.*

✸ **V.** *Lei nº 6.015/1973 (Lei de Registros Públicos), art. 69.*

✸ **V.** *CPC/2015, art. 222.*

✸ **V.** *CLT, art. 477-A.*

DISPONENTE – Aquele que dispõe, por atos entre vivos ou de última vontade, de bens em favor de outrem; testador, alienante.

DISPONIBILIDADE (DIR. ADM.) – É a qualidade do funcionário, quando da extinção do cargo que ocupava, de aguardar o seu reaproveitamento sem trabalhar, porém recebendo os seus vencimentos. Faculdade de dispor de bens que não estão sujeitos a encargos.

✸ **V.** *CF: arts. 41, § 3º, 93, VIII, 95, parágrafo único, e 128, § 5º, II, d.*

✸ **V.** *Lei nº 8.112/1990 (Dispõe sobre o regime jurídico dos servidores públicos civis da União, das autarquias e das fundações públicas federais): arts. 30 a 32.*

DISPOSIÇÕES FINAIS E TRANSITÓRIAS – São aquelas que completam a lei, possuindo um tempo determinado, podendo ser revogadas sem que com isso prejudiquem a parte geral da lei. ***Transitória ou final***: cláusulas que devem vigorar por algum tempo, ou preceitos legais de duração temporária, para regular relações jurídicas modificáveis ou de efeito preestabelecido. Sua vigência condiciona-se à causa que a gerou; cessada esta, cessa seu efeito. Por serem provisórias, tais disposições devem ter numeração à parte, diferente dos artigos de lei.

DISPOSITIVO – Preceito, determinação, prescrição legal, artigo de lei; aquilo que contém uma determinação.

DISPOSITIVO DE SEGURANÇA – Nos termos do Anexo I do Código de Trânsito Brasileiro, é qualquer elemento que tenha a função específica de proporcionar maior segurança ao usuário da via, alertando-o sobre situações de perigo que possam colocar em risco sua integridade física e dos demais usuários da via, ou danificar seriamente o veículo.

✱ *V. Lei nº 9.503/1997 (Código de Trânsito Brasileiro): Anexo I.*

DISPOSITIVO MÓVEL – Equipamento portátil dotado de capacidade computacional ou dispositivo removível de memória para armazenamento. *V. Dispositivos móveis.*

✱ *V. Dec. nº 7.845/2012 (Regulamenta procedimentos para credenciamento de segurança e tratamento de informação classificada em qualquer grau de sigilo, e dispõe sobre o Núcleo de Segurança): art. 2º, IX.*

DISPOSITIVOS MÓVEIS – *V. Dispositivo móvel.*

DISTANCIAMENTO FÍSICO – *V. Distanciamento social.*

DISTANCIAMENTO SOCIAL – 1. Conjunto de medidas destinadas a diminuir a circulação de pessoas em locais públicos ou privados para a contenção de doenças contagiosas transmitidas por contato físico, direto ou indireto, bem como transmissão aérea. 2. O distanciamento social pode ser horizontal ou vertical. Será horizontal se envolver medidas mais restritivas destinadas a toda a comunidade, com circulação permitida para serviços considerados essenciais e não essenciais, nos termos determinados pelo Poder Público. Por sua vez, o distanciamento vertical é aquele cujas medidas de isolamento são direcionadas apenas para as pessoas que estão nos grupos de risco da doença a ser contida. 3. O distanciamento social horizontal pode ser realizado de modo flexível ou rígido, conforme a necessidade de contenção da doença. Quando flexível, permite a abertura de estabelecimentos, de modo gradual, na medida em que os casos da doença diminuem. O modo rígido do distanciamento envolve uma regra única para toda a sociedade, sendo a mais rigorosa o *lockdown*, consistente no bloqueio total de pessoas circulando por ato do Poder Público.

✱ *V. Lei nº 13.979/2020 (Dispõe sobre as medidas para enfrentamento da emergência de saúde pública de importância internacional decorrente do coronavírus responsável pelo surto de 2019).*

DISTRIBUIÇÃO – Remessa ou entrega de coisas a vários destinatários; separação, divisão.

De processos: tarefa administrativa do distribuidor do foro que reparte os processos ou serviços, designando o juiz ou o serventuário, de modo obrigatório e rotativo, a quem eles caibam, nas comarcas com mais de um juízo. Faz-se esta distribuição após o competente registro; quando há apenas um juízo, faz-se somente o registro. A distribuição se fará em primeira ou segunda instâncias e pode ser fiscalizada pela parte ou por seu advogado. No caso de as partes poderem eleger o foro, indica-se a comarca e não o juízo, caso haja mais de um com igual competência. Não se confunde a entrega da inicial ao distribuidor com o recebimento judicial dessa petição, constituindo a primeira ato apenas administrativo, e a segunda, um despacho.

Por dependência: aquela que é feita, obrigatoriamente, ao escrivão, ao qual, antes, fora distribuído um processo, de qualquer natureza, que tenha relação de dependência (conexão ou continência) com o novo processo. Se o meeiro supérstite falecer antes da partilha dos bens do pré-morto, e os herdeiros forem os mesmos, haverá um só inventariante para os dois inventários, e o segundo será distribuído, por dependência, processando-se em apenso ao primeiro. Visa obter economia processual e que não se profiram decisões contraditórias. Mas só é viável se o juízo da primeira demanda for competente para julgar também a segunda. A lei prevê os casos de *oposição por dependência*, quando alguém entre na lide contra autor e réu, por pretender a mesma coisa que eles, quando credores do espólio requerem o pagamento das dívidas vencíveis e exigíveis, nos embargos de terceiros.

✱ *V. Lei nº 11.101/2005 (Lei de Recuperação de Empresas e Falências), art. 6º, §§ 6º e 8º.*

✱ *V. Dec.-lei nº 858/1969 (Dispõe sobre a cobrança de débitos fiscais em casos de falência), art. 3º.*

✱ *V. LOJF, art. 16.*

✱ *V. RISTF, arts. 62 a 103.*

✱ *V. RCJF, arts. 8º e 10.*

✱ *V. CPC/2015, arts. 284 a 290, 312, 642, 672, 683 e 930.*

DISTRITO – Cada uma das partes em que se subdivide um município, administrativa ou judicialmente. O *distrito judiciário* é uma das partes em que se divide um termo judiciário, não sede de comarca, sob a jurisdição de um juiz de paz. Diz-se também do território sob jurisdição de autoridade policial ou fiscal.

Consular: circunscrição territorial sob jurisdição de um cônsul.

Da culpa: o lugar do delito, perante cuja Justiça o acusado deve ser julgado.

DISTRITO FEDERAL – A EC nº 69/2012 alterou os arts. 21, 22 e 48 da Constituição Federal, para transferir da União para o Distrito Federal as atribuições de organizar e manter a Defensoria Pública do Distrito Federal. Contudo, compete privativamente à União legislar sobre organização judiciária, do Ministério Público do Distrito Federal e dos Territórios. A EC nº 69/2012 também alterou o art. 48, IX, da Constituição Federal: "Art. 48. (...) IX – organização administrativa, judiciária, do Ministério Público e da Defensoria Pública da União e dos Territórios e organização judiciária e do Ministério Público do Distrito Federal;" Unidade Federada onde está a capital do país, Brasília, sede do Governo Federal. São atribuídas as competências legislativas reservadas aos Estados.

✱ *V. CF, arts. 32, § 1º, 46, §§ 1º e 2º, 52, VI e IX, 145, 147, 149, parágrafo único, e 155.*

✱ *V. Lei nº 11.697/2008 (Dispõe sobre a organização judiciária do Distrito Federal e dos Territórios e revoga as Leis nºs 6.750/1979, 8.185/1991, 8.407/1992, e 10.801/2003, exceto na parte em que instituíram e regularam o funcionamento dos serviços notariais e de registro no Distrito Federal).*

DITADOR – Chefe de Governo absoluto, autoritário; caudilho, tirano. Em Roma, durante a República, era o Magistrado Supremo nomeado pelos Cônsules e investido pelo Senado de poder absoluto, durante o tempo em que se julgassem em perigo as instituições.

DITADURA – Forma de governo baseado na força, com concentração de poder do Executivo sobre os demais poderes.Forma de governo discricionário, quando o indivíduo, com o apoio de um grupo que empolga parte da opinião pública, se investe de amplos poderes, legislativo e até judiciários, amparado nas Forças Armadas, e domina o país com excesso de autoridade. É *governo de fato* em oposição a *governo legal* ou *constitucional*. Podem ser lembradas, a propósito, a *ditadura colegiada*, da Revolução Francesa; a *ditadura do proletariado* da Revolução Russa, pela qual, segundo Marx, o proletariado deveria exercer poder ditatorial sobre a classe que o explorava, a burguesia, até que o Estado desse lugar à sociedade comunista; a *ditadura constitucional*, que estaria visível na lei marcial, no estado de sítio, na intervenção etc., ou quando o Executivo governa por decreto durante um grande período; e a *ditadura ideológica*, em que o ditador quer legitimar seu poder por uma ideologia político-social.

DIVERGÊNCIA – Discordância, desacordo de opiniões, desigualdade, diversidade.

✱ *V. CPC/2015, arts. 448, 585 e 1.029.*

DÍVIDA – É toda obrigação de dar ou fazer alguma coisa e que pode ser exigida.

Certa: É aquela que não pode ser contestada por ser fundada em documento hábil para comprová-la.

Ilíquida: É aquela que é incerta, dependendo de prestação de contas, sujeita a dúvidas e controvérsias.

Líquida e certa: É aquela que não apresenta dúvidas quanto a sua existência e seu valor.

✱ *V. CPC/1973: art. 586.*

✱ *V. CPC/2015, art. 783.*

Portável: É aquela que o devedor deve pagar no vencimento, na residência ou domicílio do credor.

✱ *V. CC: arts. 78 e 327.*

Privilegiada: É aquela na qual o credor tem a preferência entre os demais credores de um mesmo devedor, por estar em condições diferentes aos demais.

Pública: É toda obrigação contraída e devida pelo Estado. Geralmente decorre de empréstimos públicos.

Quesível: É aquela em que o credor deverá cobrar no domicílio ou residência do devedor, não tendo este a obrigação de procurar o credor para saldá-la.

✱ *V. CC: art. 327.*

Quirografária: É aquela que não é garantida por um direito real, não possui privilégio creditório ou direito de preferência.

✱ *V. Lei nº 11.101/2005 (Regula a recuperação judicial, a extrajudicial e a falência do empresário e da sociedade empresária): art 83, VI.*

Real: É aquela que tem como garantia um direito real.

DIVIDENDO – Aquilo que sofre processo divisório. Parte dos lucros apurados que é distribuída, periodicamente, aos acionistas ou sócios de uma empresa, proporcionalmente ao valor de suas ações ou cotas de capital. Cota-parte de cada credor ou interessado na liquidação ou rateio da massa falida.

Cumulativo: o dividendo que não foi pago num exercício e acumula-se com o do exercício seguinte.

Fictício: o que resulta de indébita majoração do inventário, sendo o resultado artificial.

Fixo: atribuído, prioritariamente, às ações preferenciais.

Real: demonstração, em balanço, do verdadeiro resultado dos negócios da empresa ou sociedade.

✱ *V. Lei nº 6.404/1976 (Lei das Sociedades por Ações): arts. 201 a 205.*

DIVINIS JURIS SUNT VELUTI RES SACRAE ET RELIGIOSAE – (Latim) São de direito divino as coisas sagradas e religiosas.

DIVISA – Todo marco que estabelece os limites de uma propriedade imóvel.

DIVISÃO – Ato ou efeito de dividir, repartir, partilhar. Pode ser *real*, se é de coisas corpóreas; *ideal* ou *intelectual*, se de coisas incorpóreas.

Administrativa: parte do território de um Estado, a que se concede certa autonomia.

Do processo: o CPC/1973 dividia-se em cinco partes: *processo de conhecimento* (arts. 1º a 565), *processo de execução* (arts. 566 a 795), *do processo cautelar* (arts. 796 a 889), *dos procedimentos especiais* (arts. 890 a 1.210), *das disposições finais e transitórias* (arts. 1.211 a 1.220). Já o CPC/2015 divide-se em parte geral (das normas processuais civis – arts. 1º a 15; da função jurisdicional – arts. 16 a 69; dos sujeitos do processo – arts. 70 a 187; dos atos processuais – arts. 188 a 293; da tutela provisória – arts. 294 a 311; da formação, da suspensão e da extinção do processo – arts. 312 a 317) e parte especial (do processo de conhecimento e do cumprimento de sentença – arts. 318 a 770; do processo de execução – arts. 771 a 925; dos processos nos tribunais e dos meios de impugnação das decisões judiciais – arts. 926 a 1.044; disposições finais e transitórias – arts. 1.045 a 1.072).

DIVISÃO DE PODERES – Locução que expressa a divisão de poderes entre os órgãos da soberania nacional. Essa divisão se dá entre os Poderes da União: Legislativo, Executivo e Judiciário.Essa divisão remonta a Charles de Sécondat, Barão de Montesquieu, em seu livro *O Espírito das Leis*.

✱ *V. CF: art. 2º.*

DIVISÓRIA – É a linha que delimita as propriedades imóveis confinantes.

DIVISÓRIO – Aquilo que divide, que se relaciona à divisão, o que faz a delimitação entre dois prédios; *tapume, cerca, muro divisório*.

DIVÓRCIO – Dissolução completa da sociedade conjugal, desfazimento absoluto do vínculo jurídico do matrimônio, ficando os cônjuges, após sua homologação e registro, aptos a contrair novas núpcias. O casamento civil pode ser dissolvido pelo divórcio. O divórcio pode ser: consensual ou contencioso. No contencioso, o procedimento é o ordinário; no consensual, a petição terá de ser assinada por ambos os cônjuges, ou a seu rogo, se não souberem escrever; as assinaturas, se não forem lançadas na presença do juiz, deverão ser reconhecidas por tabelião. O tema relacionado ao divórcio consensual foi parcialmente alterado pela Lei nº 11.965/2009, que passou a dispor sobre a participação do defensor público na lavratura da escritura pública de inventário e de partilha e divórcio consensual. Além disso, o § 2º do art. 733 do CPC/2015, dispõe que somente lavrará a escritura se os contratantes estiverem assistidos por advogado comum ou advogados de cada um deles ou por defensor público, cuja qualificação e assinatura constarão do ato notarial. Veja que, com o advento desta alteração, passa a entrar a figura do defensor público no rol. Outra alteração refere-se ao fato de, O CPC/2015 suprimiu o § 2º do art. 982 (incluído pela Lei nº 11.965/2009) que previa a gratuidade para a escritura e demais atos notariais àqueles que se declarassem pobres sob as penas da lei. Em caso de incapacidade dos cônjuges, o pedido pode ser feito por curador, ascendente ou irmão. A sentença será averbada no Registro Civil e, havendo bens imóveis, na circunscrição onde se achem registrados. Os consectários, como guarda dos filhos ou dispensa de prestar alimentos, passaram a ser, obrigatoriamente, objeto de pedido expresso cumulativo, para não ficar sem regulamentação ou correr o risco de postergá-la. Outra questão diz respeito à conciliação prévia, antes do despacho da inicial, estabelecida pela Lei nº 968/1949, no desquite litigioso e causas de alimentos. Essa disposição foi revogada, ficando a conciliação para o início da audiência. No divórcio consensual há necessidade de partilha de bens; no contencioso, fica a partilha postergada para a fase de execução em razão do rito ordinário. Outra observação necessária é que esse dispositivo da Lei do Divórcio (art. 5º, § 3º) faz com que o regime de comunhão universal não mais transfira propriedade incondicionada; a propriedade adquirida por força da comunhão de bens é resolúvel. A Constituição Federal e a Lei nº 7.841/1989 revogaram o disposto no art. 38 da Lei do Divórcio, de que o pedido de divórcio só poderia ser formulado uma vez; pode, pois, a mesma pessoa pedir mais de um divórcio. Na medida cautelar da separação de corpos, o juiz decide quem deve deixar o lar. O novo casamento do cônjuge devedor de pensão não altera a sua obrigação; mas o novo casamento do cônjuge credor da pensão extingue a obrigação do cônjuge devedor. Se os cônjuges divorciados quiserem refazer a união conjugal só podem fazê-lo mediante novo casamento. O divórcio realizado no estrangeiro, se um ou ambos os cônjuges forem brasileiros, só será reconhecido no Brasil depois de 3 anos da data da sentença. Não se homologa sentença de divórcio obtida por procuração em país de que os cônjuges não eram nacionais nem a sentença proferida no estrangeiro sem prova do trânsito em julgado. Se o divórcio for pedido por um dos cônjuges, os filhos menores ficam com aquele que tiver melhores condições de cuidar deles. A não ser que o juiz constate que a guarda exercida por qualquer dos cônjuges traga prejuízos de ordem moral para eles; nesse caso, o juiz deferirá sua guarda à pessoa notoriamente idônea da família de qualquer dos cônjuges. Podem os filhos ficar com o cônjuge com quem estavam durante a ruptura da vida em comum. As disposições quanto à guarda, proteção e prestação de alimentos aos filhos menores se estendem aos filhos maiores inválidos. A partilha dos bens será homologada pela sentença do divórcio. Em 14-7-2010, foi publicada no *Diário Oficial da União* a EC nº 66/2010 que dispõe sobre a dissolubilidade do casamento civil pelo divórcio, suprimindo o requisito de prévia separação judicial por mais de um ano ou de comprovada separação de fato por mais de dois anos. A Lei nº 13.894/2019 fixou como competente o foro do domicílio da vítima de violência doméstica e familiar para a ação de divórcio.

✱ *V. CF: arts. 5º, XXII e XXXVI, e 226, §§ 5º e 6º.*

✱ *V. CC, arts. 1.571 a 1.582.*

✱ *V. CPC/1973, arts. 447, 888, 1.120, 1.124 e 1.124-A.*

✱ *V. CPC/2015, arts. 731 e 733.*

✱ *V. Lei nº 6.515/1977 (Lei do Divórcio): arts. 24 a 33.*

✱ *V. Lei nº 8.408/1992 (Introduziu alterações na Lei do Divórcio).*

✱ *V. Lei nº 13.894/2019 (Altera a Lei nº 11.340, de 7 de agosto de 2006 (Lei Maria da Penha), para prever a competência dos Juizados de Violência Doméstica e Familiar contra a Mulher para a ação de divórcio, separação, anulação de casamento ou dissolução de união estável nos casos de violência e para tornar obrigatória a informação às vítimas acerca da possibilidade de os serviços de assistência judiciária ajuizarem as ações mencionadas; e altera a Lei nº 13.105, de 16 de março de 2015 (Código de Processo Civil), para prever a competência do foro do domicílio da vítima de violência doméstica e familiar para a ação de divórcio, separação judicial, anulação de casamento e reconhecimento da união estável a ser dissolvida, para determinar a intervenção obrigatória do Ministério Público nas ações de família em que figure como parte vítima de violência doméstica e familiar, e para estabelecer a prioridade de tramitação dos procedimentos judiciais em que figure como parte vítima de violência doméstica e familiar).*

DOAÇÃO – Contrato pelo qual, por liberalidade, uma pessoa transfere a outra parte do seu patrimônio.É ato de liberalidade, exteriorizado em contrato unilateral, mas deve o donatário dar o seu aceite, de modo expresso ou tácito.

✱ *V. CC: arts. 538 a 564, 1.645 a 1.648, 2.005 a 2.012.*

✱ *V. Lei nº 6.015/1973 (Dispõe sobre os registros públicos): art. 167, I, 33.*

DOAÇÃO DE ÓRGÃOS – 1. **Da disposição de órgãos:** disposição gratuita e anônima de órgãos, tecidos, células e partes do corpo humano para utilização em transplantes, enxertos ou outra finalidade terapêutica, O sangue, o esperma e o óvulo não estão compreendidos entre os tecidos e as células a que se refere este Decreto. 2. **Remoção de órgãos, tecidos e partes do corpo humano para fins de transplante e tratamento:** a retirada de órgãos, tecidos, células e partes do corpo humano poderá ser efetuada após a morte encefálica, com o consentimento expresso da família. Qualquer pessoa capaz, nos termos da lei civil, poderá dispor de órgãos, tecidos, células e partes de seu corpo para serem retirados em vida. Somente será permitida a doação referida quando se tratar de órgãos duplos, de partes de órgãos, tecidos, células e partes do corpo cuja retirada não impeça o organismo do doador de continuar vivendo sem risco.

✱ *V. Dec. nº 9.175/2017*

DOCUMENTO – Título, peça escrita ou gráfica, fotos, desenhos, cópias fotostáticas, mapas, gravações em discos etc. Quaisquer papéis ou escritos, públicos ou particulares, oferecidos em juízo, para provar o alegado.

Diz-se:

✱ *V. CC: arts. 212 e 219.*

✱ *V. CPC/1973: arts. 4º, II, 157, 390 a 399 e 844, II.*

✱ *V. CPC/2015, arts. 201, 320, 335, 405 a 441, 473, 477, 966, 1.016 e 1.017.*

✱ *V. CP: arts. 297 a 299 e 304.*

✱ *V. CPP: art. 232.*

✱ *V. CLT: art. 830.*

Autêntico: É aquele que seguiu as formalidades legais e cuja assinatura é verdadeira.

Particular: É aquele feito por particular, sem intervenção de oficial público.

✱ *V. CC: art. 212, II.*

Público: É aquele que obteve o registro público.

DOENÇA – A configuração de perturbação da saúde gera o auxílio-doença, prestação previdenciária devida a partir do 16º dia do afastamento da atividade, devendo o empregador pagar os salários dos primeiros 15 dias.

✱ *V. Lei nº 8.213/1991 (Dispõe sobre os Planos de Benefícios da Previdência Social): art. 60.*

Do trabalho: Segundo a lei elas resultam de condições especiais ou excepcionais em que o trabalho se realize, o que significa que não é inerente ao trabalho o agente causador da doença: aquelas condições é que favorecem o desenvolvimento da doença contraída no próprio trabalho. Essas doenças são chamadas *mesopatias*.

✱ *V. Lei nº 8.213/1991 (Planos de Benefícios da Previdência Social): art. 20, II.*

Profissionais: Próprias de determinados ramos de atividade segundo a lei. Provocadas, em geral, por agentes químicos, físicos ou biológicos que são peculiares a certas funções. Exemplos: intoxicações provocadas por arsênico, chumbo, fósforo etc. Têm atuação lenta no organismo, distinguindo-se por isso dos acidentes típicos. É obrigatória a comunicação das doenças profissionais e daquelas causadas por condições especiais de trabalho, comprovadas ou objeto de suspeita, conforme instruções do Ministério do Trabalho. São chamadas *idiopatias*.

✱ *V. CLT: art. 169.*

✱ *V. Lei nº 8.213/1991 (Planos de Benefícios da Previdência Social): art. 20.*

DOGMÁTICA – Conjunto ou sistema de dogmas. Ex.: dogmática jurídica – conjunto de princípios jurídicos.

DO LENOCÍNIO E DO TRÁFICO DE PESSOA PARA FIM DE PROSTITUIÇÃO OU OUTRA FORMA DE EXPLORAÇÃO SEXUAL – Título do Capítulo V, alterado pela Lei nº 12.015/2009. *V. Lenocínio.*

DOLO (DIR. CIVIL) – Má-fé, ânimo consciente de agir de maneira ilícita, intenção de prejudicar, de violar direito alheio, o que o diferencia da culpa, em que não existe a intenção deliberada.

De perigo: É a vontade consciente do agente em expor alguém a perigo.

Direto: É aquele que o agente do crime quis o resultado, intencionalmente.

Específico: É aquele que o agente do crime possui para um fim determinado.

Eventual: É aquele que o agente, não querendo o resultado, assume o risco de produzi-lo.

Genérico: É aquele que o agente possui sem ter um objetivo definido.

Indireto: É o dolo que o agente tem ao realizar a ação, desaparecendo com o efeito não desejado. Essa espécie de dolo não é mais aceita pelo Dir. Penal Moderno.

Superveniente: É aquele que aparece depois de o agente praticar uma ação de boa-fé. O dolo superveniente só surge depois de uma determinada fase de conduta do agente que passa a proceder de má-fé.

✱ ***V.*** *CC, arts. 145 a 150.*

✱ ***V.*** *CP, art. 18, I.*

✱ ***V.*** *Lei nº 8.078/1990 (CDC), arts. 37 e 67.*

DOMÉSTICO (DIR. DO TRAB.) – 1. É o empregado que presta serviços em residência de família, de natureza não econômica. 2. Para regulamentar estes direitos, foi editada a LC nº 150/2015, que instituiu a sistemática de recolhimento simplificado de tributos incidentes sobre a remuneração dos trabalhadores domésticos, conhecida por "Simples Doméstico". 3. Outra importante conquista garantida aos domésticos foi a inclusão no rol de trabalhadores assistidos pelos benefícios previdenciários voltados à cobertura de acidentes de trabalho. 4. A situação de calamidade pública gerada pela pandemia de Coronavírus (COVID-19) fez o Poder Público instituir o Programa Emergencial de Manutenção do Emprego e da Renda, aplicável ao empregado doméstico, que autoriza, dentre outras medidas, a suspensão temporária do contrato de trabalho. O referido programa foi prorrogado pela MP nº 1.045/2021 com o nome de Novo Programa Emergencial de Manutenção do Emprego e da Renda que instituiu o Benefício Emergencial de Manutenção do Emprego e da Renda, a ser pago em caso de redução proporcional de jornada de trabalho e de salário e suspensão temporária do contrato de trabalho. A referida MP também permite a antecipação das férias aos empregados domésticos que ainda não tenham direito aos 30 (trinta) dias de férias legais. O programa citado é aplicável, também, à empregada doméstica gestante. A MP nº 1.045/2021 vigeu de 28-4-2021, data de sua publicação no Diário Oficial da União – *DOU*, até 17-2-2022, data de publicação no *DOU* de sua rejeição e durante o seu período de vigência, os atos nela embasados seguem válidos.

✱ ***V.*** *CLT: art. 7º, a.*

✱ ***V.*** *LC nº 150/2015 (Dispõe sobre o contrato de trabalho doméstico).*

✱ ***V.*** *MP nº 1.045/2021 (Institui o Novo Programa Emergencial de Manutenção do Emprego e da Renda e dispõe sobre medidas complementares para o enfrentamento das consequências da emergência de saúde pública de importância internacional decorrente do coronavírus (Covid-19) no âmbito das relações de trabalho). Esta Medida Provisória teve sua vigência encerrada em 17-2-2022.*

DOMICÍLIO – Local onde a pessoa fixa sua residência com ânimo definitivo.A fixação do domicílio é importante, porque o local fixa a competência do juiz. Diz-se:

Civil ou real: onde a pessoa vive com sua família e mantém relações de caráter civil; também se diz *geral* ou *ordinário*.

Comercial: onde o comerciante tem a sede de seu comércio, onde o exerce.

Conjugal: sede da sociedade conjugal.

De origem: aquele que a pessoa adquire ao nascer, o filho tem o do pai, enquanto estiver sob o poder familiar; também se diz *originário*.

Eleitoral: é o da localidade onde o cidadão se alistou como eleitor e exercita seu direito de votar.

Eletivo ou o do fato: aquele que as partes elegem para o exercício de determinados direitos ou para cumprimento de certas obrigações; diz-se ainda *eleito, voluntário* ou *de contrato*.

Especial: quando a ele se subordinam algumas relações jurídicas.

Fiscal: local do principal estabelecimento comercial ou industrial, onde se centralizam os negócios e a parte contábil.

Legal: se prescrito por lei a certas pessoas, em vista de sua residência permanente, funções, condição ou situação jurídica, como o dos incapazes, do militar de guarnição, do sentenciado, da mulher casada (do marido) etc.

Político: aquele, fixado por lei, em que o cidadão deve cumprir seus deveres e direitos políticos, como o de votar ou ser votado, ser eleito etc.

Tributário: para as pessoas naturais, o de sua residência habitual ou o centro costumeiro de sua atividade, se aquela for incerta ou desconhecida; para as pessoas jurídicas de direito privado ou as firmas individuais, o lugar de sua sede, ou, em relação aos atos ou fatos que derem origem à obrigação, o de cada estabelecimento; para as pessoas jurídicas de direito público, qualquer de suas repartições no território da entidade tributante. Quando essas regras não puderem ser aplicadas, considerar-se-á domicílio tributário do contribuinte ou responsável o lugar da situação dos bens ou da ocorrência dos atos ou fatos que originaram a obrigação. O domicílio eleito pode ser recusado pela autoridade quando dificultar ou impossibilitar a arrecadação ou fiscalização do tributo. A pessoa pode residir num lugar e trabalhar em outro, daí a distinção que se faz entre domicílio e residência.

✱ ***V.*** *CTN, art. 127, I, II e III, §§ 1º e 2º.*

✱ ***V.*** *CF: arts. 5º, XI, 14, § 3º, IV, e 139, V.*

✱ ***V.*** *CC: arts. 70 a 78.*

✱ ***V.*** *LINDB (Lei de Introdução as Normas do Direito Brasileiro): art. 7º, § 8º.*

✱ ***V.*** *CPC/1973: arts. 94 a 96 e 111.*

✱ ***V.*** *CPC/2015, arts. 46 a 48, 62 e 63.*

✱ ***V.*** *CPP: arts. 72, 73, 283 e 534.*

DOMÍNIO (DIR. CIVIL) – É o direito de usar, gozar e dispor de um bem. É a propriedade plena.

Território que pertence a um país, fora de seus limites. Complexo de direitos, do gênero propriedade, sobre bens materiais corpóreos, oponíveis *erga omnes*. Trata-se de direito real, que sujeita um bem corpóreo ao poder e vontade de alguém, pelos meios legais de aquisição da propriedade. O domínio materializa-se pela transcrição do título no Registro de Imóveis, quando se trata de propriedade imobiliária; e pela tradição, no caso de coisas móveis.

✱ ***V.*** *CC: arts. 1.231 e 1.232.*

Privado: É aquele exercido por pessoa de direito privado.

Público: É a propriedade pertencente às pessoas de Dir. Público: União, Estados e Municípios.

DOUTRINA – Conjunto de ideias, juízos críticos e conceitos teóricos ou calcados nos usos e costumes ou no momento social que os autores expõem nos estudos e ensino do Dir. e na interpretação da lei.

DPVAT – *V.* Seguro Obrigatório de danos pessoais

DRACONIANO – Diz-se de dispositivo de lei ou sentença excessivamente severos. O nome vem de Dracon, legislador de Atenas no século VII a. C., que editou leis cruéis e desumanas.

DRAWBACK – 1. Sistema pelo qual as matériasprimas pagam um imposto de importação, na Alfândega, ao entrarem no país, sendo esse imposto devolvido quando exportados os produtos industriais nos quais elas foram utilizadas. 2. O mesmo que reembolso de direito aduaneiro. 3. O sistema de *drawback*, segundo a Lei nº 8.402/1992, é um incentivo à exportação. 4. A Lei nº 14.060/2020 prorrogou os prazos de suspensão de pagamentos de tributos, com termo em 2020, previstos em ato de concessão do regime de drawback que foram prorrogados por 1(um) ano pela autoridade fiscal. 5. A Lei nº 14.366/2022 prorrogou prazos de isenção, de redução a zero de alíquotas ou de suspensão de tributos em regimes especiais de *drawback*.

✱ *V. Lei nº 8.402/1992 (Restabelece os incentivos fiscais que menciona e dá outras providências), arts. 1º, § 3º e 3º, caput.*

✱ *V. Lei nº 14.060/2020 (Prorroga os prazos de suspensão de pagamentos de tributos previstos nos atos concessórios do regime especial de* drawback *que tenham sido prorrogados por 1 (um) ano pela autoridade fiscal e que tenham termo em 2020; e altera a Lei nº 11.945, de 4 de junho de 2009).*

✱ *V. Lei nº 14.366/2022 (Dispõe sobre a prorrogação excepcional de prazos de isenção, de redução a zero de alíquotas ou de suspensão de tributos em regimes especiais de* drawback*, dentre outras disposições).*

✱ *V. MP nº 1.079/2021 (Dispõe sobre a prorrogação excepcional de prazos de isenção, de redução a zero de alíquotas ou de suspensão de tributos em regimes especiais de* drawback*).*

✱ *V. Port. SECEX nº 23/2011 (Dispõe sobre o tratamento administrativo das importações e exportações e sobre o regime especial de* drawback*).*

✱ *V. Port. SECEX nº 44/2020 (Dispõe sobre o regime aduaneiro especial de* drawback *e altera a Portaria SECEX nº 23, de 14 de julho de 2011, que dispõe sobre operações de comércio exterior).*

DROGA – 1. Substância ou matéria-prima que tenha a finalidade medicamentosa ou sanitária. 2. Nome dado, anteriormente, a qualquer medicamento e, hoje, mais frequentemente ligado a substâncias cujo consumo produz efeitos psicotrópicos (depressivos, estimulantes e alucinóginos), capazes de alterar a personalidade e provocar dependência física e psíquica. Seu uso e tráfico sem autorização da Agência Nacional de Vigilância Sanitária (ANVISA) são proibidos por lei, e as terras e demais instrumentos e utensílios utilizados na plantação ou produção dessas substâncias serão confiscados pelo Governo Federal.

✱ *V. CF, art. 243.*

✱ *V. Convenção sobre entorpecentes, concluída em 30-3-1961, e promulgada no Brasil pelo Dec. nº 54.216/1964.*

✱ *V. Convenção contra o tráfico ilícito de entorpecentes e substâncias psicotrópicas, concluída em 20-12-1988, ratificada pelo Brasil pelo Dec. Leg. nº 162/1991 e promulgada pelo Dec. nº 154/1991.*

✱ *V. Lei nº 5.991/1973 (Dispõe sobre o controle sanitário do comércio de medicamentos), art. 4º, I.*

✱ *V. Lei nº 8.257/1991 (Dispõe sobre a expropriação de glebas nas quais se localizem culturas ilegais de plantas psicotrópicas).*

✱ *V. Lei nº 11.343/2006 (Institui o Sistema Nacional de Políticas Públicas sobre Drogas e estabelece medidas para prevenção e repressão ao uso, produção e tráfico ilícito de drogas).*

✱ *V. Dec. nº 5.912/2006 (Regulamenta a Lei nº 11.343/2006, que trata das políticas públicas sobre drogas e da instituição do Sistema Nacional de Políticas Públicas sobre Drogas – SISNAD).*

✱ *V. Port. ANVISA nº 344/1998 (Aprova o regulamento técnico sobre substâncias e medicamentos.*

DUMPING – Venda de produtos fabricados no País, no mercado interno, por preços superiores aos praticados no mercado externo, para incentivar artificialmente as exportações e favorecer os trustes e cartéis a colocar o excedente da produção.Pressão de comerciante ou grupo deles para expulsar concorrente, oferecendo mercadorias a preços irrisórios, sem lucro; Dec. nº 1.602/1995 revogado pelo Dec. nº 8.058/2013, que regulamenta normas que disciplinam os procedimentos administrativos relativos à aplicação de medidas *antidumping*.

DUPLA NACIONALIDADE – Situação jurídica da pessoa que adquiriu nacionalidade nova sem ter perdido a de origem, por conflito nas leis dos dois países, um deles adotando o princípio do *jus sanguinis*e o outro o do *jus soli*.

DUPLICATA – Segunda via, fiel e autêntica, de uma peça ou de letra de câmbio destruída ou extraviada; traslado. A Lei nº 13.775/2018 positivou a emissão de duplicata por meio eletrônico, regulamentando prática adotada há anos por empresas e aceita por Instituições Financeiras, embora fosse rechaçada pela jurisprudência, que exigia, em regra, a existência da duplicata física como pressuposto para propositura de execuções extrajudiciais lastreadas nestes títulos. Entretanto, a referida lei exigiu a criação de uma Central Nacional de Registro de Títulos e Documentos ou, enquanto não criada esta entidade, por oficial de Títulos e Documentos do domicílio do emissor da duplicata.

✱ *V. CP, art. 172.*

✱ *V. Lei nº 5.474/1968 (Dispõe sobre as duplicatas)*

✱ *V. Lei nº 13.775/2018 (Dispõe sobre a emissão de duplicata sob a forma escritural).*

DUPLO BINÁRIO – No Dir. Penal é o sistema que recomenda que se aplique, cumulativa e sucessivamente, a pena e a medida de segurança. A Lei nº 7.209/1984, que determinou nova redação para a Parte Geral do CP (arts. 1º a 120) instituiu o sistema vicariante ou unitário: pode-se aplicar a pena ou a medida de segurança para os semi-imputáveis e somente a pena para os imputáveis. Aplica-se aos inimputáveis a medida de segurança com caráter preventivo e assistencial.

✱ *V. CP: arts. 96 a 99.*

DUPLO GRAU DE JURISDIÇÃO – Princípio de organização judiciária adotado no Dir. Brasileiro, que prevê a existência de duas instâncias judiciais: a inferior e a superior. A primeira é a do juízo em que se inicia a lide, desde a citação inicial até a sentença, conduzida por um juiz de primeira instância (juízo a quo); a segunda é a do tribunal que toma conhecimento da mesma causa, mas em grau de recurso (juízo *ad quem*).

A rigor, tal expressão se aplica apenas à *jurisdição ordinária* (juízes singulares e Tribunais locais), a quem compete conhecer de fatos e provas, decidindo os casos concretos. 2. Em sentido estrito, é empregado como sinônimo de *reexame necessário*.

E

ECOLOGIA – Ramo das ciências humanas que estuda as relações das comunidades com o meio ambiente, sob todos os aspectos, visando à sua preservação. A Lei nº 9.605/1998 estabelece sanções penais e administrativas para condutas e atividades lesivas ao meio ambiente. Termo proposto por Ernst Haeckel para um novo ramo da biologia. É o estudo do lugar onde se vive, com ênfase sobre a totalidade, ou padrão de relações entre os organismos e o seu ambiente. Deriva do grego *oikos* (casa) e *logos* (estudo), ou seja, o estudo do meio ambiente onde vivemos e a sua relação e interação com todos os seres vivos nele existentes.

EDITAL – Ato escrito publicado em jornais de grande circulação e afixado em lugar público, na sede do juízo ou no vestíbulo do edifício do Fórum, com aviso ou comunicação emanados de autoridade competente. O mesmo que *édito*.

✱ **V.** *CC, arts. 1.527 a 1.533.*

✱ **V.** *Lei nº 6.015/1973 (Lei de Registros Públicos), arts. 43, 44, 67 a 69 e 282.*

✱ **V.** *CPC/1973: arts. 231 a 233.*

✱ **V.** *CPC/2015, arts. 256 a 258.*

✱ **V.** *CPP: arts. 361 a 366.*

EDUCAÇÃO – 1. Desenvolvimento intelectual, físico e moral de uma pessoa. 2. É direito de todos os cidadãos, dever da família e do Estado. Como direito conta com um conjunto de normas destinado à formação de indivíduos aptos a exercer a cidadania e o trabalho qualificado. 3. A EC nº 119/2022 impossibilitou a responsabilização dos Estados, Distrito Federal, Municípios e seus respectivos agentes públicos pelo não cumprimento da aplicação do percentual mínimo anual, previsto no art. 212 da CF, na manutenção e desenvolvimento do ensino, nos exercícios financeiros de 2020 e 2021, em razão do estado de calamidade pública provocado pela pandemia da Covid-19. 4. A Lei nº 14.533/2023 instituiu a Política Nacional de Educação Digital (PNED) com o objetivo de fomentar a inclusão digital, a educação digital escolar, a capacitação e a especialização digital, bem como a pesquisa e o desenvolvimento em tecnologias da informação e comunicação. 5. A Lei nº 14.925/2024 dispõe sobre prorrogação de prazos de conclusão de cursos ou de programas para estudantes e pesquisadores da educação superior, devido a parto, nascimento de filho, adoção ou obtenção de guarda judicial. 6. A Lei nº 14.986/2024 torna obrigatórias as abordagens fundamentadas nas experiências e perspectivas femininas nos conteúdos curriculares nos estabelecimentos de ensino. Esta Lei também institui a Semana de Valorização de Mulheres que Fizeram História, evento que deverá ser realizado anualmente na segunda semana do mês de março nas escolas de educação básica. 7. A Lei nº 15.001/2024 garante o direito de acesso a informações públicas a respeito da gestão da educação, assim como acesso aos resultados das avaliações de qualidade e rendimento escolar pelos pais, responsáveis e estudantes. Esta Lei estabelece requisitos mínimos de transparência pública e controle social em matéria educacional.

✱ **V.** *CF, arts. 205 a 214.*

✱ **V.** *Lei nº 9.394/1996 (Estabelece as diretrizes e bases da educação nacional).*

✱ **V.** *Lei nº 13.005/2014 (Aprova o Plano Nacional de Educação – PNE e dá outras providências). A Lei nº 14.934/2024 prorroga, até 31-12-2025, a vigência do Plano Nacional de Educação tratado nesta Lei.*

✱ **V.** *EC nº 119/2022 (Altera o Ato das Disposições Constitucionais Transitórias para determinar a impossibilidade de responsabilização dos Estados, do Distrito Federal, dos Municípios e dos agentes públicos desses entes federados pelo descumprimento, nos exercícios financeiros de 2020 e 2021, do disposto no caput do art. 212 da Constituição Federal; e dá outras providências).*

✱ **V.** *Lei nº 14.533/2023 (Institui a Política Nacional de Educação Digital, dentre outras providências).*

✱ **V.** *Lei nº 14.925/2024 (Dispõe sobre a prorrogação dos prazos de conclusão de cursos ou de programas para estudantes e pesquisadores da educação superior, em virtude de parto, de nascimento de filho, de adoção ou de obtenção de guarda judicial para fins de adoção; e altera a Lei nº 13.536, de 15 de dezembro de 2017, para disciplinar a prorrogação dos prazos de vigência das bolsas de estudo).*

✱ **V.** *Lei nº 14.986/2024 (Altera a Lei nº 9.394, de 20 de dezembro de 1996 (Lei de Diretrizes e Bases da Educação Nacional), para incluir a obrigatoriedade de abordagens fundamentadas nas experiências e nas perspectivas femininas nos conteúdos curriculares do ensino fundamental e médio; e institui a Semana de Valorização de Mulheres que Fizeram História no âmbito das escolas de educação básica do País).*

✱ **V.** *Lei nº 15.001/2024 (Altera as Leis nºs 9.394, de 20 de dezembro de 1996 (Lei de Diretrizes e Bases da Educação Nacional), e 10.973, de 2 de dezembro de 2004, para estabelecer requisitos mínimos de transparência pública e controle social em matéria educacional).*

✱ **V.** *OJ da SBDI-I nº 191 do TST.*

EDUCAÇÃO ESPECIAL – É a modalidade de educação escolar oferecida preferencialmente na rede regular de ensino, para educandos com deficiência, transtornos globais do desenvolvimento e altas habilidades ou superdotação.

EFFECTUS DURAT DURANTE CAUSA – (Latim) O efeito dura enquanto dura a causa.

EFEITO – 1. Consequência, resultado, eficácia, destino, fim. 2. Título de valor negociável, exarado à ordem e transmissível por via de endosso, consignando a obrigação de pagar determinando valor em data fixa. 3. Consequência que produz uma causa ou decisão judicial.

Declarativo: que é consequência de ato declaratório, o que esclarece algo.

Devolutivo: Expressão que tem como significado o reexame de matéria já examinada. Efeito inerente a todo recurso. O juiz ou o tribunal de instância superior toma conhecimento nos autos originais, sem que se suspenda o feito, podendo a execução ser promovida provisoriamente nos autos suplementares. A apelação será recebida só no efeito devolutivo quando interposta de sentença que homologar divisão ou demarcação; condenar a prestação de alimentos (art. 14 da Lei nº 5.478/1968 – Ação de Alimentos); julgar a liquidação de sentença; decidir o processo cautelar; julgar improcedentes os embargos opostos à execução. Também da sentença proferida em ação discriminatória, a apelação terá efeito devolutivo, facultada a execução provisória.

✱ **V.** *CPC/1973: arts. 515, 520 e 543, § 3º.*

✱ **V.** *CPC/2015, art. 1012, 1013 e 1.031, § 3º.*

✱ **V.** *CPP: arts. 318, 596, 637 e 646.*

✱ **V.** *CLT: art. 899.*

Diferido da Lei: Diz-se do princípio que permite a aplicação da lei velha a fatos futuros, mesmo após sua revogação.

Geral: o de uma lei, decreto, sentença ou direito oponível *erga omnes* (contra todos).

Imediato da Lei: Aquele que permite que a lei seja aplicada aos fatos ainda não consumados.Esta doutrina está incorporada na LINDB (Lei de Introdução às Normas do Direito Brasileiro), quando determina que a lei nova se aplica de imediato a situação jurídica ainda não constituída. Estando a situação jurídica consolidada ao entrar em vigência a lei nova, essa respeitará aquela. A lei em vigor terá efeito imediato e geral, respeitados o ato jurídico perfeito, o direito adquirido e a coisa julgada.

✱ **V.** *CF: art. 5º, XXXVI.*

✱ **V.** *LINDB (Lei de Introdução às Normas do Direito Brasileiro): art. 6º.*

✱ **V.** *CP: arts. 2º e 3º.*

Repristinatório da Lei: Efeito que permite a restauração de um dispositivo legal anteriormente revogado.

✱ **V.** *LINDB (Lei de Introdução às Normas do Direito Brasileiro): art. 2º, § 3º.*

Retroativo: possibilidade de aplicação de lei nova a situações jurídicas consolidadas.

Suspensivo: É a suspensão da execução da sentença, até que seja decidido o recurso interposto.A lei penal fala ainda dos efeitos da condenação, os genéricos e os específicos.

✱ **V.** *CPC/1973: arts. 520 e 538.*

✱ **V.** *CPC/2015, art. 1.012.*

✱ **V.** *CPP: arts. 411, 584, 596, 597 e 608.*

Suspensivo: efeito que tem certos recursos de suspender a execução da sentença até que a decisão do órgão ad quem transite em julgado ou o referido órgão se manifeste, expressamente, a respeito desse efeito. O efeito suspensivo dos recursos, no Direito Processual, existe quando a lei ou o juiz do processo, este mediante requerimento da parte, assim determinam. A lei penal fala ainda dos efeitos da condenação, os genéricos e os específicos.

✱ **V.** *CPC/1973, arts. 520 e 538.*

✱ **V.** *CPC/2015, arts. 919, 1.012 e 1.026.*

✱ **V.** *CPP, arts. 584, 596 e 597.*

EFICÁCIA – Condição de eficaz, capaz, que surte efeito.

Da desistência de ação: depende de sentença homologatória para que surta efeito.

Da medida cautelar: as medidas cautelares conservam sua eficácia pelo prazo de 30 dias, a contar da data de sua efetivação, quando concedida em procedimento preparatório, assim como na pendência do processo principal, mas podem ser revogadas ou modificadas a qualquer tempo; e durante o período de suspensão do processo, a menos que haja decisão judicial em contrário. A eficácia da cautelar cessa se a parte não intentar a ação no prazo de 30 dias; se não for executado nesse prazo; se o juiz declarar extinto o processo principal, com ou sem julgamento do mérito. Cessada a eficácia da medida, a parte não pode repetir o pedido, a não ser com novo fundamento. Essas causas de cessação da eficácia da cautelar se aplicam também a todas as ações de inventário e partilha.

✱ **V.** *CPC/2015, arts. 299, 309 e 668.*

Da sentença: se efetivará quando, recorrida, for mantida ou se decorrer o prazo sem que nenhum recurso tenha sido interposto, constituindo coisa julgada.

EGRÉGIO – Adjetivo usado para designar o tratamento do Tribunal, como instituição, incluindo câmaras e turmas. Para alguns autores, não se confunde com *venerando* (venerável ou digno de veneração). Talvez o último qualificativo permaneça no inconsciente do homem porque o Dir., nos primórdios da vida Romana, era o *fas*, conjunto de normas de origem divina, religiosa, que regeriam as relações entre os homens e as dividades. Daí o religioso respeito do adjetivo *venerando*, apesar da secularização da Justiça a partir de 254 a.C.

EGRESSO (EXECUÇÃO PENAL) – É aquele que foi liberado definitivamente, pelo prazo de um ano a contar da saída do estabelecimento, ou o liberado condicionalmente, durante o período de prova. Diz-se também do que foi posto em liberdade condicional durante o período dessa prova, devendo satisfazer certas condições; a fiscalização do cumprimento dessas condições, regulada por normas supletivas nos Estados, Territórios e Distrito Federal, será atribuída a serviço social penitenciário, patronato, Conselho da Comunidade ou instituição beneficiada com a prestação de serviços, os quais são inspecionados pelo Conselho Penitenciário, pelo Ministério Público ou por ambos. O egresso será auxiliado na obtenção de emprego.

✱ **V.** *CPP, arts. 710 a 733.*

✱ **V.** *Lei nº 7.210/1984 (Lei de Execução Penal): arts. 26 e 27.*

ELECTA UNA VIA NON DATUR REGRESSUS AD ALTERAM – (Latim) Escolhida uma via, não se dá recurso a outra.

ELEGIBILIDADE – Capacidade jurídica para apresentar-se candidato a cargo público pelo sufrágio popular; possibilidade de eleger-se.

ELEIÇÃO – 1. Ato de se eleger, por sufrágio (voto) ou aclamação, uma pessoa ou um grupo de pessoas para o exercício de um cargo político ou administrativo, público ou privado. 2. Segundo a Lei nº 9.504/1997, as eleições ocorrerão no primeiro domingo de outubro do ano de eleição. 3. A EC nº 107/2020 adiou a realização das eleições municipais de outubro de 2020 para novembro, em virtude da situação de pandemia no país. 4. Na eleição de *cabecel*, faz-se a escolha do enfiteuta que representará os demais perante o senhorio, no prazo de 6 meses, quando o prédio vier a pertencer a várias pessoas, sob pena de devolver-se ao senhorio o direito de escolha.

A eleição, no sentido político, diz-se:

De dois terços: a que se faz por duas terças partes dos votos apurados em um total de votantes.

Direta: quando o eleitor vota, em escrutínio secreto, nos candidatos de sua preferência, com ampla liberdade.

Indireta: a que se faz por meio de colégios eleitorais, como mandatários dos eleitores; há eleição indireta também no regime parlamentar.

Por aclamação: quando os votos são expressos verbalmente.

Por maioria absoluta: quando compreende a metade mais um ou muitos mais dos votos.

Por maioria proporcional: quando, apesar de maioria relativa, há necessidade de obter-se o coeficiente fixado por lei.

Por sufrágio restrito: quando o direito a voto é limitado a certas pessoas por instrução, habilitações ou fortuna.

Por sufrágio universal: quando todos os cidadãos têm direito de voto e o exercem.

Relativa: quando o candidato se elege pelo número de votos superior ao dos alcançados por seus concorrentes.

Simples: quando compreende apenas mais da metade dos votos apurados dos membros de um corpo eleitoral em eleição que não exige a totalidade dos votantes.

✱ **V.** *EC nº 107/2020 (Adia, em razão da pandemia da Covid-19, as eleições municipais de outubro de 2020 e os prazos eleitorais respectivos).*

✱ **V.** *Lei nº 9.504/1997(Estabelece normas para as eleições).*

EMANCIPAÇÃO – Instituto pelo qual o indivíduo tem a antecipação da maioridade civil feita voluntariamente ou legalmente. De acordo com o atual CC, a maioridade civil passa de 21 para 18 anos. Com a emancipação, acaba a necessidade de autorização para o casamento, abertura de empresas e compras a crédito, com assinatura de promissórias. A maioridade penal, porém, permanece aos 18 anos. A emancipação, no entanto, passa para 16 anos, e ela poderá ser concedida tanto pelo pai como pela mãe por escritura pública e por sentença judicial se o menor estiver sob tutela. Pode ser obtida, voluntária ou legalmente, sendo irrevogável e habilitando o beneficiado à prática de todos os atos da vida civil. É concedida tanto ao filho legítimo como ao ilegítimo, por escritura pública. É a chamada *emancipação expressa* ou *voluntária*. Deve ser obrigatoriamente inscrita no Registro Público, sendo averbada à margem do termo de nascimento, para dar publicidade ao ato. Enquanto a escritura não for levada a registro, é válida, mas não produz efeitos, não tem eficácia. Ocorre, ainda, em virtude de lei, pelo casamento, exercício de emprego público efetivo, colação de grau científico em curso de ensino superior, e estabelecimento civil ou comercial com economia própria, inscrição como eleitor, divórcio ou viuvez da mulher, antes dos 18 anos. Essa é chamada emancipação *tácita* ou *legal*. A emancipação não afeta a inimputabilidade, sendo o menor penalmente irresponsável ainda que casado ou comerciante. Para efeito do serviço militar cessará a incapacidade civil do menor na data em que completar 17 anos.

✱ **V.** *CF, arts. 226 e 228.*

✱ **V.** *CP, arts. 26 a 28.*

✱ **V.** *Lei nº 6.015/1973 (Lei de Registros Públicos), art. 89 e segs.*

✱ **V.** *Lei nº 4.375/1964 (Lei do Serviço Militar), art. 73.*

✱ **V.** *CC: arts. 5º, parágrafo único, I, II, 9º, II, 1.635, II, e 1.763, I.*

✱ **V.** *CPC/1973: art. 1.112, I.*

✱ **V.** *CPC/2015, art. 725, I.*

EMBARGADO – Parte contra a qual foi oposto embargo.

EMBARGOS – 1. Meio judicial com o qual se procura obstar o cumprimento de uma sentença ou despacho, cuja efetuação se tornaria prejudicial aos interesses da parte. 2. Restrição imposta pelo juiz à liberdade de ação do devedor para segurança do credor. Meio judicial à disposição do proprietário ou possuidor da coisa para impedir que se faça ou se prossiga a obra nova que outrem levanta, causando ou podendo causar prejuízo ao seu patrimônio. Nesse caso, trata-se de *ação de nunciação de obra nova* (q.v.).

✱ **V.** *CPC/2015, arts. 917 e 942.*

De Declaração: Pedido que se faz ao juiz ou tribunal que emitiu a decisão, sentença ou acórdão para que ele esclareça obscuridades, contradições ou omissões contidas neste.

✱ **V.** *CPC/1973: arts. 535 a 538.*

✱ **V.** *CPC/2015, arts. 1.022 a 1.026.*

✱ **V.** *CPP: arts. 619 e 620.*

De Terceiro (Proc. Trabalhista): Recurso próprio em processo de execução, pelo qual um terceiro, estranho ao litígio, requer a execução de seus bens à penhora.

✱ **V.** *CPC/1973: arts. 1.046, 1.048 e 1.053.*

✱ **V.** *CPC/2015, arts. 674, 675 e 679.*

EMBOSCADA – Cilada, espera premeditada para surpreender e matar alguém com surpresa e traição; tocaia. É agravante da pena. No homicídio qualificado, se ele é cometido de emboscada, a pena é de reclusão de 12 a 30 anos.

✱ **V.** *CP, arts. 61, II, c, e 121, § 2º, IV.*

EMBRIAGUEZ – Intoxicação, aguda ou crônica, provocada pela ingestão imoderada de bebida alcoólica, que perturba a razão do indivíduo e altera seu equilíbrio emocional, podendo levá-lo a praticar atos ilícitos. Pode ser *voluntária* ou *culposa*, se a pessoa sabe que, sob o efeito do álcool, pode praticar atos puníveis; não exclui a responsabilidade penal; *involuntária, plena* e *acidental*, se a embriaguez é fortuita, se foi levado acidentalmente a ela, não a querendo; isenta o agente de pena se estiver totalmente privado, no ato da infração, de discernimento ou livre-arbítrio; e *completa* ou *patológica*, a que impede que a vítima decida livremente, locomova-se. A embriaguez preordenada é agravante da pena, mas a involuntária pode ter a pena reduzida de um a dois terços.

✱ **V.** *CP, arts. 28, II, §§ 1º e 2º, 61, II, I, e 121, 2º, IV.*

EMENDA – Ato ou efeito de emendar. Acrescentar.

À Constituição: Reforma ou acréscimo que se faz, por intermédio de órgãos competentes, ao articulado em uma Constituição rígida. Podem fazê-la, como órgãos investidos do Poder Constituinte, deputados federais e senadores, o Presidente da República, deputados estaduais. São proibidas as emendas que tendam a abolir a forma federativa do Estado, o voto secreto, direto, universal e periódico, a separação dos Poderes, os direitos e garantias individuais. A emenda constitucional só é aprovada tendo 60% dos votos em cada uma das Casas do Congresso, em dois turnos de votação.

✱ **V.** *CF: arts. 59, I, e 60, I a III, §§ 1º a 4º.*

Da Mora: Nova terminologia atribuída à purgação da mora no pagamento de aluguéis, dada pela Lei nº 8.245/1991. Não se admite a emenda da mora se o locatário já houver utilizado desse direito por duas vezes nos 12 meses imediatamente anteriores à propositura da ação de despejo.

✱ *V. Lei nº 8.245/1991 (Dispõe sobre as locações dos imóveis urbanos e os procedimentos a elas pertinentes): art. 62, III e IV, e parágrafo único.*

Substitutiva: alteração em projeto ou artigo de lei em discussão no Legislativo; o mesmo que *substitutivo*.

EMENDATIO LIBELLI – É uma mera emenda na acusação, consistente na alteração da sua classificação legal, ou seja, uma simples corrigenda da peça acusatória. Salienta-se que não há nenhuma limitação para a aplicação da *emendatio libelli* em segunda instância, somente se o Tribunal der nova definição jurídica que implique prejuízo ao réu, na hipótese de recurso exclusivo da defesa, visto que afrontaria o princípio da *reformatio in pejus*.

✱ *V. art. 383 do CPP e Lei nº 11.719/2008 (Altera dispositivos do Dec.-lei nº 3.689/1941 – Código de Processo Penal, relativos à suspensão do processo,* emendatio libelli, mutatio libelli *e aos procedimentos).*

EMENTA – Resumo do conteúdo do articulado da lei, inserido imediatamente após a epígrafe.

EMERGÊNCIA – 1. Palavra originária do latim *emergere*, que significa elevar à superfície, trazer à luz, aparecer. 2. Acontecimento fortuito que não era esperado ou previsto. 3. Incerteza fruto de eventos inesperados e perigosos. ***V.*** *Situação de emergência.*

EMIGRANTE – É o brasileiro que se estabelece temporária ou definitivamente no exterior.

✱ *V. Lei nº 13.445/2017 (Lei de Migração), art. 1º, § 1º, III.*

EMPREGADO – Pessoa física que presta serviços de natureza não eventual a empregador, sob sua dependência e mediante salário.

✱ *V. CLT: art. 3º.*

Doméstico: o que presta serviço no âmbito familiar ou residencial, sem fins lucrativos, com salário regular. ***V.*** *Doméstico.*

Rural: Pessoa física que presta serviços de natureza não eventual a empregador rural, em propriedade rural ou prédio rústico, sob sua dependência e mediante salário.

✱ *V. Lei nº 5.889/1973 (Estatui normas reguladoras do trabalho rural: art. 2º).*

✱ *V. CF, art. 7º.*

✱ *V. CLT, art. 3º.*

✱ *V. Dec. nº 73.626/1974 (Regulamenta a Lei nº 5.889/1973), arts. 3º e 27. (Revogado pelo Decreto nº 10.854/2021)*

✱ *V. Portaria nº 3.626/1991 (Dispõe sobre o registro de empregados, as anotações na Carteira de Trabalho e Previdência Social e o registro de horário de trabalho).*

EMPREGADOR – Empresa individual ou coletiva que, assumindo os riscos da atividade econômica, admite, assalaria e dirige a prestação pessoal do serviço.

✱ *V. CLT: art. 2º.*

Rural: pessoa física ou jurídica, proprietária ou não, que explora atividades rurais, diretamente ou por meio de representantes, com auxílio de empregados.

EMPREGO – Posto, função, atividade regular, permanente, mediante salário. Uso.

De processo proibido ou substância não permitida: crime previsto na lei penal, que consiste em empregar substância não permitida no fabrico de produto destinado a consumo. A pena é de detenção de 1 a 3 anos e multa.

✱ *V. CP, art. 274.*

EMPREITADA – 1. Contrato bilateral, comutativo e oneroso, pelo qual uma das partes se encarrega de fazer certa obra, e a outra de dar-lhe a remuneração contratada ou proporcional ao serviço executado. Pode o empreiteiro contribuir, ou não, com os materiais necessários. É modalidade de locação de serviços. 2. Apesar de sua natureza civil, o litígio entre as partes, no caso de empreitada unicamente de lavor, é regido pela lei trabalhista, apesar de, no respectivo contrato, a relação ser de *trabalho* e não de *emprego*. Entretanto, os direitos subjetivos são regulados pela lei civil. Se não trabalhar sozinho, mas manter a seu serviço vários empregados, ele terá de responder pelas ações que lhe moverem, não mais como empreiteiro, mas sim como empregador. O empreiteiro responde solidariamente com o subempreiteiro pelas obrigações trabalhistas contraídas por este último, em razão das obras subcontratadas. A jurisprudência trabalhista afasta a responsabilidade trabalhista do contratante, quando a obra destina-se apenas a fins residenciais, sem objetivo de lucro. O empreiteiro, por sua vez, tem direito de ação contra o dono da obra, para cobrar o preço da empreitada não paga ou as indenizações previstas no CC. 3. Para fins de Dir. Administrativo, é modalidade de execução indireta de obras ou serviços em benefício da Administração Pública, que, pode se dar por quatro modalidades diferentes: *por preço global*, quando se contrata a execução da obra ou serviço por preço certo e total; *por preço unitário*, quando se contrata aexecução da obra ou serviço por preço certo de unidades determinadas; por *tarefa*, quando se ajusta mão de obra para pequenos trabalhos por preço certo, com ou sem o fornecimento de materiais; e por empreitada integral (também conhecida por *turn key*), quando se contrata um empreendimento em sua integralidade, compreendendo todas as etapas das obras, serviços e instalações necessárias, sob inteira responsabilidade da contratada, até sua entrega ao contratante em condições de entrada em operação. A Lei nº 12.462/2011, que criou o Regime Diferenciado de Contratações Públicas (RDC), voltado às obras destinadas à Copa do Mundo de 2014 e aos Jogos Olímpicos de 2016, criou a modalidade de empreitada por *contratação integrada*, pela qual o licitante também oferece o projeto básico e executivo da obra a ser realizada, que será avaliado não apenas em função dos critérios de melhor preço ou técnica, mas também em razão de inovação tecnológica, possibilidade de execução com diferentes tecnologias ou tecnologias de domínio restrito no mercado. 4. A Lei nº 4.591/1964 regula a empreitada para construção de condomínios em edificações, estabelecendo as responsabilidades de construtoras e incorporadoras em face dos adquirentes de imóveis. 5. Para fins de Dir. Previdenciário, o dono da obra, o construtor e os empreiteiros são solidariamente responsáveis pelas contribuições previdenciárias correspondentes, salvo se o adquirente realizou a operação com empresa de comercialização de imóveis ou se a obra destina-se à construção residencial unifamiliar, destinada ao uso próprio, sem mão de obra assalariada.

✱ *V. CC, arts. 610 a 626.*

✱ *V. CLT, arts. 455 e 652, a, III.*

✱ *V. Lei nº 2.959/1956 (Dispõe sobre contratos por obra ou serviço certo).*

✱ *V. Lei nº 4.591/1964 (Lei do Condomínio em Edificações), arts. 48 a 57.*

✱ *V. Lei nº 8.212/1991 (Dispõe sobre a organização da Seguridade Social e institui fontes de custeio), arts. 30, VI a VIII, e 31, § 4º, III.*

✱ *V. Orientação Jurisprudencial nº 191 da SBDI-I do TST.*

EMPREITEIRO – O que contrata serviço por empreitada; o que a executa.

EMPRESA – 1. Entidade individual ou coletiva que conjuga capital e trabalho para exploração de atividade industrial ou comercial, com fim lucrativo. 2. Diferencia-se do conceito de empresário, que é o aspecto subjetivo da entidade, representado pela própria personalidade jurídica e pelos sócios e administradores, os quais exercem a atividade negocial. 3. Para o Dir. Comercial, as empresas assumem formas jurídicas típicas e exaustivas, classificadas segundo a composição de seus órgãos, podendo assumir as formas de: empresário individual; empresa individual de responsabilidade limitada; sociedade não personificada (sociedade em comum e sociedade em conta de participação); sociedade personificada (sociedade simples, sociedade em nome coletivo, sociedade em comandita simples, sociedade anônima, sociedade em comandita por ações e sociedade cooperativa). 4. O novo Código Civil resgata a distinção entre empresa nacional e empresa estrangeira. E mais: o administrador responderá pelos prejuízos que a empresa causar à sociedade. 5. Para o Dir. Tributário, as empresas são contribuintes sujeitos a regimes próprios de tributação, classificadas conforme o montante de seu faturamento bruto anual, independentemente de sua natureza jurídica, podendo ser: microempreendedor individual, até R$ 81.000,00 (oitenta e um mil reais); microempresa, até R$ 360.000,00 (trezentos e sessenta mil reais); empresa de pequeno porte, de R$ 360.000,00 (trezentos e sessenta mil reais) até R$ 4.800.000,00 (quatro milhões e oitocentos mil reais); empresa de médio porte, de R$ 4.800.000,00 (quatro milhões e oitocentos mil reais) até R$ 300.000.000,00 (trezentos milhões de reais); empresa de grande porte, acima de R$ 300.000.000,00 (trezentos milhões de reais). 6. Para o Dir. do Trabalho, confunde-se com o próprio estabelecimento comercial ao qual se vinculam os empregados, de modo que, mesmo com o trespasse do ponto comercial, os contratos de trabalho são mantidos, hipótese que caracteriza a sucessão trabalhista. 7. Apenas as empresas podem requerer recuperação judicial e falência, salvo as exceções expressas na Lei nº 11.101/2005, sujeitas a regimes especiais de liquidação em caso de insolvência. 8. Para fins de Dir. Previdenciário, é a firma individual ou sociedade que assume o risco da atividade econômica ou rural, com fins lucrativos ou não, bem como os órgãos e as entidades da administração pública direta, indireta e fundacional.

✱ **V.** *CF: arts. 37, XIX e XX, 170,* caput, *IV e parágrafo único, e 173.*

✱ **V.** *CC: arts. 966 a 1.195.*

✱ **V.** *CLT: arts. 2º, 10 e 448.*

✱ **V.** *LC nº 123/2006 (Estatuto da Micro e Pequena Empresa): art. 3º,* caput, *I e II, e 18-A,* caput *e §§ 1º e 2º.*

✱ **V.** *Lei nº 8.212/1991 (Dispõe sobre a organização da Seguridade Social e institui fontes de custeio), art. 15, I.*

✱ **V.** *Lei nº 11.101/2005 (Lei de Recuperação de Empresas e Falências): arts. 1º e 2º.*

✱ **V.** *Lei nº 11.638/2007: (Altera e revoga dispositivos da Lei nº 6.404, de 15 de dezembro de 1976, e da Lei nº 6.385, de 7 de dezembro de 1976, e estende às sociedades de grande porte disposições relativas à elaboração e divulgação de demonstrações financeiras), art. 3º, parágrafo único.*

Cidadã: Programa governamental voltado a entidades da Administração Pública e a pessoas jurídicas optantes da tributação pelo lucro real, com o objetivo de prorrogar a licença-maternidade, prevista no art. 7º, XVIII (cento e vinte dias), por mais 60 (sessenta dias), garantida também a prorrogação da licença às empregadas que adotarem ou obtiverem guarda judicial para fins de adoção de criança. ***V.*** *Programa Empresa Cidadã.*

✱ **V.** *Lei nº 11.770/2008 (Cria o Programa Empresa Cidadã, destinado à prorrogação da licença-maternidade, no tocante a empregadas de pessoas jurídicas).*

✱ **V.** *Dec. nº 7.052/2009 (Regulamenta a Lei nº 11.770/2008). (Revogado pelo Dec. nº 10.854/2021)*

Estatal: Gênero do qual fazem parte as empresas públicas e as sociedades de economia mista. A criação dessas empresas, de suas subsidiárias, assim como a participação dessas em empresas privadas, depende de autorização legislativa. Ela tanto pode ser criada pelo Estado como resultar da transformação de autarquia ou de empresa privada. Só por relevante interesse coletivo ou imperativos de Segurança Nacional será permitida a exploração direta de atividade econômica pelo Estado. O processo de liquidação de empresas estatais federais controladas diretamente pela União requer a inclusão da empresa no Programa Nacional de Desestatização – PND para a sua dissolução.

✱ **V.** *CF: art. 173,* caput *e §§ 1º a 3º.*

✱ **V.** *Dec. nº 9.589/2018 (Dispõe sobre os procedimentos e os critérios aplicáveis ao processo de liquidação de empresas estatais federais controladas diretamente pela União).*

Júnior: Entidade organizada conforme a Lei nº 13.267/2016, sob a forma de associação civil gerida por estudantes matriculados em cursos de graduação de instituições de ensino superior, com o propósito de realizar projetos e serviços que contribuam para o desenvolvimento acadêmico e profissional dos associados, capacitando-os para o mercado de trabalho.

✱ **V.** *Lei nº 13.267/2016 (Disciplina a criação e a organização das associações denominadas empresas juniores, com funcionamento perante instituições de ensino superior).*

Individual de responsabilidade limitada: Entidade criada pela Lei nº 12.441/2011, que acresceu o Título I-A ao Código Civil (alteração feita no Código Civil revogada pela Lei nº 14.382/2022). A empresa individual de responsabilidade limitada será constituída por uma única pessoa natural, titular da totalidade do capital social, devidamente integralizado, que não será inferior a 100 vezes o maior salário mínimo vigente no País. O nome empresarial deverá ser formado pela inclusão da expressão "EIRELI" após a firma ou a denominação social da empresa individual de responsabilidade limitada. A pessoa natural que constituir empresa individual de responsabilidade limitada somente poderá figurar em uma única empresa dessa modalidade. A empresa individual de responsabilidade limitada também poderá resultar da concentração das quotas de outra modalidade societária em um único sócio, independentemente das razões que motivaram tal concentração. Poderá ser atribuída à empresa individual de responsabilidade limitada constituída para a prestação de serviços de qualquer natureza a remuneração decorrente da cessão de direitos patrimoniais de autor ou de imagem, nome, marca ou voz de que seja detentor o titular da pessoa jurídica, vinculados à atividade profissional. A LC nº 154/2016 trouxe a possibilidade de o microempreendedor individual utilizar sua residência como sede do estabelecimento. Aplicam-se à empresa individual de responsabilidade limitada, no que couber, as regras previstas para as sociedades limitadas. Não se confunde com a figura do *microempreendedor individual,* prevista na LC nº 123/2006 (Estatuto da Micro e Pequena Empresa), a qual refere-se à classificação do contribuinte para fins fiscais. Devido ao crescimento do número de micro e pequenas empresas, as EIRELIs passaram a não atender aos desejos dos novos empresários, especialmente pelo alto valor de integralização do capital social, e por esse motivo essa forma societária caiu em desuso. A Lei nº 14.195/2021 (deno-

E

minada Lei do Ambiente de Negócios) determinou que a todas as EIRELIs passem a ser enquadradas na categoria de Sociedades Unipessoais (SLU), que para serem constituídas seguem requisitos semelhantes àquelas, limitando-se a um único sócio.

✱ *V. CC: arts. 44, VI, e 980-A. O inc. VI do art. 44 e o art. 980-A foram revogados pela Lei nº 14.382/2022.*

✱ *V. LC nº 123/2006 (Estatuto da Micro e Pequena Empresa): art. 18-A, § 25.*

✱ *V. Lei nº 14.195/2021 (Lei do Ambiente de Negócios).*

Privada: Empresa cujo capital social é titularizado por pessoa natural ou jurídica, sendo então singular ou individual, se explorada por pessoa física; e coletiva, se organizada e dirigida por uma sociedade.

Pública: Entidade dotada de personalidade jurídica de direito privado, com patrimônio próprio e capital exclusivamente titularizado por entes da Administração Pública, criada por lei específica, para a exploração de atividade econômica que o Estado seja levado a exercer por força de contingência ou de conveniência administrativa, podendo revestir-se de qualquer das formas admitidas em direito. São de dois tipos: *unipessoal*, com patrimônio próprio e capital da União, e de vários sócios governamentais minoritários, tendo a União a maioria do capital votante.

✱ *V. Dec.-lei nº 200/1967 (Dispõe sobre a organização da Administração Federal, estabelece diretrizes para a reforma administrativa e dá outras providências), art. 5º, II.*

Rural: 1. Também chamada de *indústria rural*, destina-se ao primeiro tratamento dos produtos agrícolas, sem transformar-lhes a natureza. Esse tipo de empresa ainda é raro no Brasil e se confunde com o proprietário rural. 2. Para fins de Dir. Agrário, é o empreendimento de pessoa física ou jurídica, pública ou privada, que explore econômica e racionalmente imóvel rural, dentro da condição de rendimento econômico da região em que se situe e que explore área mínima agriculturável do imóvel, segundo padrões fixados, pública e previamente, pelo Poder Executivo, equiparando-se, para os efeitos da Lei nº 4.504/1964 (Estatuto da Terra), às áreas cultivadas, às pastagens, às matas naturais e artificiais e às benfeitorias. 3. Para fins de Dir. do Trabalho, é a empresa que explora atividade agroeconômica, em caráter permanente ou temporário, diretamente ou por meio de prepostos e com auxílio de empregados. Também pode ser caracterizada como empresa rural a indústria em estabelecimento agrário, não incluída nos quadros de atividade econômica compreendidos na Consolidação das Leis do Trabalho. 4. Para fins de Dir. Previdenciário, equipara-se às empresas urbanas, para fins de obrigações tributárias.

✱ *V. Lei nº 4.504/1964 (Estatuto da Terra): art. 4º, VI.*

✱ *V. Lei nº 5.889/1972 (Estatui normas reguladoras do trabalho rural): arts. 3º e 4º.*

✱ *V. Lei nº 8.212/1991 (Dispõe sobre a organização da Seguridade Social e institui fontes de custeio): art. 15, I.*

Solidária com a vida: A pessoa jurídica que adota política interna permanente destinada a informar, conscientizar e estimular seus funcionários à doação voluntária e regular de sangue e ao cadastramento para a doação de medula óssea.

✱ *V. Lei nº 13.289/2016 (Dispõe sobre o Selo Empresa Solidária com a Vida e dá outras providências).*

EMPRESA PÚBLICA – 1. Em sentido lato, é toda empresa sob controle público, equivalendo, assim, ao sentido de empresa estatal. 2. Para o Dir. brasileiro, assume feição mais restrita, abrangendo apenas entidades dotadas de personalidade jurídica de direito privado, com patrimônio próprio e capital exclusivamente titularizado pela União, pelos Estados, pelo Distrito Federal ou pelos Municípios, criada por lei específica, para a exploração de atividade econômica que o Poder Público seja levado a exercer por força de contingência ou de conveniência administrativa, podendo revestir-se de qualquer das formas admitidas em direito. 3. A Lei nº 13.303/2016 passou a admitir expressamente que uma empresa pública possa admitir a participação no capital por mais de uma pessoa jurídica de direito público, bem como de entidades da administração indireta da União, dos Estados, do Distrito Federal e dos Municípios, desde que o controle seja exercido por um ente da Federação. 4. Embora sejam pessoas jurídicas de Dir. Privado, as empresas públicas se submetem parcialmente a normas de Dir. Público, como o controle por Tribunais de Contas, a contratação de pessoal previamente selecionado em concurso público e a necessidade de procedimento licitatório para contratação de bens e serviços. 5. A despeito de seu capital ser titularizado por entes públicos, as empresas públicas se submetem à mesma tributação das empresas privadas, embora a jurisprudência venha caminhando no sentido de estender privilégios e imunidades quando a atividade desenvolvida também abranger serviços públicos de responsabilidade do ente controlador, caso da Empresa Brasileira de Correios e Telégrafos. 6. Para o Dir. do Trabalho, equiparam-se a empregadores privados, sendo seus empregados regidos pela Consolidação das Leis do Trabalho. Entretanto, a jurisprudência trabalhista entende que aos empregados de empresas públicas é garantido o direito de conhecer a motivação de qualquer ato de dispensa, o que mitiga o poder potestativo de direção. 7. A competência da Justiça Comum Federal também se estende às demandas que envolvam empresas públicas federais, ressalvada a competência trabalhista, das Varas de Falências e de Acidentes de Trabalho.

✱ *V. CF: arts. 22, XXVII; 37, XVII e XIX e § 9º; 109, I e IV; e 173, §§ 1º a 3º.*

✱ *V. CPC/2015: art. 45.*

✱ *V. Dec.-lei nº 200/1967 (Dispõe sobre a organização da Administração Federal, estabelece diretrizes para a reforma administrativa e dá outras providências): art. 5º, II.*

✱ *V. Lei nº 13.303/2016 (Dispõe sobre o estatuto jurídico da empresa pública, da sociedade de economia mista e de suas subsidiárias, no âmbito da União, dos Estados, do Distrito Federal e dos Municípios): art. 3º.*

✱ *V. Dec. nº 8.945/2016.*

EMPRESÁRIO – O conceito empresário é calcado nos elementos profissionalismo, atividade econômica organizada e produção ou circulação de bens e serviços. Portanto: empresário é a pessoa que organiza uma atividade econômica a fim de fazer produzir ou circular bens ou serviços; pessoa natural quando é denominado empresário individual ou a própria pessoa jurídica que explora atividade empresarial. Nunca se poderá dizer, porém, que é o sócio investidor ou empreendedor da sociedade empresária pelo fato de haver, nesta, "o aquinhoamento de direitos e imputações de obrigações legais próprios de quem faz parte de uma pessoa jurídica empresária" (*Revista do Advogado* nº 71, p. 10, Antonio José de Mattos Neto). Antes do início de sua atividade é obrigatória a inscrição do empresário no Registro Público de Empresas Mercantis da respectiva sede.

✱ *V. CC: arts. 966 a 980.*

✱ *V. Lei nº 8.934/1994 (Dispõe sobre o Registro Público de Empresas Mercantis), art. 32.*

EMPRÉSTIMO – Contrato oneroso ou gratuito pelo qual se faz a cessão de coisa certa, fungível ou infungível, a qual deve ser devolvida no mesmo estado ou outra de igual espécie, qualidade, quantidade ou valor, em prazo determinado. Pode ser:

A descoberto: se é fundado no crédito pessoal do devedor, sem abono ou garantia.

Coberto: quando a obrigação tem corresponsabilidade de outrem ou está garantida por caução de títulos ou valores idôneos, ou direito real.

Particular: realizado por pessoa física, de direito privado, ou nas relações civis ou comerciais, como o *comodato* (uso) e o *mútuo* (consumo), que são suas duas espécies.

Público: aquele contraído pelo Estado para atender a necessidades comuns ou compromissos já assumidos. Ele pode ser*:* *externo*, se contraído com país ou organizações financeiras do exterior; *interno*, o que o Estado capta em seu território. Diz-se também da operação de crédito que envolve capitais nacionais ou estrangeiros, oficiais ou privados, vinculada a condições e cláusulas para sua aplicação, pagamento de juros, prazo de vigência, reembolso etc. Diz-se*:*

Previsto no art. 148 da CF, no Título VI Da Tributação e do Orçamento, Capítulo I Do Sistema Tributário Nacional, o empréstimo compulsório deverá ser instituído mediante lei complementar, pela União. Deverá ser instituído para atender a despesas extraordinárias, decorrentes de calamidade pública, de guerra externa ou sua iminência ou ainda no caso de investimento público de caráter urgente e de relevante interesse nacional, devendo, para este fim, ser observado o disposto no art. 150, III, *b*, da Carta Magna que veda à União, aos Estados, ao Distrito Federal e aos Municípios cobrar tributos no mesmo exercício financeiro em que haja sido publicada a lei que os instituiu ou aumentou. A aplicação dos recursos provenientes de empréstimo compulsório será vinculada à despesa que fundamentou sua instituição.

EMPRÉSTIMO COMPULSÓRIO – Previsto no art. 148 da CF, no Título VI Da Tributação e do Orçamento, Capítulo I Do Sistema Tributário Nacional, o empréstimo compulsório deverá ser instituído mediante lei complementar, pela União. Deverá ser instituído para atender a despesas extraordinárias, decorrentes de calamidade pública, de guerra externa ou sua iminência ou, ainda, no caso de investimento público de caráter urgente e de relevante interesse nacional, devendo, para este fim, ser observado o disposto no art. 150, III, *b*, da Carta Magna, que veda à União, aos Estados, ao Distrito Federal e aos Municípios cobrar tributos no mesmo exercício financeiro em que haja sido publicada a lei que os instituiu ou aumentou. A aplicação dos recursos provenientes de empréstimo compulsório será vinculada à despesa que fundamentou sua instituição.

✱ **V.** *CF: art. 148.*

✱ **V.** *CTN: art. 15.*

EM PÚBLICO E RASO – Expressão forense; significa que o termo foi firmado pelo tabelião com duas assinaturas, a pública ou sinal público em forma de monograma, sigla ou rubrica, e a particular ou comum, por extenso.

EM TERMOS – Forma de despacho pela qual o juiz, na petição, antes de decidir sobre o pedido, manda que o escrivão do feito aponte circunstância que impeça o deferimento. Significa também que o processo está devidamente informado, em condições de prosseguir.

ENDIVIDAMENTO – 1 Ato ou efeito de endividar, fazer dívidas, se tornar devedor. 2. Crescimento da quantidade ou do valor de dívidas de uma pessoa, governo ou empresa.

✱ **V.** *Lei nº 14.181/2021 (Altera a Lei nº 8.078, de 11 de setembro de 1990 (Código de Defesa do Consumidor), e a Lei nº 10.741, de 1º de outubro de 2003 (Estatuto do Idoso), para aperfeiçoar a disciplina do crédito ao consumidor e dispor sobre a prevenção e o tratamento do superendividamento).*

ENDOSSO – Inscrição que o *endossante* faz no verso *em branco* do título que tem por efeito transferir a propriedade deste, remanescendo o endossante como um coobrigado solidário no cumprimento da obrigação. É nulo se parcial. Ato de transferir a propriedade de um título ao apor o endossante sua assinatura no verso do documento, ficando, porém, como um coobrigado solidário no pagamento da obrigação. Constitui declaração cambial, unilateral e forma particular de alienação de letra de câmbio ou título à ordem e, dessa maneira, meio de circulação deles. O endosso podia, antes, ser *em branco*, ao portador, o que se concretizava apenas pela assinatura de próprio punho do endossante ou mandatário seu, sem indicar o nome do *endossatário*; dizia-se, também, *incompleto*, *não qualificado* ou *subentendido*; agora só pode ser *em preto*: indica-se o nome do beneficiário, a quem o título é transferido. A Lei nº 8.021/1990 proibiu a emissão de títulos ao portador ou nominativos endossáveis. A transmissão dos títulos de crédito deverá ser sempre por *endosso em preto*.

✱ **V.** *Lei nº 8.021/1990 (Dispõe sobre a proibição da emissão de títulos ao portador ou nominativos endossáveis), art. 2º, II.*

✱ **V.** *CC: arts. 912, 913, 919 e 920.*

✱ **V.** *CCom: arts. 587, 635 e 675.*

✱ **V.** *LU: art. 11.*

✱ **V.** *Dec. nº 57.663/1966 (Lei Uniforme).*

ENFITEUSE – Contrato bilateral, disposto no Código Civil de 1916, oneroso, perpétuo, no qual, por ato *inter vivos* ou por disposição de última vontade, o proprietário atribui a outrem o domínio do imóvel, mediante o pagamento de uma pensão anual, invariável, denominada *foro* (daí o nome aforamento). O CC, art. 2.038, proíbe constituição de enfiteuses e semienfiteuses. As existentes antes da vigência do CC de 2002 ficam subordinadas, até a sua extinção, às disposições do CC anterior e leis que então as regulavam.

ENSINO RELIGIOSO – A partir do 2º semestre de 2004, os alunos da rede estadual dos 92 municípios fluminenses passaram a ter aulas de ensino religioso separados por credo. O art. 33 da Lei de Diretrizes e Bases diz que toda escola pública brasileira de ensino fundamental deve oferecer aulas de religião, mas a frequência é facultativa ao aluno. Nos termos da referida Lei, o ensino religioso "é parte integrante da formação básica do cidadão e constitui disciplina dos horários normais das escolas públicas de ensino fundamental, assegurado o respeito à diversidade cultural e religiosa do Brasil, vedadas quaisquer formas de proselitismo".

✱ **V.** *Lei nº 9.394/1996 (Lei de Diretrizes e Bases da Educação Nacional): art. 33.*

ENTORPECENTES – Drogas, farmacêuticas ou não, que causam dependência física ou psíquica. Diz a lei que "é dever de toda pessoa física ou jurídica colaborar na prevenção e repressão do tráfico ilícito e uso indevido de substâncias entorpecentes ou que determinem dependência física ou psíquica", e comina pena às que não o fizerem. Também proíbe o plantio, cultura, colheita e exploração, no território nacional, de plantas das quais podem ser extraídas tais substâncias. São crimes inafiançáveis e insuscetíveis de graça ou anistia o tráfico ilícito de entorpecentes e drogas afins. Será extraditado o brasileiro naturalizado que, comprovadamente, se envolveu em tráfico ilícito de entorpecentes e drogas afins. As glebas de terras onde forem localizadas culturas ilegais de plantas psicotrópicas serão expropriadas e destinadas ao assentamento de colonos, para o cultivo de produtos alimentícios e medicamentosos, sem indenização ao proprietário e sem prejuízo de outras sanções previstas em lei. Será confiscado todo e qualquer bem de valor econômico apreendido em decorrência do tráfico ilícito de entorpecentes e drogas afins, revertendo em benefício de instituições e pessoal especializado no tratamento e recuperação de viciados e no aparelhamento e custeio de fiscalização, controle, prevenção e repressão do crime de tráfico dessas substâncias. Todos os materiais utilizados para a prática dos crimes definidos na Lei nº 11.343/2006, após regularmente apreendidos, ficarão sob custódia da autoridade de polícia judiciária, excetuadas as armas, que serão recolhidas na forma da legislação específica. A Lei nº 11.343/2006, revogou as Leis nºs 6.368/1976 e 10.409/2002.

✱ *V. Lei nº 11.343/2006 (Revogou as Leis nºs 6.368/1976 e 10.409/2002).*

✱ *V. EC nº 65/2010 (Deu nova redação ao art. 227, § 3º, VII, da CF, para que haja programas de prevenção e atendimento especializado à criança, ao adolescente e ao jovem dependente de entorpecentes e drogas afins).*

ENTRÂNCIA – Diz-se da graduação do cargo que o magistrado exerce em determinado momento. Serve também para designar o lugar de ordem das jurisdições em que o juiz exerce a magistratura.

✱ *V. CF: art. 93, II.*

ENTRE VIVOS (*INTER VIVOS*) – Diz-se do ato jurídico que se processa entre pessoas vivas.

ENTREGADOR – 1. Pessoa que entrega algo. 2. Segundo a Lei nº 14.297/2022, é o trabalhador que presta serviço de retirada e entrega de produtos e serviços contratados por meio da plataforma eletrônica de aplicativo de entrega.

✱ *V. Lei nº 14.297/2022 (Dispõe sobre medidas de proteção asseguradas ao entregador que presta serviço por intermédio de empresa de aplicativo de entrega durante a vigência da emergência em saúde pública decorrente do coronavírus responsável pela Covid-19).*

ENUNCIADO (PROC. DO TRAB.) – Antiga denominação usada para designar a súmula de jurisprudência elaborada pelo TST. Mediante a Resolução nº 129/2005, o TST passou a utilizar expressão "Súmulas" para denominar os verbetes de sua jurisprudência uniformizada.

EPÍGRAFE DA LEI – Elemento da estrutura da lei que integra o preâmbulo e que serve para esclarecer a natureza do diploma legal e a sua data.

EQUIDADE – 1. Conceito advindo da Filosofia e da doutrina do Direito natural, geralmente associado a um conjunto de princípios de Justiça, fundados na razão humana e na ética, que induzem o julgador a um critério de moderação ao proferir decisão, para suprir as lacunas na lei ou modificar o rigor das normas, tornando-as mais humanas e amoldadas às circunstâncias fáticas. 2. Interpretação mais branda das normas jurídicas. 3. Igualdade, retidão, equanimidade. 4. Aplicação circunstanciada da norma no caso concreto, sem o excessivo apelo à letra da lei. 5. O CPC informa que o juiz só decidirá por equidade nos casos previstos em lei. 6. Hipóteses em que há expressa autorização da aplicação da equidade são encontradas na CLT, de forma subsidiária, e na lei que regula os procedimentos perante os Juizados Especiais, neste último caso, como fonte direta do Direito. 7. O CTN admite o emprego da equidade pelas autoridades administrativas, de forma supletiva, e desde que não ocorra, por força de sua aplicação, a dispensa de tributo devido. 8. Nas decisões proferidas em procedimento arbitral, um dos requisitos exigidos para a sentença é trazer os fundamentos da decisão, mencionando-se se foi dada por equidade.

✱ *V. CPC/1973, arts. 20, IV, 127 e 1.109.*

✱ *V. CPC/2015, arts. 82, 84, 85, 140 e 723.*

✱ *V. CLT, arts. 8º e 852-I, § 1º.*

✱ *V. CTN, arts. 108, IV e § 2º, e 172, IV.*

✱ *V. Lei nº 9.099/1995 (Dispõe sobre os Juizados Especiais Cíveis e Criminais), art. 6º.*

✱ *V. Lei nº 9.307/1996 (Dispõe sobre arbitragem), arts. 2º, 11 e 26, II.*

EQUIPAMENTO – 1. Apetrecho necessário a uma atividade. 2. Entre os bens impenhoráveis estão os equipamentos necessários ou úteis ao exercício da profissão do executado. 3. A empresa é obrigada a fornecer, gratuitamente, aos empregados equipamento de proteção individual (EPI), sempre que necessário. O EPI só pode ser comercializado com certificado de aprovação emitido, por meio de sistema eletrônico simplificado, pela Secretaria de Trabalho do Ministério do Trabalho e Previdência.

✱ *V. CPC/1973, art. 649, V.*

✱ *V. CPC/2015, art. 833, V.*

✱ *V. CLT, arts. 166 e 167.*

✱ *V. Dec. nº 10.854/2021 (Regulamenta disposições relativas à legislação trabalhista e institui o Programa Permanente de Consolidação, Simplificação e Desburocratização de Normas Trabalhistas Infralegais e o Prêmio Nacional Trabalhista, e altera o Decreto nº 9.580, de 22 de novembro de 2018.), art. 30.*

EQUIPARAÇÃO – Ato de equiparar, colocar em igualdade, dar um tratamento igual. Na questão do salário a lei é clara: a todo trabalho de igual valor corresponderá salário igual, sem distinção de sexo. Prevê, também, os casos em que o estrangeiro pode perceber salário superior ao do brasileiro. Reforça, ainda, a equiparação ao determinar que, sendo idêntica a função, o salário deve ser igual sem distinção de sexo, nacionalidade ou idade. Não se aplica este último dispositivo aos empregados de empresas concessionárias de serviços públicos encampadas em relação aos empregados da entidade encampadora. Também não prevalece quando o empregador tem pessoal organizado em quadro de carreira, devendo as promoções obedecer a critérios de antiguidade e merecimento, alternadamente, dentro de cada categoria profissional. A Lei nº 13.467/2017 (Reforma Trabalhista) fixou como critério para a equiparação salarial o trabalho desenvolvido no mesmo estabelecimento empresarial, restringindo o antigo critério que era apenas mesma localidade, alterou a diferença de tempo de serviço para o mesmo empregador como não superior a quatro anos e a diferença de tempo na função não superior a dois anos, bem como incluiu novos regramentos.

✱ *V. CLT, arts. 5º e 461.*

✱ *V. CF, arts. 5º, I, e 7º, XXX a XXXIV.*

✱ *V. Dec.-lei nº 855/1969 (Dispõe sobre a situação dos empregados de empresas concessionárias de serviços públicos).*

ERRO – 1. Engano, impressão falsa, imperfeita; conhecimento inexato, incompleto, sobre a verdade de um fato. Falsa percepção da realidade. 2. Para o Dir. Civil, é vício de consentimento, podendo levar à anulação do negócio jurídico, se substancial, ou à sua retificação, se incidental. 3. Erros materiais da inicial (como o da atribuição do valor da causa) podem ser corrigidos a qualquer tempo. Pode ser:

✱ *V. CC: arts. 138 a 144.*

✱ *V. LINDB (Lei de Introdução às Normas do Direito Brasileiro): art. 3º.*

Acidental (Dir. Civil): É aquele que assegura direito a ressarcimento de perdas e danos, não anulando o ato (CC: arts. 141 e 142). ***V.*** *Erro substancial ou essencial.*

De proibição: o erro de proibição ou erro sobre a ilicitude do fato é aquele que incide sobre a ilicitude de uma conduta. Ocorre quando o agente supõe, por erro, que seu comportamento é lícito. Ele acredita que o que está fazendo é permitido, mas na verdade é proibido. Daí o apelido doutrinário de erro de proibição. Ex.: o agente que mata uma pessoa gravemente enferma, a seu pedido, para livrá-la de mal incurável, supondo que a eutanásia é permitida, incide no erro de proibição. Supõe permitida uma conduta proibida.

De tipo: é aquele que incide sobre os elementos objetivos que compõem um tipo legal de crime. O sujeito não se dá conta que está realizando uma conduta típica. Sua previsibilidade está viciada, impedindo que o dolo atinja corretamente todos os elementos essenciais do tipo, mas não impede a configuração do crime culposo. Erra alguém ao matar um amigo num hotel-fazenda, pensando ser uma onça. Erra na coisa alheia ao subtrair uma mala no aeroporto pensando ser sua. Erra no ofender a integridade corporal ou a saúde de outrem ao ministrar insulina a uma criança, pensando ser uma injeção antigripal. Erra ao contrair casamento com pessoa casada, acreditando ser o agente pessoa solteira. Erra ao servir a menor de 18 anos bebida alcoólica, pensando ser maior etc.

Judiciário: Equívoco judicial causador de prejuízo para a parte, ensejando indenização pelo Estado. A Constituição Federal prevê a matéria no art. 5º, LXXV, assim: "O Estado indenizará o condenado por erro judiciário, assim como o que ficar preso além do tempo fixado na sentença".

Substancial ou essencial (Dir. Civil): Espécie de vício de consentimento existente entre os defeitos do ato jurídico. É a discordância entre a vontade real e aquela manifestada na celebração do ato. O erro substancial ocorre: sobre a *operação jurídica*, quando o ato contratual é diverso daquele objeto do ajuste; *sobre a pessoa* (*aberratio personae*), quando se tenciona a prática de um ato e faz-se outro diferente; *sobre o próprio negócio*, quando se tenciona ao nome ou identidade da pessoa ou coisa; *sobre o sexo*, relativo ao sexo da pessoa em questão.

✱ *V. CPC/2015, arts. 21, 42, 43, 181, 310, 321, 330, 332, 393, 494, 657, 966.*

✱ *V. CP, arts. 20,* caput, *§§ 2º e 3º, 21, 73 e 74.*

✱ *V. CC: arts.171, II, 206, 443, 445, 849, 850, 869, 1.557 a 1.562 e 1.903.*

ESBULHO POSSESSÓRIO – É a retirada violenta de uma coisa que está na posse do legítimo possuidor, com violência à pessoa, grave ameaça ou por concurso de mais de duas pessoas, o que tipifica o crime de usurpação. O esbulhado pode ser restituído na posse, desde que o faça logo e seus atos de defesa ou de desforço não ultrapassem o indispensável à restituição; no esbulho possessório, é cabível a *ação de reintegração de posse* (q.v.). As ações de manutenção e a de esbulho serão sumárias se intentadas em 1 ano o dia da turbação ou esbulho; e ordinárias, passando esse prazo, mas não perdendo o caráter possessório (O CPC/2015, art. 318, aboliu a divisão de ritos. Art. 1.046, § 1º: "As disposições da Lei nº 5.869, de 11 de janeiro de 1973, relativas ao procedimento sumário e aos procedimentos especiais que forem revogadas, aplicar-se-ão às ações propostas e não sentenciadas até o início da vigência deste Código. § 2º Permanecem em vigor as disposições especiais dos procedimentos regulados em outras leis, aos quais se aplicará supletivamente este Código". O esbulhado será reintegrado desde que o requeira, sem ser ouvido o autor do esbulho antes da reintegração. A lei civil prevê, ainda, compensação e indenização. A lei penal apena o esbulho possessório com detenção de 1 a 6 meses e multa. A Lei nº 5.741/1971 diz que é crime de ação pública, punido com detenção de 6 meses a 2 anos e multa de 5 a 20 salários mínimos, invadir alguém, ou ocupar, com o fim de esbulho possessório, terreno ou unidade residencial, construída ou em construção, objeto de financiamento oficial. Se o agente usa violência, acresce-se a pena relativa a esta; isenta-se de pena o agente que, espontaneamente, desocupa o imóvel antes de qualquer medida coativa.

✱ *V. Lei nº 5.741/1971 (Classifica o esbulho como crime de ação pública), art. 9º, §§ 1º e 2º.*

✱ *V. Súm. nº 562 do STF.*

✱ *V. CPC/1973: arts. 926 a 933.*

✱ *V. CPC/2015, arts. 554, 560 a 568.*

✱ *V. CP: arts. 161 e 162.*

✱ *V. CC: arts. 952 e 1.210 a 1.224.*

ESCABINATO – Órgão judiciário integrado por magistrados de carreira e por juízes leigos, como ocorria nas antigas Juntas de Conciliação e Julgamento da Justiça do Trabalho, hoje denominadas Varas e Juízos do Trabalho. Elas se constituíam de um juiz, que era seu presidente, e vogais do empregador e do empregado, aprovados e empossados segundo dispunha a lei. O termo *escabinato* pode provir, s.m.j., de *escabino*, que, nos Países Baixos, é magistrado adjunto ao burgomestre; na França, antes da Revolução de 1789, era magistrado municipal. Durante o domínio holandês no Brasil, chamava-se *escabino* o membro de câmaras municipais criadas pelos holandeses. A persistência de certas palavras e de seu sentido original ao longo dos séculos é fato digno de atenção.

✱ *V. CLT: arts. 647, b, e 660 a 667.*

ESCRITURA – Instrumento que formaliza a celebração de um contrato. Pode ser *pública*, quando lavrada por tabelião, no Livro de Notas, ou *particular*, quando feita pelas partes interessadas.

✱ *V. CC: arts. 221, 215 e 1.714.*

ESCRIVÃO – 1. Oficial público que subscreve termo e atos dos processos judiciais em seu cartório, que chefia os serviços auxiliares dos órgãos judiciários, da polícia etc. 2. Funcionário que relata por escrito atos que se realizam perante a autoridade pública. 3. Os escrivães estão proibidos de adquirir bens litigiosos, bens deixados por testamento lavrado em suas notas ou por ele aprovado, bem como de receber mandato judicial.

✱ *V. CC, arts. 497, III, 1.521 a 1.523, 1.640, 1.643, 1.801 e 1.802.*

✱ *V. CPC/2015, arts. 93, 96, 149 a 152, 155, 201, 206 a 211, 228, 233, 240, 254, 270, 273, 275, 715, 784, VIII, 892 e 895.*

ESCROQUE – Corresponde a estelionatário, que é a figura do nosso Dir. Penal. Indivíduo que se utiliza de astúcia ou fraude para se apropriar de dinheiro ou bens de outrem.

ESCUSA DE CONSCIÊNCIA – Justificativa de caráter religioso ou político-filosófico para a dispensa de obrigação legal imposta a todos; é proibida pela Constituição e punida com perda ou suspensão dos direitos políticos.

✱ *V. CF: arts. 5º, VIII, e 15.*

✱ *V. CP, arts. 181 e 348, § 2º.*

ESGANADURA – Forma de estrangulamento, usual em crimes de natureza sexual, como estupro etc. Constrição violenta em torno do pescoço da vítima, com as mãos, podendo resultar em morte por asfixia ou síncope.

ESPECIALIZAÇÃO – 1. Ato de especializar-se. 2. Dedicação especial à determinada profissão. 3. Individuação, no registro próprio, do imóvel ou direito sujeito a hipoteca legal ou judicial. Significa inscrever a hipoteca no registro, quando os bens hipotecados se tornam especificados, individuados publicamente, em relação a outros não onerados. 4. O tutor ou curador pode impedir em 10 dias, antes de entrar em exercício, a especialização em hipoteca legal de imóveis necessários para acautelar os bens confiados a sua administração.

✱ *V. CPC/2015, arts. 465, § 2º, II, e 759.*

✱ *V. CC, art. 1.492 e segs.*

ESPÓLIO – O total dos bens que o falecido deixa; herança. O espólio é representado em juízo, ativa e passivamente, pelo inventariante, cuja citação é dispensada se ele é herdeiro necessário; não havendo inventário aberto devem ser citados todos os herdeiros. O espólio responde pelas dívidas do falecido; mas, feita a partilha, cada herdeiro responde por elas na proporção da parte que lhe coube na herança. *V. Herança.*

✱ *V. CPC/2015, arts. 48, 75, 110, 778, 779, 796 e 618.*

ESPORTE – 1. Prática metódica de atividades físicas que, geralmente, consistem em jogos individuais ou coletivos. 2. A partir da Constituição Federal de 1988, tornou-se política pública a ser estimulada por todos os entes federados, especialmente mediante incentivos à organização de entidades e associações privadas. 3. A EC nº 96/2017, que acrescentou o § 7º ao art. 225 da CF, esclareceu não serem considerados cruéis os esportes que utilizem animais, se forem manifestações culturais integrantes do patrimônio nacional. Ademais, determinou que tais práticas devem ser regulamentadas por lei específica destinada a zelar pelos animais.

✱ *V. CF, art. 217.*

✱ *V. Lei nº 9.615/1998 (Institui normas gerais sobre desporto – Lei Pelé).*

✱ *V. Dec. nº 7.984/2013 (Regulamenta a Lei nº 9.615/1998).*

✱ *V. Dec. nº 6.653/2008 (Promulga a Convenção Internacional contra o doping nos esportes, celebrada em Paris, em 19 de outubro de 2005).*

✱ *V. Lei nº 13.364/2016 (Lei da Vaquejada).*

ESTABELECIMENTO COMERCIAL – Reunião de bens corpóreos e incorpóreos, consistente numa universalidade de fato, destinada a servir uma clientela, com o objetivo de lucro.

ESTABELECIMENTO PENAL – 1. Fundação, instituição.

É todo estabelecimento utilizado pela Justiça com a finalidade de alojar presos, quer provisórios, quer condenados, ou ainda aqueles que estejam submetidos a medida de segurança. Há vários tipos de estabelecimentos penais:

Cadeias Públicas: estabelecimentos penais destinados ao recolhimento de pessoas presas em caráter provisório, sempre de segurança máxima.

Casas do Albergado: estabelecimentos penais destinados a abrigar pessoas presas que cumprem pena privativa de liberdade em regime aberto, ou pena de limitação de fins de semana.

Centros de Observação Criminológica: estabelecimentos penais de regime fechado e de segurança máxima onde devem ser realizados os exames gerais e criminológicos, cujos resultados serão encaminhados às Comissões Técnicas de Classificação, as quais indicarão o tipo de estabelecimento e o tratamento adequado para cada pessoa presa.

Colônias Agrícolas, Industriais ou Similares: estabelecimentos penais destinados a abrigar pessoas presas que cumprem pena em regime semiaberto.

Hospitais de Custódia e Tratamento Psiquiátrico: estabelecimentos penais destinados a abrigar pessoas submetidas a medida de segurança.

Para Idosos: são estabelecimentos penais próprios, ou seções ou módulos autônomos, incorporados ou anexos a estabelecimentos para adultos, destinados a abrigar pessoas presas que tenham, no mínimo, 60 anos de idade ao ingressarem ou os que completem essa idade durante o tempo de privação de liberdade.

Penal: É todo estabelecimento utilizado pela Justiça com a finalidade de alojar presos, quer provisórios, quer condenados, ou ainda aqueles que estejam submetidos à medida de segurança. Há vários tipos de estabelecimentos penais.

Penitenciárias: estabelecimentos penais destinados ao recolhimento de pessoas presas com condenação a pena privativa de liberdade em regime fechado.

Penitenciárias de Segurança Máxima Especial: estabelecimentos penais destinados a abrigar pessoas presas com condenação em regime fechado, dotados exclusivamente de celas individuais.

Penitenciárias de Segurança Média ou Máxima: estabelecimentos penais destinados a abrigar pessoas presas com condenação em regime fechado, dotados de celas individuais e coletivas.

✱ *V. Lei nº 7.210/1984 (Lei das Execuções Penais).*

✱ *V. Lei nº 11.671/2008 (Dispõe sobre a transferência e inclusão de presos em estabelecimentos penais federais de segurança máxima).*

ESTABILIDADE – Efetividade, garantia dada ao trabalhador ou ao servidor público por tempo de serviço.

✱ *V. Orientações Jurisprudenciais da SBDI-I nºs 364 e 365 do TST.*

• 364. Estabilidade. Art. 19 do ADCT. Servidor Público de fundação regido pela CLT. Fundação instituída por lei e que recebe dotação ou subvenção do Poder Público para realizar atividades de interesse do Estado, ainda que tenha personalidade jurídica de direito privado, ostenta natureza de fundação pública. Assim, seus servidores regidos pela CLT são beneficiários da estabilidade excepcional prevista no art. 19 do ADCT.

• 365. Estabilidade provisória. Membro de conselho fiscal de sindicato. Inexistência. Membro de conselho fiscal de sindicato não tem direito à estabilidade prevista no art. 543, § 3º, da CLT e art. 8º, VIII, da CF/1988, porquanto não representa nem atua na defesa de direitos da categoria respectiva, tendo sua competência limitada à fiscalização da gestão financeira do sindicato (art. 522, § 2º, da CLT).

ESTADO – 1. Modo de ser ou estar. 2. Nação politicamente organizada por leis próprias. No Brasil, é cada unidade territorial que forma a União. Um dos Estados da Federação ou da República Federativa do Brasil. 3. Condição jurídica da pessoa, para os efeitos jurídicos nas relações de família e na vida social, fixando direitos e deveres resultantes, que pode ser:

✱ *V. CPC/2015, arts. 75, 496 e 968.*

De perigo: Quando alguém assume obrigação excessivamente onerosa para salvar-se ou a pessoa de sua família, de grave dano.

✱ *V. CC: arts. 156 e 178, II.*

Puerperal: *V. Infanticídio.* Há divergência na comunicabilidade das circunstâncias pessoais no crime de infanticídio: matar, sob a influência de estado puerperal, o próprio filho, durante o parto ou logo após (art. 123 do CP). Uma corrente entende que as circunstâncias de qualidade de mães e do estado puerperal comunicam-se ao coautor ou partícipe, por serem elementares do crime, respondendo todos, portanto, por infanticídio. Outro ensinamento entende que a comunicação da circunstância pessoal privilegiadora só ocorre em relação ao partícipe e não ao coautor. Porque o coautor realiza o núcleo do tipo do art. 121 – *matar alguém* –, devendo, portanto, responder por homicídio (*Resumo de Direito Penal*, 22 ed., p. 92).

De sítio: Situação em que se encontra o local em comoção grave de repercussão nacional ou ocorrência de fatos que comprovem a ineficácia de medida tomada durante o estado de defesa, declarado estado de guerra ou resposta a agressão armada estrangeira. É decretado pelo Presidente da República após ouvir o conselho da República e o conselho da defesa nacional. O decreto indicará sua duração, as normas necessárias à sua execução e as garantias constitucionais que ficarão suspensas. Após cessar o estado de sítio, as medidas aplicadas em razão e vigência serão relatadas pelo Presidente da República em mensagem ao Congresso Nacional.

✱ *V. CF: arts. 1º, caput, 2º, 18, § 3º, 21, I, V, e 26, 34, I, 35, 46, 84, VII, VIII, XIX, XX, XXII, 137 a 141, 155.*

ESTADO DE CALAMIDADE PÚBLICA – 1. Situação de calamidade, com grandes perdas materiais e até de vidas humanas, que afeta uma comunidade, privandoa, total ou parcialmente, de serviços essenciais como água, luz, alimentos, transportes, estradas etc. Secas, inundações, vendavais são tipos de calamidades que podem ser declaradas públicas, cabendo à União planejar e promover a defesa permanente contra elas, sobretudo secas e inundações; pode também, por lei complementar, instituir empréstimo compulsório para atender às despesas extraordinárias decorrentes de calamidade pública. 2. Segundo o Dec. nº 7.257/2010, o estado de calamidade pública é "situação anormal, provocada por desastres, causando danos e prejuízos que impliquem o comprometimento substancial da capacidade de resposta do poder público do ente atingido". 3. No Dir. Penal, se o agente cometer o crime por ocasião de calamidade pública, a pena é agravada. 4. O estado de calamidade pública é reconhecido pelo Poder Executivo federal mediante requerimento do Poder Executivo do Estado, do Distrito Federal ou do Município afetado pela catástrofe. 5. A situação de pandemia por COVID-19 fez o Poder Executivo federal reconhecer o estado de calamidade pública através do Dec. Leg. nº 6, de 20-3-2020. Em razão desse fato, o Poder Público editou diversos atos destinados à contenção da doença durante o estado de calamidade pública como, por exemplo, a EC nº 106/2020 destinada a instituir regime extraordinário fiscal, financeiro e de contratação para enfrentar a calamidade pública nacional. 6. A EC nº 109/2021 fixou como de competência exclusiva do Congresso Nacional a decretação do estado de calamidade pública de âmbito nacional.

✱ *V. CF, arts. 21, XVIII, 49, XVIII, 148, 167-B, 167-C, 167-D, 167-E, 167-F e 167-G.*

✱ *V. EC nº 106/2020 (Institui regime extraordinário fiscal, financeiro e de contratações para enfrentamento de calamidade pública nacional decorrente de pandemia).*

✱ *V. EC nº 109/2021 (Institui regras transitórias sobre redução de benefícios tributários; desvincula parcialmente o superávit financeiro de fundos públicos; e suspende condicionalidades para realização de despesas com concessão de auxílio emergencial residual para enfrentar as consequências sociais e econômicas da pandemia da Covid-19, dentre outras alterações).*

✱ *V. CP, art. 61, II, j.*

✱ *V. Lei nº 14.017/2020 (Dispõe sobre ações emergenciais destinadas ao setor cultural a serem adotadas durante o estado de calamidade pública reconhecido pelo Decreto Legislativo nº 6, de 20 de março de 2020).*

✱ *V. Dec. Leg. nº 6/2020 (Reconhece, para os fins do art. 65 da Lei Complementar nº 101, de 4 de maio de 2000, a ocorrência do estado de calamidade pública, nos termos da solicitação do Presidente da República encaminhada por meio da Mensagem nº 93, de 18 de março de 2020).*

✱ *V. Dec. nº 7.257/2010 (Regulamenta a Medida Provisória nº 494 de 2 de julho de 2010, para dispor sobre o Sistema Nacional de Defesa Civil - SINDEC, sobre o reconhecimento de situação de emergência e estado de calamidade pública, sobre as transferências de recursos para ações de socorro, assistência às vítimas, restabelecimento de serviços essenciais e reconstrução nas áreas atingidas por desastre, e dá outras providências), art. 2º, IV.*

✱ *V. Dec. nº 10.350/2020 (Dispõe sobre a criação da Conta destinada ao setor elétrico para enfrentamento do estado de calamidade pública reconhecido pelo Decreto Legislativo nº 6, de 20 de março de 2020 e regulamenta a Medida Provisória nº 950, de 8 de abril de 2020, e dá outras providências).*

✱ *V. Dec. nº 10.360/2020 (Dispõe sobre a forma de identificação das autorizações de despesas relacionadas ao enfrentamento de calamidade pública nacional decorrente de pandemia e de seus efeitos sociais e econômicos).*

ESTADO DE DEFESA – Decretado pelo Presidente da República, após ouvir o Conselho da República e o Conselho de Defesa Nacional, para preservar ou prontamente restabelecer, em locais restritos e determinados, a ordem política ou a paz social ameaçadas por grave e iminente instabilidade institucional ou atingidas por calamidades de grandes proporções da natureza. O decreto determinará a duração do estado de defesa, as áreas a serem abrangidas e as medidas coercitivas que passam a vigorar, incluídas as que restringem direitos. Exemplo dessa medida foi a decisão do Presidente Itamar Franco (em 1994) de combater, com o apoio do Exército, as quadrilhas de traficantes de drogas dos morros do Rio de Janeiro.

✱ *V. CF, art. 136, §§ 1º a 3º.*

ESTADO DE EMERGÊNCIA – *V. Situação de emergência.*

ESTADO DE GUERRA – Resulta da beligerância expressa entre duas ou mais nações ou do fato de serem tomadas medidas de caráter bélico, com mobilização de forças armadas. Positiva-se com declaração de guerra e início de hostilidades.

ESTADO DE NECESSIDADE – Circunstância em que a pessoa pratica violação da norma legal, para evitar mal maior iminente, salvaguardar de perigo inevitável, irremovível e não provocado intencionalmente, direitos ou bens próprios ou de outrem; emprega, para isso, os meios menos prejudiciais aos interesses alheios. Pode referir-se à vida, à integridade física do agente ou de terceiro, à propriedade ou outro bem jurídico na iminência de ser lesado. Não se trata de *legítima defesa*, por não ser reação a uma agressão ou contra-ataque. Não pode alegar estado de necessidade quem tinha o dever legal de enfrentar o perigo.

✱ *V. CP, art. 24, § 1º.*

ESTADO DE PERIGO – Outra novidade do CC; permite que se questione, entre outros quesitos, se um hospital pode cobrar valores altos por internação no caso de uma pessoa que iria morrer se não fosse socorrida com rapidez. É causa anulatória do negócio jurídico, quando alguém, premido pela necessidade de salvar-se ou a uma pessoa de sua família, assume obrigação excessivamente onerosa.

✱ *V. CC, art. 156.*

ESTADO PUERPERAL – *V. Infanticídio.* Há divergência na comunicabilidade das circunstâncias pessoais no crime de infanticídio: matar, sob a influência de estado puerperal, o próprio filho, durante o parto ou logo após (art. 123 do CP). Uma corrente entende que as circunstâncias de qualidade de mães e do estado puerperal comunicam-se ao coautor ou partícipe, por serem elementares do crime, respondendo todos, portanto, por infanticídio. Outro ensinamento entende que a comunicação da circunstância pessoal privilegiadora só ocorre em relação ao partícipe e não ao coautor. Porque o coautor realiza o núcleo do tipo do art. 121 – *matar alguém* –, devendo, portanto, responder por homicídio (p. 92 da 22. ed. *Resumo de Direito Penal).*

ESTADO DE SÍTIO – Pode o Presidente da República, ouvidos o Conselho da República e o Conselho de Defesa Nacional, solicitar ao Congresso Nacional autorização para decretar o estado de sítio nos casos de grave comoção de repercussão nacional ou ocorrência de fatos que comprovem a ineficácia de medida tomada durante o estado de defesa; declaração de estado de guerra ou resposta a agressão armada estrangeira. O Congresso deve decidir por maioria absoluta. O decreto indicará a duração da medida, as normas para a sua execução e as garantias constitucionais que ficarão suspensas. Não pode ser decretado por mais de 30 dias no caso de comoção grave de repercussão nacional ou pela ineficácia de medida do estado de defesa, nem prorrogado, de cada vez, por prazo superior. No caso de guerra, pode ser decretado por todo o tempo que perdurar a guerra ou a agressão armada estrangeira. O Congresso permanecerá em funcionamento até o término das medidas coercitivas.

✱ *V. CF, arts. 137 a 141 e parágrafo único.*

ESTAGIÁRIO – 1. Aquele que faz estágio, nos termos da Lei nº 11.788/2008. A parte concedente pode pagar uma bolsa ao estagiário, a qual não é considerada como remuneração, para efeito de incidência de imposto de renda e contribuição previdenciária. Por outro lado, o estagiário pode contribuir para a Previdência Social, na qualidade de segurado facultativo. 2. O estagiário de advocacia, regularmente inscrito, pode ingressar em juízo e exercer todas as atividades privativas de advocacia, em conjunto com advogado e sob responsabilidade deste. O estagiário podia ser dispensado do Exame de Ordem se comprovasse, até 4-7-1996, o exercício e o resultado do estágio profissional ou a conclusão, com aproveitamento, do estágio de "Prática Forense e Organização Judiciária", realizado na respectiva Faculdade. A partir daquela data, deve se submeter aos exames pela OAB. A OAB estabelece requisitos para a inscrição do estagiário.

✱ *V. Lei nº 11.788/2008 (Dispõe sobre o estágio de estudantes).*

✱ *V. Lei nº 8.906/1994 (Estatuto da Advocacia e da OAB), arts. 3º, § 2º, 9º e 84.*

✱ *V. Lei nº 9.394/1996 (Lei de Diretrizes e Bases da Educação Nacional), arts. 61, par. único, II, e 82.*

✱ *V. Lei nº 8.212/1991 (Dispõe sobre a organização da Seguridade Social e institui fontes de custeio), arts. 14; 21; 28, IV 30, II.*

✱ *V. Lei nº 8.213/1991 (Dispõe sobre planos de benefícios da Previdência Social), arts. 13; 15, VI; 27, II; 43, § 1º, b; 55, III; e 71-B, § 2º, III.*

✱ *V. OJ da SBDI-I nº 366 do TST.*

ESTATUTO – 1. Conjunto de dispositivos que regulam, como lei orgânica interna, o funcionamento de uma sociedade, companhia, associação, corporação ou fundação. Sociedade estrangeira não pode ter filiais, agências ou estabelecimentos no Brasil antes de serem os atos constitutivos aprovados pelo Governo brasileiro, ficando sujeita à lei brasileira. A lei civil dispõe também sobre os estatutos das fundações, que devem ser aprovados por autoridade competente e, denegando-o esta, pelo juiz, com os recursos da lei. 2. Os estatutos das autarquias, fundações públicas e empresas públicas são editados por ato do Poder Executivo ao qual se subordinam. 3. Em sentido lato, representa o conjunto de normas que regem determinado grupo social ou corporação profissional, normalmente fixadas por lei. 4. Para fins de Dir. Administrativo, é a lei orgânica que rege a relação jurídico-administrativa de trabalho entre uma determinada pessoa jurídica de Dir. Público e seus servidores, desde que estes não sejam submetidos ao regime da Consolidação das Leis do Trabalho (CLT).

Da Advocacia e da OAB: A Lei nº 8.906/1994, que revogou a Lei nº 4.215/1963, a Lei nº 5.390/1968, o Dec.-lei nº 505/1969, a Lei nº 5.681/1971, a Lei nº 5.842/1972, a Lei nº 5.960/1973, a Lei nº 6.743/1979, a Lei nº 6.884/1980 e a Lei nº 6.994/1982, e mantém os efeitos da Lei nº 7.346/1985. O Estatuto da Advocacia, acusado de corporativista, ainda está suscitando polêmica, e alguns de seus dispositivos já foram objeto de apreciação pelo STF, que os suspendeu. A Lei nº 13.245/2016 e a Lei nº 13.247/2016 alteraram o Estatuto da OAB, sendo aquela para ampliar e delinear a liberdade do advogado em sua atuação profissional e esta para estabelecer diretrizes para a constituição de sociedades de advogados. Já a Lei nº 13.363/2016 alterou o referido Estatuto para fixar direitos e garantias à advogada gestante, à lactante, à adotante ou que a der à luz, bem como para o advogado que se tornar pai.

Da Cidade: Lei nº 10.257/2001, que estabelece normas de ordem pública e interesse social que regulam o uso da propriedade urbana em prol do bem coletivo, da segurança e do bem-estar dos cidadãos, bem como do equilíbrio ambiental. Regulamenta os arts. 182 e 183 da CF.

Da Criança e do Adolescente: Lei nº 8.069/1990, que dispõe sobre as medidas de proteção à criança e ao adolescente e seu acesso à Justiça. A Lei nº 13.306/2016 fixou em cinco anos a idade máxima para o atendimento na educação infantil (creche ou pré-escola).

✱ *V. Lei nº 13.306/2016 (Altera a Lei nº 8.069, de 13 de julho de 1990 – Estatuto da Criança e do Adolescente, a fim de fixar em cinco anos a idade máxima para o atendimento na educação infantil).*

Da Juventude: Diretriz estabelecida pelo art. 227, § 8º, I e II, da CF destinado a regular os direitos dos jovens.

✱ *§ 8º do art. 227 acrescido pela EC nº 65/2010.*

✱ *Lei nº 12.852/2013.*

Do Pessoa Idosa: Foi instituído pela Lei nº 10.741/2003, estando em vigor desde 1º-1-2004. Destina-se a regular os direitos assegurados às pessoas com idade igual ou superior a 65 anos. Eis alguns pontos da nova lei: os idosos terão desconto de 50% nas atividades culturais, de lazer e esportivas; gratuidade nos transportes coletivos; preferência no atendimento feito pelo Sistema Único de Saúde (SUS), e remédios gratuitos, especialmente os de uso contínuo; se tiver 65 anos e não puder prover a sua subsistência, terá direito a um salário-mínimo. Este benefício antes era concedido apenas aos 67 anos. A lei prevê pena de 6 meses a 12 anos de prisão por maus-tratos a idosos. Todo cidadão tem o dever de comunicar às autoridades qualquer forma de violação ao Estatuto do Idoso. O art. 71 assegura prioridade na tramitação de processos e procedimentos e na execução dos atos e diligências judiciais em que figure como parte ou interveniente pessoa com idade igual ou superior a 60 anos, em qualquer instância (Dentre os processos de idosos, dar-se-á prioridade especial aos maiores de oitenta anos. § 5º acrescido pela Lei nº 13.466, de 12-7-2017.) Ainda com relação à prioridade de tramitação processual às pessoas com idade igual ou superior a 60 anos e deficientes, informa-se que essa foi parcialmente alterada pela Lei nº 12.008/2009, de modo que o art. 1.211-A CPC/1973 revogado, correspondente ao art. 1.048, I, CPC/2015, passou a dispor que os procedimentos judiciais em que figure como parte ou interessado pessoa com idade igual ou superior a 60 anos, ou portadora de doença grave, terão prioridade de tramitação em todas as instâncias. Os capítulos I e II do Título VI (Dos Crimes) apontam os crimes praticados contra o idoso (que são de ação penal pública incondicionada) e as penas a eles aplicáveis. Não se aplicam os arts. 181 e 182 do CP.

ESTELIONATÁRIO – Aquele que pratica o *estelionato* (q.v.).

ESTELIONATO – Armadilha; manobra ardilosa para prejudicar alguém; fraude, engano, burla. Crime contra o patrimônio que se configura quando alguém, usando meio fraudulento, engana ou mantém enganada uma pessoa, tirando vantagem ilícita para si ou para outrem, com lesão ao patrimônio alheio. Se o terceiro beneficiado com o delito toma parte na preparação de plano para enganar a vítima, torna-se coautor. Não será punível se não tem conhecimento da ação criminosa que o favorece. O dolo genérico é a vontade consciente de cometer o delito; o dolo específico é o desejo de obter vantagem ilícita. Se o criminoso é primário e de pequeno valor a coisa furtada, pode o juiz substituir a pena de reclusão pela de detenção, reduzi-la de um a dois terços ou somente aplicar a pena de multa. A pena é de reclusão de 1 a 5 anos e multa. A Lei nº 13.228/2015 estabeleceu como causa de aumento de pena o estelionato cometido contra idoso, ao acrescentar ao art. 171 do CP o § 4º. A Lei nº 13.964/2019 alterou a redação do art. 171 e o estelionato passou a ser crime de ação penal pública condicionada à representação, ou seja, a vítima precisa comparecer à delegacia (ou ao Ministério Público em certos casos) para representar contra quem praticou o crime. A necessidade de representação requer que a vítima seja identificada. Ademais, a representação pode ser revogada por ato voluntário o que resulta em rejeitar a denúncia, se o processo estava na primeira fase, ou em absolvição do réu, caso a denúncia já tenha sido recebida. Condicionar o estelionato à representação tem o objetivo de estimular o suposto estelionatário a devolver para a vítima o produto do crime e a vítima retirar a representação como uma espécie de autocomposição do conflito.

✱ *V. CP: art. 171.*

ESTIPULAÇÃO EM FAVOR DE TERCEIRO – Acordo entre as partes que estipulam uma vantagem em favor de terceiro (*beneficiário*), que não é parte na obrigação.

✱ *V. CC: arts. 436 a 438.*

ESTUPRO – Crime contra a dignidade sexual, que consiste em constranger alguém, mediante violência ou grave ameaça, a ter conjunção carnal ou a praticar ou permitir que com ele se pratique outro ato libidinoso, de acordo com nova redação dada pela Lei nº 12.015/2009. Antes da referida alteração, o crime era previsto apenas contra a mulher, virgem ou não, maior ou menor, solteira, casada ou viúva. A partir de então, o art. 213 do CP tipifica como sujeito passivo do estupro qualquer pessoa, sendo homem ou mulher, e reúne no mesmo tipo penal condutas que outrora constituíam crime de atentado violento ao pudor (art. 214 do CP). A pena é de reclusão de 6 (seis) a 10 (dez) anos. Se da conduta resultar lesão corporal de natureza grave ou se a vítima é menor de 18 ou maior de 14 anos, a pena é de reclusão, de 8 (oito) a 12 (doze) anos, e se da conduta resulta morte, a pena é de reclusão de 12 (doze) a 30 (trinta) anos. A Lei nº 8.072/1990 define o estupro como crime hediondo, sendo inafiançável e insuscetível de graça ou anistia. Se do estupro resulta gravidez, o aborto é permitido com o consentimento da gestante ou, se incapaz, de seu representante legal, sem que a vítima ou o médico seja punido. A Lei nº 12.650/2012 acresceu o inciso V ao art. 111 do Código Penal, estabelecendo que começa a correr a prescrição, antes de transitar em julgado a sentença final, nos crimes contra a dignidade sexual de crianças e adolescentes, da data em que a vítima completar 18 anos, salvo se a esse tempo já houver sido proposta a ação penal. Até 2005, o casamento da vítima com o agente implicava a extinção da punibilidade, o que deixou de subsistir com a revogação do inciso VII do art. 107 do CP pela Lei nº 11.106/2005. Até 2009, havia a chamada presunção absoluta de violência, se a vítima tinha menos de 14 (quatorze) anos ou portadora de deficiência mental. Com a revogação do art. 224 do CP, a presunção deixou de ser absoluta, contudo a conjunção carnal ou ato libidinoso com pessoa considerada vulnerável passou a configurar, mesmo sem violência, tipo penal autônomo (art. 217-A do CP). Conforme art. 226 do CP, as penas são aumentadas em ¼ (um quarto), se houver o concurso de dois ou mais agentes, e de metade, se o agente for ascendente, padrasto, madrasta, tio, irmão, cônjuge, companheiro, tutor, curador, preceptor, empregador da vítima ou que tenha, por ualquer outro título, autoridade sobre ela. Com a atual redação do art. 226 do CP, bem como pela revogação do inciso VII do art. 107, ambos pela Lei nº 11.106/2005, ficou explícito que o estupro pode ser praticado pelo próprio cônjuge, superando uma jurisprudência minoritária, mas ainda persistente, no sentido de que seria impossível a prática do crime pelo marido, ante o dever da esposa manter relações sexuais (*débito conjugal*). Até 2009, a ação penal era privada, passando, então, a ser pública condicionada à representação, salvo se a vítima for menor de 18 (dezoito) anos ou pessoa vulnerável, caso em que era incondicionada. A partir da entrada em vigor da Lei nº 13.718/2018, a ação penal passou a ser sempre pública incondicionada. A mesma lei também passou a prever hipóteses de aumento de pena para o estupro coletivo, quando praticado mediante concurso de dois ou mais agentes, e de estupro corretivo, quando praticado com o intuito de controlar o comportamento social ou sexual da vítima. Havendo vestígios da violência, deve-se proceder ao exame de corpo de delito, contudo a jurisprudência vem suprindo a ausência pela prova testemunhal e até mesmo pelo depoimento pessoal da vítima, ante a natureza dos próprios fatos, que expõem ao constrangimento, inibindo a própria denúncia da violência sofrida.

✱ *V. CF, art. 5º, XLIII.*

✱ *V. CP, arts. 128, II, 213, 225 e 226.*

✱ *V. Lei nº 8.072/1990 (Dispõe sobre os crimes hediondos), art. 1º, V.*

De vulnerável: Tipo penal incluído no ordenamento jurídico por meio da Lei nº 12.015/2009, que inseriu o art. 217-A no CP. Trata-se do ato de ter conjunção carnal ou praticar outro ato libidinoso com menor de 14 (quatorze) anos, ainda que sem violência ou grave ameaça, com pena de reclusão, de 8 (oito) a 15 (quinze) anos. Incorre na mesma pena quem pratica as ações descritas no *caput* com alguém que, por enfermidade ou deficiência mental, não tem o necessário discernimento para a prática do ato, ou que, por qualquer outra causa, não pode oferecer resistência. Se da conduta resulta lesão corporal de natureza grave, a pena será de reclusão de 10 (dez) a 20 (vinte) anos e, se da conduta resulta morte, haverá reclusão de 12 (doze) a 30 (trinta) anos. A Lei nº 8.072/1990 define o estupro como crime hediondo, sendo inafiançável e insuscetível de graça ou anistia. A Lei nº 12.650/2012 acresceu o inciso V ao art. 111 do Código Penal, estabelecendo que começa a correr a prescrição, antes de transitar em julgado a sentença final, nos crimes contra a dignidade sexual de crianças e adolescentes, da data em que a vítima completar 18 anos, salvo se a esse tempo já houver sido proposta a ação penal. Embora o art. 224 do CP tenha sido revogado, não se perquire acerca da existência ou não de violência contra a vítima, pois a simples conjunção carnal ou ato libidinoso é, *per se,* ato típico. Entretanto, em virtude de certo dissídio jurisprudencial acerca de circunstâncias que poderiam afastar a tipicidade da conduta, pela Lei nº 13.718/2018 foi inserido o § 5º ao art. 217-A do CP, para salientar que as penas previstas naquele dispositivo legal aplicam-se independentemente do consentimento da vítima ou do fato de ela ter mantido relações sexuais anteriormente ao crime. Ainda há, contudo, controvérsia judicial acerca da tipicidade quando o agente mantém relacionamento amoroso com a vítima, iniciado antes de ter completado 18 anos ("exceção de Romeu"). Até 2005, o casamento da vítima com o agente implicava a extinção da punibilidade, o que deixou de subsistir com a revogação do inciso VII do art. 107 do CP pela Lei nº 11.106/2005. A ação penal é sempre incondicionada. Se do fato resultar gravidez, a vítima poderá proceder o aborto, mediante consentimento de seu representante legal e desde que praticado por médico, sendo hipótese excludente de punibilidade da conduta.

✱ *V. CF, art. 5º, XLIII.*

✱ *V. CP, arts. 111, V, 128, II, e 217-A.*

✱ *V. Lei nº 8.072/1990 (Dispõe sobre os crimes hediondos), art. 1º, VI.*

ÉTICA – Normas e princípios que dizem respeito ao comportamento do indivíduo no grupo social a que pertence.

Profissional: reunião de normas de procedimento comportamental no exercício de uma profissão, como as que estão expressas no Código de Ética e Disciplina dos Advogados. O zelo na profissão, as obrigações e deveres, as infrações e as sanções previstas para elas estão presentes no novo Estatuto da Advocacia, assim como a competência do Conselho Seccional e Tribunal de Ética e Disciplina para julgá-los.

✱ *V. Lei nº 8.906/1994 (Estatuto da Advocacia e a OAB), arts. 31 a 42, 70 a 74.*

ÉTICA DO ADVOGADO – Princípios que disciplinam o modo de agir do advogado, no exercício de sua profissão.

✱ *V. Lei nº 8.906/1994 (Estatuto da Advocacia e a OAB).*

ETIOLOGIACRIMINAL – Estudo das causas e dos fatores do delito, como parte da Criminologia.

EUTANÁSIA – Palavra originária do grego: *eu = a boa* e *thanatus* = morte, o que dá o sentido de "morte piedosa, boa". Consiste em minorar os sofrimentos de uma pessoa doente, de prognóstico fatal ou em estado de coma irreversível, sem possibilidade de sobrevivência, apressando-lhe a morte ou proporcionando-lhe os meios para conseguir. O mesmo que *homicídio* piedoso ou por compaixão, morte benéfica etc. A Comissão de Reforma do Código Penal manteve, no projeto, a proibição legal dessa prática, mas enquadrando-a como eutanásia e não mais como homicídio, com pena menor. O legislador aborda o ângulo da *ortotanásia* (morte por interrupção do tratamento, por ser inútil ante o quadro clínico irreversível), e da *distanásia* (prolongamento do momento da morte, por métodos reanimatórios). Defende o legislador do novo CP que a ortotanásia (morte digna) seja permitida. O médico que praticar eutanásia, atualmente, comete homicídio, cabendo ao juiz enquadrar sua conduta como homicídio privilegiado, com pena mais branda, ou o qualificado, com pena mais severa. Verifica-se se o crime foi cometido pela forma *comissiva* (conduta passiva) ou pela *omissiva* (não conduta), não agindo quando e como devia fazê-lo, contudo a pena é a mesma. O Código de Ética Médica (art. 66) veda o uso pelo médico, em qualquer caso, de meios para abreviar a vida do paciente, mesmo havendo pedido deste ou de seu responsável. Verifica-se, ainda, se houve auxílio ou instigação ao suicídio, variando as penas de 2 a 6 anos de prisão, sendo duplicadas quando existir motivo egoísta. O médico sempre responde por homicídio. Historicamente, os Códigos Penais Brasileiros, desde 1830, consideram crime de terceiros a eutanásia, com pena de reclusão (art. 196 desse texto legal). O art. 299 do CP de 1890 punia também a indução além do auxílio ao suicídio. O art. 122 do CP de 1940 (ainda em vigor), aponta três formas: auxílio, induzimento e instigação. A lei penal brasileira não acolhe o "homicídio piedoso", considerando a vida indisponível, como também determina o art. 5º da CF. O Anteprojeto da Parte Especial do CP de 1984 (ainda em estudo), afirma textualmente, na redação final do art. 121, § 4º: "Não constitui crime deixar de manter a vida de alguém por meio artificial se previamente atestada por dois médicos a morte como iminente e inevitável, e desde que haja consentimento do doente ou, na sua impossibilidade, de ascendente ou descendente, cônjuge ou irmão". A nova lei penal, assim, deverá isentar de pena a eutanásia passiva ou por omissão. A eutanásia é permitida nos Estados Unidos apenas no Estado de Oregon, porém a Suprema Corte pretende rever a lei estadual. Na Europa, a Holanda foi o primeiro país a legalizá-la (2002), estando atualmente em estudos torná-la legal nos casos de crianças com malformações irreversíveis. Na Bélgica (desde 2002), o paciente deve ser terminal ou sofrer mal intolerável e irrecuperável. Não se aplica a menores ou pacientes como os excepcionais. Na França, a eutanásia é tecnicamente ilegal, mas aprovou-se em 2004 lei que permite o direito de morrer a pessoas com doenças incuráveis, se houver pedido expresso para isso. Na Itália, a eutanásia é proibida; o tema é tabu. Em 2005, a Grã-Bretanha permitiu a eutanásia em casos extremos.

EVENTO FUTURO E INCERTO – Aquele que pode alterar, independentemente da ação ou vontade das partes, as condições para o adimplemento de um contrato.

EVICÇÃO – Perda da coisa, total ou parcial, pelo adquirente em consequência de reivindicação judicial promovida pelo verdadeiro dono ou possuidor. Ação de recuperar coisa que outrem adquiriu de modo ilegítimo, ainda que de boa-fé. Perda total ou parcial de coisa adquirida por compra e venda, que sofre o seu adquirente, por sentença judicial que a reconhece como propriedade de terceiro, por direito anterior ao contrato.

✱ **V.** *CC: arts. 199, III, 447 a 457, 552, 838, III, 1.221, 1.939, II, e 2.024 a 2.026.*

EXCEÇÃO – 1. Ato ou efeito de excetuar; desvio da regra geral. 2. Aquilo que se exclui da regra. 3. Privilégio, prerrogativa. 4. Defesa indireta que faz o réu (em relação à contestação, que é direta), na qual, sem negar o fato alegado pelo autor, afirma direito seu com o propósito de elidir ou paralisar a ação. A *incompetência relativa* se argui por meio de exceção; a *absoluta* deve ser declarada de ofício e pode ser alegada em qualquer tempo e grau de jurisdição, não dependendo de exceção. Mas, não sendo deduzida no prazo da contestação, ou na primeira oportunidade de falar nos autos, a parte responde integralmente pelas custas. Prorroga-se a competência se o réu não opuser *exceção declinatória* do foro e do juiz no caso e nos prazos legais. Declarada a incompetência absoluta, somente os atos decisórios serão nulos, remetendo-se os autos ao juiz competente. O conflito de competência está sujeito ao pagamento prévio de custas. Se o tribunal é incompetente para conhecer do recurso, não pode anular a sentença e remetê-lo ao tribunal que julga competente; este é que, ao reconhecer sua competência, apreciará o recurso da sentença, anulando-a, conforme o caso. Apresentada a exceção suspende-se o curso do prazo prescrito em lei, suspende-se o processo quando for oposta exceção de incompetência do juízo, da câmara ou do tribunal, bem como de suspeição ou impedimento do juiz; neste caso, a exceção, em primeiro grau de jurisdição, será processada na forma do disposto no art. 146 do CPC/2015; e, no Tribunal, na forma como o estabelecer o seu regimento interno.

✱ **V.** *CPC/1973: arts. 297 e 304 a 314.*

✱ **V.** *CPC/2015,arts. 335,* caput, *e 146.*

Da verdade: Prerrogativa conferida a quem delata a prática de um ato delituoso, para provar o que alega, descaracterizando, se comprovada a alegação, o crime de calúnia.Também chamada *exceptio veritatis*.

✱ **V.** *CP: art. 138, § 3º.*

EXCESSO – Grau elevado, exagero, cúmulo.

Culposo: em que se evidencia culpa por parte de quem foi além dos limites permitidos (legítima defesa).

De exação: Crime contra a Administração Pública consistente na exigência, pelo funcionário, de imposto, taxa ou emolumento que sabe indevido, ou, quando devido, emprega-se na cobrança meio vexatório ou gravoso, que a lei não autoriza.

✱ **V.** *CP: art. 316, §§ 1º e 2º.*

De execução: É o pedido excessivo, que ultrapassa o valor real da dívida.

✱ **V.** *CPC/1973: art. 743.*

✱ **V.** *CPC/2015, art. 917, § 2º.*

EXCUSSÃO – Apreensão e penhora de bens dados em garantia pignoratícia ou hipotecária.

✱ **V.** *CC: arts. 827, 828, 1.422 e 1.430, 1.531.*

EXECUÇÃO – 1. Ato de executar. 2. Processo judicial que o credor portador de título executivo extrajudicial move em face do devedor. 3. No Processo Civil, até 2005, era empregada para nomear tanto o procedimento de ações executivas, quanto o procedimento de cumprimento de sentença e de outros títulos judiciais. Com a edição da Lei nº 11.232/2005, que alterou o CPC/1973, houve uma cisão no conceito, passando o procedimento de cumprimento de sentença a ser disciplinado no bojo do Livro sobre Processo de Conhecimento, opção legislativa mantida pelo CPC/2015. 4. No Processo do Trabalho, ainda é empregada para ambos os tipos de títulos executivos. Até a entrada em vigor da Lei nº 13.467/2017 (Reforma Trabalhista), a execução de título judicial poderia ser iniciada pelas partes ou mesmo de ofício pelo Juiz do Trabalho. A partir da alteração legislativa, a iniciativa *ex officio* somente é admitida quando o credor não estiver representado por advogado nos autos. Permanece, entretanto, a iniciativa de ofício para execução de contribuições à Previdência Social, incidentes sobre verbas de natureza remuneratória objeto de condenação em sentença trabalhista. A mesma lei também passou a prever que, em caso de cominação de multa às testemunhas que mentirem ou omitirem fatos em juízo, a execução poderá ser promovida nos mesmos autos do processo em que depuseram. Por fim, a Reforma Trabalhista passa expressamente a prever a prescrição intercorrente em fase de execução, com prazo de dois anos, a contar do término do prazo para que o credor cumpra determinação judicial no curso da execução. 5. Diversas leis preveem procedimentos especiais de execução, conforme a natureza do título executivo ou as partes envolvidas, tais como o processo de falência e a execução fiscal.

✱ **V.** *CPC/1973, arts. 475-I a 475-R e 566 a 795.*

✱ **V.** *CPC/2015, arts. 513 a 538 e 771 a 925.*

✱ **V.** *CLT, arts. 11-A e 876 a 892.*

✱ **V.** *Lei nº 6.830/1980 (Dispõe sobre a cobrança judicial da dívida da Fazenda Pública).*

✱ **V.** *Lei nº 11.101/2005 (Lei de Recuperação de Empresas e Falências)*

✱ **V.** *Súmula Vinculante nº 53.*

Forçada (Proc. Civil): Processo pelo qual, o credor, judicialmente, exige do devedor o cumprimento de obrigação resultante de sentença transitada em julgado ou de título extrajudicial com efeitos executivos.

✱ **V.** *CPC/1973: arts. 566 e 567.*

✱ **V.** *CPC/2015, art. 778,* caput, *§ 1º e I.*

Penal: Ato de executar uma sentença penal.

✱ **V.** *Súm. Vinculante nº 9 do STF.*

Provisória (Dir. Processual): Aquela promovida, de imediato, em face de sentença impugnada por ter sido o recurso recebido apenas no efeito devolutivo.

✱ **V.** *CPC/1973: arts. 475-O e 521.*

✱ **V.** *CPC/2015, arts. 520 e 1.012, § 2º.*

EXECUÇÃO PENAL – Ato de executar uma sentença penal.

✱ **V.** *Súm. Vinc. nº 9 do STF que dispõe: "O disposto no art. 127 da Lei nº 7.210/1984 (Lei de Execução Penal) foi recebido pela ordem constitucional vigente, e não se lhe aplica o limite temporal previsto no* caput *do art. 58".*

EXECUTÓRIA – Precatória por meio da qual se promove uma execução.

EXEGESE – Interpretação de texto jurídico segundo regras de hermenêutica.

EXEQUATUR – (Latim) Cumpra-se. Aplica-se à ordem de cumprimento de cartas rogatórias oriundas de países estrangeiros, cuja competência é do STJ, assim como a homologação de sentenças estrangeiras. Na área penal, as cartas rogatórias estrangeiras não dependem de homologação se vierem por via diplomática e serão atendidas desde que o crime, segundo a lei brasileira, não exclua a extradição.

✱ **V.** *CF, art. 105, I,* i.

✱ *V. LINDB (Lei de Introdução às Normas do Direito Brasileiro), art. 12, § 2º.*

✱ *V. CPP, arts. 784, §§ 1º a 3º, e 786.*

EXEQUENDA – Diz-se da sentença que está em fase de cumprimento ou sendo executada.

EXERCÍCIO – 1. Atividade, desempenho. 2. Prática de atividade corporal. 3. Conforme a Lei nº 8.112/1990, efetivo desempenho das atribuições do cargo público ou da função de confiança, pelo servidor.

✱ *V. Lei nº 8.112/1990 (Regime Jurídico Único dos Servidores Públicos Civis da União, Autarquias e Fundações Públicas Federais), art. 15.*

EXONERAÇÃO – Afastamento definitivo do funcionário público.Ocorre também a pedido do próprio funcionário ou por iniciativa de seu superior imediato.

EXORDIAL – Referente ou relacionado a exórdio. Que se encontra ou se apresenta no início de; prólogo. Empregada como sinônimo de petição inicial, denúncia ou queixa-crime.

EXPECTATIVA DE DIREITO – Situação fática em que um direito subjetivo ainda não se perfez, pela não concretização de um requisito essencial. Por exemplo, a situação do herdeiro perante o autor da herança ainda vivo.

EXPOSTO – Recém-nascido abandonado pelos pais, cuja identidade se ignora.

✱ *V. Lei nº 6.015/1973 (Lei de Registros Públicos): arts. 60 e 61.*

EXPRESSO – Aquilo que é claro, que é exposto em termos explícitos, que não deixa margem para dúvidas; concludente.

EXPRESSÕES INJURIOSAS – As partes e os seus advogados estão proibidos de empregar expressões injuriosas nos escritos apresentados no processo, cabendo ao juiz mandar riscá-las, de ofício ou a pedido do ofendido. Se forem proferidas em defesa oral, o juiz advertirá o advogado que não as use, sob pena de lhe ser cassada a palavra. O Estatuto da Advocacia e da OAB dispõe que "o advogado tem imunidade profissional, não constituindo injúria, difamação ou desacato puníveis qualquer manifestação de sua parte, no exercício de sua atividade, em juízo ou fora dele, sem prejuízo das sanções disciplinares perante a OAB, pelos excessos que cometer". A expressão "desacato" teve sua eficácia suspensa em virtude da liminar concedida pelo STF na ADIN nº 1.127-8-DF.

✱ *V. CPC/1973: art. 15.*

✱ *V. CPC/2015, art. 78.*

✱ *V. Lei nº 8.906/1994 (Dispõe sobre o Estatuto da Advocacia e a Ordem dos Advogados do Brasil – OAB): art. 7º, § 2º.*

EXPULSÃO – Decreto pelo qual o Governo, após processo regular, expulsa do País o estrangeiro cuja atividade social ou política seja considerada prejudicial à ordem, à tranquilidade, à segurança, e ao interesse do Estado.

✱ *V. CF, art. 22, XV.*

✱ *V. Lei nº 6.815/1980 (Define a situação jurídica do estrangeiro no Brasil).(Revogada pela Lei nº 13.445, de 24-5-2017 (DOU de 25-5-2017)).*

EXTINÇÃO – Cessação de relação jurídica.

Da execução: quando o devedor satisfaz a obrigação; quando o devedor obtém por transação, ou por qualquer outro meio, a remissão total da dívida; ou quando o credor renuncia ao crédito. Só produz efeito quando declarada por sentença.

Da punibilidade: renúncia ao direito de punir, assegurado ao Estado e a particulares, quanto a crimes de ação pública e de ação privada. Dá-se pela morte do indiciado, anistia, graça, indulto, renúncia ou perdão do ofendido, retratação do autor de calúnia, difamação e falso testemunho, a reparação do dano, no peculato culposo etc.

Das obrigações: consideram-se extintas as obrigações do devedor após o prazo de 5 anos, contados da data do encerramento do processo de insolvência.

Do processo: ato do juiz declarando extinto o processo, com ou sem solução de mérito, nos casos que a lei prevê.

✱ *V. CPC/2015, arts. 302, 354, 485 a 488, 490, 924 e 925.*

EXTORSÃO – Ato de obter vantagem indevida de outrem mediante coação, chantagem ou outros meios violentos ou que caracterizem grave ameaça. É delito contra o patrimônio, sendo ínsitos, quanto ao sujeito ativo, o meio coativo e a vantagem ilícita; e, quanto ao sujeito passivo, a ação ou omissão, no estado de coação. Pena de reclusão de 4 a 10 anos, e multa; aumenta-se de um terço à metade se cometida por duas ou mais pessoas, ou com emprego de arma. Se resulta lesão de natureza grave: reclusão de 16 a 24 anos; se resulta morte: reclusão de 24 a 30 anos.

Mediante Sequestro: Crime contra o patrimônio. Consiste em sequestrar pessoa com o fim de obter, para si ou para outrem, qualquer vantagem como condição ou preço do resgate. A extorsão mediante sequestro é considerada crime hediondo, com agravamento das penas previstas. Responde também por extorsão quem pratica assalto e após sequestra a vítima para posterior resgate. Reclusão de 8 a 15 anos; se o sequestro dura mais de 24 horas, se o sequestrado é menor de 18 anos, se o crime é cometido por bando ou quadrilha, reclusão de 12 a 20 anos; se resulta lesão corporal grave, reclusão de 16 a 24 anos; se resulta morte, reclusão de 24 a 30 anos. ***V.*** *Crime Hediondo.*

✱ *V. CP: art. 159, 160.*

✱ *V. CF, arts. 5º, XLIII, e 6º.*

EXTRADIÇÃO – Entrega forçada do acusado ao Estado onde tenha praticado o delito, para que seja julgado. Em muitos países a extradição não depende de tratado, outros consideram necessária a convenção. Políticos acusados de crimes ideológicos ou por divergências com as autoridades governamentais de seu país estão excluídos da extradição, por um princípio aceito quase universalmente. No Brasil estão excluídos, além desse, também o delito de opinião e o praticado por nacional. A extradição diz-se: *interestadual*, quando se verifica em Estados de um mesmo país; *internacional*, quando um país pede a outro que extradite indivíduo que cometeu crime naquele e neste se homiziou. A Constituição garante que nenhum brasileiro será extraditado, salvo o naturalizado, em caso de crime comum, praticado antes da naturalização, ou de comprovado envolvimento em tráfico ilícito de entorpecentes e drogas afins, na forma da lei; não se concederá extradição de estrangeiro por crime político. Compete à União, privativamente, legislar sobre extradição e expulsão de estrangeiro. Cabe ao STF processar e julgar, originariamente, a extradição solicitada por Estado estrangeiro.

✱ *V. CF, arts. 5º, LI e LII, 22, XV, e 102, I, g.*

✱ *V. Lei nº 6.815/1980 (Estatuto do Estrangeiro), arts. 76 a 94. (Revogada pela Lei nº 13.445, de 24-5-017 (DOU de 25-5-2017)).*

EXTRADOTAL – Diz-se do bem que, no regime dotal, não se inclui no dote; parafernal.

EXTRAJUDICIAL – Ato praticado fora do juízo, voluntariamente, sem formalidade processual ou judicial, mas com capacidade de produzir efeitos jurídicos.

F

FACILITAÇÃO DE CONTRABANDO OU DESCAMINHO – Crime cometido pelo funcionário público contra o Estado, consistente em facilitar a prática de contrabando ou descaminho. *V. Contrabando* e *Descaminho.*

✱ *V. CP: arts. 318 e 334.*

FAIXA – Porção de terra estreita e longa.

De domínio: É a superfície lindeira às vias rurais, incluindo suas vias arteriais, locais e coletoras, delimitada por lei específica e sob responsabilidade do órgão ou entidade de trânsito competente com circunscrição sobre a via.

De passagem de inundação: A Lei nº 12.651/2012 (Novo Código Florestal) em seu art. 3º, XXII, conceituou faixa de passagem de inundação. "XXII – faixa de passagem de inundação: área de várzea ou planície de inundação adjacente a cursos d'água que permite o escoamento da enchente;"

✱ *V. Dec. nº 6.489/2008 (Regulamenta a Lei nº 11.705/2008, que proíbe a comercialização de bebidas alcoólicas em rodovias federais).*

Fronteiriça: Extensão de terra, à margem dos rios navegáveis, em uma profundidade, em metros, que a lei estabelece a contar do ponto médio das enchentes costumeiras, destinada a servidão pública.

FALÊNCIA – 1. Ato ou efeito de falir. 2. Carência, falta, insuficiência. 3. Insolvência, quebra, falimento, bancarrota, ruína, fracasso. 4. No Dir. brasileiro, é a insolvência qualificada do empresário ou sociedade empresária, reconhecida judicialmente, que instaura processo de execução coletiva das obrigações. Instituto regido pelo Dec.-lei nº 7.661/1945 durante 60 anos no Brasil, de há muito se encontrava defasado em relação à situação econômica do País. Os debates sobre sua reforma intensificaram-se a partir de 1991, com o primeiro anteprojeto apresentado. Enviado em 1993 pelo Governo ao Congresso Nacional, criou-se o impasse entre a elaboração de nova lei ou apenas a alteração da Lei de 1945. Por força desse e outros embates, tramitou no Congresso Nacional por mais de uma década. Verificou-se, porém, a necessidade da mudança do próprio conceito e no tema, passando a denominar-se "Lei da Recuperação de Empresas e Falências", instituída sob o número 11.101, de 9 de fevereiro de 2005, entrando em vigor em 9 de junho de 2005. Gerou a nova lei modificações que aniquilaram o procedimento liquidatário do antigo instituto, surgindo meios de recuperação das empresas em situação de insolubilidade, oferecendo regras claras para a quitação de dívidas das empresas em dificuldades. Outro resultado almejado era a agilidade e racionalidade do procedimento, para evitar a dilapidação do patrimônio empresarial. Houve a mudança da prioridade do recebimento dos créditos na falência, embora subsistam créditos extraconcursais, que devem ser pagos ao tempo e modo originalmente pactuados, como as obrigações de crédito contraídas pela massa após a sentença de decretação da falência. A atualização do processo falimentar está na celeridade do processo com a limitação da intervenção do representante do Ministério Público que, na antiga Lei de 1945, intervinha *pari passu* no processo como também em todas as ações propostas pela massa falida ou contra ela. A LRE restringiu essa participação somente às hipóteses apontadas nos arts. 8º, 9º, 22, § 4º, 30, 104, VI, 132, 142, 143, 154 e 187. 5. A investigação do crime falimentar se faz na Delegacia de Polícia, ficando extinto o inquérito judicial previsto na lei revogada. Ainda remanesce a controvérsia sobre a competência para processamento dos crimes falimentares, tendo os diversos tribunais de Justiça fixado regras em normas regimentais. 6. O procedimento administrativo de verificação do crédito é conduzido pelo administrador judicial em lugar do juiz que, ao final, apenas homologa o quadro de credores. Admite-se o cabimento de revocatória apenas na hipótese de ineficácia subjetiva (art. 130). 7. A LRE, diferentemente do que dispunha o Dec.-lei nº 7.661/1945, não se aplica só ao comerciante, mas também ao empresário e à sociedade empresarial, definidos nos arts. 966 e 982 do CC. Estão, porém, ainda que de natureza empresarial, excluídos de sua aplicação instituições financeiras, cooperativas de crédito, consórcios, instituições de previdência privadas, operadoras de plano de saúde, seguradoras, empresas de capitalização, e ainda as empresas públicas e as sociedades de economia mista. Os arts. 1.093 a 1.096 do CC preconizam que as sociedades cooperativas são sociedades simples, motivo pelo qual não podem beneficiar-se da recuperação judicial ou extrajudicial, nem ficam sujeitas ao processo falimentar da LRE. 8. As principais mudanças trazidas pela LRE foram: *realização do ativo* logo após a arrecadação dos bens do falido (art. 139); *priorização da venda da empresa do falido*, no rol das diversas possibilidades de realização do ativo (art. 140, I); *explicitação da inexistência de sucessão na hipótese de venda judicial da empresa do falido ou de suas unidades produtivas autônomas* (art. 141, II); *profissionalização da administração da falência, extinguindo a figura do síndico*, que geralmente era o maior credor ou três entre eles, surgindo o administrador judicial – pessoa física ou jurídica – com a experiência necessária à prestação dos serviços e que serão levados a bom termo, uma vez que remunerados e pagos unicamente após o crédito superpreferencial (art. 151) e antes dos demais créditos extraconcursais. Vigorava esta prática anteriormente à nova lei para a garantia do empenho do administrador judicial. Da decisão que decreta a falência cabe agravo, e da sentença que julga a improcedência cabe apelação (art. 100). 9. A Lei nº 14.112/2020 introduziu diversos dispositivos à LRE, alterando significativamente o procedimento falimentar, admitindo a insolvência transnacional de empresas, permitindo a cooperação de órgãos jurisdicionais brasileiros e estrangeiros, a fim de satisfazer credores em diferentes jurisdições. Também a nova lei permite a consolidação processual e substancial de procedimentos falimentares promovidos em face de todo um grupo econômico, positivando a prática forense, que já admitia o litisconsórcio de devedores em sede falimentar. Ainda sobre a recente alteração legislativa, foi prevista a instauração de incidente próprio para a habilitação dos créditos das Fazendas Públicas, permitindo a impugnação dos créditos tributários pelo devedor e pelos demais credores, especificamente no que diz respeito aos cálculos apresentados e à classificação do crédito. 10. O Código de Processo Civil é aplicado, subsidiariamente, no que couber, nos procedimentos previstos na Lei nº 11.101/2005, salvo no que diz respeito aos procedimentos criminais, regidos supletivamente pelo CPP. Com base neste entendimento, o Superior Tribunal de Justiça recentemente fixou a tese de que é cabível a interposição de agravo de instrumento em face de decisões interlocutórias no curso do processo falimentar, desde que sua não apreciação imediata possa gerar dano irreparável ou de difícil reparação para a parte. 11. A Lei nº 13.467/2017 estabeleceu que, em caso de sucessão empresarial, as obrigações trabalhistas são de responsabilidade do sucessor, incluindo as contraídas quando os empregados trabalhavam para a sucedida, bem como esta tem responsabilidade solidária com a sucessora em caso de fraude na transferência.

✱ **V.** *CC/2002, arts. 333, I, 707, 828, III, 994, 1.011, § 1º, 1.030, parágrafo único, 1.044, 1.103, VII, 1.115, parágrafo único, 1.122, § 3º, 1.191, 1.425, II, 1.483 e 1.718.*

✱ **V.** *CPC/1973, arts. 12, III, e 988, VII.*

✱ **V.** *CPC/2015, arts. 45, I, 69, § 2º, V, 75, V, 616, IX, 877, § 4º, e 902, parágrafo único.*

✱ **V.** *CLT, arts. 448-A, 449, 652, parágrafo único, e 768.*

✱ **V.** *CTN, arts. 133, 134, V, 184, 186, parágrafo único, 187, 188 e 191.*

✱ **V.** *LC nº 109/2001 (Dispõe sobre o Regime de Previdência Complementar), arts. 47 e 57.*

✱ **V.** *Lei nº 5.764/1971 (Institui o regime jurídico das sociedades cooperativas), art. 4º.*

✱ **V.** *Lei nº 6.024/1974 (Dispõe sobre a intervenção e liquidação extrajudicial de instituições financeiras), arts. 1º, 2º, III, 7º, c, 12, d, 15, I, a, 19, d, 21, b, 34 a 38, 41 e 44 a 47.*

✱ **V.** *Lei nº 6.404/1976 (Lei das Sociedades por Ações), arts. 45, §§ 7º e 8º; 68, § 3º, c e d, 122, IX e parágrafo único, 147, § 1º; 206, II, c, 210, VII, 222, parágrafo único, 232, § 3º, e 278, § 2º.*

✱ **V.** *Lei nº 8.987/1995 (Dispõe sobre o regime de concessão e permissão de serviços públicos), art. 35, VI.*

✱ **V.** *Lei nº 9.656/1998 (Dispõe sobre os planos e seguros privados de assistência à saúde), art. 23.*

✱ **V.** *Lei nº 11.101/2005 (Lei de Recuperação de Empresas e Falências), arts. 5º a 20-D; 73 a 167-Y; e 189 a 201.*

✱ **V.** *Dec.-lei nº 73/1966 (Dispõe sobre o Sistema Nacional de Seguros Privados), art. 26.*

✱ **V.** *Súmulas nºs 417, 495 e 592 do STF.*

✱ **V.** *Súmulas nºs 25, 29, 36, 219, 248, 307 e 361 do STJ.*

✱ **V.** *Súmulas nºs 86 e 388 do TST.*

FAMÍLIA – Sociedade matrimonial, formada pelo marido, a mulher e os filhos, ou o conjunto de pessoas ligadas por consanguinidade ou mero parentesco. Acaba a expressão "família legítima"; usa-se apenas a expressão "família" ou "entidade familiar", que são aquelas formadas pelo casamento civil ou religioso com efeitos civis; pela união estável e pela comunidade formada por qualquer dos pais e seus descendentes (incluindo mãe e pai solteiros, além das uniões homoafetivas). Proíbe-se o Estado de intervir na família, salvo para sua proteção e para propiciar recursos educacionais e científicos, exemplo o planejamento familiar, que serão de livre decisão do casal. O casamento civil equipara-se ao religioso, atendidas as exigências da lei. A EC nº 65/2010 alterou a redação do art. 227 da CF para estabelecer que: "É dever da família, da sociedade e do Estado assegurar à criança, ao adolescente e ao jovem, com absoluta prioridade, o direito à vida, à saúde, à alimentação, à educação, ao lazer, à profissionalização, à cultura, à dignidade, ao respeito, à liberdade e à convivência familiar e comunitária, além de colocá-los a salvo de toda forma de negligência, discriminação, exploração, violência, crueldade e opressão". O atual CC acaba com qualquer discriminação entre cônjuges e estabelece a igualdade entre os filhos. A família passa a ser formada pelo casamento religioso, pela união estável ou comunidade formada por qualquer dos pais com seus descendentes. As mães solteiras passam a formar família com seus filhos.

Substitutiva: consiste em substituir por determinação judicial o poder familiar por outra família.

FATO – 1. Evento, acontecimento; o que resulta de uma ação. Acontecimento natural, coisa consumada, que depende ou não da vontade humana. 2. Em Dir. Processual, refere-se a questões que demandam prova, como atos dos sujeitos ou negócios jurídicos, opondo-se, destarte, às questões de Direito, que envolvem interpretação de normas jurídicas.

Jurídico: Toda ocorrência, natural ou humana, capaz de produzir efeitos jurídicos.

✱ **V.** *CC: art. 104.*

Notório: Aquele de conhecimento geral, sendo certo e inegável, dispensando prova.

✱ **V.** *CPC/1973: art. 334, I.*

✱ **V.** *CPC/2015, art. 374, I.*

FATO GERADOR – Acontecimento estipulado por lei que dá origem à obrigação tributária.

✱ **V.** *CTN: arts. 114 a 118.*

FAVORECIMENTO DA PROSTITUIÇÃO OU OUTRA FORMA DE EXPLORAÇÃO SEXUAL DE CRIANÇA, ADOLESCENTE OU DE VULNERÁVEL – Tipo penal incluído pela Lei nº 12.015/2009 que inseriu o art. 218-B no CP, caracterizado pelo ato de submeter, induzir ou atrair à prostituição ou outra forma de exploração sexual alguém menor de 18 anos ou que, por enfermidade ou deficiência mental, não tem o necessário discernimento para a prática do ato, facilitá-la, impedir ou dificultar que a abandone, reclusão, de 4 a 10 anos. Se o crime é praticado com o fim de obter vantagem econômica, aplica-se também multa. Incorre nas mesmas penas quem pratica conjunção carnal ou outro ato libidinoso com alguém menor de 18 e maior de 14 anos, na condição de criança, adolescente ou vulnerável, bem como o proprietário, o gerente ou o responsável pelo local em que se verifiquem as práticas referidas no *caput* do art. 218-B.

Na hipótese do inc. II do § 2º, constitui efeito obrigatório da condenação a cassação da licença de localização e de funcionamento do estabelecimento. A Lei nº 13.718/2018 inseriu o art. 218-C ao CP, também tipificando nesta figura as condutas de oferecer, trocar, disponibilizar, transmitir, vender ou expor à venda, distribuir, publicar ou divulgar, por qualquer meio – inclusive por meio de comunicação de massa ou sistema de informática ou telemática –, fotografia, vídeo ou outro registro audiovisual que contenha cena de estupro ou de estupro de vulnerável ou que faça apologia ou induza a sua prática, ou, sem o consentimento da vítima, cena de sexo, nudez ou pornografia. A pena-base é de 1 (um) a 5 (cinco) anos, se o fato não constitui crime mais grave.

✱ *V. CP, arts. 218-B e 218-C.*

FAVORECIMENTO PESSOAL – Delito que se consuma quando alguém presta auxílio ao agente do crime, ocultando-o ou evitando a ação da Justiça contra ele. Pode ser: *pessoal*, quando visa apenas subtrair o delinquente à ação da autoridade, sem intenção de ordem econômica; e *real*, quando há a intenção de interesse monetário ou outra vantagem material, fora dos casos de coautoria ou de receptação. Ele só é punível quando há dolo. Se quem presta auxílio é ascendente, descendente, cônjuge ou irmão do criminoso, fica isento de pena. No favorecimento pessoal a pena é de detenção de 1 a 6 meses e multa; se ao crime não é cominada pena de reclusão, a pena é de detenção de 15 dias a 3 meses e multa. No favorecimento real, a pena é de detenção de 1 a 6 meses e multa.

✱ *V. CP, arts. 348 e 349.*

FAVORECIMENTO REAL – Delito que se consuma quando alguém presta auxílio ao agente do crime, a fim de tornar seguro o proveito do ato ilícito, quando há a intenção de interesse monetário ou outra vantagem material, fora dos casos de coautoria ou de receptação. Ele só é punível quando há dolo, e a pena é de detenção de 1 (um) a 6 (seis) meses e multa. A Lei nº 12.012/2009 criou uma figura equiparada, na hipótese de facilitação de ingresso de aparelho telefônico de comunicação móvel, de rádio ou similar, sem autorização legal, em estabelecimento prisional, com pena de detenção, de 3 (três) meses a 1 (um) ano.

✱ *V. CP, arts. 349 e 349-A.*

FAZENDA – 1. Grande extensão de terras para atividades agropecuárias. 2. Bens, haveres. 3. Pano ou tecido.

FAZENDA PÚBLICA – 1. Finanças públicas. Erário, Tesouro, Fisco. 2. Para fins de Dir. Processual, normalmente é empregada como sinônimo de Administração Pública direta, composta pelas pessoas de Direito Público interno, pelas autarquias e fundações públicas, dotadas de uma série de privilégios processuais. 3. Para fins de Direito Tributário, compreendem apenas os entes federativos, no exercício de suas competências legislativas e fiscalizatórias em matéria tributária.

✱ *V. CPC/1973, arts. 188, 197, 240, 585, VI, 699, 730 e 731, 988, IX, 1.031, § 2º, 1.108, 1.155, parágrafo único, e 1.169.*

✱ *V. CPC/2015, arts. 180, 234, 230, 616, 659, 722, 742, 784 e 910.*

✱ *V. CTN, art. 209.*

FEDERAÇÃO (TEORIA DO ESTADO) – Gênero de união de Estados de que são espécies: a Confederação e o Estado Federal. A diferença entre ambos é que na Confederação os Estados preservam sua soberania, podendo se retirar a qualquer momento, ao passo que no Estado federal os Estados perdem sua soberania ao se unirem, submetendo-se todos a uma Constituição que lhes dá mera autonomia. Na confederação, os Estados mantêm-se soberanos, podendo usar o direito de secessão (separação), o que não ocorre no Estado Federal, onde os Estados-membros têm autonomia, mas sob a égide de uma Constituição que preserva a indissolubilidade do vínculo entre eles, como no Brasil, que é República Federativa. Diz-se também do agrupamento de órgãos associativos ou de sindicatos da mesma natureza ou classe.

✱ *V. CF, art. 1º,* caput.

FEMINICÍDIO – 1. Homicídio caracterizado pela condição de sexo feminino da vítima. Não é o mero homicídio praticado contra mulher, mas, sim, aquele praticado com a intenção especial em agredir a vítima pelo só fato de ser mulher. Presume-se tal circunstância quando o crime envolve violência doméstica ou familiar, menosprezo ou discriminação à condição de mulher da vítima. A pena é reclusão de 20 a 40 anos. E será aumentada de 1/3 até a metade se o crime for praticado: contra gestante ou nos 3 meses posteriores ao parto ou se a vítima é a mãe ou a responsável por criança, adolescente ou pessoa com deficiência independente da idade; contra menor de 14 anos, maior de 60 anos com deficiência ou doenças degenerativas que leve à condição limitante ou de vulnerabilidade física ou mental; ou na presença de ascendente ou descendente da vítima; em descumprimento das medidas protetivas conforme art. 22 da Lei nº 11.340/2006. É também hipótese de crime hediondo. 2. O Dec. nº 10.906/2021 instituiu o Plano Nacional de Enfrentamento ao Feminicídio destinado a combater e prevenir as mortes violentas de mulheres por razões da condição do sexo feminino e garantir os direitos e a assistência às mulheres em situação de violência e aos seus familiares. 3. A Lei nº 14.717/2023 estabeleceu pensão especial aos filhos e dependentes menores de 18 (dezoito) anos de idade, órfãos em razão do crime de feminicídio, cuja renda familiar mensal per capita seja igual ou inferior a 1/4 (um quarto) do salário mínimo. 4. As mulheres vítimas de qualquer tipo de violência têm por direito o acolhimento e atendimento em serviços de saúde prestados pelo SUS, em rede própria ou conveniada em local com privacidade e restrição de acesso de terceiros não autorizados, especificamente o agressor, conforme determinação do art. 7º, parágrafo único, da Lei nº 8.080, com a redação dada pela Lei nº 14.847/2024. 5. Nos processos em que se apuram crimes praticados contra a mulher vitimada por violência doméstica ela terá seu nome sob sigilo, mas o autor do fato não, conforme determinado pela Lei nº 14.857/2024. 6. A mulher em situação de violência doméstica terá assistência em caráter prioritário no Sistema Único de Saúde (SUS) e no Sistema Único de Segurança Pública (SUSP), conforme determinação da Lei nº 14.887/2024.

✱ *V. CP, arts. 121-A, acrescido pela Lei nº 14.994/2024, e 147, § 1º.*

✱ *V. CPP, art. 394-A.*

✱ *V. Lei nº 8.072/1990 (Lei dos Crimes Hediondos), art. 1º, I.*

✱ *V. Lei nº 14.717/2023 (Institui pensão especial aos filhos e dependentes crianças ou adolescentes, órfãos em razão do crime de feminicídio tipificado no inciso VI do § 2º do art. 121 do Decreto-Lei nº 2.848, de 7 de dezembro de 1940 (Código Penal), cuja renda familiar mensal* per capita *seja igual ou inferior a 1/4 (um quarto) do salário mínimo).*

✱ *V. Dec. nº 10.906/2021 (Institui o Plano Nacional de Enfrentamento ao Feminicídio).*

✱ *V. Lei nº 14.847/2024 (Altera a Lei nº 8.080, de 19 de setembro de 1990 (Lei Orgânica da Saúde), para dispor sobre o atendimento de mulheres vítimas de violência em ambiente privativo e individualizado nos serviços de saúde prestados no âmbito do Sistema Único de Saúde).*

✱ *V. Lei nº 14.857/2024 (Altera a Lei nº 11.340, de 7 de agosto de 2006 (Lei Maria da Penha), para determinar o sigilo do nome da ofendida nos processos em que se apuram crimes praticados no contexto de violência doméstica e familiar contra a mulher).*

✱ *V. Lei nº 14.887/2024 (Altera a Lei nº 11.340, de 7 de agosto de 2006 (Lei Maria da Penha), para estabelecer prioridade na assistência à mulher em situação de violência doméstica e familiar, e a Lei nº 13.239, de 30 de dezembro de 2015, para determinar que a mulher vítima de violência tenha atendimento prioritário para a cirurgia plástica reparadora entre os casos de mesma gravidade).*

FÉRIAS – Período anual de descanso, de 30 dias, integral ou parcelado, que a lei compulsoriamente concede aos trabalhadores, públicos ou privados, e durante o qual recebe sua remuneração habitual. Constitui direito indisponível e irrenunciável, além de um dever, pois a lei proíbe o trabalho no seu transcorrer. O trabalhador passa a ter direito a férias após completar 12 meses de serviço efetivo à empresa, que é o período aquisitivo, devendo o empregador conceder-lhas no decorrer dos 12 meses seguintes, que é o período concessivo. Tem direito a 30 dias corridos, os quais são computados como tempo de serviço para quaisquer efeitos.

✱ *V. CF, art. 7º, XVII.*

✱ *V. CLT, art. 129 e segs.*

FÉRIAS ANUAIS REMUNERADAS (DIR. DO TRAB.) – Período de descanso concedido por lei ao empregado. Neste período o empregado recebe remuneração.

✱ *V. CF: art. 7º, XVII.*

✱ *V. CLT, arts. 129 a 145.*

FÉRIAS COLETIVAS – A empresa pode dar férias coletivas a todos os seus empregados ou aos de determinados setores. O empregador precisa comunicar sua decisão ao Ministério do Trabalho e ao Sindicato da classe no prazo de 15 dias antes do início dessas férias. Podem elas ser dadas em dois períodos anuais, nenhum deles, porém, inferior a 10 dias. Os contratados há menos de 12 meses gozarão as férias proporcionais aos meses de serviço, iniciando-se a partir daí novo período aquisitivo. A retirada do *abono pecuniário* deve ser objeto de *acordo coletivo* (q.v.), independentemente de requerimento individual.

Forenses: Período em que as atividades do foro ficam suspensas.

✱ *V. CPC/1973: arts. 173 a 175 e 179.*

✱ *V. CPC/2015, arts. 214, 215 e 216.*

FERROVIA – 1. Estrada de ferro, via férrea, local por onde trafegam os trens. 2. Segundo a Lei nº 14.273/2021, é o sistema formado pela infraestrutura ferroviária, com a operação do transporte ferroviário atribuída a uma operadora ferroviária. 3. A CLT conceitua o serviço ferroviário como sendo aquele de transporte em estradas de ferro abertas ao tráfego público, compreendendo a administração, construção, conservação e remoção das vias férreas e seus edifícios, obras de arte, material rodante, instalações complementares e acessórias, bem como o serviço de tráfego, de telegrafia, telefonia e funcionamento de todas as instalações ferroviárias.

✱ *V. CLT, arts. 236 a 247.*

✱ *V. Lei nº 14.273/2021 (Estabelece a Lei das Ferrovias), art. 3º, IV.*

FETICÍDIO – Assassinato do feto nascente, por aborto provocado. É crime apenado com detenção de 1 a 3 anos. *V. Aborto.* Se for sem o consentimento da gestante, por terceiro, pena de reclusão de 3 a 10 anos.

✱ *V. CP: arts. 124 e 128.*

FETO – Produto da concepção. É o ser com vida. A lei põe a salvo desde a concepção os direitos do nascituro. O reconhecimento do ilegítimo pode preceder o nascimento do filho, ou suceder-lhe ao falecimento, se deixar descendentes. São absolutamente incapazes de adquirir por testamento os indivíduos não concebidos até a morte do testador, salvo se a disposição deste referir-se a prole eventual de pessoas por ele designadas e existentes ao abrir-se a sucessão.

✱ *V. CC: arts. 2º, 5º e 1.799.*

✱ *V. Lei nº 8.069/1990 (Estatuto da Criança e do Adolescente), art. 26.*

Feto anencefálico: O STF, por maioria de votos, em 2012 julgou procedente a ADPF nº 54, interpretando que a interrupção da gravidez de feto anencéfalo não é conduta criminosa. Portanto, este tipo de aborto não está tipificado nos arts. 124, 126, 128, I e II, do Código Penal.

FIADOR – Pessoa idônea que presta fiança, garante o cumprimento de obrigação por outrem, se este não a cumprir.

FIANÇA – Contrato acessório, pelo qual o fiador se responsabiliza pelo cumprimento da obrigação do devedor. Garantia, espécie do gênero caução, dada por uma pessoa que se obriga a pagar dívida contraída por outra e não saldada no vencimento. Trata-se de contrato formal (só vale por escrito), ou *fiança convencional.* Nenhum dos cônjuges pode prestar fiança ou aval sem a autorização do outro, sob pena de ineficácia total da garantia (Súm. nº 332 do STJ). Enquanto antes o simples envio de notificação, sem a ciência do locador, não isentasse o fiador de responsabilidade, fazendo-se necessária a ação judicial própria, pelo CC/2002 é suficiente o garante notificar o credor, porém continuando a responder pela dívida sob fiança durante 60 dias, a partir da ciência do credor; findo esse prazo o fiador ficará exonerado da garantia.

✱ *V. CC: arts. 818 a 839.*

✱ *V. Súm. nº 332 do STJ.*

Criminal: garantia por caução real, que o acusado, ou alguém por ele, presta perante a autoridade policial ou judiciária, para defender-se em liberdade, nos casos e nas formas que a lei dispõe. O CPP, com a nova redação da Lei nº 12.403/2011, estabeleceu que não será concedida fiança: I – nos crimes de racismo; II – nos crimes de tortura, tráfico ilícito de entorpecentes e drogas afins, terrorismo e nos definidos como crimes hediondos; III – nos crimes cometidos por grupos armados, civis ou militares, contra a ordem constitucional e o Estado Democrático. Não será, igualmente, concedida fiança: I – aos que, no mesmo processo, tiverem quebrado fiança anteriormente concedida ou infringido, sem motivo justo, qualquer das obrigações a que se referem os arts. 327 e 328 do CPP; II – em caso de prisão civil ou militar; IV – quando presentes os motivos que autorizam a decretação da prisão preventiva (art. 312). Art. 325. O valor da fiança será fixado pela autoridade que a conceder nos seguintes limites: I – de 1 (um) a 100 (cem) salários-mínimos, quando se tratar de infração cuja pena privativa de liberdade, no grau máximo, não for superior a 4 (quatro) anos; II – de 10 (dez) a 200 (duzentos) salários-mínimos, quando o máximo da pena privativa de liberdade cominada for superior a 4 (quatro) anos. Se assim recomendar a situação econômica do preso, a fiança poderá ser: I – dispensada, na forma do art. 350 deste Código; II – reduzida até o máximo de 2/3 (dois terços); ou III – aumentada em até 1.000 (mil) vezes.

✱ *V. art. 413, § 2º, do CPP (com redação dada pela Lei nº 11.689/2008).*

FIDEICOMISSO – Instituto jurídico; uma das formas de substituição autorizada pelo direito sucessório. Nela o fideicomitente transmite ao herdeiro ou legatário temporário, o *fiduciário* ou *gravado,* certos bens, mas lhe impondo a obrigação de, por sua morte, ou após um certo tempo, ou sob a condição estabelecida, transmiti-los ao segundo beneficiário, seu substituto, o *fideicomissário.* Pode ser *particular*, se abrange porção da herança, um legado; e *universal*, se corresponde à totalidade de um quinhão da massa hereditária, correspondendo à instituição de herdeiro. Não se confunde com usufruto e só pode ser instituído em testamento. O gravame do fideicomisso não pode ser imposto às legítimas dos herdeiros necessários. O fiduciário tem a propriedade da herança ou legado, mas restrita e resolúvel. É obrigado a proceder ao inventário dos bens gravados e, se o fideicomissário o exigir, a prestar caução de restituí-los. São nulos fideicomissos além do segundo grau. O fideicomisso caduca se o fideicomissário morrer antes do fiduciário, ou antes de realizar-se a condição resolutória do direito deste. Neste caso, a propriedade consolida-se no fiduciário, se não houver disposição contrária do testador.

✱ *V. CC, arts. 1.951 a 1.960.*

FIDUCIÁRIO – Legatário ou herdeiro instituído em primeiro grau, que fica com a propriedade restrita e resolúvel do bem recebido em fideicomisso, para transmiti-lo ao fideicomissário, após certo tempo ou em certa condição. O mesmo que gravado ou substituído. Diz-se, ainda, do valor convencional ou fictício, baseado apenas no crédito ou na confiança pública, atribuído ao emissor da cédula que o apresenta (título fiduciário, moeda fiduciária), daí dizer-se, para a circulação do papel-moeda, circulação fiduciária.

FILHO – 1. Descendente, masculino ou feminino, de primeiro grau de uma pessoa. 2. São deveres de ambos os cônjuges o sustento, a guarda e a educação dos filhos. O adotado passa a ter o mesmo estado do filho oriundo da consanguinidade ou propriamente dito. A atual legislação garante aos filhos naturais ou adotivos, havidos ou não na constância do matrimônio, igualdade de direitos. O filho havido fora do casamento pode ser reconhecido pelos pais, conjunta ou separadamente, no próprio termo do nascimento ou por escritura pública ou por testamento. A Constituição aboliu qualquer distinção entre as várias categorias de filhos, proibindo designações discriminatórias relativas à filiação. Todos os filhos podem ser reconhecidos a qualquer tempo, sejam naturais, sejam adulterinos, sejam incestuosos, mesmo na constância do casamento. A guarda poderá ficar com o pai ou com a mãe, pelo Novo Código Civil, sendo escolhido aquele que reunir melhores condições para isso. Não há mais presunção de que os filhos de pais separados devam ficar com a mãe. Perderá a posse dos filhos o pai ou a mãe que abusar física e/ou moralmente de seus dependentes. O CC/1916 fixava normas para o reconhecimento dos filhos ilegítimos: o *natural*, o *adulterino*, o *incestuoso*, sendo que este não podia sequer ser reconhecido. O art. 358 do CC, que impunha esta proibição, foi revogado pela Lei nº 7.841/1989 e a CF acabou com essas distinções todas, determinando que os filhos havidos ou não da relação do casamento, ou por adoção, terão os mesmos direitos e qualificações, proibidas quaisquer designações discriminatórias relativas à filiação, e que todos os filhos podem ser reconhecidos a qualquer tempo, sejam naturais, adulterinos ou incestuosos, mesmo na constância da sociedade conjugal. Se os pais não os reconhecerem espontaneamente, os filhos ilegítimos podem, a qualquer tempo e sem restrições, mover a *ação de investigação de paternidade*. *V. Sucessão.*

✱ *V. CF, art. 227, § 6º.*

✱ *V. CC, arts. 1.609, 1.610, 1.613 e 1.614.*

✱ *V. Lei nº 6.515/1977 (Lei do Divórcio).*

✱ *V. Lei nº 8.069/1990 (Estatuto da Criança e do Adolescente), arts. 7º a 69.*

✱ *V. Lei nº 8.560/1992 (Dispõe sobre investigação de paternidade de filhos havidos fora do casamento).*

FILOSOFIA DO DIREITO – Parte da ciência jurídica dedicada ao estudo e à crítica do Dir., quanto a seus princípios, fim social, causas, efeitos e transformações. O mesmo que *jusfilosofia*.

FIM SOCIAL – Finalidade de um ato jurídico, direcionada ao interesse social. Ex.: fim social da propriedade, pelo qual o direito à propriedade é limitado pelo interesse social.

FINANCIAMENTO ESTUDANTIL (FIES) – 1. É um programa governamental destinado a financiar cursos superiores não gratuitos avaliados positivamente pelo Ministério da Educação do Brasil. 2. A situação de calamidade pública gerada pela pandemia de Coronavírus (COVID-19) suspendeu, temporariamente, as obrigações financeiras dos estudantes beneficiários do FIES.

✱ *V. Lei nº 10.260/2001 (Dispõe sobre o Fundo de Financiamento ao estudante do Ensino Superior).*

✱ *V. Lei nº 14.024/2020 (Altera a Lei nº 10.260, de 12 de julho de 2001, para suspender temporariamente as obrigações financeiras dos estudantes beneficiários do Fundo de Financiamento Estudantil (FIES) durante o período de vigência do estado de calamidade pública reconhecido pelo Decreto Legislativo nº 6, de 20 de março de 2020).*

FIRMA – Nome da pessoa; assinatura completa ou abreviada. No sentido técnico, é um nome comercial, pessoa jurídica, que não se confunde com *sociedade* nem *casa de comércio* ou *empresa*. Pode ser *individual* ou *singular* quando o comerciante usa seu próprio nome. Goza de personalidade jurídica depois de registrada, quando adquire direitos e obrigações próprios e autônomos, diferentes daqueles da pessoa na vida civil; *social* ou *coletiva*, quando designa sociedade, companhia mercantil ou industrial, que adquire personalidade ao se registrar e no seu contrato; *antecessora*, a que já existia e foi substituída por outra; *sucessora*, a que adquire todo o patrimônio da firma antecessora. *V. Razão Comercial.*

FISCO – Órgão da Administração Pública que tem a incumbência de arrecadar tributos lançados pelo Estado e de fiscalizar a sua aplicação. Erário, Fazenda Pública. O fisco é sempre chamado, na sucessão, quando não há cônjuge nem parente sucessível do falecido. Daí a expressão latina *fiscus post omnes* (o fisco depois de todos) por ocupar o último lugar na vocação hereditária.

FLAGRÂNCIA – Estado do que é flagrante.

FLAGRANTE – É a certeza visual do crime. Evidente, manifesto, que se constata no momento mesmo em que se verifica. Diz-se daquilo de que se tem certeza, que é evidente sem esforço.

FLAGRANTE DELITO – Circunstância em que se acha o autor do crime, no momento em que o está praticando. É o delito que está sendo cometido ou que se acabou de cometer, a prova evidente, plena, do crime, a certeza de sua existência e da autoria, surpreendendo-se o criminoso no ato de praticá-lo. Chama-se *flagrante propriamente dito* quando há a certeza visual do crime; a *quase-flagrância* é o encontro de indícios, vestígios, imediatamente após o delito, de modo a se ter certeza do crime e a presunção de quem o cometeu, o que não impede que haja, segundo a atual interpretação do CPP, flagrante. Exige-se, porém, que o presumido autor seja perseguido sem solução de continuidade; e a *flagrância presumida* ocorre quando estiver o agente, logo depois de consumado o delito, com instrumentos, armas, objetos ou papéis que indiquem ser ele quem o praticou. Pela Constituição, ninguém pode ser preso senão em flagrante delito, ou por ordem escrita e fundamentada de autoridade competente, salvo nos casos de transgressão militar ou crime propriamente militar, definidos em lei. Não há crime quando a preparação do flagrante pela polícia torna impossível sua consumação. Vale esclarecer que, com a edição da Lei nº 12.403/2011, a prisão em flagrante continua em vigor. Ocorre que, de uma leitura conjunta dos arts. 306 e 310 do CPP, chega-se à conclusão de que a prisão em flagrante será muito breve, tendo em vista que o prazo para que se comunique a prisão ao juiz é curto (24 horas). Assim, a prisão em flagrante será convertida em uma das hipóteses do art. 310 do CPP ou da Lei nº 7.960/1989 (Prisão temporária).

✱ *V. CF: art. 5º, XI e LXI, LXV.*

✱ *V. CPP: arts. 301 a 310.*

✱ *V. Súm. nº 145 do STF.*

FLORESTA PÚBLICA – Floresta, natural ou plantada, localizada nos diversos biomas brasileiros, em bens sob o domínio da União, dos Estados, dos Municípios, do Distrito Federal ou das entidades da administração indireta.

✱ *V. Lei nº 11.284/2006 (Dispõe sobre a gestão de florestas públicas para a produção sustentável): art. 3º, I.*

FONOGRAMA – Considera-se Fonograma a fixação de som em suporte material, sendo o videofonograma a fixação de imagem e som. O artista e o produtor fonográfico têm direito à percepção de proventos pecuniários pela utilização de seus fonogramas, desde que os usuários obtenham benefício direto ou indireto da execução pública.

Para fins da legislação sobre direitos autorais, é a fixação de sons em suporte material, sendo o videofonograma a fixação de imagem e som. É considerado uma obra intelectual, sendo tutelada contra utilização e comercialização sem autorização de seu autor, intérprete ou executor, ou produtor. O artista e o produtor fonográfico têm direito à percepção de proventos pecuniários pela utilização de seus fonogramas, desde que os usuários obtenham benefício direto ou indireto da execução pública. A violação de direitos autoriais incidentes sobre fonogramas, seja de titularidade do autor, artista intérprete ou executante, produtor ou quem os represente, constitui crime com pena de reclusão, de 2 (dois) a 4 (quatro) anos e multa. Incide na mesma pena quem, com o intuito de lucro direto ou indireto, distribui, vende, expõe à venda, aluga, introduz no País, adquire, oculta ou tem em depósito original ou cópia de fonograma, com violação de direito autoral sem autorização do titular do direito.

✱ *V. Lei nº 9.610/1998, (altera, atualiza e consolida a legislação sobre direitos autorais e dá outras providências), art. 4º.*

✱ *Art. 5º, VIII e IX.*

✱ *V. CP, art. 184, §§ 1º e 2º.*

✱ *V. Dec. nº 4.533/2002 (Regulamenta a Lei nº 9.610/1998, no que se refere a fonogramas).*

Musical: Fonograma que registra qualquer representação sonora classificável como música. Com a publicação da EC nº 75, de 15-10-2013, a produção no Brasil de fonogramas e videogramas musicais contendo obras musicais ou literomusicais de autores brasileiros e/ou obras em geral interpretadas por artistas brasileiros bem como os suportes materiais ou arquivos digitais que os contenham, adquiriram imunidade tributária em relação a impostos, salvo na etapa de replicação industrial de mídias ópticas de leitura a *laser*.

✱ *V. CF, art. 150, VI, e.*

FORÇA MAIOR – Fato não previsto, decorrente de ação humana, que gera efeitos jurídicos para uma relação jurídica, independentemente da vontade das partes.

✱ *V. CC: art. 393.*

FORMAÇÃO – 1. Ação ou efeito de formar ou formar-se. 2. Modo pelo qual uma coisa se forma. 3. Processo de constituição intelectual e moral de um indivíduo, educação, instrução. 4. Constituição do solo e outras estruturas geológicas. 5. Organização ou destacamento de tropas e outras forças militares, como navios e aviões.

Da culpa: o mesmo que *instrução criminal* (***V.*** *Instrução*).

Da instância: forma-se com a citação válida da pessoa contra a qual se propõe a ação.

Do juízo: conjunto das pessoas que, necessária ou acidentalmente, participam de uma lide, como juiz, autor, réu, advogados, oficiais da Justiça, porteiros dos auditórios, órgãos do Ministério Público, serventuários etc.

Do processo: é o início da ação, com a petição válida despachada ou distribuída pelo juiz e a citação correta do réu.

✱ *V. CPC/1973, arts. 262 e 263.*

✱ *V. CPC/2015, arts. 2º e 312.*

FORENSE – Que pertence ao foro judicial ou nele é usado. Relativo a juízes e tribunais.

FORO – Delimitação da atuação do juiz em razão da matéria.

✱ *V. CPC/1973: arts. 95, 96, 100, 111 e 578.*

✱ *V. CPC/2015, arts. 63 e 64.*

Contratual: É aquele escolhido pelas partes contratantes, para dirimir litígios decorrentes do contrato.

FORTUITO – Não intencional, aleatório, eventual, imprevisível, inevitável.

FRANQUIA – Contrato mercantil consistente na concessão que uma empresa faz a outra para o uso de uma marca. É um contrato celebrado entre a Empresa Brasileira de Correios e Telégrafos (ECT) e uma pessoa jurídica de direito privado, tendo por objeto a exploração, por parte desta, dos serviços postais em determinada área por prazo determinado.

✱ *V. Lei nº 8.955/1994 (Lei da Franquia): art. 2º. Esta Lei foi revogada pela Lei nº 13.966/2019.*

Postal: É um contrato celebrado entre a Empresa Brasileira de Correios e Telégrafos (EBCT) e uma pessoa jurídica de direito privado, tendo por objeto a exploração, por parte desta, dos serviços postais em determinada área por prazo determinado.

✱ *V. Lei nº 11.668/2008 (Dispõe sobre o exercício da atividade de franquia postal.*

✱ *V. Dec. nº 6.639/2008 (Regulamenta a Lei nº 11.668/2008, que dispõe sobre o exercício da atividade de franquia postal).*

FRAUDE – Má-fé, artifício malicioso, usado para prejudicar, dolosamente, os direitos ou interesses de terceiro. A lei dispõe que todo ato jurídico fraudulento é passível de nulidade e de punibilidade. No Dir. Penal esse assunto é tratado no capítulo dos crimes contra o patrimônio.

✱ *V. CP: arts. 171 a 180.*

À execução: 1. Também chamada *fraude de execução,* é um instituto original do Dir. brasileiro, surgido com o Regulamento nº 737/1850 e mantido pela legislação processual subsequente. Prática de atos que visam prejudicar os direitos de credores que tenham promovido ações judiciais em face do devedor ou estejam na iminência de fazê-lo. Portanto, ao contrário do que o nome sugere, não é essencial que os atos ocorram na iminência de execução ou no curso dessa, para que se caracterize a fraude. São exemplos de atos que implicam o reconhecimento de fraude à execução: alienação de bens, quando sobre eles existir ação real ou reipersecutória; quando pendia, ao tempo da alienação, demanda contra o alienante, capaz de modificar-lhe o patrimônio, reduzindo-o à insolvência; quando transcrita a alienação depois de decretada a falência; alienação ou oneração de bens ou rendas por sujeito passivo em débito com a Fazenda Pública, por crédito regularmente inscrito em dívida ativa; aquisição de imóvel mais valioso por sujeito insolvente, a fim de beneficiar-se da impenhorabilidade prevista para os bens de família; nos demais casos expressos em lei. 2. Trata-se de instituto híbrido, com natureza de ação declaratória incidental ao curso de outra demanda, mas também de medida judicial em garantia da ordem pública e do respeito à autoridade das decisões judiciais. Pode ser promovida em fase de cumprimento da sentença, em execução de título extrajudicial, ou mesmo durante a fase de conhecimento, por meio de medida cautelar de arresto ou sequestro, neste último caso, se o bem alienado é o próprio objeto do litígio. Também caracteriza ato atentatório à dignidade da Justiça, sujeitando o credor/executado a multa, em montante não superior a 20% (vinte por cento) do valor atualizado do débito em execução. 3. Não se confunde com a *fraude contra credores*, a qual não depende de ajuizamento prévio de demanda pelo credor prejudicado, só podendo ser reconhecida mediante ação própria (denominada *ação pauliana*). 4. Bastante debatida e controvertida na doutrina e na jurisprudência, pois mitiga as garantias constitucionais da propriedade e da segurança jurídica, em prol do respeito à boa fé nas relações privadas e à atividade jurisdicional do Estado. Por isto, desde a década de 1990, alterações legislativas e construções jurisprudenciais vêm restringindo o âmbito de cabimento das declarações de fraude de execução, a princípio, declarando a mera ineficácia dos atos de disposição patrimonial em relação ao exequente da ação que se buscou frustrar, e, mais recentemente, exigindo a averbação de penhora ou outro tipo de gravame sobre o registro do bem, quando sujeito a inscrição em Registro Público. 5. Ainda muito se debate acerca dos direitos do terceiro que adquiriu bens do devedor insolvente, o qual deve impugnar a declaração judicial de fraude por meio de embargos de terceiro. A jurisprudência vem protegendo o adquirente, nestas hipóteses, caso demonstrada a boa-fé no negócio jurídico praticado. Para parte da jurisprudência e da doutrina, o ônus de provar a boa fé é do próprio terceiro embargante, apresentando as certidões negativas de distribuição de feitos e de regularidade fiscal do alienante, ao tempo da transferência da propriedade ou outro direito real sobre o bem, exigência prevista na Lei nº 7.433/1985. Por outro lado, a tendência do STJ é de presumir a boa fé do terceiro adquirente, invertendo o ônus da prova contra o credor/exequente da ação principal, que então terá que demonstrar a má fé na alienação. 6. A MP nº 656, de 7-10-2014, convertida na Lei nº 13.097/2015, estabelece, em seu art. 54, que prevalecerá a eficácia dos atos jurídicos que tenham por fim constituir, transferir ou modificar direitos reais sobre imóveis, nas hipóteses em que não tenha sido averbado, nas respectivas matrículas, o registro de ações reais ou pessoais reipersecutórias, constrições judiciais decorrentes de execução de sentença, ou outros tipos de decisão judicial, que possam reduzir o alienante à insolvência. Referidas disposições aparentam estar acoimadas de inconstitucionalidade, uma vez que é vedada a edição de Medidas Provisórias sobre Dir. Civil e Processual, desde a promulgação da EC nº 32/2001, que inseriu o § 1º ao art. 62 da CF. 7. Delito contra a Administração da Justiça, embora seja processado por ação penal privada, que consiste em artifício lesivo que o devedor aplica contra o credor, onerando bens ou simulando dívidas. O sujeito ativo não pode ser o comerciante, pois, nesse, caso o crime seria falimentar. A fraude à execução só se configura se houver ação cível; se a lei processual civil não considerar o ato fraude à execuçao, não se aplica a lei penal.

✱ *V. CPC/1973, arts. 592, V, 593, 600, I, 615-A, § 3º, 659, §§ 4º e 5º, 671; 672, § 3º, e 813, II, b.*

✱ *V. CPC/2015, arts. 774, 790, 792, 799, 828, 831, 836, 837, 844, 845, 855 e 856.*

✱ *V. CC/2002, art. 166, VI.*

✱ *V. CTN, art. 185.*

✱ *V. CP, art. 179.*

✱ *V. Lei nº 6.015/1973 (Lei dos Registros Públicos), arts. 215, 216 e 240.*

✱ *V. Lei nº 7.433/1985 (Dispõe sobre os requisitos para a lavratura de escrituras públicas).*

✱ *V. Lei nº 8.009/1990 (Dispõe sobre a impenhorabilidade dos bens de família), art. 4º.*

✱ *V. Lei nº 11.101/2005 (Lei de Recuperação de Empresas e Falências), art. 129.*

✱ *V. Lei nº 13.097/2015 (Dispõe, entre outros assuntos, sobre a eficácia de negócios jurídicos que tenham por fim constituir, transferir ou modificar direitos reais sobre imóveis), arts. 54 a 62.*

✱ *V. Dec. nº 93.240/1986 (Regulamenta a Lei nº 7.433/1986, que dispõe sobre os requisitos para a lavratura de escrituras públicas).*

✱ *V. Súm. nº 375 do STJ.*

Contra credores: Diminuição dolosa do patrimônio do devedor, promovida por este, com o objetivo de prejudicar seus credores.

✱ *V. CC: arts. 158 a 165.*

Em certame de interesse público: Tipo penal surgido com o advento da Lei nº 12.550/2011, que inseriu o art. 311-A no CP, tornando crime contra a Administração Pública a utilização ou divulgação indevida, com o fim de beneficiar a si ou a outrem, ou de comrometer a credibilidade do certame, de conteúdo sigiloso, referente a concurso público, avaliação ou exame público, processo seletivo para ingresso no ensino superior ou outros exames ou processos seletivos previstos em lei. A pena é de reclusão, de 1 (um) a 4 (quatro) anos, e multa, sendo que incorre nas mesmas penas quem permite ou facilita, por qualquer meio, o acesso de pessoas não autorizadas a informações sigilosas sobre certames públicos. Se da conduta resultar dano à Administração Pública, a pena passa a ser de 2 (dois) a 6 (seis) anos e multa, e se o fato for praticado por funcionário público, aumenta-se a pena em 1/3 (um terço). É possível substituir a pena privativa de liberdade pela interdição temporária do direito do condenado participar de certame público, desde que atendidas as condições previstas no art. 44 do CP.

✱ *V. CP, arts. 47, V, e 311-A.*

Fiscal: Toda ação ou omissão dolosa que tem por finalidade impedir ou retardar a ocorrência do fato gerador.

FUNCIONÁRIO PÚBLICO – Pessoa que exerce, legalmente, função administrativa de âmbito federal, estadual ou municipal, de caráter público. O cargo ou função pertence ao Estado e não ao que o ocupa, tendo o Estado direito discriminatório de criar, alterar ou suprimir cargos e funções. A vitaliciedade não impede a extinção do cargo, ficando o funcionário em disponibilidade com todos os vencimentos. O estágio probatório não protege o funcionário contra a extinção do cargo. Servidor vitalício sujeita-se à aposentadoria compulsória em razão da idade. O funcionário é *de fato*, se irregularmente investido em cargo público; *de direito*, se concursado e legalmente investido em suas funções; *ativo* e *inativo*, se em exercício ou afastado; *isolado*, o que não é de carreira; *de carreira*, os que estão em cargos da mesma profissão, enumerados segundo padrões de vencimentos; *por nomeação*, o nomeado por livre escolha do Poder Público, após concurso de títulos ou de provas; *estável*, o que goza de estabilidade; *temporário*, o que serve a título precário; *demissível ad nutum*, o que não tem estabilidade, pode ser demitido sem justificativa; *efetivo*, se tem a situação de permanência no quadro de servidores públicos; *comissionado*, o que exerce cargo isolado de provimento em comissão; *contratado*, o admitido a título precário; *amovível*, o que pode ser removido ou transferido de cargo ou carreira; *inamovível*, o que não pode ser removido ou transferido senão a pedido ou por motivo de interesse público, no caso de juiz, reconhecido por dois terços dos votos dos membros efetivos do tribunal superior competente; *vitalício*, o que desfruta de garantia pela qual não pode ser afastado, destituído ou demitido enquanto viver, senão por sentença judiciária, aposentadoria, jubilação ou reforma, nos casos que a lei prevê. Cessa a menoridade quando o menor é nomeado funcionário público. União, Estados e Municípios são civilmente responsáveis por atos de seus representantes que causem danos a terceiros. O domicílio do funcionário público é onde ele exerce suas funções, a menos que sejam temporárias, periódicas ou de simples emissão, quando prevalece o domicílio anterior.

✱ **V.** *CF: arts. 37 a 41.*

✱ **V.** *Súmulas nºs 11, 20, 22 e 36 do STF.*

✱ **V.** *CC: arts. 5º, parágrafo único, III, 43, 76, 497 e 498.*

Nepotismo: É a nomeação, contratação ou designação de familiar de Ministro de Estado, familiar da máxima autoridade administrativa correspondente ou, ainda, familiar de ocupante de cargo em comissão ou função de confiança de direção, chefia ou assessoramento, para: cargo em comissão ou função de confiança, atendimento a necessidade temporária de excepcional interesse público, salvo quando a contratação tiver sido procedida de regular processo seletivo; e estágio, salvo se a contratação for precedida de processo seletivo que assegure o princípio da isonomia entre os concorrentes (art. 3º, I, II e III, do Dec. nº 7.203/2010).

✱ **V.** *Dec. nº 7.203/2010 (Dispõe sobre a vedação do nepotismo no âmbito da administração pública federal).*

FUNDAÇÃO – Pessoa jurídica constituída por um complexo de bens destinados à realização de determinados fins. Tem caráter patrimonial, não se confundindo com sociedade, e é pessoa jurídica de direito privado, obedecendo à lei do Estado em que se constitui. O Ministério Público do Estado onde ela estiver é que cuidará de seus interesses; a lei prevê, ainda, casos de alteração dos estatutos e o fim dado ao seu patrimônio, se impossível mantê-la ou vencido o prazo de sua existência.

✱ **V.** *LINDB (Lei de Introdução às Normas do Direito Brasileiro), art. 11.*

✱ **V.** *CC: arts. 44, I, 62 a 69.*

✱ **V.** *CPC/1973: arts. 1.199, 1.202 e 1.204.*

✱ **V.** *CPC/2015, art. 765.*

✱ **V.** *CPP: art. 37.*

FUNDAMENTAÇÃO – 1. Ato ou efeito de fundamentar. 2. Sustentáculo, base, alicerce, apoio. 3. Motivo, razão, sustentação racional de uma ideia ou decisão. 4. A CF prevê a fundamentação como limite à discricionariedade dos membros da magistratura e como garantia processual aos jurisdicionados. Tal garantia perpassa todos os pronunciamentos do juiz e dos tribunais, aplicando-se tanto na condução do procedimento, diante de manifestações das partes, bem como na apreciação das provas, e, por fim, na prolação de sentenças e acórdãos. 5. O CPC/2015 disciplina minuciosamente a fundamentação das sentenças, exigindo mais rigor e precisão por parte dos magistrados, considerando-se não fundamentada, e, portanto, nula, a decisão que não observar os parâmetros legais. 6. A fundamentação também é direito dos cidadãos em face das autoridades administrativas, quando estas tomarem decisões que restrinjam direitos dos administrados, sobretudo no curso de processos administrativos.

✱ **V.** *CF, art. 93, X.*

✱ **V.** *CPC/1973, arts. 131, 165, 273, § 4º, e 458, II.*

✱ **V.** *CPC/2015, arts. 10, 11, 371, 489, II e § 1º, e 927.*

✱ **V.** *CPP, arts. 155, 381, III, 386, 387, 397, 413 e 415.*

✱ **V.** *CLT, art. 832.*

✱ **V.** *Lei nº 9.784/1999 (Lei do Processo Administrativo), arts. 31, § 2º, 38, § 2º, e 50.*

FUNDAMENTO – Sustentáculo, base, alicerce.

Jurídico do pedido: É o motivo que justifica a existência da ação, baseado na lei ou nos princípios de ordem jurídica. Exposição correta e sem lacunas da causa de pedir com embasamento legal, não sendo fundamental a menção dos dispositivos de lei que se aplicam ao caso. O juiz aplicará a lei, ainda que não invocada, já que lhe cabe conhecer a lei e o direito.

✱ **V.** *CPC/1973: arts. 282, III, e 284.*

✱ **V.** *CPC/2015: arts. 319, III, e 321.*

Legal do pedido: Arguição dos dispositivos de lei que embasam matéria inerente ao pedido feito na inicial, cuja menção não é obrigatória e, ainda que erroneamente invocados, não prejudicarão o pedido juridicamente amparado.

FUNDO DE GARANTIA DO TEMPO DE SERVIÇO (FGTS) – Contribuição efetuada pelos empregadores em nome de cada um de seus empregados, com o objetivo de formar um pecúlio, o qual poderá ser resgatado nas condições previstas em lei. A Constituição Federal de 1988 garantiu o FGTS como direito do trabalhador, o qual é formado através de depósitos mensais compulsórios, que o empregador faz para cada empregado, no percentual de 8% sobre sua remuneração mensal, sendo que, em caso de contrato de aprendizagem, essa alíquota é reduzida para 2%. Não se trata de desconto do salário, mas de uma conta vinculada, a qual o trabalhador só pode movimentar em certas e definidas situações. Os recursos, provenientes desses depósitos, são aplicados pela Caixa Econômica Federal em programas de saneamento, habitação e infraestrutura urbana. O FGTS é garantido também a trabalhadores rurais, domésticos e avulsos, bem como a diretores não empregados, os quais podem equipararse aos demais trabalhadores sujeitos ao regime trabalhista. A partir da Constituição Federal de 1988, não é mais possível optar pela adesão ao Fundo, tornandose obrigatório até mesmo para aqueles que, embora não houvessem optado por este regime antes da Constituição, bem como para aqueles que alcançaram a estabilidade permanente aos 10 (dez) anos de trabalho, conservando, porém, a estabilidade em relação ao direito anteriormente adquirido. Trabalhadores autônomos, eventuais, bem como servidores públicos estatutários, civis e militares, não estão assistidos por este direito. As contribuições são devidas mesmo durante as interrupções legalmente previstas no contrato de trabalho: serviço militar, licença por acidente do trabalho, licença para tratamento de saúde (15 dias), licencagestante e licencapaternidade. A partir de 1990, a CEF passou a ser a única instituição financeira responsável pelo controle das contas vinculadas. O Conselho Curador do FGTS tem representantes do Governo, dos trabalhadores e dos empregadores, para fiscalizar as contas e a aplicação dos recursos do Fundo. Nos termos da redação dada pela Lei nº 14.261/2021, a Presidência do referido Conselho será exercida pelo Ministro de Estado do Trabalho e Previdência ou representante por ele indicado. O Decreto nº 10.905/2021 detalhou a composição do Conselho Curador do FGTS. O órgão gestor é o Ministério da Ação Social, o operador, a CEF, e o fiscal, o Ministério do Trabalho e Emprego. A atualização monetária das contas vinculadas é feita pelo mesmo índice aplicado para as cadernetas de poupança, contudo a taxa de juros mensal é equivalente à metade daquele índice. O FGTS pode ser sacado pelo trabalhador nas hipóteses de: dispensa sem justa causa; despedida indireta (por culpa do empregador); rescisão por culpa recíproca e por força maior, dentre outras hipóteses, previstas na Lei nº 8.036/1990 e em outras leis específicas. Nas hipóteses de rescisão contratual por iniciativa do empregador, este pagará, a título de indenização, o equivalente a 40% do total de depósitos que são devidos por todo o contrato, na conta vinculada do trabalhador dispensado, acrescido de juros e atualização monetária que couber. Esta *multa, prevista no art. 10 do ADCT*, vigorará enquanto não for aprovada a lei complementar que regulamente a garantia de relação de emprego contra despedida arbitrária, ou sem justa causa, prevista no art. 7º, I, da CF. Se a despedida foi *por culpa recíproca* ou *força maior*, reconhecida pela Justiça do Trabalho, o percentual indenizatório é de 20%. Em razão de falhas na atualização monetária dos depósitos em período de transição entre planos econômicos, houve enorme quantidade de ações discutindo o valor correto do saldo de contas vinculadas, em função das quais foi criada uma contribuição adicional ao Fundo, no importe de 10% (dez por cento) sobre o saldo de cada conta vinculada, recolhido junto com a multa de 40%. Os recursos obtidos com esta contribuição foram revertidos ao pagamento das diferenças sobre os depósitos existentes ao tempo dos planos Bresser, Verão e Collor, os quais foram realizados mediante adesão expressa dos trabalhadores beneficiados. O STF entendeu que a adesão espontânea do trabalhador ao pagamento na forma regida pela LC nº 110/2001, sem vício de consentimento, implica a renúncia a diferenças postuladas em juízo. Podese também sacar o FGTS *por extinção total ou parcial da empresa*, com fechamento de filiais, agências ou atividades que levem à demissão do trabalhador, bem como pelo *falecimento do empregador individual*, que justifique a demissão do empregado. Nestes últimos casos, só poderão ser sacados os depósitos feitos no período de contrato de trabalho que se encerrou, acrescidos de juros e atualização, deduzidos os saques porventura realizados anteriormente. O trabalhador pode sacar, ainda, para a aquisição de *casa própria*, através do SFH – Sistema Financeiro da Habitação, nas seguintes condições: compra à vista ou a prazo (total ou parcial); quitação ou redução do saldo devedor; pagamento de parte das prestações. Outras hipóteses de levantamento são as seguintes: *final do contrato de trabalho por tempo determinado; suspensão do trabalho avulso* por período igual ou superior a 90 dias; *aposentadoria pela Previdência Social, mesmo se o trabalhador continuar empregado; falecimento do titular da conta*, caso em que o saldo é pago aos dependentes habilitados na forma da lei, perante a Previdência Social; *empregado portador de AIDS e neoplasia maligna; quando a conta vinculada permanecer por 3 (três) anos ininterruptos sem receber depósitos*, em razão de rescisão do contrato por iniciativa do empregado ou por dispensa por justa causa; quando o empregado permanecer por mais de *3 (três) anos ininterruptos afastado do regime do FGTS. Nas duas últimas hipóteses acima*, o saque, deverá ser feito a partir do mês de aniversário do trabalhador. O trabalhador poderá, em tais casos, sacar o total dos depósitos feitos em seu nome, por diversas empresas, em períodos sucessivos de trabalho, com juros e atualização, descontados os saques realizados. O depósito da contribuição para o FGTS deve ser feito até o dia 7 do mês seguinte ao mês em que é devido o salário, sendo que o crédito da correção monetária e dos juros é efetuado no dia 10 de cada mês, com base no saldo existente no dia 10 do mês anterior, ou no primeiro dia útil subsequente, no caso de feriado, deduzidos os saques eventualmente já realizados pelo empregado. O empregador é obrigado a informar, todos os meses, o valor recolhido em nome do trabalhador ao FGTS, no recibo de pagamento. A CEF obrigase a remeter, a cada 2 (dois) meses, extrato com todas as informações sobre a conta vinculada, podendo trazer, no verso, as regras para uso dos recursos. O trabalhador, seus dependentes e sucessores ou o seu sindicato, podem acionar diretamente a empresa, na Justiça do Trabalho, se ela não efetuar o depósito das importâncias devidas. Uma vez que os valores devidos pelos empregadores ao FGTS têm natureza jurídica de tributo, embora não se lhes apliquem as disposições do CTN, os mesmos podem ser inscritos em dívida ativa pela Procuradoria da Fazenda Nacional, e por ela cobrados em execução fiscal. Contudo, não podem ser inscritos em dívida ativa débitos inferiores a R$ 1.000,00 (mil reais), bem como não podem ser propostas ações executivas cujo débito consolidado seja inferior a R$ 20.000,00 (vinte mil reais). O prazo para o trabalhador pleitear depósitos não efetuados pelos empregadores perante a Justiça do Trabalho é de 30 (trinta) anos, segundo o art. 23, § 5º, da Lei no 8.036/1990 e o art. 55 do Dec. nº 99.684/1990. Entretanto, em 13-11-2014, no julgamento do Recurso Extraordinário com Agravo (ARE) nº 709212, com repercussão geral reconhecida, o STF declarou a inconstitucionalidade das normas que previam a prescrição trintenária, modulando os efeitos da decisão, no sentido de que os casos cujo termo inicial da prescrição ocorra após a data daquele julgamento, observarão o prazo de cinco anos, e os casos em que o prazo prescricional já estava em curso, observarão o que ocorrer primeiro, ou seja, 30 (trinta) anos, contados do termo inicial, ou 5 (cinco) anos, a partir daquela decisão.

✱ *V. CF, art. 7º, caput e III.*

✱ *V. ADCT, art. 10, I.*

✱ *V. Lei nº 8.036/1990 (Lei do Fundo de Garantia por Tempo de Serviço).*

✱ *V. Lei nº 13.043/2014 – arts. 45 a 49.*

✱ *V. Lei nº 14.261/2021 (Cria o Ministério do Trabalho e Previdência e dá outras providências).*

✱ *V. LC nº 110/2001.*

✱ *V. CTN, art. 217, IV.*

✱ *V. Dec. nº 99.684/1990, que consolida as normas regulamentares do FGTS.*

✱ *V. Dec. nº 10.905/2021 (Dispõe sobre o Conselho Nacional do Trabalho, a Comissão Tripartite Paritária Permanente, o Conselho Deliberativo do Fundo de Amparo ao Trabalhador e o Conselho Curador do Fundo de Garantia do Tempo de Serviço) art. 24.*

✱ *V. Súm. Vinc. nº 1.*

✱ *V. Súm. nº 593 do STF.*

✱ *V. Súmulas nºs 98, 125, 206, 305, 362 e 363 do TST.*

✱ *V. Orientações Jurisprudenciais nºs 42, 195, 232, 302, 341, 344, 361, 362 e 370 da SBDII do TST.*

✱ *V. Súmulas nºs 82, 154, 161, 210, 249, 252, 353, 398, 445, 459, 462, 466 e 514 do STJ.*

FUNDO DE MANUTENÇÃO E DESENVOLVIMENTO DA EDUCAÇÃO BÁSICA E DE VALORIZAÇÃO DOS PROFISSIONAIS DA EDUCAÇÃO (FUNDEB) – 1. Fundo público, de natureza contábil, de criação obrigatória por parte de cada ente federado, para controle das receitas vinculadas constitucionalmente à educação básica. 2. Criado pela EC nº 53/2006, que alterou a redação do art. 60 do ADCT, prevendo a vigência desse método de controle contábil por 14 (catorze) anos, sendo prorrogado o prazo indefinidamente pela Emenda nº 108/2020, a qual também inseriu o art. 212-A no texto permanente da CF/1988, estabelecendo critérios para aferição da eficiência na aplicação dos recurso públicos na melhoria da qualidade da educação básica. 3. A Lei nº 11.494/2007 regulamenta a instituição e a composição do FUNDEB no âmbito tanto da União quanto dos Estados, do Distrito Federal e dos municípios, o que foi objeto de diversas ações diretas de inconstitucionalidade, questionando essa norma em virtude de alegadas violações ao pacto federativo, tais como os critérios de distribuição das verbas afetadas ao Fundo e o controle dos entes federados pelo Tribunal de Contas da União. 4. A Lei nº 14.276/2021 detalhou os requisitos a serem observados no âmbito do FUNDEB.

✱ **V.** *CF, arts. 212 e 212A.*

✱ **V.** *ADCT, arts. 60 e 60A.*

✱ **V.** *EC nº 53/2006 (Dá nova redação aos arts. 7º, 23, 30, 206, 208, 211 e 212 da Constituição Federal e ao art. 60 do Ato das Disposições Constitucionais Transitórias).*

✱ **V.** *EC nº 108/2020 (Disciplina a disponibilização de dados contábeis pelos entes federados, para tratar do planejamento na ordem social e para dispor sobre o Fundo de Manutenção e Desenvolvimento da Educação Básica e de Valorização dos Profissionais da Educação – FUNDEB).*

✱ **V.** *Lei nº 11.494/2007 (Regulamenta o Fundo de Manutenção e Desenvolvimento da Educação Básica e de Valorização dos Profissionais da Educação – FUNDEB).*

✱ **V.** *Lei nº 14.276/2021 (Altera a Lei nº 14.113, de 25 de dezembro de 2020, que regulamenta o Fundo de Manutenção e Desenvolvimento da Educação Básica e de Valorização dos Profissionais da Educação (Fundeb)).*

✱ **V.** *Dec. nº 6.253/2007 (Dispõe sobre o Fundo de Manutenção e Desenvolvimento da Educação Básica e de Valorização dos Profissionais da Educação – FUNDEB).*

FUNDO MONETÁRIO INTERNACIONAL – Organização criada em 1945, com participação internacional, integrada por países-membros, destinada a promover a cooperação no âmbito mundial sobre problemas monetários que afetem a balança de pagamentos.

FUNDO PARTIDÁRIO – 1. Também conhecido como Fundo Especial de Assistência Financeira aos Partidos Políticos, é um fundo administrado pelo Tribunal Superior Eleitoral (TSE) que se destina à manutenção dos partidos políticos. Apenas os partidos regularmente registrados no TSE podem receber recursos do referido fundo. A Lei nº 13.831/2019 inseriu diversos dispositivos à Lei dos Partidos Políticos, com o objetivo de proteger os partidos de eventual responsabilização por atos de seus órgãos regionais, sobretudo a fim de resguardar o direito a continuar recebendo verbas do fundo partidário. 2. Desde a edição da Lei nº 11.694/2008, que incluiu o inciso XI ao art. 649 do CPC/1973, os recursos do fundo partidário são declarados como absolutamente impenhoráveis, não respondendo por qualquer dívida reconhecida judicialmente em face dos órgãos partidários. 3. A EC nº 117/2022 estabeleceu percentual mínimo de aplicação de recursos do fundo partidário à participação política feminina. 4. O STF, por unanimidade, julgou improcedente a ADI nº 4.532, declarando a constitucionalidade da expressão "no prazo de 15 (quinze) dias da diplomação", constante no art. 30-A da Lei nº 9.504/1997, referente ao prazo para ajuizamento de representação destinada a apurar irregularidades nos gastos e na arrecadação de recursos para campanhas eleitorais. 5. A EC nº 133/2024 determinou que do Fundo Especial de Financiamento de Campanha e do fundo partidário destinados às campanhas eleitorais, os partidos políticos devem, obrigatoriamente, aplicar 30% em candidaturas de pessoas pretas e pardas, nas circunscrições que melhor atendam aos interesses e às estratégias partidárias. Define parâmetros e condições para regularização e refinanciamento de débitos dos partidos políticos, além de reforçar sua imunidade conforme prevê a Constituição.

✱ **V.** *Lei nº 9.096/1995 – Lei dos Partidos Políticos.*

✱ **V.** *EC nº 133/2024 (Impõe aos partidos políticos a obrigatoriedade da aplicação de recursos financeiros para candidaturas de pessoas pretas e pardas; estabelece parâmetros e condições para regularização e refinanciamento de débitos de partidos políticos; e reforça a imunidade tributária dos partidos políticos conforme prevista na Constituição Federal).*

FUNGIBILIDADE – Qualidade da coisa que pode ser substituída por outra da mesma espécie, com características idênticas.

Dos recursos: possibilidade de colocar, à escolha, entre dois recursos cabíveis, ou de receber-se um pela instância superior, quando o outro seria cabível.

FURTO – Crime contra o patrimônio consistente em subtrair, para si ou para outrem, coisa alheia móvel.Diz-se:

Atenuado: quando de pequena monta e agente primário; será causa, também, de atenuação da pena se o autor restituir a coisa ou reparar o dano antes da ação penal.

Composto: é o agravado com violência à pessoa.

De coisa comum: se o condômino, coerdeiro ou sócio subtrai, para si ou para outrem a coisa comum; não se pune coisa comum fungível, cujo valor é menor do que a quota a que tem direito o agente.

✱ **V.** *CP, art. 156.*

De energia: equipara-se a coisa móvel a energia elétrica ou qualquer outra que tenha valor econômico.

✱ **V.** *CP, art. 155, § 3º.*

De uso: subtração de coisa alheia com o fim de prover uma necessidade. Há pelo agente a intenção de devolução de coisa.

Famélico: subtração de alimentos para saciar a fome.

Noturno: se realizado à noite, a pena anterior aumenta de um terço.

✱ **V.** *CP, art. 155, § 1º.*

Privilegiado: se o autor é primário e de pequeno valor a coisa furtada, o juiz pode determinar detenção e não reclusão, diminuindo a pena de um a dois terços ou aplicar somente a de multa.

✱ **V.** *CP, arts. 155 e 156.*

Qualificado: se o crime é cometido com destruição ou rompimento de obstáculo à subtração da coisa, com abuso de confiança, ou mediante fraude, escalada ou destreza; com emprego de chave falsa; mediante concurso de duas ou mais pessoas; pena de reclusão de 2 a 8 anos e multa. A Lei nº 13.330/2016 incluiu no rol do art. 155, § 6º, que estabelece como qualificadora o furto de semovente domesticável de produção.

✱ **V.** *CP, art. 155, §§ 4º a 6º.*

Simples: sem nenhuma circunstância qualificativa, reclusão de 1 a 4 anos e multa.

✱ **V.** *CP, art. 155,* caput.

✱ **V.** *CP: art. 155.*

FUSÃO DE SOCIEDADES – Ato pelo qual duas ou mais sociedades se reúnem, formando uma nova, sucessora nos direitos e obrigações das que lhe deram origem.

G

GANHO DE CAUSA – Diz-se da vitória obtida em uma lide.

GAP – Significa um hiato nas cotações das ações em Bolsas de Valores. Ocorre, por exemplo, no caso de alta, quando a mínima de um dia é maior que a máxima da véspera.

GARANTE – Abonador, fiador, fidejussor, sacador, avalista.

GARANTIA – 1. Ação ou efeito de garantir. 2. Instrumento ou valor que é entregue a alguém para assegurar o cumprimento de uma obrigação, abonação, caução, fiança, segurança. 3. É a obrigação que uma pessoa tem perante a outra de indenizar pelo dano sofrido, ou de assegurar o gozo de uma coisa ou de um direito. 4. No Processo Civil, é todo tipo de asseguramento para a prática de atos que possam se tornar irreversíveis. Até 2006, era requisito de admissibilidade para a oposição de embargos, tanto em execução por título judicial como extrajudicial. A Lei nº 11.382/2016 revogou esta exigência, contudo, se o executado não assegurar o débito exequendo, os embargos não serão recebidos com efeito suspensivo, podendo prosseguir os atos de penhora e expropriação de bens, ainda que ao final a medida seja julgada procedente. 5. No Processo do Trabalho, a garantia do débito ainda é requisito de admissibilidade para oposição de embargos. Entretanto, caso o devedor nao garanta espontaneamente o juízo e venha a ter bens penhorados, neste momento poderá oferecer impugnação ao título exequendo. A Lei nº 13.467/2017 (Reforma Trabalhista) dispensou esta exigência em relação a entidades filantrópicas e/ou aqueles que compõem ou compuseram estas instituições. 6. Obrigação acessória que garante o implemento do principal. Proteção da lei à pessoa turbada ou ameaçada de violência. A garantia, civil ou comercial, pode ser:

Bancária: fiança, abono, oferecidos por banco ou pessoa física ou jurídica numa transação.

Constitucionais: Normas tuteladas pela CF visando proteger o indivíduo contra o abuso de poder por parte do Estado e garantir o direito à vida, à liberdade, à igualdade, à segurança e à propriedade.

✱ *V. CF: art. 5º*, caput.

Hospitalar: A Lei nº 12.653/2012 acresceu o art. 135-A ao Código Penal, criando o tipo penal "Condicionamento de atendimento médico-hospitalar emergencial" para determinar que: "exigir cheque-caução, nota promissória ou qualquer garantia, bem como o preenchimento prévio de formulários administrativos, como condição para o atendimento médico-hospitalar emergencial: Pena – detenção, de 3 (três) meses a 1 (um) ano, e multa. Parágrafo único. A pena é aumentada até o dobro se da negativa de atendimento resulta lesão corporal de natureza grave, e até o triplo se resulta a morte."

Locatícias: Garantias que asseguram o fiel adimplemento das obrigações derivadas dos contratos de locação de imóveis urbanos. Rege a matéria a Lei do Inquilinato (Lei nº 8.245/1991), cujo art. 37 determina: "No contrato de locação, pode o locador exigir do locatário as seguintes modalidades de garantia: I – *caução*; II – *fiança*; III – *segurodefiançalocatícia*. Parágrafo único. É vedada, sob pena de nulidade, mais de uma das modalidades de garantia num mesmo contrato de locação; IV – sessão fiduciária de quotas de fundos de investimento".

GENITOR – É aquele que gera. O pai. Ascendente masculino em primeiro grau; o tronco comum de uma família. Deve-se preferir genitor como sinônimo de *pai*; a palavra *progenitor* se refere a avô. Feminino: *genitora*, a mãe. No Direito atual, tanto o pai como a mãe têm os mesmos direitos na condução da família.

GENOCIDA – Autor de genocídio.

GENOCÍDIO – É o extermínio em massa por motivos étnicos ou religiosos. Lei nº 2.889/1956.Prática de atos delituosos para destruir, no todo ou em parte, um grupo nacional étnico, racial ou religioso, como tal; matar membros do grupo; causar lesão grave à integridade física ou mental de membros do grupo; submeter intencionalmente o grupo a condições de existência capazes de ocasionar-lhe a destruição física total ou parcial; adotar medidas destinadas a impedir nascimentos no seio do grupo; efetuar a transferência forçada de crianças do grupo para outro grupo. Serão considerados crimes políticos para efeito de extradição. O genocídio está incluído entre os crimes hediondos, inafiançáveis, não dando direito a anistia, graça, indulto e fiança. Devendo a pena ser integralmente cumprida em regime fechado. *V. Crime Hediondo.*

✱ *V. CF, art. 5º, XLIII.*

✱ *V. Lei nº 8.072/1990 (Lei dos Crimes Hediondos), art. 1º, Parágrafo único, com redação dada pela Lei nº 13.497/2017.*

✱ *V. Lei nº 2.889/1956 (Lei do Crime de Genocídio), arts. 1º a 3º.*

GERÊNCIA – Funções de gerente; mandato de administração de negócios.

GERENTE – É aquele que tem a função de administrar um negócio em nome do proprietário. Quando o gerente é um sócio da empresa, ele recebe o nome de sócio-gerente.

✱ *V. CC: arts. 1.172 a 1.176.*

✱ *V. CPC/1973: art. 215, § 1º.*

✱ *V. CPC/2015, art. 242, § 1º.*

GERONTOFILIA – Perversão, anomalia sexual; preferência anormal por pessoas muito idosas para o concúbito. Cronoinversão sexual.

GESTAÇÃO – Período de 9 (nove) meses, tendo início na concepção e término no nascimento, em que se dá o desenvolvimento do embrião. Não constitui motivo de demissão ou de rescisão do contrato de trabalho da mulher.

✱ *V. CLT: arts. 391 a 400.*

GESTANTE – 1. Palavra oriunda do latim *gestante*, que significa *trazer*, *carregar*, *levar*. 2. Mulher no período de gravidez; mulher que está em gestação; mulher em estado interessante. É assegurado à mulher gestante o afastamento de quaisquer atividades, operações ou locais insalubres, durante o período de gravidez e amamentação, devendo trabalhar em local salubre. 3. O entendimento de que a mulher gestante deve trabalhar em local salubre passou por mudanças. A Lei nº 13.467/2017 (Reforma Trabalhista) restringiu a proibição às atividades consideradas insalubres em grau máximo e passou a exigir atestado médico para as de grau médio ou mínimo, bem como para o período de lactação em qualquer grau de insalubridade, todavia o pagamento do adicional de insalubridade segue assegurado durante o afastamento.

✱ *V. CLT: arts. 391 a 401.*

✱ *V. LC nº 79/1994 (Cria o Fundo Penitenciário Nacional – FUNPEN): art. 3º, XV.*

✱ *V. Lei nº 13.257/2016 (Dispõe sobre as políticas públicas para a primeira infância).*

✱ *V. Lei nº 13.363/2016 (Altera a Lei nº 8.906, de 4 de julho de 1994, e a Lei nº 13.105, de 16 de março de 2015 – Código de Processo Civil, para estipular direitos e garantias para a advogada gestante, lactante, adotante ou que der à luz e para o advogado que se tornar pai).*

GESTÃO – 1. Administração de patrimônio ou de bens de pessoa natural ou jurídica. 2. Período administrativo.

GESTÃO DE NEGÓCIOS – É o ato de gerir, comandar negócio de terceiro, espontaneamente, sem que para isso seja dada autorização deste. Atividade oficiosa de alguém que, voluntariamente, administra negócios de outro, sem que esse o tenha autorizado, fazendo-o segundo o interesse e a vontade presumível de seu dono, responsabilizando-se a esse e às pessoas com as quais tratar. Não se confunde com o mandato, a representação legal, por lhe faltar a outorga de poderes e, ainda, porque o dono do bem não pode recusar a interferência do gestor, se a gestão redunda em proveito seu ou previna perigo iminente. Exemplos típicos de gestão de negócios são os casos de ausência, impedimentos ou impossibilidade de a pessoa gerir os seus bens. Observa-se o procedimento sumário nas causas de qualquer valor oriundas da gestão de negócios.

✱ *V. CC: arts. 861 a 875.*

✱ *V. CPC/2015, art. 53, IV, b.*

GESTOR DE SEGURANÇA E CREDENCIAMENTO – O Dec. nº 7.845/2012 que regulamenta procedimentos para credenciamento de segurança e tratamento de informação classificada em qualquer grau de sigilo, e dispõe sobre o Núcleo de Segurança e Credenciamento conceituou gestor de segurança e credenciamento. De acordo com o art. 2º, X, considera-se gestor de segurança e credenciamento: "(...) responsável pela segurança da informação classificada em qualquer grau de sigilo no órgão de registro e posto de controle;"

GLEBA – Parte de um terreno próprio para cultura.

GLOBALIZAÇÃO – Em termos econômicos e políticos consiste na integração entre mercados produtores e consumidores, assim como blocos econômicos, em nível mundial.

GLOSA – Impugnação, desaprovação, rejeição ou cancelamento de parte ou do total de uma conta, verba ou orçamento. Comentário a um texto de lei.

GLOSADOR – O que interpreta, comenta a lei. Eram chamados glosadores os gramáticos e juristas italianos que, a partir do século XVI, fizeram anotações no *Corpus Iuris Civilis*, possibilitando a aplicação do Dir. Romano no mundo medieval.

GLOSSÁRIO – Diz-se, normalmente, do vocabulário que figura como apêndice de uma obra ou capítulo de um livro, para elucidar os termos nele citados.

GOLPE DE ESTADO – Manobra feita para se mudar o governo por meio de métodos inconstitucionais, sem processo eletivo, implantando, como consequência, a ditadura.

GORJETA – 1. Palavra oriunda do italiano *gorja* (garganta), é a importância ou vantagem oferecida como gratificação por um serviço prestado. Espórtula, gratificação, sobrepaga, xixica. 2. Gratificação dada por liberalidade do cliente ao empregado, no próprio estabelecimento do empregador. As gorjetas integram, juntamente com o salário, a remuneração do empregado. 3. Para o Dir. do Trabalho, as gorjetas integram, com o salário, a remuneração do empregado. Contudo, o TST fixou o entendimento de que as gorjetas não constituem base de cálculo para aviso prévio, adicional noturno, horas extras e repouso semanal remunerado. 4. A Lei nº 13.419/2017 estabeleceu que não se consideram gorjetas apenas os valores pagos por liberalidade pelos clientes aos empregados, como também aqueles cobrados pela empresa, a qualquer título, com o fim de distribuição a seus colaboradores.

✱ *V. CLT: art. 457.*

✱ *V. Súm. nºs 354 do TST.*

✱ *V. Lei nº 13.419/2017 (Altera a Consolidação das Leis do Trabalho (CLT), aprovada pelo Decreto-Lei nº 5.452, de 1º de maio de 1943, para disciplinar o rateio, entre empregados, da cobrança adicional sobre as despesas em bares, restaurantes, hotéis, motéis e estabelecimentos similares).*

GOVERNO – Conjunto de órgãos e funções que tem como objetivo a administração do Estado, na forma estabelecida em sua constituição. No sistema representativo o governo é absoluto ou totalitário, quando um ditador exerce ilegítima e discricionariamente o poder, podendo criar, reformar e abolir leis.

Digital: aquele em que a prestação digital dos serviços públicos deverá ocorrer por meio de tecnologias de amplo acesso pela população, inclusive pela de baixa renda ou residente em áreas rurais e isoladas, sem prejuízo do direito do cidadão a atendimento presencial.

✱ *V. Lei nº 14.129/2021 (Dispõe sobre princípios, regras e instrumentos para o Governo Digital e para o aumento da eficiência pública e altera a Lei nº 7.116, de 29 de agosto de 1983, a Lei nº 12.527, de 18 de novembro de 2011 (Lei de Acesso à Informação), a Lei nº 12.682, de 9 de julho de 2012, e a Lei nº 13.460, de 26 de junho de 2017), art. 14.*

GRAÇA – Forma de extinção da punibilidade determinada por outro poder que não o judiciário. A graça é individualizada para cada beneficiário. Esta não se confunde com o indulto, porque este pode ser coletivo. Consiste em ato de clemência do Presidente da República em benefício de um ou mais condenados por crime de direito comum ou político. É concedida a pedido do condenado, de qualquer pessoa do povo, do Conselho Penitenciário ou do Ministério Público, ressalvado ao presidente da República concedê-la espontaneamente. Pode ser *parcial*, se apenas reduz a pena; e *total*, se a extingue.

✱ *V. CP: art. 107, II.*

GRADAÇÃO DA PENA – É a aplicação da pena pelo juiz, levando-se em conta os antecedentes e a personalidade do agente, a intensidade do dolo ou da culpa, as circunstâncias em que ocorreu o crime e suas consequências.

✱ *V. CP: art. 59.*

GRATIFICAÇÃO – 1. Retribuição ao funcionário pela prestação de serviços ou exercício de certos encargos que excedem as atribuições comuns de seu cargo ou carreira, sujeita ao atendimento de certa condição, como o exercício de função de confiança ou o decurso de determinado tempo de serviço na empresa. Não se confunde com o adicional, que é uma contraprestação correspondente a um trabalho em condições gravosas. A diferença entre gratificação e adicional está no fato de que este último pode deixar de ser pago, no caso da empresa eliminar efetivamente a exposição à situação gravosa, sem que isto implique redução salarial. As gratificações, por sua vez, integram-se ao salário, exceto no caso de exercício de cargo de confiança, quando, se houver destituição do empregado, voltando ao seu cargo de origem, deixará de ser devido o pagamento. Entretanto, o TST firmou o entendimento de que a gratificação de função percebida ininterruptamente por mais de dez anos incorpora-se ao salário, ainda que o empregado seja destituído da função de confiança. A Lei nº 13.467/2017 (Reforma Trabalhista) trouxe determinação diversa do referido entendimento do TST ao afirmar que não é assegurado ao empregado a manutenção do pagamento da gratificação de função recebida, caso este deixe de exercer função de confiança, independentemente do tempo em que exerceu esta função. 2. Para o Dir. do Trabalho, Previdenciário e o Direito Tributário, é equiparada ao salário, para fins de repercussão em outras verbas remuneratórias, incidência de tributos e contribuições previdenciárias, bem como para cálculo do salário de contribuição. 3. Para o Dir. Civil, é a obrigação resultante da promessa de recompensa feita em anúncio público para com o que executar certo serviço ou satisfizer condição constante do anúncio. 4. Para o Dir. Administrativo, é toda parcela pecuniária distinta do vencimento básico do servidor público, não podendo ser somada ao salário para acréscimos posteriores. É vedado o pagamento de gratificação a titular de mandato eletivo, membro de Poder, Ministro de Estado e secretário estadual ou municipal, os quais devem receber *subsídio*, pago em parcela única.

✱ *V. CF, art. 37, XIV, e § 4º.*

✱ *V. CLT, arts. 457, § 1º, e 468, §§ 1º e 2º.*

✱ *V. Lei nº 7.713/1988 (Altera a legislação do imposto de renda), art. 3º.*

✱ *V. Lei nº 8.212/1991 (Dispõe sobre a organização da Seguridade Social e institui fontes de custeio), art. 28, I.*

✱ *V. CC, arts. 854 a 860.*

✱ *V. Lei nº 8.112/1990 (Regime Jurídico Único dos Servidores Públicos Civis da União, Autarquias e Fundações Públicas Federais), arts. 49, II, e 62 a 66.*

✱ *V. Súm. Vinc. nºs 15 e 20.*

✱ *V. Súmulas nºs 26, 29, 32, 207 e 459 do STF.*

✱ *V. Súmulas nºs 67, 102, 109, 115, 152, 202, 203, 225, 226, 240, 253, 372 e 373 do TST.*

De férias: acréscimo a ser feito nas férias anuais remuneradas, correspondendo a um terço do valor respectivo, conforme determina a CF em seu art. 7º, XVII.

Natalina: Décimo terceiro salário.

GRATUIDADE DA JUSTIÇA – Benefício que se concede a certas pessoas de não pagarem as despesas processuais, em determinadas condições.

✱ *V. Lei nº 1.060/1950 (Estabelece normas para a concessão de assistência judiciária aos necessitados).*

GRAU – Estado ou condição do feito a que se opôs recurso. Hierarquia judiciária.

De jurisdição: É a hierarquia obedecida entre os juízes e tribunais. A jurisdição se divide em *superior*, que reexamina a causa já decidida em instância anterior, por meio de recurso, e *inferior*, que decide em primeira instância.

De parentesco: É a relação existente entre as pessoas que são unidas por parentesco. É a distância entre os parentes.

GRAVAÇÃO – Encargo, ônus; incidência de tributo. A lei protege o direito autoral na gravação de programas, discos etc.

GRAVADO – Toda coisa que possui um ônus ou encargo por força de lei, de disposição contratual ou testamentária.

GRAVAME – Tributo, ônus. Encargo que recai sobre uma coisa, como penhor, hipoteca, anticrese, inalienabilidade. Direito real sobre coisa alheia.

GRAVIDEZ – Prenhez. Estado da mulher gestante, da concepção até o parto. No Dir. Penal, constitui contravenção anunciar processo, substância ou objeto destinado a provocar aborto. A pena é de multa. Entre os direitos dos trabalhadores urbanos e rurais estão a licença à gestante sem prejuízo do emprego e do salário, com a duração de 120 dias; a proibição da dispensa arbitrária ou sem justa causa da empregada gestante desde a confirmação da gravidez até 5 meses após o parto; a lei preverá indenização compensatória, dentre outros direitos. Também o pai tem direito à *licença-paternidade* de 5 dias. Diz a lei civil que por defeito de idade (menor) não se anulará casamento de que resultou gravidez. Os direitos do nascituro estão garantidos pela lei desde a concepção.

✱ *V. CF, arts. 7º, XVIII e XIX; 10, II,* b *e § 1º, das Disposições Transitórias da CF.*

✱ *V. CC, arts. 2º e 1.551.*

✱ *V. CP, arts. 123 e 128.*

✱ *V. LCP (Dec.-Lei nº 3.688/1941 – Lei das Contravenções Penais), art. 20.*

✱ *V. CLT, arts. 391, 392 e 394, sobre proibição do trabalho.*

GREVE – 1. Situação de fato em que alguém, isolada ou coletivamente, se recusa a fazer algo, em protesto diante de uma situação, v.g., greve de fome, greve de estudantes etc. 2. No Dir. brasileiro, restringe-se a uma modalidade de conflito trabalhista, que se caracteriza pelo abandono, parcial ou total, após assembleia sindical da

G

categoria que a decide, do emprego, para forçar a discussão e o atendimento de suas reivindicações relativas às condições de trabalho. Esse conceito rejeita a possibilidade de greve política, visando opor-se a atos patronais ou políticos que considerem lesivos à categoria ou ao País. A Constituição assegura, a princípio, o direito de greve, competindo aos trabalhadores decidirem sobre a oportunidade de exercê-lo e os interesses a serem defendidos por ele. Contudo, a Lei nº 7.789/1989 restringiu muito o alcance dessa garantia, definindo muitos serviços como essenciais, de modo que não podem ser totalmente paralisados, como transporte público, hospitais etc., e dispõe sobre o atendimento das necessidades inadiáveis da comunidade, apenando os que cometem abusos. Os direitos de greve serão exercidos nos termos e nos limites definidos em lei. Para fins de dispensa por justa causa, a simples adesão à greve não configura falta grave, nos termos do art. 482 da CLT, devendo se revestir de outras circunstâncias, como emprego de violência contra pessoas ou coisas. Caso contrário, apenas cabe ao empregador descontar o salário dos dias de paralisação. São proibidas, ao militar, a sindicalização e a greve. A Lei de Greve dispõe que os meios adotados por empregados e empregadores não poderão, em hipótese alguma, violar ou constranger os direitos e as garantias fundamentais de outrem; e que é abuso do direito de greve a inobservância das normas contidas na lei, bem como a manutenção da paralisação após a celebração de acordo, convenção ou decisão da Justiça do Trabalho. Em tese, é permitida a greve de servidores públicos, contudo a falta de lei regulamentando o exercício desse direito gera grande controvérsia, havendo o STF decidido, em sede de mandado de injunção, que até edição de lei específica aplica-se, no que couber, a Lei de Greve da iniciativa privada também aos servidores públicos regidos por lei própria (estatutários). Quanto à categoria profissional dos policiais e bombeiros militares, leis ordinárias já concederam anistia àqueles punidos por participar de movimentos reivindicatórios em diversos Estados. A competência para dirimir conflitos coletivos, inclusive para declarar eventual abusividade e defender a posse de estabelecimentos industriais e comerciais, é da Justiça do Trabalho, exceto quando estiverem envolvidos servidores públicos estatutários. O TST fixou também o entendimento de que é vedado, em dissídio de greve, estabelecer quaisquer vantagens ou garantias a quem participou de greve afinal declarada abusiva. Também se firmou o entendimento jurisprudencial de que é abusiva a greve quando as partes não tentam esgotar os meios de solucionar pacificamente o conflito que lhe constitui o objeto. O Código Penal previa penas para paralisações coletivas de trabalho, com participação de, no mínimo, três empregados, e para interrupções de serviços de interesse coletivo, cujos dispositivos não foram recepcionados pela Constituição Federal.

✱ **V.** *CF: arts. 9º, §§ 1º e 2º, 37, VII, e 114, II, § 3º.*

✱ **V.** *CP: arts. 200 a 202.*

✱ **V.** *Lei nº 7.783/1989 (Lei de Greve).*

✱ **V.** *Lei nº 13.293/2016 (Altera a Lei nº 12.505, de 11 de outubro de 2011, que "concede anistia aos policiais e bombeiros militares dos Estados de Alagoas, de Goiás, do Maranhão, de Minas Gerais, da Paraíba, do Piauí, do Rio de Janeiro, de Rondônia, de Sergipe, da Bahia, do Ceará, de Mato Grosso, de Pernambuco, do Rio Grande do Norte, de Roraima, de Santa Catarina, do Tocantins e do Distrito Federal punidos por participar de movimentos reivindicatórios", para acrescentar os Estados do Amazonas, do Pará, do Acre, do Mato Grosso do Sul e do Paraná).*

✱ **V.** *Dec. nº 1.480/1995 (Dispõe sobre os procedimentos a serem adotados em caso de paralisações dos serviços públicos federais, enquanto não for regulado do disposto no art. 37, II, da CF).*

✱ **V.** *Súm. Vinc. nº 23 do STF.*

✱ **V.** *Súm. nº 316 do STF.*

✱ **V.** *Súm. nº 189 do TST.*

✱ **V.** *Orientações Jurisprudenciais nºs 10, 11 e 38 da SDC do TST.*

GRILEIRO – Pessoa que, ilicitamente, ocupa terras de outrem; diz-se daquele que, mediante documentos falsos, legaliza escrituras de propriedade.

GRUPO DE EXTERMÍNIO – **V.** *Milícia.*

GRUPO ECONÔMICO – 1. Define-se como conjunto de empresas ou sociedades juridicamente autônomas entre si, mas sujeitas à unidade de direção, por relações de capital, subordinação ou coordenação estrutural, combinando recursos ou esforços para a realização dos respectivos objetos, ou para participar de atividades ou empreendimentos comuns. 2. Para o Dir. do Trabalho, é o grupo industrial, comercial ou de qualquer outra atividade econômica, composto por um ou mais empregadores, ainda que cada um deles tenha personalidade jurídica própria, respondendo todos solidariamente pelos créditos devidos aos empregados de um ou alguns, independentemente da existência de culpa. A doutrina vem expandindo o conceito para conglomerados em que as relações entre as empresas não se dão apenas por subordinação, mas também por coordenação, e mesmo sem a existência de uma sociedade controladora, desde que haja vínculo de fato, por meio de sócios ou administradores comuns, mesmo que não estejam constituídos em contrato ou estatuto social. Para a jurisprudência majoritária, tal solidariedade dispensa inclusive a participação de todas as empresas do grupo em fase de conhecimento, podendo ser incluídas diretamente em fase de execução. Contudo, tratando-se de pleito de reconhecimento de vínculo de emprego, a jurisprudência majoritária não aceita que a demanda seja proposta contra qualquer uma das sociedades, mas em face da real empregadora direta, podendo as demais ser incluídas como litisconsortes passivas. Se uma das sociedades, que não a empregadora, for adquirida por empresa fora do mesmo grupo, a sucessora não responderá pelo passivo de ex-coligadas, salvo no caso de má-fé ou fraude na sucessão. A Lei nº 13.467/2017 (Reforma Trabalhista) acrescentou ao conceito de grupo econômico a situação em que cada empresa guarda a sua autonomia, assim esta característica não afasta a configuração de grupo econômico. Por outro lado, a referida lei foi expressa ao esclarecer que a mera identidade de sócios entre as empresas não caracteriza grupo econômico, pois para tal deve existir o interesse integrado, a efetiva comunhão de interesses e a atuação conjunta das empresas integrantes do grupo. Esta determinação afeta diretamente o posicionamento da doutrina até então, que considerava suficiente para a caracterização como grupo econômico o vínculo de fato (existência de sócios ou administradores comuns, mesmo não constituídos em contrato ou estatuto social). 3. No âmbito do Dir. do Consumidor, configura-se entre sociedades ligadas entre si por uma controladora comum, respondendo subsidiariamente por danos produzidos em face de produtos e serviços de qualquer das demais. As sociedades consorciadas, que componham cadeia de produção ou de fornecimento são, por sua vez, solidariamente responsáveis entre si. E as sociedades meramente coligadas, sem controle comum ou participação na cadeia de consumo, respondem apenas por culpa. 4. Para fins de Dir. Previdenciário, as empresas de mesmo grupo econômico são solidariamente responsáveis entre si pelas contribuições previdenciárias devidas por uma ou algumas empresas. 5. No âmbito do Dir. Eleitoral, não se configura grupo entre órgãos municipais, estaduais e nacionais de partidos ou coligações, respondendo cada qual por suas respectivas obrigações civis e trabalhistas.

✱ *V. CLT, art. 2º, §§ 2º e 3º.*

✱ *V. CC. arts. 1.097 a 1.101.*

✱ *V. CDC, art. 28, §§ 2º a 5º.*

✱ *V. Lei nº 6.404/1976 (Lei das Sociedades por Ações), arts. 265 a 277.*

✱ *V. Lei nº 8.212/1991 (Lei Orgânica da Seguridade Social) art. 30, IX.*

✱ *V. Lei nº 9.096/1995 (Lei dos Partidos Políticos), art. 15-A.*

✱ *V. Súm. nº 129 do TST.*

✱ *V. Orientação Jurisprudencial nº 411 da SBDI-I do TST.*

GUARDA – Ato ou efeito de guardar; amparo, vigilância. Pessoa encarregada da função de guardar ou proteger. A pessoa que tem animal sob a sua guarda ressarcirá o dano que ele causar, a menos que prove que houve imprudência do ofendido, que o animal foi provocado por outro, que houve caso fortuito ou de força maior, e que exercia cuidadosa vigilância sobre o animal. Os pais compete a guarda dos filhos. A Lei nº 8.069/1990 estabelece dispositivos para a guarda de menores, que poderá ser revogada a qualquer tempo.

✱ *V. CC, arts. 1.586 a 1.590.*

✱ *V. Lei nº 6.515/1977 (Lei do Divórcio), arts. 9º e 16.*

✱ *V. Lei nº 8.069/1990 (Estatuto da Criança e do Adolescente), arts. 33 a 35.*

✱ *V. EC nº 66/2010 (Dispõe sobre a dissolubilidade do casamento civil pelo divórcio, suprimindo o requisito de prévia separação judicial por mais de 1 (um) ano ou de comprovada separação de fato por mais de 2 (dois) anos).*

GUARDA COMPARTILHADA – Por guarda compartilhada entende-se um sistema em que os filhos de pais separados permanecem sob a autoridade equivalente de ambos os genitores, que vêm a tomar em conjunto decisões importantes quanto ao seu bem-estar, educação e criação. É tal espécie de guarda um dos meios de exercício da autoridade parental, quando fragmentada a família, buscando-se assemelhar as relações pai/filho e mãe/filho – que naturalmente tendem a modificar-se nesta situação – às relações mantidas antes da dissolução da convivência, o tanto quanto possível. Assim, tem o instituto da guarda compartilhada por escopo tutelar, não somente o direito do filho à convivência assídua com o pai, assegurando-lhe o desenvolvimento físico, mental, moral, espiritual e social completo, além da referência masculina/paternal. Visa também ao direito do pai de desfrutar da convivência assídua com o filho, perpetuando não apenas seu patrimônio genético, mas também seu patrimônio cultural, axiológico e familiar, pela repartição, não só do tempo, mas das atitudes, das atenções e dos cuidados, como meio de permanência dos laços afetivos e familiares.

✱ *V. arts. 1.583 e 1.584 do CC, com redação dada pela Lei nº 11.698/2008.*

GUARDA UNILATERAL – *V. Guarda compartilhada.*

GUIA DE RECOLHIMENTO DE CUSTAS E EMOLUMENTOS – Pagamento feito antes da distribuição, por meio de um formulário próprio adquirido em papelarias ou em estabelecimento bancário estadual, em que consta uma taxa que deverá ser paga em agências bancárias ou caixas econômicas estaduais *antes* da distribuição do processo. No momento da distribuição a petição inicial já deverá incluir o instrumento de mandato e a guia de recolhimento de custas. Atualmente as guias podem ser preenchidas e pagas via *internet*. Há outros tipos de guias: de *importação, de exportação, de transferência, probatória.*

G

H

HABILITAÇÃO – 1. Habilidade, capacidade, aptidão. 2. Modo de provar e tornar reconhecida em Juízo a sua capacidade ou qualidade legal para obtenção de um direito. 3. Conjunto de formalidades, providências exigidas para a realização de ato jurídico.

De credores: Apresentação de declaração do credor do falido ao juízo em que corre a falência, com o intuito de demonstrar seu crédito.

De herdeiro: Ocorre quando alguém se declara herdeiro do *de cujus*, e faz prova disto, no juízo em que corre o inventário.

✱ *V. CPC/1973: arts. 1.152 e 1.153.*

✱ *V. CPC/2015, arts. 741, § 1º a 3º.*

Incidente: Procedimento para ingresso no processo de sucessores de quaisquer das partes, podendo ou não haver conflito entre os interessados a suceder o autor ou réu. O atual CPC não usa a palavra "incidente", referindo-se apenas a habilitação.

Para casamento: Será feita pessoalmente perante o oficial do Registro Civil, com a audiência do Ministério Público. Caso haja impugnação do oficial, do Ministério Público ou de terceiro, a habilitação será submetida ao juiz (art. 1.526, *caput* e parágrafo único, do CC).

✱ *V. Lei nº 12.133/2009 (Dá nova redação ao art. 1.526 da Lei nº 10.406/2002 (Código Civil), para determinar que a habilitação para o casamento seja feita pessoalmente perante o oficial do Registro Civil).*

Profissional: conjunto de exigências a serem atendidas para que o profissional possa exercer sua profissão.

✱ *V. CPC/1973, arts. 802, 803, 1.055 a 1.062, 1.152 e 1.153.*

✱ *V. CPC/2015, arts. 306, 307, 687 a 692 e 741.*

HABITAÇÃO – Moradia, residência, lugar onde se mora. Pode ser um dos componentes do salário, quando nele se inclui o direito à moradia.

HABITAÇÃO COLETIVA MULTIFAMILIAR – O mesmo que *cortiço* ou *casa de cômodos*.

✱ *V. CC, arts. 1.414 a 1.416.*

✱ *V. Lei nº 8.245/1991 (Lei do Inquilinato): arts. 2º e 21.*

HABITE-SE – Certificado que autoridades municipais concedem ao proprietário de imóvel, depois de vistoriado e constatado que foi edificado de acordo com os requisitos legais, podendo ser ocupado para o fim a que se destina (Lei nº 4.591/1964: art. 44).

HABITUALIDADE – O que se faz com frequência; repetição de atos comuns. É figura de tipo de contravenção, como a *vadiagem*. A superveniente aquisição de renda, que assegure ao condenado meios de subsistência suficiente extingue a pena. Para a vadiagem, a pena é de prisão simples de 15 dias a 3 meses.

✱ *V. LCP (Dec.-Lei nº 3.688 – Lei das Contravenções Penais), art. 59.*

HASTA – Venda judicial de bens pelo maior lance.

HASTA PÚBLICA – Venda em leilão de bens imóveis, realizado por funcionário da Justiça ou por outra pessoa indicada pelo juiz, de bens de executado ou que devam ser alienados para os herdeiros receberem o que lhes é devido. São duas as modalidades: a praça e o leilão judicial. Diz-se também do local onde se faz o leilão.

HERANÇA – Todos os bens deixados pelo *de cujus*, incluindo o patrimônio ativo e passivo. Alteração introduzida pelo atual Código Civil determina que marido e mulher passem a ser herdeiros, em igualdade com os filhos. Não se divide até o momento da partilha. Aberta a sucessão, o domínio e a posse da herança passam aos herdeiros legítimos e testamentários. Marido e mulher, pelo CC/2002, passam a ser herdeiros, em igualdade com os filhos. A aceitação da herança pode ser *expressa* ou *tácita*. Se o herdeiro falecer antes de declarar que aceita a herança, passa esse direito aos herdeiros, a menos que haja condição suspensiva ainda não verificada. Se, com a renúncia, o herdeiro prejudica a credores, estes, com ordem judicial, poderão aceitá-la em nome do renunciante e, pagas as dívidas deste, o remanescente será devolvido aos outros herdeiros. Não responde o herdeiro por encargos superiores ao valor da herança, mas fica sob sua incumbência provar o excesso, a menos que exista inventário que a dispense, provando o valor dos bens herdados. O renunciante pode retratar-se da renúncia, se esta provir de violência, erro ou dolo, ouvidos os interessados. A aceitação pode retratar-se, se não prejudicar credores. A renúncia da herança só pode ser feita por escritura pública ou termo judicial. A herança da pessoa viva não pode ser objeto de contrato. Considera-se a sucessão aberta como bem imóvel, para os efeitos legais. Diz-se a herança:

Jacente: Herança deixada para herdeiros desconhecidos.

✱ *V. CC: arts. 1.819 a 1.823.*

✱ *V. CPC/1973: arts. 1.142 a 1.157.*

✱ *V. CPC/2015, arts. 738 a 743.*

Legítima ou intestada: cujo domínio e posse se transmitem aos herdeiros não por testamento, mas conforme a vocação legal e em obediência aos graus de parentesco.

Testamentária: a que se transmite por ato de última vontade, em testamento válido ou em codicilo. Não pode exceder da metade dos bens do testador, se ele tiver descendentes ou ascendentes com capacidade para suceder.

Vacante ou vaga: É a herança que não possui herdeiros, sendo devolvida ao Estado. A herança jacente torna-se vacante se não aparecerem os herdeiros depois de 1 ano da conclusão do inventário.

✱ *V. CC: arts. arts. 39, parágrafo único, 80, II, 91, 1.659, 1.660, 1.747, 1.774, 1.784 a 1.790, 1.820 a 1.823, 1.955 a 1.957, 2.007 e 2.008.*

✱ *V. CPC/1973: art. 1.157.*

✱ *V. CPC/2015, arts. 48, 75, 738 a 743.*

✱ *V. LINDB (Lei de Introdução às Normas do Direito Brasileiro), art. 10, §§ 1º e 2º.*

✱ *V. Súm. nº 149 do STF.*

HERDEIRO – Pessoa chamada à sucessão legítima ou testamentária de outra; sucessor da totalidade ou de parte dos bens do *de cujus*, com direitos e encargos.

✱ *V. CF, art. 227, § 6º.*

✱ *V. CC, arts. 1.784 a 1.787, 1.843, 1.851, 1.856, 1.848, 1.850 e 1.947.*

✱ *V. Lei nº 8.069/1990 (Estatuto da Criança e do Adolescente – ECA), art. 41.*

✱ *V. Lei nº 9.610/1998 (Lei dos Direitos Autorais).*

HEREDITARIEDADE – Relação entre gerações sucessivas. Transmissão hereditária dos caracteres físicos ou psíquicos dos ascendentes aos descendentes. Qualidade de herdeiro; sucessão.

HERMENEUTA – Aquele que é versado em Hermenêutica. Intérprete da lei; jurista.

HERMENÊUTICA JURÍDICA – Ciência da interpretação de textos da lei; tem por objetivo o estudo e a sistematização dos processos a serem aplicados para fixar o sentido e o alcance das normas jurídicas, seu conhecimento adequado, adaptando-as aos fatos sociais.

HETERONOMIA DA NORMA JURÍDICA – Qualidade de a norma jurídica ser imposta, coercitivamente, ao indivíduo, independentemente de sua vontade. Opõe-se à autonomia da norma moral, que não contraria a vontade individual, somente sendo válido o ato moral se livre e espontâneo, porque a heteronomia da norma jurídica submete ao seu império, pela coerção, se preciso, a vontade do destinatário, exigindo total obediência.

HIPOSSUFICIENTE – Pessoa de escassos recursos econômicos, de pobreza constatada, que deve ser auxiliada pelo Estado, incluindo-se assistência jurídica.

✱ *V. CF, art. 203, V.*

HIPOTECA – Direito real de garantia sobre imóvel, sendo que este permanece na posse de seu proprietário. O imóvel permanece na posse do proprietário. Trata-se de contrato acessório que se forma ao lado da obrigação principal. Os navios e os aviões são passíveis de hipoteca, já que são considerados bens imóveis.

✱ *V. CC, arts. 1.473 a 1.505.*

✱ *V. Lei nº 6.015/1973 (Lei dos Registros Públicos), arts. 167 e 176.*

HOLDING – Empresa que controla outras por ter a maioria das ações destas. Próprio do Direito americano, já em uso no Brasil. Sociedade controladora.

HOMESTEAD – Termo inglês que indica o bem de família.

HOMICÍDIO – Ato voluntário ou involuntário através do qual uma pessoa põe termo à vida de outra. Trata-se de conduta tipificada como crime e pode ser: I – *culposo*, quando decorre de imprudência, imperícia ou negligência do agente; II – *doloso*, quando o agente quis o resultado morte, podendo este ser: *a*) *qualificado*, quando cometido por qualquer dos motivos enumerados no § 2º do art. 121 do CP, dentre eles o homicídio contra agente de segurança pública, seu cônjuge ou companheiro ou parente consanguíneo até 3º grau; ou *b*) *simples*, quando cometido sem a presença das qualificadoras. O homicídio simples se subdivide em duas modalidades: 1. *por motivo de relevante valor social ou moral*; 2. *emocional*, sob o domínio de violenta emoção provocada injustamente, no momento anterior, pela vítima. Esses dois casos ensejam a diminuição da pena. O homicídio pode dar causa à indenização civil, conforme dispõe o art. 948 do CC. A Lei nº 13.142/2015 estabeleceu como qualificadora o homicídio praticado contra agente de segurança pública, o seu cônjuge ou companheiro ou parente consanguíneo até 3º grau. A Constituição diz que certos crimes, classificados de *hediondos*, terão as suas penas agravadas e são insuscetíveis de graça ou anistia, além de inafiançáveis. A Lei nº 8.930/1994 deu nova redação ao art. 1º da Lei nº 8.072/1990: o homicídio simples, mas ligado aos grupos de extermínio, e também o qualificado, são considerados crimes hediondos, porém não apenados como tal; o de envenenamento de água potável ou de substância alimentícia ou medicinal, qualificado pela morte, foi excluído dos crimes hediondos, mas continua com pena agravada.

✱ *V. CF, art. 5º,* caput, *e XLIII.*

✱ *V. CC, art. 948.*

✱ *V. CP, art. 121.*

HOMIZIAR – Dar guarida, conscientemente, ao delinquente, furtá-lo à ação da polícia ou da justiça.

HOMOAFETIVIDADE – *V. Homossexualidade.*

HOMOLOGAÇÃO – Ato pelo qual o juiz competente aprova um ato processual. Sentença judicial que permite ou autoriza a execução de outra.

✱ *V. CF, art. 105, I,* i.

✱ *V. CC, arts. 1.467 a 1.471.*

✱ *V. Lei nº 9.610, de 1998 (Lei dos Direitos Autorais).*

✱ *V. CPC/1973: arts. 158, parágrafo único, 483, 484 e 874 a 876.*

✱ *V. CPC/2015, arts. 703 a 706.*

HOMOSSEXUAL – 1. Pessoa sexualmente atraída por indivíduos do mesmo sexo 2. Praticante de relações sexuais com pessoas do mesmo sexo. 3. Relativo à homossexualidade ou homossexualismo.

HOMOSSEXUALIDADE – 1. Orientação sexual caracterizada pela atração por pessoas do mesmo sexo. 2. Práticas sexuais com pessoas do mesmo sexo. 3. Definições mais recentes tentam distinguir os termos *homossexualidade*, que seria a orientação sexual, do termo *homossexualismo*, que seria a prática de atos homossexuais. Há também referência na literatura ao termo *homossexualismo* em sentido pejorativo, ou como desvio patológico de conduta, definição abolida pela Organização Mundial da Saúde, que excluiu qualquer menção a este respeito no Catálogo Internacional de Doenças (CID). 4. Também se observam definições no sentido de distinguir o termo *homoafetividade*, que seria uma relação homossexual com traços afetivos permanentes e/ou conhecimento público, o que se equipara ao conceito de união estável. 5. Na literatura também se verifica, por vezes, o emprego do termo *pederastia* como sinônimo de homossexualismo masculino, mas que, a rigor, deve ser utilizado apenas para relações envolvendo um homem jovem e outro mais velho. 6. Em alguns países já existem leis que reconhecem a união entre homossexuais, prevendo-se mesmo o direito à herança. 7. O STF, por unanimidade de votos, julgou procedentes a ADPF nº 132 e a ADIN nº 4.277, com eficácia *erga omnes* e efeito vinculante, para dar ao art. 1.723 do CC/2002 interpretação conforme à CF, para dele excluir qualquer significado que impeça o reconhecimento da união contínua, pública e duradoura entre pessoas do mesmo sexo como entidade familiar.

HOMOSSEXUALISMO – V. *Homossexualidade.*

HONORÁRIOS DE ADVOGADO – Pagamento devido ao advogado pela parte vencida na ação. Os honorários são de, no mínimo, 10% e, no máximo, 20% sobre o valor em que for condenado o vencido.

✱ V. *CPC/1973: arts. 20 e 21.*

✱ V. *CPC/2015, arts. 82 a 97 e 827.*

De sucumbência: Honorários que o sucumbente (quem perde) é obrigado a pagar. A Lei nº 13.467/2017 (Reforma Trabalhista) fixou a responsabilidade pelo pagamento dos honorários periciais da parte sucumbente na pretensão objeto da perícia, ainda que (antes era "salvo se") beneficiária da justiça gratuita, com a ressalva da situação em que esta não recebe em juízo créditos capazes de suportar esta despesa, mesmo em processo diverso, pois neste caso a União responderá pelo encargo. Ademais, os honorários periciais observarão o limite máximo estabelecido pelo Conselho Superior da Justiça do Trabalho, poderão ser parcelados, se o juiz autorizar, mas não poderá o juízo exigir adiantamento de valores para realizar perícias. A referida lei incluiu também orientações sobre honorários advocatícios de sucumbência na CLT que serão fixados entre o mínimo de 5% (cinco por cento) e o máximo de 15% (quinze por cento) sobre o valor que resultar da liquidação da sentença, do proveito econômico obtido ou, não sendo possível mensurá-lo, sobre o valor atualizado da causa. Igualmente quanto aos honorários advocatícios, os beneficiários da justiça gratuita arcarão com o pagamento que ficará sob condição suspensiva de exigibilidade e somente poderá ser executado se, nos dois anos subsequentes ao trânsito em julgado da decisão, o credor demonstrar que deixou de existir a situação de insuficiência de recursos que justificou a concessão de gratuidade. Depois do referido prazo de 2 anos a obrigação de pagar do beneficiário da justiça gratuita se extingue. A Lei nº 13.660/2018 determinou que os honorários de intérprete judicial correm por conta da parte sucumbente, salvo se beneficiária de justiça gratuita. A Lei nº 14.365/2022 inseriu no art. 85 do CPC os §§ 6º-A, para proibir a fixação equitativa de honorários sucumbenciais nos casos em que o valor da condenação, do proveito econômico obtido ou o valor atualizado da causa for líquido ou liquidável, e 8º-A para, nos casos de fixação equitativa, o julgador atentar para a recomendação do Conselho Seccional da Ordem dos Advogados do Brasil ou o limite mínimo de 10% (dez por cento), aplicando-se o que for maior.

✱ V. *CLT, arts. 790-B, 791-A.*

✱ V. *CPC, art. 85, §§ 6º-A e 8º-A.*

✱ V. *Lei nº 8.906/1994 (Estatuto da Advocacia e a OAB), art. 23.*

HONORIS CAUSA – (Latim) Por motivo honorífico, para render homenagem; título honorífico dado a pessoa ilustre, nacional ou estrangeira.

HONRA – Qualidade de pessoa que procede corretamente, conforme os preceitos morais da sociedade. O CP enumera os crimes contra a honra. São eles: a calúnia, a difamação e a injúria.

✱ V. *CP: arts. 138 a 145.*

HORISTA – Empregado que recebe salário por hora trabalhada.

✱ V. *CLT: art. 478, § 3º.*

✱ V. *Súm. nº 199 do STF.*

HOSPITAL – 1. Proveniente de *hospitalis*, que, em latim, significa "casa de hóspedes". 2. Estabelecimento onde doentes são recebidos e tratados. 3. A Lei de Locações estabelece as condições em que o contrato de locação de imóvel utilizado por hospital poderá ser rescindido, bem como prazo específico no caso de decretação de despejo. 4. A Agência Nacional de Vigilância Sanitária (ANVISA), por meio de sua Diretoria Colegiada, editou resolução em que estabelece o Regulamento Técnico a ser observado na construção e reforma de hospitais. 5. O estado de calamidade pública, reconhecido oficialmente pelo Dec. Leg. nº 6, de 20-3-2020, gerado pela pandemia de Coronavírus (COVID-19) fez o Poder Público determinar a necessidade de auxílio financeiro por parte da União a hospitais filantrópicos e às santas casas.

✱ V. *Lei nº 8.245/1991 (Dispõe sobre as locações dos imóveis urbanos e os procedimentos a elas pertinentes), arts. 53 e 63, § 3º.*

✱ V. *Lei nº 13.995/2020 (Dispõe sobre a prestação de auxílio financeiro pela União às santas casas e hospitais filantrópicos, sem fins lucrativos, que participam de forma complementar do Sistema Único de Saúde (SUS), no exercício de 2020, com o objetivo de permitir-lhes atuar de forma coordenada no combate à pandemia da Covid-19).*

✱ V. *Res. RDC da ANVISA nº 50/2020 (Dispõe sobre o Regulamento Técnico para planejamento, programação, elaboração e avaliação de projetos físicos de estabelecimentos assistenciais de saúde).*

I

IDENTIDADE – 1. Qualidade de idêntico. 2. Conjunto de caracteres próprios e exclusivos de uma pessoa, que a distingue das demais. 3. A identidade *civil* é a que resulta de qualidades e atividades que individualizam alguém como ser social distinto, juridicamente, dito *pessoa;* e *física,* a que se baseia em caracteres somáticos do indivíduo como entidade humana e o diferem de outro. Prova-se, na vida civil, pela Carteira de Identidade ou por atos do Registro Civil; na esfera internacional, prova-se pelo passaporte. 4. É crime atribuir-se ou a terceiro falsa identidade para obter vantagem em proveito próprio ou alheio ou para causar dano a outrem; a pena é a de detenção de 3 meses a 1 ano ou multa, se o fato não é elemento de crime mais grave. Também é crime usar como próprio, passaporte, título de eleitor, carteira de reservista, ou documento de identidade alheia ou ceder a outrem, para que dele se utilize, documento dessa natureza, próprio ou de terceiro, apenado com detenção de 4 meses a 2 anos e multa, se o fato não for elemento de crime mais grave.

✱ *V. CP, arts. 307 e 308.*

De causas: circunstância de duas demandas serem idênticas, quando o objeto e os fundamentos do pedido são os mesmos.

De função: trata-se de requisito essencial para equiparação entre empregados que prestam serviços iguais com a mesma produtividade e a mesma perfeição técnica.

Física do juiz: princípio processual que determina seja mantido o mesmo juiz, da propositura da ação até o julgamento; o juiz que colher a prova deve julgar a causa. Esse princípio do CPC de 1939 foi atenuado no CPC/1973, em face do que dispõe o art. 132, sem correspondente no CPC/2015. Não se aplica o princípio quando há o julgamento antecipado da lide e também às cartas precatórias e aos recursos. Não se aplica a processos em que não há litígio entre as partes nem ao processo falimentar, ao mandado de segurança, às justificações de posse. Mas é nula a sentença de juiz substituto quando o titular, vinculado ao feito, estiver de férias. Na Justiça do Trabalho esse princípio poderia atentar, segundo os juristas, contra os princípios fundamentais do processo trabalhista: *informalidade, celeridade, oralidade, concentração.* Daí determinar o TST que o princípio da identidade física do juiz não se aplica às Varas do Trabalho, anteriormente denominadas Juntas de Conciliação e Julgamento.

✱ *V. CPC/1973, art. 132, sem correspondente no CPC/2015.*

✱ *V. CLT, arts. 644, 647, 654, 663 e 670.*

✱ *V. Súmulas nºs 217 e 262 do TFR.*

✱ *V. Súm. nº 136 do TST.*

✱ *V. CF, art. 5º, LIII, XXXVII.*

IDENTIFICAÇÃO – 1. Ato e efeito de identificar; reconhecimento. 2. Qualificação da pessoa e determinação de suas características peculiares, medidas antropométricas, fotografia para que possa ser conhecida. 3. O Dec. nº 10.900/2021 estabeleceu o Serviço de Identificação do Cidadão que é o conjunto de procedimentos de gestão e verificação da identidade das pessoas naturais perante a administração pública federal direta, autárquica e fundacional, por meio da Plataforma gov.br.

IDENTIFICAÇÃO CRIMINAL – Determinação da identidade de pessoa ou coisa para efeito de processo criminal. A Lei nº 12.037/2009 dispõe sobre a identificação criminal do civilmente identificado, regulamentando o art. 5º, LVIII, da CF.Com a publicação da Lei nº 12.654/2012 algumas modificações foram inseridas no ordenamento jurídico com relação a identificação criminal. O art. 5º da Lei nº 12.037/2009 teve acrescido o parágrafo único para que na hipótese do inciso IV do art. 3º, a identificação criminal poderá incluir a coleta de material biológico para a obtenção do perfil genético. Além disso, foram acrescidos os arts. 5º-A, 7º-A e 7º-B. Art. 5º-A. Os dados relacionados à coleta do perfil genético deverão ser armazenados em banco de dados de perfis genéticos, gerenciado por unidade oficial de perícia criminal. § 1º As informações genéticas contidas nos bancos de dados de perfis genéticos não poderão revelar traços somáticos ou comportamentais das pessoas, exceto determinação genética de gênero, consoante as normas constitucionais e internacionais sobre direitos humanos, genoma humano e dados genéticos. § 2º Os dados constantes dos bancos de dados de perfis genéticos terão caráter sigiloso, respondendo civil, penal e administrativamente aquele que permitir ou promover sua utilização para fins diversos dos previstos nesta Lei ou em decisão judicial. § 3º As informações obtidas a partir da coincidência de perfis genéticos deverão ser consignadas em laudo pericial firmado por perito oficial devidamente habilitado. (...) Art. 7º-A. A exclusão dos perfis genéticos dos bancos de dados ocorrerá no término do prazo estabelecido em lei para a prescrição do delito. Art. 7º-B. A identificação do perfil genético será armazenada em banco de dados sigiloso, conforme regulamento a ser expedido pelo Poder Executivo.

IDENTIFICAÇÃO DATILOSCÓPICA DO INDICIADO – Forma de identificação judiciária consistente no registro do desenho papilar existente na polpa dos dedos do indiciado. Esses desenhos são, rigorosamente, individuais.

✱ *V. CPP: art. 6º, VIII.*

IDOSO – 1. Pessoa de idade avançada. 2. Segundo a Lei nº 10.741/2003 (Estatuto da Pessoa Idosa), é idoso o indivíduo com idade igual ou superior a 60 (sessenta) anos. 3. Entretanto, o próprio Estatuto da Pessoa Idosa formula duas regras especiais, fixando idades diferenciadas. A primeira consta do art. 34, definindo como idosa, para o fim de acesso ao benefício assistencial de prestação continuada, a pessoa com mais de 65 (sessenta) e cinco anos, o que provoca uma discriminação das pessoas mais necessitadas em relação à regra geral. A segunda regra especial consta do art. 3º, § 2º, inserido pela Lei nº 13.466/2017, que assegura uma prioridade aos maiores de 80 (oitenta) anos em relação aos demais idosos, para atendimento de suas necessidades. 4. A Constituição garante prioridade aos idosos na formulação de políticas públicas assistenciais, na proteção familiar, no acesso ao transporte urbano, e na ordem de recebimento de créditos judiciais em face da Fazenda Pública, decorrente da expedição de precatórios e requisições de pequeno valor. 5. Em decorrência do estado de calamidade pública provocado pela epidemia por Coronavírus (COVID-19), foi aprovada a Lei nº 14.018/2020, prevendo o rateio de dotação orçamentária federal para entidades beneficentes assistenciais de cuidado a idosos, recurso voltado sobretudo para ações de prevenção e controle de infecção dos assistidos, compra de insumos, equipamentos e medicamentos, bem como para adequação dos espaços para isolamento de casos suspeitos e leves.

✱ *V. CF, arts. 100, § 2º, 203, I, e 230.*

✱ *V. Lei nº 10.741/2003 (Dispõe sobre o Estatuto da Pessoa Idosa e dá outras providências).*

✱ *V. Lei nº 14.018/2020 (Dispõe sobre a prestação de auxílio financeiro pela União às Instituições de Longa Permanência para Idosos (ILPIs), no exercício de 2020, em razão do enfrentamento da emergência de saúde pública de importância internacional decorrente do coronavírus [Covid-19]).*

IGNORÂNCIA – Ausência de conhecimento, não se confundindo com o erro, que é o conhecimento falso.

Da lei: não se pode alegar o desconhecimento da lei para escusar-se de cumpri-la. Mas no caso de ignorância ou de errada compreensão da lei, quando escusáveis, a pena pode deixar de ser aplicada (erro de direito).

✱ *V. LINDB (Lei de Introdução às Normas do Direito Brasileiro), art. 3º.*

✱ *V. LCP (Dec.-Lei nº 3.688/1941 – Lei das Contravenções Penais), art. 8º.*

✱ *V. CC: arts. 138 a 142.*

IGUALDADE RACIAL – Objetivo do Estatuto da Igualdade Racial, buscando garantir à população negra a efetivação da igualdade de oportunidades, a defesa dos direitos étnicos individuais, coletivos e difusos e o combate à discriminação e às demais formas de intolerância étnica. Outros diplomas legais vêm estabelecendo medidas de tutela metaindividual da população de etnias negra e parda, como a Lei nº 12.990/2014, que estabelece reserva de vagas em concursos públicos na Admnistração Pública federal, e a Lei nº 12.711/2012, que estabelece cotas em Instituições Federais de Ensino Superior.

✱ *V. CF, arts. 3, IV, 5º, XLII, 7º, XXX, e 215, § 1º,*

✱ *V. Lei nº 12.288/2010 (Institui o Estatuto da Igualdade Racial).*

✱ *V. Lei nº 7.347/1985 (Lei da Ação Civil Pública), arts. 1º, VII, 4º, 5º, V, 13, § 2º.*

✱ *V. Lei nº 7.716/1985 (Define os crimes resultantes de preconceito de raça ou de cor).*

✱ *V. Lei nº 9.029/1995 (Proíbe a exigência de atestados de gravidez e esterilização, e outras práticas discriminatórias para efeitos admissionais ou de permanência no trabalho), arts. 3º e 4º.*

✱ *V. Lei nº 12.711/2012 (Dispõe sobre o ingresso nas universidades federais e instituições federais de ensino técnico de nível médio), arts. 5º a 7º.*

✱ *V. Lei nº 12.990/2014 (Reserva vagas oferecidas em concursos públicos para cargos efetivos e empregos públicos no âmbito da Administração Pública federal, das autarquias, das fundações públicas, das empresas públicas e sociedades de economia mista controladas pela União). O STF, por unanimidade de votos, julgou procedente a ADECON nº 41 (DOU de 19-6-2017) para declarar a integral constitucionalidade desta lei.*

✱ *V. Convenção nº 111 da OIT (Convenção concernente à discriminação em matéria de emprego e profissão), ratificada pelo Dec. Leg. nº 104/1964 e promulgada pelo Dec. nº 62.150/1968.*

ILEGAL – Em oposição à lei, contrário à lei, proibido, vedado por lei; a que falta legalidade; ilícito.

ILEGALIDADE – Ato de infringir a lei; qualidade do que é ilegal.

ILEGÍTIMA – Diz-se da pessoa que não tem capacidade legal ou condições jurídicas para ingressar em juízo.

ILEGITIMIDADE – Característica do que é ilegítimo; a que faltam qualidades ou condições ou requisitos legais para sua validade, admissão ou reconhecimento.

Ad causam: ilegitimidade do autor para pleitear em juízo por carecer de direito de ação contra o réu ou não haver identidade entre a pessoa que se apresenta como tendo esse direito e aquela que poderia assumi-lo verdadeiramente, ou daquele contra quem a lei permite a ação.

Ad processum: falta de capacidade para estar em juízo, por si próprio ou por outrem, por não ter as condições legais exigidas para isso.

De parte: falta de capacidade, idoneidade legal ou interesse econômico ou moral da pessoa para propor ou contestar ação em juízo. É matéria de defesa que se aduz na contestação.

De procurador: incapacidade legal do mandatário que não dispõe de poderes regulares e bastantes para representar em juízo.

ILEGÍTIMO – Ilícito, improcedente, injusto, irregular, em desacordo com o Dir. Positivo; a que falta legitimidade, requisito, condições, qualidades para ser reconhecido por lei.

ILÍCITO – O que é proibido por lei, o que contraria o Direito e a Justiça, os bons costumes, a moral social ou a ordem pública e suscetível de pena. Pode dar-se por omissão ou ação.

Administrativo: ato ilegal praticado contra a Administração Pública.

Civil: atentado ao interesse de alguém, ao seu patrimônio, com obrigação de reparação de dano.

Penal: sinônimo de crime; atentado contra pessoa e o equilíbrio social, com aplicação de penas de detenção, reclusão, medida de segurança e multa.

Tributário: ação ou omissão para evitar, retardar ou reduzir o pagamento de tributo.

ILICITUDE – Qualidade do que é ilícito, proibido por lei.

IMIGRAÇÃO – Mudança de pessoas de um país para outro (Lei nº 6.815/1980. Revogada pela Lei nº 13.445, de

24-5-2017 (*DOU* de 25-5-2017), que define a situação jurídica do estrangeiro no Brasil e cria o Conselho Nacional de Imigração – Estatuto do Estrangeiro).

IMIGRANTE – Aquele que imigra, que sai de seu país para residir em outro. A Lei nº 13.445/2017 considera imigrante a "pessoa nacional de outro país ou apátrida que trabalha ou reside e se estabelece temporária ou definitivamente no Brasil".

✱ *V. Lei nº 13.445/2017 (Lei de Migração), art. 1º, § 1º, II.*

IMISSÃO DE POSSE – Ato judicial que dá a posse de alguma coisa a uma pessoa, a que ela faz jus e da qual estava privada.

✱ *V. Dec.-lei nº 1.075/1970 (Regula a imissão de posse,* initio litis, *em imóveis residenciais urbanos).*

IMITAÇÃO – Elemento físico essencial de contrafação, que consiste na reprodução dissimulada de caracteres que individualizam uma coisa ou obra, violando o direito do autor e induzindo as pessoas em erro.

IMORAL – Contrário à moral ou aos bons costumes.

IMÓVEL – O CC determina que imóvel em débito com o Fisco pode ser confiscado pelo Estado sem nenhum direito a indenização. O que é fixo ou está fixado em um lugar, sem que se possa removê-lo sem que se fragmente ou perca sua forma e substância; bem de raiz. A compra ou locação de imóvel para o serviço público dispensa licitação, desde que as necessidades de instalação ou localização condicionem a sua escolha pela Administração. Em caso contrário a compra ou a locação devem ser precedidas do procedimento licitatório cabível como dispõe o inciso IV do art. 23 do Estatuto. Perde-se o imóvel, rural ou urbano, quando está abandonado e tem débito por 3 anos com o Fisco (**V.** *Derrelisão*). Eles passam para o Município, sem que este precise indenizar o proprietário. Pode também ser confiscado pelo Estado sem direito algum à indenização.

✱ *V. Súm. nº 486 do STJ.*

✱ *V. CC, art. 1.276.*

✱ *V. Súm. nº 486 do STJ.*

Rural (Dir. Agrário): Prédio rústico de área contínua, qualquer que seja sua localização, destinado à exploração extrativa agrícola, pecuária ou agroindustrial, quer mediante planos públicos de valorização, quer mediante iniciativa privada.

✱ *V. Lei nº 5.709/1971 (Regula a aquisição de imóvel rural por estrangeiro residente no país), art. 15.*

✱ *V. Lei nº 8.009/1990 (Dispõe sobre a impenhorabilidade dos bens de família), arts. 3º, V, e 4º, § 2º.*

✱ *V. CF, arts. 5º, XXVI, 184, §§ 1º a 5º, e 189.*

✱ *V. Lei nº 4.504/1964 (Estatuto da Terra): art. 4º.*

✱ *V. CPC/2015, art. 833, VIII.*

IMPACTO AMBIENTAL – É qualquer alteração das propriedades físicas, químicas e biológicas do meio ambiente, causada por qualquer forma de matéria ou energia resultante das atividades humanas que, direta ou indiretamente, afetam a saúde, a segurança e o bem-estar da população; as atividades sociais e econômicas; a biota; as condições estéticas e sanitárias do meio ambiente; a qualidade dos recursos ambientais.

IMPEACHMENT – Impedimento. Processo de natureza político-criminal, de competência do Poder Legislativo. Objetiva apurar crimes de responsabilidade do Presidente da República (ou detentor de mandato executivo) e outras autoridades administrativas, impondo aos culpados a pena de destituição do cargo, em razão de malversação dos dinheiros públicos, gestão ruinosa dos negócios do governo ou infração grave a deveres funcionais.

IMPEDIMENTO – Obstáculo legal que impede alguém de praticar ato ou o exercício de seu cargo ou função. Oposição legal a casamento por ausência de requisitos essenciais.

Do Juiz: 1. Condição do Juiz que, prevista em lei, gera uma presunção absoluta de parcialidade, não pode atuar em um determinado processo. 2. O processo em que atue juiz impedido é nulo, e o vício pode ser declarado em qualquer tempo, enquanto pendente o feito de julgamento. 3. A sentença proferida por juiz impedido é rescindível, diferentemente do que ocorre em casos de suspeição do juiz.

✱ *V. CPC/1973, arts. 134 e 485, II.*

✱ *V. CPC/2015, arts. 144 e 966, II.*

✱ *V. art. 470 do CPP (com redação dada pela Lei nº 11.689/2008), que trata da arguição de impedimento, de suspeição ou de incompatibilidade contra o juiz presidente do Tribunal do Júri, órgão do Ministério Público, jurado ou qualquer funcionário.*

Do Presidente da República: Interrupção temporária do exercício do mandato do Presidente da República. Sendo admitida a acusação contra o Presidente da República, por dois terços da Câmara dos Deputados, será ele submetido a julgamento no STF, nas infrações penais comuns ou no Senado Federal nos crimes de responsabilidade. Será suspenso de suas funções recebida a denúncia ou queixa-crime no STF ou instaurado o processo no Senado. Decorridos 180 dias sem que o julgamento esteja concluído, cessará o afastamento do Presidente, sem prejuízo do regular prosseguimento do processo. Enquanto não houver sentença condenatória nas infrações comuns, o Presidente da República não estará sujeito à prisão.

✱ **V.** Impeachment.

✱ *V. CF: arts. 52, I, 79 e 80, 85 e 86, §§ 1º a 3º.*

Matrimonial: Ausência de alguma das condições que a lei exige ou existência de circunstância que torne impossível a celebração do casamento. Ocultar impedimento, que não seja casamento anterior, é crime apenado com detenção de 6 meses a 2 anos. Depende de queixa do contraente enganado e só pode ser intentada após transitar em julgado a sentença que, por motivo de erro ou impedimento, anular o casamento. Contrair casamento sabendo de impedimento que lhe cause a nulidade absoluta é crime; pena de detenção de 3 meses a 1 ano.

✱ *V. CC: arts. 1.518 a 1.521, 1.523.*

✱ *V. LINDB (Lei de Introdução às Normas do Direito Brasileiro): art. 7º, § 1º.*

✱ *V. CP: arts. 236, 238 e 239.*

IMPENHORABILIDADE – Que não pode ser penhorado. Garantia especial a bens patrimoniais que não podem ser objeto de penhora por credores, em virtude de disposição legal, testamentária ou por convenção: vencimentos dos magistrados, professores, funcionários públicos, soldo, salário, o bem de família, pensões e montepios, ferramentas e utensílios necessários ao exercício de profissão, bem inalienável, produto de espetáculo, pensão alimentícia etc. A impenhorabilidade dos bens públicos decorre de preceito constitucional que dispõe sobre a forma pela qual serão executadas as sentenças judiciárias, contra a Fazenda Pública, sem permitir a penhora de seus bens; mas admite o sequestro da quantia necessária à satisfação do débito desde que ocorram certas condições processuais.

✱ *V. CPC/1973: arts. 730 e 731.*

✱ *V. CPC/2015, art. 910.*

✱ *V. CF: art. 100.*

✱ *V. Lei nº 8.009/1990 (Dispõe sobre a impenhorabilidade de bem de família).*

IMPERATIVIDADE DO DIREITO – Diz-se do fato de a norma jurídica impor-se até coercitivamente, se for preciso.

IMPERATIVO CATEGÓRICO – Corresponde ao princípio da moral, pelo qual devemos agir de modo que o princípio de nossa ação esteja em correspondência com uma norma universal de comportamento.

IMPERÍCIA – 1. Falta de habilidade, de conhecimento ou de técnica adequada para a realização de uma atividade. 2. No caso de empreitada, o empreiteiro é obrigado a pagar os materiais que recebeu se os inutilizar por imperícia. 3. Médicos, cirurgiões, farmacêuticos, parteiras e dentistas são obrigados a satisfazer o dano sempre que da *imprudência, negligência,* ou *imperícia* em atos profissionais, resultar morte, inabilitação de servir ou ferimento. 4. O farmacêutico responde solidariamente pelos erros e enganos de seu preposto. 5. Nas relações de consumo, os fornecedores de serviço respondem, independentemente de culpa, pela imperícia na execução por seus prepostos. Contudo, no caso dos profissionais liberais, a responsabilidade depende de prova de culpa. 6. É um dos elementos do crime culposo, podendo ser elemento constitutivo de crimes próprios, ou seja, que só podem ser cometidos por determinadas pessoas.

✱ *V. CC, arts. 617 e 951.*

✱ *V. CDC, arts. 14 e 20.*

✱ *V. CP, art. 18, II.*

✱ *V. Lei nº 13.021/2014 (Dispõe sobre o exercício e a fiscalização das atividades farmacêuticas), art. 10.*

IMPETRANTE – O que pede ou impetra medida jurídica, como *habeas corpus* ou o mandado de segurança.

IMPOSTO – Tributo, contribuição, prestação pecuniária, direta ou indireta, que se paga ao Estado por várias de suas atividades, para ocorrer às despesas de administração, sem a obrigação de contraprestação de serviço. É a principal fonte de receita pública. É tributo cuja obrigação tem por fato gerador uma situação independente de qualquer atividade estatal específica, relativa ao contribuinte. A Constituição fixa as limitações do poder de tributar e a competência da União, dos Estados, do Distrito Federal e dos Municípios para instituir impostos. O imposto pode ser:

Causa mortis: imposto de transmissão de quaisquer bens ou direitos, cujo fato gerador é a morte do titular da herança.

De consumo: o que é aplicado nos produtos, antes de entrar em circulação, e recai no preço pago pelo consumidor.

De importação e exportação: cobrado sobre entrada e saída de mercadorias no país.

De indústria e profissão: exigido de pessoa natural ou jurídica para que possa exercer o comércio, a indústria, profissão ou ofício.

De licença: renovável anualmente pelo Município de quem explora atividade comercial; é chamado Tarifa de Licença de Funcionamento (TLF).

De selo: o que é pago por verba.

Direto: quando atinge especificamente o patrimônio, o capital, os produtos.

Extraordinário: o que é lançado por uma necessidade eventual e que com ela desaparece.

Imposto sobre Bens e Serviços (IBS): imposto autorizado pela Constituição Federal, através da EC nº 132/2023, destinado a unificar o ICMS e o ISS por meio de lei complementar para instituí-lo. A competência é compartilhada entre Municípios, Estados e Distrito Federal.

✱ *V. CF, art. 156-A.*

✱ *V. EC nº 132/2023 (Altera o Sistema Tributário Nacional).*

Indireto: não incide sobre o nome do contribuinte, mas sobre seus atos econômicos ou o produto em circulação que ele consome.

Ordinário: o que está inserido no sistema financeiro do país e em seu orçamento anual.

Pessoal: o que recai sobre o indivíduo, como o imposto de renda.

Progressivo: o que aumenta gradativamente, de acordo com o aumento do número, rendimento ou valor da coisa sobre a qual incide.

Proporcional: calculado por taxa uniforme conforme a capacidade tributária da pessoa ou o montante das vantagens que aufere.

Real: o que incide sobre coisas ou direitos reais, como o imposto territorial.

Sindical: *V. Contribuição.*

Sobre a propriedade de veículos automotores (IPVA): compete aos Estados e ao Distrito Federal e consiste em tributo patrimonial sobre veículos, proporcional à data de fabricação do carro e ao seu valor de mercado cobrado anualmente. Poderá ter alíquotas diferentes conforme o tipo, valor, utilização e impacto ambiental do bem. Há imunidades trazidas pela EC nº 132/2023, quais sejam, aeronaves agrícolas e de operador certificado para prestar serviços aéreos a terceiros, embarcações de pessoa jurídica que detenha outorga para prestar serviços de transporte aquaviário ou de pessoa física ou jurídica que pratique pesca industrial, artesanal, científica ou de subsistência, plataformas suscetíveis de se locomoverem na água por meios próprios, inclusive aquelas cuja finalidade principal seja a exploração de atividades econômicas em águas territoriais e na zona econômica exclusiva e embarcações que tenham essa mesma finalidade principal, bem como tratores e máquinas agrícolas.

✱ *V. CF, art. 155, § 6º.*

✱ *V. EC nº 132/2023 (Altera o Sistema Tributário Nacional).*

Sobre a propriedade predial e territorial urbana (IPTU): compete aos Municípios, tendo como fato gerador a propriedade, o condomínio útil ou a posse de bem imóvel em zona urbana. Pode ser progressivo. A EC nº 116/2022 estabeleceu imunidade a templos de qualquer culto mesmo quando locatários do bem imóvel onde estão localizados. A EC nº 132/2023 fixou que o Poder Executivo pode atualizar a base de cálculo do IPTU, sem necessidade de lei, mas os critérios para tal atualização deverão constar de lei municipal.

✱ *V. CF, art. 156, § 1º, III.*

✱ *V. EC nº 116/2022 (Acrescenta § 1º-A ao art. 156 da Constituição Federal para prever a não incidência sobre templos de qualquer culto do Imposto sobre a Propriedade Predial e Territorial Urbana (IPTU), ainda que as entidades abrangidas pela imunidade tributária sejam apenas locatárias do bem imóvel)*

✱ *V. EC nº 132/2023 (Altera o Sistema Tributário Nacional).*

Sobre a propriedade territorial rural (ITR): compete à União e tem como fato gerador a propriedade, o domínio útil ou a posse de bem imóvel, fora da zona urbana do Município. Visa desestimular propriedades improdutivas e não incide sobre pequenas glebas desde que exploradas pelo próprio dono que outra não tenha.

Sobre a renda e proventos de qualquer natureza (IR): compete à União e tem como fato gerador a aquisição da disponibilidade econômica ou jurídica de renda, isto é, o produto do capital, do trabalho ou da combinação de ambos, e de proventos de qualquer natureza. De acordo com o art. 56-A da Lei nº 9.430/1996 acrescido pela Lei nº 12.873/2013, "a entidade privada de abrangência nacional e sem fins lucrativos, constituída pelo conjunto das cooperativas de crédito e dos bancos cooperativos, na forma da legislação e regulamentação próprias, destinada a administrar mecanismo de proteção a titulares de créditos contra essas instituições e a contribuir para a manutenção da estabilidade e a prevenção de insolvência e de outros riscos dessas instituições, é isenta do imposto de renda, inclusive do incidente sobre ganhos líquidos mensais e do retido na fonte sobre os rendimentos de aplicação financeira de renda fixa e de renda variável, bem como da contribuição social sobre o lucro líquido. § 1º Para efeito de gozo da isenção, a referida entidade deverá ter seu estatuto e seu regulamento aprovados pelo Conselho Monetário Nacional. § 2º Ficam autorizadas as transferências, para a entidade mencionada no *caput*, de recursos oriundos de recolhimentos realizados pelas cooperativas de crédito e bancos cooperativos, de forma direta ou indireta, ao Fundo Garantidor de Crédito de que trata o art. 4º da Lei nº 9.710, de 19 de novembro de 1998. § 3º As transferências dos recursos de que trata o § 2º não serão tributadas, nos termos deste artigo. § 4º Em caso de dissolução, por qualquer motivo, da entidade de que trata o *caput*, os recursos eventualmente devolvidos às associadas estarão sujeitos à tributação na instituição recebedora, na forma da legislação vigente. § 5º O disposto neste artigo entra em vigor no dia seguinte ao da aprovação pelo Conselho Monetário Nacional do estatuto e do regulamento da entidade de que trata o *caput*. O Dec. nº 9.580/2018 aprovou o Regulamento do Imposto sobre a Renda e Proventos de Qualquer Natureza a ser observado quando da cobrança, fiscalização, arrecadação e administração do referido imposto.

✱ ***V.*** *Dec. nº 9.580/2018 (Regulamenta a tributação, a fiscalização, a arrecadação e a administração do Imposto sobre a Renda e Proventos de Qualquer Natureza).*

✱ ***V.*** *Súm. nº 498 do STJ.*

Sobre grandes fortunas: previsto na Constituição, de competência da União, depende de regulamentação, por lei complementar.

Sobre operações de crédito, câmbio e seguro ou relativos a títulos ou valores mobiliários (IOF): compete à União e vem discriminado no Código Tributário Nacional.

✱ ***V.*** *Dec. nº 6.306/2007 (Regulamenta o Imposto sobre Operações de Crédito, Câmbio e Seguro, ou relativas a Títulos ou Valores Mobiliários – IOF).*

Sobre operações relativas à circulação de mercadorias e sobre prestações de serviços de transporte interestadual e intermunicipal e de comunicação (ICMS): compete aos Estados e ao Distrito Federal; é uma ampliação do antigo Imposto sobre Circulação de Mercadorias (ICM), com a absorção dos impostos sobre transportes interestaduais e intermunicipais e o de comunicações. A EC nº 132/2023 trouxe o Imposto sobre Bens e Serviços (IBS) que unificará o ICMS e o ISS.

✱ ***V.*** *CF, art. 156-A.*

✱ ***V.*** *EC nº 132/2023 (Altera o Sistema Tributário Nacional).*

✱ ***V.*** *Súm. Vinculante nº 32 (O ICMS não incide sobre alienação de salvados de sinistro pelas seguradoras).*

✱ ***V.*** *Súm. nº 350 do STJ.*

Sobre produtos industrializados (IPI): 1. Compete à União e incide sobre a produção de mercadorias industrializadas. Originalmente denominado *imposto de consumo*, passando à atual denominação com o Código Tributário Nacional em 1966. Tem como fato gerador: seu desembaraço na alfândega, quando importadas; sua saída dos estabelecimentos; sua arrematação, quando apreendidas ou abandonadas e levadas a leilão. Embora a doutrina sustente a *extrafiscalidade* desse imposto, destinado originalmente ao controle pela União das atividades econômicas industriais, tornouse importante fonte de receita, sendo o segundo imposto com maior arrecadação federal. 2. O Código Tributário Nacional equipara o importador ao industrial, o que leva a uma dupla incidência, na entrada de produtos em estabelecimentos de importação e, depois, na saída da mercadoria, ainda que sem algum beneficiamento. Essa situação levou à elevada judicialização da matéria, sob a alegação de bitributação, vindo o Superior Tribunal de Justiça a concluir, no julgamento dos Embargos de Divergência em Recurso Especial nº 1.403.532, em 14-10-2015, pela legalidade desse procedimento, visto que o IPI apenas incide, na segunda operação, sobre o valor agregado da mercadoria. 3. A CF/1988 prevê que o IPI será não cumulativo, podendo os contribuintes se creditarem dos montantes cobrados em operações realizadas em etapas anteriores da cadeia produtiva. Entretanto, diversos contribuintes evocavam o direito a se creditarem de valores fictícios (créditos presumidos), decorrentes da aplicação de alíquotas do imposto sobre insumos isentos, sujeitos à alíquota zero ou não tributáveis, induzindo a judicialização da questão, com o STF reiteradamente decidindo a favor do Fisco, editando, afinal, a Súm. Vinc. nº 58 em 2020. 4. A Lei nº 8.989/1995 prevê a isenção de IPI na aquisição de veículos adaptados para pessoas com deficiência física. No entanto, a regulamentação desse direito por normas infralegais estabelece a necessidade de comprovação da deficiência por laudo oficial, que ateste a atualidade e permanência das limitações físicas do condutor. Ademais, entendimentos internos da Receita Federal restringem a benesse à aquisição de veículos por pessoas que efetivamente dirijam o automóvel, rejeitando a isenção quando conduzido por terceiro. Tais restrições levam as controvérsias ao Judiciário, que, em geral, vem firmando entendimentos favoráveis aos contribuintes. A Lei nº 14.183/2021 alterou a Lei nº 8.989/1995 para modificar a concessão da isenção relativa ao Imposto sobre Produtos Industrializados incidente na aquisição de automóveis por pessoa com deficiência. Até 31 de dezembro de 2021, a aquisição com isenção somente se aplica a veículo novo cujo preço de venda ao consumidor, incluídos os tributos incidentes, não seja superior a R$ 140.000,00 (cento e quarenta mil reais). Posteriormente, a Lei nº 14.287/2021 prorrogou a referida isenção até 31 de dezembro de 2026, estendeu o benefício para as pessoas com deficiência auditiva, bem como elevou o limite do preço de venda ao consumidor para R$ 200.000,00 (duzentos mil reais).

✱ ***V.*** *CF, art. 153, IV e § 3º.*

✱ ***V.*** *CTN, arts. 46 a 51.*

✱ ***V.*** *Lei nº 4.502/1964 (Dispõe sobre o Imposto de Consumo).*

✱ ***V.*** *Lei nº 7.798/1989 (Altera a legislação do Imposto sobre Produtos Industrializados – IPI).*

✱ ***V.*** *Lei nº 8.989/1995 (Dispõe sobre a isenção do Imposto sobre Produtos Industrializados – IPI, na aquisição de automóveis para* *utilização no transporte autônomo de passageiros, bem como por pessoas portadoras de deficiência física).*

✱ **V.** *Lei nº 14.183/2021 (Altera a Lei nº 8.989, de 24 de fevereiro de 1995, para modificar a concessão da isenção relativa ao Imposto sobre Produtos Industrializados incidente na aquisição de automóveis por pessoa com deficiência, dentre outras disposições), art. 2º.*

✱ **V.** *Lei nº 14.287/2021 (Altera a Lei nº 8.989, de 24 de fevereiro de 1995, para prorrogar a isenção do Imposto sobre Produtos Industrializados (IPI) na aquisição de automóveis de passageiros e para estender o benefício para as pessoas com deficiência auditiva), art. 3º.*

✱ **V.** *Dec. nº 7.212/2010 (Regulamenta a cobrança, fiscalização, arrecadação e administração do Imposto sobre a Produtos Industrializados – ITR).*

✱ **V.** *Súm. Vinc. nº 58.*

✱ **V.** *Súmulas nºs 411 e 495 do STJ.*

Sobre propriedade territorial rural (ITR): 1. É um imposto federal, de competência exclusiva da União (art. 153, VI, da CF). Seu fato gerador é o domínio útil ou a posse do imóvel, localizado fora do perímetro urbano do município. Os contribuintes podem ser o proprietário do imóvel (tanto pessoa física quanto pessoa jurídica), o titular do seu domínio útil ou o seu possuidor a qualquer título. A alíquota varia de acordo com a área da propriedade e seu grau de utilização. A base de cálculo é o valor da terra sem qualquer tipo de benfeitoria ou beneficiamento (inclusive plantações). Sua função é extrafiscal. Funciona como instrumento auxiliar de disciplinamento do poder público sobre a propriedade rural. 2. A CF/1988 autoriza a celebração de convênios entre a União e municípios para cobrança do imposto. Entretanto, caso o contribuinte esteja inadimplente, a cobrança judicial do executivo fiscal cabe sempre à Fazenda Nacional. 3. Na medida em que o imposto incide sobre o valor da terra nua tributável, e esta base de cálculo é afetada pelo grau de utilização da propriedade rural, o STJ formou jurisprudência que afasta a exigibilidade do tributo em casos de invasão de terras por posseiros ou movimentos agrários, uma vez que o produtor fica impossibilitado de intervir na sua propriedade.

✱ **V.** *CF, art. 153, VI, e § 4º.*

✱ **V.** *CTN, arts. 29 a 31.*

✱ **V.** *Lei nº 9.393/1996 (Dispõe sobre o Imposto sobre a Propriedade Territorial Rural – ITR).*

✱ **V.** *Dec.-Lei nº 57/1966 (Dispõe sobre o lançamento e cobrança do Imposto sobre a Propriedade Territorial Rural).*

✱ **V.** *Dec. nº 4.382/2002 (Regulamenta a tributação, fiscalização, arrecadação e administração do Imposto sobre a Propriedade Territorial Rural – ITR).*

✱ **V.** *Súm. nº 139 do STJ.*

Sobre serviços de qualquer natureza (ISS): compete aos Municípios e seu fato gerador é a prestação de serviço por empresa ou profissional autônomo, com ou sem estabelecimento fixo, tendo por base de cálculo o preço do serviço. A EC nº 132/2023 trouxe o Imposto sobre Bens e Serviços (IBS) que unificará o ISS e o ICMS.

✱ **V.** *CF art. 156-A.*

✱ **V.** *EC nº 132/2023 (Altera o Sistema Tributário Nacional).*

✱ **V.** *Súm. Vinculante nº 31 (É inconstitucional a incidência do Imposto Sobre Serviços de qualquer natureza – ISS sobre operações de locação de bens móveis).*

Sobre transmissão "causa mortis" e doação: compete aos Estados e ao Distrito Federal e seu fato gerador é a transmissão *causa mortis* de imóveis e a doação de quaisquer bens ou direitos.

Sobre transmissão "de imóveis": compete aos Municípios (antes da atual Constituição era dos Estados) que ficam com o produto da sua arrecadação. O imposto é devido na aquisição por usucapião.

✱ **V.** *CTN: arts. 16, 23, 28, 29 a 34, 35 a 42, 43 a 51 e 63.*

✱ **V.** *CF: arts. 153, I e III a VII, 155 e 156, I e II.*

✱ **V.** *Dec.-lei nº 406/1968 (Dispõe sobre normas gerais de direito financeiro aplicáveis ao ICMS e ao ISS).*

✱ **V.** *Súm. Vinculante nº 29 (É constitucional a adoção, no cálculo do valor de taxa, de um ou mais elementos da base de cálculo própria de determinado imposto, desde que não haja integral identidade entre uma base e outra).*

IMPOTÊNCIA SEXUAL (MEDICINA LEGAL) – Incapacidade para a prática da conjunção carnal ou para procriação.

IMPRESCRITIBILIDADE – Caráter do direito ou da ação que não está sujeito a prescrição. A imprescritibilidade dos bens públicos é consequência lógica de sua inalienabilidade originária, daí não ser possível a invocação de usucapião sobre eles.

✱ **V.** *Súm. nº 340 do STF.*

IMPROBIDADE – Desonestidade; falta de retidão, de honradez, na conduta da pessoa. O ato de improbidade constitui justa causa para rescisão do contrato de trabalho pelo empregador.

✱ **V.** *CLT, art. 482,* a.

Administrativa: condutas lesivas ao patrimônio público, tipificadas na Lei nº 8.429/1992, que dispõe sobre as sanções aplicáveis aos agentes públicos nos casos de enriquecimento ilícito no exercício do mandato, cargo, emprego ou função na administração pública direta, indireta e fundacional. As condutas tipificadas na referida lei foram alteradas pela Lei nº 14.230/2021 que, também, acrescentou novas condutas.

✱ **V.** *Lei nº 8.429/1992 (Dispõe sobre as sanções aplicáveis em virtude da prática de atos de improbidade administrativa, de que trata o § 4º do art. 37 da Constituição Federal; e dá outras providências), arts. 9º a 11.*

✱ **V.** *Lei nº 14.230/2021 (Altera a Lei nº 8.429, de 2 de junho de 1992, que dispõe sobre improbidade administrativa), art. 2º.*

IMPROCEDÊNCIA – Rejeição, recusa. A que falta fundamento jurídico ou apoio na prova dos autos (pedido, queixa, reclamação, denúncia, recurso).

IMPROCEDÊNCIA DA AÇÃO – Indeferimento do pedido. Sem origem ou fundamento legal. **V.** *Procedência.*

IMPROCEDENTE – Que não procede, que não merece acolhida em juízo, não se ampara na lei nem na prova dos autos.

IMPRONÚNCIA (DIR. PROC. PENAL) – Sentença declaratória judicial, que não acolhe a denúncia ou queixa. Oposto a *pronúncia* (q.v.). Contra sentença de impronúncia ou de absolvição sumária caberá recurso de apelação.

✱ **V.** *arts. 413 a 421 do CPP (com redação dada pela Lei nº 11.689/2008).*

IMPRUDÊNCIA – Um dos elementos da culpa; consiste na falta involuntária de atenção e de observância de medidas de precaução e de segurança, de consequências previsíveis, que eram necessárias para evitar mal ou perigo ou a prática de infração. Aplica-se pena criminal e o agente é obrigado a reparar o dano. É um dos elementos do crime culposo.

IMPUGNAÇÃO – Oposição, contestação, repulsa. Conjunto de razões com que se impugna ou contraria pedido, ação, decisão ou recurso judicial. Réplica à defesa, deduzida pelo réu. Refutação à pretensão de outrem, ou a direito alegado ou deduzido.

IMPUGNAR – Contrariar ação ou pedido, com razões fundamentadas. Opor-se, não aceitar, não concordar.

IMPUNE – Que não foi punido, que escapou à punição.

IMPUNIDADE – Falta, omissão de castigo ou de penalidade. Pode ser: *de fato*, quando não se pode provar a culpa do acusado, ou por achar-se foragido; *de direito*, quando o réu obtém indulto ou perdão, ou está prescrita a ação penal a que estaria sujeito.

IMPUTABILIDADE – Qualidade do que é imputável, passível de imputação. Conjunto de circunstâncias especiais ou de condições necessárias que demonstram a existência de nexo causal entre o delito e seu presumível autor. Responsabilidade penal. A lei não define a imputabilidade, apenas enumera os estados que a excluem. Dezoito anos é o limite, a idade mínima; pessoas jurídicas não sofrem imputação, apenas seus dirigentes por seus atos. A imputabilidade pode ser restrita, se o agente, por doença ou retardo mental, tinha seu entendimento, sobre a natureza do ato que praticou, diminuído. Não excluem a imputabilidade penal a emoção ou a paixão, nem a embriaguez, voluntária ou culposa, pelo álcool ou substância de efeitos análogos. Mas é isento de pena o agente que, por embriaguez completa, proveniente de caso fortuito ou força maior, era, ao tempo da ação ou da omissão, inteiramente incapaz de entender o caráter ilícito do fato ou de determinar-se de acordo com esse entendimento.

✱ *V. CF: art. 228.*

✱ *V. CP: arts. 26 a 28.*

IMUNIDADE – 1. Privilégio. 2. Isenção. 3. Prerrogativa. Direitos exclusivos, conferidos a certas pessoas em razão de cargo, função ou posição oficial que ocupam.

Diplomática: garante a inviolabilidade da pessoa dos agentes diplomáticos e consulares estrangeiros, em virtude do princípio da extraterritorialidade.

Fiscal: Proibição constitucional da imposição de tributos sobre coisa, negócio, fato ou pessoa.

Parlamentar: Privilégio conferido ao Poder Legislativo para a garantia do livre exercício das funções parlamentares.

✱ *V. CF: arts. 27, § 1º, 32, § 3º, e 53, § 7º.*

✱ *V. Súmula e 245 do STF.*

INABILITAÇÃO – Falta de capacidade, física ou legal, para a prática de ato jurídico ou para o exercício de um direito ou de um cargo. No Dir. Administrativo, inabilitação é a rejeição do proponente que não apresenta os requisitos exigidos no edital, o que ocorre na fase de habilitação dos licitantes. Não se confunde com desclassificação, que é a rejeição da proposta de licitante já qualificado. O licitante inabilitado não pode participar das fases subsequentes da licitação, já que a inabilitação o exclui do certame.

✱ *V. Lei nº 8.666/1993 (Estatuto Licitatório): art. 41, § 4º. Esta Lei foi revogada pela Lei nº 14.133/2021.*

INADIMPLEMENTO – Descumprimento, retardamento, não satisfação de obrigação, total ou parcialmente.

INADIMPLÊNCIA – Atraso no pagamento de prestação vencida ou de cumprimento de cláusula contratual. O mesmo que inadimplemento. A Administração pode proceder à rescisão administrativa, por ato próprio e unilateral, devido à inadimplência do contratado ou por interesse do serviço público. A inadimplência pode ser culposa, se resulta de negligência, imprudência, imprevidência ou imperícia do contratado, quando a rescisão, além de pretender a continuidade do serviço público, constitui uma sanção, pois obriga o contratado a reparar o dano, além de outras sanções; e sem culpa, quando nenhuma indenização será devida pelo contratado, nem é lícito à Administração reter as garantias ou os pagamentos a que tem direito pelas obras, serviços ou fornecimentos já realizados, desde que o contratado não paralise a execução do contrato, pois, se o fizer, coloca-se na posição de inadimplente culposo, sujeitando-se a todas as suas consequências.

As escolas estão proibidas de reter documentos para transferência de alunos inadimplentes, ou de impor-lhes qualquer constrangimento ou impedimento de frequentar aulas ou ser impedido de fazer provas durante o período letivo. Prosseguindo, são procedimentos vetados pela Lei nº 9.870/1999, alterada por Medida Provisória em vigor e também pelo Código de Defesa do Consumidor (art. 42) por tratar-se de "medida abusiva". A escola pode cobrar a dívida judicialmente, porém está impedida de incluir o nome do devedor nas listas de proteção ao crédito e de não fornecer documento de conclusão de curso.

✱ *V. Lei nº 12.414/2011 (Lei do Cadastro Positivo).*

INALIENABILIDADE – Qualidade ou condição daquilo que não pode ser alienado. Qualidade jurídica da coisa que não pode ser legitimamente transferida do patrimônio de uma pessoa para a de outra, nem sujeita a ônus real, em razão de sua própria natureza, ou em virtude de lei, de cláusula, condição expressa ou disposição testamentária. Implica incomunicabilidade, mas esta pode ser estabelecida sem aquela. É crime previsto no CP vender ou permutar coisa própria inalienável, silenciando sobre o gravame. A cláusula de inalienabilidade inclui a incomunicabilidade dos bens. Os bens públicos são inalienáveis, a não ser na forma e casos que a lei prevê. O bem de família não pode ser alienado sem o consentimento dos interessados e seus representantes legais. Cláusula de inalienabilidade não impede a prescrição aquisitiva.

✱ *V. CC: arts. 100, 1.717 e 1.911.*

✱ *V. Lei nº 9.610/1998 (Altera, atualiza e consolida a legislação sobre direitos autorais).*

✱ *V. Súm. nº 49 do STF.*

INALIENÁVEL – Que não pode ser alienado; diz-se de coisa cuja propriedade não pode ser, juridicamente, transferida nem sofrer ônus em virtude de dispositivo legal, testamentário ou de cláusula expressa.

INAMOVIBILIDADE – Garantia que têm os magistrados de se manterem na comarca a que servem e de onde só serão removidos a pedido, por promoção aceita ou pelo voto de dois terços dos juízes efetivos do tribunal superior competente, se assim o exigir o interesse público. Prerrogativa de certos funcionários públicos de serem transferidos apenas a seu pedido ou consentimento.

✱ *V. CF: arts. 93, VIII, e 95, II.*

INCAPACIDADE – 1. Ausência de capacidade, de competência, de aptidão legal de alguém para desfrutar de direitos, exercer funções ou praticar atos de negócios jurídicos. 2. Os incapacitados são legalmente representados, caso estejam absolutamente impossibilitados de praticar atos por si mesmos, ou assistidos, nas hipóteses de capacidade relativa. A incapacidade jurídica é o reconhecimento de que não existem em uma pessoa os requisitos que, segundo a lei, são indispensáveis para o exercício de direitos. Determina-se a incapacidade pela idade, estado, saúde física ou mental das pessoas; o interesse da lei é evitar danos aos sujeitos envolvidos. 3. O Estatuto das Pessoas com Deficiência alterou diversos dispositivos do CC/2002, referentes à incapacidade, interdição e curatela, visando conferir maior autonomia aos indivíduos com restrições físicas, mentais, intelectuais ou sensoriais. 4. Diz-se também da situação do trabalhador que, por doença, acidente ou ferimentos graves, se torne temporária ou permanentemente inapto para o trabalho. *V. Incapaz.*

INCAPACIDADE JURÍDICA – Ausência de capacidade para o exercício de direitos determinados pela lei, pode ser:

✱ *V. CC: arts. 3º, 4º, 166 e 171.*

Civil: aquela expressamente consignada pela lei ou por sentença judicial, quando inerente a fatos relativos ao estado ou condição da pessoa na sociedade. Ela se subdivide em *absoluta* ou *total,* quando é proibido ao indivíduo praticar atos da vida civil. Assim o ato do *absolutamente incapaz* sofre pena de nulidade. Ele deve ser representado por outra pessoa, pai, tutor ou curador, conforme o caso; e *relativa* ou *parcial,* quando a pessoa não está apta a possuir e adquirir direitos, mas pode praticar atos jurídicos da vida civil, permitidos em lei, assim como todos os demais, com *assistência* de representante legal*:* pai, mãe, tutor ou curador. Logo, os *absolutamente incapazes* são *representados;* os *relativamente incapazes* são *assistidos.* Prescreve em 4 anos a ação para anular contrato celebrado por pessoa relativamente incapaz, contado o prazo do dia em que cessar a incapacidade. A sociedade dissolve-se também pela incapacidade de um dos sócios. A incapacidade de uma das partes não pode ser invocada pela outra em proveito próprio, salvo nas condições previstas em lei. As obrigações nulas são suscetíveis de fiança quando a nulidade resultar de incapacidade pessoal do devedor, menos no mútuo feito a menor sem autorização daquele sob cuja guarda estiver. O credor pode exigir a substituição de fiador que se tornar incapaz. Cessa o mandato pela mudança de estado que incapacite o mandante para conferir poderes ou o mandatário para os receber e exercer.

Natural ou de fato: a que resulta de estado ou condição somática ou psíquica.

✱ *V. CC, arts. 3º, 4º, 105, 641, 682, II, 824, 837, 1.860 e 1.861.*

INCAPAZ – 1. Aquele a quem a lei atribui incapacidade para os atos jurídicos da vida civil ou comercial. 2. Na Lei civil, são absolutamente incapazes de exercer pessoalmente os atos da vida civil os menores de 16 (dezesseis) anos. São incapazes, relativamente a certos atos ou à maneira de os exercer: os maiores de dezesseis e menores de dezoito anos; os ébrios habituais e os viciados em tóxico; aqueles que, por causa transitória ou permanente, não puderem exprimir sua vontade; os pródigos. A capacidade dos indígenas será regulada por legislação especial. A Lei nº 13.146/2015 deu nova redação aos arts. 3º e 4º do CC. O Estatuto das Pessoas com Deficiência, com vigência a partir de 3-1-2016, altera este rol, prevendo que apenas os menores de 16 anos serão considerados absolutamente incapazes, visando conferir maior autonomia aos indivíduos com restrições físicas, mentais, intelectuais ou sensoriais. Não se inclui, na proteção dada aos incapazes, o benefício da restituição. Os incapazes têm por domicílio o dos seus representantes. Obrigações contraídas por menores (entre 16 e 18 anos) são anuláveis, quando resultem de atos que pratiquem sem autorização de seus representantes, sem assistência do curador que neles devesse intervir. Não pode, para eximir-se de obrigação, invocar sua idade, se dolosamente a ocultou ou se espontaneamente se declarou maior. Equipara-se o menor ao maior quanto às obrigações resultantes de atos ilícitos em que for culpado. Ninguém pode reclamar o que, por obrigação anulada, pagou a incapaz, se não provar que reverteu em proveito dele a importância paga. Não corre prescrição entre descendentes e ascendentes durante o poder familiar, e entre tutelados e curatelados e seus tutores ou curadores durante a tutela ou a curatela. Se o credor for incapaz, far-se-á a consignação em pagamento. O prazo para o retrato, na retrovenda, prevalece mesmo contra o incapaz. Não corre prazo de usucapião contra imóvel de incapaz, enquanto durar a incapacidade. 3. Trabalhador com restrições para o exercício de suas atividades, em razão de doença ou acidente. A lei previdenciária garante benefícios ao trabalhador, como o *auxílio-doença* ao que fica incapacitado para o trabalho por mais de 15 dias, dispensando a carência de 12 contribuições mensais quando a incapacidade resulte de doenças como tuberculose, lepra, cegueira, loucura, câncer, paralisia, doenças graves do coração, AIDS, entre outras. Têm direito os empregados urbanos e rurais, os temporários, os avulsos, os segurados especiais, os presidiários que exerçam trabalho remunerado. Não têm direito: domésticos, empresários urbanos ou rurais, autônomos, eclesiásticos e facultativos. Não tem direito o segurado que estiver já incapaz para o trabalho ao começar a pagar a Previdência Social. Será aposentado por invalidez o segurado que, em gozo ou não do auxílio-doença, for considerado total e definitivamente incapaz, por exame médico pericial. Também terá aposentadoria por invalidez acidentária o segurado que, por acidente de trabalho, ficar incapaz total e permanentemente para atividade que lhe garanta a subsistência. O segurado ou seus dependentes têm direito a pecúlio acidentário em caso de invalidez ou morte decorrente de acidente de trabalho.

✱ *V. CC, arts. 3º, 4º, 76, 197, II, 198, I, 335, III, 544, 814, 1.767 a 1.778.*

INCESTO – União sexual entre homem e mulher parentes por consanguinidade, em grau vedado ao casamento. O casamento incestuoso é absolutamente nulo.

✱ *V. CC: arts. 1.521 e 1.522.*

INCIDÊNCIA TRIBUTÁRIA – Com a ocorrência do fato gerador, incide sobre ele o tributo previsto em lei.

INCIDENTAL – Que ocorre no curso de uma coisa. *V. Ação direta incidental.*

INCIDENTE DE FALSIDADE – A falsidade de um documento poderá ser arguida na contestação ou em 10 dias contados da intimação da sua juntada aos autos. O incidente de falsidade suspende o processo e será resolvido por sentença, que declarará a falsidade ou a autenticidade do documento.

✱ *V. CPC/1973: arts. 390 a 395.*

✱ *V. CPC/2015, arts. 430 a 433.*

INCISO – Elemento estrutural da divisão de artigo ou parágrafo para facilitar ou ampliar o entendimento do texto. Também se diz *item.*

INCITAÇÃO – Ato de estimular, incitar, provocar, instigar.

Ao crime: delito autônomo contra a paz pública, quando tem por objetivo impelir alguém, publicamente, à prática de um crime. Não se confunde com a participação criminosa nem se limita à simples proposta. A pena é de detenção de 3 a 6 meses e multa. O mesmo que *incitamento.*

✱ *V. CP, art. 286.*

INCOATIVA – Que começa, inicial, inceptiva. Empregada como sinônimo para petição inicial.

INCOLUMIDADE – Ilesibilidade. Condição de estar ileso, isento de perigo, dano ou ofensa, tanto a pessoa natural quanto a coisa pública ou privada, por lhe estar garantida a tutela jurídica penal. São crimes contra a incolumidade pública: o incêndio provocado, o atentado contra os meios de comunicação e transporte, as infrações contra a saúde pública. O Decreto-Lei nº 3.688/1941 elenca as contravenções referentes à incolumidade pública, em seus arts. 28 a 41.

✱ *V. CP: arts. 250 a 285.*

INCOMPATIBILIDADE – No Dir. Administrativo é a impossibilidade legal de uma mesma pessoa exercer, ao mesmo tempo, duas ou mais funções ou cargos públicos que não se harmonizam ou não têm correlação entre si. É *absoluta*, quando é impossível ser a pessoa designada para nova função, já exercendo outra; *relativa*, se não pode acumular duas funções, mas sendo-lhe lícito optar por uma delas.

✱ V. CPP, art. 470, que trata da arguição de impedimento, de suspeição ou de incompatibilidade contra o juiz presidente do Tribunal do Júri, órgão do Ministério Público, jurado ou qualquer funcionário.

INCOMPETÊNCIA – Ausência de competência para a apreciação e julgamento de um feito, não tendo o juiz ou o tribunal atribuição ou capacidade legal para julgar relação de direito controvertida. Alega-se por *exceção* (q.v.). Pode ser: *absoluta*, quando não se pode modificar por acordo tácito ou expresso das partes; e *relativa*, se pode ser modificada por consenso entre elas.

✱ V. CPC/2015, arts. 59, 64 a 66, 240, 337, 351, 352, 535, 802, 951 a 959 e 966.

✱ V. CLT, arts. 799 e 800.

INCOMUNICABILIDADE – A incomunicabilidade do indiciado dependerá de despacho nos autos e só será permitida por interesse da sociedade ou conveniência de investigação. O advogado tem direito de comunicar-se com seus clientes, ainda que tidos como incomunicáveis. Qualidade daquilo que não pode ser transferido, comunicado. Diz-se dos bens, direitos ou obrigações que não são comuns a duas ou mais pessoas; se os bens de cada cônjuge ou dos que, em virtude de cláusula expressa, testamentária ou por dispositivo legal ou contratual, são excluídos da comunhão universal. A incomunicabilidade importa inalienabilidade. No regime de separação os bens são incomunicáveis.

✱ V. CC, arts. 1.668 e 1.848.

✱ V. CPP, art. 21.

✱ V. Lei nº 8.906/1994 (Estatuto da Advocacia e a OAB), art. 7º, III.

INCONCUSSO – Firme, inabalável, irrefutável, incorruptível.

INCONFESSO – Acusado que se nega a reconhecer ou declarar em juízo a sua culpa em ato ilícito.

INCONSTITUCIONAL – Que é contrário à Constituição.

INCONSTITUCIONALIDADE – Qualidade de todo ato que contraria a CF. Compete privativamente ao Senado Federal suspender, no todo ou em parte, a execução de lei declarada inconstitucional por decisão definitiva do STF. Somente pelo voto da maioria absoluta de seus membros ou dos membros do respectivo órgão especial poderão os tribunais declarar a inconstitucionalidade de lei ou ato normativo do Poder Público. Ao STF compete, precipuamente, a guarda da CF, cabendo-lhe processar e julgar, originariamente, a ação direta de inconstitucionalidade de lei ou ato normativo federal ou estadual. Leis e atos normativos estaduais e municipais que ofendam a Constituição estadual deverão ser julgados pelo Tribunal de Justiça. Leis e atos inconstitucionais podem deixar de ser cumpridos pelas autoridades responsáveis por sua execução; mas não por agentes subalternos ou por particulares; as autoridades, em tais casos, devem solicitar imediatamente a *ação direta de inconstitucionalidade* (q.v.) ao Procurador competente. Essa conduta administrativa já é reconhecida e validada pelos Tribunais.

✱ V. CF: arts. 52, X, 97, 102, I, a, III, e b, 103, § 2º, 125, § 2º, e 129, IV.

Por omissão: quando o legislador se omite em dar execução à norma constitucional.

INCONTINÊNCIA – Imoderação, abuso, excesso, falta de continência.

INCORPORAÇÃO DE SOCIEDADE (DIR. COM.) – Operação pela qual uma ou mais sociedades são absorvidas por outra, que lhes sucede em todos os direitos e obrigações.

✱ V. Lei nº 6.404/1976 (Dispõe sobre as Sociedades por Ações): art. 227.

INCORPORAÇÃO IMOBILIÁRIA – Atividade exercida com o objetivo de promover e realizar edificações ou conjunto de edificações compostas de unidades autônomas.

✱ V. Lei nº 4.591/1964 (Dispõe sobre o condomínio em edificações e as incorporações imobiliárias): arts. 28 a 66.

INCORPORADOR – Pessoa física ou jurídica, comerciante ou não, que, embora não efetuando a construção, comprometa-se a vender frações ideais de terreno, ou efetue a venda.

✱ V. Lei nº 4.591/1964 (Lei do Condomínio em Edificações), arts. 29 e 32 a 47.

INCURSO – Aquele que incorreu em infração penal; que se tornou passível de sanção punitiva.

INDENIZAÇÃO – Retribuição, reparação, compensação. A indenização mede-se pela extensão do dano. Obrigação de reparar o dano causado ao patrimônio de alguém; ressarcimento.

INDICIADO (PROC. PENAL) – Nome usado para designar aquele de quem se apura, mediante indícios, a prática de uma infração penal. Não há, ainda, o princípio do contraditório, que só se fixa com o processo propriamente dito. O indiciado não intervém no inquérito, mas pode requerer diligência, que será ou não realizada, a critério das autoridades; mesmo não realizada, fica nos autos a prova de que foi pedida, o que pode ser relevante para o indiciado. *V. Incomunicabilidade.*

✱ V. CPP, arts. 20 e 21.

INDICIAMENTO – 1. É a formalização de que a pessoa está sendo criminalmente investigada pela delegacia de polícia, para que este sujeito seja registrado em banco de dados de controle da polícia, permitindo o acesso desta informação por outras delegacias. 2. A Lei nº 13.964/2019 inseriu o art. 14-A ao CPP, determinando a citação formal do investigado, comunicando-o do indiciamento, quando se tratar de servidor ligado ao Sistema Nacional de Segurança Pública, no exercício de suas atribuições, ou militar em ações de garantia da lei e da ordem, ocasião em que poderá constituir defensor para acompanhamento do procedimento investigatório. Ainda não há jurisprudência formada acerca de qual a consequência jurídica no caso da ausência deste ato formal de indiciamento, embora pareça que deva implicar a nulidade das provas colhidas a partir do momento em que o servidor deveria ter sido comunicado. 3. O indiciado também pode sujeitar-se, no curso do inquérito, a medidas cautelares, pessoais ou reais, caso em que a autoridade policial deverá requerer a autorização da providência ao juiz criminal, que a partir de então ficará prevento para a denúncia e eventual processamento da ação penal.

✱ V. CPP, arts. 5º, 6º, 10, 14, 14-A, 15, 21, 23, 125, 134, 137, 282 a 300, 317, 319 e 320.

INDICIAR – Declarar, em processo criminal, que há indícios suficientes contra o acusado para inculpá-lo.

INDÍCIO – Toda circunstância conhecida e provada que, tendo relação com o fato, autorize, por indução, concluir-se a existência de outra ou outras circunstâncias. Os indícios versam sobre o *fato*, sobre o *agente* ou o *modo* do fato. Os indícios para a pronúncia devem ser suficientes tanto da existência do crime quanto de que seja o réu o seu autor, por decisão do STF.

✱ *V. CPP: art. 239.*

INDUÇÃO – Induzimento, instigação. Raciocínio pelo qual se infere uma coisa de outra, partindo do particular para o geral, dos efeitos para a causa.

INDULTADO – Aquele beneficiado por indulto. O mesmo que *indultário*.

INDULTO – Ato do Poder Executivo que extingue a punibilidade, sem referência expressa a cada beneficiado pela medida, e sem que cessem todos os efeitos da condenação.

✱ *V. Lei nº 7.210/1984 (Lei de Execução Penal), arts. 188 a 193.*

✱ *V. CF: art. 84, XII.*

✱ *V. CP: art. 107, II.*

✱ *V. CPP: art. 741.*

INDUZIMENTO, INSTIGAÇÃO OU AUXÍLIO A SUICÍDIO – Crime contra a vida, consistente em induzir ou instigar alguém a suicidar-se ou prestar-lhe auxílio para que o faça. A Lei nº 14.811/2024 incluiu dentre os crimes hediondos (Lei nº 8.072/1990) o induzimento, instigação ou auxílio a suicídio ou a automutilação realizados por meio da rede de computadores, de rede social ou transmitidos em tempo real.

✱ *V. CP: art. 122.*

✱ *V. CP, arts. 62, II, 122, 174, 236 e 248.*

✱ *V. CPP, art. 74, § 1º.*

✱ *V. Lei nº 8.072/1990 (Dispõe sobre os crimes hediondos, nos termos do art. 5º, inciso XLIII, da Constituição Federal, e determina outras providências).*

✱ *V. Lei nº 14.811/2024 (Institui medidas de proteção à criança e ao adolescente contra a violência nos estabelecimentos educacionais ou similares, prevê a Política Nacional de Prevenção e Combate ao Abuso e Exploração Sexual da Criança e do Adolescente e altera o Decreto-Lei nº 2.848, de 7 de dezembro de 1940 (Código Penal), e as Leis nºs 8.072, de 25 de julho de 1990 (Lei dos Crimes Hediondos), e 8.069, de 13 de julho de 1990 (Estatuto da Criança e do Adolescente).*

INÉPCIA – Falta total de aptidão.

INÉPCIA DA PETIÇÃO INICIAL – Defeito da petição inicial (CPC/2015: arts. 321 e 330, I) que a torna confusa, contraditória e, portanto, não apta, em qualquer caso, a produzir efeitos.

In limine: (Latim) 1. Preliminarmente, sem nenhum estudo ou apreciação prévia. 2. No início, antes de tudo o mais. 3. Antes de começar o processo. 4. A incidência do novo art. 285-A do CPC/1973, correspondente ao art. 332 do CPC/2015, que permite ao juiz proferir *in limine* sentença de improcedência, exige cotejo analítico ainda que sucinto, demonstrativo da identidade dos casos.

INÉRCIA – Ausência de conduta, falta de ação, indolência.

INFÂMIA – Imputação falsa à honra, à reputação ou à dignidade de alguém. Equipara-se à *difamação* (q.v.).

INFANTICIDA – Aquela que mata o seu próprio filho, muitas vezes logo após o parto e sob o efeito do estado puerperal.

INFANTICÍDIO – Crime contra a vida, consistente em matar, sob a influência do estado puerperal, o próprio filho, durante o parto ou logo após. A pena para o infanticídio é de detenção de 2 a 6 anos, e a competência para o julgamento é do Tribunal do Júri.

✱ *V. CP: art. 123.*

INFORMALIDADE – Um dos quatro princípios que informa o processo do trabalho, a par da concentração dos atos processuais, celeridade e oralidade. Tais conceitos visam ao mais rápido andamento das demandas trabalhistas, levando-se em conta a hipossuficiência do empregado e o pleito, muitas vezes, feito por este, de seus próprios salários, ou seja, de sua subsistência. Exemplo marcante de tal orientação é o art. 765 da CLT, que determina: "Os Juízos e Tribunais do Trabalho terão ampla liberdade na direção do processo e velarão pelo andamento rápido das causas, podendo determinar qualquer diligência necessária ao esclarecimento delas". Outro exemplo é a possibilidade de o pedido inicial ser feito oralmente.

✱ *V. CLT: arts. 839, a, e 840.*

INFORMANTE – Aquele que presta informação. Aquele que, por ser relativamente incapaz, ou por parentesco ou inimizade, é admitido sem se compromissar a prestar depoimento com valor apenas de informação sobre o fato investigado.

INFORMATIZAÇÃO DO PROCESSO JUDICIAL – Utilização de meio eletrônico na tramitação de processos judiciais, comunicação de atos e transmissão de peças processuais, admitida nos termos da Lei nº 11.419/2006.

INFORTUNÍSTICA – Parte da Medicina forense que cuida do estado da incidência de acidentes do trabalho, de moléstias profissionais, causas e efeitos e meios adotados para preveni-las ou remediá-las.

INFRAÇÃO – Violação da norma penal. Delito, contravenção. Transgressão, falta de cumprimento.

Disciplinar: Constitui infração disciplinar toda ação ou omissão do funcionário que possa comprometer a dignidade e o decoro da função pública, ferir a disciplina e a hierarquia, prejudicar a eficiência dos serviços públicos ou causar prejuízo de qualquer natureza à Administração.

✱ *V. Súm. Vinc. nº 9 do STF.*

Penal: O mesmo que *delito* ou *ilícito penal*. Cometida por ação ou omissão do sujeito ativo (conduta humana), de *forma típica*, isto é, prevista em lei, tipificada; *antijurídica*, quer dizer, ilícita; e *culpável*, se configurados o elemento subjetivo previsto e a responsabilidade (imputabilidade).

Trânsito: inobservância a qualquer preceito da legislação de trânsito, às normas emanadas do Código de Trânsito, do Conselho Nacional de Trânsito e à regulamentação estabelecida pelo órgão ou entidade executiva do trânsito. A Lei nº 13.281/2016, que alterou o Código de Trânsito Brasileiro – Lei nº 9.503/1997, incluiu como infração de trânsito estacionar o veículo nas vagas reservadas às pessoas com deficiência ou idosos, sem credencial que comprove tal condição, fixou o valor das multas em reais, antes eram em UFIR, entre outras alterações.

✱ *V. CTB, anexo I.*

INFRAÇÃO DISCIPLINAR – Constitui infração disciplinar toda a ação ou omissão do funcionário que possa comprometer a dignidade e o decoro da função pública, ferir a disciplina e a hierarquia, prejudicar a eficiência dos serviços públicos ou causar prejuízo de qualquer natureza à Administração.

✱ *V. Súm. Vinc. nº 9 do STF.*

INGRATIDÃO – Falta de gratidão, não reconhecimento por benefício recebido, esquecendo-o, desprezando-o ou retribuindo-o com malefício. É causa para a revogação da doação, da adoção e também de deserdação. A revogação da doação deve ser pleiteada em 1 ano, a contar do conhecimento do fato que a autorizar. Os herdeiros do doador podem continuar na ação, prosseguindo-a contra os herdeiros do donatário se este falecer depois de contestada a lide. A revogação por ingratidão não prejudica direitos adquiridos por terceiros nem obriga o donatário a restituir os frutos que percebeu antes de contestada a lide; mas sujeita-o a pagar os posteriores ou a indenizá-los pelo meio-termo do seu valor. Não se revogam por ingratidão: as doações puramente remuneratórias; as oneradas com encargo, as que se fizerem em cumprimento de obrigação natural; as feitas para determinado casamento.

✱ *V. CC: arts. 555 a 564.*

INICIATIVA POPULAR – Segundo a CF, art. 14, III, é iniciativa legislativa que pertence ao povo.

INIMPUTABILIDADE – Falta de *imputabilidade* (q.v.). Estado de pessoa a quem não se pode atribuir, por razão particular ou legal, responsabilidade criminal por alguma infração.

INJÚRIA – Crime contra a honra, de ação privada. Deve-se atentar para a Lei nº 12.033, de 29-9-2009, que tornou pública condicionada a ação penal em razão de injúria consistente na utilização de elementos referentes a raça, cor, etnia, religião, origem ou a condição de pessoa idosa ou portadora de deficiência. O termo injúria consiste em irrogar a alguém, por escrito ou verbalmente, qualidades, vícios ou defeitos vexatórios, ou ofender o decoro e a dignidade de alguém. É qualquer ofensa à honra, à dignidade, à reputação ou boa fama de pessoa, acompanhada ou não de gestos ou de agressão física. Não admite a exceção de verdade, ao contrário da calúnia e da difamação. As sevícias de um cônjuge a outro se equiparam a injúrias graves. A injúria grave é causa de deserdação e revogação de doação. A Lei nº 14.532/2023 deu nova redação ao § 3º do art. 140 do CP para determinar que, se a injúria envolver elementos referentes a religião ou à condição de pessoa idosa ou com deficiência, a pena será de reclusão, de 1 (um) a 3 (três) anos, e multa.

✱ *V. CP, art. 140.*

✱ *V. CC, arts. 557, III, 953, 1.962, II, e 1.963, II.*

✱ *V. Lei nº 14.532/2023 (Altera a Lei nº 7.716, de 5 de janeiro de 1989 (Lei do Crime Racial), e o Decreto-Lei nº 2.848, de 7 de dezembro de 1940 (Código Penal), para tipificar como crime de racismo a injúria racial, prever pena de suspensão de direito em caso de racismo praticado no contexto de atividade esportiva ou artística e prever pena para o racismo religioso e recreativo e para o praticado por funcionário público).*

INJURIDICIDADE – Qualidade de ato que não tem fundamento jurídico, que não está de acordo com o Direito.

INOFICIOSO – Não oficioso, sem motivo conhecido, sem eficácia. Dispositivo inserido em testamento que deserda, sem motivo legal, o legítimo herdeiro, da parte do legado que vai além da metade disponível do testante na ocasião do benefício. São atos nulos por prejudiciais. Descumprimento do dever ou diligência que era de se esperar.

INQUÉRITO POLICIAL – Conjunto de diligências realizadas pela Polícia Judiciária, destinadas à reunião de elementos acerca de uma infração penal. Em qualquer fase da investigação policial ou do processo penal, caberá a prisão preventiva decretada pelo juiz, de ofício, se no curso da ação penal, ou a requerimento do Ministério Público, do querelante ou do assistente, ou por representação da autoridade policial.

✱ *V. CLT, art. 821.*

✱ *V. CPP, arts. 4º a 23, 67, 107, 149, § 1º, 311 e 549.*

✱ *V. Súm. Vinculante nº 14.*

✱ *V. CF: art. 129, VIII.*

✱ *V. CPP: arts. 4º a 23, 39, § 5º, e 549.*

INQUILINATO – Condição de locação de prédio a inquilino; direito dado ao inquilino, mediante contrato, de ocupar prédio urbano, por um prazo e aluguel convencionados.

INQUILINO – Pessoa que mora em imóvel cedido mediante locação.O mesmo que *locatário* (q.v.). Nas locações para fins residenciais, morrendo o locatário, ficam com os seus direitos o cônjuge sobrevivente, o companheiro, os herdeiros necessários e as pessoas que dependiam, economicamente, do falecido, desde que residam no imóvel. Nas locações não residenciais, os direitos ficam com o espólio e, se for o caso, o seu sucessor no negócio. Se o casal de locatários se separar ou divorciar-se, a locação passa, automaticamente, para aquele que ficar no imóvel, o qual comunicará ao locador a sua condição de único responsável. O locador pode exigir nova fiança ou uma das garantias legais (Lei nº 8.245/1991, Lei das Locações).

✱ *V. Lei nº 8.245/1991 (Dispõe sobre as locações dos imóveis urbanos e os procedimentos a elas pertinentes).*

✱ *V. Lei nº 12.112/2009. (Altera a Lei nº 8.245, de 18 de outubro de 1991, para aperfeiçoar as regras e procedimentos sobre locação de imóvel urbano).*

IN REM VERSO – (Latim) Em proveito de outrem, de terceiro.

INSALUBRIDADE – 1. Qualidade de insalubre, nocivo à saúde. 2. Condição ambiental de trabalho, caracterizada pela exposição do trabalhador a agentes agressores, de ordem física, química ou biológica. O trabalho nestas condições dá direito a um adicional, calculado à base de 10, 20 ou 40% sobre o salário mínimo, conforme a caracterização da insalubridade em grau mínimo, médio ou máximo, respectivamente, nos termos dos quadros aprovados pelo Ministério do Trabalho. Por sua vez, este adicional repercute nas demais verbas de natureza salarial, como horas extras e adicional noturno. Caso o empregador consiga adotar medidas coletivas ou individuais que neutralizem a exposição dos trabalhadores ao agente agressor, é possível suprimir o pagamento do adicional, sem que isto viole a irredutibilidade salarial. É proibido qualquer trabalho insalubre a menores de 18 (dezoito) anos de idade. 3. O trabalho em condições insalubres também enseja o direito do trabalhador à aposentadoria especial, com menor tempo de contribuição do que o previsto para os demais trabalhadores. ***V.*** *Adicional.*

✱ *V. CF, arts. 7º, XXIII e XXXIII, e 201, § 1º.*

✱ *V. CLT, arts. 189 a 192 e 194 a 197.*

✱ *V. Norma Regulamentadora 15, aprovada pela Portaria MTE nº 3.214/1978 (Estabelece atividades e operações insalubres).*

✱ *V. Lei nº 8.213/1991 (Dispõe sobre planos de benefícios da Previdência Social), arts. 57 e 58.*

✱ *V. Súm. Vinc. nº 4.*

✱ *V. Súmulas nºs 194 e 460 do STF.*

✱ *V. Súmulas nºs 47, 80, 139, 248, 361, 293 e 448 do TST.*

✱ *V. Orientações Jurisprudenciais nºs 47, 103, 121, 165, 171, 172, 173, 278 e 345 da SBDI-I do TST.*

INSANIDADE MENTAL – Loucura, demência, falta de integridade mental. No Dir. Penal é causa de inimputabilidade do agente.

INSCRIÇÃO (REGISTROS PÚBLICOS) – Expressão sinônima de registro, a par do termo *transcrição.* O art. 168 da Lei nº 6.015/1973 (Lei de Registros Públicos) diz: "Na designação genérica de registro, consideram-se englobadas a inscrição e a transcrição a que se referem as leis civis". É bem de ver, entretanto, que os títulos submetidos a registro não são *transcritos* na sua inteireza, de modo que seria melhor se fosse adotado apenas o termo inscrição. A própria Lei nº 6.015/1973, que tentou uniformizar a nomenclatura, empregando apenas a expressão registro, emprega *inscrição* nos arts. 189, 263, 265 e 277.

INSOLVÊNCIA – 1. No Dir. Civil, é a situação a que chega o devedor que não pode saldar suas dívidas ou cumprir suas obrigações, por excederem o montante de seus haveres e bens, não dispondo mais de bens livres e desembaraçados para nomear à penhora, ou quando forem arrestados. 2. Declarada a insolvência, perde o devedor o direito de administrar os seus bens e deles dispor, até a liquidação total da massa, bem como os negócios praticados anteriormente à declaração judicial de insolvência estão sujeitos à anulação, por fraude contra credores. 3. Estão aptos a requerer a declaração de insolvência: qualquer credor quirografário; o devedor, o inventariante do espólio do devedor. 4. A insolvência do comerciante rege-se pela Lei de Recuperação de Empresas e Falências (Lei nº 11.101/2005). 5. A insolvência do devedor não comerciante enseja o concurso universal de credores.

✱ *V. CC/2002, arts. 158, 159, 495, 697, 707, 839, 955 a 965, 1.425, II, 1.477.*

✱ *V. CPC/1973, arts. 748 a 786 e 813, I a III.*

✱ *V. CPC/2015, art. 790, IV.*

INSPEÇÃO JUDICIAL – Observação dos fatos, pessoas e coisas que são objetos da lide, pelo juiz, diretamente, para formar sua convicção. É um meio de prova, quando em vez de se apresentarem ao juiz, deve este fazer a inspeção sobre pessoas que não podem locomover-se ou sobre coisa intransportável. Compete à União organizar, manter e executar a inspeção do trabalho.

✱ *V. CF, art. 21, XXIV.*

✱ *V. CPC/1973: arts. 440 a 443.*

✱ *V. CPC/2015, arts. 481 a 484.*

INSTÂNCIA – 1. Processo, o andamento de uma lide. 2. O CPC/1973, bem com o CPC/2015, aboliu o uso desta palavra, utilizando em seu lugar o vocábulo *processo*. Na Exposição de Motivos do CPC/1973, depois de citar definições antigas e recentes, conclui o seu autor "bastam estas considerações para se ver que a palavra *instância* é uma fonte de dúvidas e equívocos. O projeto a substitui por *processo* e, assim, no Capítulo V, do Livro I e Capítulo VI do Livro II, fala de *formação, suspensão e extinção do processo,* empregando este vocábulo porque ele traduz, com todo o rigor científico, o fenômeno jurídico que o Código define". O CPC/2015 fala de *formação, suspensão e extinção do processo na Parte Geral, Livro VI*. Diz-se, atualmente, primeiro e segundo graus de jurisdição. No primeiro grau de jurisdição (juízo de primeira instância), os recursos cabíveis são: apelação, agravo de instrumento, embargos de declaração e embargos de alçada, e a correição parcial, ainda que não esteja expresso no cômputo dos recursos. No segundo grau de jurisdição (juízo de segunda instância), há duas classes: recursos contra acórdãos e recursos contra decisões diferentes de acórdãos. Na primeira estão: embargos infringentes, embargos de declaração, recurso ordinário, recurso especial, recurso extraordinário e embargos de divergência. Na segunda: agravo de instrumento (contra despacho do presidente do tribunal recorrido que denega o seguimento do recurso extraordinário), o agravo regimental (de decisão de relator que causar prejuízo à parte), os recursos inominados (sem nome) e os recursos estaduais locais (próprios de regimentos internos de cada tribunal).

✱ *V. CF, arts. 102, III, e 105, II e III.*

✱ *V. CPC/1973, arts. 463, 500, II e III, parágrafo único, 508, 513, 518 a 523, 528, 530, 532, 536, 541 e 546.*

✱ *V. CPC/2015, arts. 494, 997, 1.003, 1.007, 1.009, 1.010, 1.012, 1.015, 1.020, 1.023, 1.029 e 1.043.*

✱ *V. Lei nº 6.830/1980 (Dispõe sobre a cobrança judicial da dívida ativa da Fazenda Pública).*

✱ *V. Lei nº 8.038/1990 (Dispõe sobre normas procedimentais para os processos perante o STF e o STJ), arts. 30, 33 e 39.*

Única: diz-se do juízo exclusivo de julgamento de uma causa. Não pode interpor recurso de sua decisão para outra instância.

INSTITUÍDO – Diz-se do legatário, do donatário. Aquele que é beneficiado com doação ou legado. A primeira pessoa indicada no fideicomisso.

INSTITUTO – Corporação de Direito Privado ou Público, com objetivo científico, econômico, administrativo etc.

Jurídico: normas que regulam ou disciplinam certa criação legal, como a falência, a servidão, o usufruto, a tutela etc.

INSTITUTO DA LESÃO – Aplica-se, por exemplo, quando a pessoa adquire, por quantia irrisória, um bem de outra pessoa, tirando proveito de sua inabilidade em lidar com dinheiro. É uma das novidades introduzidas pelo novo CC. É causa de anulação de negócio jurídico, no caso de alguém que, por urgente necessidade ou inexperiência, assume obrigação manifestamente desproporcional.

✱ *V. CC: art. 157.*

INSTRUÇÃO – Atos necessários, peças, diligências, formalidades, alegações e provas que ajudam a esclarecer a relação litigiosa e dão ao juiz da causa elementos para julgá-la.

Preliminar no Tribunal do Júri: *V.* arts. 406 a 412 do CPP (com redação dada pela Lei nº 11.689/2008).

INSULTO – Injúria violenta e brusca; agressão à honra ou à dignidade.

INTEMPESTIVIDADE – Fora do tempo, fora do prazo; qualidade do que é intempestivo.

INTEMPESTIVO – Fora do prazo legal ou convencional preestabelecido; fora de tempo; inoportuno.

INTENÇÃO – Vontade ou propósito deliberado. Dolo, desígnio, desejo secreto de praticar o ato delituoso. O mesmo que *intento.*

INTENTAR – Propor ação em juízo. Tentar, tencionar, projetar.

INTENTIO LEGIS – (Latim) A finalidade da lei.

INTERDIÇÃO – Medida judicial que impede alguém de gerir seus bens e sua própria vida. Medida de segurança que proíbe o funcionamento de um estabelecimento industrial ou comercial, de sociedade ou associação que infrinja dispositivo legal. Pode ser: *judiciária,* se ocorre por processo especial em que o interditando é examinado por peritos nomeados, como no caso de alienação mental, toxicomania, prodigalidade etc.; *de direitos,* pena acessória, decretando a incapacidade temporária ou permanente para o exercício de direitos, ou proibição de os adquirir, como na curatela, tutela, poder familiar, investidura em função pública etc.

✱ *V. CC: arts. 1.768 a 1.782.*

INTERDITO – Instituto jurídico pelo qual se concedem diversas formas de proteção e defesa da posse contra sua turbação ou esbulho.

INTERESSE SOCIAL – No Dir. Ambiental, interesse social são as atividades imprescindíveis à proteção da integridade da vegetação nativa, como prevenção, combate e controle do fogo, controle da erosão, erradicação de invasoras e proteção de plantios com espécies nativas; a exploração agroflorestal sustentável praticada na pequena propriedade ou posse rural familiar ou por povos e comunidades tradicionais, desde que não descaracterize a cobertura vegetal existente nem prejudique a função ambiental da área; a implantação de infraestrutura pública destinada a esportes, lazer e atividades educacionais e culturais ao ar livre em áreas urbanas e rurais consolidadas; a regularização fundiária de assentamentos humanos ocupados predominantemente por população de baixa renda em áreas urbanas consolidadas; implantação de instalações necessárias à captação e condução de água e de efluentes tratados para projetos cujos recursos hídricos são partes integrantes e essenciais da atividade; as atividades de pesquisa e extração de areia, argila, saibro e cascalho, outorgadas pela autoridade competente; outras atividades similares devidamente caracterizadas e motivadas em procedimento administrativo próprio, quando inexistir alternativa técnica e locacional à atividade proposta, definidas em ato do chefe do Poder Executivo federal. A Lei nº 14.944, de 31-7-2024, estabelece que os órgãos do SISNAMA ou qualquer outro órgão público responsável pela gestão de áreas com vegetação nativa ou plantios florestais, são responsáveis por elaborar e implementar planos de manejo integrado do fogo.

✱ *V. CP, arts. 154-A, 154-B e 266, §§ 1º e 2º.*

✱ *V. Lei nº 14.944/2024 (Institui a Política Nacional de Manejo Integrado do Fogo e altera as Leis nºs 7.735, de 22 de fevereiro de 1989, 12.651, de 25 de maio de 2012 (Código Florestal), e 9.605, de 12 de fevereiro de 1998 (Lei dos Crimes Ambientais).*

INTERESSES COLETIVOS OU DIFUSOS – Aqueles que podem ser exercidos apenas comunitariamente, decorrendo de um vínculo que une a todos os interesses. São chamados *difusos, coletivos, supra* ou *meta individuais* e dizem respeito a anseios ou necessidades de uma coletividade quanto à qualidade de vida, ao direito à saúde, à informação correta, à preservação do meio ambiente, entre outros.

INTERNET – (Inglês) 1. Neologismo empregado para referir-se ao sistema global de redes de computadores interligadas, que utilizam o conjunto de protocolos padrão TCP/IP, administrados por entidades (empresas públicas, privadas, instituições acadêmicas e governos), que mantém blocos de endereços IP em redes interligadas ou autônomas. 2. Para os fins da Lei nº 12.965/2014 (Marco Civil da *Internet*), que regula o uso da *internet* no Brasil, é definida como o sistema constituído do conjunto de protocolos lógicos, estruturado em escala mundial para uso público e irrestrito, com a finalidade de possibilitar a comunicação de dados entre terminais por meio de diferentes redes. 3. Antes da Lei nº 12.965/2014, outros diplomas legais já reconheciam a *internet*, como a Lei nº 9.504/1997 (Lei das Eleições), que admite a doação de recursos a partidos e candidatos através da rede, bem como obriga a divulgação de dados referentes a financiamentos de campanha, além de disciplinar os limites à propaganda política e eleitoral por meio do sistema mundial de computadores. Outro diploma legal que menciona a *internet* é a Lei nº 12.527/2011, que regulamenta o direito dos cidadãos a informações de interesse público, exigindo que órgãos e entidades públicas realizem a divulgação de informações, bem como permitam o acompanhamento de solicitações de acesso a dados pela rede mundial de computadores. 4. A Lei nº 11.419/2006, que regula o processo judicial eletrônico, estabelece que os Tribunais poderão criar sítio na rede mundial de computadores, para publicação de seus atos judiciais e administrativos, bem como para realizar atos processuais e receber petições e documentos, mediante prévia certificação pelos interessados. 5. Com a edição da Lei nº 12.551/2012, que inseriu o parágrafo único ao art. 6º da CLT, o controle do trabalho por meios telemáticos, incluindo a *internet*, foi expressamente equiparado à subordinação direta, para fins de comprovação de vínculo de emprego e jornada de trabalho, acompanhando a evolução doutrinária e jurisprudencial que debatia o conceito de *teletrabalho*. 6. A Lei nº 12.737/2012 inseriu os §§ 1º e 2º ao art. 266 do CP, equiparando ao crime de interrupção ou perturbação de serviço telegráfico ou telefônico o impedimento ou perturbação de serviço telemático, com pena de detenção de 1 (um) a 3 (três) anos e multa. A mesma lei inseriu o art. 154-A ao CP, para tipificar a invasão de dispositivos informáticos alheios, conectados ou não à internet, mediante violação indevida de mecanismo de segurança e com o objetivo de obter, adulterar ou destruir dados ou informações, ou ainda, instalar vulnerabilidades no dispositivo, para obter vantagem ilícita. A pena para este crime é de detenção, de 3 (três) meses a 1 (um) ano e multa, aumentada de 1/6 (um sexto) a 1/3 (um terço) se da invasão resulta prejuízo econômico. Pelo princípio da territorialidade (art. 6º do CP), o crime é considerado praticado no país ainda que a invasão ocorra a partir do exterior, se produziu ou deveria produzir o resultado no território nacional. 7. A Lei nº 14.180/2021 instituiu a Política de Inovação Educação Conectada destinada à universalização do acesso à internet em alta velocidade e fomento do uso pedagógico de tecnologias digitais na educação básica.

✱ *V. CLT, art. 6º, parágrafo único.*

✱ *V. CP, arts. 154A, 154B e 266, §§ 1º e 2º.*

✱ *V. Lei nº 9.504/1997 (Estabelece normas para as eleições), arts. 23, § 4º, III, e § 6º; 26, XV; 28, § 4º; 33, § 2º; 36A; 41, § 2º; 43; 57A a 57I; 58, IV, e 58A.*

✱ *V. Lei nº 11.419/2006 (Dispõe sobre a informatização do processo judicial), arts. 1º, II, 4º, 8º, 10, § 3º, e 14.*

✱ *V. Lei nº 12.527/2011 (Regula o acesso à informação previsto no art. 5º, inciso XXXIII da CF), arts. 8º, §§ 2º e 4º, 10, § 2º, e 30.*

✱ *V. Lei nº 12.965/2014 (Estabelece princípios, garantias, direitos e deveres para o uso da Internet no Brasil), art. 5º, I.*

✱ *V. Lei nº 14.180/2021 (Institui a Política de Inovação Educação Conectada)*

INTERPELAÇÃO JUDICIAL – Medida cautelar consistente na manifestação formal de comunicação de vontade, tendo por fim prevenir responsabilidades e eliminar a possibilidade de alegação futura de ignorância.

✱ *V. CPC/1973: arts. 867 a 873.*

✱ *V. CPC/2015, arts. 726, 728 e 729.*

INTERPOR – Apresentar recurso à primeira instância para ser encaminhado à segunda.

INTERPOSIÇÃO DE PESSOA – Simulação que se dá quando um terceiro interfere na conclusão de ato jurídico para ocultar o verdadeiro interessado. Pode ser real, se o interposto tem existência positiva; e fictícia, se incide sobre pessoas que aparentemente intervêm, sem ser partes.

INTERPRETAÇÃO – 1. Ato ou efeito de interpretar. 2. Tradução, versão. 3. Explicação.

Da lei: Determinação do sentido e do alcance da lei. É a aplicação, na prática, dos princípios da hermenêutica.

✱ *V. LINDB (Lei de Introdução às Normas do Direito Brasileiro): art. 4º.*

De negócio jurídico: No Dir. Privado, a técnica de interpretação da lei aplica-se aos negócios jurídicos. Contudo, a Lei nº 13.874/2019 inseriu diversos dispositivos ao Código Civil, pretendendo impor parâmetros próprios de interpretação aos juízes, dando especial ênfase ao comportamento das partes na execução das prestações e à teleologia dos declarantes nas manifestações de vontade.

Dos contratos: Entendimento baseado nos princípios da hermenêutica que tem por objetivo investigar a vontade contratual.

Extensiva: Aquela aplicada quando o caso requer ampliação do alcance das palavras da lei, para que a letra corresponda à vontade do texto. Exemplo: art. 3º do CPP. *V. Interpretação da Lei.*

Progressiva: Técnica de interpretação da lei que procura adaptar os dizeres da norma às transformações sociais, científicas e morais. Como exemplos, citamos os seguintes arts. do CP: 26 e 299. **V.** *Interpretação da Lei.*

Restritiva: Aquela que procura restringir o texto que foge aos limites desejados pelo legislador. Exemplos: arts. 114 do CC e 322, § 1º, do CPC/2015. **V.** *Interpretação da lei.*

✱ **V.** *CPP, arts. 3º, 186 e 235.*

✱ **V.** *CC, arts. 112 e 114.*

✱ **V.** *CP, arts. 26, 28, 130, 141, III, e 150, § 1º.*

✱ **V.** *CPC/2015, arts. 140 e 322.*

✱ **V.** *CTN, arts. 3º e 111.*

✱ **V.** *LINDB (Lei de Introdução às Normas do Direito Brasileiro), art. 5º.*

INTÉRPRETE – 1. Pessoa que o juiz nomeia para apreender e interpretar o pensamento de alguém expresso em língua estrangeira ou por sinais. 2. Hermeneuta, exegeta.

Comercial: oficial público, nomeado por concurso, que traduz, serve de intérprete e perito e pratica outros atos que a lei enumera. A Lei nº 14.195/2021 revogou o Dec. nº 13.609/1943 e trouxe novas disposições sobre a profissão de tradutor e intérprete público como as atividades privativas e a possibilidade do profissional se registrar para um ou mais idiomas estrangeiros ou, ainda, em Língua Brasileira de Sinais (Libras).

✱ **V.** *Lei nº 14.195/2021 (Dispõe sobre sobre a profissão de tradutor e intérprete público, dentre outras disposições), arts. 22 a 34.*

INTERROGATÓRIO – Ato de interrogar, inquirir. Conjunto de perguntas articuladas, feitas verbalmente pelo juiz ao acusado e por este respondidas, para se obterem novos elementos de prova, sua identidade, e peculiaridades do fato ilícito a ele imputado. Admitem-se como interrogatório também os atos de inquirição do indiciado no inquérito, seja judicial, como no processo falimentar, seja administrativo ou policial.

✱ **V.** *CF, art. 5º, LXIV.*

✱ **V.** *CPP, art. 6º, VI.*

INTERRUPÇÃO – Ato de fazer cessar, suspender ou impedir a continuação de uma coisa, provisoriamente.

Da prescrição: Circunstância que elimina o prazo de prescrição decorrido, iniciando-se novo prazo. O protesto interrompe a prescrição do título cambial.

Do contrato de trabalho: Quando o empregado deixa de prestar serviço, mas continuam em vigor as cláusulas contratuais, referentes a pagamento de salário e cômputo de tempo de serviço, como nas férias.

✱ **V.** *CLT, art. 473.*

✱ **V.** *Lei nº 13.257/2016 (Dispõe sobre as políticas públicas para a primeira infância): art. 37.*

INTERSTÍCIO – Intervalo de tempo que deve decorrer antes que um ato surta efeitos.

INTERVENÇÃO – Instituto que permite, nos sistemas federativos, que o Governo Central intervenha no governo de um Estado federado, para manter a ordem política ou a unidade nacional ou para coibir abusos administrativos. O Presidente da República é quem decreta e executa a intervenção. Durante a vigência de intervenção federal, a Constituição não pode ser emendada. O Dec. nº 9.288/2018 decretou intervenção federal no Estado do Rio de Janeiro para pôr termo ao grave comprometimento da ordem pública.

✱ **V.** *CF, arts. 34 a 36; 60, § 1º*

✱ **V.** *Lei nº 12.562/2011 (Regulamenta o inciso III do art. 36 da Constituição Federal, para dispor sobre o processo e julgamento da representação interventiva perante o Supremo Tribunal Federal).*

✱ **V.** *Dec. nº 9.288/2018 (Decreta intervenção federal no Estado do Rio de Janeiro).*

INTERVENÇÃO DE TERCEIRO – Interferência de um terceiro em causa alheia, para assistir uma das partes, por ter interesse em que a sentença seja favorável a esta.

✱ **V.** *CPC/1973: arts. 56 a 80.*

✱ **V.** *CPC/2015, arts. 119 a 132, 682 a 686.*

✱ **V.** *CF, arts. 34 a 36.*

✱ **V.** *Lei Delegada nº 4/1962 (Dispõe sobre a intervenção no domínio econômico para assegurar a livre distribuição de produtos necessários ao consumo do povo, alterada pelo Dec.-lei nº 422/1969).*

INTESTADO – Que não fez testamento, que faleceu sem deixar testamento. O mesmo que *ab intestato.*

INTIMAÇÃO – Ordem dada por autoridade pública a alguém, para que faça ou deixe de fazer algo. Pode ser feita pelo oficial de justiça, pessoalmente, ou pelo escrivão do feito e por carta registrada, ou publicação na imprensa oficial. 3. A Lei nº 11.280/2006 acrescentou o parágrafo único ao art. 154 do CPC/1973, correspondente ao art. 188 do CPC/2015. Para permitir aos tribunais, no âmbito da respectiva jurisdição, disciplinarem a comunicação oficial dos atos processuais por meios eletrônicos.

Presumem-se válidas as intimações dirigidas ao endereço das partes informado no processo, a quem cabe a obrigação de mantê-lo atualizado.

✱ **V.** *CPC/1973: arts. 49, 192, 234 a 242, 247, 298, 316, 343, § 1º, 412, 435, 506, 564, 883 e 1.216.*

✱ **V.** *CPC/2015, arts. 118, 218, § 2º, 269, 270 a 275, 230, 231, 1.003, 280, 335, § 1º, 343, § 1º, 385, § 1º, 455, § 1º, § 4º, III, § 5º, 477, § 4º, 1.003, 943, § 2º.*

✱ **V.** *CPP: arts. 370 e 371.*

Da sentença de pronúncia.

✱ **V.** *art. 420 do CPP (com redação dada pela Lei nº 11.689/2008).*

Por edital nos procedimentos do Tribunal do Júri.

✱ **V.** *art. 420, parágrafo único, do CPP (com redação dada pela Lei nº 11.689/2008).*

INTIMIDADE – Vida íntima, particular. A CF resguarda a intimidade, considerando-a inviolável e assegurando o direito a indenização pelo dano material ou moral decorrente de sua violação.

✱ **V.** *CF, art. 5º, X.*

INTIMIDAÇÃO SISTEMÁTICA – V. *Bullying*

INTIMIDAÇÃO SISTEMÁTICA VIRTUAL – V. *Cyberbullying*

INTRANSMISSÍVEL – Diz-se da coisa gravada com cláusula de inalienabilidade ou legalmente indisponível.

INTRÍNSECO – O que está subtendido em um conceito; dentro da coisa ou pessoa. Aquilo que é da substância do ser. Inerente.

INTRODUÇÃO À CIÊNCIA DO DIREITO – Preparação preliminar ao estudo dos vários ramos do Direito, pelo conhecimento especulativo dos diversos aspectos pelos quais se manifesta.

INUMAÇÃO – Sepultamento. Ato de dar à sepultura cadáver humano, após o preenchimento de formalidades legais e regulamentares.

INUPTO – Solteiro, celibatário.

INVASÃO DE DISPOSITIVO INFORMÁTICO – Tipo penal surgido com o advento da Lei nº 12.737/2012, a qual incluíu ao Código Penal os arts. 154-A e 154-B, tornando crime a invasão de dispositivo informático alheio, conectado ou não à rede de computadores, mediante violação indevida de mecanismo de segurança e com o fim de obter, adulterar ou destruir dados ou informações sem autorização expressa ou tácita do titular do dispositivo ou instalar vulnerabilidades para obter vantagem ilícita. A pena é de detenção, de 3 (três) meses a 1 (um) ano, e multa. Incorre na mesma pena quem produz, oferece, distribui, vende ou difundedispositivo ou programa de computador com o intuito de permitir a prática das condutas definidas no *caput* do art. 154-A do CP. O §2º do mesmo artigo prevê o aumento de pena de um sexto a um terço se da invasão resulta prejuízo econômico. Se da invasão resultar a obtenção de conteúdo de comunicações eletrônicas privadas, segredos comerciais ou industriais, informações sigilosas, assim definidas em lei, ou o controle remoto não autorizado do dispositivo invadido, a pena passa a ser de reclusão, de 6 (seis) meses a 2 (dois) anos, e multa, se a conduta não constituir crime mais grave. Nessa mesma hipótese, aumenta-se a pena de um a dois terços se houver divulgação, comercialização ou transmissão a terceiro, a qualquer título, dos dados ou informações obtidos. E, por fim, aumenta-se a pena de um terço à metade se o crime for praticado contra: Presidente da República, governadores e prefeitos; Presidente do Supremo Tribunal Federal; Presidente da Câmara dos Deputados, do Senado Federal, de Assembleia Legislativa de Estado, da Câmara Legislativa do Distrito Federal ou de Câmara Municipal ou dirigente máximo da administração direta e indireta federal, estadual, municipal ou do Distrito Federal. A ação penal é pública condicionada a representação, salvo se o crime é cometido contra a administração pública direta ou indireta de qualquer dos Poderes da União, Estados, Distrito Federal ou Municípios ou contra empresas concessionárias de serviços públicos.

✱ *V. CP, arts. 154-A e 154-B.*

INVENÇÃO – 1. Ato de inventar, criar algo novo. 2. Diz-se da própria coisa inventada. 3. Direito de propriedade sobre a criação humana, reconhecido pelos Estados por meio de patentes. 4. Mentira, enganação. 5. Desenvolvimento retórico de argumentos, para convencer e persuadir. 6. Descoberta de coisa perdida. 7. No Direito Civil, é o achado de coisa móvel perdida, de dono desconhecido ou que não pode justificar a sua posse, mas não perde o seu direito. O que a achou (o inventor) é obrigado a devolvê-la ao dono ou legítimo possuidor. Sendo desconhecido, procurará descobri-lo; não o conseguindo, entregará a coisa achada à autoridade competente local. Restituída a coisa terá o inventor direito a uma recompensa e a indenização pelas despesas que teve com ela.

✱ *V. CC/2002, arts. 1.233 a 1.237.*

✱ *V. CPC/1973, art. 1.170.*

✱ *V. CPC/2015, art. 746.*

✱ *V. Lei nº 9.279/1996 (Lei de Propriedade Industrial), arts. 2º, I, 6º a 8º e 11 a 15.*

✱ *Expressão adotada pelo CC/1916 substituída por "descoberta" no CC/2002.*

INVENTARIANTE – Aquele que assume compromisso legal, nos respectivos autos, para guarda e administração do espólio até concluir-se a partilha dos bens. No regime de comunhão de bens o cargo é exercido pelo cônjuge sobrevivente ou, na falta deste, por um dos herdeiros ou testamenteiro.

✱ *V. CC, arts. 1.797, 2.020, 2.021, 1.992 e 1.996.*

✱ *V. CPC/2015, arts. 617 a 625.*

INVENTÁRIO – O tema relacionado ao inventário de bens foi parcialmente alterado pela Lei nº 11.965, de 3-7-2009, que passou a dispor sobre a participação do defensor público na lavratura da escritura pública de inventário e de partilha e de divórcio consensual. Além disso, o § 2º do art. 610 do CPC/2015 dispõe que a partir de agora o tabelião somente lavrará a escritura pública se todas as partes interessadas estiverem assistidas por advogado comum ou advogados de cada uma delas ou por defensor público, cuja qualificação e assinatura constarão do ato notarial. Veja que, com o advento desta alteração, passa a entrar a figura do defensor público no rol.

✱ *V. CC: art. 1.796.*

✱ *V. CPC/1973: arts. 982 e 983.*

✱ *V. CPC/2015, arts. 610, §§ 1º e 2º e 611.*

IRRETROATIVIDADE DA LEI – Princípio que determina que a lei só deve dispor para o futuro, o que é inerente à própria lei, pois esta só pode ser conhecida após sua publicação. A CF garante que "a lei não prejudicará o direito adquirido, o ato jurídico perfeito e a coisa julgada"; assim também a LINDB (Lei de Introdução às Normas do Direito Brasileiro) A lei pode, entretanto, retroagir, mas para beneficiar e nunca para prejudicar, porém a retroatividade deve ser sempre expressa, proibida a mera presunção. No Dir. Penal, admite-se a retroatividade da lei mais benigna para o acusado.

✱ *V. CP, art. 2º, parágrafo único.*

✱ *V. CF: art. 5º, XXXVI e XL.*

✱ *V. LINDB (Lei de Introdução às Normas do Direito Brasileiro): art. 6º.*

ISENÇÃO FISCAL – Dispensa legal do pagamento de um tributo.Difere da imunidade, que só se extingue por alteração constitucional, ao passo que a isenção pode extinguir-se por lei ordinária; e também da *não incidência*, que implica não haver fato gerador. A isenção, mesmo prevista em contrato, decorre sempre de lei que especifique as condições e os requisitos exigidos para sua concessão, os tributos a que se aplica e, sendo o caso, o prazo de sua duração. A isenção pode restringir-se a determinada região do território da cidade tributante, em função de condições a ele peculiares. Não é extensiva às taxas e às contribuições de melhoria, aos tributos instituídos posteriormente à sua concessão, salvo disposição em contrário. Pode ser revogada ou modificada por lei, se concedida por prazo certo e em função de certas condições. A Lei nº 13.353/2016 trouxe isenções tributárias específicas à Academia Brasileira de Letras, à Associação Brasileira de Imprensa e ao Instituto Histórico e Geográfico Brasileiro.

✱ *V. CTN, arts. 176 a 179.*

✱ *V. LC nº 70/1991 (Institui contribuição para financiamento da Seguridade Social, eleva a alíquota da contribuição social sobre o lucro das instituições financeiras), art. 6º, IV.*

✱ *V. Lei nº 9.532/1997 (Altera a legislação tributária federal), art. 15, § 5º.*

✱ *V. Súmulas nºs 544 e 591 do STF.*

ISONOMIA JURÍDICA – Princípio que determina a igualdade de todos perante a lei. Igualdade de todos perante a lei, princípio que expressa não a igualdade intelectual ou moral, mas a de tratamento perante a lei, sem distinção de grau, classe ou poder econômico. Nos termos da CF, homens e mulheres são iguais em direitos e obrigações, não haverá juízo ou tribunal de exceção, a prática de racismo é crime inafiançável, é proibida a diferença de salários (isonomia salarial), de exercício de funções e de critérios de admissão por motivo de sexo, idade, cor, ou estado civil; proibida a discriminação salarial e critérios de admissão do trabalhador portador de deficiência; e garantida a igualdade de direitos entre o trabalhador com vínculo empregatício e o avulso. A CLT proíbe distinções quanto à espécie de emprego e à condição do trabalhador, ou entre trabalho intelectual, técnico e manual, e diz que a todo trabalho de igual valor corresponderá salário igual sem distinção de sexo.

✱ *V. CF: arts. 5º, caput, I, VIII, XXXVII e XLII, e 7º, XXX, XXXI e XXXIV.*

✱ *V. CLT: arts. 3º, 5º e 6º.*

J

J. – Junte-se.

JACENTE – Diz-se da herança cujos herdeiros não são conhecidos ou renunciaram a esta. A herança fica sob a guarda de um curador, os bens arrecadados passarão ao domínio do Município ou do Distrito Federal, se localizados nas respectivas circunscrições, incorporando-se ao domínio da União quando situados em território federal.

✱ *V. Herança jacente.*

J. CLS. – Abreviatura usada pelos juízes para pedir que os autos sejam trazidos à sua conclusão.

JOGO DE AZAR – Praticar ou explorar jogo de azar é contravenção penal determinada pelo Dec.-lei nº 3.688/1941, no art. 50, § 3º. Consideram-se jogos de azar: *a*) o jogo dependente da sorte; *b*) apostas feitas em corridas de cavalos, fora de hipódromo ou de local autorizado; *c*) apostas em qualquer outra competição.

✱ *V. Dec.-lei nº 6.259/1944 (Dispõe sobre o serviço de loterias): art. 45.*

JOINT VENTURE – Expressão do idioma inglês que denomina a sociedade em conta de participação.

JORNADA DE TRABALHO – 1. Intervalo de tempo em que o trabalhador desempenha o serviço para o qual foi contratado ou fica à disposição do empregador para desempenhá-lo. 2. A jornada normal é de 8 horas por dia e 44 horas por semana; pode haver compensação de horário e redução da jornada por acordo ou convenção coletiva de trabalho, como os bancários que trabalham 40 horas semanais. A jornada diária pode ser aumentada, no máximo, em 2 horas por acordo escrito entre empregado e empregador ou convenção coletiva. Para trabalho realizado em turnos de revezamento é obrigatória a jornada de 6 horas. Entre duas jornadas é obrigatório intervalo mínimo de 11 horas consecutivas; nas jornadas normais, deve haver um intervalo de uma hora para alimentação, não podendo ultrapassar de 2 horas. Com o advento da Lei nº 13.467/2017 (Reforma Trabalhista) a supressão ou concessão parcial do intervalo intrajornada, destinado a alimentação e repouso, para empregados rurais e urbanos, ensejará o pagamento, de natureza indenizatória, apenas do período suprimido, com acréscimo de 50% sobre o valor da hora normal, antes todo o período era pago. Para fazer jus ao repouso semanal remunerado, o empregado deve ter cumprido integralmente a jornada de trabalho da semana anterior, salvo faltas justificadas. O dia de repouso semanal trabalhado e não compensado em outro dia da semana deve ser pago em dobro. 3. A Lei nº 13.467/2017 (Reforma Trabalhista) excluiu expressamente da jornada de trabalho, por não se tratar de tempo à disposição do empregador, o período que exceder a jornada normal, mesmo que ultrapasse o limite de cinco minutos (do § 1º do art. 58 da CLT), quando o empregado buscar proteção pessoal, em caso de insegurança nas vias públicas ou más condições climáticas, bem como ingressar ou permanecer nas dependências da empresa para exercer atividades particulares, bem como trouxe um rol destas. 4. O estado de calamidade pública, decretado pelo Dec. Leg. nº 6, de 20-3-2020, gerado pela pandemia de Coronavírus (COVID-19) fez o Poder Público instituir o Programa Emergencial de Manutenção do Emprego e da Renda que autoriza, dentre outras medidas, a redução proporcional de jornada de trabalho e de salário. 5. O Dec. nº 10.854/2021 estabeleceu que o registro eletrônico de controle de jornada será realizado por meio de sistemas e de equipamentos que atendam aos requisitos técnicos, na forma estabelecida em ato do Ministro de Estado do Trabalho e Previdência, de modo a coibir fraudes, a permitir o desenvolvimento de soluções inovadoras e a garantir a concorrência entre os ofertantes desses sistemas. 6. A Lei nº 14.442/2022 excluiu do controle de jornada os empregados em regime de teletrabalho que prestam serviço por produção ou tarefa.

✱ *V. CF, art. 7º, XIII e XIV.*

✱ *V. CLT, arts. 4º, 58 a 65 e 71.*

✱ *V. Lei nº 14.020/2020 (Institui o Programa Emergencial de Manutenção do Emprego e da Renda; dispõe sobre medidas complementares para enfrentamento do estado de calamidade pública reconhecido pelo Decreto Legislativo nº 6, de 20 de março de 2020, dentre outras providências).*

✱ *V. Lei nº 13.894/2019 (Altera a Lei nº 11.340, de 7 de agosto de 2006 (Lei Maria da Penha), para prever a competência dos Juizados de Violência Doméstica e Familiar contra a Mulher para a ação de divórcio, separação, anulação de casamento ou dissolução de união estável nos casos de violência e para tornar obrigatória a informação às vítimas acerca da possibilidade de os serviços de assistência judiciária ajuizarem as ações mencionadas; e altera a Lei nº 13.105, de 16 de março de 2015 (Código de Processo Civil), para prever a competência do foro do domicílio da vítima de violência doméstica e familiar para a ação de divórcio, separação judicial, anulação de casamento e reconhecimento da união estável a ser dissolvida, para determinar a intervenção obrigatória do Ministério Público nas ações de família em que figure como parte vítima de violência doméstica e familiar, e para estabelecer a prioridade de tramitação dos procedimentos judiciais em que figure como parte vítima de violência doméstica e familiar).*

✱ *V. Dec. nº 10.422/2020 (Prorroga os prazos para celebrar os acordos de redução proporcional de jornada e de salário e de suspensão temporária do contrato de trabalho e para efetuar o pagamento dos benefícios emergenciais de que trata a Lei nº 14.020, de 6 de julho de 2020).*

✱ *V. Dec. nº 10.470/2020 (Prorroga os prazos para celebrar acordos de redução proporcional de jornada de trabalho e de salário e de suspensão temporária de contrato de trabalho e para efetuar o pagamento dos benefícios emergenciais de que trata a Lei nº 14.020, de 6 de julho de 2020).*

✱ *V. Dec. nº 10.517/2020 (Prorroga os prazos para celebrar acordos de redução proporcional de jornada de trabalho e de salário e de suspensão temporária de contrato de trabalho e para efetuar o pagamento dos benefícios emergenciais de que trata a Lei nº 14.020, de 6 de julho de 2020).*

✱ *V. Dec. nº 10.854/2021 (Regulamenta disposições relativas à legislação trabalhista e institui o Programa Permanente de Consolidação, Simplificação e Desburocratização de Normas Trabalhistas Infralegais e o Prêmio Nacional Trabalhista, e altera o Decreto nº 9.580, de 22 de novembro de 2018.), arts. 31 e 32.*

Doze por trinta e seis (12X36): é a jornada de trabalho composta por 12 horas de trabalho seguidas de 36 horas ininterruptas de descanso. A Lei nº 13.467/2017 (Reforma Trabalhista) afirmou que esta jornada poderia ser pactuada entre empregado e empregador mediante acordo individual escrito, convenção coletiva ou acordo coletivo de trabalho.

✱ *V. CLT, arts. 59-A e 60, parágrafo único.*

✱ *V. Súm. nº 444 do TST.*

In Itinere: é o período de tempo gasto pelo empregado até o local de trabalho e para o seu retorno. A Lei nº 13.467/2017 (Reforma Trabalhista) estipulou que tal período não será computado na jornada por não configurar tempo à disposição do empregador, ainda que o empregador forneça o transporte.

✱ *V. CLT, art. 58, § 2º.*

JORNADA DE TRABALHO EM TEMPO PARCIAL – É o trabalho cuja duração não exceda a 30 horas semanais, sem a possibilidade de horas suplementares semanais, ou, ainda, aquele cuja duração não exceda a 26 horas semanais, com a possibilidade de acréscimo de até seis horas suplementares semanais. A Lei nº 13.467/2017 (Reforma Trabalhista) ampliou o conceito de trabalho em regime de tempo parcial, bem como detalhou a execução dele.

✱ *V. CLT, art. 58-A.*

JUBILAÇÃO – Aposentadoria do professor de ensino básico e médio, depois de certo tempo de serviço. O professor aposenta-se após 30 anos e a professora após 25 anos de efetivo exercício do magistério. De acordo com o art. 40, § 5º, da CF. O governo propôs a extinção das aposentadorias especiais.

JUDICIAL – Pertencente ao juízo ou nele realizado; atos ou coisas ligados à jurisdição, referentes à administração da justiça ou conformes à ordem judiciária.

JUDICIÁRIO – Referente à justiça e aos juízes. Um dos Poderes da União, ao lado do Executivo e do Legislativo.

JUGAL – Relativo a casamento; nupcial, conjugal, matrimonial.

JUIZ – Magistrado que tem por função administrar a justiça; o que exerce atividade jurisdicional como membro do Poder Judiciário. O juiz dirige o processo, devendo garantir igualdade de tratamento às partes, zelar pela rápida solução do litígio e prevenir ou reprimir atos contrários à dignidade da justiça. Goza das garantias de vitaliciedade, inamovibilidade e a da irredutibilidade de vencimentos. A LC nº 35/1979 constitui a Lei Orgânica da Magistratura Nacional. Os juízes farão correição e fiscalização nos livros de registro, conforme as normas da Organização Judiciária. Diz-se:

✱ *V. CF, arts. 94, 95 e 104, parágrafo único, II.*

✱ *V. CC/2002, art. 1.521.*

✱ *V. CPC/1973, arts. 125 a 138 e 162 a 165.*

✱ *V. CPC/2015, arts. 139 a 148, 203 a 205, 370 e 371.*

✱ *V. Lei nº 6.015/1973 (Lei de Registros Públicos), art. 48.*

JUIZ DE GARANTIAS – É o juiz que acompanha o processo penal da instauração do inquérito até o recebimento da denúncia. É responsável pelo controle da legalidade da investigação criminal e pela salvaguarda dos direitos individuais cuja franquia tenha sido reservada à autorização prévia do Poder Judiciário

✱ *V. CPP, arts. 3º-B a 3º-F.*

JUIZ DE INSTRUÇÃO DE JULGAMENTO – É o juiz que assume o processo penal a partir do recebimento da denúncia com o objetivo de evitar que o julgamento seja influenciado pelo entendimento do juiz inicial (juiz de garantia).

✱ *V. CPP, art. 3º-C.*

JUIZADOS ESPECIAIS CÍVEIS E CRIMINAIS – São órgãos da justiça ordinária, podendo ser criados nos Estados e Distrito Federal, para o processo e julgamento, por opção do autor, de causas de reduzido valor econômico não excedentes do valor de 40 vezes o salário mínimo vigente no País; as enumeradas no art. 275, II, do CPC/1973, sem correspondência no CPC/2015; as de despejo para uso próprio e as ações possessórias e infrações penais de menor potencial. Os processos orientam-se pelos critérios da oralidade, simplicidade, informalidade, economia processual e celeridade, buscando, sempre que possível, a conciliação das partes. O juiz dirige o processo com ampla liberdade e adota em cada caso a decisão que reputar mais justa e equânime, isto é, emprega a equidade, técnica de aplicação da lei, adequando-a a cada tipo de processo. Os conciliadores são auxiliares da justiça e os árbitros escolhidos entre advogados indicados pela OAB. Não podem ser partes o incapaz, o preso, as pessoas jurídicas de direito público, as empresas públicas da União, a massa falida e o insolvente civil. Os atos processuais serão públicos e poderão realizar-se em horário noturno. O processo inicia-se com o pedido, oral ou escrito, à Secretaria do Juizado; o secretário será necessariamente bacharel em Direito; a sessão de conciliação realizar-se-á em 15 dias após o registro do pedido. Não se admite a reconvenção. A execução da sentença será processada no próprio juizado; cabe recurso ao próprio juizado e também embargos de declaração. O acesso aos Juizados independe, em primeiro grau de jurisdição, do pagamento de custas, taxas ou despesas. Por decisão do STF, em relação ao novo Estatuto do Advogado, não será obrigatório constituir advogado nos Juizados e Varas do Trabalho. A CF também não mantém os conciliadores nem os árbitros, que foram substituídos por juízes togados ou togados e leigos. No Espírito Santo, a justiça utiliza um ônibus com instalações especiais, sala de atendimento e de audiências, o qual se desloca e estaciona em bairros periféricos para atender a população. O CPC/2015, art. 318, aboliu a divisão de ritos. Mas as disposições do CPC/1973, relativas ao procedimento sumário e aos procedimentos especiais que forem revogadas aplicar-se-ão às ações propostas e não sentenciadas até o início da vigência deste Código.

✱ *V. CF: arts. 24, X, e 98, I.*

✱ *V. CPC/2015, art. 1.049, parágrafo único.*

✱ *V. Lei nº 9.099/1995 (Dispõe sobre os Juizados Especiais Cíveis e Criminais).*

✱ *V. Lei nº 11.719/2008 (Altera dispositivos do Dec.-lei nº 3.689/1941 – Código de Processo Penal –, relativos à suspensão do processo, emendatio libelli, mutatio libelli e aos procedimentos).*

JUIZADOS ESPECIAIS DA FAZENDA PÚBLICA – Os Juizados Especiais da Fazenda Pública, órgãos da justiça comum e integrantes do Sistema dos Juizados Especiais, serão criados pela União, no Distrito Federal e nos Territórios, e pelos Estados, para conciliação, processo, julgamento e execução, nas causas de sua competência (art. 1º da Lei nº 12.153/2009). É de competência dos Juizados Especiais da Fazenda Pública processar, conciliar e julgar causas cíveis de interesse dos Estados, do Distrito Federal, dos Territórios e dos Municípios, até o valor de 60 salários-mínimos (art. 2º da Lei nº 12.153/2009).

JUIZADOS ESPECIAIS FEDERAIS – Órgãos da Justiça Federal, criados pela Lei nº 10.259/2001, competentes para, no âmbito criminal, processar e julgar os feitos de competência da Justiça Federal relativos às infrações de menor potencial ofensivo, que são aquelas para as quais a lei comine pena máxima não superior a 2 anos ou multa. Já no campo cível processar, conciliar e julgar causas de competência da Justiça Federal até o valor de sessenta salários mínimos, bem como executar as suas sentenças.

✱ *V. Dec. nº 4.250/2002 (Regulamenta a representação judicial da União, autarquias, fundações e empresas públicas federais perante os Juizados Especiais Federais, instituídos pela Lei nº 10.259/2001).*

JUÍZO – Opinião, conceito. O foro; o tribunal constituído; o juiz, as partes e seus advogados, provisionados, solicitadores, estagiários e outros auxiliares da justiça. Lugar onde o juiz exerce suas funções. Há juízos de primeira instância, onde se propõe o processo; de segunda instância, para o qual se recorre da decisão de juízo inferior; o primeiro é chamado de inferior instância ou *a quo* e o segundo de superior instância ou *ad quem*.

Arbitral: Órgão julgador, criado pela vontade das partes que litigam em juízo ou extrajudicialmente a respeito de direitos patrimoniais, que admitem transação. A decisão do juízo arbitral é irrecorrível.

✱ *V. Lei nº 9.307/1996 (Dispõe sobre a arbitragem).*

De exceção: Juízo criado contingencial e excepcionalmente, com grave risco para as liberdades individuais. A Constituição Federal veda, expressamente, esta temerária instituição, ao declarar no art. 5º, XXXVII: "Não haverá juízo ou tribunal de exceção".

JUIZ TOGADO – Magistrado formado em Direito e aprovado em concurso de provas e títulos (CF: art. 93, I) ou levado à magistratura por disposição de lei. O juiz togado é vitalício.

✱ *V. CF: arts. 94, 104, II, e 107, I.*

JULGADO – Decisão proferida por juízo singular ou coletivo a respeito do que foi o objeto do litígio.

JULGAMENTO – Ato pelo qual a autoridade competente profere decisão sobre aquilo que lhe é apresentado. *V. Sentença.*

✱ *V. CPC/2015, arts. 55, § 3º, 332, 353, 354, 355, 358 a 368.*

Pode ser:

Absolutório: isenta-se o réu de obrigação ou culpa.

Antecipado da Lide (Dir. Proc. Civil): Quando a questão for de direito, ou não houver necessidade da produção de provas em questões de fato e de direito ou ainda quando ocorrer a revelia, pode haver o julgamento da lide antes da audiência de conciliação e julgamento, logo após a resposta do réu. O julgamento antecipado da lide é uma inovação do Código de Processo Civil de 1973.

✱ *V. CPC/1973: art. 330.*

✱ *V. CPC/2015, arts. 55, § 3º, 332, 353, 354, 355, 358 a 368.*

✱ *V. CPP, arts. 425, 442 a 496, 538, 602 a 618 e 795.*

De recursos repetitivos: 1. Procedimento de admissão e julgamento, por um Tribunal Superior, de recursos que versem sobre idêntica matéria de direito, afetando todos os apelos à decisão proferida em um ou mais recursos representativos da questão controvertida, ao quais se tornam o paradigma do entendimento jurisprudencial dominante. 2. No processamento de recursos extraordinários, o julgamento depende do prévio reconhecimento da repercussão geral da matéria constitucional ventilada, sendo que, se o STF negar a sua existência, considerar-se-ão inadmitidos todos os demais recursos extraordinários interpostos sobre idêntica fundamentação jurídica. Reconhecida a repercussão geral, o julgamento de mérito dos recursos selecionados afeta a apreciação de admissibilidade dos demais apelos pelos Tribunais inferiores, os quais poderão considerá-los prejudicados ou retratar-se, caso o julgamento *a quo* tenha sido contrário ao entendimento do STF. Na hipótese de os recursos extraordinários já terem sido admitidos e remetidos ao STF, este poderá, conforme o caso, cassar ou reformar liminarmente as decisões em dissonância com a decisão do recurso paradigma. Embora não exista previsão legal, o STF aplica analogicamente a modulação de efeitos da decisão, prevista no art. 27 da Lei nº 9.868/1999, mediante quórum de 2/3 (dois terços) de seus membros, processando e julgando os demais recursos afetados conforme o marco temporal fixado. 3. No processamento de recursos especiais pelo STJ, cabe ao Presidente do Tribunal de origem suscitar a afetação, encaminhando um ou mais recursos representativos da controvérsia, e o julgamento de mérito pelo STJ será realizado por uma Seção ou pelo Órgão Especial, acaso a questão diga respeito à matéria de competência de mais de uma Seção. Julgado o mérito da questão controvertida, os demais recursos especiais afetados poderão ser julgados monocraticamente pelos relatores, ou, se ainda não admitidos na origem, terão seguimento denegado ou serão novamente examinados, à luz da decisão do STJ. 4. No processamento de recursos de revista pelo TST, a afetação pode ser suscitada por qualquer das Turmas ou Seções Especializadas, que submeterá a controvérsia à Seção Especializada em Dissídios Individuais ou ao Tribunal Pleno, conforme o caso. Procede-se, então, ao julgamento na mesma forma disciplinada para os recursos especiais, com a possibilidade do órgão competente do TST, conforme o caso, modular os efeitos da decisão, na hipótese de revisão de jrisprudência até então prevalente naquele Tribunal, admitindo e processando os recursos sob idêntica questão conforme a fixação do marco temporal.

Virtual: técnica de julgamento em que o processo é inserido em uma plataforma eletrônica que permite a participação das partes e dos julgadores sem a necessidade de comparecimento físico deles em local específico. O Superior Tribunal de Justiça alterou o próprio Regimento Interno através da Emenda Regimental nº 27, de 13 de dezembro de 2016, para disciplinar o julgamento virtual em seu âmbito.

✱ *V. CPC/1973, arts. 543-A a 543-C.*

✱ *V. CPC/2015, arts. 1.035 a 1.041.*

✱ *V. CLT, arts. 896-B e 896-C.*

✱ *V. RISTF, arts. 322 a 329.*

✱ *V. RISTJ, arts. 184-A a 184-H.*

✱ *V. Ato SEGJUD.GP nº 549/2014 do TST.*

JUNTA COMERCIAL – Órgão administrativo ao qual compete, em cada Estado, o registro público do comércio e outras funções correlatas. O registro mercantil continuará a ser regido pelos dispositivos da legislação comercial segundo a Lei dos Registros Públicos. Tem sede em Brasília e nas capitais dos Estados e subordina-se, administrativamente, aos respectivos governos e aos órgãos e autoridades do governo.

✱ *V. Lei nº 8.934/1994 (Lei do Registro Público de Empresas Mercantis).*

JUNTADA – Termo usado em cartório que serve para indicar a inclusão de petição ou documento nos autos.

JUNTA DE CONCILIAÇÃO E JULGAMENTO – Órgão de primeira instância da justiça do Trabalho cujo objetivo era conciliar as partes ou, não o conseguindo, decidir o litígio por sentença. Compunha-se de um juiz togado efetivo e de dois vogais, um classista e um representante dos empregadores, e um suplente para cada vogal (CLT, arts. 647 a 667). Com o advento da EC nº 24/1999, desapareceu a figura do Juiz Classista na Justiça do Trabalho, passando de Juntas de Conciliação e Julgamento à denominação de Varas do Trabalho, presididas por um só juiz togado.

JURADO – Diz-se do cidadão que é escolhido, devido a sua notória idoneidade, para compor o Tribunal do Júri. É chamado juiz de fato. O exercício efetivo da função de jurado constituirá serviço público relevante e estabelecerá presunção de idoneidade moral. O serviço do júri é obrigatório. O alistamento compreenderá os cidadãos maiores de 18 anos de notória idoneidade. A recusa ao serviço do júri fundada em convicção religiosa, filosófica ou política importará no dever de prestar serviço alternativo, sob pena de suspensão dos direitos políticos, enquanto não prestar o serviço imposto. O Tribunal do Júri é composto por 1 (um) juiz togado, seu presidente e por 25 (vinte e cinco) jurados que serão sorteados dentre os alistados, 7 (sete) dos quais constituirão o Conselho de Sentença em cada sessão de julgamento. Estão isentos do serviço do júri: I – o Presidente da República e os Ministros de Estado; II – os governadores e seus respectivos secretários; III – os membros do Congresso Nacional, das Assembleias Legislativas e das Câmaras Distrital e Municipais; IV – os Prefeitos Municipais; V – os Magistrados e membros do Ministério Público e da Defensoria Pública; VI – os servidores do Poder Judiciário, do Ministério Público e da Defensoria Pública; VII – as autoridades e os servidores da polícia e da segurança pública; VIII – os militares em serviço ativo; IX – os cidadãos maiores de 70 (setenta) anos que requeiram sua dispensa; X – aqueles que o requererem, demonstrando justo impedimento.

✱ *V. CF, arts. 5º, VIII, e 15, IV.*

✱ *V. CP, arts. 316, 317, §§ 1º e 2º, e 319.*

✱ *V. CPP: arts. 106, 295, 433 a 438, 441, 445, 459, 464, 482, 564, III, j, e 581, XIV.*

JÚRI – Nome dado ao tribunal formado por cidadãos alistados, sorteados e escolhidos, para que, sob juramento, decidam, de fato, sobre a culpabilidade dos acusados. O Tribunal do Júri é composto por 1 (um) juiz togado, seu presidente e por 25 (vinte e cinco) jurados que serão sorteados dentre os alistados, 7 (sete) dos quais constituirão o Conselho de Sentença em cada sessão de julgamento. Compete ao Tribunal do Júri o julgamento dos crimes previstos nos arts. 121, §§ 1º e 2º, 122, parágrafo único, 123, 124, 125, 126 e 127 do CP, consumados ou tentados.

✱ *V. CF: art. 5º, XXXVIII.*

✱ *V. CPP: arts. 439 a 497.*

✱ *V. Súm. nº 603 do STF.*

✱ *V. Lei nº 11.689/2008 (Altera dispositivos do Dec.-lei nº 3.689/1941 – Código de Processo Penal –, relativos ao Tribunal do Júri).*

JURISDIÇÃO – Poder pertencente aos magistrados de aplicar o direito. A jurisdição se divide em: contenciosa, que tem por objetivo resolver os litígios, e voluntária, que se dedica à homologação de pedidos que não impliquem litígio. Pode ser definida em função da área geográfica, por exemplo: Tribunais Estaduais, com poder só no Estado de atuação ou da matéria (p. ex., Juízes e Tribunais do Trabalho, com poder de dizer o direito só em assunto de Direito do Trabalho).

JURISPRUDÊNCIA – Fonte secundária do direito, consistente em aplicar, a casos semelhantes, orientação uniforme dos tribunais.

JUSTA CAUSA – Em Dir. do Trabalho, diz-se do motivo, previsto em lei, para extinção do vínculo empregatício. A Lei nº 13.467/2017 (Reforma Trabalhista) acrescentou às alíneas do art. 482 a letra *m* que traz a hipótese de justa causa pela perda da habilitação ou dos requisitos estabelecidos em lei para o exercício da profissão, em decorrência de conduta dolosa do empregado. Tal situação envolve profissionais que precisam de habilitação prévia para o trabalho que realizam como é o caso dos advogados, médicos, contadores.

✱ *V. CLT, art. 482.*

JUSTIÇA – Justiça, como diriam os romanos, é dar a cada um o que é seu. O Poder Judiciário é o órgão competente para administrar a justiça. Equilíbrio perfeito que estabelecem a moral e a razão entre o direito e o dever. Poder de julgar, de aplicar os dispositivos legais. A definição consagrada é de Ulpiano: "Justiça é a vontade constante e perpétua de dar a cada um o que é seu". Sinônimo também de Poder Judiciário e de Juízo. *V. Juízo e Jurisdição.*

Cumulativa: que diz respeito à reciprocidade das prestações.

De mão própria: ato ou comportamento de pessoa que busca por si mesmo, intervindo na esfera jurídica alheia e sem depender da mediação institucional, a satisfação do próprio direito. Aplicação da lei pelo próprio interessado, quando não atendido por aquele que deveria impor a regra jurídica e não o fez.

Desportiva: organização privada que tem autoridade para aplicar a legislação esportiva em procedimento contencioso.

✱ *V. CF, art. 217, §§ 1º e 2º.*

Distributiva: aquela que se pratica pela distribuição dos bens existentes.

JUSTIÇA DE PAZ – Prevista na CF: remunerada, composta de cidadãos eleitos pelo voto direto, secreto e universal, com mandato de 4 anos e competência para celebrar casamentos, verificar o processo de habilitação e exercer atribuições conciliatórias, sem caráter jurisdicional, além de outras previstas na lei.

✱ *V. CF, art. 98, II.*

JUSTIÇA MILITAR – 1. É um dos órgãos do Poder Judiciário da União, com previsão constitucional e Lei de Organização Judiciária, voltada a apuração dos chamados crimes militares, definidos no CPM. 2. É composta pelo

J

Superior Tribunal Militar, pela Corregedoria da Justiça Militar, pelos Conselhos de Justiça Militar e pelos juízes federais da Justiça Militar. 3. A Lei nº 13.774/2018 reformou a redação da Lei nº 8.457/1992, renomeando os juízes auditores, que passaram a ser denominados juízes federais da Justiça Militar, além de reorganizar os serviços auxiliares. 4. É possível aos Estados a criação da Justiça militar estadual, mediante proposta dos respectivos Tribunais de Justiça, contanto que o efetivo militar seja superior a 20 mil integrantes. 5. A prática de crime doloso contra vida, praticado contra civil, ainda que tipifique crime militar, é processada perante o Tribunal do Júri, ante a soberania garantida pela CF.

✱ **V.** *CF, arts. 122 a 124 e 125, § 3º.*

✱ **V.** *Lei nº 8.457/1992 (organiza a Justiça Militar da União e regula o funcionamento de seus serviços auxiliares).*

✱ **V.** *CPM, arts. 9º, 10, 27, 62, 68 e 340 a 354.*

✱ **V.** *CPPM, arts. 82 a 84.*

✱ **V.** *Lei nº 7.170/1983 (Define crimes contra a segurança nacional, a ordem política e social), art. 30. Esta Lei foi revogada pela Lei nº 14.197/2021.*

✱ **V.** *Súmulas nºs 9, 297, 298, 385 e 694 do STF.*

✱ **V.** *Súmulas nºs 6, 47, 53, 75, 78, 90, 172 e 192 do STJ.*

✱ **V.** *Súmulas nºs 20, 30, 55 e 233 do TFR.*

JUSTIÇA SOCIAL – É o princípio da Justiça *distributiva*, pela qual a comunidade deve distribuir, de maneira equitativa, entre os seus membros, bens, recompensas, cargos e funções, previstas a fixação de impostos e a assistência social, com aplicação de recursos em obras de atendimento aos carentes.

JUSTIFICAÇÃO (PROC. CIVIL) – Fundamentação da legitimidade e da admissibilidade de propositura ou de emenda a dispositivo legal em discussão no Legislativo, ou das razões do voto em tribunal ou assembleia. Meio pelo qual se demonstra a existência de fato ou relação jurídica, pela oitiva de testemunhas e de documentos. É procedimento cautelar específico a oitiva de testemunhas, devendo citar-se os interessados, salvo nos casos previstos em lei. A lei positiva não admite, no processo de justificação, nem defesa nem recurso, mas há julgado que admite apelar da sentença que indefere, *in limine*, a petição inicial de justificação. Esta será julgada por sentença; os autos serão entregues ao requerente 48 horas após a decisão, independentemente de traslado; os quais não serão entregues se se tratar de justificação em matéria de registro civil.

✱ **V.** *Lei nº 6.015/1973 (Lei de Registros Públicos).*

✱ **V.** *CPC/1973: arts. 861 a 866.*

✱ **V.** *CPC/2015, arts. 381, § 5º, 382, §§ 2º e 4º.*

JUSTO TÍTULO – Elemento essencial para adquirir-se ou transferir-se a propriedade. Para declarar-se o usucapião ordinário, a lei civil exige que se tenha o justo título. **V.** *Usucapião.*

✱ **V.** *CC: art. 1.242.*

K

KIBUTZ – Nome dado em Israel à fazenda coletiva em regime de copropriedade e cooperação mútua voluntária. Todas as atividades são feitas comunitariamente. Dá aos seus habitantes alimentação, alojamento, educação alimentar, em consonância com as necessidades individuais. A administração é responsável pela educação.

KULAKS – Nome dado aos camponeses russos, na época czarista, que possuíam grandes áreas cultiváveis. Eram conhecidos por explorarem seus assalariados e por fazerem empréstimos aos camponeses pobres, em condições usurárias. Desta atividade surgiu a denominação pejorativa *kulak*, que significa "punho".

L

LACUNA DA LEI – Falta de disposição legal aplicável ao caso concreto. Quando isso se der, deve-se recorrer ao costume, aos princípios gerais do direito, à analogia e à equidade. O juiz não pode eximirse de sentenciar alegando lacuna ou obscuridade da lei, e só decidirá por equidade nos casos que a lei prevê. No Direito Penal, porém, não se admite o preenchimento de lacunas para condenar alguém. Apenas os fatos previstos podem ensejar a condenação, de acordo com o princípio da legalidade ou da anterioridade da lei penal, consagrado no CP: "Não há crime sem lei anterior que o defina, não há pena sem a prévia cominação legal".

✱ **V.** *CP, art. 1º.*

✱ **V.** *LINDB (Lei de Introdução às Normas do Direito Brasileiro): art. 4º.*

✱ **V.** *CPC/2015, art. 140.*

LADRÃO – Autor de crime de roubo ou de furto. O STF diz que "há crime de latrocínio quando o homicídio se consuma, ainda que não realize o agente a subtração de bens da vítima".

✱ **V.** *Súm. nº 610 do STF.*

LANÇAMENTO – Procedimento pelo qual se torna certa e determinada a obrigação tributária.

✱ **V.** *CTN: art. 142.*

✱ **V.** *Súm. Vinculante nº 24 (Não se tipifica crime material contra a ordem tributária, previsto no art. 1º, I a IV, da Lei nº 8.137/1990, antes do lançamento definitivo do tributo).*

De ofício: aquele efetuado e revisto pela autoridade administrativa nos casos previstos no art. 149 do CTN.

Por homologação: Aquele que se efetua depois de pago o tributo.

LARÁPIO – Ladrão, desonesto. A palavra teve origem em Roma, com o nome de um pretor corrupto, *Lucius Antonius Rufus Appius*, que assinava apenas as iniciais *L.A.R. Appius*. Dessas iniciais, surgiu *larapius*, em vernáculo *larápio*.

LATIFÚNDIO – Vasta propriedade rural pertencente a um só proprietário que não a torna produtiva, ou a aproveita minimamente. São insuscetíveis de desapropriação para fins de reforma agrária: a pequena e a média propriedade rural, assim definida em lei, desde que seu proprietário não possua outra; e a propriedade produtiva. Mas a União desapropriará por interesse social, para fins de reforma agrária, o imóvel rural que não esteja cumprindo sua função social.

✱ **V.** *CF, arts. 184, §§ 1º a 5º, e 185.*

✱ **V.** *Lei nº 4.504/1964 (Dispõe sobre o Estatuto da Terra): art. 4º.*

✱ **V.** *CF: arts. 184 e 185.*

LATO SENSU – (Latim) Em sentido amplo.

LATROCÍNIO – Crime hediondo, consistente em roubo, empregando-se violência, resultando morte ou lesão corporal grave. O CP não descreve o crime de latrocínio, mas deixao implícito no roubo com violência, lesão grave ou morte da vítima. Esta definição foi expressa pelo STF: "Há crime de latrocínio quando o homicídio se consuma, ainda que não realize o agente a subtração de bens da vítima". É crime contra o patrimônio, por seu objetivo: a eliminação da pessoa é o *crime-meio* para atingir-se o *crime-fim*, que é o roubo.

✱ **V.** *Súm. nº 610 do STF.*

✱ **V.** *CP: art. 157, § 3º.*

✱ **V.** *Lei nº 8.072/1990 (Dispõe sobre os crimes hediondos, nos termos do art. 5º, inciso XLIII, da Constituição Federal): arts. 1º, 6º e 9º.*

LAUDÊMIO – Prêmio pago ao senhorio direto pelo foreiro que renuncie ao direito de opção, na transferência de domínio útil por venda ou ação em pagamento. O valor do laudêmio é de 2,5% sobre o preço da transação.

✱ **V.** *CC, art. 2.038.*

LAUDO – Exposição, feita por escrito pelos peritos, das conclusões obtidas em relação aos que foram consultados.Pode ser:

Arbitral: decisão dos árbitros, no juízo arbitral, ou avaliação por eles feita em outros casos de arbitramento.

Pericial: se traz a opinião e os esclarecimentos conclusivos dos peritos. Também se diz *consultivo* ou *informativo*.

✱ **V.** *CPC/1973: arts. 429 a 432.*

✱ **V.** *CPC/2015, arts. 473, § 3º a 476.*

✱ **V.** *Súm. nº 68 da TNU – JEF.*

LAVAGEM – Ato de ocultar ou dissimular a natureza, origem, localização, disposição, movimentação ou propriedade de bens, direitos ou valores provenientes, direta ou indiretamente, de infração penal. A Lei de Lavagem de Dinheiro foi atualizada pela Lei nº 12.683/2012.

✱ **V.** *Lei nº 9.613/1998 (Dispõe sobre os crimes de "lavagem" ou ocultação de bens, direitos e valores; a prevenção da utilização do sistema financeiro para os ilícitos previstos nesta Lei; cria o Conselho de Controle de Atividades Financeiras – COAF): art. 1º.*

LAVRA – Operações que objetivam o aproveitamento industrial da jazida.

✱ *V. Dec. nº 62.934/1968 (Aprova o Regulamento do Código de Mineração): art. 45.*

✱ *V. Lei nº 9.478/1997 (Dispõe sobre a política energética nacional, as atividades relativas ao monopólio do petróleo, institui o Conselho Nacional de Política Energética e a Agência Nacional do Petróleo): art. 6º, XVI.*

Garimpeira: Aproveitamento de jazida que tenha condições de ser lavrada, não dependendo de trabalhos prévios de pesquisa.

✱ *V. Lei nº 7.805/1989 (Altera o Dec.-lei nº 227/1967, cria o regime de permissão de lavra garimpeira, extingue o regime de matrícula): art. 1º, parágrafo único.*

LEADING CASE – Diz-se da decisão proferida em determinado caso que passa a constituir paradigma jurisprudencial.

LEASING – Expressão inglesa que significa espécie de contrato de arrendamento, em que uma pessoa física ou jurídica arrenda um bem de outra por meio de um contrato por prazo determinado. Ao final do contrato com a arrendatária, tem a opção da compra do bem ou sua restituição. É um contrato complexo, onde estão inseridos um contrato de locação, um contrato de financiamento com eventual contrato de compra e venda. Também chamado de *arrendamento mercantil*. O assunto é tratado pela Lei nº 6.099/1974, que estabelece o tratamento tributário para operações de arrendamento mercantil.

✱ *V. Lei nº 6.099/1974 (Dispõe sobre o tratamento tributário das operações de arrendamento mercantil).*

✱ *V. Lei nº 11.882/2008 (Dispõe sobre as operações de redesconto).*

LEGADO – Disposição a título gratuito na qual o testador deixa para aquele que não é herdeiro, o legatário, parte da herança. Não incide sobre uma cota-parte dos bens do *de cujus*, mas apenas sobre bens determinados, especificados, individualizados. O mesmo que *doação causa mortis*. O legatário não é herdeiro, mas sucessor por título singular.

✱ *V. CC, arts. 1.901 a 1.946.*

LEGAL – Que tem apoio na lei, que está de acordo com a lei; que dela emana ou por ela é definido.

LEGALIDADE – O que está conforme a ordem jurídica. No Dir. Penal, princípio que impede a punição de crimes que a lei não define com antecedência.

LEGIFERAR – O mesmo que legislar.

LEGISLAÇÃO – Ato ou efeito de legislar, de fazer as leis. Conjunto de leis sobre uma matéria ou de um país. Diz-se:

Comparada: a que põe em confronto as leis de um país e de outro.

Especial: a que rege determinado ramo do Dir. Positivo ou que tem um fim preestabelecido.

Geral: o conjunto de leis de um país.

Vigente: aquela que está em vigor no momento.

LEGISLADOR – Aquele que elabora leis; membro do Legislativo.

LEGISLATIVO – Um dos Três Poderes em que se funda a soberania do Estado no regime democrático, encarregado de elaborar leis. No Brasil, o Poder Legislativo é exercido pelo Congresso Nacional (Câmara dos Deputados e Senado Federal), com atribuições fixadas pela CF.

LEGÍTIMA – É a parte da herança do testador reservada por lei aos herdeiros em linha reta, também denominados herdeiro necessários, que não pode ser objeto de doação ou legado.

✱ *V. CC: arts. 544, 1.846 a 1.850, 1.961 a 1.965.*

LEGÍTIMA DEFESA – Diz-se quando a pessoa, utilizando moderadamente os meios necessários e suficientes, repele injusta agressão, atual ou iminente, na defesa de bem jurídico próprio ou alheio, tutelado pelo Direito. Exclui a antijuridicidade, mas o excesso doloso ou culposo no uso dos meios de legítima defesa é punido criminalmente. Admite-se, na esfera cível, a legítima defesa como exclusão da ilicitude do ato como na defesa da turbação de posse, o "desforço pessoal". A Lei nº 13.964/2019 ampliou o conceito para abranger como legítima defesa a situação do "agente de segurança pública que repele agressão ou risco de agressão a vítima mantida refém durante a prática de crimes".

✱ *V. CP, art. 25.*

✱ *V. CC, art. 1.210.*

LEGITIMAÇÃO – Ato de tornar legítimo; legalização. Os filhos legitimados são em tudo equiparados aos legítimos. A Constituição Federal aboliu qualquer distinção: todos os filhos podem ser reconhecidos a qualquer tempo, sejam naturais, sejam adulterinos, sejam incestuosos, até na constância da sociedade conjugal. Diz a Carta Magna que "os filhos, havidos ou não da relação do casamento, ou por adoção, terão os mesmos direitos e qualificações, proibidas quaisquer designações discriminatórias relativas à filiação". A Lei nº 8.560/1992 diz que "o reconhecimento dos filhos havidos fora do casamento é irrevogável e será feito: no registro de nascimento; por escritura pública ou escrito particular, a ser arquivado em cartório; por testamento, ainda que incidentalmente manifestado; por manifestação expressa e direta perante o juiz, ainda que o reconhecimento não haja sido o objeto único e principal do ato que o contém". Atualmente, verifica-se que a Lei nº 12.004, de 29-7-2009, altera a Lei nº 8.560, de 29-12-1992, passa a vigorar acrescida do art. 2º-A que dispõe que, na ação de investigação de paternidade, todos os meios legais, bem como os moralmente legítimos, serão hábeis para provar a verdade dos fatos. A recusa do réu em se submeter ao exame de código genético (DNA) gerará a presunção da paternidade, a ser apreciada em conjunto com o contexto probatório. É vedado reconhecer e legitimar filho na ata do casamento. O filho maior não pode ser reconhecido sem o seu consentimento. O casamento nulo produz os mesmos efeitos que um válido, em relação aos filhos e ao contraente de boa-fé; esta disposição vale para filhos naturais, adulterinos ou incestuosos. O filho pode mover ação para provar filiação legítima ou legitimada. A legitimação tem de ser averbada no Registro Civil. A legitimação dos filhos falecidos aproveita aos seus descendentes. Para efeitos da sucessão, aos filhos legítimos se equivalem ou se equiparam os legitimados, os naturais reconhecidos e os adotivos. O casamento legitima os filhos comuns, antes dele nascidos ou concebidos.

✱ *V. CF, art. 227, § 6º.*

✱ *V. CC, art. 1.561.*

✱ *V. Lei nº 6.515/1977 (Lei do Divórcio), art. 14, parágrafo único.*

✱ *V. Lei nº 8.560/1992 (Lei de Investigação de Paternidade), arts. 1º a 6º.*

✱ *V. CPC/2015, art. 18.*

LEGITIMÁRIO – Herdeiro necessário, a quem cabe a *legítima*.

LEGITIMIDADE – Retidão, conformidade com a lei; qualidade do que é legítimo.

✱ *V. CPC/2015, art.17.*

Para o processo: Reunião da condição de legítimo interesse e a capacidade para agir em juízo, por si ou representado por outrem, com outorga de mandato a advogado habilitado.

✱ V. CPC/2015, art.17.

LEGÍTIMO – Que tem as qualidades que a lei exige ou está baseado no direito expresso; o que se faz em conformidade com a lei.

LEI – Norma escrita, elaborada por órgão competente, com forma estabelecida, pela qual as regras jurídicas são criadas, modificadas ou extintas. A palavra vem do latim *lex*, que tem sua origem no verbo *legere, ler,* porque o magistrado romano lia o texto escrito da lei ao povo, nos comícios, para sua aprovação. É, portanto, norma jurídica escrita, permanente, emanada do Poder Público competente com caráter de *generalidade,* porque se aplica a todos, e de *obrigatoriedade*, porque a todos obriga.

✱ V. LINDB (Lei de Introdução às Normas do Direito Brasileiro), arts. 1º, 3º e 4º.

✱ V. CF, arts. 23, I, 59 a 69, 97 e 102, I, a.

Antidrogas: Lei nº 11.343/2006 (Dispõe sobre prevenção e repressão ao tráfico ilícito e uso indevido de drogas).

✱ V. Dec. nº 5.912/2006 (Regulamenta a Lei nº 11.343/2006, que trata das políticas públicas sobre drogas e da instituição do Sistema Nacional de Políticas Públicas sobre Drogas – SISNAD).

Ânua: Diz-se da lei temporária com vigência de apenas 1 ano, ou daquela cuja matéria é objeto de nova lei a cada ano. A lei orçamentária é exemplo de lei ânua.

Autoaplicável (self-executing): Aquela que produz efeitos sem necessidade de lei complementar. Pode ser aplicada diretamente pelo juiz e pertence à classe das normas completas ou de eficácia plena.

CADE: Lei nº 12.529/2011.

Cogente: Aquela que impõe uma ação ou omissão, sendo o oposto das leis dispositivas, que são optativas. No primeiro caso, chama-se *preceptiva;* no segundo, *proibitiva*, se proíbe a prática de um ato. São também normas cogentes as *taxativas,* que não proíbem nem impõem uma ação, mas restringem o campo de ação do destinatário, como aquelas que limitam a intervenção da União nos Estados.

Complementar à Constituição: Preceito legal destinado a completar a Constituição, sem, contudo, alterá-la. É a própria Carta Magna que determina a complementação de seu texto por esta espécie de lei. Será aprovada apenas por maioria absoluta. Não havendo o que completar, não há que se falar em lei complementar.

✱ V. CF, arts. 59, II, e 69.

Constitucional: Aquelas que modificam parcialmente a Constituição como as Emendas.

✱ V. CF: art. 60, § 2º.

De conflito: Aquela que tem por objeto decidir quanto à aplicação da lei nova ou da lei anterior, ou em que medida se aplicará uma delas.

De incentivo à cultura: Cria o Programa Estadual de Incentivo à Cultura e institui o Conselho de Desenvolvimento Cultural, que se responsabiliza pela análise dos projetos. Os recursos que ela destina não podem superar 80% do custo total dos projetos.

✱ V. Lei Estadual nº 8.819/1994 (Lei de Incentivo à Cultura).

Introdução às normas do Direito Brasileiro: A antiga Lei de Introdução ao Código Civil, por possuir caráter abrangente (porque suas regras se aplicam a todas as leis, a menos que haja outro preceito expresso), sofreu alteração pela Lei nº 12.376/2010, em sua ementa, passando a ter a seguinte denominação: Lei de Introdução às normas do Direito Brasileiro (LINDB). A LINDB engloba normas aplicáveis não só no campo civil, mas ao Direito privado e ao Direito público, e também inova em vários campos da aplicação do Direito, como o princípio da lei domiciliar como reguladora da capacidade civil, direitos de família, relações entre cônjuges e sucessão legítima ou testamentária.

✱ V. Dec.-lei nº 4.657/1942 (Lei de Introdução às normas do Direito Brasileiro).

LEI DE REGISTROS PÚBLICOS – Os serviços concernentes aos Registros Públicos, estabelecidos pela legislação civil para autenticidade, segurança e eficácia dos atos jurídicos, são os seguintes: o registro civil de pessoas naturais; o registro civil de pessoas jurídicas; o registro de títulos e documentos e o registro de imóveis.

✱ V. Lei nº 6.015/1973 (Lei dos Registros Públicos).

Delegada: Lei elaborada pelo Presidente da República mediante delegação do Poder LegislativoAs leis delegadas podem ser alteradas ou revogadas.

✱ V. CF, art. 68.

De Ordem Pública: Aquela que revoga as convenções entre particulares, sem que contra ela se possa opor a autonomia da vontade individual; não valem, também, os direitos adquiridos. É norma obrigatória, que as partes não podem modificar em seus atos.

Dispositiva: As que não ordenam nem proíbem, com antecedência, ações ou omissões, limitando-se a facultar ou reconhecer a existência de direitos, que serão exercidos conforme a vontade do seu titular.

Do audiovisual: Permite desconto fiscal para quem comprar quotas de filmes em produção; o limite de desconto para pessoas jurídicas é de 3%, para físicas, de 5% sobre o IR. O limite de investimento por projeto é de R$ 3 milhões. Os projetos, para serem enquadrados na lei, precisam passar pela Comissão para o Desenvolvimento do Audiovisual, em Brasília.

✱ V. Lei nº 8.685/1993 (Lei do Audiovisual).

Excepcional ou temporária: Aquela que visa solucionar situações anormais do Estado, mesmo derrogando direitos e garantias do cidadão, como no *estado de sítio* (q.v.). Mesmo decorrido o período de sua duração ou cessadas as circunstâncias que a determinaram, ela se aplica ao fato praticado durante a sua vigência.

Extravagante: Aquela que não faz parte de um código; isolada.

Marcial: É aquela posta em vigor com a finalidade de determinar as punições dos infratores militares durante a guerra.

LEI MARIA DA PENHA – Assim denominada em homenagem a Maria da Penha Maia, que ficou paraplégica por receber um tiro disparado pelo marido, preso quase 20 anos após o crime. Tem por objeto a proteção da mulher contra a *violência doméstica e familiar* (q.v.), a qual define (ampliando o sentido que lhe dá o art. 129 do CP) em suas várias formas de manifestação – física, psicológica, sexual, patrimonial e moral. Cria mecanismos legais, administrativos e processuais para a proteção da mulher vítima de violência, que incluem: o compromisso, pelo governo, do desenvolvimento de *políticas para garantia dos direitos humanos das mulheres no âmbito das relações domésticas e familiares*, com a formalização de convênios, capacitação e especialização dos órgãos de atendimento às vítimas, promoção de programas educacionais e a inserção nos currículos escolares de disciplinas voltadas à valorização da dignidade humana etc.; a assistência à mulher em situação de violência com atendimento realizado de forma articulada entre as autoridades e agentes públicos, seu encaminhamento a programas assistenciais, a remoção prioritária da servidora pública em situação de violência doméstica e familiar, e estabilidade por 6 meses da trabalhadora do setor privado afastada do local de trabalho por medida judicial. Resgata o inquérito policial, antes substituído pelo termo circunstanciado, na Lei nº 9.099/1995, autoriza a criação dos Juizados de Violência Doméstica e Familiar contra a Mulher. Os atos processuais poderão ser realizados em horário noturno, conforme dispuser a lei de organização judiciária local. A competência jurisdicional será fixada conforme opção da vítima, podendo ser o local de seu domicílio, de sua residência, do lugar do fato do crime ou do domicílio do agressor. A renúncia nas ações penais públicas condicionadas à representação poderá ocorrer, desde que a vítima a formalize perante a autoridade judiciária em audiência própria e desde que ocorra antes do recebimento da denúncia, ouvido o Ministério Público. Proíbe a aplicação de penas pecuniárias, como o pagamento de cestas básicas, além de vedar a aplicação isolada de multa em substituição às penas cominadas.

✱ *V. Lei nº 11.340/2006 (Lei que coíbe a violência doméstica e familiar contra a mulher).*

✱ *V. Lei nº 13.505/2017 (Acrescenta dispositivos à Lei nº 11.340, de 7 de agosto de 2006 (Lei Maria da Penha), para dispor sobre o direito da mulher em situação de violência doméstica e familiar de ter atendimento policial e pericial especializado, ininterrupto e prestado, preferencialmente, por servidores do sexo feminino).*

Mendonça: Permite ao contribuinte do IPTU e do ISS, em São Paulo, abatimento de até 70% desses impostos para patrocínio cultural. Não pode o desconto ir além de 20% do valor do imposto; pode-se, porém, lançar a diferença entre patrocínios e descontos do imposto, a seu favor, para outros pagamentos dos impostos num prazo de até 24 meses, podendo nesse período resgatar o total de desconto a que tem direito.

✱ *V. Lei Municipal nº 10.923/1990 (Dispõe sobre incentivo fiscal para a realização de projetos culturais, no âmbito do Município de São Paulo).*

Orçamentária: É de iniciativa do Poder Executivo o compreenderá o orçamento fiscal referente aos poderes da União, o orçamento de investimento das empresas da União e o orçamento da Seguridade Social. A CF prevê seus critérios e encaminhamento. A EC nº126/2022 excluiu dos limites previstos no art. 107 da CF as seguintes despesas, observadas as suas peculiaridades quanto ao custeio: com projetos socioambientais e relativos às mudanças climáticas; das instituições federais de ensino e das Instituições Científicas, Tecnológicas e de Inovação (ICTs), bem como aquelas destinadas à execução direta de obras e serviços de engenharia.

✱ *V. CF, art. 165.*

✱ *V. EC nº 126/2022 (Altera a Constituição Federal, para dispor sobre as emendas individuais ao projeto de lei orçamentária, e o Ato das Disposições Constitucionais Transitórias para excluir despesas dos limites previstos no art. 107; define regras para a transição da Presidência da República aplicáveis à Lei Orçamentária de 2023; e dá outras providências).*

Ordinária: É a lei padrão. Lei elaborada pelo Legislativo e sancionada pelo Executivo. Hierarquicamente é inferior à lei complementar.

✱ *V. CF, art. 59, III.*

Pelé: Aquela que instituiu normas gerais sobre esportes.

✱ *V. Lei nº 9.615/1998 (Lei Pelé).*

Penal em branco ou aberta: Norma que exige complementação, por outras normas, de nível igual ou não. Em sentido estrito ela é complementada por outra de nível diverso, em que a lei é suprida por portaria ou regulamento, como no caso de transgressão de tabela oficial de preços. Em sentido amplo, é complementada por outra de nível idêntico, como ocorre na violação de direitos autorais, em que a lei penal é suprida pela lei civil de direitos autorais.

Retroativa: Aquela que incide sobre fato ocorrido antes de sua vigência.

Rouanet: Lei de incentivo cultural que permite às empresas patrocinadoras um abatimento de até 4% no Imposto de Renda, se já se dispuser de 20% do valor da proposta. O projeto precisa ser aprovado pelo Ministério da Cultura, depois de apresentado à Coordenação-Geral do Mecenato e aprovado pela Comissão Nacional de Incentivo à Cultura.

Seca: É uma denominação popular da proibição oficial do período em que o fabrico, varejo, transporte, importação ou exportação de bebidas alcoólicas se tornam proibidos ou ilegais.

✱ *V. Dec. nº 6.489/2008 (Regulamenta a Lei nº 11.705/2008, que proíbe a comercialização de bebidas alcoólicas em rodovias federais).*

LEILÃO – Venda pública de coisa móvel ou imóvel àquele que oferece o maior lance. Efetuado o leilão, lavrar-se-á o auto, expedindo-se a carta de arrematação. Na arrematação, todos os bens penhorados devem ser alienados em leilão público, sendo o leiloeiro livremente escolhido pelo credor.

✱ *V. CPC/1973: arts. 686, 704 a 707, 763, 766, IV, 773 e 1.017, § 3º.*

✱ *V. CPC/2015, arts. 642, § 3º, 880 a 884, 886, 887 e 895.*

LEITO REGULAR – A Lei nº 12.651/2012 (Novo Código Florestal) em seu art. 3º, XIX, conceituou leito regular. "XIX – leito regular: a calha por onde correm regularmente as águas do curso d'água durante o ano;"

LENOCÍNIO – Crime contra a dignidade sexual que consiste em explorar, estimular ou favorecer, habitualmente, o comércio carnal ou induzir ou constranger alguém à sua prática, haja ou não mediação direta ou intuito de lucro (proxenetismo). O lenocínio engloba, pois, a *mediação para servir a lascívia de outrem,* apenado com reclusão de 1 a 3 anos. Se a vítima é maior de 14 e menor de 18 anos, ou se o agente é seu ascendente, descendente, cônjuge ou companheiro, irmão, tutor ou curador ou pessoa a quem esteja confiada para fins de educação, de tratamento ou de guarda, a pena é reclusão de 2 a 5 anos, conforme redação dada pela Lei nº 11.106/2005. Além disso, se o crime é cometido com emprego de violência, grave ameaça ou fraude, reclusão de 2 a 8 anos, além da pena correspondente à violência. No caso de o crime ser cometido com o fim de lucro, aplica-se também multa. Incluem-se, igualmente, no lenocínio o favorecimento da prostituição ou outra forma de exploração sexual, *a casa de prostituição, o rufianismo,* com penas que variam de 1 a 8 anos de reclusão e, em alguns casos, de multa. A Lei nº 12.650/2012 acresceu o inciso V ao art. 111 do Código Penal, estabelecendo que começa a correr a prescrição, antes de transitar em julgado a sentença final, nos crimes contra a dignidade sexual de crianças e adolescentes, da data em que a vítima completar 18 anos, salvo se a esse tempo já houver sido proposta a ação penal.

✱ *V. CP, arts. 227 a 230; 232-A (Vide Lei nº 13.445, de 2017 – Institui a Lei de Migração).*

LESÃO (DIR. CIVIL) – Ofensa; dano sofrido por pessoa, coisa ou direito. Prejuízo. Perda. Em caso de lesão ao direito de personalidade pode-se reclamar perdas e danos. No Direito Obrigacional, diz-se do prejuízo patrimonial que alguém vem a sofrer na realização de um contrato a título oneroso, por falta de equivalência entre as prestações de ambas as partes, a realizada e a recebida. Violação do direito alheio, com perda pecuniária.

✱ *V. CC: arts. 12, 157 e 171, II.*

Corporal: Crime contra a pessoa consistente em ofender a integridade corporal ou a saúde de outrem. É caso de aumento de pena, se a lesão for praticada contra agente de segurança pública, seu cônjuge ou companheiro ou parente consanguíneo até 3º grau, nos termos da Lei nº 13.142/2015 que acrescentou o § 12 ao art. 129, do CP.

✱ *V. CP, art. 129.*

Culposa: ocorre quando a lesão corporal é praticada sem intenção de produzir o resultado ilícito, porém, previsível, que podia ser evitado. A Lei nº 9.503/1997 (que instituiu o Código de Trânsito Brasileiro) e a Lei nº 11.705/2008 (que altera a Lei nº 9.503/1997, que institui o Código de Trânsito Brasileiro, e a Lei nº 9.294, de 15 de julho de 1996, dispõe sobre as restrições ao uso e à propaganda de produtos fumígeros, bebidas alcoólicas, medicamentos, terapias e defensivos agrícolas, nos termos do § 4º do art. 220 da Constituição Federal, para inibir o consumo de bebida alcoólica por condutor de veículo automotor).

✱ *V. Lei nº 9.503/1997 (Código de Trânsito Brasileiro).*

LESBIANISMO – Termo derivado do nome grego Lesbos, que designa uma ilha grega onde se instalou a poetisa Safo com mulheres de sua predileção para práticas homossexuais. Daí também chamar-se safismo. Diz-se do amor entre duas mulheres (lésbico).

O STF, por unanimidade de votos, julgou procedentes a ADPF nº 132 (como ação direta de inconstitucionalidade) e a ADIN nº 4.277, com eficácia *erga omnes* e efeito vinculante, para dar ao art. 1.723 do CC interpretação conforme à CF para dele excluir qualquer significado que impeça o reconhecimento da união contínua, pública e duradoura entre pessoas do mesmo sexo como entidade familiar (*DOU* de 13-5-2011).

LETOMANIA – Monomania de suicídio.

LETRA – 1. Símbolo componente de alfabeto. 2. Caractere tipográfico 3. Atividade literária. 4. Palavras e versos que acompanham uma melodia. 5. Sentido estrito de qualquer texto. 6. Modo, individual e específico, de escrever de determinada pessoa, identificável mediante traços distintivos das letras e símbolos produzidos por sua própria escrita. 7. Na prova pericial, quando o exame tiver por objeto a autenticidade da letra e firma, o perito requisitará, para efeito de comparação, documentos em repartições públicas; na falta destes, poderá requerer ao juiz que a pessoa, a que se atribuir a autoria do documento, lance em folha de papel, por cópia, ou sob ditado, dizeres diferentes, para fins de comparação.

✱ *V. CPC/1973, art. 434, parágrafo único.*

✱ *V. CPC/2015, art.478, § 3º.*

De Câmbio: Título de crédito, feito pelo sacador, ao sacado, para que pague ao tomador quantia certa em local e dia determinados.

✱ *V. CPC/1973: arts. 585, I, e 672.*

✱ *V. CPC/2015, arts. 783, 784 e 856.*

✱ *V. LU: arts. 1º e 34.*

✱ *V. Dec. nº 2.044/1908 (Lei Cambial).*

Do Tesouro Nacional (LTN): Título utilizado para operações do Banco Central no mercado aberto e para a cobertura do *déficit* orçamentário.

✱ *V. Lei nº 10.179/2001 (Dispõe sobre os títulos da dívida pública de responsabilidade do Tesouro Nacional, consolidando a legislação em vigor sobre a matéria).*

Documentária: Tipo de letra de câmbio que se usa no comércio internacional contra a transmissibilidade junto ao conhecimento de embarque, garantida pela mercadoria embarcada.

Financeira: É um título cambiário ao portador, emitido por sociedade de crédito, financiamento e investimento, a ser colocado no mercado de capitais com o aceite ou coobrigação de instituição financeira que seja autorizada pelo Banco Central.

Financeira do Tesouro (LFT): De responsabilidade do Governo Federal, é título escritural cujo objetivo é obtenção de recursos para cobrir déficit correspondente a operações de crédito por antecipação orçamentária.

✱ *V. Lei nº 10.179/2001 (Dispõe sobre os títulos da dívida pública de responsabilidade do Tesouro Nacional, consolidando a legislação em vigor sobre a matéria).*

Hipotecária: Título emitido pelo credor hipotecário, representativo do seu crédito.

Imobiliária: Título de crédito que tem lastro em operação imobiliária.

LIBERALISMO – Doutrina política que sustenta as liberdades individuais perante o Estado.

LIBERAR – Tornar livre, desobrigar, desembaraçar, desonerar.

LIBERDADE – Faculdade natural que permite à pessoa fazer o que quer, nos limites da lei, da moral e dos bons costumes, respeitados os direitos de cada um. A CF garante que ninguém será privado de sua liberdade ou de seus bens sem o competente processo legal; e também a liberdade para o exercício de qualquer trabalho, ofício ou profissão, para a locomoção no território nacional em tempo de paz, a liberdade de reunião pacífica, de associação para fins lícitos, vedada a de caráter paramilitar, a de criação e, na forma da lei, de cooperativas, a livre expressão do pensamento, a liberdade de crença religiosa, convicção filosófica ou política, a liberdade de consciência, de imprensa, de ensino, de testar. O CP pune atentados contra a liberdade de associação e a liberdade do trabalho, a primeira com detenção de um mês a um ano e multa, além da pena pela violência; a segunda, com detenção de 1 mês a 1 ano e multa, art. 197, I; e pena contra a violência.

De associação: Liberdade de criar e integrar associação de fins lícitos.

✱ *V. CF: art. 5º, XVII, XVIII e XX.*

De expressão: Liberdade que tem o indivíduo de exteriorizar os próprios sentimentos e pensamentos.

✱ *V. CF: art. 5º, IV e IX.*

De ir e vir: Liberdade de se deslocar no território nacional, sair dele e voltar a ele.

✱ *V. CF: art. 5º, XV, XLVI, a.*

De religião: Aquela que permite ao cidadão professar e divulgar religião, conservar-se nela ou praticar outra.

✱ *V. CF: art. 5º, VI.*

Provisória: Ausentes os requisitos que autorizam a decretação da prisão preventiva, o juiz deverá conceder liberdade provisória, impondo, se for o caso, as medidas cautelares previstas no art. 319 do CP e observados os critérios constantes do art. 282 do CPP.

✱ *V. CF, art. 5º, IV, VI, VIII, IX, XIII a XVIII, XXX, LIV e LXVI.*

✱ *V. CPP, arts. 321 a 350, 767 a 778.*

✱ *V. Lei nº 8.069/1990 (Estatuto da Criança e do Adolescente – ECA), arts. 16, IV a VII, e 118, §§ 1º e 2º.*

✱ *V. CP, arts. 197 e 199.*

LIBIDINAGEM – Sensualidade, lascívia. Forçar a prática de atos libidinosos com alguém, sob constrangimento, violência ou grave ameaça, diversos da conjunção carnal, apenado com reclusão de 6 a 10 anos.

✱ *V. CP, art. 213.*

LICENÇA-MATERNIDADE – 1. Direito constitucionalmente garantido, originalmente apenas às trabalhadoras gestantes, pelo período de 120 (cento e vinte) dias, cujo termo inicial pode se dar entre 28 (vinte e oito) dias antes da data do parto e a ocorrência deste. O Supremo Tribunal Federal (STF), no julgamento de mérito da Ação Direta de Inconstitucionalidade (ADI) 6327, tornou definitiva a liminar para fixar como marco inicial da licença-maternidade e do salário-maternidade a alta hospitalar da mãe ou do recém-nascido – o que ocorrer por último – nos casos mais graves, em que houver a necessidade de internação que exceda duas semanas. Não se confunde com o *salário-maternidade*, que é benefício previdenciário, e que pode ser concedido para outros tipos de trabalhadoras, como seguradas especiais e contribuintes individuais. A CF/1988 ampliou o prazo anterior, então fixado na CLT, que era de 90 (noventa) dias. O custeio dessa licença cabe à Previdência Social, por meio do benefício de *salário-maternidade*, embora seja pago pelo empregador, o qual se credita do valor devido a título de contribuições previdenciárias. Por esta razão, a licença-maternidade é hipótese de interrupção do contrato de trabalho, pois a empregada não comparece ao trabalho, mas continua recebendo salário. 2. No caso de servidores públicos, o afastamento do trabalho não é coberto pelo regime próprio de previdência social, mas, sim, às expensas do órgão ao qual o beneficiário está vinculado, o que passou a ser expressamente previsto pela Emenda Constitucional nº 103/2019. 3. Com a edição da Lei nº 10.421/2002, a adoção ou a obtenção de guarda judicial também passaram a ser fatos geradores da licença, embora a Lei fizesse diferenciação do prazo de concessão conforme a idade da criança adotada ou sob guarda. Com a edição da Lei nº 12.873/2013, foi concedido o direito nas mesmas condições da regra geral, bem como foi expressamente autorizada a concessão a adotante ou guardião do sexo masculino. 4. A Lei nº 12.873/2013 passou a admitir a concessão da licença-maternidade ao cônjuge ou companheiro, quando do óbito da segurada ou segurado que fazia jus ao benefício originariamente, salvo no caso do falecimento da criança ou de seu abandono. 5. Em caso de aborto não criminoso, a trabalhadora tem direito a uma licença de 15 (quinze) dias, mas que não equivale à licença-maternidade, e sim a um afastamento para tratamento de saúde. 6. Para trabalhadoras vinculadas a empresas tributadas pela sistemática do lucro real, bem como para servidoras públicas, a Lei nº 11.770/2008, que criou o Programa Empresa Cidadã, permite a prorrogação da licença-maternidade por mais 60 (sessenta) dias. No caso do empregador privado, o custo com os salários será deduzido da base de cálculo do imposto de renda de pessoa jurídica. Portanto, não se trata de um benefício previdenciário, mas de uma subvenção tributária. 7. Pelo Ato das Disposições Constitucionais Transitórias, foi concedida à gestante uma garantia provisória de emprego, que perdura da confirmação da gravidez até cinco meses após a data do parto. O Tribunal Superior do Trabalho passou a interpretar que esta garantia também se aplica à trabalhadora contratada por prazo determinado, uma vez que o ADCT não faz distinção. 8. Numerosas controvérsias decorrem de casos em que a trabalhadora é desligada e descobre que se encontrava grávida desde antes da data da dispensa. A jurisprudência acabou por admitir o pedido de reintegração no emprego, mas diversas lides foram propostas após o decurso do prazo de estabilidade provisória. Parte da jurisprudência entendia que a trabalhadora não estava de boa-fé, de modo que a empresa não poderia ser condenada a pagar uma indenização substitutiva dos salários pelo período. A questão somente foi pacificada após o julgamento pelo STF do Recurso Extraordinário nº 629.053, pelo qual foi reconhecida a repercussão geral da controvérsia, afastando qualquer exigência que não a anterioridade da gestação em relação à dispensa. 9. A CF/1988 estendeu às trabalhadoras domésticas o direito à licença-maternidade, mas a garantia provisória de emprego apenas foi estendida pela Lei nº 11.324/2006, que inseriu o art. 4º-A à Lei nº 5.859/1972. Com a edição da Lei Complementar nº 105/2015, foi pacificado o entendimento de que a licença deve ser concedida nas mesmas condições que as trabalhadoras regidas pela CLT.

✱ *V. CF, art. 7º, XVIII, e parágrafo único.*

✱ *V. ADCT, art. 10, II,* b.

✱ *V. LC nº 150/2015 (Dispõe sobre o contrato de trabalho doméstico), art. 25.*

✱ *V. CLT, arts. 391-A a 395.*

✱ *V. Lei nº 11.770/2008 (Cria o Programa Empresa Cidadã).*

✱ *V. Dec. nº 7.052/2009 (Regulamenta o Programa Empresa Cidadã). (Revogado pelo Decreto nº 10.854/2021)*

✱ *V. Súm. nº 244 do TST.*

✱ *V. OJ da SBDI-I nº 44 do TST.*

✱ *V. OJ da SDC nº 30 do TST.*

LICENÇA-PATERNIDADE (DIR. DO TRAB.) – Período de 5 dias concedido ao trabalhador para permanecer ao lado de filho recém-nascido, sem prejuízo do salário. A CF estabelece, provisoriamente, o período de 5 dias e a lei ordinária disciplinará a matéria, fixando requisitos para a concessão da licença, a responsabilidade pelo seu custeio, que poderá ser da Previdência Social ou do próprio empregador.

✱ *V. CF: art. 7º, XIX.*

✱ *V. ADCT: art. 10, § 1º.*

LICITAÇÃO – 1. Complexo procedimento administrativo por meio do qual a Administração Pública escolhe, dentre várias possíveis, a proposta apresentada que seja mais vantajosa ao seu interesse, que é o interesse público, para execução de obras e serviços, compra de materiais e de gêneros. 2. A licitação é dispensada quando a aquisição não ultrapassa determinado valor. 3. A licitação deve atender aos princípios fixados em lei própria ou na CF: o da legalidade, que é a obediência, com rigor, ao roteiro fixado por lei para a execução do ato; o da igualdade ou isonomia, pelo qual todos desfrutam do mesmo direito de concorrer, sendo a igualdade, neste caso, de expectativa, vencendo o que mais vantagem oferecer; o de publicidade, requisito absolutamente essencial à regularidade de qualquer licitação; toda licitação é pública, mas deve ser totalmente transparente aos olhos de qualquer cidadão, diretamente interessado ou não; se diretamente, pelo livre acesso ao processo, na sessão de abertura dos envelopes; ou por certidão do ato ou contrato havido para os não envolvidos diretamente. Será violado este princípio por qualquer ato, omissivo ou comissivo, que tente ocultar, dificultar o acesso, dissimular exigências, mascarar, disfarçar requisitos de procedimentos licitatórios; e também quando se fixar prazo muito exíguo, para os interessados consultarem o edital completo da licitação, o "caderno de encargos", com seus anexos, ou se lhes for fisicamente dificultado o acesso àquele documento imprescindível. A cartaconvite dispensa publicidade; tem-se, ainda, a proibição da publicidade se o negócio comprometera segurança nacional; o de probidade administrativa ou moralidade: atos que lesem a Fazenda, o Fisco, os cofres da entidade, em proveito pessoal do agente ou não, são viciados por improbidade administrativa, que é crime previsto no CP. Esta conduta anula o ato. A inclusão desse princípio tem o sentido de mera recomendação, lembrete de cunho moral, já que a lei penal, a civil e a administrativa já punem o infrator; o de julgamento objetivo: pelo qual o julgamento das licitações, na fase de habilitação e, principalmente, no das propostas, deve estar rigorosamente vinculado a procedimentos expressos, previstos na lei e no edital, não se admitindo qualquer personalismo de membro da Comissão; o da vinculação ao instrumento convocatório: significa que a licitação é procedimento vinculado de modo estrito aos termos do instrumento que a convoca; só as regras previamente estabelecidas podem ser aplicadas pela Administração e só elas orientam a todos os licitantes ou interessados; o da impessoalidade ou finalidade: pelo qual a licitação não pode ter cunho personalístico, dirigida a alguém para beneficiá-lo ou prejudicá-lo, mas visar somente a finalidade de obter a melhor proposta para a Administração; o da indisponibilidade dos interesses públicos: referese à impossibilidade de a Administração Pública favorecer, às custas do Erário, a um ou a todos os licitantes, oferecendolhes privilégios e regalias desmedidas, como excesso de documentação ou informações escritas e gratuitas, a pedido, ou outras vantagens, como ter o contrato efeito financeiro retroativo. 4. São as seguintes as modalidades de licitação, de valor decrescente: concorrência, tomada de preços, convite, concurso e leilão. Serviços técnicos profissionais especializados, desde que perfeitamente enquadrados na lei, podem ser contratados diretamente, assim como os contratados com profissionais ou empresas de notória especialização. 5. No Direito Civil, licitação é a proposta de arrematação que o licitante faz no leilão ou na hasta pública. Pode ela ser judicial ou voluntaria, na primeira sendo os bens alienados apenas em hasta pública ou leilão, na segunda por decisão dos interessados, sem impedimento legal. 6. Em virtude da escolha do Brasil para sediar a Copa do Mundo de Futebol em 2014 e os Jogos Olímpicos em 2016, foi criado um regime diferenciado de contratações públicas, regido pela Lei nº 12.462/2011, trazendo importantes inovações, como, por exemplo, a possibilidade dos concorrentes apresentarem eles mesmos os projetos básicos de obras. Há uma tendência a que este regime venha no futuro a substituir integralmente o regime geral. 7. Até 30-6-2016, o regime geral de licitações, previsto na Lei nº 8.666/1993, era também aplicável às empresas públicas e sociedades de economia mista com capital controlado pela Administração Pública. A partir de 1º-7-2016, a estas entidades empresariais passou a ser aplicado o novo regime, previsto na Lei nº 13.303/2016, com diversas flexibilizações de regras em comparação com a norma geral, buscando uma maior eficiência na contratação de bens e serviços por estes entes, tendo em vista a busca de igualdade de condições competitivas em relação a seus concorrentes privados. 8. A situação de pandemia por Coronavírus – COVID-19 autorizou, temporariamente, pagamentos antecipados nas licitações e nos contratos celebrados pela Administração Pública. 9. A Lei nº 14.133/2021 passou a ser a Nova Lei de Licitação ao determinar expressamente a revogação da Lei nº 8.666, de 21-6-1993, da Lei nº 10.520, de 17-7-2002, e dos arts. 1º a 47-A da Lei nº 12.462, de 4-8-2011, após decorridos 2 (dois) anos da publicação oficial dela. Diante desse prazo de dois anos para a revogação, optamos por manter, também, as orientações da lei anterior. Dentre as mudanças trazidas pela nova lei estão: licitação eletrônica, como regra, para a modalidade de concorrência e pregão; cinco modalidades de licitação (concorrência, pregão, leilão, concurso e o novo diálogo competitivo), pois foram extintas as modalidades carta convite e tomada de preço; etapas da licitação na seguinte ordem preparatória, divulgação do edital, propostas e lances, quando for o caso, julgamento, habilitação, recursos, homologação. A ordem das etapas da licitação, segundo a Lei nº 14.133/2021, determina que primeiro ocorra a fase de propostas e julgamento para a posterior análise dos documentos de habilitação da empresa vencedora, com a ressalva de que a habilitação poderá anteceder as fases de propostas e julgamento se devidamente motivado ocasião em que serão analisados os documentos de habilitação de todos os licitantes não apenas do vencedor. Ademais, a definição da modalidade de licitação não ocorre mais em razão do valor, mas da complexidade do objeto do contrato. 10. O Dec. nº 10.929/2022 autorizou o Ministério da Economia a realizar consultas públicas sem submissão ao procedimento previsto para tal no Dec. nº 9.191/2017 quando a matéria for regulamentar dispositivo da Nova Lei de Licitação.

✱ **V.** *CF, arts. 22, XXVII, e 37, XXI e §§ 1º e 2º.*

✱ **V.** *CC, art. 1.481, § 2º.*

✱ **V.** *Lei nº 8.666/1993 (Regulamenta o art. 37, XXI, da CF, institui normas para licitações e contratos da Administração Pública e dá outras providências). Esta Lei foi revogada pela Lei nº 14.133/2021.*

✱ **V.** *Lei nº 10.520/2002 (Institui, no âmbito da União, Estados, Distrito Federal e Municípios, nos termos do art. 37, inciso XXI, da Constituição Federal, modalidade de licitação denominada pregão, para aquisição de bens e serviços comuns, e dá outras providências). Esta Lei foi revogada pela Lei nº 14.133/2021.*

✱ **V.** *Lei nº 12.462/2011 (Institui o Regime Diferenciado de Contratações Públicas – RDC. Os arts. 1º a 47-A desta Lei foram revogados pela Lei nº 14.133/2021.*

✱ **V.** *Lei nº 13.303/2016 (Dispõe sobre o estatuto jurídico da empresa pública, da sociedade de economia mista e de suas subsidiárias, no âmbito da União, dos Estados, do Distrito Federal e dos Municípios), arts. 28 a 84.*

✱ **V.** *Lei nº 14.065/2020 (Autoriza pagamentos antecipados nas licitações e nos contratos realizados no âmbito da administração pública; adequa os limites de dispensa de licitação; amplia o uso* *do Regime Diferenciado de Contratações Públicas (RDC) durante o estado de calamidade pública reconhecido pelo Decreto Legislativo nº 6, de 20 de março de 2020).*

✱ *V. Lei nº 14.133/2021 (Lei de Licitações e Contratos Administrativos).*

✱ *V. Dec. nº 10.929/2022 (Estabelece procedimento especial para consultas públicas de decretos destinados a regulamentar dispositivo da Lei nº 14.133, de 1º de abril de 2021 - Lei de Licitações e Contratos Administrativos).*

✱ *V. Súm. nº 473 do STF.*

✱ *V. Súmulas nº 39, 177, 222, 247, 248, 250, 253, 254, 258, 261, 270, 272, 274, 281, 287 e 289 do TCU.*

Serviços de Publicidade: É o conjunto de atividades realizadas integradamente que tenham por objetivo o estudo, o planejamento, a conceituação, a concepção, a criação, a execução interna, a intermediação e a supervisão da execução externa e a distribuição de publicidade aos veículos e demais meios de divulgação, com o objetivo de promover a venda de bens ou serviços de qualquer natureza, difundir ideias ou informar o público em geral (art. 2º da Lei nº 12.232/2010).

✱ *V. Lei nº 12.232/2010 (Dispõe sobre as normas gerais para a licitação e contratação pela administração pública de serviços de publicidade prestados por intermédio de agências de propaganda).*

LIDE – Demanda, litígio, pleito judicial, questão que se decide na justiça; conflito de interesse suscitado em juízo. Meio pelo qual se exercita o direito de ação. A lide diz-se pendente, da citação inicial à sentença final; e temerária, sem justa causa ou interesse jurídico, com abuso do direito de litigar apenas para prejudicar a outrem.

LIMINAR – Medida tomada com a finalidade de resguardar direitos. A liminar se dá por ordem judicial, antes da discussão do feito.

✱ *V. CPC/2015, arts. 300, 559 a 563 e 568.*

LIMITAÇÃO DE FIM DE SEMANA – Trata-se de interdição temporária de direito, que consiste na obrigatoriedade de ficar por tempo determinado (cinco horas diárias), aos sábados e domingos, em casa de albergado ou outro estabelecimento prisional adequado. Durante essa permanência, podem ser ministrados cursos e palestras ao condenado ou atividade educativa.

✱ *V. CP: art. 48, parágrafo único.*

LIQUIDAÇÃO – 1. Ato ou efeito de liquidar. 2. Operação pela qual uma sociedade mercantil, em fase de dissolução, dispõe do seu patrimônio com o ajuste final de suas contas, concluindo as operações que iniciara, fazendo a cobrança de créditos e saldando os seus débitos, e, por fim, distribuindo aos seus sócios o ativo líquido ou os prejuízos que se verificarem, segundo a lei ou contrato social. 3. Diz-se também da fase do inventário em que o contador do juízo relaciona os bens avaliados, deduz do seu total as dívidas, as custas e despesas judiciais, apura o líquido partível, estabelece o valor de cada cota-parte hereditária e faz o cálculo do imposto de transmissão *causa mortis*.

✱ *V. CPC/2015, arts. 509, I e II, 510 a 512.*

De sentença: fixação, em conta certa, do valor da coisa objeto da condenação; efetua-se por *cálculo do contador, por arbitramento ou por artigos*. Etapa complementar da fase de conhecimento, pela qual se promove o acertamento do valor ou da coisa objeto da condenação. No caso de liquidação de quantia, efetua-se por *cálculos, por arbitramento ou pelo procedimento comum (antiga liquidação por artigos). No caso de obrigação de dar coisa incerta, a liquidação se dá por meio da* concentração da obrigação. No Processo do Trabalho, a liquidação já é considerada fase da execução, de modo que os cálculos só podem ser impugnados pelo devedor por embargos. Não obstante, a Lei nº 13.467/2017 (Reforma Trabalhista) estabeleceu que o juiz, antes de homologar os cálculos, deverá abrir às partes prazo comum de oito dias para impugnação fundamentada, sob pena de preclusão. Tal previsão *gera uma antinomia* entre o art. 879, § 2º, e o art. 884, § 3º, da CLT, pois ambos dispositivos preveem oportunidades específicas para que as partes se insurjam em face dos cálculos.

✱ *V. CPC/1973, arts. 475-A a 475-H.*

✱ *V. CPC/2015, arts. 509 a 512.*

✱ *V. CLT, arts. 879,* caput *e §§ 1º a 3º, e 884, §§ 3º e 4º.*

De sociedade: processo anterior à dissolução da sociedade, em que se apuram os seus haveres, o recebimento dos seus créditos e o pagamento dos seus credores, período em que ela subsistirá para os fins da liquidação até que esta se conclua. Ressalva-se o que dispõe o ato constitutivo e o instrumento de dissolução.

✱ *V. CC, arts. 51 e 1.102.*

Extrajudicial: a que se faz fora do juízo, com liquidante designado pelo Governo, e promovida devido a ocorrências que comprometam a situação econômica de instituição financeira com reflexos perniciosos na economia nacional.

Judicial: é a contenciosa, que se executa na Justiça.

Por arbitramento: aquela que exige exame pericial para que se apure o valor da condenação. Faz-se o arbitramento quando determinado pela sentença ou convencionado pelas partes; ou quando o exigir a natureza do objeto da liquidação.

✱ *V. CPC/2015, arts. 509, I, e 510.*

Por artigos: faz-se quando é necessário alegar e provar fato novo para determinar o valor da condenação. Não existe mais a liquidação por cálculo do contador, a qual foi incorporada ao processo de execução.

✱ *V. CPC/2015, art. 509, II.*

LITIGANTE – Aquele que litiga, que é parte, ativa ou passiva, de um processo no juízo contencioso; demandante.

De má-fé: Quando o litigante age de propósito contra o Direito ou as finalidades do processo. A Lei nº 13.467/2017 incluiu no Capítulo II da CLT a Seção IV-A, que trata da responsabilidade por dano processual, e nesta prevê expressamente a responsabilização do litigante de má-fé por perdas e danos, elenca quem será considerado como tal, bem como estabelece procedimentos para aplicação de multas nestas situações.

✱ *V. CPC/1973: art. 17.*

✱ *V. CPC/2015, art. 80.*

✱ *V. CLT, arts. 793-A a 793-D.*

✱ *V. Lei nº 7.347/1985 (Lei da Ação Civil Pública).*

LITÍGIO – Pendência que está em juízo para ser examinada. O litígio tem início quando a parte contesta o pedido do autor.

✱ *V. CPC/1973: arts. 5º, 282, 297 e 300 a 306.*

✱ *V. CPC/2015, arts. 146, 319 e 335 a 342.*

Internacional: conflito entre dois países, que se resolve por mediação, arbitragem, negociação diplomática.

✱ *V. CPC/2015, arts. 319 e 335 a 342.*

LITISCONSÓRCIO – 1. União de sujeitos em um mesmo polo da lide. 2. Conjunto de vários interessados em um mesmo processo, como autores ou réus, defendendo interesses comuns. 3. Pluralidade de partes em uma lide.

4. O litisconsórcio apoia-se na necessidade de evitar julgamentos contraditórios e na economia processual. Não se confunde com cumulação de ações, pois se refere a pessoas. Pode ser: *ativo*, quando os litisconsortes forem autores; *passivo*, quando forem réus; *facultativo*, quando, para formar-se, depender do mútuo consentimento das pessoas que formarão uma parte; e *necessário*, quando se impuser aos interessados em virtude de lei ou pela natureza da relação jurídica. 5. A Lei nº 13.467/2017 (Reforma Trabalhista) determinou que os sindicatos subscritores de convenção coletiva ou de acordo coletivo deverão participar como litisconsortes necessários em ação individual ou coletiva que busque a anulação de cláusulas desses instrumentos.

✱ *V. CPC/1973, arts. 46 a 49, 74, 75, 320, 472, 592 e 981.*

✱ *V. CPC/2015, arts. 113 a 118, 127, 128, 345, 506, 598 e 790.*

✱ *V. CLT, art. 611-A, § 5º.*

LITISPENDÊNCIA – 1. Lide que ainda não foi decidida, pendente da decisão pelo juiz. 2. Coexistência de duas ações, ainda não decididas definitivamente, que tenham identidade de partes, causa de pedir e pedidos. A citação válida induz litispendência da ação com todas as demais idênticas que sejam posteriormente ajuizadas. Sendo distribuídas as ações idênticas perante juízos distintos, torna-se prevento aquele que despachar em primeiro lugar, sendo que o outro, ao tomar conhecimento da situação, deverá determinar a redistribuição dos autos ao prevento, para que este delibere sobre a questão, e se for o caso, extinga o processo litispendente. 3. Ação intentada perante tribunal estrangeiro não induz litispendência, nem obsta a que a autoridade judiciária brasileira conheça da mesma causa e das que lhe são conexas. 4. Questão controvertida na doutrina e jurisprudência diz respeito à existência ou não de litispendência entre ações individuais e ações coletivas, quando estas últimas envolverem, no respectivo polo da demanda, substituto ou representante processual de determinados sujeitos. A tendência majoritária vem sendo verificada no sentido negativo, pela interpretação analógica de disposições legais referentes aos efeitos da coisa julgada em ações coletivas.

✱ *V. CPC/1973, arts. 90, 219, 267, V, § 3º, 301, V, §§ 1º a 3º, e 327.*

✱ *V. CPC/2015, arts. 24, 59, 240, 337, VI, §§ 1º a 3º, 351, 352, 485, V, § 3º, e 802, parágrafo único.*

LITISPENDENTE – 1. Pendente de apreciação judicial. 2. Ação idêntica a outra, ainda não decidida, pela coexistência de mesmas partes, causa de pedir e pedidos.

LIVRAMENTO – Ato de pôr em liberdade um preso ou condenado; faculdade de o indivíduo defender-se em liberdade.

LIVRAMENTO CONDICIONAL – Permissão dada ao condenado que já cumpriu determinado período de pena privativa de liberdade e que, preenchendo os requisitos legais, pode ser libertado antecipadamente.

✱ *V. Lei nº 7.210/1984 (Lei de Execução Penal), arts. 70, I, 131, 146-B, VIII, e 146-C, VIII.*

✱ *V. CP: arts. 83 a 90, 112, I, e 113.*

✱ *V. CPP: arts. 581, XII, e 710 a 733.*

LIVRE CONVENCIMENTO – Sistema adotado nas leis processuais brasileiras segundo o qual o juiz decide pela sua convicção pessoal, sempre com respeito à apreciação das provas nos autos. Não constitui mero arbítrio, visto que, além de ater-se às provas, o juiz deve demonstrar as razões de seu convencimento e fundamentar a decisão. O mesmo que *livre convicção, certeza moral.*

LIVRO – 1. Palavra originária do latim *liber, libri.* 2.Coleção de lâminas ou folhas de papel, pergaminho ou outro material, com impressões ou em branco, ligadas ou atadas entre si, por costura ou outro método, geralmente protegida por duas capas. 3. Partes em que se divide uma obra literária ou técnica. 4. Empregado também para aparelhos eletrônicos de leitura digital. 5. Parte mais ampla da divisão de tomos de uma lei complexa, tal como um código ou regulamento. 6. Para os fins da Lei nº 10.753/2003, que instituiu a Política Nacional do Livro, é a publicação de textos escritos em fichas ou folhas, não periódica, grampeada, colada ou costurada, em volume cartonado, encadernado ou em brochura, em capas avulsas, em qualquer formato e acabamento. O mesmo diploma legal equipara diversas outras figuras a livro, como fascículos, roteiros de leitura, álbuns, atlas e livros para leitura em meio digital. 7. Desde a CF/1946, os livros e o papel para sua impressão usufruem de imunidade tributária. Ao longo das décadas, a jurisprudência, interpretando teleologicamente a norma constitucional, foi estendendo tal benesse a outros tipos de publicação, como jornais, revistas etc., o que foi incorporado à CF/1988. Em 2020, o STF editou a Súmula Vinculante nº 57, pacificando o entendimento de que livros eletrônicos (*e-books*) e leitores de livros eletrônicos (*e-readers*) também merecem a imunidade tributária.

✱ *V. CF, art. 150, VI,* d.

✱ *V. CTN, art. 9º, IV,* d *e § 1º.*

✱ *V. Lei nº 10.753/2003 (Institui a Política Nacional do Livro).*

✱ *V. Lei nº 10.865/2004 (Dispõe sobre a Contribuição para os Programas de Integração Social e de Formação do Patrimônio do Servidor Público e a Contribuição para o Financiamento da Seguridade Social incidentes sobre a importação de bens e serviços), art. 8º, § 12, XII; e 28, VI.*

✱ *V. Súm. Vinc. nº 57.*

LOAS – Sigla para Lei Orgânica da Assistência Social, atualmente regida pela Lei nº 8.742/1993. Usada vulgarmente como sinônimo de benefício de prestação continuada (BPC). ***V.*** *Benefício de prestação continuada (BPC).*

LOBBY – Palavra inglesa que designa grupo de pressão para obtenção de aprovação de medidas legislativas ou de procedimentos de seu interesse. Grupo de pessoas cujo objetivo é influenciar processo público de tomada de decisões (*lobbying*).

LOCAÇÃO – Contrato feito entre o *locador* e o *locatário*, aquele se obrigando a dar a este, por preço e tempo determinados, o uso e gozo de coisa não fungível ou o produto de seu trabalho. As normas de locação mercantil não se aplicam aos imóveis urbanos, os quais são regidos pela Lei nº 8.245/1991 (Lei de Inquilinato). A Lei nº 8.245/1991 trata de locações de imóveis urbanos e dos procedimentos a eles relacionados. O CC ainda é usado quando se trata de vagas autônomas de garagem, espaços para estacionamento de veículos, espaços para publicidade, imóveis de propriedade da União, dos Estados, dos Municípios e de suas autarquias, ou fundações públicas, e também nas locações em apart-hotéis, hotéis-residência ou equiparados, e arrendamento mercantil em qualquer modalidade. Medida provisória alterou algumas das regras da locação, com a entrada da nova moeda, o real.

✱ *V. Lei nº 8.245/1991 (Lei das Locações).*

✱ *V. Lei nº 12.112/2009 (Altera a Lei nº 8.245, de 18 de outubro de 1991, para aperfeiçoar as regras e procedimentos sobre locação de imóvel urbano).*

✱ *V. CC: arts. 565 a 578 e 594 a 609.*

✱ *V. CPC/1973: arts. 585, IV, 701, § 3º, e 1.112, IV.*

✱ *V. CPC/2015, arts.784, VII, 896, § 3º, e 725, IV.*

Mercantil – Arrendamento Mercantil (Leasing): Locação de bens móveis duráveis ou imóveis, cujo locatário, ao término da locação, poderá prorrogar o aluguel, devolver o bem ou comprá-lo pelo seu valor residual. Na ocorrência do descumprimento do contrato caberá a reintegração de posse.

✱ *V. Lei nº 11.649/2008 (Dispõe sobre procedimento na operação de arrendamento mercantil de veículo automotivo (leasing)).*

LOCADOR – Dono de imóvel, que o aluga. O que se obriga a prestar serviço a outrem.

✱ *V. CC, arts. 566, 568 e 577.*

LOCATÁRIO – Aquele que aluga coisa móvel ou imóvel ou aceita serviço de locador.

LOCKDOWN – *V. Distanciamento social.*

LOCKOUT – Termo inglês aportuguesado para locaute. Paralisação ou suspensão de atividades pelos empregadores, que fecham, simultaneamente e por certo período, seus estabelecimentos, em oposição aos empregados que declaram ou ameaçam greve, ou descumprindo decisão proferida em dissídio coletivo, sob pena de multa, de responsabilidade dos administradores das pessoas jurídicas. O Código Penal prevê um tipo criminal constituído em constranger alguém, mediante violência ou grave ameaça, a fechar o estabelecimento de trabalho, ou participar de paralisação de atividade econômica, com pena de detenção de 3 (três) meses a 1 (um) ano, e multa, sem prejuízo da pena correspondente à violência.

✱ *V. Lei nº 7.783/1989 (Dispõe sobre o exercício do direito de greve, define as atividades essenciais, regula o atendimento das necessidades inadiáveis da comunidade, e dá outras providências), art. 17.*

✱ *V. CLT, art. 722.*

✱ *V. CP, art. 197, II.*

LOCUPLETAMENTO – O mesmo que *enriquecimento ilícito*, injustificado, à custa alheia ou de situação da qual não devia tirar proveito pessoal.

LOTE – Parte de um todo; objeto ou grupo de objetos levados a leilão de uma só vez; área reduzida de terreno, parte de um loteamento. Refere-se também a conjunto de mercadorias da mesma qualidade, diferente de outras depositadas no mesmo armazém.

LOTEAMENTO – Desmembramento feito em terras rurais ou urbanas, em lotes menores, destinados a venda em prestações sucessivas e periódicas. Os Estados, o Distrito Federal e os Municípios poderão estabelecer normas complementares para o parcelamento do solo para adequar o previsto na lei às peculiaridades regionais e locais.

✱ *V. Dec.-lei nº 58/1937 (Dispõe sobre o loteamento e a venda de terrenos a prestação).*

✱ *V. Dec.-lei nº 271/1967 (Dispõe sobre loteamento urbano).*

✱ *V. Dec.-lei nº 745/1969 (Dispõe sobre os contratos de loteamento e venda de terrenos a prestação).*

✱ *V. Dec. nº 3.079/1938 (Regulamenta o Dec.-lei nº 58/1937, que dispõe sobre o loteamento e a venda de terrenos para pagamento em prestações).*

✱ *V. Lei nº 4.778/1965 (Dispõe sobre a obrigatoriedade de serem ouvidas as autoridades florestais na aprovação de plantas e planos de loteamento para venda de terrenos em prestações).*

✱ *V. Lei nº 6.014/1973 (Adapta ao novo Código de Processo Civil as leis que menciona).*

✱ *V. Lei nº 6.015/1973 (Dispõe sobre os registros públicos): arts. 161, I, 19 e 20, 167, II, 3.*

✱ *V. Lei nº 6.766/1979 (Dispõe sobre o Parcelamento do Solo Urbano).*

LOTERIA – *V. Concurso de prognóstico.*

✱ *V. LCP (Dec.-Lei nº 3.688/1941 – Lei das Contravenções Penais), art. 50.*

LOUCOS DE TODO O GÊNERO – Antiga expressão contida no Código Civil de 1916. Atualmente o Código Civil de 2002 assim prevê: "Art. 3º São absolutamente incapazes de exercer pessoalmente os atos da vida civil os menores de 16 (dezesseis) anos. Art.4º São incapazes, relativamente a certos atos ou à maneira de os exercer: III – aqueles que, por causa transitória ou permanente, não puderem exprimir sua vontade; (Redação dada pela Lei nº 13.146, de 2015)".

LSD (TOXICOLOGIA) – Abreviatura usada para denominar, em alemão, *Liserg Saure Diethylamid*. Substância resultante da união do ácido lisérgico e da dietilamida, obtida em 1938 pelo cientista alemão Albert Hoffman. Com apenas 30 microgramas dessa substância, o usuário passa a ter violentas alucinações que duram, em média, 2 horas. Fisicamente, a droga provoca a dilatação das pupilas, vômitos e rubor facial. É difícil controlar o tráfico do LSD, pois essa substância não possui cor nem cheiro.

LUCRO CESSANTE – Ganho que alguém deixou de obter sobre coisa a que tinha direito por culpa ou inexecução de obrigação por outrem. Privação de lucro previsto; efeito danoso, imediato e indireto, de ato ilícito. *V. Dano emergente.*

✱ *V. CC: arts. 402 a 404.*

LUSTRO – Período de 5 anos.

LUVAS – Pagamento de importância que acresce ao aluguel, a título de compensação pelo valor do ponto, na locação comercial. Constitui contravenção penal exigir, por motivo de locação ou sublocação, quantia ou valor além do aluguel e encargos permitidos. Pena de prisão simples de 5 dias a 6 meses ou multa de 3 a 12 meses do valor do último aluguel atualizado, revertida em favor do locatário. São nulas de pleno direito cláusulas contratuais que estipulem pagamento de luvas.

✱ *V. art. 45 da Lei nº 8.245/1991 (Dispõe sobre as locações dos imóveis urbanos e os procedimentos a elas pertinentes).*

M

MÃE – Ascendente feminino em primeiro grau.

Genética: Ao contrário da mãe gestacional, é aquela que transmite seu patrimônio genético à criança.

Gestacional: Também chamada mãe substituta (barriga de aluguel) e mãe incubadora. É a mulher que cede seu útero para gestação de filho concebido por gametas de terceiros, masculinos e femininos.

Social: É a mulher que dá assistência ao menor abandonado, exercendo esse encargo em um sistema de casas-lares.

✱ **V.** *Lei nº 7.644/1987 (Dispõe sobre a Regulamentação da Atividade de Mãe Social): art. 2º.*

MÁ-FÉ – Atitude consciente de lesar interesse alheio. Consciência da própria fraude, malícia. A má-fé precisa sempre ser provada. Responde por perdas e danos aquele que pleitear de má-fé, como autor, réu ou interveniente.

✱ **V.** *CC: arts. 161, 163, 1.530, parágrafo único, 1.564, 1.201 a 1.203, 1.216, 1.218, 1.220, 1.254 a 1.256, 1.270 e 1.271.*

✱ **V.** *CPC/2015, arts. 79, 80 e 81.*

MAGISTRADO – No sentido estrito, é o juiz que tem poderes para julgar (excetuados os juízes de fato, como os jurados e outros). Membro do Poder Judiciário; juiz togado.

✱ **V.** *LC nº 35/1979 (Lei Orgânica da Magistratura Nacional).*

MAGISTRATURA – Classe dos magistrados que formam a ordem judiciária. Carreira ou função de magistrado; a própria duração do seu cargo.

MAIOR – Indivíduo que atinge a maioridade civil, podendo dispor de sua pessoa e bens. A pessoa maior de 70 só pode se casar no regime de separação de bens. ***V.*** *Maioridade civil.*

✱ **V.** *CC: arts. 1.618 e 1.641.*

✱ **V.** *CP: arts. 65, I, 77, § 2º, e 115.*

MAIORIA – Critério para votação em assembleias, aprovando-se a matéria em votação pelo maior número de votos ou de manifestações favoráveis. A maioria é:

MAIORIDADE CIVIL – Pelo novo CC, a maioridade começa aos 18 anos. Fica assim abolida a necessidade de autorização do pai ou responsável para casamento, abertura de empresas e compras a crédito, assim como todos os atos da vida civil. Também aos 18 anos pode a pessoa adotar (CC: art. 1.618) e ser processada para pagar indenização por acidente de trânsito, por exemplo.

✱ **V.** *CC: art. 5º.*

MALVERSAÇÃO – Falta grave de funcionário encarregado da gerência de bens; má gerência, administração nociva de negócios públicos ou privados; dilapidação de um patrimônio.

MANDADO – Ato escrito de autoridade pública competente, judicial ou administrativa, determinando a prática de ato ou diligência.

De Injunção (Dir. Constitucional): Procedimento para obter ordem judicial que assegure a qualquer cidadão o exercício de um direito fundamental, que a CF prevê regulamentado pela Lei nº 13.300/2016, segundo a qual se concederá mandado de injunção sempre que a falta total ou parcial de norma regulamentadora torne inviável o exercício dos direitos e das liberdades constitucionais e das prerrogativas inerentes à nacionalidade, à soberania e à cidadania. A Constituição Federal de 1988 traz essa novidade para o Dir. Público brasileiro; o § 1º de seu art. 5º diz que as normas que definem direitos e garantias fundamentais têm "aplicação imediata". Se a Constituição Federal fixar, de modo expresso, prazo para a elaboração do regulamento de um dispositivo, não será cabível, nesse caso, o mandado de injunção. Concedido este, o órgão a que a ordem se destina deverá suprir a falta da norma reguladora e conceder o direito que se reclama, sob pena de crime de desobediência. O rito processual é o estabelecido pela Lei nº 13.300/2016. A princípio, o STF entendia incabível a edição de norma em sentido abstrato, até que sobreviesse lei ou ato normativo por parte da autoridade competente. Contudo, recentemente veio a reformular seu entendimento, aplicando analogicamente diplomas legais já existentes à situação jurídica não regulamentada, até que o órgão responsável supra sua omissão.

✱ **V.** *CF: art. 5º, LXXI; 102, I,* q, *II,* a*; 105, I,* h*; 121, § 4º, V.*

✱ **V.** *Lei nº 8.038/1990 (Institui normas de procedimento para processos perante o STF e o STJ): art. 24, parágrafo único.*

✱ **V.** *Lei nº 13.300/2016 (Disciplina o processo e o julgamento dos mandados de injunção individual e coletivo): art. 2º.*

De Segurança: 1. Remédio ou garantia constitucional de que dispõe a pessoa física ou jurídica, órgão com capacidade processual ou universalidade que a lei reconhece, para proteção de direito individual líquido e certo, não amparado por *habeas corpus* ou *habeas data*, que tenha sido lesado ou esteja na iminência de o ser, por autoridade de qualquer categoria ou função, responsável pela ilegalidade ou abuso de poder. 2. Criação do direito brasileiro, o mandado de segurança toma forma na Constituição Federal de 1934 e permanece nas que a seguiram, até a atual. 3. Trata-se de ação, no sentido material, cuja finalidade é a de resguardar direitos do impetrante, em face de ilegalidade ou abuso de poder (ato coator), praticado por autoridade pública ou agente de pessoa jurídica no exercício de atribuições do Poder Público. 4. Pode ser impetrado individualmente ou de forma coletiva por meio de entidades de classe ou associações. O direito líquido e certo deverá ser comprovado por meio dos documentos juntados na inicial, sob pena da denegação da ordem pleiteada. 5. Embora tenha surgido como ação não criminal, é aplicado pacificamente no Processo Penal, como medida de impugnação a atos judiciais que, embora ilegais, não impliquem violação ou ameaça à liberdade de locomoção do impetrante.

✸ **V.** *CF, arts. 5º, LXIX e LXX; 102, I, d, II, a; 105, I, b, II, b; 108, I, c; 109, VIII; 114, IV; 121, §§ 3º e 4º, V.*

✸ **V.** *CLT, art. 678, I, b, 3.*

✸ **V.** *CE, arts. 29, I, e, II, b; 35, III; 276, II, b; 281.*

✸ **V.** *CTN, art. 151, IV.*

✸ **V.** *Lei nº 6.830/1980 (Dispõe sobre a cobrança judicial da Dívida Ativa da Fazenda Pública), art. 38.*

✸ **V.** *Lei nº 7.701/1988 (Dispõe sobre a especialização de Turmas nos Tribunais do Trabalho), arts. 2º, I, d, II, b; 3º, I, b.*

✸ **V.** *Lei nº 8.036/1990 (Dispõe sobre o Fundo de Garantia por Tempo de Serviço), art. 29-B.*

✸ **V.** *Lei nº 8.038/1990 (Institui normas de procedimento para processos perante o STF e o STJ), arts. 24, 25, 33 a 35.*

✸ **V.** *Lei nº 9.504/1997 (Estabelece normas para as eleições), art. 94.*

✸ **V.** *Lei nº 10.259/2001 (Dispõe sobre a instituição dos Juizados Especiais Cíveis e Criminais no âmbito da Justiça Federal), art. 3º, § 1º, I.*

✸ **V.** *Lei nº 12.016/2009 (Disciplina o Mandado de Segurança Individual e Coletivo).*

✸ **V.** *Lei nº 12.153/2009 (Dispõe sobre os Juizados Especiais da Fazenda Pública, no âmbito dos Estados, do Distrito Federal, dos Territórios e dos Municípios), art. 2º, § 1º, I.*

✸ **V.** *Súmulas nºs 101, 248, 266 a 272, 294, 299, 304, 319, 330, 405, 429, 430, 433, 474, 510, 512, 597, 622 a 627, 629 a 632 e 701 do STF.*

✸ **V.** *Súmulas nºs 41, 105, 169, 177, 202, 213, 333, 376 e 460 do STJ.*

✸ **V.** *Súmulas nºs 33, 201, 303, III, 365, 397, 414 a 418 e 425 do TST.*

✸ **V.** *Orientações Jurisprudenciais nºs 4 e 10 do Tribunal Pleno do TST.*

✸ **V.** *Orientações Jurisprudenciais nºs 53, 54, 56, 57, 59, 63 a 67, 69, 88, 91 a 93, 98 a 100, 113, 127, 137, 140, 142, 144, 148, 151 a 153 e 155 da SBDI-II do TST.*

De Segurança Coletivo: Garantia constitucional prevista no art. 5º, LXX, da CF e que objetiva estender o alcance do mandado de segurança individual às pessoas jurídicas. Tutela, portanto, direitos coletivos, aliás, previstos, expressamente, na epígrafe do Capítulo I do Título II, da Constituição. Fica sanada, com isto, a omissão da Carta Constitucional de 1967. Assim dispõe a Constituição vigente: "Art. 5º (...) LXX – O mandado de segurança coletivo pode ser impetrado por: *a*) partido político com representação no Congresso Nacional; *b*) organização sindical, entidade de classe ou associação legalmente constituída e em funcionamento há pelo menos um ano, em defesa dos interesses de seus membros ou associados".

MANDATO – Contrato feito pelo mandante, para que o mandatário atue em seu nome, praticando determinados atos.

✸ **V.** *CC: arts. 653, 656 e 657.*

✸ **V.** *CPC/1973: art. 36.*

✸ **V.** *CPC/2015, art. 103.*

✸ **V.** *Lei nº 8.906/1994 (Estatuto da Advocacia e a OAB): art. 5º.*

Em Causa Própria: Quando o mandato é conferido em causa própria, não terá eficácia a sua revogação nem a morte de qualquer das partes o extinguirá e o mandatário ficará dispensado de prestar contas, podendo transferir para si os bens móveis ou imóveis objeto do mandato, atendidas as formalidades legais.

✸ **V.** *CC: art. 685.*

Perda: segundo a EC nº 76/2013, que alterou o art. 55, §2º e 66, § 4º, da CF, "§ 2º Nos casos dos incisos I, II e VI, a perda do mandato será decidida pela Câmara dos Deputados ou pelo Senado Federal, por maioria absoluta, mediante provocação da respectiva Mesa ou de partido político representado no Congresso Nacional, assegurada ampla defesa. (...) § 4º O veto será apreciado em sessão conjunta, dentro de trinta dias a contar de seu recebimento, só podendo ser rejeitado pelo voto da maioria absoluta dos Deputados e Senadores".

MANEJO SUSTENTÁVEL – A Lei nº 12.651/2012 (Novo Código Florestal) em seu art. 3º, VII, conceituou o manejo sustentável. "VII – manejo sustentável: administração da vegetação natural para a obtenção de benefícios econômicos, sociais e ambientais, respeitando-se os mecanismos de sustentação do ecossistema objeto do manejo e considerando-se, cumulativa ou alternativamente, a utilização de múltiplas espécies madeireiras ou não, de múltiplos produtos e subprodutos da flora, bem como a utilização de outros bens e serviços;"

MANGUEZAL – A Lei nº 12.651/2012 (Novo Código Florestal) em seu art. 3º, XIII, conceituou Manguezal. "XIII – manguezal: ecossistema litorâneo que ocorre em terrenos baixos, sujeitos à ação das marés, formado por vasas lodosas recentes ou arenosas, às quais se associa, predominantemente, a vegetação natural conhecida como mangue, com influência fluviomarinha, típica de solos limosos de regiões estuarinas e com dispersão descontínua ao longo da costa brasileira, entre os Estados do Amapá e de Santa Catarina;"

MANICÔMIO JUDICIÁRIO – Estabelecimento psiquiátrico mantido pelo Estado, no qual são recolhidos os delinquentes absolvidos por serem totalmente inimputáveis, por doença mental ou desenvolvimento mental retardado, assim como os sentenciados quando acometidos de loucura.

✸ **V.** *CP: arts. 41, 96 e 97.*

MARCA DE FÁBRICA (PROPRIEDADE INDUSTRIAL) – Nome ou sinal que deve ser registrado no Instituto Nacional da Propriedade Industrial, usado pelo fabricante, industrial ou artífice, para identificar e diferenciar seus produtos de outros semelhantes.

✸ **V.** *CF: art. 5º, XXIX.*

✸ **V.** *Lei nº 9.279/1996 (Regula direitos e obrigações relativos à propriedade industrial).*

MARCAÇÃO – Ato de marcar dia certo para o pagamento de um cheque, assinado pelo sacado com o consentimento expresso de seu portador.

MARCAÇÃO (SEGURANÇA DA INFORMAÇÃO) – O Dec. nº 7.845/2012, que regulamenta procedimentos para credenciamento de segurança e tratamento de informação classificada em qualquer grau de sigilo e dispõe sobre o Núcleo de Segurança e Credenciamento, conceituou marcação. De acordo com o art. 2º, XI, considera-se marcação: "(...) aposição de marca que indica o grau de sigilo da informação classificada;"

MARCO – Peça de madeira, cimento armado ou pedra com que se faz a assinalação das linhas divisórias nas demarcações de terras. Baliza, piquete, estaca. Dividem-se em: condutores, os que indicam o rumo nos trabalhos geodésicos; primordiais, principais ou peões, os que determinam o ponto de partida das operações nas áreas a demarcar; e terminais, os que indicam os pontos onde finda a demarcação.

✱ *V. CPC/1973: arts. 960 a 963.*

✱ *V. CPC/2015, arts. 583 e 584.*

MATÉRIA – O fundamento de fato ou de direito, a substância de uma enunciação jurídica. Essência de obra escrita, do assunto tratado em uma obra.

MATRICIDA – Aquele que mata a própria mãe, que comete *matricídio.*

MATRÍCULA – Inscrição do comerciante no Registro do Comércio; inscrição renovável do navio no porto de domicílio do armador, relativa à viagem que vai empreender. É um dos papéis de bordo; inscrição em registros públicos para legalizar o exercício de algumas funções ou garantir o gozo de certos direitos.

De Universidade Pública: "A cobrança de taxa de matrícula nas universidades públicas viola o disposto no art. 206, IV, da Constituição Federal" (Súm. Vinculante nº 12).

MAUS-TRATOS – Delito que consiste em submeter alguém a trabalho excessivo ou inadequado, abusar dos meios de correção ou disciplina, privar de alimentação ou dos cuidados indispensáveis, estando a pessoa sob sua autoridade, guarda, ou vigilância para fins de educação, ensino, tratamento ou custódia, expondo-a a perigo de vida ou de saúde. A pena é de detenção de 2 meses a 1 ano ou multa. Se resulta lesão corporal de natureza grave, reclusão de 1 a 4 anos; se resulta a morte, reclusão de 4 a 12 anos. Perderá o poder familiar, por ato judicial, o pai ou a mãe que castigar imoderadamente o filho. Verificada a hipótese de maus-tratos, pelos pais ou responsável pelo menor, a autoridade poderá determinar, como medida cautelar, o afastamento do agressor da moradia comum.

✱ *V. CC: arts. 1.635 e 1.638.*

✱ *V. CP: art. 136.*

✱ *V. Lei nº 8.069/1990 (Estatuto da Criança e do Adolescente): arts. 129 e 130.*

✱ *V. Lei nº 9.605/1998 (Lei dos Crimes Ambientais), art. 32.*

MEAÇÃO (DIR. CIVIL) – Direito que uma pessoa tem, em relação a outra, à metade dos bens em comunhão.

MEADO – Em termos de data, é sempre o 15º dia, qualquer que seja o mês.

MEDIAÇÃO (DIR. CIVIL) – Ato pelo qual se reaproximam duas partes contratantes, com o objetivo de orientá-las, mediante comissão a ser paga por um ou ambos os interessados.

MEDIAÇÃO – Ato ou efeito de mediar, intervir para obter acordo entre pessoas físicas ou jurídicas; atividade que consiste em aproximar as partes interessadas na concretização de um negócio, mediante comissão a ser paga por uma ou pelas duas partes. O mesmo que *corretagem* (q.v.). No Dir. Comercial, são chamados de *agentes auxiliares do comércio*; no Dir. Imobiliário, os corretores têm sua atividade disciplinada em lei, sendo autuados e presos aqueles que não estiverem legalmente inscritos e registrados nessa função. O locador é obrigado a pagar as taxas de administração imobiliária, se houver, e as de *intermediação*, nestas compreendidas as despesas necessárias à aferição da idoneidade do locatário e de seu fiador.

✱ *V. Lei nº 6.530/1978 (Regula a profissão de corretor de imóveis).*

✱ *V. Dec. nº 81.871/1978 (Regulamenta Lei nº 6.530/1978, art. 5º).*

✱ *V. Lei nº 8.245/1991 (Lei das Locações), art. 22, VII.*

MEDICAMENTO – 1. Palavra oriunda do latim *medicamentu*, que se refere a produto farmacêutico destinado a curar enfermidade ou aliviar os sintomas desta. 2. O receituário odontológico ou médico necessário para medicamentos sujeitos a prescrição e de uso contínuo, durante o período de calamidade pública gerada pela pandemia de Coronavírus (COVID-19), será válido enquanto as medidas de isolamento para contenção da doença continuarem.

Genérico: 1. Medicamento vendido com o nome técnico, ou seja, o nome do princípio ativo que o compõe, devendo preceder a marca comercial na receita médica, bem como na embalagem. 2. Consoante a Lei nº 6.360/1976, é um medicamento similar a um produto de referência ou inovador, que se pretende ser com este intercambiável, geralmente produzido após a expiração ou renúncia da proteção patentária ou de outros direitos de exclusividade, comprovadas a sua eficácia, a sua segurança e a sua qualidade, e designado pela Denominação Comum Brasileira – DCB ou, na sua ausência, pela Denominação Comum Internacional – DCI.

Referência: Segundo a Lei nº 6.360/1976, trata-se do produto inovador registrado no órgão federal responsável pela vigilância sanitária e comercializado no País, cuja eficácia, segurança e qualidade foram comprovadas cientificamente no órgão federal competente, por ocasião do registro.

Similar: Nos termos da Lei nº 13.235/2015, que alterou o inc. XX do art. 3º da Lei nº 6.360/1976, é aquele que contém o mesmo ou os mesmos princípios ativos, que apresenta a mesma concentração, forma farmacêutica, via de administração, posologia e indicação terapêutica e que é equivalente ao medicamento registrado no órgão federal responsável pela vigilância sanitária, podendo diferir somente em características relativas ao tamanho e à forma do produto, prazo de validade, embalagem, rotulagem, excipientes e veículos, comprovadas a sua eficácia, a sua segurança e a sua qualidade, devendo sempre ser identificado por nome comercial ou marca.

✱ *V. Lei nº 6.360/1976 (Dispõe sobre a Vigilância Sanitária a que ficam sujeitos os Medicamentos, as Drogas, os Insumos Farmacêuticos e Correlatos, Cosméticos, Saneantes), art. 3º.*

✱ *V. Lei nº 14.028/2020 (Altera a Lei nº 13.979, de 6 de fevereiro de 2020, para garantir que o receituário médico ou odontológico de medicamentos sujeitos a prescrição e de uso contínuo tenha validade pelo menos enquanto perdurarem as medidas de isolamento para contenção do surto da Covid-19).*

MEDICINA LEGAL – Ramo da Medicina aplicado ao Direito, para esclarecer a justiça em questões de ordem criminal, civil ou administrativa.

MÉDICO – 1. Relativo à Medicina. 2. Profissional que pratica a Medicina, com diploma legal para tanto, certificado e inscrito pelo Conselho Regional respectivo. 3. Nos termos da Lei nº 13.270/2016, que altera o art. 6º da Lei nº 12.842/2013, a denominação "médico" é privativa do graduado em curso superior de Medicina reconhecido, e deverá constar obrigatoriamente dos diplomas emitidos por instituições de educação superior credenciadas na forma do art. 46 da Lei nº 9.394, de 20 de dezembro de 1996 (Lei de Diretrizes e Bases da Educação Nacional), vedada a denominação "bacharel em Medicina". 4. Para o Dir. Civil e do Consumidor, o médico tem responsabilidade por atos e lesões decorrentes de dolo ou culpa, devendo satisfazer o dano sempre que da imprudência, da negligência ou da imperícia, em atos profissionais, resultar morte, inabilitação de servir ou ferimento. 5. Para o Dir. Penal, há uma série de disposições especiais, seja para isentar a responsabilidade de médicos por procedimentos para salvar a vida do paciente (hipóteses dos arts. 128 e 146 do CP), seja para tipificar crimes próprios, que apenas podem ser cometidos por esses profissionais, como nos casos dos arts. 268 e 269 do CP.

✱ *V. CC: art. 951.*

✱ *V. CDC: art. 14, § 4º.*

✱ *V. CP: arts. 128, 129, § 6º, 135, 146, § 3º, I, 268, 269, 282, 302.*

✱ *V. Dec. nº 20.931/1932 (Regula e fiscaliza o exercício da medicina, da odontologia, da medicina veterinária e das profissões de farmacêutico, parteira e enfermeira).*

✱ *V. Lei nº 3.268/1957 (Dispõe sobre o Conselho Federal e os Conselhos Regionais de Medicina): art. 17.*

✱ *V. Lei nº 9.263/1996 (Lei do Planejamento Familiar): arts. 15 e 16.*

✱ *V. Lei nº 9.434/1997 (Dispõe sobre a remoção de órgãos, tecidos e partes do corpo humano para fins de transplante e tratamento): arts. 3º, 14 a 19 e 21.*

✱ *V. Lei nº 12.842/2013 (Dispõe sobre o exercício da medicina).*

✱ *V. Lei nº 12.871/2013 (Institui o Programa Mais Médicos para o Brasil, e regulamenta o funcionamento dos cursos de medicina).*

✱ *V. Lei nº 13.333/2016 (Prorroga o prazo de dispensa de que trata o art. 16 da Lei nº 12.871, de 22 de outubro de 2013).*

MEDIDA – 1. Condição que o juiz, na sentença de condenação, ou absolvição, impõe ao réu, restringindo-lhe a liberdade ou realizando providência de proteção social, quando os motivos e circunstâncias do crime autorizem a suposição de que ele torne a delinquir. 2. Ato legislativo; providência, regulamento ou prescrição com força de lei.

Cautelar (Proc. Civil): Medida de ação cautelar é a que se propõe para assegurar a eficácia de um processo distinto. O art. 796 do CPC/1973, sem correspondente no CPC/2015, dispõe que o procedimento cautelar pode ser instaurado antes ou no transcorrer do processo principal e deste é sempre dependente. Os pressupostos da cautelar são: uma pretensão razoável, com possibilidade de ser aceita em juízo; e perigo na demora processual, como na busca e apreensão de pessoa ou de coisa. Se for preparatória, a parte tem de propor a ação em 30 dias da efetivação da medida cautelar, ou não ela perde a eficácia. As cautelares são requeridas ao juiz da causa principal em curso e, se preparatórias, ao juiz competente para conhecer da ação principal. O processo cautelar, ainda que dependa do destino do principal, não é simples incidente ou procedimento, mas um terceiro gênero, ao lado dos processos de conhecimento e de execução. Medidas cautelares podem ser aplicadas, subsidiariamente, no Direito do Trabalho, como especifica a própria CLT. Consideram os juristas que são aplicáveis medidas cautelares como o arresto, o sequestro de bens, caução, busca e apreensão, exibição de documentos, produção antecipada de provas, o atentado (arts. 294 a 302 do CPC/2015). O CPC/1973 apontava as medidas cautelares *típicas* e *atípicas, já o CPC/2015 não traz esse rol. Por fim, a* Lei nº 8.437/1992 dispõe sobre a concessão de medidas cautelares contra atos do Poder Público.

As medidas cautelares podem ser típicas ou atípicas. Entre as típicas citemos o arresto, a busca e apreensão, os alimentos provisionais, o atentado e o protesto, estando as atípicas previstas no art. 798 do CPC/1973, sem correspondente no CPC/2015.

✱ *Arts. 294 a 302 do CPC/2015. O CPC/1973 apontava as medidas cautelares* típicas e atípicas, já o CPC/2015 não traz esse rol. *Por fim, a Lei nº 8.437/1992 dispõe sobre a concessão de medidas cautelares contra atos do Poder Público.*

De Segurança (Dir. Penal): Pena de natureza preventiva, consistente em internação em hospital de custódia ou tratamento ambulatorial, e que tem por finalidade de impedir que o criminoso de alta periculosidade volte a delinquir.

✱ *V. CP: arts. 96 a 99.*

✱ *V. CPP: arts. 378 a 380, 386, 387, 492, II, c, 581, XIX a XXIII, 596, parágrafo único, 627, 715 e 751.*

Liminar: Medida preventiva cuja finalidade é a de resguardar direitos ameaçados, podendo ser requerida antes mesmo da propositura do feito em juízo, neste caso, mediante ação cautelar preparatória.

✱ *V. CPC/1973, art. 804.*

✱ *V. CPC/2015, art. 300, § 1º.*

Provisional: Providência urgente que se toma no curso de uma causa, como prestação de alimentos, serviços para conservação de coisa objeto de apreensão.

Provisória (Processo Legislativo): 1. Fonte formal do Direito brasileiro, inspirada na figura análoga prevista na Constituição italiana de 1948 (art. 77), esta medida veio a substituir, na atual CF, a figura do Decreto-lei, prevista na CF de 1967. É de competência privativa do Presidente da República, com força de lei, editada em caso de relevância e urgência. Terá de ser submetida de imediato ao Congresso Nacional para sua definitiva ratificação. Se o Congresso estiver de recesso, será convocado extraordinariamente para se reunir no prazo de 5 dias. Se não for convertida em lei no prazo de 60 dias a partir de sua publicação, a medida provisória perderá sua eficácia, devendo o Congresso Nacional disciplinar as relações jurídicas dela decorrentes, por meio de Ato Declaratório. Até 2001, era comum a substituição da Medida Provisória por outra, com número diferente e leves alterações no texto, pouco antes de esgotar-se o prazo fatal. Com a EC nº 32/2001, as Medidas Provisórias não podem mais ser reeditadas, contudo aquelas vigentes até 10-9-2001 tiveram sua vigência prorrogada indefinidamente, até posterior conversão ou revogação por lei.

✱ *V. CF, arts. 59, V, e 62.*

✱ *V. EC nº 32/2001 (Altera dispositivos dos arts. 48, 57, 61, 62, 64, 66, 84, 88 e 246 da Constituição Federal, e dá outras providências).*

MEDIDA PROVISIONAL – Providência urgente que se toma no curso de uma causa, como prestação de alimentos, serviços para conservação de coisa objeto de apreensão etc.

Restritiva de Liberdade: As penas privativas de liberdade podem ser de três espécies – Reclusão, detenção e prisão simples. Entre a reclusão e detenção, não há diferença ontológica. No entanto, suas consequências jurídicas as diferenciam. Na reclusão, o regime inicial de cumprimento de pena é o fechado; já na detenção é o semiaberto. A prisão preventiva é, em regra, possível nos crimes apenados com reclusão. Já os crimes apenados com detenção são, em regra, afiançáveis. A pena de reclusão deverá sempre ser executada com prioridade sobre a de detenção. A prisão simples, por sua vez, é cumprida sem rigor penitenciário e o condenado deve permanecer separado daqueles que cumprirem pena de reclusão e detenção.

Tribunal do Júri: V. art. 413, § 3º, do CPP (com redação dada pela Lei nº 11.689/2008).

MEDIDAS DE SEGURANÇA – O Dec. nº 7.845/2012 que regulamenta procedimentos para credenciamento de segurança e tratamento de informação classificada em qualquer grau de sigilo e dispõe sobre o Núcleo de Segurança e Credenciamento conceituou gestor de segurança e credenciamento. De acordo com o art. 2º, XII, consideram-se medidas de segurança: "(...) medidas destinadas a garantir sigilo, inviolabilidade, integridade, autenticidade e disponibilidade da informação classificada em qualquer grau de sigilo;"

MEEIRO – Aquele que possui ou tem direito à metade de uma coisa ou de certos bens, como cada cônjuge em relação ao patrimônio comum do casal, sob regime de comunhão de bens. No contrato de meação rural, o proprietário e o colono são meeiros.

MEIO AMBIENTE – 1. É o conjunto de condições, leis, influências e infraestrutura de ordem física, química e biológica, que permite, abriga e rege a vida em todas as suas formas. 2. O conceito legal do art. 3º, I, da Lei nº 6.938/1981 sinaliza o meio ambiente como uma unidade formada por inter-relações entre o homem, a natureza original, a artificial e os bens culturais, de forma interdependente. Portanto, o ambiente é um bem unitário formado também pelo patrimônio cultural em sentido amplo (histórico, artístico, turístico, paisagístico e arquitetônico). 3. Na esfeira penal, há os crimes contra o patrimônio cultural (arts. 62 a 65 da Lei nº 9.605/1998, a chamada "Lei dos Crimes Ambientais"), sem falar nas infrações administrativas ambientais previstas no Dec. nº 6.514/2008. 4. Em relação a este ato normativo infralegal, o Dec. nº 9.760/2019 inseriu diversos dispositivos, com o fim de estimular conciliações extrajudiciais entre a Administração Pública ambiental e os particulares, visando reduzir a litigiosidade em face dos autos de infração lavrados.

✱ ***V.*** *CF: arts. 5º, LXXIII, 23, 30, 216 e 225.*

✱ ***V.*** *Lei nº 4.717/1965 (Regula a ação popular).*

✱ ***V.*** *Lei nº 9.605/1998 Lei dos Crimes Ambientais).*

✱ ***V.*** *Dec. nº 3.179/1999 (Dispõe sobre a especificação das sanções aplicáveis às condutas e atividades lesivas ao meio ambiente).*

✱ ***V.*** *Res. do CONAMA nº 396/2008 (Dispõe sobre a classificação e diretrizes ambientais para o enquadramento das águas subterrâneas).*

✱ ***V.*** *Lei nº 11.685/2008 (Institui o Estatuto do Garimpeiro).*

✱ ***V.*** *Lei nº 11.699/2008 (Dispõe sobre as Colônias, Federações e Confederação Nacional dos Pescadores, regulamentando o parágrafo único do art. 8º da Constituição Federal e revoga dispositivo do Dec.-lei nº 221/1967).*

✱ ***V.*** *Dec. nº 9.760/2019 (Altera o Decreto nº 6.514, de 22 de julho de 2008, que dispõe sobre as infrações e sanções administrativas ao meio ambiente, entre outras disposições).*

MEMORIAIS – Peças escritas nas quais as partes apresentam suas razões, após a instrução do processo, quando a causa apresentar questões de fato e de direito. Substituem, portanto, o debate oral.

✱ ***V.*** *CPC/1973: art. 454, § 3º.*

✱ ***V.*** *CPC/2015, art. 364, § 2º.*

MENDICÂNCIA – Ato de pedir, publicamente, com habitualidade, esmolas ou auxílio de qualquer natureza, a pretexto de pobreza ou necessidade. Indigência. Se exercida por ociosidade ou cupidez é contravenção penal, apenada com prisão simples de 15 dias a 3 meses. Aumenta-se a pena de um sexto a um terço se é praticada de modo vexatório, ameaçador ou fraudulento; com simulação de moléstia ou deformidade; em companhia de alienado ou de menor de 18 anos.

✱ ***V.*** *LCP: art. 60.*

MENOR – 1. Coisa não grande, quando comparada com outra. Pessoa que não atingiu a maioridade, que não alcançou, em virtude de idade, a capacidade jurídica plena; não pode, portanto, exercer pessoalmente os seus direitos, nem pode ser responsabilizado por deveres inerentes ao maior de idade. O menor goza de inimputabilidade penal até os 18 anos. Aos 16 anos, com o voto facultativo, o menor atinge a maioridade política. Diz-se *impúbere* o menor que não atingiu a idade permitida para o casamento (16 anos); *púbere*, o que pode contrair matrimônio (maior de 16 anos). O menor de 18 anos é penalmente inimputável, ficando sujeito à legislação especial. A corrupção de menores trata-se do ato de induzir alguém menor de 14 anos a satisfazer a lascívia de outrem, com reclusão, de 2 a 5 anos, conforme redação dada pela Lei nº 12.015/2009. Entregar filho menor de 18 anos a pessoa inidônea é crime apenado com detenção de 1 a 2 anos. A pena é de 1 a 4 anos de reclusão se o agente pratica delito para obter lucro ou se o menor é enviado para o exterior. Incorre na mesma pena quem auxilia a efetivação de ato destinado ao envio de menor para o exterior, com fito de lucro. O Estatuto da Criança e do Adolescente dispõe sobre sua proteção integral, considerando criança a pessoa até 12 anos de idade incompletos, e adolescente a que tem entre 12 e 18 anos. Excepcionalmente, aplica-se o Estatuto às pessoas entre 16 e 18 anos de idade. A lei trata de seus direitos fundamentais, da prevenção de ocorrência de ameaça ou violação de seus direitos, da política de atendimento, das medidas de proteção, da prática de ato infracional, das medidas pertinentes aos pais ou responsáveis, do acesso à justiça, da perda e suspensão do poder familiar, da destituição da tutela, da adoção, da colocação em família substituta, da liberdade assistida etc. Prescreve em um ano, contado o prazo do dia em que chegar à maioridade, a ação do filho para desobrigar e reivindicar imóveis de sua propriedade, alienados ou gravados pelo pai fora dos casos expressos em lei; e a ação dos herdeiros do filho, a contar do dia do falecimento, se o filho morreu menor, e também a do seu representante legal, se o pai decaiu do poder familiar, correndo o prazo da data em que houver decaído. O adotado, quando menor ou interdito, poderá desligar-se da adoção no ano imediato àquele em que cessar a interdição ou a menoridade. Quem institui um menor herdeiro, ou legatário seu, poderá nomear-lhe curador especial para os bens deixados, ainda que o menor esteja sob o poder familiar ou curatela. Os menores abandonados terão tutores nomeados pelo juiz ou serão recolhidos a estabelecimentos públicos destinados a esse fim. O mútuo feito a menor, sem prévia autorização de quem o guarda, não pode ser reavido nem do mutuário nem de seus fiadores ou abonadores; este dispositivo perde eficácia se a pessoa que poderia autorizar o mútuo o ratificar depois; se o menor, ausente essa pessoa, foi constrangido a contrair o empréstimo para seus alimentos habituais; se o menor tiver bens como os indicados no art. 1.693 II, do CC; neste caso, a execução do credor não lhe poderá ultrapassar as forças.

✱ ***V.*** *CF: arts. 14, § 1º, II, c, e 228.*

✱ ***V.*** *CC: arts. 3º e 5º, §§ 1º e 2º.*

✱ ***V.*** *CPC/1973: arts. 405, § 1º, III, e 888, IV e V.*

✱ ***V.*** *CPC/2015, arts. 71 e 447, § 1º, III.*

✱ ***V.*** *CP: arts. 27, 65, I, 115, 218 e 245.*

✱ *V. Lei nº 8.069/1990 (Estatuto da Criança e do Adolescente – ECA). Com alterações dadas pela Lei nº 13.436, de 12-4-2017.*

✱ *V. EC nº 65/2010 (Deu nova redação ao art. 227, § 3º, VII, da CF, para que haja programas de prevenção e atendimento especializado à criança, ao adolescente e ao jovem dependente de entorpecentes e drogas afins).*

MENORIDADE – Período de vida em que a pessoa, por causa da idade, não tem capacidade jurídica plena. A incapacidade do menor é absoluta, quando tem menos de 16 anos; e relativa, se maior de 16 e menor de 18; mas a incapacidade pode cessar pela *emancipação* (q.v.).

✱ *V. CC: arts. 3º e 4º.*

MERITÍSSIMO – De grande mérito. Tratamento dispensado aos juízes togados de primeira instância. Abrevia-se MM. Nos arrazoados aos tribunais, prefere-se a expressão *Egrégia Câmara* ou *Colendo Tribunal*.

MÉRITO – 1. Qualidade apreciável de uma coisa ou pessoa. 2. Merecimento, honra, préstimo, valor. 3. Tudo quanto diz respeito à substância do pedido, ao conteúdo do feito, razão de ser de uma petição, arrazoado ou causa. Aprecia-se o mérito após as questões preliminares, pois estas poderão tornar prejudicado o pedido. O juiz, pela apreciação do mérito, julgará procedente a ação e dará a sentença. O juiz conhecerá diretamente do pedido, proferindo a sentença, quando a questão de mérito for unicamente de direito ou, sendo de direito e de fato, não houver necessidade de produzir prova em audiência; ou quando ocorrer a revelia, a menos que o revel compareça antes do julgamento. Em recurso à segunda instância, rejeitada a preliminar, ou se com ela for compatível a apreciação do mérito, seguir-se-ão a discussão e o julgamento da matéria principal, pronunciando-se sobre esta os juízes vencidos na preliminar. O CPC/1973, bem como o CPC/2015, prevê todas as hipóteses para a extinção do processo com e sem julgamento do mérito.

✱ *V. CPC/1973, arts. 267, 269, 330, I, e 561.*

✱ *V. CPC/2015, arts. 355, 485, 487 e 939.*

MICROEMPREENDEDOR INDIVIDUAL – Classificação empresarial para fins tributários, criada pela LC nº 128/2008, que inseriu os arts. 18-A a 18-C à LC nº 123/2006 (Estatuto da Micro e Pequena Empresa). O processo de abertura, registro, alteração e baixa do microempreendedor individual de que trata o art. 18-A da LC nº 123, de 14-12-2006, bem como qualquer exigência para o início de seu funcionamento deverão ter trâmite especial e simplificado, preferentemente eletrônico, opcional para o empreendedor, na forma a ser disciplinada pelo Comitê para Gestão da Rede Nacional para a Simplificação do Registro e da Legalização de Empresas e Negócios – CGSIM. Poderão ser dispensados o uso da firma, com a respectiva assinatura autógrafa, o capital, requerimentos, demais assinaturas, informações relativas à nacionalidade, estado civil e regime de bens, bem como remessa de documentos, na forma estabelecida pelo CGSIM.

✱ *V. LC nº 123/2006 (Estatuto Nacional das Microempresas e Empresas de Pequeno Porte), arts. 18-A a 18-E.*

✱ *V. CC, art. 968, §§ 4º e 5º.*

MICROEMPRESA – 1. Firma individual ou sociedade empresária, com faturamento bruto anual até R$ 240.000,00 (duzentos e quarenta mil reais), que aufere vantagens fiscais, como a isenção do Imposto de Renda. Em seguida à sua denominação ou firma, adotará a expressão "microempresa" ou a abreviatura ME. 2. O Estatuto da Microempresa (LC nº 123/2006) dispensa a escrituração, mandando arquivar apenas a documentação relativa aos negócios realizados. A isenção abrange livros fiscais e comerciais. O microempresário goza de benefícios tributários e tem condições especiais em operações de crédito. Pode requerer registro como microempresário o comerciante individual ou a sociedade comercial de receita bruta anual não superior a certa soma, salvo as exceções que a lei estabelece. Além dos benefícios previstos expressamente na LC nº 123/2006, há diversos outros diplomas legais que preveem tratamento favorecido às microempresas, por exemplo, a Lei nº 8.666/1993, que estabelece preferência para a adjudicação de propostas formuladas em certames licitatórios (revogada pela Lei nº 14.133/2021). 3. A Lei nº 13.999/2020 instituiu o Programa Nacional de Apoio às Microempresas e Empresas de Pequeno Porte (PRONAMPE) para o fomento de pequenos negócios. A referida lei foi alterada pela Lei nº 14.045/2020 para instituir linha de crédito destinada a profissionais liberais, que trabalham como pessoa física, durante o estado de calamidade pública provocado pela pandemia de Coronavírus (COVID-19). 4. A Lei nº 14.995/2024 instituiu Programa de Crédito e Financiamento de Dívidas de Microempreendedores Individuais e Microempresas – PROCRED 360 com o intuito de ajudar no desenvolvimento e fortalecimento das microempresas, especialmente o Microempreendedor Individual (MEI). A Lei nº 15.034/2024 altera a Lei nº 13.999/2020 para autorizar o aumento da participação da União no Fundo Garantidor de Operações (FGO), com o propósito de garantir as operações contratadas no âmbito do Programa Nacional de Fortalecimento da Agricultura Familiar (PRONAF). A Lei nº 15.076, de 26-12-2024, autoriza os Estados, o Distrito Federal, os Municípios, seus órgãos e entidades, inclusive consórcios públicos, a celebrar convênios com a instituição administradora do FGO com o intuito de incentivar o desenvolvimento de microempresas e empresas de pequeno porte em seu ramo de atuação.

✱ *V. CF, arts. 146, III,* d, *e 179.*

✱ *V. ADCT, arts. 47 e 94.*

✱ *V. LC nº 48/1984 (Estabelece normas integrantes do Estatuto da Microempresa relativas à isenção de ICMS e de ISS).*

✱ *V. LC nº 123/2006 (Estatuto Nacional das Microempresas e Empresas de Pequeno Porte).*

✱ *V. Lei nº 6.938/1981 (Dispõe sobre a Política Nacional do Meio Ambiente), arts. 17-D, § 1º, I, e 17-I, II.*

✱ *V. Lei nº 8.666/1993 (Regulamenta o art. 37, XXI, da CF, institui normas para licitações e contratos da Administração Pública e dá outras providências), arts. 3º, § 14, 5º-A e 33, III. Esta Lei foi revogada pela Lei nº 14.133/2021.*

✱ *V. Lei nº 9.099/1995 (Dispõe sobre os Juizados Especiais Cíveis e Criminais), art. 8º, § 1º, II.*

✱ *V. Lei nº 10.259/2001 (Dispõe sobre a instituição dos Juizados Especiais Cíveis e Criminais no âmbito da Justiça Federal), art. 6º, I.*

✱ *V. Lei nº 11.101/2005 (Lei de Recuperação de Empresas e Falências), arts. 24, § 5º; 26, IV; 41, IV; 51, § 2º; 68, parágrafo único; 70 a 72; 83, IV,* d*; 168, § 4º; e 192, § 2º.*

✱ *V. Lei nº 12.153/2009 (Dispõe sobre os Juizados Especiais da Fazenda Pública, no âmbito dos Estados, do Distrito Federal, dos Territórios e dos Municípios), art. 5º, I, § 1º, II.*

✱ *V. Lei nº 13.999/2020 (Institui o Programa Nacional de Apoio às Microempresas e Empresas de Pequeno Porte (PRONAMPE), para o desenvolvimento e o fortalecimento dos pequenos negócios; e altera as Leis nºs 13.636, de 20 de março de 2018, 10.735, de 11 de setembro de 2003, e 9.790, de 23 de março de 1999).*

✱ *V. Lei nº 14.045/2020 (Altera a Lei nº 13.999, de 18 de maio de 2020, para instituir linha de crédito destinada aos profissionais liberais que atuem como pessoa física, durante o estado de calamidade pública reconhecido pelo Decreto Legislativo nº 6, de 20 de março de 2020, e a Lei nº 12.087, de 11 de novembro de 2009, para criar o Conselho de Participação em Fundos Garantidores de Risco de Crédito para Microempresas e para Pequenas e Médias Empresas e o Conselho de Participação em Operações de Crédito Educativo).*

✱ *V. Dec. nº 6.204/2007 (Regulamenta o tratamento favorecido, diferenciado e simplificado para as microempresas e empresas de pequeno porte nas contratações públicas de bens, serviços e obras, no âmbito da Administração Pública Federal).*

✱ *V. Dec. nº 8.364/2014 (Regulamenta o Fórum Permanente das Microempresas e Empresas de Pequeno Porte).*

✱ *V. Súm. nº 184 do STJ.*

✱ *V. Súm. nº 377 do TST.*

✱ *V. Lei nº 14.995/2024 (Institui o Programa Acredita no Primeiro Passo e o Programa de Mobilização de Capital Privado Externo e Proteção Cambial – Programa Eco Invest Brasil; altera a Lei nº 13.999, de 18 de maio de 2020, para instituir o Programa de Crédito e Financiamento de Dívidas de Microempreendedores Individuais e Microempresas – PROCRED 360; institui o Programa de Renegociação de Dívidas de Microempreendedores Individuais, Microempresas, Empresas de Pequeno Porte e Sociedades Cooperativas – Desenrola Pequenos Negócios).*

✱ *V. Lei nº 15.034/2024 Altera a Lei nº 13.999, de 18 de maio de 2020, e a Lei nº 12.087, de 11 de novembro de 2009, para autorizar o aumento da participação da União no Fundo Garantidor de Operações (FGO), com o objetivo de garantir as operações contratadas no âmbito do Programa Nacional de Fortalecimento da Agricultura Familiar (PRONAF); e dá outras providências).*

✱ *V. Lei nº 15.076/2024 (Altera a Lei nº 13.999, de 18 de maio de 2020, e a Lei nº 12.087, de 11 de novembro de 2009, para autorizar o aumento da participação da União no Fundo Garantidor de Operações (FGO), com o objetivo de garantir as operações contratadas no âmbito do Programa Nacional de Fortalecimento da Agricultura Familiar (PRONAF).*

MILÍCIA – 1. Força militar de um país, normalmente associada à tropas que reforçam o exército regular. 2. Para a legislação penal, caracteriza-se por ser uma organização criminosa, comumente agindo sob pretexto de prestar serviços de segurança privada, praticando atos de extermínio e outros ilícitos. Configura crime contra a paz pública, com pena de reclusão de 4 (quatro) a 8 (oito anos), sem prejuízo de caracterizar outros delitos, tipificados no CP ou no CPM. Os crimes prativados pelos membros destas organizações são inafiançáveis e imprescritíveis.

✱ *V. CF, art. 5º, XVII e XLIV.*

✱ *V. CP, arts. 121, § 6º, 129, § 7º, e 288-A.*

✱ *V. CPP, art. 323, III.*

✱ *V. Lei nº 12.850/2013 (Define organização criminosa e dispõe sobre a investigação e o procedimento criminal).*

✱ *V. Lei nº 8.072/1990 (Dispõe sobre crimes hediondos), art. 1º, I. (Com alterações dadas pela Lei nº 13.497, de 2017).*

MILITAR – Membro das Forças Armadas ou de corporações auxiliares, como as milícias estaduais. Não corre prescrição contra os que estiverem servindo nas Forças Armadas em tempo de guerra. O militar na ativa será citado na unidade em que estiver servindo, se não se conhecer sua residência ou nela não for encontrado. São absolutamente impenhoráveis o soldo e os equipamentos dos militares. É vedada aos militares temporários, para aquisição de estabilidade, a contagem em dobro de férias e licenças não gozadas (Súm. nº 346 do STJ). Não viola a Constituição o estabelecimento de remuneração inferior ao salário mínimo para as praças prestadoras de serviço militar inicial. Súm. Vinculante nº 6 do STF.

✱ *V. CPC/2015,arts. 243, parágrafo único, 455, § 4º, III, 529, 833, IV e V, e 912.*

MINISTÉRIO PÚBLICO – 1. Instituição permanente incumbida de defender e fiscalizar a aplicação e execução das leis, representando os interesses da sociedade. 2. A Lei nº 13.894/2019 previu que o Ministério público intervirá, quando não for parte, nas ações de família em que figure mulher vítima de violência doméstica.

✱ *V. LC nº 75/1993 (Estatuto do Ministério Público da União)*

✱ *V. Lei nº 8.625/1993 (Lei Orgânica do Ministério Público).*

✱ *V. Lei nº 7.347/1985 (Lei da Ação Civil Pública), arts. 5º, I e §§ 1º e 3º; 6º; 7º; 8º, § 1º; 9º; 10; 13; 15.*

✱ *V. CDC, arts. 5º, II; 51, § 4º; 80; 82, I; 92; e 106, VI.*

✱ *V. CP, arts. 95; 100, §§ 1º e 3º; 101,*

✱ *V. Lei nº 8.069/1990 (Estatuto da Criança e do Adolescente – ECA). Com alterações dadas pela Lei nº 13.436, de 12-4-2017, arts. 33, § 4º; 35; 50, §§ 1º e 12; 52-C, §§ 1º e 2º; 70-A, II; 88, V e VI; 90, § 3º, II; 92, § 3º; 93, parágrafo único; 95; 97, § 1º; 101, §§ 2º, 8º, 9º, 10 e 12; 102, § 4º; 118, § 2º; 121, § 6º; 124, I; 126; 128; 136, IV, XI e parágrafo único; 139; 140, parágrafo único; 141, § 1º; 148, I; 153; 155; 156, II; 157; 160 a 162; 166 a 168; 174 a 177; 179 a 182; 186, §§ 1º e 4º; 191; 193; 194; 196; 197-B; 197-D; 198, II e VIII; 199-C a 199-E; 201 a 205; 210, I; 214, § 1º; 217; 220; 221; 223; 260, § 4º; 260-H e 260-J.*

✱ *V. Lei nº 11.101/2005 (Lei de Recuperação de Empresas e Falências – LRE), arts. 8º; 19; 22, § 4º; 30, § 2º; 52, V; 59, § 2º; 99, XIII; 104, VI; 132; 142, § 7º; 143; 154, § 3º; 184; e 187.*

✱ *V. Lei nº 9.099/1995 (Dispõe sobre os Juizados Especiais Cíveis e Criminais), arts. 11; 57, parágrafo único; 72; 76 a 79; 82, § 1º; e 89.*

✱ *V. Lei nº 12.016/2009 (Disciplina o mandado de segurança individual e coletivo), arts. 8º, 12 e 15.*

✱ *V. Lei nº 12.529/2011 (Lei de Defesa da Concorrência), arts. 9º, § 2º, e 87.*

✱ *V. CF: arts. 21, XIII, 22, XVII, 107, I, 108, I, a, e 127 a 130.*

✱ *V. CPC/1973: arts. 81 a 85, 116, 246, 511, 731, 862, 944, 1.177 e 1.189.*

✱ *V. CPC/2015, arts. 82, § 1º, 91, 93, 148, 176 a 181, 207, parágrafo único, 230, 234, § 4º, 235, 272, 341, parágrafo único, 361, 364, 367, § 2º, 626, 721, 735, § 2º, 737, 739, 740, 745, 747, 764, 765, 778, § 1º, I, 948, 956, 967, 996 e 1.007.*

✱ *V. CPP: arts. 47, 68, 87, 92, 93, 112, 115, 120, 142, 144, 257, 258, 268, 272, 333, 348, 384, 385, 390, 399, 406, 408, 416, 419, 436, 448, 471, 473, 474, 533, 564, 576, 593, 653, 654, 688, 730, 734, 745, 755, 800 e 801.*

✱ *V. CLT: art. 168, 430, 477, 642-A, § 1º, II; 736 a 755; 790-A, II; 793; 876; 895, § 1º, III; e 896, §§ 4º, 9º e 10.*

✱ *V. CC: arts. 50, 168, 1.637.*

MINISTRO – É o nome dado ao cargo dos juízes do Supremo Tribunal Federal, do STJ, do TST, do STM e do TCU. Tais cargos só podem ser ocupados por quem tenha "notável saber jurídico" e, ainda, "reputação ilibada". Terá de ter o indicado mais de 35 e menos de 65 anos. Deverá ser nomeado pelo Presidente da República e ser sabatinado pelos Senadores com perguntas jurídicas, políticas e filosóficas: obtendo maioria absoluta (mais de 50%) dos Senadores, não haverá óbice para o cargo; 2/3 das vagas de Ministro do STJ são reservadas a juízes de carreira e 1/3, a profissionais militantes nas atividades essenciais à Justiça (advogados e promotores). Apenas o cargo de Ministro do STF é privativo de brasileiro nato.

MITOMANIA – Tendência patológica para a mentira, para atrair a atenção das pessoas ou alcançar a compaixão de outrem. Na sua forma mais acentuada, o mitômano faz acusações e autoacusações de falsos crimes ou de denúncias e depoimentos falsos.

MOBBING – (Inglês) *V. Assédio moral.*

MOÇÃO – Propositura que contém uma declaração ou recomendação. Pode ser *de censura* ou *de desconfiança*, isto é, deliberação parlamentar que desautoriza o gabinete podendo causar sua queda.

MODULAÇÃO DE EFEITOS – 1. Técnica de decisão judicial, pela qual se fixa, no tempo, os efeitos de determinada norma declarada nula, a fim de preservar situações jurídicas constituídas ou tendo em vista razões de segurança jurídica ou excepcional interesse social. 2. Surge expressamente no Dir. brasileiro com as Leis nº 9.868/1999 e 9.882/1999, as quais regem, respectivamente, o processo de ação direta de inconstitucionalidade e de arguição de preceito fundamental. Referidos diplomas permitem que o Pleno do STF, ao declarar a inconstitucionalidade de lei ou ato normativo do Poder Público, restrinja os efeitos da decisão ou decida que ela somente tenha eficácia a partir do trânsito em julgado ou outro momento que venha a ser fixado. A Lei nº 11.417/2006, que disciplina o procedimento de edição de súmulas vinculantes, também adota esta possibilidade. Em qualquer caso, o quórum para a fixação temporal de efeitos é de 2/3 (dois terços) dos membros da Corte. Posteriormente, o STF passou a adotar a modulação de efeitos também ao julgamento de recursos extraordinários com repercussão geral reconhecida. 2. A Lei nº 13.015/2014 alterou dispositivos da CLT acerca do processamento de recursos de revista perante o TST, inserindo o art. 896-C, cujo § 17 estabelece que, ao proceder a revisão de jurisprudência consolidada em julgamento de recursos repetitivos, o Tribunal Superior do Trabalho poderá modular os efeitos de sua decisão, a fim de preservar a segurança jurídica das relações firmadas sob a égide da jurisprudência anterior.

✱ *V. Lei nº 9.868/1999 (Dispõe sobre o processo e julgamento da ação direta de inconstitucionalidade e da ação direta de constitucionalidade perante o STF), art. 27.*

✱ *V. Lei nº 9.882/1999 (Dispõe sobre o processo e julgamento da arguição de descumprimento de preceito fundamental), art. 11.*

✱ *V. Lei nº 11.417/2006 (Disciplina a edição, revisão e cancelamento de enunciado de súmula vinculante pelo STF), art. 4º.*

✱ *V. CLT, art. 896-C, § 17.*

MOLÉSTIA DE TRABALHO – É a doença que se adquire ou se desencadeia em razão de condições especiais em que o trabalho é realizado e está diretamente relacionado a ele. Chama-se mesopatia, do grego *mesos*, meio, e *pathos*, sofrimento. Classificada ou não como profissional, equipara-se a acidente de trabalho para fins de indenização decorrente de infortunística. O trabalhador recebe 92% do salário de contribuição do dia do acidente. São beneficiários (também das moléstias profissionais) os empregados rurais e urbanos, os temporários, os avulsos, os segurados especiais, os presidiários que exerçam trabalho remunerado. Não são beneficiários os domésticos, os empresários urbanos ou rurais, os autônomos, os eclesiásticos, os facultativos.

MOLÉSTIA PROFISSIONAL – Causada ou desencadeada pelo exercício do próprio trabalho peculiar a certa atividade, como as doenças provocadas por inalação de sílica (silicose). Alguns as denominam de idiopatias, ou tecnopatias, isto é, doenças da arte, do ofício. Caracteriza-se como acidente do trabalho e o trabalhador recebe da Previdência Social a prestação de 50% do salário-de-benefício que deu origem ao auxílio-doença do segurado, corrigido até o mês anterior ao do início do auxílio-acidente. Também se diz *doença profissional.*

MONARQUIA – Forma de governo, segundo a classificação de Maquiavel (*O Príncipe*, Maquiavel – Editora Rideel, 2003, trad. Torrieri Guimarães). Caracteriza-se pelo aspecto vitalício da investidura na chefia do Estado. Pode, porém, ser temporária a chefia do governo, como ocorre na monarquia parlamentarista. O monarca somente se afasta se abdica ou morre. A forma mais comum de investidura é a hereditária. Tem o monarca o poder de escolher livremente seu sucessor: cooptação.

MONITORAÇÃO ELETRÔNICA – Fiscalização dos condenados autorizados à saída temporária no regime semiaberto e prisão domiciliar realizada por equipamento eletrônico (arts. 146-B a 146-E da Lei nº 7.210/1984).

✱ *V. Dec. nº 7.627/2011.*

✱ *V. Lei nº 12.258/2010 (Altera o Decreto-Lei nº 2.848/1940 (Código Penal), e a Lei nº 7.210/1984 (Lei de Execução Penal), para prever a possibilidade de utilização de equipamento de vigilância indireta pelo condenado nos casos em que especifica).*

MONTEPIO – Instituição formada com o objetivo de prover a subsistência daqueles designados por seus filiados, quando estes vierem a falecer.

✱ *V. CC: art. 1.668, V.*

MORA – Impontualidade no cumprimento de uma obrigação, seja por parte do devedor, ou por parte do credor. À primeira, dá-se o nome de mora *debendi*, e à segunda, de mora *accipiendi* ou *credendi*.

✱ *V. CC: arts. 394 a 401.*

✱ *V. CPC/2015, arts. 539 a 549.*

MORTE – Fim da vida da pessoa natural, cessando sua capacidade jurídica. Cessação definitiva da vida corporal do ser humano, pondo termo à sua capacidade jurídica adquirida com o nascimento.

✱ *V. Cônjuge Supérstite. Lei nº 12.195/2010 (Altera o art. 990 da Lei nº 5.869/1973 (Código de Processo Civil), para assegurar ao companheiro sobrevivente o mesmo tratamento legal conferido ao cônjuge supérstite, quanto à nomeação do inventariante).*

✱ *V. Art. 617, I, CPC/2015.*

✱ *V. CC: arts. 6º, 23 a 38, 948 a 950, 1.816, 1.820, 1.882, 1.784 a 1.823.*

✱ *V. LRP: art. 88.*

MOTIM – Diz-se da rebelião coletiva de grupos sob disciplina estrita. Exemplos: tripulação, guarnição militar, internos ou presos (CP, art. 354). O mesmo que amotinamento.

MOTOFRETE – Meio destinado ao transporte remunerado de mercadorias que somente poderá circular nas vias com autorização emitida pelo órgão ou entidade executivo de trânsito dos Estados e do Distrito Federal, conforme a Lei nº 12.009, de 29-7-2009, que acresceu o Capítulo XIII-A (arts. 139-A e 139-B) ao Código de Trânsito Brasileiro.

MOTORISTA – 1. Pessoa que conduz automóvel ou outro veículo motorizado. 2. O CTB exige prévia habilitação do motorista, profissional ou não, como condição para condução de veículos automotores, sob pena de infração administrativa, pela qual respondem tanto o condutor desabilitado como o proprietário do veículo que permitiu a condução por pessoa não habilitada.

✱ *V. CTB, arts. 140 a 160, 162 a 164.*

✱ *V. Lei nº 13.495/2017 (Altera dispositivos da Lei nº 9.503, de 23 de setembro de 1997 (Código de Trânsito Brasileiro), para possibilitar ao proprietário cadastrar o principal condutor do veículo automotor no Registro Nacional de Veículos Automotores (Renavam), para fins de responsabilidade).*

MOTORISTA PROFISSIONAL – 1. Motorista que exerce profissionalmente a condução de veículos para transporte de passageiros ou de cargas. 2. A Lei nº 12.619/2012 regulamentou a profissão, inserindo dispositivos à CLT e ao CTB, aplicáveis conforme o trabalhador exerça suas funções como empregado ou profissional autônomo. Em 2015, foi editada a Lei nº 13.103, que alterou diversas disposições acerca do exercício desta atividade, estipulando o dever das empresas de transporte de realizar periodicamente exames toxicológicos em seus empregados, e esclareceu que a possibilidade de ajuste de jornada de 12 horas de trabalho por 36 de descanso, mediante acordo ou convenção coletiva, admite compensação.

✱ *V. CLT, arts. 71, § 5º, 168, § 6º, 235-A a 235-H.*

✱ *V. CTB, arts. 67-A a 67-E.*

✱ *V. Lei nº 7.290/1984 (Define a atividade do Transportador Rodoviário Autônomo de Bens).*

✱ *V. Lei nº 11.442/2007 (Dispõe sobre o transporte rodoviário de cargas por conta de terceiros).*

✱ *V. Dec. nº 8.433/2015 (Regulamento do Motorista Profissional).*

✱ *V. Orientações Jurisprudenciais nºs 332 e 388 da SBDI-I do TST.*

MULTA – Pena desfavorável, consistente no pagamento de importância em dinheiro.

✱ *V. CF: art. 5º, XLVI, c.*

✱ *V. CC: arts. 408 a 416.*

✱ *V. CP: arts. 32, III, e 49 a 52.*

MULTIPROPRIEDADE – 1. É o direito comum de uso de uma coisa que se exerce mediante rodízio. 2. É o regime de condomínio em que cada um dos proprietários de um mesmo imóvel é titular de uma fração de tempo, à qual corresponde a faculdade de uso e gozo, com exclusividade, da totalidade do imóvel, a ser exercida pelos proprietários de forma alternada. A Lei nº 13.777/2018, em vigor a partir de 4-2-2019, inseriu os arts. 1.358-B a 1.358-U ao CC, positivando o regime de condomínio em multipropriedade, o qual já era praticado por meio de contratos atípicos, como os de *time sharing* (tempo partilhado), sem constituir direito real sobre os imóveis compartilhados.

✱ *V. CC, art. 1.358-B a 1.358-U.*

✱ *V. Lei nº 6.015/1973 (Lei de Registros Públicos), arts. 176, § 1º, II, "6", §§ 10 a 12; art. 178, III.*

MUNICÍPIO – Pessoa jurídica de direito público interno, que tem autonomia político administrativa; é a célula básica da federação brasileira. A iniciativa popular para apresentação de projetos também vigora nos municípios. Pode sofrer intervenção estadual, nos casos previstos na CF. O Município é representado em juízo, ativa e passivamente, pelo prefeito, procurador ou por Associação de Representação de Municípios expressamente autorizada para tal fim.

✱ *V. CF, arts. 29 a 31, 35 e 156.*

✱ *V. EC nº 57/2008 (Convalida os atos de criação, fusão, incorporação e desmembramento de Municípios).*

✱ *V. CPC, art. 75, inciso III.*

MUNICÍPIO (DIR. CONSTITUCIONAL) – Entidade federada dotada de autonomia política, administrativa e financeira, com as limitações impostas pela Constituição Federal. Enquanto o Estado Federal clássico apresenta duas ordens de competência, quais sejam, a da União e a dos Estados-Membros, o Estado Federal brasileiro admite uma terceira ordem, a municipal. Cada município tem sua própria Constituição, representada pela lei orgânica (CF: art. 29), seu Poder Executivo, representado pelo prefeito municipal (CF: art. 29, I), e seu Poder Legislativo, representado pela Câmara de Vereadores (CF: art. 29, *caput*, e IV, VI e IX), bem como seus impostos (CF: art. 156).

✱ *V. EC nº 57/2008 (Convalida os atos de criação, fusão, incorporação e desmembramento de Municípios).*

✱ *V. CF, arts. 29 a 31, 35 e 156.*

MUTATIO LIBELLI – É a mudança da imputação, do libelo acusatório.

✱ *V. CPP: art. 384.*

✱ *V. Lei nº 11.719/2008 (Altera dispositivos do Dec.-lei nº 3.689/1941 – Código de Processo Penal –, relativos à suspensão do processo,* emendatio libelli, mutatio libelli *e aos procedimentos).*

MUTUANTE – Diz-se daquele que, no contrato de mútuo, entrega a coisa mutuada.

MUTUÁRIO – Pessoa que recebe coisa fungível por empréstimo, obrigando-se a restituir outra do mesmo gênero, qualidade e quantidade. Pessoa que contrai empréstimo de dinheiro a juros; prestamista de casa própria financiada pela Caixa Econômica Federal.

N

NAÇÃO (DIR. POLÍTICO) – Na brilhante definição de Pasquale Estanislao Mancini (1817-1888), a nação é uma "sociedade natural de homens, na qual a unidade de território, de origem, de costumes e de língua e a comunhão de vida criaram a consciência social". Embora enfatizando que Mancini foi bastante feliz ao destacar a consciência social como dado marcante da nação, vale lembrar que o elemento território, em alguns casos, pode ser meramente acidental no conceito de nação, pois houve – como ainda há – povos que se mantiveram durante séculos, sem fixação a uma base física, por exemplo os ciganos e, principalmente, os judeus, que, dispersados no ano 71 d.C., pelo imperador romano Tito, permaneceram incólumes como povo até que foi criado o atual Estado judeu na Palestina, reconhecido em 1949.

NACIONAL – Cidadão de um país, por oposição a estrangeiro. Pessoa ou coisa com relação ao país em que nasceu ou a que pertence.

NACIONALIDADE – Vinculação jurídica que prende um indivíduo a um Estado. Isso se deve ao local de nascimento, à ascendência paterna ou da vontade do interessado. Vínculo com o país de nascimento pelo qual a pessoa tem direitos e deveres que decorrem de sua qualidade de cidadão. Para aferição da nacionalidade física, adotam-se dois princípios: *a originária* ou *de fato*, que considera o *jus soli*, ligando o indivíduo ao lugar de seu nascimento, não importando a nacionalidade de seus genitores; o *jus sanguinis*, regulado pelo direito de sangue, de parentesco da família, sendo nacional apenas a pessoa nascida de pais nacionais; *mista*, quando se combinam filiação e local de nascimento; *adquirida, secundária* ou *de direito*, a que se obtém por vontade expressa da pessoa capaz, que renuncia à nacionalidade de origem. Pode ser *tácita*, se resulta de lei. Perde a nacionalidade o brasileiro que adquiriu outra por naturalização voluntária. Compete à União legislar sobre nacionalidade, cidadania e naturalização. No livro de nascimento, será averbada a perda da nacionalidade brasileira, quando comunicada pelo Ministério da Justiça. Para inscrição de opção de nacionalidade, é competente o cartório da residência do optante ou de seus pais. Se residirem no estrangeiro, faz-se o registro no Distrito Federal. A EC nº 131/2023 extinguiu a perda da nacionalidade brasileira em razão da mera aquisição de outra nacionalidade e trouxe a possibilidade de pedido expresso de perda da nacionalidade brasileira perante a autoridade responsável, assegurado ao cidadão que renunciou readquirir sua nacionalidade brasileira originária, caso seja de seu interesse, nos termos da lei.

✱ **V.** *CF, arts. 12, § 4º, II, 13 e 22, XIII.*

✱ **V.** *EC nº 131/2023 (Altera o art. 12 da Constituição Federal para suprimir a perda da nacionalidade brasileira em razão da mera aquisição de outra nacionalidade, incluir a exceção para situações de apatridia e acrescentar a possibilidade de a pessoa requerer a perda da própria nacionalidade).*

✱ **V.** *Lei nº 6.015/1973 (Lei de Registros Públicos), arts. 29, § 2º, e 102, item 5º.*

NÃO À ORDEM – Cláusula que, lançada em título, impede novo endosso que não seja de mandato. Está subentendida no endosso pignoratício.

NASCENTE – 1. Que nasce; que começa a aparecer; que está no começo. 2. Ponto do horizonte onde nasce o Sol, leste, este, oriente, levante. 3. Ponto onde começa uma corrente de água. 4. Para fins de Dir. Ambiental, é o afloramento natural do lençol freático que apresenta perenidade e dá início a um curso d'água. 5. O Código de Águas (Dec. nº 24.643/1934) também reconhece como nascentes as águas que afloram por indústria humana, como poços artesianos, e proíbe que o proprietário de local onde aflore uma nascente restrinja o acesso do curso d'água aos vizinhos e à população, caso já tenha satisfeitas as suas necessidades. 6. O CC garante o acesso à passagem forçada de cursos d'água cuja nascente esteja em terreno vizinho, se necessário, por via judicial.

✱ **V.** *Lei nº 12.651/2012 (Novo Código Florestal), arts. 3º, XVII; 4º, IV; 8º, § 1º; e 61-A, § 5º.*

✱ **V.** *Dec. nº 24.643/1934 (Código de Águas), arts. 34 e 35, 89 a 95.*

✱ **V.** *CC, arts. 1.285, 1.290, 1.309 e 1.310.*

✱ **V.** *Dec. nº 8.972, de 23-1-2017, institui a Política Nacional de Recuperação da Vegetação Nativa.*

NASCIMENTO – Início da vida extrauterina, o nascimento com vida marca o começo da personalidade humana, detentora desde então de direitos, salvaguardados por lei desde a concepção. Ato pelo qual uma criança é trazida ao mundo, por parto normal ou técnicas cirúrgicas. O nascimento com vida inicia a personalidade civil do homem.

✱ **V.** *LINDB (Lei de Introdução às Normas do Direito Brasileiro), arts. 18 e 19.*

✱ **V.** *CC, art. 2º.*

✱ **V** *CF, art. 5º, LXXVI,* a *e* b.

NASCITURO – Nome dado ao ser humano já concebido, que se encontra em estado fetal, dentro do ventre materno. O direito à vida do nascituro é tutelado pela lei penal que pune o aborto. Os direitos do nascituro são resguardados por lei, desde a sua concepção.

✱ *V. CC: art. 2º.*

✱ *V. CP: art. 124.*

NATIMORTO – Feto que nasce sem vida, que não chega a respirar. Se morreu logo após o nascimento, transmite direitos, devendo-se para tanto apurar se chegou a respirar.

NECROFILIA – Perversão sexual, aberração repugnante, crime que consiste em profanar cadáver, satisfazendo nele o desejo libidinoso. Vilipendiar cadáver ou suas cinzas: pena de detenção de 1 a 3 anos e multa.

✱ *V. CP: art. 212.*

NECROPSIA – Exame pericial feito no cadáver para se descobrir a *causa mortis*. O Código de Processo Penal usa erroneamente a palavra autópsia para designar esse exame, porém a própria etimologia da palavra nos dá o sentido desta: *Auto*, em si próprio, na própria pessoa; *psia*, exame. *Autópsia* nada mais é que o exame feito pela pessoa nela mesma, portanto, pessoa viva. A *necropsia* deverá ser feita até seis horas depois da morte.

✱ *V. CPP: art. 162.*

NEGATIVAÇÃO – Registrar ou dar informação negativa, proibitiva ou desabonadora.

NEGLIGÊNCIA – Descuido ou desatenção empregado na realização de um ato. Um dos componentes da culpa.

NEGÓCIO JURÍDICO – Expressão usada para identificar o ato de vontade do indivíduo que tem como objetivo produzir efeitos jurídicos admitidos pelo ordenamento jurídico.

NEMO TENETUR SE DETEGERE – (Latim) 1. Em tradução literal, significa "ninguém é obrigado a se descobrir". 2. Brocardo empregado no sentido de que ninguém é obrigado a produzir prova contra si mesmo. 3. Para grande parte da doutrina, seria uma verdadeira garantia constitucional, não apenas no Processo Penal, mas em todo tipo de procedimento. 4. Em acepção mais restrita, abrangeria apenas o direito ao silêncio, quando inquirido sobre circunstâncias que permitam inferir a culpa. Em acepção mais abrangente, abarcaria também a omissão quanto à produção de quaisquer provas que possam levar o julgador a concluir pela culpa, o que também alcançaria o autor da demanda, em relação a fatos modificativos, impeditivos ou extintivos de seu direito, e até mesmo as testemunhas, quando o fato que deve revelar puder acarretar-lhe risco de dano pessoal. 5. No Processo Penal, parte da doutrina e jurisprudência aceita não apenas tal garantia em matéria probatória, mas também no sentido da prática de atos que visem elidir sua responsabilização criminal, como a fuga para evitar a prisão em flagrante e a apresentação de documentos falsos para evitar a identificação por autoridades públicas. Entretanto, tal tese tem sido controvertida no âmbito dos Tribunais Superiores, que por vezes afastam a premissa de que o direito de defesa alcança tais condutas. 6. O CPC/2015 expressamente acolhe tal premissa, embora pondere este direito com o dever das partes de colaborar para a descoberta da verdade dos fatos.

✱ *V. CF, art. 5º, LXIII.*

✱ *V. CPP, art. 186.*

✱ *V. CPC/1973, arts. 347, 363 e 406.*

✱ *V. CPC/2015, arts. 379, 388, 404 e 448.*

✱ *V. CPP, art. 186.*

NEOPLASIA – 1. Processo biológico patológico, pelo qual é produzido um neoplasma, ou seja, uma massa anormal de tecido, como resultado do crescimento ou divisão irregular de células. Neoformação. 2. Para o Dir. brasileiro, interessa saber qual a natureza do processo neoplásico, pois o processo maligno, ou seja, que produz metástase, é qualificado como doença grave para diversos fins, como a autorização para saque de saldo de FGTS, em decorrência de doença que acometa o titular da conta vinculada ou seu dependente. 3. A legislação também concede isenção de Imposto de Renda Pessoa Física a portadores de neoplasia maligna que recebam proventos de aposentadoria, pensão ou reforma, havendo controvérsia jurisprudencial se a isenção deve permanecer apenas pelo período em que os sintomas estão presentes ou se pode ser mantidaapós eventual tratamento que inative a metástase. 4. Diversos municípios concedem gratuidade no transporte coletivo e dispensa de observância de rodízio de veículos a portadores de neoplasia maligna. 5. Para fins previdenciários, a invalidez decorrente de neoplasia maligna dispensa a carência mínima para concessão de auxílio doença e aposentadoria por invalidez. 6. A Lei nº 13.770/2018 trouxe disposições a respeito da cirurgia plástica reconstrutiva da mama nos casos de mutilação decorrente de tratamento de neoplasia. 7. A Lei nº 14.238/2021 instituiu o Estatuto da Pessoa com Câncer para garantir o acesso, em igualdade de condições, ao tratamento adequado e o exercício das liberdades fundamentais e direitos da pessoa com câncer.

✱ *V. Lei nº 7.713/1988 (Altera a legislação do Imposto de Renda), art. 6º, XIV.*

✱ *V. Lei nº 8.036/1990 (Dispõe sobre o Fundo de Garantia por Tempo de Serviço), art. 20, XI.*

✱ *V. Lei nº 8.213/1991 (Dispõe sobre planos de benefícios da Previdência Social), arts. 26, II, e 151.*

✱ *V. Lei nº 9.656/1998 (Dispõe sobre os planos e seguros privados de assistência à saúde), art. 10A.*

✱ *V. Lei nº 9.797/1999 (Dispõe sobre a obrigatoriedade da cirurgia plástica reparadora da mama pela rede de unidades integrantes do Sistema Único de Saúde – SUS nos casos de mutilação decorrentes de tratamento de câncer), art. 2o.*

✱ *V. Lei nº 14.238/2021 (Institui o Estatuto da Pessoa com Câncer; e dá outras providências).*

NEPOTISMO – É a nomeação, contratação ou designação de familiar de Ministro de Estado, familiar da máxima autoridade administrativa correspondente ou, ainda, familiar de ocupante de cargo em comissão ou função de confiança de direção, chefia ou assessoramento, para: cargo em comissão ou função de confiança; atendimento a necessidade temporária de excepcional interesse público, salvo quando a contratação tiver sido procedida de regular processo seletivo; e estágio, salvo se a contratação for precedida de processo seletivo que assegure o princípio da isonomia entre os concorrentes (art. 3º, I, II e III, do Dec. nº 7.203/2010).

✱ *V. Dec. nº 7.203/2010 (Dispõe sobre a vedação do nepotismo no âmbito da administração pública federal).*

✱ *V. Súm. Vinc. nº 13 do STF.*

NEXO CAUSAL – Relação existente entre a causa e a consequência de uma conduta criminosa tipificada pela norma jurídica.

NINFOMANIA – Palavra de origem grega, *nymphon*, que significa câmara nupcial. É a patologia da mulher, consistente no impulso descontrolado que a impele a manter relações sexuais. São termos sinônimos: *andromania, furor uterino* e *uteromania*.

NOJO – 1. Enjoo, náusea, asco, repugnância, repulsa. 2. Desgosto, tristeza, luto. 3. Período de 7 dias após o falecimento de cônjuge/companheiro ou parente, consanguíneo ou afim, em linha reta ou na linha colateral até o segundo grau, durante o qual a lei processual proíbe a citação dos nojosos, salvo no caso de se evitar o perecimento de direito. 4. Para a legislação trabalhista, é hipótese de interrupção do contrato de trabalho, não acarretando qualquer prejuízo ao empregado a ausência, por até 2 dias, em virtude de falecimento do cônjuge, ascendente, descendente, irmão ou pessoa que, declarado em sua carteira de trabalho e previdência social, viva sob sua dependência econômica. No caso de professores, este prazo sobe para 9 dias. 5. Para servidores públicos federais, é hipótese de concessão de licença sem prejuízo, por até 8 dias, em razão do falecimento do cônjuge, companheiro, pais, madrasta ou padrasto, filhos, enteados, menor sob guarda ou tutela e irmãos.

✱ *V. CPC/1973, art. 217, II.*

✱ *V. CPC/2015, art. 244, II.*

✱ *V. CLT, art. 473, I.*

✱ *V. Lei nº 8.112/1990 (Regime Jurídico Único dos Servidores Públicos Civis da União, Autarquias e Fundações Públicas Federais), art. 97, III,* b.

NOME – Palavra que serve para identificar a pessoa em sociedade, mediante o registro em órgão competente, ou seja, o Registro Civil das Pessoas Naturais. O *nome civil* é aquele dado à pessoa desde o nascimento, registrado no Registro Civil das Pessoas Naturais e que, com as exceções da lei, deve acompanhá-la por toda a vida. Consta de *prenome*, que é o peculiar ao indivíduo no trato diário, e *sobrenome* ou *patronímico*, que é o nome da família. O prenome pode ser simples (José) ou composto (José Pedro) e admite-se a sua retificação por erro gráfico, ou sua substituição por sentença judicial, a requerimento do interessado, se for tal que exponha seu titular ao ridículo. A mudança ou alteração pode ser pedida no primeiro ano após completar a maioridade civil, isto é, no 19º ano de vida; alteração posterior somente por exceção e justificadamente, após audiência do Ministério Público, por sentença do juiz a que estiver sujeito o registro. A alteração é publicada na Imprensa. O *nome comercial* é o que uma pessoa, física ou jurídica, adota para individualizar o exercício de seu comércio; é o nome da firma, que a diferencia das outras. Seu uso indevido é crime. O *nome de fantasia* é aquele que se atribui a uma firma comercial, que nada tem a ver com sua razão social. Ex.: Mappin era o nome fantasia da extinta Casa Anglo-Brasileira. *Nome de guerra* é a alcunha que adota um criminoso, marginal ou uma meretriz. O mesmo que *vulgo* (Lei nº 6.015/1973 – Lei de Registros Públicos, arts. 56 a 58). O CC atende à igualdade entre o marido e a mulher (CF, art. 226, § 5º) e estatui em seu art. 1.565, § 1º, que qualquer dos nubentes, se quiser, pode acrescer ao seu nome o sobrenome do outro. O indivíduo só poderá requerer a alteração de seu nome se este for suscetível de expô-lo ao ridículo; deverá requerê-la no primeiro ano após alcançar a maioridade. Lei nº 6.015/1973 – Lei de Registros Públicos: arts. 56, 57 e 58. O CC atende à igualdade entre o marido e a mulher (CF, art. 226, § 5º) e estatui em seu art. 1.565, § 1º, que qualquer dos nubentes, se quiser, pode acrescer ao seu nome o sobrenome do outro. A escolha é facultativa. Já o art. 1.578 determina que o cônjuge declarado culpado em ação de separação judicial perde o direito de usar o sobrenome do outro, se assim o requerer expressamente o cônjuge inocente, e se isto não trouxer as consequências que o artigo prevê em seus incisos. O inocente pode renunciar ao direito de usar o patronímico do outro.

✱ *V. EC nº 66/2010 (Dispõe sobre a dissolubilidade do casamento civil pelo divórcio, suprimindo o requisito de prévia separação judicial por mais de 1 (um) ano ou de comprovada separação de fato por mais de 2 (dois) anos).*

NOME SOCIAL – Termo usado pela sociedade mercantil. É a *razão social* ou *firma*.

NOMEAÇÃO – 1. Ato ou efeito de nomear. 2. Ato do Poder Público que confere a alguém cargo, encargo ou função. 3. Provimento de cargo público.

✱ *V. Lei nº 8.112/1990 (Regime Jurídico Único dos Servidores Públicos Civis da União, Autarquias e Fundações Públicas Federais), arts. 9º e 10.*

Efetiva: designação de pessoa para cargo isolado de provimento efetivo ou de carreira. Esta depende de habilitação prévia em concurso público.

✱ *V. CF, art. 41.*

✱ *V. Lei nº 8.112/1990 (Regime Jurídico Único dos Servidores Públicos Civis da União, Autarquias e Fundações Públicas Federais), arts. 9º, I, e 10.*

Em comissão: designação de pessoa para cargo de confiança vago.

✱ *V. Lei nº 8.112/1990 (Regime Jurídico Único dos Servidores Públicos Civis da União, Autarquias e Fundações Públicas Federais), arts. 9º, II, e 10.*

NOMEAÇÃO À AUTORIA – Ato processual por meio do qual aquele que detiver em nome de outrem a coisa demandada chama o verdadeiro proprietário para que na sua pessoa seja feita a citação. Os requisitos da nomeação à autoria são os seguintes: I – possuir o réu coisa alheia em seu nome; II – reivindicar o autor a coisa, achando que esta seja de propriedade do réu.

✱ *V. CPC/1973: arts. 62 a 69.*

✱ *V. CPC/2015, arts. 338 a 340.*

NORMA JURÍDICA – Preceito obrigatório de direito que pode ser exigido por meio da força física ou coerção. São características da norma jurídica: I – *imperatividade*, pois é um mandamento; II – *generalidade*, porque toda norma é abstrata, genérica; III – *bilateralidade*, pois são exigidos pelo menos dois sujeitos para a sua existência; IV – heteronomia, a vontade do Estado prevalece sobre a individual; V – *coercibilidade*, seu emprego pode utilizar da violência.

Coercitiva: Aquela que contém uma ordem indisponível, de cumprimento obrigatório pelas partes envolvidas na relação jurídica. Divide-se em várias espécies: taxativas, preceptivas, proibitivas e ab-rogatórias. Podemos citar como exemplos de normas preceptivas os arts. 667, 876 e 1.566 do CC e de normas proibitivas os arts. 412, 437, 476, 580 e 1.899, também do CC.

✱ *V. CPC/2015, arts. 245, 455 e 782, § 2º.*

Imperfeita: É aquela que não torna nulo o ato que contém vício nem aplica sanção ao transgressor, por motivos de natureza social. Exemplo de norma jurídica imperfeita é o art. 1.551 do CC.

Mais que Perfeita: É a norma que impõe uma sanção mais intensa do que a infração de seu dispositivo. Exemplo de norma jurídica mais que perfeita é o art. 952 do CC.

N

NORMA PENAL EM BRANCO – É aquela que necessita de outra norma para completá-la.

✱ *V. CP: arts. 178, 237 e 269.*

NOSOCÔMIO – *V. Hospital.*

NOTA – 1. Ato ou efeito de notar. 2. Sinal com que se marca um texto de livro digno de menção especial. 3. Observação ou aditamento. 4. Registro das escrituras dos tabeliães. 5. Papel que representa moeda. Exposição resumida, oficial, sobre certo assunto, publicada por órgãos do governo. Comunicação entre ministros de pastas ou de países diferentes. Lançamento de escritura pública nos livros do notário ou assentamentos feitos por tabeliães.

De Culpa: Documento escrito, assinado pela autoridade competente e entregue ao acusado para que este fique ciente do que contra ele está sendo alegado. O preso passará recibo, que será assinado por duas testemunhas, quando não souber, não puder ou não quiser assinar.

✱ *V. CPP: art. 306, § 2º.*

Promissória: Título de crédito consistente na promessa de pagamento, feita pelo emitente ao credor, de certa importância em dinheiro, na data avençada.

✱ *V. Dec.-lei nº 1.700/1979 (Extingue o registro das letras de câmbio e notas promissórias).*

✱ *Dec. nº 2.044/1908 (Lei Cambial).*

✱ *Dec. nº 57.663/1966 (Promulga as Convenções para adoção de uma lei uniforme em matéria de letras de câmbio e notas promissórias).*

NOTIFICAÇÃO JUDICIAL – Medida preventiva que tem por objetivo prevenir responsabilidades e eliminar a possibilidade de alegações futuras de desconhecimento.

✱ *V. CPC/1973: arts. 867 a 873.*

✱ *V. CPC/2015, art. 726, 728 e 729.*

NOVAÇÃO – Substituição de uma dívida por outra, tornando extinta a primeira.

✱ *V. CC: arts. 360 a 367.*

NOXAL – Referente a dano. Ação noxal é o mesmo que ação de perdas e danos.

NUA-PROPRIEDADE – Direito abstrato de propriedade que resta ao dono do móvel ou imóvel dado em usufruto, cujo titular tem a posse e passa a auferir para si os frutos por ela produzidos, sejam eles naturais ou civis, conforme a coisa e sua administração.

NULIDADE (DIR. CIVIL) – Atestação legal que tem por objetivo declarar que certos atos não produzem efeitos jurídicos.

✱ *V. CC: arts. 166 a 182.*

✱ *V. CPC/2015, arts. 188, 239, 276 a 283, 314, 351, 352, 485, IV, 803, 903 e 938.*

NULO – O que não tem validade, nem produz efeitos, desde a sua concepção.

NUNCUPAÇÃO – Termo que serve para designar apelação, denominação. Diz-se do testamento nuncupativo quando é feito oralmente.

✱ *V. CC, art. 1.896.*

NU-PROPRIETÁRIO – Diz-se daquele que tem o domínio direto da coisa de que outrem tem o domínio útil.

O

ÓBITO – Morte, falecimento, decesso, perecimento. A certidão de óbito é o meio por excelência para provar que uma pessoa é falecida. Extrai-se a certidão dos livros do Registro Civil das Pessoas Naturais, nos quais devem ser registrados todos os óbitos ocorridos no País ou no estrangeiro.

✱ **V.** *Lei nº 6.015/1973 (Lei de Registros Públicos): arts. 77 (com a redação dada pela Lei nº 13.484, de 26-9-2017) a 88.*

OBJEÇÃO DE CONSCIÊNCIA – Diz-se da recusa em acatar o cumprimento de um dever personalíssimo de ordem pública, fundada em crença religiosa ou convicção moral, gerando a exceção excludente respectiva.

OBJETO JURÍDICO – É o bem tutelado pela lei, por exemplo, a honra, a vida e o patrimônio.

OBLAÇÃO – Diz-se do ato de ofertar, de livre e espontânea vontade. É a doação de bens imóveis.

OB-REPÇÃO – Fraude, dissimulação, ardil para obter benefício ou favor jurídico indevido, com ocultação da verdade, que deveria ser revelada. O mesmo que sub-repção.

OBRIGAÇÃO – Relação jurídica pela qual alguém deve dar, fazer ou não fazer alguma coisa, de valor economicamente apurável. O vínculo obrigacional pressupõe o *credor*, que tem o poder conferido por lei de exigir a prestação devida, e o *devedor*, que tem o dever jurídico de cumpri-la. A obrigação diz-se *acessória*, se depende, para subsistir, da principal, ou a ela adere, para completá-la ou garanti-la, como a fiança, a cláusula penal; e a *principal*, a que existe por si mesma, sem depender de outra. As obrigações se classificam em: I – *alternativas*, quando, entre várias prestações distintas, o devedor escolhe uma delas; II – *subsidiárias*, quando dependem da obrigação principal; III – *compostas*, quando possuem mais de um objeto; IV – *a prazo*, a que possui prazo estipulado para seu complemento; V – *condicionais*, quando dependem de uma condição; VI – *divisíveis*, aquelas que podem ser divididas em várias prestações; VII – *líquidas*, que possuem como objeto coisa determinada; VIII – *indivisíveis*, aquelas que não podem ser cumpridas parcialmente; IX – *ilíquidas*, quando possuem objeto incerto; X – *simples*, quando têm um só objeto; XI – *puras*, as que não dependem de nenhuma condição; XII – *solidárias*, aquelas que dizem respeito a todos os devedores; XIII – *de dar*, aquelas cuja característica é a entrega de coisa móvel ou imóvel; XIV – *de fazer*, aquelas em que o devedor deve realizar algum ato para satisfazê-la; XV – *de não fazer*, consistente na omissão ou abstenção obrigatória da prática de um ato.A obrigação pode ser ainda:

✱ **V.** *LINDB (Lei de Introdução às Normas do Direito Brasileiro), art. 9º.*

✱ **V.** *CC: arts. 233, 313 a 420.*

✱ **V.** *CPC/2015, arts. 328, 543, 800, 806 a 815, 821 e 822.*

OBRIGAÇÃO CAMBIAL – Aquela que decorre de título cambial.

OBSCENO – Que ultraja o pudor, que fere o decoro, torpe. Praticar ato obsceno em lugar público, ou aberto ou exposto ao público, é crime apenado com detenção de 3 meses a 1 ano ou multa. Fazer, importar, exportar, adquirir ou ter sob sua guarda, para fim de comércio, distribuição ou exposição pública, escrito, desenho, pintura, estampa ou qualquer objeto obsceno; detenção de 6 meses a 2 anos ou multa. Incorre na mesma pena quem vende, distribui, ou expõe à venda ou ao público qualquer dos objetos anteriores, realiza em lugar público ou acessível ao público, apresentação teatral, ou exibição cinematográfica de caráter obsceno, ou qualquer outro espetáculo que tenha o mesmo caráter, ou realiza, em lugar público ou acessível a ele, ou pelo rádio, audição ou recitação de caráter obsceno.

✱ **V.** *CP, arts. 233 e 234.*

OCULTAÇÃO – Ato ou efeito de ocultar.

✱ **V.** *Arts. 211, 230, 257, CP.*

De Cadáver: crime contra o respeito aos mortos, consistente em ocultar, destruir ou subtrair cadáver ou parte dele.

✱ **V.** *CP: art. 211.*

De Impedimento: crime contra a instituição familiar, consistente em contrair casamento, induzindo o outro contraente a erro ou ocultando-lhe impedimento, que não seja casamento anterior.

✱ **V.** *CP: art. 236.*

De Recém-Nascido: crime contra o estado de filiação, consistente em ocultar recém-nascido ou substituí-lo, suprimindo ou alterando direito inerente ao estado civil, ou, ainda, dar parto alheio como próprio ou registrar o filho de outrem.

✱ **V.** *CP: art. 242.*

OFENDÍCULOS (DIR. PENAL) – Maneira de se exercer o direito da inviolabilidade do domicílio, instalando meios de defesa na propriedade, como arame farpado, eletrificação de maçanetas, cacos de garrafas em muros, cercas de ferro pontiagudos.

✱ V. *CF: art. 5º, caput e XXII.*

OFENDIDO – Sujeito passivo de delito por ofensa ou danos; o mesmo que vítima.

✱ V. *CPP: arts. 201, 210, 212, 217 e 386.*

✱ V. *Lei nº 11.690/2008 (Altera dispositivos do Dec.-lei nº 3.689/1941 – Código de Processo Penal – relativos à prova).*

OFÍCIO REQUISITÓRIO – É o meio utilizado para a cobrança de providências de um órgão público competente para outro. Por meio de ofício, é requisitado pelo Judiciário ao Executivo o pagamento de importância objeto de condenação judicial (Precatório).

OLHO D'ÁGUA – A Lei nº 12.651/2012 (Novo Código Florestal) em seu art. 3º, XVIII, conceituou olho d'água. "XVIII – olho d'água: afloramento natural do lençol freático, mesmo que intermitente."

OLIGARQUIA – Regime político em que o governo é exercido por um pequeno grupo que tira proveito próprio. Forma corrompida de governo.

OLIGOPÓLIO – Diz-se da minoria que domina o mercado (bem, serviço ou atividade).

OMISSÃO DE SOCORRO – Crime consistente em deixar de prestar assistência à criança abandonada ou extraviada, à pessoa inválida ou ferida, ao desamparo ou em grave e iminente perigo, ou não pedir, nesses casos, o socorro da autoridade pública. A pena de 1 a 6 meses é aumentada de metade, se da omissão resulta lesão corporal de natureza grave, e triplicada, se resulta a morte.

✱ V. *CP, art. 135.*

ONERAÇÃO – Criar ônus ou encargo, encarecer.

ÔNUS – Obrigação imposta por lei; encargo.

Probandi: obrigação de provar, que cabe a quem afirma. A Lei nº 13.467/2017 (Reforma Trabalhista) trouxe disposição detalhada sobre o ônus da prova no art. 818 da CLT, inclusive com a possibilidade do juízo atribuí-lo de modo diverso por meio de decisão fundamentada e anterior à abertura da instrução processual.

Real: que recai sobre a coisa, alheia, móvel ou imóvel. Corresponde ao direito sobre coisa alheia, mas é necessária a publicidade pelo registro.

OPERAÇÃO FRAUDULENTA DE COISA PRÓPRIA – Crime praticado por quem oferece como garantia coisa própria onerada ou inalienável, sem esclarecimento dessa situação.

✱ V. *CP, art. 171, § 2º, II.*

OPOSIÇÃO – 1. Objeção, estar contra algo ou alguém. 2. Argumentação contrária a uma ideia. 3. Diferença, desigualdade ou incompatibilidade de uma coisa em relação a outra. 4. Grupo político antagônico em relação àquele que ocupa o poder em determinado momento, exercendo fiscalização sobre os governantes. 5. Impedimento legal à formação, execução ou cumprimento de ato jurídico.

De terceiro: modo pelo qual o terceiro, que julga ter direito ao objeto da demanda, total ou parcial, intervém na lide, oferecendo oposição contra autor e réu, até ser proferida a sentença. *Oposição* difere de *assistência*, porque nesta interessa que a sentença favoreça uma das partes e, naquela, o opoente nega que qualquer das partes tenha direito e posiciona-se como seu legítimo possuidor.

✱ V. *CPC/1973, arts. 56 a 61.*

✱ V. *CPC/2015, arts. 682 a 686.*

ORALIDADE – Princípio que busca abreviar o andamento dos pleitos judiciais, permitindo que muitos atos processuais sejam oferecidos oralmente, sem necessidade de redução a termo. No processo trabalhista encontramo-lo no art. 846 da CLT, que admite a contestação oral, bem como no processo civil, art. 335, I, do CPC/2015, procedimento sumário.

ORÇAMENTO – Previsão da receita a ser arrecadada para determinado exercício financeiro. A EC nº 95/2016 instituiu Novo Regime Fiscal no âmbito dos Orçamentos Fiscal e da Seguridade Social da União, disciplinado nos arts. 106 a 114, do ADCT. Peça escrita, organizada pelo Governo, na qual faz previsão de receita e fixa as despesas para determinado período financeiro. É uma lei de caráter *sui generis*. A CF aponta três tipos de orçamentos compreendidos na Lei Orçamentária: *fiscal*, referente aos Poderes da União, seus fundos, órgãos e entidades da administração direta e indireta, incluídas fundações; *de investimento*, das empresas em que a União detenha a maioria do capital social com direito a voto; *da seguridade social*, que abrange todas as entidades e órgãos a ela vinculados, fundos e fundações instituídos e mantidos pelo Poder Público. A EC nº 95/2016 instituiu Novo Regime Fiscal no âmbito dos Orçamentos Fiscal e da Seguridade Social da União disciplinado nos arts. 106 a 114, do ADCT.

✱ V. *CF: arts. 165 a 169.*

✱ V. *Lei nº 4.320/1964 (Estatui Normas Gerais de Direito Financeiro para elaboração e controle dos orçamentos e balanços da União, dos Estados, dos Municípios e do Distrito Federal).*

ORDEM – Disciplina; classe, categoria, organização, boa disposição e equilíbrio entre partes de um todo. À ordem, cláusula que, em títulos de crédito, indica que podem eles ser transmitidos por endosso.

Dos Advogados do Brasil: órgão representativo da classe dos advogados em todo o Brasil, onde, por meio de exame, o bacharel passa a ter habilitação para exercer a profissão de advogado. A Ordem deve defender e representar, em juízo ou fora dele, todos os interesses relacionados à profissão, sejam eles individuais ou da classe.

✱ V. *Lei nº 8.906/1994 (Estatuto da Advocacia e a OAB).*

Jurídica: Todas as normas impostas pelo Estado para organizar as relações de uma sociedade. A ordem jurídica é um conjunto harmônico, um complexo de normas jurídicas em vigor numa sociedade.

ORDENAÇÕES (HISTÓRIA DO DIREITO) – Consolidação de leis portuguesas que vigoraram de 1446 a 1867, até a aprovação do primeiro Código Civil Português. No Brasil, as ordenações foram mantidas até 1916, quando foi promulgado o Código Civil (Lei nº 3.071/1916), revogado e substituído a partir de 9 de janeiro de 2003 pelo atual Código Civil (Lei nº 10.406, de 10-1-2002). As Ordenações Afonsinas, Manoelinas e Filipinas tiveram esses nomes em homenagem ao monarca então reinante.

ORGANIZAÇÃO – Ato ou efeito de organizar.

Criminosa: 1. Para fins de investigação criminal e processo penal, é a associação de 4 (quatro) ou mais pessoas estruturalmente ordenada e caracterizada pela divisão de tarefas, ainda que informalmente, com objetivo de obter, direta ou indiretamente, vantagem de qualquer natureza mediante a prática de infrações penais cujas penas máximas sejam superiores a 4 (quatro) anos, ou que sejam de caráter transnacional. É o chamado banditismo organizado. O fenômeno é mundial e ocorre principalmente com o tráfico de drogas, de armas e de pessoas; além do roubo de cargas e de lavagem de dinheiro. 2. Para fins de tipificação penal, constitui um delito autônomo, tipificado no art. 2º da Lei nº 12.850/2013, cuja pena é de reclusão, de 3 (três) a 8 (oito) anos e multa, sem prejuízo das penas correspondentes aos crimes praticados. Não se confunde com o conceito de quadrilha nem bando, tipificado no art. 288 do CP, o qual dispensa a estruturação organizacional, bem como abrange quaisquer tipos de crimes como objetivo. Pode também se caracterizar como organização terrorista, paramilitar ou milícia, conforme os objetivos e métodos de atuação da associação.

✱ *V. Lei nº 12.850/2013 (Define organização criminosa e dispõe sobre a investigação e o procedimento criminal).*

✱ *V. Lei nº 12.694/2012 (Dispõe sobre o processo e o julgamento colegiado em primeiro grau de jurisdição de crimes praticados por organizações criminosas).*

Do Estado: compreende, no Brasil, a União, os Estados, o Distrito Federal e os Municípios, todos autônomos, tendo como capital Brasília.

✱ *V. CF: arts. 18 a 43.*

Dos Poderes: os Poderes Legislativo, Executivo e Judiciário têm suas funções, atribuições, responsabilidades e funcionamento fixados pela CF nos arts. 44 a 135.

Judiciária: conjunto de regras que determinam a composição e a competência dos tribunais, dos juízes e dos auxiliares do juízo. Cada Estado do Brasil possui seu Código de Organização Judiciária.

Paramilitar: Associação, partido, comitê, entidade de classe ou grupamento que tenha por objetivo a mudança do regime vigente ou do Estado de Direito, por meios violentos ou com o emprego de grave ameaça. Configura crime contra a segurança nacional, com pena de reclusão de 1 (um) a 5 (cinco) anos, bem como crime contra a paz pública, com pena de reclusão de 4 (quatro) a 8 (oito anos), sem prejuízo de caracterizar outros delitos, tipificados no CP ou no CPM. Os crimes praticados por essas organizações são inafiançáveis e imprescritíveis.

✱ *V. CF, art. 5º, XVII e XLIV.*

✱ *V. CP, art. 288-A.*

✱ *V. CPP, art. 323, III.*

✱ *V. Lei nº 7.170/1983 (Define crimes contra a segurança nacional, a ordem política e social), arts. 16 e 30. Esta Lei foi revogada pela Lei nº 14.197/2021.*

Sindical: é livre a associação profissional ou sindical, vedadas ao Poder Público a interferência e a intervenção na organização sindical. Proíbe-se a criação de mais de uma organização sindical, em qualquer grau, representando categoria profissional ou econômica na mesma base territorial. É obrigatória a participação dos sindicatos nas negociações coletivas de trabalho. Ninguém é obrigado a filiar-se ou manter-se filiado a um sindicato.

✱ *V. CF: art. 8º.*

Terrorista: 1. Associação de agentes voltados à prática de crimes de natureza política, de modo violento e indiscriminado, visando intimidar e provocar insegurança. 2. Até a edição da Lei nº 13.260/2016, constituía crime contra a segurança nacional, com pena de reclusão de 3 (três) a 10 (dez) anos, aumentando até o dobro ou triplo, se do fato resultar lesão corporal grave ou morte, respectivamente. 3. Com a nova lei, há uma maior especificação de condutas enquadradas no conceito, distinguindo atos de terrorismo e atos de auxílio a organizações terroristas, com penas que podem variar de 5 (cinco) a 30 (trinta) anos. A partir de então, surge a tese no sentido de ter se tornado crime contra a paz ou incolumidade pública, o que deslocaria a competência para julgamento da Justiça Militar para a Justiça Comum. Atos terroristas são inafiançáveis e insuscetíveis de graça ou anistia. 4. A Lei nº 13.170/2015 disciplina o procedimento de indisponibilidade de bens, direitos ou valores em decorrência de resoluções do Conselho de Segurança das Nações Unidas, sobretudo no que diz respeito à persecução de valores movimentados por organizações terroristas.

✱ *V. CF: arts. 4º, VIII, e 5º, XLIII.*

✱ *V. CPP: art. 323, II.*

✱ *V. Lei nº 7.170/1983 (Define crimes contra a segurança nacional, a ordem política e social), arts. 20 e 30. Esta Lei foi revogada pela Lei nº 14.197/2021.*

✱ *V. Lei nº 8.072/1990 (Dispõe sobre crimes hediondos): art. 2º.*

✱ *V. Lei nº 10.309/2001 (Dispõe sobre a assunção pela União de responsabilidades civis perante terceiros no caso de atentados terroristas ou atos de guerra contra aeronaves de empresas aéreas brasileiras).*

✱ *V. Lei nº 12.850/2013 (Define organização criminosa e dispõe sobre a investigação e o procedimento criminal): art. 1º, § 2º, II.*

✱ *V. Lei nº 13.170/2015 (Disciplina a ação de indisponibilidade de bens, direitos ou valores em decorrência de resolução do Conselho de Segurança das Nações Unidas).*

✱ *V. Lei nº 13.260/2016 (Disciplina o terrorismo, e regulamenta o art. 5º, inc. XLIII, da CF).*

ÓRGÃO DE REGISTRO NÍVEL 1 – O Dec. nº 7.845/2012 que regulamenta procedimentos para credenciamento de segurança e tratamento de informação classificada em qualquer grau de sigilo, e dispõe sobre o Núcleo de Segurança e Credenciamento conceituou gestor de segurança e credenciamento. De acordo com o art. 2º, XIII, considera-se órgão de registro nível 1: "(...) ministério ou órgão de nível equivalente habilitado pelo Núcleo de Segurança e Credenciamento;"

ÓRGÃO DE REGISTRO NÍVEL 2 – O Dec. nº 7.845/2012 que regulamenta procedimentos para credenciamento de segurança e tratamento de informação classificada em qualquer grau de sigilo, e dispõe sobre o Núcleo de Segurança e Credenciamento conceituou gestor de segurança e credenciamento. De acordo com o art. 2º, XIV, considera-se órgão de registro nível 2: "(...) órgão ou entidade pública vinculada a órgão de registro nível 1 e por este habilitado;"

OUTORGA – Autorização, concessão, permissão.

Marital: Autorização que o marido dá à mulher para a prática certos atos da vida civil.

✱ *V. CC: art. 1.642.*

Uxória: Autorização dada pela mulher ao marido para a prática de certos atos que, sem seu consentimento, não seria válido.

✱ *V. CC: arts. 1.647 e 1.648.*

OUVIDOR – No Brasil, antes da Independência, era a autoridade superior da Comarca. Hoje, diz-se do agente público que tem por função receber reclamações, inspecionar ou controlar instituição ou governo.

P

PACO – Na gíria policial, pacote habilmente preparado para dar a impressão de conter grande soma de dinheiro; usado na prática de estelionato.

PACTO – Acordo, ajuste, contrato, convenção entre duas ou mais pessoas.

Antenupcial: Acordo feito por escritura pública, antes do casamento, pelos contraentes, dispondo sobre o regime de bens que vigorará durante sua vida em comum (CC: arts. 1.639, 1.640, 1.653 a 1.657; Lei nº 6.015/1973: arts. 167, I, 12, e II, 1, e 244). O atual CC permite a opção de casamento com separação total, parcial ou comunhão de bens; a opção, qualquer que seja, pode ser alterada pelo casal a qualquer momento, durante o casamento.

De Melhor Comprador: Cláusula existente no contrato de compra e venda determinando que, dentro de um prazo estipulado, o vendedor pode desfazer o negócio se aparecer um novo comprador oferecendo melhor oferta.

PAGUE-SE – Cláusula própria do endosso nominativo que, aposta em título de crédito, transfere a propriedade deste à pessoa indicada, que substitui o credor.

PAI – Parente masculino do primeiro grau na linha ascendente. A Lei nº 13.257/2016 alterou o art. 473 da CLT para acrescentar períodos em que o empregado pode se ausentar do trabalho sem prejuízo do salário para acompanhar a esposa ou companheira gestante em consulta médica (até 2 dias) ou acompanhar filho de até 6 anos em consulta médica (1 dia).

Putativo: O que gera filho durante o casamento que veio a ser anulado, porém contraído de boa-fé por ambos os nubentes.

PANDEMIA – 1. Originária do grego pandemías, que significa "todo o povo". 2. É a propagação mundial de doença, atingindo grande número de pessoas que não estão imunes a ela. 3. A pandemia de Coronavírus (COVID-19), no Brasil, surgiu como "Emergência em Saúde Pública de importância Nacional (ESPIN)", assim reconhecida pela Port. do MS nº 188, de 3-2-2020, e se agravou para estado de calamidade pública decretado pelo Dec. Leg. nº 6, de 20-3-2020. Posteriormente, atos administrativos e legislativos foram editados pelo Poder Público para orientar a respeito da contenção da situação de pandemia e manutenção da saúde dos indivíduos, dentre eles, distanciamento social, fechamento temporário de estabelecimentos e adiamento de eventos culturais. A situação de pandemia causada pelo COVID-19 fez o poder legislativo editar a Lei nº 14.023/2020, que alterou a Lei nº 13.979/2020, para estabelecer o rol daqueles considerados como profissionais essenciais ao controle de doenças e à manutenção da ordem pública. Por sua vez, o Decreto nº 10.282, de 20/03/2020 estipulou um rol de serviços públicos e atividades essenciais. 4. A Lei nº 14.128/2021 prevê uma compensação financeira a ser paga pela União aos profissionais e trabalhadores de saúde que, durante o período de emergência de saúde pública de importância nacional decorrente da disseminação do novo coronavírus (SARS-CoV-2), por terem trabalhado no atendimento direto a pacientes acometidos pela Covid-19, ou realizado visitas domiciliares em determinado período de tempo, no caso de agentes comunitários de saúde ou de combate a endemias, tornarem-se permanentemente incapacitados para o trabalho, ou ao seu cônjuge ou companheiro, aos seus dependentes e aos seus herdeiros necessários, em caso de óbito. O valor da compensação varia de R$ 10.000,00 (dez mil reais) a R$ 50.000,00 (cinquenta mil reais), conforme o preenchimento das condições previstas na referida lei. 5. A partir da sanção da Lei nº 14.536/2023, os Agentes Comunitários de Saúde e os Agentes de Combate às Endemias passam a ser considerados como profissionais de saúde o que concede a eles o direito de acumular cargos públicos, conforme autorizado pela Carta Magna aos profissionais de saúde. 6. Em 5-5-2023, a Organização Mundial da Saúde (OMS) veio a público comunicar o término da Emergência de Saúde Pública de Importância Internacional (ESPII) causada pela Covid-19 depois de, praticamente, três anos e três meses contados da data da declaração da emergência global, em 30-1-2020.

✱ **V.** *LC nº 173/2020 (Estabelece o Programa Federativo de Enfrentamento ao Coronavírus SARS-CoV-2 (Covid-19), altera a Lei Complementar nº 101, de 4 de maio de 2000, e dá outras providências).*

✱ **V.** *Lei nº 13.979/2020 (Dispõe sobre as medidas para enfrentamento da emergência de saúde pública de importância internacional decorrente do coronavírus responsável pelo surto de 2019).*

✱ **V.** *Lei nº 14.020/2020 (Institui o Programa Emergencial de Manutenção do Emprego e da Renda, dentre outras providências).*

✱ **V.** *Lei nº 14.040/2020 (Estabelece normas educacionais excepcionais a serem adotadas durante o estado de calamidade pública reconhecido pelo Decreto Legislativo nº 6, de 20 de março de 2020; e altera a Lei nº 11.947, de 16 de junho de 2009).*

✱ **V.** *Lei nº 14.042/2020 (Institui o Programa Emergencial de Acesso a Crédito – PEAC, dentre outras providências).*

✱ **V.** *Lei nº 14.043/2020 (Institui o Programa Emergencial de Suporte a Empregos).*

✱ **V.** *Lei nº 14.046/2020 (Dispõe sobre o adiamento e o cancelamento de serviços, de reservas e de eventos dos setores de turismo e de cultura em razão do estado de calamidade pública reconhecido pelo*

Decreto Legislativo nº 6, de 20 de março de 2020, e da emergência de saúde pública de importância internacional decorrente da pandemia da Covid-19).

✱ **V.** *Lei nº 14.047/2020 (Dispõe sobre medidas temporárias para enfrentamento da pandemia da Covid-19 no âmbito do setor portuário, dentre outras providências).*

✱ **V.** *Lei nº 14.048/2020 (Dispõe sobre medidas emergenciais de amparo aos agricultores familiares do Brasil para mitigar os impactos socioeconômicos da Covid-19).*

✱ **V.** *Lei nº 14.061/2020 (Prorroga até 30 de setembro de 2020 a suspensão da obrigatoriedade da manutenção das metas quantitativas e qualitativas contratualizadas pelos prestadores de serviço de saúde, de qualquer natureza, no âmbito do Sistema Único de Saúde (SUS), estabelecida na Lei nº 13.992, de 22 de abril de 2020).*

✱ **V.** *Lei nº 14.121/2021 (Autoriza o Poder Executivo federal a aderir ao Instrumento de Acesso Global de Vacinas Covid-19 (Covax Facility) e estabelece diretrizes para a imunização da população).*

✱ **V.** *Lei nº 14.124/2021 (Dispõe sobre as medidas excepcionais relativas à aquisição de vacinas e de insumos e à contratação de bens e serviços de logística, de tecnologia da informação e comunicação, de comunicação social e publicitária e de treinamentos destinados à vacinação contra a covid-19 e sobre o Plano Nacional de Operacionalização da Vacinação contra a Covid-19).*

✱ **V.** *Lei nº 14.125/2021 (Dispõe sobre a responsabilidade civil relativa a eventos adversos pós-vacinação contra a Covid-19 e sobre a aquisição e distribuição de vacinas por pessoas jurídicas de direito privado).*

✱ **V.** *Lei nº 14.128/2021 (Dispõe sobre compensação financeira a ser paga pela União aos profissionais e trabalhadores de saúde que, durante o período de emergência de saúde pública de importância nacional decorrente da disseminação do novo coronavírus (SARS-CoV-2), por terem trabalhado no atendimento direto a pacientes acometidos pela Covid-19, ou realizado visitas domiciliares em determinado período de tempo, no caso de agentes comunitários de saúde ou de combate a endemias, tornarem-se permanentemente incapacitados para o trabalho, ou ao seu cônjuge ou companheiro, aos seus dependentes e aos seus herdeiros necessários, em caso de óbito; e altera a Lei nº 605, de 5 de janeiro de 1949).*

✱ **V.** *Lei nº 14.186/2021 (Altera a Lei nº 14.046, de 24 de agosto de 2020, para dispor sobre medidas emergenciais para atenuar os efeitos da crise decorrente da pandemia da covid-19 nos setores de turismo e de cultura.).*

✱ **V.** *Lei nº 14.259/2021 (Altera a Lei nº 14.124, de 10 de março de 2021, que dispõe sobre as medidas excepcionais relativas à aquisição de vacinas e de insumos e à contratação de bens e serviços de logística, de tecnologia da informação e comunicação, de comunicação social e publicitária e de treinamentos destinados à vacinação contra a covid-19 e sobre o Plano Nacional de Operacionalização da Vacinação contra a Covid-19).*

✱ **V.** *Lei nº 14.536/2023 (Altera a Lei nº 11.350, de 5 de outubro de 2006, a fim de considerar os Agentes Comunitários de Saúde e os Agentes de Combate às Endemias como profissionais de saúde, com profissões regulamentadas, para a finalidade que especifica).*

✱ **V.** *Dec. nº 10.282/2020 (Regulamenta a Lei nº 13.979, de 6 de fevereiro de 2020, para definir os serviços públicos e as atividades essenciais).*

✱ **V.** *Res. do Comitê de Crise para Supervisão e Monitoramento dos Impactos da Covid-19 nº 4/2020 (Institui Grupo de Trabalho para a Coordenação de Ações Estratégicas de Tecnologia da Informação, em resposta aos impactos relacionados à pandemia do coronavírus - Covid-19).*

✱ **V.** *Res. do Comitê de Crise para Supervisão e Monitoramento dos Impactos da Covid-19 nº 5/2020 (Institui Grupo de Trabalho de Apoio aos Brasileiros no Exterior, em resposta aos impactos relacionados ao coronavírus, no âmbito do Comitê de Crise da Covid-19).*

✱ **V.** *Res. do Comitê de Crise para Supervisão e Monitoramento dos Impactos da Covid-19 nº 11/2020 (Institui Grupo de Trabalho para a coordenação das medidas de proteção e a prestação de contas de benefícios, em resposta aos impactos relacionados ao coronavírus, no âmbito do Comitê de Crise da Covid-19).*

PARADIGMA – Padrão, modelo. Os empregados que têm a mesma função, na mesma localidade, com o mesmo empregador, devem receber salários iguais, segundo as regras de equiparação salarial; isto não ocorrendo, ou seja, havendo empregado na mesma função com salário maior, terá este a denominação de paradigma para a ação de equiparação salarial.

✱ **V.** *CF: art. 7º, XXX.*

✱ **V.** *CLT: art. 461.*

✱ **V.** *Súm. nº 6 do TST.*

PARAESTATAL – Nome dado a autarquia, entidade ou empresa que não integra diretamente os órgãos do Estado, exercendo funções que poderiam ser por ele exercidas, e em cuja administração o Estado intervém.

PARAFERNAL – Diz-se do bem que pertence à mulher casada, excluído da propriedade do marido e que pode ser administrado sem a sua ingerência.

PARANOIA – Perturbação mental caracterizada por ideias de perseguição, grandeza e reivindicação, bem como sentimento de ser ameaçado.

PARECER – Opinião fundamentada, estudo de aspectos de uma lei ou caso jurídico. Conselho ou esclarecimento dado por advogado ou jurisconsulto sobre questão de direito ou de fato submetida ao seu juízo. Opinião de técnico, perito, arbitrador, sobre assunto de sua especialidade. Ato pelo qual comissão do Legislativo se pronuncia sobre projeto de lei ou emenda sobre ele apresentada.

PARIDADE SALARIAL – É a igualdade salarial imposta pela CF, art. 7º, XXX, XXXI, e art. 461 da CLT.

PARLAMENTARISMO – Regime de Governo em que a chefia é exercida pelo Parlamento governamental formado por um primeiro-ministro, que comanda o gabinete e por ministros auxiliares, sendo a chefia de Estado exercida pelo Presidente da República.

PARTICIPAÇÃO NOS LUCROS DA EMPRESA – Direito dos trabalhadores urbanos e rurais, determinado pela CF, no art. 7º, XI, de participarem do lucro da empresa. Esse valor pago a título de participação não estará sujeito a ônus social, trabalhista, previdenciário ou fiscal. Esse direito constitucional está condicionado à futura lei ordinária regulamentadora, enquanto isso o pagamento referente à participação nos lucros será facultativo, fruto de negociação coletiva entre sindicatos e empresas.

PARTIDOS POLÍTICOS – 1. São pessoas jurídicas de direito privado, destinadas a assegurar, no interesse do regime democrático, a autenticidade do sistema representativo e a defender os direitos fundamentais definidos na Constituição Federal. 2. A EC nº 97/2017 fixou normas de acesso dos partidos políticos aos recursos do fundo partidário e tempo de propaganda gratuito na televisão e no rádio. 3. A EC nº 111/2021 incluiu o § 6º no art. 17 da CF para dispor sobre fidelidade partidária e estabelecer que os Deputados Federais, os Deputados Estaduais, os Deputados Distritais e os Vereadores que se desligarem do partido pelo qual tenham sido eleitos perderão o mandato, salvo nos casos de anuência do partido ou de outras hipóteses de justa causa estabelecidas em lei, não computada, em qualquer caso, a migração de partido para fins de distribuição de recursos do fundo partidário ou de outros fundos públicos e de acesso gratuito ao rádio e à televisão.

✱ *V. CF: art. 17.*

✱ *V. Lei nº 9.096/1995 (Lei dos Partidos Políticos).*

PARTILHA – Formação e divisão dos bens que compõem o patrimônio a ser dividido, mediante julgamento ou homologação judiciais entre os interessados. O tema relacionado à partilha de bens foi parcialmente alterado pela Lei nº 11.965, de 3-7-2009, que passou a dispor sobre a participação do defensor público na lavratura da escritu-

P

ra pública de inventário e de partilha e de divórcio consensual. Além disso, o § 2º do art. 610 do CPC/2015 dispõe que a partir de agora o tabelião somente lavrará a escritura pública se todas as partes interessadas estiverem assistidas por advogado comum ou advogados de cada uma delas ou por defensor público, cuja qualificação e assinatura constarão do ato notarial. Veja que, com o advento desta alteração, passa a entrar a figura do defensor público no rol.

✷ *V. CC: arts. 817, 1.912, 1.990 e 2.013 a 2.027.*

✷ *V. CPC/1973: arts. 89, II, 96, 97, 1.017, 1.022 a 1.030 e 1.036.*

✷ *V. CPC/2015, arts. 23, II, 48, 49, 642, 647 a 658 e 664.*

PARTO SUPOSTO – Crime que consiste em dar parto alheio como próprio; registrar como seu o filho de outrem; ocultar recém-nascido ou substituí-lo, suprimindo ou alterando direito inerente ao estado civil, é crime apenado com reclusão de 2 a 6 anos. Se o crime é cometido por motivo de reconhecida nobreza, a pena de detenção de um a 2 anos, podendo o juiz não aplicar a pena.

✷ *V. CP, art. 242.*

PASSAPORTE – Documento, visado pelas embaixadas, que dá ao seu legítimo possuidor livre trânsito em país estrangeiro por período determinado. Pode ser: *comum*, concedido pelo governo do país a cidadão que dele queira sair, visado pela autoridade diplomática do país a que se destina, na saída e na chegada de seu portador; *especial*, o concedido a certas pessoas, com prévia autorização; *diplomático*, concedido ao presidente e vice-presidente da República, ministros de Estado, presidente e vice do Poder Legislativo, do Supremo Tribunal Federal, a membros do corpo diplomático etc.; *para estrangeiro*, conferido àqueles vindos de país que não tenha, no Brasil, representante diplomático. Consoante a Lei de Migração, é um documento de viagem.

✷ *V. Lei nº 13.445/2017 (Lei de Migração), art. 5º, I.*

✷ *V. Dec. nº 9.199/2017 (Regulamenta a Lei de Migração), art. 4º, § 2º, I.*

PATENTE DE INVENÇÃO (PROPRIEDADE INDUSTRIAL) – Título que formaliza ao autor de invenção sua propriedade e uso exclusivo.

✷ *V. Lei nº 9.279/1996 (Regula direitos e obrigações relativos à propriedade industrial).*

PATERNIDADE – Qualidade, situação, de quem é pai. *V.* relações de parentesco (Lei nº 8.560/1992, que regula a investigação de paternidade de filhos havidos fora do casamento). Não se admite registro de nascimento sem o nome do pai. Quando isto ocorre abre-se um procedimento ou averiguação oficiosa, sendo obrigatório o ajuizamento de Ação de Investigação de Paternidade (Lei nº 8.560/1992). Se a mãe, porém, não indicar o nome do pai, para preservá-lo ou por não o saber, faz-se o registro sem essas providências legais para respeitar-se o silêncio da mulher. O teste de DNA facilita o reconhecimento, sendo usado largamente nos casos de investigação de paternidade, o que torna inadequado o preceito: *Mater semper certa, pater semper incertus.*

PATRIMÔNIO GENÉTICO – Informação de origem genética, contida em amostras do todo ou de parte de espécime vegetal, fúngico, microbiano ou animal, na forma de moléculas e substâncias provenientes do metabolismo destes seres vivos e de extratos obtidos destes organismos vivos ou mortos, encontrados em seus *habitats* naturais e, no caso de espécies domesticadas ou cultivadas, nos meios em que tenham desenvolvido suas propriedades características.

PATROCÍNIO INFIEL – Crime contra a Administração da Justiça, consistente em trair, na qualidade de advogado ou procurador, o dever profissional, prejudicando interesse cujo patrocínio, em juízo, lhe é confiado.

✷ *V. CP: art. 355.*

✷ *V. Lei nº 8.906/1994 (Dispõe sobre o Estatuto da Advocacia e a OAB).*

PECULATO – Crime contra a Administração Pública cometido pelo servidor público, consistente na apropriação indevida de dinheiro, valor ou qualquer bem imóvel, público ou particular, do qual tenha a posse em razão de cargo, ou desviá-lo em proveito próprio ou alheio.

✷ *V. CP: arts. 312 e 313.*

PECÚLIO – Benefício previdenciário ao acidentado, cuja capacidade laboral se mostre igual ou inferior a 25%.

PEDIDO – 1. Ato ou efeito de pedir. 2. Petição, requerimento, rogo, súplica. 3. A coisa que se pediu. 4. Encomenda, requisição de mercadoria. 5. Para fins de Dir. Processual, é um dos elementos da ação, ao lado das partes e da causa de pedir. Pode ser escrito ou oral (nas hipóteses autorizadas por lei), neste último caso, reduzido a termo e endereçado ao juiz, por quem tenha legítimo interesse de agir, expondo sua pretensão.

O pedido pode ser:

Alternativo: quando se pode reconhecer, de modos diferentes, a relação de direito objeto da lide; diz-se *subsidiário* quando duas pretensões são formuladas, pleiteando-se a acolhida de uma delas e, não sendo isso possível, que se dê acolhimento à outra.

Cominatório: para forçar a que se cumpra a obrigação de fazer ou não fazer, sob cominação de pena.

Conexo: quando são da mesma natureza as coisas que constituem o seu fundamento.

Consequente: se resulta da violação da própria relação jurídica a ser arguida.

Contraposto: *aquele formulado pelo réu na própria contestação, sem necessidade de formular reconvenção. Admissível no procedimento perante os Juizados Especiais Cíveis.*

Cumulativo: quando há mais de uma reivindicação na mesma petição, uma em correlação com as outras, podendo ser promovida com o mesmo rito e perante o mesmo juiz.

De acesso: formulado por qualquer interessado, a fim de obter informação que diga respeito a assunto de seu interesse, endereçada à autoridade competente, e cuja negativa pode ser impugnada judicialmente, por meio de *habeas data* ou mandado de segurança, conforme o caso.

De arquivamento: formulado pelo Ministério Público após receber o relatório de inquérito policial, quando não vislumbrar elementos que justifiquem o oferecimento de denúncia.

De cooperação: formulado por autoridade judiciária, nacional ou estrangeira, a outra, para fins de realização de atos processuais ou outro tipo de medida.

De explicações: formulado por quem infere calúnia, difamação ou injúria, a partir de referências, alusões ou frases proferidas por terceiro. Espécie de interpelação judicial, com vistas a obrigar alguém a responder formalmente por ato que possa configurar crime contra a honra.

De demissão: rescisão do contrato de trabalho por iniciativa do empregado.

De reconsideração: dirigido à mesma autoridade que expediu o ato para que o invalide ou altere, segundo o que pretende o requerente. É direito do administrado, no âmbito dos processos administrativos federais, salvo se houver procedimento específico para a questão.

De uniformização de interpretação de lei federal: incidente processual cabível no âmbito dos Juizados Especiais Federais, de competência da Turma Nacional de Uniformização de Jurisprudência, para proferir decisões sobre questões de direito material controvertidas no âmbito das Turmas Recursais Federais. Embora não seja espécie de recurso, a TNU vem atuando como verdadeiro

Tribunal Superior dos Juizados Especiais Federais, julgando os casos concretos submetidos a sua apreciação.

Genérico: o que não indica quantidade ou extensão do direito arguido pela parte. Seu valor será apurado na liquidação, quando se tornará aferido, líquido.

✱ **V.** *CPC/1973, arts. 259 e 289.*

✱ **V.** *CPC/2015, arts. 26 a 41, 67 a 69, 99, 133, 237, 292, 322 a 329.*

✱ **V.** *CP, art. 144.*

✱ **V.** *CPP, arts. 18 e 28.*

✱ **V.** *CLT, arts. 477, § 1º, 500, 840, § 1º, e 852-B, I.*

✱ **V.** *Lei nº 9.099/1995 (Lei dos Juizados Especiais Cíveis e Criminais), arts. 14 a 17 e 31.*

✱ **V.** *Lei nº 9.784/1999 (Lei do Processo Administrativo), art. 56, § 1º.*

✱ **V.** *Lei nº 10.259/2001 (Dispõe sobre os Juizados Especiais Federais), art. 14.*

✱ **V.** *Lei nº 12.527/2011 (Regula o acesso a informações no âmbito da Administração Pública), arts. 10 a 14.*

PEDOFILIA – É a perversão sexual na qual a atração sexual de um indivíduo adulto está dirigida primariamente para crianças pré-púberes ou não.

✱ **V.** *art. 244-B do CP que foi inserido pela Lei nº 12.015/2009, que dispõe sobre condutas criminosas utilizadas por eletrônicos e salas de bate-papo da Internet.*

✱ **V.** *Lei nº 11.829/2008 (Altera a Lei nº 8.069/1990 – Estatuto da Criança e do Adolescente, para aprimorar o combate à produção, venda e distribuição de pornografia infantil, bem como criminalizar a aquisição e a posse de tal material e outras condutas relacionadas à pedofilia na internet).*

PENALOGIA (DIR. PENAL) – Parte da ciência criminal que trata das penas, aplicação e efeito da sanção penal, como meio de defesa e preservação do grupo social. Diz-se também *penologia.*

PENHOR – Direito real sobre bens móveis alheios, entregues para garantir o cumprimento de uma obrigação, de forma privilegiada entre os demais credores. Completa-se pela tradição efetiva, se penhor comum ou caução de títulos; e pelo constituto possessório seguido de transcrição se o penhor é agrícola ou pecuário. O penhor pode ser *convencional*, se resulta de contrato entre as partes; e *legal*, que é a garantia dada pela lei a certos credores de determinada obrigação. O convencional subdivide-se em: civil, quando o objeto sobre que recai é de natureza civil, coisas corpóreas, móveis e semoventes; *mercantil*, se garante obrigação de natureza mercantil e consiste na entrega de coisas móveis, ações e títulos de crédito, mercadorias etc.; *rural*, pelo qual agricultores e pecuaristas sujeitam cultura ou animais ao pagamento da dívida. O rural, conforme a coisa penhorada, pode ser: *agrícola*, o que abrange máquinas e implementos agrícolas, colheitas pendentes, frutos armazenados etc.; e *pecuário*, se constituído sobre animais que se criam pastando; *industrial*, se compreende veículos automotores, equipamentos de terraplenagem e pavimentação, viaturas etc. O penhor civil é monopólio da Caixa Econômica Federal.

✱ **V.** *CPC/1973: arts. 874 a 876.*

✱ **V.** *CPC/2015, arts. 674, § 2º, IV, 703 a 706.*

De Automóvel: Inexistente no Código Civil de 1916, foi introduzido pelo novo CC. O penhor pode ser constituído mediante instrumento público ou particular, registrado no Cartório de Títulos e Documentos do domicílio do devedor e anotado no Certificado de Propriedade. Pode ser feito pelo prazo máximo de dois anos, prorrogável até o limite de igual tempo, sendo esta prorrogação averbada à margem do registro respectivo. Para se fazer o penhor, o veículo deve estar segurado contra furto, avaria, perecimento e danos causados a terceiros (CC: arts. 1.461 a 1.466). O CC exige o registro das transações de penhor para que possam servir contra terceiros.

PENHORA DE BENS – 1. Apreensão judicial, feita no processo executivo, dos bens do devedor, para garantir o pagamento da dívida (CF: art. 5º, LXVII; CPC/2015: arts. 831 e segs.). 2. A partir da Lei nº 11.382/2006, que deu nova redação ao § 4º do art. 659 do CPC/1973 (equivalente ao art. 844 do CPC/2015), cabe agora ao exequente, sem prejuízo da imediata intimação do executado, providenciar, para presunção absoluta de conhecimento por terceiros, a respectiva averbação no ofício imobiliário, mediante apresentação de certidão de inteiro teor do ato e independentemente de mandado judicial. 3. No Processo do Trabalho, a penhora de bens é requisito de admissibilidade de embargos à execução pelo devedor, oportunidade em que o executado poderá impugnar o título e, simultaneamente, o próprio ato de constrição de bens. Portanto, o prazo para oposição dos embargos não é contado da citação para pagamento, mas sim da garantia do juízo. Entretanto, a Lei nº 13.467/2017 (Reforma Trabalhista) dispensou a exigência de penhora em relação às entidades filantrópicas e/ou aqueles que compõem ou compuseram a diretoria dessas instituições. 4. É admissível, em regra, a penhora em cumprimento provisório de sentença, exceto quando a execução é promovida contra a Fazenda Pública, tendo em vista que o pagamento em quantia certa deve ser feito por meio de requisição de pequeno valor ou de precatório. 5. A partir da Lei nº 13.043/2014, foi admitida a substituição de penhora pelo oferecimento de fiança bancária ou seguro garantia em execuções fiscais. O CPC/2015 adotou essa possibilidade em seu art. 848, par. único, desde que a garantia compreenda o valor do débito acrescido de 30% (trinta por cento). Por fim, a Lei nº 13.467/2017 (Reforma Trabalhista) passou a admitir essa possibilidade também no Processo do Trabalho.

✱ **V.** *CPC/2015, arts. 824 a 869, 874, II, 881, 908 e 909.*

✱ **V.** *CLT, arts. 880 a 883.*

✱ **V.** *Lei nº 4.673/1965 (Dispõe sobre a impenhorabilidade sobre os bens penhorados em execução fiscal).*

✱ **V.** *Lei nº 6.830/1980 (Lei de Execuções Fiscais), arts. 7º, II, 9º, III, 11 a 15 e 30.*

✱ **V.** *Leis nºs 10.444/2002 (Altera a Lei nº 5.869/1973 – Código de Processo Civil) e 11.382/2006.*

✱ **V.** *Súmulas nºs 44 e 242 do TFR.*

PENSÃO – Prêmio do aforamento, certo e invariável, que o enfiteuta paga anualmente. Abono, renda. Renda vitalícia que o Estado paga ao cônjuge sobrevivente do funcionário público ou aos seus herdeiros; é a chamada *pensão civil.*

✱ **V.** *Lei nº 10.887/2004 (Os proventos de aposentadoria e as pensões de que tratam os §§ 3º e 4º do art. 40 da Constituição Federal e art. 2º da Emenda Constitucional nº 41/2003, nos termos dos arts. 1º e 2º desta Lei, serão atualizados, a partir de janeiro de 2008, nas mesmas datas e índices utilizados para fins dos reajustes dos benefícios do regime geral de previdência social): art. 15.*

Alimentícia: Importância em dinheiro, fixada pelo juiz, com que parentes concorrem para a subsistência de outros. A que a mulher recebe por força de lei na dissolução do casamento . A Lei nº 8.971/1994 determina, no seu art. 1º, que a companheira de um homem solteiro ou o companheiro de mulher solteira, separado judicialmente, divorciado ou viúvo, poderá valer-se do direito de requerer alimentos enquanto não constituir nova união e desde que prove necessidade.

✱ **V.** *CC: arts. 1.694 a 1.710.*

PEQUENA PROPRIEDADE OU POSSE RURAL FAMILIAR – A Lei nº 12.651/2012 (Novo Código Florestal) em seu art. 3º, V, conceituou Pequena propriedade ou posse rural familiar. "V – pequena propriedade ou posse rural familiar: aquela explorada mediante o trabalho pessoal do agricultor familiar e empreendedor familiar rural, incluindo os assentamentos e projetos de reforma agrária, (...)"

PERDÃO – Graça concedida pelo Presidente da República a um condenado comum, extinguindo-se a punibilidade; perdão judicial. Nos crimes em que se procede apenas mediante queixa, o perdão do ofendido impede o prosseguimento da ação. O perdão, no processo ou fora dele, expresso ou tácito, a todos aproveita; se concedido por um dos ofendidos, não prejudica o direito de outros; se o querelado o recusa, não produz efeito. Perdão tácito é aquele que resulta de ato incompatível com a vontade de prosseguir na ação. Não se admite o perdão depois que passa em julgado a sentença condenatória. O perdão poderá ser aceito por procurador com poderes especiais. A renúncia tácita e o perdão tácito admitirão todos os meios de prova. Concedido o perdão, mediante declaração expressa nos autos, o querelado será intimado a dizer, em 3 dias, se o aceita, devendo, ao mesmo tempo, ser cientificado de que o seu silêncio importará aceitação. Aceito o perdão, o juiz julgará extinta a punibilidade. A aceitação do perdão fora do processo constará de declaração assinada pelo querelado, por seu representante legal ou procurador com poderes especiais.

✱ *V. CP: arts. 105 e 106.*

PERDAS E DANOS – Prejuízo patrimonial efetivo, por perda certa ou o que a pessoa deixou de ganhar por culpa de outro, que não cumpriu obrigação. O devedor que não pagou no tempo e forma devidos, só responde pelos lucros que foram ou podiam ser previstos na data da obrigação. Mesmo que a inexecução resulte de dolo do devedor, as perdas e danos só incluem prejuízos efetivos e os lucros cessantes por efeito dela direto e imediato. As perdas e danos, nas obrigações de pagamento em dinheiro, consistem nos juros da mora e custas, sem prejuízo da pena convencional. Se a coisa perecer por fato alheio à vontade do dono, terá este ação, pelos prejuízos, contra o culpado. A mesma ação de perdas e danos terá o dono contra aquele que, incumbido de conservar a coisa, por negligência a deixe perecer; cabendo a este, por sua vez, direito regressivo contra o terceiro culpado.

✱ *V. CC: arts. 402 a 405.*

✱ *V. CPC/1973: arts. 76, 624, 627,* caput *e § 2º, 633, 638, 643, 921, I, e 936, III.*

✱ *V. CPC/2015, arts. 129, 807, 809,* caput *e § 2º, 816, 821, 823 e 555, I.*

PEREMPÇÃO – Extinção da relação processual pela perda de um prazo definido e definitivo.

✱ *V. CPC/1973: arts. 220, 267, 268, 301, IV, e 329.*

✱ *V. CPC/2015, arts. 337, V, 485, III e IV, 486, § 3º.*

✱ *V. CPP: art. 60.*

PERFILHAÇÃO – Reconhecimento voluntário, por parte do pai ou da mãe, ou por ambos, de filiação ilegítima. A CF não admite distinções; todos os filhos podem ser reconhecidos a qualquer tempo, sejam naturais, adulterinos e até incestuosos, mesmo na constância da sociedade conjugal. O reconhecimento dos filhos nascidos fora do casamento é irrevogável e será feito no registro de nascimentos; por escritura pública ou escrito particular a ser arquivado em cartório; por testamento, ainda que incidentalmente manifestado; por manifestação expressa e direta perante o juiz, ainda que o reconhecimento não tenha sido o objeto único e principal do ato que o contém. O filho maior só pode ser reconhecido com o seu consentimento. O casamento nulo produz os mesmos efeitos que um casamento válido, em relação aos filhos e ao contraente de boa-fé. Esta disposição abrange os filhos naturais, adulterinos e incestuosos.

✱ *V. CF: art. 227, § 6º.*

✱ *V. Lei nº 6.515/1977 (Lei do Divórcio): art. 14, parágrafo único.*

✱ *V. CC: art. 1.561.*

✱ *V. Lei nº 8.560/1992 (Regula a investigação de paternidade dos filhos havidos fora do casamento): arts. 1º e 3º.*

PERÍCIA – 1. Conhecimento, prática, experiência ou habilidade em determinada ciência, profissão ou arte. 2. Averiguação feita por profissional com conhecimentos especializados sobre a coisa objeto de análise. Exame, vistoria, avaliação de que se incumbem peritos nomeados pelo juiz com indicação, pelas partes, de assistente técnico nas ações civis. A perícia é feita para suprir a insuficiência de conhecimentos específicos sobre o objeto da prova. A perícia, como meio de prova, tem valor relativo, podendo o juiz desconsiderar as conclusões do perito, caso existam outros elementos de convicção nos autos. 3. No Processo. Penal, o trabalho é feito por peritos oficiais e, na falta destes, por duas pessoas tecnicamente habilitadas para o cargo, designadas pela autoridade. A perícia médica será realizada ao termo do prazo mínimo fixado e repetida de ano em ano, ou a qualquer tempo, se assim o determinar o juiz da execução, no caso de medidas de segurança para inimputável, com internação ou tratamento ambulatorial. 4. No Processo do Trabalho, as perícias sobre periculosidade e insalubridade obedecem a normas especiais. Para caracterização de acidente ou doença do trabalho, a perícia pode ser considerada como o marco inicial da pretensão (*actio nata*), caso a própria vítima não tivesse ciência inequívoca da incapacidade laboral. 5. Para fins de Dir. Previdenciário, a concessão de aposentadoria por invalidez ou auxílio doença depende de perícia realizada por médico do próprio INSS, o que pode ser suprido no caso de nexo técnico epidemiológico entre a doença e a atividade desenvolvida pelo empregador. 6. Para fins da legislação de trânsito, a perícia é prevista como meio de constatação de direção de veículos sob efeito de substâncias entorpecentes, sendo que a recusa em se submeter ao exame pode gerar presunção relativa contrária ao motorista.

✱ *V. CC, arts. 212, V, e 232.*

✱ *V. CPC/1973, arts. 366, 420, 421,* caput*, 425, 429 e 435.*

✱ *V. CPC/2015, arts. 406, 464, 465, 469, 473 e 477.*

✱ *V. CPP, arts. 97, § 2º, 158 a 161, 170, 176, 180, 182, 184 e 342.*

✱ *V. CTB, arts. 269, IX, e 277.*

✱ *V. CLT, arts. 195, 790-B, 852-H, §§ 4º e 6º .*

✱ *V. Lei nº 5.584/1970 (Dispõe sobre normas de Direito Processual do Trabalho), art. 3º.*

✱ *V. Lei nº 8.213/1991 (Dispõe sobre planos de benefícios da Previdência Social), arts. 21-A, 43, § 1º, 60, § 4º, e 104, I.*

✱ *V. Súmulas nºs 230, 314, 345 e 460 do STF.*

✱ *V. Súmulas nºs 293, 448 e 453 do TST.*

✱ *V. Orientações Jurisprudenciais nºs 165 e 278 da SBDI-I do TST.*

PERIGO DE CONTÁGIO VENÉREO – Crime consistente em expor alguém, por meio de relações sexuais ou qualquer ato libidinoso, a contágio de moléstia venérea, de que sabe ou deve saber que está contaminado.

✱ *V. CP: arts. 130 a 132.*

PERÍODO DE GRAÇA – É o lapso temporal estipulado em lei durante o qual o segurado do Regime Geral de Previdência Social pode requerer benefícios previdenciários mesmo sem efetuar o recolhimento mensal de contribuições nesse período. A qualidade de segurado do cidadão é mantida durante determinado período de tempo, nestas condições, que pode perdurar de 12 até 36 meses.

✱ *V. Lei nº 8.213/1991 (Dispõe sobre os Planos de Benefícios da Previdência Social), art. 15.*

✱ *V. Dec. nº 3.048/1999 (Regulamento da Previdência Social), art. 13.*

PERITO – 1. Quem possui especialização em certo ramo do conhecimento, atividade ou assunto. 2. Que possui domínio técnico ou prático em determinada profissão ou atividade.

✱ *V. CPC/2015, arts. 95, 148, 156 a 158, 473, 477, 478, 482 e 784.*

PERJÚRIO – Falso testemunho; quebra de juramento; falsidade. Delito contra a administração da justiça.

PERMUTA – É uma forma de alienação e de aquisição de coisa. Contrato pelo qual as partes transferem e recebem um bem, uma da outra; esses bens se substituem, reciprocamente, no patrimônio dos que os trocam. Pressupõe-se que os bens permutados sejam do mesmo valor, mas também se admite troca de coisas de valores desiguais, um em relação ao outro, havendo *reposição* em dinheiro do que faltar. 3. Troca de função pública ou de posto entre dois empregados de igual categoria, no Direito Administrativo. A EC nº 130/2023 determinou que a permuta de juízes de comarca de igual entrância, quando for o caso, e dentro do mesmo segmento de justiça, inclusive entre os juízes de segundo grau, vinculados a diferentes tribunais, na esfera da justiça estadual, federal ou do trabalho, atenderá, no que couber, ao disposto nas alíneas *a*, *b*, *c* e *e* do inciso II do *caput* no art. 93 e no art. 94 desta Constituição. Tal determinação permite a permuta entre juízes de direito vinculados a diferentes tribunais.

✱ *V. CF, arts. 93, VIII-B e 94.*

De bem público: para que esta ocorra há necessidade de autorização legal e avaliação prévia das coisas objetos de troca. Não se exige licitação, impossível de realizar-se, por não admitir, a determinação dos objetos de troca, substituição ou competição licitatória. São aplicados à permuta os dispositivos legais da compra e venda civil ou comercial; na troca de imóveis, há que atender às formas e aos registros competentes para a transferência de domínio.

✱ *V. CC, art. 533.*

✱ *V. EC nº 130/2023 (Altera o art. 93 da Constituição Federal para permitir a permuta entre juízes de direito vinculados a diferentes tribunais).*

PERSEGUIÇÃO – Fato típico acrescentado ao Código Penal, pela Lei nº 14.132/2021, consistente em perseguir alguém, reiteradamente e por qualquer meio, ameaçando-lhe a integridade física ou psicológica, restringindo-lhe a capacidade de locomoção ou, de qualquer forma, invadindo ou perturbando sua esfera de liberdade ou privacidade. A pena é de reclusão por 6 (seis) meses a 2 (dois) anos e multa.

✱ *V. CP, art. 147-A.*

✱ *V. Lei nº 14.132/2021 (Acrescenta o art. 147-A ao Decreto-Lei nº 2.848, de 7 de dezembro de 1940 (Código Penal), para prever o crime de perseguição; e revoga o art. 65 do Decreto-Lei nº 3.688, de 3 de outubro de 1941 (Lei das Contravenções Penais).*

PERSONALIDADE – É a possibilidade jurídica de adquirir direitos e contrair obrigações. A personalidade civil se adquire com o nascimento com vida, como determinam os arts. 2º a 4º do atual CC. Os direitos da personalidade são intransmissíveis e irrenunciáveis. Avanço importante do novo CC é o *direito de personalidade* (q.v.). Existe uma tendência de incluir no art. 2º do CC os direitos do embrião por causa da clonagem, havendo uma grande corrente de opinião que defende ser o embrião um ser vivo e com direito à vida.

Jurídica: Pode ser de: I – *direito público interno* (a União, os Estados, o Distrito Federal e os Municípios, as autarquias, e demais entidades de caráter público, criados por lei; Estados estrangeiros e todas as pessoas regidas pelo direito internacional público o *externo*); II – *direito privado* (as associações, as sociedades, as fundações). Sua existência começa com a inscrição do ato constitutivo no respectivo registro, precedida, quando necessário, de autorização ou aprovação do Poder Executivo. A elas aplicam-se, no que couber, a proteção dos direitos da personalidade. ***V.*** *Pessoa.*

✱ *V. CC: arts. 40 a 69.*

PERTURBAÇÃO DO TRABALHO – Contravenção que consiste em alguém perturbar o trabalho ou o sossego alheios com gritaria, algazarra, exercendo profissão incômoda ou ruidosa contra as determinações legais, abusando de instrumentos sonoros ou de sinais acústicos, procurando impedir barulho produzido por animal de que tem a guarda: prisão simples de 15 dias a 3 meses, ou multa.

✱ *V. LCP: art. 42.*

PERVERSIDADE – Depravação, corrupção, maldade. Qualidade de perverso, de quem exacerba os sofrimentos da vítima de homicídio, agravando as suas lesões e dores. É circunstância agravante.

PESCA – O Código de Pesca (Dec.-lei nº 221/1967) define a pesca como "todo ato tendente a capturar ou extrair elementos animais ou vegetais que tenham na água seu normal ou mais frequente meio de vida". A pesca pode ser *comercial*, *desportiva* e *científica*, regulamentadas pelo Código da Pesca, que dispõe ainda sobre as limitações à pesca, restrições quanto a instrumentos e métodos de pesca, lançamento de resíduos líquidos ou sólidos às águas; e reserva ao Poder Público o direito de interditar a pesca, transitória ou definitivamente, em águas do domínio público ou privado, nas épocas e nos locais que lhe parecerem necessários. As *infrações de pesca* são contravenções penais ou crimes, conforme sua gravidade.

✱ *V. Lei nº 9.605/1998 (Tipifica condutas lesivas ao meio ambiente): arts. 33 a 36.*

✱ *V. Dec.-lei nº 221/1967 (Código de Pesca): arts. 1º a 5º, 17, 22 a 25, 33 a 39 e 61.*

✱ *V. Lei nº 13.288/2016 (Dispõe sobre os contratos de integração, obrigações e responsabilidades nas relações contratuais entre produtores integrados e integradores).*

PESSOA – Ser que é capaz de exercer direitos e contrair obrigações. O CC divide-a em *pessoa natural* e *pessoa jurídica*. A personalidade civil começa com o nascimento com vida, mas a lei põe a salvo desde a concepção os direitos do nascituro. As pessoas jurídicas são de direito público, interno ou externo, e de direito privado. De direito público interno são a União, cada um dos Estados e o Distrito Federal, cada um dos municípios legalmente constituídos, e são civilmente responsáveis por atos de seus representantes. São pessoas jurídicas de direito privado: as sociedades civis, religiosas, científicas ou literárias, as associações de utilidade pública e as fundações; as sociedades mercantis. O domicílio civil da pessoa natural é o lugar onde ela estabelece sua residência com ânimo definitivo. A que não tem residência habitual, seu domicílio será o lugar onde for encontrada. O domicílio das pessoas jurídicas é: da União, o Distrito Federal; dos Estados, as respectivas capitais; dos municípios, os locais onde funcione a Administração Municipal. O usufruto constituído em favor de pessoa jurídica extingue-se com esta, ou, se ela perdurar, aos 30 anos da data que se começou a exercer. A pessoa jurídica pode ser formada por pessoas naturais ou bens, como nas fundações.

✱ *V. CC: arts. 1º a 21, 75, 981 e 1.410, III.*

PESSOA COM DEFICIÊNCIA – 1. Para o Dir. Internacional, incorporado pelo ordenamento jurídico brasileiro, é toda aquela que tem impedimentos de longo prazo de natureza física, mental, intelectual ou sensorial, os quais, em interação com uma ou mais barreiras, podem obstruir sua participação plena e efetiva na sociedade em igual dade de condições com as demais pessoas. Portanto, o conceito jurídico não abarca toda e qualquer pessoa que apresenta alguma limitação, mas apenas aquelas cuja restrição efetivamente impacte sua interação no meio social. Diante da atual definição, não é correta a aplicação dos termos *deficiente* ou *pessoa portadora de deficiência*. 2. No ordenamento jurídico brasileiro, as pessoas com deficiência foram as primeiras por minorias a serem tuteladas por normas protetivas, as quais se espraiam pela legislação trabalhista, previdenciária, sanitária e tributária, culminando com a promulgação da Lei nº 13.146/2015 (Estatuto das Pessoas com Deficiência). 3. No plano internacional, o conceito foi aperfeiçoado pela Organização Mundial da Saúde (OMS), sendo, afinal, consagrado pela aprovação, em 2006, da Convenção Internacional sobre os Direitos das Pessoas com Deficiência, ratificada pelo Congresso Nacional brasileiro na forma do art. 5º, § 3º, da Constituição, e, portanto, formalmente equiparada às Emendas Constitucionais. 4. A Constituição Federal garante um salário mínimo mensal ao portador de deficiência que comprove não poder prover a própria manutenção ou tê-la provida pela família. Esse dispositivo é disciplinado pela Lei nº 8.742/1993, regulamentada pelo Dec. nº 6.214/2007. Contudo, em função da definição de pessoa com deficiência, constante do art. 20, § 2º, do mesmo diploma legal, com a redação dada pela Lei nº 13.146, de 2015, que apenas reproduz a definição da Convenção Internacional, surgiu uma controvérsia acerca da eventual restrição do alcance do benefício de prestação continuada, passando apenas a ser concedido aos deficientes incapazes para quaisquer atos da vida independente. Tal interpretação paradoxalmente vai contra a teleologia da norma, que é a de aumentar o alcance de proteção das pessoas com deficiência, e tem gerado numerosas demandas judiciais em face da negativa de concessão de benefícios pelo INSS, a despeito da constatação de incapacidade dos requerentes para prover o próprio sustento. 5. O art. 227, § 1º, II, da CF, prevê a "criação de programas de prevenção e atendimento especializado para as pessoas portadoras de deficiência física, sensorial ou mental, bem como de integração social do adolescente e do jovem portador de deficiência, mediante o treinamento para o trabalho e a convivência, e a facilitação do acesso aos bens e serviços coletivos, com a eliminação de obstáculos arquitetônicos e de todas as formas de discriminação". Com base nesta disposição, foi editada a Lei nº 10.098/2000, que disciplina normas gerais sobre acessibilidade às pessoas com deficiência, nas vias e espaços públicos, no mobiliário urbano, na construção e reforma de edifícios e nos meios de transporte e de comunicação. **V.** *Deficiente* e *Pessoa portadora de deficiência*.

✱ **V.** *CF, arts. 7º, XXXI, 23, II, 24, XIV, 37, VIII, 40, § 4º, I, 201, § 1º, 203, IV e V, 208, III, 227, § 1º, II, e § 2º, e 244.*

✱ **V.** *LC nº 142/2013 (Regulamenta a aposentadoria especial da pessoa com deficiência).*

✱ **V.** *Lei nº 7.853/1989 (Dispõe sobre o apoio às pessoas portadoras de deficiência).*

✱ **V.** *Lei nº 8.213/1991 (Lei dos Planos de Benefícios da Previdência Social), art. 93.*

✱ **V.** *Lei nº 8.742/1993 (Lei Orgânica da Assistência Social), art. 20, §§ 2º, 3º, 5º, 9º e 10.*

✱ **V.** *Lei nº 10.048/2000 (Dispõe sobre a prioridade de atendimento, em serviços públicos, a idosos e pessoas com deficiência).*

✱ **V.** *Lei nº 10.098/2000 (Estabelece normas gerais e critérios básicos para a promoção da acessibilidade das pessoas portadoras de deficiência ou com mobilidade reduzida).*

✱ **V.** *Lei nº 11.126/2005 (Dispõe sobre o direito do portador de deficiência visual de ingressar e permanecer em ambientes de uso coletivo acompanhado de seu cão-guia).*

✱ **V.** *Lei nº 13.146/2015 (Estatuto das Pessoas com Deficiência).*

✱ **V.** *Dec. nº 9.508/2018 (Reserva às pessoas com deficiência percentual de cargos e de empregos públicos ofertados em concursos públicos e em processos seletivos no âmbito da administração pública federal direta e indireta).*

PESSOA DESAPARECIDA – 1. Todo ser humano cujo paradeiro é desconhecido, não importando a causa de seu desaparecimento, até que sua recuperação e identificação tenham sido confirmadas por vias físicas ou científicas.

✱ **V.** *Lei nº 13.812/2019 (Institui a Política Nacional de Busca de Pessoas Desaparecidas, cria o Cadastro Nacional de Pessoas Desaparecidas e altera a Lei nº 8.069, de 13 de julho de 1990 (Estatuto da Criança e do Adolescente)).*

PESSOA PORTADORA DE DEFICIÊNCIA – **V.** *Pessoa com deficiência.*

PETIÇÃO INICIAL – Peça escrita na qual o autor formula seu pedido, expondo os fatos e sua fundamentação legal contra o réu, dando início ao processo.

✱ **V.** *CPC/1973: arts. 282 a 296 e 396.*

✱ **V.** *CPC/2015, arts. 2º, 141, 146, 291 a 293, 319 a 331, 335, 336, 343, 344, 485, 490, 492 e 801.*

✱ **V.** *CLT, art. 731.*

✱ **V.** *Lei nº 5.478/1968 (Lei da Ação de Alimentos).*

✱ **V.** *Lei nº 6.830/1980 (Lei de Execução Fiscal), art. 6º.*

✱ **V.** *Lei nº 8.906/1994 (Estatuto da Advocacia e a OAB), art. 1º.*

✱ **V.** *Lei nº 12.016/2009 (Lei do Mandado de Segurança), art. 6º.*

PICHAÇÃO – A Lei nº 9.605/1998 (Lei dos Crimes Ambientais) foi alterada pela Lei nº 12.408/2011 para descriminalizar o ato de grafitar, se tiver por objetivo valorizar o patrimônio público ou privado mediante manifestação artística, desde que consentida pelo proprietário (bem privado) e, no caso de bem público, com a autorização do órgão competente e a observância das posturas municipais e das normas editadas pelos órgãos governamentais responsáveis pela preservação e conservação do patrimônio histórico e artístico nacional. Ainda, a Lei nº 12.408/2011 proíbe a comercialização de tintas em embalagens do tipo aerossol para menores de 18 anos.

PIGNORATÍCIO – Que diz respeito ao penhor; credor garantido com penhor.

PLACAS ESPECIAIS – A Lei nº 12.694/2012 acresceu o § 7º ao art. 115, do CTB, para dispor: "§ 7º Excepcionalmente, mediante autorização específica e fundamentada das respectivas corregedorias e com a devida comunicação aos órgãos de trânsito competentes, os veículos utilizados por membros do Poder Judiciário e do Ministério Público que exerçam competência ou atribuição criminal poderão temporariamente ter placas especiais, de forma a impedir a identificação de seus usuários específicos, na forma de regulamento a ser emitido, conjuntamente, pelo Conselho Nacional de Justiça – CNJ, pelo Conselho Nacional do Ministério Público – CNMP e pelo Conselho Nacional de Trânsito – CONTRAN".

PLÁGIO – Violação da propriedade intelectual que se caracteriza pela imitação total ou parcial de obra literária alheia, inculcando-se a qualidade de seu autor. O plágio é *parcial*, quando alguém se vale de obras alheias em trabalho seu, sem indicar a fonte ou sem pôr entre aspas as citações, para que pareçam próprias. Torna-se contrafação quando há reprodução fraudulenta de obra alheia com objetivo de lucro. Ocorre tanto em livros, como em música, filmes, pintura etc.

PLANO DIRETOR – O Plano Diretor é o instrumento básico da política de desenvolvimento do Município. Sua principal finalidade é orientar a atuação do poder público e da iniciativa privada na construção dos espaços urbano e rural e na oferta dos serviços públicos essenciais, visando assegurar melhores condições de vida para a população. O art. 50 da A Lei nº 10.257/2001 estabelece que: "Os Municípios que estejam enquadrados na obrigação prevista nos incisos I e II do *caput* do art. 41 desta Lei e que não tenham plano diretor aprovado na data de entrada em vigor desta Lei deverão aprová-lo até 30 de junho de 2008". (Redação dada pela Lei nº 11.673/2008). A Lei nº 13.406/2016, que alterou dispositivos da Lei nº 12.587/2012, estendeu o prazo exigido para a elaboração do Plano de Mobilidade Urbana e para sua compatibilização com o plano diretor municipal.

✱ *V. Lei nº 10.257/2001 (Estatuto da Cidade), arts. 39 a 42-B.*

PLEA BARGAIN – *V.* Acordo de não persecução penal.

PLEBISCITO – Consulta prévia que se faz ao eleitorado, para a adoção ou não de determinada medida de relevante interesse público. É a forma mais autêntica e democrática da participação do povo no governo, pois a deliberação tomada diretamente dispensa o parecer dos representantes da nação. Assim, por exemplo, conforme determinou o art. 2º do ADCT, no dia 7 de setembro de 1993, o eleitorado definiria, mediante *plebiscito*, que forma (república ou monarquia) e que sistema de governo (parlamentarismo ou presidencialismo) passariam a vigorar no País.

✱ *V. CF: art. 14, I.*

PLENÁRIO – Diz-se do Tribunal do Júri ou de qualquer assembleia deliberativa ou parlamentar, assim como de tribunal reunido com número legal ou regimental de membros para funcionar em sessão plenária. O próprio órgão ou recinto onde se realiza a sessão.

Preparação do processo para julgamento em Plenário: *V.* arts. 422 a 424 do CPP (com redação dada pela Lei nº 11.689/2008).

Da Instrução em Plenário: *V.* arts. 473 a 475 do CPP (com redação dada pela Lei nº 11.689/2008).

PLENOS PODERES – Cláusula ampla que o mandante dá ao mandatário para que aja em seu nome e por sua conta. Poderes plenos estão consubstanciados na carta credencial de um representante diplomático para discutir e concluir tratados internacionais em nome de seu país.

PODER – Força imanente do Governo para atingir sua finalidade; possibilidade legal de agir, de fazer. Direito de ordenar, de fazer-se obedecer, pela força coercitiva da lei ou das atribuições de que se reveste o cargo de que está investido quem tem a faculdade de ordenar.

✱ *V. CPC/2015, arts. 178, 360, I a III.*

Constituinte: Poder destinado a alterar total ou parcialmente a estrutura jurídico-política do Estado. Manifesta-se, em via de regra, pela força, embora não sejam raras suas manifestações pacíficas. Seus veículos usuais de manifestação vêm a ser a *revolução política* e o *golpe de Estado*. Quando dotado de soberania, ou seja, de capacidade ilimitada de atuação, chama-se *poder constituinte originário*, e, quando criado por este, para alterar periodicamente a Constituição, nos limites impostos por esta, chama-se *poder constituinte derivado*, sendo representado, na Constituição brasileira, pelos senadores, deputados federais e deputados estaduais, e pelo Presidente da República.

Discricionário: Margem de liberdade concedida pela lei à Administração Pública para, em cada caso, decidir conforme a convicção do agente e as circunstâncias do fato. É a liberdade concedida aos órgãos administrativos quanto à conveniência e oportunidade dos atos administrativos. Estando limitado pela lei, o poder discricionário não se confunde com a arbitrariedade ofensiva à legalidade.

Executivo: É um dos três poderes de que se compõe o Estado, incumbido de fazer executar as leis e governar, com instrumentos próprios, para gerir os negócios públicos e realizar os fins do Estado. Poder atribuído, nos regimes democráticos, ao chefe da Nação e a seus auxiliares imediatos. Prefere-se, atualmente, a denominação *Governo* ou *função governamental*, já que o Executivo tem o poder, também, de legislar sobre várias matérias por meio de *medidas provisórias* (q.v.) e apresentar emendas à CF e projetos de leis complementares e ordinárias e leis delegadas. Nesse sentido, o Presidente da República passa a ser o chefe do Governo e o Chefe de Estado no regime presidencialista.

✱ *V. CF: arts. 60, II, 61,* caput *e § 1º, 62, 68, 76 e 84,* caput, *I a V.*

Familiar: Antes denominado "pátrio poder", é uma soma de direitos e obrigações estabelecida para a proteção dos filhos menores. Compete em conjunto ao pai e à mãe, durante o casamento e a união estável. Quando há discordância, cabe recurso ao juiz. No impedimento ou na falta de um deles, o outro exercerá o poder familiar com exclusividade (arts. 1.630 a 1.638 do CC); o art. 1.689 do CC preconiza que o poder familiar implica a administração e o usufruto dos bens dos filhos.

Judiciário: Conjunto de órgãos destinados à administração da justiça, que tem o poder de julgar, como função do Estado, aplicar a lei e zelar pelo seu fiel cumprimento. São órgãos do Poder Judiciário: O Supremo Tribunal Federal (STF), o Superior Tribunal de Justiça (STJ), Tribunais Regionais Federais e Juízes Federais, os Tribunais e Juízes do Trabalho, os Tribunais e Juízes Eleitorais, os Tribunais e Juízes Militares, os Tribunais e Juízes dos Estados, do Distrito Federal e dos Territórios. O STF e os Tribunais Superiores têm sede em Brasília e jurisdição em todo o Território Nacional.

✱ *V. CF: arts. 92 a 126.*

Legislativo: O Poder Legislativo é exercido pelo Congresso Nacional, composto de Câmara dos Deputados e do Senado Federal; cada deputado federal terá mandato de 4 anos; o dos senadores é de 8 anos, e são invioláveis por suas opiniões, palavras e votos. A CF fixa as atribuições do Poder Legislativo e as normas para o seu funcionamento.

✱ *V. CF: arts. 44 a 75.*

POLÍCIA – Órgão do Poder Público incumbido de garantir, manter, restaurar a ordem e a segurança públicas; zelar pela tranquilidade dos cidadãos; pela proteção dos bens públicos e particulares; prevenir contravenções e violações da lei penal; auxiliar a justiça.

Judiciária: Aquela exercida pelas autoridades policiais, tendo por objetivo a apuração das infrações penais e a autoria destas.

✱ *V. CPP, art. 4º.*

Penal: São os agentes do sistema penitenciário da União e dos Estados que passaram, por disposição constitucional expressa, a ser considerados como policiais para fins administrativos, penais e previdenciários. Apesar da referida equiparação, o trabalho por eles desenvolvido é de agente penitenciário e não de polícia.

✱ *V. CF, art. 144, VI e §§ 5º e 6º.*

POLÍTICA NACIONAL DE MOBILIDADE URBANA – Criada pela Lei nº 12.587/2012. A Política Nacional de Mobilidade Urbana é instrumento da política de desenvolvimento urbano de que tratam o inciso XX do art. 21 e o art. 182 da Constituição Federal, objetivando a integração entre os diferentes modos de transporte e a melhoria da acessibilidade e mobilidade das pessoas e cargas no território do Município. A Política Nacional de Mobilidade Urbana tem por objetivo contribuir para o acesso universal à cidade, o fomento e a concretização das condições que contribuam para a efetivação dos princípios, objetivos e diretrizes da política de desenvolvimento urbano, por meio do

P

planejamento e da gestão democrática do Sistema Nacional de Mobilidade Urbana.

POLÍTICA NACIONAL DE RESÍDUOS SÓLIDOS – Instituída pela Lei nº 12.305/2010. Regulamentada pelo Dec. nº 11.300/2022.

Resíduos Sólidos: material, substância, objeto ou bem descartado resultante de atividades humanas em sociedade, a cuja destinação final se procede, se propõe proceder ou se está obrigado a proceder, nos estados sólido ou semissólido, bem como gases contidos em recipientes e líquidos cujas particularidades tornem inviável o seu lançamento na rede pública de esgotos ou em corpos d'água, ou exijam para isso soluções técnica ou economicamente inviáveis em face da melhor tecnologia disponível (art. 3º, XVI, da Lei nº 12.305/2010). Objeto da Política Nacional de Resíduos Sólidos.

Logística Reversa de Embalagens de Vidro: instrumento de desenvolvimento econômico e social caracterizado por um conjunto de ações, procedimentos e meios destinados a viabilizar a coleta e a restituição de embalagens de vidro ao setor empresarial, para reaproveitamento, em seu ciclo ou em outros ciclos produtivos, ou para outra destinação final ambientalmente adequada.

POLUIÇÃO – Toda alteração das propriedades naturais do meio ambiente, causada por agente de qualquer espécie, prejudicial à saúde, à segurança ou ao bem-estar da população sujeita aos seus efeitos. É a degradação da qualidade ambiental resultante de atividades que direta ou indiretamente prejudiquem a saúde, a segurança e o bem-estar da população; criem condições adversas às atividades sociais e econômicas; afetem desfavoravelmente a biota; afetem as condições estéticas ou sanitárias do meio ambiente; e lancem matérias ou energia em desacordo com os padrões ambientais estabelecidos. O combate à poluição, no Brasil, faz-se por leis, decretos, portarias, mas não há uma legislação sistemática para combate da poluição e proteção ambiental, como há em outros países.

✱ ***V.*** *Lei nº 6.938/1981 (Dispõe sobre a Política Nacional do Meio Ambiente), art. 3º, III.*

✱ ***V.*** *Lei nº 7.347/1985 (Disciplina Lei da ação civil pública), arts. 1º, I, 4º, e 5º, V, b.*

✱ ***V.*** *Lei nº 9.605/1998 (Lei dos crimes Ambientais), art. 54.*

PORTARIA – Ato normativo de autoridade pública, consistente na determinação de providências para o bom andamento do serviço público.

PORTE DE ARMA – Regulado atualmente pelos arts. 6º a 11 da Lei nº 10.826/2003 (Estatuto do Desarmamento), o porte de arma somente é permitido às pessoas constantes de rol taxativo previsto expressamente no art. 6º do Estatuto. O porte ilegal de arma de fogo de uso permitido constitui crime previsto no art. 14, que é apenado com reclusão de 2 a 4 anos e multa. Referido crime é inafiançável, salvo quando a arma de fogo estiver registrada em nome do agente. Constitui crime mais grave o porte de arma de uso proibido ou restrito, apenado com reclusão de 3 a 6 anos e multa.

POSSE – 1. Exercício pleno, ou não, de alguns dos poderes inerentes ao domínio ou propriedade. 2. A posse é a exteriorização da propriedade, o poder de fato sobre a coisa, sendo a propriedade um poder de direito. Não é possuidor o que está em relação de dependência para com outro e conserva a posse em nome deste e em cumprimento de ordem ou instruções suas; sendo-lhe demandada a coisa em nome próprio, deverá nomear à autoria o proprietário ou o seu possuidor. No caso do usufrutuário, credor pignoratício, locatário, se exerce temporariamente a posse direta, não anula esta a posse indireta das pessoas de quem eles a houveram. É justa a posse que não for violenta, clandestina ou precária; mas não induzem posse os atos de mera permissão ou tolerância, assim como não autorizam sua aquisição os atos violentos, clandestinos, senão depois de cessar a violência ou a clandestinidade. A posse é de boa-fé se o possuidor ignora o vício, ou o obstáculo que lhe impede a aquisição da coisa, ou do direito possuído. O possuidor com justo título tem por si a presunção da boa-fé, salvo prova em contrário, ou quando a lei expressamente não admite esta presunção, e quando as circunstâncias indiquem que o possuidor não ignora que possui indevidamente. O possuidor tem direito a ser mantido na posse em caso de turbação, e restituído no de esbulho. As ações de manutenção e as de esbulho serão sumárias, se intentadas dentro de ano e dia da turbação ou esbulho; e, passado esse prazo, ordinárias, não perdendo o caráter possessório. O prazo de ano e dia não corre enquanto o possuidor defende a posse, restabelecendo a situação de fato anterior à turbação ou esbulho. 3. A mulher que desejar garantir os direitos do filho nascituro apresentará laudo que ateste a sua gravidez e o juiz declarará a requerente investida na posse dos direitos que assistem ao nascituro. 4. O CC especifica os modos de aquisição e perda da posse, assim como assegura ao proprietário o direito de usar, gozar e dispor dos seus bens, e de reavê-los do poder de quem quer que injustamente os possua. Regula, ainda, a aquisição e a perda de propriedade imóvel e móvel. 5. No Dir. Administrativo, é investidura, por meio de assinatura de termo, do servidor público na função ou no cargo para o qual foi nomeado e considerado apto física e mentalmente, por prévia inspeção médica oficial, para o exercício do cargo.

✱ ***V.*** *CC, arts. 1.196 a 1.224.*

✱ ***V.*** *CPC/1973, arts. 877 e 878.*

✱ ***V.*** *CPC/2015, arts. 47, § 1º, 561, I, 615, 674, 677 e 678, parágrafo único.*

✱ ***V.*** *Lei nº 8.112/1990 (Regime Jurídico Único dos Servidores Públicos Civis da União, Autarquias e Fundações Públicas Federais), arts. 13 e 14.*

POSSEIRO – Aquele que invade e ocupa a coisa, não tendo direito a ela. O que ocupa, por primeiro, mansa e pacificamente, terras devolutas.

POSTO DE CONTROLE – O Dec. nº 7.845/2012 que regulamenta procedimentos para credenciamento de segurança e tratamento de informação classificada em qualquer grau de sigilo, e dispõe sobre o Núcleo de Segurança e Credenciamento conceituou gestor de segurança e credenciamento. De acordo com o art. 2º, XV, considera-se posto de controle: "(...) unidade de órgão ou entidade pública ou privada, habilitada, responsável pelo armazenamento de informação classificada em qualquer grau de sigilo; (...)"

POSTULAÇÃO – Pedido, petição, reivindicação, requerimento. Exposição do fato e alegação do direito que a parte apresente a juízo, fundamentando pretensão sua ou refutando a de outrem.

POSTURAS MUNICIPAIS – São as leis e os decretos originários dos poderes municipais competentes. As posturas municipais visam regular as atividades comerciais, os transportes urbanos e outras questões específicas dos municípios.

POUSIO – A Lei nº 12.651/2012 (Novo Código Florestal) em seu art. 3º, XXIV, conceituou pousio. "XXIV – pousio: prática de interrupção temporária de atividades ou usos agrícolas, pecuários ou silviculturais, por no máximo 5 (cinco) anos, para possibilitar a recuperação da capacidade de uso ou da estrutura física do solo;"

PRÁTICO – 1. Pessoa que trabalha em profissão liberal, mas não possui diploma. 2. Pessoa com habilidade no desenvolvimento de tarefas úteis. 3. Em Filosofia Geral, se refere à ação, ao fazer com engenhosidade. 4. Em Direito Militar, é o nome que se dá ao oficial sem curso que logrou passar os postos de hierarquia militar em virtude de seu conhecimento prático das atividades. 5. Em Direito Marítimo, é a pessoa responsável por conduzir embarcações. Exerce a praticagem. Segundo o conceito expresso na Lei nº 9.537/1997, é o "aquaviário não tripulante que presta serviços de praticagem embarcado". A referida lei esclarece, em seu art. 15, que ao prático não é permitido se recusar à prestação do serviço de praticagem, sob pena de ter o certificado de habilitação suspenso ou cancelado em caso de reincidência na recusa.

✱ *V. CLT, art. 371.*

✱ *V. Lei nº 9.537/1997 (Dispõe sobre a segurança do tráfego aquaviário em águas sob jurisdição nacional e dá outras providências), arts. 2º, XV; 12 a 15.*

PRAXISTA – O que conhece a praxe, versado na prática forense; jurista especializado em praxe processual. Processualista.

PRAZO – Lapso de tempo em que um ato deve ou não ser praticado. Conta-se por dias, por intervalos de 24 horas, de meia-noite ao meio-dia, entre a data de início (*dies a quo*) e o termo final de uma relação jurídica (*dies ad quem*). Exclui-se o dia de início e inclui-se o do vencimento. O prazo diz-se: *convencional* ou *contratual*, se ajustado pelas partes; *consuetudinário*, se decorre de usos e costumes; *contínuo*, é aquele que flui continuamente, mesmo em domingos e feriados; *de graça* ou *favor*, aquele que o credor concede por tolerância, graciosamente; *determinado* ou *certo*, aquele, suspensivo ou resolutivo, cuja duração é fixada com antecedência, com previsão; *extintivo* ou *de decadência*, dentro do qual decai o direito que não foi exercido; também chamado *prazo de caducidade*; *indefinido*, quando não tem fixada a sua duração; *indeterminado* ou *incerto*, quando fixado em relação a acontecimento futuro necessário, tendo o seu término no dia em que ele ocorrer; *legal*, aquele fixado por lei; *preclusivo*, aquele durante o qual deve ser cumprido um ato, tornando-se inoperante se isso não acontecer; *resolutivo*, quando seu vencimento implica na extinção ou caducidade de um direito a ele subordinado; *suspensivo*, quando se estabelece que o exercício do direito se dará apenas numa certa data. Os atos entre vivos, sem prazo, são exequíveis desde logo; salvo se a execução tiver de ser feita em lugar diverso ou depender de tempo. No Dir. Penal, o dia do começo inclui-se no cômputo do prazo; dias, meses e anos são contados pelo calendário comum. O prazo para internação ou tratamento ambulatorial será indeterminado, sendo o mínimo de 1 e o máximo de 3 anos. O CP aponta, ainda, prazos de prescrição antes de trânsito em julgado de sentença, das penas restritivas de direito e depois de transitar em julgado sentença final condenatória, além de outros prazos. A ação contra grave violação dos deveres do casamento, como, tentativa de morte, sevícia ou injúria grave, abandono do lar por um ano contínuo, condenação por crime infamante e conduta desonrosa, poderá ser proposta a qualquer tempo, no foro do domicílio da residência da mulher (art. 100, I, do CPC/1973, correspondente ao art. 53 do CPC/2015). O prazo forense diz-se: *citatório*, aquele dentro do qual devem ser feitas certas citações ou atendidas estas; *cominatório*, em cujo percurso deve ser praticado o ato indicado, sob sanção se o não for; *deliberatório*, fixado para que as partes nele apresentem defesa; *dilatório*, aquele que decorre antes do prazo marcado para efetivação de ato no processo; *improrrogável*, aquele que o juiz não pode prorrogar a seu arbítrio; *judicial*, o concedido pelo juiz; *prorrogável*, o quo pode ser ampliado pelo juiz, sem ferir dispositivo legal; *que corre em cartório*, aquele cujos casos a lei especifica, contado com os autos em poder do escrivão, de onde não podem sair com vistas às partes; *restabelecido*, quando é de novo instituído em favor da parte. Na *intimação*, o prazo começa no ato da intimação, cientificada nos autos; nas *citações*, inicia-se com a juntada nos autos do ato citatório ou da peça que o contém; no *edital*, começa o prazo no fim do tempo fixado pelo juiz.

✱ *V. CC: arts. 132 a 135.*

✱ *V. CPC/1973: arts. 177 a 199, 241, 242 e 506.*

✱ *V. CPC/2015, arts. 218 a 235 e 1.003.*

✱ *V. CP: arts. 10, 97, § 1º, e 109 a 118.*

PREÂMBULO DA LEI – Elemento estrutural da lei que a situa no tempo e esclarece sua natureza e a matéria que versa. Compõe-se de três partes: a *epígrafe*, que informa a natureza e a data do diploma legal; a *ementa*, que esclarece qual ou quais os assuntos de que trata a lei, e os *considerandos*, que antecedem os artigos propriamente ditos e cuja finalidade é informar, à coletividade, as razões que levaram o legislador a elaborar a lei.

PRECATÓRIO – 1. Requisição determinada pelo juiz a repartições públicas e assemelhadas, para previsão, nos respectivos orçamentos, de verba suficiente ao pagamento de condenações judiciais sofridas pelo Estado. O mesmo que requisitório. 2. A EC nº 62 altera o art. 100 da CF e acrescenta o art. 97 ao ADCT, instituindo regime especial de pagamento de precatórios pelos Estados, pelo Distrito Federal e pelos Municípios. Posteriormente, a EC nº 94/2016 voltou a alterar o art. 100 da CF e acrescentou os arts. 101 a 105 no ADCT, em que estipulava prazo aos Estados, ao Distrito Federal e aos Municípios para o pagamento de seus precatórios até 31 de dezembro de 2020 – débitos vencidos e os que vencerão dentro desse período. 3. A Lei nº 13.463/2017 determinou o cancelamento dos precatórios federais expedidos e depositados há mais de dois anos em instituições financeiras oficiais, sem levantamento pelos credores. Contudo, não se declarou por essa lei a caducidade do direito do credor, que poderá solicitar a expedição de novo precatório, o qual assumirá nova posição na ordem cronológica de requisições de pagamento. 4. A Lei nº 14.057/2020 disciplinou os acordos diretos para pagamento de precatórios de grande valor, bem como os acordos terminativos de litígios contra a Fazenda Pública. 5. A EC nº 113/2021 determinou que, sem interrupção no pagamento do precatório e mediante comunicação da Fazenda Pública ao Tribunal, o valor de eventuais débitos do credor do requisitório deverá ser depositado à conta do juízo responsável pela ação de cobrança para posterior decisão sobre o destino definitivo do valor, bem como estabeleceu a taxa referencial do Sistema Especial de Liquidação e de Custódia (Selic) para correção monetária e juros de mora das condenações da Fazenda, inclusive no que diz respeito ao pagamento de requisições de pequeno valor e precatórios. Ademais, revogou o art. 108 do ADCT e autorizou, excepcionalmente, o parcelamento das contribuições previdenciárias e dos débitos referentes a elas pelos Municípios. 6. A EC nº 114/2021, dentre outras disposições, estabeleceu ordem de preferência de pagamento oriundo de condenações da Fazenda transitadas em julgado, inseriu no ordenamento a possibilidade de o credor do precatório ainda não pago celebrar acordo com renúncia de 40% (quarenta por cento) do valor do crédito, bem como alterou a data limite para apresentação dos precatórios até 02 de abril, antes a data era 01 de julho, para pagamento até o final do exercício seguinte.

✱ *V. CF, art. 100.*

✱ *V. EC nº 113/2021 (Altera a Constituição Federal e o Ato das Disposições Constitucionais Transitórias para estabelecer o novo regime de pagamentos de precatórios, modificar normas relativas ao Novo Regime Fiscal e autorizar o parcelamento de débitos previdenciários dos Municípios; e dá outras providências).*

✱ *V. EC nº 114/2021 (Altera a Constituição Federal e o Ato das Disposições Constitucionais Transitórias para estabelecer o novo regime de pagamentos de precatórios, modificar normas relativas ao Novo Regime Fiscal e autorizar o parcelamento de débitos previdenciários dos Municípios; e dá outras providências).*

✱ *V. ADCT, arts. 33, 78, 86, 87, 97 e 107-A.*

✱ *V. CPC/1973, art. 730, II.*

✱ *V. CPC/2015, arts. 535, § 3º, I, e 910, § 1º.*

✱ *V. Lei nº 13.463/2017 (Dispõe sobre os recursos destinados aos pagamentos decorrentes de precatórios e de requisições de pequeno valor federais).*

✱ *V. Lei nº 14.057/2020 (Disciplina o acordo com credores para pagamento com desconto de precatórios federais e o acordo terminativo de litígio contra a Fazenda Pública e dispõe sobre a destinação dos recursos deles oriundos para o combate à Covid-19, durante a vigência do estado de calamidade pública reconhecido pelo Decreto Legislativo nº 6, de 20 de março de 2020; e altera a Lei nº 7.689, de 15 de dezembro de 1988, e a Lei nº 8.212, de 24 de julho de 1991).*

✱ *V. Súm. Vinculante nº 17.*

✱ *V. Súmulas nºs 655 e 733 do STF.*

✱ *V. Súmulas nºs 144 e 311 do STJ.*

PRECEDENTE – 1. Que precede ou antecede, antecessor. 2. Fato ou circunstância que ocorreu antes de outra do mesmo gênero. 3. Procedimento ou decisão anterior, que será considerada em relação a práticas posteriores. 4. Modos e circunstâncias de vida de um acusado ou condenado em âmbito penal, para fins de avaliação da necessidade de prisão preventiva ou fixação da pena. 5. Julgamento anterior sobre idêntica questão de fato ou de direito, que pode ou não vincular os julgadores em hipóteses idênticas. 6. Com o CPC/2015, os precedentes devem ser observados pelos juízes e Tribunais, em especial aqueles oriundos dos Tribunais Superiores, os quais também devem sistematizar sua jurisprudência, a fim de permitir seu amplo conhecimento pela sociedade. 7. Os Tribunais, antes do CPC/2015, já possuíam comissões de estudo de sua jurisprudência, as quais estão sendo convertidas em comissões de precedentes, a exemplo do STJ, que passou a prever expressamente o órgão em seu Regimento Interno. 8. A Lei nº 13.655/2018, que inseriu diversos dispositivos à Lei de Introdução às normas do Direito Brasileiro, prevê indiretamente a observância dos precedentes também em seara administrativa, de modo que, ao adotar nova interpretação de normas e atos administrativos, as autoridades devam observar as orientações gerais até então vigentes, bem como, na medida do possível, estabelecer regime de transição para adoção do novo entendimento pelos administrados.

✱ *V. Dec. lei nº 4.657/1942 (Lei de Introdução às normas do Direito Brasileiro – LINDB (antiga LICC), arts. 23 e 24.*

✱ *V. CPC/2015, arts. 489, § 1º, V e VI; 926 a 928.*

✱ *V. RISTJ, arts. 40, § 1º, V, e 46-A.*

PRECLUSÃO – Caducidade de um direito, de termo ou faculdade processual que não foi exercitada no prazo fixado. Impedimento de retornar a fases ou oportunidades já superadas no processo. Pode ser: *temporal*, a perda do direito de praticar um ato por encerramento do prazo; deve-se contestar no prazo ou não se poderá mais fazê-lo, a não ser por justa causa; *lógica*, prática de ato incompatível com outro que se queira também praticar; *consumativa*, referente a atos já realizados, que não podem ser de novo praticados; *máxima*, a produzida pela coisa julgada, que afasta alegações e defesas que a parte poderia ainda opor. A preclusão, que só alcança as partes e não o juiz, pode também apresentar-se sob a forma *pro judicato*, na qual o juiz não pode decidir questão interlocutória já decidida e que não foi objeto de recurso. No Dir. Administrativo, a *coisa julgada administrativa* é uma preclusão de direitos internos, quando se exaurem os meios de impugnação, tornando-se irretratável a última decisão, que pode ser atacada por via judicial.

✱ *V. CPC/1973: arts. 183, 245, 295, IV, 473, 516 e 601.*

✱ *V. CPC/2015, arts. 223, 278, 330, I, 507 e 774, parágrafo único.*

PRECONCEITO – Prejuízo, conceito ou opinião formados antecipadamente, sem maior ponderação ou conhecimento dos fatos. Intolerância. A CF inclui entre os objetivos fundamentais do Brasil a promoção do bem de todos "sem preconceitos de origem, raça, sexo, cor, idade e quaisquer outras formas de discriminação". E informa que será considerado crime inafiançável e imprescritível a prática de racismo, sujeito à pena de reclusão na forma da lei. A Lei nº 7.437/1985 incluiu entre as contravenções penais a prática de atos que resultem de preconceito de raça, de cor, de sexo ou de estado civil. As penas variam de prisão simples, de 15 dias até 1 ano e perda do cargo, quando se tratar de funcionário público que obste o acesso de alguém a um cargo público civil ou militar ou negue emprego ou trabalho a alguém em autarquia, sociedade de economia mista, empresa concessionária de serviço público ou empresa privada, por preconceito de raça, de cor, sexo ou estado civil. Nos casos de reincidência em estabelecimentos particulares, o juiz poderá determinar a pena adicional de suspensão do funcionamento por prazo não superior a 3 meses.

✱ *V. CF: arts. 3º, IV, e 5º, XLII.*

✱ *V. Lei nº 7.716/1989 (Define os crimes resultantes de preconceito de raça ou de cor).*

PRÉDIO URBANO – Prédio assim considerado pela sua destinação, sendo irrelevante sua localização. A locação de prédios urbanos é regulada pela Lei nº 8.245/1991 (Lei do Inquilinato).

PREEMPÇÃO – Cláusula especial do contrato de compra e venda que estipula o direito de preferência do vendedor de um bem em adquiri-lo novamente, caso o comprador deseje vendê-lo.

✱ *V. CC: arts. 513 a 520.*

PREGÃO – Aviso público, proclamação. Anúncio feito pelo leiloeiro ou pelo porteiro dos auditórios de coisa levada a leilão ou hasta pública e dos lances que os licitantes fazem, chamada de testemunhas ou das partes feita pelo porteiro, ou o modo como declara aberta ou encerrada uma audiência do juiz. Local que as Bolsas de Valores mantêm para encontro de seus membros e realização, entre eles, de negociações para compra e venda de ações, em mercado livre e aberto. Modalidade de licitação permitida à União para a aquisição de bens e serviços comuns, segundo determinadas regras. Ainda, o Dec. nº 3.555/2000 (art. 3º, § 2º) considerou bens e serviços comuns aqueles cujos padrões de desempenho e qualidade possam ser objetivamente definidos no edital, por meio de especificações usuais praticadas no mercado.

✱ *V. Dec. nº 7.174/2010.*

PREJULGADO – Pronunciamento do Tribunal Superior do Trabalho e do Tribunal Superior Eleitoral, prévio e de caráter interpretativo, sobre direito em tese, que vinha estatuído no art. 902 da CLT e no art. 263 do Cód. Eleitoral. Foi extinto após o STF julgá-lo inconstitucional em 1982, tendo o TST convertidos os seus prejulgados em *enunciados*, de acordo com a Resolução Administrativa nº 44/1985, que atualmente os denominam por Súmulas. *V. Enunciado.*

PRELIMINARES – Argumentos que visam apontar vícios processuais ou fatos impeditivos do regular andamento da ação, sem referir-se diretamente ao mérito da causa. O CPC/1973 traz as hipóteses de arguição dessas preliminares em seu art. 301, correspondente ao art. 337 do CPC/2015.

✱ *V. CPC/1973: art. 301.*

✱ *V. CPC/2015, art. 337.*

PREMEDITAÇÃO – Determinação deliberada, consciente, tomada com antecedência, dolosa, pelo agente do crime antes de o consumar. É agravante qualificativa do delito.

PRÊMIO – 1. Recompensa ou pagamento pela realização de um serviço ou tarefa. 2. Homenagem concedia a alguém. 3. Quantia em dinheiro ou bens entregues a vencedores de concursos de prognósticos ou outro tipo de sorteio. 4. Prestação que o segurado paga ao segurador como preço de risco, no contrato de seguro. 5. Pagamento pelos serviços do testamenteiro, o qual, se não tiver sido fixado pelo testador, o juiz arbitrará, considerando o valor da herança e o trabalho de execução do testamento. O prêmio não excederá a 5% calculados sobre a herança líquida e deduzidos apenas da metade disponível quando houver herdeiros necessários, e de todo o acervo líquido nos demais casos. Se casado em comunhão de bens com herdeiro ou legatário, não terá direito ao prêmio, mas lhe é lícito preferir o prêmio à herança ou legado. Não se pagará o prêmio por adjudicação dos bens do espólio, a menos que o testamenteiro seja meeiro. O testamenteiro será removido e perderá o prêmio se forem consideradas ilegais suas despesas ou em discordância com o testamento; e se não cumprir as disposições testamentárias. 5. A Lei nº 13.467/2017 (Reforma Trabalhista) passou a definir prêmio como liberalidade concedida pelo empregador, na forma de bens, serviços ou valores em dinheiro, a um empregado ou grupo de empregados, em razão de desempenho superior ao ordinariamente esperado no exercício de suas atividades. A mesma lei alterou a redação do § 2º do art. 457 da CLT, afirmando que seu pagamento, ainda que habitual, não integra a remuneração do empregado nem constitui base de incidência de qualquer encargo trabalhista e previdenciário. Entretanto, tal definição parece ser inconstitucional, por colidir com o art. 201, § 11, da CF/1988, além de confrontar a jurisprudência dos Tribunais Superiores, firmada no sentido de que, se o prêmio decorreu diretamente da prestação de serviços, deve integrar a remuneração, com repercussão em outras verbas trabalhistas.

✱ *V. CC/2002, arts. 757, 758, 760, 763, 764, 766, 767, 769, 770 e 773, 1.987 a 1.989.*

✱ *V. CPC/1973, arts. 1.138 a 1.140.*

✱ *V. CPC/2015, art. 553, parágrafo único.*

✱ *V. CLT, art. 457, §§ 2º e 4º.*

PRENOTAÇÃO – Anotação prévia e provisória, feita por oficial do registro público, em títulos ou documentos dependentes de registro público.

✱ *V. Lei nº 6.015/1973 (Dispõe sobre os registros públicos): arts. 132, I, e 146 e segs.*

PREPOSTO (REPRESENTAÇÃO NA JUSTIÇA DO TRABALHO) – 1. Que foi posto antes, que se apresenta com antecedência. 2. Nome dado à pessoa que dirige negócio ou operação de outrem. 3. No Processo do Trabalho, é facultado ao empregador "fazer-se substituir pelo gerente ou qualquer outro preposto que tenha conhecimento do fato, e cujas declarações obrigarão o preponente". Até a entrada em vigor da Lei nº 13.467/2017 (Reforma Trabalhista), prevalecia o entendimento de que, embora a lei não exija a condição de empregado para o preposto representar o empregador, prevalece na jurisprudência a afirmação de que ele, o preposto, deveria ser empregado da empresa; mas há também pronunciamentos contrários, além de encontrar resistência na doutrina, salvo no caso de empregadores domésticos e de micro e pequenas empresas. A partir da entrada em vigor da nova lei, esta exigência foi expressamente afastada.

✱ *V. CLT: art. 843, § 1º.*

PREQUESTIONAMENTO – 1. Exigência dos Tribunais Superiores para conhecimento de recursos fundamentados em violação à Constituição ou à lei, pela qual é necessário ter-se levantado previamente a questão controvertida perante o juízo de origem, mesmo por meio de embargos declaratórios, se omissa a decisão *a quo*. 2. No âmbito dos recursos perante o TST, passou a ser expressamente previsto pela Lei nº 13.015/2014, que inseriu o § 1º-A ao art. 896 da CLT. 3. O CPC/2015 não adota expressamente o prequestionamento como requisito de admissibilidade recursal, porém menciona o termo em dois dispositivos, levando a entender que seria questão a ser suscitada em embargos de declaração opostos apenas contra decisões de Tribunais.

✱ *V. CPC/2015, arts. 941, § 3º, e 1.025.*

✱ *V. CLT, art. 896, § 1º-A.*

✱ *V. Súmulas nºs 282 e 356 do STF.*

✱ *V. Súmulas nºs 98, 211 e 320 do STJ.*

✱ *V. Súm. nº 297 do TST.*

✱ *V. Orientações Jurisprudenciais nºs 62, 118, 119, 151, 256 da SBDI-I do TST.*

✱ *V. Orientações Jurisprudenciais nºs 124 e 135 da SBDI-II do TST.*

PRERROGATIVAS DO ADVOGADO – O advogado tem a prerrogativa de ter vista dos processos judiciais ou administrativos de qualquer natureza, em cartório ou na repartição competente, ou retirá-los pelos prazos legais. Os arts. 40 e 141, IV, do CPC/1973, correspondentes aos arts. 107 e 152, IV, do CPC/2015, esclarecem que o advogado tem direito de: a) examinar, em cartório de justiça e secretaria de Tribunal, autos de qualquer processo, salvo o disposto no art. 155; b) requerer, como procurador, vista dos autos de qualquer processo pelo prazo de 5 dias; c) retirar os autos do cartório ou secretaria, pelo prazo legal, sempre que lhe competir falar neles por determinação do juiz, nos casos previstos em lei. Ao receber os autos, o advogado assinará carga no livro competente. No entanto, referida prerrogativa foi parcialmente alterada pela Lei nº 11.969/2009, no que concerne à carga de autos para obtenção de cópias, para a qual cada procurador poderá retirá-los pelo prazo de uma hora, independentemente de ajuste para alteração. No CPC/2015, se o prazo for comum às partes, o advogado poderá retirar o processo para obter cópias por duas a seis horas.

PRESCRIÇÃO – 1. Ato ou efeito de prescrever. 2. Ordem formal, ditame, regra, ordenaçao, comando. 3. Norma, preceito. 4. Receita médica. 5. Conjunto de medidas ordenadas por um médico em relação a um paciente, com vistas ao tratamento deste. 6. No Dir. Processual, à exceção do Processo Penal, entendese como a perda da eficácia de determinada pretensão de um direito subjetivo, em razão da inércia de seu titular durante determinado lapso temporal estabelecido em lei. 7. Em sentido mais restrito, referese à perda do direito de ação, em relação a uma pretensão de natureza condenatória, obstando a propositura de demanda em face da parte contrária. 8. Até 2006, o reconhecimento da prescrição pelo Juiz dependia da provocação pela parte contrária em contestação, mas a Lei nº 11.280/2006, que alterou a redação do art. 219, § 5º, do CPC/1973 (correspondente ao art. 487, II, do CPC/2015) e revogou o art. 194 do CC/2002, estabeleceu o dever de o juiz reconhecer a prescrição de ofício, a qualquer tempo, até a prolação de sentença. Ainda remanesce a controvérsia sobre a possibilidade de reconhecimento de prescrição da pretensão após o trânsito em julgado da decisão em fase de conhecimento, ante a garantia constitucional da coisa julgada. Também há controvérsia sobre a aplicabilidade deste preceito no Processo do Trabalho, ante a suposta incompatibilidade desta disposição com o princípio da proteção do trabalhador. 9. Apesar da reforma das disposições do CPC/1973 acerca da execução de título judicial, por meio da Lei nº 11.232/2005, que instituíram o processo sincrético, em que a execução passou a ser uma fase do mesmo processo em que constituído o título executivo judicial, a jurisprudência e doutrina ainda entendem pelo cabimento de prescrição superveniente à sentença (entendase: decisão de mérito transitada em julgado), caracterizando, assim, a *prescrição* da *pretensão executiva*. 10. Após longa controvérsia doutrinária e jurisprudencial acerca da possibilidade de prescrição intercorrente (o correto seria denominarse prescrição intracorrente), a disposição do art. 40 da Lei de Execução Fiscal (Lei nº 6.830/1980), que dava a entender pela inexistência deste fenômeno em relação à Dívida Ativa da Fazenda Pública, foi alterada, pela Lei nº 11.051/2004, que inseriu o § 4º ao aludido dispositivo legal, admitindo expressamente. a possibilidade de sua decretação, ante a inércia da Fazenda Pública em dar andamento a determinações do Juízo no curso do processo executivo fiscal. Posteriormente, tal previsão foi estendida a todos os processos submetidos ao CPC e, com a Lei nº 13.467/2017 (Reforma Trabalhista), também ao Processo do Trabalho, superando jurisprudência contrária do TST. A Lei nº 14.195/2021 alterou a redação do art. 206-A no Código Civil para determinar que a prescrição intercorrente observará o mesmo prazo de prescrição da pretensão, observadas as causas de impedimento, de suspensão e de interrupção da prescrição previstas neste Código e observado o disposto no art. 921 do CPC sobre suspensão da execução. 11. A prescrição está sujeita a *suspensão*, quando o titular de um direito não tem condições de utilizálo (por menoridade, casamento, por doença mental); a ação judicial e a citação interrompem a prescrição; e também se sujeita à *interrupção*, que faz com que o tempo transcorrido seja eliminado, não se levando em conta no caso de nova inércia do titular. 12. No Dir. Processual Penal, ocorre a *prescrição da pretensão punitiva*, que é a extinção da responsabilidade criminal do acusado, por inação do titular da ação penal, que não a exercitou no prazo legal, ou pela não efetivação da decisão penal condenatória em determinado lapso temporal previsto em lei. É, pois, uma das formas de extinção da punibilidade. Nos crimes conexos, a extinção da punibilidade de um deles não impede, quanto aos outros, a agravação da pena resultante da conexão. O art. 111 do CP institui as regras da prescrição, antes de transitar em julgado a sentença final, começando a correr: a) do dia em que o crime se consumou; b) no caso de tentativa, do dia em que cessou a atividade criminosa; c) nos crimes permanentes, do dia em que cessou a permanência; d) nos de bigamia e nos de falsificação ou alteração de assentamento do registro civil, da data em que o fato se tornou conhecido; e) nos crimes contra a dignidade sexual de crianças e adolescentes, previstos no Código Penal ou em legislação especial, da data em que a vítima completar 18 anos, salvo se a esse tempo já houver sido proposta a ação penal. 13. A Constituição Federal declara imprescritíveis os crimes de racismo e a prática de ações por grupos armados, civis ou militares, contra a ordem constitucional e o Estado Democrático. 14. A doutrina e jurisprudência costumam entender como uma espécie de prescrição *aquisitiva* ou *positiva* o instituto da *usucapião*, em razão de posse continuada pelo prazo e sob as condições impostas por lei. Contudo, tal definição é equivocada, pois apenas analisa o fenômeno a partir da posição jurídica do proprietário esbulhado da posse do bem, e não do possuidor, o qual não tem pretensão *condenatória*, mas, sim, *constitutiva*. Ademais, o surgimento de uma determinada pretensão de direito subjetivo depende de uma efetiva *violação* da posição jurídica do titular, o que pode não ocorrer no caso da usucapião, pois a posse pode ser adquirida a justo título. 15. Para fins de Dir. Administrativo, a *prescrição administrativa* é o escoamento de prazo para a tomada de medidas disciplinares pela Administração em relação à conduta de seus servidores, ou para o exercício de direitos e obrigações de particulares perante o Poder Público, não estendendo seus efeitos às ações judiciais. A Lei nº 14.230/2021 alterou o art. 23 da Lei nº 8.429/1992 para fixar o prazo prescricional de 8 (oito) anos a partir da ocorrência do fato ou, no caso de infrações permanentes, do dia em que cessou a permanência, às sanções previstas na Lei de Improbidade Administrativa. 16. No âmbito do Processo do Trabalho, os prazos de prescrição para os trabalhadores urbanos e rurais foram unificados pelo art. 7º, XXIX, da Constituição, que estabelece o prazo de 5 anos para o exercício do direito de ação, podendo ser proposta a demanda até 2 anos após o término da relação de trabalho. A rigor, o prazo bienal constante do dispositivo não é prescricional, mas, sim, decadencial, pois fulmina todos os direitos porventura titularizados pelo extrabalhador, independentemente da data de surgimento da obrigação. Ainda remanesce a discussão sobre a aplicação ou não do prazo previsto neste dispositivo constitucional para o trabalho doméstico e outras formas de relação de trabalho, que passaram à competência da Justiça do Trabalho com a EC nº 45/2004. Outra controvérsia diz respeito ao prazo aplicável para pretensões que não guardam relação direta com a legislação trabalhista, embora tenham passado para a jurisdição da Justiça laboral, em especial as decorrentes de acidente de trabalho, tendendo a jurisprudência a aplicar também o lapso prescricional quinquenal. A Lei nº 13.467/2017 (Reforma Trabalhista) reuniu no *caput* do art. 11 da CLT os prazos prescricionais, que seguem sendo de cinco anos para urbanos e rurais e de dois anos após o término do contrato, bem como incluiu o art. 11-A na CLT, sobre prescrição intercorrente. 17. No âmbito tributário, o CTN prevê prazos para a ação do contribuinte, que deseja a repetição de indébito de valores pagos indevidamente ou a maior, e também para o exercício da cobrança pela Fazenda Pública. Embora a jurisprudência, a princípio, não entendesse aplicável o CTN para regular a prescrição de contribuições sociais, como as devidas à Previdência Social e ao FGTS, tal posição foi revista mais recentemente, ante a conceituação mais moderna de *tributo*, que passaria a abranger todas as formas de exação que se subsumam à definição do art. 3º do CTN. 18. Embora a CF induza a interpretação de que qualquer dano ao Erário Público seria imprescritível, o Supremo Tribunal Federal começou a formar jurisprudência restringindo a previsão a danos decorrentes de atos de improbidade administrativa, afastando, assim, lesões por mero ilícito civil e condenações administrativas impostas pelos Tribunais de Contas, as quais podem mesmo ser fulminadas pelo decurso de prazo sem exercício de ação pela Fazenda Pública. 19. Em virtude do estado de calamidade pública provocado pela pandemia de coronavírus, a Lei nº 14.010/2020 estabeleceu que os prazos prescricionais relativos a pretensões de Dir. Privado não poderiam começar a correr ou ficariam suspensos pelo lapso temporal entre a data de entrada em vigor daquele diploma legal e o dia 30-10-2020. Especificamente em relação aos prazos de usucapião, dispôs aquela lei que apenas estariam suspensos os prazos em curso até o dia 30-10-2020.

✱ ***V.*** *CF, arts. 5º, XLII e XLIV, 7o, XXIX, 37, § 5º, e 53, § 5º.*

✸ *V. CC/2002, arts. 189 a 193, 195 a 206-A, 219 e 617.*

✸ *V. CPC/1973, arts. 219, § 5º, 269, IV, 295, IV, 475L, VI, 617, 741, VI, 777, 810 e 811, IV.*

✸ *V. CPC/2015, arts. 310, 332, § 1º, 487, II e parágrafo único, 525, VI, 535, VI, 802, 921, §§ 1º, 4º e 5º, 924, V, e 1.013, § 4º.*

✸ *V. CLT, arts. 11, 11A, 149, 440 e 884, § 1º.*

✸ *V. CP, arts. 107, VI, e 109 a 118.*

✸ *V. CTN, arts. 168, 169 e 174.*

✸ *V. CDC, art. 27.*

✸ *V. LRE, arts. 6º, 71, parágrafo único, 82, § 1º, 96, II, 157, 160 e 182.*

✸ *V. Lei nº 6.404/1976 (Lei das Sociedades por Ações), arts. 285 a 288.*

✸ *V. Lei nº 6.830/1980 (Lei de Execuções Fiscais), arts. 2º, § 3º, e 40, § 4º.*

✸ *V. Lei nº 8.112/1990 (Dispõe sobre o regime jurídico dos servidores públicos civis da União, das autarquias e fundações públicas federais), arts. 110 a 112, 142 e 170.*

✸ *V. Lei nº 8.213/1991 (Lei dos Planos de Benefícios da Previdência Social), arts. 103, parágrafo único, e 104.*

✸ *V. Lei nº 8.429/1992 (Dispõe sobre as sanções aplicáveis em virtude da prática de atos de improbidade administrativa, de que trata o § 4º do art. 37 da Constituição Federal; e dá outras providências), art. 23.*

✸ *V. Lei nº 9.873/1999 (Estabelece prazo de prescrição para o exercício de ação punitiva pela Administração Pública Federal), arts. 1º e 1ºA.*

✸ *V. Lei nº 12.529/2011 (Estrutura o Sistema Brasileiro de Defesa da Concorrência), art. 46.*

✸ *V. Lei nº 14.195/2021 (Dispõe sobre a prescrição intercorrente na Lei nº 10.406, de 10 de janeiro de 2002 (Código Civil), dentre outras disposições)*

✸ *V. Lei nº 14.230/2021 (Altera a Lei nº 8.429, de 2 de junho de 1992, que dispõe sobre improbidade administrativa), art. 2º.*

✸ *V. Dec.-lei nº 4.597/1942 (Dispõe sobre a prescrição das ações contra a Fazenda Pública).*

✸ *V. Dec. nº 20.910/1932 (Regula a prescrição quinquenal contra a Fazenda Pública).*

✸ *V. Súm. Vinc. nº 8.*

✸ *V. Súmulas nºs 146, 147, 497 e 604 do STF.*

✸ *V. Súmulas nºs 85, 106, 191, 220, 229, 314, 323, 338, 398, 409, 438 e 547 do STJ.*

✸ *V. Súmulas nºs 28, 56 e 74 da TNU.*

✸ *V. Súmulas nºs 6, IX, 114, 153, 156, 199, II, 206, 268, 275, 294, 308, 326, 327, 350, 362, 373, 382 e 452 do TST.*

✸ *V. Orientações Jurisprudenciais nºs 38, 76, 83, 129, 130, 175, 242, 243, 271, 344, 359, 370, 375, 392, 401 e 417 da SBDI1 do TST.*

PRESCRIÇÃO QUINQUENAL (DIR. DO TRABALHO) – A prescrição na CLT está determinada pelo art. 11: "art. 11. O direito de ação quanto a créditos resultantes das relações de trabalho prescreve: I – em cinco anos para o trabalhador urbano, até o limite de dois anos após a extinção do contrato; II – em dois anos, após a extinção do contrato de trabalho, para o trabalhador rural."

PRESENTAÇÃO – *V. Representação.*

PRESIDENCIALISMO – Regime de governo em que a chefia de Estado (representação do Estado) e a chefia de Governo (administração) estão reunidas em um só órgão, o Presidente da República.

✸ *V. CF: arts. 2º e 76 a 91.*

PRESTAÇÃO – Ato de dar, conceder, desobrigar-se, de fazer, de cumprir. Parcela de um pagamento.

✸ *V. CPC/2015, arts. 323, 528, 529, 550 a 553, 618, VII, 622, V, 735, § 5º, 763, 870, parágrafo único, 911 a 913 e 1.012, § 1º, II.*

PRESUNÇÃO – Consideração das consequências que a lei ou o juiz formulam perante certos fatos conhecidos. *V. Fato Notório.*

✸ *V. CPC/2015, arts. 274, parágrafo único, 374, IV, 375, 502, 504 e 828, § 4º.*

De morte: para todos os efeitos, presumem-se mortos os ausentes com declaração judicial de sucessão definitiva, no processo de ausência (CC: art. 6º) ou no caso de indícios veementes de morte, não dependendo desse processo (art. 7º).

PRESSUPOSTO – O que se dá como existente para que outra coisa se verifique.

De direito: no Dir. Administrativo, é o texto normativo que fundamenta o ato administrativo.

De fato: no Dir. Administrativo, é o conjunto de situações fáticas que resultam na prática do ato administrativo por parte da Administração.

Processual: todos os requisitos indispensáveis para que se constitua e desenvolva regularmente o processo, como a capacidade civil das partes, a representação por advogado, a petição inicial corretamente formulada, a existência de citação, a competência do juiz, o procedimento adequado. Por sua vez, os requisitos externos ao processo em curso que impedem a validade ou eficácia dele são chamados de pressuposto processual extrínseco ou negativo como a coisa julgada e a litispendência.

✸ *V. CPC/1973, art. 267, IV, e § 3º.*

✸ *V. CPC/2015, arts. 64, § 1º, 70, 239, 485, IV e § 3º, 502 e 687.*

PRETENSÃO – Diz-se do direito reivindicado em juízo.

PRETERDOLO (DIR. PENAL) – Ação do agente que ultrapassa o resultado desejado. As consequências vão além da intenção dolosa.

✸ *V. CP: arts. 129, § 3º, 133, §§ 1º e 2º, 134, 135, parágrafo único, 136, §§ 1º e 2º, e 137.*

PRETERINTENCIONALIDADE – Qualidade do fato delituoso (misto de dolo e culpa) em que o efeito produzido, quase sempre imprevisível, vai além da intenção do agente e do seu conhecimento do mal que poderia causar.

PREVARICAÇÃO – Crime praticado pelo servidor público, consistente em retardar ou praticar, indevidamente, ato de ofício, ou praticá-lo contra disposição expressa de lei, para satisfazer interesse ou sentimento pessoal.

✸ *V. CP: art. 319.*

PREVIDÊNCIA COMPLEMENTAR – Está prevista no art. 202 da CF: "O regime de previdência privada, de caráter complementar e organizado de forma autônoma em relação ao regime geral de previdência social, será facultativo, baseado na constituição de reservas que garantam o benefício contratado, e regulado por lei complementar." Este regime se compõe de entidades de caráter paraestatal. A legislação brasileira prevê dois tipos de previdência privada: as fechadas e as abertas, as primeiras acessíveis apenas aos empregados de uma só empresa ou de grupo de empresas; as segundas podem ter fins lucrativos e atribuir rendas e outras prestações não necessariamente complementares daquelas da Previdência Social, pelo que se integram no sistema nacional de seguros privados.

PREVIDÊNCIA SOCIAL – *V. Seguridade Social.*

PRINCÍPIO – Lei, doutrina ou acepção fundamental em que outras são baseadas.

Da Legalidade: Princípio que determina que a conduta da administração pública deve obedecer à lei e ao ordenamento jurídico.

Da Reserva Legal: Princípio constitucional garantidor de que ninguém poderá sofrer pena se não existir, anteriormente, lei que puna o fato como crime. Chama-se, também, princípio da *anterioridade da lei penal.*

Do juiz natural: determina que a pessoa só pode ser julgada por autoridade judiciária cuja competência foi previamente fixada no ordenamento jurídico. É uma garantia de vedação a tribunais de exceção ou juízos extraordinários criados depois do acontecimento dos fatos a serem julgados.

✱ *V. CF, art. 5º, XXXVII e LIII.*

PRINCÍPIO DA EVENTUALIDADE – Acolhido pelo CPC/1973, de forma moderada, bem como pelo CPC/2015, permite ao réu aduzir toda a sua defesa na contestação, mesmo convencido de que basta esta ou aquela preliminar para extinguir a ação, pois, eventualmente, a preliminar pode ser repelida, e não lhe será possível mais aditar a defesa.

✱ *V. CPC/1973, art. 300.*

✱ *V. CPC/2015, art. 336.*

PRINCÍPIOS GERAIS DE DIREITO – 1. São critérios maiores, muitas vezes não escritos, que estão presentes em cada ramo do Direito. 2. No Dir. do Trabalho, um desses princípios é a proteção ao trabalhador, devendo o juiz, na dúvida, interpretar as normas no sentido mais favorável ao empregado. 3. No Dir. Processual, existem os princípios da sucumbência, do contraditório etc. Eles preenchem as lacunas da lei e o CPC/1973, em seu art. 126, correspondente ao art. 140 do CPC/2015, informa que "o juiz não se exime de sentenciar ou despachar alegando lacuna ou obscuridade da lei. No julgamento da lide caber-lhe-á aplicar as normas legais; não as havendo, recorrerá à analogia, aos costumes e aos princípios gerais de direito". 4. O próprio CTN permite que, não havendo norma expressa, aplique-se, na seguinte ordem, a analogia, os princípios gerais de direito tributário, os princípios gerais de direito público, a equidade; o uso da analogia não poderá resultar na exigência de tributo não previsto em lei; e o emprego da equidade não poderá resultar na dispensa do pagamento de tributo devido.

✱ *V. LINDB (antiga LICC): art. 4º.*

✱ *V. CPC/1973: art. 126.*

✱ *V. CPC/2015, art. 140.*

✱ *V. CLT: art. 8º.*

PRISÃO – Medida legal ou administrativa, de caráter punitivo, pela qual o indivíduo tem restringida a sua liberdade de locomover-se, por prática de ilícito penal ou por ordem de autoridade competente, nos casos previstos em lei. Pela importância, cumpre ressaltar que com o advento da Lei nº 12.012, de 6-8-2009, passou a tipificar como crime o ingresso de pessoa portando aparelho telefônico de comunicação móvel, de rádio ou similar, sem autorização legal, em estabelecimento prisional. Com o advento da Lei nº 12.736/2012 foi acrescido ao Código de Processo Penal o § 2º ao art. 387 que diz: "§ 2º O tempo de prisão provisória, de prisão administrativa ou de internação, no Brasil ou no estrangeiro, será computado para fins de determinação do regime inicial de pena privativa de liberdade."

✱ *V. CF: arts. 5º, XII, 136, 137 e 13.*

✱ *V. CP: arts. 150, 151, 154, 184 a 186 e 210.*

✱ *V. CPC/1973: art. 485, V.*

✱ *V. CPP: art. 233.*

✱ *V. Lei nº 4.117/1962 (Código Brasileiro de Telecomunicações).*

✱ *V. Lei nº 4.898/1965 (Dispõe sobre o direito de representação): art. 3º, c.*

✱ *V. Lei nº 6.538/1978 (Dispõe sobre os serviços postais): arts. 36 a 49.*

Albergue Domiciliar: Segundo a Lei nº 7.210/1984 (Lei de Execução Penal) a prisão-albergue (Casa do Albergado) destina-se ao cumprimento de pena privativa de liberdade em regime aberto e da pena de limitação de fim de semana. O recolhimento desses presos em residência particular só será admitido para condenado maior de 70 anos, aquele acometido de doença grave, a condenada com filho menor ou deficiente físico ou mental e a condenada gestante.

✱ *V. Lei nº 7.210/1984 (Lei de Execução Penal): arts. 93 e 117, I a IV.*

Civil: Meio judicial coercitivo, sem caráter de pena, que restringe a liberdade de locomoção a fim de constranger o devedor a cumprir obrigação de natureza civil e não criminal. A CF admite a prisão civil da pessoa que não paga pensão alimentícia e do depositário infiel. Contudo, o STF decidiu que, após a ratificação do Pacto de San José da Costa Rica (Dec. Leg. nº 27/1992, promulgado pelo Dec. nº 678/1992), apenas subsiste a prisão do devedor de alimentos.

✱ *V. CF, art. 5º, LXVII.*

✱ *V. Convenção Americana sobre Direitos Humanos (Pacto de San José da Costa Rica), art. 7º, 7.*

✱ *V. CPC/1973, art. 733.*

✱ *V. CPC/2015, arts. 161, parágrafo único, 528 e 911.*

✱ *V. Lei nº 5.478/1968 (Dispõe sobre ação de alimentos), art. 19.*

✱ *V. Súm. Vinc. nº 25 do STF.*

Domiciliar: com a alteração sofrida pela Lei nº 12.403/2011, o CPP passou a prever expressamente capítulo para Prisão Domiciliar. Segundo tal corpo legislativo, a prisão domiciliar consiste no recolhimento do indiciado ou acusado em sua residência, só podendo dela ausentar-se com autorização judicial. Poderá o juiz substituir a prisão preventiva pela domiciliar quando o agente for: I – maior de 80 (oitenta) anos; II – extremamente debilitado por motivo de doença grave; III – imprescindível aos cuidados especiais de pessoa menor de 6 (seis) anos de idade ou com deficiência; IV – gestante a partir do 7º (sétimo) mês de gravidez ou sendo esta de alto risco. Parágrafo único. Para a substituição, o juiz exigirá prova idônea dos requisitos estabelecidos neste artigo.

✱ *V. CPP, arts. 317 e 318.*

Em flagrante: é espécie de prisão pré-processual, na qual o indivíduo tem sua liberdade cerceada, não necessitando de ordem escrita da autoridade competente (mandado). Não poderá ser preso em flagrante, qualquer que seja o delito: o Presidente da República (art. 86, § 3º, da CF); os menores de 18 anos; os diplomatas estrangeiros, desde que haja tratado assinado pelo Brasil nesse sentido; o agente que socorre (presta pronto e integral socorro) a vítima de acidente de trânsito (art. 301 do CTB). Também não poderão ser presos em flagrante agentes que praticaram crimes que admitam fiança. Exceção a essa regra (ou seja, poderão ser presos em flagrante mesmo sendo o crime inafiançável): os deputados e senadores; os magistrados e membros do Ministério Público e os advogados (sendo, para este último, somente válido para os crimes cometidos no exercício da função). Vale esclarecer que, com a edição da Lei nº 12.403/2011, a prisão em flagrante continua em vigor. Ocorre que, de uma leitura conjunta dos arts. 306 e 310 do CPP chega-se à conclusão de que a prisão em flagrante será muito breve, tendo em vista que o prazo para que se comunique a prisão ao juiz é curto (24 horas). Assim, a prisão em flagrante será convertida em uma das hipóteses do art. 310 do CPP ou da Lei nº 7.960/1989 (Prisão temporária).

No Tribunal do Júri: V. art. 413, § 3º, do CPP (com redação dada pela Lei nº 11.689/2008).

Preventiva: em qualquer fase da investigação policial ou do processo penal, de acordo com o art. 312 do CPP, caberá a prisão preventiva decretada pelo juiz, de ofício, se no curso da ação penal, ou a requerimento do Ministério Público, do querelante ou do assistente, ou por representação da autoridade policial. A prisão preventiva poderá ser decretada como garantia da ordem pública, da ordem econômica, por conveniência da instrução criminal, ou para assegurar a aplicação da lei penal, quando houver prova da existência do crime e indício suficiente de autoria. O parágrafo único do mesmo artigo aduz que "a prisão preventiva também poderá ser decretada em caso de descumprimento de qualquer das obrigações impostas por força de outras medidas cautelares (...)". Na presença dessas situações autorizativas de Prisão Preventiva, será admitida a sua decretação: I – nos crimes dolosos punidos com pena privativa de liberdade máxima superior a 4 (quatro) anos; II – se tiver sido condenado por outro crime doloso, em sentença transitada em julgado, ressalvado o disposto no inciso I do *caput* do art. 64 do CP (reincidência); III – se o crime envolver violência doméstica e familiar contra a mulher, criança, adolescente, idoso, enfermo ou pessoa com deficiência, para garantir a execução das medidas protetivas de urgência. Também será admitida a prisão preventiva quando houver dúvida sobre a identidade civil da pessoa ou quando esta não fornecer elementos suficientes para esclarecê-la, devendo o preso ser colocado imediatamente em liberdade após a identificação, salvo se outra hipótese recomendar a manutenção da medida. A prisão preventiva em nenhum caso será decretada se o juiz verificar pelas provas constantes dos autos ter o agente praticado o fato nas condições previstas nos incs. I, II e III do *caput* do art. 23 do CP. A decisão que decretar, substituir ou denegar a prisão preventiva será sempre motivada. O juiz poderá revogar a prisão preventiva se, no correr do processo, verificar a falta de motivo para que subsista, bem como de novo decretá-la, se sobrevierem razões que a justifiquem. A Lei nº 13.769/2018 estabeleceu a substituição da prisão preventiva por prisão domiciliar da mulher gestante ou que for mãe ou responsável por crianças ou pessoas com deficiência.

✱ *V. CPP, arts. 318-A e 318-B.*

Temporária: Decretada pelo juiz, por representação da autoridade policial ou de requerimento do Ministério Público, nas hipóteses fixadas em lei, com duração máxima de 5 dias, prorrogável por igual período em caso de extrema e comprovada necessidade. A duração será de 30 dias em caso de crime hediondo.

✱ *V. Lei nº 7.960/1989 (Dispõe sobre prisão temporária).*

✱ *V. Lei nº 8.072/1990 (Dispõe sobre crimes hediondos).*

PRIVILÉGIO DE INVENÇÃO – Direito ao uso e à exploração de um invento industrial.

✱ *V. CF: art. 5º, XXIX.*

✱ *V. Lei nº 9.279/1996 (Regula direitos e obrigações relativos à propriedade industrial).*

PROCEDÊNCIA – Conformidade com o Direito, contendo fundamento legal; que atende aos requisitos da ação; acolhimento, deferimento. Origem.

PROCEDIMENTO – Conjunto de atos que constituem o modo pelo qual se desenvolve e se aplica o processo, a sua dinâmica. Modo de agir, rito, forma legal do movimentar a lide. O procedimento inadequado ocasiona o indeferimento da inicial. Comportamento, no sentido da moral e dos costumes. O direito processual civil admite o *procedimento comum,* que é a maneira pela qual devam ser conduzidos os processos a que a lei não deu um rito especial. O *especial* é aquele que tem rito próprio, com formalidades adequadas à natureza da relação jurídica que a ele está subordinada. Divide-se o *comum* em *ordinário e sumário, nos termos do CPC/1973, pois o CPC/2015 não aborda o procedimento sumário*: aplica-se o primeiro a todas as demandas, salvo as de rito especial ou rito comum sumário; e o segundo é aplicável a causas cujo valor não exceda a 60 vezes o valor do salário mínimo e outras indicações especificadas em lei. A Lei nº 10.444/2002 altera o art. 280 do CPC/1973, sem correspondente no CPC/2015: não são admissíveis no procedimento sumário a ação declaratória incidental e a intervenção de terceiros sobre a assistência, o recurso de terceiro prejudicado e a intervenção fundada em contrato de seguro (CPC/1973, arts. 159, 223, 225, 258, 271, 272, parágrafo único, 275 a 282, 286, 295, V, 315, 407, 440 a 443, 890 a 1.210, correspondentes aos arts. 248, 250, 291, 318, 319, 324, 330, 343, 357, 450, 481 a 484, 539 a 770 do CPC/2015; Lei nº 8.038/1990, que institui normas procedimentais para os processos que especifica, perante o STJ e o STF). O inc. I do art. 275 do CPC/1973, sem correspondente no CPC/2015, foi também modificado pela Lei nº 10.444/2002.

Especiais: Estão previstos no CPC/1973, mantidos no CPC/2015 (arts. 539 a 770), e também em leis avulsas. Dividem-se, em geral, em duas fases, a primeira de andamento diverso das demais, a segunda obedecendo ao procedimento comum ordinário. São de *jurisdição contenciosa,* como a consignação em pagamento, a anulação de títulos, as prestações de contas, o usucapião, o inventário, a reserva de domínio etc.; e de *jurisdição voluntária,* como as alienações judiciais, os testamentos, a tutela, a curatela, a herança jacente, a retificação de nome e outros. Procedimentos especiais regidos pelo CPC de 1939 são mantidos pelo art. 1.218 do CPC/1973, sem correspondente no CPC/2015, como o que diz respeito à dissolução e liquidação de sociedades ou os salvados marítimos. Há procedimentos especiais regulados por leis esparsas, como os casos de desapropriação, falências etc.

PROCESSANTE – Diz-se do órgão, juiz, câmara ou comissão que preside os atos de um processo judicial ou administrativo.

PROCESSO – Conjunto organizado de preceitos legais que dão forma e movimento à ação; compõe-se de peças, termos e atos com que se instrui, disciplina e promove a lide em juízo para efetivação do direito nela pleiteado. Sequência de atos interdependentes que se destinam a solucionar litígio, vinculando o juiz e as partes a direitos e obrigações. O processo simulado, de que autor e réu se servem, para conseguir fim proibido em lei, deve ser obstado por sentença do juiz. Litigante de má-fé é aquele que opõe resistência injustificada ao andamento do processo ou o que procede de modo temerário em qualquer incidente ou ato processual. Na nomeação à autoria, o juiz, ao deferir o pedido suspende o processo. Os arts. 265 e 267 do CPC/1973, correspondentes aos arts. 313 e 485 do CPC/2015, indicam as hipóteses em que o processo é suspenso ou se extingue. Quando, a requerimento do réu, o juiz declarar extinto o processo sem julgar o mérito, o autor não poderá intentar de novo a ação, sem pagar ou depositar em cartório as despesas e os honorários em que foi condenado (CPC/1973, arts. 17, IV, e V, 28, 64, 265, 267, correspondentes aos arts. 80, IV e V, 92, 313, 485 do CPC/2015). A Lei nº 9.756/1998 acrescentou parágrafo único ao art. 481 do CPC/1973, correspondente ao art. 949 do CPC/2015, o qual, segundo o Dr. Gerson Afonso Borges, "fere o princípio do livre convencimento do juiz, engessa o Direito por não haver forma prescrita para o reexame do referido entendimento".

Administrativo: É aquele que encerra litígio entra a Administração Pública e o administrado ou o servidor.

✱ *V. Súm. Vinculante nº 5 do STF.*

Cautelar: *V. Ação Cautelar.* A Lei nº 8.076/1990 estabelece as hipóteses nas quais se suspende a concessão de medidas liminares até 15 de setembro de 1992.

Cumulativo: processo único que serve para a composição de várias lides. A cumulação é decorrência da economia processual.

De execução: Serve para obrigar o devedor a cumprir o que foi determinado ou convencionado em título executivo judicial ou extrajudicial. Tem por fundamento um título executivo judicial, como a sentença condenatória proferida no Processo Civil, o formal e a certidão de partilha, a sentença estrangeira homologada pelo STF etc.;

P

ou um título extrajudicial, como a letra de câmbio, a nota promissória, a duplicata, o cheque, a certidão de dívida ativa da Fazenda, o acordo escrito referendado pelo órgão do Ministério Público e todos os demais títulos a que a lei expressamente atribuir força executiva. Inicia-se com a petição acompanhada do título executivo; no caso de título judicial, a execução corre nos mesmos autos em que correu o processo de conhecimento. O devedor não é citado para apresentar sua defesa, mas para que pague em 3 dias, sob pena de penhora. O devedor pode propor ação paralela contra o credor, em 15 dias contados da data de juntado aos autos o mandado de citação, independentemente da garantia do juízo por penhora, depósito ou caução, no qual poderá alegar os motivos elencados no art. 745 do CPC/1973, correspondente ao art. 917 do CPC/2015; são distribuídos por dependência e correm em autos apartados ao da execução, instruídos com cópias principais do processo; excepcionalmente, o juiz lhe concederá o efeito suspensivo. É possível ao executado, a qualquer tempo, porém antes de alienados os bens, proceder à remissão da dívida, pagando o principal acrescido dos juros e honorários advocatícios. A Lei nº 11.382/2006 extinguiu a figura da remissão por ascendente ou descendente do devedor. Existem, ainda, a execução para entrega de coisa, das obrigações de fazer e não fazer, a de prestação alimentícia, e a execução por quantia certa contra devedor insolvente; a execução por dívidas fiscais é regulada pela Lei nº 6.830/1980. A suspensão e a extinção da execução estão previstas no CPC/1973, arts. 791 a 795, correspondentes aos arts. 921 a 925 do CPC/2015.

✱ *V. CPC/1973, arts. 566 a 795.*

✱ *V. CPC/2015, arts. 771 a 925.*

Legislativo: Processo pelo qual se elaboram as leis, iniciando com a apresentação do projeto e terminando com a publicação.

✱ *V. CF: arts. 59 e 84.*

PROCURAÇÃO – Incumbência dada a outra pessoa por alguém para tratar de negócios em seu nome; documento no qual essa incumbência é consignada. Instrumento escrito do contrato de mandato que comprova a celebração de um pacto. O CPC/1973 alterou a antiga denominação da procuração *ad judicia* para *procuração geral para o foro, este entendimento foi mantido pelo CPC/2015;* pode-se, porém, acrescentar à cláusula *ad judicia* a expressão *et extra,* que autoriza o procurador a praticar todos os atos extrajudiciais de representação e defesa; deve-se especificar, no instrumento, os atos que o CPC/1973 (bem como o CPC/2015) exige sejam levados a efeito mediante ordem expressa. Pelo atual Estatuto da Advocacia e a OAB o advogado, afirmando urgência, pode atuar sem a procuração, obrigando-se a apresentá-la em 15 dias, prorrogáveis por igual período, por despacho do juiz. O advogado que renunciar ao mandato continuará, nos 10 dias seguintes à notificação de renúncia, a representar o mandante, salvo se for substituído antes do término desse prazo. É proibido distribuir petição sem a procuração, a menos que o requerente postule em causa própria, se a procuração estiver junta aos autos principais e no caso previsto no art. 37 do CPC/1973 (q.v.), correspondente ao art. 104 do CPC/2015. A procuração pode ser: *apud acta,* quando tomada por termo nos autos, pelo escrivão do feito, a pedido da parte e por ela assinada na presença do juiz ou na de duas testemunhas; *por instrumento particular,* se de próprio punho ou datilografada e assinada pelo outorgante, conforme as exigências legais; *por instrumento público,* se lavrada por notário público em seus livros de notas; *em causa própria,* quando o procurador assume, por determinação do mandante, o direito de dono da coisa ou negócio, que passa a tratar como próprio, ainda que agindo em nome do cedente; *especial,* aquela que dá amplos poderes para a prática de atos especificados, que excedem a administração ordinária; *extrajudicial* (*ad negotia*), diz-se da procuração geral ou especial para realização de negócios, fora da órbita forense; *geral,* aquela que confere poderes de mera administração dos interesses e bens do mandante; *judicial* (*ad litem*), feita por instrumento público ou particular autenticado, conferindo ao procurador poderes para a defesa de direitos, não englobando, quando não expressos, poderes para a prática de atos que exigiriam fossem expressamente citados.

✱ *V. CPC/1973, arts. 37, 38 e 202, II.*

✱ *V. CPC/2015, arts. 104, 105 e 260, II.*

PROCURADOR – Nome dado à pessoa que recebe poderes para atuar em nome de outrem.

✱ *V. CC: arts. 653 a 691.*

PRÓDIGO – Aquele que faz, habitualmente, gastos injustificáveis, imoderados, sem proveito; o que dissipa o seu patrimônio, a ponto de arruinar-se; o que esbanja a sua fortuna. O pródigo está relacionado entre os relativamente incapazes para os atos da vida civil. Sua interdição limita-se à esfera patrimonial, mas para casar-se em regime diverso do da separação de bens ele precisa do consentimento de seu curador, visto que o casamento pode envolver disposição de bens.

✱ *V. CC: arts. 4º, 1.767, V, e 1.782.*

✱ *V. CPC/1973: art. 1.185.*

✱ *V. CPC/2015, arts. 71, 72 e 337, IX.*

PROGENITOR – Na acepção usual refere-se ao pai, mas originalmente referia-se ao avô, a pessoa que procria antes do pai. Deve-se usar, com mais acerto, a palavra genitor quando se referir ao pai.

PROGRAMA EMPRESA CIDADÃ – *V. Empresa Cidadã.*

PROJETO – 1. Termo proveniente do latim projectu, que se refere a um esboço prévio à realização de um ato. 2. Segundo a Lei nº 13.204/2015, que inseriu o inc. III-B ao art. 2º da Lei nº 13.019/2014, projeto é o conjunto de operações, limitadas no tempo, das quais resulta um produto destinado à satisfação de interesses compartilhados pela administração pública e pela organização da sociedade civil. 3. Na Lei nº 8.666/1993, os projetos são classificados em: básico, que é o conjunto de elementos necessários e suficientes, com nível de precisão adequado, para caracterizar a obra ou o serviço, ou complexo de obras ou serviços objeto da licitação, elaborado com base nas indicações dos estudos técnicos preliminares, que assegurem a viabilidade técnica e o adequado tratamento do impacto ambiental do empreendimento e possibilitem a avaliação do custo da obra e a definição dos métodos e do prazo de execução; e executivo, considerado o conjunto dos elementos necessários e suficientes à execução completa da obra, de acordo com as normas pertinentes da Associação Brasileira de Normas Técnicas – ABNT.

✱ *V. Lei nº 8.666/1993 (Institui normas para licitações e contratos da Administração Pública): art. 6º, IX e X. Esta Lei foi revogada pela Lei nº 14.133/2021.*

✱ *V. Lei nº 13.019/2014 (Estabelece o regime jurídico das parcerias entre a administração pública e as organizações da sociedade civil): art. 2º, III-B.*

✱ *V. Lei nº 14.133/2021 (Lei de Licitações e Contratos Administrativos), art. 6º, XXV e XXVI.*

PROMITENTE – Aquele que promete ou assume obrigação de fazer ou não fazer; aquele que se obriga com o estipulante a realizar certa prestação em benefício de terceiro. Também se diz *compromitente.*

PROMOTOR – Órgão do Ministério Público, servidor da lei, defensor dos interesses da justiça, da sociedade, da União, dos Estados, do Distrito Federal, com função junto aos juízes de Direito, na justiça comum, federal, trabalhista.

PROMULGAÇÃO – Etapa do processo legislativo consistente em atestar, oficialmente, a existência da lei. É por meio da promulgação que se confere força executória à lei.

✱ *V. CF: arts. 60, § 3º, 66 e 84, IV.*

PRONTUÁRIO – Cadastro, ficha de registro de uma pessoa ou de uma atividade. É também a ficha policial em que estão registrados antecedentes e fatos da vida pregressa de criminosos e contraventores, suas condenações e prisões. Registro, igualmente, da vida carcerária do condenado.

PRONÚNCIA – Sentença declaratória judicial, que acolhe a denúncia ou a queixa, determinando o dispositivo legal em que o réu está incurso, recomendando-o à prisão. *V. Impronúncia.*

✱ *V. CPP: arts. 408,* caput *e § 4º, 413 a 421 (com redação dada pela Lei nº 11.689/2008), 564, III,* f, *581, IV, 583 e 584, § 2º.*

Sobre a intimação da sentença de pronúncia: V. CPP: art. 420 (com redação dada pela Lei nº 11.689/2008).

PROPRIEDADE – O direito pelo qual uma coisa pertence a alguém; posse legal de alguma coisa. A partir da CF/1988, o direito de propriedade não é mais absoluto e ilimitado, encontrando limites no seu exercício regular e na sua função social.

✱ *V. CF, arts. 5º,* caput, *XXII e XXIII; 170, II e III; 182, § 2º; e 186.*

✱ *V. CC, arts. 185 a 188 e 1.228 a 1.232.*

Imaterial ou Intelectual: Direito sobre coisas corpóreas, ou seja, os pertinentes a produções intelectuais do domínio literário, científico, artístico, bem como àqueles que têm por objetivo invenções, desenhos e modelos industriais. O Dec. nº 10.886/2021 instituiu a Estratégia Nacional de Propriedade Intelectual - ENPI para o período de 2021 a 2030.

✱ *V. CF: art. 5º, XXIX.*

✱ *V. Lei nº 9.279/1996 (Código de Propriedade Industrial).*

✱ *V. Lei nº 9.610/1998 (Lei de Direitos Autorais).*

✱ *V. Dec. nº 10.886/2021 (Institui a Estratégia Nacional de Propriedade Intelectual).*

Resolúvel: Instituída mediante cláusula resolutória, tem como característica a possibilidade de ser revogada, passando a propriedade ao antigo dono. A propriedade resolúvel não tem, portanto, caráter permanente.

✱ *V. CC: arts. 1.359 e 1.360.*

PROTEÇÃO AMBIENTAL – A lei obriga a reparação de danos causados ao meio ambiente, ao consumidor, a bens e direitos de valor histórico, artístico ou turístico. Para tanto, é postulada pelo Ministério Público ou por pessoas jurídicas públicas ou particulares a Ação Civil Pública de Responsabilidade.

✱ *V. CF: art. 5º, LXXIII.*

✱ *V. Lei nº 4.717/1965 (Regula a ação popular): art. 1º.*

✱ *V. Lei nº 7.347/1985 (Lei da Ação Civil Pública): arts. 1º, 5º, § 2º, e 6º.*

PROTESTO – 1. Propósito ou resolução inabalável. 2. Ato pelo qual se declara responsável por todas as despesas e prejuízos aquele que deveria pagar uma letra de câmbio, nota promissória etc., e não o fez no vencimento.

Cambiário: Protesto promovido perante o Cartório de Protestos de Títulos, motivado pela falta de aceite ou falta de pagamento de título cambiário (nota promissória, letra de câmbio, cheque e duplicata).

✱ *V. Dec. nº 2.044/1908 (Lei Cambial): art. 28.*

✱ *V. Lei nº 9.492/1997 (Define competência, regulamenta os serviços concernentes ao protesto de títulos e outros documentos de dívida).*

Judicial: Medida de caráter preventivo que não suscita efeitos coercitivos ao destinatário, limitando-se a tornar pública a manifestação de vontade do interessado.

✱ *V. CPC/1973: arts. 867 a 873.*

✱ *V. CPC/2015, arts. 726, 728 e 729.*

PROVA – Todo meio legal, usado no processo, capaz de demonstrar a verdade dos fatos alegados em juízo. A prova deve ter como objetivo principal o convencimento do juiz.

✱ *V. CF, art. 5º, XII, LI.*

✱ *V. CC/2002, arts. 212 a 239.*

✱ *V. CPC/1973, arts. 233, 331, 332, 333,* caput *e parágrafo único, 334, I e III, 335, 343, 355 a 363, 364 a 399, 400,* a, *443, 846 a 851.*

✱ *V. CPC/2015, arts. 258, 357, 369 a 484, 966, VI e VII, e 972.*

Produção de provas para julgamento em Plenário: V. art. 423 do CPP.

✱ *V. CPP, arts. 155 a 159.*

✱ *V. Lei nº 11.690/2008 (Altera dispositivos do CPP relativos à prova).*

Documental (Proc. Civil): Prova feita por meio de documento, público ou particular. O autor deverá juntar os documentos no momento de ajuizamento da ação, e o réu, na resposta.

✱ *V. CPC/1973: arts. 283, 300, 364 a 389 e 397.*

✱ *V. CPC/2015, arts. 320, 336, 405 a 429 e 435.*

✱ *V. CLT: art. 830.*

Pré-Constituída: Aquela produzida com o objetivo de provar um fato ou um negócio que acontecerá no futuro.

PROVEDOR DE SERVIÇOS – 1. Qualquer entidade pública ou privada que permite aos seus usuários se comunicarem por meio de um sistema de computador. 2. Qualquer outra entidade que realiza o processamento ou armazenamento de dados de computador em nome desses serviços de comunicação ou de seus usuários.

✱ *V. Dec. nº 11.491/2023 (Promulga a Convenção sobre o Crime Cibernético, firmada pela República Federativa do Brasil, em Budapeste, em 23 de novembro de 2001).*

✱ *V. Convenção sobre o Crime Cibernético, art. 1º, alínea "c".*

PROVIDÊNCIAS PRELIMINARES – São determinadas pelo juiz, em 10 dias, após a conclusão dos autos.

✱ *V. CPC/1973: arts. 323 a 328.*

✱ *V. CPC/2015, arts. 343, 347 a 353.*

PSICOPATIA (MEDICINA LEGAL) – Nome dado aos distúrbios patológicos que conduzem o indivíduo a comportamentos antissociais.

PSICOTRÓPICO (MEDICINA LEGAL) – Droga que atua sobre o organismo como calmante ou estimulante, produzindo dependência psíquica.

PUBLICAÇÃO DA LEI – Última etapa do processo legislativo, consistente em tornar a lei conhecida por todos. Só com a publicação é que a lei se torna obrigatória (LINDB (antiga LICC): arts. 1º, *caput*, e 3º). A publicação será sempre oficial, realizada no *Diário Oficial*.

PUBLICIDADE ENGANOSA – Qualquer comunicação, inteira ou parcialmente falsa, capaz de induzir a erro o consumidor, quanto às características do produto.

✱ *V. CDC: art. 37, §§ 1º e 3º.*

✱ *V. Lei nº 8.078/1990 (Código de Defesa do Consumidor).*

PUBLICIZAÇÃO – 1. Tornar público. 2. Transferência da gestão de serviços e atividades, não exclusivas do Estado, para o setor público não estatal, assegurando o caráter público à entidade de direito privado, bem como autonomia administrativa e financeira.

✱ *V. Lei nº 13.307/2016 (Dispõe sobre a forma de divulgação das atividades, bens ou serviços resultantes de projetos esportivos, paraesportivos e culturais e de produções audiovisuais e artísticas financiados com recursos públicos federais).*

PURGAÇÃO DA MORA – Expressão substituída pela Lei nº 8.245/1991 – Lei do Inquilinato – *emenda da mora* (q.v.).

Q

QUADRILHA – Conjunto de malfeitores que se associam para a prática de crimes. Até 2013, caracterizava-se pela reunião de mais de três pessoas para o fim de cometer crimes, e com a edição da Lei nº 12.850/2013, que alterou o art. 288 do CP, passou a ser a associação de três ou mais pessoas com o objetivo de cometer crimes, não sendo necessário até que os crimes se consumam. É a *societas delinquentium* ou *societas sceleris*, que não se confunde com a *societas in crimine*, na qual não há punição se o delito não chega a ser, ao menos, tentado. Não se confunde com o conceito de organização criminosa, o qual pressupõe estrutura ordenada e caracterizada pela divisão de tarefas, ainda que informalmente. A pena é de reclusão de 1 (um) a 3 (três) anos, que aumenta até a metade se houver a participação de criança ou adolescente.

✱ *V. CP, arts. 29 a 31 e 288.*

QUADRO GERAL DE CREDORES – É a lista dos credores da falência ou da recuperação judicial que informa o nome de todos os habilitados, o valor a ser pago a cada um deles, bem como a classificação de cada crédito quando da decretação da falência ou do requerimento da recuperação judicial. Esse quadro é organizado pelo administrador judicial, homologado pelo juiz e, depois de assinado por ambos, juntado aos autos e publicado no órgão oficial, no prazo de 5 (cinco) dias, contado da data da sentença que houver julgado as impugnações aos créditos.

✱ *V. Lei nº 11.101/2005 (Regula a recuperação judicial, a extrajudicial e a falência do empresário e da sociedade empresária.): arts. 6º, 10, 14, 15, 17, 18, 19, 22, I, f, 39, 80, 89, 140, § 2º, 149, e 192, § 1º.*

QUALIFICAÇÃO – Classificação, aptidão; identificação do acusado, do ofendido, da testemunha, em ato lavrado pelo escrivão do feito, com todas as informações: nome, idade, estado civil, filiação, profissão, naturalidade, grau de instrução, residência, relações de parentesco, amizade ou inimizade entre testemunhas, grau de dependência do qualificado com as partes. Indicação da pena que define ou classifica a infração. É requisito indispensável da denúncia ou queixa. O CPP aponta outras hipóteses de qualificação.

✱ *V. CPP: arts. 41, 185, 203 e 724, I.*

QUASE-ALIJAMENTO – Perda de mercadorias baldeadas para lanchas ou chatas, a fim de aliviar o navio ameaçado de sinistro. É considerado avaria comum.

QUASE-CONTRATO – Expressão que denomina o instituto que, não sendo um contrato, isto é, não tendo todos os atributos concernentes a este, gera obrigações. A doutrina do quase-contrato hoje está em descrédito. São exemplos de quase-contrato a *aceitação da herança* e a *tutela* (q.v.).

QUASE-CRIME – Expressão que identifica o comportamento do agente que, embora não tendo cometido crime, revela alto grau de periculosidade, devendo ficar submetido à medida de segurança.

QUASE-FLAGRÂNCIA – Ato de prisão de autor de delito quando, após praticá-lo, é perseguido sem interrupção pelo clamor público ou autoridade. Diz-se também *flagrância imprópria*.

QUEBRA DE SEGURANÇA – O Dec. nº 7.845/2012 que regulamenta procedimentos para credenciamento de segurança e tratamento de informação classificada em qualquer grau de sigilo, e dispõe sobre o Núcleo de Segurança e Credenciamento conceituou gestor de segurança e credenciamento. De acordo com o art. 2º, XVI, considera-se quebra de segurança: "(...) ação ou omissão que implica comprometimento ou risco de comprometimento de informação classificada em qualquer grau de sigilo;"

QUEIXA-CRIME – Petição inicial da ação penal privada. Não se deve confundir a queixa-crime com a notícia do crime, que é a comunicação de um fato criminoso à autoridade policial. A queixa-crime somente poderá ser encaminhada ao juiz competente.

✱ *V. CP: art. 339.*

✱ *V. CPP: arts. 41 a 50 e 406 (com redação dada pela Lei nº 11.689/2008).*

QUESITOS (TRIBUNAL DO JÚRI) – Questões feitas sobre o fato criminoso, que vão auxiliar os jurados na decisão da causa.

✱ *V. CPP: art. 483.*

QUESÍVEL – Dívida que deverá ser paga na residência ou domicílio do devedor.

✱ *V. CC: art. 327.*

QUESTÃO – Caso que sofre contestação. Conflito de interesses que se submete à decisão dos tribunais; litígio, processo, ação. Ponto básico de uma discussão.

QUINHÃO – 1. Parte que cabe a cada um na repartição de um todo. 2. Destino, fado, sorte. 3. Partilha, herança.

Hereditário: é a fração dos bens de que alguém pode dispor livremente (até a metade do bem), ainda que existam herdeiros necessários, aos quais caberá a outra metade, que constitui a *legítima*. O mesmo que *quota disponível*.

✱ *V. CC/2002, arts. 1.679, 1.790, I, 1.794, 1.795, 1.832, 1.905, 1.906, 1.935, 1.944, 1.946, 1.966, 1.967, § 1º, e 2.026.*

✱ *V. CPC/1939, arts. 408, 410, 445, § 1º, c, 446, §§ 2º e 4º, 480, parágrafo único, 491, 501, 503, 506, § 2º, 509, II e III, 513, 522, § 1º, 706, I, e 898.*

✱ *V. CPC/1973, arts. 720, 980, § 1º, III, § 2º, I, 1.000, parágrafo único, 1.001, 1.016, 1.022, 1.025, 1.027, 1.044, 1.112, V, 1.117, I, e 1.118, III.*

✱ *V. CPC/2015, arts. 597, § 4º, I, 627, § 3º, 628, § 2º, 641, 647 a 650, 653, 655 e 725, V.*

QUINTO CONSTITUCIONAL – Expressão utilizada para designar o preenchimento das cinco vagas para o cargo de desembargador, por advogados e membros do Ministério Público.

✱ *V. CF: arts. 94, 107, I, 111, § 2º, e 115, II.*

QUIROGRAFÁRIO – Credor ou crédito não privilegiado; escrito particular de dívida que não goza de preferência. Documento firmado, de próprio punho, só pelo devedor. Sem garantia real, na falência e na concordata.

QUITAÇÃO – Ato escrito do credor, certificando que recebeu a prestação do devedor, liberando-o da obrigação. A Lei nº 13.467/2017 (Reforma Trabalhista) facultou aos empregados e aos empregadores firmarem termo de quitação anual de obrigações trabalhistas no sindicato da categoria profissional, durante o curso do contrato de trabalho ou após o seu término. O referido termo especificará as obrigações de dar e fazer mensalmente cumpridas e dele constará a quitação anual dada pelo empregado com força liberatória das parcelas nele elencadas.

✱ *V. CC: arts. 472, 1.760 e 1.761.*

✱ *V. CPC/1973: arts. 38, 709, parágrafo único, e 897, parágrafo único.*

✱ *V. CPC/2015, arts.105, 906, 546, parágrafo único.*

✱ *V. CLT, arts. 477 e 507-B.*

QUORUM – Número mínimo de membros presentes para que funcione tribunal ou assembleia, deliberando regularmente. Maioria de votos proferidos em julgamento de corte judiciária. No Legislativo, presença de um mínimo regimental de deputados e senadores, indispensável em certas votações.

QUOTA – 1. Quinhão que compete a cada um na divisão de coisa. 2. Contribuição ou parte proporcional que, em um grupo de pessoas, cada uma dá para a consecução de um objetivo predeterminado. 3. Parte de cada sócio para a constituição de uma sociedade por cotas de responsabilidade limitada. 4. Ação de uma companhia.

Disponível: *V. Quinhão hereditário.*

Parte: quantia em dinheiro ou equivalente em bens com que cada sócio contribui para a formação do capital social.

✱ *V. CC/2002, arts. 56, parágrafo único, 61, 262, 270, 283, 322, 414, 831, 980-A, § 3º, 997, IV, 1.003 a 1.007, 1.010, 1.026 a 1.031, 1.045, 1.048, 1.055 a 1.059, 1.063, 1.081 a 1.084, 1.094, III e IV, 1.095, § 1º, 1.098, II, 1.101, parágrafo único, 1.103, V, 1.334, I, 1.392, § 3º, e 1.429, parágrafo único.*

✱ *V. CPC/1939, arts. 298, X, 931 e 1.023.*

✱ *V. CPC/1973, arts. 80, 655, VI, e 685-A, § 4º.*

✱ *V. CPC/2015, arts. 132, 600, parágrafo único, 620, IV, 630, parágrafo único, 799, VII, 835, IX, 843, 861 e 876, § 7º.*

Q

R

RÁBULA – Advogado de poucos conhecimentos, que usa de recursos pouco convencionais em juízo; chicaneiro. Diz-se também daquele que advoga sem ser formado. Estão em desuso a palavra e a figura.

RAPTO – 1. Crime que consiste em tirar do lar mulher, com o fim de submetê-la à satisfação de instintos libidinosos, empregando violência, intimidação ou fraude. 2. Ação de arrebatar do domicílio habitual qualquer pessoa.

Violento ou Mediante Fraude: Art. 219 do CP revogado pela Lei nº 11.106, de 28-3-2005.

Consensual: Art. 220 do CP revogado pela Lei nº 11.106, de 28-3-2005.

RASA – Diz-se das custas cobradas pelo número de linhas dos traslados e outros documentos; pagamento por extração de certidões etc.

RATA – Proporção. *Pro rata*: proporcionalmente, em partes iguais.

RATIFICAÇÃO – Confirmação, aprovação, consentimento expresso ou tácito pelo qual se confirma ou se valida o ato anterior, suscetível de nulidade por vício. Ato pelo qual se confirma tratado entre dois países. Na gestão de negócios, a ratificação pura e simples do dono retroage ao dia do começo da gestão e produz todos os efeitos do mandato. O casamento de incapaz pode ser ratificado quando ele adquirir a capacidade.

✱ V. CC: arts. 172 a 175, 662, 665, 673, 873, 1.553 e 1.647.

RAZÃO COMERCIAL – Nome pelo qual o comerciante ou sociedade exerce o comércio e assina nos atos a ele referentes.

✱ V. CF: art. 5º, XXIX.

✱ V. Dec. nº 916/1990.

RAZÕES FINAIS – Exposição das questões de direito e de fato apontadas nos autos, feita por escrito, tendo cada uma das partes o direito de fazê-la, após a instrução do processo e antes da prolação da sentença.

REAJUSTE DE ALUGUEL – Acordo entre as partes para alteração do aluguel ajustado em contrato, inserindo ou modificando a cláusula respectiva. Não havendo concordância, o locador ou o locatário, após três anos de vigência do contrato ou acordo, poderá pedir revisão judicial do aluguel (arts. 18 e 19 da Lei nº 8.245/1991). A Lei nº 9.069, de 29-6-1995, que dispõe sobre o Plano Real, o Sistema Monetário Nacional, em seu art. 21, § 4º, preconiza: "Em caso de desequilíbrio econômico financeiro, os contratos de locação residencial, inclusive os convertidos anteriormente, poderão ser revistos, a partir de 1º de janeiro de 1995, através de livre negociação entre as partes, ou judicialmente, a fim de adequá-los aos preços de mercado, sem prejuízo do direito à ação revisional prevista na Lei nº 8.245/1991. § 5º Efetivada a revisão, o novo valor do aluguel residencial vigorará pelo prazo mínimo de um ano".

RECÂMBIO – Direito que tem o portador de letra de câmbio, não paga e protestada, de sacar sobre os obrigados regressivos nova letra, descontando o título na praça indicada, para reembolsar-se de seu valor e acessórios. O mesmo que *ressaque*.

RECENSEAMENTO – Levantamento geral para apurar dados sobre população, produção e outros dados estatísticos.

RECEPTAÇÃO – Crime contra o patrimônio, consistente em adquirir, receber ou ocultar, em proveito próprio ou alheio, coisa que sabe ser produto de crime, ou inferir para que terceiro, de boa-fé, adquira-a, receba ou oculte.

✱ V. CP: art. 180.

RECIBO – Documento escrito e assinado pelo qual a pessoa afirma ter recebido de outra soma de dinheiro ou coisa que especifica. É prova de pagamento ou quitação. A CLT dispõe que o pagamento de salários deve ser feito contra recibo.

✱ V. CLT: art. 464.

✱ V. Lei nº 13.294/2016 (Dispõe sobre o prazo para emissão de recibo de quitação integral de débitos de qualquer natureza pelas instituições integrantes do Sistema Financeiro Nacional, nos termos da Lei nº 4.595, de 31 de dezembro de 1964).

RECLAMAÇÃO – 1. Ato ou efeito de reclamar. 2. Exigência, protesto, queixa, reclamo, reivindicação. 3. Requerimento, verbal ou escrito, à autoridade pública em que se pede providências contra ato ou fato que prejudique alguém ou a coletividade. 4. Para o Dir. Administrativo, é espécie do gênero *petição,* aplicada para designar manifestações dos particulares ou servidores em face de violação de seus direitos, postulando providências por parte da autoridade. 5. Para o Dir. Tributário, é espécie de processo administrativo fiscal, de iniciativa do contribuinte, para impugnar lançamento tributário ou outras medidas adotadas pela autoridade fiscal, respeitado o procedimento estabelecido em lei ou normas regulamentares. Quando exercido regularmente, é hipótese de suspensão do crédito tributário, enquanto pendente de decisão pelo órgão competente. 6. Ação de competência originária dos Tribunais, para preservar a sua competência ou garantir a autoridade das suas decisões. Caberá reclamação pela parte interessada ou pelo Ministério Público. Ao contrário do que a maioria da doutrina sustenta, não é modalidade de recurso, mas, sim, uma ação autônoma, bastante semelhante ao mandado de segurança, mas cuja causa de pedir é mais restrita, pois a ilegalidade que se busca sanar se refere ao respeito à competência ou autoridade do próprio tribunal perante o qual se propõe a demanda. Com a EC nº 45/2004, do ato administrativo ou decisão judicial que contrariar a Súmula Vinculante ou que indevidamente a aplicar, caberá reclamação ao STF que, julgando-a procedente, anulará o ato administrativo ou cassará a decisão judicial reclamada e determinará que outra seja proferida, com ou sem a aplicação da súmula, conforme o caso. Embora a previsão legal permita inferir que a legitimidade seria restrita às partes do processo original, o STF vem estendendo o cabimento a quaisquer interessados na preservação das decisões daquela Corte, em outros casos nos quais se vislumbre o desrespeito a entendimento do Excelso Tribunal, não apenas em relação a matérias objeto de Súmula Vinculante, mas também a decisões em ações de controle concentrado de constitucionalidade e até em julgamentos de recurso extraordinário. O CPC/2015 amplia o cabimento da reclamação a quaisquer Tribunais, bem como padroniza seu procedimento. 7. No âmbito do Conselho Nacional de Justiça, é o processo administrativo de apuração de infrações disciplinares por membros da magistratura, servidores do Poder Judiciário, e prestadores de serviços notariais e de registro, independentemente da competência concorrente do respectivo Tribunal ao qual ou representado se vincula. Pode ser formulada por qualquer interessado, independentemente de assistência por advogado. 8. A EC nº 45/2004 também estabeleceu a possibilidade de reclamação perante o Conselho Nacional do Ministério Público, para apuração de infrações disciplinares pelos seus membros e demais servidores da instituição, como reflexo da própria autonomia conferida a esta corporação. 9. No processo de inventário e partilha, é a designação do incidente de impugnação em face da nomeação do inventariante ou do quadro de credores. 10. O CPC/2015 também designa por reclamação o incidente pelo qual as partes podem impugnar as listas de ordem cronológica e as preferências para julgamento, no âmbito de cada órgão jurisdicional.

Trabalhista: nome dado às ações no âmbito da Justiça do Trabalho. Contudo, após a EC nº 45/2004, que ampliou as competências das Cortes laborais, deve ser empregada no sentido de demanda decorrente da relação de trabalho. Houve uma discussão acerca da revogação do *jus postulandi* (direito de postular pessoalmente) no Processo do Trabalho, em função do texto do art. 133 da CF, e, posteriormente, pelo Estatuto da Advocacia e a OAB. Porém, o TST entendeu pela possibilidade do *jus postulandi*, o que foi corroborado pelo STF no julgamento da ADI nº 1.127, em que foi dada interpretação conforme a Constituição ao art. 1º, I, da Lei nº 8.906/1994, no sentido de que permanecem em vigor as disposições de lei especial que autorizem a propositura de ações sem participação de advogado, tais como nas reclamações trabalhistas, *habeas corpus* e processos perante os Juizados Especiais. A reclamação trabalhista pode ser formulada pelo empregado pessoalmente, ou representado por seu advogado ou pelo sindicato da categoria. Pode ser *escrita* ou *verbal*, e, nesse caso, tomada a termo, em duas vias, datadas e assinadas pelo escrivão ou chefe de secretaria; uma dessas é destinada à citação notificatória do reclamado. Nas localidades que não dispõem de Vara do Trabalho, os juízes de direito têm competência para julgar as causas trabalhistas. A Lei nº 13.467/2017 detalhou os elementos que deverão constar da reclamação escrita, sob pena de ser julgada extinta sem resolução do mérito.

✱ ***V.*** *CF, arts. 7º, XXIX, 37, § 3º, I, 58, § 2º, IV, 102, I, l, 103-A, § 3º, 103-B, § 4º, III, § 5º, I, § 7º, 105, I, f, 130-A, § 2º, III, § 3º, I, e § 5º.*

✱ ***V.*** *CPC/1973, arts. 1.000, II, 1.024, 1.036, § 2º, 1.151, 1.155, IV, e 1.158.*

✱ ***V.*** *CPC/2015, arts. 153, § 4º, 627, II, 652, 664, § 2º, 740, § 6º, 742, IV, 743, § 2º, 937, VI, 985, § 1º, e 988 a 993.*

✱ ***V.*** *CLT, arts. 2º, 448, 477 a 479, 482, 668, 669, 731, 763 a 910.*

✱ ***V.*** *CTN, art. 151, III.*

RECLAMADO (DIR. DO TRAB.) – Nome dado ao réu no processo trabalhista.

✱ ***V.*** *CLT: arts. 841, 844 e 846.*

RECLAMANTE (DIR. DO TRAB.) – Denominação dada ao autor na reclamação trabalhista.

✱ ***V.*** *CLT: arts. 841, § 2º, e 844.*

RECLAMATÓRIA (PROC. DO TRAB.) – O mesmo que *reclamação*, porém consideramos o termo *reclamatória* mais indicado para designar a petição inicial no processo do trabalho.

✱ ***V.*** *CLT: arts. 784 a 788 e 837 a 842.*

RECLUSÃO – Pena aplicada a crimes mais graves, cumprida em regime fechado, semiaberto ou aberto.

✱ ***V.*** *CP: art. 33.*

RECONCILIAÇÃO – Conciliação, ato de conciliar.

✱ ***V.*** *EC nº 66/2010 (Dispõe sobre a dissolubilidade do casamento civil pelo divórcio, suprimindo o requisito de prévia separação judicial por mais de 1 (um) ano ou de comprovada separação de fato por mais de 2 (dois) anos).*

RECONDUÇÃO – Prorrogação de contrato, nas mesmas condições e sem preceder um novo ajuste. Ato pelo qual o funcionário não efetivo é renomeado para cargo que já vinha exercendo. Novo provimento em cargo ou em ofício que vinha sendo exercido. Pode ser *expressa* ou *tácita*.

RECONSIDERAÇÃO – Ato de retirar decisão anterior, proferindo nova decisão ou desfazendo um ato, voluntariamente ou por provimento de agravo.

RECONVENÇÃO – Nova ação promovida pelo réu contra o autor da ação principal, no mesmo processo, desde que seja conexa com a ação principal ou com o fundamento da defesa.

✱ ***V.*** *CPC/1973: arts. 315 a 318.*

✱ ***V.*** *CPC/2015, arts. 83, § 1º, III, 85, § 1º, 286, parágrafo único, 329, 343 e 702, § 6º.*

✱ ***V.*** *Súmulas nºs 258, 342 e 472 do STF.*

✱ ***V.*** *Súm. nº 292 do STJ.*

RECUPERAÇÃO – Ato ou efeito de recuperar ou recuperar-se.

Extrajudicial: Instituída pela Lei nº 11.101/2005, Lei de Recuperação de Empresas – LRE, que revogou o Dec.-Lei nº 7.661/1945, antiga Lei de Falências, a recuperação extrajudicial dispensa a participação de todos os credores, sendo estes selecionados, para os quais o devedor propõe novas condições de pagamento, não ensejando a realização de assembleia-geral para aprovar o plano. Trata-se da renegociação com alguns credores dos créditos com garantia real, quirografários ou subordinados – dispensados os demais –, para a solução dos problemas de liquidez, na qual o devedor propõe remissão ou dilação, de antemão elaborada, acordo este que difere da recuperação judicial pela necessidade da convocação nesta de credores em assembleia; não há habilitação pois são chamados apenas os credores escolhidos pelo devedor.

Judicial: 1. Procedimento criado pela Lei nº 11.101/2005, que revogou o Dec.-lei nº 7.661/1945, antiga Lei de Falências. A recuperação judicial permite ao empresário e a sociedade empresária, definidos nos arts. 966 e 982 do CC, apresentar aos seus credores um plano de recuperação empresarial, cujo objetivo é a preservação da empresa, impedindo a sua falência. Deverá esse plano ser apresentado no prazo improrrogável de 60 dias do deferimento do processo de recuperação, propositalmente curto pela nova Lei, que objetiva uma rápida solução para a crise da empresa. Encaminhado o plano a juízo, os credores serão chamados (por edital) a manifestar-se. Não havendo objeções, o plano será aprovado; havendo objeções, será convocada assembleia geral de credores que deliberará alterando-o ou rejeitando-o. Caberá ao juiz conceder a recuperação judicial ou, caso não concorde, decretar a falência. 2. A Lei nº 14.112/2020 introduziu diversos dispositivos à LRE, alterando significativamente o procedimento de recuperação judicial, prevendo inclusive a suspensão do curso da prescrição das obrigações do devedor, a partir da data do deferimento de processamento da recuperação, bem como o sobrestamento das execuções ajuizadas em face da recuperanda, inclusive quando promovidas também contra devedores solidários, tornando superada a Súm. nº 581 do STJ. Também passou a aludida lei a permitir que os próprios credores possam propor plano de recuperação, em condições diversas das oferecidas pela recuperanda. 3. A Lei nº 13.467/2017 (Reforma Trabalhista) isenta empresas em recuperação judicial do recolhimento de depósito recursal como pressuposto de admissibilidade de recursos ordinários e de revista.

✱ **V.** *CLT, arts. 899, § 10.*

✱ **V.** *Lei nº 11.101/2005 (Lei de Recuperação de Empresas e Falências), arts. 5º a 20-D; 35 a 72; e 189 a 201.*

✱ **V.** *Súmulas nºs 480 e 581 do STJ.*

RECURSO – 1. Ato ou efeito de recorrer. 2. Ajuda, amparo, auxílio, proteção, socorro. 3. Material, meio, expediente, instrumento, coisa. 4. Dinheiro, numerário, pecúnia, valor, riqueza. 5. Meio que se confere à parte vencida, ou a outrem, para impugnar decisão judicial ou administrativa, dentro da mesma relação processual, interposto em face do mesmo órgão julgador ou perante órgão hierarquicamente superior, visando à obtenção de um novo julgamento ou a prolação de uma decisão que modifique ou revogue a anterior. São exemplos de recursos:

Administrativo: meio de reexame de decisões perante a própria Administração, compreendendo, entre outras figuras, o pedido de reconsideração, reclamações e representações.

Adesivo: também conhecido por *contrarrecurso*, é interposto por quem não recorreu da decisão no momento originalmente oportuno, mas decide recorrer, após ser intimado para responder ao recurso da parte contrária. Seu requisito é ter sido a sentença apenas parcialmente procedente, descontentando autor e réu. Ele se subordina ao recurso principal; se este não for aceito, aquele também será rejeitado. Ele não cabe, apenas, nos embargos de declaração e no agravo de instrumento.

Agravo: **V.** *Agravo.*

Agravo de instrumento: quando se tratar de decisão suscetível de causar à parte lesão grave e de difícil reparação, bem como nos casos de inadmissão da apelação e nos relativos aos efeitos em que a apelação é recebida, será admitida a interposição de agravo de instrumento. (É exceção à regra que dispõe: das decisões interlocutórias caberá agravo, no prazo de 10 dias, na forma retida.) São necessárias, para o agravo de instrumento, as cópias para integral conhecimento dos desembargadores, a respeito da matéria a ser apreciada, tendo em vista que os autos principais permanecem em primeira instância. A apreciação ocorrerá por distribuição aleatória. Haverá notícia acerca do agravo com a petição de informação, nos termos do art. 526 do CPC/1973 (correspondente ao art. 1.018 do CPC/2015). Neste caso, se o juízo *a quo* reconsiderar a decisão agravada, fica prejudicado o exame do recurso pelo juízo *ad quem*.

Agravo retido: recurso cabível das decisões interlocutórias, no prazo de 10 dias. O agravo retido deverá ser interposto em primeira instância, devendo este ser apartado aos autos principais. Antes da Lei nº 11.187/2005 a regra era a interposição de agravo de instrumento. No entanto, com a mudança literal do texto legal, há de se verificar como regra o agravo na forma retida. O agravo retido independe de preparo.

Apelação: **V.** *Apelação.*

Criptográfico: o Dec. nº 7.845/2012, que regulamenta procedimentos para credenciamento de segurança e tratamento de informação classificada em qualquer grau de sigilo e dispõe sobre o Núcleo de Segurança e Credenciamento, conceituou recurso criptográfico. De acordo com o art. 2º, XVII, considera-se recurso criptográfico: "(...) sistema, programa, processo, equipamento isolado ou em rede que utiliza algoritmo métrico ou assimétrico para realizar cifração ou decifração; (...)".

Embargos de declaração: é recurso dirigido ao juiz da causa e por ele decidido; não visa à reforma de decisão, mas esclarecer dúvida, obscuridade ou contradição nela contida. Deve ser apresentado 5 dias após a publicação da decisão. Suspende o prazo para interpor outro recurso; não há vista à outra parte, nem pagamento de custas.

Embargos de declaração (2ª instância): interpostos à própria Câmara quando no acórdão há dúvida, contradição, obscuridade, no prazo de 5 dias da data da sua publicação.

Embargos de divergência: definido no art. 546 do CPC/1973 (correspondente ao art. 1.043 do CPC/2015), visa à uniformização de jurisprudência dentro do STF e do STJ, quando divergirem decisões entre Turmas, ou entre estas e seções, Órgão Especial ou Plenário, no julgamento de recursos especiais ou extraordinários. Observar-se-á, no recurso de embargos, o procedimento estabelecido no regimento interno.

Embargos infringentes: interpostos quando o acórdão não foi unânime, havendo voto vencido, e se foi proferido em apelação ou ação rescisória; para interpor e responder, o prazo é de 15 dias. O CPC/2015 irá extinguir este recurso, contudo, remanesce ainda a controvérsia acerca de seu cabimento no âmbito dos Tribunais Superiores, ante a autonomia que dispõem para elaborar procedimentos por meio de seus Regimentos Internos.

Especial: **V.** *Recurso especial.*

Ex officio: **V.** *Reexame necessário.*

Extraordinário: ***V.*** *Recurso ordinário.*

Hierárquico próprio: dirigido à autoridade ou instância superior do mesmo órgão administrativo, pleiteando revisão do ato recorrido.

Hierárquico impróprio: dirigido a autoridade ou órgão estranho à repartição que expediu o ato recorrido, mas com competência julgadora expressa; só é admissível quando estabelecido por norma legal que indique como utilizá-lo, a autoridade ou órgão incumbido do julgamento, e os casos em que cabe.

Ordinário: ***V.*** *Recurso ordinário.*

✱ ***V.*** *CF, arts. 5º, XXXIV, a, 102, II e III, e 105, II e III.*

✱ ***V.*** *CPC/1973, arts. 499, 500, 508, 518 a 529.*

✱ ***V.*** *CPC/2015, arts. 994 a 1.044.*

✱ ***V.*** *CPP, arts. 574 a 646.*

✱ ***V.*** *CLT, arts. 893 a 901.*

✱ ***V.*** *CE, arts. 268 a 282.*

✱ ***V.*** *ECA, arts. 198 a 199-E.*

RECURSO DE APELAÇÃO – ***V.*** *Apelação.*

Contra sentença de impronúncia ou de absolvição sumária:

✱ ***V.*** *art. 416 do CPP.*

RECURSO DE REVISTA – 1. No CPC/1939, era recurso previsto na hipótese de divergência no entendimento por parte de órgãos fracionários de Tribunais de Apelação, correspondendo ao atual incidente de uniformização de jurisprudência, previsto no CPC/1973. 2. No Processo do Trabalho, é recurso de competência do TST, contra decisões proferidas pelos Tribunais Regionais do Trabalho, em duas hipóteses: interpretação divergente da mesma norma legal e violação da lei ou de sentença normativa. Seu objeto é a uniformização da jurisprudência, não se discutindo questão de fato, mas só o direito em tese. Deve ser apresentado ao presidente do tribunal recorrido em 8 dias. Se denegado, pode-se interpor agravo de instrumento em 8 dias para o TST. Recebido, o recorrido tem 8 dias para as contrarrazões. 3. A Lei nº 13.015/2014 inseriu os arts. 896-B e 896-C à CLT, estendendo à Justiça do Trabalho a sistemática de julgamento de recursos repetitivos, no âmbito do processamento de recursos de revista. 4. A Lei nº 13.467/2017 (Reforma Trabalhista) fixou parâmetros de identificação de transcendência da causa, requisito do recurso de revista, com base nos temas elencados no § 1º do art. 896-A da CLT, bem como procedimentos a serem adotados nos casos em que o requisito é preenchido ou não, dentre eles a possibilidade de sustentação oral por cinco minutos em sessão, se o relator considerou não ter transcendência o recurso. A referida lei previu como requisito para admissão do recurso a necessidade de a parte transcrever na peça recursal, no caso de suscitar preliminar de nulidade de julgado por negativa de prestação jurisdicional, o trecho dos embargos declaratórios em que foi pedido o pronunciamento do tribunal sobre questão veiculada no recurso ordinário e o trecho da decisão regional que rejeitou os embargos quanto ao pedido, para cotejo e verificação, de plano, da ocorrência da omissão. Outrossim, permitiu ao relator do recurso de revista denegar seguimento a este, por decisão monocrática, em caso de intempestividade, deserção, irregularidade de representação ou de ausência de qualquer outro pressuposto extrínseco ou intrínseco de admissibilidade.

✱ ***V.*** *CPC/1939, arts. 853 a 861.*

✱ ***V.*** *CLT, arts. 893, III, 896 a 896-C.*

RECURSO ESPECIAL – 1. Recurso de competência do STJ, interposto nas causas decididas, em única ou última instância, pelos Tribunais Regionais Federais ou pelos tribunais dos Estados, do Distrito Federal e Territórios, quando a decisão recorrida: a) contrariar tratado ou lei federal, ou negar-lhes vigência; b) julgar válido ato de governo local contestado em face de lei federal; c) der à lei federal interpretação divergente da que lhe haja atribuído outro tribunal. Os recursos extraordinário e especial serão recebidos no efeito devolutivo, apresentados no prazo de 15 dias. No processamento dos recursos extraordinários e especiais exige-se o prequestionamento, isto é, que a questão controvertida tenha sido arguida, previamente, no juízo de origem. O art. 542 do CPC teve acrescido o § 3º, que cria nova modalidade de recurso especial e extraordinário, a retida, já que o objetivo da nova redação é evitar a subida isolada de recurso extraordinário e especial de decisões que não põem fim ao processo. 2. A Lei nº 11.642/2008 inseriu o art. 543-C ao CPC/1973, criando a sistemática de julgamento de recursos repetitivos, a fim de atribuir ao julgamento de recursos especiais considerados representativos de controvérsia em vários outros processos a fixação e tese jurídica, a qual vinculará o julgamento dos demais recursos com idêntica questão de Direito. O STJ ampliou a interpretação deste dispositivo, entendendo também cabível no julgamento de embargos de divergência. O CPC/2015 mantém e reforça esta sistemática, pois exigirá que os juízes observem as decisões proferidas por este procedimento. 3. Também é o nome empregado para os recursos perante o Tribunal Superior Eleitoral, em face de decisões de última ou única instância proferidas pelos Tribunais Regionais Eleitorais, que divirjam de outro TRE sobre a aplicação de lei, ou que sejam proferidas com violação de expressa disposição legal. 4. A EC nº 125/2022 estabeleceu um novo requisito a ser observado quando da interposição de recurso especial que é a relevância das questões de direito federal infraconstitucional. Segundo tal requisito, possuem relevância as ações penais; de improbidade administrativa; com valor da causa superior a 500 (quinhentos) salários mínimos; que possam gerar inelegibilidade; situações em que o acórdão recorrido contraria a jurisprudência dominante do STJ; dentre outros casos previstos em lei.

✱ ***V.*** *CF, art. 105, III.*

✱ ***V.*** *CPC/1973, arts. 496, VI, 497, 500, II, 508, 541 a 543 e 543-C.*

✱ ***V.*** *CPC/2015, arts. 927, IV, 928, II, 937, III, 987, 994, VI, 997, § 2º, II, 1.029 a 1.034 e 1.036 a 1.041.*

✱ ***V.*** *EC nº 125/2022 (Altera o art. 105 da Constituição Federal para instituir no recurso especial o requisito da relevância das questões de direito federal infraconstitucional).*

RECURSO EXTRAORDINÁRIO – 1. Em sentido lato, corresponde a qualquer recurso cabível no âmbito dos Tribunais Superiores, em razão de sua *jurisdição extraordinária,* ou seja, que apenas analisa a interpretação, pelos juízos ordinários, da lei e demais normas jurídicas, sem reexaminar fatos e provas do caso concreto. 2. Em sentido estrito, é recurso de competência do STF, nas causas decididas em única ou última instância, quando a decisão recorrida: a) contrariar dispositivo desta Constituição; b) declarar a inconstitucionalidade de tratado ou lei federal; c) julgar válida lei ou ato de governo local contestado em face desta Constituição; d) julgar válida lei local contestada em face de lei federal. 3. A EC nº 45/2004 determina que no recurso extraordinário o recorrente deverá demonstrar a repercussão geral das questões constitucionais discutidas no caso, nos termos da lei, a fim de que o Tribunal examine a admissão do recurso, somente podendo recusá-lo pela manifestação de dois terços de seus membros. Para regulamentar este dispositivo, foi editada a Lei nº 11.418/2006, que inseriu os arts. 543-A e 543-B ao CPC, disciplinando a atribuição de repercussão geral em recurso extraordinário. O CPC/2015 mantém e reforça esta sistemática, pois exigirá que os juízes observem as decisões proferidas por meio deste procedimento.

✱ *V. CF, art. 102, III.*

✱ *V. CPC/1973, arts. 496, VI, 497, 500, II, 508, 541 a 543 e 543-C.*

✱ *V. CPC/2015, arts. 927, IV, 928, II, 937, III, 987, 994, VI, 997, § 2º, II, 1.029 a 1.034 e 1.036 a 1.041.*

RECURSO ORDINÁRIO – 1. Em sentido lato, corresponde aos recursos cabíveis perante os Tribunais de Justiça dos Estados, os Tribunais Regionais Federais, Eleitorais e do Trabalho, em razão de sua *jurisdição ordinária*, ou seja, que analisa fatos e provas de cada caso concreto. 2. Em sentido mais estrito, abrange as apelações e recursos ordinários no âmbito dos tribunais superiores. 3. Perante o STF e o STJ, é cabível em matérias como *habeas corpus* e mandado de segurança. 4. Na Justiça do Trabalho, de acordo com nova redação dada pela Lei nº 11.925/2009, caberá recurso ordinário para instância superior: a) das decisões definitivas ou terminativas das Varas e Juízos, no prazo de 8 dias; e b) das decisões definitivas ou terminativas dos Tribunais Regionais, em processos de sua competência originária, no prazo de 8 dias, quer nos dissídios individuais, quer nos dissídios coletivos. Só pode recorrer aquele que sofrer dano em razão da sentença (lesividade), no prazo de 8 dias da intimação da sentença da Vara, excluído o dia da intimação, incluído o do vencimento (tempestividade) e pagando-se as custas no prazo de 5 dias da interposição do recurso, mediante guia (preparo). Estes são os pressupostos objetivos. Os subjetivos: o recurso pode ser interposto pela parte vencida ou por terceiro prejudicado que tenha participação na relação processual na fase do conhecimento. 5. No Processo perante a Justiça Eleitoral, é aplicado para designar tanto os recursos em face das decisões de primeiro grau, quanto em relação aos recursos de decisões dos TRE, neste último caso quando versarem sobre expedição de diplomas nas eleições federais e estaduais, bem como quando denegarem *habeas corpus* ou mandado de segurança.

✱ *V. CF, arts. 102, II, e 105, II.*

✱ *V. CPC/1973, arts. 496, V, 497, 508, 539 e 540.*

✱ *V. CPC/2015, arts. 937, II, 994, V, 997, § 2º, II, 1.027 a 1.028.*

✱ *V. CE, arts. 257, § 2º, 276, II, e 277.*

✱ *V. CLT, arts. 893, II, e 895.*

RECURSOS – Elementos de força, de produção de riqueza.

Naturais: A palavra "recurso" significa algo a que se possa recorrer para a obtenção de alguma coisa. O homem recorre aos recursos naturais, isto é, aqueles que estão na natureza, para satisfazer suas necessidades. São eles: a atmosfera, as águas interiores, superficiais e subterrâneas, os estuários, o mar territorial, o solo, o subsolo e os elementos da biosfera, a fauna e a flora. Os recursos naturais podem ser renováveis, isto é, continuarem a ser disponíveis após o seu uso, ou não renováveis, deixarem de ser disponíveis após seu uso.

✱ *V. Lei nº 11.428/2006 (Dispõe sobre a utilização e proteção da vegetação nativa do Bioma Mata Atlântica).*

✱ *V. Dec. nº 6.660/2008 (Regulamenta dispositivos da Lei nº 11.428/2006, que dispõe sobre a utilização e proteção da vegetação nativa do Bioma Mata Atlântica).*

Públicos: São os meios financeiros oriundos de impostos e outras fontes destinados ao custeio e aos investimentos do Poder Público.

✱ *V. Lei nº 9.096/1995 (Lei dos Partidos Políticos).*

REDIBIÇÃO – É a recusa de coisa objeto de contrato comutativo, em razão de defeito ou vício oculto que diminua o seu valor ou inviabilize a sua utilização.

✱ *V. CC, art. 441.*

✱ *V. CDC, art. 18.*

REDIBITÓRIO – *V.* Vício redibitório.

REDUÇÃO DE SALÁRIOS – De acordo com a Constituição Federal só se admite a redução de salário se resultante de acordo ou convenção coletiva de trabalho. Porém, admite-se a redução de salários e do horário de trabalho em face de difícil conjuntura econômica, mediante negociações com os sindicatos.

✱ *V. CF: art. 7º, VI.*

✱ *V. CLT: art. 468.*

✱ *V. Lei nº 4.923/1965 (Institui o Cadastro Permanente das Admissões e Dispensas de Empregados, Estabelece Medidas Contra o Desemprego e de Assistência aos Desempregados).*

REEXAME NECESSÁRIO – 1. Recurso interposto de ofício pelo órgão prolator da decisão originária, remetendo os autos ao tribunal, haja ou não apelação das partes. É verdadeira condição de eficácia da decisão, quando esta se subsume à previsão legal. Havendo decisão de procedência em primeiro grau, a reversão do julgado em segunda instância não enseja o reexame pelo Tribunal Superior, pois já houve efetivamente duplo grau de jurisdição. 2. Em Processo Civil, segundo o art. 475 do CPC/1973, correspondente ao art. 485, III, do CPC/2015, está sujeita ao duplo grau de jurisdição, não produzindo efeito senão depois de confirmada pelo tribunal a sentença: proferida contra a União, o Estado, o Distrito Federal, o Município, e as respectivas autarquias e fundações de direito público; que julgar procedentes, no todo ou em parte, os embargos à execução de dívida ativa da Fazenda Pública (art. 585, VI, do CPC/1973, correspondente ao art. 485, III, do CPC/2015). Nesses casos, o juiz ordenará a remessa dos autos ao tribunal, havendo ou não apelação; não o fazendo, deverá o presidente do tribunal avocá-los. Conforme CPC/1973, não se aplica esse dispositivo sempre que a condenação, ou o direito controvertido, for de valor certo não excedente a 60 salários mínimos, bem como no caso de procedência dos embargos do devedor na execução de dívida ativa do mesmo valor. Entretanto, o CPC/2015 altera o valor de acordo com o ente federativo envolvido, sendo de: 1.000 salários mínimos, em relação à União e demais pessoas jurídicas de Direito público federais; 500 salários mínimos, em relação aos Estados, Distrito Federal, capitais de Estados, bem como respectivas autarquias e fundações de Direito Público; e de 100 salários mínimos, para os municípios e respectivos entes de Direito Público. Contudo, este limite depende que a sentença tenha valor certo, não necessitando de fase de liquidação. Também não se aplica o reexame necessário à sentença que estiver fundada em jurisprudência do plenário do STF ou em súmula deste Tribunal ou do tribunal superior competente. 3. No Processo Penal, estão sujeitas ao reexame necessário as sentenças que concedam *habeas corpus* e que absolvam sumariamente o réu em procedimento perante o Tribunal do Júri.

V. Apelação necessária, duplo grau de jurisdição, recurso ex officio, *reexame obrigatório, remessa dos autos.*

✱ *V. CPC/1973, art. 475.*

✱ *V. CPC/2015, art. 496.*

✱ *V. CPP, art. 574.*

REEXAME OBRIGATÓRIO – *V. Reexame necessário.*

REFERENDO – Consulta popular. O povo é chamado diretamente às urnas para opinar e decidir sobre uma política pública. Em 23-10-2005 houve o referendo sobre a proibição de armas de fogo e compra de munições, respondendo "sim" os que eram favoráveis à proibição e "não" os contrários à mesma. O referendo movimentou mais de 120 milhões de eleitores em todo o País e o "não" venceu por larga diferença de votos. Há distinção entre *referendo* e *plebiscito*: no primeiro o cidadão é convocado a votar após a edição da norma legal, devendo ratificá-la ou não; no segundo, convoca-se o povo para opinar antes da criação da lei. O primeiro referendo ocorreu em 1963, quando foi proposta a mudança de governo do presidencialismo para o parlamentarismo, sendo este rejeitado pelo povo. Em 1993 houve plebiscito para decidir entre os regimes monárquicos parlamentarismo e presidencialismo, tendo o povo escolhido este último.

REFORMA AGRÁRIA – Conjunto de medidas que visem a promover melhor distribuição da terra, mediante modificações no regime de sua posse e uso, a fim de atender aos princípios de justiça social e ao aumento da produtividade.

✱ *V. Lei nº 4.504/1964 (Estatuto da Terra): art. 1º, § 1º.*

✱ *V. CF: arts. 184 a 191.*

REFUGIADO – 1. Pessoa que se dirige a um local resguardado, a salvo de perigo (refúgio). 2. Pessoa que busca refúgio, em razão de perseguição criminal, política ou intolerância ao grupo a que pertence, em território onde não seja oprimida. 3. Segundo a Lei de Migração, é pessoa que tenha recebido proteção especial do Estado brasileiro, conforme previsto na Lei nº 9.474, de 22-7-1997. A Organização Internacional de Refugiados (International Refugee Organization – IRO) criada pela Organização das Nações Unidas (ONU) tem como objetivo atender a demanda de pessoas que buscam refúgio em outros países.

✱ *V. Lei nº 9.474/1997 (Define mecanismos para a implementação do Estatuto dos Refugiados de 1951).*

✱ *V. Lei nº 13.445/2017 (Lei de Migração), arts. 2º, 26, § 2º, 121.*

✱ *V. Dec. nº 9.199/2017 (Regulamenta a Lei de Migração), arts. 75, § 2º, 96, 106, parágrafo único, 119 a 122.*

✱ *V. Dec. nº 10.917/2021 (Dispõe sobre o Comitê Federal de Assistência Emergencial).*

REGIME DE BENS – é o conjunto de determinações legais ou convencionais, obrigatórios e alteráveis, que regem as relações patrimoniais entre o casal, enquanto durar o casamento.

Comunhão Parcial de Bens: Aquele em que os bens trazidos para a sociedade conjugal e os adquiridos a título lucrativo permanecem no patrimônio de cada cônjuge, só havendo comunhão dos bens adquiridos na constância do casamento (CC: arts. 1.659 a 1.663). O casal pode, a qualquer tempo após o casamento, mudar o regime escolhido, de acordo com o atual CC.

Comunhão Universal de Bens: Aquele em que há a comunicação de todos os bens presentes e futuros dos cônjuges e suas dívidas passivas, com as exceções contidas no art. 1.668.

✱ *V. CC: arts. 1.667 a 1.671.*

Regime de Separação de Bens: Aquele em que os bens de cada cônjuge permanecerão sob sua administração exclusiva, podendo ser, livremente, alienados, se forem móveis.

✱ *V. CC: arts. 1.687 e 1.688.*

REGIMENTO – Normas agrupadas que disciplinam o serviço interno ou o funcionamento de tribunais, assembleias legislativas, corporações, fundações, instituições civis.

REGIME PRISIONAL – O modo pelo qual a pena deve ser executada.

Fechado: Regime de cumprimento da pena privativa de liberdade consistente na execução da pena em estabelecimento de segurança máxima ou média.

✱ *V. CP: arts. 33, § 1º, e 34.*

Semiaberto: É o que determina a execução da pena em colônia agrícola, industrial ou estabelecimento similar.

✱ *V. CP: art. 35.*

REGISTRO – Ato de assentar, em livro próprio, ato jurídico praticado ou títulos e documentos.

Civil de Pessoas Jurídicas: As pessoas jurídicas podem ser de direito público (União, Estados, Municípios, Distrito Federal) e de direito privado (sociedades civis, religiosas, científicas, culturais, associações de utilidade pública, fundações, sociedades mercantis). Para prova de sua existência legal, as pessoas jurídicas de direito privado devem inscrever seus contratos, atos constitutivos, estatutos ou compromissos no seu registro peculiar, regulado por lei especial, ou com autorização e aprovação do Governo, quando necessária; averbam-se, ainda, as alterações que esses atos sofrerem. A Lei nº 12.399/2011 alterou o art. 974 do CC, para acrescentar o § 3º ao referido artigo, estabelecendo que o Registro Público de Empresas Mercantis a cargo das Juntas Comerciais deverá registrar contratos ou alterações contratuais de sociedade que envolva sócio incapaz, desde que atendidos, de forma conjunta, os seguintes pressupostos: I – o sócio incapaz não pode exercer a administração da sociedade; II – o capital social deve ser totalmente integralizado; III – o sócio relativamente incapaz deve ser assistido e o absolutamente incapaz deve ser representado por seus representantes legais.

✱ *V. Lei nº 6.015/1973 (Lei de Registros Públicos): arts. 114 a 121.*

Civil de Pessoas Naturais: Incumbe-se de registros e averbações de atos jurídicos e títulos de pessoas naturais, conferindo lhes autenticidade e publicidade. São anotados os nascimentos, os casamentos, óbitos, a emancipação por outorga dos pais ou sentença do juiz, interdição de loucos, surdos-mudos e pródigos; sentença declaratória de ausência, opções de nacionalidade, sentença que deferir legitimação adotiva, as que decidirem nulidade ou anulação do casamento, o divórcio, o restabelecimento da sociedade conjugal, as sentenças que legitimam filhos concebidos na constância do casamento e as que declararem a filiação legítima, casamentos de que resultem legitimação de filhos havidos ou concebidos anteriormente, atos judiciais ou extrajudiciais de reconhecimento de filhos ilegítimos; as escrituras de adoção e os atos que as dissolverem; as alterações ou abreviaturas de nomes. Promover inscrição, no registro civil, de nascimento inexistente é crime apenado com reclusão de 2 a 6 anos.

✱ *V. CP: arts. 241 e 242, parágrafo único.*

✱ *V. Lei nº 6.015/1973 (Lei de Registros Públicos): arts. 29 e segs.*

R

De empregados: anotação do contrato de trabalho em livro ou fichas próprias, sujeito a controle do Ministério do Trabalho. A Lei nº 13.467/2017 atualizou o valor da multa ao empregador que mantiver empregado sem registro, bem como fixou multa para situações antes não detalhadas pela CLT.

✱ ***V.*** *CLT, arts. 41, 47 e 47-A.*

De Imóveis: Espécie de registro público cujas atribuições estão definidas no art. 167 da Lei nº 6.015/1973 (Lei de Registros Públicos).

De Marca: Assentamento feito no Departamento Nacional da Propriedade Industrial, visando o uso exclusivo da marca.

Do Comércio: Registro público de atos e fatos do comércio, que qualquer interessado pode consultar sem precisar justificar-se. Da mesma forma, não pode ser recusado pedido de certidão com os emolumentos pagos. O fundamento desse registro é, exatamente, a publicidade dos fatos e atos nele inscritos, cuja falta enseja a própria nulidade do ato em sua validade entre terceiros. Neste caso, mesmo válido entre as partes, não produz efeitos com relação a terceiros. São seus órgãos centrais: o Departamento Nacional de Registro do Comércio (DNRC) com funções supervisoras, orientadoras e coordenadoras no plano técnico; a Divisão Jurídica do Registro do Comércio (DJRC), com funções consultiva e fiscalizadora no plano jurídico. São órgãos regionais: as Juntas de Comércio de todas as circunscrições do País, com funções administradora e executiva. São órgãos locais: as Delegacias das Juntas Comerciais nas zonas das circunscrições a que pertencerem, com funções iguais. O processo de abertura, registro, alteração e baixa do microempreendedor individual de que trata o art. 18-A da LC nº 123, de 14-12-2006, bem como qualquer exigência para o início de seu funcionamento deverão ter trâmite especial e simplificado, preferentemente eletrônico, opcional para o empreendedor, na forma a ser disciplinada pelo Comitê para Gestão da Rede Nacional para a Simplificação do Registro e da Legalização de Empresas e Negócios – CGSIM. Poderão ser dispensados o uso da firma, com a respectiva assinatura autógrafa, o capital, requerimentos, demais assinaturas, informações relativas à nacionalidade, estado civil e regime de bens, bem como remessa de documentos, na forma estabelecida pelo CGSIM.

✱ ***V.*** *Lei nº 8.934/1994 (Dispõe sobre o Registro Público de Empresas Mercantis e Atividades).*

Público: É o serviço que tem por finalidade autenticar e dar publicidade ao estado e à capacidade das pessoas, bem como autenticar e perpetuar documentos destinados à prova de atos jurídicos em qualquer tempo.

✱ ***V.*** *CF: arts. 5º, LXXVI, e 22, XXV.*

✱ ***V.*** *CC: art. 1.604.*

✱ ***V.*** *CP: art. 241.*

✱ ***V.*** *CPC/1973: arts. 1.124, 1.184 e 1.186.*

✱ ***V.*** *Lei nº 6.015/1973 (Lei de Registros Públicos).*

Torrens: Sistema de inscrição de imóvel rural, regulado atualmente pela Lei nº 6.015/1973, com as alterações da Lei nº 6.216/1975.

✱ ***V.*** *Lei nº 6.015/1973 (Dispõe sobre os registros públicos): arts. 277 a 288.*

REGRA TÉCNICA DE PROFISSÃO, ARTE OU OFÍCIO – Se não é observada, a pena é aumentada de um terço no homicídio doloso.

✱ ***V.*** *CP: art. 121, § 4º.*

REGULAMENTAÇÃO – Ato de estabelecer regras, normas, de regulamentar a aplicação de uma lei. Por determinação da CF; a regulamentação dos serviços concedidos compete ao Poder Público.

✱ ***V.*** *CF: art. 175.*

REINCIDÊNCIA – A reincidência ocorre quando o agente comete novo crime, depois de transitar em julgado a sentença que, no País ou no estrangeiro, o tenha condenado por crime anterior.

✱ ***V.*** *CP: arts. 63 e 64.*

REINTEGRAÇÃO – 1. Ato ou efeito de reintegrar. 2. Reaquisição, recuperação.

De Servidor Público: Reinvestidura de servidor estável no cargo anteriormente ocupado, ou no cargo resultante de sua transformação, quando invalidada a sua demissão por decisão administrativa ou judicial, com ressarcimento de todas as vantagens.

✱ ***V.*** *Lei nº 8.112/1990 (Estatuto dos Servidores Públicos Civis da União): art. 28.*

Na Posse: Nome dado à ação pertinente ao possuidor que quer restituir sua posse, perdida por efeito de esbulho.

✱ ***V.*** *CC: art. 1.210.*

✱ ***V.*** *CPC/1973: arts. 926 a 931.*

✱ ***V.*** *CPC/2015, arts. 73, § 2º, 554, 557 e 560 a 566.*

RELAÇÃO – 1. Conexão entre dois objetos. 2. Ligação íntima entre pessoas ou coisas. 3. Convivência, frequência social, trato entre pessoas; parentesco.

De Trabalho: Vínculo existente entre duas ou mais pessoas, decorrente de contrato de prestação de serviço, de mandato ou de empreitada.

Jurídica: Conjunto de obrigações e deveres recíprocos, sancionados pelo Direito.

✱ ***V.*** *CPC/1973: art. 4º, I.*

✱ ***V.*** *CPC/2015, arts.19, I.*

RELATOR – Nome usado para designar o juiz encarregado de expor perante outros juízes os fundamentos da questão a ser julgada.

✱ ***V.*** *CPC/1973: arts. 120, 393, 537, 556, 557, 1.059 e 1.068.*

✱ ***V.*** *CPC/2015, arts. 955, 1.024, 941, 932 e 717.*

✱ ***V.*** *CPP: arts. 610, 612, 625, 670, 673 e 789, § 2º.*

RELEVÂNCIA DA OMISSÃO – A omissão é penalmente relevante quando o agente devia e podia agir para evitar o resultado.

✱ ***V.*** *CP: art. 13, § 2º.*

RELEVO ONDULADO – A Lei nº 12.651/2012 (Novo Código Florestal) em seu art. 3º, XXIII, conceituou relevo ondulado. "XXIII – relevo ondulado: expressão geomorfológica usada para designar área caracterizada por movimentações do terreno que geram depressões, cuja intensidade permite sua classificação como relevo suave ondulado, ondulado, fortemente ondulado e montanhoso;"

REMESSA DOS AUTOS – É a saída dos autos de cartório e o envio dos mesmos ao juiz da causa, ao advogado, ao perito, ao contador ou ao grau de jurisdição superior.

REMIÇÃO – 1. Ato ou efeito de remir. 2. Resgate, pagamento, quitação. 3. Libertação, redenção, alforria. 4. Saldamento de dívida, liberação de ônus, de obrigação, de um direito. 5. A legislação não raras vezes emprega o termo *remissão* no sentido de remição, equívoco que pode causar confusão, ante a proximidade de conceitos.

Da execução: até 2006, podiam o cônjuge, descendente ou ascendente remir quaisquer bens penhorados, na insolvência do devedor, depositando o preço pelo qual foram alienados ou adjudicados. Com a Lei nº 11.382/2006, que revogou os arts. 787 a 790 do CPC, a remição da execução por qualquer interessado deve se dar da mesma forma que por parte do próprio devedor, sendo paga a importância da dívida, juros, custas e honorários advocatícios.

Da hipoteca: pagamento da importância garantida pela hipoteca.

Da pena: no Dir. Penal, é a redução do tempo originalmente estipulado para a pena privativa de liberdade, pelo exercício de trabalho ou de estudo pelo condenado. Também se aplica às hipóteses de prisão cautelar.

De bens executados: liberação de bens, pendentes de execução, pelo pagamento de certa importância.

De foro: pagamento de importância pelo enfiteuta a quem havia recebido o imóvel por enfiteuse, liberando o bem.

✱ *V. ADCT, art. 49.*

✱ *V. CC/2002, arts. 1.429, 1.436, V, 1.481 a 1.484, 1.499, V, 1.505 e 1.510.*

✱ *V. CPC/1973, arts. 558, 651 e 1.048.*

✱ *V. CPC/2015, arts. 826, 877, §§ 3º e 4º, e 902.*

✱ *V. CTN, art. 131, I.*

REMISSÃO – 1. Ato ou efeito de remitir, que significa perdoar. 2. Liberação, perdão, renúncia, absolvição. 3. Também empregado no sentido de ato ou efeito de remeter, que significa enviar, encaminhar ou direcionar o leitor para outras partes do texto. 4. Para o Dir. Civil, é a ação espontânea de desobrigar de um ônus sem impor qualquer condição. É causa de extinção de obrigações. Na remissão de dívida, a entrega voluntária do título da obrigação, quando por escrito particular, prova a desoneração do devedor e de seus coobrigados, se o credor for capaz de alienar, e o devedor capaz de adquirir. A entrega do objeto empenhado prova a renúncia do credor à garantia real, mas não a extinção da dívida. A remissão concedida a um dos codevedores extingue a dívida na parte que a ele corresponde, de modo que, mesmo reservando o credor a solidariedade contra os outros, já lhes não pode cobrar o débito sem dedução da parte remitida. Atos de remissão de dívida praticados por devedor já insolvente, ou por ele reduzido à insolvência, poderão ser anulados pelos credores quirografários como lesivos dos seus direitos. A ação pode ser intentada contra o devedor insolvente, a pessoa que com ele celebrou a estipulação considerada fraudulenta, ou terceiros adquirentes que hajam procedido de má-fé. Se um dos credores remitir a dívida, a obrigação não se extingue em relação aos outros, mas estes só poderão exigi-la com o desconto da cota do credor remitente. O credor que tiver remitido a dívida ou recebido o pagamento responderá aos outros pela parte que lhes caiba. 5. O foreiro não tem direito à remissão do foro, por esterilidade ou destruição parcial do prédio enfitêutico, nem pela perda total de seus frutos; pode, em tais casos, porém, abandoná-lo ao senhorio direto e, independentemente do seu consenso, fazer inscrever o ato da renúncia. 6. Em Dir. Tributário, a remissão é hipótese de extinção do crédito tributário, dependendo de lei específica, que autorize a administração fazendária, sob certas circunstâncias, a perdoar, total ou parcialmente, o sujeito passivo da obrigação. 7. Ao pagamento e à remissão da dívida aplicam-se as normas dos arts. 401 e 402 do CPC/1973, correspondentes aos arts. 444 e 445 do CPC/2015. A execução extingue-se pela renúncia (remissão) ao crédito pelo credor. 8. No Dir. Penal, a remissão da pena ocorre quando o Estado concede uma espécie de perdão ao condenado, que pode assumir a forma de *anistia*, *graça* ou *indulto*.

✱ *V. CC/1916, art. 687.*

✱ *V. CC/2002, arts. 158, 262, 272, 277, 385 a 388 e 1.436.*

✱ *V. CPC/1973, arts. 403, 685-B, 686, I, 703, I, 794, III.*

✱ *V. CPC/2015, arts. 877, § 2º, 886, I, 901, § 2º, 924, III e IV, e 1.046, § 4º.*

✱ *V. CP, art. 107, II.*

✱ *V. CTN, arts. 125, II, 156, IV, e 172.*

REMUNERAÇÃO – 1. Ato ou efeito de remunerar. 2. Rendimento, prêmio, preço, recompensa. 3. Contraprestação pelos serviços prestados. 4. Em sentido lato, é empregada como sinônimo de *salário*. Em sentido estrito, é a soma daquilo que o empregado recebe a título de salário, gorjetas e outros benefícios, se houver. A legislação trabalhista acolhe a distinção entre os termos salário e remuneração, prevendo que certos pagamentos sejam feitos à base do primeiro, como o aviso prévio, e outros com base na segunda, como indenização, férias etc. 5. A remuneração recebe várias denominações: *vencimentos*, para funcionários públicos, professores; *subsídios*, para magistrados e outros agentes políticos; *jeton*, para parlamentares; *soldo*, parte do que recebem os militares; *etapa*, parte do que recebem os marítimos, sua alimentação; *honorários*, para os profissionais liberais. 6. A legislação tributária brasileira, ao longo das décadas, foi se descolando da definição trabalhista, passando a prever a incidência de tributos sobre valores que, a princípio, não constituem *remuneração*, tais como a gratificação natalina (13º salário). 7. Paga-se remuneração ao depositário ou administrador, ao leiloeiro, ao perito, intérprete ou tradutor, ao administrador da massa de bens do insolvente, ao assistente técnico, aos membros do Comitê de credores, ao administrador judicial, ao testamenteiro e ao tutor – tudo em conformidade com o que dispõem as leis civil e processual civil e a Nova Lei de Recuperação de Empresas e Falências. 8. A CF dispõe sobre remuneração de servidores públicos, dos deputados estaduais, e dá como direito dos trabalhadores urbanos e rurais o salário mínimo fixado em lei e unificado nacionalmente. A remuneração percebida em desacordo com a CF será imediatamente reduzida aos limites dela decorrentes, não se admitindo invocação de direito adquirido ou de percepção de excesso a qualquer título. O mesmo ocorre para vencimentos, vantagens e proventos de aposentadoria. 9. A CF garante a irredutibilidade de salários, o que não abrange todas as parcelas da remuneração, de modo que, na prática, certos valores, como horas extras habituais, podem ser suprimidos, sem que isto viole a garantia constitucional. 10. A princípio, todas as parcelas da remuneração devem ser computadas para a base de cálculo de contribuições previdenciárias e, consequentemente, para apuração de benefícios. Entretanto, a jurisprudência vem excluindo a incidência de valores pagos não a título de contraprestação pelo trabalho, mas como indenização por custos que o trabalhador incorre para o trabalho. 11. A Lei nº 13.467/2017 (Reforma Trabalhista) determinou que integrariam o salário, além da importância fixa estipulada, as gratificações legais e as comissões pagas pelo empregador, bem como elencou parcelas específicas pagas pelo empregador que não integrarão a remuneração do empregado, não serão base

R

de encargo trabalhista e previdenciário, nem serão incorporadas ao contrato de trabalho.

✱ **V.** *CF, arts. 7º, VII, 27, § 2º, e 37, X, XI, XIII e XVI, 40, §§ 2º, 3º, 11 e 17, 61, § 1º, II, e 201, § 11.*

✱ **V.** *ADCT, art. 17.*

✱ **V.** *CLT, arts. 457 e 458.*

✱ **V.** *CC/2002, arts. 651, 676, 698, 701 a 703, 705, 714, 716 a 719, 724 a 726, 728, 753, § 4º, 1.068, 1.070, parágrafo único, 1.071, IV, 1.401, 1.752 e 1.901, II.*

✱ **V.** *CPC/1973, arts. 20, § 2º, 33, 149 e 767.*

✱ **V.** *CPC/2015, arts. 84, 95 e 160.*

✱ **V.** *Lei nº 7.713/1988 (Altera a legislação do imposto de renda), arts. 3º, 6º e 7º.*

✱ **V.** *Lei nº 8.036/1990 (Dispõe sobre o Fundo de Garantia por Tempo de Serviço), art. 15.*

✱ **V.** *Lei nº 8.212/1991 (Lei Orgânica da Seguridade Social), art. 28.*

✱ **V.** *Súmulas Vinculantes nos 6 e 16.*

✱ **V.** *Súmulas nºs 307, 462 e 593 do STF.*

✱ **V.** *Súm. nº 219 do STJ.*

✱ **V.** *Súmulas nºs 7, 27, 45, 63, 93, 115, 139, 146, 149, 171, 264, 354 e 450 do TST.*

✱ **V.** *Orientações Jurisprudenciais nos 297, 339 e 363 do TST.*

RENDA – 1. Tecido leve e transparente, feito de linho, algodão, seda etc., utilizado em roupas, toalhas etc. 2. Em sentido lato, são proventos que se auferem periodicamente pelo trabalho, pela exploração econômica de coisa ou pela aplicação ou investimento de capital: remuneração, receita, rendimento. 3. Em sentido mais estrito, é o rendimento líquido obtido por certo investimento, deduzidos os custos e despesas, materiais e financeiras. 4. Preço do uso de coisa arrendada ou alugada. 5. Prestação do devedor no contrato de renda sobre imóveis. 6. Tudo quanto o Estado arrecada em tributos e na exploração de suas terras, empresas e bens patrimoniais, o que vem a constituir a *receita pública*. 7. Se o legado consistir em renda vitalícia, ou pensão periódica, esta, ou aquela, correrá da morte do testador. 8. Já a doação em forma de subvenção periódica extingue-se com a morte do doador, salvo se este outra coisa dispuser. 9. Renda de imóvel alugado constitui título executivo extrajudicial. 10. Renda vinculada a imóvel é direito real de fruição sobre coisa alheia. 11. Dar às rendas públicas aplicação diversa da especificada em lei é crime contra as Finanças Públicas, apenado com detenção de 1 a 3 meses ou multa.

✱ **V.** *CC/2002, arts. 545, 803 a 813 e 1.926.*

✱ **V.** *CP, art. 315.*

✱ **V.** *CTN, arts. 43 a 45.*

✱ **V.** *CPC/1973, art. 585, IV.*

✱ **V.** *CPC/2015, arts. 343 e 784, VII.*

✱ **V.** *Súmulas nºs 125, 136, 215, 262, 386, 394, 447, 463, 486 e 498 do STJ.*

RENDA MENSAL VITALÍCIA – 1. Também conhecido como renda mensal vitalícia, até a entrada em vigor da Lei nº 8.743/1993 (Lei Orgânica da Assistência Social), era o benefício pago pela Previdência Social aos maiores de 70 anos ou inválidos que não exercessem atividade remunerada, não auferissem rendimentos superiores ao valor da renda mensal fixada em lei, não fossem mantidos por pessoa de quem dependessem obrigatoriamente e não tivessem outro meio de prover ao próprio sustento. Era preciso que fossem filiados à Previdência Social por, pelo menos, 12 (doze) meses, consecutivos ou não. Com a criação do benefício de prestação continuada, foram mantidos apenas os auxílios até então concedidos.

✱ **V.** *Lei nº 6.179//1974 (Institui amparo previdenciário para maiores de setenta anos de idade e para inválidos).*

✱ **V.** *Lei nº 8.213//1991 (Dispõe sobre os Pllanos de Benefícios da Previdência Social), art. 139, revogado pela Lei nº 9.528/1997).*

RENDEIRO – Proprietário da casa dada à renda. O que dá ou toma de arrendamento uma propriedade, recebendo ou pagando renda por seu uso. Arrendador ou arrendatário; parceiro agrícola.

RENÚNCIA – Desistência voluntária, abandono, abdicação. Abandono de um direito, por vontade de seu titular, ou transferência para outrem. Ato de deixar, espontaneamente, cargo público. Causa de extinção de direitos subjetivos. Desistência, por parte do enfiteuta, do domínio útil em favor do senhorio. Caducidade de recurso, no juízo *a quo*, por não ter sido preparado e remetido a tempo à superior instância. No Dir. Penal como no Processual Penal, nos casos de crimes de ação privada, a renúncia ao direito de queixa é um dos modos de extinção da punibilidade. É expressa, quando feita pelo ofendido ou por seu representante legal; e tácita, quando resulta da prática de ato que não se compatibiliza com o propósito de iniciar a ação; diverge do perdão, porque é unilateral, decorrendo apenas da manifestação de vontade do ofendido. No processo civil, a procuração geral para o foro não permite ao advogado renunciar ao direito sobre que se funda a ação; mas pode, a qualquer tempo, renunciar ao mandato, notificando o mandante para que lhe dê sucessor e continuando a representá-lo nos 10 dias seguintes à notificação. A parte pode renunciar ao prazo estabelecido exclusivamente em seu favor. O processo extingue-se com julgamento de mérito quando o autor renunciar ao direito sobre que se funda a ação. Reputar-se-á renunciado o agravo se a parte não pedir expressamente, nas razões e contrarrazões da apelação, sua apreciação pelo tribunal.

✱ **V.** *CPC/2015, arts. 105, 112, 225, 487, III, c, 999 e 1.000.*

REPARAÇÃO – Conserto, compensação de prejuízos, indenização que se pode exigir de alguém por violação do direito alheio, por ação ou por omissão voluntária, negligência ou imprudência. Satisfação por injúria ou ofensa. O CP trata da reparação do dano.

✱ **V.** *CP: arts. 9º, I, 16, 65, III,* b, *78, § 2º, 91, I, e 312, § 3º.*

REPERCUSSÃO GERAL – Requisito de admissibilidade do recurso extraordinário pelo STF, segundo o qual o recorrente deve demonstrar, em preliminar no recurso, a existência, ou não, de questões constitucionais relevantes do ponto de vista econômico, político, social ou jurídico, que ultrapassem os interesses subjetivos da causa. A apreciação da repercussão geral é de competência exclusiva do STF, que somente poderá não conhecer do recurso pela manifestação de dois terços de seus membros.

✱ **V.** *CF: art. 102, § 3º.*

✱ **V.** *CPC/1973: arts. 543-A e 543-B.*

✱ **V.** *CPC/2015, arts. 1.035 e 1.036 a 1.040.*

REPETIÇÃO DE ATO PROCESSUAL – Ao pronunciar a nulidade, o juiz declarará que atos são atingidos e ordenará providências para que sejam repetidos ou retificados, não ocorrendo se a falta não prejudicar a parte ou se o juiz puder decidir do mérito a favor da parte a quem aproveite a nulidade. As custas caberão a quem der causa à repetição.

✱ **V.** *CPC/1973: arts. 29 e 249.*

✱ **V.** *CPC/2015, arts. 93 e 282.*

RÉPLICA – No judiciário penal, é a contradita complementar da acusação, oral e fundamentada, que o órgão da justiça opõe aos argumentos da defesa. Contracontestação. No processo civil, é a manifestação do autor sobre arguição do réu em matéria que impede, altera ou extingue o fato sobre o qual se baseia a lide.

✱ *V. CPC/1973: arts. 301, 326 e 327.*

✱ *V. CPC/2015, arts. 337, 350, 351, 352,430 e 437.*

REPRESENTAÇÃO – 1. Ato ou efeito de representar. 2. Exibição, exposição. 3. Atuação em uma peça teatral ou cena filmada. 4. Reprodução de uma cena ou momento por meio de uma pintura, escultura ou outra forma de arte. 5. Exposição da ideia que se concebe a respeito de alguma coisa. 6. Aparência de importância que ostenta certo cargo ou autoridade. 7. Delegação, exercício do poder legislativo decorrente de delegação popular, pelo voto direto. 8. O Dir. Civil dispõe sobre hipóteses de representação legal, que dispensa instrumento de mandato, e o CC/2002 introduziu o Capítulo II do Livro III, nos arts. 115 a 120, mencionando os poderes e limites dos representantes. 9. Na sucessão legítima, é o direito dos descendentes em linha reta, ou colateral, do falecido, de suceder em todos os direitos que a ele competiam. 10. No Processo Penal, é a autorização dada pela vítima ou por quem a represente, para que a autoridade policial, o promotor ou o juiz instaurem inquérito para posterior oferecimento de denúncia nos crimes de ação pública condicionada, que dependem dessa formalidade. 11. Em Dir. Administrativo, é a denúncia formal e escrita de irregularidades internas ou de abusos de poder na prática de atos de Administração, podendo ser exercitada por qualquer pessoa. 12. A Constituição prevê a competência de diversos órgãos para formular representações em face de ilegalidades, como corolário do sistema de controle recíproco entre os Poderes, casos, por exemplo, da representação interventiva, proposta em face de entes federativos que descumprirem mandamentos constitucionais, ou da representação perante o Conselho Nacional de Justiça, para apuração de infrações administrativas e disciplinares por membros da magistratura e servidores do Poder Judiciário. 13. No que concerne às pessoas jurídicas, entendia Pontes de Miranda que os seus dirigentes não exerciam *representação*, pois somente se representa algo que existe no mundo dos fatos. Por esta razão, afirmava o autor que as pessoas jurídicas são *presentadas* por seus dirigentes/administradores, pois estes, na sua atuação como tais, são o corpo do próprio ente jurídico.

✱ *V. CF, arts. 1º, parágrafo único, 5º, I XX, 8º, II e III, 11, 34, VII,* a, *36, III, 37, § 3º, III, 45, 46, 58, § 2º, IV, e § 4º, 71, XI, 84, VII, 103, VIII, 103-B, IV, 125, § 2º, e 129, IV e IX.*

✱ *V. CC/2002, arts. 1.567, 1.570, 1.634, V, 1.747, I, e 1.774.*

✱ *V. CP, arts. 100, § 1º, 102, 103, 145, 225, § 2º, e 234, parágrafo único, II.*

✱ *V. CLT, arts. 164, 513, 515, 516, 522, § 3º, 524,* a, *543, 611, 616, 625-A e 625-B.*

REPRESENTAÇÃO PROCESSUAL – 1. Faculdade legal que se atribui a alguém para agir em juízo em nome alheio, defendendo direito alheio. 2. O CPC/1973 arrola hipóteses de representação em seu art. 12, correspondente ao art. 75 do CPC/2015, dispensando, para estes casos, quaisquer outras manifestações de vontade que não a prova da qualidade do próprio representante. As pessoas jurídicas serão representadas por quem seus estatutos designarem, ou, não o designando, por seus diretores; o interdito, por seu curador; o menor impúbere pelos pais ou tutor. Os incapazes serão representados por curador especial designado pelo juiz, se nao tiver representantes ou se os interesses destes colidirem com os seus; e da mesma forma o réu preso ou o revel citado por edital ou com hora certa, e ao devedor assim citado que não se defender. Além destas hipóteses, a legislação esparsa elenca diversos tipos de representação, entre as quais se destaca a conferida aos legitimados para ações civis públicas, ações coletivas de consumo, mandados de segurança coletivos e ações populares. Por disposição constitucional, os sindicatos estão expressamente autorizados a representar todos os integrantes de sua categoria, respeitados os limites geográficos de sua circunscrição. 3. Em juízo, a parte será representada por advogado legalmente habilitado, o que não se confunde com a representação da própria parte, mas, sim, configura uma hipótese especial de mandato (*ad juditia*), com poderes mais restritos do que os conferidos aos representantes gerais (*ad negotia*). 4. A regularidade de representação da parte em juízo e pressuposto processual, cuja ausência implica a extinção do processo sem julgamento de mérito, podendo ser conhecida de ofício, e a qualquer tempo ou grau de jurisdição. 5. O processo é suspenso pelo juiz no caso de morte ou perda da capacidade processual de qualquer das partes ou de seu representante legal, a menos que já tenha iniciado a audiência de instrução e julgamento. Nesse caso, o advogado continuará no processo até o encerramento da audiência; o processo só será suspenso a partir da publicação da sentença ou do acórdão.

✱ *V. CF, arts. 5º, XXI, 8º, III, 131 e 132.*

✱ *V. CPC/1973, arts. 8º, 9º, 12, 13, 36 e 301, IX.*

✱ *V. CPC/2015, arts. 71, 72, 75, 76, 103, 111, 242, 287, parágrafo único, III e 337.*

✱ *V. CLT, arts. 791, §§ 1º e 3º, 793, 839,* a, *840, § 1º, 843, 852 e 856 a 867.*

REPRISTINAÇÃO DA LEI – Restauração de uma lei revogada. Para que ocorra, a repristinação deve ser *expressa*, como se deduz do art. 2º, § 3º, da LINDB (antiga LICC): "Art. 2º (...) § 3º Salvo disposição em contrário, a lei revogada não se restaura por ter a lei revogadora perdido a vigência".

REPÚBLICA – Forma de governo caracterizada pela temporariedade do exercício das funções políticas. Distingue-se da monarquia porque nesta o poder é vitalício.

✱ *V. CF: arts. 1º, 3º e 4º.*

REQUERIMENTO – Pedido, reivindicação, pretensão. Nos crimes de ação pública incondicionada o inquérito pode ser iniciado por requerimento da vítima ou de seu representante legal. A autoridade policial não pode indeferir o requerimento, sob pena de ser criminalmente responsabilizada, a menos que a punibilidade já esteja prescrita; se o fato narrado não configurar crime, que o requerimento não forneça dados suficientes para a investigação ou se dirija a autoridade incompetente.

REQUISIÇÃO – No Dir. Adm., é a utilização, por força coativa, de bens ou serviços particulares pelo Poder Público, por ato de execução imediata e direta da autoridade requisitante e indenização ulterior, para atendimento de necessidades coletivas, de caráter urgente e transitório. A CF autoriza o uso da propriedade particular na iminência de perigo público, pelas autoridades competentes, civis e militares. É ato de império do Poder Público, discricionário, que independe da intervenção prévia do Poder Judiciário, como ato de urgência. No Cível, o juiz pode requisitar certidões e procedimentos administrativos às repartições públicas, no interesse da justiça, assim como pode requisitar funcionário público ou militar que figure no rol de testemunhas. Também requisitará força policial para efetivar a execução, para auxiliar os oficiais de justiça na penhora de bens, na prisão de quem resistir à ordem. Se os bens a serem penhorados estiverem em repartição pública, precederá a penhora a requisição do juiz ao respectivo chefe da repartição. No Dir. Penal, pode haver requisição de ação pública pelo Ministro da Justiça.

✱ *V. CF: arts. 5º, XXV, e 22, III.*

✱ *V. CPC/1973: arts. 399, 412, § 2º, 579, 659, § 1º, 662 e 825, parágrafo único.*

✱ *V. CPC/2015, arts. 438, 455, § 4º, III, 782, § 2º, 845 e 846, § 2º.*

✱ *V. CP: art. 100, § 1º.*

RESCISÃO – 1. Ato de declarar nulo, sem validade, negócio jurídico ou contrato eivado de vício ou defeito que o torne anulável, e ainda por infração de cláusula contratual, inadimplemento de obrigação e em outros casos em que a lei imponha a nulidade relativa. O mesmo que resilição. 2. No Dir. Administrativo, rescinde-se o contrato durante a sua execução por inadimplemento de uma das partes, pela superveniência de eventos impeditivos do prosseguimento do ajuste ou ocorrência de fatos que levem ao seu rompimento de pleno direito. A rescisão pode ocorrer: por ato unilateral da Administração (rescisão administrativa), por acordo entre as partes (rescisão amigável), por decisão judicial, por declaração de ocorrência de fato previsto como extintivo do contrato (rescisão de pleno direito). O termo *resilição* (em lugar de rescisão) é usado incorretamente como tradução do francês *resiliation*, que corresponde à rescisão contratual. Não se deve usar, pois incorreto, o vocábulo *revogação* no sentido de *rescisão* ou *anulação*, porque são institutos jurídicos diferentes. 3. No Dir. do Trabalho, é empregado como sinônimo de extinção do contrato de trabalho por iniciativa do empregador. A Lei nº 13.467/2017 (Reforma Trabalhista) determinou como obrigação do empregador, quando da extinção do contrato de trabalho, a anotação na CTPS do trabalhador, a comunicação da dispensa aos órgãos competentes, além do pagamento das verbas rescisórias. 4. Em função da situação de calamidade pública, decretada pelo Dec. Leg. nº 6, de 20-3-2020, gerada pela pandemia de Coronavírus (COVID-19), o Min. da Economia editou norma interna, orientando os Auditores Fiscais do Trabalho a não considerarem fraudulenta a recontratação do trabalhador, nos casos de rescisão sem justa causa, dentro do prazo de 90 (noventa) da data da rescisão.

✱ *V. CPC/1973, arts. 485 e 495.*

✱ *V. CPC/2015, arts. 966 e 975.*

✱ *V. CLT, arts. 477 a 486.*

✱ *V. Port. do ME nº 16.655/2020 (Disciplina hipótese de recontratação nos casos de rescisão sem justa causa, durante o estado de calamidade pública de que trata o Decreto Legislativo no 6, de 20 de março de 2020).*

Indireta do contrato de trabalho: é aquela em que o empregado pode considerar rescindido o seu contrato, pleiteando indenização devida, segundo as causas elencadas pela CLT, art. 483.

RESCISÃO DE CONTRATO – Interrupção do vínculo contratual por uma das partes. Trata-se de iniciativa unilateral. A Lei nº 13.467/2017 (Reforma Trabalhista) determinou como obrigação do empregador, quando da extinção do contrato de trabalho, a anotação na CTPS do trabalhador, a comunicação da dispensa aos órgãos competentes, além do pagamento das verbas rescisórias.

✱ *V. CLT: arts. 467, 474 e 477 a 486.*

RESERVA DE PLENÁRIO – Pela chamada cláusula de reserva de plenário (art. 97 da CF), ou regra do *full beach*, prevalece que, mesmo no controle difuso, os tribunais somente podem reconhecer a inconstitucionalidade de um ato normativo pelo voto da maioria absoluta de seus membros ou do respectivo órgão especial.

✱ *V. CF: art. 97.*

✱ *V. Súm. Vinculante nº 10 do STF.*

RESERVA LEGAL – Para fins de Dir. Ambiental, é a área localizada no interior de uma propriedade ou posse rural, delimitada conforme região geográfica e vegetação nativa, com a função de assegurar o uso econômico de modo sustentável dos recursos naturais do imóvel rural, auxiliar a conservação e a reabilitação dos processos ecológicos e promover a conservação da biodiversidade, bem como o abrigo e a proteção de fauna silvestre e da flora nativa.

✱ *V. Lei nº 12.651/2012 (Novo Código Florestal), arts. 3º, III, e 12.*

RESIDÊNCIA – Lugar onde a pessoa fixa, temporariamente, a sua morada com ou sem a intenção de nela permanecer sempre. Chama-se residência de fato em oposição a residência de direito ou *domicílio* (q.v.). Diz-se, também, do período de 2 anos de prática hospitalar que deve ser cumprido pelo formando de Medicina, como parte obrigatória de sua formação profissional.

RESIDÊNCIA JURÍDICA – 1. Constitui modalidade de ensino destinado a bacharéis em Direito que estejam cursando especialização, mestrado, doutorado, pós-doutorado ou, ainda, que tenham concluído o curso de graduação há no máximo 5 (cinco) anos. 2. Consiste no treinamento em serviço, abrangendo ensino, pesquisa e extensão, bem como o auxílio prático aos magistrados e servidores do Poder Judiciário no desempenho de suas atribuições institucionais.

✱ *V. Res. do CNJ nº 439/2022 (Autoriza os tribunais a instituírem programas de residência jurídica).*

RESIDENTE – 1. Proveniente do latim *residens, residentis*. 2. É a pessoa que mora, que reside em determinado lugar.

Fronteiriço: pessoa nacional de país limítrofe ou apátrida que conserve a sua residência habitual em município fronteiriço de país vizinho.

✱ *V. Lei nº 13.445/2017 (Lei de Migração), art. 1º, § 1º, IV.*

✱ *V. Dec. nº 9.199/2017 (Regulamenta a Lei de Migração), art. 1º, parágrafo único, IV.*

RESÍDUOS – São os bens que devem passar para o patrimônio da pessoa indicada no testamento, por morte do legatário.

RESÍDUOS SÓLIDOS – Material, substância, objeto ou bem descartado resultante de atividades humanas em sociedade, a cuja destinação final se procede, se propõe proceder ou se está obrigado a proceder, nos estados sólido ou semissólido, bem como gases contidos em recipientes e líquidos cujas particularidades tornem inviável o seu lançamento na rede pública de esgotos ou em corpos d'água, ou exijam para isso soluções técnica ou economicamente inviáveis em face da melhor tecnologia disponível (art. 3º, XVI, da Lei nº 12.305/2010). Objeto da Política Nacional de Resíduos Sólidos.

✱ *V. Lei nº 12.305/2010 (Institui a Política Nacional de Resíduos Sólidos).*

RESILIÇÃO DE CONTRATO – Dissolução do contrato feita por ambas as partes, que demonstram o desejo de romper o pacto.

RESISTÊNCIA – Delito cometido por quem se insurge, com violência, ou por ameaça, contra funcionário público ou agente da autoridade, ou contra quem lhe presta auxílio, na prática de ato legal, no exercício regular de suas funções e no cumprimento de ordem, mandado de natureza administrativa, policial ou judicial, emanado de superior hierárquico. A pena é de detenção de 2 meses a 2 anos; se o ato, em razão da resistência, não se executa, pena de reclusão de 1 a 3 anos; as penas são aplicáveis sem prejuízo daquelas correspondentes à violência. Oposição do Estado à pessoa física ou jurídica que atente ao seu direito, patrimônio ou soberania. Direito de todo cidadão de opor-se, em defesa própria, ou de outrem, a ordens ilegais ou injustas, ou a constrangimentos de que seja vítima por parte de agentes da autoridade. Pode ser ativa, se exercida com violência contra ato tido como ilegal ou injusto; e passiva, se consiste na inexecução do ato pretendido ou na recusa a obedecê-lo.

RESOLUÇÃO DE CONTRATO – Dissolução do contrato por sentença judicial.

RESPONSABILIDADE – Dever jurídico de responder pelos próprios atos e os de outrem, sempre que estes atos violem os direitos de terceiros, protegidos por lei, e de reparar os danos causados.

Civil: É a reparação do dano causado a outrem, em decorrência de obrigação assumida ou por inobservância de norma jurídica.

✱ *V. CC: arts. 927 a 943.*

✱ *V. CPC/2015, arts. 53, 77, § 7º, 104, 125, II, 143, 155, 158, 161, 181, 302, parágrafo único, 324, II, 718 e 789 a 796.*

Civil dos Menores de Idade: O atual CC determina (art. 180) que o menor entre 16 e 18 anos não pode eximir-se de uma obrigação, invocando a sua idade, tendo-a intencionalmente ocultado ou a declarado maior. O menor de 21 anos e maior de 16 anos equipara-se ao maior em relação às obrigações resultantes de atos ilícitos, em que for culpado.

✱ *V. CC: art. 180.*

Limitada: Cláusula de sociedade mercantil pela qual a obrigação do sócio quanto aos encargos da empresa, perante ela mesma e terceiros, limita-se ao valor da sua cota de capital integralizada. Abrevia-se Ltda.

Solidária: Dispõe a CLT em seu art. 2º, § 2º, que uma ou mais empresas, mesmo tendo cada uma delas personalidade jurídica própria, se estiverem sob direção, controle ou administração de outra (grupo industrial, comercial ou de outra qualquer atividade econômica), para efeitos da relação de emprego serão sempre solidariamente responsáveis a empresa principal e cada uma das subordinadas. No Dir. Civil é a responsabilidade comum a mais de uma pessoa, podendo ser exigido de cada uma delas o cumprimento integral da respectiva obrigação.

RESPOSTA DO RÉU – Inovação do Código de Processo Civil de 1973 que abrange três atos do réu em consequência do pedido do autor: *reconvenção*, *contestação* e *exceção*.

✱ *V. CPC/1973: arts. 173, parágrafo único, 278, 297 a 318, 321 e 396.*

✱ *V. CPC/2015, arts. 146, 299, 335 a 346, 404 e 715, § 1º.*

RESSACADO – Aquele contra quem se ressaca nova letra de câmbio à vista, por recusa de aceite ou de pagamento no título primitivo.

RESSALVA – Ato pelo qual, em instrumento público, a parte contraente restringe ou modifica condição de contrato. Reserva de direito quanto a certo ato, às vezes secreto, modificando, conservando ou resguardando direito. Repetição, escrita e rubricada pelo escrivão, tabelião, juiz, no final ou à margem de um ato, das palavras emendadas ou entrelinhadas no texto para validá-las.

RESSARCIMENTO – Reparação de dano, indenização, satisfação de prejuízo ou despesa de outrem.

RESSEGURO – Contrato pelo qual um terceiro assume, mediante prêmio ajustado com o primeiro segurador, o risco total ou parcial por ele coberto sobre coisa que é objeto de seguro. Simplistamente, o resseguro é visto como um seguro do seguro. Tecnicamente, é um contrato que visa equilibrar e dar solvência aos seguradores e evitar, por meio da diluição dos riscos, quebradeiras generalizadas de seguradores no caso de excesso de sinistralidade, como a ocorrência de grandes tragédias, e garantir assim o pagamento das coberturas aos segurados.

✱ *V. Dec. nº 6.499/2008 (Dispõe sobre o limite máximo de cessão e retrocessão a resseguradoras eventuais de que trata o § 1º do art. 8º da Lei Complementar nº 126/2007).*

RESTAURAÇÃO DOS AUTOS – Renovação total ou parcial de autos inutilizados, extraviados ou indevidamente retidos.

✱ *V. CPC/1973: arts. 1.063 a 1.069.*

✱ *V. CPC/2015, arts. 712 a 718.*

✱ *V. CPP: arts. 541 a 548.*

RESTINGA – A Lei nº 12.651/2012 (Novo Código Florestal) em seu art. 3º, XVI, conceituou restinga. "XVI – restinga: depósito arenoso paralelo à linha da costa, de forma geralmente alongada, produzido por processos de sedimentação, onde se encontram diferentes comunidades que recebem influência marinha, com cobertura vegetal em mosaico, encontrada em praias, cordões arenosos, dunas e depressões, apresentando, de acordo com o estágio sucessional, estrato herbáceo, arbustivo e arbóreo, este último mais interiorizado;"

RESTITUIÇÃO DOS AUTOS – Devolução dos autos ao cartório pelo advogado. Se não a fizer no prazo legal, a parte contrária ou qualquer outro interessado pode cobrar a restituição.

RETENÇÃO – Direito de reter coisa alheia até que satisfeita determinada obrigação, por exemplo, arts. 319, 578, 644, e 1.433, II, do CC.

De Imóvel: A Lei do Inquilinato prevê a retenção do imóvel locado, em face da realização de benfeitorias.

✱ *V. Lei nº 8.245/1991 (Lei do Inquilinato): art. 35.*

✱ *V. Lei nº 12.112/2009.*

De Salários: Crime previsto pela CF no art. 7º, X, consistente em atrasar o pagamento do salário do empregado por vontade consciente do empregador.

✱ *V. CF: art. 7º, X.*

✱ *V. CLT: art. 767.*

RETOMBO – Ato do escrivão que, em revista em seu cartório, recolhe documentos, autos e livros findos, que deposita nos arquivos. Restauração de limites demarcados de propriedade agrária.

RETORSÃO – Represália verbal instantânea da pessoa injuriada, que pode ser considerada outra injúria. O mesmo que réplica. Sistema pelo qual um país recusa ao estrangeiro que reside em seu território a fruição dos mesmos direitos que seu país de origem nega aos nacionais daquele. O juiz deixa de aplicar a pena de injúria (detenção de 1 a 6 meses ou multa) no caso de retorsão imediata.

✱ *V. CP: art. 140, § 1º, II.*

RETRATABILIDADE – Qualidade do ato ou contrato sujeito a retrovenda ou que pode ser renovado ou desfeito pela vontade apenas das partes.

R

RETRATAÇÃO – Revogação, desfazimento, desmentido. Retirada voluntária da declaração de vontade, cessando os seus efeitos. Ato de declarar nula ou retirar, por arrependimento ou qualquer outro motivo, uma proposta. Diz-se também da confissão espontânea de erro que faz o acusado de crime de *calúnia*, *injúria* ou *difamação* antes de proferida a sentença, quando se desdiz e afirma a falsidade da imputação, por meio de termo nos autos, ficando isento de pena. Declaração perante o juiz da causa, retificando confissão anteriormente feita por erro ou sob violência ou coação.

✱ *V. CP: arts. 107, VI, e 143.*

RETROATIVIDADE – Atividade no passado, efeito que abrange o tempo anterior. Influência de lei nova, decisão ou negócio jurídico sobre situações passadas. Na falência, há retroatividade da sentença que a decreta.

Da Lei: Aplicação da lei nova a fatos anteriores à sua vigência.

✱ *V. CF: art. 5º, XXXVI.*

✱ *V. LINDB (antiga LICC): art. 6º.*

RETROVENDA – Cláusula de contrato de compra e venda na qual se estipula que o vendedor poderá resgatar a coisa vendida, dentro de um prazo determinado, pagando o mesmo preço ou diverso, previamente convencionado.

✱ *V. CC: arts. 505 a 508.*

RÉU – Aquele contra quem é ajuizada ação cível ou penal; sujeito passivo da relação jurídico-processual. É chamado de acusado durante a investigação e instrução criminal e de indiciado durante a fase persecutória.

REVALIDAÇÃO – Ato de revalidar, confirmar, pelo qual se legitima ou legaliza outro ato ou se dá a ele nova validade e maior efeito jurídico.

REVEL – Diz-se da parte que, citada legalmente, não contestou a ação; réu ou reconvindo que não comparece quando deveria apresentar a sua defesa.

REVELIA – Diz-se do não comparecimento do réu aos termos do processo, tornando-se *revel*.

✱ *V. CPC/1973: arts. 319 a 322, 324 e 330, II.*

✱ *V. CPC/2015, arts. 72, II, 76, § 1º, II, 253, § 4º, 257, IV, 344 a 349, 355, II, e 889, parágrafo único.*

✱ *V. CPP: arts. 366 e 451, § 1º.*

✱ *V. CLT: art. 844.*

REVERSÃO – Retorno do servidor aposentado compulsoriamente ou do militar reformado ao serviço ativo, após processo regular. Volta ao doador de bens que havia doado com a cláusula (resolutiva) de que retornassem a ele com a morte do donatário e de seus descendentes.

REVEZAMENTO (DIR. DO TRAB.) – Espécie de jornada de trabalho em que o empregado presta serviços por turno, com objetivo de preservar o funcionamento contínuo da empresa.

✱ *V. CF: art. 7º, XIV.*

REVISÃO CRIMINAL – Ação penal constitutiva que tem por finalidade a reparação de eventuais erros judiciários. Equivale à ação rescisória cível.

✱ *V. CF: arts. 102, I,* j, *105, I,* e, *e 108, I,* b.

✱ *V. CPP: arts. 621 a 631.*

REVOGAÇÃO DA LEI – Diz-se da substituição de uma lei por outra. Quando a revogação é total, dá-se o nome de *ab-rogação*; quando é parcial, dizemos que houve uma *derrogação* da lei. A norma jurídica deve acompanhar a evolução da sociedade, por isso, a lei velha deverá ser substituída por outra que atenda às necessidades presentes da própria evolução social.

✱ *V. LINDB (antiga LICC): art. 2º.*

REVOLUÇÃO POLÍTICA – Subversão político-social caracterizada pela substituição quase sempre violenta da forma de Estado, forma de Governo, Regime de Governo e dos próprios governantes. Tudo é subvertido, ao contrário do que ocorre no golpe de Estado, no qual os próprios governantes são quem subvertem a ordem constituída para reforçar seu poder.

RITO – Sequência de fases de um processo, seu andamento, procedimento.

RIXA – Crime consistente na desavença entre 3 ou mais pessoas, com risco de incolumidade física.

✱ *V. CP: art. 137.*

RODOVIA FEDERAL – São rodovias interestaduais construídas e administradas, direta ou indiretamente, pela União. Podem ter as seguintes nomenclaturas:

Rodovias radiais: São as rodovias que partem da Capital Federal em direção aos extremos do País.

Rodovias longitudinais: São as rodovias que cortam o País na direção Norte-Sul.

Rodovias transversais: São as rodovias que cortam o País na direção Leste-Oeste.

Rodovias diagonais: Estas rodovias podem apresentar dois modos de orientação: Noroeste-Sudeste ou Nordeste-Sudoeste.

Rodovias de ligação: Estas rodovias apresentam-se em qualquer direção, geralmente ligando rodovias federais, ou pelo menos uma rodovia federal a cidades ou pontos importantes ou ainda a nossas fronteiras internacionais.

✱ *V. Lei nº 9.503/1997 (Código de Trânsito Brasileiro).*

ROGATÓRIA – *V. Cartas de naturalização rogatória.*

ROL DE TESTEMUNHAS – Indicação das dez testemunhas, no máximo, que cada parte fará para oitiva na audiência.

✱ *V. CPC/1973: arts. 276, 278, 312 e 407.*

✱ *V. CPC/2015, arts. 335, 146, 357, § 4º e 450.*

ROL DOS CULPADOS – Relação escrita das pessoas condenadas pelo juízo criminal. Esse registro deve constar obrigatoriamente da sentença condenatória irrecorrível.

✱ *V. CPP: arts. 393, II, e 694.*

ROUBO – Crime contra o patrimônio consistente na subtração clandestina de coisa alheia móvel, para si ou para outrem, mediante grave ameaça ou violência à pessoa, ou reduzindo-a à impotência para agir.

✱ *V. CP: art. 157.*

ROYALTY – Pagamento de direitos pela utilização de uma patente estrangeira.

RUBRICA – Assinatura abreviada, em geral, um apelido.

RUFIANISMO – Crime que consiste em explorar a prostituição alheia participando, diretamente ou não, dos seus proventos, ou é sustentado por quem a exerça. A pena aplicada é a de reclusão, de 1 a 4 anos, e multa. Se a vítima é menor de 18 e maior de 14 anos ou se o crime é cometido por ascendente, padrasto, madrasta, irmão, enteado, cônjuge, companheiro, tutor ou curador, preceptor ou empregador da vítima, ou por quem assumiu, por lei ou outra forma, obrigação de cuidado, proteção ou vigilância, reclusão, de 3 a 6 anos, e multa. Se há o uso de violência, grave ameaça, fraude ou outro meio que impeça ou dificulte a livre manifestação da vontade da vítima, reclusão, de 2 a 8 anos, sem prejuízo da pena correspondente à violência, conforme alteração ocorrida pela Lei nº 12.015/2009.

✱ *V. CP: art. 230.*

S

S.A. – Abrev. de sociedade anônima. **V.** *Sociedade Anônima.*

SABOTAGEM – Usualmente, entende-se como ação de militares e de civis contra alvos inimigos durante guerra entre países, em uma atividade paralela à das Forças Armadas em luta. No Dir. Penal, é o ato de invadir ou ocupar uma empresa, comercial, industrial ou agrícola, visando impedir ou embaraçar o curso normal do trabalho, ou com o mesmo fim danificar o estabelecimento ou as coisas nele existentes ou delas dispor. É crime contra a organização do trabalho. A pena é de reclusão, de 1 a 3 anos, e multa.

✸ **V.** *CP: art. 202.*

SACADO – Banco ou pessoa contra quem é sacada letra de câmbio, cheque ou qualquer ordem de pagamento.

SALÁRIO – Importância que o empregador paga ao empregado a título de contraprestação direta. O salário integra a remuneração ao lado de gorjeta, comissões, gratificações, diárias e abonos. A Lei nº 14.611/2023 estabeleceu a igualdade salarial e de critérios remuneratórios entre mulheres e homens para a realização de trabalho de igual valor ou no exercício da mesma função.

✸ **V.** *Súm. nº 431 do TST.*

✸ **V.** *CF: art. 7º, IV, V, VI, X e XII.*

✸ **V.** *CPP: art. 441 (com redação dada pela Lei nº 11.689/2008).*

✸ **V.** *CLT: arts. 457 e 634.*

✸ **V.** *Lei nº 14.611/2023 (Dispõe sobre a igualdade salarial e de critérios remuneratórios entre mulheres e homens; e altera a Consolidação das Leis do Trabalho, aprovada pelo Decreto-Lei nº 5.452, de 1º de maio de 1943).*

De Benefício: É a base para o cálculo dos auxílios e das aposentadorias na Previdência Social. O seu valor não pode ser inferior ao de um salário mínimo nem superior ao limite máximo do salário de contribuição vigente na data do início do benefício. Calcula-se pela média aritmética simples dos últimos 36 salários de contribuição dos meses anteriores ao afastamento das atividades ou da entrada do requerimento do benefício, corrigidos mês a mês.

De Contribuição: 1. Salário de contribuição é uma expressão do Direito Previdenciário que possui um conceito geral e, na redação legal, foram expressas as bases de cálculo. 2. É o fato gerador sobre o qual haverá as contribuições sociais sobre a folha de salários, mas, de acordo com o tipo de trabalhador, a base de cálculo é diferente e especificada na lei. Para o empregado, temporário e avulso, é a soma das importâncias que recebeu, efetivamente, a qualquer título, durante o mês, em uma ou mais empresas, respeitados os limites em vigor. Para os demais segurados, é o salário-base. Todos os salários de contribuição considerados no cálculo de benefício serão corrigidos monetariamente. A Lei nº 13.467/2017 (Reforma Trabalhista) retirou do salário de contribuição os valores referentes à assistência médica, odontológica e reembolso de despesas com óculos, medicamentos, entre outros.

✸ **V.** *CF: art. 201, § 3º.*

✸ **V.** *CLT, art. 458, § 5º.*

✸ **V.** *Lei nº 8.212/1991 (Dispõe sobre a organização da Seguridade Social, institui Plano de Custeio, e dá outras providências.), art. 28, incisos I a IV.*

✸ **V.** *Dec. nº 3.048/1999 (Aprova o Regulamento da Previdência Social), art. 214, incisos I a VI.*

Educação: Destinado ao ensino fundamental público como fonte adicional de financiamento, recolhido, na forma da lei, pelas empresas que poderão deduzir a aplicação realizada no ensino fundamental de seus empregados e dependentes.

✸ **V.** *CF: art. 212, § 5º.*

Família (Dir. do Trab.): Benefício concedido ao trabalhador, ativo ou não, de acordo com o número de filhos menores de 21 anos ou 24, se estudante, filho inválido e filha solteira.

✸ **V.** *CF: art. 7º, XII.*

✸ **V.** *Dec. nº 3.048/1999 (Aprova o Regulamento da Previdência Social): arts. 81 a 92.*

Mínimo: Importância que o governo considera indispensável à subsistência do trabalhador e de sua família, pretendendo-se que cubra gastos com alimentação, habitação, vestuário, higiene, transporte, educação e saúde.

✸ **V.** *Súm. Vinculante nº 4 (Salvo nos casos previstos na Constituição, o salário mínimo não pode ser usado como indexador de base de cálculo de vantagem de servidor público ou de empregado, nem ser substituído por decisão judicial).*

✸ **V.** *Súm. Vinculante nº 6 (Não viola a Constituição o estabelecimento de remuneração inferior ao salário mínimo para as praças prestadoras de serviço militar inicial).*

✸ **V.** *Súm. Vinculante nº 15 (O cálculo de gratificações e outras vantagens do servidor público não incide sobre o abono utilizado para se atingir o salário mínimo).*

✸ **V.** *Súm. Vinculante nº 16 (Os arts. 7º, IV, e 39, § 3º (redação da EC nº 19/1998), da Constituição, referem-se ao total da remuneração percebida pelo servidor público).*

Profissional: 1. É o mínimo que pode ser pago aos integrantes de uma categoria profissional, consoante o estabelecido por sentença ou convenção coletiva. 2. O mesmo que piso salarial, que, para algumas categorias de profissionais liberais, é fixado por lei. 3. A EC nº 120/2022 determinou como responsabilidade da União o pagamento do vencimento dos agentes comunitários de saúde e dos agentes de combate às endemias, bem como fixou piso salarial para tais agentes. 4. A EC nº 127/2022 definiu como competência da União assistir financeiramente aos Estados, Distrito Federal, Municípios e entidades filantrópicas para o cumprimento dos pisos salariais profissionais nacionais das categorias enfermeiro, técnico de enfermagem, auxiliar de enfermagem e parteira.

✱ **V.** *EC nº 120/2022 (Acrescenta §§ 7º, 8º, 9º, 10 e 11 ao art. 198 da Constituição Federal, para dispor sobre a responsabilidade financeira da União, corresponsável pelo Sistema Único de Saúde (SUS), na política remuneratória e na valorização dos profissionais que exercem atividades de agente comunitário de saúde e de agente de combate às endemias).*

✱ **V.** *EC nº 127/2022 (Altera a Constituição Federal e o Ato das Disposições Constitucionais Transitórias para estabelecer que compete à União prestar assistência financeira complementar aos Estados, ao Distrito Federal e aos Municípios e às entidades filantrópicas, para o cumprimento dos pisos salariais profissionais nacionais para o enfermeiro, o técnico de enfermagem, o auxiliar de enfermagem e a parteira, dentre outras disposições).*

SALÁRIO-MATERNIDADE – 1. Benefício previdenciário concedido pelo período de 120 (cento e vinte) dias, cujo termo inicial pode se dar entre 28 (vinte e oito) dias antes da data do parto e a ocorrência deste. Não se confunde com a *licença-maternidade*, que é o direito trabalhista concedido às trabalhadoras empregadas, regidas pela Consolidação das Leis do Trabalho, ou servidoras públicas, regidas por estatutos. O benefício, concedido às seguradas pelo Regime Geral de Previdência Social, também se estende a outros tipos de trabalhadoras, como as domésticas, as seguradas especiais e as contribuintes individuais, sendo, nestes dois últimos casos, pago o valor diretamente pelo INSS. Nos demais casos, o benefício é pago pelo empregador, que pode se creditar do montante devido a título de contribuições previdenciárias. 2. Com a edição da Lei nº 10.421/2002, a adoção ou a obtenção de guarda judicial também passaram a ser fatos geradores do benefício, embora a Lei fizesse diferenciação do prazo de concessão conforme a idade da criança adotada ou sob guarda. Com a edição da Lei nº 12.873/2013, foi concedido o benefício nas mesmas condições da regra geral, bem como foi expressamente autorizado o pagamento a adotante ou guardião do sexo masculino, a despeito de decisões judiciais que já deferiam o benefício nestas hipóteses, por violação ao princípio da isonomia. 3. A Lei nº 12.873/2013 passou a admitir a concessão do salário-maternidade ao cônjuge ou companheiro quando do óbito da segurada ou segurado que fazia jus ao benefício originariamente, caso em que o pedido deve ser requerido dentro do prazo para fruição do benefício originário. Ainda nesta hipótese, o cônjuge/companheiro deve se afastar do trabalho, uma vez que a função do benefício é justamente a de permitir uma integração da criança com sua família. 4. No caso de servidores públicos, o afastamento do trabalho não é coberto pelo regime próprio de previdência social, mas, sim, às expensas do órgão ao qual o beneficiário está vinculado, o que passou a ser expressamente previsto pela EC nº 103/2019. 5. No julgamento, em 2-4-2020, da Medida Cautelar na ADI nº 6327, o Supremo Tribunal Federal concedeu em parte a liminar, para fixar a interpretação de que, na hipótese em que a criança ou mãe precisa permanecer internada após o parto, o prazo para concessão do benefício apenas se inicia com a alta hospitalar, justamente em virtude da teleologia do benefício, que é a de viabilizar o convívio entre a criança e sua genitora. O Supremo Tribunal Federal (STF), no julgamento de mérito da Ação Direta de Inconstitucionalidade (ADI) nº 6327, tornou definitiva a liminar para fixar como marco inicial da licença-maternidade e do salário-maternidade a alta hospitalar da mãe ou do recém-nascido – o que ocorrer por último – nos casos mais graves, em que houver a necessidade de internação que exceda duas semanas. 6. No julgamento, em 6-8-2020, do Recurso Extraordinário nº 576.967, o STF também fixou o entendimento de que não deve incidir contribuição previdenciária sobre os valores pagos pelo empregador a título de salário-maternidade. Referido julgamento superou o entendimento, até então prevalecente, pela exigibilidade do tributo sobre tal verba, consubstanciado na decisão proferida pelo Superior Tribunal de Justiça no Recurso Especial nº 1.230.957, em 26-2-2014.

✱ **V.** *CF, art. 201, II.*

✱ **V.** *EC nº 103/2019 (Altera o sistema de previdência social e estabelece regras de transição e disposições transitórias), art. 9º, § 3º.*

✱ **V.** *Lei nº 8.212/1991 (Lei Orgânica da Seguridade Social), arts. 28, § 2º, e 89, § 9º.*

✱ **V.** *Lei nº 8.213/1991 (Lei dos Planos de Benefícios da Previdência Social), arts. 25, III; 26, VI; 27-A; 28; 39, parágrafo único; e 71 a 73.*

✱ **V.** *Dec. nº 3.048/1999 (Aprova o Regulamento da Previdência Social), arts. 19-C, II; 27-A; 29, III; 30, II; 31, III; 65, parágrafo único; 93 a 103; 120; 167, IV e § 4º; 173, II; 214, § 2º; 225, § 9º, III; e 255.*

SALA SECRETA – No Tribunal do Júri, é a sala especial onde os juízes de fato (os jurados) se reúnem para deliberarem sobre o caso submetido ao seu julgamento, podendo consultar os autos, examinar elementos materiais de prova e procederem às respostas dos quesitos, em cédulas com palavras sim ou não, que representam os votos do Conselho de Sentença, absolvendo ou condenando o acusado.

SALGADO OU MARISMAS TROPICAIS HIPERSALINOS – A Lei nº 12.651/2012 (Novo Código Florestal) em seu art. 3º, XIV, conceituou salgado ou marismas tropicais hipersalinos. "XIV – salgado ou marismas tropicais hipersalinos: áreas situadas em regiões com frequências de inundações intermediárias entre marés de sizígias e de quadratura, com solos cuja salinidade varia entre 100 (cem) e 150 (cento e cinquenta) partes por 1.000 (mil), onde pode ocorrer a presença de vegetação herbácea específica;"

SALVADOS – Diz-se do que escapa ileso de acidente de grandes proporções, como mercadorias recolhidas de naufrágio, incêndio, inundação. Tem privilégio especial sobre a coisa salvada o credor por despesa de conhecimento. Paga-se sobre estas mercadorias o imposto de *salvagem*.

SANÇÃO – Consequência favorável ou desfavorável decorrente do cumprimento ou descumprimento a uma norma jurídica.

✱ **V.** *LINDB (antiga LICC): art. 3º.*

✱ **V.** *CP: art. 32.*

Sanção (Proc. Legislativo): É a aprovação dada pelo chefe do Poder Executivo ao texto de um decreto legislativo proveniente do Poder Legislativo. Essa é uma etapa do processo legislativo, é a fase executória da lei ao lado da promulgação e da publicação.

✱ **V.** *CF: arts. 65 e 66.*

SANEAMENTO – Ato de sanear. Eliminação de irregularidades ou vícios em um processo. O CPC trata do saneamento do processo como *despacho saneador* (q.v.). Não sendo caso de extinção imediata nem de antecipação da lide, o juiz dará a *decisão de saneamento*, que é decisão interlocutória, e determinará que o feito prossiga regularmente. O juiz também decide sobre a admissibilidade e a realização de provas, ou sobre eventuais preliminares arguidas pelas partes, designa a audiência e reconhece, implicitamente, o cabimento da ação, em tese.

✱ **V.** *CF: art. 7º, caput, XII.*

✱ **V.** *CPC/2015, art. 329, II.*

SATISFAÇÃO DE LASCÍVIA MEDIANTE PRESENÇA DE CRIANÇA OU ADOLESCENTE – Incluído pela Lei nº 12.015/2009 que criou o art. 218-A tipificando-o pelo ato de praticar, na presença de alguém menor de 14 anos, ou induzi-lo a presenciar, conjunção carnal ou outro ato libidinoso, a fim de satisfazer lascívia própria ou de outrem, reclusão, de 2 a 4 anos.

SEBE – Cerca, tapume, inerente ao direito de tapagem conferido ao proprietário de prédio urbano ou rural, nas condições previstas em lei. A sebe viva é aquela feita com vegetais vivos ou plantas que se prestam a corte especial.

SECTÁRIO – Partidário radical de uma ideologia política, religiosa, artística, jurídica, por suas próprias razões, não admitindo contradita.

SECURITIZAÇÃO – 1. Prática corrente no mercado financeiro, consistente em converter passivos financeiros, como direitos de crédito, faturas a receber etc., em títulos negociáveis no mercado de capitais, com o objetivo de diluir o risco de inadimplência do credor originário, emissor dos títulos. 2. O Direito brasileiro reconhece expressamente a securitização de recebíveis decorrentes de operações de financiamento imobiliário, através da emissão de cédulas de crédito imobiliário (CCI) por companhias securitizadoras, autorizadas a operar pela Comissão de Valores Mobiliários (CVM). 3. Outra espécie de securitização expressamente prevista em nosso ordenamento é a de recebíveis de empresas de agronegócio, por meio da emissão de certificados de recebíveis de agronegócio (CRA) por companhias securitizadoras. 4. Estas previsões legais não impedem a securitização de outros tipos de recebíveis, a qual deve ser realizada em observância às normas gerais sobre negócios jurídicos e títulos de crédito, bem como às Resoluções e Instruções Normativas editadas pelo Conselho Monetário Nacional e pela CVM. 5. Em caso de falência do emissor dos títulos securitizados, não será declarada a ineficácia de atos de cessão de créditos em prejuízo dos direitos dos portadores dos valores mobiliários emitidos pelo securitizador.

✱ **V.** *Lei nº 9.514/1997 (Dispõe sobre o Sistema de Financiamento Imobiliário, institui a alienação fiduciária de coisa imóvel e dá outras providências), arts. 3º e 8º.*

✱ **V.** *Lei nº 11.076/2004 (Dispõe sobre o certificado de recebíveis do agronegócio – CRA, e dá outras providências), arts. 36 e 37.*

✱ **V.** *Lei nº 11.101/2005 (Regula a recuperação judicial e a falência do empresário e da sociedade empresária), art. 136, § 1º.*

✱ **V.** *Res. CMN nº 2.686/2001 (Estabelece condições para a cessão de créditos a sociedades anônimas de objeto exclusivo e a companhias securitizadoras de créditos imobiliários).*

✱ **V.** *Instrução CVM nº 414/2004 (Dispõe sobre o registro de companhia aberta para companhias securitizadoras de créditos imobiliários e de oferta pública de distribuição de certificados de recebíveis imobiliários – CRI).*

SEGREDO – Aquilo que não pode ser revelado, que se oculta à vista; sigilo. Aquilo que não se divulga; assunto conhecido de poucos, reservado. Mistério, enigma, razão secreta.

✱ **V.** *CPC/1973, arts. 155, 444, 815, 823 e 841.*

✱ **V.** *CPC/2015, arts. 11, 189 e 368.*

✱ **V.** *CC/2002, art. 229.*

✱ **V.** *CP arts. 153 e 154.*

SEGUNDA HIPOTECA – Aquela que o dono do imóvel já hipotecado pode constituir sobre ele, com um novo título em seu favor ou de outro credor. O devedor não é tido como insolvente por faltar ao pagamento das obrigações garantidas por hipotecas posteriores à primeira. A hipoteca anterior, vencida, pode ser remida pelo credor da segunda se o devedor não o fizer, ficando sub-rogado nos direitos desta, sem prejuízo dos que lhe competirem contra o devedor comum. No caso da penhora, não se procede a uma segunda a menos que a primeira tenha sido anulada; se executados os bens, o produto da alienação não bastar para o pagamento do credor; ou o credor desistir da primeira, por serem litigiosos os bens ou por estarem penhorados, arrestados ou onerados. Recaindo mais de uma penhora sobre os mesmos bens, cada credor conservará o seu título de preferência.

✱ **V.** *CPC/1973, arts. 613 e 667.*

✱ **V.** *CPC/2015, arts. 797, parágrafo único, e 851.*

✱ **V.** *CC/2002, arts. 812 a 814.*

SEGUNDAS NÚPCIAS – A mulher casada pode livremente exercer o direito que lhe competir sobre pessoas e bens do leito anterior; não perde o direito ao poder familiar. A viúva, ou a mulher cujo casamento se desfez por ser nulo ou por ter sido anulado, não pode casar até 10 meses depois do início da viuvez ou da dissolução da sociedade conjugal, salvo se antes de findo esse prazo der à luz algum filho. Também não podem contrair segundas núpcias: as pessoas casadas; o viúvo ou viúva que tiver filho do cônjuge falecido enquanto não fizer o inventário dos bens do casal e der partilha aos herdeiros.

✱ **V.** *CC: arts. 1.523, 1.636, parágrafo único, e 1.642.*

SEGURADO – 1. Que se segurou ou que está coberto por seguro. 2. Pessoa que contrata seguro em benefício próprio ou de terceiros. As obrigações do segurado e do segurador estão previstas largamente no CC, arts. 760 a 785. 3. Para o Dir. Previdenciário, é toda pessoa identificada pela lei previdenciária como titular de direitos a benefícios e obrigada a realizar contribuições em decorrência do próprio trabalho ou atividade. São segurados obrigatórios da Previdência Social os prestadores de serviços de natureza urbana ou rural, como: empregados, temporários, domésticos, empresários, autônomos, avulsos, eclesiásticos, segurados especiais – produtores, parceiros, meeiros, arrendatários rurais e assemelhados –, servidor público em regime jurídico próprio, servidor civil ou militar exercendo atividades abrangidas pela Previdência Social. Pode tornar-se *segurado facultativo* qualquer pessoa maior de 14 anos, como a dona de casa, o síndico de condomínio, o estudante, o brasileiro que acompanha o cônjuge que presta serviços no exterior, o que deixou de ser segurado obrigatório da Previdência Social,o membro de conselho tutelar da criança e adolescente quando não vinculado a qualquer regime previdenciário, o bolsista, o estagiário e o brasileiro residente ou domiciliado no exterior. 4. A Lei nº 8.213/1991 também estabelece por quanto tempo os segurados mantêm esta qualidade, mesmo quando não efetuam recolhimentos ao sistema, período conhecido popularmente como graça. A manutenção da qualidade de segurado é elemento essencial para a aquisição de direito aos benefícios por incapacidade (auxílio-doença, auxílio-acidente ee aposentadoria por invalidez), bem como dos dependentes aos benefícios de pensão por morte e auxílio-reclusão. Por outro turno, tendo preenchido os requisitos para percepção de aposentadoria, não é mais necessário que a pessoa comprove qualidade de segurado no momento do requerimento administrativo. A Lei nº 13.846/2019 estabeleceu que, exceto pelo recebimento de auxílio-acidente, a percepção de qual-

S

quer outro benefício previdenciário mantém a qualidade de segurado.

✱ *V. Lei nº 8.212/1991 (Dispõe sobre a organização da Seguridade Social), arts. 12 a 14.*

✱ *V. Lei nº 8.213/1991 (Dispõe sobre os planos de benefícios da Previdência Social), arts. 11 a 15.*

✱ *V. Lei nº 10.666/2003, art. 3º.*

✱ *V. Dec. nº 3.048/1999 (Regulamento da Previdência Social), arts. 9º a 14.*

✱ *V. Súmulas nºs 110, 146, 226, 272, 340 e 416 do STJ.*

SEGURIDADE SOCIAL – Compreende uma integração de ações de iniciativa dos Poderes Públicos e da sociedade, destinados ao amparo em caso de doenças, invalidez, morte, idade avançada, proteção à maternidade, proteção ao desempregado. Resumindo: abrange a saúde, a previdência social e a assistência social.

✱ *V. CF: arts. 5º, LXXIV, 7º, II, 24, XIV, e 194 a 204.*

✱ *V. Lei nº 8.212/1991 (Plano de Custeio).*

✱ *V. Lei nº 11.720/2008 (Dispõe sobre o bloqueio do pagamento de benefício da previdência social).*

SEGURO – 1. Que oferece segurança contra ataques, acidentes, desastres ou danos de qualquer natureza. 2. Contrato pelo qual uma das partes se obriga para com outra a indenizá-la dos prejuízos que certos riscos como incêndio, acidente, desemprego, roubo, doenças etc.

De Acidente do Trabalho (SAT): É um sistema de seguro público pelo qual o trabalhador recebe benefícios em caso de doença, acidente, ou ainda em caso de falecimento ocorridos durante a execução de um trabalho ou no percurso da casa para o trabalho e vice-versa. Se a empresa, seja ela de pessoa física ou de pessoa jurídica, possuir mais de um funcionário, será obrigatório o seu cadastramento. Os funcionários não precisam arcar com o pagamento da taxa do seguro, sendo pago na sua totalidade pelo empregador.

✱ *V. Súm. nº 351 do STJ.*

De Crédito à Exportação: Tem a finalidade de garantir as operações de crédito à exportação contra os riscos comerciais, políticos e extraordinários que possam afetar a produção de bens e a prestação de serviços destinados à exportação brasileira, bem como as exportações brasileiras de bens e serviços.

De Fiança Locatícia: Uma das garantias locatícias previstas pela Lei do Inquilinato (Lei nº 8.245/1991), arts. 37, III, e 41, que tem por objetivo garantir o locador (segurado-beneficiário) dos prejuízos que venha a sofrer, em decorrência do inadimplemento do contrato de locação pelo locatário, reconhecido em face da decretação do despejo e/ou da imissão na posse do imóvel, em razão do não pagamento dos aluguéis e/ou encargos legais. São partes contratantes: *a*) *Seguradora* (sociedade autorizada a operar em tal ramo de seguro); *b*) *Segurado-beneficiário* (locador, pessoa física ou jurídica, proprietário ou não do imóvel urbano, objeto do contrato de locação e de seguro, em favor de quem é concedida esta garantia, podendo acumular a condição de estipulante); *c*) *Garantido* (pessoa física ou jurídica que, na condição de locatário, é a razão deste contrato e de sua execução; *d*) *Estipulante* (pessoa física ou jurídica em nome da qual poderá ser emitida apólice coletiva em favor do Segurado e a quem cabe proceder a todas as obrigações previstas para este).

✱ *V. Lei nº 8.245/1991 (Dispõe sobre as locações dos imóveis urbanos e os procedimentos a elas pertinentes): arts. 37, III, e 41.*

✱ *V. Lei nº 12.112/2009.*

De Pessoas e Bens: É o que garante à Administração Pública o reembolso de quanto venha a gastar com indenização de danos a vizinhos e terceiros, nos contratos administrativos cuja execução seja, particularmente, perigosa. Sua finalidade é a garantia da Administração e do empreiteiro nas obras e serviços públicos, indenizáveis independentemente de culpa do executor.

Mútuo: Aquele no qual se associam segurados, pondo em comum entre si o prejuízo que advenha a qualquer deles, do risco por todos corrido. Em lugar do prêmio, os segurados contribuem com cotas necessárias para as despesas da Administração e os prejuízos verificados. O conjunto dos segurados constitui a pessoa jurídica a que pertencem as funções de segurador.

✱ *V. CC: art. 801.*

SEGURO OBRIGATÓRIO DE DANOS PESSOAIS – 1. Cobre todos os danos pessoais, incluídos os sofridos pelo próprio segurado em acidentes de automóvel. Não tem conteúdo apenas reparatório, mas cobre a morte e as lesões sofridas pelos indivíduos, sem qualquer atenção à reparação dos danos materiais. Os danos pessoais compreendem indenização por morte, invalidez permanente, despesas de assistência médica e suplementares. É, portanto, seguro especial de acidentes pessoais, decorrente de causa súbita e involuntária, destinado a pessoas transportadas ou não, lesadas por veículos em circulação, automotores, de via terrestre, ou por sua carga. 2. A Lei nº 6.194/1974 aboliu o Dec.-lei nº 814/1969. Há imposição legal da obrigatoriedade de seu pagamento até 30 (trinta) dias após a apresentação dos documentos reveladores do sinistro e da qualidade do titular do direito. 3. O art. 20 do Dec.-lei nº 73/1966 estabelece a contratação obrigatória de seguros para cobertura de determinados riscos, entre os quais o de danos pessoais causados por veículos automotores de vias terrestres e por embarcações, popularmente, denominado "DPVAT". O DPVAT tem suas condições de cobertura e limites de responsabilidade definidos na Lei nº 6.194/1974, em que foram estabelecidos percentuais de cobertura relativos a diversos tipos de lesões decorrentes de acidentes de trânsito, de acordo com a tabela anexa àquela norma, chamada popularmente de tabela do açougueiro. 4. A MP nº 904/2019 extinguiu a cobertura pelo DPVAT a partir de 1º de janeiro de 2020, havendo fundados indícios de inconstitucionalidade dessa norma, o que resultou em sua suspensão pela ADI nº 6.262. 5. A Lei nº 14.544/2023 determinou que a Caixa Econômica Federal será a responsável pela gestão dos pedidos de DPVAT para assegurar a sua continuidade quanto aos sinistros ocorridos no período de 1º-1-2023 até 31-12-2023. Anteriormente, o Seguro DPVAT era administrado pela Seguradora Líder. A gestão passou para a Caixa Econômica Federal por meio de contrato celebrado com a Superintendência de Seguros Privados – SUSEP.

✱ *V. Lei nº 6.194/1974 (Dispõe sobre Seguro Obrigatório de Danos Pessoais causados por veículos automotores de via terrestre, ou por sua carga, a pessoas transportadas ou não). Esta Lei foi revogada pela LC nº 207/2024, que foi revogada pela LC nº 211/2024.*

✱ *V. Lei nº 14.544/2023 (Dispõe sobre a gestão e a operacionalização dos pedidos das indenizações previstas no art. 3º da Lei nº 6.194, de 19 de dezembro de 1974, com vistas a assegurar a sua continuidade; e altera a Lei nº 14.075, de 22 de outubro de 2020).*

SEGURO-DESEMPREGO – 1. Benefício previdenciário concedido ao trabalhador demitido sem justa causa e que tenha recebido salários de uma ou mais empresas por, pelo menos, 12 (doze) meses nos 18 (dezoito) meses anteriores à data da dispensa, na primeira solicitação; na segunda solicitação, deve comprovar salário por, pelo menos, 9 (nove) meses nos 12 (doze) anteriores à dispensa; a partir do terceirio requerimento, precisa comprovar ter recebido remuneração nos 6 (seis) meses anteriores ao pedido. O candidato ao benefício também não pode receber outros benefícios previdenciários, tampouco ter outra fonte de renda apta à sua subsistência. 2. A MP nº 905/2019, durante o seu período de vigência, acabou com a controvérsia jurisprudencial acerca da manutenção da qualidade de segurado pelo desempregado, enquanto receber o benefício. Entretanto, passou a estabelecer a retenção de contribuição previdenciária sobre os valores pagos a este título, pairando fundados indícios de inconstitucionalidade sobre tal disposição, ante a violação do princípio da capacidade contributiva.

✱ *V. Lei nº 13.189/2015 (Institui o Programa Seguro-Emprego), art. 4º.*

SEGURO-GARANTIA – 1. Na linguagem empresarial é conhecido por *performance bond*. É a garantia que uma companhia seguradora oferece para a plena execução do contrato. A seguradora obriga-se, na apólice, a completar, à sua custa, o objeto do contrato ou a pagar à Administração o necessário para que essa o transfira a terceiro ou o realize diretamente. De uso generalizado na América do Norte,o *seguro-garantia*, com outras denominações e variantes, já se difundiu na América do Sul. No Brasil, começou a ser utilizado nos contratos de construção do Metrô de São Paulo.

✱ *V. CPC, arts. 784, VI, 833, VI, e 835, § 2º, e 848, par. único.*

✱ *V. CLT, arts. 882, e 889, § 11.*

✱ *V. Lei nº 6.830/1980 (Lei das Execuções Fiscais), art. 9º, II.*

✱ *V. . OJ da SBDI-II nº 59 do TST.*

SEGURO PRIVADO – A Lei nº 15.040, de 9-12-2024, dispõe sobre as normas de seguro privado. Esta lei tem por objetivo modernizar o setor de seguros no País, com enfoque na proteção dos segurados e na transparência contratual.

✱ *V. Lei nº 15.040/2024 (Marco Legal do Seguro).*

SELADOS E PREPARADOS – Expressão usada pelo juiz, em despacho, já consagrada na prática forense, pela qual ordena que, antes de o feito subir a julgamento, sejam pagos os emolumentos e selos devidos.

SEMOVENTE – Diz-se daquele que move por si só. É o ser vivo que tem utilidade para o homem. A Lei nº 13.330/2016 alterou o Código Penal para tipificar de modo mais grave os crimes de furto e de receptação de semovente domesticável de produção.

✱ *V. CP: arts. 155, § 6º e 180-A.*

✱ *V. CC: arts. 82 a 84.*

SENADO FEDERAL – Órgão do Poder Legislativo composto por representantes dos Estados e do Distrito Federal, eleitos segundo o princípio majoritário. Juntamente com a Câmara dos Deputados forma o Congresso Nacional. *V. Câmara dos Deputados.*

✱ *V. CF: arts. 46 e 52.*

SENTENÇA – 1. Qualquer despacho ou decisão. 2. Julgamento ou decisão final proferida por juiz, tribunal ou árbitro.

(Proc. Civil): Ato do juiz que extingue o processo, resolvendo ou não o mérito da causa.

A sentença só produz efeito quando prolatada, publicada e dela sendo intimadas as partes. Não se dá publicidade à sentença proferida em casos processados em segredo de Justiça (CPC/1973, art. 456, correspondente ao art. 366 do CPC/2015). A Lei nº 10.444/2002 deu nova redação ao § 5º do art. 461 e acrescentou o § 6º e mais o art. 461-A e seus três parágrafos do CPC/1973, correspondentes aos arts. 497 a 500 e 538 do CPC/2015. A Lei nº 11.232/2005 alterou a Lei nº 5.869/1973 – CPC/1973, para estabelecer o cumprimento das sentenças no processo de conhecimento (q.v.), mantido no CPC/2015, nos arts. 513 a 538.

✱ *V. CPC/1973: art. 162, § 1º.*

✱ *V. CPC/2015, art. 203, § 1º.*

(Proc. Penal): Ato do juiz que põe termo ao processo, decidindo sobre a absolvição ou condenação do acusado.

✱ *V. CPP: arts. 381 a 392, 669, 674 e 675.*

Da Sentença no Tribunal do Júri:

✱ *V. arts. 492 e 493 do CPP (com redação dada pela Lei nº 11.689/2008).*

SEPARAÇÃO – 1. Ato ou efeito de separar ou separarem-se pessoas ou coisas moralmente ou fisicamente unidas; desunião, divisão, partição. 2. Desligamento de um território do Estado de que faz parte, para torná-lo independente ou uni-lo a outro Estado.

Consensual: Em 14-7-2010, foi publicada no *Diário Oficial da União* a EC nº 66/2010, que dispõe sobre a dissolubilidade do casamento civil pelo divórcio, suprimindo o requisito de prévia separação judicial por mais de 1 (um) ano ou de comprovada separação de fato por mais de 2 (dois) anos.

De Corpos: Medida judicial consistente na saída de um dos cônjuges do lar do casal.

✱ *V. Lei nº 6.515/1977 (Lei do Divórcio): art. 7º.*

✱ *V. CPC/1973: art. 888, VI.*

✱ *V. CPC/2015, arts. 189 e 214, I.*

De Poderes (Dir. Const.): Princípio que preconiza a divisão do poder do Estado em três funções básicas e independentes: a executiva, a legislativa e a judiciária, no intuito de evitar a indesejável concentração do poder nas mãos de um único órgão, caracterizando o despotismo e o arbítrio. Tal princípio foi definitivamente sistematizado por Montesquieu, embora anteriormente já fizessem referência a ele Aristóteles e John Locke.

✱ *V. CF: art. 2º.*

Judicial: Em 14-7-2010, foi publicada no *Diário Oficial da União* a EC nº 66/2010, que dispõe sobre a dissolubilidade do casamento civil pelo divórcio, suprimindo o requisito de prévia separação judicial por mais de 1 (um) ano ou de comprovada separação de fato por mais de 2 (dois) anos.

Litigiosa: Aquela que extingue a sociedade conjugal por vontade e iniciativa de um dos cônjuges, nos casos previstos em lei.

✱ *V. CF: art. 226, § 6º.*

✱ *V. Lei nº 6.515/1977 (Lei do Divórcio): arts. 3º a 6º.*

SEQUESTRO – 1. Ação ou efeito de sequestrar; arresto, penhora. 2. Depósito de coisa litigiosa. 3. Retenção ilegal de pessoa em lugar não destinado à prisão.

(Dir. Penal): Crime contra a liberdade individual consistente em privar alguém de sua liberdade.

✱ *V. CP: arts. 148 e 159.*

(Proc. Civil): Medida cautelar consistente na apreensão e depósito de bens móveis, imóveis ou semoventes do proprietário para resguardar o direito do requerente.

✱ *V. CPC/1973: arts. 822 a 825, 919 e 1.016, § 1º.*

✱ *V. CPC/2015, arts. 159, 214, I, 300, § 3º, 553, 641, § 1º, e 1.015 a 1.017.*

Relâmpago: Caracteriza-se como referido crime quando o sequestrado é levado à agência bancária onde tem conta para retirar dinheiro e entregá-lo a seus sequestradores. Ocorre com pedestres e motoristas surpreendidos pela ação dos criminosos. Esse tipo de sequestro passou a ser tipificado com o advento da Lei nº 11.923, de 17-4-2009, que acresceu o § 3º ao art. 158 do CP que caracteriza referido crime quando "(...) é cometido mediante a restrição da liberdade da vítima, e essa condição é necessária para a obtenção da vantagem econô-

S

mica, a pena é de reclusão, de 6 (seis) a 12 (doze) anos, além da multa; se resulta lesão corporal grave ou morte, aplicam-se as penas previstas no art. 159, §§ 2º e 3º, respectivamente".

SERVIÇO – 1. Trabalho. 2. Desempenho de atividade material ou intelectual, com fim produtivo e intenção de lucro. 3. Duração do trabalho.

Extraordinário (Dir. do Trab.): Aquele exercido fora da jornada normal de trabalho e acrescido entre 20% e 50% do que é pago nas horas normais.

✱ *V. CF: art. 7º, XVI.*

✱ *V. CLT: art. 59.*

Militar: Obrigação legal imposta àqueles constantes dos §§ 1º e 2º do art. 143 da CF. Aos que alegarem escusa de consciência, a lei faculta serviço alternativo, ao passo que mulheres e eclesiásticos ficam isentos de tal encargo em tempo de paz.

✱ *V. CF: arts. 5º, VIII, 14, § 2º, e 143.*

Militar inicial feminino: É a prestação do serviço militar inicial por mulheres que se apresentem, voluntariamente. Para serem recrutadas deverão se alistar, ser selecionadas e se incorporarem conforme as necessidades das Forças Armadas. As mulheres voluntárias não adquirirão estabilidade no serviço militar e passarão a compor a reserva não remunerada das Forças Armadas após serem desligadas do serviço ativo.

✱ *V. Dec. nº 12.154/2024 (Dispõe sobre o serviço militar inicial feminino).*

Público: É aquele prestado pelos órgãos governamentais no interesse da coletividade, como os de polícia, saúde pública, educação, transportes etc. A EC nº 128/2022 proibiu a imposição e a transferência, por lei, de obrigação financeira fruto de prestação de serviço público para a União, os Estados, o Distrito Federal e os Municípios sem a previsão de fonte de custeio correspondente.

✱ *V. CPP: art. 439 (com redação dada pela Lei nº 11.689/2008).*

✱ *V. Dec. nº 6.654/2008 (Aprova o Plano Geral de Outorgas de Serviço de Telecomunicações prestado no regime público).*

✱ *V. Lei nº 11.800/2008 (Acrescenta parágrafo único ao art. 33 da Lei nº 8.078/1990 – Código de Defesa do Consumidor, para impedir que os fornecedores veiculem publicidade ao consumidor que aguarda, na linha telefônica, o atendimento de suas solicitações).*

✱ *V. EC nº 128/2022 (Acrescenta § 7º ao art. 167 da Constituição Federal, para proibir a imposição e a transferência, por lei, de qualquer encargo financeiro decorrente da prestação de serviço público para a União, os Estados, o Distrito Federal e os Municípios).*

Voluntário: A atividade não remunerada prestada por pessoa física a entidade pública de qualquer natureza ou a instituição privada de fins não lucrativos que tenha objetivos cívicos, culturais, educacionais, científicos, recreativos ou de assistência à pessoa.

✱ *V. Lei nº 13.297/2016 (Altera o art. 1º da Lei nº 9.608, de 18 de fevereiro de 1998, para incluir a assistência à pessoa como objetivo de atividade não remunerada reconhecida como serviço voluntário).*

SERVIDÃO – São restrições que sofre o proprietário no seu direito de uso e gozo do prédio em favor de outro proprietário, para favorecê-lo, aumentando-lhe a utilidade.

✱ *V. CC: art. 1.378.*

✱ *V. CPC/1973: arts. 95, 934, I, e 941 a 945.*

✱ *V. CPC/2015, arts. 47, 246, § 3º e 259.*

De Passagem: Direito concedido ao proprietário do prédio dominante de trafegar pelo prédio serviente, se não houver outro caminho.

✱ *V. CC: art. 1.285.*

SERVIDOR PÚBLICO – 1. Categoria de *agente público administrativo,* prestador de serviços à Administração e a ela vinculado por relação de Direito Público, em vista da sua investidura em cargos e funções, com retribuição pecuniária. 2. A CF/1988 estabeleceu que os entes federados devem instituir regime jurídico único e planos de carreira para a Administração Direta, autárquica e fundacional. No âmbito federal, o regime de trabalho dos servidores públicos é disciplinado pela Lei nº 8.112/1990. 3. A Administração tem liberdade plena para fixar as bases do concurso e os critérios de julgamento, sendo que o concurso público é obrigatório para a primeira investidura em cargo público ou no cargo inicial da carreira. Vencido o concurso, o candidato adquire o direito à nomeação, mas a conveniência e a oportunidade de provimento do cargo ficam à discrição do Poder Público. O concurso tem validade de 2 anos, contados da homologação, prorrogável por igual período uma só vez. Segue-se-lhe o *provimento* do cargo pela *nomeação* do candidato aprovado. Este ato de investidura no cargo completa-se pela *posse* e o *exercício.* Sem a posse (*conditio juris* da função pública) não pode haver provimento nem exercício da função pública. 4. A *estabilidade* é garantia constitucional de permanência no serviço público ao funcionário efetivo que tenha ultrapassado o *estágio probatório,* que é de 3 anos para os nomeados por concurso. 5. A EC nº 98/2017, que alterou o art. 31 da EC 19/1998, permitiu a inclusão, em quadro em extinção da administração pública federal, de servidores, policiais e pessoas vinculadas à administração pública do Amapá e de Roraima na faze de instalação desses Estados.

✱ *V. CF, arts. 37 a 42, com a redação dada pela EC nº 19/1998.*

✱ *V. Lei nº 8.112/1990 (Regime Jurídico Único dos Servidores Públicos Civis da União, Autarquias e Fundações Públicas Federais).*

SETEIRA – Abertura de 10 centímetros de largura por 20 centímetros de comprimento, na parede da casa, a menos de metro e meio da propriedade vizinha para se obter a claridade. Fresta.

✱ *V. CC: art. 1.301.*

SHOPPING CENTER – 1. Palavra inglesa: centro de compras. 2. Significa um conglomerado comercial de diferentes lojistas que se utilizam de espaços e/ou unidades por meio de contratos respectivos de locação. 3. O contrato de locação é classificado como de locação não comercial.

✱ *V. Lei nº 8.245/1991 (Dispõe sobre as locações dos imóveis urbanos e os procedimentos a elas pertinentes), arts. 52, § 2º e 54.*

SIGILO PROFISSIONAL – Dever de todo profissional de manter segredo sobre os assuntos confidenciais de sua profissão.

✱ *V. CPC/1973: arts. 347, II, e 406, II.*

✱ *V. CPC/2015, arts. 388, II, e 448, II.*

✱ *V. CPP: art. 207.*

✱ *V. Lei nº 8.906/1994 (Estatuto da Advocacia e a OAB): art. 7º, II e XIX.*

SILOGISMO – Raciocínio dedutivo que se forma com três proposições: premissa maior, que é o enunciado de um juízo; premissa menor, que é a declaração de caso particular contido na premissa maior, e a conclusão, que deriva de maneira lógica e cabal das duas primeiras. Exemplo: Todos os homens são mortais (premissa maior); A é homem (premissa menor); logo A é mortal (conclusão).

SIMPLES NACIONAL – Regime Especial Unificado de Arrecadação de Tributos e Contribuições devidos pelas Microempresas e Empresas de Pequeno Porte, que implica o recolhimento mensal, mediante documento único de arrecadação, de IRPJ, IPI, CSLL, COFINS, PIS/PASEP, Contribuição para a Seguridade Social, ICMS e ISS, observadas as disposições da LC nº 123/2006, que instituiu o Estatuto Nacional da Microempresa e da Empresa de Pequeno Porte. A referida lei foi alterada pela LC nº 155/2016 para reorganizar e simplificar a metodologia de apuração do imposto devido pelos optantes do Simples Nacional. Posteriormente, a LC nº 188/2021 modificou o funcionamento e a composição do Comitê Gestor do Simples Nacional (CGSN), bem como ampliou a aplicação do referido regime tributário mediante a alteração do limite de renda bruta exigido.

✱ *V. Dec. nº 6.451/2008 (Regulamenta o art. 56 da Lei Complementar nº 123, de 14 de dezembro de 2006, que dispõe sobre a constituição do Consórcio Simples por microempresas e empresas de pequeno porte optantes pelo Simples Nacional).*

✱ *V. LC nº 123/2006 (Institui o Estatuto Nacional da Microempresa e da Empresa de Pequeno Porte), arts. 12 a 16.*

✱ *V. LC nº 188/2021 (Altera a Lei Complementar nº 123, de 14 de dezembro de 2006 (Estatuto Nacional da Microempresa e da Empresa de Pequeno Porte), para modificar a composição e o funcionamento do Comitê Gestor do Simples Nacional (CGSN) e ampliar o âmbito de aplicação de seu regime tributário).*

SIMULAÇÃO – Defeito do ato jurídico consistente em não manifestar a vontade real.

✱ *V. CC: art. 167.*

✱ *V. CPC/2015, arts. 142 e 446, I.*

SINALAGMÁTICO – Diz-se daquilo que é bilateral, importando em igualdade de direitos e deveres para as partes contratantes.

SINASE – A Lei nº 12.594/2012 instituiu o Sistema Nacional de Atendimento Socioeducativo (SINASE), que regulamenta a execução das medidas socioeducativas destinadas a adolescente que pratique ato infracional. Entende-se por Sinase o conjunto ordenado de princípios, regras e critérios que envolvem a execução de medidas socioeducativas, incluindo-se nele, por adesão, os sistemas estaduais, distrital e municipais, bem como todos os planos, políticas e programas específicos de atendimento a adolescente em conflito com a lei.

SINDICALISMO – Movimento que preconiza a organização das categorias profissionais, de todos os trabalhadores, em sindicatos e suas federações.

SINDICÂNCIA – Ato de reunir informações para formar prova sobre uma ocorrência. Apuração. Investigação. Na Administração, é meio sumário de investigação de irregularidades. Corresponde ao inquérito policial. Precede o processo administrativo disciplinar.

SINDICATO – Associação para fins de estudo, defesa e coordenação dos interesses econômicos ou profissionais de todos os que, como empregadores, empregados, agentes ou trabalhadores autônomos, ou profissionais liberais, exerçam, respectivamente, a mesma atividade ou profissão ou atividades ou profissões similares ou conexas.

✱ *V. CF: arts. 8º e 150, VI, c e § 4º.*

✱ *V. CLT: arts. 511 a 610.*

SÍNDICO – 1. Administrador, em alguns setores de atividades: operações da Bolsa, em companhia, associação ou classe. 2. Servidor ou empregado encarregado de uma sindicância: sindicante.

De condomínio: 1. Condômino que, por escolha ou eleição dos demais, administra imóvel comum ou edifício de apartamentos. O síndico, de acordo com a lei, é eleito na forma prevista pela convenção condominial, com mandato de 2 anos, permitida a reeleição. A função pode ser atribuída, também, à pessoa física ou jurídica – administradora – estranha ao condomínio. O síndico pode ser destituído pela forma estatuída na convenção ou, silenciando esta, pelo voto de dois terços dos condôminos presentes em assembleia geral especialmente convocada. As atribuições do síndico estão especificadas no art. 1.348 do CC, podendo ser acrescidas ou delegadas a terceiros pela Convenção de Condomínio. 2. Em virtude do estado de calamidade pública provocado pela pandemia de coronavírus, a Lei nº 14.010/2020 autorizou a prorrogação dos mandados de síndico vencidos a partir de 20-3-2020 até 20-10-2020. Contudo, os síndicos beneficiados pela medida continuam obrigados a prestar contas de suas atuações. A mesma lei, em sua redação original, outorgava ao síndico poderes extraordinários de restrição da utilização de áreas comuns e de realização de reuniões em áreas privativas, entretanto, referidos dispositivos foram vetados pela Presidência da República.

Da massa falida: Até a entrada em vigor da Lei nº 11.101/2005, era a denominação dada ao auxiliar da Justiça, nomeado pelo Juízo de Falências e Concordatas, para administrar os bens da massa falida, assumindo sua representação negocial e judicial, passando doravante a ser denominado *administrador judicial*. ***V.*** *Administrador Judicial.*

✱ *V. CC, arts. 1.341, §§ 1º a 3º, e 1.347 a 1.350.*

✱ *V. CPC/1973, arts. 12, IX, 690, § 1º, I, e 988, VII.*

✱ *V. CPC/2015, arts. 75, XI; 616, IX, 892 e 895.*

✱ *V. Lei nº 4.591/1964 (Lei do Condomínio em Edificações), arts. 22 a 27.*

✱ *V. Lei nº 14.010/2020 (Dispõe sobre o Regime Jurídico Emergencial e Transitório das relações jurídicas de Direito Privado (RJET) no período da pandemia do coronavírus), arts. 12 e 13.*

✱ *V. Dec.-lei nº 7.661/1945 (Lei de Falências, revogada pela Lei nº 11.101/2005), arts. 59 a 69.*

SINECURA – Diz-se do emprego ou cargo que exige pouco ou nenhum trabalho em relação à remuneração obtida.

SISTEMA – 1. Conjunto de princípios, donde se deduzem conclusões ordenadas entre si, sobre as quais se estabelece uma doutrina, opinião ou teoria. 2. Método, modo, forma.

De representação proporcional (Dir. Const.): No Parlamentarismo, o sistema eleitoral visa garantir ao eleitorado um número proporcional a cada votação. Grave dificuldade, nesse sistema, são as sobras eleitorais, isto é, os votos que não conseguiram atingir o cociente previsto para a eleição de um representante.

Majoritário (Dir. Const.): Sistema eleitoral pelo qual as regiões eleitorais são divididas em tantas circunscrições quantos forem os lugares a preencher. São dois os critérios desse sistema: no primeiro, a eleição é realizada em um só turno, sendo eleito o candidato que conseguir o maior número de votos; no segundo, a eleição ocorre em dois turnos, sendo eleito o candidato que nesta fase da votação obtiver maioria simples.

✱ *V. CF: art. 77, §§ 2º e 3º.*

Nacional de Cultura: Com o advento da EC nº 71/2012 foi acrescido à Constituição Federal o art. 216-A instituindo o Sistema Nacional de Cultura. É organizado em regime de colaboração, de forma descentralizada e participativa, institui um processo de gestão e promoção conjunta de políticas públicas de cultura, democráticas e permanentes, pactuadas entre os entes da Federação e a sociedade, tendo por objetivo promover o desenvolvimento humano, social e econômico com pleno exercício dos direitos culturais.

Nacional de Informações de Segurança Pública: A Lei nº 12.681/2012 instituiu o Sistema Nacional de Informações de Segurança Pública com a finalidade de armazenar, tratar e integrar dados e informações para auxiliar na formulação, implementação, execução, acompanhamento e avaliação das políticas relacionadas com: I – se-

S

gurança pública; II – sistema prisional e execução penal; e III – enfrentamento do tráfico de crack e outras drogas ilícitas.

Nacional de Mobilidade Urbana: A Lei nº 12.587/2012 instituiu as diretrizes da Política Nacional de Mobilidade Urbana. O Sistema Nacional de Mobilidade Urbana é o conjunto organizado e coordenado dos modos de transporte, de serviços e de infraestruturas que garante os deslocamentos de pessoas e cargas no território do Município.

Nacional de Políticas Públicas sobre Drogas – SISNAD: Criado pela Lei nº 11.343/2006, tem a finalidade de articular, integrar, organizar e coordenar as atividades relacionadas com a prevenção do uso indevido, a atenção e a reinserção social de usuários e dependentes de drogas.

Nacional de Prevenção e Combate à Tortura – SNPCT – instituído pela Lei nº 12.847/2013, tem como objetivo fortalecer a prevenção e o combate à tortura, por meio de articulação e atuação cooperativa de seus integrantes, dentre outras formas, permitindo as trocas de informações e o intercâmbio de boas práticas.

Nacional do Meio Ambiente – SISNAMA: Instituído pela Lei nº 6.938/1981, sendo constituído pelos órgãos e entidades da União, dos Estados, do Distrito Federal, dos Municípios e pelas Fundações instituídas pelo Poder Público, responsáveis pela proteção e melhoria da qualidade ambiental.

Sistema de computador: Qualquer aparelho ou um conjunto de aparelhos interconectados ou relacionados entre si que asseguram, isoladamente ou em conjunto, pela execução de um programa, o processamento eletrônico de dados.

✱ ***V.*** *Dec. nº 11.491/2023 (Promulga a Convenção sobre o Crime Cibernético, firmada pela República Federativa do Brasil, em Budapeste, em 23 de novembro de 2001).*

✱ ***V.*** *Convenção sobre o Crime Cibernético, art. 1º, alínea "a".*

Único de Saúde (SUS): Criado pela Lei nº 8.080/1990 (Dispõe sobre as condições para a promoção, proteção e recuperação da saúde, a organização e o funcionamento dos serviços correspondentes), constitui o conjunto de ações e serviços de saúde, prestados por órgãos e instituições públicas federais, estaduais e municipais, da Administração direta e indireta e das fundações mantidas pelo Poder Público. Com a edição da Lei nº 13.239/2015, passaram a ser obrigatórias a oferta e a realização de cirurgia plástica reparadora de sequelas de lesões causadas por atos de violência contra a mulher pelo SUS. A Lei nº 13.362/2016 assegurou às mulheres com deficiência a prevenção, a detecção, o tratamento e o seguimento dos cânceres do colo uterino e de mama, no âmbito do Sistema Único de Saúde – SUS.

✱ ***V.*** *Lei nº 11.664/2008 (Dispõe sobre a efetivação de ações de saúde que assegurem a prevenção, a detecção, o tratamento e o seguimento dos cânceres do colo uterino e de mama, no âmbito do Sistema Único de Saúde – SUS): art. 2º, § 2º.*

✱ ***V.*** *Lei nº 13.239/2015 (Dispõe sobre a oferta e a realização, no âmbito do Sistema Único de Saúde – SUS, de cirurgia plástica reparadora de sequelas de lesões causadas por atos de violência contra a mulher).*

SITUAÇÃO DE EMERGÊNCIA – 1. Estar em situação crítica. 2. Segundo o Dec. nº 7.257/2010, a situação de emergência é "situação anormal, provocada por desastres, causando danos e prejuízos que impliquem o comprometimento parcial da capacidade de resposta do poder público do ente atingido". 3. A situação de emergência é reconhecida pelo Poder Executivo federal mediante requerimento do Poder Executivo do Estado, do Distrito Federal ou do Município afetado pelo desastre. 4. A situação de pandemia de COVID-19 fez o Poder Executivo federal reconhecer a situação de emergência por meio da Port. do MS nº 188, de 3-2-2020, que se agravou para estado de calamidade pública por meio do Dec. Leg. nº 6, de 20-3-2020.

✱ ***V.*** *Dec. Leg. nº 6/2020 (Reconhece, para os fins do art. 65 da Lei Complementar nº 101, de 4 de maio de 2000, a ocorrência do estado de calamidade pública, nos termos da solicitação do Presidente da República encaminhada por meio da Mensagem nº 93, de 18 de março de 2020).*

✱ ***V.*** *Dec. nº 7.257/2010 (Regulamenta a Medida Provisória nº 494, de 2 de julho de 2010, para dispor sobre o Sistema Nacional de Defesa Civil – SINDEC, sobre o reconhecimento de situação de emergência e estado de calamidade pública, sobre as transferências de recursos para ações de socorro, assistência às vítimas, restabelecimento de serviços essenciais e reconstrução nas áreas atingidas por desastre, e dá outras providências), art. 2º, III.*

✱ ***V.*** *Portaria do MS nº 188/2020 (Declara Emergência em Saúde Pública de importância nacional (ESPIN) em decorrência da infecção humana pelo novo Coronavírus (COVID-19).*

SOBERANIA – Característica do poder do Estado que o coloca acima de qualquer outro no âmbito interno e que o situa no mesmo plano do poder de outros Estados.

SOBREPARTILHA – Nova partilha, feita nos mesmos autos do inventário, para distribuição de bens remanescentes que não tinham sido descritos ou partilhados, por não se saber que o *de cujus* os tinha, ou eram remotos, litigiosos, sonegados ou de difícil e morosa liquidação.

✱ ***V.*** *CC: art. 2.021.*

SOBRESTAR – Suspender, deter, paralisar o curso, deixar de dar andamento a.

SOCIEDADE – Agrupamento de pessoas que mantêm entre si relações convencionais, políticas, econômicas, sociais, culturais, obedecendo a regras comuns de convivência, sob um ordenamento jurídico que as rege. No enfoque civil e comercial, é a reunião de pessoas que somam recursos para um fim lícito de interesse comum. Constitui-se por meio de contrato entre pessoas que se obrigam a conjugar esforços ou recursos para alcançar um fim comum. De acordo com o tipo de sociedade, os sócios respondem ou não com os seus bens particulares pelas obrigações sociais. A sociedade mercantil nasce com o registro do contrato ou estatuto na Junta Comercial (Registro do Comércio); tem por nome uma firma ou razão social, ou denominação; é *pessoa jurídica* (q.v.) com personalidade distinta das pessoas dos sócios; tem vida, direitos, obrigações e patrimônios próprios; é representada por aquele que estiver designado no contrato ou estatuto; a sociedade é que comercia, não os sócios; o patrimônio é da sociedade, não dos sócios; ele responde sempre ilimitadamente pelo seu passivo; pode mudar sua estrutura, alterando o quadro social ou o tipo de sociedade; a formação do nome da sociedade e a responsabilidade dos sócios variam de acordo com o tipo de sociedade: é *sociedade de pessoas* quando os sócios são escolhidos por suas qualidades pessoais; e *sociedade de capital*, quando a pessoa do sócio é indiferente (sociedade anônima); pode ser brasileira ou estrangeira. A brasileira apresenta-se sob três tipos: *empresa brasileira*, a que é constituída sob as leis do País e tem nele sua sede e administração; *brasileira de capital nacional*, aquela cujo efetivo controle, em caráter permanente, é de titularidade direta de pessoas físicas domiciliadas e residentes no país ou de entidade de Dir. Público Interno; esta tem preferência nas concorrências públicas; e *brasileira de titulares brasileiros*, aquela cujos proprietários são brasileiros natos ou naturalizados há mais de 10 anos ou pertence a sociedades cujo capital pertença, exclusiva e nominalmente, a brasileiros, como as jornalísticas e de radiodifusão sonora e as de sons e imagem. Cláusula leonina em sociedade mercantil implica a nulidade total do contrato (CF: art. 222; CC: arts. 1.126 a 1.133). Quando se trata de interligações de sociedades temos: *sociedades coligadas*: ocorre quando uma participa do capital de outra (10% ou mais), mas não a controla, sendo proibida a participação recíproca; *sociedade controladora*: tem as mesmas obrigações que o acionista controlador; é a titular de direitos de sócio que garantem a ela, permanentemente, supremacia nas deliberações sociais assim como o poder de eleger a maioria dos administradores da sociedade controlada; *sociedade subsidiária integral*: a que tem como único acionista uma outra sociedade, a qual deve ser brasileira; *grupo de sociedades*: constituído por convenção aprovada pelas sociedades que o compõem. É formado pela controladora e suas controladas, sendo que a controladora ("de comando de grupo") tem de ser brasileira. O grupo não tem nome, firma ou razão social, nem denominação social, apenas uma designação que deve incluir as palavras "grupo de sociedades" ou "grupo". Este não adquire personalidade jurídica, mas pode ser representado perante terceiros por pessoa designada na convenção; *consórcio*: contrato pelo qual duas ou mais sociedades, autônomas ou sob um só controle, se comprometem a executar conjuntamente um empreendimento. Não tem personalidade jurídica e não induz solidariedade. O Direito americano dá-lhe o nome de *joint venture*.

✱ *V. CC: arts. 1.097 a 1.101.*

Civil: Aquela que não tem por objeto atos de comércio, nem por finalidade o lucro.

Civil de fim lucrativo: Sociedade cujo objetivo é o exercício de uma profissão liberal, por exemplo, sociedades de médicos, advogados ou cirurgiões-dentistas. Com o advento da Lei nº 8.245/1991, tais sociedades podem propor ação renovatória da locação do prédio em que funcionam, nos moldes da ação proposta pelas sociedades mercantis.

✱ *V. Lei nº 8.245/1991 (Dispõe sobre as locações dos imóveis urbanos e os procedimentos a elas pertinentes): art. 51, § 4º.*

Comercial: Sociedade feita por meio de contrato no qual as pessoas acordam em contribuir com seus bens ou sua indústria para a formação do capital social com o fim de desenvolver atividade comercial.

✱ *V. LC nº 123/2006 (Estatuto da microempresas e empresas de pequeno porte).*

De capital e indústria: Aquela constituída por duas ou mais pessoas, em que algumas contribuem com o capital, e outras, com a indústria. Não houve menção no novo CC a este tipo de sociedade, porém, nada impede que seja constituída, visto ser apenas uma variante da Sociedade em Conta de Participação ou da Sociedade em Nome Coletivo, quanto a esta em relação aos sócios capitalistas.

De economia mista: 1. Pessoa jurídica de direito privado, com participação majoritária ou minoritária do Estado. Reveste-se, necessariamente, da natureza de sociedade anônima. 2. O conceito previsto na Lei nº 13.303/2016 passou a excluir da definição as denominadas empresas semiestatais, cuja participação no capital por pessoa jurídica de Dir. Público é minoritária, ainda que esta exerça alguma forma de controle e gestão.

✱ *V. Lei nº 6.404/1976 (Lei das Sociedades por Ações).*

✱ *V. Lei nº 13.303/2016 (Dispõe sobre o estatuto jurídico da empresa pública, da sociedade de economia mista e de suas subsidiárias, no âmbito da União, dos Estados, do Distrito Federal e dos Municípios): art. 4º.*

Em comandita por ações: Classificada pelo CC/2002 como sociedade empresarial tanto quanto a comandita simples, pelo fato de exercer atividade econômica organizada para a produção de bens ou serviços (arts. 966 e 971 do CC). O capital social desse tipo de sociedade é fracionado em unidades representadas por ações, motivo pelo qual os seus sócios são chamados de acionistas. É categorizada como sociedade institucional assim como a sociedade anônima, ambas disciplinadas pela Lei nº 6.404/1976 (art. 280) e pelos arts. 1.090 a 1.092 do CC/2002. Na sociedade em comandita por ações a responsabilidade dos acionistas diretores é ilimitada, sendo limitadas a dos demais acionistas. Poderá ser usada denominação ou razão social, porém, seguidos da expressão "Comandita por Ações".

Em comandita simples: Sociedade formada por duas espécies de sócios: *comanditados*, com responsabilidade solidária e ilimitada, e *comanditários*, com responsabilidade limitada.

✱ *V. Lei nº 6.404/1976 Lei das Sociedades por Ações): arts. 280 a 284.*

✱ *V. CC: arts. 1.045 a 1.051.*

Em conta de participacão: É desprovida de personalidade jurídica (não personificada, segundo divisão do CC/2002); trata-se de sociedade oculta, porém, não irregular, dispondo de um sócio ostensivo e outro oculto. Não tem nome.

✱ *V. CC, arts. 991 a 996.*

Em nome coletivo: Sociedade formada de uma só classe de sócios, solidária e ilimitadamente responsáveis pelas obrigações sociais, sob firma ou razão social.

✱ *V. CC: arts. 1.039 a 1.044.*

Leonina: Aquela que direcionar a soma dos lucros a um dos associados, ou a exclusão de algum a ela ou, ainda, "a que desonerar de toda contribuição nas perdas as somas ou efeitos entrados por um ou mais sócios para o fundo social", segundo o art. 288 do Código Comercial revogado em sua Primeira Parte, composta de 456 artigos pelo CC/2002. Contudo, os direitos essenciais do art. 109 da Lei nº 6.404/1976 foram reconhecidos pelo CC em vários pontos. Disso resulta que os sócios, de qualquer sociedade, têm o direito de participar dos resultados da atividade empresarial desenvolvida, restando nula a sociedade leonina.

Limitada: Classificada pelo novo CC como personificada. Entre outras modificações, o CC/2002 alterou a denominação anterior de Sociedade por Quotas de Responsabilidade Limitada, passando a chamar-se apenas Sociedade Limitada. Introduzida no ordenamento jurídico em 1919 por meio do Dec. nº 3.708/1919. A responsabilidade dos sócios não excede ao valor de sua quota, ficando diretamente responsável pela integralização da quota que subscreveu e indiretamente pelas subscritas pelos demais sócios, significando a não afetação de seu patrimônio particular pelas dívidas da sociedade. O novo CC tacitamente revogou o Dec. nº 3.708/1919 (CC, arts. 1.052 a 1.087). A primeira alteração é com relação à própria denominação: sociedade limitada e não mais sociedade por quotas de responsabilidade limitada. Integralizadas as quotas de todos os sócios, não mais responderão estes com seus bens particulares pelas dívidas da sociedade. Continua, porém, ilimitada a responsabilidade daqueles que infringirem o contrato social ou a lei (CC, art. 1.080); aplicação subsidiária da Lei nº 6.404/1976 (Lei das Sociedades Anônimas), ou dos dispositivos afetos à sociedade simples (CC, arts. 997 a 1.038). No nome da sociedade limitada, que poderá se dar sob a forma de firma ou denominação, deverá constar a expressão limitada ou sua abreviatura (CC, art. 1.158). A contar de 11-1-2003, como as demais sociedades constituídas em lei anterior, terá o prazo de um ano para sua adaptação às novas disposições. A Lei nº 11.127/2005 prorrogou este prazo de adaptação para 11 de janeiro de 2007. O *quorum* de deliberação para designar administradores não sócios foi alterado, pela Lei nº 14.451/2022, de unânime para, no mínimo, 2/3 (dois terços) dos sócios antes da integralização do capital e, após a integralização, de quantidade de sócios que somados detenham mais da metade do capital social.

✱ *V. CC, art. 1.052 a 1.087; 2.031.*

Por ações: Diz-se das sociedades anônima ou comandita por ações que têm seu capital dividido em ações, sendo que nesta última se aplicam todas as normas relativas às S/A com as alterações previstas nos arts. 280 a 284 da Lei das Sociedades Anônimas e pelos arts. 1.090 a 1.092 do CC. Os acionistas administradores e controladores da S/A poderão responder civilmente por abusos que possam ocorrer, da mesma forma que os diretores e gerentes da comandita por ações. São as referidas sociedades, disciplinadas pela Lei nº 6.404/1976 (Lei das Sociedades Anônimas).

Por quotas de responsabilidade limitada: *V. Sociedade Limitada.*

Simples: É a sociedade que visa fim econômico não empresarial, tendo por objeto social o exercício de certas profissões ou a prestação de serviços técnicos (arts. 997 a 1.038 do CC). Poderá constituir-se das seguintes formas comerciais: sociedade em nome coletivo; sociedade em comandita simples; sociedade limitada. Não poderá adotar as formas anônima ou por ações que pertencem ao tipo societário de sociedade empresária. Seu registro deverá ser efetuado no Registro Civil das Pessoas Jurídicas.

✱ *V. CC: arts. 982, 983, parágrafo único, 985 e 1.150.*

SOCIEDADE ANÔNIMA – 1. Também chamada *companhia* ou *sociedade de capital*, é sociedade empresária, com capital dividido em partes iguais, chamadas *ações*. 2. O capital da sociedade anônima poderá ser *determinado* (fixo), se totalmente subscrito; *autorizado*, se a subscrição for inferior ao capital constante nos estatutos, que deverão prever a possibilidade de novas realizações de capital nos limites também previstos, sem necessidade de alterações estatutárias ou convocação de assembleia geral para consentimento. 3. Destinada aos grandes empreendimentos, pertencente à classe das sociedades empresariais e, de acordo com a divisão do CC/2002, com personalidade jurídica própria (personificada), devendo conter, no mínimo, dois acionistas. Havendo autorização do Governo Federal para a negociação de seus valores mobiliários, será de *capital aberto*, ou seja, lançamento de suas ações à subscrição pública; isto não ocorrendo, será de *capital fechado*, e, consequentemente, de administração e contabilidade mais simples. A responsabilidade dos acionistas é limitada à integralização das ações subscritas, respondendo os acionistas controladores e os administradores por abusos que venham a ocorrer. Nos casos omissos da Lei das Sociedades por Ações, aplicam-se as disposições do CC/2002, arts. 1.088 e 1.089. 4. A Lei nº 14.030/2020, aprovada em decorrência do estado de calamidade pública provocado pela pandemia de Coronavírus (COVID-19), especificou disposições sobre a realização de assembleias gerais ordinárias durante o estado de emergência, permitindo a realização de reuniões virtuais, bem como autorizando ainda a Comissão de Valores Mobiliários (CVM) a prorrogar prazos para adequação às condições sanitárias.

✱ *V. CC, arts. 1.088 e 1.089.*

✱ *V. Lei nº 6.404/1976 (Dispõe sobre as Sociedades por Ações).*

✱ *V. Lei nº 14.030/2020 (Dispõe sobre as assembleias e as reuniões de sociedades anônimas, de sociedades limitadas, de sociedades cooperativas e de entidades de representação do cooperativismo durante o exercício de 2020).*

SOCIEDADE DE CAPITAL – *V. Sociedade Anônima.*

SÓCIO – Pessoa que integra uma sociedade civil ou comercial, que tem ações de uma empresa ou companhia. 2. Quando o sócio decide não mais integrar a sociedade e desvincula-se dela (sócio retirante), ele continua responsável subsidiário pelas obrigações trabalhistas da sociedade relativas ao período em que era sócio somente em ações ajuizadas até dois anos da averbação da mudança do contrato social, nos termos da Lei nº 13.467/2017 (Reforma Trabalhista). A referida lei esclarece que, se comprovada fraude na alteração do contrato social, o sócio retirante responderá solidariamente em conjunto com os outros sócios. *V. Sociedade.*

SOCIOGENIA – Ciência que estuda a formação da sociedade.

SOFTWARE – Palavra inglesa que designa o conjunto de programas definidores de sequências de instruções que os computadores interpretam e executam, implementando as funções para as quais são feitos. Essas séries de comandos que o computador utiliza é o que se denomina *software*, termo ainda não aportuguesado mas de uso corrente na linguagem técnica da informática.

SOLIDARIEDADE – Vinculação jurídica pela qual, na mesma obrigação, concorrem vários credores ou devedores, cada qual com direito ou obrigação na dívida toda. A solidariedade pode, portanto, ser *ativa* (vários credores) ou *passiva* (vários devedores).

✱ *V. CC: arts. 265 e 266.*

✱ *V. CPC/1973: arts. 77, III, e 509, parágrafo único.*

✱ *V. CPC/2015, arts.130, III, e 1.005, parágrafo único.*

SONEGAÇÃO – Ato ou efeito de sonegar.

De Bens: Ocultação dolosa de bens que deveriam constar do inventário. Pode ser praticada pelo inventariante ou pelos herdeiros.

✱ *V. CC: arts. 1.992 e 1.993.*

✱ *V. CPC/2015, arts. 621, 622, VI, e 669.*

Fiscal: Todo ato doloso que tem por objetivo impedir ou retardar, total ou parcialmente, o conhecimento, por parte do Fisco, da ocorrência de fato gerador.

✱ *V. CP: art. 334.*

✱ *V. Lei nº 4.729/1965 (Define o crime de sonegação fiscal): art. 1º.*

SOSSEGO PÚBLICO – Direito que tem cada indivíduo de gozar de tranquilidade, silêncio e repouso necessários, sem perturbações sonoras abusivas de qualquer natureza. A violação do sossego público ou alheio é infração contravencional, configurada por gritaria ou algazarra; exercício de profissão incômoda ou ruidosa, contrariando normas legais; abuso de instrumentos sonoros ou de sinais acústicos; provocando (ou não procurando impedir) barulho produzido por animal de que se tem a guarda. É apenado com prisão simples, de 15 dias a 3 meses ou multa.

✱ *V. LCP: art. 42.*

STARTUP – 1. Palavra inglesa que, em tradução livre, significa comece, dê início. 2. Começar uma empresa e colocá-la em atividade. 3. Em que pese esse termo não contar com uma tradução oficial para o português, ele está relacionado a um tipo específico de empresa ou, de modo mais simplificado, atividade comercial destinada a busca de um modelo de negócio inovador, repetível e escalável com custo baixo, mas possibilidade de crescimento rápido. 4. Consoante a LC nº 182/2021, são as organizações empresariais ou societárias, nascentes ou em operação recente, cuja atuação caracteriza-se pela inovação aplicada a modelo de negócios ou a produtos ou serviços ofertados. A receita bruta anual dessas empresas deve ser de até R$ 16 milhões. Têm de possuir até dez anos de inscrição no Cadastro Nacional da Pessoa Jurídica (CNPJ), bem como declarar, no ato constitutivo, a utilização de modelos de negócios inovadores para a geração de produtos ou serviços.

✱ *V. Dec. nº 10.534/2020 (Institui a Política Nacional de Inovação e dispõe sobre a sua governança).*

✱ *V. LC nº 182/2021 (Institui o marco legal das* startups *e do empreendedorismo inovador, dentre outras disposições), art. 4º.*

STRAINING – (Inglês) 1. Termo plurívoco, geralmente indicando esforço, tensão ou projeção para a frente. 2. No âmbito da Ciência da Administração, da Sociologia e do Dir. do Trabalho, é empregado no sentido de assédio moral institucional (também chamado de assédio moral organizacional), forma moderna de assédio nas relações de trabalho, pela qual a empresa ou organização dirige esforços para empregados indeterminados, com o intuito de dissipar acusações de perseguições ou discriminações individuais, por meio de condutas aparentemente objetivas (sem destinatários certos) que exercem impacto psicológico nos funcionários, levando-os a ultrapassar os limites da subordinação, submetendo-se a longas cargas de trabalho, metas abusivas e outras formas de humilhação.

STRICTO SENSU – No sentido literal, estrito, exato, que não admite interpretação extensiva.

SUBARRENDAMENTO – Contrato em que o próprio arrendatário transfere os direitos e obrigações a outrem.

✱ *V. Dec. nº 59.566/1966 (Regulamenta as Seções I, II e III do Capítulo IV do Título III da Lei nº 4.504/1964, Estatuto da Terra, o Capítulo III da Lei nº 4.947, de 6 de abril de 1966): art. 3º, § 1º.*

SUBLOCAÇÃO DO IMÓVEL – Contrato firmado entre o verdadeiro locatário, feito sublocador, e um terceiro chamado sublocatário. Sublocar um imóvel, então, é alugar a um terceiro, estranho ao contrato de locação, uma parte daquele. A sublocação exige autorização expressa do locador.

✱ *V. Lei nº 8.245/1991: arts. 13 a 16.*

✱ *V. Lei nº 12.112/2009.*

SUBORNO – Peita; pagamento em dinheiro ou oferta de vantagem para que alguém pratique ou se abstenha de praticar ato em prejuízo de terceiro. Delito de quem, no exercício de função ou cargo público, ou em razão dele, exige ou aceita, por si ou por interposta pessoa, vantagem ou recompensa para agir com ilicitude, fazendo ou deixando de fazer um determinado ato. No Dir. Penal, o crime está configurado no caso de falso testemunho ou falsa perícia, se o crime é praticado mediante suborno, quando as penas são aumentadas de um terço. O suborno do juiz é uma das causas de nulidade processual.

✱ *V. CP, art. 342.*

✱ *V. CPP: art. 564, I.*

✱ *V. CPC/1973, art. 564, I.*

✱ *V. CPC/2015, art. 943.*

SUB-REPÇÃO – Fraude para obtenção de vantagem indevida, com a ocultação da verdade de fato que, revelado, daria motivo à recusa. O mesmo que ab-repção.

SUB-ROGAÇÃO – Transferência dos direitos do credor para o terceiro que resgata a obrigação. Há duas espécies: a *legal*, decorrente de lei, e a *convencional*, decorrente do próprio contrato.

✱ *V. CC: arts. 346 a 351.*

SUBSCRIÇÃO – 1. Ato de subscrever. 2. Assinatura de uma carta, ata ou outro documento. 3. Compromisso, assumido por escrito, de contribuir com certa quantia em dinheiro ou bens para a realização de uma obra, a fundação de uma empresa etc. 4. Contrato plurilateral complexo pelo qual uma pessoa se torna titular de ação ou debênture emitida por sociedade anônima.

SUBSIDIARIDADE – Um dos princípios que são aplicados para resolver os conflitos aparentes das normas, isto é, quando dois preceitos legais parecem incidir sobre um fato delituoso, sendo necessário escolher o mais adequado. Sendo o fato delituoso mais grave descrito na lei principal, esta absorve o fato menos grave da lei subsidiária. A subsidiaridade é *explícita*, quando a própria norma determina que só será aplicada se o fato não constitui delito mais grave; e *implícita*, quando deverá ser reduzida. Na aplicação da lei penal no tempo, o atual CP manteve-se fiel ao critério da lei mais benigna.

SUBSÍDIO – 1. No Dir. Constitucional, é a parte fixa dos vencimentos pagos aos membros dos Poderes Legislativo, Executivo e Judiciário. 2. No Dir. Administrativo é o valor destinado à realização de obras públicas pela União. 3. O Dec. nº 9.588/2018 instituiu o Comitê de Monitoramento e Avaliação dos Subsídios da União (CMAS) destinado a fiscalizar as políticas públicas financiadas pelos subsídios da União.

✱ *V. EC nº 19/1998.*

✱ *V. Dec. nº 9.588/2018.*

SUBSTABELECIMENTO – Transferência do exercício do mandato, do mandatário para um terceiro.

✱ *V. CC: arts. 654, § 2º, e 667, §§ 1º e 2º.*

SUBSTITUIÇÃO – Permuta, troca, colocação de pessoa ou de coisa, no lugar de outra. No Dir. das Sucessões, é a disposição adjeta do testador em designar a pessoa que deverá receber a herança ou legado, na ausência de beneficiário direto. A novação dá-se, também, quando o novo devedor substitui o antigo, ficando este quite com o credor; e quando, em razão de obrigação nova, outro credor é substituído ao antigo, ficando o devedor quite com este.

Do Presidente da República: Afastamento temporário do Presidente da República havendo impedimento. Não se confunde com a sucessão, porque esta é definitiva (CF: art. 79, *caput*).

Processual: Existe quando a lei habilita a intervir no processo, como parte legítima, pessoa estranha à relação jurídica que se debate. O substituto ingressa em juízo em seu próprio nome, por um direito alheio, o que diferencia a substituição da representação, pois nesta o representante processual age em nome de outro. A substituição processual pode ser *legal*, se decorre de lei; e *voluntária*, se decorre da vontade individual. A lei determina que "ninguém poderá pleitear, em nome próprio, direito alheio, salvo quando autorizado por lei". E ainda mais: "Só é permitida, no curso do processo, a substituição voluntária das partes nos casos expressos em lei". Ocorrendo a morte de qualquer das partes, dar-se-á substituição pelo seu espólio ou pelos seus sucessores, atendido o que dispõe o art. 313 do CPC/2015 que, entretanto, não se aplica se a ação for personalíssima (art. 485, IX, CPC/2015). Feita a citação, proíbe-se ao autor modificar o pedido ou a causa de pedir, sem a aprovação do réu, mantendo-se as mesmas partes, salvo as substituições permitidas por lei. Na *confissão*, cabe ao confitente o direito de propor ação anulatória ou rescisória, porém, uma vez iniciada, passa aos seus herdeiros.

✱ *V. CPC/1973: arts. 6º, 41 a 43, 264, 265, 267, IX, 352, parágrafo único, e 1.055 a 1.062.*

✱ *V. CPC/2015, arts. 18, 108 a 110, 313, 485, IX, 393, parágrafo único, e 687 a 692.*

S

SUBSTITUTIVO – Novo projeto de lei em que se propõem alterações em outro, sobre a mesma matéria, apresentado à Casa legislativa.

SUBSUNÇÃO – Enquadramento do caso concreto à norma legal em abstrato aplicável.

SUBTERFÚGIO – Meio artificioso, evasivo. Ardil para livrar-se de uma dificuldade.

SUCESSÃO (DIR. CIVIL) – Transmissão de direitos, feita por ato *inter vivos* ou *mortis causa*. No primeiro caso é a substituição do titular do direito, como no caso da compra e venda. No segundo caso, a transmissão se dá em razão da morte do titular.

✱ V. CC: arts. 1.784 e 1.786.

SUCUMBÊNCIA – Princípio pelo qual o vencido na ação paga ao vencedor as despesas por este antecipadas, bem como os honorários advocatícios.

✱ V. CPC/1973: art. 20.

✱ V. CPC/2015, arts. 82, § 2º, 84 e 85.

✱ V. Lei nº 8.906/1994 (Estatuto da Advocacia e a OAB): arts. 23 a 26.

SUFRÁGIO – Processo de seleção do corpo eleitoral. Pelo sufrágio determina-se quem pode, ou não, votar. No Brasil adota-se o sufrágio universal, *ex vi* do art. 14 da CF.

SUICÍDIO – 1. Ato de exterminar, eliminar a própria vida. O mesmo que autocídio. 2. É crime o induzimento, instigação ou auxílio à prática do suicídio. 3. A Lei nº 13.968/2019 incluiu na tipificação do crime o induzimento, instigação ou auxílio à automutilação. A pena é de reclusão de 2 a 6 anos, se o suicídio se consumar ou da automutilação resultar morte; ou reclusão de um a 3 anos, se da automutilação ou da tentativa de suicídio resultar lesão corporal de natureza grave ou gravíssima. A pena é duplicada se o crime é cometido por motivo egoístico, torpe ou fútil; se a vítima é menor ou tem diminuída, por qualquer causa, a capacidade de resistência. O julgamento desse crime compete ao Tribunal do Júri. 4. A Lei nº 13.819/2019 instituiu a Política Nacional de Prevenção da Automutilação e do Suicídio, que contou com a implementação de ações de assistência social, pela Lei nº 14.531/2023, destinadas a evitar tal prática. 5. A Lei nº 14.811/2024 incluiu dentre os crimes hediondos (Lei nº 8.072/1990) o induzimento, instigação ou auxílio a suicídio ou a automutilação realizados por meio da rede de computadores, de rede social ou transmitidos em tempo real.

✱ V. CP: arts. 122 e 146, § 3º, II.

✱ V. Lei nº 8.072/1990 (Dispõe sobre os crimes hediondos, nos termos do art. 5º, inciso XLIII, da Constituição Federal, e determina outras providências).

✱ V. Lei nº 13.819/2019 (Institui a Política Nacional de Prevenção da Automutilação e do Suicídio).

✱ V. Lei nº 14.531/2023 (Altera as Leis nºs 13.675, de 11 de junho de 2018, que cria a Política Nacional de Segurança Pública e Defesa Social (PNSPDS), e 13.819, de 26 de abril de 2019, que institui a Política Nacional de Prevenção da Automutilação e do Suicídio, para dispor sobre a implementação de ações de assistência social, a promoção da saúde mental e a prevenção do suicídio entre profissionais de segurança pública e defesa social e para instituir as diretrizes nacionais de promoção e defesa dos direitos humanos dos profissionais de segurança pública e defesa social; e dá outras providências).

✱ V. Lei nº 14.811/2024 (Institui medidas de proteção à criança e ao adolescente contra a violência nos estabelecimentos educacionais ou similares, prevê a Política Nacional de Prevenção e Combate ao Abuso e Exploração Sexual da Criança e do Adolescente e altera o Decreto-Lei nº 2.848, de 7 de dezembro de 1940 (Código Penal), e as Leis nºs 8.072, de 25 de julho de 1990 (Lei dos Crimes Hediondos), e 8.069, de 13 de julho de 1990 (Estatuto da Criança e do Adolescente).

SUJEITO – Submisso, subordinado. Aquele que participa de um delito; pode ser *ativo*, o que pratica a infração; *passivo*, o paciente ou a vítima.

SUMARÍSSIMO – Procedimento que, atualmente, só existe em uma das fases do Juizado Especial Cível.

SÚMULA – 1. Sumário, resumo. 2. Verbete que registra a interpretação pacífica ou majoritária adotada por um Tribunal a respeito de um tema específico, a partir do julgamento de diversos casos análogos, com a dupla finalidade de tornar pública a jurisprudência para a sociedade, bem como promover a uniformidade entre as decisões. De rigor destacar que a Lei nº 13.467/2017 (Reforma Trabalhista) disciplinou a elaboração e a alteração de súmulas e enunciados pelo Tribunal Pleno.

✱ V. CPC/1973: art. 479.

✱ V. CPC/2015, art. 926, § 2º.

✱ V. CLT, art. 702.

Vinculante: 1. Súmula de jurisprudência dominante aprovada pelo Supremo Tribunal Federal, por pelo menos 2/3 do Plenário, tornando-se um entendimento obrigatório, ao qual todos os outros Tribunais e juízes, bem como a Administração Pública, Direta e Indireta, terão que seguir. Na prática, adquire força de lei, criando um vínculo jurídico e possuindo efeito *erga omnes*. Vincular significa ligar ou prender a vínculo, submeter a vínculo. A súmula vinculante tem por objetivo a validade, a interpretação e a eficácia de normas determinadas ante os ditames constitucionais, acerca das quais haja controvérsia atual entre órgãos judiciários ou entre esses e a Administração Pública que acarrete grave insegurança jurídica e relevante multiplicação de processos sobre questão idêntica. 2. Eventual desrespeito ao teor de súmula vinculante permite a propositura de ação de reclamação constitucional diretamente perante o STF, para garantia da autoridade de suas decisões. Por esta razão, o STF entende que carece interesse de agir a quem propôs ação pleiteando direito já amparado em enunciado de súmula vinculante, uma vez que pode requerer expressamente a sua observância por parte das autoridades públicas. 3. A Lei nº 13.015/2014 expressamente admite o cabimento de recursos de embargos e de revista perante o TST, por alegação de violação, pela decisão recorrida, a enunciado de súmula vinculante.

✱ V. CF, art. 103-A.

✱ V. Lei nº 11.417/2006 (Regula a edição, a revisão e o cancelamento de enunciado de súmula vinculante pelo STF).

✱ V. Lei nº 9.784/1999 (Regula o processo administrativo no âmbito da Administração Pública Federal), arts. 56, § 3º, 64-A e 64-B.

✱ V. CLT, arts. 894, II; 896, a e § 9º.

✱ V. RISTF, arts. 354-A a 354-E.

SUPERENDIVIDAMENTO – 1. Aumento excessivo do valor ou da quantidade de dívidas de um indivíduo. 2. Segundo a Lei nº 14.181/2021, é a impossibilidade manifesta de o consumidor pessoa natural, de boa-fé, pagar a totalidade de suas dívidas de consumo, exigíveis e vincendas, sem comprometer seu mínimo existencial, nos termos da regulamentação.

✱ V. CDC, art. 54-A, § 1º.

✱ V. Lei nº 14.181/2021 (Altera a Lei nº 8.078, de 11 de setembro de 1990 (Código de Defesa do Consumidor), e a Lei nº 10.741, de 1º de outubro de 2003 (Estatuto do Idoso), para aperfeiçoar a disciplina do crédito ao consumidor e dispor sobre a prevenção e o tratamento do superendividamento).

SUPERINTENDÊNCIA – 1. Ação de superintender; administração superior em qualquer ramo da atividade humana.

2. Cargo ou jurisdição de superintendente. 3. Repartição onde funciona o superintendente.

Do Desenvolvimento da Amazônia* – *SUDAM: Autarquia de regime especial, com autonomia administrativa e financeira, instituída pela LC nº 124/2007 com a finalidade de promover o desenvolvimento includente e sustentável de sua área de atuação abrangida pelos Estados do Acre, Amapá, Amazonas, Mato Grosso, Rondônia, Roraima, Tocantins, Pará e Maranhão na sua porção a oeste do Meridiano 44º, e a integração competitiva da base produtiva regional na economia nacional e internacional.

Do Desenvolvimento do Nordeste* – *SUDENE: Autarquia de regime especial, com autonomia administrativa e financeira, instituída pela LC nº 125/2007 com a finalidade de promover o desenvolvimento includente e sustentável de sua área de atuação abrangida pelos Estados do Maranhão, Piauí, Ceará, Rio Grande do Norte, Paraíba, Pernambuco, Alagoas, Sergipe, Bahia e algumas regiões e municípios de Minas Gerais e do Espírito Santo, e a integração competitiva da base produtiva regional na economia nacional e internacional.

SUPERIOR TRIBUNAL DE JUSTIÇA – Tem sua sede em Brasília e compõe-se, no mínimo, de 33 ministros, nomeados pelo Presidente da República. Devem ter mais de 35 anos e menos de 70 anos, de notável saber jurídico e reputação ilibada, aprovada a sua escolha pelo Senado Federal, da seguinte forma: um terço dentre juízes dos Tribunais Regionais Federais e um terço dentre desembargadores dos Tribunais de Justiça, indicados em lista tríplice elaborada pelo próprio STJ; e um terço, em partes iguais, dentre advogados e membros do Ministério Público Federal, Estadual, do Distrito Federal, alternadamente, indicados nos termos do art. 94 da CF (q.v.). Junto ao STJ funciona o Conselho da Justiça Federal, ao qual cabe exercer supervisão administrativa e orçamentária da Justiça Federal de 1º e 2º graus. A EC nº 132/2023 determinou que é competência do STJ julgar os conflitos entre entes federativos, ou entre estes e o Comitê Gestor do Imposto sobre Bens e Serviços, relacionados aos tributos previstos nos arts. 156-A e 195, V.

✱ *V. CF: arts. 94, 104 e 105.*

✱ *V. EC nº 122/2022 (Altera a Constituição Federal para elevar para setenta anos a idade máxima para a escolha e nomeação de membros do Supremo Tribunal Federal, do Superior Tribunal de Justiça, dos Tribunais Regionais Federais, do Tribunal Superior do Trabalho, dos Tribunais Regionais do Trabalho, do Tribunal de Contas da União e dos Ministros civis do Superior Tribunal Militar).*

✱ *V. EC nº 132/2023 (Altera o Sistema Tributário Nacional).*

SUPÉRSTITE – Nome usado para designar o cônjuge sobrevivente.

✱ *V. CPC/1973: arts. 988, I, 990, I, 1.025, I, a, e 1.043.*

✱ *V. CPC/2015, arts. 616, I, 617, I, 653, I e 672.*

SUPERVENIÊNCIA – Circunstância de um fato ocorrer após outro tomado como referência. A lei garante que a incapacidade superveniente não invalida o testamento eficaz, nem o testamento do incapaz se valida com a superveniência da capacidade. No Dir. Penal, a superveniência de causa relativamente independente exclui a imputação quando, por si só, produziu o resultado; os fatos anteriores, porém, imputam-se a quem os praticou.

✱ *V. CC: art. 1.861.*

✱ *V. CP: art. 13, § 1º.*

SUPLICANTE – Expressão em desuso e incabível na terminologia jurídica moderna, que indicava, em Portugal, aquele que dirigia seu recurso à Casa da Suplicação. Melhor empregar os adjetivos *requerente* ou *postulante*.

SUPORTE FÁTICO – É o fato ou o complexo de fatos suficientes para que exista uma figura jurídica ou para a incidência da norma.

SUPREMO TRIBUNAL FEDERAL – A mais alta Corte de Justiça do País. Sede em Brasília. É composto por onze ministros, escolhidos entre os cidadãos com mais de 35 anos e menos de 70 anos, de notável saber jurídico e reputação ilibada. Membros nomeados pelo Presidente da República, após aprovação pela maioria absoluta do Senado Federal.

✱ *V. EC nº 122/2022 (Altera a Constituição Federal para elevar para setenta anos a idade máxima para a escolha e nomeação de membros do Supremo Tribunal Federal, do Superior Tribunal de Justiça, dos Tribunais Regionais Federais, do Tribunal Superior do Trabalho, dos Tribunais Regionais do Trabalho, do Tribunal de Contas da União e dos Ministros civis do Superior Tribunal Militar).*

SUPRIMENTO – Ato de suprir falha ou omissão, de completar ato, de corrigir uma irregularidade. Abastecimento, no sentido de suprimento de gêneros alimentícios.

Da outorga uxória: autorização do juiz ao marido para praticar ato jurídico que precisa de autorização da mulher, que se nega a dar-lhe sem justa causa. A falta, não suprida pelo juiz, da autorização ou da outorga, quando necessária, invalida o processo; essa falta deve ser alegada em contestação, sob pena de condenação nas custas a partir do saneamento do processo, e perder, ainda que vencedor na causa, o direito a haver do vencido honorários advocatícios, procedendo-se na forma dos arts. 327 e 329 do CPC/1973, correspondentes aos arts. 351 a 353 do CPC/2015. Não especificando o CPC/1973 qual o procedimento referente ao suprimento de autorização ou de outorga, mandam os juristas que se aplique o art. 1.103 do próprio CPC/1973, correspondente ao art. 719 do CPC/2015, que abre o capítulo sobre as disposições gerais dos procedimentos especiais de jurisdição voluntária.

✱ *V. CPC/1973, arts. 11 e 301, VIII.*

✱ *V. CPC/2015, arts. 74 e 337, IX.*

✱ *V. CC/2002, arts. 1.648, 1.700 e 1.701.*

SURSIS – *V. Suspensão condicional da pena.*

SUSCITADO (PROC. DO TRAB.) – Nome dado ao réu nos dissídios coletivos de trabalho.

SUSCITANTE (PROC. DO TRAB.) – Nome usado para designar o autor nos dissídios coletivos de trabalho.

SUSPEIÇÃO – Uma das espécies de exceção que podem ser opostas contra o juiz da causa, testemunhas e peritos.

✱ *V. CPC/1973: arts. 138, 312 a 314 e 405, § 3º.*

✱ *V. CPC/2015, arts.148, 146 e 447, § 3º.*

✱ *V. CPP: art. 470 (com redação dada pela Lei nº 11.689/2008).*

SUSPEITO – Aquele que é passível de suspeição; que inspira receio ou desconfiança; aquilo que é visto com reserva ou com suspeita.

SUSPENSÃO – Ato ou efeito de suspender. Interrupção temporária do exercício de cargo, atividade, função, direito. Uma das mais graves penalidades impostas ao funcionário público, de natureza pecuniária, que consiste em privá-lo de direitos e vantagem, e do cargo, por prazo não excedente a 90 dias. Diz-se *preventiva* quando se faz necessária para apuração de faltas que lhe são imputadas. A suspensão do empregado por mais de 30 dias consecutivos importa a rescisão imposta do contrato de trabalho. O empregado acusado de falta grave pode ser suspenso, mas só pode ser despedido após inquérito em que assume a procedência da acusação.

✱ *V. CPC/2015: arts. 77, § 7º, 313 a 315, 689, 702, § 4º, 981 e 982.*

Condicional da pena: Suspensão ou adiamento da sentença condenatória ou da execução da pena com a finalidade de reeducar o criminoso, impedindo que delinquentes condenados a penas de reduzida duração fiquem privados da liberdade, restrição que se agrava pelo convívio com outros de maior periculosidade.

✱ *V. CPP: arts. 581, XI, e 696 a 709.*

Condicional do processo: É um dos institutos adotados pela Lei nº 9.099/1995, que trouxe para o Brasil o modelo da Justiça Criminal Consensual. Nos crimes em que a pena mínima cominada for igual ou inferior a 1 (um) ano, abrangida ou não por essa Lei, o Ministério Público, ao oferecer a denúncia, poderá propor a suspensão do processo, por 2 (dois) a 4 (quatro) anos, desde que o acusado não esteja sendo processado ou não tenha sido condenado por outro crime, presentes os demais requisitos que autorizariam a suspensão condicional da pena (art. 77 do CP). A suspensão condicional do processo é uma exceção à rígida concepção do princípio da legalidade processual, já que adota o princípio da oportunidade regrada pela lei e condicionada a uma decisão judicial. Por razões de conveniência, o Estado pode renunciar à investigação, à instauração e ao julgamento de processos penais. A Lei nº 13.363/2016 acrescentou às hipóteses de suspensão do processo o parto ou a adoção por parte da advogada, bem como o advogado se tornar pai quando forem eles os únicos patronos no feito.

✱ *V. Lei nº 11.719/2008 (Altera dispositivos do Dec.-lei nº 3.689/1941 – Código de Processo Penal –, relativos à suspensão do processo,* emendatio libelli, mutatio libelli *e aos procedimentos).*

✱ *V. Lei nº 13.363/2016 (Altera a Lei nº 8.906, de 4 de julho de 1994, e a Lei nº 13.105, de 16 de março de 2015 – Código de Processo Civil, para estipular direitos e garantias para a advogada gestante, lactante, adotante ou que der à luz e para o advogado que se tornar pai).*

SUSTAÇÃO DE PROTESTO DE TÍTULO – Interrupção de protesto de título. Deferida a sustação, o autor da ação cautelar terá um prazo de 30 dias para ingressar em juízo com uma ação ordinária de desconstituição ou de anulação de título.

✱ *V. CPC/1973: arts. 796 a 798 e 812.*

✱ *V. CPC/2015, arts. 9º e 297.*

✱ *V. Lei nº 9.492/1997 (Define competência, regulamenta os serviços concernentes ao protesto de títulos e outros documentos de dívida).*

SUSTENTAÇÃO ORAL – Exposição oral dos advogados, em nível de recurso, das alegações do recorrente e do recorrido, na sessão de julgamento. Cabe na *apelação*, nos *embargos infringentes e no recurso extraordinário*.

✱ *V. CPC/1973: arts. 554 e 565.*

✱ *V. CPC/2015, art. 937.*

✱ *V. Lei nº 8.906/1994 (Estatuto da Advocacia e a OAB): art. 7º, IX.*

T

TABACO – Fumo. A propaganda comercial de tabaco está sujeita a restrições legais e é obrigatória a advertência sobre os males decorrentes de seu uso, inscrita em cartela separada e inserida no próprio maço de cigarros. Este dispositivo constitucional já se transformou em lei e toda propaganda de cigarro traz essa advertência.

✱ *V. CF: art. 220, § 4º.*

✱ *V. Lei nº 9.294/1996 (Dispõe sobre as restrições ao uso e à propaganda de produtos fumígeros, bebidas alcoólicas, medicamentos, terapias e defensivos agrícolas, nos termos do § 4º do art. 220 da Constituição Federal).*

TABELAMENTO – Fixação de preços que devem vigorar por determinação legal, alterando os anteriores. É norma temporária; aplica-se ao fato praticado no período de sua vigência, punindo-se o infrator, ainda que a tabela vigente ao tempo do delito tenha sido alterada. O tabelamento de preços é função privativa da União, por seus órgãos centralizados ou entes descentralizados.

✱ *V. Lei nº 1.521/1951 (Altera dispositivos da legislação vigente sobre crimes contra a economia popular).*

TABELIÃO – Pessoa que exerce cargo público, trabalhando em cartório com a função de lavrar atos, contratos e instrumentos.

TÁBUA – Tabela, demonstrativo, lista. Como a escrita antiga se fazia em tabuinhas cobertas de cera, o nome foi dado a algumas codificações, como a Lei das Doze Tábuas, fonte principal do Dir. Romano; e às tábuas entregues a Moisés, no deserto, contendo os Mandamentos da Lei de Deus aos judeus. São lembradas, ainda, as Tábuas de Amalfi, que era um código de navegação e de comércio, redigido no século X, na cidade italiana de Amalfi, do qual restam fragmentos.

TÁCITO – Diz-se daquilo que não é expresso, que está subtendido.

TALIÃO – Pena existente no Código de Hamurábi que consistia em impor ao criminoso um castigo proporcional ao delito cometido. A Bíblia também menciona a pena de talião no Cap. XXI do Êxodo, Versículos 23 a 25.

TAPAGEM – Direito de cercar ou murar um prédio urbano ou rural.

TAPUME – Objeto empregado pelo proprietário do prédio no exercício da tapagem, quer seja cerca, muro, ou qualquer outro meio.

✱ *V. CC: art. 1.297.*

✱ *V. CPC/1973: art. 275, II, g, sem correspondente no CPC/2015.*

TAREFA (DIR. DO TRAB.) – Forma de trabalho em que o contrato é estipulado por serviço executado.

✱ *V. CLT: arts. 78, 140, 478 e 487.*

TAREFEIRO – Diz-se daquele que trabalha por tarefa. Sua remuneração depende de sua produção.

✱ *V. CLT: arts. 78, 140, 478 e 487.*

TARIFA – Valor que o usuário paga por algum serviço público prestado por empresas concessionárias de serviços públicos.

TAX – Palavra inglesa que significa imposto, contribuição.

TAXA – 1. Preço corrente dos produtos em mercado. 2. Razão pela qual são fixados juros sobre um capital. 3. Tributo pago pelo contribuinte para que haja uma prestação do Estado por meio de serviços públicos.

✱ *V. CF: arts. 145, II e § 2º, e 150, § 2º.*

✱ *V. CTN: art. 77.*

✱ *V. Súm. Vinculante nº 19 (A taxa cobrada exclusivamente em razão dos serviços públicos de coleta, remoção e tratamento ou destinação de lixo ou resíduos provenientes de imóveis não viola o art. 145, II, da CF).*

TAXA DE JURO – Percentual da remuneração do capital. A Constituição Federal adverte, no art. 192, § 3º, que as taxas de juros reais, nelas incluídas comissões e quaisquer outras remunerações direta ou indiretamente referidas à concessão de crédito, não poderão ser superiores a 12% ao ano; a cobrança acima deste limite será conceituada como crime de usura, punido, em todas as suas modalidades, nos termos que a lei determinar. Tal norma, que ainda se discute ser ou não autoaplicável, é corroborada pelo art. 173, § 4º, da CF, que diz: "A lei reprimirá o abuso do poder econômico que vise à dominação dos mercados, à eliminação da concorrência e ao aumento arbitrário dos lucros".

✱ *V. Súm. Vinculante nº 7 (A norma do § 3º do art. 192 da Constituição, revogada pela EC nº 40/2003, que limitava a taxa de juros reais a 12% ao ano, tinha sua aplicação condicionada à edição de lei complementar).*

✱ *V. Súm. Vinculante nº 17 (Durante o período previsto no § 1º do art. 100 da Constituição, não incidem juros de mora sobre os precatórios que nele sejam pagos).*

TECIDO – 1. Que se teceu, feito em tear, estofo, pano, trama. 2. Arranjado, combinado, preparado, tramado, urdido. 3. Conjunto, disposição, encadeamento, ordem, série. 4. Reunião de células com a mesma estrutura, exercendo determinada função. 5. A Lei nº 9.434/1997, regulamentada pelo Dec. nº 9.175/2017, dispõe acerca da remoção de órgãos e tecidos para fins de transplante e tratamento, excluindo da definição o sangue, o esperma e o óvulo.

✱ *V. Lei nº 9.434/1997 (Dispõe sobre a remoção de órgãos, tecidos e partes do corpo humano para fins de transplante e tratamento).*

✱ *V. Dec. nº 9.175/2017 (Regulamenta a Lei nº 9.434, de 4 de fevereiro de 1997, para tratar da disposição de órgãos, tecidos, células e partes do corpo humano para fins de transplante e tratamento).*

TÉCNICA JURÍDICA – Conjunto de preceitos instrumentais, dando origem a um método de realização das normas jurídicas, atualmente previsto na LC nº 95/1998.

TÉCNICA LEGISLATIVA – Conjunto de regras que tem por objetivo orientar o legislador na elaboração das leis.

TELETRABALHO – Trabalho à distância. Neologismo empregado para definir a prestação de serviços em local distinto de qualquer estabelecimento do empregador, inclusive na própria residência do empregado, sob controle por meios telemáticos, principalmente pela *internet*. Com a Lei nº 12.551/2012, que inseriu o parágrafo único ao art. 6º da CLT, o controle do trabalho por meios telemáticos foi expressamente equiparado à subordinação direta, para fins de comprovação de vínculo de emprego e jornada de trabalho, acompanhando a evolução doutrinária e jurisprudencial. A Lei nº 13.467/2017 (Reforma Trabalhista) incluiu na CLT o Capítulo II-A (Do Teletrabalho) para disciplinar este modo de prestação de trabalho. O art. 75-B da CLT conceitua o teletrabalho como a prestação de serviços fora das dependências do empregador, de maneira preponderante ou não, com a utilização de tecnologias de informação e de comunicação, que, por sua natureza, não configure trabalho externo. Caso o empregado precise comparecer às dependências do empregador, ainda que de modo habitual, para realizar atividades pontuais que exijam a presença dele no local, o regime de teletrabalho não será descaracterizado. O contrato individual de trabalho informará expressamente a prestação de serviços nessa modalidade e elencará as atividades que o empregado desenvolverá. A alteração do regime presencial para o de teletrabalho será possível se houver mútuo acordo entre as partes; essa alteração será registrada em aditivo contratual. Por outro lado, a alteração do teletrabalho para o trabalho presencial poderá ocorrer por determinação do empregador, assegurado ao empregado o prazo de transição mínimo de 15 dias, e também deverá constar de aditivo contratual. A responsabilidade por adquirir, realizar a manutenção e o fornecimento dos equipamentos tecnológicos e da infraestrutura necessária e adequada à prestação do teletrabalho será fixada em contrato escrito, com a ressalva de que tais utilidades não integrarão a remuneração do empregado nos casos em que ficar acordado o fornecimento pelo empregador. Ademais, o empregado deverá assinar termo de responsabilidade em que se compromete a seguir as instruções fornecidas pelo empregador quanto à execução do trabalho e precauções para evitar acidente de trabalho e doenças. A Lei nº 14.442/2022 determinou que é a legislação brasileira a ser aplicada ao empregado admitido no Brasil que optar pelo desenvolvimento de teletrabalho do exterior, salvo disposição em contrário no contrato de trabalho e trabalhadores expressamente contratados para trabalhar fora do país.

✱ *V. CLT, arts. 6º, parágrafo único, 62, III e 75-A a 75-E.*

TEMERÁRIO – Ousado, imprudente, abusivo. Diz-se temerária a lide incabível, absurda, destinada apenas a causar incômodo ou prejuízo a terceiro, e que sujeita o seu autor a penalidades.

TEMERIDADE – Qualidade do que é temerário; diz-se de quem, com precipitação, sem meditação necessária nem cálculo antecipado, pratica ato nocivo ou despropositado, sem lhe prever as consequências.

TEMPESTIVO – Que se realiza no prazo estabelecido; legal, oportuno ou próprio.

TEMPO PARCIAL – *V.* Jornada de trabalho em tempo parcial.

TENTATIVA – A tentativa ocorre quando, iniciada a execução, não se consuma por circunstâncias alheias à vontade do agente.

✱ *V. CP: art. 14, II.*

Impossível: Aquela com que, por ineficácia absoluta do meio ou por absoluta impropriedade do objeto, é impossível consumar-se o crime.

✱ *V. CP: art. 17.*

TEORIA – Conjunto sistemático de princípios básicos que norteiam uma disciplina; a parte especulativa de uma ciência; especulação que procura esclarecer um problema nas diversas áreas do conhecimento humano, humanas e exatas.

Da imprevisão: Teoria que admite a alteração nos contratos firmados com a Administração Pública, em decorrência de casos de força maior. Corresponde à cláusula *rebus sic stantibus* do direito privado.

Pura do direito: Doutrina desenvolvida por Hans Kelsen (1881-1973), expoente do positivismo jurídico. Assim, para esta teoria, o Dir. deve ser tido, essencialmente, como norma, isenta de quaisquer apreciações de caráter ideológico. Daí, a denominação simplista da doutrina kelseniana: teoria *pura* do Direito, despojando-se o Direito das "impurezas" ou "contaminações" de apreciações subjetivas de natureza filosófica, política ou sociológica. Kelsen, já se percebe, não aceitava o direito natural (Hans Kelsen, *Teoria Pura do Direito* e *Teoria Geral das Normas*).

Tridimensional do direito: Teoria que assenta o fenômeno jurídico num tripé: o *fato*, o *valor* e a *norma*. Daí a própria denominação desta doutrina. No Brasil, seu expoente é Miguel Reale. Para o tridimensionalismo, o fenômeno jurídico se mostra uma síntese orgânica, integradora, dos três fatores supra referidos: o *fato*, como o acontecimento social a ser descrito pelo direito positivo, enquanto o *valor* é o elemento moral, ambos complementados pela *norma*, ou seja, o comportamento social imposto pelo Estado.

TERCEIRIZAÇÃO – 1. Para a Ciência da Administração, é o processo de transferência a terceiros de processos, atividades ou serviços anteriormente desenvolvidos pela própria organização, normalmente repassados a empresas especializadas na atividade subcontratada, também conhecido por *outsourcing*. 2. Para o Dir. do Trabalho, é forma de intermediação de mão de obra, que encontra amparo em limites legais rígidos, como os constantes da Lei nº 6.019/1974 (necessidade transitória de substituição de pessoal e acréscimo extraordinário de serviços), sendo que a jurisprudência ampliou, para serviços de limpeza ou conservação e aqueles ligados a atividades não essenciais da organização (atividades-meio). Excedidos estes limites, é configurada a relação de emprego diretamente com o tomador de serviços, exceto quando for ente da Administração Pública. Mesmo dentro das limitações legais e jurisprudenciais, a tendência dos Tribunais trabalhistas é imputar responsabilidade subsidiária aos tomadores de serviços. No caso de terceirização por entes da Administração Pública, após o julgamento pelo STF da ADC 16, vem firmando-se o entendimento de que a responsabilidade do tomador de serviços depende da caracterização de culpa na ausência de fiscalização quanto ao cumprimento das obrigações trabalhistas pela empresa contratada. 3. As Leis nº 13.429/2017 e nº 13.467/2017 (Reforma Trabalhista) alteraram substancialmente o texto da Lei nº 6.019/1974, induzindo à interpretação de que seria possível a terceirização de atividades-fim das empresas contratantes de serviços. Tal entendimento foi fortalecido com o julgamento do RE nº 958.252, pelo qual o STF fixou a tese de que é lícita a terceirização ou qualquer outra forma de divisão do trabalho entre pessoas jurídicas distintas, independentemente do objeto social das empresas envolvidas, mantida a responsabilidade subsidiária da empresa contratante. 4. Para o Dir. Administrativo, insere-se em um contexto mais amplo de medidas de transferência de atividades típicas do Estado para entidades privadas (empresas ou organizações não governamentais), tais como as parcerias público-privadas, as concessões e permissões de serviços públicos e os termos de parceria com organizações sociais. 5. Para fins de Dir. Previdenciário, o tomador de serviços, em qualquer hipótese, é solidariamente responsável pelas contribuições previdenciárias devidas pela empresa prestadora de serviços terceirizados, o mesmo sendo aplicado às contribuições para o FGTS. 6. A Lei nº 12.891/2013, ao inserir o art. 100-A à Lei nº 9.504/1997, passou a prever expressamente a possibilidade de terceirização de pessoal para atividades de militância em campanhas eleitorais, estipulando limites de contratação conforme o cargo disputado e o número total de eleitores.

✱ **V.** *CLT, art. 455.*

✱ **V.** *Lei nº 6.019/1974 (Dispõe sobre o trabalho temporário), arts. 4º-A a 5º-D.*

✱ **V.** *Lei nº 7.102/1984 (Estabelece normas para constituição e funcionamento de empresas particulares que exploram serviços de segurança e transporte de valores), art. 3º, I.*

✱ **V.** *Lei nº 8.036/1990 (Dispõe sobre o Fundo de Garantia por Tempo de Serviço), art. 15, § 1º.*

✱ **V.** *Lei nº 8.212/1991 (Lei Orgânica da Seguridade Social), art. 31.*

✱ **V.** *Lei nº 8.666/1993 (Institui normas para licitações e contratos administrativos), art. 71. Esta Lei foi revogada pela Lei nº 14.133/2021.*

✱ **V.** *Lei nº 9.504/1997 (Estabelece normas para as eleições), art. 100-A.*

✱ **V.** *Súm. nº 331 do TST.*

✱ **V.** *OJ da SBDI-I nº 383 do TST.*

TERCEIRO – Aquele que é estranho em uma relação jurídica ou em um contrato, que não é parte por si ou por representante. Qualquer pessoa que participa, além de autor e réu, de uma demanda, por nela ter interesse próprio ou interesses que venham a ser afetados pelo resultado do pleito. A sentença, de modo geral, só produz efeito entre as partes legítimas envolvidas na lide. Pode ocorrer, porém, que esse efeito venha a recair, indiretamente, sobre interesses de pessoas que não participam do processo. Por esta razão, e neste caso, a lei permite ou determina o ingresso de terceiros na lide, para ajudar as partes ou para excluí-las. Essa intervenção de terceiros pode assumir as seguintes formas: *assistência*, quando alguém, interessado na vitória de um dos litigantes, entra no processo como assistente dele. Neste caso, a assistência será simples, quando o direito do assistente não estiver diretamente envolvido na lide; será litisconsorcial, se a sentença envolver o direito do assistente, cujo interesse terá de ser jurídico e não apenas econômico; ele pode contestar no lugar do assistido revel, recorrer da sentença ainda que o assistido não o faça, purgar mora do locatário assistido; mas não pode postular contra o assistido; oposição, intervenção de terceiro visando excluir uma das partes ou a ambas, e para pleitear a coisa ou o direito para si, no todo ou parcialmente. Ele age para fazer valer direito próprio incompatível com o direito de uma das partes ou de ambas; *nomeação à autoria*, ocorre quando se propõe demanda e o réu alega que não possui a coisa em nome próprio, mas em nome alheio e o indica, para que contra este se volte a ação, passando a demanda a ser do nomeado. Igual solução se adota no caso de alguém que cause prejuízo e alega ter agido por ordem de terceiro; *denunciação da lide*, dá-se com a citação de terceiro considerado como garante de seu direito pelo réu ou pelo autor, no caso de perderem a demanda. Tem o caráter de ação paralela incidental entre denunciante e denunciado, este só podendo ser condenado em relação ao denunciante e não em relação à outra parte, perante a qual aparece como terceiro alheio ao pleito. Não cabe denunciação da lide em execução; é obrigatória em três casos que a lei define.

✱ **V.** *CPC/2015, arts. 76, 79 a 81, 119 a 132, 189, 364, 380, 401 a 404, 506, 572, 689, 790, III, 808, 817, 856, 967, II, e 996.*

TERMINOLOGIA – Nomenclatura; conjunto dos termos técnicos ou próprios de uma profissão, arte ou ciência.

TERMO – Indicação do prazo que se inicia e se extingue em negócio jurídico, isto é, *dies a quo* e *dies ad quem*. Pode significar também a redução à forma escrita de um ato jurídico.

TERMO DE EXECUÇÃO DESCENTRALIZADA – instrumento por meio do qual é ajustada a descentralização de crédito entre órgãos e/ou entidades integrantes dos Orçamentos Fiscal e da Seguridade Social da União, para execução de ações de interesse da unidade orçamentária descentralizadora e consecução do objeto previsto no programa de trabalho, respeitada fielmente a classificação funcional programática.

✱ **V.** *Dec. nº 8.180/2013.*

TERMO INICIAL – 1. No Dir. Civil, é o momento de início da eficácia dos negócios jurídicos e da aquisição de direitos. Se, porventura, o termo inicial for suspensivo, ele suspenderá o exercício dos direitos, de modo que, antes do vencimento do referido termo, a obrigação não é exigível. No Dir. Processual, é a data de início do determinado prazo para a realização de diligência ou ato no processo.

✱ **V.** *CC, art. 131 e 132.*

✱ **V.** *CPC, art. 224.*

TERRAS – 1. A parte sólida do planeta, não ocupada pelo mar. 2. Solo, chão. 3. Campo, terreno, planície. 4. Domínio, propriedade, fazenda.

Devolutas: Terras não aproveitadas pertencentes ao patrimônio público. Não são destinadas ao uso público nem concedidas a particulares.

✱ **V.** *CF: arts. 20, II, 188 e 225, § 5º.*

✱ **V.** *Lei nº 6.383/1976 (Dispõe sobre o Processo Discriminatório de Terras Devolutas da União).*

Públicas: Compete exclusivamente ao Congresso Nacional aprovar, previamente, a alienação ou concessão de terras públicas com área superior a 2,5 mil hectares.

Excetuam-se alienações ou concessões para fins de reforma agrária.

✱ *V. CF: arts. 49, XVII, e 188, §§ 1º e 2º.*

✱ *V. ADCT: art. 51, §§ 1º a 3º.*

TERRAS INDÍGENAS – 1. Nos termos da CF, são as "terras tradicionalmente ocupadas pelos índios as por eles habitadas em caráter permanente, as utilizadas para suas atividades produtivas, as imprescindíveis à preservação dos recursos ambientais necessários a seu bemestar e as necessárias a sua reprodução física e cultural, segundo seus usos, costumes e tradições". 2. Segundo a Lei nº 6.001/1973, são "as terras ocupadas ou habitadas pelos silvícolas, previstas na CF, as áreas reservadas e as terras de domínio das comunidades indígenas ou de silvícolas". 3. Constituem bens da União as terras indígenas, competindolhe legislar sobre as populações indígenas. É da competência exclusiva do Congresso Nacional autorizar, em terras indígenas, a exploração e o aproveitamento de recursos hídricos e pesquisa e lavra de riquezas minerais, que pertencem à União. 4. São reconhecidos aos índios, entre outros, os direitos originários sobre as terras que tradicionalmente ocupam, competindo à União demarcalas, proteger e fazer respeitar os seus bens e direitos, os quais cabem aos juízes processar e julgar. As terras ocupadas pelos índios destinamse a sua posse permanente, cabendolhes o usufruto exclusivo das riquezas do solo, dos rios e dos lagos nelas existentes. A pesquisa e a lavra dos recursos só poderão ser efetuadas mediante concessão ou autorização da União. O Estado proíbe atividade garimpeira em terras indígenas; essas terras são inalienáveis e indisponíveis, e os direitos sobre elas imprescritíveis. 5. A CF determinou que a União deveria terminar a demarcação das terras indígenas em 5 anos, a contar da promulgação da Carta Magna. Entretanto, até os dias atuais, ainda não foi concluído tal processo, mesmo após o Governo federal editar o Dec. nº 1.775/1996, tendo as comunidades indígenas ajuizado diversas ações perante a Justiça Federal, para compelir a União a proceder a regularização de seus territórios. A tendência jurisprudencial é de atribuir eficácia declaratória a esses provimentos, reconhecendo o direito das populações indígenas à demarcação dos territórios por elas ocupados em 5 de outubro de 1988. 6. Em virtude do estado de calamidade pública provocado pela pandemia de coronavírus, foram promovidas diversas ações judiciais para compelir o Poder Público a adotar medidas urgentes para proteção das populações em áreas de ocupação indígena, diante da notória vulnerabilidade física e social dessas comunidades. A Lei nº 14.160/2021 estabeleceu barreiras sanitárias protetivas dessas áreas para controlar o trânsito de pessoas e mercadorias. 7. A Lei nº 14.944, de 31-7-2024, implementou a Política Nacional de Manejo Integrado do Fogo nas terras indígenas e comunidades quilombolas, assim como nos assentamentos rurais federais administrados pela Secretaria do Patrimônio da União do Ministério da Gestão e da Inovação em Serviços Públicos.

✱ *V. CF, arts. 20, XI, 49, XVI, e 231, §§ 1º a 7º.*

✱ *V. ADCT, art. 67.*

✱ *V. Lei nº 6.001/1973 (Dispõe sobre o Estatuto do Índio), art. 17.*

✱ *V. Lei nº 14.021/2020 (Dispõe sobre medidas de proteção social para prevenção do contágio e da disseminação da Covid-19 nos territórios indígenas; cria o Plano Emergencial para Enfrentamento à Covid-19 nos territórios indígenas; estipula medidas de apoio às comunidades quilombolas, aos pescadores artesanais e aos demais povos e comunidades tradicionais para o enfrentamento à Covid-19; e altera a Lei nº 8.080, de 19 de setembro de 1990, a fim de assegurar aporte de recursos adicionais nas situações emergenciais e de calamidade pública).*

✱ *V. Lei nº 14.160/2021 (Dispõe sobre o estabelecimento de barreiras sanitárias protetivas de áreas indígenas).*

✱ *V. Dec. nº 1.775/1996 (Dispõe sobre o procedimento administrativo de demarcação das terras indígenas).*

✱ *V. Lei nº 14.944/2024 (Institui a Política Nacional de Manejo Integrado do Fogo e altera as Leis nºs 7.735, de 22 de fevereiro de 1989, 12.651, de 25 de maio de 2012 (Código Florestal), e 9.605, de 12 de fevereiro de 1998 (Lei dos Crimes Ambientais).*

TERRENOS DE MARINHA – Faixas de terra, pertencentes ao patrimônio da União, banhadas por águas marítimas, lacustres ou fluviais, medindo 33 metros de largura, contados da linha do preamar médio terra adentro.

✱ *V. CF: art. 20, VII.*

✱ *V. Dec.-lei nº 9.760/1946 (Dispõe sobre os bens imóveis da União).*

TERRITORIALIDADE – Diz-se daquilo que faz parte de um território de um Estado ou que está sob sua jurisdição.

TERRITÓRIO – Refere-se a superfície terrestre de um Estado, seja ele soberano ou não. É definido como o espaço físico sobre o qual o Estado exerce seu poder soberano, ou em outras palavras é o âmbito de validade da ordem jurídica estatal. De acordo com as teorias gerais de Estado, diplomacia, relações internacionais e nacionalidade, o território é uma das condições para a existência e o reconhecimento de um país (sendo os outros dois a nação e o Estado). Por isso, existem determinados casos de entidades soberanas que não são consideradas países, como Estados sem território (Autoridade Nacional Palestina e a Ordem Soberana dos Cavaleiros de Malta) ou nações sem território (os ciganos). *Compreende o território* – as terras emersas, o espaço aéreo, os rios, os lagos e as águas territoriais. A delimitação territorial dos Estados modernos foi uma decorrência dos conflitos territoriais ocorridos ao longo da Idade Média. Em geopolítica, também se usa o termo "território" para identificar Estados não independentes e subordinados, até certo grau, a um poder externo. Existem diferentes categorias de território, de acordo com as relações de dependência.

✱ *V. Lei nº 11.697/2008 (Dispõe sobre a organização judiciária do Distrito Federal e dos Territórios e revoga as Leis nºs 6.750/1979, 8.185/1991, 8.407/1992 e 10.801/2003, exceto na parte em que instituíram e regularam o funcionamento dos serviços notariais e de registro no Distrito Federal).*

Do Estado: Um dos elementos materiais do Estado, definido como o âmbito geográfico de atuação do Estado. A aplicação da lei de um Estado no território de outro chama-se extraterritorialidade.

✱ *V. CF: arts. 33 e §§ 1º a 3º, 45, § 2º, 84, XIV, e 110, parágrafo único.*

✱ *V. ADCT: arts. 14 e 15.*

TERRORISMO – 1. Prática de crimes de natureza política, por razões de xenofobia, discriminação ou preconceito de raça, cor, etnia e religião, quando cometidos com a finalidade de provocar terror social ou generalizado, expondo a perigo pessoa, patrimônio, a paz pública ou a incolumidade pública. 2. Até a edição da Lei nº 13.260/2016, constituía crime contra a segurança nacional, com pena de reclusão de 3 (três) a 10 (dez) anos, aumentando até o dobro ou triplo, se do fato resultar lesão corporal grave ou morte, respectivamente. 3. Com a nova lei, há uma maior especificação de condutas enquadradas no conceito, distinguindo atos de terrorismo e atos de auxílio a organizações terroristas, com penas que podem variar de 5 (cinco) a 30 (trinta) anos. A partir de então, surge a tese no sentido de ter se tornado crime contra a paz ou incolumidade pública, o que deslocaria a competência para julgamento da Justiça Militar para a Justiça Comum. Atos terroristas são inafiançáveis e insuscetíveis de graça ou anistia. 4. A Lei nº 13.170/2015 disciplina o procedimento de indisponibilidade de bens, direitos ou valores em decorrência de resoluções do Conselho de Segurança das Nações Unidas, sobretudo no que diz respeito à persecução de valores movimentados por organizações terroristas.

✱ **V.** *CF: arts. 4º, VIII, e 5º, XLIII.*

✱ **V.** *CPP: art. 323, II.*

✱ **V.** *Lei nº 7.170/1983 (Define crimes contra a segurança nacional, a ordem política e social): arts. 20 e 30. Esta Lei foi revogada pela Lei nº 14.197/2021.*

✱ **V.** *Lei nº 8.072/1990 (Dispõe sobre crimes hediondos): art. 2º.*

✱ **V.** *Lei nº 10.309/2001 (Dispõe sobre a assunção pela União de responsabilidades civis perante terceiros no caso de atentados terroristas ou atos de guerra contra aeronaves de empresas aéreas brasileiras).*

✱ **V.** *Lei nº 12.850/2013 (Define organização criminosa e dispõe sobre a investigação e o procedimento criminal): art. 1º, § 2º, II.*

✱ **V.** *Lei nº 13.170/2015 (Disciplina a ação de indisponibilidade de bens, direitos ou valores em decorrência de resolução do Conselho de Segurança das Nações Unidas).*

✱ **V.** *Lei nº 13.260/2016 (Disciplina o terrorismo, e regulamenta o art. 5º, inc. XLIII, da CF).*

TESOURO – Quem encontra tesouro em prédio alheio e se apropria, no todo ou em parte, da cota a que o proprietário do prédio tem direito comete crime apenado com detenção de 1 mês a 1 ano ou multa. Se o criminoso é primário e de pouco valor o achado, a pena pode ser reduzida de 1/3 ou 2/3, ou o juiz aplica apenas a pena de multa.

✱ **V.** *CP: art. 169, I, c.c. art. 155, § 2º.*

TESTAMENTEIRO – Pessoa a quem o testador ou o juiz designa para fazer cumprir suas disposições de última vontade, mediante testamento ou codicilo. Aquele que executa um testamento. O mesmo que testamentário. Pode ser: *dativo*, quando nomeado pelo juiz à falta de outro indicado pelo próprio testador; *legítimo*, o representado pelo cabeça-de-casal; *particular*, o que apenas cumpre as disposições deixadas pelo testador, de cujos bens não é depositário nem administrador; *universal*, aquele que tem a posse e a administração da herança, até que se cumpra o que dispõe o testamento.

✱ **V.** *CPC/1973: arts. 1.135 a 1.141.*

✱ **V.** *CPC/2015, art. 735.*

TESTAMENTO – É o ato unilateral, gratuito, solene e revogável, pelo qual alguém dispõe de seu patrimônio, depois de morte, ou faz outras declarações de última vontade.

✱ **V.** *CC: arts. 1.857 a 1.900.*

✱ **V.** *CPC/1973: arts. 1.125 a 1.141.*

✱ **V.** *CPC/2015, arts. 49, 214, I, e 735 a 737.*

TESTEMUNHA – Pessoa que preenche os requisitos legais para ser convocada a depor, judicial ou extrajudicialmente, sobre ato ou fato de que tem conhecimento. Terão prioridade na tramitação o inquérito e o processo criminal em que figure indiciado, acusado, vítima ou réu colaboradores, vítima ou testemunha protegidas. Qualquer que seja o rito processual criminal, o juiz, após a citação, tomará antecipadamente o depoimento das pessoas incluídas nos programas de proteção, devendo justificar a eventual impossibilidade de fazê-lo no caso concreto ou o possível prejuízo que a oitiva antecipada traria para a instrução criminal.

✱ **V.** *CPC/1973: arts. 151, II, 276, 278, § 2º, 279, 309, 336, parágrafo único, 400 a 419, 846 a 848 e 851.*

✱ **V.** *CPC/2015, arts. 357, 382, 442 a 463, 536, § 2º, 677, 737 e 784, III.*

✱ **V.** *CPP: arts. 202 a 225, 410, 453, 455, 467, 469, 533 e 537.*

✱ **V.** *CLT: arts. 730, 819 a 829, 848, 885 e 886.*

✱ **V.** *Lei nº 11.900/2009 (Lei da Videoconferência).*

TIMBRE – Selo, impresso, sinete, rubrica, sinal gravado em sinete para firmar ou autenticar papéis oficiais ou particulares.

TIPICIDADE – Conformidade a um tipo penal; correspondência entre o fato real e o tipo (descrição legal-penal de uma infração).

TÍTULO – Qualquer ato escrito ou instrumento que autentique e prove a aquisição de um direito.

Da Dívida Agrária (TDA): Emitido pela União para o pagamento de terras desapropriadas para a reforma agrária.

✱ **V.** *CF: art. 184.*

✱ **V.** *Lei nº 8.629/1993 (Dispõe sobre a regulamentação dos dispositivos constitucionais relativos à reforma agrária, previstos no Capítulo III, Título VII, da Constituição Federal): art. 5º.*

De crédito: Papel que formaliza um direito, possibilitando sua tradução em dinheiro.

✱ **V.** *CC: arts. 884 a 926.*

✱ **V.** *CPC/2015, arts. 53 e 871, III.*

✱ **V.** *Lei nº 6.840/1980 (Dispõe sobre títulos de crédito comercial).*

Nominativo: Aquele que possui expresso em seu texto o nome da pessoa a favor de quem foi emitido.

✱ **V.** *CC: arts. 921 a 926.*

TOGADO – Que usa toga; que faz parte da Magistratura. A CF estabelece que os juízes togados de investidura limitada no tempo, admitidos por concurso público de provas e títulos e em exercício na data em que a Carta Magna foi promulgada, adquiriram estabilidade, observado o estágio probatório, e passam a compor quadro em extinção, mantidas as competências, prerrogativas e restrições de legislação a que estavam sujeitos, salvo as inerentes à transitoriedade da investidura. A sua aposentadoria será regulada pelas normas fixadas para os outros juízes estaduais.

TOMBAMENTO – Declaração feita pelo Poder Público quanto ao valor histórico, artístico, paisagístico, turístico, cultural ou científico de coisas ou locais que, por isso, precisam ser preservados de acordo com inscrição em livro próprio. Forma de proteção ao patrimônio público, garantida pela CF. Qualquer entidade estatal pode dispor sobre o tombamento de bens em seu território. É obrigatória a homologação do tombamento pelo Ministro da Cultura.

✱ **V.** *CF: art. 216, § 1º.*

✱ **V.** *Lei nº 5.471/1968 (Dispõe sobre a exportação de livros antigos e conjuntos bibliográficos brasileiros).*

TOTALITARISMO – Regime político baseado na força do Estado sobre o indivíduo, em que um grupo organizado, simbolizado em um chefe ou ditador, impõe sua vontade ao povo, restringindo liberdades e garantias, extinguindo partidos políticos e sindicatos, dirigindo a economia privada, proibindo a livre manifestação do pensamento. A palavra totalitarismo foi criada por Mussolini, que impôs o regime fascista na Itália, logo seguido pelo nazismo de Hitler, na Alemanha.

TÓXICO – Toda substância que produz alterações físicas e psíquicas, causando dependência.

TRABALHADOR – 1. Dado ao trabalho. 2. Ativo, laborioso. 3. Aquele que trabalha. 4. Empregado, obreiro, operário.

Autônomo: aquele que realiza, por sua conta e risco, trabalho profissional remunerado, em proveito próprio. Para o trabalhador autônomo, segurado da Previdência Social, o salário de contribuição é definido por uma tabela com 10 classes diferentes de salários, do mínimo ao máximo do salário de contribuição. A alíquota é de 10% para as três primeiras classes e de 20% para as demais. A Lei nº 13.467/2017 (Reforma Trabalhista) estabeleceu que a contratação do autônomo afasta a qualidade deste de empregado (segundo as características no art. 3º da CLT), se as formalidades legais forem cumpridas pelo trabalhador de forma contínua ou não, bem como com exclusividade ou não. Ademais, tratou do recolhimento da contribuição sindical referente aos trabalhadores autônomos que ocorrerá no mês de fevereiro, caso o trabalhador autorize prévia e expressamente, nos termos do art. 583 da CLT.

✱ ***V.*** *CLT, arts. 442-B e 583.*

Avulso: Aquele que presta serviços sem relação de emprego. Está vinculado à entidade de classe.

Eventual: Aquele que realiza um trabalho em decorrência das contingências do momento, não caracterizando relação de emprego.

Temporário: Trabalhador recrutado por empresas especializadas na locação de mão de obra temporária, para atender à necessidade de substituição transitória de pessoal permanente ou à demanda complementar de serviços. O vínculo trabalhista firma-se entre o trabalhador e a empresa recrutadora, e não entre ele e a empresa tomadora dos serviços. Proíbe-se à empresa de trabalho temporário cobrar do trabalhador qualquer importância, ainda que a título de mediação, podendo apenas efetuar os descontos previstos em lei. Até 2017, a duração do contrato de trabalho temporário não poderia exceder três meses, sob pena de declaração do vínculo diretamente com a tomadora de mão de obra. Com a entrada em vigor da Lei nº 13.429/2017, o prazo foi estendido para até 180 (cento e oitenta) dias, prorrogável por mais 90 (noventa), quando comprovada a manutenção das condições que o ensejaram. Após o término deste prazo, o trabalhador somente poderá ser colocado à disposição da mesma tomadora de serviços após 90 (noventa) dias. O Dec. nº 10.060/2019 (revogado pelo Dec. nº 10.854/2021), revogando o regulamento anterior (Dec. nº 73.841/1974), estabeleceu os requisitos para a inscrição de empresas locadoras de mão de obra temporária perante o Ministério da Economia (sucessor do extinto Ministério do Trabalho), destacando-se a exigência de capital social mínimo, conforme o número de empregados temporários a ela vinculados. Perante a Previdência Social, é segurado obrigatório, sem qualquer distinção em relação aos empregados regidos pela CLT.

✱ ***V.*** *Lei nº 6.019/1974 (Dispõe sobre o trabalho temporário em empresas urbanas), arts. 2º a 13.*

✱ ***V.*** *Lei nº 8.213/1991 (Dispõe sobre os Planos de Benefícios da Previdência Social), art. 11, I,* b.

✱ ***V.*** *Dec. nº 10.060/2019 (Regulamenta a Lei nº 6.019, de 3 de janeiro de 1974, que dispõe sobre o trabalho temporário). (Revogado pelo Dec. nº 10.854/2021)*

TRABALHO – 1. Proveniente do latim *tripalium*, composto de *tri* (três) e *palum* (madeira). 2. Atividade progressiva e contínua de uma força natural, bem como o efeito dessa ação. 3. Utilização das faculdades e forças humanas para atingir um objetivo. 4. Esforço intelectual ou físico destinado a adquirir, realizar ou transformar algo. 5. Profissão, ofício, emprego. 6. O Dir. do Trabalho dá ao termo uma definição ampla e outra restrita. Para a definição ampla, consiste em toda e qualquer atividade desenvolvida com a finalidade de obter um pagamento, o que envolve empregados, avulsos, rurais, temporários, intermitentes, sem distinção. Por sua vez, a definição restrita considera apenas as atividades previstas nos moldes dos arts. 2º e 3º da CLT. O trabalho pode ser diurno, no período das 5 às 22 horas, nas cidades, e das 5 às 21 horas, na atividade agrícola; e entre 4 e 20 horas, na pecuária; e noturno o realizado entre 22 horas e 5 horas. Cada hora noturna tem a duração de 52 minutos e 20 segundos e é paga com adicional de 20%.

Do menor: Aquele que é exercido por menores de 18 anos e maiores de 14. É permitido o trabalho do menor na condição de aprendiz.

✱ ***V.*** *CF: arts. 7º, XXXIII, e 227, § 3º, III (EC nº 65/2010).*

✱ ***V.*** *CLT: arts. 404 a 410.*

TRADIÇÃO – Entrega da coisa pela qual a pessoa adquire o domínio do bem.

✱ ***V.*** *CC: arts. 1.267 e 1.268.*

TRADUTOR – ***V.*** *Intérprete.*

TRÁFICO – 1. Comércio, mercancia. 2. Ato de comerciar. 3. Negócio. 4. Negócio fraudulento, indecoroso.

✱ ***V.*** *Súm. nº 492 do STJ.*

De influência: Tipificação de crime a quem solicitar, exigir, cobrar ou obter, para si ou para outrem, vantagem ou promessa de vantagem, a pretexto de influir em ato praticado por funcionário público no exercício da função.

✱ ***V.*** *CP: art. 332.*

De pessoas: Crime consistente em agenciar, aliciar, recrutar, transportar, transferir, comprar, alojar ou acolher pessoa, mediante grave ameaça, violência, coação, fraude ou abuso, com a finalidade de remover-lhe órgãos, tecidos ou partes do corpo; submetê-la a trabalho em condições análogas à de escravo; submetê-la a qualquer tipo de servidão; adoção ilegal; ou exploração sexual. A pena aplicada é de reclusão de 4 a 8 anos, e multa.

✱ ***V.*** *CP: art. 149-A.*

✱ ***V.*** *Lei nº 13.344/2016 (Dispõe sobre prevenção e repressão ao tráfico interno e internacional de pessoas e sobre medidas de atenção às vítimas).*

Internacional de Pessoa para Fim de Exploração Sexual: Em razão da alteração ocorrida pela Lei nº 12.015/2009, foram retiradas as expressões "tráfico de mulheres" e "tráfico internacional de pessoas" e substituídas por "tráfico internacional de pessoa para fim de exploração sexual", passando a tipificar tal crime como o ato de promover ou facilitar a entrada, no território nacional, de alguém que nele venha a exercer a prostituição ou outra forma de exploração sexual, ou a saída de alguém que vá exercê-la no estrangeiro, sob pena de reclusão de 3 a 8 anos. O § 1º do art. 231 do CP dispõe que incorrerá na mesma pena aquele que agenciar, aliciar ou comprar a pessoa traficada, assim como, tendo conhecimento dessa condição, transportá-la, transferi-la ou alojá-la. O § 2º, por sua vez, trata das causas de aumento de pena: I – a vítima é menor de 18 anos; II – a vítima, por enfermidade ou deficiência mental, não tendo ela o necessário discernimento para a prática do ato; III – se o agente é ascendente, padrasto, madrasta, irmão, enteado, cônjuge, companheiro, tutor ou curador, preceptor ou empregador da vítima, ou se assumiu, por lei ou outra forma, obrigação de cuidado, proteção ou vigilância; IV – há emprego de violência, grave ameaça ou fraude. Aplicar-se-á também multa, se o crime é cometido com o fim de obter vantagem econômica, conforme menciona o § 3º.

Interno de Pessoa para Fim de Exploração Sexual: Nos termos do art. 231-A do CP, trata-se de ato de promover ou facilitar o deslocamento de alguém dentro do território nacional para o exercício da prostituição ou outra forma de exploração sexual, reclusão, de 2 a 6 anos. Incorre na mesma pena aquele que agenciar, aliciar, vender ou comprar a pessoa traficada, assim como, tendo conhecimento dessa condição, transportá-la, transferi-la ou alojá-la. A pena é aumentada da metade se: I – a vítima é menor de 18 anos; II – a vítima, por enfermidade ou deficiência mental, não tem o necessário discernimento para a prática do ato; III – se o agente é ascendente, padrasto, madrasta, irmão, enteado, cônjuge, companheiro, tutor ou curador, preceptor ou empregador da vítima, ou se assumiu, por lei ou outra forma, obrigação de cuidado, proteção ou vigilância; ou IV – há emprego de violência, grave ameaça ou fraude. Aplicar-se-á multa no caso de ser cometido crime com o fim de obter vantagem econômica.

TRAMITAÇÃO – Andamento de processo, seguindo formalidades legais e de praxe; trâmite; rito processual.

TRANSAÇÃO – Ato jurídico pelo qual as partes previnem ou extinguem obrigações litigiosas, mediante concessões mútuas.

✱ **V.** *CC: arts. 840 a 850.*

✱ **V.** *CPC/1973: arts. 26, § 2º, 53, 269, III, 447 a 449, 485, VIII, 584, III, 741 e 794.*

✱ **V.** *CPC/2015, arts. 90, 105, 122, 359, 487, 535, 619, 910, § 2º, 924 e 966.*

Penal: Aquela realizada entre acusação e réu que objetiva a extensão da condenação a ser imposta por sentença.

✱ **V.** *Lei nº 9.099/1995 (Lei dos Juizados Especiais): art. 76.*

TRANSCRIÇÃO – Ato pelo qual se faz o Registro Público de propriedade imóvel.

✱ **V.** *CC: arts. 1.245 e 1.246.*

TRANSEXUAL (MED. LEGAL) – Consiste no ódio ao próprio sexo. Os homens portadores deste mal exigem a amputação do pênis e a abertura, a bisturi, de uma vagina artificial. Nas mulheres, a exigência é maior: elas querem que o cirurgião lhes implante o órgão sexual masculino. Tarefa difícil, embora não impossível. Cabe ao psiquiatra, ao endocrinologista, ao cirurgião e ao médico-legista autorizar a transformação sexual.

TRANSFERÊNCIA – Ato pelo qual uma pessoa concede a outra coisas ou direitos que lhe pertencem.

De presos: É a remoção do reeducando de um estabelecimento penal para outro por motivo de segurança, conveniência ou mudança de regime. São legitimados para requerer o processo de transferência, cujo início se dá com a admissibilidade pelo juiz da origem da necessidade da transferência do preso para estabelecimento penal federal de segurança máxima, a autoridade administrativa, o Ministério Público e o próprio preso.

✱ **V.** *Lei nº 7.210/1984 (Lei de Execução Penal).*

✱ **V.** *Lei nº 11.671/2008 (Dispõe sobre a transferência e inclusão de presos em estabelecimentos penais federais de segurança máxima).*

TRANSPLANTE – 1. Procedimento cirúrgico de transferência de um tecido, órgão ou parte dele para outra parte do corpo do mesmo indivíduo ou de outro. 2. Tecido ou órgão que se transplanta. 3. A Lei nº 9.434/1997, regulamentada pelo Dec. nº 9.175/2017, garante, no Brasil, a retirada e transplante de tecidos, órgãos e partes de cadáver para fins terapêuticos e científicos, com expressa manifestação da vontade do disponente, a autorização escrita do cônjuge ou parentes, de corporações civis ou religiosas responsáveis pelos despojos. À falta de responsáveis, só com autorização do diretor da instituição em que ocorrer o óbito, sendo ela também necessária nas hipóteses anteriores. A manifestação de vontade de analfabetos e incapazes será feita por meio de instrumento público. Feita a retirada, o cadáver será condignamente recomposto e entregue aos responsáveis pelo sepultamento. 4. A violação às normas sobre transplantes da Lei nº 9.434/1997 enseja pena de reclusão, de um a seis anos, e multa, de 150 a 300 dias-multa, exceto nos casos de ausência de consentimento expresso do receptor que ensejam pena de detenção de seis meses a dois anos.

✱ **V.** *Lei nº 9.434/1997 (Dispõe sobre a remoção de órgãos, tecidos e partes do corpo humano para fins de transplante e tratamento).*

✱ **V.** *Dec. nº 9.175/2017 (Regulamenta a Lei nº 9.434, de 4 de fevereiro de 1997, para tratar da disposição de órgãos, tecidos, células e partes do corpo humano para fins de transplante e tratamento).*

TRANSPORTE – 1. Ato de transportar, conduzir. 2. Contrato pelo qual uma empresa se incumbe de transportar, mediante remuneração de seus serviços, coisas ou pessoas de um lugar para outro, vigorando desde o recebimento da carga ou passageiro até a sua descarga ou desembarque no lugar de destino. 3. A partir de 2015, com a edição da EC nº 90, o transporte passa a figurar como direito social, exigindo que os entes federados promovam políticas públicas de mobilidades urbana e rural. Também é garantida a gratuidade do transporte coletivo a maiores de 65 (sessenta e cinco) anos.

✱ **V.** *CF, arts. 6º, 227, § 2º, e 230, § 2º.*

✱ **V.** *CP: art. 261.*

✱ **V.** *CC: art. 494.*

✱ **V.** *Súm. nº 21 do TFR.*

✱ **V.** *Súm. nº 492 do STF.*

TRANSTORNOS GLOBAIS DO DESENVOLVIMENTO (TGD) – São distúrbios nas interações sociais recíprocas que costumam manifestar-se nos primeiros cinco anos de vida. Caracterizam-se pelos padrões de comunicação estereotipados e repetitivos, assim como pelo estreitamento nos interesses e nas atividades. Os TGD também causam variações na atenção, na concentração e, eventualmente, na coordenação motora. Mudanças de humor sem causa aparente e acessos de agressividade são comuns em alguns casos. As crianças apresentam seus interesses de maneira diferenciada e podem fixar sua atenção em uma só atividade, como observar determinados objetos, por exemplo.

✱ **V.** *Dec. nº 8.180/2013*

TRASLADO – Nome dado à cópia do que está escrito no livro de notas.

✱ **V.** *CC: arts. 216 a 218.*

✱ **V.** *CPC/2015, arts. 425, II, 1.016 e 1.017.*

TRATADO – Acordo de Direito Internacional, celebrado entre Estados em forma escrita, que conste de instru-

T

mento único ou de dois ou mais instrumentos conexos, sem importar sua denominação específica. O instrumento desse acordo.

* *V. CF: art. 5º, § 2º.*

* *V. Convenção sobre Direito dos Tratados, Viena/1929: art. 2º.*

TRATAMENTO DE INFORMAÇÃO CLASSIFICADA – O Dec. nº 7.845/2012 que regulamenta procedimentos para credenciamento de segurança e tratamento de informação classificada em qualquer grau de sigilo, e dispõe sobre o Núcleo de Segurança e Credenciamento conceituou gestor de segurança e credenciamento. De acordo com o art. 2º, XVIII, considera-se tratamento de informação classificada: "(...) conjunto de ações referentes a produção, recepção, classificação, utilização, acesso, reprodução, transporte, transmissão, distribuição, arquivamento, armazenamento, eliminação, avaliação, destinação ou controle de informação classificada em qualquer grau de sigilo."

TRÉPLICA – Diz-se da resposta a uma réplica. No júri é o direito da defesa de responder às questões da acusação.

* *V. CPP: arts. 473 e 474.*

* *V. Lei nº 5.941/1973 (Altera os artigos 408, 474, 594 e 596, do Dec.-lei nº 3.689/1941 – Código de Processo Penal).*

TRIBUNAL – Conjunto de magistrados que compõe um órgão judiciário. Corpo de juízes, de superior instância, que se reúne para julgar, cumulativamente, causas originárias e recursos de decisões de instância inferior. Quando completo, com participação de todas as câmaras, diz-se tribunal pleno. Diz-se também do edifício onde esses juízes desempenham as suas funções. A CF garante que não haverá no Brasil juízo ou tribunal de exceção. Também cuida do Poder Judiciário, da composição e atribuições dos tribunais, organização, manutenção, competência etc.

* *V. CF: arts. 5º, XXXVII, 30, § 4º, 92 a 126 e 235, IV.*

De Alçada: Era o Tribunal estadual inferior que recebia parte das competências antes atribuídas ao respectivo Tribunal de Justiça (LOM – Lei Orgânica da Magistratura – LC nº 35/1979, art. 108). Foi extinto pelo art. 4º da EC nº 45/2004, cujos membros foram incorporados ao Tribunal de Justiça do respectivo Estado.

De Cassação: Aquele que tem competência para anular uma decisão de instância inferior, porém não para reformá-la.

De Contas: – A CF prevê um Tribunal de Contas da União, com nove ministros, sede no Distrito Federal, com jurisdição no território nacional, exercendo no que lhe couber as atribuições previstas no seu art. 96. Os ministros do Tribunal de Contas da União são nomeados dentre brasileiros com mais de trinta e cinco e menos de setenta anos de idade, bem como têm as mesmas garantias, prerrogativas, impedimentos, vencimentos e vantagens dos Ministros do STJ e somente poderão aposentar se com as vantagens do cargo quando o tiverem exercido efetivamente por mais de 5 anos. Estas normas se aplicam aos Tribunais de Contas dos Estados, do Distrito Federal e dos Municípios. São órgãos sem função jurisdicional (não julgam) destinados a fiscalizar e verificar as contas do Poder Executivo. Os juízes emitem parecer e não sentença.

* *V. CF: arts. 73 a 75.*

* *V. EC nº 122/2022 (Altera a Constituição Federal para elevar para setenta anos a idade máxima para a escolha e nomeação de membros do Supremo Tribunal Federal, do Superior Tribunal de Justiça, dos Tribunais Regionais Federais, do Tribunal Superior do Trabalho, dos Tribunais Regionais do Trabalho, do Tribunal de Contas da União e dos Ministros civis do Superior Tribunal Militar).*

Do Júri: Presidido por magistrado de carreira e composto por 25 juízes de fato (leigos) ou jurados, 7 dos quais são escolhidos para compor o Conselho de Sentença (q.v.). É um tribunal popular, competindo aos jurados decidir sobre a existência ou não do ato delituoso e sua punibilidade e ao juiz cabe aplicar, graduar a pena.

* *V. CF: art. 5º, XXXVIII.*

* *V. CP: arts. 121 a 127.*

* *V. CPP: arts. 406 e 433.*

TRIBUTO – 1. O que se é obrigado a fazer, prestar ou sofrer. 2. Homenagem. 3. Em sentido amplo, é todo valor devido ao Poder Público. Em sentido estrito, é toda prestação pecuniária compulsória, em moeda, ou cujo valor nela se possa exprimir, que não seja sanção de ato ilícito, instituída em lei e cobrada mediante atividade administrativa plenamente vinculada. A natureza jurídica específica do tributo é determinada pelo fato gerador da respectiva obrigação, sendo irrelevantes para qualificá-lo a denominação e demais características formais adotadas pela lei; a destinação legal no produto de sua arrecadação. Os tributos são: *impostos*, *taxas*, e *contribuições de melhoria*. É vedado exigir ou aumentar tributo sem lei que o estabeleça.

* *V. CF: art. 150.*

* *V. CTN: arts. 3º a 5º.*

TRIPLICATA – Documento de que há 3 cópias; a terceira cópia de um ato escrito ou documento original; terceira via de letra de câmbio, tendo sido as anteriores extraviadas ou danificadas; segunda via de duplicata mercantil, extraviada, perdida ou não aceita.

TRIPULAÇÃO – 1. Pessoal a bordo de um navio, aeronave etc., responsável pela manutenção ou serviços. 2. Segundo a Lei nº 13.475/2017, que regulamenta a profissão de aeronauta, é o conjunto de tripulantes de voo e de cabine que exercem função a bordo de aeronave.

* *V. Lei nº 7.565/1986 (Código Brasileiro de Aeronáutica Civil), arts. 156 a 159.*

* *V. Lei nº 13.475/2017 (Regulamenta a profissão de aeronauta), art. 9º.*

TRIPULANTE – 1. Que ou quem faz parte da tripulação de navio ou aeronave; aeronauta, marinheiro. 2. A Lei nº 13.475/2017 classifica os tripulantes de aeronave em: *tripulantes de voo*, que compreendem o piloto de aeronave e o mecânico de voo; e *tripulantes de cabine*, que compreendem os comissários de voo.

* *V. Lei nº 7.565/1986 (Código Brasileiro de Aeronáutica Civil), arts. 156 a 159.*

* *V. Lei nº 13.475/2017 (Regulamenta a profissão de aeronauta), arts. 1º a 3º.*

TROCA – Negócio jurídico bilateral no qual cada parte assume a obrigação de dar à outra coisa do mesmo valor. Escambo, permuta.

* *V. CC: art. 533.*

TRUSTE – Fusão de empresas, em geral sob direção única, para exercer o monopólio sobre um ou mais setores da produção ou distribuição de bens, dominar o mercado suprimindo a concorrência, para obter depois lucros exorbitantes com a elevação dos preços dos seus produtos.

TURBAÇÃO (DA POSSE) – Ato externo ou fato material que impede ou atenta contra o exercício da posse pelo seu legítimo possuidor. É *positiva* quando o turbador invade imóvel, ocupando-o parcial ou totalmente, não desapossando o legítimo possuidor, porém praticando atos sem o seu consentimento; e *negativa*, quando o intruso impede que o possuidor do terreno dele se utilize livremente, lavrando-o, fazendo construções.

✱ *V. CPC/1973: arts. 926 e 927, II.*

✱ *V. CPC/2015, arts. 555, parágrafo único, I, 556, 558, 560, 561, II e III, 565 e 567.*

TURISMO – Originário da palavra francesa *tour* – que quer dizer viagem circular, derivada do latim *tornare* – girar, arredondar. O fenômeno turístico está relacionado com as viagens, com a visita a um local diverso de residência das pessoas. A Lei nº 14.978/2024 estabelece normas sobre a Política Nacional de Turismo e define as atribuições do governo federal quanto ao planejamento, desenvolvimento e estímulo ao setor turístico.

✱ *V. Lei nº 11.727/2008 (Dispõe sobre medidas tributárias destinadas a estimular os investimentos e a modernização do setor de turismo).*

✱ *V. Lei nº 11.771/2008 (Dispõe sobre a Política Nacional de Turismo), alterada pela Lei nº 14.978/2024.*

TUTELA – 1. Proteção, amparo. 2. Relação de subordinação ou dependência. 3. Encargo civil, conferido por lei à pessoa juridicamente capaz para administrar os bens e cuidar da conduta de pessoa menor de idade que está fora do poder familiar, representando-a nos atos da vida civil. A tutela é *dativa*, decorrente de nomeação de juiz, à falta de tutor legítimo ou testamentário, ou se algum destes for excluído da tutela ou removido por inidôneo; é supletiva da tutela legal; *legal* ou *legítima*, quando recai, por lei, nos parentes consanguíneos do menor; *testamentária*, aquela instituída por ato de vontade do testador (pai ou mãe) e válida se, ao tempo de seu desenlace, estiver ele ainda de posse do poder familiar em relação ao menor. 4. No âmbito processual civil, é a prestação jurisdicional requerida pelo autor e concedida, total ou parcialmente, pelo Poder Judiciário. A doutrina buscou diferenciar as figuras da *tutela antecipada* e da tutela *cautelar*, entretanto o juiz pode deferir o pedido de um no bojo do outro, visto que ambos visam preservar direitos das partes, antes que se percam pela demora da decisão judicial. O art. 461 do CPC/1973, correspondente aos arts.497, 499, 500, 536, § 1º, e 537 do CPC/2015, permite ao juiz fixar multa, caso haja atraso no cumprimento da tutela antecipada. A mesma lei citada deu nova redação ao art. 287 do CPC/1973, sem correspondente no CPC/2015 cominando pena não somente para o descumprimento da sentença, mas também a impondo ao não cumprimento da decisão antecipatória da tutela. O art. 294, parágrafo único, do CPC/2015 informa que a tutela de urgência é gênero de que são espécies a tutela cautelar e a tutela antecipada, enquanto o art. 300 do novo Código de Ritos fixa os requisitos para a concessão delas. Por sua vez, o art. 311 do CPC/2015 criou a figura da tutela de evidência, a qual é também espécie da tutela provisória, sem exigir, contudo, a urgência no provimento, bastando atender a algum dos requisitos previstos.

✱ *V. CC/2002, arts. 1.728 a 1.766.*

✱ *V. CPC/1973, arts. 1.187 a 1.198.*

✱ *V. CPC/2015, arts. 178, 294 a 311 e 759 a 763.*

TUTOR – 1. Pessoa a quem é confiada a tutela de alguém. 2. Defensor, protetor. 3. Pessoa que é investida da tutela, por lei, nomeação em testamento ou por determinação judicial. Difere-se do curador, na medida em que é nomeado apenas para representar e zelar pelos interesses de pessoas incapazes em função da idade, ao passo que aquele outro é constituído em favor dos demais incapazes para os atos da vida civil. Difere-se do adotante, na medida em que não é constituída relação de parentesco em função do encargo.

✱ *V. CPC/2015, arts. 71, 215, 447, 550 a 553, 747, 759 a 763, 890 e 892.*

✱ *V. ECA, arts. 36 a 38, 44, 142, 164 e 201, III e IV.*

U

ÚLTIMAS DECLARAÇÕES – São as declarações finais que o inventariante presta para viabilizar a partilha.

✱ *V. CPC/1973: art. 1.011, sem correspondente no CPC/2015.*

ULTIMATO – Nota em termos enérgicos e definitivos, expondo matéria em litígio entre dois países e pedindo providências em certo sentido, com a declaração formal de que, não havendo resposta em certo prazo, ou rejeitada a proposta, estarão rompidas as relações diplomáticas e abertas as hostilidades.

ULTRATIVIDADE DA LEI – Aplicação dos dispositivos da lei, após cessada sua vigência, incidindo sobre fatos ocorridos sob seu império. A Lei nº 13.467/2017 (Reforma Trabalhista) foi expressa ao vedar a ultratividade de convenção ou acordo coletivo, assim estes vigem pelo prazo máximo de dois anos, o que contraria o estipulado anteriormente na Súmula nº 277 do TST.

✱ *V. CLT, art. 614, § 3º.*

UNIÃO – Pessoa jurídica de Dir. Público Interno, cujo domicílio é o Distrito Federal. Uma das partes componentes da organização político-administrativa da República Federativa do Brasil, a que se completa com os Estados, o Distrito Federal, e os Municípios, todos autônomos. São poderes da União, independentes e harmônicos entre si, o *Legislativo*, o *Executivo* e o *Judiciário*. A CF fixa os bens e as competências que cabem à União e prevê a não intervenção nos Estados nem no Distrito Federal, a não ser para manter a integridade nacional; repelir invasão estrangeira ou de uma unidade da Federação em outra; pôr termo a grave comprometimento da ordem pública, e outras medidas de preservação de direitos. A União tem autonomia para instituir tributos, competindo-lhe, ainda, instituir impostos sobre vários itens. A União pode, em certos casos, receber a herança do ausente ou aquela à qual não concorra nenhum parente sucessível ou à qual tenham renunciado os herdeiros. A sentença contra a União está obrigatoriamente sujeita ao duplo grau de jurisdição, não surtindo efeito enquanto não for confirmada pelo tribunal.

✱ *V. CF: arts. 1º, 2º, 18, 20, 24, 34, I, 145, I a III, 153 e 154.*

✱ *V. CC: arts. 39, 41, 75, parágrafo único, 1.822, 1.829 e 1.844.*

✱ *V. CPC/1973: art. 475, II.*

✱ *V. CPC/2015, arts. 45, 51, 75, I, 174, 242, § 3º, 246, §§ 1º e 2º, 269, § 3º, 496, 889, VIII, 892, § 3º, 1.007, § 1º, e 1.050.*

UNIÃO ESTÁVEL – 1. É a convivência duradoura, pública e contínua, de um homem e uma mulher estabelecida com objetivo de constituição de família, com aparência de casamento. É reconhecida pelo art. 226, § 3º, da CF, como entidade familiar. 2. Também se diz *união livre* ou *casamento de fato*, quando a coabitação é notória, de longa data, com domicílio e economia comuns. A lei nega, porém, validade às relações ocasionais ou furtivas, ou envolvendo pessoas casadas, em condições que impedem o matrimônio entre si, o que o Código Civil define por *concubinato*. A ligação estável, exclusiva, notória (*affectio maritalis*), a comunhão de interesses, entre um homem e uma mulher, produz efeitos jurídicos. A lei permite à companheira usar o patronímico do companheiro, preenchidos os requisitos seguintes: se ele concordar, se houver vida em comum por mais de 5 anos ou um filho da união. A divorciada que conservou o nome do marido pode adotar o patronímico do companheiro; esse uso só se justifica enquanto perdurar a união ou enquanto o companheiro a isso não se opuser. Sendo a companheira naturalizada ou se for estrangeira, a competência será do Ministro da Justiça. No conceito de união estável não cabem as uniões adulterinas (convivência simultânea com esposa e outra mulher ou viceversa), incestuosas, múltiplas (duas ou mais uniões de fato), recentes ou transitórias (sem tempo que caracterize estabilidade). No tocante a direitos e deveres, consta o dever recíproco de lealdade, respeito e assistência, assim como o de guarda, sustento e educação dos filhos. Salvo contrato escrito, vigora entre os conviventes ou companheiros, naquilo que couber, o regime da comunhão parcial de bens. Provada a necessidade, também cabe o direito a alimentos entre os conviventes. O companheiro também é considerado curador do outro convivente, caso este seja interditado. Entre conviventes cabem direitos sucessórios, na forma do art. 1.790 do CC. Aberta a sucessão do companheiro, o convivente supérstite deve administrar a herança, até eventual nomeação de outro inventariante. Contudo, se o convivente houver sido autor, coautor ou partícipe de homicídio ou tentativa contra o de *cujus*, ficará necessariamente excluído da sucessão. Podem os conviventes converter a união estável em casamento, por meio de pedido ao juiz e assentamento no Registro Civil. É necessário, entretanto, que a conversão seja precedida de exame dos requisitos legais para o casamento. 3. O STF, em julgamento conjunto da ADPF nº 132 e da ADI nº 4277, deu interpretação conforme a Constituição Federal ao art. 1.723 do CC, para equiparar a união homoafetiva à união estável, para fins de direitos pessoais e patrimoniais. Ademais, no julgamento do Recurso Extraordinário nº 646.721, o

STF declarou inconstitucional o art. 1.790 do CC, na parte em que distinguia os regimes sucessórios dos cônjuges sobreviventes em relação ao dos companheiros, determinando a aplicação, em ambos os casos, do regime previsto no art. 1.829 do Código. 4. Para o Dir. Previdenciário, os companheiros em união estável são beneficiários dos segurados, podendo postular a concessão de benefícios, inclusive pensão por morte. Contudo, a Lei nº 13.846/2019 passou a exigir que, perante o INSS, os requerimentos de benefícios lastreados na condição de convivente com o instituidor devem ser instruídos com início de prova material contemporânea, produzida em período não superior a 24 (vinte e quatro) meses antes da data do óbito ou da reclusão do segurado. A mesma lei também previu que o convivente condenado criminalmente por homicídio doloso ou tentativa de homicídio do companheiro perde o direito ao benefício. 5. As Leis nºs 11.106/2005 e 11.340/2006 alteraram o Código Penal, para equiparar o companheiro ao cônjuge para fins de caracterização e agravantes genéricas de crimes praticados contra o outro convivente, bem como para qualificar crimes de lesão corporal, sequestro e cárcere privado, bem como todos os crimes contra a dignidade sexual. 6. A Lei nº 12.424/2011 criou a usucapião por abandono do lar, pelo qual o cônjuge ou companheiro que exercer por dois anos ininterruptos a posse direta, com exclusividade, de propriedade dividida com convivente que deixou o lar, poderá adquirirlhe o domínio integral, desde que não seja proprietário de outro imóvel urbano ou rural. 7. No âmbito do programa habitacional Minha Casa Minha Vida, criado pela Lei nº 11.977/2009, em caso de dissolução da união estável, o título de propriedade será registrado em nome da mulher e ou a ela transferido, independente do regime de bens aplicável, exceto nos casos em que envolvam recursos do FGTS. Nesse mesmo sentido determinou a Lei nº 14.118/2021 que instituiu o programa habitacional Casa Verde e Amarela. 8. Para fins de Dir. Tributário, a união estável permite a declaração conjunta de rendimentos dos companheiros para o Imposto de Renda.

✱ **V.** *CF, art. 226, § 3º.*

✱ **V.** *CC, arts.1.240A, 1.694, 1.723 a 1.727.*

✱ **V.** *Lei nº 8.069/1990 (Estatuto da Criança e do Adolescente), art. 42, § 2º.*

✱ **V.** *Lei nº 8.971/1994 (Regula o direito dos companheiros a alimentos e à sucessão).*

✱ **V.** *Lei nº 9.278/1996 (Regula o art. 226, § 3º, da CF).*

✱ **V.** *Lei nº 8.213/1991 (Dispõe sobre os planos de benefícios da Previdência Social), arts.15, §§ 5º a 7º; 16, I, e § 3º; e 74, § 2º.*

✱ **V.** *CP, arts. 61, II, f; 129, § 9º; 148, § 1º, I; 226, II; 227, § 1º; 228, § 1º; 230, § 1º; 231, § 2º, III; 231A, § 2º, III.*

✱ **V.** *Lei nº 11.977/2009 (Dispõe sobre o Programa Minha Casa, Minha Vida – PMCMV), art. 35A.*

✱ **V.** *Lei nº 14.118/2021 (Institui o Programa Casa Verde e Amarela), art. 14. Os arts. 1º a 16 desta Lei foram revogados pela Lei nº 14.620/2023.*

✱ **V.** *Dec. nº 3.000/1999 (Regulamenta a tributação, fiscalização, arrecadação e a administração do Imposto sobre a Renda e Proventos de Qualquer Natureza), art. 10.*

✱ **V.** *Súm. nº 380 do STF.*

✱ **V.** *Súm. nº 63 da TNU.*

UNIDADE DESCENTRALIZADA – Em Direito Financeiro, é o órgão da administração pública federal direta, a autarquia, a fundação pública ou a empresa estatal dependente recebedora da dotação orçamentária e dos recursos financeiros.

✱ **V.** *Lei nº 14.791/2023 (Dispõe sobre as diretrizes para a elaboração e a execução da Lei Orçamentária de 2024 e dá outras providências).*

UNIDADE DESCENTRALIZADORA – Em Direito Financeiro, é o órgão da administração pública federal direta, a autarquia, a fundação pública ou a empresa estatal dependente detentora e descentralizadora da dotação orçamentária e dos recursos financeiros.

✱ **V.** *Lei nº 14.791/2023 (Dispõe sobre as diretrizes para a elaboração e a execução da Lei Orçamentária de 2024 e dá outras providências).*

UNIDADES DE CONSERVAÇÃO – São as porções do território nacional, incluindo as águas jurisdicionais, com características naturais de relevante valor de domínio público ou propriedade privada, legalmente instituídas pelo Poder Público com os objetivos e limites definidos, sob regimes especiais de administração, às quais se aplicam garantias adequadas de proteção.

UNIFICAÇÃO DE PENAS (DIR. PENAL) – Incidente processual penal, pelo qual o juiz, ao julgar dois ou mais delitos, de igual espécie, devendo os subsequentes ser havidos como continuação do primeiro pelas condições de tempo, lugar, maneira de execução, aplica ao agente a pena de um só dos crimes, se idêntica às dos outros, ou a mais grave, se diversas, aumentada, em qualquer dos casos, de um sexto a dois terços. A mesma providência é cabível se o réu for condenado a penas privativas de liberdade que somem mais de 30 anos; sobrevindo condenação por fato posterior ao início do cumprimento da pena, será feita nova unificação, desprezando-se o tempo de pena já cumprido. Até 1984, o recurso cabível das decisões de unificação de penas em execução era o recurso em sentido estrito, e com a edição da Lei nº 7.210/1984, passou a ser o agravo em execução penal.

✱ **V.** *CP, art. 75, §§ 1º e 2º.*

✱ **V.** *CPP, arts. 82, 581, XVII.*

✱ **V.** *CPM, arts. 79, 81.*

✱ **V.** *CPPM, art. 107.*

✱ **V.** *LEP, arts. 66, III, a, 81-B, I, d, 111 e 197.*

UNIFORME – ***V.*** *Vestimenta.*

UNIFORMIZAÇÃO DA JURISPRUDÊNCIA – 1. Trata-se de incidente no julgamento de recurso, ocorrendo divergência na interpretação de tese jurídica. Neste caso, poderá a Câmara ou Grupo de Câmaras atribuir por acórdão ao Tribunal Pleno a solução da questão em abstrato. Com a solução dada pelo Pleno, a Câmara ou o Grupo de Câmaras deve completar o julgamento, aplicando no caso concreto a tese encontrada, e, na medida do possível, editar Súm. de jurisprudência dominante sobre a matéria. 2. Com o advento da Lei nº 13.015/2014, o incidente de uniformização de jurisprudência passou a ser expressamente previsto no Processo do Trabalho, podendo ser provocado por qualquer órgão julgador, pelo Presidente do Tribunal Regional, ao julgar a admissibilidade de recursos de revista ou pelo próprio TST, quando concluir que determinado Regional apresenta dissídio jurisprudencial sobe determinada matéria.

✱ **V.** *CPC/1973, art. 476.*

✱ **V.** *CPC/2015, arts. 926 e 978.*

✱ **V.** *CLT, art. 896, §§ 3º a 5º.*

UNLAWFUL ENTRY – Expressão inglesa que significa violação de domicílio.

UNWRITTEN LAW – Expressão inglesa que serve para denominar o direito não escrito.

UNITARISMO – Doutrina religiosa protestante que negava o princípio católico da Santíssima Trindade. Na esfera política, doutrina que prega a unicidade do poder.

USO ALTERNATIVO DO SOLO – A Lei nº 12.651/2012 (Novo Código Florestal) em seu art. 3º, VI, conceituou uso alternativo do solo. "VI – uso alternativo do solo: substituição de vegetação nativa e formações sucessoras por outras coberturas do solo, como atividades agropecuárias, industriais, de geração e transmissão de energia, de mineração e de transporte, assentamentos urbanos ou outras formas de ocupação humana; (...)"

USOS E COSTUMES – Fonte direta do Direito e meio complementar de integração das normas jurídicas, é a reiteração constante de conduta em certo meio social, na certeza de seus membros entendê-la como obrigatória ou uma prática geral, aceita como o Direito em vigor.

✱ *V. LINDB (antiga LICC), art. 4º.*

✱ *V. CPC/1973, arts. 126 e 335.*

✱ *V. CPC/2015, arts. 140 e 375.*

✱ *V. CLT, art. 8º.*

USUÁRIO – O que se utiliza de coisa ou de serviço. Titular de direito real de uso da coisa alheia, da qual obtém vantagens materiais.

De drogas: o uso de substâncias entorpecentes é crime previsto no art. 28 da Lei nº 11.343/2006. As penas cominadas para a conduta tipificada, pela nova lei, têm o caráter de tratamento e não de punição: advertência sobre os efeitos das drogas; prestação de serviços à comunidade; medida educativa de comparecimento a programa ou curso educativo.

USUCAPIÃO – Do latim *usucapio*. 1. Captação ou aquisição pelo uso prolongado. 2. Modo originário de aquisição da propriedade, não dependente da vontade do titular anterior, pela posse exercida por alguém com ânimo de dono, por tempo determinado, sem interrupção e sem oposição. 3. Pelo conceito originário do Dir. romano, a posse não poderia ser clandestina (oculta, não praticada à vista de todos) nem violenta (mediante força) nem precária (posse concedida por permissão, como no empréstimo, ou por contrato, como no aluguel). O possuidor que atendesse a esses requisitos, apresentando a prova de sua posse ao juiz, poderia pedir-lhe que reconhecesse a aquisição da propriedade por usucapião. Contudo, desde 1981, o Dir. brasileiro começou a reconhecer a possibilidade de usucapião sem prova de justo título, chamada, por isso, de *usucapião extraordinária*. 4. A doutrina e jurisprudência costumam entender o instituto da usucapião como uma espécie de prescrição aquisitiva ou positiva. Contudo, tal definição é equivocada, pois apenas analisa o fenômeno a partir da posição jurídica do proprietário esbulhado da posse do bem, e não do possuidor, o qual não tem pretensão *condenatória*, mas, sim, *constitutiva*. Ademais, o surgimento de uma determinada pretensão de direito subjetivo depende de uma efetiva *violação* da posição jurídica do titular, o que pode não ocorrer no caso da usucapião, pois a posse pode ser adquirida a justo título. 5. Havendo procedência da ação, a sentença valerá como título de propriedade e será registrada no Registro de Imóveis. 6. Não se concede usucapião para apropriação de bens públicos. 7. Para os bens imóveis, o prazo para usucapir é de 15 anos, reduzido para 10 entre ausentes, se o possuidor tiver justo título e boa-fé (residindo o proprietário em município diverso) ou para 10 anos, entre presentes, quando o proprietário reside no mesmo município. 8. A servidão predial aparente pode ser também adquirida por usucapião. 9. Nos termos da lei, a usucapião de 15 ou 10 anos é chamada de *ordinária*, sobre imóvel urbano ou rural particular com qualquer área; o de 20 anos é *extraordinária* (sem justo título e sem boa-fé) sobre imóvel urbano ou rural particular com qualquer área. Para bens móveis, o prazo cai para 3 anos, com justo título e boa-fé, e para 5, sem estes requisitos. 10. A CF atual traz duas espécies de usucapiões especiais: a *especial urbana*, que exige os seguintes requisitos: área urbana particular de até 250 metros quadrados, posse por 5 anos com ânimo de dono, ausência de oposição, uso como moradia própria ou da família, não ser proprietário de outro imóvel e só pode ser pleiteado uma vez; e a *especial rural*, com estes requisitos: área rural particular de até 50 hectares, posse por 5 anos com ânimo de dono, não haver oposição, uso como moradia própria ou da família, produtividade agrícola por trabalho próprio ou da família, e não possuir outro imóvel. 11. Por *justo título* entende-se o ato jurídico que preenche os requisitos formais para a transmissão da propriedade, não válido, por ser anulável (nulidade relativa) ou porque o vendedor não era dono; se a nulidade for absoluta, não há justo título; no caso de bens móveis, ou de imóveis de valor inferior ao que prevê o art. 160 do CC/2002, basta a tradição manual para a transmissão de propriedade de coisas móveis; na sucessão hereditária, também não é preciso que o justo título seja um documento, porque a transmissão ocorre com a abertura da sucessão; mas na transmissão *inter vivos* é necessário que o justo título seja escritura pública e transcrita, pois só a transcrição completa as formalidades indispensáveis para a transmissão de propriedade. 12. O CPC/1973 regula a ação de usucapião de terras particulares, nos dois casos, ordinária e extraordinária. O procedimento é especial até a fase de contestação e daí segue o rito ordinário. O CPC/2015 extingue o procedimento especial, passando a adotar integralmente o procedimento comum, em qualquer hipótese. 13. Também o possuidor de parte ideal não pode usucapir a gleba toda, havendo julgados no sentido de que seria permitido quando for em benefício da comunhão. 14. Condômino com parte localizada pode usucapir sua parte certa, a qual pode abranger o imóvel todo. 15. Contra imóvel de propriedade de incapaz não correm os prazos de aquisição. Autor casado precisa da outorga uxória para propor a ação. 16. A Prefeitura pode usucapir (LRP, art. 167, I, 28; CF, arts. 183, § 3º, e 191, parágrafo único; CC/2002, arts. 1.201, 1.238 a 1.244, 1.260, 1.301 e 1.379; CPC/1973, arts. 941 a 945, sem correspondentes no CPC/2015). 17. A Lei nº 12.424/2011 acrescentou o art. 1.240-A ao CC/2002, dispondo sobre o usucapião especial por abandono do lar, prescrevendo que aquele que exercer, por 2 anos ininterruptamente e sem oposição, posse direta, com exclusividade, sobre imóvel urbano de até 250 m² cuja propriedade divida com ex-cônjuge ou ex-companheiro que abandonou o lar, utilizando-o para sua moradia ou de sua família, adquirir-lhe-á o domínio integral, desde que não seja proprietário de outro imóvel urbano ou rural. 18. O CPC/2015 inseriu o art. 215-A na Lei de Registros Públicos (Lei nº 6.015/1973), permitindo a usucapião extrajudicial, por meio da qual o possuidor pode comparecer diretamente ao Oficial de Registro de Imóveis, munido da documentação pertinente à prova de sua ocupação, e o Tabelião então procederá à notificação de outros interessados, para eventual impugnação. Não havendo oposição, será então averbada a aquisição da propriedade, e, em caso contrário, serão os autos remetidos ao Poder Judiciário com competência sobre o local em que situada a coisa, para processamento da demanda pelo rito comum.

✱ *V. CF, arts. 183 e 191.*

✱ *V. CC/2002, arts. 102, 1.238 a 1.244, 1.260 a 1.262 e 1.379.*

✱ *V. CPC/1973, arts. 941 a 945.*

✱ *V. CPC/2015, arts. 246, § 3º, 259, I, e 1.071.*

USUFRUTO – Direito real pelo qual o usufrutuário pode usar coisa alheia e até patrimônio alheio, durante certo tempo, retirando frutos, utilidades e vantagens que o bem móvel ou imóvel produza. São partes no usufruto: o *nu-proprietário*, que é o dono do bem do qual se destacam os direitos de uso; e *o usufrutuário*, o beneficiário, aquele que usufrui desse direito. O usufruto diz-se *próprio* ou *perfeito*, que é aquele propriamente dito; *impróprio* ou *imperfeito*, se recai sobre coisas consumíveis, devendo então o usufrutuário devolver em espécie ou moeda o equivalente à coisa consumida; *legal* ou *legítimo*, se foi determinado por lei; *normal*, aquele que se refere a coisas infungíveis incorpóreas, como direitos autorais; *particular*, o que recai sobre coisas determinadas; *pleno*, quando abrange frutos e utilidades da coisa; *restrito*, se abrange apenas parte de frutos e utilidades; *simultâneo*, se beneficia mais de uma das pessoas que usam e recebem, ao mesmo tempo, os seus frutos; *sucessivo* ou *reversível*, que não se extingue com a morte do usufrutuário, sendo transmissível aos seus herdeiros; *temporário*, se é fixado tempo limitado de duração; *universal*, se incide sobre todo um patrimônio ou universalidade de bens; *vitalício*, que tem a duração da vida do usufrutuário; *voluntário*, o instituído espontaneamente por ato *inter vivos* (convencional) ou por ato de última vontade (testamentário); *beneficiário*, se não visa retribuir ato do usufrutuário; *remuneratório*, se tem por fim remunerar o beneficiário, retribuindo um ato seu.

✱ **V.** *CF, arts. 20, XI, e 213, § 2º.*

✱ **V.** *CC/2002, arts. 1.225, IV, 1.390 a 1.400, 1.410 e 1.411.*

✱ **V.** *CPC/1973, arts. 647, III, e 1.112, VI.*

✱ **V.** *CPC/2015, arts. 725, VI, 799, II, 804, § 6º, 825, 867 a 869 e 889, III.*

USURA – 1. Em seu sentido original, de origem romana, correspondia ao valor de uso de algo, correspondente ao interesse pelo qual alguém paga por alguma coisa. 2. Em sentido lato, corresponde à estipulação de preços abusivos, seja em relação ao valor de troca de um bem (usura real), ou em relação à taxa de juros por um financiamento ou empréstimo a prazo (usura pecuniária). 3. Para o Dir. Civil e do Consumidor, a usura permite a revisão em juízo do preço avençado em negócio jurídico, bem como a nulidade de cláusulas que estipulam índices de reajuste ou taxas de juros, rearbitrando conforme índices oficiais ou preços médios de mercado. 4. Em relação à usura pecuniária, o STF entendeu que a redação original do art. 192 da CF, que limitava as taxas de juros a 12% ao ano, não se aplicava às Instituições Financeiras, cujas taxas de juros são reguladas pelo Banco Central, e depois estendeu a outras hipóteses, concluindo que o § 3º do art. 192, revogado pela EC nº 40/2003, não era autoaplicável, dependendo de regulamentação por Lei Complementar. 5. Para o Dir. Penal, a usura, tanto pecuniária como real, é crime que consiste em cobrar juros, comissões ou descontos percentuais, sobre dívidas em dinheiro, superiores à taxa permitida por lei, bem como cobrar ágio superior à taxa oficial de câmbio, sobre quantia permutada, por moeda estrangeira (pecuniária) ou, ainda, emprestar sob penhor que seja privativo de instituição oficial de crédito. E ainda: obter ou estipular, em qualquer contrato, abusando da premente necessidade, inexperiência ou leviandade da outra parte, lucro patrimonial que exceda o quinto do valor corrente ou justo da prestação feita ou prometida (real). A pena é de 6 meses a 2 anos de detenção e multa. Procuradores, mandatários ou mediadores, bem como cessionários de crédito usurário, cientes de sua ilicitude, que intervierem na operação usurária, cientes de sua natureza ilícita, e fizerem valer esse crédito em sucessiva transmissão ou execução judicial, incorrem nas mesmas penas. São agravantes do crime de usura: ser cometido em época de grave crise econômica; ocasionar grave dano individual; dissimular-se a natureza usurária do contrato; e quando cometido por militar, funcionário público, ministro de culto religioso, por pessoa cuja condição econômico-social seja manifestamente superior à da vítima; em detrimento de operário ou de agricultor; de menor de 18 anos ou de deficiente mental, interditado ou não. Nos crimes de usura, haverá suspensão da pena e livramento condicional em todos os casos permitidos pela legislação comum.

✱ **V.** *CF, art. 192.*

✱ **V.** *CC, arts. 157, 478 a 480.*

✱ **V.** *CDC, arts. 39, X, 41, 51, IV e X, §§ 1º a 4º e 52.*

✱ **V.** *Lei nº 1.521/1951 (Lei dos Crimes contra a Economia Popular).*

✱ **V.** *Dec. nº 22.626/1933 (Dispõe sobre juros nos contratos – Lei de Usura).*

✱ **V.** *MP nº 2.172-32/2001, (Estabelece a nulidade de disposições contratuais usurárias), com vigência mantida pela EC nº 32/2001.*

✱ **V.** *Súm. Vinc. nº 7 do STF.*

✱ **V.** *Súm. nº 596 do STF.*

✱ **V.** *Súm. nº 283 do STJ.*

USURPAÇÃO DE FUNÇÃO PÚBLICA – Crime que consiste em usurpar o exercício de função pública empregando fraude, artifício ou violência; cuja a pena é de detenção de 3 (três) meses a 2 (dois) anos e multa. Se o agente aufere vantagem do fato, a pena é de reclusão de 2 (dois) a 5 (cinco) anos e multa.

✱ **V.** *CP, art. 328.*

UTILIDADE PÚBLICA – É um dos casos ou motivos que ensejam a desapropriação, que estão elencados no art. 5º do Dec.-lei nº 3.365/1941, com as alterações de leis posteriores. A declaração de *utilidade pública* ou de *interesse social* pode atingir qualquer bem necessário ou conveniente ao serviço público ou à coletividade; pode recair sobre patrimônio material ou imaterial; pode abranger direitos e ações; pode incidir sobre a propriedade particular ou pública, com a só exigência de que, neste último caso, o poder expropriante seja de nível superior ao da Administração expropriada e esteja munido de prévia autorização legislativa para expedir o ato expropriatório. Qualquer entidade estatal pode expropriar bens particulares; a União pode desapropriar os dos Estados-membros e dos municípios; e o Estado-membro só pode expropriar os dos seus municípios, não cabendo a estes a desapropriação de bens de outros municípios ou de entidades políticas maiores. A lei penal pune como crime o atentado contra a segurança ou o funcionamento de serviços de utilidade pública, como água, luz, força etc. A pena é de reclusão de 1 a 5 anos, e multa, aumentada de 1/3 até a 1/2, se o dano ocorre pela subtração de material essencial ao funcionamento dos serviços. **V.** *Desapropriação.*

✱ **V.** *CP: art. 265.*

✱ **V.** *Dec.-lei nº 3.365/1941 (Dispõe sobre desapropriações por utilidade pública, e acrescenta parágrafos ao mesmo artigo): art. 5º.*

✱ **V.** *Lei nº 6.602/1978 (Altera a redação da alínea i do artigo 5º do Dec.-lei nº 3.365/1941, que dispõe sobre desapropriações por utilidade pública, e acrescenta parágrafos ao mesmo artigo).*

UXORICÍDIO – Homicídio da esposa, praticado pelo seu cônjuge. Para o Dir. Penal, é circunstância agravante, implicando em aumento da pena-base fixada. Para o Dir. Civil, exclui o marido da sucessão hereditária, bem como a mera tentativa caracteriza a impossibilidade de comunhão de vida do casal, para fins de separação litigiosa.

✱ **V.** *CP, arts. 61, IV, e, e 121.*

✱ **V.** *CC, arts. 1.573, II, e 1.814, I.*

V

V.U. – Abreviatura usada, em instância superior, nos autos examinados, significando votação unânime.

VACÂNCIA – Qualidade do que está vago. Diz-se da herança jacente, quando não aparecem herdeiros para os bens.

✱ **V.** *CC: arts. 1.820, 1.822, parágrafo único, e 1.823.*

✱ **V.** *CPC/2015, arts. 738, 739, 741, § 3º, 742 e 743.*

VADIAGEM – Contravenção penal consistente em entregar-se pessoa apta e sem rendas à vadiagem, à ociosidade.

✱ **V.** *Dec.-lei nº 3.688/1941(Lei das Contravenções Penais): art. 59.*

VALE-TRANSPORTE – Ajuda concedida ao empregado pelo empregador, para prover os gastos com a condução da residência para o trabalho e vice-versa, estipulada em convenção coletiva ou acordo de trabalho ou, ainda, nos contratos individuais de trabalho.

✱ **V.** *Lei nº 7.418/1985 (Institui o Vale-Transporte).*

VALOR DA CAUSA – O valor da causa é o *quantum* em dinheiro que o autor pede ao réu. A determinação do valor da causa tem como objetivo a determinação do rito processual e da competência, por isso deverá sempre constar da petição inicial.

✱ **V.** *CPC/1973: arts. 258 a 261.*

✱ **V.** *CPC/2015, arts. 291 a 293.*

VARA – Nome dado à circunscrição em que o juiz exerce sua jurisdição. É um órgão de primeira instância. Essa expressão tem sua origem em Roma, onde os magistrados se distinguiam por trazerem a sua frente um empregado que carregava um feixe de varas, chamado *fasces*. Esse costume foi adotado por Portugal e pelo Brasil-Colônia.

VÁRZEA DE INUNDAÇÃO OU PLANÍCIE DE INUNDAÇÃO – A Lei nº 12.651/2012 (Novo Código Florestal) em seu art. 3º, XXI, conceituou várzea de inundação ou planície de inundação. "XXI – várzea de inundação ou planície de inundação: áreas marginais a cursos d'água sujeitas a enchentes e inundações periódicas;"

VENCIMENTO – 1. Ordenado, rendimento, salário, proventos. 2. Dia em que se há de cumprir certa obrigação. 3. Expiração de prazo para prática de certo ato. 4. Para fins de Dir. Administrativo, é a retribuição pecuniária devida ao servidor público pelo exercício efetivo do cargo, correspondendo ao padrão fixado em lei. Em sentido amplo, é o padrão remuneratório do servidor com as vantagens auferidas a título de adicional ou gratificação. Os vencimentos dos servidores, titulares de cargos ou ocupantes de funções e atividades da Administração direta e indireta, são fixados por escalas previstas nos sistemas retribuitórios das diversas classes existentes no serviço público. A CF consagrou a irredutibilidade dos vencimentos dos servidores públicos. Os vencimentos não podem ser retidos pela Administração, em face de sua natureza alimentar; também não podem sofrer arresto, sequestro ou penhora; mas as prestações alimentícias devidas pelo servidor público são descontáveis em folha. Embora a CF preveja a proibição da diferença de salários pelo exercício de idênticas funções (art. 7º, XXX, combinado com art. 39, § 3º), o STF entende que não cabe ao Poder Judiciário, que não tem função legislativa, equiparar vencimentos com base no princípio da isonomia. 5. Para fins de Dir. Civil, é o termo final para realizar um pagamento, antes do qual o devedor não pode ser compelido a cumprir a obrigação, bem como o credor não é obrigado a receber o objeto do pagamento.

✱ **V.** *CF, art. 37, XII, XV, e 39, §§ 1º e 3º.*

✱ **V.** *Lei nº 8.112/1990 (Dispõe sobre o regime jurídico dos servidores públicos civis da União, das autarquias e fundações públicas federais), arts. 40 e 41, §§ 3º e 4º.*

✱ **V.** *CPC/1973, arts. 649, IV, 734 e 821.*

✱ **V.** *CPC/2015, arts. 529, 833, IV, e 912.*

✱ **V.** *Lei nº 5.478/1968 (Dispõe sobre ação de alimentos), art. 5º, § 7º.*

✱ **V.** *CC, arts. 132, § 1º, 315, 331, 889, § 1º, 902 e 939.*

✱ **V.** *CPP, arts. 441 e 688, II, "b".*

✱ **V.** *Súm. Vinc. nº 37.*

✱ **V.** *Súm. nºs 11, 339, 358, 647, 671, 679, 681 e 682 do STF.*

VENDA COM RESERVA DE DOMÍNIO – Aquela que determina que a coisa vendida voltará a integrar o patrimônio do vendedor se o preço avençado não for pago.

VERDADE – Conformidade da vontade declarada com os fatos. Qualidade do que se apresenta aos nossos sentidos como existente, de maneira inequívoca. Compete às partes e aos seus procuradores expor os fatos em juízo conforme a verdade; reputa-se litigante de má-fé aquele que alterar intencionalmente as verdades dos fatos.

✱ **V.** *CPC/1973: arts. 14, I, e 17, II.*

✱ **V.** *CPC/2015, arts. 77, I, 80, II, 375 e 504, II.*

VEREADORES – Os vereadores são os parlamentares integrantes do Poder Legislativo municipal. Também chamados de *edis*, são os componentes das Câmaras Municipais que têm a função de ditar normas para o bom andamento da sociedade em geral. Antigamente, os vereadores tinham funções meramente de legisladores municipais, cabendo aos prefeitos as funções atribuídas ao Executivo. A Constituição Federal de 1988 prevê a idade mínima de 18 anos para que qualquer cidadão seja candidato ao cargo de vereador (art. 14, § 3º, VI, *d*), sendo eleito para uma legislatura de quatro anos, mediante voto direto.

No tocante ao número de vereadores, ressalte-se que esse deve ser proporcional à população do município. No entanto, com a EC nº 58, de 23-9-2009, que alterou os arts. 29 e 29-A da CF, a composição das Câmaras Municipais passou a observar o limite máximo de:

a) 9 (nove) Vereadores, nos Municípios de até 15.000 (quinze mil) habitantes;

b) 11 (onze) Vereadores, nos Municípios de mais de 15.000 (quinze mil) habitantes e de até 30.000 (trinta mil) habitantes;

c) 13 (treze) Vereadores, nos Municípios com mais de 30.000 (trinta mil) habitantes e de até 50.000 (cinquenta mil) habitantes;

d) 15 (quinze) Vereadores, nos Municípios de mais de 50.000 (cinquenta mil) habitantes e de até 80.000 (oitenta mil) habitantes; (...)

Quanto à sua remuneração, será a fixada pela Câmara Municipal em cada legislatura, para a subsequente, observado o disposto no art. 37, XI, da CF.

Nos termos do art. 29-A, o total da despesa do Poder Legislativo Municipal, incluídos os subsídios dos Vereadores e excluídos os gastos com inativos, não poderá ultrapassar os percentuais relativos ao somatório da receita tributária e das transferências previstas nos arts. 153, § 5º, 158 e 159.

VEREDA – A Lei nº 12.651/2012 (Novo Código Florestal) em seu art. 3º, XII, conceituou vereda. "XII – vereda: fitofisionomia de savana, encontrada em solos hidromórficos, usualmente com a palmeira arbórea Mauritia flexuosa – buriti emergente, sem formar dossel, em meio a agrupamentos de espécies arbustivo-herbáceas;"

VEREDICTO – 1. Decisão de qualquer tribunal judiciário em causa submetida ao seu julgamento. 2. Para o Processo Penal, é a decisão dos Conselhos de Sentença nos julgamentos perante o Tribunal do Júri, que se dá por maioria de votos, cuja soberania é assegurada pela CF, de modo que eventuais recursos não podem mudar o resultado, mas apenas determinar novo julgamento da causa.

✱ *V. CF, art. 5º, XXXVIII, c.*

✱ *V. CPP, arts. 482 a 491, 564, III, k, 593, III, c.*

VERNÁCULO – Idioma falado por um povo, livre de vícios e de estrangeirismos. O emprego do vernáculo é obrigatório em atos e termos processuais; os documentos em língua estrangeira têm de ser vertidos para o vernáculo.

✱ *V. CC: art. 224.*

✱ *V. CPC/1973: arts. 151, 156 e 157.*

✱ *V. CPC/2015, arts. 162 e 192.*

VESTIMENTA – 1. Proveniente do latim *vestimenta*. 2. Grupo de itens têxteis destinados a cobrir o corpo. 3. Traje, vestuário, roupa. 4. A Lei nº 13.467/2017 (Reforma Trabalhista) incluiu na CLT orientações a respeito da vestimenta a ser utilizada no trabalho, inclusive esclareceu que a higienização do uniforme é responsabilidade do trabalhador, excluída a situação em que são necessários procedimentos ou produtos diferentes dos utilizados para a higienização das vestimentas de uso comum.

✱ *V. CLT, art. 456-A.*

VETO DO PODER EXECUTIVO – Negativa dada pelo Poder Executivo para o sancionamento de um texto legal aprovado pelo Poder Legislativo. Compete, privativamente, ao Presidente da República vetar total ou parcialmente os projetos de lei.

✱ *V. CF: arts. 66 e 84, V.*

VIAS DE FATO – Contravenção penal consistente em empregar força física contra outra pessoa, sem, contudo, causar-lhe lesão corporal.

✱ *V. CP: art. 129.*

✱ *V. LCP: art. 21.*

VÍCIO – Dependência física em relação a hábitos danosos à saúde, como o de embriagar-se, de fumar, de drogar-se com entorpecentes. É também a degeneração moral ou psíquica do indivíduo que pratica contravenções e procede em desacordo com os bons costumes, de modo incompatível com o meio social em que vive. Diz-se, também, do elemento objetivo ou subjetivo, ou defeito da forma ou do fundo do ato jurídico que o torna nulo ou anulável. Neste sentido, pode ser: *de consentimento*, quando há manifestação da vontade de modo involuntário e inoperante, por erro, dolo, coação, fraude, violência etc.; *de incapacidade*: quando quem o pratica não dispõe de aptidão legal; *intrínseco* ou *interno*, quando o ato jurídico é atingido na sua substância (incapacidade absoluta, simulacro, preterição da forma prescrita por lei); *extrínseco* ou *externo*, se o vício afeta o ato jurídico na sua forma material; *sanável*, quando o defeito é relativo, sem ofensa de norma jurídica; *insanável*, quando a falha atinge o ato na sua forma própria; *aparente*, quando o defeito é ostensivo, visível; *oculto*, quando se acha encoberto, imperceptível ao exame do interessado. É lícito à parte inocente provar com testemunhas, nos contratos em geral, os vícios do consentimento. O vendedor e o locador se responsabilizam pelos vícios da coisa empenhada ou locada. Mas sempre se presumirá que o segurador não se obriga a indenizar prejuízos resultantes de vício intrínseco da coisa segurada.

✱ *V. CPC/1973: art. 404, II.*

✱ *V. CPC/2015, art. 446, II.*

✱ *V. CC: arts. 503, 568, 784 e 1.433, III.*

VÍCIO REDIBITÓRIO – Vício ou defeito oculto da coisa recebida, em razão de contrato comutativo, já existente antes da celebração do negócio jurídico, que a impede de ser utilizada ou a torna desvalorizada.

✱ *V. CC: arts. 206 e 441 a 445.*

VIDEOCONFERÊNCIA – 1. Tecnologia que permite a realização de conferência por vídeo mediante contato sonoro e visual entre indivíduos que se encontram em locais diferentes no momento da reunião. Essa tecnologia possibilita a comunicação entre duas pessoas ou entre um grupo, conforme a necessidade do usuário, e proporciona efeito prático semelhante à presença física de todos os interlocutores no mesmo lugar. 2. O interrogatório do réu preso pode ocorrer por videoconferência ou outro recurso tecnológico de transmissão de sons e imagens em tempo real, desde que a medida seja necessária para atender a uma das seguintes finalidades: prevenir risco à segurança pública, quando exista fundada suspeita de que o preso integre organização criminosa ou de que, por outra razão, possa fugir durante o deslocamento; viabilizar a participação do réu no referido ato processual, quando haja relevante dificuldade para seu comparecimento em juízo, por enfermidade ou outra circunstância pessoal; impedir a influência do réu no ânimo de testemunha ou da vítima, desde que não seja possível colher o depoimento destas por videoconferência, nos termos do art. 217 do CPP; responder à gravíssima questão de ordem pública. As partes serão intimadas, com 10 dias de antecedência, da decisão que determinar a realização de interrogatório por videoconferência. Ainda, em qualquer modalidade de interrogatório, o juiz garantirá ao réu o direito de entrevista prévia e reservada com o seu defensor; porém, se realizado por videoconferência, fica também garantido o acesso a canais telefônicos reservados para comunicação entre o defensor que esteja no presídio e o advogado presente na sala de audiência do Fórum, e entre este e o preso. A sala reservada, no estabelecimento prisional, para a realização da videoconferência será fiscalizada pelos corregedores e pelo juiz de cada causa, como também pelo Ministério Público e pela Ordem dos Advogados do Brasil. Este procedimento também se aplica à realização de outros atos processuais que dependam da participação de pessoa que esteja presa, como acareação, reconhecimento de pessoas e coisas, e inquirição de testemunha ou tomada de declarações do ofendido. 3. No âmbito da Administração Pública Federal fundacional, autárquica e direta, as reuniões de colegiados também foram autorizadas a ocorrer mediante a utilização de videoconferência. 4. A Lei nº 14.176/2021 autorizou, excepcionalmente, o Instituto Nacional do Seguro Social (INSS) a realizar avaliação social mediada por meio de videoconferência para a concessão do benefício de prestação continuada à pessoa com deficiência.

✱ **V.** *CPP, arts. 185, 217 e 222, § 3º.*

✱ **V.** *Lei nº 7.210/1984 (Lei de Execução Penal), art. 52, VII, e § 6º.*

✱ **V.** *Lei nº 14.176/2021 (Altera a Lei nº 8.742, de 7 de dezembro de 1993, para estabelecer o critério de renda familiar* per capita *para acesso ao benefício de prestação continuada, estipular parâmetros adicionais de caracterização da situação de miserabilidade e de vulnerabilidade social e dispor sobre o auxílio-inclusão de que trata a Lei nº 13.146, de 6 de julho de 2015 (Estatuto da Pessoa com Deficiência); autoriza, em caráter excepcional, a realização de avaliação social mediada por meio de videoconferência; e dá outras providências).*

✱ **V.** *Dec. nº 10.416/2020 (Autoriza o uso de videoconferência nas reuniões de colegiados da administração pública federal).*

VIDEOGRAMA – Para fins da legislação sobre direitos autorais, é a fixação concomitante de imagens e sons sobre um suporte material. É considerado uma obra intelectual, sendo tutelada contra utilização e comercialização sem autorização de seu autor, intérprete ou executor, ou produtor. O artista e o produtor videográfico têm direito à percepção de proventos pecuniários pela utilização de seus fonogramas, desde que os usuários obtenham benefício direto ou indireto da execução pública. A violação de direitos autorais incidentes sobre videogramas, seja de titularidade do autor, artista intérprete ou executante, produtor ou quem os represente, constitui crime com pena de reclusão, de 2 (dois) a 4 (quatro) anos e multa. Incide na mesma pena quem, com o intuito de lucro direto ou indireto, distribui, vende, expõe à venda, aluga, introduz no País, adquire, oculta ou tem em depósito original ou cópia de videograma, com violação de direito autoral sem autorização do titular do direito.

✱ **V.** *Lei nº 9.610/1998, art. 5º, VIII e IX.*

✱ **V.** *CP, art. 184, §§ 1º e 2º.*

✱ **V.** *Dec. nº 4.533/2002 (Regulamenta a Lei nº 9.610/1998, no que se refere a fonogramas).*

Musical: Videograma que registra qualquer representação sonora classificável como música. Com a publicação da EC nº 75, de 15-10-2013, a produção no Brasil de fonogramas e videogramas musicais contendo obras musicais ou literomusicais de autores brasileiros e/ou obras em geral interpretadas por artistas brasileiros bem como os suportes materiais ou arquivos digitais que os contenham, adquiriram imunidade tributária em relação a impostos, salvo na etapa de replicação industrial de mídias ópticas de leitura a *laser*.

✱ **V.** *CF, art. 150, VI, e.*

VIGER – Vigorar, estar em vigência, em execução.

VILIPÊNDIO A CADÁVER – Crime consistente em profanar corpo humano sem vida ou suas cinzas.

✱ **V.** *CP: art. 212.*

VINTENA – Imposto calculado com base no quinto do valor do negócio. Prêmio que o testador fixa ou o juiz arbitra, que se dá ao testamenteiro pela execução do testamento. Poderá ele perder o prêmio, por ordem do juiz se, findo o prazo legal, não estiver terminada a partilha e for removido a requerimento de algum herdeiro.

✱ **V.** *CPC/1973, arts. 1.138 a 1.140, sem correspondentes no CPC/2015.*

VIOLAÇÃO DE CORRESPONDÊNCIA – Crime consistente na apropriação de correspondência alheia ou na divulgação da mensagem contida na mesma.

✱ **V.** *CF: art. 5º, XII.*

✱ **V.** *CP: arts. 151 e 152.*

✱ **V.** *Lei nº 6.538/1978: arts. 36 a 49.*

VIOLAÇÃO SEXUAL MEDIANTE FRAUDE – Antes das alterações ocorridas com o advento da Lei nº 12.015/2009, referido crime titulava-se como "posse sexual mediante fraude", sendo este o ato de ter conjunção carnal com mulher, com embuste ou fraude de forma que, se o crime fosse cometido contra mulher virgem, menor de 18 e maior de 14 anos, com pena de reclusão de 2 a 6 anos. No entanto, a Lei nº 12.015/2009 alterou esse entendimento e passou a denominar esse crime como violação sexual mediante fraude, considerado este como o ato de ter conjunção carnal ou praticar outro ato libidinoso com alguém (e não mais prevê como sujeito passivo apenas a figura da mulher), mediante fraude ou outro meio que impeça ou dificulte a livre manifestação de vontade da vítima, com reclusão, de 2 a 6 anos. Além disso, se o crime é cometido com o fim de obter vantagem econômica, aplica-se também multa.

VIOLÊNCIA – Uso de força física sobre alguém, para coagi-lo a submeter-se à vontade de outrem, para fazer ou deixar de fazer algo. Pode ser: *física, material* ou *real*, quando se emprega força material e outros meios que impossibilitem a resistência do paciente (*vis corporalis*); *moral ou ficta*, quando o agente intimida o paciente com ameaça grave de mal iminente, ou se é juridicamente incapaz de livre consentimento (*vis compulsiva*); *iminente*, a que se apresenta com perigo atual, traduzido na ameaça de consumação imediata; *arbitrária*, aquela cometida no exercício de função pública ou a pretexto de exercê-la. Presume-se a violência, no estupro, na violação sexual mediante fraude e no estupro de vulnerável (com redação incluída pela Lei nº 12.015/2009), se a vítima não é maior de 14 anos; se é alienada ou débil mental, e o agente o sabia; se não pode, por qualquer razão, oferecer resistência. O sistema de garantia de direitos da criança e do adolescente vítima ou testemunha de violência surgiu com o objetivo de prevenir e coibir a violência contra crianças e adolescentes.

✱ **V.** *Lei nº 12.299/2010 (Dispõe sobre medidas de prevenção e repressão aos fenômenos de violência por ocasião de competições esportivas; altera a Lei nº 10.671/2003).*

✱ **V.** *Lei nº 13.431/2017 (Estabelece o sistema de garantia de direitos da criança e do adolescente vítima ou testemunha de violência).*

✱ **V.** *Dec. nº 9.603/2018 (Regulamenta a Lei nº 13.431, de 4-4-2017, que estabelece o sistema de garantia de direitos da criança e do adolescente vítima ou testemunha de violência).*

VIOLÊNCIA CONTRA IDOSO – Os casos de suspeita ou confirmação de violência praticada contra idosos serão objeto de notificação compulsória pelos serviços de saúde públicos e privados à autoridade sanitária, bem como serão obrigatoriamente comunicados por eles a quaisquer dos seguintes órgãos: I – autoridade policial; II – Ministério Público; III – Conselho Municipal do Idoso; IV

– Conselho Estadual do Idoso; V – Conselho Nacional do Idoso. Para os efeitos do Estatuto do Idoso, considera-se violência contra o idoso qualquer ação ou omissão praticada em local público ou privado que lhe cause morte, dano ou sofrimento físico ou psicológico.

VIOLÊNCIA DOMÉSTICA E FAMILIAR (CONTRA A CRIANÇA E O ADOLESCENTE) – 1. A Lei nº 14.344/2022 conceitua como qualquer ação ou omissão que cause à criança ou ao adolescente morte, lesão, sofrimento físico, sexual, psicológico ou dano patrimonial, no âmbito domiciliar, familiar e relação doméstica.

✱ **V.** *CP, art. 129, § 9º.*

✱ **V.** *Lei nº 14.344/2022 (Cria mecanismos para a prevenção e o enfrentamento da violência doméstica e familiar contra a criança e o adolescente e dá outras providências.)*

VIOLÊNCIA DOMÉSTICA E FAMILIAR (CONTRA A MULHER) – 1. A Lei nº 11.340/2006 definiu, para fins de proteção da mulher contra a violência doméstica, as circunstâncias que a caracteriza e as formas pelas quais se consubstancia. É considerada violência doméstica e familiar contra a mulher a que lhe cause morte, lesão, sofrimento físico, sexual ou psicológico e dano moral ou patrimonial, ocorrida na unidade doméstica (espaço de convívio permanente de pessoas, com ou sem vínculo familiar), no âmbito da família e em qualquer relação íntima de afeto. Pode assumir a forma de violência física (conduta que ofenda a integridade ou saúde corporal); psicológica (conduta que cause à mulher dano emocional, diminuição da autoestima, prejuízo ao seu desenvolvimento, ou que tenha por objetivo degradar ou controlar suas ações, emoções, crenças e decisões, por meio de ameaça, constrangimento, humilhações, perseguição e outros); sexual (as condutas que violem os direitos sexuais e reprodutivos da mulher); violência patrimonial (as condutas que configurem deterioração, subtração, retenção dos bens e recursos da mulher); violência moral (consubstanciada nas condutas que configurem calúnia, difamação ou injúria) (arts. 5º a 7º). 2. A Lei nº 13.772/2018 reconheceu que a violação da intimidade da mulher configura violência doméstica e familiar, inclusive tipificando tal conduta como crime, ao inserir o art. 216-B ao Código Penal, cominando pena de detenção de 6 (seis) meses a 1 (um) ano, e multa. 3. A jurisprudência vem estendendo às vítimas de violência doméstica o direito ao afastamento do trabalho, reconhecendo o direito ao recebimento de benefício previdenciário de auxílio-doença, vindo mesmo o Superior Tribunal de Justiça a endossar esse direito. Por seu turno, a Lei nº 13.846/2019 passou a conferir ao INSS a possibilidade de exigir regressivamente do agressor a restituição das quantias pagas às seguradas em decorrência desse tipo de afastamento. 4. A situação de calamidade pública gerada pela pandemia de Coronavírus (COVID-19) demandou do Poder Público medidas de enfrentamento à violência doméstica. 5. Se a mulher sofrer uma lesão praticada por outrem, simplesmente pela condição do sexo feminino a pena do agressor será reclusão de 2 a 5 anos conforme determina a Lei nº 14.994/2024. 6. As mulheres vítimas de qualquer tipo de violência têm por direito o acolhimento e atendimento em serviços de saúde prestados pelo SUS, em rede própria ou conveniada em local com privacidade e restrição de acesso de terceiros não autorizados, especificamente o agressor conforme determinação do art. 7º, parágrafo único, da Lei nº 8.080, com a redação dada pela Lei nº 14.847/2024. 7. Nos processos em que se apuram crimes praticados contra a mulher vitimada por violência doméstica ela terá seu nome sob sigilo, mas o autor do fato não, conforme determinado pela Lei nº 14.857/2024. 8. A mulher em situação de violência doméstica terá assistência em caráter prioritário no Sistema Único de Saúde (SUS) e no Sistema Único de Segurança Pública (SUSP), conforme determinação da Lei nº 14.887/2024.

✱ **V.** *CP, arts. 61, II, f; 121-A (artigo acrescido pela Lei nº 14.994/2024), 129, §§ 9º, 11 e 13; 141, § 3º, 147, §§ 1º e 2º (arts. 129, 141 e 147 com a redação dada pela Lei nº 14.994/2024); e 216-B.*

✱ **V.** *Lei nº 8.213/1991 (Dispõe sobre os Planos de Benefícios da Previdência Social), art. 120, II.*

✱ **V.** *Lei nº 11.340/2006 (Lei Maria da Penha).*

✱ **V.** *Lei nº 14.022/2020 (Altera a Lei nº 13.979, de 6 de fevereiro de 2020, e dispõe sobre medidas de enfrentamento à violência doméstica e familiar contra a mulher e de enfrentamento à violência contra crianças, adolescentes, pessoas idosas e pessoas com deficiência durante a emergência de saúde pública de importância internacional decorrente do coronavírus responsável pelo surto de 2019).*

✱ **V.** *Res. do CNMP nº 298/2024 (Institui o Cadastro Nacional de Casos de Violência contra Criança e Adolescente).*

✱ **V.** *Lei nº 14.847/2024 (Altera a Lei nº 8.080, de 19 de setembro de 1990 (Lei Orgânica da Saúde), para dispor sobre o atendimento de mulheres vítimas de violência em ambiente privativo e individualizado nos serviços de saúde prestados no âmbito do Sistema Único de Saúde).*

✱ **V.** *Lei nº 14.857/2024 (Altera a Lei nº 11.340, de 7 de agosto de 2006 (Lei Maria da Penha), para determinar o sigilo do nome da ofendida nos processos em que se apuram crimes praticados no contexto de violência doméstica e familiar contra a mulher).*

✱ **V.** *Lei nº 14.887/2024 (Altera a Lei nº 11.340, de 7 de agosto de 2006 (Lei Maria da Penha), para estabelecer prioridade na assistência à mulher em situação de violência doméstica e familiar, e a Lei nº 13.239, de 30 de dezembro de 2015, para determinar que a mulher vítima de violência tenha atendimento prioritário para a cirurgia plástica reparadora entre os casos de mesma gravidade).*

VIRGEM – Diz-se da mulher que nunca manteve relações sexuais, tendo, portanto, o hímen intacto.

VISITANTE – 1. Originário do latim *visitans*. 2. Pessoa que visita. 3. Pessoa que passa por uma exposição, museu ou lugar com o objetivo de apreciá-lo e conhecê-lo. 4. Indivíduo que se dirige, temporariamente, para fora de sua área, sem a intenção de se mudar. 5. Nos termos da Lei de Migração, e do Decreto correspondente, visitante é pessoa nacional de outro país ou apátrida que venha à República Federativa do Brasil para estadas de curta duração, sem pretensão de se estabelecer temporária ou definitivamente no território nacional.

✱ **V.** *Lei nº 13.445/2017 (Lei de Migração), art. 1º, § 1º, V.*

✱ **V.** *Dec. nº 9.199/2017 (Regulamenta a Lei de Migração), art. 1º, parágrafo único, V.*

VISTA DOS AUTOS – Ato pelo qual se toma conhecimento do conteúdo de um auto processual.

✱ **V.** *CPC/2015, arts. 107, 152, IV, b, 179, I, e 189.*

VISTO – 1. Oriundo do termo em latim *vistus*, de percebido pela visão. 2. Examinado, aceito, conferido. 3. Declaração inserida em documento por autoridade ou funcionário para atribuir validade, no sentido de examinado, verificado e considerado conforme. 4. Permissão concedida a estrangeiro para entrar no País. 5. Nos termos da Lei de Migração, o visto é o documento que dá a seu titular expectativa de ingresso em território nacional.

✱ **V.** *Lei nº 13.333/2016 (Prorroga o prazo de dispensa de que trata o art. 16 da Lei nº 12.871, de 22 de outubro de 2013).*

✱ **V.** *Lei nº 13.445/2017 (Lei de Migração), arts. 6º a 18.*

✱ **V.** *Dec. nº 9.199/2017 (Regulamenta a Lei de Migração), arts. 4º a 57.*

VISTORIA – Meio de prova consistente no exame *in loco* de alguma coisa ou local, feito pessoalmente pelo juiz ou por perito, para o esclarecimento de fatos controvertidos.

✱ **V.** *CPC/1973: art. 420.*

✱ **V.** *CPC/2015, art. 464.*

VITALICIEDADE – Garantia constitucional de que gozam os juízes; no primeiro grau, só será adquirida após 2 anos de exercício, dependendo a perda do cargo, neste período, de deliberação do tribunal a que o juiz estiver vinculado e, nos demais casos, de sentença judicial transitada em julgado. Têm os juízes a garantia do cargo por toda a vida.

✱ **V.** *CF: art. 95, I.*

VOCAÇÃO – Chamamento feito a alguém para comparecer em determinado ato processual.

VOCAÇÃO HEREDITÁRIA – Convocação à pessoa que tem direito à herança, para que tome as medidas necessárias ao recebê-la.

✱ **V.** *LINDB (antiga LICC): art. 10, § 1º.*

✱ **V.** *CC: arts. 1.829 a 1.844.*

VOGAL (JUSTIÇA DO TRAB.) – Nome dado ao juiz classista, representante das classes dos empregadores ou dos empregados, que atuava nas Juntas de Conciliação e Julgamento. Após a EC nº 24/1999, a reforma da Justiça do Trabalho extinguiu os juízes classistas.

VOTO – Meio pelo qual se manifesta uma vontade, em um julgamento ou deliberação coletiva.

✱ **V.** *CF: art. 14.*

Vencido (Dir. Proc.): Aquele dado por um magistrado, em instância superior, que conflita com os dos demais, na decisão de uma lide.

De Prisão: Ordem verbal dada por autoridade, ou por qualquer pessoa do povo, no caso de flagrante.

W

WAIVER OF IMMUNITY – Expressão inglesa que serve para designar a renúncia voluntária da testemunha ao direito de não ser obrigada a prestar depoimento autoacusatório.

WARRANT – Título de garantia emitido sobre as mercadorias depositadas em armazéns gerais *(warrants comerciais)* por agricultor *(warrant agrícola)* ou por um hoteleiro que fez um empréstimo, tendo como garantia produto ou material agrícola ou imóveis *(warrant-hôtelier)*.

WITNESS – Nome inglês dado à testemunha.

WRIT – Expressão inglesa que tem como significado ordem judicial.

X

XENOFOBIA (HISTÓRIA DO DIREITO) – Aversão a pessoas, coisas ou ideias de origem estrangeira. O mesmo que xenofobismo. A Lei nº 13.445/2017 (Lei de Migração), art. 3º, II, definiu como princípios de diretrizes da política migratória brasileira o repúdio e a prevenção à xenofobia.

✱ ***V.*** *Lei nº 12.663/2012 (Dispõe sobre as medidas relativas à Copa das Confederações FIFA 2013, à Copa do Mundo FIFA 2014 e à Jornada Mundial da Juventude – 2013), art. 28, IV e V.*

✱ ***V.*** *Lei nº 13.445/2017 (Lei de Migração), art. 3º, II.*

XEROCÓPIA – Processo de reprodução de documentos ou papéis escritos, por cópias sucessivas. Fotocópia obtida por xerografia, processos de impressão eletrostática. Vale como certidão, sempre que o escrivão portar por fé a sua conformidade com o original. A cópia tem o mesmo valor probante que o original, cabendo ao escrivão, intimadas as partes, proceder à conferência e certificar a conformidade entre a cópia e o original. Fazem a mesma prova que os originais as reproduções dos documentos públicos, desde que autenticadas por oficial público ou conferidas em cartório com os respectivos originais. A Lei nº 6.015/1973 diz que as certidões extraídas dos registros públicos deverão ser fornecidas em papel e mediante escrito que permitam sua reprodução por fotocópia ou processo equivalente (CPC/2015: arts. 423 e 424; Lei nº 6.015/1973, art. 19, § 5º). A Lei nº 9.610/1998, que altera, atualiza e consolida a legislação sobre direitos autorais, proíbe a reprodução de livros por xerocópia.

✱ ***V.*** *CPC/2015, arts. 423, 424 e 425, IV.*

XIFOPAGIA (MEDICINA LEGAL) – Irmãos que nascem unidos na altura do tórax ou da região xifóidea. Para o Dir. brasileiro, haverá duas pessoas distintas, desde que hajam duas cabeças e dois cérebros.

Z

ZELADOR – Excluído da condição de doméstico os que ocupam apartamentos residenciais, desde que estejam a serviço da administração do prédio e não de cada condômino em particular.

✱ *V. Lei nº 2.757/1956 (Dispõe sobre a situação dos empregados porteiros, zeladores, faxineiros e serventes de prédios de apartamentos residenciais).*

ZONA – 1. Região. 2. Seção ou divisão de uma área, citada para um fim determinado, por exemplo, *zona urbana, zona rural, zona de ocupamento militar* etc.

Contígua: Faixa entre o Mar Territorial e o Alto Mar, atualmente fixada por convenção internacional em 200 milhas, sobre a qual o Estado litorâneo exerce sua jurisdição sobre atividades pesqueiras e outras de interesse nacional.

Costeira: A CF diz que a zona costeira é patrimônio nacional, devendo ser utilizada na forma da lei, dentro de condições que assegurem a preservação do meio ambiente, inclusive quanto ao uso dos recursos naturais.

✱ *V. CF: art. 225, § 4º.*

De Fronteira: Faixa de até 150 quilômetros de largura, ao longo das fronteiras terrestres, designada como faixa de fronteira; é fundamental para a defesa do território nacional, sendo sua ocupação e utilização reguladas por lei.

✱ *V. CF: art. 20, § 2º.*

De Processamento de Exportação (ZPE): 1. Caracterizamse como áreas de livre comércio com o exterior, destinadas à instalação de empresas voltadas para a produção de bens a serem comercializados no exterior, sendo consideradas zonas primárias para efeito de controle aduaneiro. Estão sujeitas ao regime jurídico instituído pela Lei nº 11.508/2007, com a finalidade de reduzir desequilíbrios regionais, bem como fortalecer o balanço de pagamentos e promover a difusão tecnológica e o desenvolvimento econômico e social do País. 2. A Lei nº 14.184/2021 alterou o marco legal das ZPE (Lei nº 11.508/2007) para modernizá-lo e redefiniu o conceito para áreas de livre comércio com o exterior, destinadas à instalação de empresas direcionadas para a produção de bens a serem comercializados no exterior, a prestação de serviços vinculados à industrialização das mercadorias a serem exportadas ou a prestação de serviços a serem comercializados ou destinados exclusivamente para o exterior, consideradas zonas primárias para efeito de controle aduaneiro.

✱ *V. Lei nº 11.508/2007 (Dispõe sobre o regime tributário, cambial e administrativo das Zonas de Processamento de Exportação, e dá outras providências).*

✱ *V. Lei nº 14.184/2021 (Altera a Lei nº 11.508, de 20 de julho de 2007, para fins de modernização do marco legal das Zonas de Processamento de Exportação (ZPE)).*

Eleitoral: A jurisdição eleitoral é dividida por zonas eleitorais, similares às varas da Justiça Comum, onde se realizam as eleições.

Franca: Área destinada ao livre comércio de mercadorias provenientes de operações de exportação e importação, sem o pagamento de tributos. A EC nº 121/2022 estendeu os incentivos e benefícios do regime especial da Zona Franca de Manaus à política industrial para o setor de tecnologias da informação e comunicação e para o setor de semicondutores.

✱ *V. ADCT: art. 40.*

✱ *V. EC nº 121/2022 (Altera o inciso IV do § 2º do art. 4º da Emenda Constitucional nº 109, de 15 de março de 2021).*

Urbana: Aquela situada na cidade, alcançada por serviços públicos. Para efeitos tributários é a zona definida em lei municipal que seja beneficiada, no mínimo, por dois dos melhoramentos referidos no CTN, art. 32, § 1º.

ZONEAMENTO – Discriminação de setores ou zonas para fins administrativos. Disciplina que condiciona o uso da propriedade imobiliária mediante a delimitação de áreas categorizadas, considerando-se as utilizações que nela são admitidas.

Ambiental: V. *Zoneamento ecológico-econômico.*

Ecológico-econômico: Para fins de Dir. Ambiental, é o processo de definição de setores ou zonas em uma unidade de conservação ambiental, com o objetivo de proporcionar os meios e condições para que todos os objetivos da unidade possam ser alcançados de forma harmônica e eficaz. É um dos instrumentos previstos pela Política Nacional do Meio Ambiente, voltado à definição de áreas prioritárias de ação governamental, visando a qualidade e equilíbrio ecológicos, compatibilizando-os com o desenvolvimento econômico e social. Também é instrumento aplicado para delimitação de áreas de reserva ambiental, bem como para estipulação de ações que devem ser adotadas para manejo sustentável se propriedades rurais. ***V.*** *Zoneamento ambiental.*

✱ *V. Lei nº 9.985/2000 (Institui o Sistema Nacional de Unidades de Conservação da Natureza), art. 2º, XVI.*

✱ *V. Lei nº 6.938/1981 (Dispõe sobre a Política Nacional do Meio Ambiente), art. 9º, II.*

✱ *V. Lei nº 12.651/2012 (Novo Código Florestal), art. 13.*

✱ *V. Dec. nº 4.297/2002 (Estabelece critérios para o zoneamento ecológico-econômico do Brasil).*

EXPRESSÕES EM LATIM

A

AB ALTO – Por alto, por presunção, por suspeita.

AB ANTIQUO – De há muito tempo, distante, remoto.

ABDICATIO TUTELAE – Renúncia à tutela nos casos previstos em lei. A tutela testamentária, a legítima e a dativa obrigam seu desempenho (CC: art. 1.736; CPC/2015: art. 760).

ABERRATIO ICTUS – Ocorre quando o agente, por acidente ou erro no uso dos meios de execução do crime, vem a atingir pessoa diversa da que tinha em mente ofender. É erro de pontaria.

ABERRATIO PERSONAE – É erro quanto à pessoa praticado pelo agente ao interpretar falsamente a realidade.

ABOLITIO CRIMINIS – exclusão do tipo penal. Ocorre quando a lei penal nova não mais considera crime um fato anteriormente como tal tipificado. Faz desaparecer todos os efeitos penais, mas permanecem os de natureza civil.

ACTIO DUPLEX – Ação dúplice.

A DIGITO COGNOSCITUR LEO – Pelo dedo se conhece o leão.

AD OPONENDUM – Em oposição. Em sentido contrário.

APUD – Consoante, conforme, segundo (referência a livro, obra ou autor).

AB INITIO – Desde o início, do começo. Anular um processo *ab initio*.

AB INTEGRO – Inteiramente, por completo, por inteiro, completamente.

AB INTESTATO – Sem deixar testamento. Diz respeito à sucessão sem testamento ou dos herdeiros por ele beneficiados, ou ainda, do próprio *de cujus*.

AB IRATO – Movido pela ira, pelo ódio, pela cólera, pelo arrebatamento. Diz-se de crime cometido, cuja pena pode ser atenuada ou reduzida se a ira for originada de ato injusto praticado pela vítima (Dir. Civil). Ato praticado *ab irato* pode ser anulado se nele se verificar vício da vontade: testamento *ab irato*.

AD HOC – Usada para indicar substituição eventual ou nomeação para determinado ato. O juiz pode nomear um advogado *ad hoc* para o réu sem defensor público.

AD JUDICIA – Significa "para o juízo". É o mandato judicial (procuração) que o mandante outorga ao advogado, para representá-lo em juízo. O atual CPC/2015 não utiliza a palavra *ad judicia*, mas *procuração geral para o foro*. Não autoriza a prática de atos para os quais a lei exija poderes expressos (CPC/2015: art. 105; Lei nº 8.906/1994 – Estatuto da Advocacia e a OAB).

AD REFERENDUM – Para ser referendado. Ato que depende de aprovação ou ratificação de autoridade ou poder competente.

ALTERUM NON LAEDERE – Não prejudicar terceiro.

A POSTERIORI – Do que vem depois. Sistema de argumentação que parte do efeito para a causa. Oposto à argumentação *a priori*.

A PRIORI – Refere-se à apresentação de conclusões ou exposição de pontos de vista sem o respaldo de experiências anteriores. Diz-se de raciocínio que se fundamenta em hipótese não provada. Opõe-se a *a posteriori*.

B

BENE ANIMATUS – Bem-intencionado.

BENEFICIUM JURIS NEMINE EST DENE- GANDUM – A ninguém deve ser negado o benefício do direito.

BIS DAT QUI CITO DAT – Quem dá depressa dá duas vezes.

BIS DE EADEM RE NON SIT ACTIO – Não cabem duas ações a respeito da mesma coisa.

BIS IN IDEM – Incidência de dois atos sobre uma mesma coisa, como aplicar duas penalidades iguais, em épocas diferentes, a um mesmo empregado, ou fazer incidir a autoridade novo tributo, com nome diferente, sobre objeto já tributado por ela.

BONA EST LEX SI QUIS EA LEGITIMA UTATIOR – A lei é boa se usada legitimamente.

BONA FIDE – Boa-fé.

BONA FIDE POSSESSOR – Possuidor de boa-fé.

BONA FIDEI – De boa-fé.

BONA FIDES EST JUSTA OPINIO QUA QUIS REM ALIENAM QUAM POSSIDENT SUA EXISTIMAT ALIENAM IGNORAT – A boa-fé é a justa opinião pela qual alguém julga sua uma coisa alheia de que tem a posse e ignora que é alheia.

BONA FIDES EST PRIMUM AC SPIRITUS VIVIFICANS COMERCII – A boa-fé é o primeiro móvel e o espírito vivificador do comércio.

BONA FIDES NON PATITUR UT BIS IDEM EXIGEATUR – A boa-fé não tolera que se exija a mesma coisa duas vezes.

BONA GRATIA – De boa vontade.

BONA INSTANTIA SE UTI, NON CALUMNIAE CAUSA SE INFITIAS IRE – Deve litigar-se em boa instância e não contradizer-se caluniosamente.

BONA INTELLIGUNTUR CUISQUE QUAE AERE ALIENS DEDUCTO SUPERSUNT – Entende-se por bem de alguém o que sobra, deduzido o direito dos outros.

BONA RES – Em bom estado.

BONORO PUBLICO USUCAPIO INTRODUCTA EST NE SCILICET QUARUNDAM RERUM DIU ET FERE IN INCERTA DOMINIA ESSENT – O usucapião foi introduzido para o bem público, para que certas coisas não permanecessem por muito tempo e inteiramente em domínio incerto.

BONORUM APPELATIO SICUT HEREDITATIS UNIVERSITATEM QUANDUM AC JUS POSSESSIONIS ET NON SINGULAS RES DEMONSTRAT – O termo *bens*, como *herança*, demonstra certa universalidade e direito de posse e não cada coisa singularmente.

BONORUM EMPTORES – A posse dos bens em nome do ventre.

BREVI ANTE – Pouco antes.

BREVI TEMPORE – Pouco tempo depois.

C

CALLIDITAS NON DEBET ALICUI PRODESSE ET ALTERI NOCERE – A astúcia não deve aproveitar um e prejudicar outro.

CALORE RIXAE – No auge da luta, da rixa.

CALUMNIA LITIUM – Chicana.

CAPITA – Cabeça; por pessoa. Renda *per capita:* renda média que recebe cada pessoa. Por ela se afere a riqueza de uma nação.

CAPITIS DIMINUTIO – Diminuição, redução da capacidade civil; perda, parcial ou total, de direitos subjetivos; pode, assim, ser máxima ou mínima. A CF apresenta vários exemplos de *capitis diminutio* (arts. 12, § 4º, 14, § 2º, e 15).

CAPITIS EXECRATIO – Maldição, execração capital.

CAPUT – Cabeça. A pessoa principal, o chefe. Designa a primeira parte de um artigo de lei, que contém o seu fundamento.

CAPUT UXORIS – Por cabeça de sua mulher.

CARCER AD CUSTODIAM – Prisão preventiva.

CARCER AD POENAM – Cárcere como pena.

CASUM SENTIT DOMINUS – O dono sofre o acaso.

CASUS BELLI – Caso de guerra. Ato de nação que ofende direitos, interesses ou soberania de outra, podendo resultar declaração de guerra.

CASUS EXCEPTUS FIRMA REGULAM – A exceção firma a regra.

CASUS FOEDERIS – Caso de aliança.

CASUS A NULO PRAESTANTUR – O acaso a ninguém aproveita.

CAUSA COGNOSCITUR AB EFFECTU – Conhece-se a causa pelo efeito.

CAUSA CRIMINALIS NON PRAEJUDICAT CIVILIS – Ação criminal não prejudica a civil.

CAUSA HONORIS – Por motivo de honra. Em nome da honra.

CEDANT ARMA TOGAE – Que as armas cedam à toga (ao Direito, à Justiça).

CERTISSIMUS EST EX ALTERIUS CONTRACTO NEMO OBLIGARI – É certíssimo que ninguém se obriga pelo contrato de outrem.

CESSANTE CAUSA TOLLITUR EFFECTUS – Cessada a causa, elimina-se o efeito.

CESSANTE RATIONE LEGIS CESSAT EJUS DISPOSITIO – Cessando a razão da lei, cessa sua disposição.

CESSIO PRO SOLUTO – Cessão pela qual são transferidos ao cessionário direitos de crédito do cedente, o qual fica liberado dos encargos que sobre ele recaíam; diz-se também *cessio in solutum.*

CESSIO PRO SOLVENDO – Transferência de crédito, ficando com o cessionário a obrigação de receber a prestação do devedor; se não for satisfeita, resolve-se a cessão.

CIRCA MERITA – Sobre o mérito; o mesmo que *de meritis.*

CITATIO ES FUNDAMENTUM TOTIUS JUDICII – A citação é o fundamento de todo o direito.

CITRA FIDEM – Que não é merecedora de fé.

CITRA PETITA – Sentença ou acórdão que fica aquém do pedido, por não o julgar em sua totalidade.

COACTUS VOLUIT, ATTAMEM VOLUIT – Quis sob coação, mas quis.

CODEX – Conjunto de tabuletas recobertas de cera em que se gravaram, na Antiguidade, códigos e leis. Mais tarde usaram-se folhas de pergaminho; em Roma designava uma coletânea de leis (*leges*). Existem os *codex Gregorianus*, de autoria de Gregório, com constituições que abrangem o período de Adriano a Diocleciano; o *Hermogenianus*, pelo jurista Hermógenes, com constituições desde Diocleciano a Constantino e *Valentiniano* III; *Isidori Peccatoris*, coletânea de cânones surgida no século IX; o *Codex Iuris Canonici*, codificação do Dir. da Igreja Católica, que revogou o antigo *Corpus Iuris Canonici*, de 1917. Foi organizado por ordem do papa João Paulo II e por ele promulgado em 1983. Trata de pessoas, coisas e ações. O *Justinianus*, compilação de leis determinada por Justiniano; o *repetitae praelecionis*, que recompõe o *Justinianus* em 534; o *Theodosianus*, ordenado pelo imperador Teodósio II.

COGITATIO – Intenção, resolução, sem distinção de grau, do agente do delito quanto à sua prática.

COGITATIONIS POENAM NEMO PATITUR – Ninguém pode ser punido por pensar.

CONATUS PROXIMUS – Atos iniciais de execução do delito; tentativa.

CONATUS REMOTUS – Atos preparatórios do crime.

CONCESSA VENIA – Com a devida permissão. Expressão de uso corrente na linguagem forense, com o mesmo sentido de *data venia* ou *permissa venia*.

CONCESSUM DICIT QUIDQUID EXPRESSE PROHIBITUM NON REPERITUR – Diz-se permitido tudo aquilo que não está expressamente proibido.

CONCURSUS DELICTORUM – Concurso de crimes.

CONCURSUS DELINQUENTIUM – Concurso de criminosos, de delinquentes.

CONDITIO AD QUAM – Exprime a condição resolutiva, a qual uma vez verificada extingue os efeitos do negócio jurídico.

CONDITIO A QUO – Designa a condição suspensiva; a partir do evento condicional, forma-se e adquire inteira validade o ato jurídico.

CONDITIO INDEBITI – Condição de reclamar o que foi pago indevidamente.

CONDITIO OB TURPEM CAUSAM – Direito de reclamar a restituição de prestação paga de boa-fé para fim imoral ou ilícito.

CONDITIO POTESTATIVA – Condição potestativa, aquela que depende no todo ou em parte da vontade de um dos contratantes.

CONDITIO SINE CAUSA – Direito de pedir a restituição de prestação paga sem causa legítima, ainda que referente a objeto lícito.

CONDITIO SINE QUA NON – Condição necessária ou indispensável.

CONFESSIO EST PROBATIO OMNIBUS MELIOR – A confissão é a melhor das provas.

CONGRUO TEMPORE ET CONGRUO LOCO – Em tempo e lugar certos.

CONSENSUS MARITI – O consentimento dado pelo marido, a outorga marital.

CONSENSUS MUTUUS FACIT LEGEM – O mútuo consentimento é que faz a lei.

CONSENSUS OMNIUM – O consentimento de todos, unânime.

CONSENSUS TOLLIT ERROREM – O consentimento sana o erro.

CONSENSUS UXORIS – O consentimento da esposa; outorga uxória.

CONSILIUM FRAUDIS – Intenção fraudulenta. Acordo, conluio entre duas ou mais pessoas visando prejudicar a um terceiro em proveito próprio.

CONSUETUDO ABROGATORIA – Costume que se opõe a uma lei.

CONSUETUDO PAREM VIM HABET CUM LEGE – O costume tem a mesma força da lei.

CONSUMITUR ALTERA ACTIO PER ALTERAM – Uma ação consuma-se por outra.

CONSUMMATUM EST – Tudo está consumado.

CONTRACTUS EX CONVENTIONE PARTIUM LEGEM ACCIPIUNT – Contratos são leis por convenção das partes.

CONTRA JUS – Contra o direito.

CONTRA LEGEM – Contrário ao direito.

CONTRARIO SENSU – Ao contrário, em sentido oposto.

CONTRARIUS CONSENSUS – Acordo que as partes fazem para dissolver o contrato que haviam firmado por mútuo consentimento.

CONVICÇÃO SECUNDUM CONSCIENTIAM – Convicção que o juiz forma conforme a sua consciência, sem necessidade de prova dos autos, o que atualmente não se admite.

COR HOMINIS IMMUTAT FACIEM EJUS – O coração do homem lhe muda a face.

CORPUS – Corpo, elemento material que, com o *animus* (elemento moral), configuram a posse, na doutrina subjetiva de Savigny. Para a escola objetiva, de Von Ihering, o *corpus* se configura pela exterioridade da relação possessória, pela prática de atos que evidenciem o direito pretendido; pode existir, independente da apreensão material. O *animus* consiste na simples vontade de agir em relação à coisa ou ao direito, sem intenção de dono ou de adquirir.

CORPUS ALIENAM – Corpo estranho.

CORPUS DELICTI – Corpo de delito.

CORPUS IURIS CIVILIS – Código de Direito Civil. Trabalhos legislativos no reinado do imperador Justiniano, em Roma.

CRIMEN PRIVILEGIATUM – Crime privilegiado.

CUIQUE SUUM – A cada um o que é seu.

CULPA EST NON PRAEVIDERE QUOD FACILE POTEST EVENIRE – É culpa não prever o que facilmente pode acontecer.

CULPA IN COMMITENDO – Culpa por imprudência.

CULPA IN ELIGENDO – Culpa pela escolha de seus prepostos.

CULPA IN OMMITENDO – Culpa de omissão que resultou em dano.

CULPA UBI NON EST, NEC POENA ESDSE DEBET – Onde não existe culpa, não deve haver pena.

CUM ERRANTIS NULLA VOLUTAS SIT – Quem erra não tem vontade.

CUM GRANO SALIS – Com um grão de sal. Não se deve tomar a sério o enunciado, visto ter sido temperado com um grão de sal.

CUM REUS MORAM FACIT ET FIDEJUSSOR TENETUR – Quando o réu incorre em mora, o fiador é responsável.

CURRICULUM VITAE – Currículo com os dados pessoais e relação de empregos e títulos.

CUSTOS LEGIS – Fiscal da lei.

D

DAMNUM EMERGENS EST LUCRUM CESSANS – O dano emergente é lucro cessante.

DAMNUM FACERE DICITUR QUIS FACIT QUOD SIBI NON EST PERMISSUM – Diz-se que causa dano quem faz o que não lhe é permitido que faça.

DAMNUM INIURIA DATUM – Dano causado pela injúria.

DAMNUM QUOD QUIS SUA CULPA SENTIT SIBI DEBIT NON ALLIIS IMPUTARE – O dano que alguém padece por culpa própria deve imputar a si, não a outros.

DARE IN SOLUTUM EST VENDERE – Dar em pagamento é vender.

DARE NEMO POTEST QUOD NON HABET – Ninguém pode dar o que não tem.

DATA VENIA – Com a devida permissão; dada a sua licença. Expressão que o advogado usa, por deferência, ao contrapor-se à opinião de um juiz ou de seu ex-adverso, que ele respeita mas da qual discorda. O mesmo que *permissa venia* ou *concessa venia*.

DATIO IN ADOPTIONEM – Dação em adoção.

DATIO IN SOLUTUM VICES OBTINET SOLUTIONIS – A dação em pagamento faz as vezes de pagamento.

DE CUJUS – Designação de pessoa que faleceu, cuja sucessão está aberta. Autor de *herança* (q.v.).

DE VERBO AD VERBUM – Palavra por palavra.

DIES A QUO NON COMPUTATUR IN TERMINO – O dia do início não se computa no prazo.

DIES AD QUEM COMPUTATUR IN TERMINO – Conta-se no prazo o dia em que este termina.

DIES CERTUS ET LOCUS SPECIFICUS SUNT DE SUBSTANTIA LITERARUM CAMBII – O dia certo e o lugar específico são da substância da letra de câmbio.

DIES INCERTUS IN TESTAMENTO CONDITIONEM FACIT – Dia incerto faz condição em testamento.

DIES VENIT – Dia de vencimento.

DOLUS IN RES IPSA, QUIA RES IN SE DOLUM HABET – Dolo na coisa mesma porque a coisa tem em si o dolo.

DOLUS NON PRAESUMITUR NISI PROBETUR – Não se admite o dolo sem prova.

DOMINUS LITIS – Dono da lide, o autor.

DONATIO EST ALLIUD GENUS ACQUISITIONIS – A doação é outro gênero de aquisição.

E

EFFECTUS DURAT, DURANT CAUSA – O efeito dura enquanto dura a causa.

EMPTIO CONSENSU PERAGITUR – Completa-se a compra pelo consentimento.

ERA UT SUPRA – Data como acima, data supra.

ERRANTIBUS, NON DECIPIENTIBUS, JURA SUBVENIUNT – Os direitos favorecem aos que erram, não aos que se enganam.

ERROR EXCLUDIT CONSENSUM – O erro exclui o consentimento.

ERROR FACTI NEC MARIBUS QUIDEM IN DAMNES VEL COMPENDIIS OBEST: JURIS AUTEM ERROR, NEC FEMINIS IN COMPENDIIS PRODEST – O erro de fato não prejudica os homens nos danos ou proveitos; porém o erro de direito não aproveita nem às mulheres nas coisas vantajosas.

ERROR IURIS CUIQUE NOCET – O erro de direito prejudica a cada um.

ERROR IURIS SEMPER NOCET – O erro de direito prejudica sempre.

EXCEPTIO FIRMAT REGULAM (IN CASIBUS NON EXCEPTIS) – A exceção confirma a regra (nos casos não excluídos).

EXCEPTIO NON ADIMPLETI CONTRACTUS – Exceção de contrato não cumprido.

EXCEPTIO ORDINIS – Exceção de ordem.

EXCEPTIO PRAESCRIPTIONIS ADMITTITUR ADVERSUS EXECUTIONEM QUIA POST TRIGINTA ANNOS SENTENTIA EXECUTIONI NON MANDATUR – A exceção de prescrição é admitida contra a execução, porque após trinta anos não se manda a sentença à execução.

EXCEPTIO VERITATIS – Exceção da verdade.

EX CONSENSU – Pelo consenso.

EX DIE – Termo inicial (prazo).

EX JURE ALIENO – Por direito de terceiro.

EX LEGE – Por lei.

EX MORE – Conforme o costume.

EX NIHILO, NIHIL – Do nada, nada advém.

EX NUNC – De agora em diante, daqui para frente, para o futuro.

EX POSITIS – Pelo exposto, ou isto posto.

EX RATIONE MATERIAE – Em razão da matéria.

EX RIGORE IURIS – Conforme o rigor da lei.

EX VI LEGIS – Por força da lei.

F

FALLITUI, ERGO FRAUDATUR – Falido, logo fraudador.

FALSA CAUSA NON EST CAUSA – A falsa causa não é causa.

FALSA DEMONSTRATIO NON NOCET – A falsa demonstração não prejudica.

FALSUM LARGISSIME SUMPTUM, EST IS QUOD NON EST VERUM – Tomado no sentido amplíssimo, falso é tudo aquilo que não é verdadeiro.

FIAT IUSTITIA ET PEREAT MUNDUS – Faça-se justiça ainda que pereça o mundo.

FICTA POSSESSIO – Posse fictícia.

FIDES SCRIPTURAE EST INDIVIBILIS – A fé da escritura é indivisível.

FINIUM REGUNDORUM ACTIO IN PERSONAM EST – A ação de demarcação é pessoal.

FINIS CORONAT OPUS – O fim coroa a obra.

FINIS MERCATORUM EST LUCRUM – A finalidade dos mercadores é o lucro.

FUMUS BONI JURIS – Presunção de legalidade, possibilidade da existência de um direito.

FURIOSUM NULLUM NEGOTIUM CONTRAHERE POTEST; PUPILLUS OMNIA, TUTORE AUCTORE, AGERE POTEST – O louco não pode contrair nenhum negócio; o pupilo pode fazer tudo com a autorização do tutor.

G

GENERA PER SPECIEM DEROGANTUR – Os gêneros derrogam-se pela espécie.

GENERALITAS PARIT OBSCURITATEM – A generalidade gera obscuridade.

GENUS COMMUNE – Gênero comum.

GRADUS HONORUM – Graus de magistratura.

GRAMMATICA FALSA NON VITIAT INSTRUMENTUM – Erros gramaticais não viciam o instrumento.

GRATIA ARGUMENTANDI – Para argumentar.

GRAVI DE CAUSA – Por causa grave.

GRAVIOR POENA – Pena mais grave.

GRAVIS CULPA – Culpa grave.

GRAVIS HOSTIS – Inimigo terrível.

GRAVIS TESTIS – Testemunha fidedigna.

GROSSO MODO – Superficialmente.

H

HABEAS CORPUS – É o remédio jurídico que tem por objetivo proteger o direito de *ir, vir* ou *permanecer*, isto é, para proteger o direito de locomoção contra a coação ilegal de autoridade. Pode ser *preventivo*, quando o paciente se encontra na iminência de sofrer a coação, e *liberativo*, quando o paciente já sofreu a coação (CF: art. 5º, LXVIII; CPP: arts. 647 a 667).

HABEAS DATA – Remédio constitucional que tutela a prestação de informações que se encontram no banco de dados das entidades públicas (CF: art. 5º, LXXII; Lei nº 9.507/1997, que regula o direito de acesso às informações e disciplina seu rito processual).

✱ *V. Lei nº 12.527/2011: Regula o acesso a informações.*

HABEMUS CONFITENTEM REUM! – Temos réu confesso!

HABETUR PRO VERITATE – Tem-se por verdade.

HOMO FORENSIS – O advogado.

HOMO HOMINI LUPUS – O homem é um lobo para o homem.

HONORIS CAUSA – Por motivo honorífico, para render homenagem; título honorífico dado a pessoa ilustre, nacional ou estrangeira.

I

IGNORANTIA DIFFERT AB ERRORE – A ignorância difere do erro.

IGNORANTIA IURIS ALLEGARI NON POTEST; QUIA NUNQUAM PRAESUMITUR; NEQUE EXCUSAT – Não se pode alegar a ignorância da lei, porque nunca é presumida, nem escusa.

IMPEDIMENTI CAUSA CESSANTE, CESSAT IMPEDIMENTUM – Cessada a causa, cessa o impedimento.

IMPOSSIBILEM ALLEGANS NON AUDITUR – Não se ouve quem alega o impossível.

IMPOSSIBILIS CONDICTIO HABETUR QUI NATURA IMPEDIMENTU EST, QUO INUS EXISTAT – A condição é tida como impossível se a natureza for impedimento para que exista.

IMPOSSIBILIS CONDICTIO IN INSTITUITIONIBUS ET LEGATIS NEC IN FIDEICOMMISSIS ET LIBERALITATIBUS PER NON SCRIPTAM HABETUR – Tem-se por não escrita a condição impossível nas instituições, nos legados e nos fideicomissos e liberalidades.

IMPROBUS LITIGATOR – Litigante de má-fé.

IN BONAI FIDEI AUTEM JUDITIIS LIBERA POTESTAS PERMITTI VIDETUR JUDITIA A BONO ET AEQUO AESTIMANDI QUANTUM ACTORI RESTITUI DEBEAT – Nos juízos de boa-fé, julga-se permitido ao juiz o livre poder de avaliar, pelo bom e pela equidade, quanto deva ser restituído ao autor.

IN CONTINENTI – De imediato.

IN CONTRARIUM SENSUM – Em sentido contrário.

IN DUBIO PRO REO – Na dúvida, decida-se a favor do réu.

IN PROBATIONIS TOTA VIS JUDITII EST – Toda a força do juiz está nas provas.

IN UTROQUE JURE – Num e noutro direito.

IN VERBIS – Nas palavras.

INTUITU PERSONAE – Em consideração à pessoa. Motivo que determina a vontade ou o consentimento de certa pessoa para com outra, a quem quer favorecer ou com quem contrata, pelo apreço que ela lhe merece.

ITER CRIMINIS – Complexo de atos, preparatórios e executórios, que levam à consumação do crime. É o caminho, o percurso do crime, o roteiro seguido pelo criminoso. Divide-se em duas fases: a interna, que é a cogitação, a preparação do delito; a externa, que inclui atos preparatórios, executórios e a consumação do crime. Não se pune a cogitação nem a intenção manifesta, a menos que constitua crime (ameaça). Os atos preparatórios também não são puníveis, só os de execução que se enquadrem nos tipos previstos nos dispositivos penais (CP: arts. 31, 147, 253 e 291).

J

JUDEX NON DEBET LEGE ESSE CLEMENTIOR – O juiz não deve ser mais clemente do que a lei.

JUDEX ULTRA PETITA CONDEMNARE NON POTEST – O juiz não pode condenar além do pedido.

JURA – Plural de *jus*; significa o Direito em geral. Daí a expressão: *jura novit curia*, que quer dizer: os juízes conhecem o Direito, a lei. Assim, mesmo que a parte não explicite o fundamento legal do seu pedido, o magistrado pode e deve aplicar os dispositivos correspondentes ao caso.

JURIS ET DE JURE – De direito e por direito.

JURIS TANTUM – Presunção relativa ou condicionada, que se admite até prova em contrário; que resulta do próprio direito ou só a ele pertence. Oposto a *juris et de jure*.

JUS EST NORMA AGENDI – O direito é a norma de agir.

JUS SUUM UNICUIQUE TRIBUERE – Dar a cada um aquilo a que tem direito.

L

LATA CULPA EST NIMIA NEGLIGENTIA, ID EST, NON INTELLIGERE UOD OMNES INTELLIGUNT – Culpa látea é nímia negligência, quer dizer não entender aquilo que os outros entendem.

LATA SENTENTIA, JUDEX DESINIT ESSE JUDICEM – Proferida a sentença o juiz deixa de ser juiz.

LATO SENSU – Em sentido amplo.

LEGE LATA FACTUM EST UB AB EIS PROVOCATIO ESSET – Por lei ficou estabelecido poder apelar dela.

LEGIS VIRTUS HAEC EST: IMPERARE, VETARE, PUNIRE, PERMITTERE – A virtude da lei é: imperar, vedar, punir, permitir.

LEGITIMATIO AD CAUSAM – Legitimidade para atuar na causa, tanto como autor quanto como réu.

LEX CLARA NON INDIGET INTERPRETATIONE – A lei clara não necessita de interpretação.

LEX DOMICILII – Lei do domicílio.

LEX DUODECIM TABULARUM FURIOSUM ITEMQUE PRODIGUM CUI BONIS INTERDICTUM EST IN RATIONE JUBET AGNATORUM – A Lei das XII Tábuas ordena que o furioso, e igualmente o pródigo, a quem foram interditados os bens, estejam sob a guarda de parentes.

LEX FORI – Lei do foro.

LEX LOCI ACTUS – Lei do lugar do ato.

LEX LOCI CONTRACTUS – Lei do lugar do contrato.

LEX LOCI DELICTI – Lei do lugar do delito.

LEX NON COGITAT AD IMPOSSIBILIA – A lei não cogita as coisas impossíveis.

LEX POSTERIOR DEROGAT PRIORI – A lei posterior derroga a anterior.

LEX PRIMARIA DEROGAT LEGI SUBSIDIARIAE – A lei principal anula a lei subsidiária.

LEX, RES SURDA INEXORABILIS – A lei, coisa surda, inexorável.

LEX SPECIALIS DEROGAT LEGI GENERALI – A lei especial anula a lei geral.

LIBERTAS QUAE SERA TAMEM – Liberdade ainda que tardia. Lema dos inconfidentes mineiros presente na bandeira do Estado de Minas Gerais.

LITIS DECISIO – Decisão da lide.

LOCUS REGIT ACTUM – A lei do lugar é que rege o ato.

M

MALA FIDES SUPERVENIENS NON IMPEDIT USO CAPIONEM – A má-fé superveniente não impede o usucapião.

MALE ENIM NOSTRO IURE UTI NON DEBEMUS – Não devemos, na verdade, usar mal o nosso direito.

MANDATUM AD JUDICIA – Procuração jurídica.

MANDATUM AD NEGOTIA – Procuração para negócios.

MANDATUM EXPIRATI MORTE MANDANTIS – O mandato expira com a morte do mandante.

MANDATUM NON PRAESUMITUR – O mandato não se presume.

MANU MILITARI – Com poder militar, à força.

MATER SEMPER CERTA EST, PATER AUTEM INCERTUS – A mãe é sempre certa, o pai, porém, incerto.

MAXIMA CAPITIS DEMINUTIO EST CUM ALIQUIS SIMUL ET CIBITATEM ET LIBERTATEM AMISIT – A diminuição máxima da capacidade se dá quando alguém perde a cidadania e a liberdade.

MENS LEGIS – O espírito da lei.

MENS LEGISLATORIS – A intenção do legislador.

MENS SANA IN CORPORE SANO – Mente sã em corpo sadio.

MODUS ADQUIRENDI – Maneira de adquirir.

MODUS FACIENDI – Maneira de agir.

MODUS OPERANDI – Maneira de operar.

MODUS VIVENDI – Maneira de viver.

MORTIS CAUSA DONATIO EST QUAE INPENDENTE METU MORTUS FITI – A doação por causa da morte é a que se faz sob ameaça do medo da morte.

MORTIS CAUSA DONATIO EST QUAE PROPTER MORTIS FITI SUSPICIONEM – Doação por causa da morte é aquela feita por suspeita de morte.

MOTU PROPRIO – Por conta própria.

MUNUS PUBLICUM EST OFFICIUM PRIVATI OMNES, EX QUO COMMODUM AD SINGULOS, UNIVERSOS QUE CIVES, REMQUEM EORUM IMPERIO MAGISTRATUS EXTRAORDINARIUM PERVENITE – O múnus publico é o dever de um homem privado; dele provém para cada cidadão e para a nação uma comodidade extraordinária, em virtude do poder de seu magistrado.

N

NATURA IURIS AB HOMINE REPETENDA – A natureza do direito deve ser buscada no homem.

NATURALE IURI COMMUNIA SUNT OMNIUM ILLA AER ET ACQUA PROFUENS ET MARE ET PER HOC LITORA MARIS – Por direito natural, são comuns a todos estas coisas: o ar e a água que emana e o mar e, por isso, as praias do mar.

NECESSITAS FACIT LICITUM QUOD ALIAS ESSET ILICITUM – A necessidade torna lícito o que de outro modo seria ilícito.

NECESSITAS FACIT JUSTUM QUOD DE JURE NON EST LICITUM – A necessidade torna justo o que de direito não é lícito.

NEGANTI INCUMBIT PROBATIO – A prova incumbe ao que nega.

NEGATIVA NON SUNT PROBANDA – Negativas não precisam ser provadas.

NEGOTIORUM GESTIO – Gestão de negócios.

NEMINEM IGNORANTIA LEGIS EXCUSAT – A ninguém escusa a ignorância da lei.

NEMO ALIENO NOMINE LEGE AGERE POTEST – Ninguém pode agir em nome alheio sem permissão legal.

NEMO AUDITUR PROPRIAM TURPITUDINEM ALLEGANS – Ninguém é ouvido alegando a própria torpeza.

NEMO CENSETUR IGNORAREM LEGEM – Não se admite a ninguém ignorar a lei.

NEMO CONDEMNATUR, NISI PER LEGALE JUDICIUM – Ninguém é condenado a não ser em julgamento legal.

NEMO DEBET INAUDITUS DAMNARI – Ninguém deve ser condenado sem ser ouvido.

NEMO DEBET LUCRARI EX ALIENO DAMNO – Ninguém deve lucrar com o dano alheio.

NEMO PUNITUR PRO ALIENUM DELICTU – Ninguém é punido por delito alheio.

NEMO TENETUR SE IPSUM ACCUSARE – Ninguém pode ser coagido a se auto acusar.

NEQUE CONTRA LEGES, NEQUE CONTRA BONOS MORES PASCICI POSSUMUS – Não podemos fazer contratos nem contra as leis, nem contra os bons costumes.

NIHIL ALIUD EST FALSITAS NISI VERITATIS IMITATIO – A falsidade nada mais é do que a imitação da verdade.

NIHIL OBSTAT – Nada obsta.

NOMEN JURIS – Denominação jurídica. Título do delito.

NON ESSE ET NOM POSSE PROBARE IDEM EST – Não existir e não poder provar são coisas iguais.

NON EST MAIOR DEFECTUS QUAM IGNORATIO – Não há defeito maior do que a ignorância.

NON LICET ACTORI QUOD REO LICITUM NON EXISTITIT – Não é lícito ao autor o que não o é ao réu.

NON LIQUET – (Latim) Não claro. Expressão latina utilizada nas situações em que o julgador não identificava no ordenamento jurídico lei específica destinada ao caso concreto e se declarava desobrigado de julgar por este motivo. A legislação brasileira proíbe tal prática, pois o magistrado não se exime de julgar a demanda sob a alegação de obscuridade ou lacuna da lei. O julgamento será embasado nas leis do país e, na falta delas, na analogia, nos costumes e nos princípios gerais de Direito como a norma pátria prevê. A situação do *non liquet* leva à absolvição por falta de provas do acusado, na seara do Direito Penal, e à improcedência da ação nas demais áreas do Direito.

✱ *V. CPC, art. 140.*

✱ *V. LINDB, art. 4º.*

NON OMNE QUOD LICET HONESTUM EST – Nem tudo o que é lícito é honesto.

NON PROBANDUM FACTUM NOTORIUM – O fato notório não precisa ser provado.

NON VIDETUR REM AMITTERE QUIBUS PROPRIA NON FUIT – Não podem perder a coisa os que não eram seus donos.

NOSCE TE IPSUM – Conhece a ti mesmo.

NOTITIA CRIMINIS – Comunicação feita a uma autoridade da prática de um crime, de maneira informal. Pode ser levado ao juiz, ao órgão do Ministério Público ou à autoridade policial. Esta, conhecido o fato, dá início imediato ao inquérito, se o crime for de ação pública incondicionada, com aquiescência ou não da vítima ou de seu representante legal; se for de ação pública condicionada, a instauração de inquérito depende de representação da vítima ou de quem a represente. Se for crime de ação penal privada, a autoridade instaurará o inquérito policial se assim o requererem, igualmente, a vítima ou o seu representante legal.

NULLA IUS SINE ACTIONEM – Não há lei sem ação.

NULLA ACTIO SINE LEGE – Não há ação sem lei.

NULLA EST MAIOR PROBATIO QUAM PROPRIO ORE CONFESSIO – Não há prova maior do que a confissão oral.

NULLA ET NON FACTA, PARIA SUNT – Causas nulas e não feitas são iguais.

NULLA EXECUTIO SINE TITULO – Não há execução sem título.

NULLA POENA SINE CULPA – Não há pena sem culpa formada.

NULLA POENA SINE IUDICIO – Não há pena sem julgamento formal.

NULLA POENA SINE LEGE – Não há pena sem lei.

NULLUM CRIME SINE CULPA – Não há crime sem culpa determinada.

NULLUM CRIME SINE LEGE; NULLA POENA SINE LEGE POENALE – Não há crime sem lei que o qualifique; não há pena sem lei penal.

NULLUM CRIMEN, NULLA POENA SINE PRAEVIA LEGE – Não há crime, nem pena, sem lei prévia.

NULLUM QUOD EST NULLUM PRODUCIT EFFECTUM – Nada que é nulo produz efeito.

NULLUM TRIBUTUM SINE PRAEVIA LEGE – Não há tributo sem lei anterior.

NUNTIARE IDEM EST AC PROHIBIRE – Nunciar é o mesmo que proibir.

NUPTIAE NON CONCUBITUS, SED CONSENSUS FACIT – Não é o concúbito, e sim o consentimento que faz as núpcias.

O

OB EAM REM – Por esta razão.

OBITER DICTUM – Refere-se ao que foi dito de modo retórico, de passagem, sem representar grande influência no que foi decidido.

OBLIGATIO ACTIONUM VELUT MATER DIXIT – A obrigação é chamada a mãe das ações.

OBLIGATIO CONTRAHITUR RE – A obrigação contraída pela coisa.

OBLIGATIO IMPOSSIBILIUM NULLA EST – A obrigação de coisas impossíveis é nula.

OBLIGATIO EST IURIS VINCULUM ADSTRINGIMUR ALICUJUS SALVENDAE REI – A obrigação é o vínculo de direito pela qual se obriga a pagar coisa a alguém.

OBSCURE DICTUM HABETUR PRO NON DICTUM – O que se disse de modo obscuro tem-se por não dito.

OBSERVANTIA LEGUM SUMMA LIBERTAS – A observância das leis é a liberdade suprema.

OCCASIO FACIT FUREM – A ocasião faz o ladrão.

ODIOSA RESTRINGENDA, FAVORABILIA AMPLIANDA – Restrinja-se o odioso; amplie-se o favorável.

OMNIA QUAE IURE CONTRAHUNTUR CONTRARIO JURE PEREUNT – Tudo que se contrai por direito perece por direito contrário.

ONUS PROBANDI INCUMBI EI QUI AGIT – O ônus da prova cabe a quem aciona a justiça.

OPERE CITATO – Obra citada.

OPINIO DELICTI – Opinião, ponto de vista sobre o delito.

P

PACTA DANT LEGEM CONTRACTUI – As convenções dão lei ao contrato.

PACTUM SERVATE DOMINII – Pacto de reserva de domínio.

PACTUM DE NON PETENDO INTRA TEMPUS – Pacto de não pedir dentro de certo tempo (moratória).

PACTUM EST DUORUM CONSENSUS ATQUE CONVENTIO – O pacto é o consenso, ou convenção de dois.

PARS EST IN TOTUM SEDE TOTUM NON EST IN PARTE – A parte está no todo, porém o todo não está na parte.

PER CAPITA – Por cabeça.

PER FAS ET PER NEFAS – Pelo permitido e pelo proibido.

PER LEGEM POTEST FIERI QUOD PER PACTUM – Pode-se fazer pela lei o que se faz por pacto.

PERICULUM IN MORA – Situação de fato que se caracteriza pela iminência de um dano decorrente de demora de providência que o impeça. Muito utilizada a expressão em casos de medidas cautelares.

PERMISSA VENIA – Com a devida permissão.

PERSONA NON GRATA – Pessoa que não é bem-vinda.

PLENO IURE – De pleno direito.

PLUS COGITATUM QUAM DICTU – Mais se pensou do que se disse.

PLUS SITE LICET, QUOD MINUS, LICEBIT – Se é lícito o mais, será lícito o menos.

POENA DEBET CULPAE RESPONDERE – A pena deve corresponder à culpa.

POENA MAIOR ABSORVIT MINOREM – A pena maior absorve a menor.

POENA NULLA ESSE DEBET, UBI NULLUM DELICTUS – Nenhuma pena deve existir onde nenhum delito existe.

POSSESSIONEM ENIM REM FACTI NON IURIS ESSE – A posse é questão de fato não de direito.

PRAESCRIPTIUM INTERRUMPTUR PERSONALI CITATIONE JUDICIS COMPETENTIS – A prescrição se interrompe por citação de juiz competente.

PRAESUMPTIO CEDIT VERITATI – A presunção cede à verdade.

PRAESUMPTIO IURIS ET DE IURE PROBATIONEM IN CONTRARIU NON ADMITIT – A presunção de direito e por direito não admite prova em contrário.

PRAETIUM AESTIMATIONES – Preço estimado.

PRIMA FACIE – À primeira vista.

PRIVILEGIUM FORI – Foro privilegiado.

PROBATIO INCUMBIT ASSERENTI – A prova incumbe a quem afirma.

PROBATIO PER TESTES EAMDEM VIM QUAM PER INSTRUMENTA – A prova testemunhal tem a mesma força da escritura pública.

PRO LABORE – Pelo trabalho. Remuneração que alguém recebe por serviço eventual que presta para outrem.

PRONUNTIATIO JUDICIS FINEM CONTROVERSIAE IMPONENS ABSOLUTIONE VEL CONDEMNATIONEM – Pronunciamento do juiz põe fim à controvérsia pela absolvição ou pela condenação.

PRO RATA – Na razão do que deve caber, proporcionalmente, a cada uma das partes.

Q

QUAE ACCESSIONUM LOCUM OBTINENT, EXTINGUUNTUR QUUM PRINCIPALIS RES PEREMPTAE FUERINT – As coisas dadas por acessão extinguem-se quando as coisas principais forem destruídas.

QUAESTIO FACTI – Questão de fato.

QUAESTIO IURIS – Questão de direito.

QUANTUM SATIS – Quanto baste.

QUANTUM SUFFICIT – Em quantidade suficiente.

QUI EXCIPIT, PROVARE DEBET QUOD EXCIPITUR – Quem excepciona deve provar o que excepcionou.

QUI HABET AURES AUDIENDI, AUDIAT – Quem tem ouvidos para ouvir, ouça.

QUI HABET COMMODA, FERRE DEBET ONERA – Quem tem as vantagens deve sofrer o ônus.

QUI MEDIUM VULT, FINEM VULT – Quem quer o meio, quer o fim.

QUI PLUS PETIT, A RATIONE CADE – Quem pede mais decai de sua ação.

QUI SCRIBIT, BIS LEGEM – Quem escreve, lê duas vezes.

QUI TACET, CONSENTIRE VIDETUR – Quem cala parece consentir.

QUID PRO QUO – (Latim) Tomar uma coisa por outra. Comumente empregado para expressar um engano ou confusão no emprego de uma palavra ou expressão. Em certos contextos, também é empregada para expressar troca de favores.

QUOD ABUNDANT NON NOSCE – O que abunda não prejudica.

QUOD EVINCITUR IN BONIS NON EST – O que é pedido por evicção não está entre os nossos bens.

QUOD NON EST IN ACTIS NON EST IN MUNDO – O que não está na ação não está no mundo.

QUOT CAPITA, TOT SENSUS – Quantas as cabeças, quantas as sentenças.

R

RATIO DECIDENDI – 1. Refere-se à razão de decidir, ao que fundamentou a decisão. 2. Regra de direito inicialmente observada pelo julgador, de modo implícito ou explícito, para lograr atingir a conclusão a que se chegou a respeito do caso sub judice. 3. Princípio de direito que serve de base para a decisão.

RATIO STRICTA – Razão estrita.

RATIO SUMMA – Suprema razão.

RATIONE CONTRACTUS – Em razão do contrato.

RATIONE DOMICILII – Em razão do domicílio.

RATIONE OFFICII – Em razão do ofício (cargo).

RATIONE PERSONAE – Em razão da pessoa.

RATIONE TEMPORIS – Em razão do tempo.

RATIONE VALORIS – Em razão do valor.

REDDE CAESARI QUAE SUNT CAESARIS ET QUOD SUNT DEI DEO – Dai a César o que é de César e a Deus o que é de Deus (Jesus Cristo).

REFORMATIO IN PEJUS – Reforma de decisão judicial contra o recorrente, prejudicando-o em relação à primeira sentença, o que não é admitido pelo nosso direito positivo.

RENUNCIA IN JURIS EST DONATIO – A renúncia a direito é doação.

RES CONSUMPTIBILIS SUNT QUAE USU CONSUMUNTUR – As coisas consumíveis são aquelas que se consomem pelo uso.

RES CORPORALES SUNT QUAE TANGIT POSSUM; INCORPORALES QUAE TANGI NOM POSSUMUS – As coisas corpóreas são as que se podem tocar; as incorpóreas as que não podem ser tocadas.

RES EXTRA PATRIMONIUM – Coisa fora do patrimônio.

RES IN IUDICIO DEDUCTA EST – A coisa foi trazida a juízo.

RES INTER ALIOS JUDICATA, ALTERI NO PRODEST NEC NOCET – A coisa feita ou julgada entre terceiros, nem aproveita nem prejudica a outrem.

RES IUDICATA PRO VERITATE ACCIPITUR – A coisa julgada aceita-se como verdade.

RES OMISSA – Coisa perdida.

RES NULLIUS – Coisa de ninguém, sem dono.

RES NULLIUS EST PRIMI OCCUPANTIS – A coisa sem dono é do primeiro ocupante.

RESTRICTO SENSU – Em sentido estrito.

S

SAPIENTIA ARS EST – A sabedoria é uma arte.

SCIRE LEGES NON HOC EST VERBA EARUM TENERE SEM VIM AC POTESTATEM – Saber as leis não é reter suas palavras, mas sua força e poder.

SECUNDUM ALLEGATA ET PROBATA JUDEX JUDICARE DEBET – O juiz deve julgar segundo o alegado e o provado.

SECUNDUM IUS – Segundo o direito.

SECUNDUM LEGGE – Segundo a lei.

SECUNDUM VERBA – Segundo a palavra.

SECUNDUM VOLUNTATEM – Segundo a vontade.

SEMPER FLAMMA FUMO PROXIMA EST – Onde há fumaça há fogo.

SENTENTIA DEBET ESSE LIBELLO CONFORMIS – A sentença deve ser conforme o libelo.

SENTENTIA QUAE IN REM IUDICATAM TRANSIT PRO VERITATE HABETUR – Sentença que passa em julgado tem-se por verdade.

SIC – Emprega-se entre parênteses, no final de uma citação ou no meio de uma frase, para indicar reprodução textual do original ou chamar a atenção para o que se afirma, por errado ou estranho que pareça.

SIMILE NON EST IDEM – O que parece não é igual.

SINE AUCTORE NON ERIT REUS – Sem autor não haverá réus.

SINE CAUSA – Sem ação; sem causa.

SINE DIE – Sem dia marcado, indeterminado.

SINE IURE – Sem direito.

SINE QUA NON – Sem a qual não (indispensável).

SOCII MEI SOCIUS, MEUS SOCIUS NON EST – O sócio do meu sócio não é meu sócio.

SOLA COGITATIO NON FACIT FUREM – Só a cogitação de furtar não faz o ladrão.

SOLEMNIA VERBA – Palavras solenes.

SOLUTIO INDEBITI – Pagamento indevido.

SOLUTIONE FANTUM – Somente pelo pagamento.

STATUS QUO ANTE – Condição anterior.

STRICTO SENSU – No sentido literal, estrito, exato, que não admite interpretação extensiva.

STRICTO JURE – Refere-se ao rigor do Direito, ao rígido formalismo legal do ato jurídico, que não permite a ampliação do sentido da norma que o regulamenta (CC: arts. 104 a 108; CPC/2015: art. 73).

SUB JUDICE – Questão que está sob exame, pendente de decisão judicial.

SUI GENERIS – De seu gênero, único no gênero, especial, original, sem comparação.

T

TACITE FIERI NON POTEST QUOD PROHIBITUR EXPRESSE – Não pode ser feito tacitamente o que é expressamente proibido.

TAM LABOR QUAM PECUNIA – Tanto trabalho quanto a paga.

TANTUM CONSUMPTUM, TANTUM IUDICATUM – Tanto se consumou, quanto se julgou.

TANTUM DEVOLUTUM, QUANTUM APPELLATUM – Tanto se devolveu, quanto se apelou.

TEMPUS EST OPTIMUS JUDEX RERUM OMNIUM – O tempo é ótimo juiz de todas as coisas.

TESTIS UNUS, TESTIS NULLUS – Uma testemunha, testemunha nenhuma.

TIMEO HOMINEM UNIUS LIBRI – Temo o homem de um só livro.

TRADITIO EST DE MANU IN MANUM DATIO – Tradição é o que se transmite de mão a mão.

TRANSIGERE EST ALIENARE – Transigir é alienar.

TURPIS CAUSA – Causa torpe.

U

UBI – Onde.

UBI ACCEPTUM EST SEMEL JUDICIUM, IBI ET FINEM ACCIPERE DEBET – Onde se aceitou a lide, aí deve ela terminar.

UBI COMMODUM, IBI INCOMMODUM – Onde está a vantagem está a desvantagem.

UBI EADEM LEGIS RATIO, IBI IPSA LEX – Onde há a mesma razão da lei, aí deve a lei ser a mesma.

UBI HOMO, IBI IUS – Onde está o homem, aí está o direito.

UBI IUS DUBIUM, NON INDUCITUR MALA FIDES – Onde o juízo é duvidoso não se induz a má-fé.

UBI LEX NON DISTINGUIT, NEC INTERPRES DISTINGUERE DEBET – Onde a lei não distingue, nem o intérprete deve distinguir.

UBI LEX, IBI POENA – Onde está a lei deve estar a pena.

UBI NON EST IUSTITIA SIBI NON POTEST ESSE IUS – Onde não há justiça, aí não pode haver o direito.

UBI NON EST LEX NEC PRAEVERICATIS – Onde não há lei, não há prevaricação.

UBI SOCIETAS, IBI IUS – Onde há sociedade, há direito.

UBI VERITAS? – Onde está a verdade?

ULTRA PETITA – Fora do pedido, que vai além do pedido. A sentença não deve decidir além daquilo que foi pedido pelo autor, nem aquém (*citra petita*) nem fora da questão proposta na inicial (*extra petita*). No Proc. Penal, o juiz pode dar ao fato definição jurídica diversa da que conste na queixa ou na denúncia, ainda que tenha, por isso, de aplicar pena mais grave, não se aplicando, porém, este procedimento na segunda instância. Reconhecendo essa possibilidade, ele baixará o processo para que a defesa, em 8 dias, fale e, querendo, produza prova, podendo ser ouvidas até 3 testemunhas. Se, pela nova definição houver necessidade de aplicação de pena mais grave, o juiz baixará o processo para que o Ministério Público adite a denúncia ou a queixa, abrindo-se prazo de 3 dias para a defesa, que pode produzir prova e arrolar até 3 testemunhas (CPC/2015: arts. 141 e 492; CPP: arts. 383, 384, 408, § 3º; Súm. nº 453 do STF).

UNA VOCE – A uma só voz.

UNIUS DICTUS, DICTUS NULLIUS – Dito por um, dito por ninguém.

URBI ET ORBI – Na cidade e no universo; em todo lugar.

USQUE AD TERMINUM – Até o fim; o término.

UT RETRO – Como ficou dito antes.

UT ROGAS – Como propões (para aprovação de lei).

V

VACATIO LEGIS – Período que decorre do dia da publicação da lei à data em que entra em vigência, durante o qual vigora a anterior sobre o mesmo assunto. No Brasil, em geral, a lei entra em vigor na data de sua publicação, sendo rara a *vacatio legis*. O atual CC é exemplo brasileiro da *vacatio legis*, pois começou a viger 1 ano após sua publicação (Lei nº 10.406/2002: art. 2.044).

VADE MECUM – Vem comigo; objeto que anda sempre conosco e também livro para consulta a qualquer momento.

VANI TIMORIS IUSTA EXCUSATIO NON EST – O vão temor não é escusa válida.

VECTIGALIA NERVOS REIPUBLICARE – Os tributos são os nervos da república.

VENIRE CONTRA FACTUM PROPRIUM – (Latim) 1. Vir contra o ato próprio. Empregada para expressar a contradição de alguém em relação às suas próprias palavras ou atos. 2. No Dir. Civil, foi desenvolvida a teoria dos atos próprios, pela qual, na interpretação da vontade das partes em um ato ou negócio jurídico, deve-se atentar para a forma como alguém se comportou, a fim de evitar conclusões que contraditórias em relação ao próprio ato ou negócio praticado. Também visa afastar alegações das partes que, tentando alterar a verdade dos fatos, deduzam pretensões ou defesas em processo administrativo ou judicial, alegando que a vontade declarada era diferente da real intenção do declarante.

VERBA DUBIA CONTRA PROFERENTEM INTERPRETANDA SUNT – As palavras duvidosas devem ser interpretadas contra quem as profere.

VERBA LEGIS – As palavras da lei.

VERBA NON MUTANT SUBSTANTIA REI – As palavras não mudam a substância da coisa.

VERBA VOLANT, SCRIPTA MANENT – As palavras voam, os escritos permanecem.

VERBI GRATIA – A saber, por exemplo.

VERBIS CONTRACTA OBLIGATIO – A obrigação contraída por palavras.

VERBO AD VERBUM – Palavra por palavra.

VERBORUM OBLIGATIO INTER PRAESENTIS NON INTER ABSENTES CONTRAHITUR – A obrigação por palavras se contrai entre os presentes e não entre os ausentes.

VERBORUM OBLIGATIO VERBIS TOLLITUR – A obrigação verbal se extingue por palavras.

VERISIMILE NON EST VENDITOREM IGNORASSE MODUM SUAE REI – Não é verossímil que o vendedor ignore o estado de seu negócio.

VERITAS EVIDENS NON PROBANDA – A verdade evidente não precisa ser provada.

VERITAS ODIUM PARIT – A verdade (franqueza) gera o ódio.

VETUSTAS SEMPER PRO LEGE HABETUR – Antiguidade é sempre havida como lei.

VETUSTAS VICES LEGIS OBTINET – A antiguidade tem um lugar de lei.

VEXATA QUAESTIO – Questão debatida, fechada.

VIA EST JUS EUNDE ET AMBULANDI, NAM ET ITER ET ACTUM IN SE CONTINET VIA – "Via" é o direito de ir e andar, pois, o *iter* e o *actum* se contêm em "via".

VIM VI REPELLERE LICET, SCRIBIT CASSIUS, IDQUE JUS NATURAE COMPARATUR – Cássio escreve ser lícito repelir a força pela força e esse direito é tomado à natureza.

VINCULUM IURIS QUO NECESSITATE ADSTRINGIMUR ALICUJUS SOLVENDAE REI – Vínculo de direito pelo qual, por necessidade, somos obrigados a pagar alguma coisa.

VIRTUS PROBANDI – A força da prova.

VIS AC POTESTAS TESTAMENTI AB HEREDIS INSTITUTIONE INCIPIT – A força e o poder do testamento começam com a instituição do herdeiro.

VIS COMPULSIVA – Força que impele.

VIS CORPORALIS – Força corporal, força física.

VIS MAIOR EST QUAM GRAECI ... VIM DIVINAM APPELLANT – Força maior é a que os gregos chamam força divina.

VIVENTIS NULLA EST HEREDITAS – Nenhuma herança existe de pessoa viva.

VOLENTI NON FIT INJURIA – Não se causa dano, a quem quer.

VOX POPULI, VOX DEI – Voz do povo, voz de Deus.

VULGO PRESUMITUR ALICUI IN LITE NON DEBERE JURARE QUAM DOMINUM LITIS – Vulgarmente se presume que somente jura quem é dono da lide.